MARBURGER OSTFORSCHUNGEN

Im Auftrage des Johann-Gottfried-Herder-Forschungsrates e. V.

herausgegeben von

RICHARD BREYER

Band 42

Der Protestantismus in der Republik Polen 1918/19 bis 1939

im Spannungsfeld von Nationalitätenpolitik und Staatskirchenrecht, kirchlicher und nationaler Gegensätze

von

ALFRED KLEINDIENST (†)

und

OSKAR WAGNER

J. G. HERDER-INSTITUT · MARBURG/LAHN · 1985

Gedruckt mit Unterstützung der Evangelischen Kirche der Union,
der Evangelisch-Lutherischen Kirche in Bayern und der Stiftung
Kulturwerk Wartheland

Satz und Druck: betz-druck gmbh, Darmstadt-Arheilgen
Einband: Buchbinderei Rohloff, Griesheim
Printed in Germany
ISSN 0542-6537 (Marburger Ostforschungen)
ISBN 3-87969-179-7

INHALT

ABKÜRZUNGSVERZEICHNIS

A.	Archiv
AA	Auswärtiges Amt
a.a.O.	Am angegebenen Ort
Abt.	Abteilung
AC	Augsburgische Konfession
ADMW	Archiv der Deutschen aus Mittelpolen und Wolhynien
AdP	Arbeitsgemeinschaft deutscher Pastoren in der Ev.-Augsb. Kirche in Polen
AEKiD	Archiv des Kirchlichen Außenamtes der Evangelischen Kirche in Deutschland
AEOB	Archiv des Evangelischen Oberkirchenrates Berlin
AK	Akte Kleindienst
ALKZ	Allgemeine Lutherische Kirchenzeitung
Anl.	Anlage
AuK	Auslanddeutschtum und Evangelische Kirche, Jahrbuch
AVF	Auslanddeutsche Volksforschung, Vierteljahrschrift
AW	Akte Wagner
BA	Bundesarchiv Koblenz
Bd.(e.)	Band (Bände)
BM	Baltische Monatshefte
bzw.	beziehungsweise
CW	Christliche Welt, Zeitschrift
DA	Deutschtum im Aufbruch
DAI	Deutsches Auslandsinstitut (ab 1945 Institut für Auslandsbeziehungen)
DBP	Deutsche Blätter in Polen
DE	Deutsch-Evangelisch, Zeitschrift
DEK	Deutsche Evangelische Kirche
DEKA	Deutscher Evangelischer Kirchenausschuß
ders.	derselbe
dgl.	desgleichen
DLZ	Deutsche Lodzer Zeitung
DMP	Deutsche Monatshefte in Polen
DN	Deutsche Nachrichten, Zeitschrift
DOK	Deutsche Ostkunde
DP	Deutsche Post, Zeitschrift
DPfB	Deutsches Pfarrerblatt
DPO	Deutsche Post aus dem Osten, Zeitschrift
DPS	Das Deutschtum in Polnisch-Schlesien
DR	Deutsche Rundschau
DW	Der Deutsche Weg, Zeitschrift
DWB	Deutsches Weißbuch
DWZP	Deutsche Wissenschaftliche Zeitschrift für Polen
Dz.U.K.EA.	Dziennik Urzędowy Kościoła Ewangelicko-Augsburskiego w Rzeczypospolitej Polskiej
Dz.U.R.P.	Dziennik Ustaw Rzeczypospolitej Polskiej
Dz.U.Śl.	Dziennik Ustaw Śląskich

EAKKP	Evangelisch-Augsburgische Kirche im Königreich Polen
EAKRP	Evangelisch-Augsburgische Kirche in der Republik Polen
ebd.	ebenda, ebendort
ED	Die Evangelische Diaspora, Zeitschrift
EGA	Evangelisches Gemeindeblatt Augsburg
EGG	Evangelisches Gemeindeblatt für Galizien
EKiD	Evangelische Kirche in Deutschland
EKL	Evangelisches Kirchenlexikon
EKN	Evangelische Kirche der Neuzeit
EKP	Evangelisches Kirchenblatt Posen
EO	Evangelischer Oberkirchenrat
EOB	Evangelischer Oberkirchenrat Berlin
EOW	Evangelischer Oberkirchenrat Wien
ev.-augsb.	evangelisch-augsburgisch
ev.-ref.	evangelisch-reformiert
ev.-un.	evangelisch-uniert
EW	Ewangelik, Zeitschrift
EWB	Evang. Wochenbriefe Berlin
EwG	Ewangelik Górnośląski, Zeitschrift
EWL	Evang. Wochenblatt, Lodz
Ewpol	Evang.-polnisches Pressebüro
EZA	Evangelisches Zentralarchiv
FB	Friedensbote, Zeitschrift
FP	Freie Presse, Zeitschrift
FS	Festschrift
GAV	Gustav-Adolf-Verein
GE	Głos Ewangelicki, Zeitschrift
gr.-kath.	griechisch-katholisch
GuW	Gestalten und Wege
H	Heft
H.B. (H.C.)	Helvetisches Bekenntnis
HBo	Heimatbote, Zeitschrift
HDN	Die Deutschen und ihre östlichen Nachbarn. Ein Handbuch
HDR	Heimatbuch der Deutschen aus Rußland
HF	Hausfreund, Zeitschrift
HFK	Hausfreund Kalender
HGAD	Handbuch des Grenz- und Auslanddeutschtums
HGG I.	Heimat Galizien. Ein Gedenkbuch
HGG II.	Heimatbuch der Galiziendeutschen
HÖD	Das Östliche Deutschland. Ein Handbuch
hrsg.	herausgegeben
IGG	Inneres Grundgesetz der Ev.-Augsb. Kirche in Polen
Jb.	Jahrbuch
JDVL	Jahrbuch des Deutschen Vereins für Lodz und Umgebung
Jg.(e.)	Jahrgang (Jahrgänge)
JGO	Jahrbücher für Geschichte Osteuropas
JK	Junge Kirche, Zeitschrift
JWW	Jahrbuch Weichsel-Warthe

KA	Kirchliches Außenamt Berlin
KE	Kalendarz Ewangelicki
KiO	Kirche im Osten, Jahrbuch
KJ	Księga Jubileuszowa
KJb	Kirchliches Jahrbuch
KO	Kirchendienst Ost
KON	Kirchliche Ostnachrichten
KT	Kościół i Teologja
KuH	Kirche und Heimat
KW	Kulturwart
Ky	Kyrios, Zeitschrift
LBl	Lutherische Blätter
LEP	Luthererbe in Polen
LER	Luthererbe in Rußland
LFP	Lodzer Freie Presse
LJb	Lutherjahrbuch
LKR	Landeskirchenrat der Unierten Evangelischen Kirche in Polnisch-Oberschlesien
LL	Lutherisches Lexikon
LM	Lutherische Monatshefte
LR	Lutherische Rundschau
luth.	lutherisch
MNR	Mitteilungen und Nachrichten aus Rußland
MS.	Manuskript
MV	Minderheitenschutzvertrag
NH	Neuer Hausfreund
NKZ	Neue Evangelische Kirchenzeitung
NLZ	Neue Lodzer Zeitung
NP (K)Z	Neue Preußische (Kreuz)Zeitung
Nr.	Nummer
OHP	Osteuropa Handbuch: Polen
ÖJb	Ökumenisches Jahrbuch
OKR	Oberkirchenrat
OLA	Ostdeutscher Literatur-Anzeiger
OM	Ostdeutsche Monatshefte
OW	Ostdeutsche Wissenschaft, Zeitschrift
P.	Pastor
PE	Przegląd Ewangelicki
PEK	Posener Evangelisches Kirchenblatt
Pfr.	Pfarrer
PG	Protestantismus der Gegenwart
PoE	Poseł Ewangelicki
PÖR	Polnischer Ökumenischer Rat
PR	Protestantische Rundschau
PSB	Polski Słownik Biograficzny
PZ	Posener Zeitungsdienst
RE	Rocznik Ewangelicki
RGBL	Reichsgesetzblatt

RGG	Die Religion in Geschichte und Gegenwart
r.-k.	römisch-katholisch
RP	Reformacja w Polsce, Zeitschrift
RT	Rocznik Teologiczny
S.	Seite
SAdP	Schriftenreihe der Arbeitsgemeinschaft der deutschen Pastoren
SD	Sonderdruck
SDAI	Schriften des Deutschen Auslands-Instituts
SE	Strażnica Ewangeliczna
Sen.	Senior
Sess.	Session
SKGR	Studien zur Kultur und Geschichte der Reformation
stellv.	stellvertretend(er)
Sup.	Superintendent
SZ	Strażnica Zachodnia
u. a.	unter anderem
u. a. m.	und anderes mehr
UKA	Unsere Kirche. Amtsblatt
u. ö.	und öfter
UuA	Urkunden und Aktenstücke
V	Vergleiche
VA	Völkischer Anzeiger
v. a.	vor allem
VDA	Verein für das Deutschtum im Ausland
VEP	Verein (Verband) Evangelischer Polen
Verf.	Verfasser
VFK	Volksfreund Kalender
VO	Verordnung
WB	Wolhynischer Bote
WZ	Weg und Ziel, Zeitschrift, Lodz
WZH	Weg und Ziel (Hilfskomitee)
Z.	Zeitschrift
ZE	Zwiastun Ewangeliczny
ZEKR	Zeitschrift für ev. Kirchenrecht
ZfO	Zeitschrift für Ostforschung
zit.	zitiert
z.T.	zum Teil
ZW	Zeitwende, Zeitschrift
ZwG	Zeitweiser der Galiziendeutschen
ZZ	Die Zeichen der Zeit, Zeitschrift

VORWORT

Die vorliegende Arbeit ist ein Beitrag zu der Frage nach der Gestaltung und der Regelung des Verhältnisses des Staates zu den evangelischen Kirchen in der nach 123 Jahren staatlicher Unfreiheit wiedererstandenen Republik Polen (1918/19–1939). Sie wird durch eine Dokumentation der Religionsartikel der polnischen Staatsverfassungen von 1791 bis 1921/35 und der wichtigsten Akte staatskirchenrechtlicher Gesetzgebung und kirchlicher Gesetzentwürfe von 1849 bis 1939 ergänzt.

Die Geschichte der ev. Kirchen in der Republik Polen, insbesondere die Frage der Regelung des Verhältnisses des Staates zu ihnen, gehört in den Zusammenhang der Geschichte der anderen Kirchen bzw. Religionsgemeinschaften der religiösen und nationalen Minderheiten in Polen und ist von dieser nicht zu trennen. Unabhängig von der Regierungsform der Republik Polen – von der Demokratie bis zur Diktatur – wurden seitens des Staates diesen gegenüber die gleichen auf die Schaffung eines polnischen Nationalstaates gerichteten Grundsätze der Nationalitätenpolitik, hinsichtlich der Regelung ihres Verhältnisses zum Staate die gleichen staatskirchenrechtlichen Grundsätze zur Anwendung gebracht. In unserem Zusammenhang kann auf die Orthodoxe Kirche in Polen nur kurz am Schluß der Arbeit eingegangen werden.

Der wiedererstandene polnische Staat hatte in seinem Verfassungs- und Staatsrecht das nationale, religiöse und konfessionelle Erbe der 1795 untergegangenen Adelsrepublik aufgenommen. Er knüpfte in den Religionsartikeln seiner ersten Staatsverfassung vom 17. März 1921 an die Verfassung der Adelsrepublik vom 3. Mai 1791 an, die die röm.-kath. Religion zur herrschenden Nationalreligion des polnischen Staates und Volkes bestimmt und den Übertritt zu einem anderen Bekenntnis bei Strafen der Apostasie verboten hatte. Zur Tragik der politischen und kirchlichen Entwicklung der neuen polnischen Republik, die in hohem Maße ein Nationalitätenstaat war, gehörte, daß ihr Selbstverständnis und ihre Staatsraison, ihre Staats-, Kultur-, Bildungs- und Religionspolitik auf die Schaffung eines polnischen Nationalstaates röm.-kath. Religion ausgerichtet war. Das polnische Staatsvolk (68,9% bzw. 69,2%) gehörte fast ausschließlich der röm.-kath. Kirche – die Angaben schwanken zwischen 97,7% und 98,7% –, die nationalen Minderheiten mit geringen Ausnahmen den Kirchen bzw. Religionsgemeinschaften der religiösen Minderheiten an. Relativ hoch war der Prozentsatz kath. Bekenntnisses nur unter der deutschen Bevölkerung (85,5% ev., 14,5% kath.). Das Problem der nationalen war mit dem der religiösen Minderheiten unlösbar verbunden. Zwangsläufig waren damit die kirchlichen Fragen in den Bereich politischer Erwägungen und Entscheidungen der polnischen Regierungen einbezogen. Der internationale Minderheitenschutzvertrag vom 28. Juni 1919 hatte seine Grenze an dem Souveränitätsanspruch des polnischen Staates gefunden. Auf der Linie der auf die Assimilierung der nationalen Minderheiten angelegten Staatspolitik lag auch die Religions- und Konfessionspolitik aller polnischen Regierungen und erfolgte der Ausbau des polnischen Staatskirchenrechts, noch bevor die Rechtsstellung der Kirchen und Religionsgemeinschaften im Staate in der Staatsverfassung bestimmt war.

Die Staatsverfassung des polnischen Staates vom 17. März 1921 hatte allen Staatsbürgern die individuelle Gewissens- und Bekenntnisfreiheit in freiheitlicher, den modernen Staatsverfassungen entsprechender Weise (Art. 111) verbürgt, in bezug auf die Kirchen und Religionsgemeinschaften hingegen die sich aus dem Grundsatz der Religionsfreiheit ergebenden Rechte unterschiedlich bestimmt und in ihren Artikeln 114 und 115 der röm.-kath. Kirche als der Kirche der überwiegenden Mehrheit des Volkes die „Hauptstellung unter den gleichberechtigten Bekenntnissen“ vorbehalten. Die „Hauptstellung“ der röm.-kath. Kirche wurde des weiteren dadurch bestimmt, daß ihre Autonomie vorbehaltlos anerkannt, den Kirchen und Religionsgemeinschaften der religiösen Minderheiten nur eine beschränkte Autonomie im Rahmen der staatlichen Gesetzgebung zugestanden wurde. Der röm.-kath. Kirche wurde das Recht zugestanden, sich nach „eigenen Gesetzen“ zu regieren, die einer Nachprüfung durch den Staat nicht bedurften, die „eigenen Gesetze“ der Kirchen und Religionsgemeinschaften der religiösen Minderheiten unterlagen demgegenüber der Prüfung durch den Staat und bedurften zu ihrer Gültigkeit der staatlichen Anerkennung.

Nur die röm.-kath. Kirche wurde als gleichberechtigter Partner des Staates anerkannt. Das Verhältnis zu ihr sollte durch ein Konkordat, das zu den Kirchen und Religionsgemeinschaften der religiösen Minderheiten „auf gesetzlichem Wege nach Verständigung mit ihren rechtlichen Vertretungen geregelt werden“. Erst in der letzten Phase der Verhandlungen im Verfassunggebenden Sejm war gegen den Widerstand der Regierung und der polnischen Rechtsparteien die Bestimmung im Gesetzentwurf der Regierung zur Staatsverfassung gefallen, die vorgesehen hatte, daß das Verhältnis des Staates zu den Kirchen und Religionsverbänden der religiösen Minderheiten nach „Anhörung“ und nicht nach „Verständigung“ mit ihren gesetzlichen Vertretungen zu regeln sei. Für sie blieb entscheidend, welche Auslegung die Verfassungsgrundsätze „Hauptstellung“, „Gleichberechtigung“, „eigene Gesetze“ und „Verständigung“ im Staatskirchenrecht und in der Praxis staatlichen Lebens finden würden.

In der Republik Polen hatten sich sieben evangelische Kirchen konstituiert: „Die Evangelisch-Augsburgische Kirche in der Republik Polen“, die „Unierte Evangelische Kirche in Polen“, die „Unierte Evangelische Kirche in Polnisch-Oberschlesien“, die „Evangelische Kirche Augsburgischen und Helvetischen Bekenntnisses in Polen“, die „Evangelisch-Lutherische Kirche in Westpolen“, die „Warschauer Reformierte Kirche“ und die „Wilnaer Reformierte Kirche“. Sie waren verschieden nach ihrer geschichtlichen Herkunft, ihrer konfessionellen Struktur und ihrem verfassungsmäßigen Aufbau, z.T. verschieden auch durch die nationale Zugehörigkeit ihrer Kirchenglieder, – und doch alle in der gleichen Lage einer religiösen Minderheit inmitten einer sich katholisch verstehenden Nation und einem auf die Polonisierung (und Katholisierung) der nationalen und religiösen Minderheiten im Ausbau befindlichen polnischen Nationalstaat.

Für den Protestantismus in Polen war die Regelung des Verhältnisses des Staates zu den ev. Kirchen zur Schicksalsfrage in Verbindung mit dem kirchenpolitischen Programm des Polnischen Evangelizismus geworden. Die nationalreligiöse Ideologie des „Polnischen Evangelizismus“ war ideen- und konfessionsgeschichtlich eine neulutherische Variante des philosophisch-religiös-politischen polnischen Messianismus vom Anfang des 19. Jahrhunderts, begründet von dem Warschauer Pfarrer Leopold Martin von Otto. Sie wurzelte in der Überzeugung, daß der Protestantismus (das Luthertum) im polnischen Volke eine Missionsaufgabe zu erfüllen und eine große Zukunft habe. Voraussetzung für die Gewinnung des polnischen Volkes für das Evangelium sei, daß das Evangelium in Polen in polnischer Sprache und im polnischen Geiste verkündet werde. Die evangelische Kirche in Polen dürfe sich nicht durch die „chinesische Mauer“ der deutschen Sprache vom polnischen Volke abgrenzen, vielmehr um ihres Zeugendienstes willen ein „polnisches Gewand“ annehmen und mit „polnischem Geiste“ erfüllt sein. Eine so verstandene Missionsaufgabe beinhaltete ein nationales Programm der stufenweisen sprachlichen Assimilierung und Polonisierung der deutschen Glieder der Ev.-Augsb. Kirche und konnte nicht ohne politischen Bezug bleiben. Der Hauptvertreter des Polnischen Evangelizismus in der ersten Hälfte des 20. Jahrhunderts war der Generalsuperintendent, dann Bischof der Ev.-Augsb. Kirche, Julius Bursche. Auch er sah in der Wiedererrichtung eines freien polnischen Staates, in der „Auferstehung Polens aus dem Grabe der Unfreiheit“ eine Stunde der Offenbarung der göttlichen Gerechtigkeit und entnahm ihr den Anruf, um die Seele des polnischen Volkes und die staatliche Zukunft Polens mit den Kräften des Evangeliums zu ringen. Bedeutung gewann die Ideologie des Polnischen Evangelizismus erst, als Bursche seine Ziele zu einem kirchenpolitischen Programm ausgestaltete und dieses mit Hilfe des Staates zu verwirklichen begann, dessen außenpolitische Interessen und innenpolitischen Bestrebungen in der Politik den nationalen Minderheiten gegenüber weitgehend mit denen des Polnischen Evangelizismus zusammenfielen.

Die mühsam unter Mithilfe des internationalen Protestantismus erreichte Zusammenarbeit und ökumenische Mitarbeit der ev. Kirchen in Polen, die in den Generalsuperintendenten Paul Blau–Posen und Julius Bursche–Warschau, in Superintendent Theodor Zöckler–Stanislau und Kirchenpräsident Hermann Voß–Kattowitz herausragende Kirchenführer hatten, war nur von kurzer Dauer. Zu einer innerkirchlichen Verständigung in der Nationalitätenfrage war es durch ihre Verquickung mit der staatlichen Nationalitäten- und Religionspolitik und den Vollzug des kirchenpolitischen Programms des Polnischen Evangelizismus nicht gekommen. Den nicht zu überbrückenden Gegensätzen lag letztlich ein unterschiedliches Verständnis von Offenbarung und Geschichte, vom Wesen und der Aufgabe einer evangelischen Kirche zugrunde. Die Zusammenarbeit und ökumenische Mitarbeit war endgültig gescheitert, als Gen.-Sup. Bursche in der für alle evangelischen Kirchen lebenswichtigen Frage der Regelung ihres Verhältnisses zum Staate in Geheimverhandlungen mit der Regierung eintrat, in deren Ergebnis die Ev.-Augsb. Kirche mit „Dekret des Präsidenten der Republik Polen vom 25. November 1936 betreffend das Verhältnis des Staates zur Evangelisch-Augsburgischen Kirche in der Republik Polen“ und der als „Verordnung des Ministerrates vom 17. Dezember über die Anerkennung des Inneren Grundgesetzes der Evangelisch-Augsburgischen Kirche in der Republik Polen“ ihre Rechtsgrundlagen aufoktroyiert bekam. Die Verfassungsbestimmungen „Gleichberechtigung“, „eigene Gesetze“ und „Verständigung“ mit der gesetzlichen Vertretung der Kirche haben in beiden staatskirchenrechtlichen Akten ihre Interpretation im Sinne einer verminderten Rechtsstellung der evangelischen Kirche als Kirche einer religiösen Minderheit und ihren vom Staat zu bestimmenden und von den Staatsbehörden zu kontrollierenden „eigenen Gesetzen“ erhalten.

Das der „Unierten Evangelischen Kirche in Polnisch-Oberschlesien“ ohne Verständigung mit ihrer rechtmäßigen Repräsentation oktroyierte „Gesetz vom 16. Juli 1937 über die vorläufige Organisation der Unierten Evangelischen Kirche in Oberschlesien“ bildet – auch zeitgeschichtlich gesehen – die extremste Form der Regelung des Verhältnisses eines

Staates zu einer evangelischen Kirche. Die Verfassung der Unierten Kirche in Polnisch-Oberschlesien wurde mittels Staatsgesetz für ungesetzlich und ungültig erklärt, ihre Synode und ihre synodalen Organe, ihre oberste Kirchenbehörde wurden aufgelöst, der geistliche Leiter der Kirche seines Amtes enthoben. Der Kirche wurde vom Staat eine vorläufige Verfassung verordnet und eine vom katholischen Wojewoden ernannte und von ihm abhängige oberste Kirchenbehörde gegeben, bestehend aus führenden Vertretern des Polnischen Evangelizismus. Die Leitung und Verwaltung der Unierten Kirche hatte den Charakter einer Unterabteilung der Wojewodschaftsverwaltung erhalten. An der Erstellung des Staatsgesetzes für die Unierte Kirche in Polnisch-Oberschlesien hatte auch Bischof Bursche mitgewirkt und weiterhin polnische Geistliche der Ev.-Augsb. Kirche nach Oberschlesien entsandt, die von der neuen staatlichen Kirchenbehörde in die Stellen der amtsenthobenen oder ausgewiesenen landeskirchlichen Geistlichen eingesetzt wurden.

Die Staatsgesetze vom 25. November 1936 und 16. Juli 1937 hatten zum offenen Kirchenkampf der deutschen Minderheit in der Ev.-Augsb. Kirche und der Unierten Kirche in Polnisch-Oberschlesien geführt, in dem um die verfassungsmäßig garantierte Gleichberechtigung und Autonomie der evangelischen Kirche und gegen deren Auslieferung an den Staat und dessen Nationalitäten- und Religionspolitik gerungen wurde. Die vom Ökumenischen Protestantismus unterstützten Bemühungen, zu einem Ausgleich mit dem Staate und dem Polnischen Evangelizismus zu kommen, scheiterten an der Forderung einer vorherigen Anerkennung und Ausführung der Staatsgesetze. Der evangelische Kirchenkampf in Polen hatte weit schärfere Formen als der in Deutschland angenommen. Die Kirchenleitungen der Unierten Evangelischen Kirche in Polen und der Evangelischen Kirche Augsburgischen und Helvetischen Bekenntnisses in Polen rechneten mit der Ausweitung des Kirchenkampfes auch auf ihre Kirchen in Zusammenhang mit der angekündigten Regelung des Verhältnisses des Staates zu ihnen.

Um der Freiheit der evangelischen Minderheitskirche(n) vom Staat und der Erhaltung ihrer geschichtlichen, konfessionellen und nationalen Eigenart willen sah sich der deutsche Teil des Protestantismus in Polen gezwungen, den Weg der kirchlichen Organisationsfreiheit einzuschlagen, den der Polnische Evangelizismus unter Führung des Gen.-Sup. bzw. Bischofs Bursche seit der Entstehung der Republik Polen eingeschlagen hatte: den des Zusammenschlusses über die bisherigen Kirchengrenzen hinaus. Auch in Polen drängte die innerkirchliche Entwicklung der Nationalitätenfrage zu einer Lösung, wie sie nach dem Ersten Weltkrieg in den neu entstandenen Staaten Estland, Lettland, Litauen, der Tschechoslowakei, in Rumänien und Jugoslawien zum Wohle von Kirche und Staat genommen worden war: die der nationalen Aufgliederung der evangelischen Kirchen im Wege kirchlicher Selbstbestimmung. In Polen ging dieser Prozeß – er stellte sich nicht für die beiden kleinen reformierten Kirchen – am schmerzlichsten vor sich, weil er sich hier nicht im Einvernehmen mit dem Staate, sondern im Spannungsverhältnis zu dessen Religions- und Nationalitätenpolitik und zu dem der staatlichen Nationalitätenpolitik zugeordneten kirchenpolitischen Programm des Polnischen Evangelizismus vollziehen mußte.

Der vorliegenden Arbeit liegen die umfangreichen Manuskripte von Alfred Kleindienst: „Der Protestantismus in Polen in der Zerreißprobe nationaler Gegensätze. Ein Beitrag zur Geschichte der Ev.-Augsb. Kirche in Polen in der Zeit vom Ersten bis zum Zweiten Weltkrieg (1914–1939)“ und von Oskar Wagner: „Die Unierte Evangelische Kirche in

Polnisch-Oberschlesien 1922/23–1939" zugrunde. Nur zu diesen beiden evangelischen Kirchen hatte der polnische Staat sein Verhältnis geregelt: definitiv zur Ev.-Augsb. Kirche und vorläufig zur Unierten Kirche in Polnisch-Oberschlesien. Die gleiche Religions- und Nationalitätenpolitik des Staates den evangelischen Kirchen als Kirchen der religiösen Minderheiten gegenüber und die im wesentlichen gleichen Probleme, die sich für beide Kirchen aus dem Vollzug des kirchenpolitischen Programms des Polnischen Evangelizismus ergaben, ließen es den Verfassern zweckmäßig erscheinen, beide Manuskripte unter dem neuen Titel: „Der Protestantismus in der Republik Polen 1918/19–1939 im Spannungsfeld von Nationalitätenpolitik und Staatskirchenrecht, kirchlicher und nationaler Gegensätze" zusammenzuarbeiten. Einem glücklichen Umstand ist es zu danken, daß beide Verfasser ein umfangreiches Quellenmaterial zur Geschichte der Ev.-Augsb. Kirche in Polen bzw. der Unierten Kirche in Polnisch-Oberschlesien, besonders zu deren Kirchenkampf, über die Jahre des Krieges retten konnten. Zum Zeitpunkt des Todes von Alfred Kleindienst (23. November 1978) war die von beiden Verfassern erstellte Zusammenfassung der Manuskripte bereits abgeschlossen. Die Drucklegung der Arbeit hat Alfred Kleindienst leider nicht mehr erlebt. Über den Tod hinaus begleitet ihn mein Dank.

Für die wissenschaftliche Begleitung der Arbeit habe ich Herrn Prof. Dr. Gotthold Rhode–Mainz und Herrn Dr. Richard Breyer–Marburg, für ihre Drucklegung der Historisch-Landeskundlichen Kommission für Posen und das Deutschtum in Polen, dem Vorstand des Johann-Gottfried-Herder-Forschungsrates und dem Direktor des Johann-Gottfried-Herder-Instituts, Herrn Prof. Dr. Roderich Schmidt, Dank zu sagen.

München, im November 1981 Oskar Wagner

Erster Teil

SCHICKSAL UND WEGE DES PROTESTANTISMUS IM DOPPELREICH POLEN-LITAUEN UND IM KÖNIGREICH POLEN 1520–1914

I. Blütezeit, Untergang und Neubildung der evangelischen Kirche

1. Reformation und Gegenreformation in der Adelsrepublik 1520–1795. Das Selbstverständnis des polnischen Volkes als einer katholischen Nation

Reformatorisches Erbe, unterschiedliche Traditionen, wechselvolle kirchliche Entwicklungen und Erfahrungen haben in hohem Maße Wesen und Verlauf des kirchlichen Geschehens innerhalb der Evangelisch-Augsburgischen Kirche in Polen in den Jahren zwischen den beiden Weltkriegen bestimmt. Nur die wesentlichen, die geschichtswirksamen Entwicklungen können hervorgehoben werden.

Der Verlauf und Charakter der Reformation in der Jagiellonischen Universalmonarchie Polen-Litauen, der osteuropäischen Großmacht im Reformationszeitalter, waren durch deren staatsrechtlichen Aufbau, verfassungsmäßige Struktur, die Mannigfaltigkeit der in ihr zusammengefaßten Länder und Völker mit ihren unterschiedlichen politischen, kirchlichen, kulturellen und geistigen Traditionen bestimmt. Seit dem Jahre 1386 waren durch Heirat des litauischen Großfürsten Jagiello mit der polnischen Königin Hedwig (Jadwiga), der Tochter König Ludwigs I. von Ungarn und Polen, das römisch-katholische Polen mit dem bis dahin heidnischen Litauen, das durch Eroberung des Hauptteiles der Länder des Kiever Reiches zur Großmacht mit überwiegend ostslawischer orthodoxer Bevölkerung emporgestiegen war, in Personalunion verbunden. Mit staatsrechtlicher Sonderstellung und deutscher Selbstverwaltung gehörten dem Jagiellonenreich seit 1454/66 ein Teil des Deutschen Ordenslandes (Danzig, Pommerellen, Ermland) als „Königliches Preußen", seit 1561 der größte Teil Livlands, seit 1581 mit Riga an. In den einzelnen Reichsteilen war der Verlauf der Reformation verschieden.

Am frühesten fand die Reformation in Danzig (seit 1518) und den anderen Städten des Königlichen Preußen (Thorn, Graudenz, Elbing u.a.) Eingang. Wie im Deutschen Ordensland, dem 1525 in ein weltliches Herzogtum unter polnischer Lehenshoheit umgewandelten „Herzoglichen Preußen", und in Livland hatte Luther auch in Danzig persönlich auf die Reformation Einfluß genommen. Über Danzig, das Herzogliche und Königliche Preußen, durch Studenten und Kaufleute, drang die reformatorische Botschaft nach Polen-Litauen ein, erfaßte zunächst die Bürgerschaft der deutschen Städte, seit Beginn der 30er Jahre des 16. Jahrhunderts auch Teile der polnischen Geistlichkeit und des hohen Adels, vor allem in Großpolen. Nachhaltig beeinflußte den Gang der reformatorischen Ereignisse Herzog Albrecht von Preußen (1490–1568), für den die Gewinnung des polnischen und litauischen Volkes für das Evangelium ein tiefes Glaubensanliegen war. Neben Wittenberg war Königsberg zum Ausgangspunkt der lutherischen Reformation in Polen-Litauen geworden, die ein Menschenalter lang den Charakter der Reformation im Jagiellonenreich insgesamt bestimmte.

Vergeblich hatte König Zygmunt I. (1505–1548), Oheim Herzog Albrechts von Preußen, versucht, dem Eingang der Reformation in seinem Lande zu wehren. Im Statut vom 20. Juli 1520 stellte er den Abfall von der römisch-katholischen Kirche in Danzig unter Todesstrafe, am 24. Juli 1520 (Edikt von Thorn) bedrohte er die Einfuhr und Verbreitung lutherischer Schriften mit der Strafe der Güterkonfiskation und Landesverweisung. Am 22. Juli 1523 ordnete er eine Bücherzensur in Krakau an und setzte einen Inquisitionsausschuß ein, am 22. März 1540 bedrohte er das Studium an den „ketzerischen Hochschulen" des Auslandes mit der Todesstrafe. Der Boden für die Aufnahme der reformatorischen Botschaft war trotzdem so weit vorbereitet, daß sie in der Regierungszeit seines Sohnes und Nachfolgers, König Zygmunts II. August (1548–1572), in breitem Strom – nunmehr aber in der Gestalt des Calvinismus – weiteste Teile des polnischen, litauischen, aber auch weißrussischen und ukrainischen Adels erfaßte. Das Luthertum blieb Sache des deutschen Bevölkerungsanteils des Königlichen Preußen und Livlands, des deutschen Bürgertums der Städte Polen-Litauens, und eines Teils des polnischen Adels, vor allem in Großpolen; in Kleinpolen hatte es unter dem Adel nur in geringem Umfang, in Rotreußen, in der Ukraine und in Weißrußland dagegen kaum Fuß gefaßt. Die Jahre 1555–1573 bildeten den Höhepunkt reformatorischer Einflüsse in Polen-Litauen, die in ihren geistesgeschichtlichen Auswirkungen das „Goldene Zeitalter" der polnischen Literaturgeschichte heraufführten. Im Jahre 1569 hatte der polnische und litauische evangelische Hochadel unter den weltlichen Mitgliedern des Senats die Mehrheit. Als nach der Aussetzung der bischöflichen Gerichtsbarkeit im Jahre 1562/63 evangelische Gemeindegründungen rechtlich möglich geworden waren, befürchtete der päpstliche Nuntius den Untergang der katholischen Kirche im Lande.

König Zygmunts II. tolerante Haltung – sie entsprach etwa der seines Schwagers, Kaiser Maximilians II. (1564–1576) – ermöglichte es einem Teil der durch König Ferdinand I. nach dem Schmalkaldischen Kriege aus Böhmen und Mähren vertriebenen Böhmischen Brüder, sich in Großpolen niederzulassen, aber auch den Antitrinitariern oder Unitariern, später auch „Polnische Brüder" genannt, im Lande Zuflucht zu finden. Zur staatsrechtlichen Anerkennung der evangelischen Bekenntnisse für Polen-Litauen konnte sich Zygmunt II. nicht entschließen. Nur für Danzig und das Königliche Preußen war er auf Verlangen des dortigen Landtags in den Jahren 1557 bzw. 1559, für Livland 1561, für Riga 1581 gezwungen, das Augsburgische Bekenntnis freizugeben. Nur in diesen Reichsteilen konnte lutherisches Gemeinde- und Synodalleben auf staatsrechtlich gesicherter Grundlage aufbauen, die Gegenreformation, wenn auch mit Einbußen, überdauern und zum Rückhalt der die Gegenreformation überlebenden Reste des Protestantismus in Polen-Litauen werden.

Die Grundlagen der Erneuerung der in ihrer Macht nie gebrochenen römisch-katholischen Kirche und der Gegenreformation wurden gleicherweise in der Regierungszeit König Zygmunts II. gelegt. Zur Seele der Gegenreformation wurde Stanislaus Hosius (1504–1579), Sohn eines aus Pforzheim eingewanderten Deutschen, in Krakau geboren, gegen den Widerstand der preußischen Stände 1551 zum Bischof von Ermland ernannt. Er berief die Jesuiten nach Polen-Litauen, erwirkte 1564 die Annahme der Beschlüsse des Tridentinums durch den Senat und König Zygmunt II., der mit einem besonderen Privileg vom Jahre 1565 den Jesuitenorden unter den Schutz der Krone stellte. Erst die Erfolge der beginnenden Gegenreformation zwangen den konfessionell und sprachlich zersplitterten Protestantismus in Polen-Litauen – Lutheraner, Calvinisten, Böhmische Brüder – zum Abschluß des „consensus sendomirensis" vom 5. April 1570. Dieser war weder eine Kultus-, noch eine Verwaltungsunion, noch eine Lehrunion, vielmehr die Einigung auf eine gemeinsame theologische Grundlage zum Zwecke gemeinsamen kirchlichen Handelns. Man gestand sich gegenseitig die Rechtgläubigkeit der Bekenntnisse zu und einigte sich in der Abendmahlsfrage auf eine (philippistische) Kompromißformel, der nach Erlaß der Konkordienformel jedoch der Boden entzogen war.

Als nach dem Tode König Zygmunts II. August der Jagiellonenstamm ausgestorben, Polen-Litauen zu einem freien Wahlkönigtum geworden war, konnte im Zusammenwirken des evangelischen, griechisch-orthodoxen und römisch-katholischen Adels am 28. Januar 1573 während des Interregnums die „Warschauer Konföderation" abgeschlossen werden, in der sich die „dissidentes de religione" für sich und ihre Untertanen „für immerwährende Zeiten" zur Einhaltung von Religionsfreiheit und konfessionellen Frieden verpflichteten. Dem Inhalt der Warschauer Konföderation war die Eidesformel nachgebildet, die von dem ersten polnischen Wahlkönig, Heinrich von Valois (1573–1574), an, alle polnischen Wahlkönige bis ins 18. Jahrhundert hinein beschwören mußten („articuli Henriciani" und „pacta conventa").

Einen Schutz gegen die fortschreitende Gegenreformation boten die „Warschauer Konföderation", die „articuli Henriciani" und die „pacta conventa" jedoch nicht. Begonnen mit Stefan Bathory (1576–1586), dem zum König gewählten Fürsten von Siebenbürgen, wurde die Gegenreformation zum bestimmenden Kurs polnischer Religions- und Staatspolitik. Entscheidend für ihre Erfolge waren das Bündnis zwischen Königtum und katholischer Kirche unter Führung des Jesuitenordens, die Zersplitterung des Protestantismus und die Tatsache, daß das evangelische Kirchenwesen keine staatsrechtlich gesicherte Grundlage in Polen-Litauen – das Königliche Preußen und Livland ausgenommen – hatte; die „Warschauer Konföderation" hatte nur die persönliche Gewissensfreiheit des Adels zum Gegenstand. Die Reformation hatte weder die Schichten des niederen Adels, noch die der untertänigen Landbevölkerung erreicht. Hier lagen die Gründe für den eigenartigen Aufbau der evangelischen Gemeinden, die nur vom Adel gegründet werden und als Patronatsgemeinden bestehen konnten. Sie verfielen, als die adligen Patronatsherren ausstarben oder katholisch geworden waren.

Mit aller Macht setzte die Gegenreformation in Polen-Litauen unter dem in die Geschichte mit dem Beinamen „Jesuitenkönig" eingegangenen Zygmunt III. (1587–1632) ein. Er stammte aus dem schwedischen Königsgeschlecht der Wasa und war ein Sohn des zum Katholizismus übergetretenen Königs Johann III., und Schwager Kaiser Ferdinand II., des Vollstreckers der Gegenreformation in den habsburgischen österreichischen Erblanden des Römischen Reiches Deutscher Nation. Kennzeichnend für den konfessionellen Wandel war, daß am Ende der Regierungszeit König Zygmunts III. die Zahl der evangelischen Senatoren auf drei herabgesunken war und die Protestanten allein in den Jahren 1606 bis 1620 zwei Drittel ihrer Gemeinden verloren hatten. Polen-Litauen wurde zum Träger der

Gegenreformation in Osteuropa: der orthodoxen Bevölkerung im eigenen Staate, wie dem protestantischen Schweden und dem orthodoxen Moskauer Zarenreich gegenüber. Für das zukünftige staatliche Schicksal Polen-Litauens wurde die Identifizierung kirchlicher katholischer und staatlicher Interessen von ausschlaggebender Bedeutung. Nach der Regierungszeit des persönlich zur Toleranz neigenden Sohnes und Nachfolgers Zygmunts III., König Władysław IV. (1632–1648), setzte die entscheidende Entwicklung unter der Regierungszeit des Bruders König Władysławs IV., König Jan II. Kazimierz (1648–1668) ein, der vor Übernahme des Königsthrones Jesuitenkardinal war und vom Papst von den geistlichen Gelübden befreit wurde. 1658 wurden die Sozinianer des Landes verwiesen, 1666 schied mit dem Danziger Kastellan Sigismund Güldenstern der letzte Evangelische aus dem Senat aus, 1668 wurde der Abfall vom Katholizismus mit Landesverweisung bedroht. Gegen die Griechisch-Orthodoxen Polen-Litauens – Russen, Weißruthenen, Ukrainer – wurde mit staatlichen Mitteln die kirchliche Union mit Rom aus dem Jahre 1595 vorangetrieben. Die permanenten Kämpfe mit dem Moskauer Zarenreich und die Kriege mit Schweden und dem mit ihnen seit 1656 verbündeten brandenburgisch-preußischen Kurfürsten hatten den Charakter von religiösen Entscheidungskämpfen erhalten. Mitten in den Kämpfen mit dem Zarenreich und Schweden, in deren Verlauf das Paulinerkloster Jasna Góra (Klarer Berg) in Tschenstochau einer schwedischen Belagerung widerstand, wurde die „Schwarze Mutter Gottes von Tschenstochau" in der Kathedrale von Lemberg am 1. April 1658 offiziell zur Königin Polens gekrönt, verbunden mit dem Gelübde, das Land von innen und außen von den Ketzern zu befreien. Marianisches Denken bestimmte maßgebend das Staatsbewußtsein und die Staatsideologie der Polen, als es Jan II. Kazimierz gelang, das zerfallene Jagiellonenreich im Zeichen der katholischen Idee für einige Zeit wieder aufzurichten.

Für die Zukunft des Protestantismus wurde entscheidend, daß sich der Katholizismus in Polen im Zeitalter der Gegenreformation zur polnischen Nationalreligion gewandelt hatte, die Begriffe Nation und Konfession ineinander zu fließen begannen, um sich in der Vorstellungswelt der Massen des Polentums zu decken: Pole und Katholik, Russe und Orthodoxer (Schismatiker), Deutscher und Protestant (Ketzer) wurden identische Begriffe. Mit dem Selbstverständnis des polnischen Volkes als einer katholischen Nation blieb dauernd der nationalreligiöse Kult der Schwarzen Madonna von Tschenstochau verbunden.

Im Geiste solcher Staats- und Volksideologie vollzog sich das Schicksal des Protestantismus in Polen-Litauen und des polnischen Staates unter den drei letzten polnischen Wahlkönigen. Die Entwicklung unter König August II. (1697–1733), dem 1697 um der Krone Polens willen zum Katholizismus übergetretenen Kurfürsten von Sachsen und Haupt des corpus evangelicorum, Augusts des Starken, hatte daran ihren besonderen Anteil. Im Jahre 1716 wurden die Rechte der nichtkatholischen Bürger des Landes weiter eingeschränkt, 1718 schied mit dem Calvinisten Andreas Piotrowski der letzte evangelische Vertreter aus dem Sejm aus, 1724 wurden der evangelische Bürgermeister von Thorn, Johann Gottfried Roesner, und neun Ratsherren wegen „Gotteslästerung" (Rauferei zwischen Zöglingen des Jesuitenkollegs und Schülern des evangelischen Gymnasiums) trotz des Einspruchs Preußens, Schwedens, Dänemarks und Englands hingerichtet; 1726 wurde bei Androhung der Todesstrafe den Evangelischen jedes Hilfesuchen im Ausland verboten. Zu den Bedingungen der Wahlkapitulation des als König August III. (1733–1763) gewählten Kurfürsten

Friedrich August von Sachsen, verheiratet mit Maria Josepha, einer Tochter Kaiser Josephs I., gehörte der Entzug des Wahlrechtes von Evangelischen in den Sejm und die Verpflichtung, Hofwürden, Staatsämter, Richterstellen und ähnliche Ämter nur an Katholiken zu vergeben. Bereits als Kurprinz hatte August III. 1717 „der verfluchten evangelischen ketzerischen Religion“ abgeschworen, in diesem Sinne danach sein königliches Amt geführt. Das politische Schicksal der innerlich zerrütteten polnisch-litauischen Adelsrepublik, die seit Peter dem Großen zum Vasallenstaat Rußlands geworden war, erfüllte sich in der Regierungszeit Stanisław August Poniatowskis (1764–1795), des letzten polnischen Königs, eines Günstlings und Vertrauten der Zarin Katharina II. Unter dem Druck russischer Truppen, die seit dem Nordischen Kriege (1700–1721) Polen-Litauen nicht mehr verlassen hatten, war es zum Abschluß des Warschauer Traktates vom 24. Februar 1768 zwischen dem König von Polen und der Zarin von Rußland, Katharina II. (1762–1796), für die Orthodoxen und den Königen von Preußen, England, Dänemark und Schweden für die Evangelischen gekommen, der – am 5. März 1768 vom Sejm angenommen – unter Wahrung des Katholizismus als polnischer Staatsreligion den Resten des Protestantismus in Polen-Litauen und den Orthodoxen beschränkte religiöse Duldung gewährte und sie unter internationalen Schutz stellte. Evangelischen wie Orthodoxen wurde volle Glaubens- und Gewissensfreiheit zugesichert, freie Kultusausübung und Selbstverwaltung in allen kirchlichen Fragen gewährt. Sie wurden von der Gerichtsbarkeit der Tribunale und katholischer Konsistorien befreit, einem „iudicium mixtum“ (8 Röm.-katholische, 8 Evangelische oder Orthodoxe unter Vorsitz der orthodoxen Metropoliten von Weißrußland) unterstellt.

Zum Zeitpunkt der Wiedererlangung der Religionsfreiheit durch den Warschauer Traktat gab es in Polen-Litauen im Verfolg der deutschen Einwanderung, vor allem unter der Herrschaft der sächsischen Könige, wieder: in Großpolen 58 lutherische, davon 56 deutsche und 2 polnische, und 10 reformierte, davon 5 polnische und 5 deutsche Gemeinden; in Kleinpolen und Masovien waren es 12 reformierte polnische und 2 lutherische deutsche Gemeinden; in Litauen gab es 38 polnische und litauische reformierte und 2 lutherische deutsche Gemeinden. In die Zahlen von 1768 nicht einbezogen sind die 96 lutherischen deutschen Gemeinden des „Königlichen Preußen“, das bei der 1. Teilung Polens mit Ausnahme von Thorn und Danzig an Preußen gekommen war. Konfessionelle Spannungen zwischen Lutheranern und Reformierten, Adligen und Bürgerlichen, ließen es trotz wiederholter gemeinsamer Synoden nicht zu einer gefestigten evangelischen Kirche kommen. Die auf der Synode in Sielec vom 2. Mai 1777 geschlossene kirchliche Union scheiterte am Widerstand der meisten lutherischen Gemeinden auf der Generalsynode von Wengrow 1782.[1]

1 Zur allgemeinen Geschichte der Reformation in Polen-Litauen bis zum Untergang der Adelsrepublik sei verwiesen auf die im Literaturverzeichnis angeführten Arbeiten von *O. Bartel, W. Bickerich, J. Bursche, Chr.G. Friese, W. Gastpary, J. Gryniakow, F. Hunnius, E. Kneifel, W. Krasinski, A. Rhode, G. Rhode, A. Schmidt, J. Staemmler, A. Starke, K. Völker, H. Wahl, A. Wantula.* Wortlaut der Religionsartikel der Verfassung vom 3. Mai 1791 und der Grundrechte des Sejms von Grodno 1793 bei *O. Wagner,* Staat und Kirche 114f.

Der Polen von außen, von politischen Gegnern aufgezwungene Warschauer Traktat vertiefte die Opposition des polnischen Katholizismus und der sich als katholisch verstehenden polnischen Nation gegen alle a-katholischen Bekenntnisse. Schon der Sejm des Jahres 1775 schränkte die Rechte der Evangelischen aus dem Warschauer Traktat ein. Dem Senat sollten keine, dem Sejm höchstens drei Evangelische angehören, die Institution des „iudicium mixtum" wurde abgeschafft. Selbst die im Zeichen innerer Reformen und der Aufklärung beschlossene Verfassung vom 3. Mai 1791 enthielt die Bestimmung: „Die herrschende Nationalreligion ist und bleibt der heilige katholische Glaube mit allen seinen Rechten. Der Übertritt vom herrschenden Glauben zu irgendeinem Bekenntnis ist bei Strafen der Apostasie verboten".[2] Noch schärfer formulierten die vom Sejm in Grodno 1793 beschlossenen Grundrechte der Staatsbürger: „In diesem Königreiche Polen [...] wird der heilige katholische Glaube [...] der ewig herrschende sein. [...] Der Übertritt zu irgend einem anderen Bekenntnis wird immer als kriminelle Handlung angesehen werden".[3]

Seit der Mitte des 18. Jh. neigte sich die polnisch-litauische Adelsrepublik durch innere Schwäche, Verzögerung innerer Reformen, Parteikämpfe, konfessionelle Radikalisierung, außenpolitische Abhängigkeiten und Kriege, ihrem Untergang zu, bis sie in drei Teilungen – 1772, 1793, 1795 – den Teilungsmächten Rußland, Österreich, Preußen zum Opfer fiel.

Der territoriale Umfang der einzelnen Teilgebiete wechselte, nachdem Napoleon I. auf dem Höhepunkt seiner Macht das nach französischem Muster organisierte „Herzogtum Warschau" (1807–1813)[4] geschaffen hatte, zu dessen Herrscher Kurfürst Friedrich August von Sachsen bestellt wurde. Als nach dem Zusammenbruch der napoleonischen Herrschaft über Europa auf dem Wiener Kongreß von 1815 die europäische Staatenwelt neu gestaltet wurde, war Polen-Litauen als unabhängiger Staat auf der Landkarte Europas für ein Jahrhundert völkerrechtlich ausgelöscht. Von seinem ursprünglichen Staatsgebiet waren 82% an Rußland, 12% an Österreich und 8% an Preußen gefallen, darunter das „Königliche Preußen". Im russischen Teilgebiet wurde aus den ethnographisch polnischen Gebieten das „Königreich Polen" (Kongreßpolen) gebildet, das in Personalunion und mit eigener Verfassung „für ewige Zeiten" mit dem Zarenreich verbunden bleiben sollte (Wiener Schlußakte vom 8. Juni 1815).

In jedem der drei Teilgebiete hatte die evangelische Kirche eine andere Entwicklung genommen.

2. Die Neubildung der evangelischen Kirche im Zuge der deutschen Einwanderung. Die Entstehung evangelischer Konfessionskirchen 1795/1815–1849

Die Geschichte der ev. Kirchen im Königreich Polen (Kongreßpolen) – der augsburgischen wie der reformierten – baut auf deren Entwicklung in der polnisch-litauischen Adelsrepublik auf. Auf staatsrechtlich gesicherter Grundlage konnte in den letzten Jahrzehnten

2 Anhang, Dok. 1.
3 Anhang, Dok. 2.
4 Religionsartikel des Verfassungsgesetzes für das Herzogtum Warschau vom 22. Juli 1807, Anhang, Dok. 3.

der Adelsrepublik auch außerhalb des „Königlichen Preußen“, Livlands und Kurlands nach dem Warschauer Traktat von 1768 der Wiederaufbau ev. Gemeinden im Zuge verstärkt einsetzender deutscher Einwanderung erfolgen und dem Aufbau der beiden ev. Kirchen ein neuer Anfang gesetzt werden. Im Gegensatz zu der wesentlich größeren Zahl der reformierten, war die Zahl der lutherischen Polen, die das Erbe der Reformation im Lande wachhielten, um die Mitte des 18. Jh. auf „nur kümmerliche Reste“ zurückgegangen, doch, so fährt Generalsuperintendent Julius Bursche in seiner Geschichte der Ev.-Augsb. Kirche in Polen fort:

„[...] Da brach in der zweiten Hälfte des 18. und Anfang des 19. Jahrhunderts eine neue Zeit für unsere Kirche in Polen an. Weitsehende polnische Staatsmänner und reich begüterte Magnaten hatten schon früher aus dem Auslande Kolonisten bezogen und auf ihren Besitzungen angesiedelt, etwas später folgten denselben auch Handwerker, welche in kleineren und größeren Städten ansässig wurden. Besonders trieb jedoch eine planmäßige Kolonisationspolitik die preußische Regierung, welche nach der Teilung Polens 1793–1807 einen Teil des späteren Kongreßpolen besetzt hatte. Sie legte zahlreiche Dörfer an und besiedelte sie mit deutschen Ackerbauern, sie rief auch Zivil- und Militärbeamte, Gelehrte, Künstler, Fabrikanten ins Land. Die Eingewanderten, aus dem Danziger Werder, Pommern, Mecklenburg, zum großen Teil auch aus Süddeutschland [...], aus Sachsen, Schlesien und vielen anderen Gegenden Deutschlands stammend, waren fast ausschließlich Lutheraner, und so entstanden mit der Zeit zahlreiche lutherische Ansiedlungen, die mit den aus der Reformationszeit übriggebliebenen polnischen Lutheranern den heutigen Bestand der Evangelisch-Augsburgischen Kirche in Polen bilden“.[1]

„In dem Maße, wie das polnische Element innerhalb des Protestantismus in Polen zurücktrat, kam das deutsche zur Geltung. Am Ende unseres Zeitalters (der Teilungen des Landes) war die Wahrung der Dissidentenrechte geradezu eine deutsche Angelegenheit geworden“.[2] Gab es auf dem Gebiete des späteren Kongreßpolen zum Zeitpunkt des Abschlußes des Warschauer Traktates nur eine lutherische Gemeinde, die als Filiale der reformierten Gemeinde Wengrow in Podlachien geführte deutsche Gemeinde Warschau ohne eigene gottesdienstliche Stätte und eigenen Geistlichen, so entstanden 1768 bis zum Untergang Polen-Litauens (1795) durch deutsche Einwanderung 10 Gemeinden, die bedeutendste davon in Warschau. Zu ihrem ersten Pfarrer hatte die auf 7000 Seelen angewachsene Gemeinde den aus Erfurt stammenden Johann Jakob Scheidematel (1775–1777) berufen, dem der in Grembotschin bei Thorn geborene Gottlieb Ringeltaube (1777–1785) folgte. 1771 errichtete die Gemeinde eine evangelische deutsche Schule und erbaute 1777–1781 nach den Plänen des königl. Hofbaumeisters Simon Gottlieb Zugk die St. Trinitatiskirche, deren tatkräftigster Förderer der königl. Bankier Peter Tepper (d. Ä.) war. Ringeltaubes Nachfolger waren Karl Ludwig Hemmerich aus Dresden (1785–1793), dann Karl Heinrich Wilhelm Schmid aus Karge (1793–1813).[3] Die deutsche Einwanderung setzte sich in der Zeit des „Herzogtums Warschau“ und des „Königreichs Polen“ fort, von

1 *J. Bursche,* Kirche 45f.
2 *K. Völker,* Kirchengeschichte 231.
3 *L. v. Otto,* Beiträge; *A. Eichler,* Die Warschauer Gemeinde; *Th. Wotschke,* Zur Geschichte; *W. Gastpary,* Historia 86ff.; *E. Kneifel,* Gemeinden 40f.; *ders.:* Geschichte 68ff.

deren Regierungen aus wirtschaftlichen und kulturellen Gründen gefördert und durch vorteilhafte Einwanderungsgesetze gelockt. In den Jahren 1815–1830 waren in Kongreßpolen weitere 19 ev. Kirchengemeinden entstanden, bis 1849 weitere 17 Kirchengemeinden und 15 Filialen. Eine besondere industrielle Entwicklung nahmen Stadt und Umkreis Lodz, deren Textilindustrie deutsche Weber 1821 begründeten und zur Weltgeltung brachten; die ev. Gemeinde Lodz wurde zur größten und reichsten des Landes. Als um die Mitte des 19. Jh. die deutsche Einwanderung nach dem Königreich Polen zum Stillstand gekommen war, um nach 1860 ganz aufzuhören, erlangte die innere Wanderungsbewegung eine umso größere Bedeutung. Die älteren Kolonien gaben den Überschuß ihrer Bevölkerung an neugegründete ländliche Tochtersiedlungen oder an städtische Gemeinden ab, auch an die neuen Siedlungsgebiete in Wolhynien, dem Lubliner und Cholmer Land.[4]

Der organisatorische Aufbau der sich im Königreich Polen bildenden ev. Kirchen knüpfte an die in Warschau seit der preußischen Zeit (1795–1806) bestehenden lutherischen und reformierten Konsistorien an.[5] Die staatsrechtliche Lage der Konfessionen hatte sich gründlich gewandelt. Herrschende Staatskirche war nunmehr die Orthodoxe Kirche Rußlands geworden. Die dem Königreich Polen vom Zaren Alexander I. (1801–1825) als König von Polen gegebene Verfassung vom 27. November 1815 verlieh diesem eine Sonderstellung auf rechtlichem, wirtschaftlichem und kulturellem Gebiet, gewährleistete der „Römisch-Katholischen Religion, die von dem allergrößten Teil der Einwohner des Königreichs bekannt wird“, die „besondere Fürsorge der Regierung, ohne dadurch die Freiheiten der anderen Bekenntnisse zu beeinträchtigen“.[6] Hatte die katholische Kirche auch aufgehört, bevorzugte Staatsreligion und die herrschende im Königreich Polen zu sein, so blieb sie umso stärker als polnische Nationalreligion im polnischen Volke unter der Fremdherrschaft verankert. Die religiösen Fragen gehörten zur Kompetenz der Regierungskommission für Religiöse Bekenntnisse und Öffentliche Bildung.

Verfassungsrechtlich war die Lage der beiden ev. Kirchen im Königreich gekennzeichnet durch das insbesondere von dem ref. Superintendenten Karl Gottlieb Diehl (1765–1831), aus Lissa gebürtig, 1787–1791 Pastor der Posener Unitätsgemeinde, 1791–1830 Pastor der ref. Gemeinde in Warschau und Superintendent der wenigen ref. Gemeinden des Königreichs, verfochtene Anliegen zu einer Union der beiden Bekenntnisse oder zumindest zur Schaffung eines gemeinsamen Konsistoriums zu kommen. Als es ihm gelang, einen Teil der Lutheraner unter Führung des Präses des ev.-augsb. Kirchenkollegiums in Warschau, Gottlieb Linde, und den Staatsrat des Königreichs für diesen Gedanken zu gewinnen, verordnete Zar Nikolaus I. (1825–1855) als König von Polen mit Ukaz vom 14./26. Februar 1828 die Vereinigung des luth. und des ref. Konsistoriums in Warschau zu einem „Generalkonsistorium für evangelische Bekenntnisse in Warschau“, der Regierungskommission für

---

4 *E. Kneifel,* Gemeinden 13, 124ff., 184ff.; *ders.:* Geschichte 85ff., 89ff., 129ff.; *W. Gastpary,* Historia 218ff., 154ff.; *J. Bursche,* Kirche 50ff.; *O. Kossmann,* Die Anfänge; *ders.:* Lodz; *A. Schmidt,* Die deutsche Kolonisation; *H. Schmidt,* Die deutschen ev. Siedlungen u. a.

5 *W. Gastpary,* a.a.O. 224ff.; *J. Gryniakow,* Ekumeniczne dążenia 27ff.; *W. Bickerich,* Ev. Leben 41f.; *E. Kneifel,* Geschichte 96ff.

6 Die Religionsartikel des Verfassungsgesetzes für das Königreich Polen vom 15./27. November 1815, Anhang, Dok. 4.

innere und geistliche Angelegenheiten unterstellt.[7] Die weitere Entwicklung der kirchlichen Verfassungsfrage vollzog sich im Zusammenhang mit der theologischen und der politischen Entwicklung im Königreich wie der Regelung der Verfassungsfrage für die Ev.-Luth. Kirche im Rußland. Der mißglückte polnische Novemberaufstand 1830/31 mit der Bildung einer polnischen Nationalregierung und der Absetzung der Dynastie Romanow hatte zu harten Gegenmaßnahmen der russ. Regierung geführt.[8] Nach Preußen geflohen war auch der ref. Präsident des Generalkonsistoriums, K.G. Diehl. Die Verfassung des Königreichs Polen von 1815 wurde aufgehoben, an ihrer Stelle das „Organische Statut" vom 26. Februar 1832 erlassen, das zwar die Sonderstellung des Königreichs Polen im Rahmen des Zarenreiches aufrechterhielt, seine Autonomie aber stark einschränkte. Stufenweise wurde die Landesverwaltung derjenigen im ganzen Zarenreich angepaßt. Hatte das von der revolutionären polnischen Nationalregierung 1830/31 erarbeitete Projekt einer Staatsverfassung vorgesehen, daß „die katholische, apostolische, römische Religion die Staatsreligion" ist, so bestimmte das „Organische Statut", daß „[...] die römisch-katholische Religion, als von dem allergrößten Teil unserer Untertanen bekannt, immer der besondere Gegenstand der Fürsorge und Protektion der Regierung sein wird".[9]

Auch für die Verfassung der ev. Kirchen war der Novemberaufstand nicht ohne Nachwirkungen geblieben. Zu Fall gebracht wurde die ungeliebte Verwaltungsunion von 1828. Sie scheiterte an dem erstarkten Konfessionsbewußtsein der an der Theol. Fakultät in Dorpat ausgebildeten jüngeren lutherischen Theologengeneration, an der Unzufriedenheit weiter lutherischer Kreise an der einseitigen Bevorzugung der kleinen ref. Kirche – 1838 betrug die Seelenzahl der luth. Kirche 199958, die der ref. Kirche 7886 Glieder – und an den Konflikten, die sich aus dem administrativen Einfluß der Reformierten auf innerkirchliche Angelegenheiten der luth. Gemeinden ergaben. Nahezu ganz haben sprachliche und nationale Unterschiede die Konfessionen geschieden. Einen weiteren Grund zur Aufhebung der Union führt E.H. Busch an: die Überhandnahme des Rationalismus und Indifferentismus in den leitenden Kreisen des Generalkonsistoriums. Führend betrieben die Aufhebung der Union der luth. Präses des Generalkonsistoriums, Alexander von Krusenstern, der nachmalige Generalsuperintendent Adolph Theodor Julius Ludwig (1849–1874) und der spätere Superintendent von Plozk, Ignatius Karl Wilhelm Boerner (1837–1896), unterstützt von Gemeindegliedern deutsch-baltischer Herkunft, darunter einflußreicher Persönlichkeiten aus Wirtschaft, Staats- und Militärdienst. Für die Aufhebung der kirchlichen Verwaltungsunion setzte sich auch der Direktor der Kommission für Religionsbekenntnisse im Königreich, General Golovin, ein, der in einem Memorial an den Statthalter aus dem Jahre 1837 die Aufhebung des Generalkonsistoriums empfahl und diese mit dem Einfluß der kleinen ref. Gruppe – nach seinem Urteil überwiegend polnische Patrioten und Feinde Rußlands – auf die deutschen Lutheraner begründete.[10]

---

7 Text des Ukaz vom 14./26. Februar 1828 bei: *J. Gryniakow,* a.a.O. 46–49; *J. Glass,* Stan prawny 262f.; *W. Gastpary,* a.a.O. 249ff.; *E. Kneifel,* Geschichte 106ff.; *H. Wahl,* Staatskirchenrecht 76f.

8 *M. Handelsman,* Konstytucje 76–82.

9 Die Religionsartikel des Organischen Status, Anhang, Dok. 5.

10 *W. Gastpary,* a.a.O. 264ff.; *J. Gryniakow,* a.a.O. 53ff.; *E. Kneifel,* Geschichte 114ff.

Mit Ukaz vom 8./20. Februar 1849[11] verordnete Zar Nikolaus I. konfessionell getrennte Konsistorien für beide ev. Kirchen mit der Begründung, die Grundzüge der Organisation und Verwaltung der ev. Kirchen im Königreich Polen denjenigen der ev. Kirchen im übrigen Zarenreich anzugleichen. Am gleichen Tage erließ er für beide Kirchen ihre ersten Verfassungen: Die „Vorschriften für die Verwaltung der Evangelisch-Reformierten Kirche im Königreich Polen" und das „Kirchengesetz für die Evangelisch-Augsburgische Kirche im Königreich Polen"[12], dessen Artikel denjenigen des „Gesetzes für die Evangelisch-Lutherische Kirche in Rußland" von 1832[13] entsprachen, ausgenommen einige Artikel, die eine stärkere Ingerenz des Staates in kirchlichen Angelegenheiten vorsahen. Hauptverfasser des Kirchengesetzes für die Ev.-Augsb. Kirche waren der luth. Präses des Generalkonsistoriums, Alexander v. Krusenstern, und die beiden führenden Theologen der Augsb. Kirche, Adolph Theodor Julius Ludwig und Ignatius Karl Wilhelm Boerner.[14]

Name und Verfassung der Ev.-Augsb. Kirche im Königreich Polen erfuhren auch keine Änderung, als nach dem polnischen Aufstand von 1863/64 die Sonderstellung des Königreichs Polen fast vollständig aufgehoben wurde, das Land von russischen Gouverneuren regiert, der Russifizierung unterworfen und praktisch im großen russischen Zarenreich aufgegangen war. Im Jahre 1867 wurde auch die Ev.-Augsb. Kirche im Königreich Polen dem Innenministerium in St. Petersburg unterstellt und an Stelle der bisher polnischen Amtssprache des Konsistoriums als Staatssprache des Königreichs 1874 die deutsche, 1889 die russische Sprache eingeführt. Im Jahre 1907 wurde das Gebiet des Königreichs Polen schließlich um das aus Teilen der Gouvernements Lublin und Siedlce gebildete Gouverne-

---

11 Anhang, Dok. 6.

12 Anhang, Dok. 7.

13 Veröffentlicht in: Kirchenordnungen der Ev.-Luth. Kirche in Rußland 38–170; vgl. *E. Amburger*, Geschichte 76ff.

14 Theologische Deutung, historische Ausprägung der Konfessionen und das auf alle Kirchen und Religionsgemeinschaften des vielnationalen und -konfessionellen russischen Zarenreiches bezogene einheitliche Staatskirchenrecht des russischen Zarenreiches werden verkannt, wenn die Auflösung der Verwaltungsunion der beiden evangelischen Kirchen im Königreich Polen politisch begründet gesehen wird. So *W. Gastpary*, Historia 271: „Wer die Aufhebung der Verwaltungsunion der beiden evangelischen Bekenntnisse verursacht hat, braucht nicht nachgewiesen zu werden. Das war nicht nur der Unwille der Lutheraner, die sich in dem gemeinsamen Konsistorium majorisiert fühlten, auch nicht die in Dorpat erzogene neue Generation der lutherischen Geistlichen; den russischen Behörden lag es nur einfach daran, eine den Polen national fremde Gruppe zu erhalten. Und weil dies gerade Ankömmlinge aus Deutschland, also Deutsche waren, so sollten sie auch solche bleiben, und sich, Gott verhüte, nicht assimilieren. Und da diese Deutschen in ihrer übergroßen Mehrheit evangelisch-augsburgischen Bekenntnisses sind, daher müssen sie beeinflußt und durch die Kirche in ihrer nationalen Besonderheit erhalten werden. [...] Man mußte daher die Evangelisch-Augsburgische Kirche von allen Einflüssen abgrenzen, die zum Einleben der Evangelischen in die polnische Gesellschaft beitragen konnten. Deutlich sprechen davon die Memoriale und Raporte an die russischen Behörden. Auf die Entscheidung Nikolaus I. nahm seine Umgebung Einfluß. Die Politik der zaristischen Behörden im Königreich Polen wird systematisch diese konfessionelle Linie verfolgen und die Evangelischen werden des öfteren vor dieser nicht leichten Prüfung der staatsbürgerlichen und patriotischen Haltung stehen".

ment Cholm (Chelm) verkleinert und dieses einer rücksichtslosen Russifizierung unterworfen. Offiziell wurde die Bezeichnung „Königreich Polen“ nicht aufgehoben, war aber der behördlichen Benennung „Weichselland“ oder „Weichselgouvernements“ (Privislanskij Kraj) gewichen.

Mit den sich aus dem Wechsel der Staatshoheit ergebenden Änderungen (1918/19) blieb das „Kirchengesetz für die Evangelisch-Augsburgische Kirche im Königreich Polen“ vom 8./20. Februar 1849 gültig bis zum Jahre 1936.

3. Die Evangelisch-Augsburgische Kirche im Königreich Polen (Kongreßpolen) 1849–1914

a) Verfassung und Verwaltung der evangelischen Staatskirche. Statistisches

Gegenüber der Rechtslage von 1828 bedeutete das Kirchengesetz für die Evangelisch-Augsburgische Kirche im Königreich Polen von 1849[1] einen Fortschritt. Innerhalb der die Autonomie aller Kirchen und Religionsverbände entscheidend einschränkenden Grenzen des Staatskirchenrechtes Rußlands sicherte es den Gemeinden den gesetzlichen Spielraum für den Aufbau ihres Kirchen- und Schulwesens. Regierung und Behörden waren der Ev.-Augsb. Kirche im allgemeinen wohlgesonnen, wie denn ein Großteil der gehobenen russischen Beamtenschaft und des höheren Offizierkorps im Königreich Polen aus Deutschbalten bestand, von denen nicht wenige aktiven Anteil am kirchlichen Leben nahmen. Auch darf nicht übersehen werden, daß sich die Lutherische Kirche im Zarenreich eines hohen Ansehens erfreute und als überlegene geistliche und kulturelle Größe gewertet wurde. Zu Behinderungen oder Benachteiligungen kirchlichen Lebens war es nicht gekommen, wenn die Regierung auch allen kirchlichen Neuerungen und allen über das Kirchengesetz hinausgehenden Bestrebungen ablehnend gegenüberstand. Die Grenzen zur russischen orthodoxen Staats- und Nationalkirche waren streng gezogen. Deren herrschende Stellung durfte nicht angetastet werden. Unter Androhung der Amtsenthebung und einer Gefängnisstrafe war es ev. Geistlichen verboten, gemischte (ev.-orth.) Brautpaare zu trauen oder Kinder aus Mischehen zu taufen. Die Aufnahme Orthodoxer in die ev. Kirche war unter keinen Umständen möglich.

Um die Geschichte der Umbenennung der Luth. Kirche im Ukaz vom 8./20. Februar 1849 herrscht Dunkel. A. Hoefig berichtet: „Die maßgebenden Kreise waren dagegen, daß der evangelischen Landeskirche der Titel einer ‚Evangelisch-Lutherischen‘ Kirche verliehen werde. Gegen diesen Titel führten sie zweierlei Bedenken ins Feld: 1. das Wort ‚lutherisch‘ wirke in Polen auf die breite Masse des katholischen Volkes ‚wie ein rotes Tuch‘, 2. schliessen die rein lutherischen Glaubenssätze von vornherein einen Kompromiß mit dem reformierten Bekenntnis aus. Daher müsse der offizielle Titel der evangelischen Landeskirche ‚Evangelisch-Augsburgische Kirche im Königreich Polen‘ lauten. Statthalter Paškevič wollte

1 Stellungnahmen zum Kirchengesetz bei: *H. Wahl,* Ev. Staatskirchenrecht (Polen) 77ff.; *J. Bursche,* Kirche 59f.; *W. Gastpary,* Historia 272ff.; *J. Gryniakow,* Ustalenie 9ff.; *ders.:* Ekumeniczne dążenia 97ff.; *E. Kneifel,* Geschichte 121ff.

der Kirche den Namen ‚Evangelisch-Lutherische Kirche' geben, um sie von polnischen Einflüssen freizuhalten, konnte sich aber mit seinem Vorschlag beim Zaren nicht durchsetzen. Aufgrund des uns vorliegenden Quellenmaterials ist die Frage nicht zu klären, warum Zar Nikolaus I. im Ukaz vom 8./20. Februar 1849 diesen Namen nicht bestätigte. Die dem Kirchengesetz als Vordrucke beigelegten russischen Formulare und die Titelseite des Gesetzes selbst tragen den Namen ‚Lutherische Kirche', ebenso der russische Vordruck für das Kommunikantenbuch und schließlich auch das als russisches Original im ‚Dziennik Praw' veröffentlichte Kirchengesetz selbst. Dahingegen führt die Titelseite der von Minister Turkull beglaubigten polnischen Übersetzung des Gesetzes den im Ukaz erwähnten Titel, der bis heute in Mittelpolen noch gilt". So weit A. Hoefig.[2]

Das Kirchengesetz von 1849 war Staatskirchenrecht und Kirchenverfassung zugleich. Es hatte der Ev.-Augsb. Kirche den Charakter einer reinen Staatskirche verliehen. Nicht nur die Kirchenhoheit, sondern auch die Kirchengewalt lagen in der Hand des Zaren als des Königs von Polen. Das Warschauer Konsistorium war eine der Regierungskommission für Inneres und Kirchliche Angelegenheiten in Warschau, ab 1. Januar 1867 dem Innenministerium in Petersburg unterstellte Staatsbehörde.

Die Bedeutung des Kirchengesetzes von 1849 kann nicht hoch genug eingeschätzt werden. Unter Leitung des Konsistoriums schloß es die so unterschiedlichen Gemeinden augsburgischen Bekenntnisses im Königreich Polen zu einem einheitlichen Kirchenkörper zusammen. Dennoch dauerte es noch einige Jahrzehnte bis zur Einführung eines einheitlichen Gesangbuches – des 1880 herausgegebenen „Gesangbuch für die Evangelisch-Lutherische Kirche unveränderter Augsburgischer Konfession im Königreich Polen" – und bis zur Vereinheitlichung der gottesdienstlichen und liturgischen Formen durch Einführung der an die Bayerische Agende angelehnten, zweiteiligen „Agende für die Evangelisch-Lutherische Kirche im Königreich Polen" in den Jahren 1886 und 1888. Das erste polnische Gesangbuch war 1899, die polnischen Übersetzungen der Agende waren 1888 und 1891 erschienen. Bekenntnisgrundlage der Ev.-Augsb. Kirche war „[...] die auf der Heiligen Schrift gegründete und in den Symbolischen Büchern der Evangelisch-Augsburgischen Kirche erklärte Lehre".

Aus dem Inhalt des Kirchengesetzes von 1849 wäre folgendes herauszuheben. Das Konsistorium setzte sich aus einem weltlichen Präsidenten, einem geistlichen Vizepräsidenten – in der Regel der jeweilige Generalsuperintendent –, zwei weltlichen und zwei geistlichen Beisitzern zusammen. Der Präsident des Konsistoriums, meist ein ausgedienter General oder höherer Justizbeamter, wurde auf Vorschlag des Statthalters vom Zaren ernannt, der Vizepräsident (Generalsuperintendent) vom Konsistorium dem Statthalter vorgeschlagen, der die Kandidatur dem Zaren zur Bestätigung unterbreitete. Die geistlichen und weltlichen Beisitzer des Konsistoriums wurden gleichfalls vom Konsistorium vorgeschlagen und durch Vermittlung des Statthalters vom Zaren ernannt. Das Amt des Generalsuperintendenten war mit der ersten Pfarrstelle der Warschauer Gemeinde A.B. verbunden, so daß eine freie Wahl des ersten Pfarrers entfiel. Diese Bestimmung wurde 1875 mittels Dekret des Zaren aufgehoben, als der von ihm ernannte Generalsuperintendent Paul Woldemar von Everth (1875–1895), aus Marien-Magdalenen b. Dorpat gebürtig, wegen

2 *A. Hoefig,* Die Rechtslage.

Unkenntnis der polnischen Sprache auf das Amt des ersten Pfarrers der Warschauer Gemeinde verzichtete. Dem Generalsuperintendenten konnte der Zar „als Zeichen seiner besonderen monarchischen Gnade und als Belohnung einer langjährigen und eifrigen Arbeit" den Ehrentitel eines evangelischen Bischofs verleihen. Dies ist in der Geschichte der Ev.-Augsb. Kirche im Königreich Polen nur einmal, eben bei Generalsuperintendent v. Everth, der Fall gewesen.

Das Konsistorium übte Verwaltungs- und in Ehesachen Gerichtsfunktionen aus. Im einzelnen gehörten zu seinen Kompetenzen: Überwachung der Reinheit der Lehre, Prüfung der Kandidaten der Theologie und Bestätigung der Pfarrwahlen und der Wahlen der Kirchenvorsteher, die Aufsicht über das kirchliche Vermögen, über die Religionsschulen (sog. Kantoratsschulen) und Lehrer u.a.m. In Ehescheidungsfällen stand dem Konsistorium auf Grund des Ehegesetzes vom 10. März 1836 das Urteil in erster und letzter Instanz zu.

Von den Pfarrern wurde ein abgeschlossenes Studium der Theologie „an einer Kaiserlichen Universität" verlangt. In Betracht kam nur Dorpat, da die andere ev.-theol. Fakultät im Zarenreich, die im heutigen Helsinki, aus sprachlichen Gründen für außerfinnische Studenten kaum zugänglich war. Studien im Ausland kamen grundsätzlich nicht in Frage. Nach Abschluß des theologischen Studiums hatten sich die Kandidaten den vorgeschriebenen zwei Prüfungen vor dem Konsistorium zu unterziehen. Jeder Pfarrer konnte sich um eine freie Pfarrstelle bewerben und wurde nach der Wahl durch die Gemeinde vom Konsistorium bestätigt, das von der erfolgten Installation der Regierungskommission für Inneres und Geistliche Angelegenheiten Mitteilung zu machen verpflichtet war. Nur im Falle eines rechtskräftigen Urteils des Disziplinargerichts oder auf Befehl des Zaren konnte ein Pfarrer seines Amtes enthoben werden. Wurde gegen einen Geistlichen ein Gerichtsverfahren eröffnet, so nahm das Konsistorium durch einen Vertreter an der Untersuchung teil. Auch die Geistlichen der Ev.-Augsb. Kirche genossen die Rechte des persönlichen Adels.

Die Gemeinden genossen weitgehende Selbstverwaltung. Das die Kirchengemeinde leitende, aus 4–12 Personen (Kirchenvorstand) bestehende Kirchenkollegium wurde von der allgemeinen Gemeindeversammlung gewählt. Den Vorsitz führte in der Regel der Gemeindepfarrer.

Die Superintendenten wurden aus der Zahl der Geistlichen der Diözese gewählt und dem Konsistorium vorgeschlagen, welches dem Statthalter einen Zweiervorschlag zur Bestätigung vorlegte.

Das Kirchengesetz von 1849 sah keine allgemeine Synoden, sondern nur Zusammenkünfte von Geistlichen der einzelnen Diözesen vor (§ 145–156). Diese „Synoden" wurden von den Superintendenten nach Einholung einer Genehmigung des Konsistoriums einberufen und hatten die „Förderung der Geistlichen in ihren Amtspflichten und Beratung über Beseitigung von Schwierigkeiten und Hindernissen bei Ausübung ihres Amtes sowie Austausch von Erfahrungen auf religiösem Gebiet" zur Aufgabe. Aufgrund einer Eingabe der Regierungskommission vom 1. Mai 1879 wurden die §§ 145–152 durch die §§ 552–557 (in der Ausgabe vom Jahre 1896 waren es die §§ 691–696) ersetzt, wonach die Pastorensynode die gesamte Pfarrerschaft der Kirche umfaßte. Seit 1891 wurden solche „Synoden" jährlich unter Vorsitz des Generalsuperintendenten einberufen. Trotz ihrer sehr beschränkten Kompetenzen – sie konnten nur über die kirchliche Lage, theologische

Fragen und wirtschaftliche Nöte beraten – wurden diese „Synoden“ für die Ev.-Augsb. Kirche von nicht zu unterschätzender Bedeutung.

Ein seltsames Gebilde war die sog. Generalsynode. In den §§ 151–162 wird eine, von Zeit zu Zeit einzuberufende „Generalsynode“ erwähnt, als deren wesentlichste Aufgabe die Beratung „bestimmter und genauer Angaben über Bedürfnisse der Kirche und Hinweise auf die Mittel zur weiteren Entfaltung der Kirche“ angegeben ist. Diese Synode sollte aus je einem weltlichen und geistlichen Vertreter jeder Diözese, dem Konsistorialpräsidenten und dem Vizepräsidenten bestehen, wobei die gewählten Mitglieder der Synode vom Statthalter bestätigt werden mußten. Den Vorsitz führte nicht der Präsident des Konsistoriums, sondern ein vom Zaren bestimmtes Synodalmitglied. Eine Generalsynode dieser Art ist während der ganzen Dauer der russischen Herrschaft, also bis zum Jahre 1914, nie einberufen worden. Nach Entstehung der Republik Polen boten diese Bestimmungen des Kirchengesetzes von 1849 in gesetzlich abgeänderter Form die gesetzliche Handhabe zur Einberufung der „Konstituierenden Synode“ von 1922/23.

Wie erwähnt, lag das Kirchengesetz von 1849 für die Evangelisch-Augsburgische Kirche im Königreich Polen auf der Linie der Angleichung seiner Bestimmungen an das für die Evangelisch-Lutherische Kirche in Rußland gültige Kirchengesetz von 1832. Ein Vergleich beider Gesetze ist zweckmäßig. Nicht nur um zu ersehen, in welcher Richtung sich die gesetzliche Regelung der evangelischen kirchlichen Fragen im Zarenreich bewegte, sondern weil das Kirchengesetz von 1832 in den Gebieten (teilweise bis 1936) galt, die nach 1918 dem neu entstandenen polnischen Staate angegliedert wurden und die territorial nicht zum Königreich Polen gehörten: den Gebieten von Wilna, Grodno, Białystok und Wolhynien. Ein Vergleich der Kirchengesetze von 1832 und 1849 ergibt:

1. Während im Gesetz von 1832 den Kandidaten der Theologie bis zu ihrer Anstellung als Prediger jährlich eine Predigt „in derjenigen Sprache, in welcher sie zu predigen gedenken“ einzureichen zur Pflicht gemacht wird, mußten die Kandidaten nach dem Gesetz von 1849 jährlich eine Predigt in deutscher Sprache vorlegen. Die Absicht dieser Bestimmung war klar: sie sollten weder russisch noch polnisch predigen und den sprachlichen Verhältnissen der Gemeinden Rechnung tragen.

2. Im Gesetz von 1832 heißt es: „Kein Prediger kann dem Willen der Gemeindeglieder zuwider angestellt werden, sofern sie gegen die Anstellung triftige Gründe haben“. Im Gesetz von 1849 fehlt diese Bestimmung. Der Gemeinde sind darin größere Rechte eingeräumt: den von ihr gewählten Pfarrer ist das Konsistorium verpflichtet zu bestätigen, falls keine gesetzlichen Gründe dagegen sprechen. Nur in einem Fall darf das Konsistorium den Pfarrer ernennen, dann nämlich, wenn die Gemeinde von dem Recht der Wahl trotz Mahnung des Konsistoriums keinen Gebrauch macht.

3. Die Einrichtung eines sog. Trauerjahres, während dessen der Pfarrerswitwe nicht nur das Recht zustand, im Pfarrhaus zu wohnen, sondern auch das volle Pfarrergehalt in Anspruch zu nehmen, fehlt im Gesetz von 1849, obwohl es weder hier noch dort eine Pensionsregelung für Pfarrer und deren Hinterbliebene gab.

4. Der Modus der Ernennung des geistlichen Oberhauptes eines Konsistorialbezirkes ist in beiden Gesetzen insofern verschieden, als im Russischen Reich die Pröpste in Livland, Kurland und Estland und die Generalsuperintendenten in St. Petersburg und Moskau vom Adel bzw. Magistrat (Riga, Reval) durch das Generalkonsistorium und die General-

superintendenten, in St. Petersburg und Moskau direkt vom Generalkonsistorium dem Zaren zur Bestätigung vorgeschlagen wurden. Im Königreich Polen dagegen unterbreitete das Konsistorium dem Statthalter Vorschläge zur Bestätigung des Generalsuperintendenten zwecks Vorstellung beim Zaren. Die Ernennung erfolgte durch den Zaren.

5. Im Gesetz von 1849 ist ein Konsistorialgericht vorgesehen, da dem Konsistorium im Königreich Polen die Jurisdiktion in Ehesachen zukam, während im Gesetz von 1832 eine derartige Bestimmung fehlte.

6. Hinsichtlich der Stellung der Konsistorien im Königreich Polen und dem übrigen Rußland bestand ein wesentlicher Unterschied. Das Konsistorium in Warschau war seit 1867 der Regierungskommission für Innere und Geistliche Angelegenheiten unmittelbar unterstellt. Nur in Ehesachen hatte es eine gewisse Selbständigkeit, indem es Urteile in erster und letzter Instanz aussprechen konnte. Die Konsistorien im übrigen Rußland dagegen – die in St. Petersburg, Moskau, Livland, Kurland, Estland, Oesel, Riga und Reval – waren dem Generalkonsistorium in St. Petersburg, also einer geistlichen Behörde und nur in administrativen Angelegenheiten dem Ministerium des Inneren unterstellt.

Im allgemeinen baut das Gesetz von 1849 auf dem von 1832 auf. Die Unterschiede gehen hauptsächlich auf die unterschiedliche politische Struktur des Zaren- und des Königreiches Polen zurück, wenn auch das Gesetz von 1849 für das Königreich Polen zu größerer staatlicher Ingerenz in innerkirchlichen Angelegenheiten tendiert.

Das Gesetz von 1849 ist „unter gewissen Modifikationen“ bis zum Jahre 1936 gültig gewesen. Welches waren diese? Abgesehen von den selbstverständlichen Änderungen, die sich zwangsläufig aus der Änderung bzw. dem Wechsel der staatlichen Hoheit ergaben, waren die das innerkirchliche Verfassungsleben betreffenden gering. Es ging dabei, wie erwähnt, um die Unterstellung der Ev.-Augsb. Kirche unter das Innenministerium in St. Petersburg zum 1. Januar 1867, um die Trennung des Amtes des Generalsuperintendenten von dem des ersten Pfarrers der Warschauer Gemeinde, wodurch die Wählbarkeit des ersten Pfarrers gegeben war, und um die Erweiterung der „Diözesansynoden“ zu Versammlungen der Geistlichen der ganzen Landeskirche. Dieser Brauch, der sich seit 1881 eingebürgert hatte, wurde nachträglich durch einen besonderen Zarenerlaß genehmigt. Das waren die in der Folgezeit bewährten Pastorensynoden, die bereits in der russischen Zeit, besonders aber in der polnischen Zeit zwischen den beiden Weltkriegen eine bedeutende Rolle gespielt haben.

Zu einer Revision des zunehmend stärker als veraltet angesehenen Kirchengesetzes von 1849 war es unter der Zarenherrschaft nicht mehr gekommen. Aus Anlaß des 50jährigen Jubiläums dieses Gesetzes hatte die von Generalsuperintendent Karl Gustav Manitius (1895–1904) einberufene Pastorensynode des Jahres 1898 beschlossen, vom Zaren die Genehmigung zur Einberufung einer Generalsynode zur Beratung und Erarbeitung eines Revisionsentwurfes zum Kirchengesetz zu erbitten. Vorbereitende Arbeiten einer von der Pastorensynode gewählten „inoffiziellen Kommission“ blieben jedoch im Ansatz stecken. Als es zur Einberufung einer Generalsynode nicht gekommen war, ergriff die von dem neuen Generalsuperintendenten Julius Bursche (1905–1939) geleitete Pastorensynode des Jahres 1905 von neuem die Initiative zur Ausarbeitung eines Revisionsentwurfes des Kirchengesetzes und wählte zu dessen Erarbeitung eine Kommission, bestehend aus dem Generalsuperintendenten, Konsistorialrat und Pfarrer Rudolf Gundlach–Lodz, den Pfarrern Siegmund Manitius–Lodz, Paul Hadrian–Lodz, August Gerhardt-Prażuchy und Karl Serini–Zgierz („Kommission der Sechs"). Ihr Entwurf erschien 1906 unter dem Titel „Materialien zum Entwurf eines neuen Kirchengesetzes für die Evangelisch-Augsburgische Kirche im Königreich Polen" im Druck und lag den Beratungen der Pastorensynode des Jahres 1906 zugrunde. Grundsätzlich neu an diesem Entwurf, der sich an dem „Gesetz für die Ev.-Luth. Kirche in Rußland" ausrichtete, war der Einbau eines synodalen Mitspracherechtes der Laien. In Form von „Materialien" wurden Wünsche bzw. Forderungen nach mehr Freiheit der Kirche vom Staate, der Lockerung von staatskirchenrechtlichen Bindungen zum Ausdruck gebracht. Nicht mehr dem Staat (dem Zaren) sollte die Kirchengewalt zustehen. Als oberstes kirchliches und kirchenleitendes Organ, dem auch die legislativen Rechte in geistlichen und kirchlichen Fragen zustünden, war die Synode vorgesehen, zusammengesetzt aus allen im Amt befindlichen Pastoren, den Mitgliedern des Konsistoriums, dem Leiter der Konsistorialkanzlei und den von den Gemeinden zu wählenden weltlichen Delegierten. Die Synode hatte in geheimer Wahl den geistlichen Leiter der Kirche, den Generalsuperintendenten, der zugleich Vizepräsident des Konsistoriums und Präses der Synode sein sollte, zu wählen, desgleichen die (zwei) geistlichen und die (zwei) weltlichen Mitglieder des Konsistoriums. Nur der Präses des Konsistoriums, das Exekutivorgan der Synode sein sollte, war von der Regierung (dem Zaren) zu ernennen. Der Regierung (dem Zaren) sollte nicht das Recht der Ernennung, sondern das der Bestätigung der in freier Wahl von der Synode zu wählenden Generalsuperintendenten und Mitglieder des Konsistoriums zustehen. Nach dem Verfassungsentwurf der „Materialien" sollte die Ev.-Augsb. Kirche aufhören, eine reine Staatskirche zu sein, eine synodal-konsistoriale Verfassung erhalten und in der Synode ihr oberstes kirchliches Organ haben.

Der Verfassungsentwurf der „Kommission der Sechs" stieß in der Pastorenschaft auf Widerstand. Aus der Mitte der Gegner des Entwurfs wurde auf der Pastorensynode 1906 eine zweite Kommission zur Beratung eines Revisionsentwurfs zur Kirchenverfassung gebildet, zusammengesetzt aus den Pastoren Wilhelm Petrus Angerstein–Lodz, Edmund Paul Philipp Holtz–Alexandrów, Eduard Ignatius Boerner–Zduńska Wola, Alexander Eduard Schoeneich–Lublin und Theodor Hugo Wosch–Żyrardow („Kommission der Fünf"). Diese hatte kritisch zum Verfassungsentwurf der „Kommission der Sechs" Stellung genommen und Gutachten der anerkannten Kirchenrechtler Pfarrer Meier in Nikolaev in der Ukraine, des luth. Generalsuperintendenten von Petersburg, Guido von Pingoud, und des Prof. Rudolf Sohm in Leipzig eingeholt. Die Pastorensynode des Jahres 1907 bildete aus beiden eine gemeinsame Kommission mit dem Auftrag, nach Möglichkeit einen gemeinsamen Gesetzentwurf zu erarbeiten. Dazu war es nicht gekommen. Man war sich klar geworden, daß die Frage einer Neuregelung der Beziehungen von ev. Kirche und Staat im Königreich Polen nur im Zusammenhang mit den dahingehenden Bestrebungen der ganzen Ev.-Luth. Kirche in Rußland gelöst werden könnten.[3]

Die Frage einer Revision der Kirchenverfassung von 1849 tauchte auf der Tagesordnung der Pastorensynoden bis zum Ende der russischen Herrschaft im Königreich Polen 1915 nicht mehr auf. Mit den sich in den Jahren 1915 und 1918 aus dem Wechsel der

---

3 *J. Gryniakow,* Ustalenie 13ff., 20–30; *W. Gastpary,* Historia 343ff., 359; *E. Kneifel,* a.a.O. 187.

Staatshoheit ergebenden Änderungen blieb so das Kirchengesetz von 1849 bis zum Jahre 1936 gültig.

Die Evangelisch-Augsburgische Kirche war in den Jahren 1815 bis 1915 eine Art Landeskirche des Königreichs Polen mit dem orthodoxen Zaren von Rußland als summus episcopus, der nicht nur die staatliche Kirchenhoheit, sondern auch die Kirchengewalt in Anspruch nahm. Zum Unterschied von den anderen Konsistorialbezirken Rußlands hatte die Evangelisch-Augsburgische Kirche im Königreich Polen ihre eigene Verfassung, nannte sich „evangelisch-augsburgische" und nicht „lutherische Kirche" und war dem Generalkonsistorium in St. Petersburg zwar angegliedert, aber nicht unterordnet. Unbeschadet dieser Sonderstellung war sie als „Konsistorialbezirk Warschau" integraler Bestandteil der lutherischen Kirche Rußlands und des Protestantismus im Zarenreich. Verbindungsglied zwischen den bekenntnisgleichen lutherischen Kirchen Rußlands war die Evangelisch-Theologische Fakultät in Dorpat, deren Besuch für alle evangelischen Theologen des Zarenreiches verpflichtend war. Ein Herüberwechseln von Geistlichen von einem Konsistorialbezirk zum anderen war ohne Einschränkung möglich.

Verwaltungsmäßig gliederte sich die Evangelisch-Augsburgische Kirche im Königreich Polen in die vier Diözesen: Warschau, Kalisch, Płozk und Augustowo, zu denen als fünfte im Jahre 1901 die Diözese Petrikau kam. Die Zahl der Gemeinden betrug (1914) 66 Pfarr- und 35 Filialgemeinden mit (1905) 90 Kirchen, 18 Kapellen, 369 Bethäusern, 324 Kantoraten und 901 Friedhöfen.[4] In den Jahren 1849–1914 hatte sich die Zahl der Gemeinden nur um vier vermehrt, während die Zahl der Geistlichen mit 59 in diesem Zeitraum die gleiche geblieben war.[5] Die Seelenzahl für beide evangelischen Bekenntnisse wird im Jahre 1897 mit 425216 angegeben, die Zahl der Deutschen mit 407477 (nach Fiedler 407427).[6] Für das Jahr 1913 errechnete W. Kuhn 450000 Deutsche in Kongreßpolen, davon 25000 röm.-kath. Bekenntnisses.[7] Die Zahl der ev. Polen wird für das Jahr 1906 auf 31500 geschätzt.[8] Sie dürfte bis 1914 gestiegen sein, doch höchstens 10% der Gesamtzahl der Glieder der Ev.-Augsb. Kirche ausgemacht haben. Kirchenamtliche Angaben für die Zeit am Ende der russ. Herrschaft (1914) liegen nicht vor. Geschätzte Angaben des Warschauer Konsistoriums für das Jahr 1914 belaufen sich auf 386108 Kirchenglieder und 247918 für das Jahr 1916. Durch Zwangsevakuierung und Verbannung hatte die Ev.-Augsb. Kirche 37% ihres Bestandes verloren.[9]

Nach dem Wolgagebiet mit rd. 600000 evangelischen Deutschen war die Ev.-Augsb. Kirche im Königreich Polen 1914 mit rd. 450000 Seelen die zweitstärkste deutsche lutherische Gruppe im Zarenreich Rußland.[10] Ihr folgten Wolhynien mit ca. 200000, das Baltikum (nur der deutsche evangelische Bevölkerungsanteil) mit 165000, das Schwarzmeergebiet mit ca. 138000, der Kaukasus mit 50000, St. Petersburg und die Städte des Petersburger Konsistorialbezirks mit 63000, Moskau und die Städte des Moskauer Konsistorial-

4 NH 1917, 141ff.
5 *E. Kneifel,* Gemeinden 14; *J. Bursche,* a.a.O. 60.
6 *L.K. Fiedler,* Die Deutschen 13.
7 *W. Kuhn,* Das Deutschtum 140f.
8 *E. Kneifel,* Gemeinden 14.
9 NH 1917, a.a.O.
10 NH 1917, 148.

bezirks mit 37 000 evangelischen Deutschen. Nach der Volkszählung von 1897 belief sich die Zahl der Lutheraner im Zarenreich (ohne Finnland) auf 3 762 756 Seelen.[11]

b) Die Entstehung des Polnischen Evangelizismus. Die Anfänge der Nationalitätengegensätze

Außer der Verfassungsproblematik blieb die andere im 19. Jahrhundert entstandene entscheidende Frage in der Evangelisch-Augsburgischen Kirche im Königreich Polen ungelöst: die nationale. Der Protestantismus des vielnationalen polnisch-litauischen Jagiellonenreiches in der Zeit der Reformation und Gegenreformation kannte sprachliche, in der Regel mit konfessionellen Fragen verbundene Probleme, aber keine nationalen im innerkirchlichen Bereich. Die Gegenreformation und das Selbstverständnis des polnischen Volkes als einer katholischen Nation hatten die Lage grundlegend verändert. Im Unterschied zur reformierten Kirche, deren überlebender Teil einen nationalpolnischen Bezug gewann, war die lutherische Kirche Polen-Litauens seit der Mitte des 18. Jahrhunderts mit geringen Ausnahmen eine deutschsprachige geworden. Deutsche Einwanderer und der Neuaufbau der evangelischen Kirche haben auch in Kongreßpolen im Bewußtsein der Bevölkerung und in der Sicht der Regierung russisch und orthodox, polnisch und katholisch, deutsch und evangelisch zu synonymen Begriffen werden lassen.

Für die Entstehung und Entfaltung der nationalen Frage der Ev.-Augsb. Kirche im Königreich Polen war die Entwicklung in der Residenzgemeinde Warschau ausschlaggebend geworden. Der Prozeß einer natürlichen Assimilierung von Teilen des deutschen Bürgertums an die polnische Umgebung hatte zur Bildung einer zunächst kleinen Gruppe polnischsprachiger Lutheraner geführt, für die – so im Jahre 1778 – einmal im Monat nachmittags Gottesdienst in polnischer Sprache gehalten wurde.[1] Fünfzig Jahre später hatten sprachliche Anpassung, nationale Bewußtseinsänderung oder auch politische Solidarisierung mit dem polnischen Milieu die hauptstädtische Geistlichkeit und Teile der Gemeinde erfaßt. Der reformierte Generalsuperintendent und Leiter des Generalkonsistoriums, Karl Gottlieb Diehl, hatte auch die lutherische Geistlichkeit zur Unterstützung des polnischen Aufstandes von 1830/31 aufgefordert und der lutherische Superintendent der Warschauer Diözese, Karl Benjamin Lauber, hatte sich der Anliegen des Aufstandes in besonderer Weise angenommen. Konsistorialrat Lauber, ein gebürtiger Brandenburger, war kein Pole, aber repräsentativ für diejenigen Kreise der deutschen Bildungsschicht, die auch in Deutschland am polnischen Aufstand lebhaften Anteil nahmen und ihn in Polenliedern feierten. Ein Teil der lutherischen Pfarrer war der Aufforderung des Generalkonsistoriums zur Eidesleistung an die polnische Revolutionsregierung nachgekommen.[2] Bis auf Ausnahmen hatte sich aber die lutherische Bevölkerung dem polnischen Aufstand gegenüber passiv bis ablehnend verhalten und so an der staatsbürgerlichen Treue Rußland gegenüber keinen Zweifel aufkommen lassen.[3] Deutlich zeichneten sich seither die Umrisse unterschiedlicher, ja gegensätzlicher Haltung polonisierter städtischer Kreise und der deutschen Stadt- und Landbe-

---

11 *G.H. Bonwetsch,* Rußland, in: RE 17, 254.
1 *E. Kneifel,* Geschichte 86.
2 *E. Kneifel,* a.a.O. 115; *J. Gryniakow,* Ekumeniczne dążenia 51.
3 *E. Kneifel,* a.a.O. 115f.; *W. Gastpary,* Historia 264, 287.

völkerung ab. Dem nationalpolnischen Moment in der Warschauer Gemeinde verhalf der im Polentum aufgegangene populäre Arzt und Philantrop Dr. Wilhelm Malcz (Maltsch)[4] zum Durchbruch. Malcz, 1834–1852 Präses des Warschauer Kirchenvorstandes, hatte im Jahre 1844 die polnische Sprache als Verhandlungssprache im Kirchenvorstand und 1849 die Berufung Pfarrer Leopold von Ottos in die damals mehrheitlich noch deutsche Gemeinde durchgesetzt. Dr. Leopold von Otto wurde der Begründer der schicksalsträchtigen Ideologie des Polnischen Evangelizismus.

Wie die meisten Polen in der Ev.-Augsb. Kirche im Königreich Polen war Leopold Martin von Otto (1819–1882) deutscher Herkunft. Er entstammte einer sächsischen Offiziersfamilie aus Dresden. In Warschau am 2. November 1819 geboren, studierte er zunächst Landwirtschaft in Dorpat, sodann in Dorpat und Berlin Theologie und Philosophie. Zeitlebens blieb er leidenschaftlicher Vertreter der Theologie Ernst Wilhelm Hengstenbergs, Gegner der von Generalsuperintendent Ludwig vertretenen rationalistischen Theologie. Nach fünfjähriger Amtstätigkeit in Petrikau wurde Otto auf die zweite Pfarrstelle in Warschau berufen, wo er wegen seiner politischen Haltung und Unterstützung des polnischen Aufstandes von 1863 mit der russischen Regierung in Konflikt kam. Kurze Zeit war er eingekerkert, hatte dann aber ein politisches Unbedenklichkeitszeugnis von den russischen Ortsbehörden erhalten. Dennoch verließ er Warschau, folgte einem Ruf der Gemeinde Teschen in Österreichisch-Schlesien, blieb aber russischer Staatsbürger und kehrte nach neunjähriger Tätigkeit in Teschen (1866–1875) wieder nach Warschau auf die zweite Pfarrstelle zurück, wo er bis zu seinem Tode verblieb. Ein Angebot des Ev. Oberkirchenrates in Berlin, Vizegeneralsuperintendent in Masuren zu werden, schlug er aus. Otto, „ein ernster, gläubiger Christ, ein gebildeter Theologe und populärer Kanzelredner", war von der Aufgabe beseelt, daß die evangelisch-lutherische Kirche in Polen einen Missionsauftrag am katholischen polnischen Volke habe. Diesen könne sie aber nur dann erfüllen, wenn sie der Sprache und dem Geiste nach eine polnische Kirche geworden sei und das Evangelium den Polen „im polnischen Gewande" verkündet werde. Ein so verstandener Missionsauftrag schloß das (nationale) Programm der Entnationalisierung der deutschen Glieder der Ev.-Augsb. Kirche ein und konnte naturgemäß nicht ohne politischen Bezug bleiben. Als „Polnischer Evangelizismus" ist dieses Missionsprogramm Ottos, das auch dem von ihm begründeten und herausgegebenen ersten polnisch-evangelischen Kirchenblatt „Zwiastun Ewangeliczny" [Evangelischer Bote] zugrunde lag, in die Kirchengeschichte eingegangen.[5]

---

4 *W. Gastpary,* a.a.O. 293ff.; *E. Kneifel,* a.a.O. 136.

5 Eine Biographie Ottos und eine wissenschaftliche Erfassung des „Polnischen Evangelizismus" fehlt. Beiträge liefern: *J. Broda,* Pierwsze lata 192–197; *A. Doberstein,* Der Missionsgedanke; *W. Gastpary,* Historia 197ff., 289ff., 312ff. u.a.; *Hulka-Laskowski,* Cele ideowe; *R. Kammel,* Die Muttersprache 149ff.; *A. Kleindienst,* Bischof Bursches verfehlte Kirchenpolitik; *E. Kneifel,* Geschichte 137ff.; *ders.:* Pastoren 144ff.; Polnisch-evangelische Missionsideologie; *K. Kotula,* Co to jest polski ewangelicyzm?; *ders.:* Sprawa narodowściowa; *ders.:* Rola i zadanie; *ders.:* Cele ideowe; *K. Kulisz,* Przyszłość ewangelicyzmu; *O.F. Krenz,* Pastor L. Otto; *A. Rhode,* Polnischer Evangelizismus; *E. Szulz,* Ks. Dr. Otto; *O. Wagner,* Die Mutterkriche 289–300, 331–336 u.a.; *J. Wantula,* Otto na Śląsku.

Die Ideologie des Polnischen Evangelizismus ist ideengeschichtlich eine lutherische Variante des philosophisch-religiös-politischen polnischen Messianismus, der, im wesentlichen von dem bedeutendsten polnischen Nationaldichter Adam Mickiewicz geprägt, im polnischen Volke und seinem politischen Schicksal den unschuldig ans Kreuz geschlagenen Christus der Völker sah und glaubte, daß das polnische Volk wie dieser glorreich auferstehen werde. Der literarisch gepflegte Messianismus wurde zum polnischen Leitbild der schmalen polnischen Bildungsschicht. Das Bestreben, in nationaler Beziehung nicht als unzuverlässig zu gelten, vielmehr es den besten Patrioten gleichzutun, wurde zum Wesenselement des Polnischen Evangelizismus und seiner Kirchenpolitik. In Teschen war Otto mit seiner Ideologie gescheitert. Nach seinem Tode war auch das Organ des Polnischen Evangelizismus, der „Zwiastun Ewangeliczny", eingegangen.

Der Ausbruch, Verlauf und das Ende des polnischen Aufstandes von 1863/64, grausame Rache, Unterdrückung und Russifizierung des Königreichs Polen machten auch den in der Ev.-Augsb. Kirche aufgebrochenen nationalen Riß deutlich. Während die polnischen Kreise um Pfarrer von Otto in Warschau aktiven Anteil am Aufstand nahmen, eine Anzahl der Eingekerkerten, Gefallenen oder Hingerichteten deutsche Namen trug[6], hatten das Warschauer Konsistorium mit Generalsuperintendent Ludwig an der Spitze, fast alle lutherischen Gemeinden und der größte Teil der Geistlichkeit die Partei Rußlands, d.h. des Zaren als der rechtmäßigen Obrigkeit ergriffen. In vielen Teilen des Landes hatte die bäuerliche evangelische Bevölkerung – als Deutsche und Evangelische – von den Polen schwer zu leiden. Tausende verließen das Land, um sich zumal in Wolhynien, außerhalb des Königreichs Polen im ukrainischen Sprachgebiet anzusiedeln.[7]

Ohne Verbindung mit der evangelischen Kirche ihres Mutterlandes und der deutschen Geisteswelt, von der in staatlichen Kategorien und Grenzen zu denken erzogenen deutschen Öffentlichkeit als Russen oder Polen angesehen, waren die in doppelter Diaspora dahinlebenden, über das ganze Königreich zerstreuten evangelischen deutschen Gemeinden und Gemeindeglieder der sprachlichen und nationalen Assimilierung ausgesetzt. Der Polonisierung erlagen die Mehrheit der Geistlichkeit, die Mehrheit der Gemeinde Warschau und kleinere Teile in anderen Städten, während die ländlichen Kolonistengemeinden in staatstreuer Gesinnung und national passiver Haltung verblieben, mit dem Bekenntnis zum Luthertum als sprachlichem, kulturellem und volkhaftem Strukturprinzip, ohne ausgesprochen nationalen Bezug.[8] Sprachliche Assimilierung an das Polentum, seltener an das Russentum, meist durch Mischehen oder sozialen Aufstieg bestimmt, führte in der Regel zur orthodoxen oder katholischen Kindererziehung und spätestens in der zweiten oder dritten Generation zum Konfessionswechsel der evangelischen Partner.

Die auf weite Sicht drohende Gefahr einer Polonisierung und Katholisierung der Warschauer Gemeinde erkannte als einer der ersten der baltische evangelische Kaiserlich-Russische Staatsrat E.H. Busch, der in seinen 1867 herausgegebenen „Beiträgen zur Geschichte und Statistik des Kirchen- und Schulwesens der Evangelisch-Augsburgischen Ge-

---

6 *E. Szulz,* Ks. Dr. Otto 101ff., *ders.:* Protestanci 241ff.; *E. Kneifel,* Geschichte 145; *W. Gastpary,* a.a.O. 287f., 298.
7 *J. Bursche,* Kirche 53; *E. Kneifel,* Geschichte 146.
8 *W. Gastpary,* Historia 354.

meinden im Königreich Polen“ die Unterstellung der Gemeinden des Königreichs unter das St. Petersburger Konsistorium empfahl, um sie „gegen alle Anläufe des Polentums und des Katholizismus sicherzustellen“.[9] Dazu war es nicht gekommen. Generalsuperintendent Ludwigs Nachfolger, Paul Woldemar von Everth, der polnischen Sprache nicht mächtig, ganz der Aufgabe der Überwindung des Rationalismus und der Erneuerung des geistlichen Lebens der Kirche hingegeben, stand der nationalen Entwicklung in der Warschauer Gemeinde fremd gegenüber, von deren Leitung ihn der Zar auf seinen Wunsch befreit hatte. Unter Generalsuperintendent Karl Gustav Manitius erstarkt, wurde der Polnische Evangelizismus kirchenpolitisch erst durch Julius Bursche wirksam, die bedeutendste Gestalt der Ev.-Augsb. Kirche in ihrer neuesten Geschichte.

Julius Bursche[10] war, wie Pfarrer Leopold von Otto, seiner Herkunft nach Deutscher. Sein Großvater, Johann Gotthelf Bursche aus Opach in Sachsen, wanderte in das Königreich Polen ein und ließ sich 1820 in Turek als Weber nieder. Hier wurde der Vater Julius Bursches, Ernst Wilhelm Bursche, 1831 geboren. Dieser bezog zunächst die Brüderanstalt in Niesky in der Niederlausitz und besuchte das Humanistische Gymnasium in Petrikau. In den Jahren 1854 bis 1858 studierte er Theologie in Dorpat und war anschließend mehrere Jahre Vikar in Kalisch. Aus seiner ersten Ehe mit Mathilde, geb. Müller entstammte Julius Bursche, am 19. September 1862 in Kalisch geboren. Sein Elternhaus war deutsch, sein Vater Pfarrer in Zgierz und Superintendent der Płocker Diözese, beherrschte das Polnische nur mangelhaft. Julius Bursche besuchte zuerst das Gymnasium in Kalisch, dann das VI. Staatsgymnasium in Warschau. In Dorpat, wo er 1885 bis 1888 Theologie studierte, schloß sich Bursche, der als Deutscher galt, dem Kreis polnisch orientierter Theologen aus dem Königreich Polen an (Koło teologów polskich). Am 30. November 1884 wurde er von Generalsuperintendent von Everth in Warschau ordiniert. Nach seiner Vikarszeit in Warschau wählte ihn die Gemeinde Wiskitki bei Warschau zu ihrem Pastor. Nach drei Jahren übernahm er die Stelle des Diakonus an der St. Trinitatiskirche in Warschau und wurde am 23. Mai 1895, erst 33 Jahre alt, zum nebenamtlichen Konsistorialrat ernannt, zweifellos eine Auszeichnung. Diese Tatsache hatte großes Aufsehen hervorgerufen, so daß Bursche sich zur Rechtfertigung genötigt sah:

„[...] Was meine Ernennung zum Konsistorialrat anbelangt, so muß ich darauf hinweisen, erstens daß ich, wenn auch einer der jüngsten, keineswegs einer der allerjüngsten Geistlichen unserer Kirche bin, da ich bereits im elften Jahr meiner Tätigkeit stehe, zweitens, daß ich über drei Jahre selbständiger Pastor einer der größten Gemeinden unseres Landes, in Wiskitki, war, bevor ich zum Pastor-Diakonus in Warschau gewählt wurde, wo ich bereits das siebte Jahr wirke und während dieser Zeit fast durchweg die Stelle des kranken ersten Pastors vertreten habe, und drittens, daß die Bitterkeit, von der in jener

---

9 *E.H. Busch,* Beiträge 72.

10 Zur Biographie und zum Wirken Bursches: *Th. Bierschenk,* Deutsche Volksgruppe 191ff.; *O. Budrewicz,* Rodzina Bursche; *A. Bursche,* Ks. Biskup Bursche; *A. Eichler,* Deutschtum im Schatten 533; *O. Heike,* Das Deutschtum 116; *A. Kleindienst,* Bischof Bursches letzte Jahre; *E. Kneifel,* Geschichte 173ff., 206ff., 258ff. u.a.; *ders.:* Pastoren 65ff.; *ders.:* RGG I, 1532; *E. Krusche,* Mein Onkel; *E. Szendel,* Ostatnie chwile; *W. Worgitzki,* Abstimmung 69ff.; *W. Gastpary,* Biskup Bursche; *ders.:* Historia 346ff., 354ff.

Notiz die Rede ist, wohl nur ‚auf mancher Seite' zu finden ist und nicht immer aus lauteren Beweggründen erklärt werden kann. Sapienti sat".[11]

Mit letzterem Satz war wohl der Warschauer Pastor Julian Martin Eduard Machlejd gemeint, mit dem Bursche jahrelang in Feindschaft lebte und der seinetwegen 1910 Amt und Gemeinde aufgegeben hatte.

Am 1. Dezember 1904 wurde Julius Bursche vom Zaren Nikolaus II. in der Nachfolge von Karl Gustav Manitius zum Generalsuperintendenten ernannt, am 3. April 1905 vom Zaren in Zarskoje Selo empfangen, der ihn vorher schon verschiedentlich ausgezeichnet hatte. So war ihm im Jahre 1894 das goldene Brustkreuz „allerhöchst verliehen" und die Ernennung zum Konsistorialrat bestätigt worden.

Bursche bekannte sich zum Polentum, wenn er auch seine deutsche Herkunft nie verleugnete und es abgelehnt hatte, seinen Familiennamen in der polonisierten Form Bursze zu schreiben, wie es einer seiner Brüder tat. Unbeantwortet muß die Frage bleiben, wie es kam, daß Bursche als Pole in der Zeit verstärkter Russifizierung des Landes und Unterdrückung des Polentums vom Zaren in das höchste geistliche Amt der Ev.-Augsb. Kirche und zum Vizepräsidenten des Konsistoriums berufen wurde. Der Hinweis, daß er in den Augen der russischen Beamten als Deutscher galt, reicht zur Erklärung nicht aus. Die Schlüsselrolle war dem russischen Warschauer Generalgouverneur und Statthalter des Königreichs Polen, Skalon, zugefallen, in dessen Hause die Töchter des früheren Generalsuperintendenten von Everth verkehrten, die mit Bursche befreundet, sich bei Skalon für diesen als Generalsuperintendenten nach dem Tode von Karl Gustav Manitius eingesetzt hatten.[12]

Als erster Pfarrer der Warschauer Gemeinde und Generalsuperintendent der Ev.-Augsb. Kirche nahm Bursche das nationalpolitische Vermächtnis des Polnischen Evangelizismus Pfarrer Ottos auf, nunmehr mit dem Ziel des Aufbaus einer lutherischen polnischen Nationalkirche. Am 1. Januar 1898 erneuerte er mit den beiden Pastoren, ebenso wie er deutscher Herkunft und polnischer Nationalgesinnung, Alexander Eduard Schoeneich in Lublin und Edmund Hermann Schultz in Neudorf am Bug, die Herausgabe des nach dem Tode Ottos eingegangenen Kirchenblattes „Zwiastun Ewangeliczny", dem sie in der ersten von ihnen herausgegebenen Nummer das Bekenntnis voranstellten: „Wir sind evangelische Christen polnischer Zunge und unsere Herzen sind durchglüht von heißer Liebe zu unserem Glauben wie zu unserer Nationalität".[13] Bursche führte den „Zwiastun" als Schriftleiter bis zu seiner Ernennung zum Generalsuperintendenten der damals noch zu 90% deutschen Ev.-Augsb. Kirche. Verdienstvoll war die von ihm veranlaßte, 1903 bis 1905 herausgegebene, polnische Übersetzung des 1838/40 in englischer Sprache erschienenen Hauptwerkes W. Krasińskis über die Reformation in Polen-Litauen. Zeitlebens bekannte sich Bursche zur nationalpolnischen Missionsideologie des Polnischen Evangelizismus Ottos. Noch im Jahre 1938 konnte er aussprechen und bekennen:

„[...] Leopold Martin von Otto [...] suchte den Grundcharakter und die Zielsetzung der Evangelisch-Augsburgischen Kirche in Polen festzulegen. [...] Er war bemüht, polni-

11 Allg. Luth. Kirchenzeitung 1895, 648.
12 *E. Kneifel,* Geschichte 173f.
13 ZE vom 1. Januar 1898.

scher Wesensart im kirchlichen Leben Geltung zu verschaffen. Er sah klar, welche Gefahr der Evangelischen Kirche in Polen drohe, wenn sie einseitig nur die deutsche Sprache pflegen und keine Rücksicht nehmen würde auf die geborenen Polen, die ihr angehören, auf die eingewanderten Schlesier und Masuren, die polnisch sprachen [...], und endlich auf die mit der Zeit naturgemäß polonisierten ehemaligen Deutschen, deren Zahl besonders in den Städten und unter der Intelligenz immer größer wurde, was besonders in der Hauptstadt der Fall war. [...] Vernachlässigt man diese der deutschen Sprache nicht mächtigen oder nicht mehr mächtigen Glaubensgenossen, indem man nicht durch Predigt und Unterricht in polnischer Sprache für sie sorgt, wie das häufig vorgekommen ist, so darf man sich nicht wundern, daß sie zuletzt der Römischen Kirche zufallen, die mit Freuden ihre Arme ihnen öffnet. Aber nicht bloß dies, es handelt sich nicht nur um die polnische Sprache, sondern um das Bewußtsein, daß Gott uns, die Evangelischen, auch deshalb nach Polen geführt hat, damit wir die Vorurteile, die man uns entgegenbringt, schwinden machen und immer mehr der Einsicht Bahn brechen, daß auch die Protestanten Christen und keine Gottesleugner sind, als welche sie dem Volke darzustellen die römische Geistlichkeit unablässig bemüht ist. Endlich soll unsere Kirche hier in Polen kein Fremdkörper sein, sondern eine in der Wirklichkeit polnischen Lebens wurzelnde Missionskirche. Als solche hat sie die Aufgabe, anknüpfend an die Reformationszeit in Polen, das polnische Volk mit den Kräften des Evangeliums bekannt zu machen und als bewußt polnisch-evangelische Kirche immer mehr in ihre Hauptaufgabe hineinzuwachsen: Salz und Licht wenigstens für einen Teil des polnischen Volkes zu werden. Diese Grundauffassung Pastor von Ottos, zu der wir uns bis auf den heutigen Tag bekennen [...]".[14]

Konfessionelle, nationale und politische Motive und Ziele waren im geistlichen und kirchenpolitischen Wirken Bursches, der mit der legal und illegal arbeitenden Polnischen Nationalliga zusammenarbeitete, nicht zu trennen. Den Prozeß einer Polonisierung der deutschen Gemeinde- und Kirchenglieder mit dem Ziel des Aufbaus einer lutherischen polnischen Nationalkirche und der Missionsaufgabe am katholischen polnischen Volke pflegte er biblisch zu begründen. Es waren im wesentlichen die Bibelstellen Jeremia 29,7 („Suchet der Stadt Bestes, dahin ich euch habe lassen wegführen und betet für die zum Herrn; denn wenns ihr wohlgeht, so gehts auch euch wohl"), Matthäus 5,13–14 („Ihr seid das Salz der Erde, ihr seid das Licht der Welt"), Römer 12,2 („auf daß ihr prüfen möget, welches da sei der gute, wohlgefällige und vollkommene Gotteswille") und 1. Korinther 9,20. 22. („Den Juden bin ich geworden wie ein Jude [...] ich bin jedermann allerlei geworden, auf daß ich allenthalben ja etliche selig mache"), die er immer wieder heranzog und im Sinne des Polnischen Evangelizismus interpretierte.

Mit Erfolg war Bursche bemüht, der von ihm unmittelbar geführten Gemeinde in Warschau ein polnisches Gepräge zu geben, in der die sprachliche Assimilierung seit dem Beginn der 80er Jahre des 19. Jahrhunderts große Fortschritte machte. 1871/72 wurden die deutschsprachige evangelische Hauptschule der Gemeinde, 1873 das deutsche evangelische Lehrerseminar russifiziert, 1881 das deutsche Gymnasium geschlossen. Gab es in der Gemeinde 1860 noch 177 deutsche und 60 polnische Konfirmanden, so waren es 1905 bereits 235 polnische und 100 deutsche, im Jahre 1913 262 polnische und 102 deutsche. Bei den Kommunikanten überwog im gleichen Jahre 1913 allerdings noch die Zahl der Deutschen (4439 deutsche und 3506 polnische Abendmahlsgäste).[15] In territo-

14 *J. Bursche,* Kirche 61f.
15 *E. Kneifel,* Geschichte 174f.; *ders.:* Gemeinden 40ff.

rialer Hinsicht griff Bursches Programm des Polnischen Evangelizismus über die Grenzen des Königreichs Polen hinaus. Im „Zentralen Komitee für Schlesien, das Kaschubenland und Masuren" der allpolnischen Nationalliga arbeitete er mit Pfarrer Franz Michejda aus dem österreichischen Teschener Schlesien zusammen und betrieb mit diesem nationalpolnische Aufklärungs-, Bildungs-, Presse- und politische Arbeit unter den Masuren Ostpreußens, die erst 1915 bekannt geworden war.[16]

In der Atmosphäre nationaler Gegensätze zwischen Polen und Russen einerseits und der kirchenamtlich betriebenen Polonisierung im Geiste des Polnischen Evangelizismus andererseits, war die Frage des Widerstandes gegen diese Politik nur mehr eine Frage der Zeit. Zwischen Polen und Russen gestellt, begannen sich die Deutschen auf ihre eigene Volkszugehörigkeit zu besinnen und diese in ihrer eigenen Kirche gegen Überfremdung zu verteidigen. Den Anfang machten die Pastoren Joseph Karl Theodor Rosenberg (1862–1922) in Stawiszyn und Konstantynow und Friedrich Palsa (1871–1940), estnischer Herkunft, Religionslehrer am Evangelischen Lehrerseminar in Warschau und Begründer des „Deutschen Vereins für das Zartum" mit dem Sitz in Warschau. Von Generalsuperintendent Bursche und polnisch orientierten Pastoren angefeindet, verließ Rosenberg 1904 seine Heimat und ging in das Posensche. Er hatte die Hoffnung auf die Erhaltung der evangelischen Kirche in Polen verloren und mit dem Superintendenten Berthold Harhausen in Ostrowo, Provinz Posen, den „Hilfsausschuß für deutsch-russische Rückwanderer" begründet[17], der rußlanddeutsche Auswanderer auf ihrem Wege nach Deutschland, den USA, Kanada oder anderen überseeischen Gebieten unterstützte und für deren Ansiedlung im Posenschen warb. Unterschiedliche Auffassungen über die Abwanderung evangelischer Deutscher aus Kongreßpolen und ihre Ursachen wurden zwischen Pfarrer Arthur Rhode in Schildberg, dem nachmaligen Posener Superintendenten, und Pfarrer Edmund Holtz in Alexandrow, Kongreßpolen, in der von Martin Rade begründeten Zeitschrift „Christliche Welt" ausgetragen.[18]

Seit Anfang des 20. Jahrhunderts wurde die nationale Frage in der Ev.-Augsb. Kirche Gegenstand von Beratungen der alljährlichen Pastorensynoden und mitunter leidenschaftlicher Auseinandersetzungen zwischen den Vertretern des Polnischen Evangelizismus und der Minderheit der Pastoren, die ihre deutsche Muttersprache in der Kirche weder selbst aufgeben, noch sie den Gemeindegliedern nehmen wollten. Die am 26. Oktober 1905 gehaltene Pastorensynode einigte sich einstimmig auf den Beschluß: „Die Synode steht auf dem Standpunkt des suum cuique: den Juden ein Jude, den Griechen ein Grieche. Der Pastor hat sich über die Nationalität zu stellen; er ist nicht Politiker, sondern Seelsorger. Seine Aufgabe ist weder Germanisierung noch Polonisierung, sondern treue Verkündigung des Evangeliums, wobei er, soweit als irgend möglich, jeder Nationalität gerecht werden muß".[19]

---

16 *R. Kammel,* Muttersprache 184ff.; *W. Gastpary,* Biskup Bursche 49ff.; *O. Wagner,* Mutterkirche 397ff.

17 *A. Rhode,* Geschichte 175; *ders.:* Die ev. Deutschen; *E. Kneifel,* Geschichte 176.

18 CW 1905, 35.42.47.

19 Protokoll der Allg. Pastorenkonferenz, zit. nach *P. Althaus,* Um Glaube 27; Pastor Wilhelm Angerstein, der Gründer und Herausgeber des „Evangelisch-Lutherischen Kirchenblattes" (Lodz 1884–1913) gab 1905 seiner Überzeugung Ausdruck, daß

Beschlüsse wie diese scheiterten jedoch an der Dynamik der nationalen Frage und den Zielsetzungen des Polnischen Evangelizismus. Der Widerstand der wenigen Pastoren gegen die kirchenpolitische Linie Bursches, des Warschauer Konsistoriums und der Mehrheit der Pastoren wäre voraussichtlich ergebnislos geblieben, wenn er nicht von Laien aufgenommen, ausgebaut und getragen worden wäre. Vielerorts kam es in Kirchengemeinden zur Bildung von deutschen Vereinen, die sich Erhaltung von Sprache, Glaube, Brauchtum, Volkstum zum Ziele gesetzt hatten. Im Jahre 1907 brachte der „St. Petersburger Herold" einen längeren Aufsatz unter dem Titel „Notschrei der Deutschen in Russisch-Polen", in dem lebhafte Klage gegen die Polonisierungsbestrebungen der Pastoren in der Ev.-Augsb. Kirche geführt wurde. Darin heißt es: „Der Aufschrei der deutschen Bevölkerung richtet sich gegen die eigene deutsche evangelische Geistlichkeit, welche systematisch die Grundlagen des Deutschtums in Familie, Schule und Kirche zu polonisieren sucht". Die Polonisierung der evangelischen Volksschulen in Warschau, in denen 80% der Kinder deutschsprachig waren, wird Pastor August Loth zur Last gelegt, Generalsuperintendent Bursche die Polonisierung des Warschauer Waisenhauses, in dem der Gebrauch der deutschen Sprache verboten wurde, zum Vorwurf gemacht. Pastor Richard Paschke in Koło, der seinen Namen in Paszko polonisierte, sei bemüht gewesen, die polnische Sprache in den Kantoraten einzuführen, und Pastor Rudolf Gundlach in Lodz hätte im Bürgerkomitee die Erklärung abgegeben: „Wir sind Kinder eines Landes hier, wir sind Polen". Der Aufruf des „St. Petersburger Herold" schließt mit einem Appell an die Deutschen im übrigen Rußland: „Die deutschen Vereine in Polen hoffen, daß das Bekanntwerden der Sachlage in Polen ihnen eine weitgehende moralische Unterstützung sichern wird, daß die großen deutschen Vereine in Petersburg, Riga usw. es nicht zweifelhaft lassen werden, wie das Deutschtum in Rußland darüber urteilt, daß deutsche Pastoren die Totengräber des Deutschtums in Polen sein sollen. In jedem Falle aber wollen die zielbewußten deutschen Elemente in Polen, daß die Herren Bursche, Gundlach und wie sie sonst alle heißen, ihr Totengräberamt nicht wie bisher in aller Stille und Heimlichkeit vollziehen, sondern daß die Deutschen in Rußland sie bei dieser Arbeit sehen und ihnen sagen: Schämt euch und geht weg!".[20]

Die Führung der Deutschen zur Abwehr der Polonisierung, in selteneren Fällen der Russifizierung, hatten Persönlichkeiten aus Lodz, der mit ca. 50 000 evangelischen Deutschen größten Gemeinde der Ev.-Augsb. Kirche, übernommen. Mit den Namen Adolf Eichler, Robert Bräutigam, Edmund und Hans Weyrauch, Bruno Tugemann und Wilhelm Neumann, den herausragenden Vertretern der sog. „Aktivisten", sind die Anfänge der Erweckung deutschen Nationalbewußtseins in der Masse der deutschen Bevölkerung des Königreichs Polen verbunden.[21]

Adolf Eichler[22] war am 31. Januar 1877 in Lodz geboren. Hier erhielt er seine Ausbildung. Als Kaufmann kam er nach Südrußland (Dunajevcy und Odessa), wo er Einblick in

---

„die polnisch-evangelische Idee das konfessionelle (lutherische) Bewußtsein trübt". Nach *A. Kargel,* Die deutsche Presse 203.

20 Alldeutsche Blätter 1907, 127f.

21 *A. Eichler,* Aktivisten 282–327; *E. Weyrauch,* A. Eichler.

22 *E. Kneifel,* Geschichte 177f.; *A. Kargel – E. Kneifel,* Deutschtum im Aufbruch 11, 33, 40, 58, 155, 303f. enthält die Bibliographie der Schriften Eichlers.

das deutsche kulturelle Leben bekam. Seit 1904 war er Vertreter einer großen deutschen Firma in Lodz. Daneben betätigte er sich publizistisch. Er gab die „Monatsblätter für das Deutschtum in Rußland" in den Jahren 1908/09 heraus und war Mitbegründer und Verleger der Tageszeitung „Lodzer Rundschau". 1911 bis 1913 übernahm er zusammen mit dem Lehrer Ludwig Wolff die Schriftleitung der Monatsschrift „Geistiges Leben". Im Ersten Weltkrieg erschien unter seiner Leitung die „Deutsche Post". Eichler hatte in verschiedenen kulturellen und wirtschaftlichen Organisationen den Vorsitz und war deren tätiges Mitglied.

Dr. Robert Bräutigam[23] ist 1864 in Riga geboren. Er studierte Medizin in Dorpat und ging zur weiteren Ausbildung nach Wien und Paris. Nach der Rückkehr nach Rußland war er zuerst Choleraarzt an der Wolga, später Landarzt in Livland. 1896 ließ er sich als Nervenarzt in Lodz nieder und nahm an den kulturellen Bestrebungen der Lodzer Deutschen regen Anteil.

Edmund Weyrauch[24], 1881 in Lodz geboren, besuchte die Oberrealschule in seiner Heimatstadt, widmete sich nachher der kaufmännischen Tätigkeit. Nach längerem Aufenthalt in Moskau, Berlin, Paris, London und Warschau kehrte er nach Lodz zurück und übernahm die Leitung der Bandfabrik seines Vaters.

Dr. Hans Weyrauch[25], 1883 in Lodz geboren, besuchte das Gymnasium in Breslau, studierte in Karlsruhe und Zürich, kämpfte als Offizier an der Westfront und erlag 1917 seinen Verletzungen.

Bruno Tugemann[26], 1880 in Lodz geboren, besuchte die Gewerbeschule in Lodz und die Technische Hochschule in Hannover. Als Diplomingenieur war er in verschiedenen Maschinenfabriken tätig. Mit Wilhelm Neumann begründete er 1910 die Halbmonatsschrift „Lodzer Textilmarkt", die sich in kurzer Zeit zum maßgebenden Wirtschaftsorgan entwickelte. Er starb 1922.

Wilhelm Neumann[27], 1879 geboren, besuchte gleichfalls die Gewerbeschule in Lodz und war zur weiteren Ausbildung nach Berlin gegangen. Nach Lodz zurückgekehrt, wurde er Verlagsdirektor der von Eichler herausgegebenen „Lodzer Rundschau" und Mitherausgeber des „Lodzer Textilmarktes", 1913 mußte er Kongreßpolen verlassen. Bis zum Ausbruch des Krieges leitete er in Berlin ein Informationsbüro. Nach vorübergehender Tätigkeit in Danzig und Warschau siedelte er nach Argentinien über.

Diese Männer waren auch die treibende Kraft zur Gründung des „Deutschen Vereins zur Förderung von Schul- und Allgemeinbildung in Lodz" (1907) und des „Deutschen Gymnasial- und Realschulvereins in Lodz" (1907), von denen der erstere das deutsche Volksschulwesen in der Stadt neu gliederte, der andere das 1906 von Bogumil Braun gegründete Knabengymnasium käuflich erworben und zum traditionsreichen „Lodzer Deutschen Realgymnasium" ausgebaut hatte.[28] Als im Jahre 1911 das „Warschauer (deutsche

23 *A. Eichler,* Aktivisten 289.
24 *A. Eichler,* a.a.O. 284f.
25 *A. Eichler,* a.a.O.
26 *A. Eichler,* a.a.O.
27 *A. Eichler,* a.a.O.
28 *M. Kage,* Deutsches Schulwesen 172ff.; *A. Martz,* Der Deutsche Schul- und Bildungsverein; *P. Nasarski,* Das Lodzer Deutsche Gymnasium.

evangelische) Lehrerseminar" – es war aus der 1866 gegründeten „Deutschen Evangelischen Hauptschule", der „Höheren deutschen Töchterschule" und den „Dreijährigen Pädagogischen Kursen" hervorgegangen – aus Warschau nach Lodz verlegt wurde, war Lodz, das (1914) 31 deutsche Volksschulen aufwies, zum Mittelpunkt des evangelischen deutschen, Warschau, dessen Kirchengemeinde 1906 das Rej-Gymnasium ins Leben gerufen hatte, zum Mittelpunkt des polnischen evangelischen Schulwesens geworden. Gefestigt war diese Entwicklung jedoch nicht und im kirchlichen Bewußtsein hatte sie kaum Wurzeln geschlagen.

In den Jahren vor dem Ersten Weltkriege dürfte Bursche die Entwicklung der nationalen Frage in der Ev.-Augsb. Kirche als Schicksal und Fügung Gottes angesehen haben. Er sah die Fortschritte der Polonisierung in Stadt und teils auf dem Lande und fand sie natürlich und selbstverständlich. Er war weder gewillt, diese Entwicklung aufzuhalten, noch war er um die Förderung dieses Prozesses sonderlich bemüht. Er rechnete damit, daß die Zeit für die Belange des Polnischen Evangelizismus arbeite. Nur, wenn sich hier und dort Widerstand bemerkbar machte, konnte er gehässig werden: „Nationaldeutsche Hetze ist es, die hier zutage tritt, aus dem Ausland importierte Ware, die hier zu Markte getragen wird".[29] Sonst legte er Wert darauf, sich keine Blöße in bezug auf die einheimischen Deutschen zu geben und bemühte sich, ihre Belange mit einer gewissen Loyalität zu behandeln. Von den 64 Pastoren waren es nur mehr 10, die der Polonisierung nicht erlegen waren.[30] Zur nationalen Problematik in der Ev.-Augsb. Kirche führte Bursche auf der in Lodz gehaltenen Pastorensynode des Jahres 1908 aus:

„[...] Ob einer der mir unterstellten Pastoren deutsch oder polnisch gesinnt ist, ist mir ganz einerlei, ja geht mich gar nichts an; das eine verlange ich, daß in seinem amtlichen Wirken die nationalen Fragen nicht entscheidend mitsprechen. Es ist eine elementare Forderung an das Pflichtgefühl eines Pastors hierzulande, daß er, zumal in national erregten Zeiten wie die unseren, sein subjektives nationales Empfinden in seiner öffentlichen Wirksamkeit aufs allerengste begrenzt und, falls er für die Verbreitung des Evangeliums innerhalb seines Wirkungskreises sich davon Segen zu versprechen Ursache hat, diese Grenzen immer enger zieht. Wir wollen mit aller Kraft dafür sorgen, daß Deutsche und Polen in unseren Gemeinden friedlich mit- und nebeneinander leben und daß ein Einigungsband zwischen ihnen das Evangelium sei. Damit dienen wir am besten unserer Kirche, unserem Lande, unseren Polen und auch den Deutschen in unserem Lande".[31]

Die Nationale Problematik im Jahre 1911 konkretisiert Bursche auf der Pastorensynode mit den Worten:

„[...] Zu den Evangelischen polnischer Zunge müssen diejenigen hinzugerechnet werden, die, von Deutschen abstammend, aber seit Generationen in unserem Lande wohnend, sich mit der Zeit polonisiert haben und des Deutschen nicht mehr mächtig sind. Die Zahl dieser ist groß und wächst mit jedem Jahre. Man kann darüber verschiedener Meinung sein, ob dieser Prozeß bedauerlich oder wünschenswert sei, das Faktum bleibt jedoch bestehen, daß die Zahl der Evangelischen, denen wir das Wort Gottes in polnischer Sprache bringen müssen, immer größer wird, und es gibt nur wenige Gemeinden in unserem Lande, in welchen der Pastor weder polnisch zu predigen, noch Amtshandlungen in polnischer Sprache

29 J. Bursche auf der Pastorensynode 1905, vgl. *A. Eichler,* Das Deutschtum 336.
30 *E. Kneifel,* Geschichte 171.
31 *G. Hillner* 279.

zu verrichten hat. Dort, wo unsere Glaubensgenossen in größerer Zahl beieinander wohnen, in den Städten des Lodzer Fabrikbezirks und in den Kolonien, bewahrt der Deutsche seine Nationalität und spricht auch nach Generationen oft nur deutsch; in der Zerstreuung jedoch und mitten unter einer polnischen Bevölkerung verlernt er ja bald seine Sprache und assimiliert sich seiner Umgebung. Daß dieser Umstand eine große Gefahr für unsere Kirche in sich birgt, unterliegt keinem Zweifel, und es ist ein Körnlein Wahrheit in der Behauptung, das Deutschtum sei ein Bollwerk des Evangeliums hierzulande. Ja, ein Bollwerk ist es, aber leider auch eine chinesische Mauer, welche den Zutritt des Evangeliums zur einheimischen Bevölkerung hindert und ihr dasselbe vorenthält. Unsere Kirche hätte einen weit größeren Einfluß hierzulande und wäre ein Salz und ein Licht für dasselbe, wenn sie das Evangelium auch in polnischer Sprache brächte".[32]

Für die deutschen Pastoren bestand das Problem nicht in der sprachlichen Gestalt der Verkündigung des Evangeliums, sondern darin, ob die Kirche zum Instrument der Entnationalisierung ihrer Glieder gemacht werden könne, ob sie aus nationalen Gründen ihren Auftrag nicht verfälsche, auch wenn sie ihn als Missionsauftrag verstehe. Mit dem Begriff „Bollwerk" waren nur andeutungsweise das Verhältnis zum Katholizismus als der polnischen Nationalreligion angesprochen, mit der „chinesischen Mauer" die Grenzen des Polnischen Evangelizismus aufgezeigt.

Als mit dem Ersten Weltkrieg und dem Ende der Zarenherrschaft ein neuer Abschnitt in der Geschichte der Ev.-Augsb. Kirche begann, da waren die beiden brennendsten Fragen ungelöst geblieben: die Revision der „Kirchenverfassung" von 1849, damit auch die Frage der Regelung des Verhältnisses von Kirche und Staat und die nationale Frage. Die Verknüpfung beider sollte die Ev.-Augsb. Kirche erstmals in den Jahren 1915–1918 vor die Zerreißprobe nationaler Gegensätze stellen.

II. Die Evangelisch-Augsburgische Kirche im Königreich Polen während des Ersten Weltkrieges 1914–1918

1. Die Auswirkungen der Kriegsereignisse. Kirchlicher Wiederaufbau

Der Ausbruch des Ersten Weltkrieges am 1. August 1914 traf die deutsche Bevölkerung Kongreßpolens wie ganz Rußlands völlig unvorbereitet. Seit dem Feldzug Napoleons war Kongreßpolen von Kriegen verschont geblieben; die Kriegserklärung Deutschlands an Rußland war für die Deutschen des Landes ein schier unfaßbares Ereignis. Noch immer lebte man im Schatten der Politik Bismarcks, die einen Krieg mit Rußland ausschloß. Die Deutschen des Landes fühlten sich in erster Linie als Untertanen des Zaren und erst in zweiter Linie als Deutsche. Treu dem Eid, stellten sich die deutschen wie die Masse der polnischen Wehrpflichtigen zum Kriegsdienst ein.[1]

---

32 ED 1920/21, 200.

1 *E. Amburger,* Geschichte 109f. Das staatsbürgerliche Selbstverständnis der deutschen Bevölkerung Kongreßpolens gibt bei der Einweihung des neuen Schulgebäudes des

Die Haltung der russischen Behörden und weithin auch der russischen Öffentlichkeit zu den Deutschen im Lande sollte sich indes bald ändern. Nach den Niederlagen der russischen Truppen an den Fronten gegen Deutschland und Österreich – im Frühjahr und Sommer des zweiten Kriegsjahres – waren Kongreßpolen, Litauen und Kurland besetzt, Warschau am 5. August 1915 gefallen. Nun begann sich die seit langem betriebene Hetze der Slawophilen auszuwirken. Ihr Presseorgan „Novoje Vremja" hatte bereits im Jahre 1913 die Rußlanddeutschen der politischen und nationalen Unzuverlässigkeit beschuldigt und den Verdacht genährt, daß man „im Falle eines Krieges [...] gerade von ihnen große Überraschungen erleben" werde.[2] Rennikovs Buch „Soloto Rejna" [Das Gold des Rheins] hatte den Nachweis zu führen gesucht, daß die deutschen Kolonien in Rußland von der Deutschen Reichsregierung planmäßig an strategisch wichtigen Punkten angelegt wurden und die Deutschen des Landes im Solde Deutschlands stünden.[3] Nach den Mißerfolgen an den Fronten, die am 5. September 1915 zur Abberufung des russischen Oberstkommandierenden, Großfürst Nikolaj Nikolaevič, führten, galt es, das russische Volk und die Öffentlichkeit von den Katastrophen abzulenken. Waren es bislang immer die Juden, die in solchen Fällen herhalten mußten und für Pogrome „freigegeben" wurden, so peitschte man jetzt den Haß gegen die Deutschen auf, denen man die Schuld an den Niederlagen zuschrieb. Am 27. Mai 1915 war es zu einem Deutschenpogrom in Moskau gekommen, bei dem drei Deutsche getötet, 40 verletzt wurden und ein Sachschaden von 29 Millionen Rubel entstanden war.[4] Bereits nach Ausbruch des Krieges war ein staatliches Verbot des Gebrauchs der deutschen Sprache in der Öffentlichkeit ergangen, hatte die deutsche Presse in St. Petersburg, Moskau, Riga, Lodz, Odessa u.a. Städten ihr Erscheinen einstellen müssen, wurde das deutsche private Schulwesen russifiziert und das deutsche Vereinswesen aufgelöst.[5] Am 2. Februar 1915 war das Liquidationsgesetz für die deutschen Kolonisten in Kongreßpolen (Königreich Polen) und Wolhynien ergangen, das am 13. Dezember 1915 auf die drei Baltischen Provinzen und die Gouvernements St. Petersburg, Minsk, Kiev,

---

privaten Deutschen Gymnasiums in Lodz am 15. September 1910 der Vertreter der Elternschaft in seiner Ansprache an den neuen Direktor, Hugo von Eltz mit den Worten wieder: „[...] Es ist das Teuerste, was wir haben, das wir Ihnen, Herr Direktor, anvertrauen – unsere Kinder. Lehren Sie, bilden Sie und erziehen Sie diese Knaben in treuem deutschen Geist zu braven Männern, die treu bleiben ihrer Nationalität, treu ihrem Glauben und treu ihrem [russischen] Vaterlande als tüchtige Männer und gute Bürger. Pflanzen Sie in die Herzen der Jugend das Saatkorn der Duldung und Nachsicht mit allen Andersstämmigen, auf daß unsere Kinder Männer werden, streng zu sich selbst und nachsichtig gegen andere" (nach: *Gerda Leber-Hagenau*, Zum gegenwärtigen deutsch-polnischen Verständnis aufgrund der polnischen Literatur, in: Kulturwart, Jg. 28 (1980), Heft 1, S. 2f.). Das Archiv des Ev. Pfarramtes in Luzk bewahrte einen Brief des Pfarrers S. Loppe, in dem dieser die Bitte des Konsuls des Deutschen Reiches in Kiev um ein Verzeichnis der zur Pfarrgemeinde gehörenden Kolonien dahingehend beantwortet, daß er mit reichsdeutschen Stellen keinen Briefwechsel pflege. Bemerkenswert auch der hohe Prozentsatz von Deutschbalten im zaristischen Offizierskorps.

2 *A. Eichler*, Das Deutschtum 92.

3 *J. Schleuning*, Aus tiefer Not 9f.; *ders.:* Rheingold 1095f.

4 *E. Amburger*, a.a.O. 110.

5 *E. Amburger*, a.a.O.

Podolien, Bessarabien, Taurien, den Kaukasus, Finnland und das Amurgebiet ausgedehnt wurde. Parallel zu der Landenteignung mit dem Ziel der Auflösung der ländlichen Kolonien lief die Zwangsausweisung und Verbannung der deutschen Stadt- und Landbevölkerung aus den kriegsnahen Gebieten in das Innere Rußlands und nach Sibirien. Rund 120 000 Deutsche aus Kongreßpolen und ca. 200 000 aus Wolhynien mußten den Weg in die Weiten des Ostens nehmen.[6]

Die Maßnahmen der russischen Regierung gegen die Deutschen des Landes hatten direkt und indirekt auch die Ev.-Luth. Kirche Rußlands wie die zu 85–90% deutsche Ev.-Augsb. Kirche im Königreich Polen und die Evangelischen Wolhyniens betroffen. Das Verbot des Gebrauchs der deutschen Sprache in der Öffentlichkeit wurde stellenweise auch auf die Predigt und auf Amtshandlungen angewandt; die evangelische kirchliche Presse war zum Erliegen gekommen. Den Bestimmungen des Liquidationsgesetzes vom 2. Februar 1915 zufolge hatten die Deutschen Kongreßpolens und Wolhyniens im Laufe eines Jahres ihr unbewegliches Eigentum zu liquidieren und ihre Wohngebiete zu verlassen.[7] Durch den Kriegsverlauf bedingt, mußten sie auf Befehl des Oberstkommandierenden jedoch bereits im Frühjahr 1915, in manchen Gemeinden innerhalb von zwei Wochen, in anderen in einer Frist von 10 Tagen, manchmal sogar von 24 Stunden ihr Vermögen veräußern und sich zur Zwangsaussiedlung bereitmachen. Sie sahen sich gezwungen, ihren beweglichen Besitz zu veräußern, manche „verkauften" unter dem Zwang der Verhältnisse auch ihren Landbesitz, weil die Hoffnung, auf ihre Scholle zurückzukehren, sehr gering war. Ein erster Befehl betraf die Zwangsaussiedlung und Verschickung der deutschen Männer im Alter von 17 bis 70 Jahren nach den Gouvernements Samara, Saratov, Charkov und Ufa, einem zweiten Befehl zufolge hatten auch die deutschen Frauen, Kinder und Greise ihren ausgesiedelten Männern, Vätern bzw. Familienangehörigen zu folgen. Pfingsten 1915 mußten alle Deutschen Heimat und Scholle verlassen haben. Den Aufenthaltsort der ausgesiedelten Männer hatten ihre nachziehenden Angehörigen selbst ausfindig zu machen. Eine Ausnahme machte man zunächst bei Frauen, deren Männer zum Kriegsdienst eingezogen waren. Besonders betroffen waren die Gemeinden an der Weichsel und die Gemeinden Suwałki und Wilna, sowie sämtliche Gemeinden Polesiens und Wolhyniens. Als Garanten für die Befolgung der Aussiedlungsbefehle wurden die Pfarrer der Gemeinden wochenlang als Geiseln festgehalten. Einer, der diese Zeit miterlebt hat, Pastor Deringer in Novograd-

6 *E. Amburger,* a.a.O. 111; *J. Schleuning,* Die Liquidationsgesetze; *H. Schmidt,* Die deutschen ev. Siedlungen 101ff.; *E. Amburger,* a.a.O.: „[...] Am rücksichtslosesten wurde jedoch gegen die deutschen Siedlungen der westlichen Provinzen vorgegangen, nachdem am 2. Februar das erste der sog. Liquidationsgesetze verkündet worden war, durch das die deutschen Kolonisten in Wolhynien ihr Land und ihre Höfe an die Bauernagrarbank verloren; dabei wurde der deutsche Besitz möglichst niedrig abgeschätzt, um künftige Entschädigungszahlungen zu verringern [...]. Nachdem das Gesetz am 13. Dezember 1915 auf die drei baltischen Provinzen, die Gouvernements Petersburg, Minsk, Kiev, Podolien, Bessarabien, Cherson, Taurien und Jekaterinoslav, auf Kaukasien, Finnland und das Amurgebiet, 1916 auf Charkov und Stavropol in Nordkaukasien ausgedehnt worden war, drohte die Aussiedlung die Existenz der deutschen Kolonisten und damit des größten Teils der Protestanten Rußlands zu vernichten"; *J. Bursche,* Kirche 67f.; *W. Gastpary,* Protestantyzm w Polsce 10, u.a.

7 *E. Amburger,* a.a.O.; *E. Kneifel,* Geschichte 188f.

Wołynsk, schreibt: „Der Haß gegen alles was nicht nur deutsch, sondern auch evangelisch war, kam so recht zum Ausdruck in den Anschlägen, die die Ausweisung ankündigten. Sie begannen mit den Worten: ‚Deutsche, Kolonisten, Lutheraner ...‘ Hiermit wurde öffentlich und unmißverständlich auch das Bekenntnis als ein Grund der Ausweisung namhaft gemacht. Um jeden Widerstand zu verhindern, wurde befohlen, in erster Linie Pastoren und Küster als Geiseln zu nehmen“.[8] Als einzelne, mit ihren Familien oder ihren Gemeinden wurden in das Innere Rußlands aus Kongreßpolen verbannt die Geistlichen: August Karl Loth und Religionslehrer Adolf Karl Schröter aus Warschau, Edmund Bursche aus Łowitsch, Alexander Karl Falzmann aus Pułtusk, Otto Friedrich Krenz und Rudolf Buse aus Grodziec, Siegfried Oskar Loppe aus Suwałki, Leonhard (Zdzisław) Geissler aus Nowosolna bei Lodz, Emil Alexander Eichelberger aus Mariampol, Karl Alexander Moczulski aus Wirballen, Julian Deiter aus Cycόw, Heinrich Sroka aus Szaki. Ausgewiesen wurden weiterhin der Präses des Warschauer Konsistoriums, Baron v. d. Ropp, die beiden weltlichen Konsistorialräte Konstantin von Peetz und Karl von Norten, und Mitte April 1915 auch der Vizepräsident des Konsistoriums, Generalsuperintendent Julius Bursche.[9] Als Grund für seine Ausweisung gab Bursche später sein Eintreten für die evangelischen Deutschen bei den russischen Behörden an. Zur Situation der Zwangsausgesiedelten schrieb er:

„[...] Da kam der große Weltkrieg, und die Lage unserer Kirche wurde plötzlich eine total andere. Das Wohlwollen der russischen Regierung verschwand über Nacht: Sie führte Krieg gegen Deutschland, als auch gegen die Evangelischen, die insgesamt als Deutsche angesehen wurden und also als Feinde. [...] Schon lange vor dem Kriege wurde in der chauvinistischen polnischen Presse oftmals gehässig besonders gegen unsere deutschen Kolonisten gehetzt, sie seien von der preußischen Regierung angesiedelt worden [...] sie seien daher Agenten im Dienste dieser Regierung – woran natürlich kein wahres Wort war –, aber diese Vorwürfe blieben haften und haben viel dazu beigetragen, daß mit Ausbruch des Krieges und den anfänglichen Niederlagen der Russen die Schuld daran der Spionage der Kolonisten zugeschrieben wurde. [...] Die Szenen bei der Ausweisung spotteten in ihrer Kriegsbrutalität jeder Beschreibung. Man denke sich diesen Zug von tausenden und abertausenden unserer Glaubensgenossen: Gesunde und Kranke, Männer und Frauen, Greise und Kinder, meist ohne oder mit schnell zusammengeraffter Habe, zu Fuß, von Truppen vor sich hergejagt. [...] Etwas besser hatten es diejenigen, die durch Warschau zogen: hier wurden sie von uns aufgenommen, in unseren Schulen und Gemeindehäusern einquartiert, auch in von dem städtischen Fürsorgekomitee uns überlassenen leeren Fabrikräumen; sie durften auch dank unserer Fürsprache ein bis zwei, ausnahmsweise sogar mehrere Wochen bei uns bleiben, bis wir ausfindig machen konnten, wo im weiten Rußland ihre nächsten Angehörigen sich befanden [...]“.[10]

Andererseits hatte Generalsuperintendent Bursche als Vorsitzender des Warschauer Kirchenkollegiums am 13. März 1915 eine Denkschrift (Memorial) an den Oberstkommandierenden, Großfürst Nikolaj Nikolaevič, gerichtet, die sich gegen die generelle Identifizie-

---

8 Unterlagen in: AK.

9 *J. Bursche,* Kirche a.a.O.; *E. Kneifel,* Geschichte 188f.; *W. Gastpary,* Kościół 19ff.; *ders.:* Biskup Bursche 34ff.; *J. Schleuning,* Aus tiefster Not 15. Einem Brief des ehem. Pfarrers von Charkov, Dr. Cramer, an Pfr. A. Kleindienst vom 28.12.1969 zufolge (in: AK), wurde Pastor A. Falzmann auf Bitte des Pfarramtes in Charkov vom Warschauer Konsistorium zur Betreuung der Verbannten nach Charkov enstandt.

10 *J. Bursche,* a.a.O.

rung der Evangelischen mit den Deutschen und ihre ungerechtfertigte Aussiedlung wandte, was deren vollkommenen wirtschaftlichen Ruin bedeute.[11] Erfolg hatte die Eingabe nicht.

Nicht gering waren die materiellen Kriegsschäden. Durch Kriegseinwirkungen wurden 5 Kirchen und 30 Bethäuser fast ganz zerstört, 18 Kirchen wurden zum Teil stark beschädigt, desgleichen 15 Pfarr-, 10 Gemeinde-, 46 Bethäuser und 68 Schulen.[12] Am empfindlichsten war der Rückgang der Seelenzahl. Im Westen Kongreßpolens war die Zwangsvertreibung der deutschen Bevölkerung durch den raschen Vormarsch der deutschen Truppen weithin nicht zur Durchführung gebracht worden, um so gründlicher wurde sie in den östlichen Teilen des Königreichs Polen und Wolhynien durchgeführt. Manche Kirchengemeinden Kongreßpolens verfielen der totalen Auflösung, andere verloren bis zu 95% ihres Bestandes, in einer Gemeinde wurde nur ein hundertjähriger Greis zurückgelassen. Geschätzten Zahlen des Warschauer Konsistoriums zufolge war die Seelenzahl der Ev.-Augsb. Kirche im Königreich Polen von 1914 bis 1916 um 37% zurückgegangen, von 386 108 auf 247 140 Gemeindeglieder.[13] Total ausgesiedelt und in das Innere Rußlands verbannt waren die rund 200 000 Deutschen Wolhyniens, durchweg evangelischen Bekenntnisses.

Das ganze Gebiet Kongreßpolens und große Teile Wolhyniens waren schon im bzw. nach dem ersten Kriegsjahr unter deutsche bzw. österreichische Verwaltung gestellt: Generalgouverneur im nördlichen Kongreßpolen wurde Hans von Beseler mit dem Sitz in Warschau, im südlichen Teil Kongreßpolens (Militärgouvernement Lublin) der österreichische Feldzeugmeister von Kuk, dann General Baron von Diller.[14]

Unter schwierigsten Verhältnissen mußte der Wiederaufbau der Kirchen und Gemeinden vor sich gehen, von denen keine durch Zwangsaussiedlung, Zerstörung durch Kriegshandlungen oder Stillstand der Industrie nicht betroffen war. Nicht zu lösen waren die Personalfragen. Von den 59 Geistlichen der Ev.-Augsb. Kirche im Königreich Polen zu Beginn des Krieges waren 12 in das Innere Rußlands verschleppt[15], drei weiteren war von der deutschen Besatzungsbehörde das Amtieren vorübergehend verboten: dem deutschen Pastor Johann Gustav Friedenberg in Prażuchy, weil er mit religiöser Begründung die Jugend seiner ganz deutschen Gemeinde aufrief, der rechtmäßigen Obrigkeit, dem Zaren, die Treue zu halten und den Eid nicht zu brechen, den Pastoren Alexander Paschke in Chodecz und Richard Paszko in Koło wegen politischer polnischer Betätigung. Friedenberg und Paschke konnten ihr Amt wieder übernehmen, Paszko mußte vom Konsistorium 1918 seines Amtes enthoben werden, das er 1916 erneut übertragen bekommen hatte.[16]

Notwendig war vor allem die Wiederherstellung des durch die Zwangsausweisung des Konsistorialpräsidenten Theodor v. d. Ropp, der beiden weltlichen Konsistorialräte Konstantin v. Peetz und Karl v. Norten, des Generalsuperintendenten, zugleich geistlichen

11 Publ. in: *J. Glass,* Ewangelicy Polacy 20–26.
12 NH 1917, 148; *J. Bursche,* a.a.O. 68; *E. Kneifel,* Geschichte 189; *E. Holtz,* Der Krieg 12.
13 NH 1917, 148.
14 Von den Kirchengemeinden der EAKKP lagen im österreichisch-ungarischen Verwaltungsgebiet die Gemeinden (G) bzw. Filialen (F): Cholm (G), Końska Wola (F), Pilica (F), Kielce (G), Radom (G), Jawor (F), Kozienice (F), Belchatów (G), Kleszczów (G), Petrikau (G), Kamocin (F), Dziepule (F).
15 NH 1917, 141ff.; *W. Gastpary,* Protestantyzm w Polsce 12.
16 *E. Kneifel,* Geschichte 189; *W. Gastpary,* a.a.O. 13.

Vizepräsidenten des Konsistoriums Julius Bursche, arbeits- und beschlußunfähig gewordenen Konsistoriums; von den sechs Mitgliedern des Konsistoriums waren nur die beiden sich zum Polentum bekennenden geistlichen Konsistorialräte, Rudolf Gustav Gundlach, Pastor an der St. Trinitatisgemeinde in Lodz, und Edmund Holtz, Rektor des Hauses der Barmherzigkeit in Lodz, verblieben. Auf die vakanten Stellen wurden vom Generalgouverneur, dem nach dem Völkerrecht (Haager Landkriegsordnung) die Rechte des Zaren zustanden, in Übereinstimmung mit der Kirchenverfassung von 1849, ernannt: zum Konsistorialpräsidenten der schlesische Landeshauptmann von Thaer, der mit dem Chef der Zivilverwaltung im Generalgouvernement, Wolfgang Kries, Initiator der Eröffnung der polnischen Universität und Technischen Hochschule in Warschau am 15. November 1915 war, zu weltlichen Konsistorialräten Oberlandesgerichtsrat Dr. Palandt und Regierungsassessor Firnhaber. Die Funktionen des stellv. Generalsuperintendenten wurden Konsistorialrat Gundlach übertragen, an dessen Stelle zum geistlichen Konsistorialrat der Superintendent der Warschauer Diözese, der sich gleichfalls zum polnischen Volkstum bekennende Alexander Eduard Schoeneich, ernannt.

Die dringliche Frage der Besetzung der vakanten Pfarrstellen konnte mit einheimischen Kräften nicht gelöst werden. Personell und materiell mußte auf die Hilfe der ev. Kirche in Deutschland zurückgegriffen werden. Von ihren Landeskirchen beurlaubt, waren luth. Pfarrer für kürzere oder längere Zeit in den Dienst der Diaspora im Königreich Polen getreten. Von diesen wurden fünf vom Zentralvorstand des Gustav-Adolf-Vereins in Leipzig, zwei vom Oberkirchenkollegium der Altlutherischen Kirche in Breslau, 12 vom Deutschen Evangelischen Kirchenausschuß finanziell unterhalten. Da auch diese Kräfte nicht ausreichten, versahen mit Genehmigung der deutschen und österreichischen Militärbehörden Feldgeistliche den geistlichen Dienst in verwaisten Gemeinden, in denen sie ihren Standort hatten. Vom Konsistorium bestellt, waren in der Ev.-Augsb. Kirche nach dem Stand von 1916 aushilfsweise für einige Zeit 16 reichsdeutsche Zivilgeistliche als Pfarrverwalter und sechs deutsche und österreichische Feldgeistliche, in den Jahren 1915–1918 insgesamt 21 Zivilgeistliche und 19 deutsche und österreichische Feldgeistliche aushilfsweise tätig. Als Zivilgeistliche waren tätig: Kegel (in Cholm, Mława), Markmann (in Cyców), Zwanziger (in Chodecz), Dr. Voigt (in Koło), Haak (in Zagorów), Eyth (in Nowosolna), Luthardt (in Michalki, Rypin), Petersen (in Ossówka), Holdt (in Prasnycz, Mława), Lahousen (in Wyszegród), Keller (in Mariampol), Bogdahn (in Suwałki), Kibelka (in Wirballen, Szaki), Laskawy (in Wiżajny), Brunau (in Wierzbowo), Büchler (in Mława), Gossner (in Mariampol), Patrick (in Wiżajny), Meyer (in Lodz), Steinweg (in Godlewo). Von den Feldgeistlichen waren im Gemeindedienst tätig: Kokott (in Łowitsch), Seelig (in Rawa), Coch (in Wengrów), Schnorr (in Konin), Müller (in Sierpc), Engelbrecht (in Szczucin, Grajewo, Sierpc), Walde (in Pułtusk), Lischke (in Wengrów), Conrad (in Grajewo), Dietrich (in Grajewo), Reiber (in Sierpc), Haselmann (in Ciechanów), Graentz (in Nieszawa), Haarbeck (in Pułtusk), Kicherer (in Rawa), Pfefferkorn (in Siedlce), Wesenberg (in Nieszawa), Quast (in Włocławek). Im Österreichischen Verwaltungsbezirk stellten sich, wo und wann nötig, u.a. die Feldgeistlichen Karl Kotula, Richard Wagner, Paul Sikora aus Österreichisch-Schlesien, Rudolf Kesselring aus Galizien für den Dienst an Zivilgemeinden zur Verfügung.

Wie den konfessionellen, so wurde den sprachlichen Bedürfnissen der Gemeinden Rechnung getragen. Die Pfarrer Bogdahn, Holdt, Kegel, Kokott, Laskawy, Kotula, Wagner,

Sikora und Kesselring sprachen auch polnisch bzw. masurisch, Kibelka, Brunau und Patrick auch litauisch.[17]

Durch die Frontlinie abgeschnitten, war die Theologische Fakultät in Dorpat als Ausbildungsstätte des theologischen Nachwuchses ausgefallen. Die jungen Theologen zogen nun an die Universitäten in Deutschland, zumal nach Leipzig, so Gustav Schedler, Waldemar Krusche, Johannes Zander, Eduard Kneifel, Adolf Doberstein, Erich Buse, Adolf Ulbrich, Alexander Groß u.a.

Aufgenommen wurden 1916 die Herausgabe des Kirchenblattes „Unsere Kirche", 1917 des Volkskalenders „Neuer Hausfreund". Große Anstrengungen mußten unternommen werden, um den ausgewiesenen und verschleppten Kolonisten ihren Haus- und Landbesitz zu erhalten, den sich polnische bzw. ukrainische Bauern anzueignen suchten. Materielle Hilfeleistung zum Wiederaufbau kirchlichen und gemeindlichen Lebens kamen vom Gustav-Adolf-Verein in Leipzig, dem Evangelisch-Lutherischen Gotteskasten in Erlangen, von deutschen Landeskirchen und dem Kirchenausschuß, von dem von den Pfarrern Berthold Harhausen und Arthur Rhode in Posen ins Leben gerufenen „Hilfsausschuß für die evangelischen Deutschen im Generalgouvernement Warschau", aus Dänemark, Norwegen und Schweden, bis Ende 1917 auch aus den USA durch Vermittlung des „Christian Herold". Vorbildlich war die Liebesarbeit der Pfarrer Julius Dietrich und Rudolf Gundlach in Lodz.[18]

Die Zusammenarbeit der reichsdeutschen bzw. österreichischen mit den deutschen und polnischen Geistlichen der Ev.-Augsb. Kirche war zunächst „durchaus erfreulich", gleicherweise auch die der deutschen und polnischen Mitglieder des Konsistoriums. Die vom Konsistorialpräsidenten einberufene, vom 8.–9. August 1916 in Lodz unter Vorsitz des sich zum Polentum bekennenden stellv. Generalsuperintendenten Gundlach gehaltene „Allgemeine Pastorenkonferenz der Evangelisch-Augsburgischen Kirche im Konsistorialbezirk Warschau", an der alle einheimischen und reichsdeutschen als Pfarrverwalter oder auch im zivilen Bereich eingesetzten Feldgeistlichen teilnahmen, verhandelte einträchtig, wenn auch nicht ganz frei von nationalen Belastungen. Im Schlußwort brachte Gundlach zum Ausdruck: „[...] Durch gemeinsamen Gottesdienst und Gebet, durch Gedankenaustausch und Beratung, durch die nähere Berührung miteinander, sei ein segensreicher innerer Gewinn geschaffen, man habe sich gegenseitig werten und schätzen und lieben gelernt. Wie Mose mit leuchtendem Antlitz vom Sinai kam, so kehren die Pastoren zu ihren Gemeinden zurück. Dem inneren steht ein äußerer Gewinn zur Seite, indem man den Willen der Pastoren, der Behörde, der Kirche, des Herrn kennengelernt habe".[19] Dem Deutschen Evangelischen Kirchenausschuß in Berlin dankte Gundlach in seinem Telegramm vom 9. August 1916 mit den Worten: „Die erste in der Kriegszeit hier tagende Pastoralkonferenz der Ev.-Augsb. Kirche des Konsistorialbezirks Warschau hat mit Bewegung davon Kenntnis genommen, daß die Glaubensgenossen in der Heimat unsers teueren lutherischen Bekenntnisses sich mit viel brüderlicher Liebe der mannigfachen Kriegsnot unserer schwer geprüf-

17 *E. Kneifel,* a.a.O. 192ff.; *W. Gastpary,* a.a.O. 13ff.; *B. Geißler,* Ex oriente 185f.; *ders.:* Zu unserem Abschied 11ff.

18 NH 1917, 115; *E. Kneifel,* a.a.O. 190ff.

19 NH 1917, 119; *B. Geißler,* Ex oriente 185.

ten Diasporakirche angenommen haben. Sie spricht einmütig den Glaubensbrüdern in Deutschland, insbesondere dem Deutschen Evangelischen Kirchenausschuß, ihren und der ganzen Landeskirche tiefgefühlten Dank aus [...]". In einem zweiten Telegramm dankt die Konferenz dem Zentralvorstand des Gustav-Adolf-Vereins in Leipzig für die „großherzige Hilfeleistung [...], die der Ev. Verein der Gustav-Adolf-Stiftung der lutherischen Kirche in Polen jetzt ganz besonders reich und verständnisvoll zuteil werden läßt".[20]

Die Spannungen auf der Allgemeinen Pastorenkonferenz deutete Paul Althaus im Aufsatz „Ein Wort zur Allgemeinen Pastorenkonferenz"[21] an, in dem er sich zur Frage der Stellung der Kirche im Volksleben äußerte; er lehnte darin jede Art von Polonisierung oder Germanisierung ab und sprach sich auch gegen die Eindeutschung bereits polonisierter Personen oder Familien aus. Andererseits trat er für die Treue dem gottgeschenkten Volkstum gegenüber ein und formulierte: „Neutralität in diesen Dingen ist Sünde gegen die durch ihre eigene Lauheit gefährdeten Gemeinden und schließlich gegen die Sache der Religion selbst".[22] Bruno Geißler berichtete: „Es lag [...] angesichts der Geschichte der Warschauer Gemeinde mit ihren massenhaften Verlusten an den Katholizismus und zahlreicher ähnlicher Erlebnisse anderwärts auf der Hand, daß die Polonisierung Evangelischer in der Regel die Katholisierung zur Folge hatte, wenn nicht in der ersten, so in der zweiten Generation.[23]

2. Das nationale Erwachen des deutschen Bevölkerungsteiles. Kirchliche Auswirkungen

Der Verlauf des Ersten Weltkrieges, die Verfolgungsmaßnahmen der russischen Regierung einerseits, steigender polnischer Nationalismus betont katholischer Grundhaltung, verbunden mit dem Streben nach eigener Staatlichkeit andererseits, hatten im deutschen Bevölkerungsteil Kongreßpolens zu unvorhergesehenen Auswirkungen geführt: die Deutschen wurden sich in der Masse ihrer eigenen Nationalität bewußt. Zwischen Russen und Polen gestellt, lernten sie ihre angestammte Volkszugehörigkeit nicht nur als Schicksal, sondern als Gabe und Auftrag Gottes zu sehen, bereit, diese zu bekennen und zu erhalten. Die Eroberung und Verwaltung des Landes durch die Mittelmächte haben diesen Prozeß in entscheidendem Maße gefördert.

Träger nationaler Bewußtseinsbildung und der „neuen deutschen Bewegung" waren Adolf Eichler und der Kreis der Lodzer „Aktivisten". Wie wenig aber die Masse der Deutschen des Landes politisch und national ansprechbar war, mag daraus zu ersehen sein, daß den Bestrebungen der Aktivisten die größten Hindernisse von den eigenen Volksgenossen in den Weg gelegt wurden. Die ländlichen Kolonisten, konfessionell gebunden, verharrten in einer politischen Passivität, das städtische Deutschtum in Warschau war größtenteils und in den anderen Städten des Landes zu einem beträchtlichen Prozentsatz polonisiert oder auf bestem Wege dazu. Die Deutschen in Stadt und Industriebezirk Lodz, in der

20 Erwiderung des DEK 88f.
21 DP 1916, 45.
22 *P. Althaus,* Um Glauben 25.
23 *B. Geißler,* Mit dem deutschen Heer 749f.

Masse materialistischem Zweckdenken erlegen, waren politischem und nationalem Denken abhold oder verharrten, durch eine zweimalige Rückkehr der Russen im Verlauf der wechselvollen Kämpfe Anfang 1915 eingeschüchtert, in abwartender Haltung. Größten Widerstand leistete die einflußreiche und finanzstarke Gruppe der deutschen Industriellen, die aus wirtschaftlichen Gründen nach Rußland tendierte und den Ausgang des Krieges abwarten wollte. Die Gruppe der Zögernden, Abwartenden, Unentschiedenen nannte Eichler „Passivisten": „Es fehlte die geistige Brücke zu der deutschen Bewegung in der Kriegszeit und den Leuten, die berufen waren, jetzt in der politischen Arbeit ihren Landsleuten Stütze und Schild zu sein".[1] Über die Gründe urteilt Kneifel: „Die geistige Rückständigkeit des Deutschtums in Mittelpolen, die mit einer gewissen charakterlichen und nationalen Erweichung gleichen Schritt hielt, ließ die Spannweite zwischen seinem gesunden biologischen Wachstum und der Dürftigkeit seines ungeordneten nationalen Lebens immer größer werden. Besonders krass trat dies beim begüterten deutschen Bürgertum in Erscheinung. Die ‚besseren Bürgerlichen', meist Zöglinge russischer oder polnischer Schulen, mieden ängstlich alles bewußt Deutsche und orientierten sich nach der russischen bzw. polnischen Seite, während die breite Masse des Bürgertums in dumpfer Gleichgültigkeit und Selbstzufriedenheit dahinbrütete".[2] Albert Breyer, der bekannte Volkstumsforscher Kongreßpolens, klagte 1922: „Der Mangel an sittlich hochstehenden, in tiefer völkischer Liebe wurzelnden Führern – war und ist der Krebsschaden unseres Volkskörpers".[3]

Im Verlauf der späteren nationalen Auseinandersetzung in der Ev.-Augsb. Kirche wurde polnischerseits unter der Adresse der Deutschen der Vorwurf erhoben, daß ihre deutsche Einstellung den Besatzungsmächten zuzuschreiben wäre. Der vielschichtige Prozeß der Ende des 19. Jahrhunderts einsetzenden nationalen Bewußtseinsbildung der Deutschen Kongreßpolens wird damit aber verkannt und politisch mißdeutet. Die offizielle Haltung der deutschen und österreichischen Militärverwaltung den Aktivisten gegenüber war, den Weisungen aus Berlin zufolge, äußerst zurückhaltend, ja restriktiv. Den Deutschen wurde empfohlen, nichts zu unternehmen und alles zu unterlassen, was Ärgernis oder Schwierigkeiten mit den Polen im besetzten Lande zur Folge haben könnte.[4] So konnte es geschehen, daß in Lodz seitens der Besatzungsbehörde ein „Bürgerkomitee" gefördert wurde, dessen Leitung in der Hand deutschfeindlicher polnischer Nationaldemokraten war, die die deutsche Bevölkerung der Stadt nur insoweit zur Mitarbeit heranzog, soweit es galt, finanzielle Unterstützungen der finanzstarken Industriellen zu erlangen.

Dennoch gewann die Zeit der deutschen und österreichischen Besetzung Kongreßpolens und die Begegnung mit Persönlichkeiten der deutschen Kultur- und Geisteswelt in den Militärverwaltungen ausschlaggebende Bedeutung für die Festigung und Ausweitung des Nationalgedankens unter den Deutschen des Landes. Als einen Wendepunkt in seinem Leben bezeichnet Adolf Eichler seine Begegnung mit Georg Cleinow am 13. Februar 1915, dem Herausgeber der politischen Zeitschrift „Die Grenzboten" und Leiter der Presseabtei-

1 *A. Eichler,* Deutsches Erwachen; *ders.:* Deutsche Schicksalswende 108.
2 *E. Kneifel,* A. Eichler 11ff.
3 *A. Breyer,* Altes und Neues 356.
4 *A. Eichler,* Deutschtum im Schatten 247.

lung im Stabe des Militärgouverneurs in Lodz.[5] An Stelle der eingestellten, russophilen Tageszeitung „Lodzer Zeitung“ hatte Cleinow die Schriftleitung der von der Militärverwaltung Anfang 1915 ins Leben gerufenen „Deutschen Lodzer Zeitung“ übernommen, die das Hauptorgan der Deutschen Kongreßpolens wurde, bis es im November 1918 eingestellt werden mußte. Der politischen „Deutschen Lodzer Zeitung“ stellte Adolf Eichler die von ihm gegründete, den Zusammenschluß aller Deutschen Kongreßpolens anstrebende, kultur- und volkspolitische Wochenschrift „Deutsche Post“ zur Seite, die in Lodz vom 1. Juli 1915 bis 15. November 1918 erschien. Als Herausgeber zeichnete Adolf Eichler, Schriftleiter war Friedrich Flierl, Verleger der Manufakturrat Ernst Leonhardt.[6] Das Anliegen der Aktivisten kennzeichnete Adolf Eichler in der „Deutschen Post“ mit den Worten: „Unser Ziel ist: eine sich eins und kräftig fühlende deutsche Gesellschaft, ein Wiederaufleben deutscher Vereine mit ihrer kulturfördernden Arbeit, eine jedem deutschen Kinde zugängliche deutsche Schule und eine deutsche Volkskirche“.[7] Es ging ihnen um die Vertretung und Wahrung der Interessen der deutschen Bevölkerung Kongreßpolens auf politischem, kulturellem, wirtschaftlichem und kirchlichem Gebiet der deutschen und österreichischen Militärverwaltung gegenüber, im Blick auch auf die Lösung der polnischen Frage, die Gegenstand politischer Überlegungen der Kabinette in Berlin und Wien war.

Hinsichtlich der Lösung der polnischen Frage gingen die Auffassungen stark auseinander; nicht nur zwischen Deutschland und Österreich. Die deutsche Reichsregierung schwankte zwischen Überlegungen, den Weg eines Separatfriedens mit Rußland nicht zu verbauen, zwischen der von Friedrich Naumann vertretenen Auffassung der Schaffung von politisch abhängigen Pufferstaaten im Osten und der von Generalgouverneur von Beseler verfochtenen Linie der Bildung eines unabhängigen, mit Deutschland und Österreich verbündeten polnischen Staates. Jede der Überlegungen vertrat auch unterschiedliche territoriale Vorstellungen.[8] Die Versuche der Lodzer Aktivisten, in diese in der politischen Öffentlichkeit lebhaft diskutierte Frage einzugreifen, waren wenig glücklich und hatten die Sicherung gegenüber der politischen und militärischen Großmacht Osteuropas, Rußland, im Auge. Dem aus Kurland stammenden Professor für osteuropäische Geschichte an der Berliner Universität, Theodor Schiemann, der publizistisch in der Berliner „Kreuzzeitung“ engagiert war, wurde eine Denkschrift zur Grenzfrage zugeleitet, die auf Umwegen beim Lodzer Polizeipräsidenten von Oppen gelandet war.[9] Eine zweite Denkschrift ähnlichen Inhalts mit dem Datum 9. Dezember 1915 an die Reichsregierung gerichtet, nahm über Polizeipräsident von Oppen und Generalgouverneur von Beseler den Weg zu Reichskanzler Bethmann-Hollweg. Unterzeichnet war sie von Hofrat Heinrich Zirkler, dem Mitbegründer des Deutschen Schul- und Bildungsvereins, von Friedrich Flierl, dem nachmaligen Leiter des Deutsch-Evangelischen Landesschulverbandes, von Dr. Robert Bräutigam, Adolf Eichler, Apotheker E. von Ludwig, Fabrikant Hubert Mühle, Oberingenieur Cl. Zeemann, Buchdruckereibesitzer S. Manitius, Hofrat K. A. Pfaff, Bürochef G. Hessen und den

5 *A. Eichler,* Die Lodzer Aktivisten 290.
6 *A. Kargel,* Deutsche Presse 199.
7 DP vom 1. Juli 1915.
8 *G. Rhode,* Geschichte 440ff.; *W. Conze,* Polnische Nation 77ff., 106ff.
9 *A. Eichler,* Deutschtum im Schatten 246.

beiden Pastoren Adolf Löffler–Konin und Adolf Krempin, Religionslehrer in Lodz. Die Denkschrift setzte sich für eine Verschiebung der deutschen Ostgrenze und die Schaffung eines breiten Sicherheitsgürtels zwischen Deutschland und Rußland ein, gebildet aus Teilen der russischen Gouvernements Kalisch, Płozk und Petrikau, einschließlich des Lodzer Industriebezirks.[10]

Am 23. Februar 1916 wurden Bräutigam, Eichler und von Ludwig vom Generalgouverneur von Beseler empfangen. Dieser sprach den Aktivisten seine Anerkennung aus, bedeutete ihnen aber, daß sie alles vermeiden müßten, was zu einem Streit mit den Polen führen könnte. Über die Zukunft Polens könne erst eine Entscheidung getroffen werden, wenn sich der Umfang des deutschen Sieges feststellen ließe.[11] Beselers Antwort auf die Denkschrift der Lodzer Aktivisten ließ deutlich die Grundlinie der Polenpolitik Bethmann-Hollwegs erkennen: keine Entscheidung vor der Zeit, keine politische Verstimmung Polens, weitgehendes Entgegenkommen in der Frage der Verselbständigung Polens. Die Reichsregierung hatte in der polnischen Frage auch Rücksicht auf den mit Deutschland und Österreich politisch und militärisch zusammenarbeitenden Gegenspieler des russisch orientierten Politikers Roman Dmowski, Józef Piłsudski, den nachmaligen polnischen Staatschef, zu nehmen. Piłsudski unterhielt in Berlin ein Büro und eine „Auskunftsstelle vereinigter Verbände in Berlin“, die auch das Informationsblatt „Polnische Blätter“ herausgab.[12] Leiter des Büros war der polnisch-jüdische Journalist und politische Schriftsteller Wilhelm Feldmann, führender Mitarbeiter war der sich als Sohn, Enkel und Urenkel deutscher Pastoren in Polen bezeichnende L.K. Fiedler. In seiner vertraulichen, als Manuskript gedruckten Denkschrift „Die Deutschen in Polen“ war Fiedler auch auf die Verhältnisse in der Ev.-Augsb. Kirche im Königreich Polen eingegangen und hatte darin Vorwürfe gegen die deutschen Aktivisten und reichsdeutschen Pfarrer und Feldgeistlichen erhoben und Adolf Eichler beschuldigt, der Inspiration des „Alldeutschen Verbandes“ erlegen zu sein. Demgegenüber erklärte Eichler, daß er den „Alldeutschen Verband“ nur dem Namen nach kenne, keinerlei Beziehungen zu diesem habe, und daß es sich wohl um eine Verwechselung mit einem gewissen Otto Eichler handeln müsse, der publizistisch verschiedentlich tätig sei.

Bestätigt wurde die zögernde politische Haltung von Beselers durch dessen Weigerung, einen von den Lodzer Aktivisten geplanten „Deutschen Verband“ für das ganze deutsche Verwaltungsgebiet zu genehmigen, wie durch die Abberufung des Lodzer Polizeipräsidenten von Oppen, der die durch die Kriegshandlungen unterbrochene Arbeit des 1907 gegründeten „Deutschen Vereins zur Förderung von Schul- und Allgemeinbildung in Lodz“ zwar wieder genehmigt, die Zulassung des Vereins aber mit der Auflage verbunden hatte, Fragen der zukünftigen Gestaltung Polens in der Vereinsarbeit nicht zu erörtern.[13] Der Zweck des Vereins, gemäß den von der russischen Regierung genehmigten Statuten, war: „Der Verein stellt sich Kulturaufgaben, indem er das Schulwesen innerhalb der deutschen

10 Die Denkschrift ist abgedruckt in: *A. Eichler,* Die Lodzer Aktivisten 304–309 und *L.K. Fiedler,* Die Deutschen 13–15.
11 *A. Eichler,* Die Lodzer Aktivisten 309, 351.
12 *L.K. Fiedler,* Die Deutschen.
13 *F. Flierl,* Der Deutsche Verein 136ff.

Gesellschaft fördern will. Um dieses Ziel zu erreichen, gründet der Verein Schulen, Stipendien, allgemein bildende Kurse, richtet Bibliotheken und Lesehallen ein, veranstaltet Vorlesungen, Konzerte, dramatische Vorstellungen, wissenschaftliche Diskussionen, Feste und gymnastische Übungen; desgleichen erteilt er Institutionen und Vereinen, die dieselben Ziele verfolgen, Unterstützungen".[14] Am 5. März 1916 nahm der „Deutsche Verein zur Förderung von Schul- und Allgemeinbildung in Lodz", abgekürzt Schul- und Bildungsverein genannt, mit A. Eichler als Vorsitzendem, Hofrat Zirkler als stellvertr. Vorsitzendem und F. Flierl als Schriftführer die Arbeit wieder auf und fand erstmals die Unterstützung breitester Kreise der Deutschen in Lodz und Umgebung, wenn es ihm auch jetzt noch nicht an Gegnern fehlte, die vor allem wirtschaftlich argumentierten. Im Jahre 1917 wurde der Schul- und Bildungsverein von dem polnischen Provisorischen Staatsrat unter dem Namen „Deutscher Verein, Hauptsitz Lodz" auch für die anderen Gebiete des Königreichs Polen zugelassen. Organ des Vereins wurde die „Deutsche Post". Als der „Deutsche Verein" Anfang 1919 von der Regierung der Republik Polen aufgelöst wurde, zählte er in 230 Ortschaften 32 000 Mitglieder und war zum „maßgeblichen Mittelpunkt des gesamten deutschen Lebens in Kongreßpolen geworden".[15] Seine 198 Ortsgruppen verteilten sich über das ganze Land.

Bemerkenswert war der während des Krieges vollzogene Wiederaufbau und Ausbau des evangelischen Schulwesens. Vom Schul- und Bildungsverein angeregt, waren bis Ende des Jahres 1918 über 450 deutsche evangelische Schulgemeinden entstanden, zusammengeschlossen in dem 1917 von F. Flierl gegründeten „Deutsch-evangelischen Landesschulverband". In Lodz nahm das zu Beginn des Krieges geschlossene Deutsche Realgymnasium bereits im Herbst 1915 und das Deutsche Lehrerseminar mit Beginn des Schuljahres 1916/1917 den Unterrichtsbetrieb wieder auf. Die Zahl der deutschen kommunalen Volksschulen in Lodz war von 23 im Schuljahr 1913/14 auf 99 im Jahre 1916 gestiegen. An privaten deutschen Unterrichtsanstalten wurden in Lodz fortgeführt bzw. ins Leben gerufen: eine achtklassige höhere Knabenschule mit Gymnasialprogramm, eine Mädchenschule, eine Mädchenhandelsschule, zwei allgemeine Handelsschulen, eine vierklassige Bürgerschule, eine höhere Mädchenschule und ein Mädchengymnasium. Auch in Warschau wurde ein „Deutscher Schulverein" ins Leben gerufen, der 1916 eine achtklassige Schule mit 400 Kindern eröffnete. Private deutsche evangelische Gymnasien entstanden in Pabianice und Sompolno, ein Progymnasium in Zgierz und eine Mittelschule in Włocławek.[16]

Auf das kirchliche Leben der Gemeinden der Ev.-Augsb. Kirche im Königreich Polen konnte der Prozeß der nationalen Bewußtseinsbildung unter den deutschen Kirchengliedern nicht ohne weitreichende Auswirkungen bleiben. Die Polonisierung war zum Stillstand gekommen: der auf die nationale Assimilierung hinwirkende Polnische Evangelizismus hatte sein Gegenüber in den auf die Erhaltung ihrer Sprache und Kultur, ihrer Frömmigkeitsform und des kirchlichen Brauchtums gerichteten Bestrebungen deutscher Laien und Geistlichen erhalten. Führend im Prozeß der nationalen Bewußtseinsbildung waren Laien,

14 *A. Martz,* Der Deutsche Schul- und Bildungsverein 179.

15 *A. Eichler,* Die Lodzer Aktivisten 310; *ders.:* Deutschtum im Schatten 271, 308; *E. Kneifel,* Geschichte 195; NH 1917, 136–140; NH 1918, 113–116.

16 *M. Kage,* Deutsches Schulwesen 157ff.; *E. Kneifel,* Geschichte 200ff.

wenn auch die Zahl der sich ihrer deutschen Nationalität bewußt werdenden Geistlichen anstieg. Unter der ins geistliche Amt nachrückenden jüngeren deutschen Theologengeneration war das nationale Bewußtsein im Steigen begriffen.

War die Besinnung auf die angestammte eigene Nationalität in der Kirche – zwischen Polen, Russen und Ukrainern gestellt – auch das Werk einheimischer deutscher Kräfte, so kann es doch keinem Zweifel unterliegen, daß für sie die theologische Begründung des Kirchenbegriffes sowie der Verkündigung des Evangeliums in der Muttersprache der Gemeindeglieder eine Frucht der Begegnung mit den reichsdeutschen Theologen war. Erstmalig in der Geschichte der Ev.-Augsb. Kirche im Königreich Polen gewannen Theologie und theologische Fragestellungen Bedeutung für kirchliches Handeln; auch hinsichtlich des Verständnisses und der Haltung zu Fragen der Sprache, des Volkstums und der eigenen Geschichte. Man lernte das Volkstum – nicht nur das eigene – als Gabe und Geschenk Gottes zu sehen, wenn man sich allezeit auch im klaren darüber war, daß es ein freiwilliges Herüberwechseln zu einem anderen Volkstum gibt und daß Zwei- oder Dreisprachigkeit eine Notwendigkeit im Lande waren. Abgelehnt aber wurden eine gezielte Entnationalisierung und sprachliche Assimilierung, erst recht das Aufgehen im anderen Volkstum um eines nationalkirchlich verstandenen Missionsauftrages am polnischen Volke willen, in dem man eine Politisierung der Kirche und ihres Auftrages sah.

Für das geistige und geistliche Erwachen der Masse der Lodzer evangelischen Deutschen mit ihren Auswirkungen auf die ganze Kirche gewannen Divisionspfarrer Hermann Willigmann und Gouvernementspfarrer Lic. Paul Althaus überragende Bedeutung. Willigmann war elf Monate Divisionspfarrer in Kongreßpolen, davon einige Monate in Lodz, von wo aus er im August 1915 nach Warschau versetzt wurde. „In geistesmächtiger, aufrüttelnder Rede, die von Begeisterung für den christlichen Glauben und deutsches Wesen durchglüht war, verkündete er Gottes Wort".[17] Zum Zeichen der Dankbarkeit für seine Gottesdienste in der St. Johanneskirche erhielt er von der Gemeinde zum Abschied eine große Altarbibel geschenkt. Über Willigmann urteilt A. Eichler: „Um deutsche Arbeit leisten zu können, bedurften wir der breiten Masse. Wie konnten wir sie, die nach dem russischen Schrecken noch alle eingeschüchtert und verzagt waren, für uns gewinnen? Gottes Fügung sandte uns den rechten Mann in Divisionspfarrer Willigmann. Pfarrer Willigmann wird in der Geschichte der Lodzer Deutschen stets mit allen Ehren als Aufrüttler der Massen genannt werden".[18] Ähnlich ist das Urteil von Paul Althaus, des später bekannten Professors für Systematische Theologie in Erlangen: „Eine (deutsche) Bewegung während des Krieges wäre kaum zustandegekommen, wenn nicht seit Januar 1915 auf der Kanzel der Johanneskirche in Lodz, den evangelischen Kirchen in Pabianice und Zgierz ein halbes Jahr hindurch der deutsche Mann gestanden hätte, dem dies Büchlein[19] in erster Linie in die Hand gelegt wird. Er (Willigmann) hat die Deutschen zum deutschen Bewußtsein erweckt und gesammelt".

Stärker, tiefer und nachhaltiger waren die Auswirkungen der länger andauernden Tätigkeit des Gouvernementspfarrers Paul Althaus in Lodz. Sein theologisches und geist-

17 *E. Kneifel,* a.a.O. 193.
18 Zum Urteil A. Eichlers über Willigmann s. Deutschtum im Schatten 204, 260.
19 *P. Althaus,* Lodzer Kriegsbüchlein 18; *ders.:* Um Glauben 7.

liches Wirken war ganz auf die geistliche Erneuerung des Lebens des Einzelnen und der Gemeinde aus dem Evangelium ausgerichtet, wobei er die Diasporasituation der evangelischen Gemeinden in Kongreßpolen ebensowenig unberücksichtigt gelassen hat wie die Fragen der sprachlichen und nationalen Identität der Gemeindeglieder. Mit unbestechlicher Offenheit nannte er die Schäden: formale konventionelle Kirchlichkeit, Materialismus, Gelddenken, Ungeistigkeit, Ideallosigkeit, Vaterlandslosigkeit; der geistige Aufstieg habe mit dem materiellen nicht Schritt gehalten; das städtische Polentum ist dem Deutschtum hierzulande an geistiger Bildung und Schöpfungskraft weit überlegen. An dieser Entwicklung seien die evangelischen Pfarrer nicht unschuldig, denn sie machten die Polonisierung mit, förderten sie und seien damit in die Schuld tief verstrickt.[20] Wenn Althaus die Deutschen in Polen mahnte, am Evangelium und an ihrem deutschen Volkstum festzuhalten, so um der Zukunft der evangelischen Kirche in der Diasporasituation dieses Landes willen: „Wer der Polonisierung der evangelischen Kirche um der Evangelisierung Polens willen das Wort redet, der tut in Wahrheit dem Evangelium einen schlechten Dienst. Um eines ganz unsicheren und sehr zweifelhaften Erfolges willen durchbricht er den festen Damm, der die evangelischen Gemeinden gegen den langsam abbröckelnden Wellenschlag des aggressiven und zielbewußten polnischen Katholizismus sichert".[21] Althaus sprach nicht der Rückkehr der polonisierten Deutschen zu ihrem angestammten Volkstum das Wort – und diese machten ja wesentlich das Polentum in der Ev.-Augsb. Kirche Kongreßpolens aus –: Was geschehen ist, soll so bleiben, aber was im Werden begriffen ist, ist der Gemeindeglieder Verantwortung.[22] Die Erhaltung von Sprache und nationaler Identität war für Althaus keine nationale, sondern eine geistige und geistliche Frage. Eindringlich forderte er eine Besinnung auf die ‚innere Krisis' der Ev.-Augsb. Kirche, eine religiöse Krise, wie sie die ev. Kirchen Deutschlands längst erfaßt habe. Am hoffnungsvollsten mag in der Ev.-Augsb. Kirche die Lage im Bauern- und städtischen Mittelstand sein. Schon sehr bald dagegen könnten die Verhältnisse kritisch „bei dem Großkapitalismus der Fabriken und bei einem großen Teile der städtischen Arbeiterschaft" werden. Der „vierte Stand begehrt doch mehr als Almosen (Liebestätigkeit), nämlich Mithilfe bei dem Kampfe um seine unverkennbaren Rechte. [...] In vielen Institutionen der ev. Gemeinde (in Lodz) offenbart sich ein unsoziales Fühlen, eine Gelenkigkeit in den Verbeugungen vor dem Kapital, die geradezu erschreckend sind. [...] Möchte die Kirche immer mehr das soziale Gewissen der Gesellschaft werden!". Scharf geht Althaus mit den „Kreisen des Kapitalismus" ins Gericht und fragt, ob man wirklich glaube, „sich mit der bisher überwiegenden Kirchlichkeit dieser Schicht zufrieden geben zu dürfen".

Althaus sieht auch im Königreich Polen eine neue Bildungsschicht im Entstehen, modernes Geistesleben mit seinem ganzen Kritizismus und seiner Außerkirchlichkeit poche an die Türen. Er fragt, was die Kirche zu tun gedenke, um die christliche Religion auch dem Bildungskultus gegenüber zur Geltung zu bringen". [...] Die Kirche hat es in Polen bisher leicht gehabt. Inmitten einer deutschen Bevölkerung von geringer Geisteskultur war sie die einzige Trägerin in Bildung, die Pastoren und ihre Kreise die einzigen

---

20 *P. Althaus,* Lodzer Kriegsbüchlein 16f.
21 *P. Althaus,* a.a.O. 23.
22 *P. Althaus,* Um Glauben 31, 34.

Gebildeten. [...] Wie aber, wenn dieses Verhältnis aufhört, wenn selbständiges außerkirchliches Geistesleben rege wird?".

Zur nationalen Problematik in der Ev.-Augsb. Kirche führt Althaus weiter aus: Die Kirche hierzulande sei verpflichtet, „beiden Nationalitäten, soweit sie in ihr vertreten sind, das Evangelium in ihrer Muttersprache und unter Berücksichtigung ihrer Eigenart zu predigen. [...] Jede Individualität ist heilig. [...] Wir halten an unserem Deutschtum fest [...], weil wir Deutsche sind und unsere Eigenart [...] als Gottes besondere Gabe heilig halten wollen. Du sollst deines Gottes Gabe ehren und nicht verkümmern lassen. [...]".[23] Er sieht den tragischen Konflikt: „Wir wollen freilich nicht engherzig Luthertum und Deutschtum in eins setzen; auch in Schweden und Norwegen, auch in Frankreich gibt es Lutheraner. Aber wie die Dinge hier in Polen liegen, ist das ev. Bekenntnis gefährdet, sobald die deutsche Sprache und Sitte preisgegeben wird. Denn zu tief sind nach Ertötung der hoffnungsvollen Anfänge des Calvinismus in diesem Lande strengster Katholizismus und Polentum miteinander verschwistert. [...] Bietet nicht die schmerzliche Geschichte der ev. Gemeinde in der Hauptstadt Polens ein leider nur allzu sprechendes Beispiel für diesen Satz? Wohl wissen wir, daß ernste Männer, die das polnische Volk lieb haben, auf eine Mission und Zukunft der ev. Kirche auch in der polnischen Welt hoffen. Sie möchten die Türen der lutherischen Kirche auch für die polnischen Landsleute öffnen und drängen deshalb darauf, das Evangelium in stärkerem Maße auch in polnischer Sprache zu predigen. Wie Paulus den Griechen ein Grieche wurde, so möchten sie den Polen ein Pole werden, um ihrer wenigstens etliche zu gewinnen".

„Wir würdigen", so Althaus, „den Ernst und den evangelischen Idealismus solcher Männer tief und aufrichtig. Aber die bisherigen Erfahrungen so scheint uns, sprechen gegen sie. Eine polnisch redende ev. Gemeinde wird schwerlich eine größere Missionskraft in Polen entfalten, sie wird vielmehr selber der großen Versuchung, die der polnische Katholizismus, vor allem in den Mischehen, aber überhaupt durch seine zahlenmäßige Überlegenheit und durch seine Verschwisterung mit der polnischen Kultur, bedeutet, viel stärker preisgegeben sein. [...] Darum müssen die (deutschen) Evangelischen Polens mit allem Ernste schon um der Zukunft ihrer Kirche willen deutsch bleiben. [...] Das Luthertum ist international, ganz gewiß. Aber in Polen sind die Verhältnisse besonderer Art. [...]".[24]

Althaus, Willigmann und den Trägern der deutschen Bewegung in der Ev.-Augsb. Kirche ging es um anderes als um billigen Nationalismus in der Kirche. Es ging um das Evangelium, um die den Menschen nach Leib, Seele und Geist erfassende Wirklichkeit und um die Zukunft der ev. Kirche in ihrer angefochtenen doppelten Diasporalage. Althaus' „Lodzer Kriegsbüchlein" (1916) und „Um Glaube und Vaterland. Neues Lodzer Kriegsbüchlein" (1917) und Willigmanns „52 Feldgraue Wochenendandachten" (1917) sind zu wichtigen Quellen zur Geschichte der Ev.-Augsb. Kirche während des Ersten Weltkriegs geworden. Auch fortwirkende Impulse gingen von ihnen aus.

---

23 *P. Althaus,* Um Glauben 26, 27, 28, 29, 30, 31, 32, 33, 34.
24 *P. Althaus,* Lodzer Kriegsbüchlein 23, 24.

3. Die Proklamation des „Königreichs Polen" am 5. November 1916. Kirchliche Verfassungsfragen. Staats- oder Volkskirche? Die Synode von Lodz 1917

Die Proklamation eines selbständigen polnischen Staates durch Deutschland und Österreich am 5. November 1916 als erbliche Monarchie leitete einen neuen Abschnitt auch in der Geschichte der Evangelisch-Augsburgischen Kirche im bisher zum russischen Reich gehörenden „Königreich Polen" ein. Auf Drängen des Generalgouverneurs von Beseler wurde Ende November 1916 ein Provisorischer Polnischer Staatsrat mit zunächst beratender Funktion ins Leben gerufen – u.a. gehörte diesem auch Józef Piłsudski an –, am 12. September 1917 ein polnischer Regentschaftsrat gebildet, der, am 27. Oktober eingeführt, aus dem Warschauer Erzbischof Kakowski, dem Fürsten Lubomirski und dem Grafen Ostrowski bestand.[1] Auf Ersuchen des Provisorischen Staatsrates, einen Vertreter der Ev.-Augsb. Kirche in die Staatsratskommission für Kultus und Unterricht zu entsenden, benannte das Konsistorium Pastor Theodor Hugo Wosch aus Żyrardow, 1915 bis 1918 in der Warschauer Gemeinde zur Hilfe eingesetzt, der im Verhinderungsfalle von dem polnischen Pastor Eduard Heinrich Wende aus Kalisch vertreten werden sollte.[2] Nach Bildung des Regentschaftsrates, der die Rechte des Staatsoberhauptes der künftigen polnischen Monarchie ausüben sollte, wurden stufenweise Gesetzgebung, Verwaltung und Rechtssprechung in polnische Hände übergeben, außerdem eine Verfassungskommission zur Ausarbeitung der Staatsverfassung eingesetzt. Am 1. September 1917 ging das Justizwesen, am 1. Oktober 1917 das Unterrichtswesen in die Zuständigkeit neu gebildeter polnischer Behörden, unter Vorbehalt der völkerrechtlichen Stellung der Besatzungsbehörden, über; die Übergabe der Kultusverwaltung an die Regentschaftsregierung machte die deutsche Besatzungsmacht von dem Zustandekommen einer neuen Kirchenverfassung für die Ev.-Augsb. Kirche abhängig.[3]

Diese Haltung der deutschen Militär- und Zivilverwaltung hing mit dem Problem der Verankerung der vollen Glaubensfreiheit, Gleichberechtigung und Autonomie aller Kirchen und Religionsgemeinschaften in der zu schaffenden Staatsverfassung zusammen. Die vom Regentschaftsrat berufene Sejm- und Verfassungskommission hatte am 28. Juli 1917 den „Entwurf einer Verfassung des Königreichs Polen" veröffentlicht, deren wesentliches Merkmal hinsichtlich der konfessionellen Frage die Festlegung des katholischen Charakters des neuen Königreiches Polen und der Römisch-katholischen Religion als Staatsreligion war.[4]

Mit der Festlegung der Römisch-katholischen Religion als Staatsreligion knüpfte die Verfassungskommission an die konfessionspolitische Tradition und die Stellung an, die die römisch-katholische Kirche in der untergegangenen Adelsrepublik besaß und im Bewußtsein der Polen während der Teilungszeit behalten hatte. Art. 129 des Verfassungsentwurfes war eine fast wörtliche Wiederholung des Art. 1 des Verfassungsgesetzes des Herzogtums Warschau von 1807, wie des Verfassungsentwurfes von 1831. In der Verfas-

1 *G. Rhode,* Geschichte 443f.; *W. Conze,* Polnische Nation 165ff., 226ff., 238ff., 313.
2 *E. Kneifel,* Geschichte 196.
3 *A. Schmidt,* Kirche 79; *O. Wagner,* Staat 120.
4 Religionsartikel des Entwurfs, Anhang, Dok. 8.

sungskommission fehlte es nicht an Stimmen, die es ablehnten, der römisch-katholischen Kirche die Stellung einer herrschenden Staatskirche zuzugestehen, Polen „zum Anachronismus des 20. Jahrhunderts" zu machen. Diese Stimmen konnten sich jedoch nicht durchsetzen. Der Ablehnung verfiel auch der Antrag: „Der Anerkennung bedarf nicht das evangelische, reformierte, orthodoxe und jüdische Bekenntnis".[5] Den Kirchen bzw. Religionsgemeinschaften aller konfessionellen, sprachlichen und nationalen Minderheiten gegenüber wollte der werdende polnische Staat freie Hand behalten.

In unserem Zusammenhang interessieren nur die Vorgänge innerhalb der Ev.-Augsb. Kirche, deren Bestrebungen um eine in der Staatsverfassung zu garantierende Glaubensfreiheit, Gleichberechtigung und Autonomie, wie deren Bemühungen um eine presbyterial-synodale Kirchenverfassung, die das Kirchengesetz von 1849 und die darin verankerte Ingerenz des Staates ablösen würde. Die Konfessionsartikel des Entwurfes der „Verfassung des Königreichs Polen" vom 28. Juli 1917 hatten unter der evangelischen Bevölkerung des Landes Beunruhigung, unter der deutschsprachigen Besorgnis ausgelöst. Rückblickend führte die Denkschrift des Deutschen Evangelischen Kirchenausschusses in Berlin, des Organs der im „Deutschen Ev. Kirchenbund" zusammengeschlossenen ev. Landeskirchen Deutschlands, das die Verantwortung für die ev. Diaspora im besetzten Kongreßpolen übernommen hatte, aus dem Jahre 1920 darüber aus:

„Es ist bezeichnend, daß, als am 5. November 1916 Deutschland die Selbständigkeit Polens proklamierte, sich der deutschen evangelischen Gemeinden in Polen allenthalben ein Schrecken vor der Zukunft bemächtigte und zu zahlreichen Auswanderungen führte, die nur mit Mühe von der deutschen Verwaltung eingeschränkt werden konnten. [...] Die Geschichte der evangelischen Diasporakirche daselbst [...] weist Perioden von Märtyrergeschichten von Gemeinden und Pastoren ohnegleichen auf und zeigt, wie auch das wiederholte Eintreten fremder Mächte für den Schutz der Evangelischen das fanatische Anstürmen gegen alles, was nicht polnisch und katholisch, nicht zu dämpfen vermochte".[6]

Schon am 6. Dezember 1916, einen Monat nach der Proklamation der Selbständigkeit des Königreichs Polen, hatte der Zentralvorstand des Gustav-Adolf-Vereins eine Denkschrift an die Reichsregierung gerichtet, in der „den berechtigten Sorgen um den Bestand der evangelischen Landeskirche in Polen Ausdruck verliehen" und gebeten wurde, „ihren gedeihlichen Ausbau und ihre Selbständigkeit zu sichern, um den Deutschen ihre Sprache, ihre politische Gleichberechtigung und die deutsche Schule zu gewähren".[7] Die Kundgebung des „Deutschen Vereins für Lodz und Umgebung" vom 10. Dezember 1916, an der auch Generalgouverneur von Beseler teilgenommen hatte, brachte zum Ausdruck: „Obwohl sie (die Deutschen) sich die Lösung der polnischen Frage anders gedacht haben, sind sie bereit, sich auf den Boden der geschichtlichen Tatsache der Wiederherstellung des Königreichs Polen zu stellen".[8] Gleichzeitig äußerte sie unter der Adresse der Besatzungsmacht eine Reihe von Wünschen, von denen sich drei auf die evangelische Kirche bezogen: 1. daß anstelle der konsistorialen eine synodale Kirchenverfassung treten möge; 2. daß der

5 *O. Wagner,* a.a.O. 118; *W. Gastpary,* Protestantyzm 57ff.
6 Denkschrift des DEK, in: ED 1920/21, 83–95.
7 Bericht über die Tätigkeit des GAV im Jahre 1916/17, 33ff.; KJ 1918, 279f.
8 *A. Eichler,* Deutschtum im Schatten 297; *W. Gastpary,* a.a.O. 20f.

Sitz des Konsistoriums aus Warschau nach Lodz als dem Mittelpunkt evangelischen Lebens in Polen verlegt werde; 3. daß die evangelischen Geistlichen ihre Ausbildung an reichsdeutschen Universitäten erhalten.

In der Frage der seit dem Jahre 1898 auf der Tagesordnung der Pastorenkonferenzen stehenden Reform der Kirchenverfassung waren sich alle Kreise der Ev.-Augsb. Kirche einig, auch die Polen.[9] Noch am 8. Januar 1917 richteten 19 einheimische Geistliche mit dem stellv. Generalsuperintendenten Gundlach an der Spitze an das Konsistorium „als die berufenste Stelle" den Antrag, „jetzt die geplante und schon seit langem dringend empfundene Reform in die Hand zu nehmen", und baten, eine Synode nach Lodz einzuberufen, um eine neue Rechtsgrundlage für die Evangelisch-Augsburgische Kirche im Königreich Polen zu schaffen.[10] Jakob Glass, der nachmalige polnische Konsistorialpräsident, hatte sich im Herbst des Jahres 1917 mit einem Memorial an Generalgouverneur v. Beseler gegen die Regelung der Rechtsverhältnisse der Ev.-Augsb. Kirche zum gegenwärtigen Zeitpunkt gewandt, darin u.a. zum Ausdruck gebracht:

„[...] Unser heißester Wunsch ist das synodale System, dessen wir unter der harten russischen Regierung beraubt waren, aber mit einer weit größeren Beteiligung des Laienelements, so wie dies in der alten Republik Polen war, wo die oberste Leitung der Angelegenheiten der Gemeinde in den Händen der Synode ruhte, deren alljährlich vier in jedem Bezirk abgehalten wurden, wobei sich nicht nur die Geistlichen, sondern alle Gemeindeglieder beteiligten, gemäß den Versammlungen der ersten Christen. [...]"[11]

In der Frage der Neuordnung der Rechtsgrundlagen der Kirche war das Konsistorium Anfang 1917 aktiv geworden. In zahlreichen Sitzungen wurde man sich über die Grundlagen einer künftigen Verfassung der Evangelisch-Augsburgischen Kirche im Königreich Polen einig: Grundsätzlich geschieden bleiben sollten Staatskirchenrecht und Kirchenverfassung, das Gesetz betr. Regelung des Verhältnisses der Kirche zum Staat und Kirchenverfassung. Der Aufbau der Kirche sollte ein presbyterial-synodaler sein, die Kirchengewalt bei der Synode, die Verwaltung der Kirche in der Hand des von der Synode zu wählenden Konsistoriums liegen, die Autonomie der Gemeinden und Kirche gewährleistet sein.[12] An einer der Sitzungen des Konsistoriums, in der die Frage der Reform der Kirchenverfassung erneut verhandelt wurde – Anfang März 1917 –, nahm als Gast auch Prof. Franz Rendtorff, der Vorsitzende des Zentralvorstandes des Gustav-Adolf-Vereins in Leipzig, teil, dessen Hilfe der Wiederaufbau der zerstörten Gemeinden in erster Linie zu danken war. Er wurde „mit warmen Worten des Dankes" von dem stellv. Generalsuperintendenten Gundlach begrüßt und von diesem gebeten, seine Gedanken über die künftige Kirchenverfassung darzulegen. Rendtorffs Ausführungen wurden „mit lebhafter Zustimmung" aufgenommen. Er wurde gebeten, „die Sache durch Ausarbeitung eines Entwurfs für die künftige Kirchenverfassung zu fördern". Mitte März 1917 beauftragte das Konsistorium Franz Rendtorff, Professor für Neues Testament und Praktische Theologie in Leipzig, und Professor Otto Mayer, Professor für Kirchenrecht an der Leipziger Universi-

9 Protokoll der Pastorensynode von 1898, in: AK.
10 *E. Kneifel,* Geschichte 196.
11 *J. Glass,* Ewangelicy Polacy, Dok. VII, Memorjal 53.
12 *B. Geißler – G. Stökl,* Ex oriente 187.

tät, mit der Ausarbeitung eines Entwurfs der Kirchenverfassung für die Augsburgische Kirche im Königreich Polen. Der Verfassung sollten die Prinzipien der Unabhängigkeit der Kirche vom Staate, der Selbstverwaltung der Gemeinden und der Autonomie der Kirche auf allen Stufen der kirchlichen Verwaltung im Rahmen der allgemeinen Gesetze des Staates zugrunde liegen.

Anfang Juni 1917 lag der Rendtorff-Mayersche „Entwurf einer Verfassung für die Evangelisch-Augsburgische Kirche im Königreich Polen"[13] dem Konsistorium vor. Der 23 Paragraphen umfassende Entwurf baute auf der Trennung der Kirche vom Staate und der Autonomie der Kirche im Rahmen der allgemeinen Gesetze des Staates auf. Die Kirchengewalt sollte in den Händen der Kirche liegen und der Synode zustehen. Ihr obliegt das Recht der kirchlichen Gesetzgebung, in ihrem Auftrag führt das Konsistorium die Verwaltung der Landeskirche. Das aus fünf Mitgliedern bestehende Konsistorium wird von der Synode gewählt: die drei ständigen Mitglieder (Präsident des Konsistoriums, Generalsuperintendent, zugleich Vertreter des Konsistorialpräsidenten, ein weltlicher Konsistorialrat) auf Lebensdauer, die zwei ehrenamtlichen Mitglieder auf sechs Jahre. Eine Bestätigung der Wahlen seitens des Staates war nicht vorgesehen. Sitz des Konsistoriums sollte Lodz, die kirchliche Amtssprache die deutsche sein. Da die Fakultät in Dorpat ausgefallen war, wurde für den Bildungsgang der Geistlichen ein mindestens dreijähriges Studium an einer der Universitäten Deutschlands oder in Wien vorgesehen. Änderungen oder Ergänzungen einzelner Bestimmungen des Entwurfs der Kirchenverfassung würden sich aus der kommenden Staatsverfassung des Königreichs Polen ergeben, die Bestimmungen über das Verhältnis von Kirche und Staat zu treffen habe; diese vorwegzunehmen sei nicht Sache einer Kirchenverfassung. Die dem Verfassungsentwurf gegebene „Begründung" geht vom Kirchengesetz des Jahres 1849 aus, berücksichtigt die Revisionsentwürfe der Pastorensynoden von 1896, 1906 und 1907, analysiert die Diasporalage der Ev.-Augsb. Kirche und berücksichtigt den Vorbehalt der kommenden Staatsverfassung des Königreichs Polen. Die irrtümlich in der „Begründung" angegebene Seelenzahl von 600 000 wurde vom Konsistorium für das Jahr 1914 auf 380 108 korrigiert, für das Jahr 1916 infolge Verschleppung und Verschickung der Bevölkerung mit 247 918 angegeben.[14]

Am 4. Juni 1917 leitete das Konsistorium den Rendtorff-Mayerschen Entwurf einer Kirchenverfassung nebst „Begründung" Generalgouverneur von Beseler zu, am 12. Juni 1917 übersandte Konsistorialpräsident Graf von Posadowsky-Wehner, der 1916 Herrn v. Thaer abgelöst hatte, den Entwurf und die „Begründung" dem Vorsitzenden des Deutschen Evangelischen Kirchenausschusses zur Begutachtung mit der Stellungnahme zu: „Nach meinem Dafürhalten ist hiermit eine brauchbare Unterlage für die bevorstehende Neuregelung unserer Kirchenverfassung gegeben. Ich wäre Euer Exzellenz für eine Stellungnahme gegenüber diesem Entwurf besonders dankbar".[15] Bereits am 6. Juni hatte der Zentralvorstand des Gustav-Adolf-Vereins den Verfassungsentwurf mit der „Begründung" dem Deutschen Evangelischen Kirchenausschuß zugesandt gehabt und um dessen Stellungnahme gebeten.[16]

13 Anhang, Dok. 9.
14 NH 1917, 141ff.
15 Schreiben des Konsistorialpräsidenten an den DEKA, in: AKA IV L 1637.
16 Schreiben des Vorsitzenden des GAV an den DEKA, in: AKA Nr. 2824.

Zu einer lebhaften Aussprache in der evangelischen Öffentlichkeit über die zu erstellende Kirchenverfassung und die einzuberufende Synode führten Nachrichten über die Absichten der vom polnischen Regentschaftsrat berufenen Sejm- und Verfassungskommission, die römisch-katholische Religion in der Verfassung des Königreichs Polen als Staatsreligion zu verankern und die Kirchen der religiösen Minderheiten in einem verminderten Rechtsstatus zu halten. Sie wurde in dem Kirchenblatt „Unsere Kirche“ und in der „Deutschen Post“ geführt. So wünschte eine Gruppe von Gemeindegliedern in einer Zuschrift an „Unsere Kirche“ vom 17. Juni 1917 die Sicherung des deutschen Charakters der Landeskirche und des Rechtes, deutsche Schulen unterhalten zu können. Namens des „Deutschen Vereins“ unterbreitete Adolf Eichler am 19. Juni 1917 dem Konsistorium eine Reihe von Vorschlägen, die Kirchenverfassung betreffend:

1. Der deutsche Charakter gehört zur Geschichte und Gestalt der Evangelisch-Augsburgischen Kirche im Königreich Polen; die neue Kirchenverfassung müßte dem Rechnung tragen;
2. Der deutsche Charakter der Kirche sei nur gesichert, wenn eine friedlich sich vollziehende Trennung der Lutheraner deutschen und polnischen Volkstums durchgeführt werde;
3. Im einzelnen wurden folgende Anliegen angemeldet:
   a) Einführung der deutschen Amtssprache,
   b) Studium der Theologen an einer Hochschule mit deutscher Vortragssprache,
   c) Aufnahme von Beziehungen zu einer evangelischen Landeskirche Deutschlands zwecks Austausch von Pfarrern und Gemeindehelfern,
   d) Presbyterial-synodaler Aufbau der Kirchenverfassung,
   e) Freie Pfarrwahl der Gemeinden,
   f) Lodz als Tagungsort der kommenden Synode.
4. Völlige Autonomie der Kirche.[17]

Die Unruhe der deutschen evangelischen Bevölkerung des Königreichs Polen hing mit der erst am 20. Juni 1917 ergangenen Antwort der Reichsregierung auf die Eingabe des Zentralvorstandes des Gustav-Adolf-Vereins vom 6. Dezember 1916[17a] zusammen. Darin sprach Reichskanzler Bethmann-Hollweg die Versicherung aus, daß auch die Reichsleitung mit Nachdruck darauf hinwirken werde, daß bei dem verfassungsmäßigen Ausbau des polnischen Staatswesens die berechtigten Wünsche auf Sicherstellung der evangelischen Kirche und der deutschen Schule in Polen Berücksichtigung finden.

Der Rendtorff-Mayersche Entwurf einer Kirchenverfassung hat in den Monaten Juni bis Mitte Oktober 1917 eine Reihe von Abänderungen und Ergänzungen erfahren. Sie waren das Ergebnis der Arbeit des Konsistoriums, das auch Anregungen aus der öffentlichen Diskussion aufgenommen hatte, und des vom Konsistorialpräsidenten für den 3. August 1917 nach Warschau einberufenen paritätischen „Arbeitsausschusses“ zur Begutachtung des Verfassungsentwurfes und der Pastorenkonferenz vom Ende September 1917.

Vom Konsistorium eingesandt, lagen der Rechtskommission des Deutschen Evangelischen Kirchenausschusses bereits am 25. Juli 1917 drei verschiedene Fassungen des Rend-

---

17 *A. Eichler,* a.a.O. 325.

17a Die Eingabe des Zentralvorstandes des GAV an den Reichskanzler, in: Bericht über die Tätigkeit des GAV im Jahre 1916/17, 33ff.

torff-Mayerschen Entwurfes vor, darunter auch die mit den einschneidenden Ergänzungen zu:

§ 1: „[...] und nicht evangelischen Kirchengemeinden anderen Bekenntnisses angehören".

§ 2: „[...] In sprachlich gemischten Gemeinden kann der sprachlichen Minderheit der Zusammenschluß zu einer besonderen Kirchengemeinde nach Anhörung der betreffenden Kirchengemeinden vom Konsistorium gestattet werden".

§ 11: Wahl des Pastors nicht durch den Kirchenvorstand, sondern durch die Gemeindeversammlung.

§ 14: Die Diözesanversammlung besteht nicht allein aus den Pastoren der Diözese, sondern aus den Pastoren der Diözese und Laienvertretern, deren jede Gemeindeversammlung doppelt so viel entsendet, als die Gemeinde Pfarrstellen hat.

§ 15: Das Konsistorium besteht nicht aus fünf, sondern aus sechs von der Synode zu wählenden Mitgliedern: zwei hauptberuflichen (Konsistorialpräsident und Generalsuperintendent) und vier nebenamtlichen (zwei geistlichen und zwei weltlichen). Sitz des Konsistoriums ist Lodz.

§ 19: Änderung der Zusammensetzung der Synode. Sie besteht: a) aus den Mitgliedern des Konsistoriums, b) aus sämtlichen Geistlichen der Landeskirche, c) aus Laien-Abgeordneten, deren jede Gemeinde doppelt so viel entsendet, als in ihr Pfarrstellen vorhanden oder Pastoren tätig sind.

§ 23: Bei Festsetzung der Verhandlungssprache ist in allen Körperschaften der kirchlichen Verwaltung (Gemeindeversammlung, Kirchenkollegium, Diözesanversammlung und Landessynode) die Sprache der Minderheit gebührend zu berücksichtigen".[18]

Von besonderer Bedeutung wurde, daß in dem auf 25 Paragraphen erweiterten konsistorialen Revisionsentwurf des Rendtorff-Mayerschen Entwurfes einer Kirchenverfassung für die Evangelisch-Augsburgische Kirche sich erstmalig eine Bestimmung über den Schutz sprachlicher Minderheiten in sprachlich gemischten Gemeinden bis hin zur Zulässigkeit der Bildung eigener Gemeinden findet. In der weiteren Geschichte der Augsburgischen Kirche sollte dieser Ansatz entscheidende Bedeutung gewinnen. Belassen hatte der konsistoriale Revisionsentwurf auch die herkömmlichen Benennungen der kirchlichen Ämter und Organe, in die Zukunft wiesen die näheren Bestimmungen über die Kirchenmitgliedschaft, die Pfarrwahlen und das Verhältnis von Geistlichen und Laien (1:2) in den Diözesan- und Landessynoden.

Der paritätische „Arbeitsausschuß" – paritätisch im Sinne seiner Zusammensetzung von Geistlichen und Laien (1:1) – bestand aus mehrheitlich polnisch orientierten Pastoren, aus Laien – nahezu alle deutscher Volkszugehörigkeit – und aus den Mitgliedern des Konsistoriums. Eine vollständige Teilnehmerliste konnte nicht ermittelt werden. In seiner Arbeitssitzung vom 3. August 1917 in Warschau schlug er Abänderungen bzw. Ergänzungen zum konsistorialen Revisionsentwurf vor zu den Paragraphen:

§ 1: Ergänzung der Bestimmung der Kirchenmitgliedschaft durch das Bekenntnis zu sämtlichen Büchern des Alten und Neuen Testaments und die einzeln aufgeführten symbolischen Bücher der Lutherischen Kirche, zusammengefaßt in der Konkordienformel von 1580.

18 „Entwurf einer neuen Kirchenordnung für die Ev.-Augsb. Landeskirche im Königreich Polen", am 29. August 1917 vom Konsistorium dem DEKA eingesandt, in: AEKiD C VII, Polen 1, Bd. 1.

§ 6: Zuerkennung des kirchlichen Stimmrechts an selbständige Frauen mit der Einschränkung, daß sie sich in der Gemeindeversammlung durch männliche stimmberechtigte Gemeindeglieder mittels schriftlicher Vollmacht vertreten lassen.
§ 13: Bei der Bestimmung über die Zusammensetzung der Diözesanversammlung ist das Wort „doppelt" zu streichen.
§ 15: (Konsistorium) vier Abänderungsvorschläge: Präsident ist der Generalsuperintendent, wie der Vizepräsident ist er von der Landessynode auf Lebenszeit zu wählen; Sitz ist Warschau nicht Lodz; gegebenenfalls ist keine Bestimmung über den Sitz zu treffen; statt Generalsuperintendent ist „Bischof" zu sagen.
§ 19: (Landessynode) wie bei der Diözesanversammlung ist das Wort „doppelt" zu streichen.
§ 25: (Verhandlungssprache) ist für alle Körperschaften der kirchlichen Verwaltung (Gemeindeversammlung, Kirchenkollegium, Diözesanversammlung und Landessynode) deutsch, Personen, welche der deutschen Sprache nicht mächtig sind, kann es gestattet werden, sich ihrer Muttersprache zu bedienen.[19]

Mit den Abänderungsvorschlägen des „Arbeitsausschusses" vom 3. August veröffentlichte das Konsistorium am 16. September 1917 den Entwurf der Kirchenverfassung als „Entwurf einer neuen Kirchenordnung für die Evangelisch-Augsburgische Landeskirche im Königreich Polen" im Amtsblatt „Unsere Kirche" und übersandte ihn allen Kirchengemeinden und Pastoren zur Stellungnahme.

Ende September 1917 fand daraufhin unter Vorsitz des stellv. Generalsuperintendenten Gundlach eine Pastorenkonferenz in der Wohnung des Superintendenten Angerstein, des markantesten Vertreters des strengen lutherischen Konfessionalismus, in Lodz statt. In der „Stellungnahme der Pastorenkonferenz zum Entwurf einer neuen Kirchenordnung für die Evangelisch-Augsburgische Landeskirche im Königreich Polen"[20] wiesen die 25 meist polnisch orientierten Pastoren auf die geschichtliche Entwicklung der Frage der Revision des Kirchengesetzes von 1849, besonders auf die „Materialien" von 1906 hin und beschlossen Ergänzungs- bzw. Abänderungsvorschläge zu den Paragraphen 1, 2, 4, 5, 6, 7, 9, 10, 11, 13, 15, 16, 19, 24, 25. Von Belang waren die Abänderungsvorschläge zu den Paragraphen 2, 10, 13, 15 und 19: Der Zusammenschluß sprachlicher Minderheiten zu besonderen Gemeinden sollte „auf Verlangen", und nicht vom Konsistorium, sondern „von der Synode" gestattet werden, die Aufnahme in die Kandidatenliste der Pfarramtsanwärter wurde von der Erlangung der „polnischen Staatsangehörigkeit" abhängig gemacht, das Verhältnis von Geistlichen und Laien in den Diözesanversammlungen und in der Synode sollte 1:1 betragen, Leiter des Konsistoriums der Generalsuperintendent und Sitz des Konsistoriums Warschau sein. In der Frage des Frauenwahlrechts konnte keine Einigung erzielt werden.

Mit einer massiven Kritik und Absage an den konsistorialen Verfassungsentwurf trat die nationalpolnische ev. Gruppe, vertreten durch das Kirchenkollegium der Warschauer Gemeinde, mit dem „Memorial in Angelegenheit des projektierten Kirchengesetzes für die Evangelisch-Augsburgische Kirche im Königreich Polen"[21] an die Öffentlichkeit, das auch dem Konsistorium zugeleitet und allen Kirchengemeinden des Landes zugesandt wurde.

19 In: „Entwurf" wie Anm. 18.
20 Stellungnahme, in: AK.
21 *J. Glass,* a.a.O., Dok. VII, 45–60.

Das „Memorial“ führte aus: In der Morgenröte des im Entstehen begriffenen polnischen Staates und bei Abwesenheit des Generalsuperintendenten Bursche, der in Stockholm noch immer auf die Erlaubnis zur Rückkehr nach Polen warte, gebe es in einer so wichtigen Angelegenheit wie in der Verfassungsfrage keinen Grund zur Eile. Das Kirchengesetz von 1849 sei zwar „kein Musterbeispiel der Vollkommenheit“, aber es habe sich bewährt und müsse bis auf weiteres in Geltung bleiben. Zur allseitigen Erörterung einer künftigen Kirchenverfassung sei eine wissenschaftliche Kommission einzusetzen. Bis auf einen, „allerdings sehr wichtigen“, Punkt sei der vorliegende Verfassungsentwurf nicht akzeptabel. Grundsätzlich aufrechterhalten werden müsse der Charakter der Ev.-Augsb. Kirche als einer Staatskirche und eine Trennung von Kirche und Staat abgelehnt werden: „Wir (ev. Polen) streben keinesfalls eine Trennung von Kirche und Staat an. [...] Gut verstehen wir, daß unsere Freiheiten sich allein unter der Kontrolle und dem Schutz des Staates als unserer von Gott gesetzten Obrigkeit entfalten können, daß daher an der Spitze des Konsistoriums als einer Staatsbehörde für religiöse Angelegenheiten nur Personen stehen können, die sich des vollen Vertrauens der künftigen polnischen Regierung erfreuen und von dieser Regierung ernannt werden“. Eine von der Synode zu wählende, von Niemandem zu bestätigende oberste Kirchenbehörde sei ein Unikum. Man wolle kein „Staat im Staat“ sein. Polen sei zwar ein genuin katholisches Land, aber im Wissen um die Toleranz, die Polen in den glanzvollen Tagen seiner Entwicklung immer gekennzeichnet habe, schaue man voller Vertrauen in die Zukunft. Der polnische Staat wird nie in Angelegenheiten des Herzens und der Religion eingreifen. [...] Die polnische Kultur stehe keiner der großen Weltkulturen nach und kann jeder anderen in zweierlei Hinsicht die Stirn bieten: in „Formen des Lebens und dem Takt des Herzens“. Dies sei jedem Fremden bekannt, der irgendeinmal „das Glück hatte, mit unserer alten Kultur unmittelbar in Berührung zu kommen und ihre Süsse und ihren Zauber zu kosten“.

Von irgendwelchen Versuchungen der kommenden polnischen Regierung auf dem Gebiete der Religion, so fährt das „Memorial“ fort, könne keine Rede sein. [...] „Allgemeiner Grundsatz ist, daß alles in diesem Lande, von oben bis unten, polnisch ist“. Abzulehnen sei ein Kirchengesetz, das „aus dem Protestantismus in unserem Lande eine Vormauer des Deutschtums“ machen wolle. Wie die Amtssprache des kommenden polnischen Staates, so müsse auch die Amtssprache des künftigen Konsistoriums und der Synode polnisch sein. Die künftigen Geistlichen der Ev.-Augsb. Kirche müßten die polnische Sprache gründlich kennen, zu welchem Zwecke die Errichtung von polnischen ev.-theol. Lehrstühlen an der Warschauer Universität zu fordern sei. Hervorgehoben wird der enge Zusammenhang zwischen Sprache und Religion und betont: „den Glauben unserer Väter können wir allein unter der Bedingung der Wahrung der ungeschmälerten Rechte unserer Muttersprache erhalten“. Die übergroße Mehrheit der Glieder der Ev.-Augsb. Kirche sei deutscher Nationalität. Es seien bescheidene ländliche Kolonisten oder kleine Gewerbetreibende und Industriearbeiter, bisweilen Vertreter der Großindustrie und der Hochfinanz. Die Bildung von Gemeinden auf nationaler Grundlage müsse abgelehnt werden, „da wir in der Zerstreuung leben und dafür zu arm sind. Wir wünschen in unserem Lande mit unseren Glaubensbrüdern deutscher Sprache so zusammenzuleben, wie bisher: in brüderlicher Liebe und in gegenseitiger Achtung. Möge es so bleiben wie bisher, daß die gleichen Pastoren die einen und die anderen Gemeindeglieder bedienen, keinen Unterschied zwischen ihnen machen, jeden in seiner Muttersprache ansprechen, treu dem Grundsatz einer strengen Toleranz". Zum Schluß gibt das „Memorial" unter Hinweis auf die biblische und lutherische Lehre vom Gehorsam der legitimen Obrigkeit gegenüber der Hoffnung Ausdruck, daß die deutschen Kirchenglieder bzw. Synodalen nicht für den konsistorialen Verfassungsentwurf eintreten werden und spricht gleichzeitig die Warnung aus, daß ihre Zustimmung zum Verfassungsentwurf „sie nach Beendigung der vorübergehenden Besatzungszeit zum Gegenstand harter Repressionen seitens der legitimen Regierung des kommenden polnischen Staates und des begründeten Hasses der ganzen polnischen Gesellschaft machen würde". Die kirchlichen, politischen, kirchen- und staatsrechtlichen Grundsätze des „Memorials" gewannen amtlichen Charakter, als der Verfasser des „Memorials", Jakob Glass, von der polnischen Regierung im November 1918 zum Präsidenten des Konsistoriums der Ev.-Augsb. Kirche ernannt worden war und mit dem Generalsuperintendenten bzw. Bischof Bursche die Geschicke der Ev.-Augsb. Kirche bestimmte.

Vom konfessionellen und kirchenrechtlichen Standpunkt kritisch waren die von Konsistorialpräsident v. Posadowsky-Wehner zum Entwurf der Kirchenordnung erbetenen beiden Gutachten des Deutschen Evangelischen Kirchenausschusses, erstattet von dessen Rechtskommission am 12. September und 2. Oktober 1917.[22] Ersterem lag die Fassung des Entwurfs vom 25. Juli zugrunde, letzterem die Fassung mit den bis Ende September erfolgten Abänderungen des Entwurfs, insbesondere denen des paritätischen „Arbeitsausschusses" vom 3. August 1917. Die Eingaben des Konsistorialpräsidenten enthielten keine Angaben darüber, unter welchem Gesichtspunkt die Gutachten erbeten werden: „[...] ob unter der allgemeinen Erwägung, wie weit der Entwurf als eine brauchbare Grundlage für die Kirchenverfassung einer lutherischen Kirche überhaupt anzusprechen sei – oder unter der besonderen Erwägung, wie weit er die Grundlage für eine Kirchenverfassung biete, die soweit möglich, der lutherischen Kirche in Polen ihren deutschen Charakter zu erhalten geeignet ist".[23] Unter der Voraussetzung, daß der zweite Gesichtspunkt für den Konsistorialpräsidenten relevant war, gingen die Rechtsgutachten mit Schwerpunkt auf die damit zusammenhängenden Fragen ein, nicht ohne zu den theologischen und kirchenrechtlichen Grundlagen des Entwurfs der Kirchenordnung Stellung zu nehmen.

Das Gutachten der Rechtskommission vom 12. September setzte bei den theologischen und kirchenrechtlichen Grundlagen des Verfassungsentwurfs an und ging auf dessen Einzelbestimmungen nur insoweit ein, „als sie bezeichnend für jene Grundrichtung der Entwürfe waren, oder sonst eine besondere kirchenrechtliche oder kirchenpolitische Bedeutung zu haben schienen". Starke Bedenken geltend gemacht wurden „gegen die ganze Grundlage des kirchenrechtlichen Aufbaues". Besonders hervorgehoben wurde, „daß der Entwurf streng auf den Grundsätzen der synodalen Verfassung sich aufbaue, dieses Prinzip aber durchaus reformierten Ursprungs ist und nirgends bisher in der geschichtlichen Entwicklung die Probe bestanden hat". Hingewiesen wurde auf die in dem ausschließlich synodalen Aus- und Aufbau des Verfassungsentwurfs und auf die im Fehlen eines selbständigen Kirchenregiments liegenden Gefahren. Verneint wurde die Vorfrage, ob der Entwurf

22 Das 9 Seiten umfassende Gutachten vom 12.9. und das 6 Seiten starke Gutachten vom 2.10.1917 in: AEKiD C VII, Polen 1, Bd. 1.
23 Gutachen vom 12.9., S. 1.

der lutherischen Kirche in Polen ihren deutschen Charakter zu wahren geeignet ist. Die Evangelisch-Augsburgische Kirche im Königreich Polen sei zwar geschichtlich und national als eine deutsche Kirchengemeinschaft anzusprechen. In den letzten Jahrzehnten sei sie aber in steigendem Maße der Polonisierung entgegengegangen, einer Entwicklung, die „von einem erheblichen Teil der evangelischen Geistlichen und insbesondere auch von den kirchenregimentlichen Behörden bzw. ihren hervorragenden Vertretern grundsätzlich befördert, zum Teil leidenschaftlich betrieben wurde". Der Entwurf biete keine Gewähr gegen eine fortschreitende Polonisierung, vielmehr sei er „ein Mittel zur Beschleunigung dieser Entwicklung". Jede reine Synodalkirche unterliege der Gefahr, zu einer Pastorenkirche zu werden. Kraft ihrer Amtsautorität und Amtserfahrung besäßen die Geistlichen ein entscheidendes Übergewicht über die Laien auf der Synode, der die oberste Gewalt in der Kirche zustehe. Dem konsistorialen Verfassungsentwurf fehle ein unabhängiges, über den Parteien stehendes Kirchenregiment, da nach dem Entwurf das Konsistorium nur „auftrags der Synode" als deren „Vollzugsorgan" handeln könne: „Ein Kirchenregiment ohne synodale Mitwirkung entspricht nicht dem kirchlichen Bedürfnis der Gegenwart, aber eine Synodalkirche ohne Kirchenregiment entbehrt der festen dauernden, von den kirchlichen Parteien unabhängigen Grundlage und Leitung. Eine Sonderkirche mag dabei bestehen, nicht aber eine Landeskirche. [...] Die Schaffung eines landesherrlichen Kirchenregiments wie es in den deutschen Landeskirchen besteht, erschien der Kommission mit Rücksicht auf die staatskirchlichen und nationalen Verhältnisse des Königreichs Polen allerdings ausgeschlossen. Darum aber von der Schaffung eines selbständigen Kirchenregiments überhaupt abzusehen, erscheint nicht gerechtfertigt. Die Kommission ist der Überzeugung, daß nur durch ein solches das Ziel der dauernden Sicherung des deutschen Charakters der Kirche zu erreichen ist, aber auch erreicht werden kann. Wie dies zu geschehen habe, darüber hatte die Kommission sich näherer Vorschläge zu enthalten".[24]

Das zweite Gutachten der Rechtskommission des Deutschen Evangelischen Kirchenausschusses vom 2. Oktober 1917 beschränkte sich in seinem allgemeinen Teil auf die Feststellung, daß das von ihr „beanstandete Grundprinzip der früheren Entwürfe" auch in der Ende September vorliegenden Form des Entwurfs keine Änderung erfahren habe. Als Verbesserungen dieses Entwurfs wurden u.a. die Bestimmungen über den Vorsitz und die Befugnisse des Synodalvorstandes, die Vertretung des Laienelements in der Diözesanversammlung, die Lebenslänglichkeit der Anstellung der beruflichen Mitglieder des Konsistoriums angesehen, als Verschlechterung gewertet wurden die Vermehrung der Mitgliederzahl der Synoden, die Leitung des Konsistoriums durch den Generalsuperintendenten (Bischof), die Wahl der Pastoren durch die Gemeindeversammlungen, die Festlegung und Bindung des Bekenntnisstandes der Kirche an die bekenntnismäßige Haltung des Einzelnen, die die Gefahr der Auflösung der Augsburgischen Kirche als Landes- und Volkskirche in sich berge.[25]

Zufolge der Rechtslage – des Gesetzes von 1849 und der Haager Landkriegsordnung – war der Generalgouverneur für das besetzte Königreich Polen für die Einführung bzw. Bestätigung der neuen Kirchenordnung auf Antrag des Konsistoriums allein zuständig. Weder

24 A.a.O. 2, 4, 6, 7, 8, 9.
25 Gutachten vom 2.10., S. 1, 2ff.

das Konsistorium, noch der Generalgouverneur v. Beseler wollten jedoch diesen Weg nehmen, dem Grundsatz verpflichtet, daß innerkirchliche Angelegenheiten in die Zuständigkeit des synodal gewählten obersten Kirchenorgans fallen. Demgemäß berief Generalgouverneur v. Beseler am 19. September für den 18.–19. Oktober 1917 eine Synode der Evangelisch-Augsburgischen Kirche im Königreich Polen nach Lodz „zum Zwecke der Abgabe eines Gutachtens über den Entwurf einer neuen Kirchenordnung für die Evangelisch-Augsburgische Kirche im Königreich Polen". Das Konsistorium hatte Wahlen in die Synode ausgeschrieben.

Waren die Mehrheit der deutschen Kirchenglieder und ein Teil der Pastorenschaft gewillt, dem konsistorialen Entwurf einer Kirchenordnung zuzustimmen und weitere Abänderungsvorschläge auf der Synode zu beraten, so hatte sich die Haltung des polnischen Teils der Kirchenglieder und der Mehrheit der Pastorenschaft unter Einfluß des Warschauer Kirchenkollegiums versteift. Ergänzend zu ihrem „Memorial" mit ihrer kaum mehr verhüllten Drohung mit Repressalien hatte es ein „Gutachten betreff des Entwurfs einer neuen Kirchenordnung für die Evangelisch-Augsburgische Kirche in Polen"[26] erstellt. Mit staatskirchenrechtlicher und nationaler Begründung wurde darin der konsistoriale Entwurf als „nachteilig und bedrohlich" grundsätzlich abgelehnt und an der weiteren Gültigkeit des zaristischen Gesetzes von 1849 festgehalten. Das Warschauer Kirchenkollegium ließ das „Gutachten" am 7. Oktober 1917 von der zur Wahl der Delegierten in die Synode einberufenen Gemeindeversammlung beschließen. Nur 19 der anwesenden rd. 2000 Teilnehmer sollen sich geweigert haben, dem Gutachten zuzustimmen. Den in die Synode gewählten Delegierten wurde die Weisung mitgegeben, „die an der Synode Beteiligten zu überzeugen [zu] suchen, daß die Annahme des Entwurfs während der jetzigen Kriegszeiten, wie auch aus Rücksicht auf die künftige Landesregierung in Polen nicht wünschenswert ist. Sollten die Abgeordneten damit keinen Erfolg haben, so sollen sie im Namen der Warschauer Gemeinde eine diesbezügliche Sondermeinung der Warschauer Gemeinde zu Protokoll geben".

Die Stellungnahmen des Warschauer Kirchenkollegiums, das die Führung des nationalpolnischen Lagers der Augsb. Kirche in der Auseinandersetzung um die neue Kirchenordnung übernommen hatte, blieb nicht ohne Einfluß auf die Haltung des polonisierten Teils der Pastorenschaft, die sich auf der Pastorenkonferenz von Ende September 1917 noch intensiv an den Revisionsarbeiten des konsistorialen Verfassungsentwurfs beteiligte. Am Vortage der Synodeneröffnung, dem 17. Oktober, hielt der stellv. Generalsuperintendent Gundlach eine Pastorenkonferenz ab, auf der die polnische Haltung auf der Synode festgelegt wurde. Unter Vorbehalt der Ungesetzlichkeit der Synode und Ungültigkeit ihrer Beschlüsse wollten die Pastoren an den Verhandlungen teilnehmen, zu Beginn der Synode eine dahingehende „Erklärung" abgeben. Die von 32 Pastoren unterzeichnete „Erklärung"[27] schloß mit der Feststellung, daß „sie (die Unterzeichneten) demgemäß bis auf weiteres auf dem Boden des Kirchengesetzes vom Jahre 1849 stehen bleiben müssen". Staats-, kirchenrechtlich und national glich ihre Begründung derjenigen der „Denkschrift" und des „Gut-

26 *L.K. Fiedler*, a.a.O. 16f.
27 *L.K. Fiedler*, a.a.O. 10f.

achtens“ des Warschauer Kirchenkollegiums, wie der „Erklärung“, die zu Beginn der Synode vom Warschauer Synodaldelegierten Ręczlerski abgegeben wurde.

Die im neuen Missionssaal der St. Johannisgemeinde in Lodz am 18. Oktober 1917 zusammengetretene Synode[28] wurde von Gundlach gottesdienstlich (Predigttext Joh. 14,19) eröffnet. Nach ihrer Konstituierung wies Konsistorialpräsident v. Posadowsky-Wehner als Synodalvorsitzender auf die der Synode gestellten Aufgabe hin, gutachtlich Stellung zu nehmen zu dem Entwurf einer neuen Kirchenordnung, die das zaristische Kirchengesetz von 1849 ablösen solle. Staatskirchenrecht und Kirchenverfassung seien auseinanderzuhalten und zu trennen. Die Regelung des Verhältnisses der Augsburgischen Kirche im Königreich Polen zu dem im Entstehen befindlichen polnischen Staat müsse einem späteren Zeitpunkt vorbehalten bleiben. Diese Frage könne erst aufgegriffen werden, wenn eine Staatsverfassung und deren Religionsartikel beschlossen wären.

Noch vor Eintritt in die Tagesordnung gab der Delegierte der Warschauer Gemeinde, Rechtsanwalt Ręczlerski, namens der Gemeinden Warschau, Tschenstochau, Lublin, Radom und Sosnowitz eine längere „Erklärung“ ab, die in dem Antrag gipfelte:

„Die Versammelten wollten die Versammlung als solche erkennen, die keinen Charakter einer Generalsynode hat und keine Kompetenz besitzt, um ein Gutachten abzugeben über die Ersetzung der bisherigen Kirchenverfassung durch die neu projektierte, das Projekt des Konsistoriums soll aber dem Regentschaftsrat zur weiteren rechtmäßigen Behandlung überwiesen werden“.[29]

Die Begründung des Antrags entsprach derjenigen des „Memorials“ und des „Gutachtens“ des Warschauer Kirchenkollegiums und der Pastorenversammlung vom 17. Oktober 1917. Unterzeichnet hatten die Delegierten: Ręczlerski, Alfred Bursche, Dangel, Martens, Lilpop, Henneberg für die Warschauer Gemeinde, Franke und Olsztyński für die Gemeinde Tschenstochau, Jung und Zeidler für die Gemeinde Sosnowitz, Rudowski und Krüger für die Gemeinde Petrikau, Bertram und Moritz für die Gemeinde Lublin, dazu noch die Delegierten der Gemeinde Wieluń Witte und Kawecki. Es waren Delegierte ausschließlich städtischer Gemeinden; von den 16 Unterzeichnern trugen 12 deutsche Namen.

In Erwiderung auf die Ausführungen Ręczlerskis hob Synodalpräsident v. Posadowsky die Recht- und Gesetzmäßigkeit der Synode hervor und verwies darauf, daß die Zuständigkeit in kirchlichen Fragen dem erst am 10. Oktober konstituierten Regentschaftsrat noch nicht übertragen sei, diese entscheidend von der vorherigen kirchengesetzlichen Regelung der kirchlichen Autonomie abhängig sei. Ergänzend verwies Konsistorialrat Palandt auf die völkerrechtliche Zuständigkeit des Generalgouverneurs gemäß dem Kirchengesetz von 1849. Demgegenüber vertrat Ręczlerski die Auffassung, daß der Zar 1849 als König von Polen gehandelt habe, in den Jahren 1832–1867 das „Organische Statut“ für das Königreich Polen in Geltung war und die Kompetenzen der Landesorgane auf den von den Mittelmächten geschaffenen Regentschaftsrat übergegangen seien.

---

28 Über den Verlauf der Lodzer Synode gibt es neben dem amtlichen Synodalprotokoll eine große Reihe von Darstellungen, so: *E. Kneifel,* Geschichte 195–200; *J. Glass,* Ewangelicy 45–60; *A. Eichler,* Das Deutschtum im Schatten 340ff.; *W. Gastpary,* Pierwsza wojna 34f.; *ders.:* Synod 29–62; *ders.:* Protestantyzm 22–33; *J. Gryniakow,* Ustalenie 31–43; u. a.

29 Synodalprotokoll 20.

Von Anfang an verlief die Synode in einer gereizten Atmosphäre ausgesprochener und unausgesprochener Gegensätze. Während die deutschen Geistlichen und Laien für den, durch die Vorschläge des Arbeitsausschusses ergänzten, Rendtorff-Mayerschen Verfassungsentwurf eintraten, schloß sich der stellv. Generalsuperintendent Gundlach dem Standpunkt Ręczlerskis an und erklärte sich an den Beratungen nur unter der Bedingung teilzunehmen bereit, wenn den Synodalbeschlüssen wie der Synode selbst keine rechtliche Bedeutung zukomme. In gleichem Sinne votierte Pastor Siegmund Michelis, der darüber hinaus den reichsdeutschen Pfarrverwesern nahelegte, „nicht in einer Sache den Ausschlag zu geben, die sie nichts anginge". Als Synodalpräsident von Posadowski-Wehner eine erneute Diskussion über Rechtmäßigkeit und Zuständigkeit der Synode ablehnte, erklärten die 17 Delegierten, die den Antrag Ręczlerskis unterzeichnet hatten, daß sie unter diesen Umständen an der Verhandlung nicht teilnehmen könnten und verließen den Saal. Gundlach plädierte anschließend für eine Verlegung der Synode und die Einholung eines Gutachtens zum Verfassungsentwurf und überreichte die von der „Pastorenkonferenz" vom 17. Oktober beschlossene „Erklärung" zu den Synodalakten. 32 der 44 an der Synode teilnehmenden einheimischen Geistlichen hatten sie unterzeichnet. Von den deutschen Geistlichen bejahten den konsistorialen Verfassungsentwurf u.a. Julius Dietrich–Lodz, August Gerhardt–Lodz, Adolf Löffler-Konin, Anton Rutkowski–Dombie, Ferdinand Mergel–Sobiesienki, Alexander Bierschenk–Sompolno, Ernst Behse–Belchatow. Zum Bruch war es gekommen, als Pastor Edmund Wentzel aus Petrikau den Verdacht äußerte, man hätte im Verfassungsentwurf das Verhältnis der Kirche zum werdenden polnischen Staate mit Absicht ignoriert, um hinterher die Lücke beliebig ausfüllen zu können, und der reichsdeutsche Superintendent a.D. Bogdahn, Pfarrverweser in Suwałki, sich zum Ausspruch hatte hinreißen lassen: „Wenn die polnischen Amtsbrüder uns unterstellen, wir könnten ein Kuckucksei in ihr Nest legen, so ist das eine Gemeinheit". Diese Worte veranlaßten auch Gundlach mit der Begründung den Saal zu verlassen, daß sich in solcher Atmosphäre nicht arbeiten ließe. Seinem Beispiel folgten die polnischen Pastoren und eine größere Anzahl von Laien, zusammen mit dem Anhang Ręczlerskis 104 von insgesamt 228 Delegierten. Bogdahns Entschuldigung und versöhnende Worte Pastor Dietrichs konnten an dem äußeren Bruch der Synode nichts ändern. Auch der Versöhnungsversuch des Synodalpräsidenten fruchtete trotz der Versöhnungsbereitschaft Gundlachs nichts. Gundlach sagte zu, im Abendgottesdienst das versöhnende Wort zu sagen, verzichtete dann aber wohl unter dem Druck der polnischen Pastoren darauf und überließ die Abendandacht Superintendent Angerstein, der auf den Vorfall nicht mehr zurückkam. Gundlach begnügte sich mit einigen Schlußworten, in denen er darauf hinwies, daß alle nach ihrem besten Wissen und Gewissen handelten und auch fernerhin so handeln würden. Er wiederholte damit seine Absage an die Synode, die er tags darauf auch schriftlich aussprach. Die Haltung der polnischen Delegierten bedauerte Pastor Behse aus Belchatow, der namens der verbliebenen Mehrheit der Synode die Loyalität sowohl dem im Entstehen begriffenen polnischen Staate wie dem angestammten deutschen Volkstum gegenüber betonte.

Nach dem Ausscheiden der polnischen Delegierten und ihrer Freunde aus der Synode setzte am Nachmittag des 18. Oktober die Mehrheit der Delegierten – es waren 130 – ihre Beratungen am Verfassungsentwurf fort. An den Beratungen des nächsten Tages, die von Sup. Dietrich mit einer Morgenandacht in der St. Johanniskirche über Joh. 15,5 eingeleitet wurde, hatten 134 Synodale teilgenommen. Sie verhandelten über Abänderungsanträge zu den §§ 1, 2, 6, 13, 15, 19 und nahmen im Ergebnis mit unwesentlichen Änderungen den konsistorialen Verfassungsentwurf an.[30] Ungeachtet der synodalen Mehrheitsentscheidung suchten die Pastoren Löffler und Dietrich „im Interesse des Friedens und der Sache" den Weg zu einer Verständigung mit dem polnischen Teil der Geistlichen und Laien offen zu halten. Die Synode übermittelte ihre Stellungnahme zum konsistorialen Verfassungsentwurf mit den Ergänzungsanträgen dem Generalgouverneur von Beseler und unterbreitete diesem gleichzeitig den Wunsch nach einer zweiten Lesung des Gesetzeswerkes, in der Hoffnung, mit dem polnischen Flügel bis dahin zu einer Einigung zu kommen. Die Entscheidung lag in den Händen und in der Verantwortung des Generalgouverneurs. Die Situation spitzte sich zu, als Gundlach sich nach Abschluß der Synode zum polnischen Regentschaftsrat begeben hatte, um Einspruch gegen eine Inkraftsetzung der Synodalbeschlüsse bzw. der Kirchenverfassung zu erheben. Adolf Eichler hinwider verlangte, sich dafür einzusetzen, daß diese Beschlüsse unverzüglich ausgeführt und auch ein deutschgesinnter Generalsuperintendent berufen werde.[31]

Die Lodzer Synode endete mit einem tiefen Mißklang und einer Verschärfung der Gegensätze zwischen dem deutschen und dem polnischen Teil der Ev.-Augsb. Kirche. Was hatte die Veränderung in der Haltung der Polen veranlaßt, nachdem sie noch ein Jahr vorher mit den Deutschen eine Revision der Kirchenordnung von 1849 für zwingend notwendig gehalten hatten? Ausschlaggebend dürfte der Gesichtspunkt gewesen sein, daß sie als Minorität keine Möglichkeit mehr sahen, ihre vom Polnischen Evangelizismus geprägten staatskirchenrechtlichen Vorstellungen in der Kirchenverfassung durchzusetzen. Zum anderen war es ihr durch den Gang der militärischen und politischen Ereignisse gesteigertes nationales Selbstbewußtsein und die nicht unbegründete Hoffnung, unter einer polnischen Regierung und in einem eigenen selbständigen Staate die Kirchenfrage im polnischen Sinne lösen zu können. Die militärischen Niederlagen Rußlands im Kriege gegen Deutschland und Österreich und in deren Folge der Zusammenbruch des Zarenreiches sowie die Revolutionen vom Februar und Oktober 1917 hatten Polen von der Okkupationsmacht Rußland, das sein Schicksal vom Anfang des 18. Jahrhunderts an bestimmt hatte, befreit. Hinzu kam, daß der amerikanische Präsident W. Wilson sich am 22. Januar 1917 für ein „vereinigtes, unabhängiges und autonomes Polen" ausgesprochen hatte und die Aussichten auf einen Sieg der Mittelmächte sich verschlechterten. Schließlich kamen den Polen zugute: Das Manifest der Kaiser von Deutschland und Österreich vom 8. Juni 1917, das der obersten Staatsgewalt des künftigen polnischen Staates u.a. auch die Kultusangelegenheiten übertrug, und die in Auslegung des Manifestes am 12. September 1917 ergangene Ankündigung über die Bildung eines dreiköpfigen Regentschaftsrates, der am 15. Oktober 1917 in Warschau feierlich eingeführt wurde.

Die Polen, auch die evangelischen Polen auf der Lodzer Synode, setzten verständlicherweise auf den Faktor Zeit. Sie sahen das Morgenrot ihrer Freiheit und Befreiung auch von den beiden anderen Besatzungsmächten, die ihnen die Freiheit von Rußland erkämpft hatten, anbrechen und wollten aus ihrer Hand eine Verfassung für die Evangelisch-

30 Gutachten der Lodzer Synode, in: Anhang, Dok. 10.
31 *A. Eichler,* Das Deutschtum im Schatten 343f.

Augsburgische Kirche im Königreich Polen weder entgegennehmen noch bestätigt bekommen, gleichviel, wie diese inhaltlich ausgesehen haben mag. Nicht Minderheit in der deutschsprachigen Kirche wollten sie sein, sondern sie waren entschlossen, an einer der Sprache und dem Geist nach polnisch-nationalen Evangelisch-Augsburgischen Kirche zu bauen und in dieser deren deutsche Glieder aufgehen zu lassen.

Die am 18./19. Oktober 1917 in Lodz gehaltene Synode fand in der Geschichte der Augsburgischen Kirche in Polen und ihren Darstellungen eine unterschiedliche Beurteilung. Die Polen schätzten sie negativ ein. Generalsuperintendent Bursche hielt sie in seiner Darstellung im Sammelwerk Ekklesia nicht der Erwähnung wert. Zehn Jahre später sprach er in einem polemischen Brief dagegen aus: „[...] Die damals (zur Zeit der Besatzungsmacht) ausgestreute böse Saat hat böse Früchte gezeitigt; die bis zum Kriege friedlich miteinander lebenden deutschen und polnischen Glaubensgenossen sind nun getrennt und beargwöhnen einander. Das ist der große Schaden unserer Kirche“.[32] Pastor Hadrian spricht von „leidenschaftlichen politischen und nationalistischen Umtrieben“ und „fast wilder Agitation“ der reichsdeutschen zur Aushilfe gerufenen Pfarrer.[33] An der geschichtlichen Wirklichkeit geht auch J. Gryniakow vorüber, wenn er schreibt: „[...] Aber das Schlimmste ist vielleicht dies, daß die deutschen Hakatisten in die bisher ruhigen kirchlichen Verhältnisse einen bis dahin unbekannten Geist nationaler Zwistigkeiten hineingetragen haben, der von da ab das kirchliche Leben bis zum Ende des II. Weltkrieges begleiten wird“.[33a] Andere Akzente setzt W. Gastpary: „Dank der glänzenden Tapferkeit der lutherischen Pastoren und Laien auf der Lodzer Synode wurden die Ehre, der gute Name und die Zukunft der Kirche gerettet“.[34] Karl Kotula, der Pfarrer der ersten, 1926 gegründeten polnischen Gemeinde (1927: 500–600 Seelen) in Lodz, neben den über 50 000 Seelen in den drei deutschen Gemeinden St. Trinitatis, St. Johannis und St. Matthäi, und nachmaliger Bischof der Evangelisch-Augsburgischen Kirche in der Volksrepublik Polen urteilt: „Die Geschichte und das geistige Leben des Luthertums in Polen wird nicht von dem deutschen, sondern von dem polnischen Element bestimmt. [...] Deswegen lag die geistige Führung der evangelischen Kirche in Polen in den Händen der polnischen Minderheit. Das bewies vor allem die berühmte Synode in Lodz vom 18. und 19. Oktober 1917, wo der Versuch der deutschen Okkupationsbehörden, der evangelisch-lutherischen Kirche eine, den deutschen Interessen entsprechende Kirchenorganisation zu geben, an der unbeugsamen Haltung der Führer der polnischen Minderheit scheiterte. Es zeigte sich, daß nicht die Deutschen, sondern die Polen die führenden Geister waren“.[35] Prof. Edmund Bursche, ein Stiefbruder des Generalsuperintendenten, rühmte anläßlich des 400jährigen Jubiläums der Augustana 1930 den „Exodus“ der Polen aus der Lodzer Synode von 1917.

Kritische Urteile über die Synode in Lodz finden sich auch auf deutscher Seite. E. Kneifel hält sie allenfalls für „nur eine kleine Episode in der Entwicklung unserer Kirche“.[36]

---

32 Stellungnahme des Generalsuperintendenten als Anlage zum Brief seines Bruders Alfred Bursche an Herrn Metzler, Stuttgart, vom 9. 1. 1927, in: AK.

33 Unterlagen, in: AK.

33a *J. Gryniakow,* Ustalenie 41.

34 *W. Gastpary,* Synod 29.

35 *K. Kotula,* Das polnische Luthertum 8 (MS., in: AK).

36 *E. Kneifel,* Geschichte 200.

Von den Presseorganen Deutschlands verurteilte die „Christliche Welt" die Initiative des Besatzungskonsistoriums mit den Worten: „War es denn unumgänglich, die Synode jetzt einzuberufen und damit den polnisch Orientierten, die eine beträchtliche Minderheit darstellen, eine Waffe in die Hand zu geben?"[37] Der „Reichsbote" ging der Frage der Schuld am Scheitern der Synode nach und meinte: „Die Schuld an den Wirren tragen nicht die Gemeinden, sondern hauptsächlich ihre Führer, die Geistlichen. Je ablehnender und undankbarer diese evangelischen Geistlichen mit deutschen Namen gegenüber den reichsdeutschen Brüdern und ihrer großartigen Hilfeleistung sind, desto liebedienerischer zeigten sie sich gegenüber der polnischen Seite. Drei dieser Männer, der Pastor Gundlach, jetzt als stellv. Generalsuperintendent tätig, ferner Konsistorialrat Holtz und Pastor Hadrian, haben sich beeilt, dem Polnischen Regentschaftsrat im Namen der einheimischen Geistlichkeit ihre Huldigung darzubringen, nachdem sie in der evangelischen Kirche in Warschau einen Gottesdienst abgehalten hatten".[38]

Unabhängig von unterschiedlichen, meist politisch gefärbten Stellungnahmen zur Synode des Jahres 1917 ist ihr – nicht nur zeitgeschichtlicher – Stellenwert nicht gering anzuschlagen. Ihre ungelöst gebliebenen Verfassungs-, kirchen- und staatsrechtlichen Probleme wirkten weiter. Erstmals hatte auch der Versuch, das nationale Problem innerhalb der Augsburgischen Kirche in Polen durch den Zusammenschluß sprachlicher Minderheiten zu besonderen Kirchengemeinden zu entschärfen oder zu lösen, Eingang in den Entwurf einer Kirchenverfassung gefunden. Am Problem der Regelung des Verhältnisses der Ev.-Augsb. Kirche zum Staate aktualisierte sich ihr unterschiedliches Verständnis als Staats- oder Volkskirche.

4. Ausgleichsbemühungen des Jahres 1918

Nach Abschluß der Lodzer Synode war angesichts der zwischen Deutschen und Polen kontroversen Haltung in der Frage der Kirchenverfassung Generalgouverneur v. Beseler die Schlüsselrolle zugefallen. Völkerrechtlich wäre er befugt gewesen, den von der synodalen Mehrheit angenommenen Entwurf der Kirchenverfassung der Evangelisch-Augsburgischen Kirche im Königreich Polen in Kraft zu setzen, worum er auch von den deutschen weltlichen Synodalen gebeten wurde, nachdem in der Öffentlichkeit bekannt geworden war, daß der stellv. Generalsuperintendent Gundlach sich in Fragen der Kirchenverfassung und der inneren Ordnung der evangelischen Kirche an den Regentschaftsrat gewandt hatte, dessen Vorsitzender der Erzbischof Kakowski war. Von Anfang an auf Ausgleich bedacht, tat v. Beseler es nicht. Am 29. Oktober entsandte er seinen Verwaltungschef v. Kries nach Lodz, die Haltung beider Parteien und Möglichkeiten und Wege einer Verständigung zu erkunden.[1] Dessen Gespräche mit den Geistlichen Gundlach, Angerstein, Dietrich und Ger-

---

37 CW Jg. 1917, 834.
38 Reichsbote nach KJb 1918, 196.
1 Halbjahresbericht des Verwaltungschefs beim Generalgouverneur in Warschau, in: Warschauer Deutsche Zeitung vom 20. und 21. Oktober 1917.

hardt, wie mit den Synodalen Eichler, Wende, Daube und Engler schufen die Voraussetzung, daß der Generalgouverneur dem Wunsch der Synode stattgab und sich für eine zweite Lesung des Verfassungswerkes aussprach, an dem von beiden Seiten weitergearbeitet werden sollte.

Personale Entscheidungen bestimmten den weiteren Verlauf der kirchlichen Angelegenheiten, nicht nur der Verfassungsfrage. Konsistorialpräsident v. Posadowsky-Wehner erklärte, mit Gundlach nicht mehr zusammenarbeiten zu können und legte sein Amt zum Ende des Jahres 1917 nieder. Zu seinem Nachfolger wurde der Berliner Kirchenjurist Dr. Ernst Loycke berufen, zu dessen Vertreter Konsistorialrat Bruno Geißler an Stelle von Assessor Firnhaber ernannt. Die problematisch gebliebene Zusammenarbeit mit dem stellv. Generalsuperintendenten Gundlach wurde von Loycke durch einen entscheidenden Schritt gelöst: die Rückberufung des legitimen Generalsuperintendenten, Julius Bursche, in sein Amt. Julius Bursche, im April 1915 nach dem Inneren Rußlands ausgewiesen, hatte nach der Februarrevolution Rußland verlassen dürfen und war – über zwei Jahre hatte man von ihm kein Lebenszeichen – Ende Juli 1917 in Stockholm gelandet, von wo aus er seine Rückkehr in das unter deutscher und österreichischer Militärverwaltung stehende Königreich Polen des russischen Zarenreiches betrieb und Verbindungen zu den ihm befreundeten Geistlichen der Ev.-Augsb. Kirche aufgenommen hatte.

Die deutsche Reichsregierung verweigerte Bursche zunächst die Einreise. Im Jahre 1915 war sie in den Besitz der Unterlagen von Bursches illegaler politischer Tätigkeit in Ostpreußen seit dem Ende des 19. Jahrhunderts im Rahmen des allpolnischen „Zentralen Komitees für Schlesien, das Kaschubenland und Masuren" gelangt[2], mißtraute ihm also und befürchtete neue politische Schwierigkeiten. Ungeachtet mancher Bedenken konnte Konsistorialpräsident Loycke Generalgouverneur v. Beseler, dieser die Reichsregierung von der Zweckmäßigkeit der Rückkehr Bursches in das Amt des Generalsuperintendenten überzeugen, auch angesichts der Aufgaben, die sich dem Konsistorium seit Ende 1917 als dringlichste stellten: der Wahrung der Rechte der nach der Oktoberrevolution in Rußland aus Rußland zurückkehrenden, 1915 verschleppten deutschen Kolonisten, deren Häuser und Äcker von polnischen, in Wolhynien von ukrainischen Bauern in Besitz genommen worden waren. Mit Billigung der Reichsregierung hatte sich Loycke Ende Januar 1918 nach Stockholm zur Aussprache mit Bursche begeben, diesem – im Ergebnis der Besprechung und der Versicherung seiner Loyalität den Besatzungsbehörden gegenüber – die Genehmigung zur Rückkehr nach Warschau erwirkt.[3] Bereits am 17. Februar 1918 konnte Bursche mit seinem Stiefbruder, Edmund Bursche, Pfarrer in Lowicz, der gleichfalls 1915 nach dem Inneren Rußlands ausgewiesen und nach der Februarrevolution in Stockholm gelandet war, nach Warschau zurückkehren und sein Amt als Generalsuperintendent und Vizepräsident des Konsistoriums übernehmen, das stellvertretend von Konsistorialrat Gundlach verwaltet worden war. Die Erklärung, die er „in den Verhandlungen mit der Zivilverwaltung und in der ersten Geistlichen-Konferenz" abgegeben hat, ist im Wortlaut überliefert:

---

2 *R. Kammel,* Muttersprache 184f.

3 Erwiderung des DEKA, in: ED Jg. 2 (1920/21), 83–95; *J. Bursche,* Kirche 68; *E. Kneifel,* Geschichte 199; *W. Gastpary,* Biskup 39; *ders.:* Protestantyzm 34f.; *J. Gryniakow,* Ustalenie 41.

„Ich stamme von deutschen Vorfahren ab, die aber hier allmählich zu Polen geworden sind. Bereits mein Vater, Superintendent in Zgierz, hatte als Familiensprache das Polnische; ich bin somit polnisch erzogen worden und fühle mich als Pole. Ich halte es für meine Lebensaufgabe und für die Aufgabe der evangelischen Kirche Polens, mehr und mehr im polnischen Volke aufzugehen, um in ihm die Lebenskräfte des Evangeliums zu einem Sauerteig der Volkserneuerung werden zu lassen. Ich bin aber bestrebt, beiden Nationalitäten gleichmäßig zu dienen. [...] Ich werde dafür eintreten, daß in den Städten, soweit es noch nicht der Fall ist, polnische Gottesdienste eingerichtet werden, damit nicht die polonisierten Evangelischen dem Katholizismus in die Arme getrieben werden. Auf dem Lande liegt die Sache anders. Der Dörfler kann sich Evangelium und Deutschtum gar nicht getrennt von einander denken; die evangelischen Dörfler wohnen meist geschlossen unter sich und haben auch fast keine Mischehen. Auf dem Lande dürfen keine polnischen Gottesdienste eingeführt werden. Hier hat der neutral- oder polnischgesinnte Geistliche die Pflicht, für das Deutschtum einzutreten, um der Erhaltung des Evangeliums willen".[4]

Ungeachtet dieses an den zeitgeschichtlichen Gegebenheiten orientierten Bekenntnisses, bestand kein Zweifel, daß Bursche von Stockholm aus bereits den Kurs der polnischen Geistlichen und der Gemeinde Warschau beeinflußt hatte, wie er auf der Lodzer Synode zum Ausdruck gekommen war. Sein politischer Einfluß wuchs, als er am 4. April 1918 von amtswegen in den Provisorischen Staatsrat, das vorläufige gesetzgebende Organ des Königreichs Polen, berufen wurde. Mit einem klaren kirchenpolitischen und politischen Programm war Bursche nach zweijähriger Abwesenheit nach Warschau zurückgekehrt.

Zu einem gewissen Abschluß gebracht wurde die Frage der Verfassung für die Ev.-Augsb. Kirche, von deren Erledigung Generalgouverneur v. Beseler die Übergabe der Agenden in Kultusangelegenheiten an die polnischen Behörden abhängig machte. Um in der Sache vorwärts zu kommen, erklärte sich Konsistorialpräsident Loycke auf Bursches Vorschlag bereit, als formalen Ausgangspunkt der Arbeiten an der Verfassungsfrage nicht die Beschlüsse der Lodzer Synode vom Oktober 1917 zu nehmen, sondern das Kirchengesetz von 1849. Zu Fall gebracht war damit die von der Synode beschlossene abgeänderte Rendtorff-Mayersche Kirchenverfassung, nicht aber deren bleibende Anliegen.

Zur Abänderung des Kirchengesetzes von 1849 wurde eine „Generalsynode" gemäß §§ 151 und 152 dieses Gesetzes[5] einberufen, bestehend aus 10 Abgeordneten – aus jeder der fünf Diözesen je ein Geistlicher und ein Laie –, dazu dem Konsistorialpräsidenten und dem Generalsuperintendenten, die seit dem Jahre 1849 nie einberufen war. Generalgouverneur v. Beseler ließ dieses 12köpfige Gremium nicht als „Generalsynode", sondern als „Kommission zur Beratung der neuen Kirchenordnung" zusammentreten, wie Eichler vermutet, „um sich vor Überraschungen zu sichern und den gefaßten Beschlüssen nicht von vornherein endgültige Form zu geben".[6] Der vom Verwaltungschef v. Kries einberufenen, unter Vorsitz des Generalsuperintendenten vom 21.–22. März 1918 im Regierungsgebäude am Sachsenplatz tagenden Kommission gehörten neben Loycke und Bursche die Pastoren Rudolf Gundlach, Alexander Schoeneich, Ernst Behse, Paul Hadrian, Władysław Wilhelm Wernitz und die Laien Eichler, Kaschube, Ręczlerski, Vogel und Julian Will an.

4 Bericht A. Rhode vom 10. Mai 1918, in: Anlage zum Bericht des Posener Konsistoriums an den EO in Berlin vom 23. Mai 1918, in: EZB/EO, KTZ 5101/18.
5 § 151 des Kirchengesetzes vom 8./20. Februar 1849.
6 *E. Eichler,* Deutschtum im Schatten 360ff.

Zur Beratung wurden ihr zwei Entwürfe vorgelegt: ein Entwurf eines Gesetzes über das Verhältnis von Kirche und Staat und ein Entwurf über die innere Ordnung der Kirche (Verfassung). Über die Beratungen der Kommission zum Märztermin liegen nur spärliche Nachrichten vor. Vor allem ist nicht festzustellen, von wem die Gesetzentwürfe stammen, zu denen von deutscher wie polnischer Seite Abänderungsvorschläge beraten wurden. Bursche votierte für die Einführung des lebenslänglichen Bischofsamtes, wobei der Bischof Präsident des Konsistoriums und der Synode zu sein hätte, für das Polnische als Amtssprache, für Warschau als Sitz des Konsistoriums. Ręczlerski trat für eine enge Bindung der Kirche an den polnischen Staat ein unter Berufung auf die traditionelle polnische Toleranz. Eine Einigung mit den von Eichler geführten deutschen Kommissionsmitgliedern konnte nicht erreicht werden, so daß die Verhandlungen am 16. April fortgesetzt werden mußten, wieder im Regierungsgebäude am Sächsischen Platz.[7] Der Termin drängte, weil der Zeitpunkt der Übergabe der Kultusangelegenheiten in polnische Hände auf den 1. Juli 1918 festgelegt war, vorher noch eine Synode gehalten werden sollte, die über die von der Kommission erarbeiteten Gesetzesentwürfe zu befinden hatte. Die Verhandlungen vom 16. April führten zu einer Einigung.

Beide von der „Kommission zur Beratung der neuen Kirchenordnung" angenommenen Gesetzesentwürfe tragen den Stempel des Kompromisses zwischen dem deutschen und polnischen Teil der Evangelisch-Augsburgischen Kirche und spiegeln die Bereitschaft zur Zusammenarbeit wider. Für den Preis der Verankerung der Bestimmung, daß die Oberste Gewalt in der Landeskirche der Synode zustehe, im Gesetz betr. das Verhältnis der Kirche zum Staate und der Bestimmung über eine 2/3-Laienmehrheit in der Synode in der Kirchenverfassung, gaben die deutschen Kommissionsmitglieder in nahezu allen anderen Punkten den polnischen bzw. den Wünschen Bursches nach. Die Motive erläutert Eichler:

„Eines Neuaufrollens der strittigen Fragen bedurfte es nicht; aber unser Verständigungswille ging noch weiter: als am Schlusse der Kommissionsverhandlungen vor der Abstimmung uns von der anderen Seite die Friedenshand entgegengestreckt und die Bitte ausgesprochen wurde, uns jetzt und in Zukunft im Interesse der Kirche auf sachlichen Boden zu begeben, da schlugen wir, trotz berechtigtem anfänglichen Mißtrauen ein. [...] Das Einschlagen in die dargebotene Friedenshand war uns insofern erleichtert, als die vornehmste Forderung des deutschen Teils der Kirche, die Zweidrittel Laienmehrheit von allen Kommissionsmitgliedern angenommen worden war. Angesichts dieses Erfolges konnten wir die Entscheidung der Frage, ob das Konsistorium nach Lodz übertragen [werden] oder in Warschau bleiben soll, einer späteren Zeit überlassen und uns mit der Bestimmung über die Verhandlungssprache in der vorliegenden Fassung befreunden".[8]

Positiv beurteilte Verwaltungschef v. Kries den erzielten Kompromiß. Generalgouverneur v. Beseler ließ beide Gesetzentwürfe ohne eigene Stellungnahme dem k.k. Militärgouverneur in Lublin sowie dem Regentschaftsrat zur Äußerung zugehen. Zu der zunächst für Ende April vorgesehenen Synodaltagung war es nicht gekommen. Dazu Eichler:

---

7 Bericht von Dr. Fischer vom 3. April 1918, in: Bericht des Posener Konsistoriums, vgl. Anm. 4; *E. Kneifel*, a.a.O.; *W. Gastpary*, Protestantyzm 35; *J. Gryniakow*, Ustalenie a.a.O.

8 DP vom 19. Mai 1918; ED Jg. 2 (1920/21), 200f.

„Nach Annahme der beiden Entwürfe wurde Loycke gebeten, bei seinem Vortrag bei v. Beseler die Bitte der Kommission vorzubringen, im Hinblick auf erzielte Einigung und im Interesse eines beschleunigten Inkrafttretens der Gesetze, von der nochmaligen Einberufung der Allgemeinen Synode in der Oktober-Zusammensetzung abzusehen“.[9]

Der „Entwurf eines Staatsgesetzes betreffend die Evangelisch-Augsburgische Kirche im Königreich Polen“[10], am 12. Mai 1918 im Amtsblatt „Unsere Kirche“ veröffentlicht, stellt den ersten Versuch dar, das Verhältnis der Ev.-Augsb. Kirche zum Staate in einem Rechtsakt zu erfassen. Seine Bestimmungen sahen vor: Die Evangelisch-Augsburgische Kirche im Königreich Polen ist eine freie und autonome Landeskirche, die nach Maßgabe der Staats- und Kirchengesetze ihre Angelegenheiten selbständig ordnet. Der Staatsregierung steht das Recht der Oberaufsicht nach Maßgabe der Gesetze zu. Die Verfassung der Kirche ist die synodal-konsistoriale. Die oberste Gewalt in der Landeskirche steht der Synode zu. Kirchengesetze und Verordnungen, von der Synode zu beschließen, bedürfen der Genehmigung des Staates. Bevor ein Kirchengesetz, welches den Bekenntnisstand und die inneren Angelegenheiten der Kirche betrifft, Gesetzeskraft erlangt, ist durch eine Erklärung der zuständigen Staatsbehörde festzustellen, daß es mit einem Staatsgesetz nicht im Widerspruch steht. Alle Geistlichen und Mitglieder des Konsistoriums müssen die Staatsbürgerschaft des Königreichs Polen haben. Die Wahl des Bischofs, des Vizepräsidenten und der Mitglieder des Konsistoriums erfolgt durch die Synode. Vor der Wahl des Bischofs und des Vizepräsidenten tritt die Synode mit den Staatsbehörden über die Person des Kandidaten in Verbindung. Die Anstellung des Bischofs und des Vizepräsidenten erfolgt nach Bestätigung durch das Staatsoberhaupt. Die Anstellung der übrigen Mitglieder des Konsistoriums, der Superintendenten und Pastoren, jede Anstellung ist der zuständigen Staatsbehörde anzuzeigen. Die Mitglieder des Konsistoriums und alle Geistlichen haben vor Antritt ihres Amtes den vorgeschriebenen Eid zu leisten. Im Verkehr mit den Staatsbehörden haben sich die Geistlichen und Beamten der Kirche der polnischen Sprache als der Amtssprache zu bedienen. In den „Entwurf eines Staatsgesetzes betr. Ev.-Augsb. Kirche im Königreich Polen“ hatte das zentrale kirchenrechtliche Anliegen des deutschen Teiles der Kirche – eine freie und autonome Kirche synodal-konsistorialer Verfassung mit der Synode als oberster kirchlicher Instanz als Grundsatz – Eingang gefunden, andererseits haben seine Bestimmungen den polnischen Forderungen Rechnung getragen und weithin den Charakter der Ev.-Augsb. Kirche als Staatskirche aufrechterhalten. Zum kritischen Punkt sollte die Beibehaltung einer 2/3-Mehrheit von Laien in der Synode werden, die, bei der errechneten Zahl von 223 Synodalen, so die Befürchtungen der polnischen Minderheit und der Regierung, den deutschen Kirchengliedern entscheidenden Einfluß in kirchlichen Angelegenheiten sichern würde.

Bedeutung gewannen die von der „Generalsynode“ einmütig angenommenen Gesetzentwürfe und der mit diesen angestrebte Ausgleich der deutsch-polnischen Gegensätze in der Ev.-Augsb. Kirche nicht. Bevor noch die Gesetzentwürfe im Kirchlichen Amtsblatt „Unsere Kirche“ vom 12. und 19. Mai 1918 veröffentlicht wurden, waren sie vom Konsistorium dem Generalgouverneur v. Beseler, von diesem der Österreichischen Militärverwal-

9 *A. Eichler,* a.a.O. 363.
10 Anhang, Dok. 11.

tung in Lublin und dem polnischen Kultusministerium in Warschau zugeleitet worden. In seinem Begleitschreiben an das Kultusministerium vom 7. Mai 1918 hatte v. Beseler seine Besorgnis zum Ausdruck gebracht, daß erfolgversprechende Verhandlungen über die Gesetzentwürfe der „Generalsynode" ohne eine regierungsseitige Garantie der den Gesetzentwürfen zugrundeliegenden Freiheit und Autonomie der ev. Kirche kaum geführt werden könnten. Er bat um eine Erklärung hinsichtlich der staatskirchlichen Grundsätze der Regierung. Angesichts der Unruhe unter der ev. Bevölkerung über die Religionspolitik des vom Warschauer Erzbischof Kakowski angeführten dreiköpfigen Regentschaftsrates und der im „Entwurf einer Verfassung für das Königreich Polen" vom 28. Juli 1917 vorgesehenen Festlegung der röm.-kath. Kirche als Staatskirche und einer verminderten Rechtsstellung der „anderen Bekenntnisse" hatte Generalgouverneur v. Beseler die Übergabe der Kultusverwaltung an die im Entstehen begriffene polnische Regierung vom Zustandekommen einer die Freiheit und Autonomie der ev. Kirche sichernden Kirchenverfassung als einer Kirche der religiösen Minderheit abhängig gemacht. Als das polnische Kultusministerium eine Antwort auf die grundsätzliche Frage nach der Garantie der konfessionellen Gleichberechtigung und auf die aktuelle Frage von Verhandlungen über die Gesetzentwürfe der „Generalsynode" der Ev.-Augsb. Kirche monatelang verzögerte, forderte er das Kultusministerium auf, zur Erörterung und Klärung der anstehenden Fragen eine Konferenz einzuberufen. Teilnehmer der am 30. September 1918 im Kultusministerium gehaltenen Konferenz waren Graf v. Lerchenfeld, Geschäftsträger (Kommissar) der Reichsregierung beim Regentschaftsrat, der Jurist Dr. Reier vom Amt des Generalgouverneurs, Generalsuperintendent Bursche, Konsistorialpräsident Loycke und Konsistorialrat Geißler vom Warschauer Konsistorium, seitens der Regierung waren es Kultusminister Anton Ponikowski, Unterstaatssekretär Bronisław Dembiński, der Jurist Stanisław Bukowiecki und der Referent für ev. Angelegenheiten im Kultusministerium, Pfarrer Zdzisław (Leonhard) Geissler. Der Verlauf der Konferenz spiegelte das gesteigerte Selbstbewußtsein der neuen polnischen Behörden am Vorabend des Zusammenbruchs der Mittelmächte und die katholische Grundhaltung der polnischen Regierungspolitik wider. Zur Frage nach der Regelung des Verhältnisses der Ev.-Augsb. Kirche zum Staat wurde auf die noch ausstehende Rechtsgrundlage für die Regelung des Verhältnisses des Staates zu den Kirchen und Religionsverbänden in der künftigen Staatsverfassung verwiesen, Befürchtungen hinsichtlich eines friedlichen Zusammenlebens von Katholiken und Evangelischen in Polen könnte es nicht geben, da die kommenden polnischen Regierungen ein friedliches Zusammenleben und eine Zusammenarbeit der katholischen und evangelischen Bevölkerung ermöglichen werden. Die eingereichten Gesetzentwürfe der „Generalsynode" der Ev.-Augsb. Kirche seien in der vorliegenden Fassung für die Regierung nicht annehmbar, insonderheit deren Bestimmungen über die Zusammensetzung der Synode und die Zahl der Synodalmitglieder.[11]

Die Rolle des Generalsuperintendenten Bursche in der Frage der Gesetzentwürfe der „Generalsynode" war unklar und hatte ihm manche Vorwürfe eingetragen.[12] Es ist kaum

11 *W. Gastpary,* a.a.O. 39f.; *J. Gryniakow,* a.a.O. 42f.; *E. Kneifel,* a.a.O. 199.

12 Der Präsident des Posener Konsistoriums, Kurt Balan, im Bericht des Posener Konsistoriums an den EO in Berlin vom 23. Mai 1918 (vgl. Anm. 4): „[...] Nach Allem, was uns über diesen Mann [Bursche] von jeher mitgeteilt worden, ist er eine ganz un-

anzunehmen, daß er als Mitglied des Provisorischen Staatsrates, des vorläufigen gesetzgebenden Organs des Königreichs Polen, über die Haltung der Regierung nicht informiert gewesen sein sollte. Eine Antwort oder Stellungnahme des Kultusministeriums zu den eingereichten Gesetzentwürfen der „Generalsynode" hatte er von Mai bis September nicht eingemahnt und sich in der Konferenz vom 30. September 1918 für eine Verringerung der Zahl der weltlichen Mitglieder in der Synode der Ev.-Augsb. Kirche ausgesprochen. Wie die Lodzer Synode von 1917, so erwähnt Bursche die „Generalsynode" der Ev.-Augsb. Kirche vom 21.–22. März 1918 und die von ihr einstimmig angenommenen Gesetzentwürfe in seiner Darstellung der Ev.-Augsb. Kirche in Polen nicht.

Der militärische Zusammenbruch der Mittelmächte und das bevorstehende Ende der deutschen und österreichischen Militärverwaltung im Königreich Polen hatten auch die Fragen nach einer neuen Kirchenverfassung für die Ev.-Augsb. Kirche und die Regelung ihres Verhältnisses zum Staat überholt. Generalgouverneur v. Beseler hatte die Kultusangelegenheiten in die Zuständigkeit des polnischen Kultusministeriums übergeben, Generalsuperintendent Bursche hatte mit Konsistorialpräsident Loycke und Konsistorialrat Geißler die Übernahme aller Agenden des Konsistoriums besprochen, bevor der Regentschaftsrat in Aufrufen an das polnische Volk vom 7. und 12. Oktober 1918 das „vereinigte und unabhängige Polen" proklamierte.

Auf dem Hintergrund des herannahenden Zusammenbruchs der Mittelmächte und in der Atmosphäre steigender politischer Gegensätze und wachsenden Mißtrauens mutet der Briefwechsel zwischen Generalsuperintendent Bursche und dem namhaftesten Vertreter des deutschen Teils, Adolf Eichler, vom Sommer 1918 wie eine friedliche Idylle an. In der „Neuen Preußischen (Kreuz-)Zeitung" in Berlin hatte Bursche einen Aufsatz unter dem Titel „Die Kirche und die nationale Frage" veröffentlicht, in dem er zur Frage der Nationalitäten in der Ev.-Augsb. Kirche im Königreich Polen Stellung nahm. Darin führte er aus:

„Die Evangelischen in Polen bestehen aus Deutschen, Polen und Litauern; im Ganzen sind es rd. 500 000, wovon 100 000 genuine Polen und polonisierte Deutsche sind, die zwar von Deutschen abstammen, aber seit Generationen nicht mehr des Deutschen mächtig sind. [...] Soll die Kirche in diesen Streit eingreifen und sich völkisch betätigen? Darf man von den Pastoren verlangen, daß sie Stützen des Deutschtums [...] sein sollen, das deutsche Nationalbewußtsein entwickeln helfen, die deutsche Muttersprache pflegen und der Verschmelzung des Deutschtums mit fremden Elementen entgegenarbeiten? Auf der anderen Seite heißt es: Ihr seid und wohnt in Polen, ihr müßt für das Polentum wirken; je eher das ‚verhaßte' Deutsche aus der Kirche ausscheidet, desto größeren Einfluß wird die evangelische Kirche in Polen haben! In beiden Ansichten steckt ein berechtigter Kern.

---

durchsichtige und unzuverlässige Persönlichkeit, die infolge ihres Lavierens zwischen den russischen Regierungsbehörden und dem Polentum früher, bei beiden kein volles Vertrauen besaß und von der nur das eine sicher ist, daß sie aller deutschen Sympathien völlig bar ist und daher jetzt ganz im nationalpolnischen Fahrwasser segeln wird". *E. Kneifel,* Geschichte 199: „[...] So wie Generalsuperintendent Bursche die Beschlüsse der Oktober-Synode 1917 zu Fall brachte, so auch die sogenannte April-Einigung 1918. Es ging ihm tatsächlich nur um Zeitgewinn. Denn er wußte, daß je mehr die Kriegslage an den Fronten sich zuungunsten Deutschlands gestaltete, desto schwieriger komplizierte sich die Position der deutschen Zivilverwaltung in Polen. Und so konnte er mit Ruhe und Geduld die Verwirklichung seiner polnisch-evangelischen Zielsetzungen der Zukunft überlassen".

Schon deshalb, weil 4/5 deutsch sind, müssen wir Pastoren das Deutschtum pflegen, müssen überall für deutsche Predigt und deutschen Unterricht sorgen. In diesem Sinne habe ich den Ausdruck gebraucht, das Deutschtum sei ein Bollwerk des Evangeliums hierzulande. Andererseits aber halte ich es für meine Pflicht, den polnischen Evangelischen das Evangelium in ihrer Sprache zu bringen. [...] Daraus ergibt sich, daß sich die Kirche neutral verhalten muß und nicht Partei ergreifen. Ob einer meiner Pastoren deutsch oder polnisch gesinnt ist, ist mir einerlei. Seine Aufgabe ist, weder das Polentum noch das Deutschtum zu predigen, sondern das Evangelium sowohl den Polen als den Deutschen".[13]

Auf Bursches Ausführungen in der „Neuen Preußischen Zeitung" antwortete Eichler in der Lodzer „Deutschen Post". Darin bedauerte er den aggressiven Ton derer, die nicht nur die Pflege des Polentums in der Ev.-Augsb. Kirche betreiben, sondern alles Deutsche vernichten und die Kirche zu einer polnisch-nationalen machen wollen. Die Lösung der nationalen Frage müsse eine schiedlich-friedliche sein: Keine Germanisierung und keine Polonisierung, dagegen Pflege deutscher Art bei den Deutschen und polnischer bei den Polen. Er brachte zum Ausdruck: „[...] Meine und, wenn ich die in unserer Aussprache geäußerten Wünsche recht erfaßt habe, auch Ihre Meinung war, daß unsere Einigung bei den Beratungen über die kirchliche Verfassung die Grundlage dauernder Zusammenarbeit sein werde. Sie ist aber nur dann möglich, wenn auch auf Ihrer Seite [...] der Burgfriede in dem Sinne erhalten wird, daß der nationale Bestand anerkannt wird".[14]

Zu letzterer Forderung nahm Bursche in einem langen, freundschaftlich gehaltenen Schreiben an Eichler vom 7. August 1918 Stellung. Darin gibt er Eichler in vielem recht, bedauert, daß es in der Kirche nicht anders zugehe wie in der Welt und weist darauf hin, daß „die breite Masse (der deutschen Kirchenglieder) weder Deutsche noch Polen sind, die wohl noch von sich als Deutsche reden, aber nicht mehr der deutschen Sprache mächtig sind" und deshalb in polnischer Sprache betreut werden müssen. Er fährt fort:

„[...] Hat denn unsere Kirche hierzulande wirklich keine Aufgabe der katholischen Mehrheit des polnischen Volkes gegenüber zu erfüllen [...] durch die Wortverkündigung in der Landessprache? [...] Ich bin ein entschiedener Gegner jeder gewaltsamen Polonisierung oder Germanisierung und schätze ebenso den Deutschen, der sein Deutschtum nicht verleugnet, wie den Polen, der für sein Polentum eintritt, ja widerwärtig ist mir ein jeder, sowohl der Deutsche wie der Pole, der um irgendwelcher Rücksichten, geschweige denn irdischer Vorteile willen, seine Nationalität preisgibt. Ich verarge es nicht im Geringsten dem Deutschen, wenn er der Assimilierungsgefahr, die unleugbar bei uns vorhanden ist, entgegentritt. [...] Die Assimilierung mit dem polnischen Milieu ist unausbleiblich, wie es übrigens in der ganzen Welt vor sich geht".[15]

Die Briefe Eichlers und Bursches wurden gleichzeitig in der „Deutschen Post" veröffentlicht. Die Schriftleitung kommentierte: „Der Versuch, durch leidenschaftslose Aussprache über die eigenen und gegnerischen Ansichten einen Boden zu gewinnen, auf dem man sich ohne Preisgabe der eigenen Überzeugung zu sachlicher Arbeit begegnen kann, ist gemacht worden".

---

13 NP(K)Z vom 21. Juni 1918.

14 DP vom 18. August 1918. J. Bursches handschriftlicher Brief befindet sich im ADMW; ED Jg. 2 (1920/21), 201f.

15 DP, a.a.O. 202f.

Die Niederlage Deutschlands und Österreichs, vorher schon Rußlands, leitete ein neues Kapitel in der Geschichte der Evangelisch-Augsburgischen Kirche des Königreichs Polen ein: ihre Geschichte in der freien und selbständigen Republik Polen 1918/19 bis 1939. Bereits am 7. und 12. Oktober 1918 proklamierte der polnische Regentschaftsrat, ohne sich um die Besatzungsmächte zu kümmern, das „Vereinigte unabhängige Polen". Als Nationalfeiertag und Tag der Staatsgründung wurde später der 11. November, der Tag des Waffenstillstandes und der Kapitulation Deutschlands in Compiègne bestimmt.

Zweiter Teil

DIE EVANGELISCHEN KIRCHEN IN DER REPUBLIK POLEN 1918/19–1939

I. Die „stürmischen Jahre“ 1918/19

1. Neue Staats- und Kirchengrenzen. Der Minderheitenschutzvertrag vom 28. Juni 1919. Polen ein National- oder ein Nationalitätenstaat?

Nach 123 Jahren staatlicher Unfreiheit war im Verfolg des Ausgangs des Ersten Weltkrieges der polnische Staat wiedererstanden. Der Versailler Friedensvertrag vom 28. Juni 1919 hatte die Westgrenze Polens gegenüber Deutschland festgelegt, für die umstrittenen Gebiete der Regierungsbezirke Marienwerder, Allenstein und für Oberschlesien Volksabstimmungen vorgesehen. Die Grenze gegenüber der Tschechoslowakei wurde nach einem kurzen polnisch-tschechischen Kriege durch Entscheid der Alliierten Botschafterkonferenz vom 28. Juli 1920 im Wege der Teilung des ehemaligen Herzogtums Teschen entlang des Flusses Olsa gezogen. Als Ostgrenze Polens hatten die alliierten Mächte am 8. Dezember 1919 die ethnographische polnische Grenze im Osten, die sog. Curzon-Linie, vorgesehen bzw. festgelegt. In Kriegen gegen die Ukrainische Republik und Sowjetrußland griff Polen über sein ethnographisches Gebiet hinaus und konnte aufgrund des Friedensvertrages von Riga vom 18. März 1921 der neuen Republik Polen die sog. „Ostpolnischen Gebiete“ eingliedern: Teile Wolhyniens, Polesiens, Weißrußlands, nachdem es schon am 9. Oktober 1920 das litauische Wilna besetzt hatte. Für das zu den „Ostpolnischen Gebieten“ gerechnete ehemalige österreichische Ostgalizien hatte Polen nach der Bezwingung der Westukrainischen Republik vom Obersten Rat der Alliierten – unter der Bedingung der Gewährung einer Autonomie an das Land – am 21. November 1919 zunächst ein Mandat für 25 Jahre erhalten. Erst mit Botschafterentscheid vom 15. März 1923 erkannten die alliierten Mächte die polnisch-sowjetischen und polnisch-litauischen Grenzen an und billigten Polen die Souveränität über die sog. „Ostpolnischen Gebiete“ zu.[1]

---

1 Die „Ostpolnischen Gebiete“, auch „Polnische Ostgebiete“ genannt, gehörten nicht zu dem 1815 auf dem Wiener Kongreß geschaffenen „Königreich Polen“ (s. S. 8), sondern waren ein integraler Teil des russischen Staatsgebietes des Zarenreiches bzw. des Kronlandes Galizien und Lodomerien der Österreichischen Reichshälfte der K.K. Donaumonarchie. In der Republik Polen bildeten sie die Wojewodschaften: Wilna, Nowogródek, Polesien, Wolhynien, Tarnopol, Lemberg, Stanislau und Teile der Wojewodschaft Bialystok, die außerhalb der Grenzen des „Königreichs Polen“ lagen; *H. Roos,* Polen 18ff.; *G. Rhode,* Geschichte 456ff.; *W. Recke,* Die polnische Frage 323ff.; *O. Halecki,* Grenzraum 374ff.

Der polnische Staat in seinen 1919/21 gezogenen Grenzen war weithin ein Nationalitätenstaat. Der Volkszählung des Jahres 1921 zufolge (in Klammern folgen die Angaben der letzten polnischen Volkszählung von 1931) waren von den 27,2 (32,1) Mill. Einwohnern: 69,2% (68,9%) Polen, 14,3% (13,9%) Ukrainer/Ruthenen, 3,9% (3,1%) Weißruthenen, 7,8% (7,8%) Juden, 3,9% (2,3%) Deutsche, 0,2% (0,4%) Russen. Der Religionszugehörigkeit nach waren: 63,9% (64,8%) römisch-katholisch, 11,2% (10,5%) griechisch-katholisch, 10,5% (11,8%) orthodox, 3,7% (2,6%) evangelisch, 10,5% (9,8%) mosaisch.[2]

Das Problem der nationalen war mit dem der religiösen Minderheiten unlösbar verbunden. Zwangsläufig waren kirchliche Fragen in den Bereich politischer Erwägungen und Entscheidungen des auf die Schaffung eines polnischen Nationalstaates ausgerichteten polnischen Staatsgedankens und in die polnische Innen- und Nationalitätenpolitik einbezogen. Auf die Frage, warum Polen im Friedensvertrag von Riga nicht weitere Gebiete gefordert habe, gab der Leiter der Friedensdelegation, Stanisław Grabski, nachmaliger polnischer Ministerpräsident und Kultusminister, die Antwort: „Wir haben nur so viel verlangt, wie wir binnen 20 Jahren an nichtpolnischen Staatsbürgern polonisieren können".[3]

Zum Schutz der nationalen, sprachlichen und religiösen Minderheiten im neu geschaffenen polnischen Staate hatten die alliierten Hauptmächte (USA, Großbritannien, Frankreich, Italien, Japan) Polen als unabdingbare Voraussetzung für die territorialen Regelungen und als Bedingung für die Erhaltung des Friedens am 28. Juni 1919, dem Tage der Unterzeichnung des Versailler Friedensvertrages, den „Minderheitenschutzvertrag vom 28. Juni 1919"[4] auferlegt. Polen, wie die anderen Staaten, denen in den Friedensverträgen von Versailles bzw. St. Germain und Trianon Minderheitenschutzverträge gleichen Inhalts auferlegt wurden, mußte sich verpflichten, die in den Minderheitenschutzverträgen niedergelegten Bestimmungen als zeitlos gültige, unter die Garantie des Völkerbundes gestellte, völkerrechtliche Verpflichtungen anzuerkennen und in die Staatsverfassung einzubauen. Organe des internationalen Schutzes der Minderheiten waren der Rat des Völkerbundes und der Ständige Internationale Gerichtshof im Haag.[5]

Der Minderheitenschutzvertrag vom 28. Juni 1919 läßt die Minderheitenrechte mit dem Schutz zweier Menschenrechte beginnen: mit dem Schutz des Lebens und der Frei-

---

2 *H. Roos,* a.a.O. 37ff.; *Th. Bierschenk,* Die deutsche Volksgruppe 9ff. Bei der Volkszählung des Jahres 1921 wurde nach der Nationalität, bei der des Jahres 1931 nach der Muttersprache gefragt.

3 *L. Wolff,* Deutsche Kulturarbeit 2.

4 Anhang, Dok. 12.

5 Aus der reichhaltigen Literatur zu den Minderheitenschutzverträgen: *Arthur v. Balogh:* Der internationale Schutz der Minderheiten, München 1928; *Karl Georg Bruns:* Die Garantie des Völkerbundes über die Minderheitenverträge, Berlin 1933; *Herbert Kraus:* Das Recht der Minderheiten, Berlin 1927; *Stanisław Kutrzeba:* Mniejszości w najnowszym prawie międzynarodowem [Die Minderheiten im neuesten Völkerrecht], Lemberg 1925; *Heinz Meyer:* Das Recht der religiösen Minderheiten in Polen, Berlin 1933; *H. Stanienda:* Zur verfassungsrechtlichen Lage der religiösen Minderheiten in Polen, in: Zeitschrift für osteuropäisches Recht, N.F. 5, 3 (1918–1939); *O. Wagner:* Minderheitenschutzvertrag; *ders.:* Staat und religiöse Minderheiten; *ders.:* Staat und Kirche; *Hugo Wintgens:* Der völkerrechtliche Schutz der Minderheiten; *Th. Bierschenk,* a.a.O. 16ff.; *Friedrich Swart – Richard Breyer:* Die deutsche Volksgruppe im polnischen Staat, in: Das östliche Deutschland, Würzburg 1959, 484f.

heit und dem Schutz der Religionsfreiheit. In seinen Artikeln 2 und 7–11 garantiert er außer der Rechtsgleichheit: die Religionsfreiheit, die Freiheit der privaten und öffentlichen Religionsübung, die Freiheit des Bekenntnisses, den Schutz der Feiertage, das Recht des freien Gebrauchs der Muttersprache, das Recht, Wohltätigkeits-, religiöse und soziale Einrichtungen, Schulen und andere Erziehungsanstalten zu errichten, zu verwalten und zu beaufsichtigen, das Recht, Kirchensteuern zu erheben.

Der Minderheitenschutzvertrag mit Polen vom 28. Juni 1919 ist am 10. Januar 1920 rechtskräftig geworden und am 13. Februar 1920 hatte ihn der Völkerbundsrat unter seinen Schutz gestellt. Mit dem 10. Januar 1920 war für Polen auch die sich aus Art. 1 des Minderheitenschutzvertrages ergebende internationale Verpflichtung rechtskräftig geworden: die in den Artikeln 2–8 enthaltenen Bestimmungen als Grundgesetze anzuerkennen, mit der Wirkung, daß kein Gesetz, keine Verordnung und keine amtliche Handlung mit diesen Bestimmungen in Widerspruch stehen, und daß kein Gesetz, keine Verordnung und keine amtliche Handlung ihnen gegenüber Geltung haben sollen.

Um die Realisierung dieser Verpflichtung, die internationalen Bestimmungen über den Schutz der Minderheiten in das innere Staats- und Verwaltungsrecht einzubauen, waren in Polen harte Kämpfe entbrannt. Schon während der Pariser Friedensverhandlungen hatten der polnische Ministerpräsident, Ignacy Paderewski, gegen die Auflage des Minderheitenschutzvertrages protestiert und sich nur wegen seiner Koppelung mit der Grenzregelung und dem Friedensvertrag zur Unterzeichnung bereit gefunden. Über die Motive, die die polnische Friedensdelegation zur Annahme und Unterzeichnung des Minderheitenschutzvertrages veranlaßt haben, führt Roman Dmowski, der zweite Delegierte der polnischen Friedensdelegation und einflußreichste polnische Politiker in Versailles, aus: „[...] Eine Verzögerung der Unterzeichnung des Versailler Vertrages [...] hätte für uns gefährlich werden können. Obwohl ich mir über die Schwierigkeiten Rechenschaft gab, die uns diese Konvention (der Minderheitenschutzvertrag) für die Zukunft bereitet, obwohl ich sie für einen sehr schädlichen politischen Unsinn gehalten habe, habe ich unseren Ministerpräsidenten nicht zum Widerstand ermuntert. Für die Hauptsache hielt ich im Augenblick, am schnellsten einen unterzeichneten Versailler Vertrag zu haben". Die Haltung der polnischen Regierungen sollte sich auch in Zukunft nicht ändern.[6]

Zahl und Umfang der evangelischen Kirchen, Kirchenteile oder einzelner Gemeinden auf dem zur Republik Polen zusammengeschlossenen Gebietsteilen Rußlands, Deutschlands und Österreichs standen erst fest, als die Grenzen des neuen Staates ihre endgültige Form und völkerrechtliche Anerkennung gefunden hatten. In das Staatsgebiet Polens waren gefallen:

1. Bei der Ausrufung der Republik Polen 1918:
   a) Die „Evangelisch-Augsburgische Kirche im Königreich Polen" (Kongreßpolen) im gesamten Umfang ihrer bisherigen Kirchengrenzen mit 66 Gemeinden und 39 Filialen;
   b) Die 5 polnische Gemeinden umfassende „Evangelisch-Reformierte Synode im Königreich Polen" (Kongreßpolen);

6 *R. Dmowski,* Polityka Polska, Bd. 2, 38.

2. Durch den Friedensvertrag von Riga: 15 deutsche Gemeinden und 12 Filialen der Kurländischen (Grodno, Bialystok) und St. Petersburger (Wolhynien und Polesien) Konsistorialbezirke der „Evangelisch-Lutherischen Kirche Rußlands";
3. Nach der Grenzlegung mit der Tschechoslowakei von 1920: 10 Gemeinden der Mährisch-Schlesischen Superintendentur und der westgalizische Teil der Galizisch-Bukowinaer Superintendentur der „Evangelischen Kirche Augsburgischen und Helvetischen Bekenntnisses in Österreich";
4. Auf Grund des Versailler Friedensvertrages: 405 deutsche Gemeinden der „Evangelischen Kirche der Altpreußischen Union" in Posen, Pommerellen, dem Soldauer Zipfel Ostpreußens mit dem Konsistorium in Posen und einer Reihe von Gemeinden Mittelschlesiens;
5. Ebenfalls auf Grund des Versailler Friedensvertrages: 7 deutsche Gemeinden der „Evangelisch-Lutherischen Kirche in Preußen" (Altlutherische Kirche);
6. Nach der Besetzung des Wilnaer Gebietes im Jahre 1922 waren hinzugekommen:
   a) Die deutschen Gemeinden der Propstei Wilna des Kurländischen Konsistorialbezirks der „Evangelisch-Lutherischen Kirche Rußlands",
   b) Die 3 polnischen Gemeinden des Litauischen Synodalbezirkes der „Evangelisch-Reformierten Kirche Rußlands";
7. Schließlich 1923 die in dem an Polen gekommenen Teil des Oberschlesischen Abstimmungsgebietes gelegenen 19 deutschen Gemeinden der Schlesischen Kirchenprovinz der „Evangelischen Kirche der Altpreußischen Union".[7]

In der Republik Polen konstituierten sich nachstehende sieben evangelische Kirchen:

Die „Unierte Evangelische Kirche in Polen" mit 405 Gemeinden und (1918) rd. 1,2 Mill., (1938) 280075 Seelen. Sitz des Konsistoriums in Posen;

Die „Evangelisch-Augsburgische Kirche in der Republik Polen" mit (1937) 117 Gemeinden und 40 Filialen und (1920) rd. 400000, (1938) rd. 482000 Seelen. Sitz des Konsistoriums in Warschau;

Die „Unierte Evangelische Kirche in Polnisch-Oberschlesien" mit (1937) 20 Gemeinden und (1923) rd. 60000, (1937) rd. 30000 Seelen. Sitz des Landeskirchenrates als oberster Kirchenbehörde in Kattowitz;

Die „Evangelische Kirche Augsburgischen und Helvetischen Bekenntnisses in Polen" mit (1939) 22 Gemeinden und 98 Filialen und (1918) rd. 40000, (1938) 33220 Seelen. Sitz des Superintendentialausschusses als oberster Kirchenbehörde in Stanislau;

Die „Evangelisch-Lutherische Kirche in Westpolen" (Altlutherische Kirche) mit (1937) 7 Pfarrgemeinden und (1922) rd. 10000, (1937) rd. 3000 Seelen. Der Sitz des Konsistoriums wechselte mit dem Inhaber der Superintendentur;

Die „Warschauer Reformierte Kirche" mit (1938) 6 Pfarrgemeinden und 5 Filialen und (1920) rd. 10000, (1938) 10300 Seelen. Sitz des Konsistoriums in Warschau;

Die „Wilnaer Reformierte Kirche" mit (1922) 3, (1938) 11 Pfarrbezirken und 9 Filialen und (1938) rd. 11000 Seelen. Sitz des Konsistoriums in Wilna.[8]

---

7 *J. Gryniakow,* Ustalenie 45ff.; *W. Gastpary,* Protestantyzm 71ff.; *O. Wagner,* Die ev. Kirchen 128ff.

8 Die Monographien der einzelnen ev. Kirchen,in: Ekklesia V/21, dort S. 271–274 auch das Anschriftenverzeichnis der Kirchen, ihrer Werke und Einrichtungen.

Als einzige der evangelischen Kirchen konnte und durfte die „Evangelisch-Augsburgische Kirche in der Republik Polen" ihren Territorialbereich über das ganze Staatsgebiet ausdehnen. Mit staatlichen Verordnungen wurden ihr nach 1919 angeschlossen: die an Polen gefallenen Gemeinden der Kurländischen und St. Petersburger Konsistorialbezirke der „Ev.-Luth. Kirche in Rußland", die Gemeinden der ehem. Mährisch-schlesischen Superintendentur der „Ev. Kirche A. und H.B. in Österreich", die Gemeinde Krakau der „Ev. Kirche A. und H.B. in Polen". Ihre im Gebiet der Unierten Kirche in Polen gegründeten sechs Gemeinden hatten bis 25. November 1936 die Rechtsform von eingetragenen Gemeinden.

2. Das kirchenpolitische Programm des Polnischen Evangelizismus. Außenpolitisches Engagement und innerkirchliche Maßnahmen des Warschauer Konsistoriums

Nach der Angliederung von Kirchengebieten der ehem. Evangelisch-Lutherischen Kirche Rußlands und der Evangelischen Kirche Augsburgischen und Helvetischen Bekenntnisses in Österreich hatte sich der konfessionelle und nationale Charakter der Evangelisch-Augsburgischen Kirche in Polen nicht geändert. Von den bis 1923 neu angegliederten Gemeinden des Teschener Herzogtums waren fünf polnischsprachig, drei deutschsprachig, zwei doppelsprachig. Doppelsprachig war auch die Gemeinde Krakau. Alle anderen neu eingegliederten Gemeinden waren deutschsprachig.

Mit verständlicher Freude („Siegestaumel") hatte der polnische Teil der Augsburgischen Kirche die Wiedererrichtung eines freien und unabhängigen polnischen Staates begrüßt. Zur zentralen kirchenpolitischen Gestalt wurde Generalsuperintendent Bursche, zum kirchenpolitischen Leitbild die national-religiöse Ideologie des Polnischen Protestantismus Pfarrer Ottos, als deren Vollstrecker sich Bursche empfand. Er trug den höchsten polnischen Orden, den Orden „Polonia Restituta", neben dem Brustkreuz des Generalsuperintendenten bzw. Bischofs am Talar; das Vorzimmer seiner Wohnung zierte eine große Ehrenurkunde des Verbandes der polnischen Freiheitskämpfer, in der ihm der Dank für seine „unterirdischen Wege zum freien Vaterland" ausgesprochen wurde, die er in seinem Leben und Wirken gegangen war. Bursche wurde auch Mitglied des polnischen Westmarkenverbandes, dessen haßerfüllte Aufrufe er unterzeichnete. Das Warschauer Konsistorium wurde zu einer rein polnisch-nationalen Kirchenbehörde der 1939 zu über 80% deutschsprachigen Augsburgischen Kirche. Anstelle von Konsistorialpräsident Loycke und Bruno Geißler, die mit den deutschen Truppen das Land verlassen hatten, hatte die polnische Regierung Jakob Glass, Staatsanwalt am Obersten Gericht, zum Konsistorialpräsidenten, Professor Josef Buzek und Bezirksrichter Władysław Börner zu weltlichen Konsistorialräten, den Pfarrer von Lublin und Superintendenten der Warschauer Diözese, Alexander Schoeneich, einen Studienfreund Bursches, zum geistlichen Konsistorialrat an Stelle des am 28. Dezember 1918 verstorbenen Rektors des Hauses der Barmherzigkeit in Lodz, Edmund Holtz, ernannt. Als Kirchenverfassung wurde das zaristische Kirchengesetz vom 8./20. Februar 1849 mit den sich aus dem Wechsel der Staatshoheit ergebenden Änderungen anerkannt.

Die „Evangelisch-Augsburgische Kirche in der Republik Polen“ war Staatskirche, das Warschauer Konsistorium ein dem Kultusministerium nachgeordnetes kirchliches Verwaltungsorgan geblieben.

Als Aufgabe des neuen Konsistoriums hob der von der Regierung 1918 neu ernannte Konsistorialpräsident, Jakob Glass, in der Eröffnungssitzung des Konsistoriums am 20. März 1919[1] hervor: „[...] Im wiedererstandenen polnischen Staate wird das Ev.-Augsb. Konsistorium in Warschau, durch keine Nebenrücksichten mehr gebunden, an die Erfüllung seiner eigentlichen einzigen Aufgabe herangehen können: nämlich an die Arbeit um die allseitige Entwicklung des polnischen Evangelizismus“. Mit dem Vorurteil der Gleichsetzung von evangelisch und deutsch müsse gebrochen werden. „In einem zu aller Zeit so toleranten Lande wie Polen, können die Evangelischen deutscher Sprache ob ihrer Zukunft ruhig sein, wenn sie loyale Bürger des Landes sein werden“. An diesem Wendepunkt des polnischen Protestantismus sehe sich das Konsistorium zu diesem Zeitpunkt vor die beiden wichtigsten Aufgaben gestellt: „die Hebung des geistigen Niveaus und der bürgerlichen Gesinnung unserer Geistlichkeit und der Zusammenschluß aller evangelischen Polen in den polnischen Gebieten unter dem polnischen Konsistorium in Warschau“. Zur Erfüllung der ersten Aufgabe sei die Errichtung einer theologischen Abteilung an der Warschauer Universität für die polnischen Protestanten notwendig. Nur auf diesem Wege sei „die Erziehung unserer künftigen Seelsorger in wahrhaft nationaler Richtung möglich“. Viel schwieriger sei die Erreichung der zweiten Aufgabe: „die Vereinigung aller polnischen Protestanten im polnischen Staat“. Die Leitlinie der Arbeit des Warschauer Konsistoriums war mit der programmatischen Rede des langjährigen Konsistorialpräsidenten Glass (1918–1936) vom 20. März 1919 angesprochen.

Schon unmittelbar nach der Ausrufung der polnischen Republik hatten sich Generalsuperintendent Bursche und das Warschauer Konsistorium in den politischen Kampf um Polens Grenzen eingeschaltet. Unter dem Vorsitz Bursches war es am 21. November 1918 in Warschau zur Bildung einer interkonfessionellen „Kommission zur Vorbereitung von Materialien für die Friedenskonferenz in Angelegenheit der evangelischen Grenzgebiete“[2] gekommen, die auf ihrer ersten öffentlichen Kundgebung vom 27. November 1918 die Angliederung Preußisch-Masoviens (Masurens), Preußisch-Schlesiens und des ehem. österreichischen Herzogtums Teschen ohne Abstimmung an Polen verlangte.[3] Mit nationalkirchlicher Begründung wurde die gleiche Forderung im „Memorial der polnischen Geistlichkeit (des

1 Antrittsrede des Präses des Konsistoriums, in: *J. Glass,* Ewangelicy, Dok. XII, S. 81–86.

2 *W. Gastpary,* Protestantyzm 52; *ders.:* Biskup 42ff.

3 Text der Resolution in: „Ewangelik“ Nr. 1,17: „In Anbetracht, daß die polnisch-evangelischen Grenzgebiete in Preußisch-Masovien, in Mittel-Schlesien und im Teschener Schlesien von einer geschlossenen Masse in ihrer Mehrheit polnischer Bevölkerung bewohnt sind, die in diesen Gebieten teils seit undenklichen Zeiten, teils seit einigen Jahrhunderten wohnt, daß unter diesen Umständen eine Entscheidung im Wege der Selbstbestimmung, zu wem diese Gebiete gehören sollen, vollkommen überflüssig wäre, fordern die auf der Kundgebung vom 27. November Versammelten die Anerkennung: daß die polnisch-evangelischen Grenzgebiete in Preußisch-Masovien, in Schlesien und im Teschener Schlesien mit dem polnischen Staate vereinigt werden sollen, und dies, ohne den Weg über eine Abstimmung zu nehmen“.

Herzogtums Teschen) in Angelegenheit des Anschlusses Ostschlesiens an Polen" vom 3. Dezember 1918[4] erhoben, dessen Verfasser Bursches engster Mitarbeiter in dem 1903 ins

---

4 Text des „Memorials" in: *J. Glass,* a.a.O., Dok. VIII, S. 65–69. Das Memorial F. Michejdas vom 3. Dezember 1918 wurde richtungsweisend für alle folgenden Memoriale der ev. Polen in Angelegenheit der Staatsgrenzen Polens. Sie seien wiedergegeben, weil ohne deren Berücksichtigung bzw. Kenntnis die Kirchenpolitik des Generalsuperintendenten Bursche und des Warschauer Konsistoriums in den kommenden zwei Jahrzehnten nicht gewürdigt werden kann.
Das „Memorial" vom 3. Dezember 1918 führt aus:
„Obwohl die Entscheidung über die Zugehörigkeit unseres Landes nicht uns zusteht, fühlen wir uns dennoch im Gewissen und in Christus verpflichtet, in dieser Angelegenheit vom Standpunkt des Evangeliums das Wort zu ergreifen.
Ostschlesien oder das Herzogtum Teschen gehört geographisch, historisch und ethnographisch zu Polen. [...] Die evangelische Bevölkerung in Schlesien, die 33% der ganzen polnischen Bevölkerung ausmacht, ist polnisch. [...] So ist es vollkommen verständlich, daß diese polnische Bevölkerung mit der ganzen polnischen Bevölkerung Schlesiens gleicherweise die Vereinigung mit dem ganzen Volke wünscht und darum betet, wie einst das israelitische Volk um die Rückkehr aus der Babylonischen Gefangenschaft, und dies nicht nur aus nationalen, sondern nicht minder aus evangelischen Gründen, was wir uns mit einigen Worten noch zu begründen erlauben:
1. Polen besitzt heute keine bodenständige polnische evangelische Bevölkerung, wie dies in der Reformationszeit war. Die dortigen Evangelischen sind deutsche Kolonisten deren kleinerer Teil sich in den Städten polonisiert hat. Für das polnische Volk halten wir dies für nützlich und lebensnotwendig, damit im Volke das Christentum auch im evangelischen Gewande repräsentiert sei, wie sich dieses unter evangelischen Völkern entfaltet hat.
2. Nicht minder wichtig für die evangelische Kirche erscheint es uns, daß keines seiner nationalen Zweige verdorre und verlustig gehe, denn die ‚Allgemeinheit' der evangelischen Kirche beruht u.a. auch darin, daß das Evangelium nach seinen Grundsätzen unter allen Völkern verkündet werde.
3. Wir hoffen und halten es für eine rechtmäßige und gerechte Sache, daß die bisher preußischen und von Polen bewohnten Länder, d.h. das polnische Preußisch-Schlesien, das Posener Gebiet, West- und Ostpreußen, wie der polnische Teil Pommerns, mit Polen vereinigt werden. In diesen Ländern wohnen nach der amtlichen preußischen Statistik und in Wirklichkeit weit mehr: in Preußisch-Schlesien 120 000, im Posener Gebiet 20 000, in Ostpreußen 300 000, in Westpreußen ca. 10 000 evangelische Polen, dazu einige Gemeinden in Pommern in den Bezirken Bütow und Lauenburg, zusammen rund eine halbe Million polnischer Evangelischer. Die Lage und das Schicksal dieser polnischer Evangelischer rufen direkt um Rache zu Gott. Noch im 17. Jahrhundert waren diese Evangelischen den anderen evangelischen Polen voraus. Dort druckte man polnisch-evangelische Bücher, dort führten Männer die evangelischen Polen an, die eine geachtete Stellung in der polnischen Literatur einnahmen. Heute haben diese Gemeinden dort überhaupt keine polnischen Seelsorger, nur lauter Deutsche, die einer schrecklichen, dem Volke unverständlichen Sprache predigen. Die Schulen sind vom ersten Schuljahr an deutsch und germanisieren die Bevölkerung; wo sich nur eine größere Zahl der Bevölkerung findet, die etwas deutsch versteht, dort werden deutsche Gottesdienste eingeführt. Polnische Gottesdienste werden immer seltener gehalten oder ganz eingestellt. Alle kirchlichen Handlungen, wie Taufen, Trauungen und Beerdigungen werden in deutscher Sprache gehalten und die Seelsorger sprechen nur mit den Leuten polnisch, die

Leben gerufenen Komitee zur Förderung polnischer Aufklärungs-, Bildungs- und politischer Arbeit unter den evangelischen Masuren in Ostpreußen, Pfarrer Franz Michejda in Nawsi, war. Als Sachverständiger für kirchliche Fragen von der polnischen Regierung nach Paris entsandt, warb Bursche während seines fünfwöchigen Aufenthaltes in der Seinestadt (5. Februar–11. März 1919) in Gesprächen mit einflußreichen Persönlichkeiten der Siegermächte als „Vertreter der ev. Kirche in Polen“ für die „Wünsche der ev. Polen“ und entfaltete in seinem den Delegationen der Alliierten und Assoziierten Mächte übergebenen Memorial vom 14. Februar 1919[5] mit konfessions- und kirchenpolitischer Begründung das Territorialprogramm des Polnischen Evangelizismus im Sinne Leopold v. Ottos.

Ergänzend zum Memorial Bursches vom 14. Februar wurden seitens der polnischen Regierung den Delegationen zur Friedenskonferenz das „Memorial“ der Teschener polnischen Geistlichen vom 3. Dezember 1918 unter dem Titel „Stimme der polnisch-evangelischen Geistlichkeit in Angelegenheit des Anschlusses Ostschlesiens an Polen“ und das

---

deutsch überhaupt nicht verstehen. Wenn diese Gebeine (Ezechiel 37) wieder lebendig werden und vom Geiste Gottes erfüllt werden sollen, so können – mit ihnen vereint – nur wir, die polnischen Evangelischen des Herzogtums Teschen, zu diesem Werkzeug Gottes werden, die mit Gottes Hilfe, zum Nutzen des Reiches Gottes, dies vollbringen.

Wir wünschen daher in unser väterliches Haus, in unser angestammtes Vaterland zurückzukehren und uns mit unseren Brüdern dem Geschlecht und der Sprache und unseren Brüdern dem Glauben und dem Bekenntnis zu Christus nach zu vereinen. Wir glauben, daß uns Gott durch so viele Jahrhunderte, durch so viele Verfolgungen und Unterdrückungen unter fremder Herrschaft – wir haben weder unseren Glauben noch unsere Sprache verloren – erhalten hat, weil der Herr uns noch braucht. Wir wollen einen neuen, einen höheren Abschnitt unseres Lebens beginnen. Wir wollen weder bekehren, noch Proselyten unter unseren katholischen polnischen Brüdern machen – dies ist eine Angelegenheit geringen Gewichts –, wir wollen ein Teil unseres Volkes und ein Faktor in seinem geistigen Leben, in seiner Kultur sein, wir wollen in seine Geistigkeit den Geist des Evangeliums in evangelischer Beleuchtung hineintragen, wie dies im ‚Goldenen Zeitalter‘ der polnischen Kultur der Fall war. Wir wollen unsere Kirche von dem Vorurteil befreien, unter dem unsere Kirche in den Augen des polnischen Volkes leidet, daß sie Bote und Werkzeug irgendeines ‚deutschen Gottes‘ und der preußischen Pikelhaube sei. Demgegenüber wollen wir unsere eigene Seele durch lebensschaffenden Strom erneuern, der aus der echt religiösen und frommen polnischen Poesie und Philosophie weht.

Deshalb erheben wir unsere Stimme und bitten einen jeden, der über das Schicksal der Völker und Nationen in der neuen Ordnung der Welt beraten und entscheiden wird: Vergeßt uns nicht, uns evangelische Polen, in dem bisher österreichischen und preußischen Schlesien, im Posener Gebiet, in West- und Ostpreußen und in Pommern, sondern laßt auch uns Gerechtigkeit angedeihen, vereinigt uns mit unserem polnischen Mutterland, zu dem unser Herz zieht und wo unsere Aufgabe in der Arbeit für das Reich Gottes liegt“.

Das „Memorial“ vom 3. Dezember 1918 nahm mit religiöser und nationalkirchlicher Begründung das Territorialprogramm der allpolnischen Nationaldemokratischen Partei auf, die von Pfarrer F. Michejda wie vom Generalsuperintendenten Bursche seit dem Jahre 1903 gestützt wurde und deren Führer, Roman Dmowski, der Leiter der polnischen Delegation auf der Pariser Friedenskonferenz war.

5 Anhang, Dok. 13.

„Memorial“ Prof. Josef Buzeks, eines Mitglieds des Warschauer Konsistoriums und Begleiters Bursches in Paris, vom März 1919 unter dem Titel: „Die polnischen Protestanten und die Frage der West-Grenzen Polens“[6] überreicht. Als der Oberste Rat der Alliierten im März 1919 in den von Polen beanspruchten Gebieten Ost- und Westpreußens (Regierungsbezirke Allenstein und Marienwerder) Volksabstimmungen vorgesehen hatte, richtete das Warschauer Konsistorium an die diplomatischen Vertreter der vier alliierten Großmächte das „Memorial in Angelegenheit der polnischen Protestanten in Ostpreußen“, das der politischen Propagandaliteratur zugeordnet wurde.[6a]

---

6 Herausgeber des „Memorials“ war die Polnische Delegation zur Friedenskonferenz in Paris. Prof. Buzek nahm darin die Territorialansprüche, Zahlenangaben und Argumente der Memoriale Pfarrer F. Michejdas vom 3. Dezember 1918 und des Generalsuperintendenten Bursche vom 14. Februar 1919 auf und gab ihnen ihre besondere politische Zuspitzung. Die protestantischen Polen Preußisch-Schlesiens und Ostpreußens verlangten ihren Anschluß an Polen auch aus diesem Grunde, weil die politische Zugehörigkeit zu Preußen, wie die Geschichte bezeuge, für sie Synonym für die grausamste Unterdrückung und ihrer gänzlichen Germanisierung sei. In Preußen sei die protestantische Kirche Staatskirche gewesen, deren Chef der preußische König war. Die Pastoren wurden wie Funktionäre des Staates behandelt, von diesem bezahlt und waren von diesem total abhängig. Die ganze protestantische Bevölkerung besaß in der Kirche keinerlei Rechte und war verpflichtet, sich vollständig allen Weisungen der Regierung zu beugen. In der Konsequenz sei die Kirche an der Seite der Schule das wirksamste Instrument der Germanisierung gewesen. Trotz der Anwendung brutalster Mittel habe die polnische evangelische Bevölkerung jedoch an ihrem nationalen Widerstand festgehalten, ihre nationale Identität bewahrt und fordere ihre Eingliederung in den polnischen Staat. Vgl. Les protestants polonais 4ff., 9ff.

6a Text in: *J. Glass,* a.a.O., Dok. XIII, S. 87–92. Darin führten Generalsuperintendent Bursche und Konsistorialpräsident Glass u.a. aus: „[...] Diejenigen Protestanten, die ihr Polentum im preußischen Teilgebiet [...] bewahrt haben, litten gerade unerhörte Verfolgungen. Vom Standpunkt der preußischen Staatslogik durfte man nicht einmal die Vermutung aussprechen, daß ein Protestant einer anderen Nationalität als der deutschen angehören könnte. [...] Von den Gebieten des preußischen Teilgebiets liegt den evangelischen Polen eine Provinz am meisten am Herzen, als diejenige, welche den größten Prozentsatz polnisch-evangelischer Bevölkerung hat und zugleich als diejenige, die der allerschwersten nationalen Verfolgung ausgesetzt war – das ist Ostpreußen. [...] Das Ergebnis dieser niederträchtigen Politik war, daß die Masuren im Zustand einer starken Rückständigkeit verblieben, sowohl hinsichtlich der geistigen Kultur wie der religiösen Entwicklung. Da sie z.B. keine entsprechende religiöse Nahrung bei der germanisierten örtlichen Geistlichkeit fanden, hielten die Masuren gerne Gottesdienste im geheimen, indem sie zahlreiche religiöse Sekten bildeten. Es würde einer der menschlichsten und humanitärsten Taten im weitesten Sinne dieses Wortes sein, die Masuren aus der verkommenen preußischen Gefangenschaft herauszuholen, unter der sie seit Jahrhunderten stöhnen, und diesen Zweig dem polnischen Mutterstamm zu vereinen. [...] Die Vereinigung des preußischen Masovien [Masuren] mit Polen, das, obwohl es in überwiegender Mehrheit katholisch ist, sich immer durch eine weitestgehende religiöse Toleranz ausgezeichnet hat, wird den Masuren aus dem geistigen Marasmus, in den ihn künstlich die germanische Kultur versenkt hat [...] herausholen, wird ihm erlauben, er selbst zu werden, endlich einmal sich als Mensch zu fühlen, in der ganzen Fülle die Wurzel seiner einheimischen slawischen Kultur entfalten und zugleich zu seiner religiösen Erneuerung beitragen. [...] Die Trennung Masurens von

Im gleichen Geiste wie das „Memorial" vom März 1919 war der Aufruf des Warschauer Konsistoriums „An die masurischen Brüder"[7] vom April 1919 gehalten, zu dem der Ev. Oberkirchenrat in Berlin, die oberste kirchliche Behörde auch für die masurischen Gemeinden, mit dem Rundschreiben „An die Gemeinden Masurens"[8] vom 23. Mai 1919 Stellung genommen hatte.

Als Vertreter der polnischen ev. Bevölkerung des ehem. Herzogtums Teschen weilte Pfarrer Karl Kulisz aus Kameral-Ellgoth, Bursches und Pfarrer Franz Michejdas Mitarbeiter seit dem Jahre 1903, im Auftrage der polnischen Regierung und des Warschauer Konsistoriums im Jahre 1919 mehrmals in Paris. Am 21. August 1919 überreichte er den Mitgliedern der Friedenskonferenz ein weiteres „Memorial"[9] mit der Forderung des Anschlusses des ehem. Teschener Herzogtums an Polen.

Zur Unterstützung der polnischen Ansprüche auf Teile Mittelschlesiens wurden Kazimierz Badura und Bronisława Przykutowa, zwei Kinder des letzten polnischen Pastors in Preußisch-Schlesien, nach Paris geholt.[10]

In Masuren wurde die politische Arbeit u.a. auch von der von Generalsuperintendent Bursche ins Leben gerufenen und von ihm betreuten „Abstimmungsvereinigung der evangelischen Polen" mit dem Sitz in Warschau getragen.[11]

Preußen ist in der Praxis sehr leicht durchzuführen, da Masuren nicht irgendeine Sprachinsel ist, sondern eine unmittelbare Verlängerung des polnischen ethnographischen Gebietes ist. [...]".

7 Text in: Anhang, Dok. 14.

8 Text in: AK. Im Rundschreiben heißt es u.a.: „[...] Es widersteht uns, des näheren auf den Inhalt der polnischen Worte einzugehen. Fast jeder Ausspruch ist List und Entstellung der Wahrheit, eingegeben offenbar von fanatischem Haß, der das Auge blind macht und die Gerechtigkeit tötet. [...] In jenem Aufruf wagt man es auch, Eure Schulen zu schmähen und Eure Gewissensfreiheit in Zweifel zu ziehen – als wenn es nicht im ganzen Vaterlande bekannt wäre, daß Ihr Euch blühender Schulen erfreut, treffliche Lehrer habt, Kinderzucht und Frömmigkeit im hohen Ansehen haltet, und daß allzeit Eure Männer und Frauen wacker und fest, aufrecht und frei waren und sind, voller Kraft, voller Entschiedenheit, voller Treue. Wir können nicht glauben, daß Ihr den Lockungen aus Polen auch nur einen Augenblick Euer Herz öffnet. Aber es ist uns Bedürfnis, die Erinnerung an die Gemeinschaft lebendig werden zu lassen, die Ihr mit uns seit den Tagen der Reformation über dem Evangelium habt. [...] Zur Zeit freilich ist bittere Not in unserem Vaterlande. Darum wähnen die Verführer aus Warschau, Euch durch den Hinweis auf die Bodenschätze ihres Landes zum Anschluß an Polen bestimmen zu können. Freund! Hiobs Frage: Haben wir Gutes empfangen von Gott sollen das Böse nicht auch hinnehmen? gilt auch in Bezug auf unser Vaterland. Hat Gott uns in ihm Jahrhunderte hindurch viel Gutes erfahren lassen, waren wir stolz und dankbar im Blick auf die Geschichte unserer Väter, so gilt es jetzt unser Vaterland nicht zu verlassen. Wer glaubt, der flieht nicht, sondern reicht uns die Hand zum Bund, daß wir gemeinsam beten und arbeiten zum Heil unseres Vaterlandes und zum Segen jeder einzelnen Landschaft in ihm. Brüder! Habt keine Gemeinschaft mit polnischen Verführern! Wird Volksabstimmung Euch aufgenötigt, stimmt Mann für Mann für Eure Heimatkirche und Euer Vaterland, bleibt uns treu, wie wir Euch Treue halten werden bis in den Tod. Evangelischer Oberkirchenrat Voigts".

9 Text in: *J. Glass*, a.a.O., Dok. XI, S. 77–80.

10 *W. Gastpary*, Protestantyzm 49.

11 *W. Gastpary*, a.a.O. 53f.; *ders.:* Biskup 57f.

Die Ergebnisse der unter Aufsicht Interalliierter Kommissionen am 11. Juli 1920 gehaltenen Volksabstimmungen in Ostpreußen (Masuren) mit 97,8% Stimmen für Deutschland und 2,2% für Polen und in Westpreußen mit 92,4% Stimmen für Deutschland und 7,6% Stimmen für Polen trugen zur außenpolitischen Ernüchterung des Generalsuperintendenten Bursche und des Warschauer Konsistoriums bei, führten andererseits im innerkirchlichen Bereich zur Intensivierung der Aufgaben und Ziele des Polnischen Evangelizismus. Vom Geist und der Zielsetzung der politischen Stellungnahmen, Forderungen, Dokumente und Aufrufe der Jahre 1918–1921 konnten sich Generalsuperintendent Bursche und das von ihm geführte Warschauer Konsistorium auch später nie mehr ganz frei machen. U.a. wurde auch unter dem geänderten Namen „Vereinigung(en) der evangelischen Polen“ die Arbeit der „Abstimmungsvereinigung der ev. Polen“ fortgesetzt, da „die Arbeit für die Zukunft“ schon begonnen habe und die polnische Öffentlichkeit aufgeklärt werden müsse, daß die unter den Bedingungen preußischen Terrors durchgeführten Volksabstimmungen nicht als verpflichtend anerkannt werden könnten.[12]

Seit dem 5. November 1916 hatten die Deutschen Kongreßpolens mit der Entstehung eines unabhängigen polnischen Staates gerechnet und waren darauf bedacht, gesetzliche Garantien für eine friedliche Entwicklung des politischen, kulturellen, kirchlichen und wirtschaftlichen Lebens zu erlangen. Die Entstehung der Republik Polen begrüßten die deutschen Verbände Kongreßpolens in einem gemeinsamen Aufruf – er war mit Schwerpunkt an die deutsche Landbevölkerung gerichtet, die aufgefordert wurde, zu helfen, die Ernährung der Städte sicherzustellen. Dort hieß es u.a.:

„Wir verkennen nicht die Bedeutung des gegenwärtigen Augenblicks und begrüßen die neue Gestaltung des polnischen Staates. Wir können dies von ganzem Herzen tun, denn auch wir hoffen, durch die neue Entwicklung, welche volle politische und bürgerliche Gleichberechtigung aller Bürger ohne Unterschied der Abstammung, des Glaubens und der Nationalität, Freiheit des Gewissens, der Presse, des Wortes, der Versammlungen und der Vereinigungen in Berufsverbänden verheißt, auf eine günstige Fortentwicklung des Staates und unserer Volksgenossen unter seinem Schutz. Unter voller Wahrung der Selbstverwaltung in Kirche und Schule, bei Festhalten an der eigenen Sprache und Sitte, werden wir auch im neuen Polen treue Bürger des Staates bleiben und als solche unsere Pflichten nach bestem Gewissen erfüllen“.[13]

Es schien sich ein gegenseitig friedliches Verhältnis anzubahnen. Von direkten Unterdrückungsmaßnahmen hielt sich die Regierung in den ersten Monaten des Bestehens der Republik in Kongreßpolen fern. Wilhelm Feldmann, zum polnischen Gesandten in Berlin ernannt, ließ Adolf Eichler wissen, daß die neue polnische Regierung des Sozialdemokraten Jędrzej Moraczewski (18. November 1918 bis 16. Januar 1919) allen Willkürakten gegen deutsche Bürger des Landes entgegenzutreten beabsichtige.[14] Zur Vorbereitung der Wahlen in den Verfassunggebenden Sejm wurde in Lodz am 18. Dezember 1918 die „Deutsche Volkspartei“ gegründet, die bei den Wahlen am 26. Januar 1919 zwei Mandate gewinnen konnte.

12 *W. Gastpary,* Biskup 60.
13 *A. Eichler,* Deutschtum im Schatten 412.
14 *A. Eichler,* a.a.O. 419.

Die Lage änderte sich für die nationalen Minderheiten, auch für die deutsche, unter der Regierung des nationaldemokratischen Ministerpräsidenten Ignacy Paderewski (16. Januar bis 9. Dezember 1919). Bereits Ende 1918 mußten die „Deutsche Post“ und die „Deutsche Lodzer Zeitung“ ihr Erscheinen wegen Beschlagnahme der Druckerei einstellen, wobei der polonisierte Alexander Milkner und der Lettlanddeutsche Alexis Drewing ihre Hand im Spiele hatten. Milkner hatte sich der Presseabteilung der ehemaligen deutschen Zivilverwaltung in Lodz bemächtigt und war in den Besitz vertraulicher Akten gekommen, mit denen er seine Angriffe gegen die Lodzer Aktivisten in der von ihm und Drewing herausgegebenen „Lodzer Volkszeitung“ begann. Von der „Lodzer Volkszeitung“, von deren Herausgebern als „ein polnisches Organ in deutscher Sprache“ bezeichnet, konnte jedoch nur eine Nummer herausgegeben werden. Ende Januar 1919 setzte das Innenministerium eine „Untersuchungskommission zur Feststellung der Beziehungen der einheimischen Deutschen und ihrer Organisationen zu der deutschen Okkupationsverwaltung“ ein, am 28. Februar 1919 erfolgte die Beschlagnahme der Akten deutscher Organisationen, am 1. März folgten Verhaftungen führender deutscher Persönlichkeiten. Verhaftet wurden Adolf Eichler, der Direktor des deutschen Gymnasiums von Eltz, Oberlehrer Günther, Redakteur Flierl, die – bei Aufrechterhaltung des Strafverfahrens – nach kurzer Zeit wieder freigelassen wurden. Die leitenden Persönlichkeiten der Lodzer Aktivisten waren ausgeschaltet, als Eichler nach Ostpreußen, Flierl zunächst nach Paris, dann nach Hessen und Leipzig, auch von Eltz nach Deutschland gegangen waren. Im April 1919 lösten die polnischen Behörden den „Deutschen Verein“ auf, der zu jener Zeit über 200 Ortsgruppen mit ca. 30 000 Mitgliedern zählte. Am 7. Februar 1919 waren bereits die deutschen evangelischen und katholischen Landesschulverbände behördlich aufgelöst worden, die ihnen unterstellten 564 deutschen Volksschulen vom Staat übernommen worden, in denen anstelle der deutschen nach und nach die polnische Unterrichtssprache eingeführt wurde. Mit Verordnung vom 3. März 1919 wurde das Vermögen der Landesschulverbände den politischen Gemeinden übereignet und die „Bedingungen des Bestehens von Volksschulen mit deutscher Unterrichtssprache“ bekanntgegeben: Wo die Zahl deutscher schulpflichtiger Kinder mindestens 40 betrug, konnten deren Eltern schriftliche Erklärungen bei den Schulbehörden einreichen, um die Erlaubnis zur Weiterführung der deutschen Schule erwirken zu können. Massiver verwaltungsmäßiger und wirtschaftlicher Druck der Behörden auf die Eltern hatte zur Folge, daß schon im darauffolgenden Schuljahr von den 564 nur noch 291 Volksschulen mit deutscher, 26 mit gemischter und 53 mit polnischer Unterrichtssprache verblieben. Der weitere Rückgang des staatlichen deutschen evangelischen Volksschulwesens war nicht aufzuhalten.[15] Das Warschauer Konsistorium und die polnische evangelische Geistlichkeit stützten auch in der Schulfrage den Regierungskurs und trugen über die Polonisierung zur Katholisierung des evangelischen deutschen Schulwesens bei.

Zur gleichen Zeit, da die nationaldemokratische Regierung ihren scharfen Kurs gegen die nationalen und konfessionellen Minderheiten im Staate steuerte, setzte die rechte Mehrheit des Verfassunggebenden Sejm im Blick auf die Friedenskonferenz in Paris und

15 *A. Eichler,* a.a.O. 420, 426ff., 434ff.; *ders.:* Aktivisten 301f., 420, 426ff., 434ff.; *M. Kage,* Deutsches Schulwesen 158f.; *E. Kneifel,* Geschichte 227ff.

in der Absicht, den Abschluß des Minderheitenschutzvertrages zu verhindern, am 6. Juni 1919 den Beschluß durch:

„Der Sejm der Republik stellt fest, daß die nationalen und konfessionellen Minderheiten immer in Polen die volle Freiheit und alle Rechte genießen werden, die ihnen zustehen oder in Zukunft zustehen werden wie in den edlen Demokratien des Westens, die Polen schon manchmal hinsichtlich der Gewährung von Gleichberechtigung für die Bekenntnisse und Nationalitäten übertroffen hat".[16]

Das Verhältnis der deutschen Glieder der Augsburgischen Kirche zum Warschauer Konsistorium und zu Generalsuperintendent Bursche war von einem tiefen Mißtrauen erfüllt. Bei den Sejmwahlen des Jahres 1919 weigerten sich die deutschen Kolonisten im Kreis Lipno, Bursche als Kandidaten aufzustellen („Masurenkönig"), der innerkirchlich keinen Zweifel über seine kirchenpolitische Zielsetzung aufkommen ließ.

Die dringliche Frage der Heranbildung eines theologischen Nachwuchses – nach Weggang der deutschen Pfarrverweser war etwa ein Drittel der Pfarrstellen unbesetzt – konnte nur durch die Schaffung einer landeseigenen theologischen Ausbildungsstätte gelöst werden. Das Verdienst der Errichtung einer Evangelisch-Theologischen Fakultät an der Universität Warschau kommt in erster Linie Gen.-Sup. Bursche zu. Dem Memorandum des Warschauer Konsistoriums an das Kultusministerium vom 17. Juni 1919[17] zufolge sollten Ziel und Aufgabe der beantragten evangelisch-theologischen Fakultät die Ausbildung künftiger Geistlicher frei von der „geistigen deutschen Suprematie" der bisherigen theologischen Ausbildungsstätten (Dorpat oder Leipzig, „diesem Mittelpunkt alldeutscher Agitation") sein, die „Erziehung unserer künftigen Seelenhirten in wahrhaft polnischer nationaler Richtung" erfolgen. Die Fakultät sollte als ein Mittelpunkt geistigen Lebens und eine Forschungsstätte für polnische Reformationsgeschichte einen Beitrag zur organischen Vereinigung der einzelnen Teilgebiete des Landes leisten. Mitte Juni und nochmals am 6. Juli 1919 hatte sich das Konsistorium der Warschauer Reformierten Kirche dem Memorandum des Augsburgischen Konsistoriums mit der Begründung angeschlossen, „daß nur auf diesem Wege die Ausbildung unserer Pfarrer im nationalen Geiste und dem Bewußtsein der Pflichten gegenüber dem Vaterlande gesichert werden kann". Zur Heranbildung künftiger Dozenten wurden vier polnische Pastoren (Edmund Bursche, Jan Szeruda, Karol Serini, Adolf Süss) an die reformierte Fakultät nach Basel entsandt, wo sie akademische Grade erlangten. Mit Verordnung des Kultusministeriums vom 19. April 1922 wurde die Errichtung einer Evangelisch-Theologischen Fakultät an der Universität Warschau verfügt und mit Verordnung vom 14. Mai 1922 die Studien- und Prüfungsordnung für evangelische Theologen festgelegt. Vortragssprache und Geist der neuen Fakultät waren bestimmungsgemäß polnisch. Selbst die homiletischen und katechetischen Übungen für den Dienst an den zu 80–85% deutschen Kirchengliedern wurden in polnischer Sprache gehalten.[18]

---

16 *O. Wagner,* Staat 126f.
17 Text in: *J. Glass,* a.a.O., Dok. XV, S. 95–100.
18 *J. Bursche,* Kirche 70f.; *E. Kneifel,* a.a.O. 213ff.; *O. Wagner,* Zwischenkirchliche Zusammenarbeit 73f.; *J. Glass,* a.a.O. 95f.; *W. Gastpary,* Protestantyzm 166ff.; *A. Rhode,* Geschichte 215.

3. Das Ringen um die Rechtsstellung der evangelischen Kirchen im Staate. Innerprotestantische Gegensätze. Die Kirchenkonferenz in Uppsala vom März 1921. Die Staatsverfassung vom 17. März 1921 und ihre Konfessionsartikel

Nicht weniger folgenschwer als die auf lange Sicht angelegte Polonisierung des theologischen Nachwuchses war in seinen unmittelbaren Auswirkungen Bursches Versuch, mit staatlicher Hilfe eine territoriale Neugliederung der in das Staatsgebiet der Republik Polen gefallenen evangelischen Kirchen durchzuführen, ohne sich mit diesen ins Benehmen zu setzen oder diese auch nur zu informieren. Hinsichtlich der evangelischen Gemeinden Galiziens, der ehemaligen Galizisch-bukowinaer Superintendentur der Evangelischen Kirche A. und H. B. in Österreich, sprach er in seiner Denkschrift an die Pariser Friedenskonferenz vom 14. Februar 1919 aus, „daß wir dort schon vereint sind", mit Schreiben vom 23. Juli 1919 teilte der polnische Oberste Volksrat in Posen dem Evangelischen Konsistorium in Posen mit, daß seiner Ansicht nach die Evangelischen im ehemaligen preußischen Teilgebiet Polens „heute bereits zur Evangelisch-Augsburgischen Kirche in Warschau gehören".[1] Nach dem Einspruch des Posener Konsistoriums vom 30. Juli 1920 und dessen Beschwerde an den Völkerbund vom 4. August 1920[2] wurden von der Regierung ähnliche Auffassungen nicht mehr vertreten. Der Leiter der galizischen Kirche, Theodor Zöckler, erklärte am 15. April 1920: „Wogegen wir uns unbedingt erklären müssen, das ist die [...] Idee, als könnte uns etwa der Staat zwingen, uns einer anderen kirchlichen Organisation [...] anzuschließen. Das ist in einem Staate, der auf dem Grundsatz der religiösen Duldung, Freiheit und Selbstbestimmung aufgebaut ist, eine absolute Unmöglichkeit. [...]".[3] Aber noch im Jahre 1921 rechnete Bursche damit, „daß die galizische Kirche sich nicht als selbständiger Organismus lange wird halten können" und äußerte die Ansicht: „Die Galizier werden schon von selbst kommen, und die Posener sind noch nicht so weit".[4]

Die vier, dann sieben evangelischen Kirchen waren mit völkerrechtlicher Gültigkeit ihrer in Rußland, Deutschland, Österreich geltenden Verfassungen und kirchlichen Ordnungen in das neue Staatsgebiet der Republik Polen gefallen. Ohne Rücksicht auf diese, und bevor noch die Republik Polen ein eigenes Staatskirchenrecht entwickelt und Bestimmungen über die Rechtsstellung der Kirche und Religionsverbände im neuen Staate getroffen hatte, suchte Generalsuperintendent Bursche mittels eines Staatsgesetzes das Verhältnis der evangelischen Kirchen zum Staate zu regeln. Dieser Versuch fand seinen Niederschlag in dem „Gesetzentwurf über das Verhältnis der evangelischen Kirchen in Polen zum Staate"[5], der von Bursche ausgearbeitet war, am 2. Juli 1920 von dem Abgeordneten der Polnischen Nationalen Arbeiterpartei, Mikolaj Nader, und 29 Abgeordneten, darunter dem deutschen Abgeordneten Spickermann aus Lodz, im Verfassunggebenden Sejm als Dringlichkeitsantrag eingebracht wurde.

Zur Vorgeschichte des Gesetzentwurfes Nader gehören der von der Regierung am 1. November 1919 beschlossene, am 3. November 1919 im Gesetzgebenden Sejm einge-

1 *O. Wagner*, Staat 129.
2 Beschwerde an den Völkerbund, in: AW.
3 *O. Wagner*, Staat 136.
4 *O. Wagner*, Zwischenkirchliche Zusammenarbeit 78f.
5 Gesetzentwurf Nader, Anhang, Dok. 15.

brachte Entwurf der Verfassungskommission für die Staatsverfassung sowie die „Materialien“ des Jahres 1906 und die Gesetzentwürfe aus den Jahren 1917 und 1918. Der Regierungsentwurf vom 1. November 1919[5a] fußte in seinen Religionsartikeln (zunächst als Art. 117 und 118) auf den Bestimmungen der Verfassungen für das Königreich Polen von 1815, 1832 und dem Entwurf von 1918. Er räumte der römisch-katholischen Kirche die Hauptstellung ein, deren Verhältnis zum Staate nach Verständigung mit dem Hl. Stuhl (Konkordat) geregelt, während das Verhältnis des Staates zu den anderen Bekenntnissen „nach Anhörung der Anträge ihrer Vertretung“ bestimmt werden sollte.[6] Den evangelischen wie den Kirchen und Religionsgemeinschaften der religiösen Minderheiten – sie waren nahezu ganz auch nationale Minderheiten – wurde die Gleichberechtigung verweigert. Seinem wesentlichen Inhalt nach war der Gesetzentwurf Nader eine auf alle evangelischen Kirchen in der Republik Polen ausgedehnte, erweiterte Fassung des konsistorialen Entwurfs eines Staatsgesetzes für die Ev.-Augsb. Kirche im Königreich Polen vom 12. Mai 1918.

Für die neu erstandene Republik Polen sah der Gesetzentwurf Nader nur drei evangelische Kirchen vor: die Evangelisch-Augsburgische und die Evangelisch-Reformierte Kirche – beide territorial auf die ganze Republik bezogen – und die Evangelisch-Unierte Kirche im ehemaligen preußischen Teilgebiet Polens. Dem Staat wurde das Recht zuerkannt, eine bekenntnismäßige und territoriale Neugliederung der evangelischen Kirchen im neuen Staate von sich aus mittels Staatsgesetz vorzunehmen. Eine Altlutherische Kirche sollte nicht anerkannt, die lutherischen Gemeinden der galizischen Kirche sollten der Evangelisch-Augsburgischen, deren reformierte Gemeinden der Evangelisch-Reformierten Kirche in Polen angeschlossen werden.

Von der Existenz des für sie so entscheidenden Gesetzentwurfes Nader und seiner Einbringung im Verfassunggebenden Sejm haben das Konsistorium in Posen, die Kirchenleitung der galizischen Kirche und die altlutherischen Gemeinden erst am 2. Oktober 1920 durch einen Privatbrief des Soldauer deutschen Sejmabgeordneten Ernst Barczewski erfahren, auch davon, daß die erste Lesung des Gesetzentwurfes im Sejm bereits am 24. September 1920 stattgefunden hatte.[7]

Die ablehnenden Stellungnahmen der anderen evangelischen Kirchen Polens zum Gesetzentwurf Nader, wie die Haltung der deutschen Mehrheit der Ev.-Augsb. Kirche, dürften der Grund für die Eile gewesen sein mit der Gen.-Sup. Bursche noch vor Erlaß der Staatsverfassung mit Hilfe der Regierung ein Rahmengesetz für die Regelung des Verhältnisses der evangelischen Kirchen zum Staat aufgrund des Regierungsentwurfes vom 1. November 1919 zu erreichen suchte. Diesem Zweck diente die für den 3. und 4. November 1919 nach Warschau im Zusammenhang mit dem 100. Geburtstag Leopold v. Ottos einberufene Allgemeine Pastorenkonferenz, an der ca. 50 Geistliche und 10 weltliche Vertreter teilgenommen hatten. Zu dieser Konferenz hatte Bursche auch die Pastoren des Teschener Schlesien und Galiziens eingeladen. Letztere waren nicht erschienen. Teilnehmer der Kon-

---

5a Die Religionsartikel des Regierungsentwurfs vom 1. November 1919, Dok. 16.

6 *J. Bursche*, Kirche 71; *W. Gastpary*, Protestantyzm 99f.; *J. Gryniakow*, Ustalenie 59ff.; *O. Wagner*, Staat 134ff.

7 *O. Wagner*, Staat 138f. Eine Kurzbiographie des Soldauer Superintendenten: „Ernst Barczewski – der Vater der Masuren“ von *J. Walach*, in: Gestalten und Wege 243–250.

ferenz waren u.a. von polnischer Seite alle Mitglieder des Konsistoriums, Rechtsanwalt Ręczlerski, Senior Michejda aus Schlesien, von deutscher Seite die Pfarrer Julius Dietrich, Adolf Löffler, August Gerhardt, Arthur Schmidt (Bielitz), und die Sejmabgeordneten Ludwig Wolff und Josef Spickermann. Im Ergebnis der Konferenz, auf der es zu scharfen Auseinandersetzungen zwischen der deutschen und polnischen Gruppe gekommen war, wurde ein 11gliedriger Ausschuß zur Ausarbeitung eines Entwurfes zur Regelung des Verhältnisses der Ev.-Augsb. Kirche zum Staate ins Leben gerufen. Für diesen hatten die Polen zunächst eine polnische Mehrheit beansprucht, während die Deutschen durch Pfarrer Löffler zum Ausdruck brachten, daß sie sich auch im selbständigen Polen von der polnischen Minderheit in der Kirche nicht majorisieren lassen werden. Der Ausschuß wurde paritätisch mit fünf deutschen und fünf polnischen Vertretern unter Vorsitz des Generalsuperintendenten Bursche zusammengesetzt, wodurch praktisch die Mehrheit der polnischen Gruppe gesichert war.[8]

Bedeutung gewann der Ausschuß zunächst nicht. Er wurde bis April 1921 nicht ein einziges Mal zusammengerufen. Statt dessen tauchte im Verfassunggebenden Sejm am 2. Juli 1920 der Gesetzentwurf Nader auf, von dem Bursche des öfteren bekannte, daß er sein Verfasser ist.[9] Die Entwicklung gibt ein Bericht Spickermanns an das Posener Konsistorium vom 27. November 1920 auf dessen Anfrage vom 4. November 1920 wider, ergänzt durch die Wiedergabe eines Gesprächs mit Bursche. In Spickermanns Bericht heißt es:

„[...] Diese Kommission wurde von Bursche nie eingeladen und trat auch nie zu einer Ausarbeitung eines Entwurfes zusammen. Darüber sind acht Monate verflossen, und es wurde nichts gemacht. Da trat Nader im Sejm mit dem Dringlichkeitsantrag an mich heran und bat um meine Unterschrift. Es war nur der Antrag zur Ausarbeitung des Gesetzes ohne den im Anhang beigefügten Gesetzentwurf selbst, den ich erst kennenlernte, als er im Druck erschien. Ich ahnte nicht, daß dies eine vom Generalsuperintendenten Bursche gestellte Falle war, dem die gewählte Kommission nicht gefiel und der sie auf diese Weise von der Mitarbeit ausschalten wollte. Da kam der Generalsuperintendent nach Lodz, und wir nahmen die Gelegenheit wahr und fragten, wann er die Kommission gedenke einzuladen. Da gab er zur Antwort: Ich habe die Arbeit schon fertig und im Sejm ist ja auch der Antrag Nader, den Sie unterzeichnet haben. Als ich darauf erwiderte, daß dieser Gesetzentwurf nicht angenommen werden könne, sagte der Generalsuperintendent: dafür habe ich schon gesorgt, daß er Gesetz werde, denn er habe mit Witos selbst gesprochen, daß seine Partei dafür stimmen werde. Übrigens bin ich der Autor der Gesetzvorlage. Darauf ich: Das ist also wieder eine Arbeit Ihrerseits und des Konsistoriums in Warschau, uns die Schlinge so von hinterrücks über den Kopf zu werfen".[10]

Der Gesetzentwurf Nader und seine Einbringung im Gesetzgebenden Sejm hatte außerordentliches Aufsehen im In- und Ausland erweckt. Am 2. Oktober 1920, noch am gleichen Tage, an dem es Kenntnis vom Gesetzentwurf auf privatem Wege vom Sejmabge-

8 *J. Gryniakow,* a.a.O. 57ff.; *W. Gastpary,* Protestantyzm 104ff.; *O. Wagner,* a.a.O. 134.

9 So: *J. Bursche,* Kirche 71; *St. Piekarski,* der damalige Departementsdirektor im Kultusministerium, in: Wyznania religijne 66f.: „Im Jahre 1920 wurde im Verfassunggebenden Sejm das Projekt eines Gesetzes eingebracht, das in den Kreisen der Evangelisch-augsburgischen Kirche in Warschau ausgearbeitet und von dem Abgeordneten Nader und Genossen unterzeichnet war. [...]".

10 Der Bericht Spickermanns, in: AK.

ordneten Barczewski erhalten hatte, richtete das Posener Konsistorium einen Protest an die Regierung:

„Es wird Einspruch gegen den Gesetzentwurf Nader erhoben aufgrund des § 8 des Minderheitenschutzvertrages vom 28. 6. 1919. Es ist nicht einmal Rücksicht auf Art. 118 des Verfassungsentwurfes genommen worden, nach dem die gesetzliche Regelung nach Anhörung der Kirchenvertretungen erfolgen soll. Der Unierten evangelischen Kirche ist nicht Gelegenheit gegeben worden, sich zu äußern. Die Unierte evangelische Kirche hat das Recht eigener Gesetzgebung und protestiert gegen den Gesetzentwurf".[11]

Schon am 4. August 1920 hatte das Posener Konsistorium sich veranlaßt gesehen, unter Berufung auf den Minderheitenschutzvertrag in der „Denkschrift betreffend Akte des polnischen Staates gegen die Unierte evangelische Kirche in Polen" dem Völkerbund ihre Lage mit der Bitte um Hilfe zu unterbreiten. Darin heißt es:

„In kurzen Worten zusammengefaßt, ist dies ihre Lage:
1. Ihre synodale Freiheit ist angetastet.
2. Ihre leitenden Männer sollen von Organen des polnischen Staates ernannt werden.
3. Ihre Behörden will der polnische Staat bestimmen.
4. Ihre Verfassung soll sie auf Ersuchen des polnischen Staates ausarbeiten.
5. Ihre autonome Gesetzgebungsgewalt soll aufhören.
6. Von ihrer Mutterkirche, von ihrer Bekenntnisgemeinschaft, von ihrer Generalsynode soll sie durch eine Verfügung des polnischen Staates getrennt werden".[12]

Gegen alle Widerstände versuchte Generalsuperintendent Bursche und das Warschauer Konsistorium den Gesetzentwurf Nader zu retten. Am 28. September 1920 fand in der Wohnung des Konsistorialrats Gundlach in Lodz unter Vorsitz Bursches eine Konferenz polnischer Pfarrer statt, die den Schluß faßte, zu Händen des Generalsuperintendenten Bemerkungen und Verbesserungen zum Gesetzentwurf Nader zwecks weiterer Verhandlungen mit der Regierung einzureichen.[13]

Die Haltung des deutschen Teils der Ev.-Augsb. Kirche brachte das Protestschreiben der deutschen Mitglieder des von der Pastorenkonferenz am 4. November 1919 gewählten, von Bursche nie einberufenen, Ausschusses zur Ausarbeitung eines Gesetzentwurfes betr. Regelung des Verhältnisses der Ev.-Augsb. Kirche zum Staat an das Konsistorium zum Ausdruck. Dessen Argumente brachte Spickermann, Mitglied des kirchlichen Ausschusses vom 4. November und des Verfassunggebenden Sejms, in seinem von 34 Sejmabgeordneten mitunterzeichneten Dringlichkeitsantrag vom 7. Oktober 1920 im Verfassunggebenden Sejm ein. Beantragt wurde eine Vertagung der Verhandlung des Dringlichkeitsantrages Nader vom 2. Juli 1920, der inzwischen gedruckt und unter der laufenden Nummer 1984 den Abgeordneten zugestellt worden war. Zur Begründung wurde angeführt, daß das Verhältnis der evangelischen Kirchen zum Staate nicht vor Erlaß der Staatsverfassung geregelt werden könne, zum andern, daß eine solche Regelung nur ein Teil der Gesetzgebung betreffend das Verhältnis des Staates zur römisch-katholischen, griechisch-katholischen, den evangelischen Kirchen, den Religionsgemeinschaften der Juden, Mohammedaner u.a.,

11 *O. Wagner,* a.a.O. 139.
12 Denkschrift, in: AW.
13 *J. Gryniakow,* a.a.O. 64.

auch zu den Konfessionslosen sein könne. Spickermanns Dringlichkeitsantrag hatten die deutschen Abgeordneten, einige jüdische, auch einzelne ukrainische und polnische Abgeordnete unterzeichnet.[14]

Am 9. Dezember 1920 hatte auch die Kirchenleitung der Evangelischen Kirche A. und H. B. unter Ablehnung des Gesetzentwurfes Nader der Regierung und dem Gesetzgebenden Sejm ihre „Denkschrift betr. die evangelischen Gemeinden augsburgischen und helvetischen Bekenntnisses in Galizien" vom 4. Dezember 1920 überreicht, in der sie ausführte:

„Die Evangelischen Galiziens haben beschlossen (Kirchenversammlung in Lemberg vom 12. 12. 1919), sich hinkünftig keiner bereits bestehenden kirchlichen Organisation anzuschließen, sondern vielmehr innerhalb des polnischen Staates eine selbständige Kirchengemeinschaft zu bilden. [...] Auch hinsichtlich der Kirchenverfassung [...] erstreben die Evangelischen Galiziens die konsequente Durchführung der kirchlichen Autonomie. [...] Sie verlangen in dieser Beziehung nichts anderes, wie das, was ihre Glaubensbrüder (aus der Evangelischen Kirche A. und H. B. im ehem. Österreich) in der Tschechoslowakei, in Österreich, Rumänien, Jugoslawien bereits erhalten haben und was die katholische Kirche von jeher besitzt".[15]

Ausdruck des tiefen Mißtrauens gegen die Kirchenpolitik des Warschauer Konsistoriums und der Ev.-Augsb. Kirche war der in Kreisen der deutschen Kirchenglieder unter dem Einfluß amerikanischen Kirchentums aufgekommene Gedanke einer Hinwendung zur Freikirche. Adolf Eichler nahm ihn mit dem Aufsatz: „Die Evangelischen in Kongreßpolen am Scheidewege. Polnische Landeskirche oder deutsche Freikirche?" auf. Darin hieß es:

„[...] Durch den Naderschen Gesetzentwurf werden die lutherischen Gemeinden zu einer schnelleren Entscheidung gedrängt. Sie stehen an einem Scheidewege. Es gilt nun, entweder endgültig auf den Rest eigenen Handelns zu verzichten und sich von wesensfremden Fanatikern auf einen Weg drängen zu lassen, der die Preisgabe der Vorrechte der Reformation bedeutet – oder aber die Gestaltung der Zukunft der Kirche in die eigene Hand zu nehmen, sich aus amtlicher Bevormundung frei zu machen und durch eine zweckentsprechende Verfassung den einzelnen Gemeinden sowohl wie der Gesamtkirche solche Formen zu geben, die dafür bürgen, daß die heutige lutherische Kirche in Kongreßpolen nicht das Schicksal der früheren Reformationskirchen in Polen teilt und spurlos untergeht. [...] Die erstrebte bessere Zukunft denkt man sich nur in Form eines demokratischen Aufbaus der Kirche. Anstelle der durch ihre Führer in Verruf gekommenen Landeskirche wünscht man die Freikirche mit wirklicher Selbstverwaltung aller ihrer Teile".[16]

Angesichts des Widerstandes der Kirchenleitungen der ev. Kirchen in Polen – das Warschauer Konsistorium ausgenommen – und des deutschen Teils der Ev.-Augsb. Kirche gegen den Gesetzentwurf Nader, sah sich die Regierung gezwungen, einzulenken. In Abkehr von dem bisher geübten Verfahren übersandte die Verfassungskommission des Sejms den evangelischen Kirchen am 11. November 1920 erstmals den Gesetzentwurf Nader zur Kenntnisnahme und forderte sie auf, an einer der nächsten Sitzungen – am 4. November 1920 hatte bereits die zweite Lesung des Gesetzentwurfs Nader stattgefunden – durch

14 *O. Wagner,* a.a.O. 140.
15 EGG 1920, Nr. 12, 150f.
16 ED Jg. 2 (1920/21), 197f.

zwei Bevollmächtigte Anträge zum Gesetzentwurf zu stellen. Zur Vorbereitung der Verhandlungen in der Verfassungskommission hatte die Regierung eine „private Vorbesprechung“ der Vertreter der evangelischen Kirchen mit Staatssekretär Buzek, Mitglied des Warschauer Konsistoriums, für den 9.–11. Dezember 1920 nach Warschau angesetzt. Mit Ausnahme der von Gen.-Sup. Bursche angeführten Delegation erklärten die Vertreter aller anderen evangelischen Kirchen, auch diejenigen der polnischen reformierten Kirche, den Gesetzentwurf Nader in der vorliegenden Form für unannehmbar.[17] Anschließend an die private Vorbesprechung wiederholte das Posener Konsistorium in einer erneuten Eingabe an den Gesetzgebenden Sejm die kirchlichen Vorbehalte gegen den Gesetzentwurf Nader.[18]

Im Ergebnis waren der Gesetzentwurf Nader und mit diesem die kirchenpolitische Konzeption des Gen.-Sup. Bursche bereits gescheitert, ehe noch am 19. und 20. Januar 1921 die Verhandlungen der Verfassungskommission mit den Vertretern der evangelischen Kirchen begannen. Seitens des Staates nahmen an den Verhandlungen außer den Mitgliedern der Verfassungskommission auch die Vertreter des Ministeriums für das ehem. preussische Teilgebiet teil. Die Kirchen hatten als ihre Vertreter entsandt: Die Augsburgische Kirche den Konsistorialpräsidenten Glass und Generalsuperintendenten Bursche, die Evangelisch-Reformierte Kirche den Superintendenten Semadeni und Ing. Woyde, die Unierte Kirche den Generalsuperintendenten Blau und Konsistorialrat Nehring, die Evangelische Kirche A. und H. B. den Superintendenten Zöckler, den Lemberger Pfarrer Kesselring, den reformierten Senior Royer und zwei weltliche Vertreter.

Die Verhandlungen vom 19. und 20. Januar 1921 betrafen nicht mehr den Gesetzentwurf Nader, sondern die Neufassung der Bekenntnisartikel des im Gesetzgebenden Sejm in zweiter Lesung verhandelten Entwurfes der Staatsverfassung. Am 19. Januar legten die Vertreter der Unierten und galizischen Kirchen den Text einer Neufassung von Art. 118 vor, der die volle Autonomie der evangelischen Kirchen im Staate und eine Verständigung mit ihnen in der Frage der Regelung des Verhältnisses von Kirche und Staat beinhaltete.[19]

Die Verhandlungen im Sejm über eine Neufassung der Bekenntnisartikel nahmen ein überraschendes Ende, als am 20. Januar 1921 der Jesuitenpater Kazimierz Lutosławski,

---

17 *O. Wagner,* a.a.O. 141f.

18 *O. Wagner,* a.a.O. 142.

19 *O. Wagner,* a.a.O. 143ff.; *W. Gastpary,* Protestantyzm 108ff. Am Vorabend der „privaten Vorbesprechung“, am 8. Dezember 1920, begegneten sich zum ersten Mal die Leiter der ev. Kirchen in Polen: die Generalsuperintendenten Bursche–Warschau, Blau–Posen, die Superintendenten Zöckler–Stanislau und Semadeni–Warschau. Über die Begegnung mit Bursche schreibt Blau: „Vom ersten Gespräch an zeigte es sich, daß wir uns nie verstehen würden. Sein Ceterum censeo hieß: Die evangelische Kirche könne in Polen nur leben, wenn sie sich an den Staat anlehne und von ihm geschützt würde. Meine Ansicht war, daß, wenn eine Kirche keinen anderen Schutz habe als den des Staates und ohne ihn nicht leben könne, sie kein Existenzrecht als evangelische Kirche des Herrn beanspruchen könne. Es war mir vom ersten Augenblick hier klar geworden, daß eine Verständigung mit diesem Mann unmöglich war. Die Standpunkte, von denen wir ausgingen, waren zu verschieden. Bursche sah alles durch die Brille des politischen nationalen Fanatikers, während mir die Notwendigkeit gegeben schien, die Antworten auf die Fragen der Zeit vom Evangelium und Bekenntnis her zu suchen“. Zitiert nach: *H. Kruska,* Generalsuperintendent D. Paul Blau 84.

Vertreter der Polnischen Nationaldemokratischen Partei in der Verfassungskommission, den Gesetzentwurf Nader ablehnte und einen eigenen Entwurf zu einem Gesetz betr. Regelung des Verhältnisses der evangelischen Kirchen zum Staate einbrachte.[20] Lutosławskis Entwurf war von einer lapidaren Kürze: er bestand nur aus acht Artikeln. Den evangelischen Kirchen wurde darin nicht nur die Gleichberechtigung mit der römisch-katholischen Kirche abgesprochen. Sie wurden vielmehr zu freiwilligen Verbänden, einfachen Vereinigungen degradiert, denen ein gewisses Daseinsrecht bei staatlicher Registrierung und unter Kontrolle des Staates zuerkannt werden sollte. Der Entwurf Lutosławski, ob mit oder ohne Wissen der Regierung eingebracht, hatte auf allen Seiten Bestürzung ausgelöst. Die Verfassungskommission hatte am gleichen Tage, an dem der Entwurf Lutosławski bei ihr eingegangen war, beschlossen, den evangelischen Kirchen eine Frist von zwei Wochen zu setzen, in der sie sich zu den Entwürfen Nader und Lutosławski äußern und gegebenenfalls Anträge zu stellen hätten. Alle evangelischen Kirchen lehnten den Gesetzentwurf Lutosławski, mit Ausnahme des Warschauer Konsistoriums auch den Gesetzentwurf Nader ab.[21]

Regierung und Verfassungskommission sahen nunmehr nicht nur den Entwurf Lutosławski, sondern auch den Entwurf Nader als endgültig gescheitert an.[22] Keiner der beiden Entwürfe kam mehr in die weiteren Beratungen des Gesetzgebenden Sejm. Unberücksichtigt ließen Regierung und Verfassunggebender Sejm aber auch die Anträge der Posener und galizischen Kirchen auf Änderung des Art. 118. Am 5. Februar 1921 nahm der Verfassunggebende Sejm in zweiter Lesung die Bekenntnisartikel in der Fassung vom 12. Juni 1920 an, die der römisch-katholischen Kirche die Hauptstellung im Staate zuerkannte, deren Verhältnis zum Staate durch ein Konkordat geregelt werde, während das Verhältnis des Staates zu den anderen Kirchen und Religionsgesellschaften „im Wege des Gesetzes nach Anhörung der Anträge ihrer Vertretungen" geregelt werde.[23]

---

20 Anhang, Dok. 17.

21 Zum Gesetzentwurf K. Lutosławskis: *E. Kneifel,* Geschichte 218f.; *J. Gryniakow,* a.a.O. 63f.; *W. Gastpary,* a.a.O. 110; *O. Wagner,* a.a.O. 144f.; *Bredt,* Der neue Verfassungsentwurf.

22 *J. Bursche,* Kirche 71: „[...] Der erste Versuch, der von uns im Sejm unternommen wurde, um dieses Verhältnis [zum Staat] zu regeln, und zwar für alle Evangelischen Kirchen [die sog. lex Nader], scheiterte in kläglicher Weise, und zwar nicht durch Zurückweisung seitens des Sejms, sondern dadurch, daß die Vertreter der protestantischen Kirchen, die in die Kommissionssitzung eingeladen waren, nichts Besseres zu tun hatten, als sich gegenseitig die ärgsten Vorwürfe zu machen und so vor Andersgläubigen ein Bild der unter ihnen herrschenden Uneinigkeit zu geben, was äußerst beschämend wirkte. Es war ja vielleicht naiv von uns zu meinen, daß ein derartiges Rahmengesetz für alle Evangelischen Kirchen möglich sei, und gewiß waren in demselben manche Inkorrektheiten vorhanden, welche kritisiert werden konnten und mußten; aber wenn ich dieses Projekt eines Rahmengesetzes heute [Anm.: 1938] vor mir habe und lese, so meine ich: alle Evangelischen Kirchen in Polen wären zufrieden, wenn sie heute solch ein Gesetz erhalten könnten. Jedenfalls beschlossen wir damals schon: nie wieder kommen wir mit einem gemeinsamen Kirchengesetz, denn sonst kommen wir überhaupt nicht zu einer Regelung unseres Verhältnisses zum Staate".

23 *O. Wagner,* a.a.O. 147f.

In dieser Lage, da die Regierung den Gesetzentwurf Nader endgültig fallen gelassen hatte, schaltete sich erstmals auch der polnische Teil der Ev.-Augsb. Kirche in den Widerstand gegen die von der Mehrheit des Verfassunggebenden Sejm in zweiter Lesung bereits angenommene Fassung der Bekenntnisartikel ein. Nicht das Warschauer Konsistorium – es war ja Staatsbehörde –, auch nicht Generalsuperintendent Bursche als geistlicher Leiter der Ev.-Augsb. Kirche, sondern das Warschauer Kirchenkollegium erhob „schweren Herzens" mit seinem „Memorial" an den Sejmmarschall und die Verfassungskommission des Sejm vom 19. Februar 1921[24] Einspruch gegen die Artikel 114, 117 und 118 im Entwurf der Staatsverfassung und forderte deren Neufassung im Sinne der Gleichberechtigung der Konfessionen und Autonomie der Kirchen. Auch forderte das „Memorial" für „das Augsburgische Bekenntnis, das seiner Natur und seiner Grundlage ein nationales Bekenntnis sein muß" eine Repräsentation im Senat des Staates.

Das Schicksal der ev. Kirchen in dem sich katholisch verstehenden Staate, die Gesetzentwürfe Nader und Lutosławski, die von der Regierung vertretene Fassung der Artikel 114, 117 und 118 im Entwurf der Staatsverfassung und deren Entdeutschungsmaßnahmen, die entscheidend auch die ev. Kirche in Mitleidenschaft zogen (in Posen-Pommerellen allein war die Zahl der Evangelischen in den Jahren 1919–1921 von 1,1 Mill. auf 505 000 zurückgegangen), die kirchenpolitische Rolle des Generalsuperintendenten Bursche und sein politisches Engagement in den Fragen der Grenzen Polens und der Volksabstimmungen – all das hatte die Aufmerksamkeit des evangelischen Auslandes, nicht nur des deutschen Protestantismus, auf die Vorgänge in Polen gelenkt. Besorgt hatte sich der schwedische Erzbischof Nathan Söderblom im Januar 1920 an Bursche mit der Bitte um Nachricht und Aufklärung gewandt. Bursche antwortete mit einem Brief vom 1. Februar 1920.[25] In seiner Antwort setzte er bei der Politik der deutschen Behörden in Kongreßpolen während der Besatzungszeit ein, die eine ungerechte und für die Evangelischen in Polen, die zu einem großen Teil aus Deutschen bestehen, schädliche Politik verfolgt hätten. Aus den „völkisch ziemlich indifferenten" Deutschen wollte man einen Vorposten des aggressiven Deutschtums machen. Man erachtete es als ein Verbrechen, wenn von Deutschen Abstammende sich mit der Zeit natürlicherweise polonisiert hatten, wenn in Pastorenhäusern polnisch gesprochen wurde, wenn sich in ursprünglich deutschen Gemeinden im Laufe der Zeit eine polnische Minderheit herausgebildet hatte. „Man wollte um jeden Preis regermanisieren." Selbst das Konsistorium ward eine Okkupationsbehörde. Aus Deutschland habe man ca. 30 Pastoren, zum Teil Militärpfarrer, berufen, wobei nicht einmal der luth. Bekenntnisstand der Gemeinden geachtet wurde, da fast alle diese Geistlichen aus unierten Landeskirchen stammten. Man arbeitete ein Kirchengesetz aus, das den Gemeinden aufgedrungen werden sollte, u.ä.m. Nach dem Umsturz sei der langgenährte Haß gegen alles, was deutsch war, mit elementarer Macht hervorgebrochen. In einem anderen Lande wäre es zu Mord und Totschlag gekommen. In Polen nicht. Es geschah zwar manches, was höchst bedauerlich war, aber das dauerte nur kurze Zeit. Von Verfolgungen der Deutschen könne keine Rede sein. „Die obersten Regierungskreise waren uns Evangelischen von Anfang an freundlich gesinnt." Wohl sei auch heute noch die Feindschaft gegen das Deutsche,

24 In: AK; *J. Gryniakow,* a.a.O. 66.
25 In: ED, Jg. 2 (1920/21), 79–82.

somit auch gegen die Evangelischen an manchen Orten groß, im großen und ganzen habe man keinen Grund zum Klagen. Die Kirche kann sich selbständig entwickeln, erhält vom Staate die ihr gebührenden Subsidien, die Pastoren würden überall geachtet und zu gemeinsamer Arbeit zugezogen. Man sei dabei, eine synodal-presbyteriale Kirchenverfassung mit voller Unabhängigkeit vom Staate auszuarbeiten. Eine Ev.-theol. Fakultät an der Universität in Warschau sei im Aufbau. Die Schwierigkeiten, mit denen die Ev.-Augsb. Kirche zu kämpfen hätte, kämen nicht von der Regierung, auch nicht von der röm.-kath. Kirche. Die erste große Schwierigkeit sei der Gegensatz zwischen Deutsch und Polnisch in der Kirche. Er, Bursche, sei bestrebt, allen billigen Anforderungen gerecht zu werden, seinen Einfluß auch weiterhin geltend zu machen, daß den Deutschen ihre deutsche Schule und ihr deutscher Gottesdienst erhalten bleiben, daß ihnen ihre Rechte nicht gekürzt werden. Die künftigen polnisch-evangelischen Professoren werden ein gewaltiges Stück Arbeit leisten müssen, aber „eine für unser Land und den gesamten Protestantismus segensreiche Arbeit. Nicht vergebens hat Gott unsere Kirche hier in unser Land, das ja zum allergrößten Teil streng römisch-katholisch ist, hingestellt: ein Salz und ein Licht sollen wir hier sein und das Banner unseres Herrn Jesu Christi hoch halten".

Auf die kirchliche Lage der Unierten ev. Kirche in Posen-Pommerellen ging Bursche in seinem Brief an Söderblom nicht ein. Er hob nur hervor, daß der polnische Staat dieser Kirche volle Autonomie gebe, ihr die deutsche Sprache in Kirche und Schule garantiere, ihr alle Subsidien verspreche, welche der preußische Staat gezahlt hat. Er verlange nur das eine, daß sie kirchenregimentlich sich selbst regiere und nicht von Berlin aus regiert werde. Auch er – Bursche – sei dieser Auffassung und der Überzeugung, daß dies der einzige Weg sei, um aus dieser Kirche, die bisher bloß aus der Gunst des (preußischen) Staates lebte, eine wirklich lebensfähige und innerlich kräftige Kirche zu machen und eine solche brauche man in Polen.

Dem Vorwurf, politischer polnischer Agitator zu sein, begegnete Bursche mit dem Hinweis, daß die Masuren Polen seien, um fortzufahren: „Ist es da wirklich ein so unerhörtes Verbrechen, wenn ich in dieser Zeit, wo die Völker sich zu ihrem Mutterstamm sammeln, den Masuren sage: kommt zu uns, denn ihr seid Polen! Bildet mit uns zusammen in dem neuen Polen eine starke evangelische Kirche zum Wohle unserer Kirche, zum Heil unseres Landes!".

Die Gesamtzahl der Evangelischen im neuen Polen werde nach den Abstimmungen in Ost- und Westpreußen und in Ostschlesien, deren günstiger Ausgang für Polen nicht fraglich sei, über $2^1/_4$ Millionen betragen.

Auf den in der polnischen Presse veröffentlichten Brief des Generalsuperintendenten Bursche an Erzbischof Söderblom antwortete der Deutsche Evangelische Kirchenausschuß, als die auch für die Wahrung der evangelischen Interessen im besetzten Kongreßpolen verantwortlich gewesene kirchliche Stelle, mit der „Erwiderung auf den Brief des Generalsuperintendenten Bursche".[26]

Für seine Angriffe, so die „Erwiderung", suche „Bursche eine Legitimation darzutun, indem er sie in die Form einer Widerlegung ihm entgegengebrachter Vorwürfe kleidet". Der Ausdehnung der Verwaltungstätigkeit der deutschen Besatzungsbehörden in dem von

26 In: ED, Jg. 2 (1920/21), 83–95.

der russischen Herrschaft befreiten Kongreßpolen lagen keine Germanisierungstendenzen zugrunde. Am Anfang stand der mit Zulassung der deutschen Verwaltung vom Vorstand der „Unterstützungskasse" in Warschau im Dezember 1915 ergangene „Notschrei der evangelisch-lutherischen Kirche im Königreich Polen" an die ev. Kirchen in Deutschland mit der Bitte um Hilfe. Die Gemeinden waren durch Verschleppungen und Ausweisungen in das Innere Rußlands dezimiert, von den 67 Pfarrstellen waren 30 unbesetzt, das Konsistorium – von seinen sechs Mitgliedern fehlten vier, darunter der Generalsuperintendent – war aktionsunfähig, die Kriegsschäden an Kirchen und kirchlichen Gebäuden waren beträchtlich, die Gemeinden waren verarmt. Die Wiederherstellung der Kirchenbehörde im Wege von Ernennungen durch den Generalgouverneur gemäß dem Kirchengesetz von 1849 erfolgte in Übereinstimmung mit dem Völkerrecht. Die Berufung reichsdeutscher, von den ev. Landeskirchen Deutschlands beurlaubter und bezahlter, Geistlicher und deren Beauftragung mit der provisorischen Verwaltung vakanter Pfarrstellen – in Einzelfällen auch am Ort stationierter Militärpfarrer – erfolgte auf einstimmigen Beschluß des Konsistoriums, auch dessen polnischer Mitglieder. Von den 15 zum zeitweiligen Dienst in der Ev.-Augsb. Kirche berufenen Pfarrern kamen 8 aus lutherischen und 7 aus unierten Landeskirchen. Alle waren verpflichtet, sich der einheimischen luth. Agende zu bedienen. Von einer konfessionellen Überfremdung der Gemeinden könne keine Rede sein. Die Initiative zur Erarbeitung des Entwurfs einer synodalen Kirchenverfassung im Januar 1917 sei von den polnischen Geistlichen, darunter dem stellv. Generalsuperintendenten, Konsistorialrat Gundlach, ausgegangen und war eine Fortsetzung der Arbeiten aus dem Jahre 1906. Durch die Ausschaltung des Laienelementes in der Führung der Ev.-Augsb. Kirche war zwischen den zu 85–90% deutschen Gemeindegliedern und ihren polonisierten Pfarrern eine tiefe Kluft aufgebrochen. Nicht erst seit dem Kriege, sondern seit der russischen Revolution von 1905–1907 begannen sich die Gemeinden auf ihre Zugehörigkeit zum deutschen Volk zu besinnen.

Zurückgewiesen wird in der „Erwiderung" das Urteil Bursches über die unierte ev. Kirche in Posen-Pommerellen, daß sie „bloß durch Staatsgunst" lebte. Sie sei eine blühende Diasporakirche. Es sei richtig, daß der polnische Staat dieser Kirche Autonomie, den Gebrauch der deutschen Sprache in Kirche und Schule und Subsidien in Aussicht gestellt habe. Diese Zusagen seien aber von vornherein begrenzt durch die Landesgesetzgebung und dieser Umstand sei nach den bisherigen Erfahrungen nicht dazu angetan, vertrauensvoll in die Zukunft zu blicken. Die Anerkennung der Staats- und Kirchenhoheit des polnischen Staates werde seitens dieser Kirche in keiner Weise angetastet, der konfessionelle, geistliche und kulturelle Zusammenhang mit ihrer unierten Mutterkirche sei für sie aber in einem so katholischen Lande wie Polen zu einer Existenzfrage geworden. Das Recht kirchlicher Selbstbestimmung dürfe den Gemeinden nicht genommen werden.

Die Rolle Bursches als „rücksichtsloser Polonisator der evangelischen Gemeinden Polens" könne ebensowenig bestritten werden, wie die eines polnischen „politischen Agitators" im Blick auf Ostpreußen. Die „Erwiderung" verweist auf seine konspirative Tätigkeit in diesem Lande seit 1903 und als neuestes Beispiel auf seinen Aufruf „An die masurischen Brüder" vom März 1919.

Schon im Dezember 1920 hatte Erzbischof Söderblom in seiner Eigenschaft als Vizepräsident des Internationalen Weltbundes für Freundschaftsarbeit der Kirchen eine amtliche Abordnung, den Pfarrer Sjöberg und Baron Lagerfeldt, zum Studium der kirchlichen Verhältnisse in Polen entsandt, die nach ihrer Rückkehr unter dem 28. Dezember 1920 berichteten:

„[...] Indessen ist es klar, daß diese Gebiete (Posen-Pommerellen) jetzt Schauplatz von Ereignissen sind, welche die Aufmerksamkeit der ganzen evangelischen Christenheit beanspruchen [...], daß [...] die allereiligsten Maßnahmen zum Schutz des Restes der evangelischen Kirche in diesen ehemals deutschen Landesteilen getroffen werden müssen, wenn die baldige Vernichtung noch verhindert werden soll. [...] Noch hat das polnische Parlament das entscheidende Wort über die künftige Gestaltung der evangelischen Kirchen nicht gesprochen. Die drohenden Gefahren eines erstickenden Staatszwanges können also noch abgewendet werden. Aber es ist nötig, daß Maßnahmen in dieser Richtung unverzüglich in Angriff genommen werden, denn die Dinge entwickeln sich schnell“.[27]

Zur Beratung der kirchlichen Lage in Polen berief Söderblom für den 3.–5. März 1921 eine Kirchenkonferenz nach Uppsala ein.[28] An dieser nahmen neben den Delegationen der vier evangelischen Kirchen in Polen unter Leitung von Generalsuperintendent Blau, Generalsuperintendent Bursche, Superintendent Zöckler, Superintendent Semadeni, auch die Vertreter der Kirchen Schwedens, Norwegens, Dänemarks, Finnlands und Estlands teil, dazu der Methodistenbischof Nuelsen aus Zürich und Professor Morehead als Vertreter des amerikanischen Lutheran Council. Die Konferenz wurde am Abend des 3. März mit einer kurzen Andacht Söderbloms eröffnet, an deren Schluß das Vaterunser in verschiedenen Sprachen gemeinsam gesprochen wurde. Den Vorsitz auf der Konferenz führte Söderblom, die Verhandlungssprache war deutsch. Noch am gleichen Abend berichteten Blau und Bursche über die Lage ihrer Kirchen, wobei die gegensätzlichen Auffassungen offen zutage traten.

Einvernehmlich konnte eine Resolution zur Sprachenfrage[29] verabschiedet werden, ausgearbeitet von einer Kommission, der neben zwei Neutralen Generalsuperintendent Blau und Konsistorialpräsident Glass angehörten. Die Resolution hob hervor, daß die Kirche über nationalen Gegensätzen stehe und daß jede Nation das Recht habe, das Evangelium in ihrer Sprache zu verkündigen und verkündigt zu erhalten, auch in dem Falle, wenn ihre Sprache nicht die Landessprache ist. Die Kirche müsse, so weit als möglich, diesem Anspruch Rechnung tragen. Die Pfarrer müssen mit jedem Gemeindemitglied möglichst in dessen Muttersprache verkehren. In Gottesdienst und Unterricht muß die Sprache der Majorität der Gemeindeglieder zur Anwendung kommen; Rechte der Minderheiten müßten sichergestellt werden. Erwünscht sei – die Warschauer Lutheraner gaben dazu zu Protokoll, daß sie statt „erwünscht“ das Wort „geboten“ zu haben wünschen –, daß die Diener der Kirche um des Evangeliums und seines Einflusses auf das Volksleben willen die notwendige Kenntnis der offiziellen Landessprache haben oder sie zu gewinnen suchen. In

---

27 *W. Gennrich,* Die Konferenz 46f.; *O. Wagner,* Zwischenkirchliche Zusammenarbeit 78.
28 Zur Kirchenkonferenz in Upsala: *W. Gennrich,* Die Konferenz; *O. Wagner,* Staat 148f.; *ders.:* Zwischenkirchliche Zusammenarbeit 78f.; *W. Gastpary,* Biskup 75ff.; *ders.:* Protestantyzm 110ff.; *J. Gryniakow,* a.a.O. 67f.; *J. Glass,* Stan prawny 279f.; *E. Kneifel,* Geschichte 245f.; *Th. Zöckler,* Die Kirchenkonferenz; *A. Deissmann* in: EWB 1921, 203f.; Bericht des Gen.-Sup. Blau an den EO in Berlin, in: AW.
29 *W. Gennrich,* a.a.O. 50.

den Fällen, wo ein Gebiet von einem Staat in einen anderen mit anderer offizieller Sprache übergeht, soll hinsichtlich der im Amt befindlichen Geistlichen von diesem Grundsatz Abstand genommen werden, unter der Voraussetzung, daß die Kirche für die seelsorgerliche Bedienung der Minderheiten anderweitig sorgt.

War die Resolution zur Sprachenfrage für alle ev. Kirchen in Polen von Belang, so betraf die zweite Resolution zum damaligen Zeitpunkt nur die Unierte ev. Kirche in Posen-Pommerellen. Sie war grundsätzlicher Natur und betraf das Verhältnis von Kirche als Rechts- und Glaubensgemeinschaft zu Staat und Staatsgrenzen.[30] An dieser Resolution hatten Vertreter der ev. Kirchen in Polen nicht mitgearbeitet. Im Blick auf die Lage der Ev.-Unierten Kirche in Posen hielt die Konferenz „es für selbstverständlich, daß

1. das Recht voller geistiger Verbindung mit der Mutterkirche in Deutschland uneingeschränkt beibehalten wird, auch in weitmöglichstem Maße, was den Nachwuchs der Pastorenschaft anlangt;

2. daß die finanziellen Rechte, die der Pastorenschaft und den Gemeinden an den Kassen und ähnlichen Instituten der Mutterkirche zukommen, bestehen bleiben, bis hierin eine neue Ordnung der Dinge geschaffen werden kann, die den Grundsätzen von Recht und Billigkeit entspricht".

„Die Konferenz kann nicht umhin", so heißt es in der Resolution weiter, „ihre Meinung dahin auszusprechen, daß die gesetzlich administrative Abhängigkeit der unierten Kirche in Posen von der preußischen unierten Landeskirche gegenwärtig nicht aufrechterhalten werden kann und daß die Kirche in Posen unter Umbildung ihrer eigenen Synode zur höchsten synodalen Autorität ihre Kirchenverfassung auf eigenem Grunde aufbauen muß, um zu ermöglichen, daß die Verbindung zwischen allen evangelischen Kirchen in Polen befestigt und organisiert wird zu gegenseitiger Stärkung der Arbeit für evangelisch-kirchliches Leben".

Die Konferenz forderte alle ev. Christen in Polen auf, „sorgfältig alles zu vermeiden und zu bekämpfen, was die geistlich Zusammengehörigen trennen, das gegenseitige Vertrauen stören oder die Illoyalität derer, die äußerlich von ihrer Mutterkirche losgerissen sind, verdächtigen kann". In diesem Zusammenhang betonte die Konferenz das durch die Weltlage verstärkte Bedürfnis, „daß alle ev. Kirchengemeinschaften der Christenheit ein Organ für gemeinsame Arbeit schaffen zum Schutz für religiöse Minderheiten, ein Organ, das überhaupt ein wirksamer Ausdruck ist für die geistliche Gemeinschaft unter Christi Kreuz und eine Hilfe, um mit vereinten Kräften unserem gemeinsamen Herrn und Meister zu dienen".

Die Vertreter der ev. Kirchen in Polen konnten diese Resolution nur zur Kenntnis nehmen. Angesprochen waren Staatskirchenrecht, Autonomie der Kirche und ihre grenzüberschreitende geistliche und geistige Einheit.

Die Konferenz verlief weiter spannungsvoll.

Für die Kirchenleitung der Evangelischen Kirche A. und H. B. überreichte Zöckler der Konferenz die Denkschrift „Die evangelische Kirche Galiziens im Kampf um ihre Existenz und Zukunft", in der er sich für die Selbständigkeit der galizischen Kirche und gegen Bursches kirchenpolitischen Pläne ihrer Auflösung aussprach. Für das Verhältnis der evan-

30 *W. Gennrich,* a. a. O. 51f.

gelischen Kirchen Polens zueinander schlug Zöckler einen Kirchenbund aller evangelischen Kirchen im Lande vor auf der Grundlage einer föderativen Zusammenarbeit bei Aufrechterhaltung der geschichtlich gewordenen Eigenart der einzelnen Kirchengemeinschaften, aber im Bewußtsein der Einheit des Geistes und zur Vertretung der gemeinsamen großen Aufgaben und Interessen nach außen hin.[31]

Auch hinsichtlich der Grundsätze betr. die Regelung des Verhältnisses der evangelischen Kirchen zum Staate konnten auf der Kirchenkonferenz in Uppsala die gegensätzlichen Auffassungen von Blau und Zöckler einerseits und Bursche andererseits nicht überbrückt werden. Bursche verblieb bei der Befürwortung des Gesetzentwurfes Nader, während Blau und Zöckler den Gesetzentwurf Nader ablehnten und ihre Entwürfe für die Fassung der Bekenntnisartikel der Konferenz zur Kenntnis brachten. Erzbischof Söderblom entschloß sich zu einem Kompromißvorschlag. Unter Zugrundelegung der Gesetzentwürfe Nader und der Kirchenleitungen von Posen und Stanislau ließ er von einer Kommission schwedischer Sachverständiger (Bischof Billing, Landeshauptmann Hammerskjöld, Dozent Lindblom, Obergerichtsrat Ribbing) einen „Gesetzentwurf betr. das Verhältnis der evangelischen Kirchen in Polen zum Staat" ausarbeiten, der erst Mitte April 1921 den evangelischen Kirchen in Polen zur Stellungnahme übermittelt wurde.[32]

Die Kirchenkonferenz in Uppsala konnte angesichts der Gegensätze nicht frei von nationalen Spannungen bleiben. Sie wurden nach außen getragen, als Bursche einer schwedischen Zeitung ein Interview gab, das von dieser unter der Überschrift „Loyalität der Kirche Posens – und wir sind eins" veröffentlicht wurde, und als Konsistorialpräsident Glass der Posener Kirche öffentlich „hochverräterische Illoyalität" vorgeworfen hatte. Der politische Vorstoß der polnischen Delegation in Uppsala hatte in allen Konferenzkreisen böses Blut hervorgerufen, zumal Bursche den von Söderblom im Namen der Konferenz und des Weltbundes vorgetragenen Wunsch nach Annäherung der evangelischen Kirchen in Polen ablehnte, da er befürchtete, „den Vorwurf der Illoyalität, der auf der Unierten Kirche lastet, auch sich zuzuziehen". Söderblom versuchte, die Wogen zu glätten. Die Posener Delegation vermied es, auf die Vorwürfe in der Öffentlichkeit einzugehen. Generalsuperintendent Blau sprach sie nur beim Empfang an, den der polnische Gesandte für die Teilnehmer der Kirchenkonferenz gegeben hatte, indem er darauf hinwies, daß „dieser Vorwurf völlig unbegründet sei; eine Verschiedenheit der Auffassung von den Grenzen staatlicher Befugnis gegenüber der Kirche dürfe man nicht als illoyal bezeichnen; bei den Konferenzen, welche die unierte evangelische Kirche mit dem polnischen Staat bisher gehabt habe, handle es sich um Differenzen rechtlicher Anschauungen".[33]

Einige Tage nach Abschluß der Kirchenkonferenz schrieb Söderblom an den Vorsitzenden des Gustav-Adolf-Vereins in Leipzig: „Die Konferenz betreffend die evangelischen Kirchen in Polen war eine sehr empfindliche und schwere Aufgabe. Ich hoffe, daß unsere kräftige Vertretung der Interessen der Posener Kirche einigen Eindruck auf die Machthaber in Polen machen wird, zumal die evangelische Meinung gerade in Amerika erwacht und in diesem Punkt einig ist".[34] Dem polnischen Gesandten in Stockholm über-

31 *W. Gennrich,* a.a.O. 43f.; *O. Wagner,* Zwischenkirchliche Zusammenarbeit 76f.
32 *O. Wagner,* Staat 148f.
33 *W. Gennrich,* a.a.O. 55.
34 *W. Gennrich,* a.a.O. 52.

sandte Söderblom am 5. April 1921 das Protokoll der Kirchenkonferenz. Im Begleitschreiben sprach er aus, daß die Glaubensbrüder in Polen, „in Warschau einen ganz hervorragenden Führer in Generalsuperintendent Bursche und in Posen einen recht evangelischen Seelsorger in Generalsuperintendent D. Blau“ haben; zur strittigen Sache brachte er zum Ausdruck, daß „nur eine freie Verbindung der Posener Kirche und ihrer Mutterkirche in Preußen die geistige Entwicklung der evangelischen Gemeinden in Posen gewährleisten kann [...], durch eine solche ungehindert freie Verbindung ohne Abhängigkeit die loyale Gesinnung der Posener Evangelischen am besten gefördert werde“.[35]

Die Ergebnisse der Kirchenkonferenz in Uppsala haben eine unterschiedliche Bewertung gefunden. In Bursches Geschichte der Augsburgischen Kirche findet sie keine Erwähnung. Der Mitte April 1921 den evangelischen Kirchen in Polen übersandte „schwedische Entwurf“ für ein Gesetz betr. Regelung des Verhältnisses der ev. Kirchen in Polen zum Staate hatte keine Bedeutung mehr, weil inzwischen im Verfassunggebenden Sejm die endgültige Entscheidung über die Fassung der Bekenntnisartikel der Staatsverfassung gefallen war. Nach schweren politischen Auseinandersetzungen war es den Parteien der nationalen Minderheiten, unterstützt von den Parteien der polnischen Linken, gegen den leidenschaftlichen Widerstand der polnischen Rechtsparteien und der Regierung gelungen, eine Neufassung der Konfessionsartikel durchzusetzen. Bei der dritten und letzten Lesung des Entwurfs der Staatsverfassung in den Tagen vom 8.–16. März 1921 konnte zur Bestürzung der polnischen Rechtsparteien und der Regierung, vom „Verband der jüdischen nationalen Abgeordneten“, von den Parteien der anderen nationalen Minderheiten und den polnischen Linksparteien, diesmal auch von der „Polnischen Volkspartei“ (Bauernpartei Witos) unterstützt, der am 3. März von der Mehrheit des Verfassunggebenden Sejms noch abgelehnte Antrag zur Beschlußfassung gebracht werden: den Wortlaut des in den ersten beiden Lesungen bereits angenommenen Artikels 117 des Entwurfs der Staatsverfassung „Das Römisch-Katholische Bekenntnis, das die Religion der überwiegenden Mehrheit des Volkes ist, nimmt im Staate die Hauptstellung (ein)“ durch den Zusatz „unter den gleichberechtigten Bekenntnissen“ zu ergänzen. Die deutschen Abgeordneten stimmten mit den anderen Abgeordneten der nationalen und religiösen Minderheiten und der polnischen Linksparteien für die Neufassung der Artikel 117 und 118 des Entwurfs der Staatsverfassung, während die dem Warschauer Konsistorium nahestehenden Abgeordneten mit den polnischen Rechtsparteien gegen den Zusatzantrag zu Artikel 117 stimmten.[36]

Am 17. März 1921 hatte sich der neu erstandene polnische Staat seine erste Staatsverfassung gegeben. Für die Kirchen und Religionsgemeinschaften der religiösen Minderheiten, damit auch für die ev. Kirchen, war mit der Fassung der Religionsartikel – die Artikel 117 und 118 des Gesetzentwurfes wurden zu den Artikeln 114 und 115 –[37] eine Entscheidung von außerordentlicher Tragweite gefallen. Die hartnäckigen Versuche der Regierung und der Rechtsparteien, den Kirchen und Religionsverbänden das Recht der vollen Autonomie zu verweigern und das Verhältnis zu ihnen einseitig auf dem Weg eines Staatsgesetzes nach „Anhörung“ ihrer rechtlichen Vertretungen zu regeln, waren gescheitert, für die Zukunft der Weg der „Verständigung“ mit ihnen gewiesen. Gescheitert war damit auch das kirchen-

35 *W. Gennrich,* a.a.O. 53.
36 *O. Wagner,* Staat 149ff.
37 Anhang, Dok. 18.

politische Konzept des Warschauer Konsistoriums und des Generalsuperintendenten Bursche, das seinen staatskirchenrechtlichen Ausdruck im Gesetzentwurf Nader gefunden hatte.

Die Konfessionsartikel der Staatsverfassung (Art. 113–116) waren ein Kompromiß zwischen den historischen Traditionen Polens und den Erfordernissen moderner Toleranz. Sie ergaben sich aus der Notwendigkeit, die in den Artikeln 2–8 des Minderheitenschutzvertrages vom 28. Juni 1919 enthaltenen Bestimmungen als Grundgesetz anzuerkennen, d.h. in die Verfassung aufzunehmen, und waren durch innen- wie außenpolitische Gegebenheiten bedingt.

Ein Doppeltes charakterisierte die polnische Staatsverfassung in ihren Religionsartikeln: die Unterscheidung und die Differenzierung der Religionsverbände im polnischen Staat.

Die Verfassung unterschied vier Arten von religiösen Organisationen: die katholische Kirche (Art. 114), die Kirchen der religiösen Minderheiten (Art. 115), die vom Staat anerkannten Religionsverbände (Art. 113) und die rechtlich nicht anerkannten Bekenntnisse (Art. 116). Da sie keine Bestimmung darüber enthielt, welche Religionsverbände, Kirchen oder Bekenntnisse als anerkannt oder als nicht anerkannt zu gelten haben, vertraten manche Kommentatoren die Auffassung, daß mit Ausnahme der röm.-kath. Kirche alle anderen Religionsverbände, Kirchen und Bekenntnisse einer Anerkennung durch den Staat bedürfen. Nach anfänglicher Zurückhaltung setzte sich der völkerrechtliche Grundsatz durch, und die polnische Regierung sah in den einzelnen Teilgebieten des Staates diejenigen Religionsverbände, Kirchen und Bekenntnisse als anerkannt an, die vor der Entstehung des polnischen Staates von Rußland, Preußen, Österreich anerkannt waren.[38]

Entscheidend war jedoch die in der Verfassung (Art. 114 und 115) ausgesprochene Differenzierung der Religionsverbände durch die Festlegung der Sonderstellung der röm.-kath. Kirche. Die Sonderstellung wurde in dreifacher Weise bestimmt:

1. Der röm.-kath. Kirche wurde die „Hauptstellung unter den gleichberechtigten Bekenntnissen" vorbehalten. Die Begriffe „Hauptstellung" (naczelne stanowisko) und „Gleichberechtigung" (równouprawnienie) standen nun als Verfassungsgrundsätze nebeneinander.

2. Die Autonomie der röm.-kath. Kirche wurde vorbehaltlos anerkannt, den Kirchen der religiösen Minderheiten und den anderen Religionsverbänden nur eine beschränkte Autonomie im Rahmen der staatlichen Gesetzgebung zugestanden. Der röm.-kath. Kirche wurde das Recht zuerkannt, sich nach „eigenen Gesetzen" zu regieren, die einer Nachprüfung durch den Staat nicht unterlagen; die „eigenen Gesetze" der Kirchen der religiösen Minderheiten und der anerkannten Religionsverbände unterlagen der Prüfung durch den Staat und bedurften zu ihrer Gültigkeit der staatlichen Anerkennung.

3. Nur die röm.-kath. Kirche wurde vom Staat als gleichberechtigter Verhandlungspartner anerkannt. Das Verhältnis des Staates zu ihr sollte durch ein Konkordat mit dem Apostolischen Stuhl, das zu den Kirchen der religiösen Minderheiten und den anderen Bekenntnissen „auf gesetzlichem Wege nach Verständigung mit ihren rechtlichen Vertretungen" geregelt werden.[39]

38 *O. Wagner,* Staat und religiöse Minderheiten 203.
39 *O. Wagner,* a.a.O. 203f.

Für die Kirchen der religiösen Minderheiten und die anderen Bekenntnisse war entscheidend, welche Auslegung die Verfassungsgrundsätze „Hauptstellung", „Gleichberechtigung" und „Verständigung" im Staatskirchenrecht Polens und in der Praxis staatlichen Lebens finden würden.

4. Neue Gesetzentwürfe des Warschauer Konsistoriums. Die Entstehung der „Evangelisch-Lutherischen Freikirche in Polen". Die Konstituierung der „Evangelisch-Lutherischen Kirche in Westpolen" (Altlutherische Kirche)

Wie in den Jahren 1917, 1918 und im Ringen um den Gesetzentwurf Nader blieben in der Ev.-Augsb. Kirche auch nach Erlaß der Staatsverfassung die Fragen der Regelung ihres Verhältnisses zum Staat und der Kirchenverfassung mit der nationalen Frage verknüpft und hatten nichts an Dringlichkeit eingebüßt.

Bereits für den 7. April 1921 berief Generalsuperintendent Bursche die von der Pfarrkonferenz am 4. November 1919 gewählte Kommission („Ausschuß") zur Ausarbeitung eines Gesetzentwurfes betr. Regelung des Verhältnisses der Ev.-Augsb. Kirche zum Staat zur Beratung eines konsistorialen Gesetzentwurfes, dem ein „verbesserter Gesetzentwurf Nader" zugrunde lag. Im Gegensatz zu den polnischen, lehnten die deutschen Kommissionsmitglieder die Neuauflage des Gesetzentwurfes Nader ab und erklärten, an keinem vom Konsistorium ausgearbeiteten Gesetzentwurf mehr mitzuarbeiten. Sie brachten dem Gen.-Sup. und dem Konsistorium ihr Mißtrauen zum Ausdruck, betonten in der Frage eines Gesetzentwurfes betr. Regelung des Verhältnisses der ev. Kirche zum Staat die Notwendigkeit, in Verbindung mit dem Konsistorium in Posen zu bleiben und forderten die Einberufung einer Verfassunggebenden Synode nach Lodz.[1]

Intensiven Vermittlungsbemühungen Bursches gelang es, die ganze Kommission zu einer Sitzung nach Lodz am 19. Mai 1921 zusammenzubringen. Die bisher 11gliedrige Kommission wurde um 10 Mitglieder – fünf polnische und fünf deutsche – erweitert („21-er Kommission") und hatte den Auftrag, an den konsistorialen Gesetzentwürfen weiterzuarbeiten. Eine Einigung konnte nicht erzielt werden. In der Kommissionssitzung vom 3. Juni 1921 erklärten deren deutsche Mitglieder, die Verantwortung für die dann am 10. Juni 1921 von der polnischen Kommissionsmehrheit angenommenen Gesetzentwürfe nicht mittragen zu können.[2]

Der Gesetzentwurf betr. Regelung des Verhältnisses der Ev.-Augsb. Kirche zum Staat vom 10. Juni 1921 sah u.a. folgende Bestimmungen vor: Die Ev.-Augsb. Kirche ist eine freie und autonome Kirche und regelt ihre Verhältnisse selbständig im Rahmen der allgemein gültigen staatlichen Gesetze und dieses Staatsgesetzes. Die ev.-augsb. Gemeinden Galiziens sollten nicht mehr automatisch der Ev.-Augsb. Kirche angehören, sondern könnten einer anderen Kirche beitreten. Die Synode der Ev.-Augsb. Kirche besteht aus:

1 *J. Gryniakow,* Ustalenie 69; *W. Gastpary,* Protestantyzm 126.
2 *J. Gryniakow,* a.a.O. 69ff.; *W. Gastpary,* a.a.O. 127.

allen Mitgliedern des Konsistoriums, allen Professoren der Warschauer Theol. Fakultät, allen im Amt befindlichen Pastoren, der gleichen Anzahl von den Gemeinden zu wählenden weltlichen Delegierten und je einem Vertreter der Filialen, in denen die Zahl der Taufen im Jahre 1913 wenigstens 25 betragen hat. Die von der Synode zu beschließende Kirchenverfassung tritt nach der Feststellung des Kultusministers, daß ihre Bestimmungen nicht im Widerspruch zu staatlichen Gesetzen stehen und nach Unterzeichnung durch das Staatsoberhaupt in Kraft. Alle kirchlichen Beschlüsse und Verordnungen bedürfen zu ihrer Gültigkeit der Bestätigung des Kultusministers. Die Wahl des Präses und Vizepräses des Konsistoriums erfolgt nach vorheriger Verständigung mit dem Kultusminister, die Wahl der Pfarrer und Senioren ist der zuständigen Staatsbehörde anzuzeigen. Die Senioren werden vom Kultusminister bestätigt. Die Mitglieder des Konsistoriums, die Senioren und alle Geistlichen, die polnische Staatsbürger sein müssen, haben vor Übernahme des Amtes bzw. vor der Ordination den Treueid auf die Republik zu leisten. Die Amtssprache aller kirchlichen Behörden und Stellen im Verkehr mit den staatlichen und kommunalen Stellen ist die Staatssprache, im innerkirchlichen Verkehr polnisch und deutsch.

Die Vorgänge innerhalb der Ev.-Augsb. Kirche auf dem Hintergrund der Entwicklung der kirchlichen Verhältnisse in Polen machten deutlich, daß die kirchenpolitische Linie des Gen.-Sup. Bursche und des rein polnisch zusammengesetzten Warschauer Konsistoriums auf der kirchlichen Ebene nicht zu halten war.

Das gemeinsame Ringen um die Verankerung der Gleichberechtigung und Autonomie der ev. Kirchen in der Staatsverfassung, die Ablehnung der Gesetzentwürfe Nader und Lutosławski hatten erstmals auch zu Kontakten und zur Zusammenarbeit der ev. Kirchen Posen–Pommerellens, Galiziens und des deutschen Teils der Ev.-Augsb. Kirche in Abwehr staatlicher Eingriffe in das kirchliche Leben und des kirchenpolitischen Kurses des Gen.-Sup. Bursche und des Warschauer Konsistoriums geführt.

Schwerwiegende, in ihren Auswirkungen nicht übersehbare Folgen hatten Bursche und das Warschauer Konsistorium gemahnt, innerkirchlich den Bogen nicht zu überspannen, angesichts auch der Gefahr der Bildung einer deutschsprachigen evangelisch-lutherischen Freikirche. Viele sahen in ihr die einzige Möglichkeit, von den staatlichen Bindungen frei zu kommen, ihr kirchliches Leben frei zu entfalten, Sprache, Glaube und Volkstum in der doppelten Diaspora zu erhalten. Von den führenden deutschen Laien der Ev.-Augsb. Kirche setzten sich vornehmlich Adolf Eichler[3] und Julian Will dafür ein, von den Geistlichen warb für die Freikirche Pastor Joseph Rosenberg aus Stawiszyn, ein kirchenpolitischer Gegner Bursches, der nach Latowitz, Kempen in der Provinz Posen, dann nach Willenberg in Ostpreußen gegangen war, mit der zu Tausenden verbreiteten Schrift: „Schließt Euch zur lutherischen Freikirche zusammen! Sendschreiben an die evangelischen lutherischen Glaubensgenossen in Kongreßpolen von einem alten Pastor". In Leipzig rief der Theologiestudent Eduard Kneifel den „Hilfsverein deutscher Studierender aus Kongreßpolen" mit dem Sitz in Leipzig ins Leben. Im Auftrag des Hilfsvereins reisten mit Adolf Eichlers Unterstützung die Theologiestudenten Gustav Schedler und Adolf Doberstein nach den Vereinigten Staaten, um dort für den Gedanken einer lutherischen Freikirche in Polen zu werben und finanzielle Hilfe zu erbitten. Auch nachdem Julian Will und die in

3 *A. Eichler,* Die Evangelischen in Kongreßpolen am Scheidewege.

Leipzig studierende Gruppe kongreßpolnischer Theologen vom Gedanken einer lutherischen Freikirche abgerückt waren, wurde er von A. Eichler weiter vertreten. Auf seine Bitte entsandte die Wisconsin-Synode 1922 Pastor Otto Engel nach Polen, der in den Gemeinden der Ev.-Augsb. Kirche für die Sache der Freikirche warb, ehe er 1927 nach den USA zurückkehrte.[4] Von den einflußreichen landeskirchlichen Geistlichen befürwortete Superintendent Wilhelm Petrus Angerstein, Pastor in Lodz, 1874 in der altlutherischen Gemeinde in Breslau ordiniert, aus konfessionellen Gründen den Gedanken der lutherischen Freikirche. Über Anfänge war die „Evangelisch-Lutherische Freikirche in Polen", deren Organisationsstatut[5] die polnischen Behörden die Bestätigung versagten, nicht hinausgekommen. Die an Polen gefallenen 7 Gemeinden der „Evangelisch-Lutherischen Kirche in Preußen" (Altlutheraner) lehnten einen Zusammenschluß mit der Luth. Freikirche wie einen Anschluß an die Ev.-Augsb. Kirche in Polen ab und schlossen sich 1924 zur „Evangelisch-Lutherischen Kirche in Westpolen" zusammen.[6]

II. Die Gründung der „Unierten evangelischen Kirche in Polnisch-Oberschlesien". Die Genfer Konvention für Oberschlesien vom 15. Mai 1922

In der Lage gespannter Beziehungen der ev. Kirchen in Polen zueinander und scharfer innerkirchlicher Auseinandersetzungen in der Ev.-Augsb. Kirche zeichnete sich, wie es schien, die Aussicht auf eine Entspannung und die Hoffnung auf die Einigung auf gemeinsame Grundsätze in der Frage der Regelung des Verhältnisses des Staates zu den ev. Kirchen und hinsichtlich der Verankerung des Grundsatzes der Autonomie in den Kirchenverfassungen ab. Auf die Haltung der polnischen Regierung und des Gen.-Sup. Bursche waren die Vorgänge und Entscheidungen im Zusammenhang mit der Bildung der Unierten Ev. Kirche in Polnisch-Oberschlesien nicht ohne Einfluß geblieben.[1]

Der Versailler Friedensvertrag vom 28. Juni 1919 (Art. 88) hatte für das Abstimmungsgebiet in Oberschlesien eine Volksabstimmung vorgesehen. Sie wurde am 20. März 1921

4 *E. Kneifel*, Geschichte 221, 249f.; *W. Gastpary*, a.a.O. 132f.

5 Text in: „Volksfreund" Nr. 41 vom 30. Oktober 1921 (nach: *J. Gryniakow*, a.a.O. 244, Anm. 146).

6 *O. Schilter*, Die Ev.-Luth. Kirche 82ff.

1 Zur Geschichte der Entstehung der Unierten Evangelischen Kirche in Polnisch-Oberschlesien, der deutsch-polnischen Konferenzverhandlungen in Beuthen und Genf, der „Genfer Konvention" und ihrer Religionsartikel: *H. Voß*, Die Unierte evangelische Kirche in Polnisch-Oberschlesien, in: Ekklesia V/21; *ders.:* Evangelische Kirche und Evangelisch-kirchliche Minderheiten; *R. Schneider*, Gedenkbuch; *O. Wagner*, Staat und religiöse Minderheiten; *ders.:* Die Unierte evangelische Kirche in Polnisch-Oberschlesien; Oberschlesien und der Genfer Schiedsspruch; *M. Korowicz,* Górnośląska ochrona mniejszości; *W. Gastpary,* Protestantyzm 80ff. Eine Arbeit über die Entstehung der Unierten ev. Kirche in Polnisch-Oberschlesien ist in Vorbereitung.

gehalten und hatte 707 554 (59,6%) Stimmen für Deutschland und 478 820 (40,4%) Stimmen für Polen ergeben. Ungeachtet dessen wurde auf Drängen Frankreichs mit Entscheid der alliierten Botschafterkonferenz vom 20. Oktober 1921 („Genfer Entscheid") das oberschlesische Abstimmungsgebiet zwischen Deutschland und Polen geteilt. Polen erhielt etwa 1/4 des Abstimmungsgebietes, 44% (980 000 von 2,3 Mill.) der Bewohner und 75% der Industrieanlagen zugesprochen. Die neue, mitten durch eines der größten Industriegebiete Europas gezogene Grenze durchschnitt Kreise und Gemeinden und unterbrach auf engstem Raum 15 Eisenbahnlinien, 9 Schmalspurbahnen, 7 Trambahnlinien und 45 Straßen.

Mit dem Polen zugesprochenen Teil des oberschlesischen Abstimmungsgebietes waren von den fünf im Abstimmungsgebiet gelegenen Diözesen der Schlesischen Provinzialkirche der Evangelischen Kirche der Union (Kreuzburg, Gleiwitz, Oppeln, Ratibor und Pleß) die ganze Diözese Pleß und Teile der Diözesen Gleiwitz und Ratibor an Polen gefallen, zusammen 19 ev. Kirchengemeinden mit ca. 60 000–65 000 Seelen, davon ca. 5000 polnischer Sprache. Die Teilung Oberschlesiens hatte auch die seit den Tagen der Reformation bestehende Einheit der ev. Kirche in Oberschlesien zerrissen.

Im Sinne des von ihm der Pariser Friedenskonferenz am 14. Februar 1919 überreichten Memorials hatten Gen.-Sup. Bursche und das Warschauer Konsistorium im Vollzug des territorial- und kirchenpolitischen Programms des Polnischen Evangelizismus wie in Masuren, so in Oberschlesien in die Abstimmungskämpfe eingegriffen. In Zusammenarbeit mit der Warschauer Regierung richtete Bursche in der Polnischen Plebiszitkommission mit dem Sitz in Beuthen eine „Evangelische Abteilung" ein, deren Leitung er dem Militärpfarrer Karl Banszel aus Schibitz im Teschener Gebiet übertrug. Im Namen eines eigens gegründeten „Towarzystwo Ewangelickie na Górnym Śląsku – Evangelischer Verein in Oberschlesien" wurde in Kreuzburg von der Propagandaabteilung des Polnischen Plebiszitkommissariats durch einen Mittelsmann die „Kreuzburger Zeitung" erworben, gleichzeitig das polnische Wochenblatt „Nowiny Ewangelickie" (Evangelische Neue Nachrichten) ins Leben gerufen (Kreuzburg 15. Januar 1921 bis 1922), dessen Schriftleiter Karl Banszel wurde. An die oberschlesische ev. Bevölkerung hatten Bursche und der Präses des Warschauer Konsistoriums, Jakob Glass, im April 1919 einen Aufruf[2] gleichen Inhalts wie der ihres Masurenaufrufes gerichtet, in den Jahren 1920/21 hatte Pfarrer Franz Michejda aus Nawsi im Teschener Gebiet mit der im Verlag der „Kreuzburger Zeitung" 1920 gedruckten, deutsch und polnisch verfaßten Flugschrift „Aus welchen religiösen Beweggründen muß der protestantische Oberschlesier für Polen stimmen?" geworben. Pfarrer K. Banszel bereiste die ev. Gemeinden in den Kreisen Kreuzburg, Rybnik und Pleß, verbreitete den Aufruf des Warschauer Konsistoriums und die Flugschrift Michejdas und versicherte, daß er die Interessen der ev. Kirche den polnischen Stellen im Lande wie der Warschauer Regierung gegenüber vertrete.

War den Bestrebungen Bursches und des Warschauer Konsistoriums unter der ev. Bevölkerung des oberschlesischen Abstimmungsgebietes auch kein Erfolg beschieden, so bildeten sie den Ansatz- und Ausgangspunkt für die Arbeit der nach 1925 nach Polnisch-Oberschlesien zuziehenden ev. Polen und der von ihnen gegründeten Vereine der ev. Polen.

2 Der Aufruf des Warschauer Konsistoriums an die „Evangelischen Brüder in Schlesien" vom April 1919 in: Anhang, Dok. 19.

„Um im Interesse der Allgemeinheit die Fortdauer des Wirtschaftslebens ebenso wie den Schutz der Minderheiten zu gewährleisten“, hatten der „Genfer Entscheid“ den verpflichtenden Abschluß von Vereinbarungen zwischen Deutschland und Polen vorgesehen. Sie sollten unter neutralem Vorsitz geführt werden, Verpflichtungen von internationaler Tragweite begründen und unter die Garantie des Völkerbundes gestellt werden.

Im Ergebnis der in Beuthen und in Genf vom 23. November 1921 bis 13. Mai 1922 unter Vorsitz des Schweizer Altbundespräsidenten, Dr. Felix Calonder, als Beauftragten des Völkerbundes – seine engsten Mitarbeiter in Fragen des Minderheitenschutzes war der holländische Professor van Hamel und der belgische Professor Georges Kaekenbeek – geführten deutsch-polnischen Konferenzverhandlungen entstand das Kapitel III („Religion“) des auf 15 Jahre abgeschlossenen „Deutsch-Polnischen Abkommens über Oberschlesien vom 15. Mai 1922“[3] („Genfer Vertrag“ oder auch „Genfer Konvention“ genannt), dessen Bestimmungen am 16. Mai 1922 vom Völkerbundsrat unter die Garantie des Völkerbundes gestellt wurden. Im Instanzenzug der Rechtsmittel war in erster Instanz der vom Völkerbundesrat zu ernennende Präsident der „Gemischten Kommission“, in zweiter Instanz der Völkerbundsrat vorgesehen. Der Präsident hatte Vertragsverletzungen festzustellen und Wege zu ihrer Behebung zu bestimmen. Eine Exekutivgewalt besaß er nicht. Das Amt des Präsidenten der Gemischten Kommission mit dem Sitz in Kattowitz, der mit beratender Stimme zwei Deutsche und zwei Polen angehörten, übte 1922–1937 Dr. Felix Calonder aus. Zum Charakteristikum des oberschlesischen Minderheitenschutzes gehörten die innerstaatlichen Minderheitenämter, über die die Eingaben an die Gemischte Kommission einzubringen waren. Sitz des polnischen Minderheitenamtes war Kattowitz, des deutschen Oppeln.

Teil III, Titel II, Kapitel III, Artikel 84–96[4] der Genfer Konvention betrafen den Schutz der religiösen Minderheiten. Auf Verlangen des Ev. Oberkirchenrates in Berlin, des obersten kirchenregimentlichen Organs der an Polen gekommenen unierten ev. Gemeinden, wurde das Problem des Schutzes der religiösen Minderheiten in die Regierungsverhandlungen über den Schutz der nationalen, sprachlichen und rassischen Minderheiten einbezogen. Kirchliche evangelische Sachverständige der deutschen Regierungsdelegation waren Missionsdirektor D. Axenfeldt und der Geheime Oberkonsistorialrat Hundt; die polnische Regierungsdelegation hatte zunächst keinen evangelischen kirchlichen Sachverständigen in ihrer Mitte. Als die Verhandlungen über den Minderheitenschutz, damit die Genfer Verhandlungen als Ganzes, an der von der polnischen Seite abgelehnten Aufnahme von detaillierten, den Schutz religiöser Minderheiten konkretisierenden Bestimmungen des Minderheitenschutzvertrages vom 28. Juni 1919 zu scheitern drohten und eine Entscheidung des Völkerbundkommissars zu diesem Fragenkomplex angerufen wurde, lenkte die polnische Regierung ein und entsandte den Gen.-Sup. Bursche als ihren kirchlichen evangelischen Sachverständigen zu den Verhandlungen nach Genf.

Die Verhandlungen der beiderseitigen kirchlichen Sachverständigen – Axenfeldt, Hundt, Ulitzka (kath.), Bursche – in der zweiten Märzwoche 1922 führten zu einer Einigung über den Schutz religiöser und kirchlicher Minderheiten bis auf drei Fragen, die

3 RGBL 1922, Teil II, Nr. 10, 238ff.
4 Anhang, Dok. 20.

Calonder zur Vermittlung oder zum Stichentscheid zugeleitet werden mußten. Zwei dieser Fragen waren grundsätzlicher Natur und für die staatskirchenrechtlichen Auffassungen der polnischen Regierung gleicherweise kennzeichnend wie für die kirchenrechtlichen und kirchenpolitischen Auffassungen Bursches. Die erste Frage betraf die von polnischer Seite verneinte, von der deutschen Regierungsdelegation bejahte Zulässigkeit des Ausbaus der Bestimmungen des Minderheitenschutzvertrages vom 28. Juni 1919 und die Notwendigkeit der Aufnahme von präzisierten Bestimmungen über den religiösen Minderheitenschutz in das abzuschließende deutsch-polnische Abkommen; die zweite Frage betraf die von der polnischen Regierungsdelegation und Gen.-Sup. Bursche abgelehnte Aufnahme einer Bestimmung über die volle kirchliche Autonomie in das Abkommen; die dritte strittig gebliebene Frage blieb die Festsetzung des Zeitpunktes für die Anpassung der Organisation der Kirchen und Religionsgesellschaften an die neuen staatlichen Verhältnisse. An den von Calonder für den 13. März 1922 anberaumten kontradiktorischen Verhandlungen unter Vorsitz von van Hamel konnte Bursche nicht mehr teilnehmen, weil er im Zusammenhang mit den Spannungen im Vorfeld der Konstituierenden Synode der Ev.-Augsb. Kirche vorzeitig nach Warschau zurückkehren mußte.

In allen drei strittigen Fragen hatte van Hamel für die Standpunkte der deutschen Regierungsdelegation entschieden.[5]

Der endgültig angenommene Wortlaut der Religionsartikel des Deutsch-polnischen Abkommens über Oberschlesien vom 15. Mai 1922 hatte alle bisherigen, im Minderheitenschutzvertrag vom 28. Juni 1919 zusammengefaßten internationalen Bestimmungen zum Schutz der religiösen Minderheiten konkretisiert und kodifiziert, indem er aus dem Grundsatz der Bekenntnisfreiheit und dem Wesen der Kirche das Recht der kirchlichen Selbstbestimmung, das Recht der kirchlichen Organisationsfreiheit und das Recht für die ev. Minderheit ableitete, auch über die Staatsgrenzen hinaus „zum Zwecke gemeinsamen Handelns auf dem Gebiete des Bekenntnisses, der Lehre, des Kultus und der Liebestätigkeit rein kirchliche Beziehungen“ und bestimmte synodale Zusammenhänge mit ihrer Mutterkirche in Deutschland für einen bestimmten Zeitraum aufrechtzuerhalten.

Artikel 93 der Genfer Konvention hatte die an Polen gefallenen Religionsgemeinschaften, Kirchen und Kultusgemeinden verpflichtet, „ihre Organisation mit Rücksicht auf den Wechsel der Staatshoheit den Gesetzen, die zur Wahrung der öffentlichen Ordnung und der guten Sitten erlassen werden, und den Bestimmungen dieses Kapitels (‚Religion‘)“ bis zum 1. Juli 1923 anzupassen.

Die geforderte Anpassung erfolgte für die ev. Gemeinden auf kirchengesetzlichem Wege. Nach Vollzug der kirchenrechtlich erforderlichen Entscheidungen des Konsistoriums Breslau (8. März 1923) und des Landeskirchenausschusses in Berlin vom 1. Juni 1923 (Entlassung aus der Verwaltung der bisherigen Landeskirche) schlossen sich die 19 an Polen gefallenen ostoberschlesischen ev. Kirchengemeinden auf der Kreissynode in Pleß vom 6. Juni 1923 zur „Unierten Evangelischen Kirche in Polnisch-Oberschlesien“ zusammen.[6] Zum Präsidenten der Kirche wurde der erste Pfarrer der ev. Gemeinde Kattowitz

5 Zu den Deutsch-Polnischen Konferenzverhandlungen in Beuthen und Genf s. *O. Wagner*, Staat und religiöse Minderheiten 205ff.

6 Anhang, Dok. 21.

und Superintendent der Diözese Pleß, D. theol. Hermann Voß (1872–1938)[7], der Vorsitzende des „Ausschusses der Kreissynoden Oberschlesiens" im Abstimmungsgebiet, gewählt. Sitz des Kirchenpräsidenten und des Landeskirchenrates, der neu geschaffenen Kirchenbehörde, auf die die Rechte des Konsistoriums und des Oberkirchenrates übergegangen waren, wurde Kattowitz. Die oberste Vertretung der Kirche lag bei der Landessynode, bestehend aus 1/3 von Geistlichen und 2/3 von durch die Gemeinden zu wählenden Laienabgeordneten.

Gemeinsame Bekenntnishaltung, Geschichte und Schicksale ließen die Gemeinden und ihre deutsch- wie polnischsprachigen Gemeindeglieder unter Leitung von Kirchenpräsident Voß zu einer kleinen Diasporakirche von innerer Geschlossenheit und einem außerordentlich regen kirchlichen Leben zusammenwachsen, auch nachdem ihre Seelenzahl von ca. 60 000–65 000 (1918/22) durch Abwanderung, Verdrängung und Ausweisung auf ca. 30 000–32 000 im Jahre 1939 zurückgegangen war. In einer Entscheidung der Gemischten Kommission im Jahre 1923 hatte Präsident Calonder die Feststellung getroffen, daß es „notorisch ist, daß die Angehörigen der evangelischen religiösen Minderheit in Polnisch-Oberschlesien sich in der Regel zur deutschen sprachlichen Minderheit zählen". Die Unierte Ev. Kirche in Polnisch-Oberschlesien wurde Mitglied der „Landesvereinigung Polen des Weltbundes für Freundschaftsarbeit der Kirchen" und des „Rates der evangelischen Kirchen in Polen" und war mit der Unierten Ev. Kirche in Posen-Pommerellen und der Ev. Kirche A. und H. B. in Kleinpolen (Galizien) in der „Kattowitzer Arbeitsgemeinschaft" verbunden.

Die Rechtsstellung der Unierten Ev. Kirche in Polnisch-Oberschlesien war wie die der anderen ev. Kirchen und die der Kirchen und Religionsgemeinschaften der religiösen Minderheiten durch die Staatsverfassung vom 17. März 1921, darüber hinaus durch die Genfer Konvention vom 15. Mai 1922 für einen Zeitraum von 15 Jahren (1922–1937) bestimmt. Im Unterschied zu den anderen Gebietsteilen des Landes hatte Polen noch in der Zeit der Abstimmungskämpfe dem Teil des oberschlesischen Abstimmungsgebietes und dem Teil des ehem. österreichischen Herzogtums Teschen, die an Polen kommen würden, mit dem „Verfassungsgesetz vom 15. Juli 1920, beinhaltend das Organische Statut der Wojewodschaft Schlesien"[8] eine weitgehende Autonomie verliehen („Autonomiestatut"). Die Wojewodschaft Schlesien nahm in Polen eine staatsrechtliche Sonderstellung ein. Der Ge-

7 Hermann Voß, geb. am 21. September 1872 in Striegau, Niederschlesien, gest. am 6. Mai 1938 in Breslau, Studium in Halle, ordiniert am 8. März 1899 in Breslau, Hilfsprediger in Wüstegiersdorf und Liegnitz, Pfarrer in Friedeberg a. Queis, vom 1. Mai 1904 bis zum Tode erster Pfarrer in Kattowitz, 1919–1923 Superintendent der Diözese Pleß, in der Abstimmungszeit Vorsitzender des Ausschusses der Kreissynoden Oberschlesiens, 1923–1939 Präsident der Unierten evangelischen Kirche in Polnisch-Oberschlesien, gehört zu den bedeutenden Gestalten der evangelischen Kirche in Schlesien, des deutschen und ökumenischen Protestantismus. Er war Mitglied der Generalsynode der Unierten Kirche und des Zentralvorstandes des Gustav-Adolf-Vereins in Leipzig. Am Zustandekommen internationaler Bestimmungen über den Schutz kirchlicher Minderheiten war er maßgeblich beteiligt, in Polen gehörte er zu den Förderern der zwischenkirchlichen Zusammenarbeit und ökumenischen Mitarbeit der evangelischen Kirchen. Eine Biographie Voß' fehlt.

8 Anhang, Dok. 22.

setzgebung des Schlesischen Sejm (Landtages) war u.a. in Artikel 4, Abs. 7 „die Gesetzgebung in konfessionellen Angelegenheiten unter Ausschluß der kirchlichen Angelegenheiten, die in den Bereich der auswärtigen Politik fallen (Konkordat)" vorbehalten. Die der Wojewodschaft Schlesien verliehene Autonomie war jedoch praktisch durch die sehr weitgehenden Rechte des auf Vorschlag des Ministerpräsidenten vom Staatspräsidenten zu ernennenden Wojewoden eingeschränkt. Die vom Schlesischen Sejm nach Art. 14 des Autonomiestatutes zu erlassende innere Verfassung der Wojewodschaft war nie ergangen.

Die staatsrechtliche Sonderstellung der Wojewodschaft Schlesien sollte sich für die Unierte Ev. Kirche in Polnisch-Oberschlesien schicksalsmäßig auswirken.

Die Genfer Verhandlungen, die im Genfer Vertrag zusammengefaßten, unter den Schutz des Völkerbundes gestellten Bestimmungen, hatten ein internationales Moment in die Verhandlungen um die Grundsätze der Regelung des Verhältnisses des Staates zu den ev. Kirchen und die Sicherung der Autonomie der ev. Kirchen in Polen gebracht und einseitigen, vom Staat zu treffenden Regelungen den Weg verschlossen, wie sie vor Erlaß der Staatsverfassung vom 17. März 1921 und auch nachher noch versucht worden waren.

III. Die Konstituierende Synode der Evangelisch-Augsburgischen Kirche 1922/23 und ihre Gesetzentwürfe vom 10. April 1923

Ein neuer Ansatz zu den Fragen der ev. Kirchen schien sich staatlicherseits nach Abschluß der Genfer Verhandlungen anzubahnen. Im unmittelbaren Anschluß an diese Verhandlungen lud die polnische Regierung die beiderseitigen kirchlichen Sachverständigen – den Geheimen Oberkonsistorialrat D. Hundt und den Geheimrat D. Karnatz vom Ev. Oberkirchenrat in Berlin und Gen.-Sup. D. Bursche, dazu Gen.-Sup. D. Blau–Posen – für den 17. und 18. März 1922 zu Besprechungen nach Warschau ein. Diese unter Vorsitz des Leiters der Kultusabteilung im Ministerium für ehemalige preußische Landesteile, Dr. Witold Sahanek, geführten Besprechungen fanden in einer guten Atmosphäre statt und betrafen die Rechtsstellung der ev. Kirchen in Polen nach Erlaß der Staatsverfassung und die Grundzüge einer Regelung des Verhältnisses von Kirche und Staat für die Unierte Kirche in Posen–Pommerellen.

Die von beiden Seiten als „unverbindliche freie Aussprache zur gegenseitigen Fühlungnahme zwecks Klärung der Lage" geführten Verhandlungen führten dem von allen Teilnehmern unterzeichneten Protokoll, den „Warschauer Stipulationen vom 17. und 18. März 1922"[1] zufolge zum Ergebnis: Es bestand Einverständnis darüber, daß es im Interesse des Staates wie der unierten Kirche erwünscht sei, daß die Regelung des Verhältnisses von Kirche und Staat sobald als irgend möglich erfolge. In Verhandlungen zwischen der Vertretung der unierten Kirche und der Staatsregierung wären zu regeln: „1. Fragen, die im Grunde bei allen Kirchen der religiösen Minderheiten im Verhältnis zum polnischen Staat einer Klärung bedürften", wie die Sicherung des Grundsatzes der Parität mit der kath.

1 In: UuA 4, 13–21.

Kirche u. a. m., „2. Fragen, deren Regelung sich aus der besonderen Lage der ev.-unierten Kirche in Polen als einer Minderheits- und Diasporakirche und ihrem, von den Gemeinden selbst kraft ihres kirchlichen Selbstbestimmungsrechts gewünschten Verhältnis zur Mutterkirche für die ev.-unierte Kirche in Polen, im Blick auf die Religions- und Gewissensfreiheit ihrer Glieder als Lebensnotwendigkeit ergibt: a) Ausgestaltung der Grundsätze des Pariser Minderheitenschutzvertrages vom 28. Juni 1919 in Anwendung auf die Kirche, ihre Gemeinden und Glieder nach Maßgabe ihrer Bedürfnisse", so den Gebrauch der deutschen Sprache im Gottesdienst, im kirchlichen Unterricht und Vereinsleben, sowie in der kirchlichen Verwaltung u. a. m. Im einzelnen würde es um Regelungen gehen, wie sie im Genfer Vertrag festgelegt wurden.

Im Protokoll heißt es anschließend: „Von Seiten der polnischen Vertreter wurden diese Ausführungen als juristisch und sachlich einwandfrei bezeichnet, nur wurde darauf hingewiesen, daß eine Beteiligung von Vertretern der ev.-unierten Kirche aus Polen an den obersten Körperschaften außerhalb Polens vom Standpunkt des polnischen Staates aus nur im Sinne einer gastweisen Teilnahme erträglich erscheine. Die polnischen Vertreter erkannten aber im übrigen an, daß die Gewährung der obigen, von den Vertretern der ev.-unierten Kirche bezeichneten Sicherungen für die ev.-unierte Kirche in Polen eine Lebensnotwendigkeit darstelle und sagten für ihre Person zu, zu Gunsten ihrer Verwirklichung eintreten zu wollen".

Ergänzend zu den „Warschauer Stipulationen" ist den „Anmerkungen zu den Aufzeichnungen über die Warschauer Besprechungen vom 17. und 18. März 1922"[2] vom Geheimrat Karnatz zu entnehmen, daß Gen.-Sup. Bursche einen Bericht über die Lage der Ev.-Augsb. Kirche gegeben hat. Die einzuberufende Konstituierende Synode werde über Gesetzentwürfe betr. Regelung des Verhältnisses der Ev.-Augsb. Kirche zum Staat und eine Kirchenverfassung zu befinden haben. Für die Wahl des Generalsuperintendenten (Bischofs) und des Konsistorialpräsidenten sei ein staatliches Genehmigungsrecht, für die Mitglieder des Konsistoriums und alle Geistlichen ein Eid der Treue gegen den Staat und des Gehorsams gegen die Gesetze in Aussicht genommen.

Einen Erfolg hatten die Warschauer Besprechungen nicht. Über den von der Landessynode der Unierten Kirche in Posen–Pommerellen am 1. Dezember 1923 beschlossenen und der Regierung eingereichten Entwurf eines Gesetzes betr. Regelung ihres Verhältnisses zum Staat nahm die Regierung keine Verhandlungen auf, auch nicht – sollte die Regierung auf die Einberufung einer Konstituierenden Synode bestehen – über den miteingereichten Entwurf eines Gesetzes zur Einberufung einer Konstituierenden Synode, der dem Sejm als Dringlichkeitsantrag eingereicht werden sollte.[3]

In seinen Auswirkungen auf die Ev.-Augsb. Kirche dürfte das aus der Problematik um die Regelung des Verhältnisses der ev. Kirchen zum Staat nicht mehr auszuklammernde internationale Moment nicht zu unterschätzen sein. Die Konfessionsartikel der Staatsverfassung, der Widerstand gegen den Gesetzentwurf Nader und die diesem zugrunde liegenden staatskirchenrechtlichen Grundsätze, die Genfer Verhandlungen mit der völkerrechtlichen Anerkennung des Rechtes der kirchlichen Selbstbestimmung der Gemeinden und

2 In: AW.
3 In: UuA 4, 5–11.

ihrer Glieder hatten die Regierung und das Warschauer Konsistorium bewogen, in der Frage der Regelung des Verhältnisses der Ev.-Augsb. Kirche zum Staat und der Erstellung einer Kirchenverfassung den von den deutschen Kirchengliedern geforderten synodalen Weg einzuschlagen.

Diesen Weg kündigte Gen.-Sup. Bursche den Pastoren bereits am 5. Oktober 1921 mittels Rundschreiben[4] an, unter gleichzeitiger Einberufung von Pastoralkonferenzen in Lodz für den 18. Oktober, in Warschau für den 26. Oktober und in Teschen zur Besprechung der auf der kommenden „Konstituierenden Synode" zur Beschlußfassung vorzulegenden Entwürfe für ein Gesetz zur Regelung des Verhältnisses der Ev.-Augsb. Kirche zum Staat und für eine Kirchenverfassung.

In Abkehr von der bisherigen Verhandlungsgrundlage nahmen Regierung und Konsistorium nunmehr in diesen Fragen ihren Ausgangspunkt bei dem in Geltung befindlichen Staatsgesetz vom 8./20. Februar 1849. Auf Bursches Veranlassung brachte der Abgeordnete der Polnischen Volkspartei „Piast", Paul Bobek, evangelischer Lehrer aus Teschen, am 30. März 1922 im Sejm einen Dringlichkeitsantrag zur Änderung der §§ 151–162 des Staatsgesetzes von 1849 über die Generalsynode ein. Statt der bisher 10 Mitglieder der nie einberufenen Generalsynode, sollte die neue Generalsynode aus 202 Mitgliedern (76 Geistlichen, 4 Professoren und 122 weltlichen Mitgliedern) bestehen, und den Namen „Konstituierende Synode der Evangelisch-Augsburgischen Kirche in Polen" tragen. Schon tags darauf, am 31. März 1922, fand die erste Lesung des Gesetzentwurfes Bobek im Sejm statt, der dann am 27. April 1922 mit Stimmenmehrheit zum Gesetz, der „lex Bobek"[5], erhoben wurde.

Mit der „lex Bobek" war der staatsrechtliche Weg zur Einberufung der Konstituierenden Synode der Ev.-Augsb. Kirche frei geworden, die über die konsistorialen Gesetzentwürfe vom 10. Juni 1921 zu beraten und beschließen hatte.

An beiden Gesetzentwürfen hatten sich schon im Vorfeld der Konstituierenden Synode lebhafte Auseinandersetzungen in der Öffentlichkeit entzündet, die gegensätzliche kirchenrechtliche und nationale Standpunkte markierten. Bursches Beschuldigung auf der Kirchenversammlung in Warschau vom 23.–24. Februar 1922, daß der deutsche Teil der Ev.-Augsb. Kirche, wie erneut ersichtlich, wegen seiner Ablehnung des konsistorialen Gesetzentwurfes betr. Regelung des Verhältnisses der Ev.-Augsb. Kirche zum Staat dem polnischen Staat gegenüber eine illoyale Haltung einnehme, riefen stürmische Proteste in den Gemeinden hervor und veranlaßten die Lodzer Gemeinden, eine Protestversammlung nach Lodz für den 21. März 1922 einzuberufen, um „über die Nöte der Kirche zu beraten und die Wünsche der Gemeindeglieder zu hören". Die Lodzer Kundgebung wies Bursches – als Diffamierung bezeichneten – Beschuldigungen der Illoyalität dem polnischen Staate gegenüber scharf zurück, lehnte den politisierenden Zugang des Generalsuperintendenten zu kirchlichen Fragen und die konsistorialen Gesetzentwürfe vom 20. Juni ab und forderte in der Frage der Revision der geltenden Kirchenverfassung von 1849 die Einberufung einer Landessynode unter Beteiligung einer entsprechenden Laienvertretung. Die anderen Gemeinden der Ev.-Augsb. Kirche wurden aufgerufen, sich den Beschlüssen der Lodzer

4 In: AK.
5 Dz. U.R.P. 1922, Nr. 32, Pos. 257.

Gemeinden anzuschließen.[6] Das Konsistorium antwortete auf die ihm zugeleiteten Beschlüsse nicht.

Die Einbringung des Dringlichkeitsantrages Bobek und das Schweigen des Konsistoriums zu den Beschlüssen der Lodzer Gemeinden vom 21. März hatten diese veranlaßt, für den 5. April 1922 eine zweite Versammlung einzuberufen, an der sich über 3000 Gemeindeglieder beteiligten. Sie wiederholte die Beschlüsse vom 21. März, sprach dem Konsistorium und insbesondere dem Generalsuperintendenten Bursche ihr Mißtrauen aus und nahm Stellung zum Antrag Bobeks, der „nicht in allen Punkten den Wünschen der Gemeinden entspreche". Bedenken wurden gegen Art. 1 erhoben und verlangt, daß das Verhältnis der Laien zu den Geistlichen 2:1 betragen solle, auch, daß das aktive Wahlalter von 24 auf 21, das passive von 30 auf 25 Jahre herabgesetzt werde. Gewählt wurde eine „Ausführungskommission" mit folgenden Aufgaben: 1. Ausführung der Beschlüsse dieser Versammlung; 2. Herbeiführung einer Fühlungnahme mit allen Gemeinden zwecks gemeinsamen Vorgehens in kirchlichen Fragen; 3. Vorbereitung einer evangelischen Tagung in Lodz und 4. Ausarbeitung eines Gesetzentwurfes für das neue Kirchengesetz. Zu Mitgliedern der „Ausführungskommission" wurden gewählt: Rektor Michael Schmidt, Lehrer August Utta, Fabrikbeamter Robert Schwarz, Pastor Gustav Schedler, Sejmabgeordneter Otto Somschor, Redakteur Gustav Ewald, Lehrer Julian Will, Otto Groß, Lehrer Karl Weigelt, Sejmabgeordneter Artur Kronig, Lehrer Albert Breyer, Abgeordneter Karl Stüldt, Stadtmissionar Kasper Horn, Industrieller Wilhelm Hoffmann und der kaufm. Angestellte Arthur Born.[7] Die Lodzer Gemeindepfarrer Julius Dietrich, Paul Otto und Alexander Groß lehnten ihre Wahl aus Zeitmangel ab. Als nachteilig erwies sich, daß kein Jurist der Ausführungskommission angehörte.

Die Lodzer Gemeindeversammlung vom 5. April 1922 und der Aufruf der Ausführungskommission an die Gemeinden[8] waren der Auftakt für die deutschen Glieder der Augsburgischen Kirche, für die Rechte in ihren Kirchen einzutreten. Die leitenden Mitglieder des Warschauer Konsistoriums wurden für den Unfrieden in der Kirche verantwortlich gemacht, die Gemeinden aufgefordert, sich dem Protest der Lodzer gegen die im Antrag Bobek vorgesehene Zusammensetzung der Konstituierenden Synode anzuschließen. Gen.-Sup. Bursche nahm die Herausforderung an. Mit einem in deutscher und polnischer Sprache gehaltenen Einladungsschreiben berief er am 11. April für den 26. April 1922 eine Pastorensynode nach Lodz ein. Die Tagesordnung war: 1. Bericht über die Lage; 2. Die Kirchenverfassung; 3. Das Verhältnis der Kirche zum Staat; und 4. Die Schulfrage und die Ehefrage. Am gleichen Tage wandte er sich mit einem deutschen Schreiben an die „Herrn Pastoren und Kirchenkollegien des Warschauer Evangelisch-Augsburgischen Konsistorialbezirks" mit einem scharfen Angriff auf den Sejmabgeordneten Spickermann, den Einberufer der Gemeindeversammlung in Lodz, und mit einer Rechtfertigung und Verteidigung des Dringlichkeitsantrags Bobek, wie der darin festgelegten Zusammensetzung der Konstituierenden Synode.[9] Wie sehr sich Bursche seiner Sache sicher war, beweist, daß er

6 FP vom 23. März 1922.
7 Bericht, in: AK.
8 Aufruf, in: AK.
9 Bericht, in: AK.

es jedem freistellte, aus der Evangelisch-Augsburgischen Kirche, dem „einheitlichen Organismus" auszutreten und ganzen Gemeinden, die sich von ihm lossagen wollten, eine „eigene Freikirche oder eine deutsch-evangelische Kirche [...] zu gründen".

Zur Unterstützung des Warschauer Konsistoriums in Sachen der Einberufung der Konstituierenden Synode „auf dem von Generalsuperintendenten beschrittenen Wege" hatte der polnische Konsistorialrat Rudolf Gundlach am 20. April 1922 die Pfarrerschaft aufgefordert. Die Lodzer Deutschen sprachen sich dagegen aus und die Lodzer „Freie Presse" brachte einen vermutlich von Julian Will verfaßten „Vorwahlaufruf zur Synode 1922", der Bursches Vorgehen in scharfer Weise kritisierte und die Wähler aufforderte, auf der Hut zu sein. Die „Ausführungskommission" rief die Vertrauensmänner in den Gemeinden auf, die Pastoren zu veranlassen, am Sonntag vor dem Termin der Pastorensynode, d.h. dem 23. April, eine Gemeindeversammlung einzuberufen, auf der eine Entschließung anzunehmen wäre, „die sowohl als Richtlinie für den Gemeindepastor zu gelten hat, wie auch dem Konsistorium und dem Sejmmarschall Trąbczyński mitgeteilt werden muß". Im Falle der Weigerung des Pastors sollten die Vertrauensleute selbst eine Protestversammlung einberufen, da „nach unseren Gesetzen jeder Bürger das Recht hat, eine Versammlung einzuberufen". Bedeutung hatten die Proteste und Einwände nicht. Einen Tag nach der Pastorensynode, die allem Anschein nach friedlich verlaufen war, am 27. April 1922, hatte der Sejm mit Mehrheit den Gesetzentwurf Bobek angenommen und den Dringlichkeitsantrag Spickermanns auf Ablehnung des Gesetzentwurfes Bobek am gleichen Tag abgelehnt.

Das Konsistorium erließ Wahlvorschriften und setzte den Wahltermin auf den 5. bzw. 11. Mai und den Beginn der Konstituierenden Synode auf den 20. Juni 1922 fest. Am 6. Juni hatte es den Delegierten den Entwurf einer Kirchenverfassung[10] zukommen lassen und dabei mitgeteilt: „Der Entwurf ist auf Veranlassung des Konsistoriums ausgearbeitet und auf Konferenzen in Warschau, Lodz und Teschen als Unterlage für die verfassunggebende Synode akzeptiert worden". In einem gleichzeitigen Schreiben an die Pfarrer lud Gen.-Sup. Bursche diese „ohne Unterschied der nationalen Einstellung" zu einer Beratung und einem gemeinsamen Abendessen am Vorabend der Synode ein und gab der Hoffnung Ausdruck, daß „die Brüder wenigstens in den wichtigsten Fragen sich verständigten".[11]

Die Wahlen selbst verliefen ruhig. Zu Wahlkämpfen war es nur in Lodz gekommen, wo neben der Wahlliste der Kirchenkollegien eine Liste „neutraler Wähler" und Anhänger Bursches aufgestellt war. Die Lodzer „Freie Presse" setzte sich für die Liste der Kirchenkollegien, die polnisch orientierte „Neue Lodzer Zeitung" dagegen für die zweite Liste mit „ordnungsliebenden Männern, nicht Zerstörern" ein.[12] Aufsehen erregte ein einige Tage vor den Wahlen in der polnischen Wochenschrift „Świat" [Die Welt] – mit Fotos von Gen.-Sup. Bursche, Konsistorialrat Buzek, dem Pfarrer der Warschauer Gemeinde August Loth und ihm selber – veröffentlichter Aufsatz des Konsistorialpräsidenten Glass. Darin wurde die Zahl der Kirchenglieder der Ev.-Augsb. Kirche mit 700 000, davon drei Viertel Deutsche, angegeben. Der russische Staat habe die Deutschen begünstigt, die Idee

10 Entwurf einer Kirchenverfassung und Begleitschreiben des Generalsuperintendenten, in: AK.

11 Schreiben des Generalsuperintendenten vom 6. Juni 1922, in: AK.

12 Sonderdruck des NLZ „Zur Delegiertenwahl in die Synode", in: AK.

des Pangermanismus unterstützt und der Kirche ein Kirchengesetz aufgezwungen, das dem von ihm ernannten Konsistorium große Vollmachten eingeräumt hatte. Zur Zeit des Krieges (1914 bis 1918) wäre das Warschauer Konsistorium in die deutsche Zivilverwaltung einbezogen worden. Die Synode von Lodz sei von der evangelischen Bevölkerung abgelehnt worden. Dagegen habe die Regierung des wiedererstandenen Polen ein rein polnisches Konsistorium eingesetzt, das sowohl die polnische Minderheit als auch die deutsche Mehrheit in der Kirche vertrete. Den Deutschen wurde der Vorwurf gemacht, daß sie gegen den Generalsuperintendenten Bursche agitierten, der doch das Vertrauen des polnischen Staates genieße, während sie selbst den polnischen Staat als einen Saisonstaat betrachteten. Hervorgehoben wurden die Verdienste Bursches und des Konsistoriums zum Schutz der deutschen Kolonisten nach Abzug der Okkupationsmächte und für die Erhaltung der Wortverkündigung in deutscher Sprache. Selbst um die Einführung von Vorlesungen in deutscher Sprache an der Theologischen Fakultät in Warschau sei das Konsistorium bemüht.[13]

Die am 20. Juni 1922 eröffnete, in vier Tagungsabschnitten beratende Konstituierende Synode[14] nahm einen stürmischen Verlauf. Eröffnet wurde sie mit einem Gottesdienst in der St. Trinitatiskirche in Warschau. Der Gottesdienst war zweisprachig; er begann mit einer Predigt des Generalsuperintendenten Bursche in deutscher Sprache und endete mit einer in polnischer Sprache gehaltenen Predigt des Seniors Kulisz aus Teschen. Die Lieder wurden zweisprachig gesungen. Die Beratungen begannen um 3 Uhr nachmittags in der Kirche. Von den 202 Mitgliedern der Synode waren 76 Pfarrer, 4 Professoren der Theologischen Fakultät und 122 weltliche Delegierte. Davon waren 27 Pfarrer und 87 weltliche Delegierte Deutsche, zusammen 110, denen 92 Polen gegenüberstanden. Von den 202 Mitgliedern waren 191 zur Synode erschienen.

Spannungsvoll verlief schon die Eröffnung der Synode. Kaum hatte der Vertreter des Staates, Kultusminister Łopuszański, die Synode namens der Regierung begrüßt, ihr eine erfolgreiche Arbeit gewünscht und die Kirche verlassen, ergriff Bursche „als derjenige, der an der Spitze der Kirche steht“, das Wort. Dabei kam er auf die unerfreulichen Vorgänge, während des Wahlkampfes zu sprechen und machte den Deutschen Vorwürfe, sie wollten nur eine nationaldeutsche und nicht eine evangelische Kirche, sie trieben gegen ihn Agitation in den Gemeinden und würfen ihm Polonisierungsabsichten vor, wovon aber keine Rede sein könne. Versöhnlich klang seine zum Schluß geäußerte Auffassung, daß falls eine Einigung auf der Synode nicht zustande käme, die Deutschen und Polen „schiedlich-friedlich“ ihre Wege gehen könnten.[15] Bei der anschließenden Wahl des Synodalpräsidenten brachten die deutschen Synodalen ihr Mißtrauen gegen Bursche zum Ausdruck, indem sie als Gegenkandidaten Bursches den Warschauer polnischen Pfarrer Julian Machlejd, einen Gegner Bursches, benannten, der es jedoch ablehnte, den Vorsitz in der Synode zu über-

---

13 Świat vom 17. Juni 1922, 8–10.

14 Zur Geschichte der Konstituierenden Synode der EAKRP: *E. Kneifel,* Geschichte 218–222; *J. Bursche,* Kirche 72; *J. Glass,* Stan prawny 276ff.; *W. Gastpary,* Biskup 80f.; *ders.:* Protestantyzm 126–140; *J. Gryniakow,* Ustalenie 69–100; *A. Schmidt,* Die Ev.-Augsb. Kirche 81; *H. Wahl,* Ev. Staatskirchenrecht, Polen 94ff.

15 FP vom 21. Juni 1922.

nehmen. Mit 101 gegen 88 Stimmen wurde Bursche zum Synodalpräsidenten, Machlejd ohne Gegenkandidaten zum Vizepräsidenten gewählt. Für die Wahl Bursches hatte sich auch besonders Pastor Needra aus Wilna, der im Exil in Polen lebende ehemalige lettische Ministerpräsident, eingesetzt, was ihm in dieser Situation von den Deutschen verargt wurde. Als Mißtrauensvotum gegen Bursche und den kirchenpolitischen Kurs des Warschauer Konsistoriums ist auch die zu Beginn der Synode vom Synodalen Rückert aus Dąbie im Namen von 63 deutschen Synodalen abgegebene Erklärung anzusehen:

„Da sich das Konsistorium bei der Ausarbeitung des Entwurfes des Gesetzes vom 27.4. 1922, die Zusammensetzung der Konstituierenden Synode betreffend, weder von dem Willen der überwiegenden Mehrheit unserer Gemeinden, noch von den gerechten Grundsätzen leiten ließ, wofür wir dem Konsistorium und in erster Linie dem Herrn Generalsuperintendenten unseren brüderlich-christlichen Tadel ausdrücken, können wir die gegenwärtige Synode nicht als den Willen der Gesamtgemeinden widerspiegelnd anerkennen. Wir treten zu den Beratungen nur aus dem Grunde hinzu, weil wir die Hoffnung haben, daß die nichtgewählten Mitglieder der Synode nicht versuchen werden, uns, die gewählten Vertreter der Gemeinden, zu majorisieren. Sollten wir uns von dem Gegenteil überzeugen, so werden wir uns veranlaßt fühlen, die Mitarbeit als zwecklos aufzugeben und die Synode zu verlassen. Warschau, den 20. Juni 1922“.[16]

Als daraufhin Konsistorialpräsident Glass den Deutschen vorwarf, nur nationale Ziele im Auge zu haben und Major Ulrych erklärte, die Deutschen seien mit dem Hut in der Hand zur Synode gekommen und jederzeit bereit, die Synode zu sprengen, erhob sich auf deutscher Seite lebhafter Protest. Ein Teil der Deutschen verließ ostentativ die Kirche, für die anderen erklärte der Synodale Will, indem er auf das Kruzifix hinwies, daß sie nur angesichts des Gekreuzigten sich bereit finden könnten, an den Verhandlungen weiter teilzunehmen.[17]

Nach dem wenig ermutigenden Beginn der Konstituierenden Synode verliefen deren Verhandlungen im 1. Tagungsabschnitt (20. bis 23. Juni 1922) vom 21. Juni an in einer Atmosphäre ruhiger, wenn auch kontroverser Sachlichkeit. Zur Beratung lagen je zwei Entwürfe – ein deutscher und ein polnischer – für ein Gesetz betr. Regelung des Verhältnisses der Evangelisch-Augsburgischen Kirche zum Staat und für eine Kirchenverfassung vor. Die deutschen Verfassungsentwürfe wurden vom Synodalen August Utta eingebracht und begründet. Als charakteristische Merkmale der beiderseitigen Entwürfe seien hervorgehoben:

Der aus 10 Artikeln bestehende Entwurf der deutschen Synodalgruppe zu einem Gesetz betr. Regelung des Verhältnisses der Kirche zum Staat, „Lodzer Entwurf“[18], sah vor: Grundlage für die Regelung des Verhältnisses zum Staat bilden Art. 16 des Augsburger Bekenntnisses und die Art. 114 und 115 der Staatsverfassung Polens. Der Territorialbereich der Evangelisch-Augsburgischen Kirche erstreckt sich auf das ganze Staatsgebiet. Die Landessynode ist die unabhängige höchste Vertreterin und zugleich oberste Instanz der Augsburgischen Kirche. Mitglieder der Synode sind alle Geistlichen und mindestens 2 weltliche Vertreter jeder Kirchengemeinde; Gemeinden mit über 5000 Seelen entsenden 3 Vertreter,

16 FP a.a.O.
17 FP vom 25. Juni 1922.
18 Entwurf, in: AK.

Gemeinden mit mehr als 10 000 Seelen 4 Vertreter usw. Die oberste Verwaltung der Kirche ruht in den Händen des von der Landessynode gewählten und auf Antrag des Präsidiums der Landessynode und des Ministerrats vom Staatsoberhaupt bestätigten Obersten Rates, der aus seiner Mitte die geistlichen und weltlichen Vorsitzenden und deren Vertreter wählt. Die Oberste Rat ist berechtigt, sein Präsidium abzuberufen. Auch die Einzelgemeinden und Diözesen sind Körperschaften des öffentlichen Rechts. Der polnische Staat gewährleistet die Rückgabe des vor dem 1. August 1914 der Evangelisch-Augsburgischen Kirche gehörenden Vermögens. Er garantiert die Unantastbarkeit des Besitzstandes der Kirche mit ihren Gemeinden, Schulen, Wohltätigkeitsvereinen usw. Amtssprache der Kirchenbehörde im Verkehr mit den Staatsbehörden ist das Polnische, im innerkirchlichen Verkehr können Kirchenbehörden und Gemeinden sich der deutschen oder polnischen Sprache bedienen.

Der deutsche „Entwurf einer Verfassung der Evangelisch-Augsburgischen Kirche in Polen" („Lodzer Entwurf"), 51 Paragraphen umfassend[19], sah als Bestimmung vor:

Bekenntnisgrundlage der Kirche sind die im Konkordienbuch von 1580 zusammengefaßten altchristlichen und reformatorischen Bekenntnisschriften. Die Augsburgische Kirche umfaßt alle evangelisch-augsburgischen Gemeinden, die sich im Laufe von zwei Monaten durch ihre Gemeindeversammlung für diese Kirchenverfassung entscheiden. Die Kirche gliedert sich in Kirchengemeinden, Diözesen, Gesamtgemeinde. Verfassungsmäßige Organe sind: für die Kirchengemeinde – das geistliche Amt, Kirchenkollegium, Gemeindeversammlung; für die Diözesangemeinde – Superintendentur, Diözesanrat, Diözesanversammlung; für die Gesamtgemeinde – Konsistorium, Synode. Jede Gemeinde (Kirchen-, Diözesan-, Gesamtgemeinde) ordnet und verwaltet alle ihre Angelegenheiten selbständig. Den Vorsitz im Kirchenkollegium führt in der Regel ein gewähltes Mitglied desselben. Die Pfarrer werden von der Gemeindeversammlung (Wählerlisten!) gewählt, die Superintendenten von den Pastoren der Diözese für die Dauer von sechs Jahren. Oberstes kirchliches Organ ist die Synode, die auch das Konsistorium auf die Dauer von sechs Jahren wählt. Die Synode besteht aus: dem Präsidenten und Vizepräsidenten, einem Abgeordneten der Theologischen Fakultät, aus 30 geistlichen Abgeordneten, die von sämtlichen Pastoren in geheimer schriftlicher Abstimmung nach dem Grundsatz der Verhältniswahl gewählt werden, aus 60 weltlichen Abgeordneten, die durch Urwahlen in allen Gemeinden nach dem Grundsatz der Verhältniswahl gewählt werden. Die Mandate gelten für sechs Jahre. Die Vertretung und Verwaltung der Gesamtgemeinde führt im Auftrage der Synode das Konsistorium, das aus acht von der Synode nach dem Grundsatz der Verhältniswahl zu wählenden Mitgliedern besteht. An der Spitze des Konsistoriums steht als Präsident der Generalsuperintendent. Alle Mitglieder des Konsistoriums werden auf sechs Jahre gewählt. Es entscheidet mit einfacher Mehrheit der Stimmen. Der Generalsuperintendent tritt von seinem Amt aus persönlichen Gründen zurück, oder wenn die Synode mit 2/3 Mehrheit feststellt, daß eine segensreiche Zusammenarbeit unmöglich geworden ist.

Der 25 Artikel umfassende polnische Entwurf eines Gesetzes betr. Regelung des Verhältnisses der Ev.-Augsb. Kirche zum Staate („Warschauer Entwurf")[20] war eine Umarbei-

19 Entwurf, in: AK.
20 Entwurf, in: AK.

tung des Gesetzentwurfes Nader in der Fassung der „21-Kommission" vom 10. Juni 1921 und hatte u.a. folgende Bestimmungen vorgesehen: Die Gemeinden ev.-augsb. Bekenntnisses auf dem ganzen Gebiet des polnischen Staates bilden die Evangelisch-Augsburgische Kirche. Die ev.-augsb. Gemeinden der Evangelischen Kirche Augsburgischen und Helvetischen Bekenntnisses in Galizien (Kleinpolen) können jedoch einer besonderen Kirchenorganisation beitreten. Die Ev.-Augsb. Kirche in Polen ist frei und autonom und verwaltet ihre eigenen Angelegenheiten selbständig gemäß den bestehenden staatlichen und kirchlichen Gesetzen. Die weltlichen Behörden sind verpflichtet, den Kirchen Fürsorge und Hilfe bei der Ausführung der kirchlichen Bestimmungen, sofern sie mit dem Staatsgesetz übereinstimmen, zu erteilen. Die Rechte der Aufsicht, die den Staatsbehörden zukommen, sind in diesem Gesetz niedergelegt. Die Synode besteht: aus den Mitgliedern des Konsistoriums, den Professoren der Theologischen Fakultät, allen in den Gemeinden amtierenden Pfarrern, den durch die Gemeinden gewählten weltlichen Abgeordneten jeder Gemeinde in der Zahl der in der Gemeinde bestehenden Pfarrämter, den von den Tochtergemeinden gewählten weltlichen Abgeordneten zu je einem aus Gemeinden, in denen die Zahl der vollzogenen Taufen im Jahre 1918 mindestens 75 betrug. Die Wahlen erfolgen nach dem Verhältniswahlrecht. Das von der Konstituierenden Synode bestätigte Gesetz wird vom Staatschef unterschrieben und tritt in Kraft, sobald der Kultusminister festgestellt hat, daß es die Staatsgesetze, insonderheit dieses Gesetz nicht verletzt. Die in vorgeschriebener Weise bestätigten Gesetze und Verordnungen werden nach der Feststellung des Kultusministers, daß sie mit den Staatsgesetzen nicht im Gegensatz stehen, rechtskräftig. Das Grundgesetz setzt die höchste ausführende Kirchenbehörde fest, an deren Spitze der Bischof (Generalsuperintendent) oder eine weltliche Person steht. Das Grundkirchengesetz bestimmt die Art der Wahl der Geistlichen und Senioren (Superintendenten). Von jeder Wahl ist die zuständige Staatsbehörde zu benachrichtigen. Die Wahl der Senioren unterliegt der Bestätigung des Kultusministers. Die Mitglieder der Obersten Vollzugsbehörde, die Senioren sowie die Geistlichen müssen vor Übernahme des Amtes bzw. bei der Ordination geloben, daß sie den Gesetzen der Republik Polen gehorsam sein und ihnen Treue bewahren werden. Die höchste ausführende Behörde ist auf Wunsch der zuständigen Staatsbehörde verpflichtet, dieser nach den von ihr vorgeschriebenen Vordrucken Rechenschaftsberichte über Einnahmen und Ausgaben bezüglich des Besitzes und der Schulden der Gemeinde, Kirche und ihrer Gemeinde, Diözesen und allgemeinen Institutionen zur Kenntnisnahme einzusenden. Amtssprache der Kirche im Verkehr mit dem Staate und Kommunalbehörden ist das Polnische, im innerkirchlichen Verkehr sind die deutsche und polnische Sprache gleichberechtigt. Die Ausführung dieses Gesetzes wird dem Kultusminister sowie dem Minister des ehemals preußischen Gebietsteils übertragen.

Der polnische („Warschauer") „Entwurf einer Verfassung der Evangelisch-Augsburgischen Kirche in Polen"[21], von einer aus dem Generalsuperintendenten Bursche, Pfarrer Arthur Schmidt-Bielitz und den Professoren Szeruda und Serini bestehenden Arbeitsgruppe bearbeitet, aus 60 Paragraphen bestehend, sah vor:

Die Evangelisch-Augsburgische Kirche Polens umfaßt alle Landeseinwohner evangelisch-lutherischen Bekenntnisses, die nicht ausdrücklich aus der Kirche ausgetreten sind.

21 Entwurf, in: AK.

Die verfassungsmäßigen Organe sind: für die Gemeinde das Pastorenamt (Pfarramt), der Kirchenrat (Presbyterium), die Gemeindevertretung und die Gemeindeversammlung; für die Diözese (Seniorat) das Senioratsamt, der Senioratsausschuß und die Senioratsversammlung; für die Gesamtgemeinde der Oberkirchenrat, der Synodalausschuß und die Synode. Jede Gemeinde, Seniorat und die Gesamtgemeinde ordnen und verwalten ihre Angelegenheiten selbständig, insofern in dieser Verfassung nicht andere Bestimmungen getroffen sind. Der sprachlichen Minderheit muß überall die kirchliche Versorgung gewährleistet werden. In sprachlich gemischten Gemeinden kann der sprachlichen Minderheit der Zusammenschluß zu einer besonderen Kirchengemeinde nach Anhörung des Kirchenrates der betreffenden Gemeinde mit Zustimmung des Senioratsausschusses vom Oberkirchenrat gestattet werden. Im Falle der Ablehnung des Antrages durch den Oberkirchenrat steht der Minderheit das Recht der Beschwerde bei der Synode zu. Das aktive Stimmrecht der männlichen und weiblichen Gemeindeglieder beträgt 24, das passive 30 Jahre. Die Wahl der Pfarrer erfolgt von Gemeindegliedern, die sich in eine Wählerliste haben eintragen lassen. Die Abstimmung ist geheim. Bei Einmütigkeit ist eine Wahl durch Akklamation möglich. Den Vorsitz im Kirchenrat führt in der Regel der dienstälteste Pfarrer. In Kirchengemeinden von mehr als 1000 Seelen ist neben dem Kirchenrat eine Gemeindevertretung einzurichten. Die Gemeindevertreter werden durch die Gesamtheit aller stimmberechtigten Gemeindeglieder (Gemeindeversammlung) gewählt. Die Gemeindeversammlung tritt lediglich zur Wahl der Pfarrer, der Gemeindevertretung sowie der Synodalabgeordneten zusammen. Die Amtsdauer der Mitglieder des Kirchenrates und der Gemeindevertretung beträgt 6 Jahre. Die Senioren werden von der Senioratsversammlung für die Dauer von 6 Jahren gewählt. Die Synode ist die Vertretung der gesamten evangelisch-lutherischen Kirche in Polen und der Träger aller ihr zustehenden Rechte. Sie wählt den Oberkirchenrat, die oberste Kirchenbehörde, als ausführendes Organ der Synode und den Synodalausschuß als Vertretung der Synode. Die Synode besteht aus 95 Mitgliedern: dem Präsidenten und dem Vizepräsidenten des Oberkirchenrates; einem Abgeordneten der Theologischen Fakultät; den Direktoren der evangelischen Lehrerbildungsanstalten in Lodz und Bielitz; 30 geistlichen Abgeordneten, die von sämtlichen Gemeindepfarrern in geheimer Abstimmung gewählt werden; 30 weltlichen Abgeordneten, die von den Senioratsversammlungen aus ihrer Mitte in geheimer Abstimmung gewählt werden; 30 Abgeordneten, die durch Urwahlen und einfache Verhältniswahlen in allen Kirchengemeinden nach gebundenen Listen gewählt werden. Vorsitzender der Synode ist der Bischof. An der Spitze des aus 8 Mitgliedern bestehenden Oberkirchenrates steht als Präsident der Bischof. Der Bischof wird auf Lebenszeit, der Vizepräsident und die 6 Oberkirchenräte – 3 geistliche und 3 weltliche – auf die Dauer von 6 Jahren gewählt. Außerdem wählt die Synode 2 Ersatzmänner – einen geistlichen und einen weltlichen –, die im Falle der Verhinderung von Mitgliedern des Oberkirchenrats für diese eintreten.

Die Warschauer und Lodzer Gesetzentwürfe weisen Parallelen auf, weichen in zentralen Fragen jedoch voneinander ab. Während der Warschauer Entwurf betr. das Verhältnis der Kirche zum Staat dem Staate weitgehende Rechte vor allem in allen Personalfragen und allen Fragen der kirchlichen Gesetzgebung zugesteht, betont der Lodzer Entwurf die der Kirche allein zustehende Kirchengewalt in allen geistlichen Fragen. In der Frage der Kirchenverfassung baut der Lodzer Entwurf auf einer presbyterial-synodalen

Ordnung der Kirche auf, während der Warschauer Entwurf das synodale Element gegenüber dem bischöflich-konsistorialen zurücktreten läßt.

Der erste Tagungsabschnitt der Konstituierenden Synode verlief in einer allgemeinen Aussprache über die beiderseitigen Gesetzentwürfe und bewegte sich vor allem um die beiden Punkte, die im Mittelpunkt der deutschen Entwürfe standen: kirchliche Autonomie auf allen Stufen der Verwaltung, besonders Stärkung der Einzelgemeinde und Zusammensetzung und Befugnisse der Synode. Zum Ausgleich unterschiedlicher Standpunkte und, wenn möglich, zur Erarbeitung gemeinsamer Entwürfe wurde eine „Ausgleichskommission" gewählt, bestehend aus den Synodalen: Generalsuperintendent Bursche als Vorsitzenden, den polnischen Pastoren Paul Hadrian, Prof. Serini, Felix Gloeh (als Sekretär) und Rechtsanwalt Eberhardt, den deutschen Pastoren Julius Dietrich und Adolf Löffler, sowie den Abgeordneten Josef Spickermann und August Utta. Am Schluß des ersten Tagungsabschnitts hatte Bursche den deutschen Synodalen die Zusage gegeben, daß in der Frage der Zusammensetzung der Synode der § 36 des Lodzer Entwurfes angenommen werde.

Die erste Sitzung der Ausgleichskommission tagte in Warschau am 12.–13. Juli 1922. Sie begann ihre Beratungen mit den Entwürfen zur Kirchenverfassung, legte diesen den Warschauer Entwurf zugrunde mit dem Ziel, diesen mit dem Lodzer Entwurf in Einklang zu bringen. Über die meisten der ersten 33 Paragraphen konnte eine Einigung erzielt werden, nicht dagegen in den für beide Seiten essentiellen Fragen. Man einigte sich, den Auftrag an die Synode zurückzugeben und die Beratungen und Verhandlungen des ersten Tagungsabschnittes als erste Lesung der Entwürfe anzusehen.[22] Schon am 15. Juli hatte Bursche den zweiten Tagungsabschnitt der Synode für den 16. August 1922 einberufen und im Einberufungsschreiben[23] darauf hingewiesen, daß die Ausgleichskommission ihre Aufgabe nicht bewältigen konnte, weil „der Gegensatz der Meinungen in verschiedenen Punkten so einschneidend gewesen sei" und diese beschlossen habe, die Synode selbst entscheiden zu lassen.

Zu den von der Ausgleichskommission angenommenen Artikeln gehörte auch § 1 der Lodzer und Warschauer Entwürfe, betreffend den territorialen Umfang der Evangelisch-Augsburgischen Kirche in Polen, angenommen in der Fassung des Warschauer Entwurfes: „Die Evangelisch-Augsburgische Kirche in Polen umfaßt alle Landeseinwohner evangelisch-lutherischen Bekenntnisses, die nicht ausdrücklich aus der Kirche ausgetreten sind". Über die kirchenrechtliche und kirchenpolitische Tragweite einer solchen Fassung dürften sich die meisten der Kommissionsglieder nicht im Klaren gewesen sein. Als das Konsistorium in Posen Kenntnis von den Warschauer und Lodzer Entwürfen und der Annahme von § 1 des Entwurfes der Kirchenverfassung erfahren hatte, ließ es dem Warschauer Konsistorium mit Datum vom 29. Juli 1922 ein Schreiben zugehen, dem wir entnehmen:

„Mit Überraschung haben wir von dem Art. 1 des Verfassungsentwurfes für die lutherische Kirche in Kongreßpolen Kenntnis genommen, in dem es heißt, daß die Evangelisch-Augsburgische Kirche in Polen alle Landeseinwohner evangelisch-lutherischen Bekenntnisses umfaßt, die nicht ausdrücklich aus der Kirche ausgetreten sind. Es muß in den Kreisen der Augsburgischen Kirche Kongreßpolens und besonders bei dem verehrlichen Augsburger Konsistorium in Warschau bekannt sein, daß unsere unierte evangelische Kirche im ehe-

22 Entwurf der Ausgleichskommission, in: AK.
23 Einberufungsschreiben, in: AK.

mals preußischen Abtretungsgebiet in der Hauptsache aus Lutheranern besteht. Die Union hat in dem Bekenntnis des Einzelnen nichts geändert, ihr wesentlicher Inhalt läßt sich dahin zusammenfassen, daß innerhalb der Gemeinden, welche der Union zugetan sind, die Angehörigen des lutherischen und des reformierten Bekenntnisses einander Abendmahlsgemeinschaft gewähren. Es müßte zwar selbstverständlich sein, daß keine evangelische Kirche in Polen durch eine Bestimmung ihrer Verfassung, welche wie die hier in Rede stehende, der staatlichen Genehmigung bedarf und mit dieser Genehmigung zugleich eine gewisse Sanktion erhält, in das Gebiet einer anderen evangelischen Kirche hinübergreift. Wir bedauern aber, unsere Bedenken in dieser Hinsicht dem Augsburgischen Konsistorium gegenüber nicht zurückstellen zu können, zumal die dortseitige Stellungnahme unseres Erachtens bisher nicht genügend geklärt ist, und wir sprechen den herzlichen und dringenden Wunsch aus, daß die dortige Verfassung keine Bestimmung erhält, welche so mißverständlich ist, wie der Artikel 1 des Entwurfes".[24]

Den Bedenken des Posener Konsistoriums hatte sich die Kirchenleitung der Evangelischen Kirche Augsburgischen und Helvetischen Bekenntnisses angeschlossen, zumal deren lutherische Gemeinden im Warschauer Entwurf zu einem Gesetz betr. Regelung der Augsburgischen Kirche zum Staat ausdrücklich Erwähnung gefunden hatten.

Das Warschauer Konsistorium konnte oder wollte sich zu einer Interpretation oder Abänderung des Art. 1, der Parallelen zu Art. 1 des Gesetzentwurfes Nader aufwies, nicht bereit finden, ließ das Schreiben des Posener Konsistoriums unbeantwortet und brachte es den Mitgliedern der Konstituierenden Synode und der Ausgleichskommission – wenigstens den deutschen Mitgliedern – auch nicht zur Kenntnis.

Die vom 16.–18. August 1922 im zweiten Tagungsabschnitt beratende Konstituierende Synode – teilgenommen hatten 145 Delegierte – legte ihren Beratungen gemäß Beschluß der Ausgleichskommission die Warschauer Gesetzentwürfe zugrunde und konnte eine Einigung über die ersten 13 der 60 Paragraphen des Entwurfes der Kirchenverfassung erzielen, darunter auch über Paragraph 1 des Entwurfes, der im Wortlaut der Warschauer Fassung angenommen wurde. Die Bedenken des Posener Konsistoriums und der galizischen Kirche waren der Synode nicht zur Kenntnis gebracht worden. Im übrigen verhandelte die Synode in sachlicher Atmosphäre unter Verzicht auf gegenseitige politische Anschuldigungen. Den deutschen Synodalen gegenüber bekräftigte Bursche seine Zusage, daß in der Frage der Zusammensetzung der Synode der § 36 des Lodzer Entwurfes angenommen werde.

In der Frage der Bestimmung des territorialen Umfangs der Evangelisch-Augsburgischen Kirche mahnte das Posener Konsistorium am 22. Dezember 1922 in Warschau die Beantwortung ihres Schreibens vom 29. Juli 1922 an und wies das Warschauer Konsistorium darauf hin, daß Anfang Januar 1923 in Warschau die Gründungsversammlung des Landesverbandes Polen des Weltbundes für Freundschaftsarbeit der Kirchen stattfinden werde: „Es wäre ein Fortschritt und eine Stärkung der evangelischen Sache, wenn dies im gegenseitigen Vertrauen zueinander geschehen könnte".[25]

Hatte der zweite Tagungsabschnitt der Konstituierenden Synode hinsichtlich der behandelten Paragraphen eine Annäherung zwischen den deutschen und polnischen Synoda-

---

24 Schreiben des Konsistoriums Posen vom 29. Juli 1922, in: AK.
25 Schreiben des Konsistoriums Posen vom 22. Dezember 1922, in: AK.

len gebracht, so sollte der dritte Tagungsabschnitt der Synode, vom 9.–11. Januar 1923 in Warschau, zeigen, daß man mit der Vereinheitlichung der Verfassungsentwürfe noch lange nicht über dem Berg war. Zunächst klang die Einladung Bursches zum dritten Tagungsabschnitt vom 7. Dezember 1922 noch recht zuversichtlich. Darin teilte er mit, daß „die Synodalkommission (Ausgleichskommission) die beiden Entwürfe der Kirchenverfassung durchgesehen und vereinheitlicht hat". Vom Druck des „genehmigten" Verfassungsentwurfes werde der hohen Druckkosten wegen abgesehen, und weil „die Synodalkommission von § 34 an mit geringen Abänderungen den Warschauer Entwurf angenommen hat".[26] Dem war jedoch nicht so.

Die Gegensätze betrafen in dieser Verhandlungsphase in der Tat nicht die zwischen den polnischen und deutschen Synodalen, sondern sie entzündeten sich im polnischen Lager an § 36 des Lodzer Entwurfes betr. Zusammensetzung der Synode, den zu übernehmen Bursche den deutschen Synodalen mehrfach zugesagt hatte. Am 3. Dezember 1922 war im polnischen Wochenblatt „Zwiastun Ewangeliczny" ein Artikel unter dem Titel „§ 36" erschienen, in dem es hieß: „Entweder wird der § 36 gestrichen, oder für die evangelischen Polen ist kein Platz in unserer Kirche".[27] Hinter dem Aufsatz standen der Herausgeber des „Zwiastun Ewangeliczny", Pastor Siegmund Michelis, und der Präses des Warschauer Kirchenkollegiums Josef Ludwig Evert, die künftigen Anführer einer polnischen Opposition gegen Gen.-Sup. Bursche. Diesmal sprachen die Polen von einer nationalen Teilung der Kirche. Die polnische Erklärung, daß der § 36 für die Polen unannehmbar sei, weil er zu einer deutschen Mehrheit in der Synode führe, löste unter den deutschen Synodalen und im deutschen Teil der Ev.-Augsb. Kirche Entrüstung aus. Schon am 2. Dezember kamen die deutschen Synodalen in Lodz zusammen und beschlossen, es lieber zu einem Bruch kommen zu lassen, als den § 36 aufzugeben. Am 29. Dezember 1922 nahm August Utta in der „Freien Presse" im Aufsatz „Zur dritten Tagung der Konstituierenden Synode" Stellung zu der polnischen Bekundung einer Teilung der Ev.-Augsb. Kirche. Er gab der Überzeugung Ausdruck, daß eine Teilung der Kirche aus nationalen Gründen den Polen nur Nachteile bringen würde und machte die Polen dafür verantwortlich, wenn es zu einer Teilung kommen sollte.[28] Die am 5. April 1922 in Lodz gewählte deutsche „Ausführungskommission" hatte den deutschen Synodalen am 22. Dezember Kenntnis von der neuesten Lage gegeben und sie dringend gebeten, an den Verhandlungen des dritten Tagungsabschnittes teilzunehmen. Gleichzeitig lud sie Vertreter der Posener und Stanislauer Kirchenleitung und der Bielitzer Gemeinden für den 29. Dezember 1922 nach Lodz ein, um „gemeinsame Richtlinien für das Verhältnis von Kirche und Staat aufzustellen."[29] Mit der Lodzer „Ausführungskommission", die bisher ein Schattendasein geführt hatte, weil sich der Schwerpunkt in die Synode verlagert hatte, meldete sich wieder die Stimme der Gemeinden zu Wort.

Zunächst lief der am 9. Januar 1923 begonnene dritte Tagungsabschnitt der Konstituierenden Synode friedlich an. Von den 202 waren 153 Synodale erschienen, die sich

26 Einladungsschreiben des Generalsuperintendenten vom 7. Dezember 1922, in: AK.
27 ZE vom 3. Dezember 1922, in: AK; *J. Gryniakow,* a.a.O. 85f.
28 FP vom 29. Dezember 1922.
29 Schreiben der Ausführungskommission vom 22. Dezember 1922, in: AK.

nach nationaler Zugehörigkeit rechts und links vom Podium gruppierten. Der Eröffnungsandacht legte Gen.-Sup. Bursche den 25. Psalm zugrunde und gedachte der Ermordung des ersten polnischen Staatspräsidenten Gabriel Narutowicz und des Todes von Konsistorialrat Rudolf Gundlach. Anschließend nahm der Brief des Superintendenten Petrus Wilhelm Angerstein viel Zeit in Anspruch, der Bedenken gegen die Synode geäußert, sich als Gegner der Demokratie in der Kirche, des Frauenwahlrechts, der nationalen Kämpfe in der Kirche erklärte und gegen die Aufnahme der konfessionell gemischten Krakauer Gemeinde in den Verband der Augsburgischen Kirche aussprach. Es folgten Berichte über die Arbeit der Ausgleichskommission und die Berichterstattung der Presse.

Die Krise trat in der von Pastor Machlejd geleiteten Nachmittagssitzung ein. Nach dessen Bericht über die Lage der Kirche und der Evangelischen in Polen ergriff der Vorsitzende des Warschauer Kirchenkollegiums, Senator Josef Ludwig Evert, das Wort und führte namens der evangelischen Polen aus, daß die Zusammensetzung der künftigen Synoden, wie sie sowohl der Warschauer wie der Lodzer Entwurf vorsehen würden, nicht befriedigen könne. Die evangelischen Polen schlügen daher eine andere Fassung des von der Synode bereits angenommenen § 36 vor, und zwar:

„Die Synode besteht aus folgenden Mitgliedern:
1. Aus dem Konsistorium,
2. einem Vertreter der Theologischen Fakultät in Warschau,
3. aus 30 Pfarrern, nach dem Verhältniswahlrecht gewählt,
4. aus 30 weltlichen Mitgliedern, die im Verhältnis zu den einzelnen Gemeinden aus der Zahl der Senioratsmitglieder gewählt werden,
5. aus 30 weltlichen Mitgliedern, die aus Urwahlen nach dem Verhältniswahlrecht hervorgehen".

Diese Fassung, erklärte Evert, sei das äußerste Entgegenkommen der polnischen Evangelischen. Sollten die Deutschen dieser nicht zustimmen, so bliebe nur eine schiedlich-friedliche nationale Teilung der Kirche übrig. Die folgende Aussprache war ernst. Die deutschen Synodalen Spickermann, Utta, Will, Pastor Löffler sprachen sich gegen den Vermittlungsvorschlag Everts, Pastor Needra aus Wilna und die gemäßigten Polen für dessen Annahme aus. Die Abstimmung wurde auf den kommenden Tag verschoben.

Wegen der vielen Wortmeldungen war es zur Abstimmung erst am Nachmittag des 10. Januar 1923 gekommen. Von den 159 anwesenden Synodalen enthielten sich 13 der Stimme, 60 sprachen sich für, 86 gegen den Vorschlag Everts aus. Daraufhin verlas Pastor Machlejd eine „Erklärung" und forderte die polnischen Synodalen auf, die Verhandlungen abzubrechen und den Saal zu verlassen. 67 Polen mit Gen.-Sup. Bursche an der Spitze verließen den Saal.[30] Am nächsten Tage berichteten die polnischen Tageszeitungen in großer Aufmachung über den Exodus der Polen aus der Synode und über den Bruch in der Augsburgischen Kirche, nicht ohne den „deutschen Nationalisten, Hakatisten und Staatsfeinden" die Schuld am Scheitern der Synode zu geben.[31]

30 *E. Kneifel,* Geschichte 220; *J. Gryniakow,* a.a.O. 88f.; *W. Gastpary,* Protestantyzm 136.

31 In den polnischen Tageszeitungen „Kurjer Poranny", „Kurjer Polski", „Gazeta Poranna" vom 11. Januar 1923 finden sich gleichlautende Berichte über die Vor-

Nach dem Auszug der polnischen Synodalen setzte die Mehrheit der Delegierten unter Leitung des Sup. Julius Dietrich die synodalen Verhandlungen fort. Sie mißbilligten und bedauerten in einer „Erklärung"[32] das Vorgehen der polnischen Synodalen und des Generalsuperintendenten, wollten es aber nicht zum Hindernis einer weiteren synodalen Zusammenarbeit machen. Gewählt wurde eine 10-gliedrige synodale Kommission, bestehend aus fünf Geistlichen (Superintendent Dietrich, Bruno Löffler, Andreas Needra, Paul Otto und Schmidt) und fünf weltlichen Delegierten (Utta, Stueldt, Karau, Hoffmann und Caspari), deren Aufgabe es war, zu einer Verständigung mit der polnischen Synodalgruppe zu kommen. Sollte eine Verständigung nicht zu erreichen sein, wurde die Kommission bevollmächtigt, einen vierten Tagungsabschnitt der Synode einzuberufen, die Gesetzentwürfe betr. Regelung des Verhältnisses der Ev.-Augsb. Kirche zum Staate und zu einer Kirchenverfassung zu beraten und zu beschließen, notfalls auch neue Kirchenbehörden zu wählen.

Die von keiner Seite ernstlich gewünschte nationale Aufteilung der Ev.-Augsb. Kirche konnte vermieden werden. Vermittlungsgespräche zwischen beiden Synodalgruppen führten zur Bildung einer „Einigungskommission", der von deutscher Seite die 10-gliedrige synodale Kommission, von polnischer Seite Gen.-Sup. Bursche, die geistlichen Synodalen Paul Hadrian, Theodor Wosch, Otto Krenz und Julian Machlejd und die weltlichen Synodalen Josef Buzek, Hermann Eberhardt und Prof. Szeruda angehörten.[33]

Die neue „Einigungskommission" („Kommission der 18") hielt im Laufe des Februar 1923 mehrere Arbeitssitzungen ab und erarbeitete die Grundlagen für eine schließliche Einigung, die notwendigerweise den Charakter eines Kompromisses trug, so in der Wahl des Oberhauptes der Kirche, der Ausbildung der Theologen, u.a. Die entscheidenden Änderungen betrafen jedoch die Bestimmungen betr. Territorialumfang der Augsburgischen Kirche, die Zulässigkeit ihrer nationalen Aufgliederung und die Zusammensetzung der Synode:

Art. 1, Abs. 1 des Gesetzentwurfes betr. Regelung des Verhältnisses der Kirche zum Staat erhielt den Wortlaut: „Die Pfarrgemeinden Evangelisch-Augsburgischen Bekenntnisses auf dem gesamten Gebiete der Polnischen Republik, sofern sie nicht zum Bestande einer anderen kirchlichen Organisation gehören, bilden die Evangelisch-Augsburgische Kirche in Polen". Die gleiche Ergänzung: „[...] die nicht einer besonderen Kirchenorganisation angehören" erhielt Art. 1 des Entwurfes der Kirchenverfassung.

Neu aufgenommen in den Gesetzentwurf betr. Regelung des Verhältnisses der Kirche zum Staat als Art. 1, Abs. 3 wurde die Bestimmung:

„Im Falle einer Teilung der Kirche aus nationalen Gründen wird nachstehendes Gesetz für jede der auf diese Weise entstehenden Evangelisch-Augsburgischen Kirchen verpflichtend sein".

Ausgesprochen war damit die nationale Gleichberechtigung von Deutschen und Polen in der Augsburgischen Kirche, ihre kirchliche Selbstbestimmung, bis hin zu der Möglich-

---

kommnisse auf der Synode vom 10. Januar 1923. Die Tageszeitung „Przegląd Wieczorny" vom 12. Januar 1923 beschuldigt die Synodalen Utta, Spickermann, Pastor Löffler und die „Freie Presse" der Staatsfeindlichkeit.

32 Erklärung der deutschen Synodalen, in: AK.

33 *J. Gryniakow,* a.a.O. 89ff.; *W. Gastpary,* a.a.O. 137f.

keit der Bildung zweier selbständiger Kirchen. Art. 1, Abs. 3, der die nationale Frage für Polen und Deutsche in der Augsburgischen Kirche für die Zukunft offen hielt, galt polnischerseits als Zugeständnis an die deutschen Synodalmitglieder, die ihrerseits der Fassung des Paragraphen 36 im Entwurf der Kirchenverfassung im Wortlaut des Antrages Evert ihre Zustimmung gaben.

Mit einem Kompromiß wurden auch die beiden anderen Fragen gelöst, die Gegenstand von Auseinandersetzungen waren. Während die Deutschen eine freie Wahl des Oberhauptes der Kirche (Bischofs) durch die Synode wünschten, wollten die Polen eine Wahl nach Verständigung mit dem Staate. Die vereinbarte Fassung lautete: „Die Wahl des Oberhauptes der Kirche erfolgt im Einverständnis mit dem Staate". Laut Protokoll sollte das bedeuten, daß nach der Wahl durch die Synode der Staat um Zustimmung zur Person des Gewählten gebeten wird. Hatte sich in dieser Frage der polnische Standpunkt durchgesetzt, so der deutsche in der Angelegenheit der Ausbildung der Theologen. Den Deutschen lag daran, daß für den theologischen Nachwuchs für die Gemeinden deutscher Sprache gesorgt werde. Es bestand die Gefahr, daß die jungen Theologen, die zumeist aus den städtischen bürgerlichen Kreisen stammten, an der Warschauer Theologischen Fakultät polonisiert würden und nicht mehr in der Lage wären, deutsch zu predigen oder Aussicht hätten, von den deutschen Gemeinden gewählt zu werden. So verlangten die Deutschen, daß auch diejenigen Kandidaten als Pfarrer die Anstellungsfähigkeit erhalten, die ihr Studium an einer deutschen Fakultät absolvieren, wogegen die Polen ein volles Studium an der Warschauer Fakultät als Voraussetzung der Anstellungsfähigkeit forderten und diese Bestimmung im Gesetz betr. Regelung des Verhältnisses der Kirche zum Staat verankert wissen wollten. Die Kompromißlösung, als Art. 20 in den Entwurf des Gesetzes betr. Regelung des Verhältnisses der Kirche zum Staat aufgenommen, sah vor, daß Pastor oder Vikar nur ein polnischer Bürger werden könne, der wenigstens drei Semester lang an der ev.-theol. Fakultät einer inländischen Universität studiert und nach Beendigung seine Schlußprüfung bestanden hat, oder der eine von der Kirche erhaltene und vom Staate anerkannte theol. Fakultät absolviert hat. Auf Antrag des Konsistoriums konnte der Kultusminister von diesen Vorschriften Dispens erteilen. In solchem Falle war für diejenigen, welche ihre Studien im Ausland oblegen haben, bei der Prüfung diejenige Sprache zulässig, in welcher sie studiert hatten.

Am 21. März 1923 konnte der Generalsuperintendent den Synodalen mitteilen, daß der dritte Tagungsabschnitt der Synode zwar „mit einem Riß" endete, daß es aber „dank den gemäßigten Elementen auf der einen und auf der anderen Seite" gelungen sei, „das Unheil" der Teilung der Kirche abzuwenden: „Es wurden Verständigungsverhandlungen angeknüpft, welche dahin führten, daß beide Gruppen sich sowohl auf ein gemeinsames Grundgesetz, welches das Verhältnis unserer Kirche zum Staate regelt, als auch auf eine gemeinsam ausgearbeitete Kirchenverfassung einigten".[34] Gleichzeitig erfolgte „im Vertrauen auf Gottes Hilfe und Gnadenbeistand" die Einladung zum vierten Abschnitt der Konstituierenden Synode für den 10. April 1923 nach Warschau. Diese stimmte en bloc über die von der Ausgleichskommission vorgelegten Gesetzentwürfe ab. Der Gesetzent-

34 Schreiben des Generalsuperintendenten vom 21. März 1923 an die Pastoren und weltlichen Delegierten der Konstituierenden Synode, in: AK.

wurf betr. Regelung des Verhältnisses der Evangelisch-Augsburgischen Kirche in Polen zum Staat[35] wurde einstimmig, der Entwurf der Kirchenverfassung mit 3 Stimmenthaltungen von der Synode angenommen. Am 19. April 1923 wurden die Gesetzentwürfe der Konstituierenden Synode der Regierung zugeleitet.

Zu Verhandlungen mit der Regierung über die von der Konstituierenden Synode beschlossenen Gesetzentwürfe wählte die Synode eine Synodalkommission, bestehend aus: Generalsuperintendent Bursche als Vorsitzendem, den vier Polen: Senior Karl Kulisz, Pastor August Loth, Direktor Julian Machlejd, Rechtsanwalt Hermann Eberhardt, und den vier Deutschen: Pastor Julius Dietrich, den Sejmabgeordneten August Utta und Joseph Spickermann sowie W. Hoffmann. Über die Aufgabenstellung der Synodalkommission heißt es im Synodalprotokoll: „Der Vorsitzende beantragt, daß die Synode das durch die vier gewählten Mitglieder verstärkte Präsidium zur Weiterführung der Angelegenheit mit den Staatsbehörden ermächtigte. Die Synode nimmt diesen Antrag an".[36]

Arbeiten und Ergebnisse der Konstituierenden Synode, die einen ersten Höhepunkt der Auseinandersetzung zwischen dem deutschen und dem polnischen Teil der Augsburgischen Kirche in der neu erstandenen Republik Polen darstellen, standen wie in den Jahren 1917 und 1918 im Zusammenhang mit den aus dem 19. Jahrhundert ungelöst überkommenen und durch den Gesetzentwurf Nader verschärften Fragen: der Frage der Kirchenverfassung, damit zugleich der Regelung des Verhältnisses zum Staat und des nationalen Problems. Die von der Konstituierenden Synode angenommenen Entwürfe zu einem Gesetz über die Regelung des Verhältnisses der Ev.-Augsb. Kirche zum Staat und einer Kirchenverfassung stellten einen neuen Versuch der Regelung dieser Frage dar. Er befriedigte weder die deutsche noch die polnische Seite ganz. Das Mißtrauen der deutschen Kirchenglieder wuchs, als die Berufung des deutschen Superintendenten Julius Dietrich aus Lodz in die durch den Tod des polnischen Konsistorialrats Rudolf Gundlach frei gewordene Stelle in dem seit Ende 1918 rein polnischen Konsistorium – das Verhältnis der polnischen zu den deutschen Mitgliedern des Konsistoriums war nun 5:1 – als Beweis nationaler Entspannung und Gleichberechtigung ausgegeben wurde. Auch durch die Zusammensetzung der Synodalkommission, die mit der Regierung über die von der Konstituierenden Synode beschlossenen Gesetze zu verhandeln hatte – Generalsuperintendent Bursche wurde der polnischen Seite zugerechnet – war die polnische 15–20%ige Minderheit die allein bestimmende „Mehrheit" in der Augsburgischen Kirche geblieben. Nicht zu verkennen war aber die Bereitschaft zur Entspannung.

Das Urteil über die Konstituierende Synode ist nicht einheitlich. Kneifel urteilt: „Die Konstituierende Synode 1922/23 endete für den deutschen Mehrheitsteil der Kirche mit einem Fiasko. Sie bereinigte nicht die nationalen Gegensätze, sondern sanktionierte praktisch die Herrschaft der polnisch-evangelischen Minderheit in der augsburgischen Kirche. Mit diesem Scheinsieg war der Friede keineswegs gesichert. Die Gegensätze brachen mit unverminderter Heftigkeit immer wieder auf. Das Mißtrauen blieb bestehen. Die Unzufriedenheit mit den kirchlichen Zuständen wuchs. Das Empfinden herrschte vor, daß die augs-

35 Anhang, Dok. 23.
36 Im Brief des Generalsuperintendenten an Senator Utta vom 23. Juni 1937 (in: AK) bestätigt dieser den Wortlaut des angenommenen Antrages.

burgische Kirche noch schweren nationalen Richtungskämpfen entgegengehe".[37] Positiver ist das Urteil des Kirchenjuristen Hans Wahl, der schreibt: „Voraussichtlich hätte diese Gesamtregelung die Grundlage für eine gesunde und friedliche Entwicklung der evangelisch-augsburgische Kirche gelegt. Die Regierung hat aber dem Antrag der Kirche keine Folge gegeben. [...] Die Staatsingerenz ist noch weitgehend, aber erträglich. Sie wird teilweise gemildert durch den synodalen Aufbau der Verfassung. [...]"[38] Geteilt war auch das Urteil der Deutschen Kongreßpolens. Superintendent Dietrich, dem nach dem Tode von Konsistorialrat Gundlach die geistliche Führung in Lodz zugefallen war, exponierte sich als Mitglied des Konsistoriums nicht einseitig und beließ es bei seiner nach beiden Seiten mahnenden Stimme. Julian Will hatte keine Hoffnung auf einen tragenden Ausgleich der nationalen Gegensätze in der augsburgischen Kirche mehr und trat für die Bildung einer lutherischen Freikirche ein, der er sich auch anschloß. Vom dritten Tagungsabschnitt der Konstituierenden Synode an war unter den Laien die Führung der evangelischen Deutschen auf August Utta und den von ihm gegründeten „Deutschen Volksverband" übergegangen.

Trotz aller Erfolge konnten die Ergebnisse der Konstituierenden Synode auch die polnische Seite nicht ganz befriedigen. Nuancierte Stellungnahmen in Fragen der Behandlung und Lösung der nationalen Frage in der Augsburgischen Kirche, der kirchlichen Autonomie und staatlicher Ingerenz, aber auch zur Person des Generalsuperintendenten Bursche hatten unter den polnischen Synodalen zu einem Riß geführt, der sich im polnischen Lager noch vertiefen sollte. Nur mit Einschränkung wird man Bursches Urteil zustimmen können: „[...] Zwei Parteien rangen auf der Synode miteinander, die polnische und die deutsche wurden sie genannt, obwohl zur ersteren auch viele Deutsche gehörten und zur zweiten auch einige Polen. Es schien manchmal, als würde eine Trennung der Kirche nach nationalen Gesichtspunkten eintreten, als drohe eine nicht mehr gutzumachende Spaltung, was insofern ein Unding gewesen wäre, als wir in Polen nur wenige rein polnische Gemeinden haben und nicht viele rein deutsche. [...]"[39] Auch wird sich kaum die Frage beantworten lassen, wie ernst Gen.-Sup. Bursche selbst die von der Konstituierenden Synode beschlossenen Gesetzentwürfe betr. Regelung des Verhältnisses der Augsburgischen Kirche zum Staat die Bestimmung über die Zulässigkeit einer nationalen Teilung der Kirche aufzunehmen. Waren es taktische Gründe, um das Zugeständnis der deutschen Synodalen in der Frage der Zusammensetzung der Synode zu erlangen, nachdem er überzeugt war, daß der Staat eine Teilung der augsburgischen Kirche nach nationalen Gesichtspunkten kaum zulassen würde? Rückblickend (1938) bekannte er, daß die Jahre 1920–1922 die schwersten Jahre seiner Amtszeit gewesen seien, „wo die Kämpfe in der Verfassunggebenden Synode die Gemeinden um der nationalen Frage willen fast gespalten hätten"[40] und 1938 sprach er aus: „[...] Es war ein Fehler, daß man dem Drängen nach Vertretung der einzelnen Gemeinden nachgegeben hatte: die übergroße Zahl der Delegierten, das starke Übergewicht des Laienelements [...] hatte zur Folge, daß die Verhandlungen der Synode sich recht chaotisch gestalteten. [...]"[41]

37 *E. Kneifel,* Geschichte 221f.
38 *H. Wahl,* a.a.O. 100.
39 *J. Bursche,* Kirche 72.
40 JK 1935, 92 (in: AK).
41 *J. Bursche,* a.a.O.

Polemisch zugespitzt ist das Urteil W. Gastparys: „[...] In der Beurteilung der Synode und ihres Verlaufs muß festgestellt werden, daß sie in dieser Zusammensetzung eine totale Unfähigkeit bewiesen und die weit angewandte Demokratie bei den Wahlen der weltlichen Vertreter der Gemeinden ihre Prüfung nicht bestanden hat. Die Synode als Ganzes vermochte die einzelnen Paragraphen allein nicht durchzudiskutieren und festzulegen. Erst nachdem ein gewählter Kreis die Gesetzestexte formulierte, genügten der Synode ein paar Dutzend Minuten zur Annahme und Bestätigung eines Sachverhaltes, den man ihr zur Gänze nicht einmal vorgelesen hatte und den die Mehrheit auch nicht verstanden hätte. Niemand von den deutschen Laien, selbst nicht die aus den Reihen ihrer Anführer, kannte sich in Fragen der Gesetzgebung aus. Daher blieben auch die Deklarationen von der Stimme und dem Willen des Kirchenvolkes hohle Phrasen ohne Inhalt. Wer sich aber hartnäckig auf die Stimme des Kirchenvolkes beruft, der hat, allgemein gesprochen, keine reinen Absichten. Das Kirchenvolk wollte die seelsorgerliche Betreuung in seiner Muttersprache haben, und dies hat ihm niemand genommen, auch nicht die Absicht dazu gehabt".[42]

Aus der Vielzahl der Stimmen zur Konstituierenden Synode sei noch auf die Aufsatzreihe des Wilnaer Pfarrers Andreas Needra „Warschau und Lodz" vom August bis Dezember 1922 in der „Deutschen Rundschau" in Bromberg hingewiesen. Darin analysiert der Verfasser die Lage wie folgt:

„Der polnische Staat übernahm als Rechtsnachfolger des Zaren aufgrund des Gesetzes von 1849 das Kirchenregiment in der Evangelisch-Augsburgischen Kirche in Polen. Als demokratischer Staat aber will er das Kirchenregiment an die Kirche zurückgeben (Art. 115 der Staatsverfassung). Aber die augsburgische Kirche besaß dafür kein eigenes Organ. Zur Schaffung eines solchen Organs mußte das Gesetz von 1849 in dem betreffenden Punkte abgeändert werden. Der Staat konnte als letzte Handlung in der Eigenschaft des Landesherrn eine verfassungändernde Synode einberufen, die den Auftrag erhalten hatte, das Organ zu schaffen, das das Kirchenregiment übernommen hätte. Nun sieht aber das Gesetz Bobek vom 27.4.1922 nicht eine verfassungs*ändernde*, sondern eine verfassungs*gebende* (konstituierende) Synode vor. Der Unterschied, so Needra, sei wesentlich: einmal handle es sich um eine bereits bestehende Kirche, die nur ihre Organisation ändert, das andere mal um eine völlig neue Organisation der Kirche. Warschau gehe von der ersten Auffassung aus: die Kirche bestehe und gäbe sich eine neue Organisation, Lodz dagegen von der anderen Auffassung: die Kirche müsse erst entstehen, müsse sich erst organisieren (konstituieren). Der § 156 des Gesetzes vom 27.4.1922 ließe beide Interpretationen zu. Daß ein Mißverständnis der Aufgabe der sog. Konstituierenden Synode entstanden sei, wäre Schuld des Warschauer Konsistoriums, das sich als verfassungsmäßige Vertretung der augsburgischen Kirche gemäß Art. 115 der Staatsverfassung angesehen habe, während es doch eine Institution des landesherrlichen Kirchenregiments gewesen war. Needra qualifiziert die in dieser Frage divergierenden Auffassungen Warschaus und Lodz's als einesteils legitime, andererseits revolutionäre, oder als bürokratische (Warschau) und demokratische (Lodz). Nachdem Needra in dieser Weise die Spannung und deren Gründe analysierte, sah er die Lösung darin, daß die gesetzgebende Synode, wollte man im Sinne des Art. 115 der Staatsverfassung handeln, überwiegend deutsch sein müßte, als Kompensation dafür sollte ein polnisches ausführendes Organ (Exekutive), ein Konsistorium, vorgesehen werden".[43]

---

42 *W. Gastpary*, a.a.O. 139.

43 Die Aufsatzreihe Needras vom 4. und 6. August, 24. September und 24. Dezember in der DR und dessen auf die Ausbildung der Theologen bezogenen „Wilnaer Bemerkungen", in: AK.

Die von der Konstituierenden Synode beschlossenen Gesetzentwürfe betr. Regelung des Verhältnisses der Evangelisch-Augsburgischen Kirche zum Staat und eine Kirchenverfassung haben nie Gesetzeskraft erlangt. Über die der Regierung eingereichten Entwürfe war es nie zu Verhandlungen der Synodalkommission mit dem Staate gekommen. In Anpassung an die neue Staatshoheit war das landesherrliche zaristische Gesetz von 1849 bis zum Jahre 1936 in Kraft. Die Evangelisch-Augsburgische Kirche in Polen war bis dahin staatsrechtlich eine Staatskirche geblieben. Die politisch herausragende, innerkirchlich so selbstsichere Stellung des Generalsuperintendenten Bursche und des Warschauer Konsistoriums als Organ des Landesherrlichen Kirchenregiments der neu erstandenen Republik Polen hatte darin ihre Begründung. Im Sinne seiner Religionspolitik den evangelischen Kirchen gegenüber hatte der polnische Staat auch keine Bedenken, das rein polnische Warschauer Konsistorium mit ihrem polnischen Generalsuperintendenten als rechtmäßige Vertretung der ganz überwiegend deutschen Evangelisch-Augsburgischen Kirche in Polen im Sinne von Art. 115 der Staatsverfassung anzusehen und anzuerkennen. In allen Angelegenheiten der Ev.-Augsb. Kirche hatte er mit dem Warschauer Konsistorium als mit einer von ihm berufenen Kirchenbehörde und mit einem vom russischen Zaren eingesetzten und von ihm anerkannten Generalsuperintendenten verhandelt.

IV. Die Jahre zwischenkirchlicher Zusammenarbeit und ökumenischer Mitarbeit der evangelischen Kirchen in Polen 1923–1929

1. Die Konsolidierung des polnischen und des deutschen Teiles der Ev.-Augsb. Kirche. Die Pastorensynoden

Im Jahrzehnt nach der Konstituierenden Synode vollzog sich der innerkirchliche Aufbau der Augsburgischen Kirche in einer Atmosphäre relativer Ruhe und der Bereitschaft zur Zusammenarbeit auf der Grundlage der von der Konstituierenden Synode beschlossenen Gesetzentwürfe. Beigetragen haben dazu Bestrebungen des katholischen Episkopats zur Abänderung der Konfessionsartikel der Staatsverfassung, die Genfer Verhandlungen und das Scheitern der weitreichenden kirchenpolitischen Ziele des Polnischen Evangelizismus, damit zusammenhängend auch die grundsätzliche Bereitschaft des Warschauer Konsistoriums und des Gen.-Sup. Bursche zur Anerkennung der Gleichberechtigung der beiden Nationalitäten in der Kirche, wie sie in den Gesetzentwürfen der Konstituierenden Synode zum Ausdruck gekommen war. Der polnische wie der deutsche Teil der Kirche traten in die Phase ihrer Konsolidierung ein.

Die Konsolidierung des polnischen Teils der Augsburgischen Kirche verlief im allgemeinen im Vollzug kirchenregimentlicher Maßnahmen des Warschauer Konsistoriums, dessen kraß einseitige Zusammensetzung (5:1) aufrechterhalten wurde. Als eine vom Staat ernannte Kirchenbehörde blieb es Organ der staatlichen Kirchenhoheit, gegen dessen Maßnahmen und Entscheidungen es keinerlei kirchliche Berufungsinstanz gab.

Nur langsam wuchsen die vormals verschiedenen Kirchenprovinzen des Zarenreiches angehördenden Gemeinden zu einer kirchlichen Einheit heran. Beigetragen hat dazu die erfreuliche Vermehrung der Pfarrgemeinden, deren Zahl nach 1918 um 38 im ehemaligen Kongreßpolen angestiegen war, so daß die Ev.-Augsb. Kirche in Polen im Jahre 1939 117 Pfarrgemeinden mit 40 Filialen, 10 Senioren, 125 Pfarrer, 7 Diakone, 3 Adjunkte, 49 Vikare aufwies.[1]

Einen besonderen Rang unter den Gemeinden nahmen die auf nationalkonfessioneller Grundlage vom Warschauer Konsistorium im Gebiet der Unierten evangelischen Kirche in Posen–Pommerellen gegründeten polnisch-augsburgischen Gemeinden Schildberg (1922), Soldau (1923), Posen (1921/24) mit der Filiale Lissa, Bromberg (1924), Graudenz (1928), Gdingen (1931), Thorn (1921/1932) ein[2], dazu die von der Evangelischen Kirche A. und H. B. in Galizien getrennte Gemeinde Krakau. Die Gründung der Gemeinden in den Gebieten Posen–Pommerellen wurde von Gen.-Sup. Bursche in die Wege geleitet, nachdem es dem Warschauer Konsistorium nicht gelungen war, die 1919 ohne Abstimmung an Polen gefallenen mittelschlesischen (ca. 10 000 Seelen) und die 8 ostpreußischen Gemeinden der Unierten Kirche zum Anschluß an die Augsburgische Kirche in Polen zu bewegen. Die zahlenmäßig klein gebliebenen kirchlichen Neugründungen gehen auf die zielbewußt betriebene polnische Zuwanderung zurück. So heißt es in einem Befehl des Kommandos der 2. Armee aus dem Jahre 1921:

„Zur Vermehrung des polnisch-evangelischen Elementes in Pommerellen hält es das Kriegsministerium für angebracht, eine gewisse Zahl von polnisch-evangelischen Eisenbahn-, Staats- und Finanzbeamten dorthin zu versetzen.

Zu diesem Zwecke ordne ich an:

a) Alle mir unterstellten Formationen unterbreiten Verzeichnisse der im aktiven Dienst verbleibenden polnisch-evangelischen Militärpersonen, die aus ideellen Erwägungen um ihre Entlassung aus dem polnischen Heere zur Reserve nachsuchen zum Zwecke des Eintritts in den Zivildienst in Pommerellen.
b) In den verlangten Listen sind nur jene Personen namhaft zu machen, deren Polentum keinem Zweifel unterliegt.
c) Die Verzeichnisse müssen folgende Rubriken haben: 1. Laufende Nummer, 2. Vor- und Familienname, 3. Charge, 4. Abteilung und Funktion, 5. Auf welche Posten wird reflektiert“.[3]

Erste vom Warschauer Konsistorium nach Posen–Pommerellen entsandte Geistliche waren Ewald Lodwich aus Kongreßpolen nach Soldau, die aus dem Teschener Gebiet stammenden Karl Banszel nach Schildberg und Karl Kotula nach Posen.

---

1 Amtlicher Ausweis der Diözesen, Pfarr- und Filialgemeinden in der Evangelisch-Augsburgischen Kirche in der Republik Polen, in: Dz. U. K. EA. 1937, Nr. 1, 15–18.

2 Generalsuperintendent Bursche begründet die Notwendigkeit der Gründung dieser Gemeinde konfessionell: „[...] Wir sahen uns auch genötigt, polnisch-lutherische Gemeinden in den Wojewodschaften Poznań [Posen] und Pomorze [Pommerellen] zu gründen, in Posen, Thorn, Bydgoszcz [Bromberg], Działdowo [Soldau], Gdynia, Grudziądz [Graudenz], damit die in jene Wojewodschaften übersiedelten Lutheraner unserer Kirche erhalten blieben und nicht ins Meer des sie umgebenden Katholizismus versinken oder der Union anheimfallen“. Vgl. *J. Bursche,* Kirche 70.

3 *L. Müller,* Die unierte Kirche 96.

Besondere Aufmerksamkeit wurde der Ausbildung der Theologen zugewandt. Sie erfolgte an der Ev.-theol. Fakultät in Warschau im Geiste des Polnischen Evangelizismus. Die Vorlesungssprache war polnisch, alle Professoren waren Polen. Nach dem Tode des Systematikers Prof. Serini hatte Bursche den Lehrstuhl dem deutschen Pastor Waldemar Krusche angeboten (1931), doch lehnte Krusche diesen aus grundsätzlichen Gründen ab. Ernannt wurde der Lemberger Gemeinde- und Militärpfarrer Rudolf Kesselring, der in der Folge kirchenpolitisch den Kurs Bursches vertrat. Die Zahl der Theologiestudenten war von 20 (1922/23) auf 70 (1926/27), auf 86 (1927/28), auf 95 (1930/31) angestiegen. Der Nationalität nach bekannten sich 1930: 51 zum Polentum, 44 zum Deutschtum, 2 waren Ukrainer. Etwa 80% der Studierenden kam aus der Augsburgischen Kirche, andere kamen aus der Ev.-Augsburgischen Kirche in Ostschlesien in der Tschechoslowakei oder waren reformierten Bekenntnisses, einige kamen zur Vervollständigung ihrer Sprachkenntnisse aus den Kirchen in Galizien oder aus Posen–Pommerellen. Als „Instrument der Polonisierung" des theologischen Nachwuchses und der Gemeinden spielte die Theologische Fakultät keine geringe Rolle. An dieser Frage entzündete sich u.a. auch eine Polemik zwischen Generalsuperintendent Otto Dibelius und dem Warschauer Professor Edmund Bursche, einem Halbbruder des Generalsuperintendenten Bursche, in der „Christlichen Welt".[4] In der „Warschauer Pastorenkonferenz" schufen sich die polnischen Pastoren zwar kein amtliches, aber dennoch nicht unwichtiges Organ.

Im „Polnischen Verband der Vereine und evangelischer Gemeinden im Polnischen Staate" (Związek Polski Towarzystw i zborów ewangelickich w Państwie Polskiem)[5] hatte der Polnische Evangelizismus Gestalt gewonnen und sein kirchenpolitisches Instrument gefunden. Der Verband, aus dem von Gen.-Sup. Bursche gegründeten und geleiteten „Evangelischen Abstimmungskomitee für Masuren" nach dem Ausgang der Abstimmungen (11. Juli 1920) in den Abstimmungsgebieten von West- und Ostpreußen hervorgegangen, hatte die Aufgabe: a) der Vertiefung des evangelischen religiösen Lebens; b) der Verbreitung der Bildung unter der evangelischen Bevölkerung; c) der Ausübung von Wohltätigkeit; d) der Sicherung des gesellschaftlichen Schutzes der Glaubensgenossen auf dem Gebiete des ganzen Landes. Die nationale Zielsetzung des Verbandes eines Zusammenschlusses aller polnischen evangelischen Kräfte und Gruppen in Polen über die Kirchengrenzen hinaus, hatte auch die politischen und territorialen Ziele Polens im Sinne des Memorials des Gen.-Sup. Bursche an die Pariser Friedenskonferenz vom 14. Februar 1919 aufgenommen. Die Gründungsmitglieder des Verbandes – Gen.-Sup. Bursche, die Pfarrer Franz Michejda–Nawsi und sein Bruder Karl Michejda–Krakau, Konsistorialpräsident Glass u.a. – hatten auch das Ergebnis der Volksabstimmung in Masuren „nicht als verpflichtend angesehen", die Gewinnung der evangelischen Masuren in dem an Polen ohne Abstimmung gefallenen Kreis Soldau und über sie „auch die Gewinnung der Masuren außerhalb der Grenze" als nationale und kirchliche Aufgabe angesehen. Schon eine Woche nach der Abstimmung in Masuren, am 18. Juli 1921, bestätigte das Warschauer Innenministerium die Statuten des Verbandes, dem auch der von dem aus dem Teschener Schlesien stammende Pfarrer Karl

4 CW vom 18. November und 12. Dezember 1926.
5 Statut des Polnischen Verbandes in: RE 10–15; *L. Müller,* a.a.O. 95; *W. Gastpary,* Biskup 60; *E. Kneifel,* Geschichte 234; PEK 1922/23, 236.

Banszel in Schildberg gegründete „Polnische Evangelische Verein für Mittelschlesien“ angeschlossen wurde. Mitglieder des Polnischen Verbandes der Vereine und evangelischer Gemeinden konnten Vereine und evangelische Gemeinden im Lande werden, wenn sie mindestens 50 Mitglieder zählten.

Auf der ersten, am 13. Juni 1923 in Warschau gehaltenen Versammlung der Delegierten des Verbandes hatte Bursche die Leitung des Verbandes niedergelegt, dessen Führung von Senior Karl Kulisz–Teschen, einem Freund und Mitarbeiter Bursches seit dem Jahre 1903, übernommen wurde. Geist und Ziele des Verbandes geben die Resolutionen wieder, die auf der von Bursche als Ehrenvorsitzendem geleiteten I. Tagung des Verbandes vom 26.–29. Juli 1924 in Ustroń und Teschen gehalten wurden:

„Sie begrüßt mit lebhafter Freude die Tatsache der allgemeinen Festigung des gesellschaftlichen, nationalen und wirtschaftlichen Lebens in dem wiedererstandenen Vaterlande [...];
sie steht unerschütterlich auf dem Boden des Wortes Gottes, knüpft an die ruhmreichen polnisch-evangelischen Überlieferungen in der Glanzzeit der einstigen Republik, an die erhabenen Offenbarungen der religiösen polnischen Gedankenwelt an und wünscht zur geistigen und religiösen Wiedergeburt der Nation im Geiste des Evangeliums Christi beizutragen;
sie fordert die Brüder, die mit Ausnahme weniger Zentren in der Zerstreuung leben und deswegen der Entnationalisierung und dem religiös-kirchlichen Abfall ausgesetzt sind, auf, sich zur Pflege des religiösen Lebens zusammenzutun und die polnischen evangelischen kirchlichen Einrichtungen, Literatur und Presse zu unterstützen [...];
sie sendet an die polnischen Evangelischen außerhalb der Republik, besonders in der Tschechoslowakei, Preußen und Amerika brüderlichen Gruß und spornt sie zum Aushalten im Glauben und in der Sprache der Väter an;
sie läßt sich vom Geiste des Friedens im Verhältnis zu den Glaubensgenossen deutscher Nationalität in Polen leiten. Gleichwohl erklärt die Versammlung, daß sie im Interesse des evangelischen Christentums und des Wohles der Nation niemals Versuche dulden wird, die Kirche zu Germanisierungszwecken – wie dies besonders in den westlichen Grenzgebieten geschieht – ausnutzen, und daß sie allen Versuchen dieser Art mit aller Entschiedenheit entgegentreten wird. [...]“[6]

Auf der gleichen Ebene lagen die Resolutionen der II. Tagung des Verbandes vom 27. bis 29.6.1925 in Posen.[7]

Unter Führung Bursches, Kuliszs, des Warschauer Konsistoriums, regierungsseitig tatkräftig unterstützt, wurde der Polnische Verband der Vereine und evangelischer Gemeinden in Polen zum organisatorischen Träger der Ziele des Polnischen Evangelizismus auf dem ganzen Staatsgebiet, in enger Zusammenarbeit auch mit den Militärgeistlichen. Seine Ortsvereine, so klein sie auch gewesen sein mochten, waren Träger des Gedankenguts des Polnischen Evangelizismus in den deutschen Gemeinden und die Begründer der selbständigen polnischen Kirchengemeinden in Lodz (1925) und in Jozefin in Wolhynien (1939) im Bereich der Ev.-Augsb. Kirche und der polnisch-augsburgischen Gemeinden im Kirchengebiet der Unierten ev. Kirche in Posen–Pommerellen, wie der kirchenpolitischen Arbeit innerhalb der Unierten ev. Kirche in Polnisch-Oberschlesien und der Evangelischen Kirche A. und H. B. in Galizien.

---

6 UuA 3, 20ff.
7 UuA 3, 24ff.

Zur Konsolidierung des polnischen Teils der Ev.-Augsb. Kirche trug nach Auffassung des Warschauer Konsistoriums auch die Ausschaltung des ev. Schlonsakentums im ehem. Österreichisch-Schlesien von jedem Einfluß auf das kirchliche Leben bei. Die „Schlonsaken" [Schlesier], so ihre Selbstbenennung, entsprachen im ehem. Österreichisch-Schlesien nach Herkunft, Sprache, soziologischer Gliederung, ihrer kulturellen Prägung und politischen Haltung den Evangelischen polnischer Sprache in Preußisch-Schlesien und in Masuren. Unter Zuhilfenahme der Staatsbehörden erzwangen Gen.-Sup. Bursche und Senior Kulisz in Teschen Ende 1927 die Liquidierung des von Superintendent Theodor Haase während des österreichischen Kulturkampfes 1877 gegründeten einflußreichen Presseorgans „Nowy Czas" [Neue Zeit] als eines „dem polnischen Evangelizismus und der polnischen Kultur feindlichen Blattes". Letzter Herausgeber des „Nowy Czas" war Pfarrer Joseph Gabryś in Skotschau.[7a]

Ausgebaut wurde das polnisch-evangelische Pressewesen. Zu den älteren Kirchenblättern, dem „Zwiastun Ewangeliczny" [Evangelischer Herold] in Warschau (gegr. 1863), dem „Poseł Ewangelicki" [Evangelischer Bote] in Teschen (gegr. 1910) und dem Gemeinschaftsblatt „Słowo Żywota" [Wort des Lebens] in Teschen (gegr. 1910), ab 1925 unter dem Titel „Głosy Kościelne" [Kirchliche Stimmen] herausgegeben, kamen 1923 der „Głos Ewangelicki" [Evangelische Stimme] und 1934 der „Przegląd Ewangelicki" [Evangelische Rundschau] mit dem Untertitel: Organ des Polnischen Evangelizismus im In- und Ausland in Bromberg. 1928 wurde in Warschau das „Polnische Evangelische Pressebüro" (Ewpol) begründet, dessen am 28. September 1928 bestätigte Statuten als Ziel der Arbeit angaben: Informationen über das evangelische Leben in Polen zu bringen, ungenaue oder tendenziöse Nachrichten im In- und Ausland über den polnischen Evangelizismus, den polnischen Staat oder das polnische Volk zu berichtigen. Zum Landesjugendpfarrer der Augsburgischen Kirche wurde ein polnischer Pastor berufen, 1932 das Organ der polnischen evangelischen Jugend, der „Głos młodzieży ewangelickiej" [Stimme der evangelischen Jugend], begründet. Im Sinne der Zielsetzung des Polnischen Evangelizismus wurden die deutschsprachigen Blätter „Evangelisches Wochenblatt" (Warschau–Lodz 1921–1922) und dessen Nachfolgeblatt „Der deutsche Wegweiser" herausgegeben.

Ungeachtet der nationalen Gegebenheiten und Gegensätze und der der evangelischen Kirche vom militanten nationalpolnischen Katholizismus drohenden Gefahren bestimmte die Ideologie des Polnischen Evangelizismus mit unverminderter Intensität den amtlichen Kurs des Warschauer Konsistoriums und das kirchenpolitische Denken und Handeln des Gen.-Sup. Bursche und der polnischen Pastorenschaft. In ihrem religiösen Aspekt wurde sie von der römisch-katholischen Kirche nicht beachtet, vom Staat nur in ihrem politischen Bezug aufgenommen und da gefördert, wo sie die Interessen der katholischen Kirche nicht berührte. Im Urteil Bursches spiegelte sich die Nationalitätenfrage in der Augsburgischen Kirche Ende 1926 wie folgt wider:

„Die Evangelisch-Augsburgische Kirche in Polen hat einen schweren Stand: Sie ist eine Diasporakirche, sie hat es mit der Übermacht der römischen Kirche zu tun, die wie überall in der Welt, so ganz besonders in Polen gewaltig aggressiv auftritt, sie leidet unter dem An-

---

7a *E. Kneifel,* Geschichte 243; *ders.:* Gemeinden 236; *J. Szeruda,* Bibliografja 343; *J. Walach,* Ks. Karol Kulisz 62.

prall der verschiedenen Sekten. Aber das wäre alles noch kein Grund zum Verzagen. Schlimm ist, daß wir unter uns uneins sind: die großen Gegensätze zwischen Polen und Deutschland finden in unserer Kirche ihren Widerhall, führen zu unliebsamen inneren Kämpfen und drohen die Einheit der Kirche zu sprengen. Und das wäre der Anfang vom Ende des Protestantismus, und die römische Kirche, die mit Wohlgefallen diesen Kämpfen zusieht, würde den ganzen Gewinn davontragen.
Die Lutheraner in Polen zählen 500 000 Seelen, davon sind 300 000 Deutsche und 200 000 Polen, respektive polonisierte ehemalige Deutsche, hauptsächlich in den großen Städten wie Warschau, Krakau, Lublin usw. Man kann es ja vom völkischen Standpunkte aus beklagen, daß so viele Deutsche Polen geworden sind: vom Standpunkte des Evangeliums jedoch ist diese Tatsache etwas, was von großer Bedeutung für unser Land ist, resp. sein kann, denn nur auf diese Weise ist die Möglichkeit gegeben, das Evangelium dem polnischen Volke näher zu bringen; der Deutsche in Polen, durch seine Sprache von der Bevölkerung getrennt, hat in religiöser Hinsicht keinerlei Einfluß auf dieselbe, erst wo er polnisch spricht, erst wo polnisch-evangelische Gottesdienste stattfinden, ist diese Möglichkeit gegeben. Dabei ist festzustellen: die Polonisierung der Deutschen im ehemaligen Russisch-Polen geschah nicht auf gewaltsame Weise, auch nicht durch die Kirche und die Pastoren, wie oftmals behauptet wird, sondern es war ein selbstverständlicher Naturprozeß, wie überall in der Welt, leben doch unsere Deutschen in Polen seit über hundert Jahren, also seit Generationen. Wo sie also geschlossen zusammenwohnen, wie in den Kolonien auf dem Lande, wie in den Fabrikzentren (Lodz und Umgebung), da bleiben sie deutsch, wo sie dagegen zerstreut unter Polen wohnen, polonisieren sie sich mit der Zeit. Wir Pastoren aber in Polen waren nie Vorkämpfer des Deutschtums, sondern Verkünder des Evangeliums. [...] Wie dem auch sei, heute sind in unserer Kirche hier in Polen Deutsche und Polen. Unsere Aufgabe muß es sein, dahin zu wirken, daß beide Nationen trotz der vorhandenen Gegensätze zusammenbleiben, daß der gemeinsame Glaubensgrund uns höherstehe, als der Unterschied der Sprache. Es gibt Heißsporne von der einen und von der anderen Seite, denen muß man entschieden entgegentreten, sonst geht alles in die Brüche. Das ist die Schwierigkeit meiner Stellung als Generalsuperintendent. [...]
Was meine Person anbelangt, so bin und bleibe ich ein Gegner jeglichen nationalen Chauvinismus überhaupt, und in kirchlichen Dingen insbesondere. In national gemischten Kirchen muß die Kirchenleitung möglichst unparteiisch sein. ‚Den Juden ein Jude, den Griechen ein Grieche', das gilt mir in meiner ganzen amtlichen Tätigkeit. Ich bin und bleibe ein Gegner der Losung ‚Deutsch-Evangelisch'. Auf das ‚Deutsch oder Polnisch' kommt es mir in erster Linie überhaupt nicht an, wir wollen hier in Polen gute Lutheraner sein, ob Deutsche oder Polen. Nicht zum Polonisieren, nicht zum Germanisieren sind wir berufen, sondern zur Predigt des Evangeliums von Jesus Christus. Daher die Anfeindungen meiner Person, sowohl von seiten der polnischen, wie der deutschen Chauvinisten".[8]

Diese Worte Bursches – an die Adresse des Auslandes gesprochen – wurden im deutschen Teil der Augsburgischen Kirche unter Hinweis auf die tatsächliche Lage mit Zweifel und Mißtrauen aufgenommen, wie sie auch Bursches Auffassung vom Ursprung der nationalen Gegensätze in der Augsburgischen Kirche ablehnten: „Die damals (während der deutschen Okkupation) ausgestreute böse Saat hat böse Früchte gezeitigt: die bis zum Kriege friedlich miteinander lebenden deutschen und polnischen Glaubensgenossen sind nun getrennt und beargwöhnen einander. Das ist der große Schaden unserer Kirche".[9]

8 Brief Alfred Bursches, eines Bruders des Generalsuperintendenten J. Bursche, an Herrn Metzler in Stuttgart vom 9. Januar 1927 mit anliegender Stellungnahme des Generalsuperintendenten zu Fragen der EAKRP, in: AK.

9 A. a. O.

Über eine politische Deutung der Haltung des deutschen Teils der Augsburgischen Kirche sind Gen.-Sup. Bursche und der Polnische Evangelizismus nie hinausgekommen, ebensowenig wie über die religiöse Verklärung und kirchliche Legitimierung der staatlichen, auf Assimilierung angelegten Minderheitenpolitik mit den missionarischen Zielsetzungen und Aufgaben des Polnischen Evangelizismus.

Die Konsolidierung des deutschen Teils der Ev.-Augsb. Kirche in Polen vollzog sich unter dem Druck der staatlichen Minderheitenpolitik und der kirchenpolitischen Haltung des Gen.-Sup. Bursche wie des Warschauer Konsistoriums. Mit dem Sieg des nationaldemokratischen Staatskurses – Demission Piłsudskis 1923 – unter dem zweiten Kabinett Władysław Grabski (19. Dezember 1923 bis 14. November 1925), des Schöpfers des Konkordats und des „Ostmarkengesetzes" vom 31. Juli 1924, des „Totengräbers des Schulwesens der Minderheiten", begann in ganz Polen die Ära eindeutiger Polonisierung der Minderheiten. Władysław Grabski setzte die Kirchenpolitik seines ersten Kabinetts aus dem Jahre 1920 fort und brachte den evangelischen Kirchen gegenüber die Grundsätze zur Geltung, die Ministerpräsident General Władysław Sikorski (16. Dezember 1922 bis 26. Mai 1923) in Posen am 10. April 1923 in einer Polemik gegen das Posener Konsistorium zum Ausdruck brachte:

„In ihrem (des Konsistoriums) unmittelbaren Interessen liegt es, daß dieser große geschichtliche Prozeß nach der langen hier durch die preußische Regierung ausgeübten Bedrückung, dieser Prozeß, welcher sich Entdeutschung der westlichen Wojewodschaften nennt, in möglichst kurzem und raschem Tempo durchgeführt wird".[10]

Am härtesten war der Schlag gegen das deutsche, auch im ehemaligen Kongreßpolen nahezu ausschließlich evangelische Schulwesen. Die staatlichen Schulgesetze – die Verordnung vom 3. März 1919 und das Schulgesetz vom 17. Februar 1922 – hatten dem deutschen Volksschulwesen den Todesstoß versetzt. Von den 564 deutschen Volksschulen in Kongreßpolen im Jahre 1919 waren 1925 nur ca. 50–60 mit deutscher Unterrichtssprache geblieben. Der Abgeordnete Julian Will führte im Sejm aus:

„Rein deutsche Schulen besitzen wir in Mittelpolen überhaupt nicht. Es gibt utraquistische Schulen; denn fast ohne Ausnahme wird in den sogenannten deutschen Schulen außer der polnischen Sprache auch Geschichte und Erdkunde polnisch erteilt".[11]

Keinen Erfolg hatten die Bemühungen der deutschen Minderheit, ihr Schulwesen zu erhalten, keinen Erfolg auch die am 23. Juli 1931 von Senator August Utta unter Berufung auf den internationalen Minderheitenschutzvertrag am 23. Juli 1931 eingereichte „Eingabe an den Hohen Völkerbund betreffs Wahrung der Rechte der deutschen Minderheit im ehemaligen Kongreßpolen auf dem Gebiete des Schulwesens".[12] Bis 1935 war die Zahl der deutschen Volksschulen im ehem. Kongreßpolen auf 11 zusammengeschmolzen, neben 46 mit deutsch-polnischer Unterrichtssprache. Unterbunden wurde die Heranbildung eines deutschen Lehrernachwuchses. Das Lehrerseminar mit deutscher Unterrichtssprache in

10 *L. Müller,* a.a.O. 10.
11 *E. Kneifel,* Geschichte 230; *J. Will,* Auf dem Totenacker; *M. Kage,* Deutsches Schulwesen 157ff., 172ff.
12 *M. Kage,* a.a.O. 162f.; *E. Kneifel,* a.a.O. 229; *W. Kuhn,* Das Deutschtum 147f.; *Th. Bierschenk,* Die deutsche Volksgruppe 152ff.

Lodz erhielt schon 1919 eine polnische Leitung, verfiel ab 1932 der Liquidation.[13] Das deutsche evangelische Lehrerseminar in Bielitz wurde 1936 geschlossen.

Der Errichtung von Privatschulen setzten die Schulgesetze von 1926 und vom 11. März 1932 nahezu unüberwindliche Hindernisse entgegen. Bis 1937 entstanden in Mittelpolen nur etwa 10 deutsche Privatschulen, im Gegensatz zu Wolhynien, wo bei größter Opferbereitschaft der evangelischen Gemeinden von den ca. 80 Kantoratsschulen 29 durch Anpassung an die Bestimmungen der Schulgesetzgebung gerettet werden konnten, als 1932 den Kantoren die Unterrichtserlaubnis entzogen wurde. Von den deutschen Gymnasien und Mittelschulen konnten im ehem. Kongreßpolen nur zwei die seit 1932 durchgeführte staatliche Neugliederung des Schulwesens überleben: das deutsche Knabengymnasium und das deutsche Mädchengymnasium in Lodz. Beide Anstalten mußten auf Drängen der Behörde in der Folge zusammengelegt werden und für die in polnischer Sprache gelehrten Fächer polnische Lehrer einsetzen. Die letzten beiden Direktoren des deutschen Gymnasiums waren Polen (Franz Michejda 1933–1936, von 1919–1933 Leiter des deutschen Lehrerseminars, und der ehemalige Schulvisitator Głuchowski 1936–1939). Eingegangen waren: die städtische Bürgerschule (1919), das private Progymnasium, die Mädchenhandelsschule (1920), die Mädchenmittelschule (1923/24) in Lodz, das deutsche Gymnasium in Zgierz (1928), das deutsche Gymnasium in Pabianice (1920) und die 6-klassige Höhere deutsche Schule in Sompolno (1934). Ermittlungen des Lodzer deutschen Volksverbandes zufolge erhielten 1938/39 im ehem. Kongreßpolen über 20 000 deutsche, fast ausnahmslos evangelische, Kinder keinen, etwa 14 000 einen sehr unzulänglichen Unterricht in ihrer Muttersprache.[14]

Die Vernichtung des evangelischen deutschen Schulwesens, verbunden mit der Tatsache, daß weder das Warschauer Konsistorium, noch Gen.-Sup. Bursche etwas für die Erhaltung des evangelischen Schulwesens taten, zehntausende evangelische Kinder ohne Religionsunterricht in der Muttersprache oder Religionsunterricht überhaupt blieben, gewannen entscheidende Bedeutung für die Konsolidierung des deutschen Teils der Ev.-Augsb. Kirche in Polen. Ob nun „die stille Vereinbarung des Konsistoriums mit den Schulbehörden nur unter dem Gesichtspunkt der polnisch-evangelischen Missionsideologie erklärt werden" kann, das „Versagen des Konsistoriums im Schulkampf als historische Schuld bestehen bleibt"[15], oder man mehr geneigt ist, eine rein politische Übereinstimmung zur Deutung heranzuziehen, die Folge war, daß der deutsche Teil der Kirche die Brüchigkeit der Haltung des Konsistoriums und Bursches in Fragen der Gleichberechtigung der Nationalitäten, wie sie auf der Konstituierenden Synode statuiert worden war, in zentralen kirchlichen Fragen erfahren hatte und daran ging, die eigenen Reihen zur Abwehr der Kirchen- und Nationalitätenpolitik des Konsistoriums und des Generalsuperintendenten zu festigen.

Neu an der Entwicklung war, daß in der innerkirchlichen Opposition gegen die Kirchen- und Nationalitätenpolitik der Warschauer Kirchenleitung erstmals die jüngere Gene-

---

13 *E. Kneifel*, a.a.O. 230f.

14 *W. Kuhn*, a.a.O. 148; *E. Kneifel*, a.a.O. 229, 231; *M. Kage*, a.a.O. 163; *Th. Bierschenk* 157ff.; *R. Breyer*, Das Deutsche Reich 53f.

15 *E. Kneifel*, a.a.O. 231.

ration der deutschen Geistlichkeit führend geworden war. In Lodz begründeten die Lodzer Pastoren Adolf Doberstein und Gustav Schedler und Eduard Kneifel, Pfarrer in Brzeziny bei Lodz, im Jahre 1926 die „Lodzer deutsche Pastoralkonferenz“[16] und als deren Organ das religiös-kirchliche Monatsblatt „Weg und Ziel“, von Doberstein als Schriftleiter herausgegeben (1926–1928); 1928 wurde das Blatt von den polnischen Behörden eingestellt.[17] Der „Lodzer deutschen Pastoralkonferenz“ schlossen sich zunächst etwa 30 Geistliche an. Wie schwierig die Lage in Lodz, der mit ca. 56 000 Seelen größten Gemeinde der Augsburgischen Kirche war, geht aus einem Bericht des deutschen Konsuls in Lodz, Dr. Luckwald, aus dem Jahre 1926 hervor. Darin ordnet Luckwald die Lodzer Deutschen in kirchlicher Beziehung vier Gruppen zu: 1. die bewußten Anhänger Bursches, 2. die Lauen, die es mit niemandem verderben möchten, 3. die Gefolgschaft der neugegründeten Deutschen Pastorenkonferenz, 4. die Radikalen, die zur Lutherischen Freikirche gingen. Zur Gruppe 2 sei die Mehrheit der deutschen Industriellen zu rechnen, die geistigen und geistlichen Führer der im Erstarken begriffenen Gruppe 3 seien die Pastoren Doberstein, Löffler und Schedler, die Anhänger der Freikirche seien die radikalsten Gegner des Generalsuperintendenten Bursche, trügen jedoch die Zersplitterung in die Augsburgische Kirche hinein; im ganzen biete, so Luckwald, die Ev.-Augsb. Kirche ein trauriges Bild der Zerrissenheit.[18]

Der neben Lodz zweite geistliche Mittelpunkt evangelischen Lebens erstand seit dem Jahre 1924 in Wolhynien, wo die Pastoren die Träger der kirchlichen Aufbauarbeit waren und sich in dem von Pastor Kleindienst als Schriftleiter herausgegebenen religiös-kirchlichen Wochenblatt „Wolhynischer Bote“ ein eigenes Presseorgan für die wolhynischen Gemeinden geschaffen hatten (1927–1936).

Parallel zur Entfaltung des polnisch-evangelischen hatte sich der Ausbau des deutsch-evangelischen Pressewesens vollzogen. Führend blieb der von Pfarrer und Konsistorialrat Julius Dietrich begründete und von ihm herausgegebene „Der Friedensbote“ in Lodz (1920–1939), grenzüberschreitende Bedeutung gewann die ab 1924 von Prof. Rudolf Czerny–Bielitz und Pastor Gustav Schedler–Lodz herausgegebene „Neue Evangelische Kirchenzeitung“ (Bielitz 1924–1939), das Nachfolgeblatt des bis 1918 führenden Kirchenblattes der Evangelischen Kirche A. und H. B. in Österreich „Evangelische Kirchenzeitung für Österreich“. Hinzugekommen waren das Monatsblatt „Weg und Ziel“, das Wochenblatt „Wolhynischer Bote“ (1927–1936), das von Pastor Paul Otto in Lodz herausgegebene Organ der Christlichen Gemeinschaftsbewegung „Neues Leben“ (Lodz 1928ff.), der von Pastor Bruno Gutknecht in Gombin begründete und herausgegebene „Evangelisch-Lutherische Weichselbote“ (Gombin 1932–1939), mit dem sich die evangelischen Gemeinden der Weichselniederung ihr eigenes kirchliches Organ gegeben hatten. Führendes Blatt für die Kinder blieb der von Pastor Julius Dietrich–Lodz herausgegebene „Kinderfreund“ (Lodz 1920–1939). Der von Pastor Gustav Schedler ins Leben gerufene „Jugendruf“ konnte

16 Nach *E. Kneifel,* Die Pastoren 48, bestand in Lodz in den Jahren 1875–1924 eine „Evangelisch-Lutherische Pastoralkonferenz“, begründet und geleitet von Pastor Wilhelm P. Angerstein.

17 *E. Kneifel,* Die Gemeinden 16, berichtet, daß das Monatsblatt „Weg und Ziel“ Ende 1928 von Generalsuperintendent Bursche „liquidiert“ wurde.

18 Bericht des Konsuls Luckwald an das AA vom 1. Oktober 1926, in: AK.

sich finanziell nicht halten, an seine Stelle war ab 1933 das von dem Beauftragten für die kirchliche Jugendarbeit, Pastor Rudolf Kersten, begründete Monatsblatt „Jugendfreunde" getreten (1933ff.).[19]

Der Auf- und Ausbau des kirchlichen Vereinslebens in den einzelnen Gemeinden wurde fortgesetzt oder neu aufgenommen, Ortsvereine zu gesamtkirchlichen deutschen Verbänden zusammengeschlossen, so die Frauenvereine, Jugendvereine, Verbände der Kirchenchöre, Gesangvereine, Posaunenchöre; allein in Lodz bestanden 85 deutsche Vereine. Zu ordnen versucht wurde das Kantoratswesen, das weiterhin seinen unersetzlichen Rang in den Landgemeinden behielt.

Zur Konsolidierung des deutschen Teils der Augsburgischen Kirche hat in hohem Maße auch die Überwindung seiner geistlichen und geistigen Isolierung durch die Aufnahme der Zusammenarbeit der führenden deutschen Geistlichen mit den anderen evangelischen Kirchen des Landes beigetragen, besonders mit den Kirchen in Posen–Pommerellen und in Galizien. Sie begann durch Laien in den Jahren gemeinsamen Ringens um die Gleichberechtigung und Autonomie der evangelischen Kirchen (Lex Nader), setzte sich fort und wurde in dem Maße ausgebaut, als deren Selbständigkeit und Freiheit durch Maßnahmen des Staates oder kirchenpolitische Zielsetzungen des Polnischen Evangelizismus bedroht wurden. Bereits im Oktober 1922 hatten die Kirchenleitungen der Unierten evangelischen Kirchen in Posen-Pommerellen und Polnisch-Oberschlesien und der Evangelischen Kirche A. und H. B. in Kleinpolen zur losen Zusammenarbeit in der „Kattowitzer Arbeitsgemeinschaft" zusammengefunden.[20]

Der Prozeß kirchlicher Zusammenarbeit über die alten Staatsgrenzen hinweg war keine isolierte Erscheinung. Er hatte sich unabhängig, aber doch im Kontext zu den Bestrebungen der deutschen Minderheit auf kulturellem, wirtschaftlichem und politischem Gebiet vollzogen, zur Zusammenarbeit in der Republik Polen zu kommen. So entstanden als Dachorganisationen: der „Bund der Deutschen in Polen" (1921); der „Deutsche Schulverein in Polen" (1921); die „Deutsche Bücherei" Posen (1921, seit 1926 auch für Mittelpolen und Wolhynien); die „Deutsche Wissenschaftliche Zeitschrift in Polen" (1923); die „Deutschen Blätter in Polen" (1924); der „Deutsche Volksverband für Polen" (1924); die „Deutsche Turnerschaft in Polen" (1924); die „Deutsche Jungenschaft in Polen" (1926); der „Verband deutscher Genossenschaften in Polen" (1926); der „Verband der Vereine deutscher Hochschüler in Polen" (1926); die „Deutsche Sozialistische Arbeitspartei Polens" (1929); die „Deutschen Monatshefte in Polen" (1934).[21] Die von Superintendent Julius Dietrich in Lodz eingerichteten „Theologische Lehrgänge" für Pastoren und Laien, an denen u.a. Landesbischof Ihmels–Dresden, die Professoren Adolf Köberle, Gerhard

19 Das Jugendblatt ist 1937 eingegangen. Pastor *R. Kersten* berichtet in seinen Erinnerungen „Aus 50 Jahren": „[...] In einer fast dramatisch verlaufenen Unterredung beanspruchte ich einen Betrag von 300 Złoty. Nach einigem Nachdenken meinte Bischof Bursche, er könne das nicht verantworten. Für die polnische Jugendarbeit unterhielt er ein komfortabel eingerichtetes Büro in Warschau, dem ein hauptamtlich berufener Pastor vorstand. [...] Für die deutsche Jugendarbeit konnte er nicht 300 Złoty verantworten; das war der endgültige Schluß der [deutschen] Jugendarbeit".

20 UuA 3, 87f.

21 *Th. Bierschenk,* a.a.O. 24ff., 52ff.; *R. Breyer,* a.a.O. 54ff.

Kittel u.a. mitwirkten, suchten die Verbindung mit der theologischen Wissenschaft aufrecht zu erhalten.

Weittragende Bedeutung für die Konsolidierung des deutschen Teils der Ev.-Augsb. Kirche muß der parlamentarischen Tätigkeit der deutschen Abgeordneten in Sejm und Senat, die mit Ausnahme der meisten oberschlesischen Abgeordneten evangelischen Bekenntnisses waren, zugemessen werden. Aus dem Gebiet des ehemaligen Kongreßpolens und Wolhyniens waren es die Parlamentarier: Oskar Friese, Kaufmann, Sejmabgeordneter 1919–1922; Ludwig Wolff, Schulmann, Sejmabgeordneter 1919; Josef Spickermann, Tischlermeister, Sejmabgeordneter 1919–1922 und 1922–1927, Senator 1928–1930; Jakob Karau, Lehrer, Sejmabgeordneter 1922–1927 und 1928–1930; Artur Kronig, Journalist, Sejmabgeordneter 1922–1927 und 1928–1930, Vorsitzender der Deutschen Sozialistischen Arbeitspartei Polens 1923–1934; Otto Somschor, Kaufmann, Sejmabgeordneter 1922–1927; Karl Stüldt, Fabrikant, Senator 1922–1927; August Utta, Lehrer, Sejmabgeordneter 1922–1927 und 1928–1930, Senator 1930–1935, Vorsitzender des Deutschen Volksverbandes 1924–1938; Emil Zerbe, Ing., Sejmabgeordneter 1922–1927 und 1928–1930, Vorsitzender der Deutschen Sozialistischen Arbeitspartei; Julian Will, Lehrer, Sejmabgeordneter 1928–1930.[22]

Mit der Gründung des „Deutschen Kultur- und Wirtschaftsbundes" in Lodz im Jahre 1928 und der von diesem herausgegebenen Wochenschrift „Deutscher Volksbote", später in „Der Deutsche Wegweiser" umbenannt, wie über den vom Kultur- und Wirtschaftsbund ins Leben gerufenen „Verband deutscher Lehrer in Polen" suchte die Regierung Einfluß auf die deutsche Bevölkerung im Sinne der staatlichen Nationalitätenpolitik zu nehmen. Der Erfolg dieser Arbeit blieb gering. Von Gen.-Sup. Bursche wurde die Tätigkeit des Kultur- und Wirtschaftsbundes, des Verbandes deutscher Lehrer und die Haltung des Deutschen Volksboten bzw. Deutschen Wegweisers mit unverholener Sympathie begleitet und als Beispiel der Loyalität dem Staate und der Kirchenleitung gegenüber angesehen, wie denn seitens des Polnischen Evangelizismus der Begriff bürgerlicher, politischer und kirchlicher Loyalität im Sinne der Bejahung der staatlichen Minderheitenpolitik, einer Bereitschaft zur Assimilierung und zur Förderung der Ziele des Polnischen Verbandes der Vereine und evangelischer Gemeinden in Polen ausgelegt wurde. Viel Mißtrauen und Bitterkeit wurde damit in das kirchliche Leben und Zusammenleben zwischen Deutschen und Polen in der Augsburgischen Kirche in Polen getragen.

Die Konsolidierung des deutschen und polnischen Teils der Augsburgischen Kirche und deren weithin auch organisatorischen Zusammenschlüsse hatten zur weiteren Abgrenzung und Entfremdung der beiden Nationalitäten in der Kirche geführt. Zwangsläufig lief die Entwicklung auf eine Aufgliederung der Evangelisch-Augsburgischen Kirche in Polen in zwei sprachlich und national getrennte Kirchenkörper zu, wie dies die Gesetzentwürfe der Konstituierenden Synode bereits als Ausweg aus den Nationalitätenkonflikten für die Zukunft als möglich, zweckmäßig oder notwendig vorgesehen hatten.

Neben der Geschichte, Tradition, Verfassung und Verwaltung gewannen seit 1919 die alljährlichen gemeinsamen „Pastorensynoden" wesentliche Bedeutung für die Aufrecht-

---

22 *Th. Bierschenk,* Deutsche Parlamentarier aus Mittelpolen und Wolhynien 1919–1939. MS.

erhaltung der Einheit der Ev.-Augsb. Kirche in Polen. Verfassungsmäßig waren sie nicht verankert. Das Kirchengesetz von 1849 sah für den Bereich der Ev.-Augsb. Kirche im Königreich Polen Diözesansynoden und eine Generalsynode vor. Die Diözesansynoden waren Zusammenkünfte der Pastoren einer Diözese, vom Superintendenten mit jedesmaliger Genehmigung des Konsistoriums einzuberufen. Im Gegensatz zu der nie einberufenen Generalsynode, wurden die Diözesansynoden regelmäßig abgehalten und hatten allmählich den Charakter von Gesamtsynoden angenommen. Da die Diözesansynoden nur aus Geistlichen bestanden, wurden sie allgemein „Pastorensynoden", gelegentlich zutreffender „Pastorenkonferenzen" genannt. Ein Erlaß des Zaren aus dem Jahre 1881 hatte diese „Pastorensynoden" auch nachträglich legitimiert. In Ermangelung einer Generalsynode gewannen die Pastorensynoden für die Ev.-Augsb. Kirche grundlegende Bedeutung, insofern sie außer dem Konsistorium das einzige kirchliche Gremium waren, das Äußerungen und Stellungnahmen an die Öffentlichkeit bringen konnte.[23]

Die erste Pastorensynode in der Republik Polen[24] fand am 3.–4. November 1919 in Warschau statt. Teilgenommen haben an ihr etwa 50 Geistliche, dazu 10 weltliche Vertreter aus verschiedenen Teilgebieten Polens. Die nationale Frage hatte in der Folge auch die Pastorensynode gespalten. Die gemeinsamen alljährlichen Pastorenkonferenzen hatten keinen obligatorischen Charakter (bis 1936), auch keinen direkten Einfluß auf das kirchliche Geschehen oder das Gemeindeleben, gewannen dennoch außergewöhnliche Bedeutung. Sie blieben die einzige Stätte der Begegnung aller Pastoren, der Beratung gemeinsamer pastoraler Fragen, der Aussprache über gesamtkirchliche Probleme und Anliegen im Anschluß an den vom Generalsuperintendenten erstatteten Jahresbericht.

Kirchenpolitische und nationale Gegensätze konnten nicht ausgeklammert bleiben. Mit aller Schärfe waren sie auf den Pastorensynoden von 1917, 1919, 1922 im Zusammenhang mit den Beratungen über die Entwürfe zu einem Gesetz betr. das Verhältnis von Kirche und Staat und eine Kirchenverfassung hervorgetreten und waren auch weiterhin nicht ausgeblieben. Trotz aller Spannungen überwog jedoch das Gemeinsame. Die Pastorensynode des Jahres 1925 beschäftigte sich einmütig mit dem Problem der Machtstellung der katholischen Kirche[25], die des Jahres 1926 verlief wieder spannungsvoll, als die polnischen Pastoren verlangten, „alle Pfarrer sollten in einem gemeinsamen Aufruf in allen kirchlichen Zeitschriften die schamlosen Angriffe seitens deutscher Zeitungen auf die Person des Kirchenoberhauptes verurteilen", die deutschen Pastoren dies mit der Begründung ablehnten, daß Gen.-Sup. Bursche nur als Politiker, nicht als Kirchenmann bekämpft werde, zu seiner Verteidigung als Politiker aber sei die Kirche nicht berufen.[26] Der Pastorensynode von 1927 blieben die deutschen Geistlichen wegen der Angriffe des polnisch-evangelischen Kirchenblattes „Głos Ewangelicki" fern, so daß Bursche seinen Vortrag zum Thema „Was uns trennt und was uns einigen sollte" nur vor den polnischen Geistlichen halten konnte. Während er den deutschen Geistlichen vorwarf, daß sie die Politik in die Kirche hineinge-

23 *J. Glass,* Stan prawny 265; *H. Wahl,* Ev. Staatskirchenrecht, Polen 79.
24 Über die Pastorensynoden in der Republik Polen s. *E. Kneifel,* Geschichte 222ff.; *G. Jeute,* Kościół 104ff.
25 EGG vom 24. April 1925, 46.
26 Nowy Czas [Neue Zeit] 1926, Nr. 16.

tragen hätten, legte Superintendent Wilhelm Petrus Angerstein der Pastorensynode eine Denkschrift vor, in der er vor der Illusion warnte, die Polen für das Evangelium gewinnen zu können.[27] Ziel der polnischen Angriffe war die Gründung der Lodzer deutschen Pastoralkonferenz und des kirchlichen Monatsblattes „Weg und Ziel". Friedlich verhandelte die Pastorensynode des Jahres 1928 über Fragen des Religionsunterrichts, der Jugendarbeit, der Evangelisation[28], die Pastorensynode des Jahres 1929 hinwieder stand im Zeichen unerfreulicher nationaler Spannungen wegen der Entlassung des Sejmabgeordneten und Vorsitzenden des Deutschen Volksverbandes, August Utta, als Kirchenvorsteher seiner Gemeinde durch den Generalsuperintendenten mit der Begründung, daß er bei der Wahl des zweiten Pastors an der St. Johannisgemeinde in Lodz gegen die „Neutralität" verstoßen habe.[29] Einmütig verständigte man sich dann aber wieder über die Durchführung lokaler und einer gesamtkirchlichen Feier zum 400-jährigen Jubiläum des Augsburgischen Bekenntnisses am 25. Juni 1930 in Warschau. Dieser doppelsprachig gehaltenen Feier schloß sich ein „Theologischer Lehrgang" an.

Im Jahre 1931 wurde vom Generalsuperintendenten keine Pastorensynode einberufen.

Die Pastorensynode des Jahres 1932, die letzte in dem relativ ruhigen Jahrzehnt 1923 –1932, befaßte sich einträchtig mit den brennenden kirchlichen Fragen: der Kantoratsfrage, der Schulfrage, der Jugendfrage, mit dem Programm für den Religionsunterricht, mit der Lage der Inneren Mission, dem Entwurf des Ehegesetzes und der Gehaltsordnung der Pfarrer. Spannungen traten im Zusammenhang mit den sehr allgemein gehaltenen Andeutungen Bursches über ministerielle Pläne für ein Gesetz betr. Regelung des Verhältnisses der Ev.-Augsb. Kirche zum Staat und für eine Kirchenverfassung auf.[30] Das Hauptthema der kommenden Pastorensynoden war damit angeschlagen.

2. Die Stellung der Römisch-Katholischen Kirche im Staate. Das Konkordat vom 10. Februar 1925

Die Hoffnung auf eine baldige Regelung des Verhältnisses der Ev.-Augsb. Kirche zum Staate erfüllte sich nicht. Zwei Gründe waren im wesentlichen dafür bestimmend: Die Machtentfaltung der kath. Kirche und die Verschlechterung der Rechtslage der ev. Kirchen als Kirchen der religiösen Minderheit im Verfolg der Hinwendung des polnischen Staates zur autoritären Regierungsform.

Ungeachtet der verfassungsmäßigen Bestimmung von der Gleichberechtigung der Bekenntnisse blieb die Machtstellung der kath. Kirche im Lande ungebrochen. Mit wechselnder Intensität spiegelte auch die Grundhaltung aller polnischen Regierungen das Selbstverständnis des polnischen Volkes als einer kath. Nation wider. Auf seiner ersten Reise nach Pommerellen lehnte Staatspräsident Stanisław Wojciechowski (20. Dezember 1922– 15.

27 Text der Denkschrift Angersteins, in: WZ 1927/7, 3–5.
28 *E. Kneifel,* Geschichte 222.
29 Brief des Generalsuperintendenten Bursche an Senator Utta vom 2. Juli 1927, in: AK; *E. Kneifel,* Geschichte 222f.
30 *J. Gryniakow,* Ustalenie 126; *E. Kneifel,* a.a.O. 223.

Mai 1926) die Einladung, eine ev. Kirche zu besuchen, mit der Begründung ab, daß er als Katholik eine ev. Kirche nicht betreten dürfe.[1] Auf dem Katholikentag des Jahres 1923 in Lissa bekundete der Posener Wojewode, Graf Bniński, daß es „in Polen nur so viel gute Polen gibt, als es gute Katholiken gibt".[2] Der in Dirschau 1924 gehaltene Katholikentag nahm eine Entschließung an, in der es hieß: „Wir fordern a), daß auf dem Wege der Gesetzgebung durch einen feierlichen, durch den Staatspräsidenten vollzogenen Akt das Bündnis Polens mit der heiligen Jungfrau erneuert werde, b) daß ein besonderes Privileg für Polen zum Marienfest ‚Der Königin der Krone Polens' (am 1. Sonntag des Mai oder am 3. Mai) erwirkt werde, c) daß auf der goldenen polnischen Münze das Bildnis der Maria von Czenstochau mit der Aufschrift ‚Königin der Krone Polens' prange".[3] Demgegenüber sprach die Warschauer sozialistische Tageszeitung „Robotnik" [Der Arbeiter] vom 1. Oktober 1924 aus: „Unsere Verfassung erkennt die Gewissensfreiheit an [...], spricht von der Gleichberechtigung der Bekenntnisse [...]. Doch all die Sätze stehen nur auf dem Papier. [...] Allgewaltig herrscht bei uns der röm.-kath. Klerus, vor dem sich wie ein Rohr alle weltlichen Behörden, von den höchsten bis zu den untersten, beugen. Die klerikale Macht wird bei uns auf allen Gebieten des Lebens bemerkbar. [...] Das Ministerium für öffentliches Unterrichtswesen und Religion ist bis auf die Knochen klerikalisiert. [...] Es blüht die religiöse Intoleranz, und Tatsachen religiöser Verfolgung sind eine dauernde Erscheinung. Wir werden blindlings in das Mittelalter zurückversetzt".[4]

Programmatisch formulierte Roman Dmowski (1864–1939), dessen Nationaldemokratische Partei zur bestimmenden innenpolitischen Kraft des Landes geworden war, daß die herrschende Religion, nach deren Grundsätzen sich die Gesetzgebung des Staates richtet, die katholische Religion sei. Es gebe in Polen auch Nichtkatholiken. Das polnische Volk hindere sie nicht daran, ihre Religion auszuüben, aber es erkennt ihnen nicht zu, eine Politik zu treiben, die mit dem Charakter und den katholischen Bedürfnissen des Volkes nicht übereinstimmt oder gar antikatholisch ist. Der Katholizismus sei keine Beigabe zum Polentum, nicht seine Färbung irgend einer Art, er lebt in seinem Wesen, ja er bildet in einem bedeutenden Maße sein Wesen. Das Streben, den Katholizismus vom Polentum zu trennen, Nation und Kirche auseinanderzureißen, sei die Vernichtung des Wesens des Volkes selbst.[5]

Wesen und Bedeutung des am 10. Februar 1925 zwischen Polen und dem Hl. Stuhl abgeschlossenen Konkordates[6] kennzeichnete Kultus- und Unterrichtsminister Stanisław

1 *L. Müller,* Die unierte Kirche 3f.
2 *L. Müller,* a.a.O. 4.
3 *L. Müller,* a.a.O. 8.
4 *L. Müller,* a.a.O. 6.
5 *R. Dmowski,* Kościół 13, 25; Encyklopedja I, 845; „Dmowski hat mit Ausnahme von Beck allen polnischen Außenministern der Republik die politische Konzeption geliefert"; nach *L. Müller,* a.a.O. 8 waren die Jesuitenpatres Lutosławski und Gogolewski der Auffassung, daß „alles Nichtpolnische und Nichtkatholische im polnischen Staate mit Stumpf und Stiel ausgerottet werden" müsse.
6 Anhang, Dok. 24. *B. Stasiewski,* Die röm.-kath. Kirche 104 urteilt: „Der Vatikan kam den nationalpolnischen Forderungen der Regierung entgegen, während diese der Kurie entscheidenden Einfluß auf die innerkirchliche und personelle Gestaltung der Kirche in Polen einräumte".

Grabski, der polnische Bevollmächtigte für die Konkordatsverhandlungen, mit den Worten: „Der Staat bedarf der geistigen Einheit der Gesellschaft und der Vereinigung aller Kräfte der ganzen Nation zur Festigung der gemeinsamen Macht und Sicherung und zur Ausrottung aller Sonderbestrebungen provinzieller nationaler und konfessioneller Art, welche durch die Regierungen der Raubstaaten großgezüchtet waren [...]".[7]

Führende polnische Juristen interpretierten den Art. 114, Abs. 1 der Staatsverfassung von der Hauptstellung der kath. Kirche unter den gleichberechtigten Bekenntnissen im Sinne ihrer Vorrangstellung und vertraten die Auffassung, daß im Sinne von Art. 115 der Staatsverfassung das Verhältnis der kath. Kirche zum Staate im Wege eines Vertrages (Konkordates) zweier gleichberechtigter Partner geregelt werden müsse, hingegen das Verhältnis des Staates zu den anderen Kirchen oder Religionsgemeinschaften auf Grund eines vom Staat einseitig erlassenen Gesetzes, nach Verständigung mit ihren rechtmäßigen Repräsentationen zu regeln sei. Auch eine fehlende Zustimmung der Repräsentation einer Minderheitskirche könne die Annahme eines Gesetzentwurfes durch die Gesetzgebenden Körperschaften nicht ausschließen. Manche Interpreten vertraten die Auffassung, daß wenn in einem Staatsgesetz die Rede von „Kirche" sei, darunter die kath. Kirche zu verstehen wäre; die anderen Kirchen müßten erst nachweisen, daß auch sie gemeint seien.[8]

Besorgt verfolgten die evangelischen Kirchen die konfessionspolitische Entwicklung. Die Auffassung nicht nur der evangelischen Deutschen Polens brachte Superintendent Zöckler, der Leiter der Evangelischen Kirche A. und H. B. in Galizien, mit den Worten zum Ausdruck: „Durch das Konkordat wird nicht nur ein politisches Bündnis [...] von außerordentlicher Tragweite zwischen Rom und Polen begründet, oder neu begründet, sondern es wird auch wiederum das gesamte geistige, kulturelle und religiöse Leben der polnischen Bevölkerung und Gesellschaft unter den maßgebenden Einfluß Roms gestellt [...] der beherrschende Einfluß der römischen Kirche auf das Geistesleben des polnischen Volkes aufs neue sichergestellt [...]".[9]

Auf nicht weniger heftige Kritik stieß die Religionspolitik der Regierung in polnisch-evangelischen Kreisen. So finden sich unter den Beschlüssen des von Gen.-Sup. Bursche als Ehrenvorsitzendem geführten Polnischen Verbandes evangelischer Vereine vom 27.–29. Juni 1925 in Posen die Forderungen nach der Verwirklichung von konfessioneller Gleichberechtigung und nach Regelung des Verhältnisses der evangelischen Kirchen zum Staate im Geiste der Gleichberechtigung der christlichen Bekenntnisse. Die Regierung wurde aufgefordert, der „Vergewaltigung des bestehenden Staatsrechts durch die katholischen Konsistorien ein Ende zu machen", die in der ev. Kirche eingesegneten Mischehen für ungültig erklären. Gleichzeitig wurde Protest erhoben gegen die Versuche einiger staatlicher Behörden, den „unrechtmäßig erlassenen Urteilen der kath. Konsistorialgerichte Rechtskraft zu geben [...]".[10]

Auf der Pastorensynode des Jahres 1925 sprach Bursche aus, daß „die katholische Kirche in Polen den entscheidenden Einfluß gewonnen" habe. „Die Regierung rechnet

7 Słowo Polskie [Das polnische Wort, Tageszeitung] vom 6. Mai 1925, in: AK.
8 Die Stellung der katholischen Kirche in Polen nach katholischer Auffassung, in: PEK Jg. 17 (1938), 53f.
9 EGG 1925, 32.
10 UuA 3, 24ff.

fast gar nicht mehr mit der evangelischen Kirche, und es sei durchaus nötig, mit vereinten Kräften die gerechten Forderungen des Protestantismus in Polen durchzusetzen".[11] Nicht minder enttäuscht stellte er auf der Pastorensynode des Jahres 1926 fest, daß die Zeiten der Vergangenheit angehörten, da die Regierung die (polnischen) Protestanten und ihre geistlichen Führer zu den Abstimmungsaktionen in Masuren oder in Oberschlesien, auch auf der Friedenskonferenz in Versailles brauchte, um dort die polnischen Interessen oder auch nur die staatlichen Behörden, die im Ausland der Intoleranz geziehen wurden, zu verteidigen.[12]

3. Die Gründung der „Landesvereinigung Polen des Weltbundes für Freundschaftsarbeit der Kirchen" (1923) und des „Rates der evangelischen Kirchen in Polen" (1926). Das Scheitern der zwischenkirchlichen Zusammenarbeit

Die katholische Grundhaltung des Staates, die Machtentfaltung der katholischen Kirche, gescheiterte Zielsetzungen des Polnischen Evangelizismus hinsichtlich der anderen ev. Kirchen im Lande und die Konsolidierung des polnischen wie des deutschen Teils der Ev.-Augsb. Kirche hatten bei Gen.-Sup. Bursche und im Warschauer Konsistorium den Boden für eine zwischenkirchliche Zusammenarbeit und eine ökumenische Mitarbeit bereitet. Eine Annäherung, die im Lande selbst nicht zustande kommen konnte, vollzog sich auf dem Boden des ökumenischen Protestantismus.

Die Initiative ging von dem am 2. August 1914 in Konstanz gegründeten „Weltbund für Freundschaftsarbeit der Kirchen" aus, der nach dem 1. Weltkrieg führenden ökumenischen Bewegung mit dem Ziel, unter den Kirchen „den Geist der Eintracht und des brüderlichen Verstehens, unbeschadet der konfessionellen, nationalen und geschichtlichen Eigenart zu fördern und zu pflegen". Die internationale Konferenz des Weltbundes in Oud Wassenaar, Holland (30. September– 3. Oktober 1919), befaßte sich kritisch mit der Lage der evangelischen Kirchen in Polen, für die religiösen Minderheiten in Polen setzten sich der internationale Arbeitsausschuß des Weltbundes auf seiner Sitzung in Genf (29. April–1. Mai 1920) und das Internationale Komitee des Weltbundes auf seiner Tagung in St. Beatenberg, Schweiz (24.–28. August 1920), ein.[1] Im Auftrag der Schwedischen Landesvereinigung des Weltbundes hatten im Dezember 1920 Pfarrer V. Bengtson, im Auftrag des schwedischen Erzbischofs Söderblom als Vizepräsidenten des Weltbundes eine amtliche Abordnung des Weltbundes (Pfarrer Sjöberg, Baron Lagerfeldt) Reisen nach Polen zum Zwecke der Information und Berichterstattung unternommen, die zur Einberufung der Kirchenkonferenz von Uppsala im März des Jahres 1921 geführt hatten. Über deren Ergebnis urteilte Prof. Adolf Deissmann–Berlin:

„[...] Die Nöte unserer Glaubensgenossen sind jetzt nicht mehr Winkelsache einer verlorenen Minorität, sondern ökumenisches Gewissensanliegen des Gesamtprotestantismus [...]".[2]

11 EGG 1926, 62.
12 *J. Gryniakow,* Ustalenie 107.
1 *O. Wagner,* Zwischenkirchliche Zusammenarbeit 77f.
2 *P. Gennrich,* Die Konferenz 57.

Hatten sich in Uppsala die kirchenpolitischen Fronten von Gen.-Sup. Blau–Posen und Superintendent Zöckler–Stanislau einerseits, Gen.-Sup. Bursche andererseits noch hart gegenüber gestanden[3], so kam es auf der Sitzung des Internationalen Komitees des Weltbundes in Genf vom 14. April 1921, an der Blau, Bursche und Zöckler teilgenommen hatten, zur ersten Bekundung der Bereitschaft, auch in Polen eine Landesvereinigung des Weltbundes für Freundschaftsarbeit der Kirchen ins Leben zu rufen. In der Sitzung des Internationalen Ausschusses des Weltbundes vom 14.–15. September 1921 hieß es dann jedoch wieder: „Der Weltbund gibt jedoch die Hoffnung und die Arbeit für ein zukünftiges Gelingen einer Verständigung der Kirchen in Polen nicht auf". Auf der Internationalen Konferenz des Weltbundes (7.–10. August 1922) und der sich anschließenden „Notkonferenz des europäischen Protestantismus" (Bethesda-Konferenz) vom 11.–12. August 1922 in Kopenhagen kam es dann dank unermüdlicher Bemühungen von Prof. Siegmund-Schultze und Lord Dickinson zur Übereinstimmung betreff Gründung einer Landesvereinigung Polen des Weltbundes.[4] Seefeldt, Mitglied der Delegation der Ev. Kirche A. und H. B. in Galizien, berichtet darüber:

„Der Weltbund für Feundschaftsarbeit der Kirchen hatte in allen Ländern Europas seine Nationalkomitees, außer in Rußland und in Polen. In Rußland möchten sich die Kirchen so gerne daran beteiligen, aber sie dürfen gegenwärtig nicht. In Polen – ja wir, die wir aus Polen in Kopenhagen waren, glaubten es nicht verantworten zu können, daß unser Land allein bei dieser Arbeit ferne steht. So gründeten wir trotz aller Bedenken und Schwierigkeiten ein Nationalkomitee für Polen. Ob die Weltbundarbeit auch bei uns segensreich einsetzt, ob dieser Zusammenschluß zu gemeinsamer Freundschaftsarbeit bei uns Früchte trägt, Versöhnung und Überbrückung von Gegensätzen herbeiführt, die jeder aufrichtige Christ wünschen muß, daß muß sich in der Zukunft zeigen".[5]

In Stanislau in Galizien, wo der Generalsekretär des Weltbundes, Dr. Ramsay, zum 26. Jahresfest der Stanislauer Anstalten der Inneren Mission weilte, wurde am 27. Oktober 1922 ein vorläufiges Galizisches Komitee, am 17. Januar 1923 in Warschau in Anwesenheit von Ramsay und des schwedischen Professors Nordenskjöld die „Landesvereinigung Polen des Weltbundes für Freundschaftsarbeit der Kirchen" begründet.[6] Über die Gründungsversammlung berichtet Zöckler:

„Die umsichtige Leitung, ebenso wie die Persönlichkeiten dieser beiden, von der Hoheit und Echtheit ihrer Sache durchdrungenen Männer, trugen wesentlich dazu bei, daß die Verhandlungen schließlich nicht ergebnislos verliefen. An Schwierigkeiten fehlte es nicht [...].
Der Weltbund hat sich große Mühe gegeben, um die polnische Landesvereinigung zustande zu bringen. [...] Das Gefühl der großen Verpflichtung gegenüber dem Gesamtprotestantismus war es vor allem, welches trotz der großen Hindernisse, die gegenwärtig namentlich in den ungeklärten nationalen Problemen des Protestantismus in Polen liegen, immer wieder durchdrang. [...] Das ist freilich noch kein Kirchenbund – für einen solchen ist die Zeit noch nicht gekommen. Aber jedenfalls gibt es jetzt eine Organisation, wenn auch in losester Form, die alle evangelischen Kirchen in Polen umfaßt. Und diese Organisation ist gro-

---

3 *P. Gennrich,* a.a.O. 49ff.
4 *O. Wagner,* a.a.O. 81.
5 EGG 1922/9, 108.
6 Satzung der Landesvereinigung (Auszug), in: Anhang, Dok. 25.

ßen, hehren und heiligen Zielen, die über eigenen engen Verhältnisse weit hinausliegen, gewidmet [...]".[7]

In der ersten Sitzung der Landesvereinigung am 27. November 1923, zu deren Gründungsmitgliedern bereits die Unierte evangelische Kirche in Polnisch-Oberschlesien gehört hatte, forderten alle Kirchenführer der evangelischen Kirchen Polens die Geistlichen und Gemeinden des Landes zur Eintracht auf, und dazu den vierten Adventssonntag als Friedenssonntag zu begehen. Auf der ersten großen, in Kattowitz vom 19.–20. Januar 1924 gehaltenen Tagung der Landesvereinigung, faßte Zöckler, der geistliche Vater der Landesvereinigung, ihre Ziele und Aufgaben nach seinem Referat „Wie gestalten wir die wechselseitigen Beziehungen unserer Kirchen zueinander so, daß sie eine feste Grundlage für die gemeinsame Friedensarbeit bilden?" in 14 Leitsätzen zusammen[8], von denen einige auch die nationale Frage betrafen. Unter Hinweis auf § 2 (letzter Absatz) der Satzung und unter Bezug auf das Verständnis der Kirche als eines Leibes Jesu Christi (Leitsätze 1–2) heißt es:

„3. Die Schwierigkeiten, welche der Verwirklichung unseres Zieles entgegenstehen, liegen keineswegs bloß auf nationalem und nationalpolitischem, aber sie liegen allerdings doch zum größten Teil auf diesem Gebiet.
4. Die nationale Gruppierung, welche sich keineswegs mit der kirchlichen deckt, muß als eine Tatsache hingenommen und in ihrer Berechtigung anerkannt werden.
5. Wenn durch die nationalen Gegensätze nicht schwerer Schaden für unsere Kirche überhaupt und für die Friedensarbeit im Besonderen entstehen soll, muß eine Instanz vorhanden sein, welche über den nationalen Gegensätzen stehend das Gemeinsame vertritt und versöhnend und ausgleichend zu wirken sucht.
6. Als Gegenstände, die unbedingt mittelst Verständigung und Einvernehmen aller evangelischen Kirchen innerhalb Polens behandelt werden müßten, kommen vor allem in Betracht: Die Regelung der Stellung zum Staat, die Militärseelsorge, die Mischehen- und Ehescheidungsfragen, die Abwehr der klerikalen Übergriffe, und endlich auch die gemeinsame Front gegen Unglaube und Sekten".

Als Vermittlungs- und Ausgleichsinstanz schlug Zöckler die Schaffung eines Kirchenbundes, sollte dieses Ziel nicht zu erreichen sein, wenigstens eines Kirchenausschusses vor, falls auch dieses Ziel nicht erreicht werden könne, käme ein Schiedsgericht in Frage; notfalls sollten „von Fall zu Fall da, wo Konflikte zwischen den einzelnen Kirchen drohen, ein freundschaftliches Einvernehmen der betreffenden Kirchenleitungen gepflogen werden: Dies wäre ganz besonders in solchen Fällen nötig, wo einzelne Gemeinden oder Kirchengebiete, die bisher zu einer Kirche gehört haben, den Anschluß an eine andere begehren, oder wo eine Kirche innerhalb des geschichtlichen Gebietes der anderen eine Tätigkeit eröffnet, die zu Verwicklungen führt oder führen könnte" (Leitsätze 7–9).

Die sich anbahnende Verständigung zwischen den evangelischen Kirchen in Polen erlitt einen schweren Rückschlag durch ein Interview[9], das Bursche in Posen dem „Kurjer Poznański" [Posener Kurier] am 8. April 1924 gegeben hatte. Darin hieß es u.a.:

---

7 EGG 1923/2, 17f.; *P. Blau,* Die ökumenische Mitarbeit 213f.

8 Referat und Leitsätze Zöcklers, in: AW.

9 In: UuA 3, 36–43. Bei den von Generalsuperintendent Bursche genannten einheimischen ev. Polen in den Kreisen Adelnau, Kempen und Schildberg handelt es sich um Glaubensflüchtlinge aus den grenznahen Gebieten Schlesiens, die, von der habsburgi-

„Dogmatische Unterschiede zwischen den evangelischen Kirchen gibt es überhaupt nicht. Die Unterschiede sind lediglich politisch-national. Die evangelisch-augsburgische Kirche vereinigt die evangelischen Polen, die unierte-evangelische Kirche dagegen ist eine deutsche Kirche. In ihr lebt der alte preußische Geist. [...] Sie hassen uns als Polen. Wir unterhalten auch mit dieser Kirche, weil sie so chauvinistische Tendenzen hat, keinerlei Beziehungen. [...] Sie [die einheimischen evangelischen Polen in den Kreisen Kempen, Adelnau und Schildberg] sind leider Glieder der unierten evangelischen Kirche, ihre Pastoren sind Deutsche, und deren Einfluß ist außerordentlich verderblich. Sie reden ihren Parochianen ein, daß sie, obwohl sie polnisch sprechen, als Evangelische Deutsche seien. [...] Man darf nicht zulassen, daß deutsche Schulen gegründet werden. Man muß dabei mit großem Takt vorgehen, um bei diesen Evangelischen das völkische Bewußtsein zu wecken".

Auf die von Gen.-Sup. Blau am 14. April 1924 an Generalsuperintendent Bursche gerichtete Anfrage, ob seine Äußerungen im „Kurjer Poznański" richtig wiedergegeben seien[9a], antwortete dieser mit Schreiben vom 16. April[10]:

---

schen Gegenreformation vertrieben, von polnischen Adligen (auch katholischen) durch Gewährung von Privilegien und unter Zusage der Religionsfreiheit aus wirtschaftlichen Gründen, vor allem unter der Regierungszeit des duldsamen Königs Władysław IV. (1632–1648), ins Land geholt wurden. Durch die Verbindung mit der Ev. Kirche der benachbarten ev. Fürstentümer Liegnitz-Brieg-Wohlau konnten sie ihren ev. Glauben über die Zeit der Gegenreformation in Polen hinaus erhalten. In ihrer polnischen Muttersprache kirchlich versorgt, bekannte sich diese Bevölkerungsgruppe – etwa 10 000 Seelen stark – auch nachdem die Kreise Adelnau, Kempen, Schildberg 1919 an Polen kamen, zur deutschen Kultur- und Volksgemeinschaft, wußte sich der Unierten Kirche zugehörig und lehnte jede Verbindung zum Warschauer polnischen Konsistorium ab. Vgl. *A. Rhode*, Geschichte 71ff.; *W. Bickerich*, Evangelisches Leben 21ff.; *G. Staemmler*, Der Protestantismus 65ff. Die kirchenpolitische und nationale Situation war in dieser Beziehung ambivalent. Während die meisten führenden Vertreter des Polnischen Evangelizismus, von Leopold v. Otto bis zu Generalsuperintendent Julius Bursche, deutscher Herkunft waren und ihre Familien vor einer, zwei oder drei Generationen, vielleicht erst sie selbst, den Volkstumswechsel vollzogen hatten, werteten sie die jahrhundertelange politische, kulturelle und kirchliche Entwicklung dieser polnischsprachigen ev. Schlesier im Römischen Reich Deutscher Nation bzw. Preußen als bewußt betriebene Germanisierung der Feindstaaten. Die Gewinnung dieser Gruppen für ein nationales Polentum wurde im Einklang mit der polnischen Staats- und Minderheitenpolitik zum kirchenpolitischen und nationalen Prinzip des Polnischen Evangelizismus. Im Engagement für nationale Ziele wollte dieser dem polnischen Katholizismus nicht nachstehen.

9a In: UuA 3, 45; a.a.O. 43f. heißt es in einer Stellungnahme des Posener Konsistoriums: „[...] Die Äußerungen des Herrn Bischofs Bursche erscheinen [...] als ein Rückfall in die schlimmsten Zeiten. [...] Wer seine Glaubensgenossen der Feindseligkeit gegen den Staat und des Hasses gegen Staatsangehörige anderer Nationalität bezichtigt, zerschneidet absichtlich das Band, welches anderwärts die Gemeinschaft im Glauben knüpft. [...] Die deutschen Evangelischen aber müssen sich sagen, daß – vorausgesetzt, daß die Mitteilungen des ‚Kurjer Poznański' zutreffend sind – es den evangelischen Polen wichtiger ist, ihre deutschen Glaubensgenossen vor der polnischen Gesellschaft als staatsgefährlich hinzustellen, als gemeinsam mit ihnen im Bereich des polnischen Staates und innerhalb der vom Staate gesetzten rechtlichen Ordnung für das gemeinsame Glaubensgut zu wirken".

10 In: UuA 3, 47–51.

„Der Artikel im „Kurjer Poznański" gibt im ganzen richtig meine Ausführungen wieder, aber freilich mit einer starken antideutschen Färbung, wie sie diesem Blatte eigen ist, welche mein Interview nicht hatte. [...] Ebenso ist richtig, was von den Polen, die der unierten Kirche angehören, gesagt ist: sie sind seinerzeit mit Konsequenz germanisiert worden, und das geschieht – wenn auch behutsamer – bis auf den heutigen Tag. Polen kann doch nicht ruhig zusehen, daß diese Germanisierungsarbeit fortgesetzt werde, und wir evangelischen Polen können es nicht dulden, daß dieser schwache polnische Zweig der evangelischen Gesamtkirche Polens langsam dahinsieche und somit die polnisch-evangelische Kirche Polens, die doch gewiß im neuerstandenen Polen ihre große Berechtigung und Zukunft hat, geschädigt werde. [...]
Der Weltbund für Freundschaftsarbeit der Kirchen hat damit überhaupt nichts zu tun: dort kommen wir mit verschiedenen Kirchen zusammen, von denen wir in unseren Überzeugungen weit entfernt sind [...]".

Das Konsistorium Posen wies mit Schreiben vom 2. Mai 1924[11] die Vorwürfe Bursches zurück:

„[...] Es ist darum auch nicht richtig, sondern eine schwere Kränkung für unsere Kirche und eine Entstellung der Tatsachen vor der Öffentlichkeit, wenn Euer Hochwürden behaupten, daß sie ‚chauvinistische Tendenzen' haben, gegen den Staat ‚eine feindselige Stellung einnehme' und die polnischen Glaubensgenossen ‚hasse'. [...] [Sie haben] aber auch hier nicht eine Spur von Beweis für eine so schwerwiegende Anklage gebracht. [...] Es ist auch unrichtig, daß die Evangelische Augsburgische Kirche die evangelischen Polen zusammenfasse, während in der Unierten evangelischen Kirche die Deutschen vereinigt seien. [...]
Es ist eine Irreführung der öffentlichen Meinung, wenn immer wieder behauptet wird, daß die von Ihnen geleitete Kirche polnisch, unsere Unierte evangelische Kirche dagegen deutsch sei.
Es trifft auch nicht zu, was Euer Hochwürden über die Pastoration der polnischen ‚leider' zur Unierten evangelischen Kirche gehörenden Gemeinden sagen. Wenn diese sich nicht geneigt zeigen, den Versuchen, sie in die Evangelisch-Augsburgische Kirche hinüberzuziehen, Folge zu geben, so hat das nichts zu tun mit angeblicher Germanisierungspolitik ihrer Pastoren, sondern ist die natürliche Folge einer langen katholischen Bedrückung und Anfeindung, sowie einer jahrhundertealten Geschichte der Zusammengehörigkeit mit uns. [...]
Wenn Eure Hochwürden darauf hinweisen, daß die rechtliche Stellung der Unierten evangelischen Kirche noch nicht reguliert sei, so trifft dies zwar zu, aber es hätte der Gerechtigkeit entsprochen, wenn Euer Hochwürden bemerkt hätten, daß dasselbe auch von der Evangelisch-Augsburgischen Kirche wie von jeder anderen christlichen Kirche im polnischen Staate zur Zeit gilt. [...]
Eine solche Arbeit [des Weltbundes für Freundschaftsarbeit der Kirchen in Polen] erscheint aber praktisch unmöglich und innerlich unwahr, wenn von dem Vertreter der einen Kirche über die andere in der Öffentlichkeit in der Weise gesprochen wird, wie es von Euer Hochwürden geschehen ist [...]".

Auf der Linie der Ausführungen Bursches im Interview mit dem „Kurjer Poznański" und seiner Stellungnahme vom 16. April 1924 lagen die Beschlüsse der von Bursche als Ehrenvorsitzendem geleiteten I. Tagung des „Polnischen Verbandes evangelischer Gemeinden und Vereine in Polen" in Ustroń und Teschen vom 26.–29. Juli 1924, die zu einem kontroversen Schriftwechsel des Posener Konsistoriums mit dem Vorsitzenden des Polnischen Verbandes, Senior Kulisz aus Teschen, geführt hatten.[12]

11 In: UuA 3, 51–59.
12 In: UuA 3, 20–23, 29–35.

Die Lage in Polen hatte den Weltbund für Freundschaftsarbeit der Kirchen veranlaßt, seinen Generalsekretär Dr. Ramsay zu der nach Stanislau einberufenen zweiten Tagung der Landesvereinigung Polen des Weltbundes (28.–29. Oktober 1924) zu entsenden, auf der die auf der ersten Tagung der Landesvereinigung in Kattowitz begonnene Grundsatzaussprache mit einem Korreferat Bursches[13] zu Leitsätzen Zöcklers fortgesetzt werden sollte. Den Leitsätzen 1–2 stimmte Bursche vorbehaltlos zu. Zu Leitsatz 3 führte er aus:

„Ich darf wohl feststellen, daß es nicht konfessionelle Unterschiede sind, die uns trennen. [...] Aber es sind auch nicht nationale Gründe, die uns nicht zum wahren Frieden miteinander kommen lassen. Ich benutze gern diese Gelegenheit, um ein für alle Mal das Märchen aus der Welt zu schaffen, als ob wir evangelischen Polen Feinde des Deutschtums oder der Deutschen als solcher wären. [...]
Aber ein Volk besitzt nicht nur seine Nationalität, d.h. Kultur und Sprache, sondern auch seine nationale Politik – es ist zugleich Staat, in dem er sein Wesen verkörpert. [...]
Die ganze Schwierigkeit, ich könnte fast sagen, das Verhängnis des Protestantismus in Polen liegt heute einzig und allein auf national-politischem Gebiete, wobei der ganze Nachdruck auf das zweite Eigenschaftswort gelegt werden muß. Ja, uns trennt die Politik. [...]
Ich bin [...] mit dem Herrn Referenten [...] durchaus nicht einverstanden, wenn er da keinen Unterschied kennen will zwischen den Deutschen in Posen und Oberschlesien, in Kleinpolen und Kongreßpolen. [...] Der Deutsche Kongreßpolens oder Wolhyniens hat aber keinen eigenen deutschen Staat durch den Krieg verloren. Es fällt ihm daher unaussprechlich leichter, sich politisch dem polnischen Staate zu assimilieren. [...]
Unrichtig – oder sagen wir – irreführend ist es deshalb auch, was der Referent über die gleiche Berechtigung eines Bundes evangelischer Polen und eines Bundes der evangelischen Deutschen sagt [...]".

Zu Leitsatz 4 heißt es:

„Ich lege Wert darauf, dies aufs Nachdrücklichste zu unterstreichen [...], daß es keine deutsche evangelische Kirche in Polen gibt, daß also auch die von Posen und Kattowitz keine rein deutsche Kirchengemeinschaft ist. Das zieht aber gewisse große Konsequenzen nach sich, die meiner Meinung nach nicht gezogen werden. [...] Beide Sprachen, sowohl die polnische als auch die deutsche, müßten in allen Kirchen, auch in den Kirchenleitungen, gleichberechtigt sein, und – daß ich es klar ausspreche – müßte jeder evangelische Pole in seinem Lande, in Polen, das Recht haben, zu verlangen, daß er sich mit seinem Pastor verständigen kann, auch die geringste Minderheit müßte hier zu ihrem Rechte kommen [...]".

Einen Kirchenbund oder Kirchenausschuß lehnte Bursche „als noch in einer Zukunft liegend" ab, auch ein Schiedsgericht. Er vertrat den Standpunkt, daß die Sitzungen des Landesvorstandes der geeignetste Ort für die zwischenkirchlichen Aussprachen seien. In den aktuellen Fragen (Leitsatz 5) „wird wohl eine jede Kirche da vor der Hand ihren eigenen Weg gehen müssen". Die Kirchen „müssen sich zuerst noch mehr kennen und verstehen lernen, das Übrige kommt dann von selbst". Eindrucksvoll formulierte Bursche zum Schluß, daß unter dem Kreuz „nicht nur unsere nationalpolitischen Sünden der Vergangenheit, sondern auch unsere nationalpolitischen sündhaften Träume der Zukunft sterben und getilgt werden müssen, um Raum zu schaffen in unserem Fühlen und Denken, Wollen und Handeln dem Reiche Gottes auf Erden".[14] Einstimmig wurde der Antrag an-

13 Das Korreferat Bursches, in: AW.
14 A.a.O.

genommen, an die Kirchenleitungen aller evangelischen Kirchen in Polen heranzutreten, daß „sie in allen Fällen, wo eine Kirche mit dem Gebiet einer anderen in Berührung käme, vor ihren Entscheidungen miteinander Fühlung nehmen sollten".[15] Unmittelbar von Stanislau aus hatte sich Gen.-Sup. Bursche nach Posen begeben, wo er – ohne sich vorher mit dem Posener Konsistorium in Verbindung zu setzen – am 31. Oktober 1924 den ersten polnischen augsburgischen Pfarrer der ersten im Gebiet der Unierten ev. Kirche in Posen–Pommerellen neugegründeten polnisch-augsburgischen Gemeinde, Gustav Manitius, in sein Amt einführte.

Der Weltbund mußte weiter vermitteln. Zur nächsten Tagung der Landesvereinigung Polen am 3. Juli 1925, die der Vorbereitung auf die 6. Tagung des Internationalen Komitees des Weltbundes in Stockholm galt (6.–8. August 1925), hatte er wieder Sir Dickinson entsandt. Dennoch kam es auf dieser im Zuge der Debatte über den Schutz religiöser Minderheiten erneut zu Kontroversen zwischen den Delegierten aus Polen. Als Bursche in der Polemik mit dem Vizepräsidenten des Weltbundes, Prof. Deissmann, hervorhob, „daß sich die Minderheiten [in Polen] an die durch Gottes Wille angebrochene neue Zeit gewöhnen und sich loyal in die veränderten Verhältnisse fügen müßten"[16], antwortete Blau:

„[...] Durch die politische Entwicklung ist unsere Kirche auf ein Drittel reduziert. Wir werden eine bedeutungslose Minorität. Das wird überall der Fall sein, wo Menschen von Land zu Land verschoben werden. Hierdurch entsteht ein schwerer Schaden für die Kirchen wie für die Seelen. Haß wird in die Herzen gesät! Wer zur Majorität gehört, kann nicht nachempfinden, was die Minoritäten fühlen. Gewiß, Loyalität ist nötig. Aber darf eine Minderheit nicht mehr ihre Muttersprache, ihre Kultur verteidigen? Wer seine wertvollsten Güter wechselt wie ein Kleid, hat der Anspruch auf Achtung? Unsere deutschen evangelischen Minderheiten wollen ihre Staatspflichten erfüllen, aber man soll ihnen das Recht gewähren, ihre Rechte zu wahren [...]".[17]

Im Weltbund herrschte die Überzeugung, daß „die in Stockholm erfolgte Aussprache zwischen evangelischen Deutschen und Polen nicht ohne wohltätige Folgen auf die Stellung ihrer Kirchen in Polen bleiben kann".[18] Sie blieb es auch nicht. Auf der Weltkirchenkonferenz für praktisches Christentum in Stockholm (19.–30. August 1925), die der 6. Tagung des Internationalen Komitees des Weltbundes gefolgt war, wurden Blau und Bursche in deren internationale Ausschüsse gewählt, Blau das Referat „Die Pflicht des Christen gegen Volk und Staat" übertragen.

Der Stockholmer Weltkirchenkonferenz war auch in Polen eine Welle der Bereitschaft gefolgt, stärker zueinander zu finden. Für eine Einigung der evangelischen Kirchen in Polen war die Zeit reif geworden. Die Initiative ergriffen das Presbyterium der evangelischen Gemeinde Lemberg der Ev. Kirche A. und H. B. in Galizien und die beiden reformierten Kirchen in Polen. Die Reformierte Kirche in Wilna nahm Zöcklers Vorschläge aus den Jahren 1920, 1922, 1924 auf und beantragte auf der Tagung des Landesverbandes Polen für Freundschaftsarbeit der Kirchen vom 2. Februar 1926 die Bildung eines „Evangelischen

15 EGG 1924/11, 163f.
16 Die Eiche 1925/4, 402ff.
17 Die Eiche, a.a.O. 414f.
18 Die Eiche, a.a.O. 416.

Interkonfessionellen Rates", der nunmehr von allen Kirchenleitungen zustimmend aufgenommen wurde.[19] Unter Berücksichtigung „aller Vorbehalte, welche von verschiedenen Seiten gemacht wurden", faßte auch die Pastorensynode der Augsburgischen Kirche vom 23.–25. März 1926 in Warschau den einstimmigen Beschluß:

„Die Pastorenkonferenz begrüßt mit warmer Sympathie den Gedanken der Vereinigung aller Evangelischen in Polen zum Zwecke der Erfüllung ihrer Berufung. Notwendig ist die Vereinigung besonders in der gegenwärtigen Zeit für die Verteidigung des Bekenntnisses, wobei natürlich weder die Selbständigkeit der Kirchen eingeschränkt, noch ihre Lehre und Organisation betroffen werden darf. Die Konferenz bevollmächtigt den Herrn Generalsuperintendenten, sich mit den anderen Kirchen über die Schaffung einer allgemeinen Repräsentation der evangelischen Kirchen in Polen zu verständigen".[20]

Auf dem „Ersten Allgemeinen Kongreß der Evangelischen in Polen" vom 9.–11. November 1926 in Wilna, zu dem die älteste evangelische Kirche in Polen, die polnische Reformierte Synode in Wilna „die Vertreter der augsburgischen, helvetischen und unierten Kirchen und Gemeinden" zwecks „Gründung einer Gemeinschaft zur Einwurzelung des Evangeliums Christi und zur einheitlich organisierten Verteidigung der Rechte der Evangelischen in Polen" eingeladen hatte, kam es zur Gründung des „Rates der evangelischen Kirchen in Polen", dem reifsten Zeugnis des Einigungswerkes der evangelischen Kirchen in Polen. Nicht alle evangelischen Kirchen waren zum Kongreß geladen worden. Es fehlten die „Evangelisch-Lutherische Kirche Westpolens" (Altlutherische Kirche) und die „Lutherische Freikirche" aus Kongreßpolen, auch die Methodisten- und Baptistenkirchen, die als Sektengemeinschaften angesehen wurden. Der Eingangsgottesdienst am 9. November in der reformierten und der Schlußgottesdienst am 11. November 1926 in der lutherischen Kirche zu Wilna wurden zweisprachig gehalten. Im ersteren predigten Gen.-Sup. Bursche polnisch über 2. Kön. 6,15–17, Generalsuperintendent Blau deutsch über Joh. 11,51–52, im letzteren Kirchenpräsident Voß deutsch über 1. Kor. 15,58, der reformierte Superintendent Semadeni polnisch über Matth. 28,20.[20a] Der Hauptverhandlungstag war der 10. November. Gehalten wurden zwei Grundsatzreferate: das erste von Zöckler, dem „Vater des Einigungswerkes der evangelischen Kirchen in Polen", deutsch über „Ziele und

---

19 *O. Wagner,* a.a.O. 84.
20 In: UuA 3, 126.
20a 2. Kön. 6,15–17: „Und der Diener des Mannes Gottes stand früh auf, daß er sich aufmachte und auszöge; und siehe, da lag eine Macht um die Stadt mit Rossen und Wagen. Da sprach sein Diener zu ihm: O weh, mein Herr! wie wollen wir nun tun? Er sprach: Fürchte dich nicht!, denn derer ist mehr, die bei uns sind, als derer, die bei ihnen sind. Und Elisa betete und sprach: Herr, öffne ihm die Augen, daß er sehe! Da öffnete der Herr dem Diener die Augen, daß er sah; und siehe, da war der Berg voll feuriger Rosse und Wagen um Elisa her". – Joh. 11,51–52: „Solches aber redete er nicht von sich selbst; sondern weil er desselben Jahres Hoherpriester war, weissagte er. Denn Jesus sollte sterben für das Volk; und nicht nur für das Volk allein, sondern daß er auch die Kinder Gottes, die zerstreut waren, zusammenbrächte". – 1. Kor. 15,58: „Darum, meine lieben Brüder, seid fest, unbeweglich, und nehmet immer zu in dem Werk des Herrn, sintemal ihr wisset, daß eure Arbeit nicht vergeblich ist in dem Herrn". – Matth. 28,20: „[...] und lehret sie halten alles, was ich euch befohlen habe. Und siehe, ich bin bei euch alle Tage, bis an der Welt Ende". – *W. Gastpary,* Protestantyzm 191, bringt eine Teilnehmerliste der Wilnaer Tagung.

Wege der Arbeit für die Einigung der Evangelischen in Polen", das andere polnisch von Prof. Edmund Bursche über „Das polnisch-evangelische Einigungsprogramm der Kirchen zu Beginn des 17. Jahrhunderts im Lichte der gegenwärtigen Bestrebungen mit der gleichen Zielsetzung". Kurator Szyszkowski von der Reformierten Kirche in Wilna erstattete einen „Bericht über die Projekte, die in Sachen der Anknüpfung einer Verständigung zwischen allen evangelischen Kirchen und Gemeinden in Polen eingelaufen sind". Gebildet wurden ein Satzungsausschuß und ein Ausschuß zur Abfassung einer Botschaft des Kongresses. Am 11. November wurden einstimmig das Wilnaer „Statut des Rates der Evangelischen Kirchen in Polen"[21] und die „Botschaft des Allgemeinen Kongresses in Wilna an alle Evangelischen in Polen"[22] beschlossen, ein bemerkenswertes kirchengeschichtliches Dokument, in dem alle evangelischen Kirchen im Lande bekunden: „Wir bekennen dankbar: Das ist vom Herrn geschehen und ist ein Wunder vor unseren Augen. Ihm sei die Ehre". Mitglieder des Rates waren die sechs evangelischen Kirchen:

1. die Evangelisch-reformierte Kirche mit dem Sitz in Wilna,
2. die Evangelisch-reformierte Kirche mit dem Sitz in Warschau,
3. die Evangelisch-augsburgische Kirche mit dem Sitz in Warschau,
4. die Unierte evangelische Kirche mit dem Sitz in Posen,
5. die Unierte evangelische Kirche mit dem Sitz in Kattowitz,
6. die Evangelische Kirche A. und H. B. in Kleinpolen.

Ziel und Aufgabe des Rates, der die Aufgaben zu berücksichtigen hatte, „welche sich der Weltbund für Freundschaftsarbeit der Kirchen gestellt hat", seine Zusammensetzung, Organe, Modus der Beschlußfassung u. a. m. wurden durch das Statut bestimmt. Unter den Bekennern des Evangeliums in Polen sollten eine „wahre brüderliche Eintracht" hergestellt, alle Reibungen und Mißverständnisse unter ihnen beseitigt und eine „gemeinsame Grundlage" geschaffen werden, „auf welcher sich aufbauen soll freundschaftliche Zusammenarbeit, Vereinheitlichung der Ansichten über die Aufgaben des Protestantismus in Polen und Feststellung von taktischen Leitsätzen in diesen Beziehungen". Auch sollten „die Rechte und Interessen der einzelnen ev. Kirchen in Polen gegenüber den gesetzgebenden und ausführenden staatlichen Organen" gewahrt werden, insonderheit auch das Recht auf „die Gleichberechtigung der Bekenntnisse, wie es durch die Staatsverfassung verbürgt ist".[23]

Zum Vorsitzenden des Rates und des Vollzugsausschusses wurde Gen.-Sup. Bursche gewählt und jeweils auch wiedergewählt.

Es war die Tragik des Protestantismus in Polen, daß der „Rat der Evangelischen Kirchen in Polen" seine Bewährungsprobe nicht bestanden hat. Es dauerte 1 1/4 Jahre, bis er

---

21 Das Statut des Rates (Auszug), in: Anhang, Dok. 26.

22 Die Botschaft des Kongresses, in: Anhang, Dok. 27.

23 Der Wilnaer Kongreß hatte im evangelischen In- und Ausland eine freudige Zustimmung gefunden. *Zöckler* (EGG 1926/12, 161 und EGG 1926/11, 168) urteilte: „[...] Menschliches Verdienst ist es nicht gewesen. [...] Die Teilnehmer der Wilnaer Tagung waren tief davon durchdrungen, daß hier ein göttliches Walten vorliegt. [...] Was noch vor Kurzem wie ein Traum, wie eine Schwärmerei, oder allenfalls wie eine wohlmeinende Idee einiger Köpfe erschien [...] ist nun Wirklichkeit geworden. Es gibt einen geeinten Protestantismus, einen Bund der evangelischen Kirchen in Polen".

sich konstituiert hatte und zu seiner ersten Sitzung am 24. Januar 1928 zusammengetreten war. Unter ihrem Eindruck schrieb Pfarrer Krusche–Tuczyn, den das Warschauer Konsistorium als deutschen Delegierten der Augsburgischen Kirche benannt hatte, in der Lodzer „Freien Presse“:

„Wenn man als einer, der den unmittelbaren Einigungsverhandlungen bisher ferngestanden hat, sich Rechenschaft zu geben versucht über den Gesamtverlauf der ersten Sitzung des Rates der evangelischen Kirchen, so steht man vor allem unter dem Eindruck des tiefgreifenden Unterschieds der Meinungen und Überzeugungen, der Auffassungs- und Denkart, der zwischen den einzelnen Mitgliedern des Rates, ja zwischen ganzen Kirchengruppen herrscht. Sobald ein schwieriges Problem aufgerollt wird, tritt dieser Unterschied zu Tage, so daß es den Anschein hat, als wäre eine Verständigung, geschweige denn eine einmütige Lösung hier ausgeschlossen. Weit stärker ist aber der zweite Eindruck. Der Eindruck von dem ernsten Willen, einander zu verstehen, von der Bereitschaft, einander entgegenzukommen, von dem Bewußtsein, zusammen zu gehören und darum auch zusammen halten zu müssen. [...] Dieser zweifache Charakter des Rates ist uns ein Omen für die Zukunft. [...] Die Einigkeit unter den Evangelischen Polens wird nie eine Selbstverständlichkeit sein, wird nie wie eine reife Frucht ihnen in den Schoß fallen; sondern immer das Resultat eines ernsten Ringens sein. Manche mögen das bedauern. Wir nicht: Gerade durch die Überwindung dieser Gegensätze gewinnt das Einigungswerk seinen tiefen göttlichen Sinn und Wert. Es wird dadurch offenbar, daß es nicht Menschen-, sondern Gottes Werk ist, daß es nicht äußerer Vorteil zusammenhält, sondern der Geist, der allein imstande ist, alle Unterschiede auszugleichen und alle Gegensätze zu vereinen in Erfüllung des Wortes: „Hier ist kein Jude noch Grieche, hier ist kein Knecht, nicht Freier, hier ist kein Mann noch Weib; denn ihr seid allzumal einer in Christo Jesu“.[24]

Pfarrer Krusche hatte damit die Wirklichkeit der kirchenpolitischen Lage ebenso angesprochen, wie die in den Rat gesetzten Hoffnungen auch des deutschen Teils der Augsburgischen Kirche.

Die in den Rat gesetzten Erwartungen und Hoffnungen haben sich nicht erfüllt. Nach der Konstituierenden Sitzung war der Rat insgesamt nur zu acht Plenarsitzungen zusammengetreten, von denen sieben in die Jahre 1928–1932 fallen.[25] Größer war die Zahl der Sitzungen des Vollzugsausschusses und der einzelnen Kommissionen. Objektiv wird anerkannt werden müssen, daß der Rat in den Jahren seines Funktionierens eine Reihe von Einzelfragen klären, entschärfen, Bursche durch seinen Einfluß bei der Regierung in Verhandlungen mit den Staatsbehörden so manche Benachteiligung der Evangelischen abwenden, so u.a. das Diakonissenhaus Vandsburg, die evangelische Kirche in Althütte der ev. Kirche in Posen-Pommerellen erhalten, manch andere Liquidation evangelischen Eigentums abwenden konnte. In grundsätzlichen Fragen aber, wie der Frage der Ausarbeitung gemeinsamer Richtlinien aller evangelischen Kirchen für die Regelung ihres Verhältnisses zum Staate und allen Fragen, die sich aus der Verwirklichung der Ziele des Polnischen Evangelizismus ergaben, war es nicht möglich, zu einer Einigung zu gelangen. Keine Lösung konnte der seit dem Jahre 1922 das Verhältnis der Evangelischen Kirche A. und H. B. in Kleinpolen zur Augsburgischen Kirche erschütternde „Krakauer Streit“[26] finden.

24 FP vom 4. Februar 1929.
25 *J. Gryniakow,* Ekumeniczne dążenia 117ff.; *O. Wagner,* a.a.O. 86.
26 *O. Wagner,* Der Krakauer Streit.

Zur Lähmung des Rates führte im Jahre 1932 dann die „Oberschlesische Frage". Seit dem Jahre 1925 hatte der „Polnische Verband der Vereine und evangelischen Gemeinden in Polen" unter Führung von Senior Kulisz–Teschen seine Arbeit in Polnisch-Oberschlesien begonnen, die von den nach 1922 nach Polnisch-Oberschlesien zugezogenen oder dahin, wie nach Posen und Pommerellen, regierungsseitig versetzten ev. Polen aus dem Teschener oder dem ehemaligen kongreßpolnischen Gebiet getragen wurde. Im Gegensatz zur Haltung im Gebiet der zahlenmäßig starken Unierten evangelischen Kirche in Posen–Pommerellen beschritt das Warschauer Konsistorium im Gebiet der kleinen Unierten evangelischen Kirche in Polnisch-Oberschlesien nicht den Weg der Gründung national-konfessioneller polnisch-augsburgischer Gemeinden für die zugezogenen evangelischen Polen, sondern suchte mit Hilfe des Staates über die Vereine evangelischer Polen die Gemeinden der Unierten Kirche dem Warschauer Konsistorium zu unterstellen, sie der Augsburgischen Kirche in Polen einzugliedern. Unter Berufung auf Art. 1 des Statuts des Rates der evangelischen Kirchen in Polen hatte die Kirchenleitung der Unierten Kirche in Polnisch-Oberschlesien mit dem Memorandum vom 28. Dezember 1929 Beschwerde beim Rat erhoben, das von Kulisz mit einem Gegenmemorandum beantwortet wurde.[27] Die Lage verschärfte sich unheilbar, als Gen.-Sup. Bursche vom Jahre 1931 an polnische Geistliche der Augsburgischen Kirche als Militärkapläne und Religionslehrer an Oberschulen nach Polnisch-Oberschlesien zu entsenden begann und diese mit der Führung der örtlich gebildeten Vereine der evangelischen Polen beauftragte.

Den Tod des polnischen Polizisten Sznapka bei einer bäuerlichen Schlägerei im Tanzlokal des polnischsprachigen, mehrheitlich evangelischen Dorfes Golassowitz am 22. November 1930[27a] hatte das Konsistorium der Reformierten Kirche in Warschau zum Anlaß genommen, in einem Antrag an den Rat vom 4. März 1932[27b] – längst nachdem die Staatsanwaltschaft den Fall geklärt hatte – „die Amtsführung des Golassowitzer Ortspfarrers, Hans Harlfinger, und die evangelische Geistlichkeit in den westlichen Gebieten des Staates" zu beschuldigen, eine „Propaganda des Hasses gegen Polen und das Polentum zu nähren". Die Unierten Kirchen in Posen-Pommerellen und Polnisch-Oberschlesien forderten mit Schreiben an den Ratsvorsitzenden Bursche vom 11. August 1932 die Zurücknahme des reformierten Antrags, der „ein in der schlimmsten Weise entstelltes Bild von der Arbeit und Gesinnung der unierten Kirche und ihrer Geistlichkeit gebe". Gleichzeitig teilten sie mit, daß sie an keiner Sitzung des Rates teilnehmen werden, solange der reformierte Antrag nicht zurückgezogen sei. Als der reformierte Antrag zwar abgeschwächt, aber nicht zurückgezogen wurde, war es zu keiner Sitzung des Rates mehr gekommen, bis auf die vom 29.–30. Januar 1935. In das Jahr 1932 fällt praktisch das Ende der zwischenkirchlichen Zusammenarbeit und ökumenischen Mitarbeit der evangelischen Kirchen in Polen.

Des Gen.-Sup. Bursche und des Warschauer Konsistoriums Alleingang in der für alle evangelischen Kirchen des Landes lebenswichtigen Frage der Regelung des Verhältnisses der ev. Minderheitskirchen zum Staate, hatte der zwischenkirchlichen Zusammenarbeit

---

27 Das Memorandum Senior Kulisz's, in: AW.

27a „Schriftwechsel in Sachen Golassowitz", Kattowitz-Posen 1933, in: AW.

27b Antrag des Ev.-Ref. Konsistoriums vom 4. März 1932, in: AW.

der evangelischen Kirchen in der Republik Polen dann ein Ende gesetzt. Sie war gescheitert an unterschiedlichen Auffassungen über Gleichberechtigung und Autonomie der evangelischen Kirche in einem sich katholisch verstehenden Staate und der engen Bindung der Ev.-Augsb. Kirche an den Staat, mit dessen Hilfe der Polnische Evangelizismus sein kirchenpolitisches Ziel zu verwirklichen gedachte.[28]

Des Näheren wird auf diese Zusammenhänge noch einzugehen sein. Hier nur die Frage nach der Bilanz des Rates. Man wird dem Urteil des Konsistorialrats und Studiendirektors des Predigerseminars der Unierten Kirche in Posen, Richard Hildt, zustimmen können, der schreibt: „[...] Das Ergebnis der Geschichte des Rates ist durchaus negativ. Ja schlimmer. Denn was übrig bleibt, ist das Gefühl tiefer Verstimmung, ja vielleicht Erbitterung bei denen, zwischen denen der Riß im Rat eingetreten ist. Aber wenn wir nach den Fehlern suchen, die, wie bei allem Menschenwerk, auch hier begangen worden sind, so scheint der Grundfehler darin zu liegen, daß man es nicht verstanden hat, ein wahrhaft brüderliches Verhältnis zwischen denen zu wecken und zu pflegen, die im Rat zu so hohen Aufgaben berufen waren. Wenn auch immer wieder allerlei Anläufe dazu genommen wurden, der Reibungsflächen waren zu viele. Namentlich die nationalen Gegensätze ließen nicht das rechte Vertrauen aufkommen. Durch sie wurden die Ansichten über lebensnotwendige Fragen der Kirche oft ganz verschieden orientiert. Vielleicht ist der Rat zu zeitig gegründet worden? Wenn wir uns recht erinnern, sind in Wilna solche Bedenken geäußert worden. Vielleicht hätte man warten sollen, bis politisch ruhigere Zeiten eintreten. Jedenfalls ist das Unglück geschehen, und die Begründung des Rates der Evangelischen Kirchen in Polen hat sich als ein Experiment erwiesen, das mißglückt ist. Der Schaden ist groß. [...] Wer trägt die Schuld? Einer klagt den anderen an. Aber die Entscheidung über die Schuldfrage können wir mit gutem Gewissen dem Urteil der Geschichte überlassen".[29]

V. Das Problem der Regelung des Verhältnisses des Staates zu den evangelischen Kirchen. Ausbildung des polnischen Systems staatlicher Kirchenhoheit und Staatskirchenrechtes

1. Zusammenhänge zwischen Konfessions-, Kirchen- und Nationalitätenfragen. Entwürfe der evangelischen Kirchen für ein Staatsgesetz und eine Kirchenverfassung 1922–1929

Die Volkszählung vom 9. Dezember 1931 wies für die Republik Polen 31 916 000 Einwohner auf, davon 64,8% röm-kath., 10,5% griech.-kath., 11,8% orthodox, 2,6% ev., 0,5% andere Christen, 9,8% mosaisch. Der Muttersprache nach waren: polnisch 68,9%, ukrainisch/ruthenisch 13,9%, „Hiesige" (Weißruthenen oder Ukrainer) 2,2%, Weißruthenen

28 *H. Voß,* Die Unierte Kirche 16ff.
29 *R. Hildt,* Die Bilanz 282f.; *J. Gryniakow,* a.a.O. 155f.

3,1%, Juden 8,6%, Deutsche 2,3%, Litauer 0,3%, Russen 0,1%, Tschechen 0,1%.[1] Zur Tragik der politischen und kirchlichen Entwicklung des neu erstandenen polnischen Staates, der einen so hohen Prozentsatz nichtpolnischer Nationalitäten nicht röm.-kath. Bekenntnisses aufwies, gehört, daß seine politische Leitidee, seine Staatsraison, seine Staats-, Kultur-, Religions- und Kirchenpolitik in entscheidendem Maße auf die Schaffung eines nationalpolnischen Einheitsstaates röm.-kath. Religion ausgerichtet war. Ausweisung, Verdrängung, gesetzliche und verwaltungsmäßige Einschränkungen, sprachliche, kulturelle, nationale und konfessionelle Assimilierung waren die zeitlich und lokal unterschiedlich angewandten Mittel. Nationalitäten und Kirchenfragen waren aber nicht zu trennen. Auf der Linie der staatlichen Minderheitenpolitik lag auch die Konfessionspolitik aller polnischen Regierungen und erfolgte der Ausbau des polnischen Staatskirchenrechts.

Das polnische Staatsvolk (68,8% der Bevölkerung) gehörte fast ausschließlich der röm.-kath. Kirche (97,7%), die nationalen Minderheiten hingegen gehörten mit geringen Ausnahmen den Kirchen oder Religionsverbänden der religiösen Minderheiten an. Nationale, kirchliche und religiöse Probleme blieben unlösbar miteinander verbunden und wurden in dieser Verflechtung Gegenstand der Staatspolitik, als die polnische Regierung daranging, ihr Verhältnis zu den evangelischen Kirchen gemäß Art. 115 der Staatsverfassung vom 17. März 1921 zu regeln.

In Art. 111 hatte die Staatsverfassung allen Staatsbürgern die Gewissens- und Bekenntnisfreiheit in freiheitlicher, den modernen Staatsverfassungen entsprechender Weise verbürgt, in bezug auf die Kirchen und Religionsgemeinschaften des Landes hingegen die sich aus dem Grundsatz der Religionsfreiheit ergebenden Rechte in den Artikeln 114 und 115 unterschiedlich bestimmt. Die Kompromißformel von der „Hauptstellung" der röm.-kath. Kirche unter den „gleichberechtigten Bekenntnissen" wirkte sich für die ev. Kirchen und die anderen Kirchen und Religionsgemeinschaften der religiösen Minderheiten in gleicher Weise nachteilig aus, wie die unterschiedliche Bestimmung hinsichtlich der Frage der Regelung ihres Verhältnisses zum Staat. Der polnische Staat trennte grundsätzlich und rechtlich die röm.-kath. Kirche von den Kirchen und Religionsgemeinschaften der religiösen Minderheiten bei unterschiedlicher Deutung und Anwendung der verfassungsmäßigen Bestimmungen von Gleichberechtigung und Autonomie.

Die Machtentfaltung der röm.-kath. Kirche nach dem Abschluß des Konkordates vom 10. Februar 1925 und der Militärputsch des Marschalls Józef Piłsudski (1867–1935) vom 10.–14. Mai 1926 mit dem Einschwenken Polens auf den autoritären Regierungskurs („Ära Piłsudski" vom Mai 1926 bis Mai 1935) hatten die Rechtslage der ev. Kirchen auf lange Sicht entscheidend verschlechtert. Schon wenige Wochen nach dem Militärputsch, am 2. August 1926, war es zu der vom Sejm und Senat beschlossenen Änderung der Staatsverfassung gekommen, die die obersten Staatsbehörden ermächtigte, die parlamentarischen Körperschaften aufzulösen und in gewissen Fällen Dekrete mit Gesetzeskraft zu erlassen.[2] Parlament und politische Parteien konnten vom Jahre 1926 ab auch in der Frage der Regelung des Verhältnisses des Staates zu den Kirchen und Religionsgemeinschaften der religiösen Minderheiten ausgeschaltet werden.

1 *H. Roos,* Polen 37.
2 *H. Roos,* a.a.O. 45f.; *G. Rhode,* Geschichte 484ff.

Im Wege einseitiger Akte staatlicher Gesetzgebung hatte der polnische Staat sein Verhältnis zu der Orthodoxen Kirche am 30. Januar 1922 provisorisch, durch die Verordnung vom 18. Oktober 1925 und die im Jahre 1927 abgeschlossene „Judengesetzgebung" sein Verhältnis zum „Jüdisch-religiösen Verband" geregelt.[3] Im Falle der ev. Kirchen reagierte er nicht auf die eingereichten Gesetzentwürfe. Bis zum Frühjahr des Jahres 1929 hatten alle ev. Kirchen des Landes ihre Gesetzentwürfe dem Staate eingereicht: Die „Evangelisch-Augsburgische Kirche in Polen" (zum Staatsgesetz und zur Kirchenverfassung) am 19. April 1923; die „Unierte Evangelische Kirche in Polen" (zur Kirchenverfassung) am 1. Dezember 1923 und 13. März 1929; die „Evangelische Kirche Augsburgischen und Helvetischen Bekenntnisses in Polen" (Galizien) 1924 und am 16. September 1927 (zur Kirchenverfassung); die „Warschauer Reformierte Kirche" (zum Staatsgesetz) am 30. April 1927; die „Wilnaer Reformierte Kirche" (zum Staatsgesetz und zur Kirchenverfassung) 1928; die „Evangelisch-Lutherische Freikirche in Polen" (Entwurf eines Gesetzes betr. Anerkennung) 1922; die „Evangelisch-Lutherische Kirche in Westpolen" (Altlutherische Kirche) am 8. Juli 1926 (zur Kirchenverfassung).[4]

Für die ev. Kirchen, die Ende 1926 im Rat der ev. Kirchen in Polen zur Zusammenarbeit gefunden hatten, war die Frage der Regelung ihres Verhältnisses zum Staat zum dringendsten Problem geworden. Nach Jahren des Schweigens war für die Ev.-Augsb. Kirche die von der Konstituierenden Synode 1923 gewählte und zu Verhandlungen mit der Regierung über ihre am 19. April 1923 eingereichten Gesetzentwürfe bevollmächtigte neungliedrige Synodalkommission initiativ geworden. Unter Führung von Gen.-Sup. Bursche als ihrem Vorsitzenden war die Synodalkommission am 21. März 1927 vom Kultusminister Kazimierz Bartel empfangen worden und hatte die Zusage erhalten, daß die Regierung demnächst an die Frage der Regelung ihres Verhältnisses zur Ev.-Augsb. Kirche herangehen werde.[5]

Während die Mitglieder der Synodalkommission mit einer baldigen Aufnahme von Verhandlungen über die synodalen Gesetzentwürfe rechneten, geht aus einer vertraulichen Mitteilung Bursches an Pfr. Siegmund Michelis–Warschau im Anschluß an die Pastorensynode des Jahres 1927 hervor, daß es die Absicht der Regierung sei, ihr Verhältnis zu den ev. Kirchen in Polen noch im Jahre 1927 mittels eines Rahmengesetzes zu regeln und in Form eines Dekretes zu erlassen. Ein solches Gesetz sei in Vorbereitung und werde den einzelnen Kirchenleitungen zur Stellungnahme zugeleitet werden. Wenn auch erwartet werden könne, daß ein solches Gesetz sich in seinen Grundzügen an den Gesetzentwurf der Konstituierenden Synode anlehnen werde, so sei doch jetzt bereits sicher, daß die Rechte des Staates im kommenden Rahmengesetz erweitert und auch Art. 1, Abs. 3 des synodalen Gesetzentwurfes über die Möglichkeit einer nationalen Teilung der Kirche nicht mehr aufgenommen werden.[6]

Die Jahre 1927 und 1928 gingen vorüber, ohne daß es zu Verhandlungen der Regierung mit einer der ev. Kirchen über deren Gesetzentwürfe gekommen wäre. Auf der Pasto-

---

3 *H. Meyer,* Das Recht 47ff., 63ff.; *B. Spuler,* Die orth. Kirche 114f.; *F. Beranek,* Das Judentum 119f.

4 *J. Gryniakow,* Ustalenie 111f.; *W. Gastpary,* Protestantyzm 210ff.

5 *J. Gryniakow,* a.a.O. 109f.

6 *J. Gryniakow,* a.a.O. 110.

renkonferenz der Ev.-Augsb. Kirche des Jahres 1928 (20.–22. März) deutete Bursche dagegen an, daß die Arbeiten der Regierung an der Kirchenverfassung im wesentlichen abgeschlossen seien und daß im Gesetzentwurf betr. Regelung des Verhältnisses der Ev.-Augsb. Kirche zum Staat eine stärkere Ingerenz des Staates in kirchlichen Dingen, zumal in Personalfragen zu erwarten sei.[7] Die Hoffnung Bursches auf eine Regelung der Verfassungsfragen noch im Jahre 1928 gründete sich auf Zusagen der Regierung und die im Juni 1928 erfolgte Bildung einer parlamentarischen Kommission für kirchliche Fragen unter Vorsitz von Senator Josef Evert, des Präses des Warschauer Kirchenkollegiums.[8] Einen Einfluß scheint diese Kommission nicht gewonnen zu haben. Auf der Pastorensynode vom 9.–11. April 1929 kam Bursche über seine Andeutungen auf der Pastorensynode 1928 nicht hinaus.[9]

2. Die staatlichen Gesetzentwürfe für die Ev.-Augsb. Kirche 1929–1933. Geheimverhandlungen der Regierung mit Gen.-Sup. Bursche. Die Gesetzentwürfe vom 7. Juli 1933

In der für alle ev. Kirchen des Landes dringenden Frage der Regelung ihres Verhältnisses zum Staat und der staatlichen Anerkennung ihrer Kirchenverfassungen traf die Regierung im Sommer 1929 eine Entscheidung, die grundlegend für ihre – und aller nachfolgenden Regierungen – Interpretation und Anwendung der Religionsartikel der Staatsverfassung wie für die Ausbildung des Staatskirchenrechtes des polnischen Staates geworden war. Sie beließ die Kirchenleitungen der ev. Kirchen ohne Antwort auf die von ihnen eingereichten synodalen Gesetzentwürfe für ein Staatsgesetz bzw. ihre Kirchenverfassung und wies das Kultusministerium federführend an, eigene staatliche Gesetzentwürfe als Rahmengesetze für die ev. Kirchen auszuarbeiten, die den einzelnen Kirchenleitungen zur Stellungnahme zuzuleiten wären.[1]

Eindeutiger als mit der Ablehnung der synodalen Gesetzentwürfe aller ev. Kirchen konnte die staatskirchenrechtliche Auffassung der Regierung von der minderen Rechtsstellung der ev. Kirchen und deren eingeschränkter Autonomie nicht zum Ausdruck gebracht werden. Die Regierung interpretierte damit die Religionsartikel der Staatsverfassung vom 17. März 1921 im Sinne ihres Entwurfes der Religionsartikel vom 1. November 1919 und des Entwurfs der Verfassungskommission vom 12. Juni 1920, die zu ihrer Bestürzung erst in der Dritten Lesung des Entwurfs der Staatsverfassung eine Änderung erfahren hatten.[2] Diesen Entwürfen zufolge nahm die röm.-kath. Kirche die Hauptstellung im Staate ein (es fehlte der Nachsatz „[...] unter den gleichberechtigten Bekenntnissen"), auch sollte das Verhältnis des Staates zu den Kirchen der religiösen Minderheiten nach

7 *J. Gryniakow,* a.a.O.
8 *J. Gryniakow,* a.a.O. 111.
9 *J. Gryniakow,* a.a.O.
1 *J. Gryniakow,* Ustalenie 111f.
2 Vgl. S. 80f. und S. 93f.

„Anhörung der Anträge ihrer Vertretungen bestimmt werden" und nicht „auf gesetzlichem Wege nach Verständigung mit ihren rechtlichen Vertretungen festgesetzt werden".

Die ministeriellen Arbeiten an den Entwürfen der Rahmengesetze wurden im Juli 1929 mit dem Entwurf eines Staatsgesetzes für die Ev.-Augsb. Kirche begonnen, deren synodalen Entwürfe vom 10. April 1923 gemäß Bericht des Sachbearbeiters – wahrscheinlich stammte er vom Abteilungsleiter Stanisław Cheliński – an den Departementsdirektor im Kultusministerium Franz Graf Potocki wegen ihres „unklaren, chaotischen und antijuristischen Ausgangspunktes nicht einmal zur Diskussion geeignet wären".[3] Für die Verhandlungen mit dem Staate in kirchlichen Verfassungsfragen wurde seitens der Regierung nicht die von der Konstituierenden Synode gewählte und legitimierte neungliedrige Synodalkommission, sondern Gen.-Sup. Bursche vorgesehen. Da nach dem für die Ev.-Augsb. Kirche gültigen Kirchengesetz von 1849 der Generalsuperintendent ein vom Staate ernanntes kirchenregimentliches Organ war, begann die Regierung ihre Verhandlungen in den anstehenden kirchlichen Verfassungsfragen mit einem von ihr selbst bestellten und von ihr abhängigen staatskirchenrechtlichen Organ.

Eine schicksalhafte kirchenpolitische Entscheidung für die Ev.-Augsb. Kirche und den ganzen Protestantismus in Polen war gefallen, als Gen.-Sup. Bursche im Grundsatz die staatskirchenrechtlichen Auffassungen der Regierung – sie entsprachen im wesentlichen denen, die dem Gesetzentwurf Nader vom 2. Juli 1920 zugrunde lagen – übernahm. Er verließ den Boden der einstimmigen Beschlüsse der Konstituierenden Synode vom 10. April 1923 und ihrer Gesetzentwürfe und stimmte Geheimverhandlungen mit der Regierung über neue staatliche Gesetzentwürfe zu. Zur Begründung führte er später aus: „Diese [projektierten synodalen] Gesetze trugen jedoch den Stempel der Zeit an sich: ultrademokratisch, alles auch in der Kirche nach parlamentarischer Art geführt, fortwährende Wahlen, eine Menge von Forderungen, kein Entgegenkommen dem Staate gegenüber. Kein Wunder, daß die staatlichen Stellen diese projektierten Kirchengesetze ad acta legten und eine günstigere Zeit abwarteten für erneute Verhandlungen mit der Kirche. Es dauerte lange, acht Jahre, bis dies eintrat. [...] Es begannen neue Gespräche und Verhandlungen mit dem Schreiber dieser Zeilen [...]".[4]

Die von Departementsdirektor Potocki mit Bursche geführten Geheimverhandlungen über die ministeriellen Gesetzentwürfe für die Ev.-Augsb. Kirche begannen am 29. Oktober 1929 und wurden am 27. Januar, 11. Februar, 17. Februar, 15. April, 20. Juni, 10. Oktober und 20. Dezember 1930 fortgesetzt.[5] Ohne auf Einzelheiten einzugehen, gab Ministerpräsident Kazimierz Bartel am10. Januar 1930 im Sejm bekannt, daß Verhandlungen der Regierung mit der Ev.-Augsb. Kirche über ein Gesetz zur Regelung des Verhältnisses dieser Kirche zum Staat begonnen hätten. Auch Bursche beschränkte sich auf dem im Anschluß an die Augustana-Feier vom 25. Juni 1930 in Warschau gehaltenen „Theologischen Lehrgang" auf die Mitteilung, „daß das neue Kirchengesetz mit dem Ministerium bereits durchberaten worden sei und bald Rechtskraft erhalten werde". Wieder war unklar geblieben,

3 *J. Gryniakow,* a.a.O. 111.
4 *J. Bursche,* Kirche 72.
5 *J. Gryniakow,* a.a.O. 113.

um welches „neue" Kirchengesetz es sich handle und wer mit dem Ministerium verhandelt hatte, nachdem feststand, daß es nicht die synodale Verhandlungskommission war.[6]

Die „Konsultationen" des Kultusministeriums mit Bursche – von beiden Seiten war strikte Geheimhaltung der Gespräche vereinbart worden – hatten den Charakter der Einholung von Stellungnahmen des Generalsuperintendenten („Anhörung") zu den wechselnden Entwürfen eines Staatsgesetzes für die Ev.-Augsb. Kirche, dessen ersten drei Entwürfe bislang unbekannt geblieben sind. Erhalten hat sich die vierte Fassung des ministeriellen Entwurfes zu einem Staatsgesetz für die Ev.-Augsb. Kirche vom 25. November 1930, die von Departementsdirektor Potocki am 10. Dezember 1930 Bursche zur Stellungnahme und Rückäußerung bis zum 2. Januar 1931 übergeben wurde.[7] Der Entwurf, so Potocki, sei von Bursche vertraulich zu behandeln, wenn auch keine Einwände erhoben würden, wenn der Generalsuperintendent den Entwurf privat mit für diesen Zweck ausgewählten Persönlichkeiten bespreche.

Der ministerielle Gesetzentwurf vom 25. November 1930 entsprach in seinen Grundzügen einer gemäßigten Fassung des Gesetzentwurfes des Jesuitenpaters Kazimierz Lutosławski vom 20. Januar 1920. Er war durch zweierlei gekennzeichnet: durch seinen klerikalen Charakter und die Tendenz einer vollständigen Unterordnung der ev. Kirche unter den Staat. Selbst der Titel „ksiądz" [Pfarrer] und „biskup" [Bischof] wurde der ev. Kirche vorenthalten. In allen Personalfragen sollte dem Staat das entscheidende Wort zufallen.

Bursches „Bemerkungen" vom 31. Dezember 1930[8], am 3. Januar 1931 dem Kultusministerium zugeleitet, boten eine gründliche Analyse des staatlichen Gesetzentwurfes vom 25. November. Unter Hinweis auf Mängel des synodalen Gesetzentwurfs vom 10. April 1923 machte Bursche Ergänzungs- und Abänderungsvorschläge zu einer Reihe von Artikeln und lehnte die klerikale Note des Gesetzentwurfes und seine Tendenz, „die Kirche total dem Staate unterzuordnen", sie „auf Gnade und Ungnade der jeweils am Steuer des Staates befindlichen Faktoren" auszuliefern, als für die Kirche unannehmbar ab. Zugleich bejahte er jedoch das Aufsichtsrecht des Staates über die Kirche, seine Mitsprache bei der Besetzung aller kirchlichen Ämter, die staatliche Genehmigungspflicht für die Beschlüsse der Synode und für kirchliche Verordnungen u.a.m. Biographische Züge trägt die von ihm vorgeschlagene Eidesformel für geistliche Amtsträger.[9] Aus den Vermerken Potockis zu den einzelnen „Bemerkungen" Bursches („zu berücksichtigen", „zur Besprechung", „nach Verständigung zu berücksichtigen", „zu berücksichtigen, aber nicht im Entwurf", „beibehalten") geht hervor, daß das Kultusministerium bereit war, die meisten der von Bursche vorgetragenen Bedenken zu berücksichtigen bzw. zu besprechen.[10]

Die Geheimgespräche des Kultusministeriums mit Bursche hatten am 3. Januar, 17. Januar und 21. Februar 1931 ihren Fortgang genommen[11], waren dann aber ins Stocken geraten. Eine Begründung dafür wurde nicht gegeben, seitens Bursches auch nicht für den

6 *E. Kneifel*, Geschichte 223.
7 *J. Gryniakow*, a.a.O. 121, vgl. auch 115ff.
8 *J. Gryniakow*, a.a.O. 122ff.
9 Die Eidesformel wurde als Art. 5 in den ministeriellen Entwurf des Staatsgesetzes vom 7. Juli übernommen.
10 *J. Gryniakow*, a.a.O. 124.
11 *J. Gryniakow*, a.a.O. 125.

Ausfall der Pastorensynode 1931. Noch Mitte März 1931 rechnete er mit der baldigen Fortführung der Gespräche, nachdem das Kultusministerium bereits die Kirchenleitungen der anderen ev. Kirchen in Polen – die Unierte Evangelische Kirche in Polnisch-Oberschlesien ausgenommen – mit kurzfristiger Terminangabe aufgefordert hatte, Angaben über ihre rechtliche Lage, Verfassung, inneren Verhältnisse, ihre besonderen Probleme zu machen und eine genaue Statistik über ihre Seelenzahl, Zahl der Kirchen, Kapellen, Bethäuser, ihre Besitzverhältnisse u. a. m. einzureichen.[12]

Die Unterbrechung der Geheimverhandlungen der Regierung mit Gen.-Sup. Bursche und der ministeriellen Arbeiten an der Erstellung des Entwurfes zu einem Rahmengesetz für alle ev. Kirchen hingen mit der zunehmend instabiler gewordenen innenpolitischen Lage Polens zusammen. Zum innenpolitischen Hauptanliegen des von Marschall Piłsudski geführten Regierungslagers BBWR („Parteiloser Block der Zusammenarbeit mit der Regierung“) war die Ablösung der bereits 1926 geänderten Staatsverfassung vom 17. März 1921 und des von ihr bestimmten demokratisch-parlamentarischen Systems durch eine neue Staatsverfassung geworden. Die Arbeiten an der neuen Staatsverfassung, deren erster Entwurf von der Regierungspartei bereits am 6. Februar 1929 im Sejm eingebracht worden war[13], bewegten sich in Richtung der mit dem offenen Indemnitätskonflikt (Rechtsbruch) vom 29. März 1930 erfolgten „Wendung von einer parlamentarisch mitbestimmten zu einer unkontrollierten Diktatur“.[14] Als Religionsartikel hatte der neue Verfassungsentwurf die Religionsartikel der Verfassung vom 17. März 1921 (Art. 114 und 115) in unveränderter Form vorgesehen.

Der Regierungsentwurf der neuen Staatsverfassung hatte in der Öffentlichkeit lebhafte Auseinandersetzungen – auch um deren Religionsartikel – ausgelöst. Der röm.-kath. Episkopat, der bereits 1928 den Ministerpräsidenten Kazimierz Bartel gebeten hatte, den ev. Geistlichen die Führung der Titel „ksiądz“ [Pfarrer] und „biskup“ [Bischof] als für sie unangemessen zu verbieten[15], faßte seine Forderungen in den dem Staatspräsidenten, der Regierung, dem Sejm und dem Senat zugeleiteten „Bemerkungen des Episkopats Polens in Angelegenheit der Änderung der Staatsverfassung“ vom April 1931[16] zusammen. Darin forderte der Episkopat u.a. die eindeutige Verankerung der „Hauptstellung“ der röm.-kath. Kirche im Staate durch Weglassung des Nachsatzes „[...] unter den gleichberechtigten Bekenntnissen“ in Artikel 114 und einer verminderten Rechtsstellung der Kirchen der religiösen Minderheiten und der anderen anerkannten Religionsverbände in der neuen Staatsverfassung.[17]

---

12 EGG 1931, Nr. 5, 84.
13 *H. Roos*, Polen 46.
14 *H. Roos*, a.a.O. 48.
15 *J. Gryniakow*, a.a.O. 178.
16 Die Stellung der kath. Kirche 54; *J. Gryniakow*, Ekumeniczne 131, 134.
17 Vorgeschlagen wurde nachstehende Fassung der Religionsartikel in der neuen Staatsverfassung:
„Die Römisch-katholische Religion aller Riten, die die Religion der überwiegenden Mehrheit der Nation ist, nimmt im Staate die Hauptstellung ein. [...] (wie Art. 114, Abs. 2 der Verfassung vom 17. März 1921);
Die Kirchen und Bekenntnisse der religiösen Minderheiten, welche staatlich registriert werden, regieren sich nach eigenen Gesetzen, die der Bestätigung durch den Staat be-

Die auch in Regierungskreisen vertretene Tendenz zum Ausbau der Hauptstellung der röm.-kath. Kirche in der Staatsverfassung führte, wie schon 1925/26, zur Zusammenarbeit der ev. Kirchen Polens zwecks Wahrung der Rechtsstellung der ev. Kirchen im Staate. Gen.-Sup. Bursche, der über die von der Regierung mit ihm geführten, zentral diese Fragen berührenden Verhandlungen auch weiterhin Schweigen bewahrte, stimmte der Auffassung zu, daß nur eine geschlossene Haltung aller ev. Kirchen Gefahren für den Protestantismus in Polen abwenden könnte. Auf Antrag des Posener Konsistoriums der Unierten Kirche befaßte sich der Rat der ev. Kirchen in Polen in seiner 7. Sitzung vom 12.–13. November 1931 ausführlich mit den „Bemerkungen des Episkopats" und der konfessionspolitischen Lage im Staate. Einmütig wurden die Forderungen des Episkopats hinsichtlich einer Änderung der Konfessionsartikel abgelehnt und die Erstellung einer Denkschrift zur staatsrechtlichen Stellung der ev. Kirchen beschlossen.[18]

Die vom Rat der ev. Kirchen in seiner 8. Sitzung vom 9.–10. März 1932 beschlossene, von Gen.-Sup. Bursche als dem Vorsitzenden unterzeichnete, dem Staatspräsidenten, der Regierung, dem Sejm und dem Senat zugeleitete „Denkschrift des Rates der ev. Kirchen in Polen betr. Änderung der Staatsverfassung"[19] lehnte die Vorschläge des röm.-kath. Episkopats für eine Änderung der Religionsartikel als „für die Evangelischen unannehmbar" ab. Der Rat forderte eine „[...] dem Buchstaben der Verfassung nach, wie auch in der Praxis der ausführenden Behörden völlige Gleichberechtigung" der ev. Kirchen und schlug – sollten die Artikel 114 und 115 der Verfassung vom 17. März 1921, in den Entwurf der neuen Staatsverfassung als Artikel 129 und 130 übernommen, eine Änderung erfahren – nachstehende Fassung der Religionsartikel vor:

1. „Alle in Polen anerkannten Kirchen sind gleichberechtigt und regieren sich nach eigenen Gesetzen, die mit den Staatsgesetzen nicht im Widerspruch stehen dürfen.
2. Die römisch-katholische Kirche, die das Bekenntnis der überwiegenden Mehrheit des Volkes ist, nimmt unter den christlichen Bekenntnissen die erste Stelle ein (primus inter pares).
3. Das Verhältnis des Staates zur einzelnen Kirche wird auf gesetzlichem Wege aufgrund eines Abkommens mit dem Apostolischen Stuhl, bzw. im Einvernehmen mit der rechtlichen Vertretung der betreffenden Kirche geregelt.
4. Neue Bekenntnisse oder religiöse Vereinigungen beantragen ihre Anerkennung bei den zuständigen Behörden. Wenn innerhalb von drei Monaten von den Behörden keine Absage der Anerkennung mit gleichzeitiger Angabe der Gründe ergeht, dann gilt das neue Bekenntnis oder die religiöse Vereinigung als anerkannt".[20]

Verwahrung eingelegt wurde gegen Art. 8 des Verfassungsentwurfes der Regierung, der den Eid des Staatspräsidenten in der röm.-kath. Kathedrale in Warschau vorsah.

---

dürfen. Den bisher nicht registrierten Bekenntnissen wird vom Staat die Registrierung nicht versagt, wenn ihre Einrichtungen, Lehren und Verfassung der öffentlichen Ordnung und Sittlichkeit nicht zuwiderlaufen. Das Verhältnis des Staates zu diesen Kirchen wird auf gesetzgeberischem Wege nach Verständigung mit ihren rechtlichen Vertretungen geregelt".

18 Protokoll der VII. Sitzung des Rates 16ff.

19 Protokoll der VIII. Sitzung des Rates 59–76.

20 Protokoll der VIII. Sitzung des Rates 73–74.

Die Denkschrift des Rates der ev. Kirchen war die letzte gemeinsame Stellungnahme der ev. Kirchen in Lebensfragen des Protestantismus in Polen. Auf der vom 5.–7. April 1932 gehaltenen Pastorensynode der Ev.-Augsb. Kirche erwähnte Bursche im Rahmen seines Rechenschaftsberichtes über das kirchliche Leben, daß die Regierung in das Gesetz betr. Regelung des Verhältnisses der Ev.-Augsb. Kirche zum Staate „gewisse Bestimmungen aufnehmen wolle", mit denen er sich nicht einverstanden erklären könne, weil sie die ev. Kirche zugunsten der röm.-kath. Kirche benachteiligen würden. So würden u.a. auch die Titel „ksiądz" [Pfarrer] und „biskup" [Bischof] der ev. Kirche bestritten. Auf Antrag von Pastor Siegmund Michelis–Warschau beschloß die Pastorensynode in einem Memorial, die Regierung um Beschleunigung der Bestätigung der von der Konstituierenden Synode 1923 beschlossenen Gesetzentwürfe zu bitten, immer noch in der Überzeugung, daß diese Entwürfe zur Debatte stünden.[21] Am 21. Mai 1932 wurden Gen.-Sup. Bursche von dem Ministerpräsidenten Alexander Prystor, die von Bursche angeführte Delegation der Pastorensynode – ihr gehörten die Pastoren Siegmund Michelis, Gustav Manitius–Posen und Waldemar Krusche–Rypin an – vom Kultusminister Janusz Jędrzejewicz und dem Departementsdirektor Potocki empfangen, denen sie das Memorial der Pastorenkonferenz vom 8. April 1932 überreichten. Potocki versprach, die Bestätigung der Gesetzentwürfe im Rahmen seiner Möglichkeiten zu beschleunigen.[22]

Am 22. Juli 1932 setzte dann das Kultusministerium die Geheimverhandlungen mit Bursche fort. Gegenstand der Verhandlungen war zunächst der ministerielle Entwurf für das Innere Gesetz (Kirchenverfassung) der Ev.-Augsb. Kirche, dessen Text am 2. September 1932 bereits feststand.[23] Seine endgültige Fassung hat es dann Anfang Juli 1933 erhalten, nachdem auf Verlangen des Innenministeriums vom 30. Juni 1932 einzelne Bestimmungen zur erweiterten Sicherstellung der Interessen des Staates und der Berechtigungen staatlicher Behörden abgeändert worden waren und die Bestimmung aufgenommen wurde, daß die Kirchenverfassung nur in Verbindung mit dem Staatsgesetz für die Ev.-Augsb. Kirche angenommen und interpretiert werden könne.[24]

Langwieriger gestalteten sich die vielfachen von der Regierung im Laufe des Winters 1932/33 und in den ersten Monaten des Jahres 1933 mit Gen.-Sup. Bursche geführten Geheimverhandlungen um die ministeriellen Entwürfe zu einem Staatsgesetz für die Ev.-Augsb. Kirche. Über den Verlauf und den Inhalt dieser Verhandlungen finden sich keine Nachrichten. Was Bursche bestimmt hatte, schon wenige Monate nach der Übergabe des Memorials des Rates der ev. Kirchen vom 8. April in weitere Geheimverhandlungen mit der Regierung über die staatlichen Gesetzentwürfe für die Ev.-Augsb. Kirche einzuwilligen oder einzutreten, muß offen bleiben. Eine Erklärung dafür könnte darin liegen, daß sich Anfang des Jahres 1933 die innenpolitische Lage zum Nachteil der nationalen und religiösen Minderheiten abermals verschärft hatte. Der in der Atmosphäre von Gewaltmaßnah-

21 *E. Kneifel,* Geschichte 223; *J. Gryniakow,* Ustalenie 126f.; *A. Kleindienst,* Aufzeichnungen 1932.
22 *J. Gryniakow,* a.a.O. 127.
23 *J. Gryniakow,* a.a.O. 128. Ein Vergleich mit dem Inneren Gesetz der Konstituierenden Synode S. 128–134.
24 *J. Gryniakow,* a.a.O. 135f.

men – in Ostgalizien wurde die ukrainische Bevölkerung durch Dragonaden pazifiziert – im November 1932 gewählte Sejm hatte am 23. März 1933 – fast genau zur gleichen Zeit wie in Deutschland – ein „Ermächtigungsgesetz“ für den Staatspräsidenten beschlossen, der nun ohne den Sejm Verordnungen mit Gesetzeskraft erlassen konnte.[25]

Im Ergebnis der Verhandlungen der Regierung mit Gen.-Sup. Bursche lag unter dem 11. April 1933 die entscheidende fünfte ministerielle Fassung des Entwurfes eines Staatsgesetzes für die Ev.-Augsb. Kirche vor.[26] Zweierlei charakterisierte diesen Entwurf: die Tendenz, eine verminderte Rechtsstellung der ev. Kirchen und ihre totale Unterwerfung unter die Aufsicht und die Kontrolle des Staates verfassungsmäßig zu verankern. In dem Entwurf findet sich auch keine Bestimmung mehr über die Möglichkeit bzw. Zulässigkeit einer „Teilung der Kirche aus nationalen Gründen“, wie sie der synodale Verfassungsentwurf vom 10. April 1923 als mögliche Lösung der nationalen Spannungen in der Kirche vorgesehen hatte. Neu aufgenommen wurde dagegen in den Entwurf die Bestimmung über „die Angliederung oder Aufnahme anderer Kirchen oder religiöser Verbände in die Evangelisch-Augsburgische Kirche in Polen sowie die Vereinigung der Evangelisch-Augsburgischen Kirche in Polen mit anderen Kirchen oder religiösen Verbänden [...]“, die auf einen Vorschlag des Gen.-Sup. Bursche zurückgehen dürfte. Auch Forderungen des röm.-kath. Episkopats aus dessen „Bemerkungen [...]“ fanden im Entwurf ihren Niederschlag. U.a. waren die Titel „ksiądz“ [Pfarrer] und „biskup“ [Bischof] für die ev. Geistlichen nicht vorgesehen, für den geistlichen Leiter der ev. Kirche die Titel „Präses des Konsistoriums“, „Präses der Synode“ oder des „An der Spitze der Kirche Stehenden“ gebraucht worden. Als Sprache der kirchlichen Ämter und Behörden war die „Landessprache“ bestimmt.

Dem Entwurf des Kultusministeriums vom 11. April 1933 hatten das Innen-, das Justiz- und das Außenministerium zugestimmt. Die gutachtliche Stellungnahme des Außenministeriums würdigte seine politische Bedeutung und Dimension. In dem Schreiben an Departementsdirektor Potocki vom 13. Mai 1933 versicherte der Departementsdirektor im Außenministerium, Józef Lipski, der nachmalige Gesandte und Botschafter Polens in Berlin, dem Kultusministerium, daß die Bindung („uzależnienie“, Abhängigmachung) der Ev.-Augsb. Kirche an den Staat keine Reibungen in den polnisch-deutschen Beziehungen hervorrufen werde und daß der Erlaß des Gesetzes dem polnischen Staate die Möglichkeit zur stufenweisen Unterordnung der evangelischen Kirchen unter die polnische Staatsraison und die Ausnutzung ihrer Beziehungen zu den Kirchen im Westen (England, Skandinavien, Amerika) gebe. Zugleich werde auf diese Weise ein Präzedenzfall für die Regelung der Rechtsverhältnisse der anderen ev. Kirchen in Polen geschaffen. Auch werde sich die Regierung durch die Sicherstellung der Staatsinteressen im Staatsvertrag und in der Kirchenverfassung für die Ev.-Augsb. Kirche vom Vorwurf ungleicher Behandlung der religiösen Minderheiten befreien. Da zur gleichen Zeit eine ähnliche Aktion in Deutschland durchgeführt werde, so das Außenministerium, sei der gegenwärtige Zeitpunkt besonders günstig, die ev. Kirchen in Polen in Abhängigkeit vom Staat zu bringen.[27]

---

25 *H. Roos*, Polen 49; *G. Rhode*, Geschichte 488.
26 *J. Gryniakow*, a.a.O. 138ff., 142ff.
27 *J. Gryniakow*, a.a.O. 144.

Mit der von dem Referenten im Kultusministerium, Jakub Sawicki, unter dem 7. Juli 1933 erstellten sechsten Fassung des ministeriellen Entwurfes[28] – es war nur mehr eine redaktionelle und stilistische Bearbeitung der Fassung vom 11. April 1933 – war die gesetzgeberische Arbeit auch an dem Staatsgesetz für die Ev.-Augsb. Kirche im wesentlichen beendet. Am gleichen Tage, dem 7. Juli 1933, wurde im Kultusministerium von Departementsdirektor Potocki, Jakub Sawicki und Gen.-Sup. Bursche nachstehendes Abschlußprotokoll[29] unterzeichnet:

„Die Anwesenden stellen fest, daß die am 27. Januar 1930 begonnenen, in 28 gemeinsamen Konferenzen durchgeführten Arbeiten an der Vorbereitung der Materialien zu einer neuen Regelung der Rechtsverhältnisse der Evangelisch-Augsburgischen Kirche in der Republik Polen im Sinne von Artikel 115 der Staatsverfassung, am heutigen Tage beendet wurden. Das Ergebnis dieser Arbeiten ist das diesem Protokoll anliegende, gemeinsam erarbeitete Material in Form gegliederter Artikel und Paragraphen zum Gesetz über das Verhältnis des Staates zu der Evangelisch-Augsburgischen Kirche in der Republik Polen und ihrem Inneren Gesetz".

Die staatlichen Gesetzentwürfe vom 7. Juli 1933 für die Ev.-Augsb. Kirche, insonderheit der Entwurf zum Staatsgesetz, hatten mit Gesetzentwürfen der Konstituierenden Synode vom 10. April 1923 kaum mehr etwas gemein: sie waren vielmehr das staatliche Gegenüber zu diesen und die Antwort des Staates auf die synodalen Beschlüsse. Als Rahmengesetze für die anderen ev. Kirchen gedacht, hatten sie die Lebensfragen der ev. Kirchen in Polen – ihre staatsrechtliche Lage, Gleichberechtigung und Autonomie, die Probleme der Regelung ihres Verhältnisses zum Staat, der zwischenkirchlichen Zusammenarbeit und des Zusammenlebens der Nationalitäten – in besonderer Weise aktualisiert.

Mitte Juli 1933 hatte das Kultusministerium Gen.-Sup. Bursche die Gesetzentwürfe vom 7. Juli 1933 mit dem Ersuchen zugeleitet, sie mit interessierten Persönlichkeiten und maßgebenden kirchlichen Kreisen bei Vorbehalt ihrer vertraulichen Behandlung zu besprechen. Unter Ausschaltung der Synodalkommission legte Bursche Anfang Oktober 1933 die Gesetzentwürfe einigen Pastoren und Mitgliedern der Kirchenkollegien in Warschau und Lodz getrennt vor, mit der Bitte um vertrauliche Behandlung, da sie nicht endgültig seien. Im Vergleich mit dem Gesetzentwurf der Konstituierenden Synode zu einem Staatsgesetz urteilte er über den neuen Gesetzentwurf: „Das Gesetz ist nicht völlig verändert, es ist ungefähr dasselbe wie früher". Nach Einholung von Stellungnahmen von Teilen der polnischen und deutschen Pastorenschaft und Beratung im Konsistorium hatte er die Absicht, in neue Verhandlungen mit der Regierung einzutreten und „nach endgültiger Feststellung der Texte der Synodalkommission zur eventuellen Bestätigung" vorzulegen.[30]

Geheimhalten ließen sich die Gesetzentwürfe nicht. Sie wurden bekannt und fanden den Weg in die in- und ausländische Presse. Am 15. Oktober 1933 brachte die Berliner „Neue Preußische (Kreuz-)Zeitung" die Mitteilung über einen „vernichtenden Schlag gegen

---

28 Anhang, Dok. 27a.
29 *J. Gryniakow,* a.a.O. 145.
30 Brief des Generalsuperintendenten Bursche an P.A. Kleindienst vom 18. Oktober 1933, in: AK.

die Ev.-Augsb. Kirche in Polen", am 19. Oktober konnte man Ähnliches in der „Jungen Kirche" lesen. Nun durften auch die einheimischen Blätter nicht schweigen. Am 28. Oktober druckten das „Posener Tageblatt", am 29. Oktober der „Volksfreund" und schließlich am 3. November 1933 die größte deutsche Tageszeitung in Kongreßpolen, die „Freie Presse" in Lodz, den Text des staatlichen Entwurfes für ein Staatsgesetz ab.

3. Kirchliche Auseinandersetzungen um die staatlichen Gesetzentwürfe 1933–1935. Fortsetzung der Geheimverhandlungen der Regierung mit Gen.-Sup. Bursche

Die Mitte Oktober 1933 bekannt gewordenen staatlichen Gesetzentwürfe vom 7. Juli 1933 stießen auf eine nahezu geschlossene Ablehnung des Protestantismus in Polen.

Ein vom „Posener Ev. Kirchenblatt" angestellter Textvergleich einschlägiger Bestimmungen des Kirchengesetzes von 1849, des Entwurfs der Konstituierenden Synode von 1922/23 zu einem Staatsgesetz, des Konkordates von 1925 mit denen des Entwurfs vom 7. Juli 1933 verdeutlicht die staatskirchenrechtliche Auffassung der polnischen Regierung über die Rechtslage der ev. Kirchen in Polen.[1]

Die eingehendste Analyse des Entwurfs vom 7. Juli zu einem Staatsgesetz für die Ev.-Augsb. Kirche geben die „Bemerkungen zu dem Entwurf eines Gesetzes betreffend das Verhältnis des Staates zur Ev.-Augsb. Kirche in Polen"[2] des führenden Juristen des Posener Konsistoriums, Oberkonsistorialrat Erich Nehring. Sie bieten eine Untersuchung des Gesetzentwurfs unter den Gesichtspunkten: 1. „Zum Verhältnis Staat–Kirche", 2. „Zur Gleichberechtigung der Kirche", 3. „Zur Frage der Vermischung von Staatskirchenrecht und Kirchenverfassung", 4. „Die Augsburgische Kirche nicht betreffende Bestimmungen". Nehrings „Bemerkungen" waren maßgebend für die Meinungsbildung auch des deutschen Teils der Ev.-Augsb. Kirche geworden. Wiedergegeben sei die Zusammenfassung seiner Ausführungen „Zum Verhältnis Staat–Kirche":

„Die Kirche gemäß Gesetzentwurf 1933 ist keine unabhängige Kirche mehr, wie es Art. 115, Abs. 1 der Staatsverfassung den Kirchen der religiösen Minderheiten zusichert, vielmehr eine Art Abteilung der staatlichen Verwaltungsbehörde unter dem Kultusministerium. Diese Feststellung ergibt sich hauptsächlich aus folgenden Bestimmungen des Entwurfes:

a) Kein geistlicher oder kirchlicher Beamter darf ohne Zulassung und Bestätigung staatlicher Organe angestellt werden;
b) Die vom Staat bereits zugelassenen oder bestätigten Diener der Kirche können auf Verlangen des Kultusministers in 28 Tagen amtsenthoben werden, ohne daß dagegen dem Konsistorium ein Rechtsmittel zusteht;
c) Die Synode steht völlig unter staatlicher Kontrolle. Termin und Tagesordnung der Verhandlungen müssen mit den staatlichen Stellen abgestimmt werden;
d) Die gesamte Arbeit der Kirche unterliegt der Pflicht der Berichterstattung an die Verwaltungsbehörden;

1 PEK 1933/34, 186–189.
2 In: AK.

e) Die wirtschaftliche Verwaltung ist an staatliche Genehmigungen gebunden, auch die Etats der Kirchengemeinden sind genehmigungspflichtig;
f) Die Bestimmungen über den Gebrauch der Staatssprache und des Staatswappens in kirchlichen Siegeln weisen darauf hin, daß die Kirche des Entwurfs von 1933 als ein staatlicher Organismus verstanden wird.

Die staatliche Ingerenz übertrifft die Bestimmungen des russischen Gesetzes von 1849, der Gesetzentwürfe von Nader (1920) und Lutosławski (1921)".

Die längeren Ausführungen Nehrings „Zur Gleichberechtigung der Kirche" sind in der Feststellung zusammengefaßt: „Die in Art. 114, Abs. 1 der Staatsverfassung verbürgte Gleichberechtigung ist im Gesetzentwurf 1933 aufgehoben", zur Frage der „Vermischung von Staatskirchenrecht und Kirchenverfassung" heißt es: „[...] Aufsichtsrecht und Kontrolle des Staates sollten doppelt abgesichert sein", zu den „Die Augsburgische Kirche nicht betreffenden Bestimmungen": „[...] Ihre Aufnahme in das Staatliche Gesetz für die Augsburgische Kirche ist nur dadurch zu erklären, daß sie als Bestandteil eines für alle ev. Kirchen des Landes geltenden Rahmengesetzes vorgesehen waren".

Bereits die Novembernummer der „Neuen Evangelischen Kirchenzeitung", des führenden deutschen Kirchenblattes der Ev.-Augsb. Kirche, brachte zum Ausdruck, „daß ein Entsetzen durch die Reihen aller ging, als man diesen Entwurf zu Gesicht bekam. [...] Handelt es sich doch um nichts anderes, als um die Verstaatlichung der Evangelischen Kirche Augsburgischen Bekenntnisses! Die nächste Folge wird ein noch stärkeres Überhandnehmen des Freikirchen- und Sektenwesens sein. [...] Wird dieser Entwurf Gesetz, so bleibt sogar nach Ansicht von Personen, die eine verantwortliche Stellung in der Kirche einnehmen, nichts anderes übrig, als daß sich alle Gemeinden, denen die freie Entfaltung des Evangeliums am Herzen liegt, von einer solchen Kirche lösen und sich zu Freikirchen zusammenschließen. Keine erstrebenswerte Lösung, wolle Gott verhüten, daß es soweit kommen muß".[3]

Am 16. November 1933 hatte sich eine Delegation der drei Lodzer Gemeinden nach Warschau begeben und die Zurückziehung des Gesetzentwurfs verlangt, am 2. Februar 1934 lehnte der Lodzer Volksverband auf seiner Tagung in Lodz, zu der ehemalige Synodale und Vertreter der Kirchengemeinden erschienen waren, „den durch Veröffentlichung bekannt gewordenen Entwurf als völlig unannehmbar ab, weil er dem Geiste der Ev.-Luth. Kirche und der Staatsverfassung widerspricht". Sie bestanden „weiterhin auf den von der Konstituierenden Synode beschlossenen Entwürfen des Gesetzes über das Verhältnis unserer Kirche zum Staate und der Kirchenverfassung".[4] Julian Wills Aufsatz „Das deutsch-evangelische Kirchenvolk in der Prüfungsstunde" in der „Freien Presse" vom 14. Januar 1934 hatte den Auftakt für eine Welle der Werbung für eine Lutherische Freikirche in Kongreßpolen gegeben.

Auf die Haltung des deutschen Teils der Ev.-Augsb. Kirche reagierte Gen.-Sup. Bursche gereizt, ohne auf vorgetragene Bedenken einzugehen. Er argumentierte politisch und setzte Kritik oder Ablehnung der staatlichen Gesetzentwürfe mit Mißtrauen gegen den Staat und Illoyalität gleich und brachte zum Ausdruck: „[...] Die deutschen politischen Kreise in Lodz hielten es für richtig, diese vertrauliche Angelegenheit öffentlich zu behandeln und

3 NEK 1933/10–11 nach EGG 1933/12, 168.
4 FP vom 3. Februar 1934.

das Projekt als Argument in der politischen Arbeit zu benutzen. Daß sie damit der richtigen Einstellung der ev. Deutschen in Polen geschadet haben, darüber kann kein Zweifel herrschen. Sie haben wiederum dazu beigetragen, Mißtrauen gegen die polnischen Behörden zu wecken und Verwirrung zu verbreiten, indem sie die Gefahr ausmalten, welche angeblich der Kirche drohe. [...] Denn es ist klar, daß keine polnische Behörde mittelbar oder unmittelbar Machenschaften gegen Polen und Verunglimpfung seiner Behörden und seines guten Namens ungestraft durchgehen lassen wird [...]".[5]

Erst zur Jahreswende 1933/34 hatten die polnisch-evangelische und die polnische politische Presse das ihr auferlegte Schweigen in Sachen der Gesetzentwürfe aufgegeben. Während die Bursche nahestehenden Presseorgane, die Polnisch-evangelische Presseagentur und – gemäßigt – auch der „Głos Ewangelicki" [Evangelische Stimme], für die Gesetzentwürfe eintraten, lehnten sie der „Zwiastun Ewangeliczny" [Der evangelische Herold] und der in Teschen herausgegebene „Poseł Ewangelicki" [Der evangelische Bote] ab. Kritisch vermerkte der von Pastor Siegmund Michelis herausgegebene „Zwiastun Ewangeliczny": „Das Projekt des neuen [Staats-]Gesetzes ist das Werk des Kultusministers. Wenn man auch im Laufe der Bearbeitung mit offiziellen kirchlichen Vertretern Fühlung gehalten hat, so erachteten doch die in der Regierung sitzenden Schöpfer des Projekts es für angezeigt, diesem eine Form zu geben [...], ohne den spezifischen Charakter [...] der Kirche [...] zu berücksichtigen".[6] Der „Poseł" betonte: „[...] Niemals werden wir uns damit einverstanden erklären, daß wir im Staate die Stellung der Magd und die Röm.-kath. Kirche die Stellung der Herrin einnehmen sollten".[7]

Die größte Publizität erlangte die im „Zwiastun Ewangeliczny" unter dem Titel „Non possumus"[8] veröffentlichte Stellungnahme des Präses des Warschauer Kirchenkollegiums und Senators Ludwig Josef Evert. Evert hatte drei Problemkreise herausgegriffen und ausgeführt: 1. Der Entwurf zum Staatsgesetz gleiche „dem russischen Gesetz aus der Zeit der Unfreiheit (1849) zum Verwechseln, übertrifft dieses noch in der polizeilichen Kontrolle", 2. Die staatliche Vorzensur bei Ernennung bzw. Wahl der Pfarrer sei erniedrigend. „Das Schlimmste daran ist", heißt es weiter in der Stellungnahme, „daß diese Qualifizierung nicht durch ein amtliches, begründetes Veto erfolgen soll, sondern durch ein gewissermaßen vertrauliches, a priori eingeholtes Gutachten des zuständigen Wojewoden. Wir sind wohl mit einer staatlichen Kontrolle einverstanden, aber die Regierungsbehörden müssen die Verweigerung ihres Einverständnisses [...] unter Angabe der Gründe auf amtlichem Wege äußern. [...] Denken wir daran, daß der Bischof, der die Kandidatenliste bestätigt, Vertrauensmann der Regierung ist, die auf seine Wahl einen fast entscheidenden Einfluß ausübt". 3. Untragbar sei „die Entlassung der Pfarrer ohne Disziplinarverfahren, ohne Gericht, ohne persönliche Verteidigung, ausschließlich auf polizeilich administrativem Wege. [...] Damit kann keine Kirche unter keinen Umständen einverstanden sein. Unter solchen Bedingungen müßte jeder Pfarrer seine tatsächliche vorgesetzte Behörde nicht in der Person des Bischofs, sondern in dem Wojewoden sehen". „Darum", so die Schlußfolgerung

5 Ewpol vom 21. November 1933.
6 ZE vom 24.–31. Dezember 1933.
7 PE vom 6. Januar 1934.
8 ZE vom 4. Februar 1934; FP vom 7. Februar 1934.

Everts, „kann ein evangelischer Pole auf alle Suggestionen, woher sie auch kommen und welcher Argumente sie sich auch bedienen mögen, um die Einwilligung zu dem Entwurf des Kirchengesetzes in dem jetzigen Wortlaut zu erlangen [...], nur die eine und immer nur die gleiche Antwort haben: Non possumus".

Zum ersten Mal war der polnische Teil der Ev.-Augsb. Kirche in einer grundsätzlichen Frage gespalten.

Im Bestreben, an den staatlichen Gesetzentwürfen festzuhalten, verlagerte Gen.-Sup. Bursche den Schwerpunkt der innerkirchlichen Verhandlungen um die Gesetzentwürfe in die Pastorensynoden und berief für den 6.–7. Februar 1934 eine Pastorensynode nach Warschau. In der am 16. Januar ergangenen Einladung zu dieser verwies er darauf, daß die unvorhergesehene Veröffentlichung der Gesetzentwürfe seine Absicht, diese im kleinen Kreise zu prüfen und dann der Synodalkommission zur Annahme vorzulegen, vereitelt habe, er deshalb die Pastorensynode einberufe, damit „wenigstens die Pastoren genau und eingehend über die Entwürfe informiert würden und sie die Möglichkeit hätten, dazu Stellung zu nehmen".[9] Am Vortage der Konferenz fand eine Aussprache der deutschen Pastoren in den Räumen des Deutschen Parlamentarischen Klubs in Warschau statt. Man beschloß, zu Beginn der Konferenz am nächsten Tage eine Erklärung des Inhalts abzugeben, daß die deutschen Pastoren den Staatsentwurf als Ganzes ablehnten und die Einsetzung einer Kommission zur Prüfung desselben forderten. Außerdem wurden die Pastoren Kneifel und Kleindienst beauftragt, Fühlung zu denjenigen Polen aufzunehmen, die sich in gleicher Weise gegen den Entwurf gewendet hatten.[10] Eine Rücksprache mit Pastor Michelis ergab, daß die polnischen Pastoren bereit waren, nach Abänderung einiger Artikel dem Gesetzentwurf zuzustimmen.

Eröffnet wurde die Pastorensynode mit einer Andacht des Generalsuperintendenten über Matth. 16,2–3[11], in der er sich mit den kirchlichen Ereignissen in Deutschland auseinandersetzte, um darauf hinzuweisen, daß in Fragen der Religion die Kirche allein zu entscheiden habe. Diesen Weg habe Polen eingeschlagen, wenn es auch notwendig sei, dem Staat in den Dingen circa sacra, d.h. die nicht das Wesen der Kirche beträfen, entgegenzukommen. Wenn wir die Zeichen unserer Zeit recht begreifen würden, würden wir das Ziel, nämlich das Wohlergehen von Kirche und Staat erreichen. Zu Beginn der Verhandlungen am 6. Februar lagen der Konferenz zwei Anträge vor: ein deutsch-polnischer, unterschrieben von den Pastoren Schoeneich, Michelis, Schedler und Krusche auf Zurückziehung des staatlichen Gesetzentwurfes und ein polnischer auf Einsetzung einer Kommission zur Prüfung des Entwurfes, dem auch die meisten der deutschen Pastoren zuzustimmen bereit waren. Diese Anträge bestimmten das dreistündige improvisierte Referat Bursches. Er gab einen Rückblick auf die Entstehung des Entwurfs zum Staatsgesetz und die kirchenpolitische und politische Entwicklung seit der Konstituierenden Synode. Er bekannte sich zur

9 Einladungsschreiben, in: AK.

10 Aufzeichnungen *A. Kleindienst,* in: AK.

11 Matth. 16,2–3: „Aber er [Jesus] antwortete und sprach: Des Abends sprecht ihr: Es wird ein schöner Tag werden, denn der Himmel ist rot; und des Morgens sprecht ihr: Es wird heute Ungewitter sein, denn der Himmel ist rot und trübe. Ihr Heuchler! über des Himmels Gestalt könnt ihr urteilen; könnt ihr denn nicht auch über die Zeichen dieser Zeit urteilen?"

Mitarbeit am ministeriellen Entwurf, kritisierte die Artikel 11 und 18 des Entwurfes und gab seiner Überzeugung Ausdruck, daß „im Übrigen der Entwurf nicht so schlecht" und „ein Entwurf noch kein Gesetz" sei. Dem Referat Bursches schloß sich eine 12stündige Aussprache an, an der sich von den 118 Anwesenden rd. 100 beteiligten. Als die z.T. dramatisch verlaufene Aussprache zeigte, daß die Pastorenkonferenz den staatlichen Gesetzentwurf – es handelte sich zunächst um den Entwurf zu einem Gesetz betr. Regelung des Verhältnisses der Kirche zum Staate – in der vorliegenden Form ablehnen werde, schlug Bursche die Wahl eines Ausschusses vor, der noch im Verlauf der Konferenz Abänderungsvorschläge zu den besonders angefochtenen Artikeln 11 und 18 des Entwurfes zu machen hätte, worauf beide Anträge zurückgezogen wurden. Die Vermutung lag nahe, daß Bursche mit der Einsetzung der Kommission zur Prüfung der beiden Artikel das Einverständis der Pastorensynode zum Entwurf als Ganzem erlangen wollte, nachdem er den Einwand des Pastors Kleindienst, daß sich ein Ausschuß mindestens ein halbes Jahr mit dem Gesetzentwurf befassen müsse, mit dem Hinweis beantwortete: „Wenn der Ausschuß die Abänderung der beiden Artikel nicht bis morgen 10 Uhr fertig bringt, dann schafft er es auch nicht in einem halben Jahr". Als daraufhin Kleindienst namens der wolhynischen Pastoren den schriftlichen Antrag einbrachte, die Pastorensynode möge die Prüfung des ganzen Gesetzentwurfes einer zu wählenden Kommission übertragen und sich vertagen, suchte Bursche diesen Antrag zu ignorieren, worauf sich die wolhynischen Pastoren anschickten, unter Protest die Konferenz zu verlassen. Erst als sich weitere deutsche Pastoren, u.a. Adolf Löffler und Eduard Kneifel, dem Protest anschlossen, lenkte Bursche ein. Es wurde beschlossen, eine Kommission zu berufen, „welche im Namen der gesamten Geistlichkeit ein Gutachten über die einzelnen Artikel erstatten wird".[12]

Nach der Wahl einer paritätisch zusammengesetzten Kommission (5:5) wurde die Pastorensynode geschlossen. Deutscherseits gehörten der Pastorenkommission die Pastoren Adolf Löffler und Gustav Schedler–Lodz, Richard Wagner–Bielitz, Waldemar Krusche–Rypin und Alfred Kleindienst–Łuzk, von polnischer Seite die Pastoren Siegmund Michelis–Warschau, Georg Tytz–Sosnowitz, Paul Nikodem–Ustroń, Waldemar Galster–Stara Iwiczna und ein noch zu benennendes Mitglied der Warschauer Theol. Fakultät an, die dann Prof. Edmund Bursche entsandte. Da der Kommission empfohlen wurde, Konsistorialpräsident Glass und Senator Evert zur Mitarbeit heranzuziehen, und Bursche als Generalsuperintendent den Vorsitz in der Kommission beanspruchte, hatte sich die polnische Seite ein Übergewicht in der Kommission gesichert. Der Beschluß der Pastorensynode und die Zusammensetzung der Kommission wurden vom Konsistorium dem Kultusministerium zugeleitet und dessen Einverständnis eingeholt.

Im Laufe des Februar 1934 erarbeitete die Kommission der Pastorensynode ihre „Bemerkungen der Pastorensynode der Ev.-Augsb. Kirche vom 6.–7. Februar 1934" zum Entwurf des Staatsgesetzes vom 7. Juli 1933, die am 5. März 1934 von Gen.-Sup. Bursche inoffiziell dem Kultusministerium übergeben wurden. Sie hatten die Kritik der ev. Öffentlichkeit an dem Regierungsentwurf vom 7. Juli aufgenommen und an Hand auch des „Gutachtens" von OKR Nehring Änderungs- bzw. Ergänzungsvorschläge zu einer Reihe

12 Niederschrift über die Pastorensynode vom 6.–7. Februar, in: AK.

von Bestimmungen des Regierungsentwurfs gemacht.[13] Nehrings „Gutachten" war als Verhandlungsgrundlage von der polnischen Kommissionsmehrheit abgelehnt worden, hatte aber zur Versachlichung der Verhandlungen wesentlich beigetragen.

Die „Bemerkungen" der Pastorenkommission scheinen im Kultusministerium auf wenig Gegenliebe gestoßen zu sein. Unter Vorsitz von Bursche wurde an ihnen in den Kommissionssitzungen vom 17.–18. April und vom 15.–17. Mai 1934 weitergearbeitet. Nicht in allen Punkten konnte eine Einigung erzielt werden. Abweichende Stellungnahmen der deutschen Kommissionsmitglieder wurden den einzelnen Bestimmungen als „Separatvoten" beigefügt. Eine paritätisch zusammengesetzte Redaktionskommission unter Vorsitz von Prof. E. Bursche hatte den Auftrag erhalten, die endgültige Redaktion des „Gutachtens in Form konkreter Vorschläge zu den einzelnen Artikeln" bis zur nächsten, abschließenden Sitzung der Kommission vorzubereiten. Diese genehmigte den in der Sitzung der Redaktionskommission vom 28. Mai erstellten, in der Hauptsache von Prof. Bursche stammenden Text des Gutachtens, das unter dem Namen „Entwurf des Gesetzes betreffend das Verhältnis des Staates zur Evangelisch-Augsburgischen Kirche in der Republik Polen vom 28. Mai 1934"[14] von Gen.-Sup. Bursche am 13. Juni 1934 ohne die deutschen Separatvoten dem Kultusministerium zugeleitet wurde. Bei Aufrechterhaltung der engen Bindungen der Ev.-Augsb. Kirche an den Staat und dessen Ingerenz vor allem in Personalfragen suchte der Entwurf der Pastorenkommission die nahezu totale Bindung der Kirche an den Staat abzuschwächen. Mit der Erstellung des Gutachtens zum Regierungsentwurf vom 7. Juli 1933 war der Auftrag der Pastorensynode vom 6.–7. Februar 1934 an die Pastorenkommission zu Ende gegangen.[14a] Aus dem „Gutachten zum Entwurf" war der „Entwurf eines Gesetzes [...]" geworden. In der Ausschaltung der Gesetzentwürfe der Konstituierenden Synode und der von ihr zu Verhandlungen mit dem Staate gewählten und bevollmächtigten Synodalkommission begegneten sich die Interessen des Staates wie die des Gen.-Sup. Bursche und des Polnischen Evangelizismus. Der Verlauf und Beschluß der Pastorensynode vom 6.–7. Februar, die Wahl und der Auftrag der Pastorenkommission und die im Unklaren gelassene Zweckbestimmung des von ihr zu erstellenden Gutachtens hatten manche Kritik erfahren. Sie reichte von der Auffassung, „daß es ein Fehler war, sich auf die Beratungen (über den staatlichen Gesetzentwurf) in der an sich unzuständigen Pastorensynode" eingelassen zu haben[15], über die Erwartung der polnischen Seite, daß sich die Pastorenschaft nach Behebung einer Reihe von anstößigen Bestimmungen zu einem positiven Votum über den Staatsentwurf bereitfinden werde, bis zu der von Zöckler

13 *J. Gryniakow,* Ustalenie 147–151.

14 Entwurf, in: AK; *J. Gryniakow,* a.a.O. 153–158.

14a Das abschließende Kommuniqué der deutschen Mitglieder der Pastorenkommission, in: AK: „Das Resultat der Beratungen ist, daß bei einer ganzen Reihe von Artikeln des Gesetzentwurfes festgestellt worden ist, daß ihre bisherige Fassung für die Kirche untragbar ist und sie darum abänderungsbedürftig sind. Durch vielfach recht langwierige Verhandlungen hat die Kommission eine neue Fassung für diese Artikel gesucht und gefunden. Die Stellungnahme der Kommission war dabei vielfach einmütig. Wo diese Einmütigkeit nicht zu erreichen war, ist die abweichende Meinung präzisiert und zu Protokoll gebracht worden. Damit ist die der Kommission gesetzte Aufgabe erschöpft".

15 *H. Wahl,* Ev. Staatskirchenrecht, Polen 101.

ausgesprochenen Hoffnung, „daß es der Kommission gelingen wird, ihre Aufgabe zu erfüllen. Aber dann dürfte sie nicht nur darauf sehen, daß einzelne Artikel [...] verbessert werden, sondern dann müßte sie überhaupt das ganze Projekt verwerfen und durch ein neues ersetzen".[16]

In den deutschen Laienkreisen der Ev.-Augsb. Kirche war die Pastorenkommission und die ihr von Gen.-Sup. Bursche zugedachte Rolle im Gesetzgebungsverfahren unter Umgehung der Gesetzentwürfe der Konstituierenden Synode und der von ihr zu Verhandlungen mit dem Staate gewählten Synodalkommission auf Ablehnung gestoßen. Die der Pastorenkommission von der Pastorensynode auferlegte Schweigepflicht hatte dazu beigetragen, Mißtrauen der deutschen Laien auch zu den eigenen Pastoren aufkommen zu lassen. Senator Utta, führender Vertreter der ev. Laien und Vorsitzender des Deutschen Volksverbandes, bezeichnete den Gesetzentwurf der Pastorenkommission als „einen Entwurf des Herrn Generalsuperintendenten und eines Teiles der Pastoren" und gab zu bedenken, „[...] Sollte der Entwurf des Kirchengesetzes gegen den Willen der Masse des gläubigen Kirchenvolkes dennoch zum Gesetz erhoben werden, so werden die Folgen dieses Schrittes nicht lange auf sich warten lassen. Der Zerfall der Kirche wird sofort beginnen".[17]

Den Stimmen des Mißtrauens und der Ablehnung begegneten die deutschen Mitglieder der Pastorenkommission mit dem Hinweis, daß die Aufgabe der Pastorenkommission allein darin bestanden hatte, ein pastorales Gutachten zu den staatlichen Gesetzentwürfen abzugeben, ohne die kirchlichen Gesetzentwürfe in Frage zu stellen oder die Zuständigkeit der Synodalkommission anzutasten. Der Fehler der Pastorensynode oder der deutschen Pastoren derselben lag darin, daß sie diesen Bezug nicht ausdrücklich in ihren Beschluß aufgenommen hatten.

Ablehnend zum Gesetzentwurf der Pastorenkommission, zur Ausschaltung der Gesetzentwürfe der Konstituierenden Synode der Ev.-Augsb. Kirche und ihres gewählten Verhandlungsorgans blieben die beiden Unierten Kirchen und die Ev. Kirche A. und H. B. Ihre Bedenken waren nicht zerstreut, daß die Grundsätze der Regelung des Verhältnisses des Staates zu der Ev.-Augsb. Kirche auch für sie bestimmend sein werden. Zöckler wurde nicht müde, die Einheit aller ev. Kirchen in Polen in dieser für sie alle entscheidenden Frage zu beschwören und Verhandlungen darüber in dem zu aktivierenden Rat der ev. Kirchen in Polen aufzunehmen, der seit August 1932 lahmgelegt war. Um der grundsätzlichen Bedeutung für die anderen ev. Kirchen willen, richteten die Kirchenleitungen der Unierten ev. Kirche in Polen und der Ev. Kirche A. und H. B. in Kleinpolen (Galizien) eine Denkschrift an die Regierung, in der sie unter Bezug auf die Konfessionsartikel der Staatsverfassung ihre Bedenken gegen die dem Entwurf des Staatsgesetzes für die Ev.-Augsb. Kirche zugrundeliegenden staatskirchenrechtlichen Grundsätze darlegten.[18] Die Reaktion Bursches zeigte die Grenzen zwischenkirchlicher Zusammenarbeit der ev. Kirchen in Polen auf. Er warf den Kirchenleitungen in Posen und Stanislau vor, daß sie „ganz die Folgen vergaßen, welche ein solches Auftreten für die Zusammenarbeit der Kirchen haben muß und es nicht für notwendig hielten, die Grundsätze der Autonomie einer anderen Kirche

---

16 EGG 1934/2, 35.
17 FP vom 6. März 1934; *E. Kneifel,* Geschichte 260.
18 EGG 1934/7–9; *J. Gryniakow,* a.a.O. 159.

zu achten". Die Ev.-Augsb. Kirche und die beiden reformierten Kirchen hätten „eine vollkommen andere Anschauung bezüglich des Verhältnisses der Kirche und der Evangelischen in Polen. Hier helfen keinerlei Bemühungen und Interventionen bei den Behörden".[19]

Der internationale Protestantismus verfolgte die kirchliche Entwicklung in Polen mit Besorgnis. Im April 1934 entsandte Bursche den Teschener Senior Karl Kulisz, einen seiner ältesten und engsten Mitarbeiter, zu einer Informationsreise nach Schweden.[20] Die Tagung des Internationalen Komitees der Europäischen Zentralstelle in Edinburgh vom 20.–25. Juli 1934 hatte sich veranlaßt gesehen, sich mit der Lage in Polen zu befassen. Im Bericht ihres Generalsekretärs Adolf Keller–Genf heißt es:

„[...] Und wie sieht die kirchliche Lage in Polen aus, wenn sie nicht vom Standpunkte der einzelnen unter einander rivalisierenden Kirchen, sondern vom Gesichtspunkte der Interessen des ganzen Protestantismus aus betrachtet wird? Der Rat der Kirchen in Polen, der seit längerer Zeit nicht zusammengetreten ist und den man nicht eingehen lassen sollte, war in Edinburgh durch Herrn Bischof Bursche vertreten. Der neue Gesetzentwurf betr. das Verhältnis des Staates zur augsburgischen Kirche liegt wie ein drohender Schatten über den deutschen kirchlichen Organisationen dieses Landes. Für die Protestanten polnischer Nationalität ist dieses Gesetz vielleicht nicht so gefährlich, aber für die deutschen Gemeinden kann dieses Gesetz in der Hand einer nicht wohlwollenden Behörde zum Werkzeug des größten Druckes werden. Bischof Bursche ist für die Neutralität des polnischen Staates in Bekenntnisfragen eingetreten, während die internationale Öffentlichkeit Polen als Land von ausgesprochen katholischen Tendenzen ansieht. Wir möchten gerne an die von Bischof Bursche so stark betonte Unparteilichkeit der polnischen Regierung in Bekenntnisfragen glauben und werden die Entwicklung dieser Dinge in Polen aufmerksam verfolgen, in denen die Unparteilichkeit und – wie man sagt – sogar das Wohlwollen für die Protestanten Gelegenheit haben wird, sich praktisch zu erweisen, und das umsomehr, als die Lage des Protestantismus in Polen weiterhin sehr schwer ist".[21]

Im Zuge eines neuen Vermittlungsversuches hatte der Weltbund für Freundschaftsarbeit der Kirchen sein Vorstandsmitglied, Prof. Siegmund-Schultze, nach Polen gesandt. Nach mühevollen Verhandlungen gelang es ihm, auf der Sitzung der Landesvereinigung Polen des Weltbundes für Freundschaftsarbeit der Kirchen vom 17. Dezember 1934 den Beschluß zur Belebung des Rates der evangelischen Kirchen in Polen herbeizuführen. In der Folge fand am 29.–30. Januar 1935 nochmals eine, die letzte, Sitzung des Rates statt. In der oberschlesischen Kirchenfrage konnte ein „Burgfriede" vereinbart werden, hinsichtlich einer gemeinsamen Haltung aller evangelischen Kirchen in der Frage der Regelung ihres Verhältnisses zum Staat waren alle Verhandlungen mit Gen.-Sup. Bursche ergebnislos geblieben.[22]

Die Gegensätze in der Frage der Rechtsstellung der evangelischen Kirchen, ihrer Gleichberechtigung und Autonomie, des Verhältnisses von Staat und Kirche waren zwischen den evangelischen Deutschen und den evangelischen Polen nicht zu überwinden. Im Hintergrund standen nicht nur die Ziele der staatlichen Minderheitenpolitik, sondern auch die Zielsetzungen des Polnischen Evangelizismus. Zu beiden Fragen nahm Senior Karl

19 Ewpol nach EGG 1934/7, 10.
20 *J. Gryniakow,* a.a.O. 152.
21 *O. Wagner,* Zwischenkirchliche Zusammenarbeit 89.
22 *O. Wagner,* a.a.O. 90; *J. Gryniakow,* Ekumeniczne dążenia 143.

Kotula in einem Aufsatz im „Poseł Ewangelicki“ vom 28. Oktober 1934 Stellung und führte aus:

„[...] Heut ist der Polnische Staat im Wachsen und er nimmt nach Innen und nach Außen an Macht zu, so daß Niemand ohne Schaden darüber hinweg gehen kann, besonders da der heutige Staat seiner Kraft allzu bewußt ist, als daß er in seinem Organismus etwas dulden könnte, was ihm fremd oder gar feindlich gegenüber steht. So ist der Geist der Zeit. [...] Es geht hier nicht um eine gewaltsame Polonisierung der evangelischen Deutschen. Es geht nicht darum, daß die Evangelischen deutscher Nationalität ihre Sprache und ihre nationalen Güter preisgeben. [...] Sondern es geht darum, die Rolle und Aufgabe der Evangelischen Kirche in Polen zu verstehen, darum, daß man sich den veränderten, konkreten, wirklichen Bedingungen anpaßt, es geht um eine entsprechende Einstellung zum Staate, nicht im Sinne der so oft schon betonten Loyalität, denn Loyalität ist eine Sache für Fremde und Feinde, sondern im Sinne einer wohlgesinnten Mitwirkung in ihrem ganzen Tun, um die richtige staatsbürgerliche Einstellung. [...] Die evangelische Kirche muß mit dem polnischen Volk verwachsen, sie muß sich mit ihm vereinen, muß ein Element der geistigen Entwicklung des Volkes werden, muß sich das Bürgerrecht im polnischen Volke erwerben, muß die Anziehungskraft des klaren, reinen im polnischen Gewande dargebotenen Evangeliums Christi haben [...]“.[23]

Auf den Entwurf der Pastorenkommission vom 28. Mai 1934 zu einem Staatsgesetz für die Ev.-Augsb. Kirche reagierte die Regierung nicht. Aus den erst vor einigen Jahren bekannt gewordenen internen Stellungnahmen des Referenten für die Kirchen der religiösen Minderheiten im Kultusministerium, Jakub Sawicki, und des Departementsdirektors Potocki zum Entwurf der Pastorenkommission geht jedoch hervor, daß die Regierung nicht bereit war, Änderungsvorschlägen ihres Gesetzentwurfes, die auf eine Abschwächung der Ingerenz oder der Kontrolle des Staates hinausliefen, zuzustimmen. Nur in Nebenfragen war sie bereit, zu verhandeln. Von seiner Stellungnahme hatte das Kultusministerium am 28. Juni 1934 das Innenministerium unterrichtet.[24]

Gründe für die erfolgte mehrmonatliche Unterbrechung der Arbeiten des Kultusministeriums an den Gesetzentwürfen für die Ev.-Augsb. Kirche waren nicht bekannt geworden. Vermutlich werden sie in den innenpolitischen Auseinandersetzungen um die Gestalt der Religionsartikel in dem im Stadium abschließender Arbeiten befindlichen Entwurf der neuen Staatsverfassung zu suchen sein, wie in der angestrebten Änderung der Verfassungs- und Regierungsstruktur des polnischen Staates gelegen haben. Die diktatorische Regierungsform hatte sich gefestigt. Für politische Gegner war im Mai 1934 ein Konzentrationslager in Bereza Kartuska in Polesien errichtet worden[25], am 13. September 1934 hatte der polnische Außenminister in der Vollversammlung des Völkerbundes die Erklärung abgegeben, daß die polnische Regierung „von heute ab jede Zusammenarbeit mit den internationalen Organen ablehne, soweit es um die Kontrolle der Anwendung des Minderheitenschutzsystems durch Polen geht“, nicht ohne zu versichern, „daß der Entschluß der Polnischen Regierung in keiner Weise gegen die Interessen der Minderheit gerichtet ist“.[26] Am

---

23 GE vom 28. Oktober 1934/41.

24 *J. Gryniakow,* Ustalenie 160f.

25 *G. Rhode,* Geschichte 489.

26 *R. Breyer,* Das Deutsche Reich 123ff.; *Th. Bierschenk,* Die deutsche Volksgruppe 219; *O. Wagner,* Der Minderheitenvertrag 210 gibt den Wortlaut der Erklärung des polni-

23. April 1935 war die neue Staatsverfassung erlassen worden („Aprilverfassung")[27], „für die die Fülle der Exekutivgewalt des USA-Präsidenten, ferner antiliberale, an zeitgenössisch-autoritativen Vorbildern gesättigte Denkweisen [...] bestimmend waren". Die Aprilverfassung hatte das parlamentarische System beseitigt, den „vor Gott und der Geschichte" verantwortlichen Staatspräsidenten zur entscheidenden Instanz im Staate gemacht, die Regierungsbildung dem Sejm entzogen, diese allein dem Staatspräsidenten zugesprochen.[28] Für die ev. Kirchen, wie für die Kirchen und Religionsverbände der religiösen Minderheiten, blieb wichtig, daß die Aprilverfassung die Religionsartikel der Staatsverfassung vom 17. März 1921 („Märzverfassung") unverändert übernommen hatte.

Bevor noch die endgültige Entscheidung über die Religionsartikel im Entwurf der neuen Staatsverfassung gefallen war, hatte die Regierung im November 1934 das Kultusministerium angewiesen, die Arbeiten am Gesamtkomplex der Fragen betr. Regelung des Verhältnisses des Staates zu der Ev.-Augsb. Kirche wieder aufzunehmen. Sie beauftragte damit – unter Federführung des Kultusministeriums – die am 30. November 1934 gebildete Interministerielle Kommission, bestehend aus den Vertretern des Kultusministeriums (Departementsdirektor Franz Potocki), des Innenministeriums (Leiter der Nationalitätenabteilung H. Suchenek-Suchecki) und des Justizministeriums (Ministerialrat Stanisław Cheliński).[29] Unter Hinzuziehung des Referenten für Angelegenheiten der Kirchen der religiösen Minderheiten im Kultusministerium, Jakub Sawicki, nahm die Interministerielle Kommission am 4. Januar 1935 ihre Arbeit auf. Sie legte ihren Arbeiten am Entwurf des Staatsgesetzes für die Ev.-Augsb. Kirche den Regierungsentwurf vom 7. Juli 1933 in der Stellungnahme des Kultusministeriums an das Innenministerium vom 28. Juni 1934 zugrunde und arbeitete in großer Eile. Von Januar bis April 1935 hielt die Interministerielle Kommission 12 Arbeitssitzungen ab. Parallel zu den internen Verhandlungen der Kommission liefen die Geheimgespräche Potockis mit Gen.-Sup. Bursche, der den Auftrag hatte, die Ergebnisse der Arbeiten der Kommission mit Bursche abzustimmen.[30] Als am 12. Februar 1935 der Entwurf der Interministeriellen Kommission für eine Kirchenverfassung der Ev.-Augsb. Kirche vorlag und auch ihr Titel „Inneres Grundgesetz" festgelegt war[31], teilte Bursche am 1. März 1935 der Pastorenkommission mit, „daß nach längerer Unterbrechung im Ministerium wieder Besprechungen in Sachen des Kirchengesetzes stattfanden". Näheres darüber wolle er den Kommissionsmitgliedern mitteilen und lade sie da-

---

schen Außenministers J. Beck wieder: „Indem meine Regierung auf die Inkraftsetzung eines allgemeinen und gleichartigen Minderheitenschutzsystems wartete, sieht sie sich gezwungen, von heute an jede Zusammenarbeit mit den internationalen Organen abzulehnen, soweit es um die Kontrolle der Anwendung des Minderheitenschutzsystems durch Polen geht. Es versteht sich von selbst, daß der Entschluß der Polnischen Regierung in keiner Weise gegen die Interessen der Minderheit gerichtet ist. Diese Interessen sind geschützt und werden es bleiben durch die Grundgesetze Polens, die den Minderheiten der Sprache, Rasse und Religion freie Entfaltung und gleiche Behandlung sichern".

27 Dz. U. R. P. Nr. 30 vom 24. April 1935, Pos. 227.

28 *G. Rhode,* Geschichte 489; *H. Roos,* Polen 49f.; *Th. Bierschenk,* a. a. O. 229ff.

29 *J. Gryniakow,* a. a. O. 160f.

30 *J. Gryniakow,* a. a. O. 165f.

31 *J. Gryniakow,* a. a. O. 162.

her zu einer Sitzung für den 12. März nach Warschau ein, bei welcher Gelegenheit auch der Entwurf des Inneren Gesetzes besprochen werden solle.[32]

Der Auftrag der Pastorensynode vom Februar 1934 an die Pastorenkommission war mit der Erstellung des Gutachtens vom 28. Mai 1934 erloschen. Gen.-Sup. Bursche war sich der Bedeutung und der Rolle der Pastorenkommission bewußt, als er ihre Aufgabe auch auf eine gutachtliche Stellungnahme zum staatlichen Entwurf eines Inneren Grundgesetzes ausdehnte. In zwei Sitzungen, denen vom 15. März und vom 2. April 1935, brachte er den Text des Inneren Grundgesetzes zur Verlesung, ohne daß die Mitglieder der Pastorenkommission die Möglichkeit bekamen, zu dessen Bestimmungen Stellung zu nehmen.[33] Die Erfahrung mit der Bewertung und Verwendung des Gutachtens vom 28. Mai veranlaßte die deutschen Mitglieder der Pastorenkommission am 2. April zur Abgabe der Erklärung[34], daß die gutachtliche Stellungnahme der Pastorenkommission zum Regierungsentwurf eines Staatsgesetzes für die Ev.-Augsb. Kirche nur als „Material für die endgültigen Entwürfe kirchlicherseits" zu werten sei und daß, wie wiederholt darauf hingewiesen worden sei, „die Entscheidung über die endgültige Fassung des Kirchengesetzes durch Verhandlungen der Staatsregierung mit dem Synodalausschuß (Synodalkommission) fällt".

Auf die Arbeiten der Interministeriellen Kommission an den Verfassungsgesetzen für die Ev.-Augsb. Kirche hatte der Erlaß der neuen Staatsverfassung vom 23. April 1935 keinen Einfluß. Die Rechtsstellung der ev. Kirchen im Staate hatte sich nicht geändert. Weiterhin verschlechtert hatte sich dagegen ihre tatsächliche Rechtslage unter den Bedingungen des diktatorischen Regierungssystems, des Ermächtigungsgesetzes, der Stornierung des internationalen Minderheitenschutzvertrages vom 28. Juni 1919 und der Ausschaltung der parlamentarischen Körperschaften in der Frage der Regelung des Verhältnisses des Staates zur Ev.-Augsb. Kirche. Der Weg, den die Regierung in Zusammenarbeit mit Gen.-Sup. Bursche in dieser Frage eingeschlagen hatte, führte auch innerhalb der Pastorenschaft der Ev.-Augsb. Kirche zur kirchenpolitischen Scheidung der Geister.

Während der deutsche Bevölkerungsteil Kongreßpolens, nahezu ausschließlich der Ev.-Augsb. Kirche angehörig, weithin bereits in kulturellen, charitativen, nationalen, auf gemeindlicher Ebene auch in kirchlichen Vereinen zusammengeschlossen war, war die deutsche Pastorenschaft der Ev.-Augsb. Kirche bisher ohne repräsentative Vertretung und ohne Zusammenschluß geblieben, wie sich die polnische Pastorenschaft eine solche in der „Warschauer Pastorenkonferenz" gegeben hatte. Die Zuspitzung der kirchlichen Verhältnisse im Zusammenhang mit den Verfassungsfragen und den mit ihnen verbundenen staatskirchenrechtlichen, kirchenrechtlichen, kirchenpolitischen und nationalen Aspekten, machten aber einen engeren Zusammenschluß der deutschen Pastorenschaft auf gesamtkirchlicher Ebene notwendig. Am 22. Mai 1935 wurde daher in Lodz die „Arbeitsgemeinschaft der deutschen Pastoren innerhalb der Ev.-Augsb. Kirche in Polen"[35] gegründet, der

32 Einladungsschreiben, in: AK. Der Termin der ersten Sitzung war auf den 15. März 1935 verschoben worden.
33 Aufzeichnungen über beide Sitzungen der Pastorenkommission, in: AK.
34 Erklärung, in: AK.
35 Die Unterlagen zur Vorgeschichte und Gründung der „Arbeitsgemeinschaft der deutschen Pastoren", in: AK.

in Zukunft eine gewichtige Rolle in kirchlichen Fragen zukommen sollte. Die seit 1926 bestehende „Lodzer Pastorenkonferenz“ hatte ihren lokalen Charakter abgestreift, von den Lodzer Pastoren Adolf Löffler, Gustav Schedler und Adolf Doberstein war die Initiative zur Gründung der gesamtkirchlichen Arbeitsgemeinschaft ausgegangen. Die Vorgänge auf der Pastorensynode vom 6.–7. Februar 1934 und die Wahl einer paritätisch zusammengesetzten Kommission zur Begutachtung des ministeriellen Entwurfes zu einem Staatsgesetz für die Ev.-Augsb. Kirche begünstigten und beschleunigten den Zusammenschluß und verliehen den deutschen Mitgliedern der Pastorenkommission eine Art Legitimation zur Vertretung der kirchlichen Belange der deutschen Pastorenschaft und deutschen Glieder der Kirche. Die fünf deutschen Mitglieder der Kommission der Pastorensynode vom 6.–7. Februar 1934 waren denn auch die Einberufer zur Gründungsversammlung der Arbeitsgemeinschaft am 22. Mai 1935. Von den rd. 200 Geistlichen der Ev.-Augsb. Kirche waren Einladungen an 69 Pastoren ergangen, von denen angenommen wurde, daß sie der Arbeitsgemeinschaft beitreten würden. Von den 69 Geladenen waren 39 erschienen, 20 weitere, am Erscheinen verhindert, hatten ihre Bereitschaft erklärt, der Arbeitsgemeinschaft beizutreten.

Superintendent und Konsistorialrat Dietrich von der St. Johannisgemeinde in Lodz, in deren Jugendheim die Gründungsversammlung der Arbeitsgemeinschaft stattfinden sollte, gab in einer Sitzung des Konsistoriums Kenntnis vom Vorhaben der deutschen Pastoren. Daraufhin lud Bursche die Pastoren Schedler, Krusche und Kleindienst und den Superintendenten Dietrich zu einer Besprechung in Warschau für den 13. Mai 1935 ein. Gegen die Gründung der Arbeitsgemeinschaft erhob Bursche keine Einwände, nur war er bemüht, die Einberufer zu bewegen, den Gründungstermin zu verschieben, da die Frage des Gesetzes „hochaktuell“ geworden sei, und „derartige Zusammenkünfte sich nur schädlich auswirken könnten“. Als eine Verschiebung des Termins wegen der bereits zu weit gediehenen Vorbereitungen nicht mehr möglich war, bat er „möglichst geräuschlos vorzugehen“. So konnte mit einem gewissen Placet des Generalsuperintendenten die Gründung der Arbeitsgemeinschaft vorgenommen werden.

Zum Vorstand der Arbeitsgemeinschaft wurden am 23. Mai 1935 die fünf deutschen Mitglieder der Kommission der Pastorensynode von 1934 und Pastor Bruno Löffler–Lodz, zum Vorsitzenden Pastor Dr. Richard Wagner–Bielitz gewählt. Auf der zweiten, am 5. November 1935, in Lodz gehaltenen Tagung der Arbeitsgemeinschaft wurden vom Vorstand an Stelle von Pastor R. Wagner, der am 23. Mai in Abwesenheit zum Vorsitzenden gewählt worden war und das Amt nicht angenommen hatte, Pastor A. Kleindienst–Luck zum Vorsitzenden der Arbeitsgemeinschaft gewählt. Beschlossen wurden Richtlinien der Arbeit, eine Geschäftsordnung, die Bildung von sechs wissenschaftlichen theologischen Arbeitsgruppen – einer biblizistischen, einer historischen, einer systematisch-apologetischen, einer religionspädagogischen, einer liturgischen, einer für Innere Mission und Volksmission –, errichtet wurde ein Referat für Jugendarbeit. Gelegt wurden die Anfänge zu einer wissenschaftlichen Bibliothek. Die Richtlinien der Arbeit[36] bestimmten:

„1. Die Arbeitsgemeinschaft ist ein Zusammenschluß derjenigen Pastoren der Evangelisch-Augsburgischen Kirche in der Republik Polen, die sich zum deutschen Volkstum bekennen.

36 Richtlinien, in: AK.

2. Der Zweck der Arbeitsgemeinschaft ist die Herbeiführung einer rechten Gemeinschaft innerhalb der deutschen Pastorenschaft der Evangelisch-Augsburgischen Kirche und die Förderung des ihr aufgetragenen Dienstes.

3. Diesen Dienst sieht die Arbeitsgemeinschaft zusammengefaßt in der Losung: Für Kirche, Volk und Staat:
   a) Die Arbeitsgemeinschaft bekennt sich zur Kirche Christi als des Gnadenwerkes Gottes gemäß der Hl. Schrift und den Bekenntnisschriften der Lutherischen Kirche. Alle Entstellung und Vergewaltigung der Kirche, von wo sie auch kommen mag, weist sie entschieden zurück. Im treuen Festhalten am reinen Evangelium und seiner lebensvollen Beziehung zur Gegenwart hat deshalb die Arbeitsgemeinschaft ihre höchste und wichtigste Aufgabe.
   b) Im Volk sieht die Arbeitsgemeinschaft eine Schöpfungsordnung Gottes, die wertzuschätzen und zu erhalten der Gehorsam gegen Gottes Willen erfordert. Für die Erhaltung und Pflege des Volkstums einzutreten, ist deshalb der Arbeitsgemeinschaft heilige Pflicht. Dies gilt besonders für die Verkündigung des Evangeliums und den Religionsunterricht in der Muttersprache. Soll die Kirche ihre Aufgabe recht erfüllen, so muß sie mit dem Volke in inniger Verbundenheit stehen und in ihrer gesamten Tätigkeit der völkischen Eigenart Rechnung tragen. Daraus ergibt sich die wesensgemäße Gestaltung des Verhältnisses der Nationalitäten in unserer Kirche.
   c) Im Staat sieht die Arbeitsgemeinschaft gleichfalls eine von Gott gewollte Ordnung zu Nutz und Frommen seiner Bürger. Der Einsatz für das Wohlergehen des Polnischen Staates ist der Arbeitsgemeinschaft daher selbstverständliche Pflicht.

4. Die Ausrüstung zur Erfüllung der gekennzeichneten Aufgaben sieht die Arbeitsgemeinschaft vor allem in einem steten theologischen Studium, das zu ihrer wirkungsvollen Bezeugung für die Gegenwart führen soll. Die Schaffung einer eigenen Bücherei, periodische Konferenzen sowie die gemeinsame Arbeit in kleineren Gruppen, die sich Spezialgebieten widmen, damit innerhalb der Arbeitsgemeinschaft eine Arbeitsteilung eintreten kann. Besonderer Nachdruck wird auf die intensive Beschäftigung mit der Jugendfrage gelegt zwecks einer zeitgemäßen Gestaltung der Jugendarbeit.

5. Da rechte Gemeinschaft und gedeihliche Zusammenarbeit nur dort möglich ist, wo willige Einordnung und selbstloser Einsatz vorhanden sind, verpflichtet die Arbeitsgemeinschaft ihre Glieder zu solcher Haltung und verurteilt alles, was die kirchliche und völkische Gemeinschaft behindert".

Die Gesamtleitung der Arbeitsgruppen und der wissenschaftlichen Arbeit lag in den Händen von Pastor Krusche, der auch das erste Heft der Schriftenreihe der Arbeitsgemeinschaft, die Schrift „Der Christ und das Volkstum", herausgegeben hat. Als zweites Heft der Schriftenreihe erschien Pastor Erich Dietrichs Schrift „Die wahre Kirche". Weitere Schriften waren in Vorbereitung. An aktuellen praktischen Fragen wurden Aufgaben der Nothilfe und die Schaffung eines Hilfswerks zur Unterstützung kirchlicher Neubauten aufgegriffen.

Zur gleichen Zeit, da die Arbeitsgemeinschaft der deutschen Pastoren ins Leben gerufen wurde, ergriff ihr Vorstandsmitglied, Pastor Adolf Löffler von der St. Matthäigemeinde in Lodz, die Initiative zur volksmissionarischen Aktion. Ein „Lutherbund" wurde begründet, das Beiblatt „Ein feste Burg" zur Lodzer „Freien Presse" geschaffen. Über Anfänge kamen Lutherbund und Beiblatt aber nicht hinaus. Die erste öffentliche Versammlung des Lutherbundes, in der der Theologiestudent Rudert einen Vortrag über „Modernes

Heidentum und evangelischer Glaube" gehalten hatte, war, soweit die Presse darüber berichtete, auch die letzte gewesen.[37]

Während die deutsche Presse – Tageszeitungen und Wochenschriften – erneut wieder ausführlich über die Arbeitsgemeinschaft der deutschen Pastoren, ihre zweite Tagung, ihre Beschlüsse und die auch dem Konsistorium in Warschau und dem Gen.-Sup. Bursche zugeleiteten Richtlinien der Arbeit berichtete, schwieg sich die polnisch-evangelische Presse aus. Als erstes polnisches kirchliches Blatt durchbrach der „Zwiastun Ewangeliczny" das Schweigen, in dem sein Schriftleiter Siegmund Michelis im Rückblick auf das Jahr 1935 ausführte, daß sich in der Kirche nichts gerührt habe, alles hier tot und still sei. Nun habe im deutschen Teil eine kleine Gruppe energischer, wenn auch unberufener Führer, die Schwachheit der offiziellen Vertreter der Kirche ausnutzend, begonnen, die Hitlerisierung bzw. Vermüllerung voranzutreiben.[38] Der Angriff zielte auf den Gen.-Sup. Bursche.

Nach Erlaß der neuen Staatsverfassung hatte die Interministerielle Kommission ihre Arbeiten an den Gesetzentwürfen für die Ev.-Augsb. Kirche zügig fortgesetzt. Mitte Juli 1935 waren sie so weit gediehen, daß die Kommission auf Weisung der Regierung am 17. Juli 1935 eine gemeinsame Sitzung mit Gen.-Sup. Bursche halten konnte, auf der eine mündliche Übereinkunft über den Text des Staatsgesetzes für die Ev.-Augsb. Kirche erzielt wurde. Nach einer ergänzenden Konferenz Potockis mit Bursche am 18. Juli kam es dann auf einer abschließenden Konferenz der Interministeriellen Kommission mit Bursche am 26. Juli 1935 zur schriftlichen Vereinbarung über den endgültigen Text des Entwurfs zum Staatsgesetz und zur Bestätigung des Textes des Entwurfs zum Inneren Gesetz für die Ev.-Augsb. Kirche. Die Interministerielle Kommission hatte sich die Möglichkeit textlicher Änderungen an den Gesetzentwürfen vorbehalten, für den Fall, daß andere Ministerien dies verlangen sollten.[39] Mit der von Potocki ausgearbeiteten „Begründung des Gesetzentwurfes" leitete das Kultusministerium dann am 9. September 1935 die Gesetzentwürfe an 10 Ministerien weiter mit der Bitte um deren Stellungnahmen oder textliche Änderungswünsche.[40]

Im Verfolg der abschließenden Arbeiten der Interministeriellen Kommission an den Gesetzentwürfen für die Ev.-Augsb. Kirche war auch die Entscheidung der Regierung gefallen, den mit Gen.-Sup. Bursche abgestimmten staatlichen Gesetzentwürfen im Wege der Dekretierung durch den Staatspräsidenten und der Ausschaltung der Gesetzgebenden Körperschaften Rechtskraft zu verleihen. Das Kultusministerium begründete am 20. Mai 1936 diese Entscheidung damit, daß auf diese Weise „aufreizende und aus politischen Gründen manchmal unerwünschte" Debatten in den Gesetzgebenden Körperschaften vermieden würden und gleichzeitig ein Präzedenzfall für die Regelung des Verhältnisses des Staates zu den anderen ev. Kirchen und zur Orthodoxen Kirche geschaffen werde. Für die Dekretierung spreche auch der Umstand, daß dadurch unvorherzusehenden Verwicklungen vorgebeugt werde, die entstehen würden, wenn die Gesetzgebenden Körperschaften selbst kleinste Änderungen am Texte des Entwurfes vornehmen würden. Dann müßte man das

37 FP vom 23. Mai 1935.
38 ZE 1936/1.
39 *J. Gryniakow,* a.a.O. 168.
40 *J. Gryniakow,* a.a.O. 172.

ganze Projekt zurückziehen und von neuem mit der rechtlichen Vertretung der Kirche in Übereinstimmung bringen, gemäß Art. 115 der Staatsverfassung. Auch sei das Ministerium überzeugt, daß die Form der Dekretierung den Intentionen der Kirchenbehörden der Ev.-Augsb. Kirche entspräche.[41]

4. Die Verschärfung der staatlichen Gesetzentwürfe vom 26. Juli 1935. Die Oktroyierung des Staatsgesetzes für die Ev.-Augsb. Kirche vom 25. November und das Innere Grundgesetz vom 27. Dezember 1936

Die Erwartungen des Kultusministeriums auf eine baldige Dekretierung des interministeriellen Gesetzentwurfes zu einem Staatsgesetz für die Ev.-Augsb. Kirche vom 26. Juli 1935 und der Anerkennung des Entwurfs des Inneren Gesetzes sollten sich nicht erfüllen. Von den 10 angefragten Ministerien hatten nur drei – das Heeresministerium, das Industrie- und Handelsministerium und das Verkehrsministerium – keine Einwände gegen die Gesetzentwürfe erhoben. Auf der gemeinsamen Konferenz der Interministeriellen Kommission mit den Vertretern der sieben anderen Ministerien vom 9. Oktober 1935 gelang es Potocki, deren Bedenken zu den einzelnen Bestimmungen der Gesetzentwürfe auszuräumen; offen geblieben waren die Änderungswünsche der Ministerien für Justiz, Landwirtschaft und Finanzen.[1] Nachträgliche Bedenken und Forderungen einiger weiterer Ministerien zum Entwurf des Staatsgesetzes führten im Laufe des Spätherbstes 1935 und Winters 1935/36 zur Fortsetzung der interministeriellen Verhandlungen über die Gesetzentwürfe für die Ev.-Augsb. Kirche „in einigen für den Staat wichtigen Fragen“ und zur Weiterführung der Geheimgespräche Potockis mit Gen.-Sup. Bursche.[2] Über die Gespräche Bursches mit Ministerpräsident Marian Zyndram-Kościałkowski und Kultusminister Świętosławski vom Anfang Februar 1936 liegen keine Nachrichten vor. Am 21. Februar 1936 gab Świętosławski im Sejm die Erklärung ab, daß die Regierung die feste Absicht habe, das Verhältnis des Staates zur Ev.-Augsb. Kirche demnächst zu regeln. Eine dahingehende Anfrage des Senators Evert vom 13. März 1936 beantwortete er mit dem Hinweis, daß die Gesetzentwürfe für die Ev.-Augsb. Kirche der Regierung bereits vorlägen und in Kürze dem Sejm zur Annahme vorgelegt werden würden.[3]

Am 17. und 29. April 1936 kamen die Gesetzentwürfe zur Behandlung im Präsidium des Ministerrates. Teilnehmer beider Konferenzen waren: Direktor Władysław Paczoski und Ministerialrat C. Berezowski von der Rechtsabteilung des Präsidiums des Ministerrates, Ministerialrat Cheliński vom Innenministerium und Abteilungsleiter Z. Chrząstowski vom Kultusministerium. Neben einigen Textänderungen wurde beschlossen, den Namen der Kirche in „Evangelische Kirche Augsburgischen Bekenntnisses“ zu ändern, da der bisherige Name „Evangelisch-Augsburgische Kirche in Polen“ zum Mißverständnis Anlaß gebe, als

41 *J. Gryniakow,* a.a.O. 176f.
1 *J. Gryniakow,* Ustalenie 172f.
2 *J. Gryniakow,* a.a.O. 173.
3 PEK 1935/36, 205.

ob diese Kirche ein Zweig der Ev.-Augsb. Kirche in Deutschland wäre. Die Konferenz vom 29. April 1936 befaßte sich auch mit dem Inneren Grundgesetz für die Ev.-Augsb. Kirche und erarbeitete „Bemerkungen zum Inneren Grundgesetz", die neben kleineren anderen Änderungen auch eine detailliertere Begriffsbestimmung von „Pfarrgemeinde" und „Filiale" beschloß.[4]

Zwecks Festlegung des endgültigen Textes des Entwurfes zum Staatsgesetz für die Ev.-Augsb. Kirche hatte das Präsidium des Ministerrates anschließend beschlossen, die Stellungnahmen der Wojewoden von Posen und Schlesien zum Gesetzentwurf einzuholen. In seiner Antwort vom 1. Mai 1936 beantragte der Posener Wojewode, A. Maruszewski, u.a. die Aufnahme von Bestimmungen in den Gesetzentwurf über die Eingliederung der Gemeinden der „Ev.-Luth. Kirche in Westpolen" (Altlutherische Kirche) in die in Posen und Pommerellen vom Warschauer Konsistorium gegründeten polnisch-augsburgischen Gemeinden und über das Recht des Wojewoden, seine Vertreter auch zu den Senioratsversammlungen zu entsenden.[5] In der Stellungnahme vom 13. Mai 1936 wandte sich der schlesische Wojewode, Michal Grażyński, primär gegen die Bestimmung des Art. 45 des Gesetzentwurfs, der den Geltungsbereich des Staatsgesetzes auch auf Polnisch-Oberschlesien ausdehnte. Der Eintritt der nach Polnisch-Oberschlesien zuziehenden polnischen evangelischen Intelligenz in die Gemeinden der Unierten Evangelischen Kirche in Polnisch-Oberschlesien hemme die germanisatorische Politik dieser Kirche, so der Wojewode, gegenüber den polnischsprachigen, national nicht aufgeklärten Gliedern dieser Kirche. Die Gründung eigener Gemeinden der Ev.-Augsb. Kirche im Bereich der Unierten Kirche in Polnisch-Oberschlesien sei daher zum gegenwärtigen Zeitpunkt aus politischen und kirchenpolitischen Gründen unerwünscht.[6] Gewichtiger als die Stellungnahmen der beiden Wojewoden erwiesen sich in dieser Phase abschließender Arbeiten der Interministeriellen Kommission an den Gesetzentwürfen für die Ev.-Augsb. Kirche die Einwände aus den Reihen der polnischen Pastorenschaft und führender polnischer evangelischer Laien. Am 13. Mai 1936 fand in Warschau unter Vorsitz des Militärseniors Gloeh eine inoffizielle Sitzung der Warschauer Pastorenkonferenz statt, auf der beschlossen wurde, Protest bei der Regierung gegen die im interministeriellen Gesetzentwurf zum Staatsgesetz vorgesehene Wahl des Bischofs durch die Synode einzulegen und dessen Ernennung durch den Staatspräsidenten zu fordern. Begründet wurde der Einspruch mit der Möglichkeit, daß die deutschen Kirchenglieder kraft ihrer Laienmehrheit in Kirche und Synode die Polen majorisieren und einen dem Staat unerwünschten Bischof wählen könnten.[7] Die Forderungen Gloehs wurden vom Heeresministerium übernommen.

Überzeugt, daß die Interessen des Staates in den ausgearbeiteten Gesetzentwürfen für die Ev.-Augsb. Kirche im vollen Ausmaß gesichert sind, wollte das Kultusministerium an deren wesentlichen Bestimmungen nicht mehr rütteln lassen, zumal die Frage der Einleitung des Gesetzgebungsverfahrens dringlich geworden war. Am 26. Mai 1936 lehnte es die Vorschläge des Posener Wojewoden ab und setzte sich mit den Argumenten des schlesi-

4 *J. Gryniakow,* a.a.O. 174.
5 *J. Gryniakow,* a.a.O. 175.
6 *J. Gryniakow,* a.a.O. 175f.
7 Niederschrift in Sachen des Kirchengesetzes vom 26. September 1936, in: AK.

schen Wojewoden Grażyński auseinander. Die Vereinheitlichung der staatlichen Gesetzgebung für die ev. Kirchen des Landes könne, so das Kultusministerium, das Gebiet der Unierten Ev. Kirche in Polnisch-Oberschlesien, d.h. einen Teil der Wojewodschaft Schlesien nicht ausklammern. Eine einheitliche staatskirchenrechtliche Linie sei notwendig, auch weil der „Genfer Vertrag" für Polnisch-Oberschlesien am 15. Juli 1937 auslaufe. Das Warschauer Konsistorium hätte nie die Absicht gehabt, eigene polnisch-augsburgische Gemeinden in Polnisch-Oberschlesien zu gründen, da ein solcher Schritt der Unierten Kirche die Möglichkeit geben würde, ihre polnischsprachigen Gemeindeglieder weiterhin zu germanisieren.[8] Durchgesetzt hatte sich jedoch die Forderung Grażyńskis.

Auf die Nachricht, daß die Regierung die Absicht habe, in das „Ermächtigungsgesetz" für den Staatspräsidenten auch das Staatsgesetz für die Ev.-Augsb. Kirche einzubeziehen, brachte Senator Wiesner am 26. Juni 1936 im Senat einen Antrag ein. In diesem bat er, aus der Vollmacht für den Staatspräsidenten die Regelung des Verhältnisses zwischen Staat und der Ev.-Augsb. Kirche herauszunehmen, „weil das ev.-augsb. Kirchenvolk den bisherigen Gesetzentwurf über diese Regelung einmütig abgelehnt hat und bei der kommenden Regelung seinen maßgebenden Einfluß geltend machen will". Wiesners Antrag wurde abgelehnt.[9]

Zum gleichen Thema hatte der ehem. Senator Utta in einem am 10. Juni 1936 in der „Freien Presse" unter dem Titel „Die Kirchenfrage wieder auf der Tagesordnung" veröffentlichten Aufsatz Stellung genommen. Darin bestritt er, daß die zur Zeit an der Spitze der Ev.-Augsb. Kirche stehende „ernannte Leitung" den Willen der überwiegenden Mehrheit des Kirchenvolkes repräsentiere und die in der Staatsverfassung geforderte „rechtliche Vertretung" dieser Kirche sei. Er sprach die Befürchtung aus, daß die Regierung unter Umgehung des Parlaments und der von der Konstituierenden Synode gewählten Verhandlungskommission das Kirchenvolk vor fertige Tatsachen stellen könne. Utta bat, der Synodalkommission den Entwurf zum Staatsgesetz für die Ev.-Augsb. Kirche zur Kenntnis zu geben und deren Stellungnahme einzuholen.[10] Am gleichen Tage des 10. Juni 1936 erklärte der Staatssekretär im Kultusministerium, Prof. Ujejski, im Sonderausschuß zur Beratung der Ermächtigungsvorlage, daß „die Verschiebung dieser Angelegenheit [...] aus verschiedenen Erwägungen als unerwünscht angesehen werde".[11] Zur Frage der „rechtlichen Vertretung" der Ev.-Augsb. Kirche und der Interpretation von Art. 115 der Staatsverfassung antwortete Bursche Utta in der „Freien Presse" vom 14. Juni 1936. In seiner Antwort führte er aus, daß gemäß Artikel 115 der Staatsverfassung die Regelung des Verhältnisses des Staates zu den einzelnen Kirchen auf gesetzlichem Wege nach Verständigung mit der rechtlichen Vertretung der betreffenden Kirche zu erfolgen habe. Welchen gesetzlichen Weg der Staat aber für richtig befinde einzuschlagen, ob im Wege des Parlaments oder durch Dekretierung des Staatspräsidenten, darüber zu entscheiden sei Sache der Regierung und nicht der Kirche. Die rechtliche Vertretung der Ev.-Augsb. Kirche nach dem bisher geltenden Kirchengesetz sei das Ev.-Augsb. Konsistorium in Warschau und in kirchlichen

8 *J. Gryniakow,* a.a.O. 176.
9 DN vom 28. Juni 1936.
10 FP vom 10. Juni 1936.
11 FP vom 10. Juni 1936.

Verfassungsfragen der von der Konstituierenden Synode am 10. April 1923 gewählte Ausschuß. Diesen Ausschuß werde er einberufen, sobald der Kultusminister seinen endgültigen Beschluß gefaßt haben wird. Dieser Ausschuß sei die einzig gesetzliche und also entscheidende Instanz.[12] Die gleiche Rechtsauffassung wiederholte Bursche in einem persönlichen Brief an Utta vom 23. Juni 1936.[13]

Am 2. Juli 1936 ermächtigten die Gesetzgebenden Körperschaften, in denen der Regierungsblock im Ergebnis der am 8. und 15. September 1935 durchgeführten Wahlen die erstrebte absolute Mehrheit erhalten hatte, den Staatspräsidenten, bis Ende November 1936 eine Reihe von Gesetzen, darunter das Staatsgesetz für die Ev.-Augsb. Kirche, im Wege der Dekretierung zu erlassen.[14] Nach dem neuen, gemäß der „Aprilverfassung" erlassenen Wahlgesetz hatte bei den Septemberwahlen 1935 die deutsche Minderheit – die polnischen Oppositionsparteien hatten die Wahlen boykottiert – keine Chance, eigene Kandidaten aufzustellen oder durchzubringen. Im Sejm war die deutsche, ganz überwiegend ev. Minderheit gar nicht mehr vertreten, im Senat durch die beiden vom Staatspräsidenten berufenen Senatoren Erwin Hasbach und Rudolf Wiesner, beide ev. Bekenntnisses, Hasbach der Unierten Kirche, Wiesner der Ev.-Augsb. Kirche angehörig.[15]

Entgegen den Erwartungen der Regierung verzögerte sich die Dekretierung des Staatsgesetzes für die Ev.-Augsb. Kirche. Der Protest und die Forderungen der inoffiziellen Warschauer Pastorenkonferenz, des Militärseniors Gloeh und einflußreicher polnischer Persönlichkeiten waren nicht ohne Auswirkungen geblieben. Auf der am 2. Juli 1936 im Kultusministerium gehaltenen interministeriellen Konferenz[16] – vertreten waren fünf Ministerien – forderte der ev. Verkehrsminister Julius Ulri(y)ch eine größere Ingerenz des Staates in allen Angelegenheiten der Ev.-Augsb. Kirche, um dem polnischen Element in dieser die führende Rolle besser abzusichern. Insonderheit verlangte er die Trennung des bischöflichen Amtes von dem des von dem Staatspräsidenten oder der Regierung zu ernennenden Präses des Konsistoriums, da die Bischofswahl durch die Synode mit ihrer deutschen Laienmehrheit Gefahren in sich berge. Im Gegensatz zum Verkehrsminister Ulrych sprachen sich der Kultusminister Świętosławski und der Vizeminister für das Justizwesen für die Beibehaltung der Bestimmung über die Vereinigung beider Ämter in der Hand des Bischofs aus, dessen nationale und staatspolitische Gesinnung und Zuverlässigkeit auch bei einer Wahl durch die Synode in den Gesetzentwürfen abgesichert sei. Der Vertreter des Außenministeriums, Ministerialdirektor H. Dunin-Borkowski, hatte keine Einwände gegen die vorliegenden Gesetzentwürfe. Es wies darauf hin, daß es von der Gestalt des Staatsgesetzes abhängig sein werde, ob die Aufgaben des Außenministeriums erleichtert oder erschwert würden, da die kirchliche Frage in Polen auf ein gesteigertes Interesse im Ausland stoße und eine oft gewichtige Rolle in den angelsächsischen und skandinavischen Ländern spiele.

Generalsuperintendent Bursche sprach sich gegen die Trennung der Ämter des Bischofs und des Präses des Konsistoriums aus. In gleichlautenden Schreiben an Utta und

12 FP vom 14. Juni 1936.
13 Brief Bursches an Utta, in: AK.
14 *J. Gryniakow,* a.a.O. 182, 185.
15 *Th. Bierschenk,* Die deutsche Volksgruppe 230ff.
16 *J. Gryniakow,* a.a.O. 183ff.

Pastor A. Kleindienst als Vorsitzenden der Arbeitsgemeinschaft deutscher Pastoren vom 14. Juli 1936 sprach er vom „ungeheuerlichen Vorschlag einiger, aber einflußreicher Polen" und betonte, daß von der Lösung der Kirchenfrage auch für ihn persönlich alles abhänge. Er hob hervor, daß „das neue Gesetz unserer Kirche völlige Freiheit in der Verwaltung ihrer Angelegenheiten gibt, wenn auch in Personalfragen die Behörden werden mitzusprechen haben. Aber, anders geht es nicht". Er gab seiner Überzeugung Ausdruck, „daß wir in Polen – nach menschlicher Voraussicht – nie ein besseres und für uns vorteilhafteres Gesetz erlangen werden, wohl aber mit jedem Jahr die Lage unserer Kirche sich verschlechtern würde".[17]

Zum Zeitpunkt, da Bursche solche Befürchtungen aussprach, waren bereits innenpolitisch Entscheidungen gefallen, die in der Konsequenz zu einer wesentlichen Erweiterung der Ingerenz des Staates auch in den interministeriellen Gesetzentwürfen für die Ev.-Augsb. Kirche führten. Am 9. Juli 1936 hatte der unter Vorsitz des Ministerpräsidenten Felicjan Sławoj-Składkowski beratende – am 19. Dezember 1935 gebildete – „Nationalitätenausschuß beim Ministerpräsidenten" die Richtlinien für die Regierungspolitik der deutschen Minderheit gegenüber beschlossen.[18] Teilnehmer der Konferenz waren: der Ministerpräsident, die Minister für Äußeres (Józef Beck), für Kultus und Unterricht (Wojciech Święto-sławski), für Landwirtschaft (Juliusz Poniatowski), die Vizeminister für Inneres (Henryk Kawecki) und das Heer (General Janusz Głuchowski), der Chef der Abteilung II (Nachrichtendienst, Spionage) des Generalstabes (Oberst Tadeusz Pełczynski) und ein Beamter aus dem Büro des Ministerpräsidenten (Stanisław Józef Paprocki). Die restriktiven amtlichen Richtlinien vom 9. Juli 1936 nannten zwar nur die Unierten Kirchen beim Namen, waren aber in ihrer auf die „Stärkung des Polentums" ausgerichteten Zweckbestimmung auch für die anderen ev. Kirchen wirksam geworden.

Am 11. September 1936 forderte das Heeresministerium in einem Schreiben an das Kultusministerium die Änderung des Artikels über die Wahl des Bischofs im Entwurf des Staatsgesetzes. Der Bischof, zugleich Präses des Konsistoriums solle, so die Forderung des Heeresministeriums, vom Staatspräsidenten ernannt und nicht von der Synode gewählt werden. Eine solche Lösung liege im Interesse des Staates wie der Kirche. Die Kirche würde die Unterstützung und das volle Vertrauen des Staates haben, der Bischof die Unabhängigkeit von den „schädlichen Strömungen unter den Wählern" erlangen. Angesichts seiner schwierigen nationalpolitischen Lage könne sich Polen in der Zeit entfalteter Tätigkeit des Hitlerismus keine „liberalen Experimente" leisten. Kirchliche Wahlen des Bischofs und der Mitglieder des Konsistoriums würden zu unerwünschten Unruhen im Lande führen und ein für Polen ungünstiges Echo im Ausland auslösen. Die innere wie die internationale Lage Polens erlaube es nicht, den Grundsatz der Wählbarkeit der obersten Kirchenbehörden in das Staatsgesetz für die Ev.-Augsb. Kirche aufzunehmen.[19]

Die Interministerielle Kommission war gehalten, ihre Tätigkeit neu aufzunehmen. Nach mehrfachen Konferenzen von Mitte September bis Mitte Oktober 1936 einigte man sich darauf, daß die Wahlen des Bischofs und des Vizepräses des Konsistoriums nicht von

17 Briefe Bursches an Utta und Kleindienst vom 14. Juli 1936, in: AK.
18 *K. Grünberg*, Nazi-Front 134ff.; *Th. Bierschenk*, Die polnischen Richtlinien 1ff.
19 *J. Gryniakow*, a.a.O. 185f.

der Synode, sondern von einem Wahlkollegium getätigt werden sollten. Am 14. Oktober 1936 legte die Interministerielle Kommission den endgültigen Text der Entwürfe zu einem Staatsgesetz und für das Innere Grundgesetz für die Ev.-Augsb. Kirche fest, am 15. Oktober 1936 hatte sie Kultusminister Świętosławski approbiert und den Departementsdirektor Potocki angewiesen, hinsichtlich des Entwurfes zum Staatsgesetz gemäß Art. 115 der Staatsverfassung eine Verständigung mit der von der Konstituierenden Synode am 10. April 1923 gewählten Synodalkommission als rechtlicher Vertretung der Ev.-Augsb. Kirche herbeizuführen.[20] Am 15. bzw. 16. Oktober wurden allen Mitgliedern der Synodalkommission, auch dem Generalsuperintendenten Bursche, die Texte beider Gesetzentwürfe zugestellt.

Generalsuperintendent Bursche war bereit, den staatlichen Gesetzentwürfen vom 14. Oktober 1936 zuzustimmen. Schon am 15. Oktober hatte er für den Nachmittag des 21. Oktober einen kleinen Kreis deutscher Pastoren und Laien zu Besprechungen über die Gesetzentwürfe nach Lodz und für den 22. Oktober die Synodalkommission von 1923 nach Warschau zu Verhandlungen mit der Regierung eingeladen. Die Auswahl der deutschen Pastoren und Laien, unter denen auch der ehem. Senator Utta sein sollte, zu der Besprechung am 21. Oktober hatte Bursche dem Konsistorialrat und Lodzer Superintendenten Dietrich überlassen, zur Gewährleistung der Vertraulichkeit, jedem von Dietrich benannten Teilnehmer persönlich numerierte und namentlich ausgezeichnete Exemplare der Gesetzentwürfe zukommen lassen. Dem Vorsitzenden der Arbeitsgemeinschaft deutscher Pastoren, Pastor A. Kleindienst, übersandte er die Einladung am 15. Oktober 1936 mit dem Hinweis, daß die Gesetzentwürfe leider eine Verschlechterung erfahren hätten. Mehr aber konnte er nicht erreichen. Er sei sich dessen voll bewußt, daß diese Entwürfe „nicht ganz nach unserem Wunsche ausgefallen sind. [...] Heute handelt es sich nur darum, ob wir diese Entwürfe annehmen, oder ob wir bei dem alten Kirchengesetz bleiben, das freilich dann strengstens durchgeführt würde. Das letztere wäre der langsame, aber unaufhaltbare Verfall unserer Kirche in Polen“.[21]

Zur Vorbereitung der Besprechung mit Bursche am Nachmittag des 21. Oktober hatte Pastor Löffler für den Vormittag des 21. Oktober einige Lodzer Pastoren und den Vorsitzenden der Arbeitsgemeinschaft deutscher Pastoren, Kleindienst, zu einer Vorbesprechung eingeladen, der sich eine Vorstandssitzung der Arbeitsgemeinschaft bei Pastor Schedler anschloß, zu der auch Utta und Oberkonsistorialrat Nehring aus Posen geladen waren. Einstimmig wurde beschlossen, die Gesetzentwürfe vom 14. Oktober 1936 in ihrer vorliegenden Form abzulehnen, die Ablehnung in einer den Regierungsvertretern zu übergebenden „Erklärung“ der deutschen Mitglieder der Synodalkommission und in einem Schreiben der Arbeitsgemeinschaft deutscher Pastoren an den Generalsuperintendenten zum Ausdruck zu bringen. Im Schreiben an Bursche vom 21. Oktober („Erklärung“)[22] begründete die Arbeitsgemeinschaft ihre Ablehnung der Gesetzentwürfe mit dem Hinweis, daß „die neuen Entwürfe den in den letzten zwei Jahren mühsam erarbeiteten Ergebnissen nur teilweise Rechnung tragen“, vielmehr auf die Entwürfe vom Jahre 1933 zurückgegrif-

20 *J. Gryniakow,* a.a.O. 188f.
21 Einladung, in: AK.
22 Schreiben der deutschen Pastoren („Erklärung“) vom 21. Oktober 1936, in: AK; FP vom 22. Oktober 1936.

fen, ja „in mancher Hinsicht ihnen gegenüber sogar eine Verschärfung und Verschlechterung“ darstellten. Wörtlich heißt es dann weiter: „[...] Sie berauben unsere Kirche ihrer allein an Schrift und Bekenntnis ausgerichteten Selbständigkeit inbezug auf ihre Ordnung und Gestaltung. [...] Damit ist die Selbständigkeit der Kirche hinfällig geworden. Die vom Staat anerkannte Kirchenleitung kann nicht einmal ‚kirchliche Bestimmungen‘ selbständig erlassen, ja selbst die Abfassung des Gebetes für das Wohl des Staates und des Staatspräsidenten erfordert die Mitwirkung des Ministers. [...] Die Entwürfe untergraben sodann das aus dem allgemeinen Priestertum herausgewachsene Selbstbestimmungsrecht der Kirche, indem der Synode als ihrer höchsten und allgemeinsten Vertretung die Wahl des Oberhauptes genommen wird. [...] Die Entwürfe tragen schließlich dem völkischen Tatbestand nicht nur in ungenügender Weise Rechnung, sondern schlagen ihm geradezu ins Gesicht. [...] Angesichts der Stellungnahme unseres Kirchenvolkes gegenüber den Entwürfen vom Jahre 1933 unterliegt es für uns keinem Zweifel, daß die Annahme vorliegender Entwürfe nicht nur eine tiefgreifende Erschütterung, sondern die Zersetzung und den allmählichen Verfall unserer Kirche zur Folge haben würde. Aus Verantwortung für die Einheit und Zukunft unserer Kirche beschwören wir Sie deshalb, Herr Generalsuperintendent, in dieser entscheidungsvollen Stunde das drohende Unheil über unsere Kirche nicht hereinbrechen zu lassen“.

Die Aussprache mit Bursche am Nachmittag des 21. Oktober im Konferenzsaal der Johannisgemeinde[23] verlief spannungsvoll. Auf die Einladung Dietrichs waren 30 Pastoren und Senator Utta erschienen. Bursche berichtete über seine Verhandlungen mit der Regierung, bemängelte in einigen Punkten, daß unter den gegenwärtigen Verhältnissen ein besseres Gesetz nicht zu erwarten sei. Er riet, sich der Gewalt zu beugen und eine positive Haltung zum Gesetzentwurf einzunehmen, wenn auch die Entscheidung bei der Synodalkommission liege. Demgegenüber bewegte sich die Haltung der Pastoren auf der Linie des Schreibens der Arbeitsgemeinschaft vom Vormittag des 21. Oktober. Für die deutschen Laien trug Utta, selbst Mitglied der Synodalkommission, die Bedenken gegen die Gesetzentwürfe vor, begründete diese in formaler und inhaltlicher Hinsicht. Am 22. Oktober 1936 schloß sich Sup. Dietrich für die Pastorenschaft des Lodzer Superintendentursprengels der „Erklärung“ der Arbeitsgemeinschaft deutscher Pastoren vom 21. Oktober[24] an und brachte zum Ausdruck, daß sie aus Verantwortung der Kirche gegenüber den Gesetzentwürfen vom 14. Oktober 1936 ihre Zustimmung nicht geben könnten. Sollte „eine Umarbeitung der Gesetzentwürfe aus dem Wesen der Kirche heraus nicht möglich sein, so wäre es unbedingt vorzuziehen, bei dem Kirchengesetz von 1849 zu bleiben“.

Angesichts des Widerstandes der deutschen Pastoren und Laien hatte Bursche zunächst die Absicht, die Besprechung zu verlassen, sprach dann aber den Einwänden gegen die Gesetzentwürfe ihre teilweise Berechtigung nicht ab. Er hob abermals hervor, daß sie das Maximum dessen seien, was erreicht werden konnte und schloß die Besprechung mit der Erklärung, daß, falls die Bestimmungen über die Wahl des Bischofs und des Vizepräses des Konsistoriums durch ein Wahlkollegium abgeändert werden würde, er bei Stimmengleichheit in der Synodalkommission mit seiner als des Vorsitzenden Stimme die Zustimmung zu den Gesetzentwürfen nicht herbeiführen würde.

23 Aufzeichnungen *A. Kleindienst,* in: AK.
24 Aufzeichnungen *A. Kleindienst,* in: AK; FP vom 25. Oktober 1936.

Für den 22. Oktober 1936 hatte die Regierung erstmals die von der Konstituierenden Synode zu Verhandlungen mit dem Staate über die synodalen Gesetzentwürfe gewählte und bevollmächtigte Synodalkommission zu Verhandlungen in das Kultusministerium gebeten. Zu keiner Zeit war sie von der Ablehnung der synodalen Gesetzentwürfe informiert worden und hatte auch keine Kenntnis von den staatlichen Gesetzentwürfen für die Ev.-Augsb. Kirche und den Geheimverhandlungen der Regierung mit Generalsuperintendent Bursche erhalten. Teilnehmer der Verhandlungen waren seitens der Regierung die Mitglieder der Interministeriellen Kommission (Potocki, Suchenek-Suchecki, Cheliński), von der Synodalkommission alle ihre Mitglieder (Dietrich, Utta, Hoffmann, Spickermann, Kulisz, Loth, Eberhardt, außer dem schwer kranken Machlejd) und Bursche. In der Sache führte die Verhandlung zu keinem Ergebnis. Die deutschen Mitglieder der Synodalkommission warfen die Kompetenzfrage auf, stellten die Frage, ob die Synodalkommission berechtigt sei, über andere als über die synodalen Gesetzentwürfe vom 10. April 1923 zu verhandeln. In der Kürze der Zeit wäre es ihnen nicht einmal möglich gewesen, die ihnen vorgelegten neuen Gesetzentwürfe kennen zu lernen. Zur Klärung der Kompetenzfrage und anderer Differenzen kam man überein, am 23. und 27. Oktober im Konsistorium zu verhandeln und die Besprechung im Kultusministerium am 28. Oktober fortzusetzen.[25]

Die gemeinsamen Beratungen von Konsistorium und Synodalkommission am 23. Oktober führten zu keiner Annäherung der Standpunkte. Die deutschen Mitglieder der Synodalkommission hoben erneut die mangelnde kirchliche Kompetenz der Synodalkommission hervor, über völlig andere als die von der Konstituierenden Synode einstimmig beschlossenen Gesetzentwürfe zu verhandeln. Zu den der Synodalkommission vorgelegten staatlichen Gesetzentwürfen meldeten ihre polnischen und deutschen Mitglieder Bedenken an, wenn auch z.T. zu verschiedenen Artikeln und mit unterschiedlicher Begründung. Bursche seinerseits brachte zum Ausdruck, daß er trotz mancher Bedenken den Gesetzentwürfen zustimmen könne und werde, unter der Bedingung, daß ihre Bestimmungen über die Wahl des Bischofs und des Vizepräsidenten des Konsistoriums dahingehend abgeändert werden, daß deren Wahl durch die Synode und nicht durch ein Wahlkollegium zu erfolgen habe.

Auch in den Beratungen von Konsistorium und Synodalkommission am 26. Oktober – sie waren um einen Tag vorverlegt worden – kam man nicht weiter. Im Mittelpunkt stand die Aussprache über den Entwurf zum Inneren Grundgesetz. Auch hier stand die Kompetenzfrage im Raum, dazu die grundsätzliche Frage, ob es mit der verfassungsmäßig garantierten Autonomie der Kirche vereinbar sei, vom Staat eine Kirchenverfassung auferlegt zu bekommen. Die Aussprache über die einzelnen Bestimmungen des staatlichen Entwurfs der Kirchenverfassung wies zwischen den deutschen und polnischen Mitgliedern der Synodalkommission z.T. Übereinstimmung auf, z.T. führte sie mit Gen.-Sup. Bursche zur heftigen Kontroverse, als dieser die vorgesehene Zusammensetzung der Synode verteidigte, die deutschen Mitglieder darin die Absicht sahen, eine deutsche Laienmehrheit in der Synode zu verhindern. Als man in solchem Zusammenhang erneut auf die entscheidende Ingerenz des Staates in allen Personalangelegenheiten zu sprechen kam und die deutschen Mitglieder darin ein Mißtrauen gegen die Augsburgische Kirche zu sehen meinten, drohte

25 Unterlagen, in: AK; *J. Gryniakow,* a.a.O. 189f.

Bursche die Verhandlungen abzubrechen, da die Deutschen der Kirchenleitung mißtrauten und es keinen Sinn habe, unter diesen Umständen weiter zu verhandeln. Es war das Verdienst des polnischen Rechtsanwalts Eberhardt, einen Bruch mit Bursche vermieden zu haben. Man kam überein, die Verhandlungen im Kultusministerium am nächsten Tage fortzusetzen. Die grundsätzlichen Bedenken der deutschen Synodalmitglieder hinsichtlich der Zuständigkeit der Synodalkommission wie einzelner Bestimmungen der staatlichen Gesetzentwürfe wollte Bursche den Regierungsvertretern vortragen.[26]

Am Abend des 26. Oktober berieten die deutschen Mitglieder der Synodalkommission mit dem Vorstand der Arbeitsgemeinschaft deutscher Pastoren über das Ergebnis der Verhandlungen im Kultusministerium und im Konsistorium. Man kam zu der Überzeugung, daß mit einer Einigung in den Verhandlungen mit der Regierung und dem Generalsuperintendenten über die grundsätzlichen Fragen des Rechtes der ev. Kirche auf eine autonome innerkirchliche Gesetzgebung und die verfassungsmäßig bestimmte Regelung des Verhältnisses des Staates zur Ev.-Augsb. Kirche nach Verständigung mit ihrer rechtlichen Vertretung bzw. mit der Zurücknahme der staatlichen Gesetzentwürfe vom 14. Oktober 1936 nicht zu rechnen ist. Ausgearbeitet wurde eine „Erklärung", die von den deutschen Mitgliedern der Synodalkommission den Regierungsvertretern bei den für den nächsten Tag vorgesehenen Verhandlungen im Kultusministerium übergeben werden sollte.[27]

Auch zwei der drei polnischen Mitglieder der Synodalkommission hatten sich in Ablehnung der staatlichen Gesetzentwürfe vom 14. Oktober zu Wort gemeldet: Pastor Loth und Rechtsanwalt H. Eberhardt, beide zum Kreis der innerpolnischen Gegner Bursches um Senator Evert gehörend. Am gleichen Abend des 26. Oktober, an dem die deutschen Mitglieder der Synodalkommission mit dem Vorstand der Arbeitsgemeinschaft zu gemeinsamen Beratungen zusammengetreten waren, tagte das von Senator Evert als Präses einberufene Warschauer Kirchenkollegium. Im Anschluß an die Berichte von Loth und Eberhardt über den Stand der Verhandlungen mit den Vertretern der Regierung und im Konsistorium faßte das Kirchenkollegium den einstimmigen Beschluß: „[...] Der Entwurf des neuen Kirchengesetzes in der Fassung, wie er der Kommission der Konstituierenden Synode vorgelegt wurde, wird für unannehmbar gehalten". Auf Antrag Everts wurden die polnischen Mitglieder der Synodalkommission ersucht, notwendige Verbesserungen in den Gesetzentwürfen zu den Artikeln 4, Abs. 3; 33, Abs. 1; 41; 10, Abs. 4 des Entwurfes zum Staatsgesetz und der korrespondierenden Artikel des Inneren Grundgesetzes zu beantragen und im Falle der Unnachgiebigkeit der Regierung die Zustimmung zu den Gesetzentwürfen zu versagen.[28]

Die Verhandlungen der Regierung mit der Synodalkommission im Kultusministerium am 27. Oktober wurden mit einem Bericht Bursches über die gemeinsamen Beratungen von Synodalkommission und Konsistorium eingeleitet. In seiner Sicht spiegelte sich das Ergebnis dieser Beratungen wie folgt wider: Als gemeinsame Basis der Verhandlungen mit der Regierung wurden seitens der Synodalkommission die staatlichen Gesetzentwürfe vom

26 Unterlagen, in: AK.
27 Unterlagen, in: AK.
28 FP vom 28. Oktober 1936. Die Entschließung war über die Pastoren Z. Michelis bzw. G. Schedler an die Öffentlichkeit gelangt. Evert dementierte sie in der „Gazeta Polska", Warschau, am 30. Oktober 1936, die FP antwortete am 31. Oktober 1936.

14. Oktober 1936 anerkannt. Änderungen einiger Bestimmungen wurden jedoch gefordert: Nur Kirchengesetze, nicht aber kirchliche Verordnungen sollten dem Minister zur Begutachtung vorgelegt werden (Art. 4), im Falle der Einwände des Wojewoden gegen einen Geistlichen sei er verpflichtet, Gründe anzugeben (Art. 33); das Bischofs-Wahlkollegium sei durch Hinzuziehung einiger weltlicher Delegierter, die von der Synode gewählt werden, zu erweitern (Art. 11); der Vizepräses des Konsistoriums sei nicht vom Minister zu ernennen, sondern von der Synode zu wählen (Art. 19); Vorschläge für Änderungen betrafen auch die Art. 9 (Militärseelsorge) und 37 (Amtssprache). Abschließend vermerkte Bursche in seinem Bericht „Wir sind jedoch in einigen Fragen auseinander gegangen, besonders in der Frage der Zusammensetzung der Synode".[29]

Dem Bericht Bursches widersprach Utta. In längeren Ausführungen unterzog er die Gesetzentwürfe vom 14. Oktober, das von der Regierung eingeschlagene Gesetzgebungsverfahren und die Rolle des Generalsuperintendenten in diesem einer harten Kritik. Eine gemeinsame Verhandlungsgrundlage sei nicht gegeben. Im Anschluß an seine Ausführungen verlas Utta die auf den 27. Oktober datierte „Erklärung" vom 26. Oktober[30], übergab sie den Regierungsvertretern und verließ mit den deutschen Mitgliedern der Synodalkommission die Beratungen. In der – in der Presse beschlagnahmten – „Erklärung" sprachen die deutschen Mitglieder aus, „[...] daß die [Konstituierende] Synode der Kommission nicht die Vollmacht erteilt hat, in den beschlossenen Entwürfen grundsätzliche Änderungen vorzunehmen", daß die der Kommission jetzt zugestellten Gesetzentwürfe „so stark von den auf der Verfassunggebenden Synode beschlossenen abweichen, daß wir sie als neue Entwürfe ansehen müssen, die mit den von der Synode beschlossenen Entwürfen fast nichts Gemeinsames haben. [...] Unsere Versuche, die betreffenden Entwürfe mit den grundsätzlichen von der Verfassunggebenden Synode festgelegten Richtlinien in Einklang zu bringen, haben keinen Erfolg gehabt. In vielen wichtigen Punkten hat sich keine einheitliche Stellungnahme der Kommission herbeiführen lassen. [...] Mit Rücksicht darauf [...], daß die Angelegenheit, die eine so wichtige Bedeutung hat, nicht ohne die Möglichkeit einer allseitigen und gründlichen Prüfung der vorgelegten Gesetzentwürfe erledigt werden kann, erheben wir gegen die Entscheidung der Angelegenheit nur durch die Gegenpartei, die die Minorität der Synode und der Kirche repräsentiert, kategorisch Einspruch und wenden uns an die Regierung mit der dringenden Bitte, die Angelegenheit nochmals der Synode zur Entscheidung vorzulegen".

Am 28. Oktober 1936, einen Tag nach den Verhandlungen im Kultusministerium übergab Senator E. Hasbach dem Kultusminister eine Denkschrift.[31] Aus Sorge um Staat und Kirche, so Hasbach, fühle er sich verpflichtet, die Aufmerksamkeit der Regierung auf die Bedeutung eines ordnungsmäßigen Zustandekommens des Gesetzes betr. Regelung des Verhältnisses des Staates zur Ev.-Augsb. Kirche hinzuweisen. Er bat den Minister zu veranlassen, daß Unzufriedenheit und Verbitterung in der ev. Bevölkerung verhindert werden. Die Denkschrift blieb unbeantwortet.

---

29 Unterlagen, in: AK.
30 Unterlagen, in: AK.
31 Denkschrift, in: AK.

Mit dem Rücktritt der vier deutschen Mitglieder der Synodalkommission von den Verhandlungen mit der Regierung und dem Ausfall des kranken polnischen Mitgliedes Machlejd hatte die neunköpfige Synodalkommission ihre Beschlußfähigkeit verloren. Um die Gesetzentwürfe vom 14. Oktober 1936 zu retten, setzte Bursche mit den drei polnischen Mitgliedern der Synodalkommission (Kulisz, Loth, Eberhardt) in souveräner Zahlenanalyse als „beschlußfähige Mehrheit der Synodalkommission" und „rechtliche Vertretung der Ev.-Augsb. Kirche" die Verhandlungen mit der Interministeriellen Kommission fort. Bursche, als geistliches – wie er selbst des öfteren betonte – über den Parteien stehendes neutrales Oberhaupt der Kirche von der Konstituierenden Synode zum Vorsitzenden der paritätisch zusammengesetzten Synodalkommission gewählt, um im Falle der Stimmengleichheit mit seiner Stimme als die des Vorsitzenden im Bedarfsfall einen Beschluß der Synodalkommission herbeizuführen, rechnete sich nach dem Ausfall Machlejds als Mitglied der polnischen Gruppe der Synodalkommission zu, bei gleichzeitiger Inanspruchnahme einer Zweitstimme als Vorsitzender der Kommission.

Wie Generalsuperintendent Bursche hatte die Regierung ein entscheidendes Interesse daran, ihre Gesetzentwürfe für die Ev.-Augsb. Kirche – auch als Rahmengesetze für die anderen ev. Kirchen – nicht scheitern zu lassen. Sie übernahm die Argumentation von einer verbliebenen „Mehrheit und Beschlußfähigkeit der Synodalkommission" und setzte mit dieser ihre Verhandlungen mit dem Ziel der Verständigung gemäß Artikel 115 der Staatsverfassung fort. Bursche war eine Schlüsselrolle zugefallen. Sie ermöglichte es ihm, Verbesserungen in Bestimmungen der Entwürfe anzustreben, der Änderungen die Regierung bisher beharrlich abgelehnt hatte. Insonderheit verlangte er die Wahl des Bischofs und Vizepräsidenten des Konsistoriums durch die Synode. Deren Ernennung durch den Staatspräsidenten bzw. die Regierung, wie in Gesetzentwürfen vom 14. Oktober 1936 vorgesehen, wurde von Bursche aus moralischen und politischen Gründen als für die Kirche schädlich angesehen. Sie werde bei den Evangelischen auf Widerstand stoßen, auch würde „sein Gewissen es ihm nicht erlauben, ein solches System auf internationalem Boden zu verteidigen".[32]

Die als Voraussetzung für die Zustimmung zu den Gesetzentwürfen vom 14. Oktober erhobenen Forderungen Bursches hatten zu neuen Verhandlungen in der Regierungskommission geführt. Während die Außen-, Innen-, Justizministerien und das Kultusministerium bereit waren, den Forderungen Bursches entgegenzukommen, verweigerte das Heeres- und Verkehrsministerium jede Änderung der Bestimmungen der Gesetzentwürfe betreffend Ernennung des Bischofs bzw. des Vizepräses des Konsistoriums. Nach wochenlangen Verhandlungen hatte sich die harte Linie des Heeres- und des Verkehrsministeriums am 10. November durchgesetzt, der auch Gen.-Sup. Bursche am 12. November 1936 zuzustimmen sich veranlaßt sah. Danach war der Bischof nicht von der Synode, sondern im Einvernehmen mit dem Kultusminister von einem Wahlkollegium zu wählen, bestehend aus dem Vizepräses und den Räten des Konsistoriums, den Senioren, den Mitgliedern des Synodalausschusses und aus vier von der Synode zu wählenden weltlichen Delegierten. Von den 25 Mitgliedern des Wahlkollegiums waren ihrerseits 21 im Einvernehmen mit der Regierung zu wählen, und auch die Wahl der vier Delegierten der Synode stand unter dem Vor-

32 *J. Gryniakow,* a.a.O. 191.

behalt der Einspruchsmöglichkeit des Wojewoden. Die Wahl des Vizepräses des Konsistoriums war im Einvernehmen mit dem Kultusminister von einem Wahlkollegium in gleicher Zusammensetzung zu tätigen, nur daß in diesem Fall der Bischof den Vorsitz beim Wahlvorgang zu führen hatte.[33]

Am 14. November 1936 legte die Konferenz im Präsidium des Ministerrates den endgültigen Text des vom Staatspräsidenten zu unterzeichnenden Dekretes für die Ev.-Augsb. Kirche fest, am gleichen Tage noch war die Weisung des Kultusministers Świętosławski an Departementsdirektor Potocki ergangen, die Verständigung mit der als beschlußfähig anerkannten Synodalkommission herbeizuführen. Das der Ev.-Augsb. Kirche gegenüber eingeschlagene Verfahren wurde staatlicherseits mit der Begründung des Kultusministers legalisiert: „1. Die von der Konstituierenden Synode der Ev.-Augsb. Kirche am 10. April 1923 gebildete Synodalkommission ist die rechtliche Vertretung dieser Kirche und hat die entsprechende Vollmacht zur Erledigung aller Angelegenheiten, die mit der Regelung der Rechtsverhältnisse der Ev.-Augsb. Kirche zusammenhängen, 2. Das Ausscheiden der deutschen Mitglieder der Kommission am 27. Oktober 1936 verbleibt ohne Einfluß auf den Inhalt und den Umfang der Vollmacht, die der Synodalkommission erteilt wurden, ohne Rücksicht auf die Verkleinerung ihrer Zusammensetzung".[34]

Über die Urheberschaft der nach dem Rücktritt der deutschen Mitglieder der Synodalkommission erreichten Verbesserungen in den Gesetzentwürfen vom 14. Oktober 1936 war es im polnischen Teil der Ev.-Augsb. Kirche zu heftigen, auch in der Presse ausgetragenen Kontroversen gekommen. Während sich Bursche und ein Mitglied der polnischen Synodalkommission (Kulisz) zunächst grundsätzlich für die Annahme der staatlichen Gesetzentwürfe in ihrer Fassung vom 14. Oktober ausgesprochen hatten, lehnte Senator Evert im Einvernehmen mit den beiden anderen polnischen Mitgliedern der Synodalkommission, Loth und Eberhardt, in seinem am 8. November 1936 im „Zwiastun Ewangeliczny" veröffentlichten Aufsatz „Der Ausweg"[35] die Gesetzentwürfe in dieser Fassung ab und forderte Abänderungen im Sinne der Beschlüsse des Warschauer Kirchenkollegiums vom 26. Oktober 1936. Die Gesetzentwürfe, so Evert, seien für eine ev. Kirche unannehmbar. Der Entwurf zu einem Staatsgesetz „gefährde die Selbständigkeit der Kirche noch mehr, als die russischen Kirchengesetze von 1849". Der neue Entwurf sehe zwar Wahlen vor, schränke aber „die Freiheit dieser Wahlen und nachher die Rechte der Gewählten dermaßen ein, daß bei scheinbarer Autonomie faktisch eine Kuratel über Verwaltung und Vermögen eingesetzt wird". Am peinlichsten seien jedoch die Bestimmungen, die „die Würde einer unabhängigen Kirche außer Acht lassen". Es sei „absolut unannehmbar, daß ein staatliches Kirchengesetz die Bestätigung und Zustimmung zum Inneren Gesetz der Kirche vorsieht", ebenso „daß der Minister (de facto ein Referent) bei der Feststellung des Textes des Gebetes für den Staat mitwirkt" u.a.m. Evert richtete an die Staatsbehörden die Aufforderung, die Würde der ev. Kirche zu wahren, gab seiner Überzeugung Ausdruck, „daß auch die deutschen Glieder der Ev.-Augsb. Kirche loyale Staatsbürger seien" und warnte, die Gesetzentwürfe mit Gewalt durchzusetzen, da die zu erwartenden Erschüt-

33 *J. Gryniakow,* a.a.O. 196f.
34 *J. Gryniakow,* a.a.O. 197.
35 ZE vom 8. November 1936; PEK 1936/2, 78.

terungen „in ihren Folgen sich schädlicher für den Staat als für die Kirche erweisen würden".

Bursche antwortete Evert in einem ebenfalls „Der Ausweg"[36] überschriebenen Artikel im „Zwiastun Ewangeliczny" vom 15. November 1936. Er führte aus, daß das neue Gesetz freie Wahlen der Kirchenbehörden gebe, „gewiß mit einigen Einschränkungen, die jedoch verständlich sind im Hinblick auf die Verhältnisse, in denen wir leben und deshalb, weil nach Gottes Willen zwei Nationalitäten, die polnische und die deutsche, bei uns in einer Kirche zusammenleben müssen, und dies ist heute keine leichte Sache". Die Einschränkungen [...] seien notwendig. Die Artikel des Staatsgesetzes enthielten viele Einschränkungen, die man lieber in dem ersten Gesetz, das das freie Polen der ev. Kirche gebe, nicht sehen würde. Nach menschlicher Voraussicht werden wir „ein besseres Gesetz in Polen niemals und von keiner Regierung erhalten", „die Verwerfung dieses Gesetzes würde ein Schlag sein, welcher ins Herz des Protestantismus in Polen und insbesondere des polnischen Protestantismus treffen würde".

Die Polemik zwischen Bursche und Evert wurde im „Zwiastun Ewangeliczny" fortgesetzt.[37]

Am 16. November 1936 fand im Kultusministerium die abschließende Begegnung des Generalsuperintendenten Bursche und der drei polnischen Mitglieder der Synodalkommission (Kulisz, Loth, Eberhardt) mit den Vertretern der Regierung (Potocki, Suchenek-Suchecki, Cheliński und dem Abteilungsleiter im Kultusministerium Z. Chrząstowski) statt. Bursche, Kulisz, Loth und Eberhardt unterzeichneten den Text des Gesetzes über die Regelung des Verhältnisses des Staates zu der Ev.-Augsb. Kirche und übergaben den Regierungsvertretern den von ihnen unterzeichneten Text des Inneren Grundgesetzes (Kirchenverfassung) der Ev.-Augsb. Kirche in Polen.[38]

Die Wochen nach dem Bekanntwerden der staatlichen Gesetzentwürfe vom 14. Oktober 1936 mit ihren pausenlosen Besprechungen, Beratungen, Konferenzen und publizistischen Auseinandersetzungen waren von einer tiefen Unruhe in allen Gemeinden der Ev.-Augsb. Kirche gekennzeichnet. Die Auffassungen im polnischen Teil der Pastorenschaft und Laien waren geteilt, folgten jedoch überwiegend der kirchenpolitischen Linie des Gen.-Sup. Bursche, in die kurz vor dem 16. November auch Loth und Eberhardt eingeschwenkt waren.

Einheitlich ablehnend war die Haltung des deutschen Teils der Ev.-Augsb. Kirche. Gegen die Gesetzentwürfe vom 14. November protestierten die in allen Gemeinden gehaltenen Gemeindeversammlungen, die Kirchenkollegien, die ehem. Mitglieder der Konstituierenden Synode. Am 13. November 1936 wurde eine Delegation, bestehend aus den Pastoren A. Löffler, G. Schedler, W. Krusche und den Laien Johann Wende, Oskar Eckstein und Dr. Alexander Krusche unter Führung des Superintendenten und Konsistorialrats Dietrich, beim Kultusminister Świętosławski vorstellig. Sie überreichte ihm eine Denkschrift[39] in Sache der Gesetzentwürfe vom 14. Oktober 1936 und bat, die Entwürfe

36 PEK 1936/2, 79f.
37 ZE 1936/51–52 und 1937/1.
38 *J. Gryniakow,* a.a.O. 199f.
39 Denkschrift, in: AK.

„weder dem Herrn Staatspräsidenten zur Veröffentlichung auf dem Dekretwege, noch den Gesetzgebenden Körperschaften zur Annahme vorzulegen, sondern dieselben erneut der Synode zu überweisen". Am 16. November 1936 wandten sich die deutschen Mitglieder der Synodalkommission mit Protesttelegrammen an den Ministerpräsidenten Marian Zyndram-Kościałkowski und an den Staatspräsidenten Ignacy Mościcki.[40] Darin baten sie als Vertreter der Mehrheit der Konstituierenden Synode, sowie als Vertreter der Mehrheit der Glieder der Ev.-Augsb. Kirche den Staatspräsidenten dringlichst, den Gesetzentwürfen vom 14. Oktober keine Rechtskraft verleihen zu wollen. Diese stimmten mit den Artikeln 113 und 115 der Staatsverfassung nicht überein, verletzten den Grundsatz der Gleichberechtigung der Bekenntnisse und engten die Freiheit der Kirche ein, sich durch eigene Gesetze zu regieren. Gegen die Gesetzentwürfe hätten sich die rechtlichen Vertretungen der Gemeinden ausgesprochen, die die Mehrheit der Glieder der Kirche umfassen. Sollten die Gesetze in Kraft gesetzt werden, so drohten der Kirche große Erschütterungen. Auch der im Oktober 1934 ins Leben gerufene „Rat der Deutschen in Polen" wandte sich am 17. November 1936 in Sachen der Gesetze für die Ev.-Augsb. Kirche an den Ministerpräsidenten, am gleichen Tage überreichte Senator Hasbach in der gleichen Angelegenheit dem Ministerpräsidenten und dem Kultusminister eine ausführliche Erklärung.[41]

Die deutsche Presse Kongreßpolens, allen voran die „Freie Presse", aber auch die „Neue Lodzer Zeitung" u.a. Blätter, die den Wortlaut der Proteste veröffentlichten oder nicht im Sinne des Regierungskurses oder des Polnischen Evangelizismus berichteten oder die Ereignisse kommentierten, unterlagen durchweg der Beschlagnahme. So wurde die „Freie Presse" in den Wochen nach dem 14. Oktober allein 10 mal beschlagnahmt, ihr verantwortlicher Schriftleiter wegen der Veröffentlichung des Telegramms an den Staatspräsidenten zu einer Woche Haft und einer Geldbuße von 50 Zł. verurteilt.

In der Nachtsitzung vom 22. auf den 23. November wurde der Gesetzentwurf betr. Regelung des Verhältnisses des Staates zur Ev.-Augsb. Kirche vom Ministerrat angenommen, am 25. November vom Staatspräsidenten unterzeichnet und als „Dekret des Präsidenten der Republik Polen vom 25. November 1936 betreffend das Verhältnis des Staates zur Evangelisch-Augsburgischen Kirche in der Republik Polen"[42] veröffentlicht und trat auf dem ganzen Gebiete der Republik Polen einen Monat nach der Veröffentlichung in Kraft, mit Ausnahme des oberschlesischen Teiles der Wojewodschaft Schlesien.

Bevor noch das Dekret vom 25. November am 27. Dezember 1936 in Kraft getreten war, hatte Senator Hasbach als Vorsitzender des Rates der Deutschen in Polen und als Glied der ev.-luth. Kirche zu diesem am 14. Dezember im Senat in einer Rede Stellung genommen und anschließend eine Interpellation an den Ministerpräsidenten Felicjan Sławoj-Składkowski eingebracht. In seiner Rede[43] qualifizierte Hasbach das Dekret vom 25. November als einen „Akt höchsten unbegrenzten Mißtrauens" der ev. Kirche gegenüber. Die Verfassungsgrundsätze von der Gleichberechtigung und inneren Freiheit der Kirche seien „in das Gegenteil umgewandelt worden". Die getroffene Regelung entspreche

40 Telegramm an den Staatspräsidenten Mościcki, in: AK.
41 Schreiben des Rates an den Ministerpräsidenten und Erklärung Hasbachs, in: AK.
42 Anhang, Dok. 28.
43 In: PEK 1937/4, 166–168.

nicht dem Willen der übergroßen Mehrheit der Ev.-Augsb. Kirche, „die vier Herren welche namens der Kirche ihre Zustimmung als sogenannte Synodalkommission gegeben haben, haben eine kirchliche Legitimation dazu nicht besessen. [...] Die Staatsregierung hat innerhalb einer ev. Kirche den machtpolitischen Bestrebungen einer Minderheit in dieser Kirche zu einem zweifelhaften Erfolge verholfen". Zum Schluß wandte sich Hasbach „mit der Bitte an die Regierung, sie möge die Angelegenheit der Gesetzgebung für die Ev.-Augsb. Kirche noch nicht als endgültig erledigt betrachten. Sie möge im Einvernehmen mit der vollzähligen Synodalkommission der gesetzgebenden Körperschaft eine Novelle zu dem beschlossenen Dekret ergehen lassen [...]".

In seiner Interpellation an den Ministerpräsidenten[44] sprach Hasbach von der großen Bestürzung und Erbitterung, die das Dekret vom 25. November 1936 unter der Mehrheit der Angehörigen der Ev.-Augsb. Kirche hervorgerufen habe und erhob schwerwiegende Bedenken gegen das Dekret „nicht nur konfessioneller Natur, sondern auch verfassungsrechtlichen Charakters". Das Haupt der Ev.-Augsb. Kirche, Generalsuperintendent Bursche, sei „nicht gewählter, sondern ernannter Repräsentant der Kirche". Seine Ansichten über die Kirche wichen entschieden von den Ansichten einer 80-prozentigen Mehrheit aller Angehörigen dieser Kirche ab. Der Beschluß der Konstituierenden Synode berechtige die gewählte Kommission nicht zu grundsätzlichen Änderungen an den beschlossenen Entwürfen. Angesichts der Bedenken rechtlicher Natur, „daß im Sinne der Verfassung vom 23. April 1935, Art. 49, Abs. 2 kein gesetzgeberischer Akt im Widerspruch zu der Verfassung stehen darf", fragte Hasbach den Ministerpräsidenten, auf welche rechtliche Grundlage sich die Regierung stützte, als sie den Beschluß der 4 von 9 Mitgliedern der Synodalkommission als gültig und die Kommission als die rechtliche Repräsentation der Kirche anerkannte, die dazu berechtigt ist, grundsätzliche Beschlüsse der Konstituierenden Synode der Ev.-Augsb. Kirche umzustoßen?

Der in der Fassung vom 14. Oktober 1936 von Gen.-Sup. Bursche und den drei polnischen Mitgliedern der Synodalkommission am 16. November 1936 unterzeichnete Entwurf zum Inneren Grundgesetz der Ev.-Augsb. Kirche wurde vom Ministerrat am 17. Dezember 1936 anerkannt und als „Verordnung des Ministerrates vom 17. Dezember 1936 über die Anerkennung des Inneren Grundgesetzes der Evangelisch-Augsburgischen Kirche in der Republik Polen"[45] veröffentlicht, war aber bereits am 27. Dezember 1936 in Kraft getreten.

Das Staatsgesetz vom 25. November und das Innere Grundgesetz vom 17. Dezember 1936 bildeten die Rechtsgrundlagen der Ev.-Augsb. Kirche in der Republik Polen bis zum Jahre 1939 – und darüber hinaus. Sie wurden ihr vom Staat aufoktroyiert. Das Staatskirchenrecht Polens in bezug auf die Kirchen und Religionsverbände der religiösen Minderheiten hatte seine Ausgestaltung erfahren. Auch kirchenpolitisch waren für die Ev.-Augsb. Kirche wie für die anderen evangelischen Kirchen des Landes wichtige Entscheidungen gefallen. Neben dem entscheidenden Einfluß, den sich der Staat in allen relevanten Bestimmungen des Staatsgesetzes und des Inneren Grundgesetzes in Personalfragen gesichert hatte, waren die autoritäre Stellung des im Einvernehmen mit dem Kultusminister zu

44 In: PEK 1937/4, 168–170.
45 Dz. U. R. P. vom 31. Dezember 1936, Nr. 94, Pos. 659.

wählenden Bischofs – er war zugleich Präsident der Synode und Präses des Konsistoriums – und die Absicherung gegen eine (deutsche) Laienmehrheit in der Synode die hervorstechendsten Merkmale des Staatsgesetzes und des Inneren Grundgesetzes für die Ev.-Augsb. Kirche. Im Verfolg der staatlichen Konfessions- und Minderheitenpolitik blieben der ev. Kirche die in der Staatsverfassung verbürgte Gleichberechtigung und Autonomie vorenthalten.

Die Wendung Polens zur autoritären, dann diktatorischen Regierungsform, das Ermächtigungsgesetz, die Aufkündigung des Minderheitenschutzvertrages, die Richtlinien der Regierung für die Politik den nationalen Minderheiten gegenüber, hatten die Bestimmung des Artikels 115 der Staatsverfassung über die Regelung des Verhältnisses des Staates zu den Kirchen der religiösen Minderheiten „auf gesetzlichem Wege nach Verständigung mit ihren rechtlichen Vertretungen“ so weit abgewertet, daß sie kaum mehr von Bedeutung waren, als der polnische Staat daranging, sein Verhältnis zu ihnen zu regeln. Den Anfang machten die Staatsgesetze für die Religionsverbände der Mohammedaner und Karaimen vom 21. April 1936[46], es folgte das Staatsgesetz für die Ev.-Augsb. Kirche vom 25. November 1936. In allen drei Fällen geschah dies im Wege staatlicher Dekretierung, in allen drei Staatsgesetzen finden sich bis in den Wortlaut hinein die gleichen Bestimmungen über die Ingerenz des Staates in kirchlichen Angelegenheiten und die Einschränkung der kirchlichen Autonomie.

Das Wesen und die staatskirchenrechtlichen Grundzüge des Dekrets vom 25. November 1936 kommentierte der mehrfach genannte Referent für Rechtsfragen der religiösen Minderheiten im Kultusministerium und Mitverfasser des Dekrets, Jakub Sawicki, mit den Ausführungen:

„Das Gesetz vom 25.11.1936 ist der erste gesetzgebende Akt, der das Verhältnis des Staates zu einer evangelischen Kirche regelt; es besitzt daher große juristische und politische Bedeutung. [...][47] Artikel 1, Abs. 2 und 3 weichen im Grundsatz nicht von den analogen Bestimmungen des muselmanischen und des karaimischen Gesetzes ab. [...][48]
Die ersten drei Artikel des Dekrets, die den verfassungsmäßigen Aufbau der Evangelisch-Augsburgischen Kirche im Inneren und nach Außen hin festlegen, haben wir oben besprochen. Daß die in diesen Artikeln berührten Fragen durch einen Gesetzgebungsakt geregelt wurden und nicht der autonomen Rechtssetzung der Kirche überlassen wurden, erscheint überaus gerechtfertigt, denn in der Lage, in der sich der Protestantismus in Polen befand, konnte nur ein Gesetzgebungsakt der Aufgabe gerecht werden, den anderen evangelischen Kirchen gegenüber wirksam die bekenntnismäßige und verfassungsmäßige Physiognomie der Evangelisch-Augsburgischen Kirche zu bestimmen und sie von den anderen kirchlichen Organisationen abgrenzen. [...][49]
Das Dekret vom 25.11.1936 hat sich auf eine bis ins Kleinste gehende Weise bemüht, die einzelnen Aufsichtsrechte des Staates dieser Kirche gegenüber [...] zu regeln. Es ist festzustellen, daß der Gesetzgeber den Weg gegangen ist, den er schon bei der vorausgegange-

---

46 Dz. U.R.P. 1936, Nr. 30, Pos. 240: „Gesetz über das Verhältnis des Staates zum Muselmanischen Religionsverband in der Republik Polen vom 21. April 1936“;
Dz. U. R. P. 1936, Nr. 30, Pos. 241: „Gesetz über das Verhältnis des Staates zum Karäischen Religionsverband in der Republik Polen vom 21. April 1936“.

47 *J. Sawicki,* Studia 218.

48 *J. Sawicki,* a.a.O. 219.

49 *J. Sawicki,* a.a.O. 229.

nen Gesetzgebung, insbesondere beim Erlaß des muselmanischen und karaimischen Gesetzes eingeschlagen hat. Im Dekret vom 26.11.1936 ist jedoch im Vergleich zu den angeführten Gesetzen eine zunehmende Kasuistik in der Festlegung der einzelnen Aufsichtsrechte festzustellen, ebenso wie die Tendenz, die Mittel der Aufsicht zu stärken und zu vervollkommnen. Besonders ersichtlich wird dies bei der Besetzung der kirchlichen Ämter und Stellen, wo wir ein höchst verfeinertes System vorfinden, das fast jede Besetzung einer Stelle durch die Kirchenbehörden der Kontrolle und Ingerenz der Staatsbehörden unterwirft. [...][50]
Rückblickend müssen wir hervorheben, daß das Dekret eine verstärkte Tendenz des Gesetzgebers aufweist, immer weiter in ein Gebiet einzudringen, das nach den Grundgedanken des Art. 115 der Märzverfassung zum Bereich des ‚sich selbst regieren nach eigenen Gesetzen' gehört, also in den Bereich der inneren Verfassung und inneren Organisation der Kirche, der Gegenstand der autonomen kirchlichen Gesetzgebung werden sollte. [...] Jedoch greifen nunmehr die Akte der Staatsbehörde immer tiefer nach einem Inhalt, der ihnen nach dem ausdrücklichen Willen der Verfassungsvorschrift fremd ist, und die eigenen Gesetze der Kirchen und Religionsverbände nehmen langsam und Schritt für Schritt immer mehr den Charakter von innerkirchlichen Ausführungsakten zu den betreffenden Gesetzen an. [...] Diese interessante Entwicklung unserer staatlichen Gesetzgebung in Bekenntnissachen [...] steht unzweifelhaft im Zusammenhang mit der Richtung und Dynamik des gesamten gegenwärtigen Gemeinschaftslebens und der dieses bewegenden Ideen [...][51].

5. Das Staatsgesetz und das Innere Grundgesetz für die Ev.-Augsb. Kirche im Urteil des evangelischen In- und Auslandes

Im ev. In- und Ausland fanden die neuen Kirchengesetze für die Ev.-Augsb. Kirche nach Vorgeschichte und Inhalt starke Beachtung.

Das Urteil im polnischen Teil der Kirche war zwiespältig. Karl Kotula, Pastor der polnisch-augsburgischen Gemeinde in Lodz, nachmaliger Bischof der Ev.-Augsb. Kirche, stimmte aus Anlaß der Dekretierung des Staatsgesetzes ein Te deum an[1]; die am 1. Dezember 1936 in Warschau unter Leitung von Pastor Loth, einem Mitglied der Synodalkommission, tagende polnische Pastorenkonferenz hatte einstimmig die Absendung einer Dankadresse an den Generalsuperintendenten Bursche für seine Arbeit und Mühe am Zustandekommen des Staatsgesetzes und von Dank- und Huldigungstelegrammen an den Ministerpräsidenten Sławoj-Składkowski und an den Kultusminister Świętosławski beschlossen.[2] Der „Głos Ewangelicki" vom 6. Dezember 1936 kommentierte verhalten: „Wir wollen es glauben und anerkennen, daß das neue Gesetz das beste ist, das unsere Kirche im gegenwärtigen Augenblick in den Verhandlungen herausschlagen konnte". Den Deutschen streckte er die „brüderliche Hand zur Einigkeit nach langen und erfolglosen Kämpfen" entgegen und rief ihnen zu, daß die „salus rei publicae" auch auf dem Gebiete der Kirche

50 *J. Sawicki,* a.a.O. 237ff.
51 *J. Sawicki,* a.a.O. 253f.
1 *K. Kotula,* Po ustawie Kościoła: Ciebie Boże chwalimy [Nach dem Kirchengesetz: Dich, Gott, loben wir], in: GE vom 13. Dezember 1936.
2 *A. Kleindienst,* Niederschrift in Sachen des Kirchengesetzes, in: AK.

die „suprema lex“ sein müsse.[3] Der „Zwiastun Ewangeliczny“ dagegen veröffentlichte am 6. Dezember 1936 den Text des Staatsgesetzes mit dem Wunsch, daß dieses „historische Jahr“ in der Ev.-Augsb. Kirche möglichst schnell und geräuschlos zur Geschichte würde, d.h. der Vergangenheit angehöre.[4]

Die kirchenamtliche Stellung zu den beiden Kirchengesetzen brachte Bursche im Vorwort zur ersten Nummer des neu gegründeten „Amtsblatt der Ev.-Augsb. Kirche in der Republik Polen“ vom 9. Februar 1937 zum Ausdruck, in der auch der amtliche polnische Text und die kirchenamtliche deutsche Übersetzung des Staatsgesetzes und des Inneren Grundgesetzes veröffentlicht wurden. Bursches Vorwort war auf eine Beruhigung der Gemeinden und Kirchenglieder ausgerichtet. Er führte aus, daß „die Zeit noch nicht gekommen sei, die Entstehung dieser neuen Gesetze und die Umstände zu schildern, unter denen sie ihre Bestätigung erfahren haben“. Sobald die „neuen Gesetze zu wirken beginnen, werde es für alle klar, daß sie nicht nur die Grundsätze unseres Bekenntnisses nicht verletzen, sondern sie im Gegenteil klar und deutlich akzentuieren, daß sie kein Jota die Rechte der deutschen Sprache in unserer Kirche, die Sprache der Mehrheit unserer Kirchenglieder, einschränken, sondern sie erweitern. [...] Die neue Synodal-konsistoriale Verfassung gibt unserer Kirche“, so heißt es weiter, „große Prärogative, macht sie selbständig, vom Staate unabhängig, der auf das bisher innegehabte Recht, sich in ihre inneren Angelegenheiten zu mischen, verzichtet hat: von nun an haben wir das Recht der Selbstbestimmung, vor allem das Recht, das Laienelement zur breiten Mitarbeit bis hin in die höchsten kirchlichen Ämter zu berufen und niemand kann uns als Führer aufgezwungen werden, nur der wird es sein, den wir selber wählen“. In personeller Hinsicht habe der Staat „einige Vorbehalte gemacht und sich gewisse Rechte gesichert“, da er „sich damit nicht einverstanden erklären kann, daß sich an der Spitze der Kirche, im Konsistorium, unter den Senioren und Pastoren Personen befinden, die sich feindlich zur polnischen Staatlichkeit verhalten, oder solche, die unter dem Schutz des Talars politisch-nationale Arbeit leisten“. Solche Pastoren habe es in der Ev.-Augsb. Kirche nicht gegeben und er, Bursche, hoffe, daß es solche auch in Zukunft nicht geben wird. Im Blick auf die Zukunft sprach Bursche aus: „Für unsere Kirche in Polen beginnt eine neue Ära der Freiheit und einer freien Entwicklung, eine Ära der Zusammenarbeit von Geistlichen und Laien, von Polen und Deutschen für die Sache Gottes. Wir erwarten von daher eine Vertiefung des religiösen Lebens und ein immer größeres Verständnis dafür, daß das Evangelium auch in Polen seine ihm von Gott gewiesene Sendung hat. [...] Von uns hängt es ab, ob wir die neuen Zeiten recht nutzen werden, oder ob wir durch Mangel an Einheit und gegenseitige Vorwürfe den Augenblick versäumen, den Gott uns schenkt“.[5]

Nüchterner und primär kirchenpolitisch begründet im Sinne des Polnischen Evangelizismus war das Urteil Bursches in seiner Darstellung der Geschichte der Ev.-Augsb. Kirche. Neben den „Lichtseiten“ des Staatsgesetzes (Art. 4, 7, 8, 10, 13 u.a.) stünden dessen „Schattenseiten“ (Art. 17, 19, 24, 25, 33). Die staatlichen Bindungen seien „Restriktionen, welche zwar nur Personalfragen betreffen und das Wesen der Kirche nicht tangieren,

3 Nowy ustrój Kościoła [Neue Verfassung der Kirche], in: GE vom 6. Dezember 1936.
4 ZE vom 6. Dezember 1936; FP vom 11. Januar 1937.
5 Dz.U.K.EA. 1937/1, 1ff.

die aber eventuell mißbraucht werden könnten, um mißliebige Personen zu entfernen". Ohne die Restriktionen sei aber kein neues Gesetz zu erlangen gewesen. Sie seien nicht so schwerwiegend, wie behauptet wird, denn der Bischof hätte in all diesen Fällen ein Wort mitzureden. „Wir evangelischen Polen", so Bursche, „fürchten diese Restriktionen nicht und haben das Zutrauen zu unserem Staat, daß er uns nicht vergewaltigen wird; und wenn er es versuchen würde, werden wir die Kraft des Widerstandes haben; wir sind deshalb alle – mit wenigen Ausnahmen – für das neue Kirchengesetz eingetreten". Das Innere Grundgesetz der Ev.-Augsb. Kirche sei „fast ganz auf dem Entwurf der Konstituierenden Synode aufgebaut. [...] Nur der Bestand der Synode ist von 93 auf 54 Personen reduziert". Nur der Wahlmodus habe sich geändert, aber „nur auf diese Weise können unkirchliche und marktschreierische Elemente von der Synode ferngehalten werden".[6]

Ein Interview Bursches zur Frage des neuen Staatsgesetzes in der polnischen politischen Tageszeitung „Kurjer Łódzki" [Lodzer Kurier] vom 1. Dezember 1936 unter der Überschrift „Die Germanisierungsversuche an evangelischen Polen nehmen ein Ende" wurde von ihm in der vorliegenden Form als „unsinnige Äußerung" bezeichnet. Eine Dementierung lehnte er aber ab.[7]

Im deutschen Teil der Ev.-Augsb. Kirche riefen Inhalt und Zustandekommen des Staatsgesetzes zunächst einen Schock und eine gewisse Ratlosigkeit hervor. Man hatte es dem Staat nicht zugetraut, die polnische Minderheit der Synodalkommission als „rechtliche Vertretung" der Kirche anzuerkennen und den mehrheitlich deutschen Kirchengliedern gegen ihren Willen im Wege der Dekretierung ein Staatsgesetz zu oktroyieren. Unterschiedliche Reaktionen wurden laut. In einer Zuschrift an die „Freie Presse" vom 30. November 1936[8] hob Pastor A. Löffler–Lodz hervor, daß das Dekret vom 25. November 1936 verpflichtendes Gesetz geworden sei, um fortzufahren: „Es wäre aber völlig falsch, wollte man aus der Ablehnung des neuen Kirchengesetzes eine Ablehnung der Kirche machen. Es ist immer noch unsere Kirche". Abgelehnt war damit zugleich die Tendenz, die „Landeskirche" zu verlassen und sich in einer Freikirche zu organisieren. Dieser Linie folgte auch die Arbeitsgemeinschaft der deutschen Pastoren auf ihrer am 2. Dezember 1936 in Lodz gehaltenen Konferenz. Nach eingehender Aussprache über die kirchliche Lage wurde der vom ehemaligen Senator Utta vorgeschlagene Weg der Bildung einer provisorischen Kirchenleitung abgelehnt, die Absendung eines Schreibens an den Gen.-Sup. Bursche, in dem sein Verhalten in der Angelegenheit des Kirchengesetzes von der deutschen Pastorenschaft als Preisgabe der kirchlichen Selbständigkeit empfunden und verurteilt werde, und eine Erklärung an die Öffentlichkeit beschlossen. In ihrer am 3. Dezember dem Generalsuperintendenten und dem Konsistorium zugeleiteten, der Presse übergebenen „Erklärung" vom 2. Dezember bekannten sich die deutschen Pastoren zur Erhaltung der Einheit der Ev.-Augsb. Kirche, kündigten jedoch Widerstand gegen ihre Auslieferung an den Staat und die Entrechtung des deutschen Teils der Kirche an. Sie sprachen von der Schwere und der Not der gegenwärtigen kirchlichen Lage, von Bestrebungen, die Kirche zu verlassen und bekannten: „[...] Wir gestehen, daß auch wir mit diesem Gedanken ernst-

6 *J. Bursche,* Kirche 75f.
7 Kurjer Łódzki vom 1. Dezember 1936 nach PEK 1936/3, 114f.
8 In: FP vom 30. November 1936.

lich ringen mußten. Je länger wir jedoch dieser Möglichkeit nachgingen, desto deutlicher wurde uns, daß der Austritt aus unserer Kirche im gegenwärtigen Augenblick Fahnenflucht bedeuten würde". Es sei nicht schwer, der Kirche, deren Ordnung einem nicht zusage, den Rücken zu kehren. Das entschieden Schwerere, dafür aber das Richtigere sei es, auf dem Posten auszuharren und den Kampf weiterzuführen. „Dem darf niemand", so die „Erklärung" weiter, „aus dem Wege gehen, handelt es sich doch hier um unsere Kirche, die unsere Väter unter vielen und großen Opfern erbaut und erhalten haben. In ihr haben wir das Heimatrecht. Hier stehen wir und hier bleiben wir. In ihr behaupten wir uns als das, was wir sind und bleiben wollen: als deutsche Lutheraner! Allen Glaubens- und Volksgenossen rufen wir deshalb zu: Jetzt, und jetzt erst recht in der Kirche bleiben und deutsch bleiben!"[9]

Enttäuscht auf die „Erklärung" der Arbeitsgemeinschaft deutscher Pastoren reagierte der „Deutsche Volksverband in Polen", die politische Organisation der deutschen Volksgruppe in Kongreßpolen. Sein am 8. Dezember 1936 in Lodz tagender Hauptvorstand ließ der Presse die Mitteilung zugehen, daß die „Erklärung" der Arbeitsgemeinschaft deutscher Pastoren das deutsche evangelische Kirchenvolk nicht befriedige und daß andere Mittel und Wege gefunden werden müßten, um dem Willen des Kirchenvolkes Geltung zu verschaffen.[10] Der Brief Uttas als Vorsitzender des Deutschen Volksverbandes an Pastor A. Kleindienst als Vorsitzenden der Arbeitsgemeinschaft deutscher Pastoren vom 9. Dezember 1936[11] spiegelt die innere Not wider, in der Kirchenfrage die rechte Entscheidung zu treffen. Utta teilte mit, daß der Hauptvorstand des Volksverbandes am 8. Dezember seinen Vorschlag der Schaffung einer provisorischen Kirchenleitung voll und ganz gebilligt habe. Von allen Seiten bekomme er Berichte, „daß das Volk zum Austritt aus der Kirche bereit sei und falls unsere Pastorenschaft versagen sollte, so hat man die Absicht, zur Freikirche überzugehen". Er sprach die Hoffnung aus, „daß unsere Pastoren, und vor allen Dingen Sie [Kleindienst] ihre Beschlüsse einer Revision unterziehen und unserem Volk die geistige Führung nicht versagen". Von allen Seiten, so Utta, werde er bedrängt und man verlange eine Parole, was zu tun sei. Er aber hätte diese Parole noch nicht gefunden. In einer Kirche unter Bursches Leitung könne er nicht bleiben und auch dem Kirchenvolke nicht empfehlen zu bleiben, andererseits könne er auch den Austritt aus der Kirche nicht empfehlen, solange er nicht mit gutem Gewissen sagen könne, wohin der Weg zu gehen hat. Die Freikirche sei immer noch nicht legalisiert und er befürchte, daß der planlose Austritt sich auch in völkischer Hinsicht katastrophal auswirken kann.

Pastor Kleindienst antwortete Utta am 14. Dezember[12] im Sinne der Beschlüsse der Arbeitsgemeinschaft vom 2. Dezember 1936. Im Augenblick könne nicht mehr als in der „Erklärung" gesagt werden. Eine offene Sprache wäre konfisziert worden, eine andere Losung konnte nicht gegeben werden, bevor nicht die nötigen Vorbereitungen getroffen worden sind. Auch den Pastoren lag es am nächsten, die Austrittslosung zu proklamieren, doch sie befürchteten, daß im gegenwärtigen Augenblick dadurch ein Chaos entstanden

9 Das Gebot der Stunde, in: FP vom 4. Dezember 1936; eine bedeutende Erklärung, in: NLZ vom 4. Dezember 1936.
10 Aus der Tätigkeit des Deutschen Volksverbandes, in: AK.
11 Brief, in: AK.
12 Brief, in: AK.

wäre. „Bevor wir nicht", so Kleindienst, „ein Haus haben, wo wir einziehen können, dürfen wir nicht ausziehen". Keine der bestehenden Kirchen in Polen könne im gegenwärtigen Augenblick die Garantie geben, „daß wir in ihrer Mitte sicher sind vor einem Kirchengesetz, wie wir es bekommen haben". Erst wenn in Kürze das Innere Grundgesetz erscheinen werde und die Wahlen zu den Diözesansynoden ausgeschrieben würden, gelte es zwischen Wahlkampf oder Wahlenthaltung zu entscheiden.

In ihrem Schreiben vom 12. Dezember 1936 an den Generalsuperintendenten[13] erinnerte die Arbeitsgemeinschaft Bursche daran, daß er mehrfach feierlich erklärt habe, daß er bei gleicher Stimmenverteilung in der Synodalkommission sich der Stimme enthalten würde, um den deutschen Teil der Kirche nicht zu majorisieren. Gerade seine Stimme hätte aber die Entscheidung bei der Legalisierung der Gesetzentwürfe gegeben, obwohl er mehrfach vor den deutschen Pastoren erklärt habe, daß die neuen Gesetzentwürfe „Polizeigeist atmen". Die inzwischen erfolgten Änderungen in den Gesetzentwürfen würden dieses Urteil nicht aufheben. Auch hätte ihn die deutsche Pastorenschaft inständig gebeten, dem völkischen Tatbestand in der Kirche Rechnung zu tragen. Trotzdem hätte er sein Jawort zu dem Sprachenparagraphen gegeben, der die Staatssprache schlechthin zur kirchlichen Amtssprache deklariert und schwerste Befürchtungen in den Gemeinden wachgerufen hat.

Das Schreiben der Arbeitsgemeinschaft der deutschen Pastoren vom 12. Dezember – 61 Pastoren hatten seinem Wortlaut zugestimmt, 10 hatten Bedenken – wurde von Bursche gereizt aufgenommen. In seinem Antwortschreiben vom 17. Dezember 1936[14] sprach er den deutschen Pastoren das Recht ab, seine Richter zu sein und betonte, daß er sein der deutschen Pastorenschaft auf der Konferenz in Lodz vom 21. Oktober 1936 gegebenes Versprechen gehalten, dem Entwurf des Staatsgesetzes erst zugestimmt habe, nachdem seinen beiden Abänderungswünschen Rechnung getragen wurde.

Auf der kirchenpolitischen Linie der Beschlüsse der Arbeitsgemeinschaft der deutschen Pastoren vom 2. Dezember 1936 lagen auch Stellungnahmen einzelner deutscher Pastoren. Pastor Richard Wagner–Bielitz brachte in der Bielitzer „Schlesischen Zeitung" vom 6. Dezember 1936 ausführliche „Anmerkungen zum neuen Kirchengesetz", das er zusammenfassend dahingehend beurteilte, daß unvoreingenommene Prüfung das Staatsgesetz vom 25. November willkommen heißen werde, weil es „endlich Ordnung schafft, wo allmählich Unordnung sich zu gestalten begonnen hat".[15] Pastor G. Schedler–Lodz schrieb über „Die Ordnung, die zukünftig in unserer Kirche gelten soll"[16], Superintendent Dietrich–Lodz erläuterte den Gemeindegliedern ihre ihnen nach der neuen Kirchenordnung zustehenden Rechte und Pflichten.[17] Nach den leidenschaftlichen Auseinandersetzungen um die staatlichen Gesetzentwürfe schien sich der deutsche Teil der Ev.-Augsb. Kirche mit dem vom Staat und dem Gen.-Sup. Bursche vollzogenen Tatsachen abgefunden zu haben, um vom Boden der neuen Gesetzgebung aus den Kampf um seine Rechte in der eigenen Kirche aufzunehmen.

---

13 Schreiben, in: AK.
14 Brief, in: AK.
15 *R. Wagner,* Anmerkungen, in: AK.
16 FP vom 13. Dezember 1936; NLZ vom 12. Januar 1937.
17 NLZ vom 31. Dezember 1936.

Die Rolle des Gen.-Sup. Bursche und die Zustimmung des größten Teils der polnischen Kirchenglieder zum Gesetzeswerk des Staates für die Ev.-Augsb. Kirche konnte nicht ohne Auswirkungen auf das gegenseitige Verhältnis und das so mühsam errungene Einigungswerk der ev. Kirchen in Polen bleiben. Mit dem Inhalt des Staatsgesetzes und dem Gesetzgebungsverfahren war auch für die anderen ev. Kirchen des Landes in der für sie entscheidenden Frage der Regelung ihres Verhältnisses zum Staat die Vorentscheidung gefallen. Preisgegeben war die Garantie der Staatsverfassung über die Gleichberechtigung und Autonomie der Kirchen der religiösen Minderheiten.

Die Unierten ev. Kirchen von Posen–Pommerellen und Polnisch-Oberschlesien und die Ev. Kirche A. u. H. B. in Galizien nahmen zu der staatlichen Gesetzgebung für die Ev.-Augsb. Kirche eine ablehnende, die beiden Reformierten Kirchen eine kritische Haltung ein. Superintendent Zöckler–Stanislau sah die einzige Verbesserung des Staatsgesetzes gegenüber vorhergehenden Entwürfen darin, daß sein § 1 keine „Annexion der Ev. Kirche A. und H.B.“ mehr vorsehe. Da es sich beim Staatsgesetz für die Ev.-Augsb. Kirche um den ersten Versuch handle, im neuen Polen das Verhältnis des Staates zu einer ev. Kirche zu regeln, sprach er die Hoffnung aus, daß sich in Verhandlungen des Staates mit anderen Kirchen neue Möglichkeiten ergeben, „denn auch in der Ev.-Augsb. Kirche gebe es Persönlichkeiten, welche die kirchenrechtliche Entwicklung als noch nicht abgeschlossen betrachten“.[18]

Am schwersten wogen der Austritt der Unierten Evangelischen Kirche in Polen (Posen–Pommerellen) am 8. Februar und der Unierten Evangelischen Kirche in Polnisch-Oberschlesien am 13. Februar 1937 aus dem Rat der ev. Kirchen in Polen unter Hinweis auf die Verletzung der die Mitglieder des Rates verpflichtenden Bestimmungen des § 1 der Statuten des Rates durch die Leitung der Ev.-Augsb. Kirche durch „ihre Stellung in Sachen des Erlasses eines Staatsgesetzes betr. das Verhältnis des Staates zur Ev.-Augsb. Kirche“.[19] Zu einem solchen Schritt konnte sich die Leitung der Ev. Kirche A. und H. B. nicht entschließen. Zöckler bekundete, daß der Rat „völlig bedeutungslos geworden ist, seit eine so wichtige Frage, wie die Ordnung des Verhältnisses der ev. Kirchen zum Staat, ohne ihn vor sich gegangen ist“.[20] Er verstehe den Schritt der beiden Unierten Kirchen. Der Zusammenschluß und die Zusammenarbeit der ev. Kirchen in Polen, sei es auch in bescheidenster und armseligster Form, erscheine ihm jedoch so wichtig, daß er die schweren Bedenken, die angesichts der jüngsten Vorkommnisse auch ihm gekommen seien, glaubte „einstweilen zurückstellen zu sollen, um wenigstens die Möglichkeit einer Verständigung im gegebenen Falle nicht auszuschließen“.[21]

Die polnisch-evangelische Presse verteidigte das Vorgehen Bursches und sah in den Entscheidungen der beiden Unierten Kirchen eine „schädliche Demonstration“, der „Kurjer Łódzki“ nannte den Austritt der Unierten Kirchen aus dem Rat „eine Rebellion gegen den Staat und diejenigen, die seine Belange hüten“, da er ein Protest gegen Bischof

---

18 EGG 1936/12, 193.
19 Austrittsschreiben, in: Anhang, Dok. 29.
20 EGG 1937/1, 15.
21 EGG 1937/8, 45.

Bursche sei, „der wegen seines Patriotismus und damit seiner bedingungslosen Loyalität dem Staate gegenüber bekannt ist“.[22]

Mit Interesse und steigender Sorge verfolgte das ev. Ausland die kirchlichen Ereignisse in Polen. Die Berichte der evangelischen kirchlichen Presse in Deutschland waren knapp[23], das führende Blatt der „Deutschen Christen“, das „Deutsche Sonntagsblatt“ vom 14. Februar 1937[24], sah Bursches kirchenpolitisches Handeln auf der Linie der Deutschen Christen und hob seine Zusammenarbeit mit dem Staat gegen die Bekennende Kirche der deutschen Pastoren hervor. Aus der Feder des Kirchenrechtlers Hans Wahl, Oberkonsistorialrat im Kirchlichen Außenamt in Berlin, stammt die eingehendste Analyse des staatlichen Gesetzeswerkes für die Ev.-Augsb. Kirche. Sein zusammenfassendes Urteil war: „[...] Die Verfassung ist weder von der Kirche entworfen, noch von ihrem autonomen Organ angenommen worden, [...] die Verständigung über das Staatsgesetz ist nicht mit der rechtmäßigen Vertretung [...] zustande gekommen. Eine Zustimmung der Kirche liegt nicht vor“.[25]

Am 19. November 1936, wenige Tage vor der Dekretierung des Staatsgesetzes, wandte sich Prof. Friedrich Ulmer, der Präsident des Martin-Luther-Bundes in Erlangen, namens der 32 deutschen und anderen lutherischen Kirchen und Kirchenwerke in 12 Ländern der Erde, die im Martin-Luther-Bund vereinigt sind, an Bursche. Ohne im einzelnen auf die verschiedenen Bestimmungen der geplanten Gesetze einzugehen, gab er seiner Überzeugung Ausdruck, „daß es sich um eine wichtige und überaus ernste Stunde der Evangelischen Kirche Lutherischer Reformation in Polen handelt“ und bat Bursche alles zu tun, was in seinen Kräften steht, um als beschworener Bischof seiner Kirche die innere Selbständigkeit derselben in einem fast in römisch-katholischem Geist geführten Staatswesen zu wahren. „Mögen Sie“, so Ulmer, „wie wir kämpfen mit aller Macht wider die säkularen Mächte, welche die Kirche Christi auf Erden in ihre Botmäßigkeit zu bringen suchen, und mögen Sie wie wir allewege der Kirche des Evangeliums die reine und unangetastete Verkündigung dieses Evangeliums zu bewahren imstande sein! Die Lutherische Kirche in aller Welt schaut auf Sie in dieser Schicksalsstunde der Ev.-Lutherischen Kirche in Polen“. Ulmer gab zum Schluß seiner Hoffnung Ausdruck, daß in letzter Stunde durch die Abwehr der geplanten Bestimmungen das drohende Auseinanderfallen der Ev.-Augsb. Kirche abgewendet werden könne.[26]

Gen.-Sup. Bursche antwortete Ulmer am 25. November 1936[27], dem Tage der Dekretierung des Staatsgesetzes für die Ev.-Augsb. Kirche. Er führte aus: „[...] Unser neues Kirchengesetz über das Verhältnis des Staates zu der Ev.-Augsb. Kirche in Polen enthält keinen einzigen Artikel, der die Freiheit und Unabhängigkeit der Kirche in ihrer Verkündigung gefährden sollte und mit dem lutherischen Bekenntnis unvereinbar wäre, sonst hätte ich und die Mitglieder der Synodalkommission, die für das neue Staatsgesetz gestimmt haben, dies nimmermehr getan. Im Gegenteil, gleich der erste Artikel des Ge-

22 Nach FP vom 7. März 1937.
23 LK 1936/23; JK vom 5. und 19. Dezember 1936.
24 Erwiderung auf den Aufsatz: „Um die Zukunft der ev. Kirche in Polen“.
25 *H. Wahl,* Ev. Staatskirchenrecht, Polen 106f.
26 Brief Ulmers, in: PEK 1936/3, 116.
27 Antwort Bursches, in: AK.

setzes garantiert unserer Kirche als einer freien und autonomen Kirche die volle Freiheit im Bekenntnis ihres Glaubens und der Ausübung ihres religiösen Kultus. Die Kirche regiert sich nach ihrem eigenen Recht, das freilich mit den Staatsgesetzen nicht in Widerspruch stehen darf, die Synode hat volle gesetzgeberische Kraft. [...] Das Gesetz enthält weiterhin mannigfache Vergünstigungen, die unserer Kirche erteilt werden. [...] Schattenseiten [des Staatsgesetzes] sind die Einschränkungen, die der Staat hauptsächlich in den Personalfragen stellt, [...] Einschränkungen, die uns nicht gefallen und wir hätten gewünscht, daß das neuerstandene Polen uns ein mehr liberales Kirchengesetz vorgeschlagen hätte. Diese Einschränkungen sind jedoch erklärlich durch die Verhältnisse, unter denen wir leben, durch die geopolitische Lage Polens, durch die Ansprüche des totalen Staates, der heute alles in seine Hand nehmen und überwachen will, endlich auch dadurch, daß dieselben Einschränkungen mutatis mutandis auch im Konkordat vorgesehen sind [...]". Bursche wiederholte zum Schluß: „Das Verharren beim alten Kirchengesetz von 1849 würde für unsere Kirche in Polen wenn nicht den Verfall, so doch nur ein Vegetieren bedeuten und uns keine genügende Kraft geben, um dem Anprall zu widerstehen; das neue Kirchengesetz ist für unsere Kirche eine Lebensnotwendigkeit. Wir hatten keine andere Wahl! Ich bin jedoch fest davon überzeugt, daß wir mit Gottes Hilfe uns auch unter dem neuen Kirchengesetz Rat geben werden, ja viel besser Rat, als bisher".

Auch die Lutherischen Kirchen von Schweden, Dänemark und der Lutherische Weltbund hatten sich in Angelegenheit der Staatsgesetze für die Ev.-Augsb. Kirche an den Gen.-Sup. Bursche, der anglikanische Bischof von Chichester und der Erzbischof Eidem von Uppsala auch über die diplomatischen Vertretungen Polens in London bzw. Stockholm an die polnische Regierung gewandt.[28] Die Auffassungen des Weltbundes für Freundschaftsarbeit der Kirchen brachte Prof. Siegmund-Schultze, der sich besondere Verdienste um die Einigung der ev. Kirchen in Polen erworben hatte, zum Ausdruck. Siegmund-Schultze bedauerte vom ökumenischen Standpunkt, daß es dem Protestantismus in Polen nicht gelungen ist, gemeinsame Grundlagen für die Ordnung der Beziehungen zwischen Staat und Kirche herzustellen. Das kirchliche Interesse an dieser Frage habe Bedeutung weit über die Grenze eines Landes hinaus. Wörtlich führte er aus:

„In einer Zeit, in der der Kampf zwischen Staat und Kirche auf der ganzen Linie entbrannt ist [...] ist es nicht gleichgültig, ob die protestantischen Kirchen eines Landes auf Grund der grundsätzlichen Ordnung ihrer Beziehungen Schaden erleiden. [...] Das Beispiel verschiedener Länder zeigt, daß der Staat in rücksichtslosester Weise die Machtmittel, die ihm selbst durch sehr geringe ‚kleine Finger' staatskirchlicher Bindungen gegeben werden, gegen die Kirche ausnützt, wenn er die ganze Hand der Kirche für seine politischen Zwecke braucht. Nun vollends, wenn die Komplikationen, die sich aus der Nationalitätenfrage ergeben, es dem Staat so leicht machen [...], ihm unbequeme Größen zu beschneiden oder aus der Welt zu schaffen. [...] Wenn in einem Lande die mächtigste protestantische Kirche mit dem Staat einen Sondervertrag schließt, bei dem der Staat einige Machtwünsche befriedigt erhält, dann wird er alsbald den schwächeren Kirchen seinen härteren Willen aufdrücken. [...] Wenn also das Gesetz, das die Augsburgische Kirche vom Staat erhalten hat, in irgendeinem Sinne als Paradigma für die bevorstehende Ordnung der Beziehungen des

28 Erzbischof Eidem an Prof. Gerber, in: AK; *J. Gryniakow,* Ustalenie 207.

Staates zu den anderen Kirchen gedacht sein sollte, wäre in der Tat der Protestantismus der ganzen Welt aufgerufen, die heiligsten Güter im Kampf gegen Staatsansprüche zu wahren, die den Charakter einer Vernichtung der inneren Freiheit der nicht polnisch geführten Evangelischen Kirchen Polens trügen".[29]

Härter noch war das Urteil des Holländers A.G.H. Hoogenhuyze und fast prophetisch seine Mahnung: „[...] Generalsuperintendent Bursche hat mit Hilfe der Staatsgewalt seiner Kirche diese Gesetzgebung aufoktroyiert ohne und gegen die Synode und Gemeinden, oder man kann auch sagen: Der polnisch-katholische Staat hat sich des Generalsuperintendenten Bursche und seiner drei Gefolgsleute bedient, um die von ihm gewünschten Gesetze der Ev.-Augsb. Kirche aufzuerlegen.[30] Hat erst eine evangelische Kirche diese Regelung sich auferlegen lassen, so wird es für die übrigen evangelischen Kirchen viel schwerer, einer solchen unkirchlichen Regelung zu widerstehen. Wo wirklich kirchliches Bewußtsein ist, wo man an evangelischen Bekenntnisschriften festhält, auch Opfer, Kampf, Not auf sich zu nehmen, bereit ist, da wird man von einem katholischen Staat, der früher oder später auch einmal eine marxistische Regierung religionsfeindlichen Charakters haben kann, die maßgebenden Stellen nicht nach kirchenfremden Gesichtspunkten besetzen lassen, sondern jeder gesetzlichen Regelung, die das möglich macht, bis aufs Äußerste widerstehen. Das erwartet die ganze Welt nicht anders".[31]

Den Zusammenhang zwischen Kirchen- und Nationalitätenfragen griff auch die „Reformierte Schweizer Zeitung" vom 11. Dezember 1936 auf und schrieb: „[...] Es tönt doch eigenartig, wenn 70 deutsche Pfarrer in einer Kundgebung erklären: Allen Glaubens- und Volksgenossen rufen wir zu, jetzt und jetzt erst recht in der Kirche bleiben und deutsch bleiben. Die Behauptung fremden Volkstums innerhalb eines Staates durch die kirchlichen Organe hat immer etwas Mißliches an sich und muß eine ständige Quelle von Mißtrauen werden. Wie weit dasselbe in Polen der deutschen evangelischen Kirche gegenüber gerechtfertigt ist, können wir von hier aus nicht beurteilen. Auch ist selbstverständlich der starke Eingriff des Staates trotzdem nicht gutzuheißen".

Aufgefordert vom Präsidenten des Internationalen Verbandes zur Verteidigung und Förderung des Protestantismus und des Internationalen Verbandes für Innere Mission, dem holländischen reformierten Theologen und Staatsmann, Jan Rudolph Slotemaker de Bruine–den Haag, gab der Vorsitzende der Arbeitsgemeinschaft deutscher Pastoren innerhalb der Ev.-Augsb. Kirche, Pastor Kleindienst, diesem am 10. Januar 1937 in Berlin einen persönlichen Bericht über die kirchliche Lage der Ev.-Augsb. Kirche in Polen und überreichte ihm das Memorandum: „Gedanken zum Gesetz betreffend das Verhältnis des Staates zur Ev.-Augsb. Kirche in der Republik Polen".[32] Das Memorandum gab Vorgeschichte, Zustandekommen und Inhalt des Staatsgesetzes vom 25. November 1936 wider und schloß mit den Sätzen: „[...] Die aus dem Kirchengesetz der Ev.-Augsb. Kirche in Polen sich ergebenden Gefahren treten klar hervor, wenn noch berücksichtigt wird, daß 1. die Ev.-Augsb. Kirche in Polen nur etwa zwei Prozent der Gesamtbevölkerung umfaßt,

29 Ekklesia V/21, 24ff., 27f.
30 *A. Hoogenhuyze,* Kirche, Volk und Staat 17.
31 *A. Hoogenhuyze,* a.a.O. 31f.
32 *A. Kleindienst,* Lietzmannstädter Ev. Kirche 460–470.

während der überwiegend größere Teil der Röm.-kath. Kirche angehört; 2. das Oberhaupt der Ev.-Augsb. Kirche in Polen sich zum polnischen Volkstum bekennt. Eine friedliche Zusammenarbeit innerhalb der Ev.-Augsb. Kirche in Polen ist nur möglich bei Berücksichtigung der Lebensinteressen des deutschen Teils des Kirchenvolkes. Das vorliegende Gesetz gibt keine genügende Garantie für eine friedliche Zusammenarbeit beider Nationalitäten in der ev. Kirche, gibt dagegen zu Befürchtungen bezüglich der Einheit der Ev.-Augsb. Kirche berechtigten Anlaß. Eine Trennung der Ev.-Augsb. Kirche in Polen in einen deutschen und einen polnischen Teil würde zweifellos zur Schwächung des Protestantismus in Polen, der ohnedies in sieben verschiedene Kirchen gespalten ist, führen".

Die kirchlichen Vorkommnisse in Polen stellte Prof. Adolf Keller–Genf, der Leiter der Europäischen Zentralstelle für kirchliche Hilfsaktionen und Sekretär des Schweizerischen Kirchenbundes, in seiner Stellungnahme vom 29. November 1936 „Kirche und Staat in Polen" in einen gesamtkirchlichen Zusammenhang. Er schrieb: „[...] Wie aktuell das große zentrale Thema der nächsten Weltkonferenz in Oxford „Kirche, Volk und Staat" ist, zeigt nicht nur der gegenwärtige Kirchenkonflikt in Deutschland, die Vernichtung der Kirche in Rußland, die Gefahr für die Kirchen in Spanien und Mexiko, sondern die kirchliche Gesetzgebung und Kirchenpolitik in einer Reihe von anderen Staaten. [...] Gegenwärtig erregt der Versuch des polnischen Staates, der Kirche endlich ihren Platz zu geben innerhalb der staatlichen Gesetzgebung, ein Aufsehen, das weit über Polen hinausreicht. Gegenwärtig liegt ein Entwurf vor, der die Beziehungen des Staates zur Ev.-Augsb. Kirche in der Republik Polen ordnen soll. Er hat dadurch besondere Bedeutung, daß er voraussichtlich das Muster sein wird für die gesamte Gesetzgebung des polnischen Staates für die evangelische Kirche. [...] Der neue Entwurf vom 14. Oktober 1936 droht die Kirche völlig dem Staate auszuliefern. [...] In den ev. Kirchen innerhalb Polens regt sich bereits heute der Widerstand gegen dieses Gesetz, von dem befürchtet wird, daß es ähnlich wie in Deutschland, die Kirche dem Staate ausliefern werde. Diese Gefahr wird umso stärker befürchtet, als der Präsident der Republik die Möglichkeit hat, das neue Kirchengesetz auf dem Wege des Dekrets zu erlassen. Damit würde der Einfluß der Synode auf ihre eigene Gesetzgebung völlig ausgeschaltet [...]".

In Beantwortung des Briefes von Pastor G. Schedler vom 21. Dezember 1936 und der von ihm gestellten Frage, „ob ein evangelischer Prediger befugt und berufen ist, einer Kirchenordnung zu widerstehen, die Weltliches und Kirchliches ineinandermengt und die eine Einladung an die Welt bedeutet", nahm Karl Barth–Basel zum Dekret vom 25. November 1936[33] Stellung. In einem langen Brief an Schedler vom 10. Januar 1937 schreibt Barth, daß er den Text des Dekretes mit höchstem Mißtrauen in die Hand genommen und gelesen habe. „Allein aus dem Text" dieses Dekrets wüßte er den Beweis für einen Widerstand nicht zu erbringen, bei gleichzeitiger Betonung, daß er darüber anders denken würde, wenn ihm die Vorgeschichte dieses Dekrets und die berechtigten Mutmaßungen über dessen praktische Anwendungen genügend bekannt wären. Barth griff tiefer. Bevor er auf die einzelnen Bestimmungen des Dekrets einging, stellte er die für ihn in diesem Zusammenhang entscheidende Frage nach dem Selbstverständnis der Ev.-Augsb. Kirche in Polen. Das Dekret sei „nichts Anderes als eine (formal zweifellos unter die Hoheit des Staates fallen-

33 Brief K. Barths, in: AK.

de) Regelung der Form, in welcher er die Ev.-Augsb. Kirche in Polen als Staats- oder Landeskirche anerkennen will. Die erste Frage, die hier von Schrift und Bekenntnis her zu stellen wäre, ist nun doch offenbar die: ob die Kirche sich diese Stelle und Rolle als Staats- oder Landeskirche überhaupt zuweisen lassen bzw. ob sie sie beziehen kann". Wer A gesagt hat, müsse auch B sagen. Das theologische Recht, die Vermengung von Kirchlichem mit dem Weltlichen zu perhorreszieren, habe man auf dem Boden der Freikirche, nicht aber auf dem einmal angenommenen Boden einer Staatskirche. „Wenn die Ev.-Augsb. Kirche es mit Schrift und Bekenntnis vereinbar hält, die Rechte und Wohltaten einer von Staatswegen privilegierten Kirche entgegenzunehmen, dann darf sie jedenfalls nicht grundsätzlich abgeneigt sein gegen die komplementären Bindungen und Verpflichtungen, die sich aus einem solchen Verhältnis ergeben". Auch hinsichtlich der Personalfragen will „der Staat in den kirchlichen Funktionären nicht nur diese als solche, sondern indirekt auch seine eigenen Beauftragten sehen". Die Sache mit der polnischen Gebetshymne im Gottesdienst sei „ein Unfug". In der theologischen Ablehnung des Bischofsamtes lag auch Barths kritischer Hinweis begründet: „Schlimm ist, daß Sie überhaupt einen zu ‚geistlicher Leitung' berufenen Bischof haben müssen und zu seiner Wahl ein solch kleines Kollegium: Warum wendet sich die Kritik nicht dagegen?" Das zusammenfassende Urteil Barths ging dahin, daß die Ev.-Augsb. Kirche in Polen als Staatskirche nicht das theologische Recht habe, sich dem Dekret des Staatspräsidenten zu widersetzen und zum Widerstand nur „in concreto" gerufen sein könne.

VI. Die Unierte evangelische Kirche in Polnisch-Oberschlesien 1922/23–1937

1. Die kirchliche Entwicklung bis zum Ablauf der Genfer Konvention am 15. Juli 1937. Die Einbeziehung der Unierten Kirche in das kirchenpolitische Programm des Polnischen Evangelizismus. Die Haltung des Staates

In der Zeit, da die Ev.-Augsb. Kirche in Polen ihre Rechtsgrundlagen vom Staat erhalten hatte, trieb die kirchliche Entwicklung in Polnisch-Oberschlesien (Poln.-O/S) ihrem spannungsvollen Höhepunkt entgegen. Die Unierte Kirche in Poln.-O/S war die zweite ev. Kirche, zu der der polnische Staat sein Verhältnis geregelt hatte. Das in der Gesetzgebung für die Ev.-Augsb. Kirche Gestalt gewinnende Staatskirchenrecht der Republik Polen hinsichtlich der Kirchen und Religionsverbände der religiösen Minderheiten hatte bei der Regelung des Verhältnisses des Staates zur Unierten Kirche in Poln.-O/S seine weitere Ausgestaltung erfahren.

Wenn auch die 1922 an Polen gekommenen oberschlesischen ev. Kirchengemeinden sehr bald das Bewußtsein einer eigenen Kirchenzugehörigkeit entwickelt hatten, so dauerte es doch einige Jahre, ehe sich der äußere Bestand der Gemeinden stabilisiert hatte. Die Gemeinden waren kleiner und ärmer geworden. Die finanziellen Nöte der Kirche waren durch den Ausfall der Kirchensteuermittel groß, der personale Engpaß kaum zu überwinden. Bedrohungen und Bedrückungen der Gemeinden und Gemeindemitglieder besonders in kleineren und abgelegenen Orten waren bis 1925 noch nicht abgeklungen. Immer wieder kam es vor, daß Fenster und Türen ev. Kirchen und Pfarrhäuser durch Steinwürfe zertrümmert, ev. Kinder auf dem Schulwege bedroht, beschimpft und mit Steinen beworfen wurden. Konfessioneller Chauvinismus war mit dem nationalen verbunden. Aus der Not der Zeit war dem Gemeindeleben eine innere Förderung und Vertiefung erwachsen. Der sonntägliche Gottesdienstbesuch betrug 20–25%, die Abendmahlsbeteiligung 60% der Seelenzahl.[1] Nationale oder sprachliche Spannungen kannte die Unierte Kirche in Poln.-O/S nicht. Die seit der Reformationszeit gemeinsame Kirchen-, Geistes- und politische Geschichte hatte den oberschlesischen Protestantismus, seine deutsch- wie polnischsprachigen Kirchenglieder in ihrer Diasporalage zu einer inneren Einheit zusammengeschlossen.

Auch das Verhältnis zu den nach 1922 nach Poln.-O/S in das Industriegebiet zugezogenen Polen ev.-augsb. Bekenntnisses aus dem Teschener Gebiet oder aus Kongreßpolen warf anfangs keine besonderen kirchlichen Probleme auf. Die Mehrzahl von ihnen schloß sich den Gemeinden der unierten Kirche an und hatte an den neu oder vermehrt eingeführten polnischen Gottesdiensten teilgenommen. Im Synodalbericht des Jahres 1924 brachte Kirchenpräsident Voß Verständnis dafür auf, daß einzelne der zugezogenen ev. Polen in Kattowitz und Myslowitz sich „außerhalb unserer Gemeinden halten", „mit Freuden begrüßte" er es aber, daß die große Mehrzahl der ev. Polen sich entschlossen habe, der Gemeinde Kattowitz beizutreten. Etwa sich ergebende Schwierigkeiten verkenne er nicht. „Es muß aber", so Voß, „unser Ziel sein, daß wir durch die im Evangelium liegende Kraft, das Trennende überwinden".[2]

Der Teil der zugezogenen ev. Polen, der sich den unierten Gemeinden nicht angeschlossen hatte und die Zahlung von Kirchenbeiträgen an diese verweigerte, betonte seine weitere Zugehörigkeit zur Ev.-Augsb. Kirche unter dem Konsistorium in Warschau. Gen.-Sup. Bursche protestierte bei Voß gegen Versuche unierter Gemeinden, Kirchenbeiträge auch von nach Poln.-O/S zugezogenen Gliedern der Ev.-Augsb. Kirche zu erheben und drohte mit Konsequenzen.[3] Es schien, als ob Bursche auch im Gebiet der Unierten Kirche in Poln.-O/S das Ziel verfolge, eigene polnisch-augsburgische Gemeinden auf national-konfessioneller Grundlage zu gründen, wie er es in Posen–Pommerellen zu tun begann. Die Frage der Kirchenmitgliedschaft der nach Poln.-O/S zugezogenen oder zuziehenden polnischen Glieder der Ev.-Augsb. Kirche war offen geblieben.

Das Verhältnis des Staates zur Unierten Kirche oder ihren Gemeinden war in den ersten Jahren nach dem Übergang der Staatshoheit spannungsfrei gewesen. Die immer kleiner werdende ev. Kirche fand kaum Beachtung, zur kath. Kirche hatte sie keine Beziehungen. Der Verkehr mit den Behörden entwickelte sich ohne besondere Reibungen, Schwierigkeiten waren nicht zu beklagen. Wo solche auftraten, waren sie durch persönliche Rücksprache oder im Wege des Schriftwechsels zu beheben.[4]

---

1 *H. Voß,* Die unierte Kirche, in: *G. Staemmler,* Der Protestantismus 28f.
2 Synodal-Jahresbericht 1924/52, in: AW.
3 *H. Voß,* Die besonderen Nöte 240f.
4 *H. Voß,* a.a.O. 236.

Den neuen Gegebenheiten staatlicher Ordnung und kirchlichen Lebens suchten Kirchenleitung und Gemeinden Rechnung zu tragen. Die Polonisierung der Staats- und Komunalverwaltung, des Schul- und Bildungswesens, des Gerichtswesens, stufenweise auch aller Bereiche des kulturellen und wirtschaftlichen Lebens und die Aufgabe der gottesdienstlichen und geistlichen Betreuung der in das Gebiet der Stadt- und Industriegemeinden der Unierten Kirche zuziehenden evangelischen Polen machte in zunehmendem Maße die Besetzung der Pfarrstellen mit zweisprachigen Geistlichen notwendig. Die vom Landeskirchenrat eingerichteten polnischen Sprachkurse führten nicht weiter. Da auch die Unierte Kirche in Posen–Pommerellen nicht aushelfen konnte, sah sich der Landeskirchenrat veranlaßt, an die Kirchenleitung der Ev. Kirche Augsburgischen und Helvetischen Bekenntnisses in Kleinpolen (Galizien), die mit den beiden Unierten Kirchen in der „Kattowitzer Arbeitsgemeinschaft" verbunden war, mit der Bitte heranzutreten, doppelsprachige Geistliche ihrer Kirche zu ermuntern, sich um frei werdende Pfarrstellen in der oberschlesischen Kirche zu bewerben. Unter Beachtung der kirchenrechtlichen Bestimmungen über die Aufnahme in den Dienst der unierten Kirchen – Ablegung eines Kolloquiums und Abgabe einer theologischen Erklärung über eine positive Einstellung zur kirchlichen Union – waren bis 1937/38 von den in der Ev. Kirche A. und H. B. tätigen oder aus ihr stammenden Geistlichen in den Dienst der Gemeinden der Unierten Kirche in Polnisch-Oberschlesien getreten: Kornelius Guttenberger–Ruptau, Wilhelm Koch–Ludwigsthal, Hans Harlfinger–Golassowitz, Dr. Eduard Bechtloff–Schoppinitz, Dr. Oskar Wagner–Kattowitz (Landessynodalpfarrer), Gustav Uibel–Anhalt, Alfred Bolek–Königshütte-Laurahütte, Waldemar Proß–Pleß, Edmund Hartung–Myslowitz, Heinrich Gerhardt–Rybnik, Wilhelm Bauer–Ruptau. Ausgenommen Guttenberger und des aus der Bukowina stammenden Koch, die österreichische Staatsbürger waren, besaßen alle anderen die polnische Staatsbürgerschaft. Guttenberger, Koch und Wagner waren aus dem Dienst der Ev. Kirche A. u. H. B. in Österreich nach Oberschlesien gekommen. Erst vom Jahre 1936/37 an konnte die Unierte Kirche in Polnisch-Oberschlesien den Bedarf an Theologen aus dem Nachwuchs der eigenen Gemeinden decken.

Vom Jahre 1923 an wurde die Zahl der polnischen Gottesdienste in den Industriegemeinden vermehrt. Im Jahre 1924 wurde vom Landeskirchenrat eine Gesangbuchkommission, bestehend aus den Pfarrern Gustav Häußler–Kattowitz, Karl Langner–Königshütte, Kirchenrat Friedrich Drabek–Pleß und Kantor Bruno Block–Pleß, zur Herausgabe eines polnischen Gesangbuches berufen, das an Stelle des veralteten und nicht mehr nachgedruckten „Brieger Gesangbuches" treten sollte. Der von der Landessynode 1930 genehmigte, 1931 in Kattowitz erschienene „Nowy Śpiewnik Ewangelicki czyli Kancjonał dla zborów Unijnego Kościoła Ewangelickiego" [Neues evangelisches Gesangbuch oder Kantional für die Gemeinden der Unierten Evangelischen Kirche, Auflage 5000][5] war – auch im Urteil des Gen.-Sup. Bursche – das beste der polnischen Gesangbücher. Pfarrer Häußler, dem das Hauptverdienst an der Erstellung des Gesangbuches zukam, verlieh die Ev.-Theol. Fakultät Breslau die Ehrenwürde eines Lizentiaten der Theologie. Die Druckkosten für den „Śpiewnik" (63 000 Zł.) hatte der Ev.-Oberkirchenrat in Berlin dem Landeskirchenrat als Darlehen zur Verfügung gestellt.

5 Vorwort zum Kantional; *H. Hischer–R. Baron,* Kancjonał.

Aufgenommen von der Unierten Kirche in Poln.-O/S wurde die zwischenkirchliche Zusammenarbeit mit den anderen ev. Kirchen im Lande. Sie gehörte zu den Mitbegründern der „Landesvereinigung Polen des Weltbundes für Freundschaftsarbeit der Kirchen" (1923) und des „Rates der evangelischen Kirchen in Polen" (1926). Voß, der die Schlußandacht bei der Gründungsversammlung des Rates in Wilna gehalten hatte, sprach den herzlichen Wunsch aus, „daß das dort begonnene Werk vor schweren Erschütterungen bewahrt werde, daß das, was zwischen einzelnen Kirchen liegt, aus dem Wege geräumt werden möge, und daß ein immer größeres Vertrauen zueinander eintreten könne".[6] Damit hatte Voß die sich abzeichnenden Hauptprobleme der Unierten Kirche in Poln.-O/S angesprochen: ihre Existenz im Spannungsfeld staatlicher Minderheitenpolitik, der dieser zugeordneten Interpretation der Konfessionsbestimmungen der Staatsverfassung und der Verwirklichung der kirchenpolitischen Ziele des Polnischen Evangelizismus.

Der Konflikt war vorprogrammiert, als der „Polnische Verband der Vereine und evangelischen Gemeinden Polens" vom Jahre 1924/25 seine Tätigkeit auf das Gebiet der Unierten Evangelischen Kirche in Polnisch-Oberschlesien ausdehnte, die nach Polnisch-Oberschlesien zugezogenen oder zuziehenden Polen ev.-ausgb. Bekenntnisses in „Vereinen evangelischer Polen" zu organisieren begann und diese in Zusammenarbeit mit Gen.-Sup. Bursche und den staatlichen Stellen als Träger und Vollstrecker der kirchenpolitischen und nationalen Ziele des Polnischen Evangelizismus tätig geworden waren. Die konfessionspolitische Problematik der oberschlesischen Abstimmungszeit erfuhr ihre direkte Fortsetzung, als der militärische Organisator der polnischen Aufstände im Abstimmungsgebiet, der aus Galizien kommende Dr. Michał Grażyński zum schlesischen Wojewoden (1926–1939) ernannt worden war und der aus dem Teschener Gebiet 1925 nach Kattowitz zugezogene ev. Rechtsanwalt Dr. Władysław Michejda, ehemals Hauptmann polnischer Aufstandseinheiten, die Führung des Vereins der ev. Polen in Kattowitz und des später gebildeten Verbandes der Vereine ev. Polen in Polnisch-Oberschlesien übernommen hatte (1925–1939). Die geistliche Führung der Vereine bzw. des Verbandes der Vereine der ev. Polen in Polnisch-Oberschlesien lag in den Händen des in der Nachfolge von Gen.-Sup. Bursche zum Vorsitzenden des Verbandes gewählten Seniors der Teschener Diözese der Ev.-Augsb. Kirche, Karl Kulisz, des mit Bursche befreundeten Vorkämpfers des Polnischen Evangelizismus im Teschener Gebiet und auf der Pariser Friedenskonferenz. Des öfteren bereiste Kulisz und andere polnische Geistliche der Ev.-Augsb. Kirche Polnisch-Oberschlesien und hielten dort Gottesdienste, Vorträge oder Versammlungen ab. In der Folge begann Kulisz, der Gründer und Leiter des polnischen Diakonissenhauses in Dzingelau b. Teschen, vom Staat angeforderte und bezahlte Diakonissen als Sozialfürsorgerinnen in Gemeinden der Unierten Kirche nach Polnisch-Oberschlesien (u.a. nach Kattowitz, Pleß, Sorau, Golassowitz) zu entsenden, wo sie neben Aufgaben der staatlichen Armen- und Waisenfürsorge auch kirchliche Arbeit zu verrichten hatten. Unabhängig oder parallel zu den Einrichtungen der Kirchengemeinden führten sie Jugendstunden durch, richteten Sonntagsschulen ein, organisierten Frauen- und Familienabende, erteilten Handarbeitsunterricht an ev. Minderheitsschulen usw.[7] Im Brief an den Sorauer Gemeindepfarrer brachte Kulisz zum

6 *H. Voß,* Vom Kongreß 10ff.

7 Synodal-Jahresbericht 1928, in: AW; Memorandum Senior Kulisz's.

Ausdruck, daß „die Entsendung der Schwester den Zweck hat, durch diese Diakonissenarbeit das patriotische Bekenntnis zur polnischen Nation zu fördern und die ev. Kirche im polnischen Staate heimisch und bei allen polnischen Patrioten beliebt zu machen“.[8]

Zum Problem der von den Vereinen der ev. Polen im Auftrag des Warschauer Konsistoriums der Ev.-Augsb. Kirche in den Gemeinden der Unierten Kirche in Poln.-O/S betriebenen kirchlichen Arbeit sah sich die Landessynode der Unierten Kirche vom 13. Juni 1928 erstmals veranlaßt, Stellung zu nehmen. In seinem Synodalbericht bejahte Kirchenpräsident Voß das „gute Recht derer, die außerhalb unserer Gemeinden stehen, sich zu organisieren und für eigene Gottesdienste zu sorgen“, verwahrte sich aber gegen die „Untergrabung jeder kirchlichen Ordnung“, wenn Geistliche oder Diakonissen einer anderen ev. Kirche ohne Wissen und Genehmigung der zuständigen Ortsgeistlichen in fremde Gemeinden eindringen. Das Ziel solcher Arbeit, so Voß, sei letztlich, „unsere Gemeinden zum Abfall von unserer Kirche zu bringen, und zwar nicht aus kirchlichen, sondern letztlich aus politischen Gründen“.[9]

Die Störung polnisch-evangelischer Gottesdienste in Pleß am 28. Juni 1928 (Schulschlußgottesdienst) und am 11. November 1928 (Gottesdienst aus Anlaß des polnischen Nationalfeiertages) durch polnischnationale, z.T. außerkirchliche, Gruppen veranlaßte den Landeskirchenrat zur Vermeidung ähnlicher Vorfälle am 28. Juli 1929 Beschwerde bei der Gemischten Kommission einzulegen, nachdem alle innerstaatlichen Rechtswege erschöpft waren.[10]

Im Zusammenhang mit Vorfällen in der Gemeinde Pleß hatte sich der Verband ev. Polen Ende Dezember 1928 an den Wojewoden Grażyński mit einer Eingabe gewandt[11], in der gebeten wurde, „den religiösen Bedürfnissen der polnischen evangelischen Bevölkerung in Oberschlesien besonderen Schutz zu gewähren“, da „unter den augenblicklichen obwaltenden Verhältnissen die polnisch-evangelische Bevölkerung infolge der Vorherrschaft des deutschen Elements in der ev. Kirche im höchsten Grade benachteiligt“ sei. Dank ihres Einflusses hätten die Repräsentanten der poln.-ev. Bevölkerung keinen Anteil an den religiösen Körperschaften, obwohl diese über 75% der Kirchenglieder ausmache. Die polnisch-evangelische Bevölkerung beeile sich zu versichern, daß sie mit der illoyalen Haltung der (deutschen) Pastoren nichts gemein hat. Im Namen der ganzen ev. Bevölkerung im oberschlesischen Teil der Wojewodschaft, „die in dem freien Ausleben ihrer religiösen Bedürfnisse im vaterländischen Geist und in der Muttersprache bedroht ist“, forderte der Verband die „schnellste Regelung der Rechtslage in der evangelisch-unierten Kirche durch Zusicherung der Gleichberechtigung der Bevölkerung beider Nationalitäten und durch Vornahme nötiger Maßnahmen, daß die Wirksamkeit der evangelischen Geistlichen nicht den nationalen Interessen der Bevölkerung und den Interessen des Staates widersprechen“.

Zur Lage der Unierten Kirche in Poln.-O/S schrieb Kirchenpräsident Voß Ende 1929: „[...] Unsere Gemeinden werden immer kleiner [...] und ärmer [...], in fast allen wird deutscher und polnischer Gottesdienst gehalten [...], sie liegen in einem fast ausschließlich

---

8 Synodal-Jahresbericht 1928, 11.
9 A.a.O. 12.
10 Beschwerde, in: AW.
11 Eingabe, in: AW (= Anlage V zum Memorandum des LKR an den Rat der ev. Kirchen in Polen vom 10. August 1932).

katholischen Lande und Staate. Das merken wir auf Schritt und Tritt. Unsere Kirche wird im besten Falle als eine wenig beachtenswerte Größe behandelt. [...] Unsere Glaubensgenossen polnischer Zunge sind uns wegen ihrer kirchlichen Treue allezeit besonders wert gewesen. Neuerdings wird durch nationalpolnisch eingestellte Evangelische aus dem Teschener Lande Spaltung und Unfrieden in einzelne unserer Gemeinden hineingetragen. Es ist das Bitterste, was wir in diesen harten Zeiten erleben, daß es Genossen unseres Glaubens sind, die uns unsere nicht leichte Arbeit hier am meisten erschweren. [...] Aber wir erfahren, daß die Gemeinden unter dem Kreuz nicht ungesegnet bleiben [...]".[12]

Am 28. Dezember 1929 brachte der Landeskirchenrat das Eingreifen der Ev.-Augsb. Kirche in das kirchliche und gemeindliche Leben der Ev. unierten Kirche in Polnisch-Oberschlesien vor den Rat der ev. Kirchen in Polen. Das Memorandum des Landeskirchenrates[13] und das Gegenmemorandum des Seniors Kulisz vom Anfang 1930[14] kamen auf der IV. Sitzung des Rates vom 12. Februar 1930 zur Verhandlung. In dieser erläuterte Voß die Anliegen des Memorandums des Landeskirchenrates, forderte die Achtung vor der Unabhängigkeit und der Selbstbestimmung der Kirchen, die Beseitigung der Politik aus der Kirche, und sprach den Wunsch aus, daß die ev. Polen in Oberschlesien dort besondere polnische Gemeinden bilden, wo sie ihre Anhänger und Landsleute haben.

Kuliszs Gegenmemorandum entfaltete das Programm des Polnischen Evangelizismus für die Unierte Kirche in Poln.-O/S. Kirchenpräsident Voß, so Kulisz, begreife nicht, welcher Umschwung sich in Oberschlesien durch die Zuteilung an Polen vollzogen habe. Er fühle auch nichts von dem, was er der polnischen Allgemeinheit als Präsident einer zu 3/4 polnischen Kirche schuldig sei. Die ev. Polen hätten nicht nur ein Recht, eine polnisch-evangelische Kirche zu organisieren. Dazu zwinge sie ihr Gewissen, die Verpflichtung vor der eigenen Nation, vor allem auch vor Gott und der allgemeinen ev. Kirche der Welt. Die ev. Polen hätten die Pflicht, für diese ev.-polnische Kirche alle diejenigen in Anspruch zu nehmen, die von Natur zu ihr gehören, d.h. das ganze evangelische polnische Volk.[15] Eschatologisch überhöht, führte das Memorandum aus: „[...] Auch für uns ev. Polen ist das Wort der Offenbarung Johannes geschrieben: ‚die Nationen bringen Ehre dar dem Königreich Gottes'. Wir wollen eingehen in das Königreich Gottes im Ruhme unserer Nation. Wir wollen ev. Polen sein, die treu und eifrig mit ihrer Nation zusammengehen. Wir wollen das Polentum als Evangelische darstellen, wir wollen es in das ev. Bekenntnis einfügen. Wir können nicht anders leben und denken, wir können unter keinem anderen Gesichtspunkt handeln. Wir konnten niemals anders und können es heut umsoweniger, als nur im Chor aller ev. Kirchen in der Welt und das Polentum mit ev. Geist durchtränken. Aber unser sind nur wenige. Unser sind so wenige, daß wir auf keinen verzichten können, der von Natur zu uns zu gehören hat. [...] Die deutsche ev. Kirche und die deutsche Nation brauchen nicht die Handvoll polnischen ev. Volkes in Oberschlesien in dem Maße, wie sie die polnische ev. Kirche braucht.[16] [...] Es ist nicht wahr, daß wir die Kirche sprengen

12 *H. Voß,* Die unierte ev. Kirche, in: Die ev. Kirche der Neuzeit 554f.
13 Memorandum des LKR, in: Protokoll der IV. Sitzung des Rates der ev. Kirchen vom 12. Februar 1930, in: AW.
14 Memorandum des Herrn Seniors Kulisz, in: AW.
15 A.a.O. 2.
16 A.a.O. 4.

wollen. Es ist jedoch unsere Pflicht, unsere ev. Landsleute in Oberschlesien darauf aufmerksam zu machen, daß sie sich mit Freuden an die geschichtliche Entwicklung der Ereignisse, wie sie sich gestaltet haben, anschließen müßten und daß sie weder eine staatliche noch kirchliche Verpflichtung haben, unter der Fahne des Deutschtums zu marschieren".[17] Die Bildung einer eigenen Kirche oder Sekte in Oberschlesien lehnte Kulisz ab. Die Entsendung polnischer Diakonissen nach Oberschlesien und ihre Arbeit geschehe, so Kulisz weiter, im Auftrag der Regierung, auch machten sie sich um die Sache der ev. Kirche in Polen verdient.[18]

Gen.-Sup. Bursche gab der Überzeugung Ausdruck, daß die Gegensätze nicht zu überbrücken seien und man versuchen müsse, sich gegenseitig zu verstehen, ohne sich gegenseitig der Illoyalität dem Staate gegenüber oder einer Arbeit zum Schaden der ev. Kirche zu beschuldigen.[19] Zöckler hatte die Gegensätze auf der Ebene gesehen: „[...] auf der einen Seite wirkt hier die deutsche Reformation, Tradition, Kultur und die deutsche Erziehung, auf der anderen Seite stehe die polnische Staatsraison und der Wunsch, alles in polnischer Hand zu vereinen, um den polnischen Protestantismus zu stärken".[20] Wenn es keine Hoffnung auf Ausgleich gebe, sei die ganze Arbeit des Rates umsonst. Die Wahl einer Kommission (Bursche, Voß, Nehring, Kulisz, Senator Evert) zur Prüfung der kirchlichen Lage in Oberschlesien[21] hatte Verlegenheitscharakter; sie war nie zusammengetreten. In der Sitzung des Rates der ev. Kirchen vom 12. Februar 1930 hatte Gen.-Sup. Bursche das Engagement des Warschauer Konsistoriums in Angelegenheiten der Unierten Kirche in Poln.-O/S erstmals offiziell bestätigt und ein Mitspracherecht in diesen angemeldet.

Kirchenrechtlich, kirchenpolitisch und praktisch konkretisierten sich die Gegensätze in der Frage der Kirchenmitgliedschaft der nach Polnisch-Oberschlesien zugezogenen polnischen Glieder der Ev.-Augsb. Kirche. Hatte Gen.-Sup. Bursche für die in das Gebiet der großen Unierten ev. Kirche in Posen–Pommerellen zuziehenden Polen augsburgischen Bekenntnisses eigene polnisch-augsburgische Gemeinden gegründet, „damit die in jene Wojewodschaften übersiedelten Lutheraner unserer Kirche erhalten bleiben und nicht in das Meer des sie umgebenden Katholizismus versinken oder der Union anheimfallen"[22], so ging er in der kleinen Unierten ev. Kirche in Polnisch-Oberschlesien andere Wege. Er rückte von der anfangs erwogenen Absicht, auch in Poln.-O/S eigene augsburgische Gemeinden auf national-konfessioneller Grundlage zu errichten, ab und gab die Weisung, daß alle nach Polnisch-Oberschlesien zuziehenden ev. Polen in die Gemeinden der Unierten Kirche eintreten sollten. Den Grund für die veränderte Stellungnahme Bursches sah die oberschlesische Kirchenleitung in der kirchenpolitischen Zielsetzung der mit Unterstützung des Warschauer Konsistoriums und des Staates betriebenen Arbeit des Verbandes der ev. Polen. Gen.-Sup. Bursche und das Warschauer Konsistorium „nahmen demnach alle Freiheit für

17 A. a. O.
18 A. a. O. 18ff.
19 Protokoll der IV. Sitzung des Rates 20.
20 A. a. O. 24.
21 A. a. O. 22ff.
22 *J. Bursche,* Kirche 70.

sich in Anspruch, die Frage der Kirchenzugehörigkeit zeitlich und örtlich bald anders zu entscheiden".[23]

Zur Klärung der Frage der Kirchenmitgliedschaft der in das Gebiet der Unierten Kirche in Poln.-O/S zuziehenden Glieder der Ev.-Augsb. Kirche hatte die Landessynode der Unierten Kirche in Poln.-O/S am 18. Juni 1930 unter Hinweis auf die vom Warschauer Konsistorium im Gebiet der Unierten Kirche in Posen–Pommerellen getroffene Regelung den einstimmigen Beschluß gefaßt, neu zuziehende Mitglieder der Ev.-Augsb. Kirche in Polen so lange nicht als vollberechtigte und vollverpflichtete Mitglieder der unierten Gemeinden aufzunehmen, so lange die Frage deren Kirchenzugehörigkeit nicht in Verhandlungen mit dem Warschauer Konsistorium geklärt würde, wobei „auch in Zukunft unsere Kirche auf Wunsch auch solchen glaubensverwandten Evangelischen in Predigt, Seelsorge, Abendmahl und Amtshandlungen zu dienen bereit sein muß". Auch wurde beschlossen, die Vereine der ev. Polen nicht als kirchliche Vereine der Unierten ev. Kirche anzuerkennen.[24]

Gegen den Beschluß der Landessynode vom 18. Juni 1930 hatte der Verband ev. Polen Einspruch erhoben und sich in einer Eingabe an die Staatsbehörden mit der Bitte gewandt, sich mit den Zuständen in der Unierten Kirche in Poln.-O/S zu befassen und „den evangelischen Polen in Schlesien den Genuß der natürlichen religiösen Rechte zu ermöglichen und sicherzustellen".[25]

Zu Verhandlungen mit dem Warschauer Konsistorium in der Frage der Kirchenmitgliedschaft der nach Poln.-O/S zuziehenden Glieder der Ev.-Augsb. Kirche war es nicht gekommen. Vielmehr hatte sich die Lage im Laufe des Jahres 1931 entscheidend verschärft, als Gen.-Sup. Bursche angefangen vom Jahre 1931, auf Verlangen des Wojewodschaftsamtes polnische ev. Geistliche der Augsb. Kirche nach Poln.-O/S – zuerst Pfr. Alfred Figaszewski als Militärkaplan nach Kattowitz, dann Pfr. Gustav Gerstenstein als Katecheten nach Königshütte – zu entsenden begann. Mit der Führung der Vereine der ev. Polen beauftragt, sahen diese Geistlichen ihre – in Zusammenarbeit mit staatlichen Stellen und den Dzingelauer Diakonissen zu leistende – Arbeit in der „Weckung des unterentwickelten nationalen Bewußtseins" der polnischsprachigen Glieder der Unierten Kirche. Zur publizistischen Vertretung der Belange des Polnischen Evangelizismus in der Unierten Kirche in Polnisch-Oberschlesien und als Bindeglied zwischen den Ortsvereinen, dem Verband der Vereine ev. Polen und dem Warschauer Konsistorium wurde von Figaszewski Anfang Januar 1932 der „Ewangelik Górnośląski. Dwutygodnik poświęcony sprawom religijno-społecznym" [Der evangelische Oberschlesier. Zweiwochenschrift gewidmet religiös-gesellschaftlichen Fragen], Kattowitz 1932–1939, ins Leben gerufen.[25a]

---

23 *H. Voß,* Die Unierte Kirche (SD) 16, 19.

24 Beschluß der Landessynode 1930, in: AW; *G. Langer,* Zur Frage 67; vgl. *H. Voß,* Die Unierte Kirche (SD) 19; *ders.:* Die besond. Nöte 241; *W. Michejda,* Ein Wort 9ff.

25 GE vom 8. März 1931.

25a *J. Black,* Militärseelsorge 12: „Die Militärseelsorge erlebte im wiedererstandenen polnischen Staat zwischen den Weltkriegen eine einmalige Hochblüte. Die Interessen von Staatsführung und katholischer Kirche begegneten sich in dem gemeinsamen Streben nach innerer Konsolidierung des Landes. Die politische Führung sah sich dabei noch vor die besondere Aufgabe gestellt, nicht nur nationale Minderheiten, sondern auch Minderheiten mit nicht-römisch-katholischer Konfessions- bzw. Religionszugehörig-

Die kirchenpolitische Lage der Unierten Kirche in Polnisch-Oberschlesien am Ende des Jahres 1931 sprach Kirchenpräsident Voß mit den Worten an: „[...] Aber als ungeheuerlich empfinden wir es, wenn evangelische Glaubensgenossen aus dem Staatsvolk, innerhalb des Staatsvolkes selbst eine kirchliche Minderheit, einer evangelisch-kirchlichen Minderheit, deren größter Teil auch zur deutschen Minderheit gehört, aus politischen Gründen in den Rücken fällt, in deren Gemeinden Gottesdienste veranstaltet, Diakonissen anstellt, dazu die Hilfe staatlicher Stellen in Anspruch nimmt, Zwiespalt hervorruft – hie deutsch, hie polnisch! –, kirchlich zerstörende Arbeit treibt, in Tageszeitungen und kirchlichen Blättern gegen die ev. Bruderkirche hetzt, das Vertrauen in die Loyalität der Minderheit zu einem ihr selbst höchst unerwünschten Abwehrkampf treibt. [...] Sie haben offenbar das Ziel vor Augen, die unierte ev. Kirche in Poln.-O/S [...] als polnische Kirche zu organisieren. [...] Sie erwarten von uns, daß wir [...] mit allem, was wir sind und haben, ins nationalpolnische Lager übergehen und unsere Gemeinden in dieses Lager hinüberführen, oder daß wir aus unserem Amte scheiden und das Land verlassen. [...] Aber solange ich lebe, werde ich daran festhalten, daß, wenn irgend etwas zwischen Angehörigen verschiedenen Volkstums Brücken schlagen soll und kann, das Evangelium von Jesus Christus dazu die Macht hat, und daß, wenn irgendwo Angehörige verschiedenen Volkstums sich zu gegenseitiger Förderung zusammenfinden sollen und können, dies im Bereich einer ev. Kirche und Gemeinde geschehen soll. Zum Frieden sind wir berufen".[26]

Die Landessynode vom 25. Mai 1932 wies den Einspruch des Verbandes der ev. Polen gegen die Beschlüsse der Landessynode betr. Kirchenmitgliedschaft und Nichtanerkennung der Vereine ev. Polen als kirchliche Vereine der unierten Kirche zurück. Sie bedauerte, „daß durch die Arbeit der Vereine ev. Polen die Saat des Unfriedens und der Zwietracht mehr und mehr im Bereich unserer Kirche ausgestreut wird", beklagte es, daß „diese Vereine auf allen Gebieten des kirchlichen Lebens und der Liebestätigkeit unserer Kirche entgegenarbeiten". Sie erklärte es für „untragbar, daß Geistliche einer anderen Kirche sich nicht auf den Dienst an den Gliedern ihrer Kirche beschränken, sondern sich überhaupt zu Führern des polnischen Teils unserer Gemeinden aufwerfen". Wenn Glieder auswärtiger Kirchen die Ordnung der unierten Kirche für ihre Bedürfnisse nicht für ausreichend hielten, so stünde es ihnen frei, eigene Gemeinden zu gründen. Gegenüber allen, die guten Willens

keit zu integrieren. In den Dienst dieser Aufgabe hat der Staat insbesondere auch die Militärseelsorge gestellt. Diese hat einen dementsprechenden Ausbau erfahren. Ihre Struktur und ihre Zuständigkeit hoben sich von anderen vergleichbaren Staaten ab"; *Black* a.a.O 24: „[...] Für die Soldaten dieser Volksgruppen [der nationalen und religiösen Minderheiten] besaß die Militärseelsorge aus der Sicht des Staates auch eine eminent politische und integrierende Bedeutung. So bestand denn auch beim Ministerium für das Militärwesen gleichrangig neben der Kurie des [kath.] Militärbischofs als zweite oberste Militärseelsorgebehörde das ‚Büro für Angelegenheiten der nicht-katholischen Bekenntnisse' ". Im Dekret des Staatspräsidenten für die Ev.-Augsb. Kirche in Polen vom 25. November 1936 (Art. 9) wurde für die religiöse Fürsorge der Militärpersonen, die der Ev.-Augsb. Kirche angehören, „ein evangelisch-augsburgischer Seelsorgedienst als Bestandteil des Militärs" (Sperrung des Vf.) eingerichtet.

26 *H. Voß,* Ev. Kirche und ev.-kirchliche Minderheiten 88ff.

sind, erklärte die Synode ihre Bereitschaft zur Zusammenarbeit über alle Gegensätze hinweg.[27]

Wie nach dem Synodalbeschluß von 1930, so hatte das Warschauer Konsistorium in Angelegenheit der nach Polnisch-Oberschlesien zuziehenden Glieder der Ev.-Augsb. Kirche auch nach dem Synodalbeschluß von 1932 keine Verbindung zur Unierten Kirche in Poln.-O/S aufgenommen.[28]

Staatliche Minderheitenpolitik in Verbindung mit den kirchenpolitischen Bestrebungen des Polnischen Evangelizismus führten im Jahre 1934 zum offenen Konflikt der Unierten ev. Kirche in Polnisch-Oberschlesien mit dem Staate. Im Jahre 1933 hatte die Regierung die Geistlichen der Unierten Kirche aus dem Religionsunterricht an höheren Schulen, den polnischen wie den deutschen Minderheitenschulen, verdrängt, diesen den von Gen.-Sup. Bursche nach Polnisch-Oberschlesien als Katecheten und Leiter der Vereine ev. Polen entsandten polnisch-augsb. Geistlichen – im Jahre 1933 waren zwei weitere, Georg Kahanè und Siegmund Kuźwa, dazugekommen – übertragen, diese auch mit der pädagogischen Aufsicht über den ev. Religionsunterricht an sämtlichen Schulen Polnisch-Oberschlesiens beauftragt. Die von der Unierten Kirche vorgeschlagenen Lehrbücher für den ev. Religionsunterricht wurden nicht bestätigt, an deren Stelle ohne Fühlungnahme mit der Kirchenbehörde der Unierten Kirche die Religionsbücher der Ev.-Augsb. Kirche eingeführt. Der Unierten Kirche wurde vom Staate das Recht der Erteilung des Religionsunterrichtes auch an ihren eigenen Kirchengliedern und das Recht der Leitung und Beaufsichtigung des Religionsunterrichtes im eigenen Kirchengebiet genommen und einer anderen Kirche übertragen. Als alle Eingaben des Landeskirchenrates in dieser Frage an die zuständigen Unterrichtsbehörden ohne Antwort geblieben waren, sah sich der Landeskirchenrat am 24. Januar 1934 veranlaßt, auf Grund Artikel 585 der Genfer Konvention Beschwerde bei der Gemischten Kommission einzulegen.[29]

Der Konflikt mit dem Staate spitze sich zu, als der Wojewode Grażyński der Forderung des Verbandes der ev. Polen stattgab und mit Anordnung vom 9. April 1934[30] den Beschluß der Landessynode vom 18. Juni 1930 „auf Grund des dem Wojewodschaftsamt zustehenden Aufsichtsrechtes“ suspendierte und den Landeskirchenrat aufforderte, den Entscheid des Wojewodschaftsamtes „innerhalb eines Monats der Landessynode vorzulegen zwecks freiwilliger Aufhebung des Beschlusses vom 18. Juni 1930“. Landeskirchenrat und Landessynodalvorstand der Unierten Kirche in Poln.-O/S verneinten in ihrer Beschwerde an das Kultusministerium vom 26. April 1934[31] ein Aufsichtsrecht des Wojewoden über die Unierte Kirche, wiesen darauf hin, daß die Frage der Kirchenmitgliedschaft eine innerkirchliche Angelegenheit sei, über die die christlichen Kirchen allein zu befinden haben und beantragte, die Anordnung des Wojewoden aus formellen wie materiellen Gründen aufzuheben. Eine Antwort des Ministeriums war nicht ergangen.

---

27 Beschluß der Landessynode vom 25. Mai 1932, in: AW, vgl. *H. Voß,* Die Unierte Kirche (SD) 19; *ders.:* Die besond. Nöte 241f.; *G. Langer,* Zur Frage.
28 Siehe S. 127f.
29 Beschwerde vom 24. Januar 1934, in: AW.
30 Anordnung des Wojewoden, in: AW.
31 Beschwerde an das Kultusministerium vom 26. April 1934, in: AW.

Der Konflikt mit dem Staate verschärfte sich, als der Wojewode mit Entscheid vom 21. April 1934 unter Bezug auf den suspendierten Synodalbeschluß vom 18. Juni 1930 Einspruch gegen die einstimmig erfolgte und vom Landeskirchenrat bestätigte Wahl des Pfarrers Alfred Bolek in Königshütte erhob, der Landeskirchenrat Berufung gegen den Entscheid des Wojewoden beim Kultusministerium eingelegt und die Angelegenheit vor den Präsidenten der Gemischten Kommission gebracht hatte.[32] Nach Zurückweisung der Berufung seitens des Kultusministeriums wurde vom Landeskirchenrat das Oberste Verwaltungsgericht in Warschau angerufen. Eine Entscheidung des Obersten Verwaltungsgerichts war nie ergangen. Ähnlich wie im Falle Bolek hatte der Wojewode 1934 die Wahl des Pfarrers Waldemar Proß zum Pfarrer der Gemeinde Pleß (II. Pfarrstelle, die „polnische") nicht bestätigt, diesmal mit der zusätzlichen Begründung, daß Proß ausschließlich an ausländischen Universitäten studiert habe. Auch im Falle Proß, der seine II. theol. Prüfung, die Anstellungsprüfung, vor der Prüfungskommission der Ev. Kirche A. und H. B. in Galizien abgelegt hatte, sah sich der Landeskirchenrat veranlaßt, gegen den Entscheid des Wojewoden Einspruch beim Kultusministerium in Warschau einzulegen.

Der Verband der ev. Polen und die im Gebiet der Unierten Kirche eingesetzten polnischen Geistlichen begleiteten publizistisch die Maßnahmen des Wojewoden. Zu kirchenpolitischen und nationalen Manifestationen gestalteten sich die nach Kattowitz verlegte Gründungsfeier des „Verbandes der evangelischen Jugendvereine in der Republik Polen" im Februar 1934 wie die Feier des Verbandes der ev. Polen im Juni 1934 in Königshütte aus Anlaß der 10jährigen Gründung des ersten Vereins der ev. Polen in Polnisch-Oberschlesien, zu der Gäste aus ganz Polen, aus der Tschechoslowakei und aus Deutschland geladen waren und bei der Gen.-Sup. Bursche den mit der polnischen Nationalhymne abgeschlossenen Festgottesdienst hielt, nicht minder der im September 1934 in der Industriegemeinde Antonienhütte gehaltene „Tag des Evangelischen Polen".[33]

Der Konflikt der Unierten Ev. Kirche in Polnisch-Oberschlesien mit dem Staate, dem Konsistorium der Ev.-Augsb. Kirche in Warschau und dem von Gen.-Sup. Bursche bestimmten Verband der ev. Polen führten zu wissenschaftlichen und publizistischen Auseinandersetzungen in Fragen der Kirchenmitgliedschaft in einer ev. Kirche und der Kirchlichen Union. Das Gutachten des Leipziger Kirchenrechtlers, Prof. Gottfried Langer, „Zur Frage des Erwerbs der Mitgliedschaft in der Unierten evangelischen Kirche in Polnisch-Oberschlesien"[34] begründete die kirchliche Legitimität des Synodalbeschlusses vom 18. Juni 1930. Der Vorsitzende des Vereins der ev. Polen, Dr. W. Michejda, bestritt diese Legitimität in der Schrift „Ein Wort über die Zustände in der Unierten Evangelischen Kirche in Polnisch-Oberschlesien", der ein zweites Gutachten von Prof. Langer[35] gefolgt war. Zur Frage der kirchlichen Union, die von W. Michejda in seiner Schrift „Ein Wort [...]" aufgeworfen worden war, hatten sich die Tübinger Professoren Hanns Rückert und G. Wehrung in ihrem Gutachten vom 28. Juni 1936 „Zum Problem der Union mit beson-

32 *H. Voß,* Die Unierte Kirche (SD) 25; *W. Michejda,* Ein Wort 61f.
33 *J. Kahanè,* Życie 45.
34 Gutachten Langer, in: ED 1935, 67–85.
35 *H. Voß,* Die Unierte Kirche (SD) 19.

derer Berücksichtigung auf die Lage der Evangelischen Kirche in Polnisch-Oberschlesien"[36] geäußert.

Um die Jahreswende 1934/35 trugen Bemühungen des Weltbundes für Freundschaftsarbeit der Kirchen und außenpolitische Rücksichten der polnischen Regierung zur Entspannung der kirchlichen Lage in Polnisch-Oberschlesien bei. Polen hatte kein Interesse daran, den Gesamtkomplex der oberschlesischen kirchlichen Fragen in der Gemischten Kommission, einem Organ des Völkerbundes, zur Verhandlung kommen zu lassen. Unabhängig davon war zwischen Deutschland und Polen, den beiden Vertragspartnern der Genfer Konvention, die „Deutsch-Polnische Erklärung vom 26. Januar 1934"[36] abgeschlossen worden, in der beide Regierungen ihre Absicht erklärten, „sich in den ihre gegenseitigen Beziehungen betreffenden Fragen, welcher Art sie auch sein mögen, unmittelbar zu verständigen".

Erstmals seit dem Jahre 1923 war es im Dezember 1934 auf Anregung des Wojewodschaftsamtes zu einer Besprechung zwischen dem Wojewoden von Schlesien und der Kirchenleitung der Unierten Ev. Kirche in Polnisch-Oberschlesien gekommen, zum ersten Gespräch auch zwischen Kirchenpräsidenten Voß und dem Wojewoden Grażyński. Das Gespräch sprach alle zwischen Kirche und Staat strittigen aktuellen Fragen an und war von der gegenseitigen Bereitschaft zu ihrer friedlichen Lösung getragen: der Landeskirchenrat zog seine Beschwerde bei der Gemischten Kommission, der Wojewode seinen Einspruch gegen die Pfarrer Bolek und Proß zurück.[38]

Die Entspannung im Verhältnis Kirche–Staat machte den Weg für neue ökumenische und zwischenkirchliche Kontakte mit der Ev.-Augsb. Kirche frei. Dem vom Weltbund für Freundschaftsarbeit der Kirchen nach Polen wieder entsandten Prof. Siegmund-Schultze ward es möglich, für den 17. Dezember 1934 eine Sitzung der Landesvereinigung Polen des Weltbundes einzuberufen und für den 18. Dezember 1934 die an der Sitzung des Landesverbandes teilnehmenden Mitglieder des Rates der ev. Kirchen in Polen zu einer Sitzung unter seinem Vorsitz zusammenzuführen.[39] Die wieder aufgenommenen Kontakte zwischen den Kirchenleitungen der Unierten Kirche in Polnisch-Oberschlesien und der Ev.-Augsb. Kirche führten zu grundlegenden Verhandlungen des Landeskirchenrates (Voß, Drabek, Sowade, Wagner) und der Vertreter der Unierten Kirche in Posen–Pommerellen (Nehring, Klawun, letzterer auch Rechtsberater des Landeskirchenrates) mit den Vertretern der Ev.-Augsb. Kirche (Bursche, dem von Bursche in der Nachfolge von Senior Kulisz beauftragten Führer der nach Oberschlesien entsandten polnischen Geistlichen, Pfarrer Georg Tytz [Tietz, Tyc]–Sosnowitz) und Dr. Michejda, dem Vertreter des Verbandes der ev. Polen am 15. Januar 1935 in Kattowitz in Angelegenheit der in das Gebiet der Unierten Kirche zuziehenden Glieder der Ev.-Augsb. Kirche.[40] Gegenstand der Verhandlungen waren die fünf von Bursche unterstützten, mit der Wojewodschaft abgesprochenen Forderungen Michejdas: 1. Freiwillige Aufhebung des Beschlusses der Landessynode vom 18.

---

36 Gutachten Rückert–Wehrung, in: KuH 1937; *H. Voß,* Die Unierte Kirche (SD) 22f.
37 Deutsch-Polnische Erklärung, in: DWB II, Dok. 9 und 10.
38 *H. Voß,* Die Unierte Kirche (SD) 20; *ders.:* Die Unierte Kirche im Jahre 1935, 180; *W. Michejda,* Ein Wort 65f.
39 *H. Voß,* Die Unierte Kirche (SD) a.a.O.; *J. Gryniakow,* Ekumeniczne dażenia 140.
40 *H. Voß,* Die Unierte Kirche im Jahre 1935, a.a.O.

Juni 1930; 2. Vermehrung der polnischen Gottesdienste und deren Abhaltung durch polnische (nach Oberschlesien entsandte) Geistliche; 3. Erteilung von Religionsunterricht an den Schulen durch polnische (augsburgische) Geistliche und Lehrer; 4. Anerkennung der Vereine der ev. Polen als kirchliche Vereine der Unierten Kirche; 5. Erteilung des Konfirmandenunterrichts an polnische Konfirmanden durch polnische (augsburgische) Geistliche.[41] Die Geistlichen der Unierten Kirche sollten in Predigt und Seelsorge an ihren polnischsprachigen Gemeindegliedern ausgeschaltet werden. Die Forderungen des Verbandes der ev. Polen und die von Kirchenpräsident Voß zu diesen vorgetragene Stellungnahme des Landeskirchenrates waren Gegenstand der Aussprache in der IX., der letzten, Sitzung des Rates der ev. Kirchen in Polen vom 29.–30. Januar 1935 in Warschau.[42] Voß führte aus: 1. Der Synodalbeschluß von 1930 sei in Abwehr der kirchenpolitischen Einbrüche gefaßt; seine Aufhebung ist von der Frage der Klärung der Kirchenmitgliedschaft der nach Oberschlesien zuziehenden Glieder der Ev.-Augsb. Kirche abhängig; 2. Die Unierte Kirche sei weiterhin bestrebt, die Zahl der polnischen Gottesdienste zu vermehren; eine gastweise Abhaltung dieser Gottesdienste durch Geistliche einer anderen Kirche sei nach Beschluß des betreffenden Kirchenvorstandes im Einvernehmen mit dem Landeskirchenrat möglich. Geistliche polnischer Nationalität hätten jederzeit die Möglichkeit, sich um freie Pfarrstellen in der Unierten Kirche zu bewerben. Die für alle aus anderen Kirchen kommenden Geistlichen geltenden Bestimmungen (abgeschlossene theol. Studien, Kolloquium und eine Erklärung betr. positive Einstellung zur Kirchlichen Union) bei Bewerbungen gelten auch für sie; 3. Auf die Erteilung des Religionsunterrichtes an Glieder ihrer Kirche könne keine ev. Kirche verzichten; 4. Die Anerkennung der Vereine der ev. Polen als kirchliche Vereine der Unierten Kirche kann aufgrund ihrer Arbeitsweise und Zielsetzung nicht erfolgen. Den Gemeinden werde empfohlen, diesen Vereinen kirchliche Räume für religiöse und kirchliche Feiern ihrer Mitglieder zur Verfügung zu stellen; 5. Konfirmandenunterricht an Konfirmanden der eigenen Kirche sei Sache der zuständigen Gemeindepfarrer; er werde an deutsche und polnische Konfirmanden in ihrer Sprache erteilt. Abschließend erklärte Voß, daß die Unierte Kirche bereit sei, über diese und andere Fragen im Rat der ev. Kirchen zu verhandeln. Im Interesse der Erhaltung des Friedens unter den ev. Kirchen sei es notwendig, ihre Eigenart und Selbständigkeit zu beachten. Die Ev.-Augsb. Kirche werde gebeten zu erwägen, ob sie nicht auch in Polnisch-Oberschlesien eigene augsburgische Gemeinden gründen solle, wie sie es im Gebiet der Unierten Kirche in Posen–Pommerellen getan habe.

Gen.-Sup. Bursche lehnte die Gründung ev.-augsb. Gemeinden in Polnisch-Oberschlesien ab. Die Lage in Posen–Pommerellen und Oberschlesien sei unterschiedlich. Im Gegensatz zur Unierten Kirche in Posen–Pommerellen weise die Unierte Kirche in Polnisch-Oberschlesien einen gewichtigen Prozentsatz polnischsprachiger Kirchenglieder auf. Deren Erweckung zum nationalen polnischen Bewußtsein liege im Interesse des Staates wie des Polnischen Evangelizismus. Die Entsendung polnischer augsburgischer Geistlicher nach Oberschlesien sei notwendig. – Die Aussprache im Rat der ev. Kirchen führte zum Beschluß, die Behandlungen zwischen den Kirchenleitungen der Oberschlesischen und der der Ev.-Augsb. Kirche fortzusetzen, in der Hoffnung, „daß eine Entspannung der Verhält-

41 *H. Voß,* a.a.O.; *W. Michejda,* a.a.O.; *J. Gryniakow,* a.a.O. 141.
42 *J. Gryniakow,* a.a.O. 142f.

nisse erzielt, die Streitigkeiten gemildert und eine gewisse Verständigung zwischen den beteiligten Kirchen erzielt werde".

Anschließende Verhandlungen im Landeskirchenrat und dem Landessynodalvorstand, Aussprachen in Pfarrkonferenzen, Besprechungen von Kirchenpräsident Voß und Pfr. Wagner mit Gen.-Sup. Bursche in Warschau am 27. März 1936 und in drei Konferenzen des Landeskirchenrates mit den Vertretern des Posener Konsistoriums (Nehring, Klawun)[43] machten den Weg für die Einberufung der a.o. Synode vom 15. April 1936 und zu deren Beschlüssen frei.[44] Die Synode beschloß: 1. Die Beschlüsse der Landessynoden von 1930 und 1932 über das Recht der Kirche, die Kirchenmitgliedschaft zu bestimmen, aus grundsätzlichen Gründen aufrechtzuerhalten und den vom Landeskirchenrat beschrittenen Rechtsweg in dieser Frage weiter zu verfolgen; 2. Den Aufnahmeanmeldungen zugezogener ev.-augsb. Polen in die Gemeinden und deren Eintragung in die Wählerlisten weitestgehend stattzugeben; 3. Geistlichen anderer Kirchen – praktisch kamen nur Geistliche der Ev.-Augsb. Kirche in Frage –, und den Vereinen ev. Polen kirchliche Gemeinderäume für religiöse und kirchliche Feiern ihrer Mitglieder im Einvernehmen der Gemeinden mit dem Landeskirchenrat gastweise zur Verfügung zu stellen; 4. An dem Recht der Erteilung von Religionsunterricht und Konfirmandenunterricht an Gliedern der eigenen Kirche unter Berücksichtigung der Sprachenfrage festzuhalten.

Sämtliche zugewanderten ev. Polen augsb. Bekenntnisses, soweit nicht schon vor 1930 geschehen, traten den Gemeinden der Unierten Kirche bei und machten von dem Recht der Eintragung in die Wählerlisten Gebrauch. Nur drei Anmeldungen wurden zurückgewiesen: die des nach Oberschlesien entsandten Geistlichen der Ev.-Augsb. Kirche und dessen Ehefrau und die eines Beamten, der grundsätzlich die Mitgliedschaft in einer unierten Kirche ablehnte und nur in die Wählerliste der Gemeinde eingetragen werden wollte.

Die Hoffnung auf eine kirchenpolitische Entspannung der Lage erfüllte sich nicht. Der Verband ev. Polen begrüßte die Beschlüsse der a.o. Landessynode vom 15. April 1935, betonte jedoch gleichzeitig, daß die Behörden der Unierten Kirche in Polnisch-Oberschlesien „noch weit davon entfernt seien, ihre evangelische Pflicht zu erfüllen und der Gerechtigkeit Genüge zu tun. [...] Sie müssen unsere Arbeit anerkennen und uns helfen, unsere evangelische Verpflichtung zu erfüllen. Sie müssen begreifen, daß wir in unserem geliebten Vaterlande arbeiten, für den ganzen Protestantismus arbeiten, der, wenn er seine Sendung bei uns im Lande erfüllen soll, vor allem ein polnischer sein muß". Der polnische Evangelizismus habe in Polen eine herrliche Rolle zu erfüllen. Die religiöse und nationale Wiedergeburt der evangelischen Bevölkerung Oberschlesiens sei nicht das Werk menschlicher Hände, sie sei Ausdruck eines Höheren Willens. Die ev. Polen wollten nicht diejenigen sein, die sich dem Willen Gottes widersetzten. Sie verstünden dankbaren Herzens diesen Willen Gottes und wollten das Werkzeug dieses Willens sein. In evangelischer Verpflichtung hätten sie eine schöpferische Arbeit übernommen, „die unseren oberschlesischen Brüdern in ihrem Streben helfen soll, sich geistig mit uns zu vereinen und zu einer großen und friedlichen evangelischen Familie in unserem gemeinsamen großen und mächtigen Vaterlande zusam-

43 *H. Voß,* Die Unierte Kirche im Jahre 1935, 180.
44 Beschlüsse der a.o. Synode vom 15. April 1935, in: ÖJ, Die Vergewaltigung 193–196; *H. Voß,* a.a.O. 181.

menzuwachsen". Die Vereine der ev. Polen und die nach Oberschlesien entsandten polnischen Geistlichen hätten die Aufgabe, „das religiöse Leben im polnischen Geiste zu wekken und die nationale Aufklärung der polnischen evangelischen Bevölkerung zu betreiben, die noch unter dem Einfluß deutscher Pastoren steht, und den germanisatorischen Tendenzen der Unierten Kirche entgegenzuwirken".[45] Zum Wohl der gemeinsamen ev. Sache sollten Polen und Deutsche zusammenarbeiten.

Bis zum Ende des Jahres 1935 war die Zahl der von Gen.-Sup. Bursche nach Polnisch-Oberschlesien entsandten polnischen Geistlichen auf sechs, die Zahl der Ortsvereine der ev. Polen auf 14 angestiegen. Auf Weisung der Wojewodschaft hatten die polonisierten Grubenverwaltungen 1936 der Kirchengemeinde Rybnik ihre im Grubengelände gelegene Kapelle in Czerwionka genommen, der Kirchengemeinde Nikolai ihr im Grubengelände gelegenes Jugendheim in Emanuelssegen gekündigt, beide kirchliche Stätten den von Warschau (Bursche) entsandten Geistlichen und den Vereinen der ev. Polen übergeben. Die Kirchengemeinden der Unierten Kirche, in denen polnische Geistliche der Ev.-Augsb. Kirche als Katecheten und Leiter der Vereine der ev. Polen tätig waren, wurden im amtlichen Verzeichnis des Warschauer Konsistoriums bereits als Kirchengemeinden der Ev.-Augsb. Kirche des Schlesischen Seniorates aufgeführt.[46] Die Bestimmung im Entwurf des Staatsgesetzes für die Ev.-Augsb. Kirche vom 11. April 1933 über die „Angliederung oder Aufnahme anderer Kirchen oder Religionsgemeinschaften in die Ev.-Augsb. Kirche [...]" hatte ihre erste Auslegung erfahren.

Im Laufe des Jahres 1936 wurden die Grundsätze des polnischen Staatskirchenrechtes in bezug auf die Kirchen der religiösen Minderheiten, wie sie den ministeriellen und interministeriellen Gesetzentwürfen der Jahre 1929–1935 zu einem Staatsgesetz für die Ev.-Augsb. Kirche zugrunde lagen, im Verhältnis des Staates zu der Unierten Evangelischen Kirche in Polnisch-Oberschlesien verstärkt zur Anwendung gebracht, ab Juli 1936 auch im Kontext der Richtlinien des Nationalitätenausschusses beim Ministerpräsidenten für die Regierungspolitik der deutschen Minderheit gegenüber.[47] Mit Erfolg hatte sich der Wojewode Grażyński einer Ausdehnung des Geltungsbereichs des Staatsgesetzes für die Ev.-Augsb. Kirche auf Polnisch-Oberschlesien „zum gegenwärtigen Zeitpunkt" widersetzt, da die, so der Wojewode, auch von Gen.-Sup. Bursche abgelehnte Gründung von Gemeinden der Ev.-Augsb. Kirche den Prozeß der Polonisierung der „national nicht aufgeklärten Glieder der Unierten Kirche" hemmen würde.[48]

Den Charakter einer kirchenpolitischen Abstimmung nahmen die am 18. Oktober 1936 in allen Gemeinden der Unierten Kirche gehaltenen Ergänzungswahlen in die kirchlichen Körperschaften (Kirchenvorstände und Gemeindevertretungen) an, an denen zufolge des Synodalbeschlusses vom 15. April 1935 erstmals auch alle nach Oberschlesien zugezogenen Glieder der Ev.-Augsb. Kirche teilgenommen haben.[49] Die Beteiligung an die-

45 *A. Figaszewski,* Nasze stanowisko [Unsere Stellung], in: Przyjaciel Domu [Hausfreund], Kalender 1936, 111ff.

46 Nachweis der Pfarrgemeinden und Geistlichen des Ev.-Augsb. Warschauer Konsistoriums, in: Przyjaciel Domu 184.

47 Siehe S. 231.

48 Siehe S. 227f.

49 Die Zahl der nach Poln.-O/S. nach 1922/23 zugezogenen ev. Polen der Ev.-Augsb.

sen unter starkem politischen, administrativen und wirtschaftlichen Druck gehaltenen Wahlen war außerordentlich hoch. Im Ergebnis wurden von den zu wählenden 55 Mitgliedern der Kirchenvorstände und den 186 Mitgliedern der Gemeindevertretungen auf der (deutschen) Liste I 52 Kirchenvorstände und 134 Gemeindevertreter, auf der Liste II (Liste des Verbandes der ev. Polen) 3 Kirchenvorstände und 26 Gemeindevertreter gewählt. In Pleß, wo die Wahlen erst am 24. Januar 1937 gehalten werden konnten, waren von den 1196 abgegebenen Stimmen 1101 auf die Liste I, 82 auf die Liste II abgegeben worden; die zu besetzenden drei Stellen im Kirchenvorstand und die 12 in der Gemeindevertretung waren auf die deutsche Liste gefallen.[50] Das Ergebnis der kirchlichen Wahlen hatte die Erwartungen des Staates, des Gen.-Sup. Bursche und des Verbandes der ev. Polen gedämpft, die Unierte Kirche in Poln.-O/S in absehbarer Zeit auf legalem Wege unterwandern zu können und beim Wojewoden Grażyński die Überzeugung gestärkt, ihr nach Ablauf der Genfer Konvention auf gesetzlichem Wege eine neue Organisationsform zu geben.[51]

In der ersten Hälfte des Jahres 1937 verlief das kirchliche Leben in Poln.-O/S bis auf die Polemik in der Presse relativ ruhig. Es stand im Zeichen des Ablaufs der Genfer Konvention am 15. Juli 1937. Bis Ende 1936 war die Zahl der von Gen.-Sup. Bursche nach Poln.-O/S entsandten polnischen Geistlichen auf 9 angestiegen. Das Eingreifen in die kirchlichen Verhältnisse der Unierten Kirche hatte mit der Ernennung des mit der Führung der polnischen Geistlichen und mit der geistlichen Leitung des Verbandes der ev. Polen beauftragten und am 22. Juni 1937 zum Konsistorialrat des Warschauer Konsistoriums gewählten Pfarrers Tytz–Sosnowitz kirchenamtlichen Charakter erhalten.[52]

Dem Ablauf der Genfer Konvention sahen Kirchenleitung und Gemeinden der Unierten Kirche in Poln.-O/S mit einer gewissen Sorge entgegen. Nicht, weil die Artikel 84–96

Kirche (Staatsbeamte, Angestellte, Lehrer, Freie Berufe) kann nur geschätzt werden. Sie dürfte die Zahl von 600–800 Personen nicht übersteigen. Die Einladungsliste des Verbandes der ev. Polen (Stand 1938) führt für das Gebiet der Unierten Ev. Kirche in Poln.-O/S. und einige angrenzende Orte 386 ev. Adressaten und 156 kath. Adressaten auf, unter letzteren u.a. auch den Wojewoden, Landrat, Polizeidirektor, das Offizierskorps des 73. Infanteriekorps, den Verband der Reserveoffiziere u.a.

50 PEK 1936, 37, 87; 1937, 216f. Zahlenangaben für die einzelnen Kirchengemeinden in: „Verzeichnis der Gemeinden der Unierten Evangelischen Landeskirche in Polnisch-Oberschlesien", in: AuK 1937, 248f.; für die Gemeinde Pleß, in: PEK 1937, 216f.

51 Vgl. auch *W. Gastpary*, Protestantyzm 230.

52 Zur Rolle des als „Führer und unmittelbarer Vorgesetzter der nach Oberschlesien entsandten polnischen Geistlichen" bezeichneten Pfarrers Tytz-Sosnowitz schreibt Militärsenior *Gloeh:* „[...] Kein Wunder, daß als sich die poln.-ev. Aktion unter den eingedeutschten ev. Polen in Oberschlesien herauskristallisierte, und sie in gewisse Rahmen einer engeren kirchenrechtlichen Organisation gefaßt werden mußte, und es von Warschau und Teschen zu weit war, diese Aktion zu leiten, Pfr. Tytz der einzige war, der für diese Aktion geeignet war und zu dieser herangezogen wurde. Innerhalb kurzer Zeit verstand er es, sich an die Spitze der polnisch-evangelischen Vorkämpfer zu stellen, in alle Organisationen einzudringen, in entsprechender Richtung den gehörigen Einfluß zu nehmen und die ganze Aktion in starke Hände, sowohl praktisch wie theoretisch, zu nehmen". Vgl. auch *J. Kahanè*, Kościół 42. Aus dem Brief von Prof. Karl Michejda–Warschau an Präs. Voß vom 11. September 1937, in: AW: „[...] Gloeh und Tytz wollten allem Anschein nach die Kirche an den Staat verkaufen".

der Genfer Konvention in Wegfall kommen würden. Im Blick auf die Haltung der Wojewodschaft und auf das der Ev.-Augsb. Kirche aufgezwungene Staatsgesetz vom 25. November 1936 rechnete sie mit harten Auseinandersetzungen mit der Regierung in der Frage der nach Ablauf der Genfer Konvention notwendig werdenden Verhandlungen über die Neuregelung ihres Verhältnisses zum Staate.

Über die seit Anfang Januar 1937 laufenden Verhandlungen zwischen Deutschland und Polen über Nachfolgevereinbarungen betreffend technische und wirtschaftliche Fragen nach Ablauf der Genfer Konvention war der Landeskirchenrat der Unierten Kirche nicht unterrichtet. Bekannt geworden war nur, daß die polnische Regierung es abgelehnt hatte, Folgevereinbarungen über den in der Genfer Konvention bestimmten Schutz der nationalen, sprachlichen und religiösen Minderheiten abzuschließen und sich in diesen Fragen freie Hand behalten wollte.[53]

Auch Gen.-Sup. Bursche begrüßte das Auslaufen der Genfer Konvention. Die Warschauer Tageszeitung „Dziennik Poranny" [Morgenpost] vom 26. Mai 1937 brachte unter dem Titel „Kampf der Hitleranhänger gegen das Polentum und das Christentum" mit dem Untertitel „Die evangelische Kirche in Polen muß eine polnische sein" ein Interview mit Bursche. In diesem führte er aus, daß er 1922 von der polnischen Regierung nach Genf entsandt wurde und dort an der Abfassung der „Genfer Konvention traurigen Angedenkens" beteiligt war. Obwohl sie scheinbar gerecht war, so Bursche, „sagte und warnte ich schon damals, daß sie für uns einen Nachteil bedeutet". Zu aktuellen Fragen übergehend, teilte Bursche mit, daß in Oberschlesien 10 polnische evangelische Geistliche dabei seien, das „nationale Bewußtsein im germanisierten polnischen Volke zu wecken".[54]

Daß die Unierte Evangelische Kirche in Polnisch-Oberschlesien, eine vom Staat anerkannte Kirche der religiösen Minderheit, durch den Ablauf der Genfer Konvention in ihrem Bestand berührt werden könnte, lag außerhalb der Erwägung der Kirchenleitungen der beiden Unierten Kirchen in Polen, der Ev. Kirche A. und H. B. in Kleinpolen, der Evangelisch-Lutherischen Kirche Westpolens, auch des Ev. Oberkirchenrates in Berlin und der Deutschen Reichsregierung, der beiden Verhandlungspartner Polens beim Abschluß der Genfer Konvention mit ihren Bestimmungen über den Schutz religiöser und kirchlicher Minderheiten. Noch im Juni 1937 hatte Kunicki, der polnische Delegationsleiter in den Verhandlungen um Nachfolgevereinbarungen nach Ablauf der Genfer Konvention, etwaige sich aus dem Ablauf der Konvention ergebende kirchliche Fragen nicht erwähnt, vielmehr bei den Verhandlungen zum Punkte „Wohnrecht" der gegenseitigen Staatsangehörigen der deutschen Verhandlungsdelegation die Erklärung abgegeben, daß die sechs nach Ablauf der Genfer Konvention im Dienst der Unierten Kirche noch verbleibenden Geistlichen reichsdeutscher Staatsangehörigkeit (die Pastoren Schiller in Kattowitz, Sowade in Tarnowitz, Scholz in Lipine, Wenzlaff in Pleß, Leder in Nikolai, Torinus in Loslau) ohne Schwierigkeiten in Polen verbleiben könnten und eine wohlwollende Prüfung ihrer am 15. Juli ablaufenden Aufenthaltsgenehmigungen zugesagt.[55]

---

53 *R. Breyer,* Das Deutsche Reich 297ff., 302f., 305f.

54 Nach PEK 1937, 386ff.; Deutsche Rundschau vom 27. Mai 1937.

55 Aufzeichnung des Legationsrates Mackeben vom AA über ein Gespräch mit Vertretern des LKR (Klawun, Wagner) in Warschau am 3. Juni 1937 betr. Aufenthaltsrecht für reichsdeutsche Geistliche in Polnisch-Oberschlesien nach Ablauf der Genfer Konven-

2. *Die Verstaatlichung der Unierten Evangelischen Kirche in Polnisch-Oberschlesien. Das Staatsgesetz vom 16. Juli 1937. Kirchliche Stimmen und Reaktionen*

Es ist anders gekommen. Am Tage nach dem Ablauf der Genfer Konvention erließ der Schlesische Sejm, dem kein Mitglied der Unierten Landeskirche und nur ein Evangelischer, der der Ev.-Augsb. Kirche in Polen angehörige Teschener Notar Dr. Jan Kotas, einer der Mitbegründer des „Polnischen Verbandes der Vereine und evangelischer Gemeinden im Polnischen Staate" im Jahre 1921, angehörte, das „Gesetz vom 16. Juli 1937 über die vorläufige Organisation der Unierten Evangelischen Kirche in Oberschlesien"[1], mit dem die Unierte Kirche in Polnisch-Oberschlesien aufgelöst und ihr eine neue, vorläufige Verfassung gegeben wurde. Ihre bisherige Verfassung wurde für ungültig erklärt, ihre Synode, der Synodalausschuß und ihre oberste Kirchenbehörde, der Landeskirchenrat, wurden für illegal erklärt und aufgelöst, Kirchenpräsident Hermann Voß seines Amtes enthoben und als vorläufige oberste Kirchenbehörde ein „Oberschlesischer Kirchenrat" dekretiert. Nur die „bestehenden Organe der Kirchengemeinden" (Gemeindekirchenrat und Gemeindevertretung) wurden bis zur Neukonstituierung der Gemeindeorgane legalisiert, das Recht der Pfarrwahl ihnen jedoch entzogen. Die vom polnischen Staat, von den evangelischen Kirchen in Polen und von der Ökumene bislang anerkannte Verfassung der Unierten Kirche in Polnisch-Oberschlesien und deren Organe wurden staatlicherseits von einem Tag auf den anderen für ungültig erklärt, der Kirche eine als vorläufig bezeichnete Ordnung aufoktroyiert, ohne der Kirche auch nur die Möglichkeit zu einer Äußerung oder Stellungnahme zu geben.

Die dem Staatsgesetz vom 16. Juli 1937 anliegende „Begründung" führte aus, daß die bisherige Organisation der Unierten Evangelischen Kirche in Polnisch-Oberschlesien vom polnischen Staat nie bestätigt worden war und daher als ungültig angesehen werden müsse. Daher habe sich die Notwendigkeit ergeben, ihre Rechtslage auf gesetzlichem Wege zu regeln. Darüber hinaus habe die vorläufige Regelung den Zweck, eine rechtliche Repräsentation der Unierten Kirche in Polnisch-Oberschlesien in Übereinstimmung mit Artikel 115, Abs. 2 der Staatsverfassung vom 17. März 1921 zu schaffen, mit der Verhandlungen über die Regelung des Verhältnisses des Staates zu dieser Kirche geführt werden könnten.

Dem Staatsgesetz für die Unierte ev. Kirche in Polnisch-Oberschlesien vom 16. Juli 1937 lagen die gleichen staatskirchenrechtlichen Grundsätze zugrunde, die im „Statut zur vorläufigen Regelung der Verhältnisse der Orthodoxen Kirche zum Polnischen Staate" vom 30. Januar 1922, in den Staatsgesetzen für die Religionsverbände der Muselmanen (Mohammedaner)[2] und Karaimen vom 21. April 1936[3] und in dem Staatsgesetz für die

---

tion, und Erlaß des AA an das Deutsche Generalkonsulat in Kattowitz vom 24. Juni 1937, in: AA, Kult. A, Bd. 11,1 Polen.

1 Anhang, Dok. 30; *G. Klawun,* Die Rechtslage, Anlage 5; ferner in: ÖJ 1936–1937, 196–201; PEK 1937, 417–420 u.a.

2 Gesetz über das Verhältnis des Staates zum Muselmanischen Religionsverband in der Republik Polen vom 21. April 1936 (Dz.U.R.P. 1936, Nr. 30), Statut des Muselmanischen Religionsverbandes in der Republik Polen vom 26. August 1936 (Verordnung des Ministerrates vom 26. August 1936 – Dz.U.R.P. 1936, Nr. 72, Pos. 517).

3 Gesetz über das Verhältnis des Staates zum Karaimischen Religionsverband in der Republik Polen vom 21. April 1936 (Dz.U.R.P. 1936, Nr. 30), Statut des Karaimi-

Ev.-Augsb. Kirche in Polen vom 25. November 1936 zur Anwendung gekommen waren. Die zur Anwendung gebrachten staatskirchenrechtlichen Grundsätze waren in allen Fällen die gleichen: die Vorenthaltung der verfassungsmäßig garantierten Gleichberechtigung mit der Katholischen Kirche und die Regelung des Verhältnisses des Staates zu den Kirchen und Religionsverbänden der religiösen Minderheiten im Wege staatlicher Dekrete unter Einschränkung der ihnen verbürgten Autonomie für die Regelung ihrer inneren Verhältnisse.[4]

In der Anwendung dieser staatskirchenrechtlichen Grundsätze auf die vorläufige Regelung des Verhältnisses der Unierten evangelischen Kirche in Polnisch-Oberschlesien zum Staat kam im Gesetz vom 16. Juli 1937 zum Ausdruck:

Die Gültigkeit des Gesetzes beruht ausschließlich auf einem Akt des Staates;
die Rechtsgrundlage der Kirche ist durch einen einseitigen Akt des Staates zu schaffen, wobei die Kirche nicht gefragt zu werden braucht;
die Rechte der Kirche beruhen ausschließlich auf der Verleihung durch den Staat;
die Organisation der Kirche, ihr Aufbau, ihre Ämter, die Verteilung der Kompetenzen, die kirchliche Mitgliedschaft beruhen ausschließlich auf der Bestimmung des Staates;
der oberste Vertreter des Staates hat entscheidenden Einfluß auf die Besetzung der Pfarrstellen, die innere Verwaltung der Kirche auf allen Stufen bis zum Recht der Feststellung, ob der Leiter der Kirche seinen Pflichten nachkommt, und der Ernennung eines anderen;
der Staat hat bestimmenden Einfluß auf die Bildung jenes Organs, das sich als Repräsentation der Kirche mit ihm über die Regelung des gegenseitigen Verhältnisses verständigen soll.

Gegenüber der vollen Freiheit der katholischen Kirche erhielt die Unierte Evangelische Kirche in Polnisch-Oberschlesien ihre Anerkennung, ihre Rechte, ihren Aufbau erst durch den Staat, der eine bis ins einzelne gehende Aufsicht über sie ausübt, teils direkt durch seine Organe, teils indirekt durch die von ihm berufenen kirchlichen Organe.[5]

Wie die Bestimmungen so spiegelte auch das Gesetzgebungsverfahren zum Gesetz vom 16. Juli 1937 das diktatorische Regierungssystem Polens wider. Am 13. Juli erst hatte der Wojewode Grażyński den Entwurf zu diesem Gesetz dem Schlesischen Sejm (Sejmmarschall Karl Grzesik) als Dringlichkeitsantrag zur Beschlußfassung zugeleitet und am 14. Juli dem in das Wojewodschaftsamt gebetenen Kirchenpräsidenten Voß zur Kenntnisnahme übergeben. Schon am 16. Juli erhob der Schlesische Sejm den Gesetzentwurf – ohne Debatte – innerhalb von 55 Sekunden (!) in drei Lesungen zum Gesetz, das mit der Veröffentlichung am 17. Juli 1937 in Kraft getreten war.[6] Bei formaler Aufrechterhaltung

---

schen Religionsverbandes in der Republik Polen vom 26. August 1936 (Verordnung des Ministerrates vom 26. August 1936 – Dz.U.R.P. 1936, Nr. 72, Pos. 518).

4 Der Staat – die Karaimen und die Muselmanen, in: PEK 15 (1936), 83–85.

5 „Amtliche Darlegung des Landeskirchenrates der Unierten Evangelischen Kirche in Polnisch-Oberschlesien"; *G. Klawun,* a.a.O. 23f.; *O. Wagner,* Zur Lage 4.

6 Die Sitzung des Schlesischen Sejms am 16. Juli 1937 war vor Eintritt in den Punkt der Tagesordnung „Beschlußfassung über den Entwurf zum Gesetz über die vorläufige Organisation der Unierten ev. Kirche in Oberschlesien" unterbrochen worden. Als sie nach etwa 2 Stunden, während derer sich der Wojewode Grażyński, wie später bekannt geworden war, mit dem Kultusministerium, dem Minister- und dem Staatspräsidenten in Verbindung gesetzt hatte, fortgesetzt wurde, vollzog sich der Vorgang der Beschlußfassung des Gesetzes mit den Worten des Sejmmarschalles: „Ich rufe den

ihrer Verfassungsstruktur hatte die Unierte evangelische Kirche in Polnisch-Oberschlesien den Charakter einer Unterabteilung der Wojewodschaftsverwaltung erhalten.

Zu den aus dem Staatsgesetz für die Ev.-Augsb. Kirche vom 25. November 1936 in das Staatsgesetz für die Unierte ev. Kirche in Polnisch-Oberschlesien vom 16. Juli 1937 übernommenen Bestimmungen gehörten u.a. auch die über die Angliederung oder Aufnahme anderer Kirchen in die Unierte Evangelische Kirche in Polnisch-Oberschlesien auf Beschluß des Oberschlesischen Kirchenrates nach vorheriger Zustimmung des Wojewoden und der Text des Treueides des Kirchenpräsidenten bei Übernahme seines Amtes, nur daß er diesen nicht zu Händen des Staatspräsidenten, sondern zu Händen des schlesischen Wojewoden zu leisten hatte.

Wie das Staatsgesetz für die Ev.-Augsb. Kirche vom 25. November 1936 hatte das Staatsgesetz für die Unierte Kirche in Polnisch-Oberschlesien im ev. In- und Ausland starke Beachtung gefunden.

Innerhalb des Protestantismus in Polen waren die Stimmen geteilt. Das Warschauer Konsistorium und Gen.-Sup. Bursche hatten zum Staatsgesetz für die Unierte Kirche in Oberschlesien offiziell keine Stellung genommen. Es war aber keine Frage, daß sie das Gesetz bejahten, von dessen Erlaß sie unterrichtet waren und dieses kirchenpolitisch seit dem Jahre 1925 vorbereitet hatten. Die Haltung der polnischen evangelischen Presse zu den kirchlichen Vorgängen in Oberschlesien war nicht einheitlich und entsprach ihrer differenzierten Einstellung zu dem Staatsgesetz für die Ev.-Augsb. Kirche. Während die beiden Gen.-Sup. Bursche nahestehenden Blätter, der „Przegląd Ewangelicki“ [Evangelische Rundschau] und der „Ewangelik Górnośląski“ [Der ev. Oberschlesier], das Blatt des Verbandes der ev. Polen, das Vorgehen des Staates vorbehaltlos bejahten und scharfe Maßnahmen gegen Kirchenpräsident Voß und die oberschlesischen Kirchenbehörden forderten, weil sie sich dem neuen Gesetz nicht unterordnen wollten, nahmen die beiden anderen polnischen evangelischen Blätter eine kritische Haltung ein. Der „Poseł Ewangelicki“ [Ev. Bote] kommentierte, daß man in einer Kirche nicht gut mittels „vollzogener Tatsachen“ regieren könne, der „Zwiastun Ewangeliczny“ [Ev. Herold] sprach davon, daß es jetzt für die Kirche in Oberschlesien nur noch eine Lösung gebe: die Einsetzung einer heute in Europa zur Gewohnheit gewordenen kommissarischen Verwaltung, was aber, wenn es in der Kirche geschieht, stets ein Unglück bedeutet, vielleicht ein größeres für den Staat selbst, als für die Kirche.[7]

Entwurf des Gesetzes über die vorläufige Organisation der Unierten Evangelischen Kirche in Oberschlesien zur Beschlußfassung auf – in erster, in zweiter und in dritter Lesung. Liegen Wortmeldungen vor? – Nachdem dies nicht der Fall ist, bringe ich den Gesetzentwurf zur Abstimmung. (Alle Abgeordneten erheben zum Zeichen der Zustimmung ihre Hände.) Das Gesetz ist einstimmig angenommen“.

7 Nach NEK 1937, 105; PEK 1937, 491f.; KuH 1937, 72, 78, 119 u.a. Die politische polnische Presse, so der „Kuryer Ilustrowany“ [Der illustrierte Kurier], die „Polska Zachodnia“ [Das Westliche Polen], die „Polonia“, solidarisierte sich mit dem Vorgehen der Regierung und erging sich in Drohungen gegen die Unierte Kirche, ihre Leitung und Geistlichen, sonderlich gegen Kirchenpräsident Voß. Sie forderte wegen „Aufruhrs gegen den Staat“ ein scharfes Vorgehen gegen diese „Hydra, der man den Kopf abschlagen müsse“. Eine Ausnahme unter den polnischen Presseorganen bildete das Wilnaer „Słowo“ [Das Wort], das offen aussprach, daß das Ziel der Staatsgesetze

Die Unierte Ev. Kirche in Polen (Posen–Pommerellen) und die Ev. Kirche Augsb. und Helv. Bekenntnisses in Polen (Galizien) lehnten das Staatsgesetz für die Unierte Kirche in Polnisch-Oberschlesien nach der Form des Gesetzgebungsverfahrens wie nach seinem Inhalt ab. Die Unierte Kirche in Polen, ihre Kirchenleitung (Gen.-Sup. Blau und das Konsistorium in Posen) und ihre Gemeinden wußten sich ihrer Schwesterkirche in deren Kirchenkampf in besonderer Weise verbunden. Ihre beiden Juristen, Oberkonsistorialrat Nehring und Landgerichtsrat Klawun, waren die juristischen Berater der oberschlesischen Kirchenleitung und am Schriftwechsel und der Dokumentation des Kirchenkampfes maßgebend beteiligt. Auf ihrer in Lissa am 31. Oktober 1937 gehaltenen Kirchlichen Woche gedachten die Unierte Kirche Polens fürbittend der Evangelischen Polnisch-Oberschlesiens mit den Worten: „Wir [...] gedenken Eurer in Eurer Bedrängnis. Gott hat Schweres über Euch verhängt. [...] Wir schließen Euch in unsere teilnehmende Fürbitte ein und nehmen Eure Not auf unsere eigenen Herzen und Gewissen. Gott stärke Euch auch in dieser Bedrängnis festzustehen und dem Evangelium Treue zu halten".[8] Im gleichen Sinne baten die 20 der früher in der Unierten Kirche Polnisch-Oberschlesiens tätig gewesenen, in Deutschland lebenden Geistlichen in ihrer „Erklärung" vom 23. Oktober 1937[9] die ev. Christenheit, mit besonderer Teilnahme und Fürbitte der Unierten Kirche in Oberschlesien zu gedenken.

Die geistlichen, staats- und kirchenrechtlichen Hintergründe des oberschlesischen Kirchenkampfes und dessen Folgen sprach am deutlichsten Sup. Zöckler, der geistliche Leiter der Ev. Kirche A. und H. B. in Polen, mit den Ausführungen[10] an:

„Die Frage der unierten Kirche in Oberschlesien [...] ist nicht eine Frage, die nur die Evangelischen Oberschlesiens betrifft. Sie steht im Zusammenhang mit dem Ringen zwischen Staat und Kirche, das nicht nur in Polen, sondern auch in Deutschland und anderen Ländern jetzt sich vollzieht. [...]
Die Übertragung der Rechte eines evangelischen Landesbischofs der alten preussischen unierten Kirche auf den schlesischen Wojewoden ist tatsächlich [...] eine Unmöglichkeit. Im Eifer, ein gewisses Ziel zu erreichen, ist da ein Schritt getan worden, der nicht hätte erfolgen sollen und der daher auch weitragende Konsequenzen haben muß, die man bedauern kann, die aber eintreten mußten. [...] Die Verfassung der Republik Polen bestimmt, daß das Verhältnis des Staates zu den Kirchen und Bekenntnissen der religiösen Minderheiten auf gesetzlichem Wege nach Verständigung mit ihren rechtmäßigen Vertretungen festgesetzt wird. Die rechtmäßige Vertretung der unierten Kirche kann doch nur aus kirchlichen Organen bestehen, die auch auf kirchlichem Wege ihr Mandat erlangt haben. Die unierte Kirche in Oberschlesien hat von Anfang an ihre rechtmäßige Vertretung (im Landeskirchenrat) gehabt. [...] Wenn der Staat selbst auch diesen Landeskirchenrat ernennt, worauf das neue Gesetz ja hinauskommt, dann würde der Art. 115 der Staatsverfassung jede Bedeutung verlieren. [...] Wenn der Staat die Vertreter der Kirche ernennt, so kann von einer Verständigung nicht mehr die Rede sein. Das ist der Grund, warum in den weitesten Kreisen des Protestantismus in ganz Polen die oberschlesischen Vorgänge so sehr große Beunruhigung hervorgerufen haben. [...]

---

für die Ev.-Augsb. Kirche und die Unierte Kirche in Polnisch-Oberschlesien deren Polonisierung sei. Vgl. PEK 1937, 491f.

8 Die „Erklärung" der Kirchlichen Woche, in: AW.

9 Die „Erklärung" der Geistlichen, in: AW.

10 In: EGG 1937, 126–128, 141, 145.

Es kann kaum bezweifelt werden, daß der Schlesische Sejm das Gesetz nicht erlassen hätte, wenn die Zustimmung und wahrscheinlich auch von vornherein die Beratung und maßgebende Beeinflussung durch die Organisation der evangelischen Polen nicht vorangegangen wäre. Die oberschlesische Frage ist wesentlich Schuld daran, daß die durch den Wilnaer Kongreß und im Rat der evangelischen Kirchen in Polen zustande gekommene Einigung der evangelischen Kirchen Polens nach ein paar Jahren schon wieder in Brüche gegangen ist. Der tiefe Gegensatz in der Beurteilung dieser Frage erschwerte die gemeinsame Weiterarbeit bereits zu einer Zeit, wo an eine Aufhebung der Selbständigkeit der oberschlesischen unierten Kirche durch staatliche Eingriffe noch gar nicht gedacht wurde. Und wenn es jetzt nicht gelingt, die rein politische und staatliche Lösung dieser Frage durch eine kirchliche auf glaubensbrüderlicher Gemeinschaft erwachsene zu ersetzen, so fürchten wir, daß für lange Zeit die so notwendige Einheitlichkeit und Zusammenarbeit des Protestantismus unmöglich sein wird. Es geht hier tatsächlich um zwei verschiedene Auffassungen davon, wie die Kirche Christi gebaut werden soll; es geht um die allerwichtigsten und teuersten Güter unserer Kirche, nämlich um ihre Freiheit und ihr Recht, in ihren inneren Angelegenheiten – und die Wahl ihrer Pfarrer und der Synodalmitglieder ebenso wie die Berufung der Mitglieder des Landeskirchenrates ist innere Angelegenheit – frei selbst entscheiden zu dürfen".

Für die Gemeinden der Ev. Kirche A. und H. B. in Galizien ordnete Zöckler an, in das Allgemeine Fürbittgebet in den Gottesdiensten die Fürbitte aufzunehmen: „[...] Insonderheit gedenken wir in diesen Tagen unserer Brüder in der oberschlesischen Schwesterkirche, die in einen besonders ernsten Kampf gestellt ist. Sei Du ihnen nahe mit der Kraft Deines heiligen Geistes, schenke ihnen Klarheit, Weisheit, Geduld und Kraft, um den rechten Weg nach Deinem Willen zu gehen".[11] Der in der Gemeinde Reichsheim gehaltene Kirchentag 1937 dieser Kirche bekundete in seiner „Erklärung":[12]

„Gegenwärtig geht [...] eine große Beunruhigung durch weite evangelische Kreise unseres Landes. [...] Wir begreifen es, daß die schlesische unierte Kirche dieses Gesetz [vom 16. Juli 1937] nicht anerkennen will und kann. Angesichts der Angriffe, die deswegen gegen diese Kirche ergehen, betrachten wir es als unsere heilige Bruderpflicht, zu erklären, daß wir die Stellungnahme der unierten Kirche in Oberschlesien in dieser Angelegenheit nicht nur für richtig, sondern auch für die vom evangelisch-kirchlichen Standpunkt aus einzig mögliche halten. Wir sind tief durchdrungen von der Überzeugung, daß die oberschlesische Kirche durch ihre ablehnende Haltung gegenüber dem neuen Sejmgesetz nicht nur die Freiheit und Selbständigkeit der evangelischen Kirche, sondern auch eines der kostbarsten Güter unseres Staates und eines der edelsten Traditionen der polnischen Geschichte verteidigt [...]".

Zur Zusammenarbeit mit der Arbeitsgemeinschaft der deutschen Pastoren in der Ev.-Augsb. Kirche war es erst im Verlauf des beide Kirchen erfassenden Kirchenkampfes gekommen.

Nachstehend einige internationale Stimmen zum Kirchenkampf der Unierten Kirche in Polnisch-Oberschlesien:

Im kritischen Vergleich der staatlichen Gesetzgebungsakte für die Ev.-Augsb. Kirche in Polen vom 25. November 1936 und für die Unierte evangelische Kirche in Polnisch-Oberschlesien vom 16. Juli 1937 urteilte Prof. Siegmund-Schultze:

---

11 In: EGG 1937, 203.
12 „Erklärung" des Kirchentages, in: AW.

„Wenn aber die Geschichte des Verfassungskonfliktes der Augsburgischen Kirche noch unter dem Gesichtspunkt behandelt werden konnte, daß es sich um ein Mehr oder Minder von Freiheiten handle, um die gestritten wird, ist inzwischen die ganze Schwere des Kampfes um das Leben der Kirche auf oberschlesischem Boden in Erscheinung getreten. Hier handelt es sich nicht mehr um einen bloßen Versuch des Staates, seine überlegene Macht bei Verhandlungen mit der Kirche in die Waagschale zu werfen, sondern um den krassesten Fall der Vergewaltigung einer protestantischen Kirche durch einen Staat, der überhaupt in dieser an krassen Fällen wirklich nicht armen Zeit vorgekommen ist".[13]

Dem Schreiben der Europäischen Zentralstelle für Kirchliche Hilfsaktionen in Genf an Präs. Voß vom 26. September 1937[14] ist zu entnehmen, daß die oberschlesische Kirchenfrage auf der vom 12.–26. Juli 1937 in Oxford gehaltene Weltkirchenkonferenz und auf der Tagung der Europäischen Zentralstelle in Cambridge „eingehend besprochen" worden war. Vom 2. Januar 1938 liegt eine Stellungnahme Prof. Adolf Kellers, des Generalsekretärs der Europäischen Zentralstelle, an Präs. Voß[15] des Inhalts vor:

„Nach meiner Rückkehr aus Amerika möchte ich Ihnen doch, auf offener Karte, sagen, daß das Vorgehen gegen Ihre Kirche in weitesten protestantischen Kreisen andauernd Aufsehen erregt, sowie im besonderen das Vorgehen gegen Sie selbst. Es wurde darüber eingehend in vielen Versammlungen und Komitees gesprochen. Wenn der Erzbischof von Canterbury kürzlich die Besserung internationaler Beziehungen zu Deutschland abhängig machte von einer besseren Behandlung der Kirchen, so gilt das auch für die Behandlung evangelischer Kirchen in Polen".

Die „Entschließung" der Bischofskonferenz der deutschen evangelischen Kirchen in Südosteuropa[16] – in dieser waren die „Evangelische Kirche A. und H. B. in Österreich", die „Deutsche Evangelische Kirche in Böhmen, Mähren und Schlesien", die „Deutsche Evangelische Christliche Kirche A. B. im Königreich Jugoslawien" und die „Evangelische Landeskirche A. B. in Rumänien" zusammengeschlossen – vom 10. November 1937 nahm auf die kirchlichen Vorgänge in Polnisch-Oberschlesien mit den Worten Bezug:

„Wir haben mit tiefer Teilnahme und mit wachsender Besorgnis die Vorgänge verfolgt, die in der letzten Zeit den Bestand der Evangelisch-Unierten Kirche in Polnisch-Oberschlesien durch völlige Entrechtung aufs schwerste zu gefährden drohen [...]".

Der Brief des Vorsitzenden der Bischofskonferenz, des Bischofs der Ev. Landeskirche A. B. in Rumänien, D. Glondys, an den Präsidenten des Lutherischen Weltkonvents, Landesbischof Marahrens, vom gleichen Tag (10. November 1937)[17] nahm in diesem Zusammenhang auch Bezug auf die Haltung der Kirchenleitung der Ev.-Augsb. Kirche in Polen und führte aus:

„[...] Wir bedauern diese Entwicklung umsomehr, als wir den Eindruck haben, daß der verantwortliche Leiter der Kirche ohne Not wichtige kirchliche Positionen aufgegeben hat. Wir glauben weiterhin, daß die Haltung der maßgebenden Kreise in der Evangelisch-Augsburgischen Kirche die noch viel schärferen rechtswidrigen Maßnahmen der oberschlesi-

13 Ekklesia V/21, 30.
14 Schreiben der Europäischen Zentralstelle, in: AW.
15 Abschrift der Karte Kellers, in: AW.
16 „Entschließung" der Bischofskonferenz, in: AW.
17 Brief Glondys an Marahrens, in: AW.

schen Stellen gegen die Evangelisch-unierte Kirche in Oberschlesien mitverursacht haben. Wir sind der Meinung, daß die Evangelisch-Augsburgische Kirche in der Republik Polen nahestehenden Kirchen des Lutherischen Weltkonvents berufen sind, alles zu versuchen, um die verhängnisvolle Entwicklung in der Evangelisch-Augsburgischen Kirche aufzuhalten. Es muß sich hier erweisen, ob die Gemeinschaft der lutherischen Kirchen Willen und Kraft besitzt, den in Not befindlichen Gemeinden durch brüderlichen Beistand zu helfen. Für unsere weitere Zusammenarbeit mit dem Lutherischen Weltkonvent wird es entscheidend sein, ob der Weltkonvent bereit und in der Lage ist, wirksame Schritte für unsere Brüder in der Evangelisch-Augsburgischen Kirche in Polen zu tun".

Mit dem Staatsgesetz für die Unierte Kirche vom 16. Juli 1937 befaßten sich auch Bischof D. Poelchau in Riga und der schwedische Erzbischof D. Eidem. Im Urteil Prof. Gerbers, des Präsidenten des Zentralvorstandes der Gustav-Adolf-Stiftung in Leipzig, im Brief an Erzbischof Eidem vom 19. Juli 1937[18] war dieses Gesetz darauf berechnet, „[...] in aller Kürze die [oberschlesische] Kirche in die polnische evangelische Kirche einzugliedern" und daß zu erwarten sei, „daß mit der Durchführung des Gesetzes die Unierte Evangelische Kirche in Oberschlesien zu einem Instrument der Polonisierungspolitik der polnischen Regierung gemacht wird und daß außerdem der bekenntnismäßige Charakter der oberschlesischen Kirche entscheidend durch Staatseingriff beeinträchtigt wird, da eine Eingliederung der bekenntnismäßig unierten Kirche in die bekenntnismäßig lutherische polnische evangelische Kirche vorgesehen ist".

Mitte Dezember 1937 verhandelte Präs. Voß in Amsterdam mit dem Präsidenten des Protestantischen Weltverbandes, dem holländischen Staatsminister Slotemaker de Bruine, am 19. Dezember 1937 faßte das Exekutivkomitee des Weltbundes für internationale Freundschaftsarbeit der Kirchen die dann in der kirchlichen und politischen Presse Polens beschlagnahmte „Entschließung":[19]

„Das Exekutivkomitee des Weltbundes für internationale Freundschaftsarbeit der Kirchen überzeugt, daß nur völlige Freiheit der Kirchen, besonders der Minderheitenkirchen, in der Regelung ihrer inneren Angelegenheiten die nötigen Möglichkeiten für ihr gottesdienstlich-religiöses Leben sichern kann, steht unter dem Eindruck der Tatsache, daß die Evangelisch-Unierte Kirche von Oberschlesien ihres Rechtes beraubt worden ist, ihr eigenes Leben und ihre Verfassung zu bestimmen. Das Komitee richtet an die leitenden Persönlichkeiten der protestantischen Kirchen in Polen die feierliche Bitte, einmütig die volle Unabhängigkeit und die verfassungsmäßigen Rechte der Kirchen ihres Landes zu verteidigen".

Die „Freitagszeitung für das reformierte Schweizer Volk" vom 21. Januar 1938[20] sprach die Befürchtung aus, daß „ein allgemeiner polnischer Kulturkampf gegen alle evangelischen Kirchen in Polen einzusetzen scheint".

---

18 Brief Prof. Gerbers an Erzbischof Eidem und Reichsminister von Neurath, in: AA, Kult. A, Bd. 11, Evangelische Angelegenheiten, 1 Polen.
19 Entschließung des Exekutivkomitees, in: ÖJ, a.a.O., Nr. 9–10, 210f.
20 „Internationale Stimmen zum Kulturkampf in Polen" vom 10. Februar 1938, in: AW.

VII. Der Kirchenkampf der evangelischen Kirchen in Polen 1937–1939

1. Der Kirchenkampf in der Ev.-Augsb. Kirche

a) Die Ausführung des Staatsgesetzes vom 25. November 1936. Die Senioratsversammlungen (April–Mai 1937)

Mit der Realisierung der Staatsgesetze für die Ev.-Augsb. Kirche in Polen und die Unierte Evangelische Kirche in Polnisch-Oberschlesien hatte der Kirchenkampf für den Protestantismus in Polen begonnen. Er erschütterte zutiefst das kirchliche Leben und war bis zum Ausbruch des 2. Weltkrieges nicht abgeschlossen.

Statt zum „Beginn einer neuen Ära, einer Ära der Freiheit und der friedlichen Entwicklung, einer Ära der Zusammenarbeit von Geistlichen und Laien, von Polen und Deutschen, für die Sache Gottes“[1] wurden das Staatsgesetz vom 25. November und das Innere Grundgesetz vom 27. Dezember 1936 zum Ausgangspunkt des Kirchenkampfes in der Ev.-Augsb. Kirche, in dem um ihre Neuordnung und künftige Gestalt gerungen wurde.

Formaler Ausgangspunkt des Kirchenkampfes in der Ev.-Augsb. Kirche war die Konstituierung der im Staatsgesetz und im Inneren Grundgesetz vorgesehenen kirchlichen Organe und Behörden im Wege kirchlicher Wahlen nach der neuen Wahlordnung. Die Wählerlisten der einzelnen Kirchengemeinden waren vom Konsistorium zu bestätigen, die Gesamtzahl der Wahlberechtigten hatten die weltlichen Delegierten in die Senioratsversammlungen und in die Synode zu wählen. Der Termin für die Senioratsversammlungen der einzelnen Diözesen war vom Konsistorium auf den 22. Februar festgesetzt, die erste Synode der Ev.-Augsb. Kirche war für den Juni 1937 vorgesehen.

Im deutschen Teil der Augsb. Kirche und in Kreisen des Deutschen Volksverbandes zu Tage getretene Tendenzen, sich – nach Ablehnung der Staatsgesetze – auch an den kirchlichen Wahlen, d.h. an der Konstituierung der kirchlichen Organe und Behörden aufgrund dieser Gesetze nicht zu beteiligen[2], vermochten sich nicht durchzusetzen. Dem Beispiel der Lodzer Pastoren, die ihre Gemeindeglieder schon Ende Dezember 1936 zur Eintragung in die Wählerlisten und Teilnahme an den kirchlichen Wahlen aufgefordert hatten, folgte die Arbeitsgemeinschaft der deutschen Pastoren mit der auf ihrer a. o. Tagung vom 5. Januar 1937 in Lodz gefaßten Entschließung:

---

1 Amtsblatt der Ev.-Augsb. Kirche 1937, Nr. 1, S. 2.

2 In der FP vom 1. Januar 1937 schrieb *A. Utta,* der Vorsitzende des Deutschen Volksverbandes: „[...] Wir deutschen Lutheraner müssen heute sowohl der Kirchenleitung als auch unseren Pastoren klipp und klar erklären: Wir sind, wie einst unsere Väter, entschlossen, dem Glauben und dem Volkstum unserer Väter Treue zu halten. Wem seine Würden, Ämter und Stellungen mehr wert sind, als das Erbe unserer Väter, der darf auf unsere Gefolgschaft nicht rechnen. Wir werden nur solchen geistlichen Führern folgen, die Luthertum und Opfersinn haben“. Über die politische Haltung des Deutschen Volksverbandes und der Jungdeutschen Partei für Polen vgl. *R. Breyer,* Das Deutsche Reich 249ff.; *Th. Bierschenk,* Die deutsche Volksgruppe 40ff.

Aus Verantwortung Kirche und Volk gegenüber erachten wir das Abseitsstehen bei den Wahlen als unstatthaft. Durch bloße Negation wird auf weite Sicht weder Kirche noch Volk gedient. So wenig das neue Gesetz uns befriedigt, und so sehr die Art seiner Durchführung uns schmerzt, glauben wir in die Wahlen hineingehen zu müssen. Die für uns ungünstige Wahlordnung wird uns zwar nicht in den oberen Körperschaften die Vertretung bringen, die uns zahlenmäßig zukommt, doch wollen wir den Kampf um unsere Rechte aufnehmen.
Was wollen und fordern wir?
1. Eine rechte Kirche! – die Kirche, die sich ihres Wesens und ihrer Aufgabe als Kirche Christi bewußt ist und die, gebunden allein an Gottes Wort, auf ihre innere Freiheit und Selbständigkeit bedacht ist. Eine Kirche, die gerade als lutherische Kirche sich aber auch ihrer Verantwortung dem Volkstum gegenüber bewußt ist und sich als lutherische Volkskirche erweist und bewährt.
2. Eine rechte Kirchenleitung! – eine Kirchenleitung, die getragen vom Vertrauen des Kirchenvolkes imstande ist, den Frieden in der Kirche herzustellen und zu erhalten.
Untragbar ist eine Kirchenleitung, die sich nicht auf das Vertrauen der Kirchenglieder stützt, welche nicht das Wohl aller Glieder im Auge hat, sondern eine Richtung bevorzugt, welche den geschichtlichen Ursprung und die geschichtlichen Gegebenheiten in unserer Kirche nicht ehrt und ihnen nicht Rechnung trägt.
Wir erstreben eine Kirchenleitung, die dafür Sorge trägt, daß man um der Treue willen zum angestammten Volkstum und für das pflichtmäßige Eintreten für dasselbe in der Kirche nicht verleumdet und denunziert wird.
3. Eine rechte Kirchenordnung! – Die gegenwärtige Kirchenordnung weist Bestimmungen auf, die geklärt, andere, die weitergebildet werden müssen, ja manche müssen um der Gerechtigkeit willen eine Abänderung erfahren. Wir warten, daß man sich in unserer Kirche je länger, je mehr dem nicht verschließen wird, und daß dadurch die Grundlage für eine rechte Befriedung unserer kirchlichen Verhältnisse geschaffen wird.
Wir fordern daher alle deutschen Glieder unserer Kirche, Männer und Frauen, nachdrücklichst auf: bleibt von den Wahlen nicht weg – nehmt teil! Schauet nicht zu, tretet ein in die gemeinsame Front! Zurückhaltung schwächt, Einigkeit allein macht stark und führt zum Ziel".[3]

Der Beschluß der Arbeitsgemeinschaft deutscher Pastoren bestimmte entschieden die Haltung des zur gleichen Zeit in Lodz tagenden Vorstandes des Deutschen Volksverbandes. Die namens der Arbeitsgemeinschaft deutscher Pastoren von den Pastoren Kleindienst und Krusche am 5. und 6. Januar 1937 geführten Verhandlungen mit dem Vorstand des Volksverbandes führten zur Bildung eines gemeinsamen „Wahlkomitees" und zu einer Verständigung des Inhalts, daß die Vertreter des Volksverbandes im Wahlkomitee als Glieder der Kirche auftreten müßten, der Volksverband in den zu erwartenden Wahlkämpfen „die kirchliche Linie einhalten müsse".[4] Dem Wahlkomitee gehörten von der Arbeitsgemeinschaft deutscher Pastoren die Pastoren Krusche, Kleindienst, Schedler und Dietrich jun., vom Volksverband die Herren Utta, Brauer, Schwarz und Vollan an. Am 8. Januar 1937 veröffentlichte der Volksverband den Beschluß seines Vorstandes. Angesichts dessen, so der Beschluß, daß die Arbeitsgemeinschaft deutscher Pastoren beschlossen habe, sich an den Wahlen mit dem Ziel zu beteiligen, „eine rechte, vom Vertrauen des Volkes getragene Kirchenleitung und eine bessere Kirchenordnung" zu schaffen, halte es der Vorstand „für das einzig mögliche, eine geschlossene Front der deutschen evangelischen Pastoren und

3 FP und NLZ vom 5. Januar 1937; PEK 1937/4, 171f.
4 Brief der Arbeitsgemeinschaft dt. Pastoren vom 6. Januar 1937, in: AK.

Gemeindeglieder zu schaffen und nocheinmal zu versuchen, die untragbaren Bestimmungen der Kirchengesetze auf legalem Wege abzuändern und die Kirchenleitung, die bis jetzt den Kampf in der Kirche immer wieder hervorgerufen und die Rechte der Kirche nicht gewahrt hat, durch eine neue zu ersetzen, die das Wohl der Kirche und aller ihrer Glieder ohne Unterschied der Volkszugehörigkeit auf lutherische Art wahrzunehmen bereit wäre".[5] Offene Fragen des Wahlkomitees betreffend das Wahlverfahren wurden vom Konsistorium dahingehend beantwortet, daß Filialgemeinden keine Delegierten zu den Senioratsversammlungen entsenden könnten, die Teilnahme von Frauen und erwachsenen Kindern an den Senioratswahlen noch ungeklärt, die Notwendigkeit von öffentlichen Wahlversammlungen nicht einzusehen sei, behördliche Genehmigungen zur Abhaltung solcher Versammlungen vom Konsistorium nicht beantragt werden könnten.[6]

Wie die deutschen, so riefen auch die polnischen Geistlichen und Verbände zur Eintragung in die Wählerlisten und zur geschlossenen polnischen Front bei den Senioratswahlen auf. Die polnische Wahlpublizistik stellte folgende Grundsätze heraus:

Die Ev.-Augsb. Kirche in Polen dürfe sich nicht als eine rein polnische oder rein deutsche Kirche wissen, sondern als einheitlicher Organismus. Ihre geographisch-politische Zersplitterung müsse überwunden, ihr polnischer Charakter gestärkt werden. Den Kirchengliedern müsse das Evangelium in ihrer Muttersprache verkündigt werden. Die Staatsgesetze seien zu begrüßen, auch die „Milderung" des presbyterial-synodalen Systems, wenn die Kirche nicht unter parlamentarischen Auswüchsen leiden solle. Die kirchliche Arbeit könne nur Personen anvertraut werden, die für die Kirche im Sinne ihrer Grundsätze arbeiten und gleichzeitig den Geist des treuen Dienstes am Staate und an seiner besseren Zukunft pflegen. Die ökumenische Arbeit sei weiter auszubauen.[7]

Nach Bestätigung der Wählerlisten mit wenigen Ausnahmen[8] teilte das Konsistorium in der zweiten Nummer des Kirchlichen Amtsblattes mit, daß sich in den Gemeinden der Ev.-Augsb. Kirche 76 888 wahlberechtigte Gemeindeglieder in die Wählerlisten haben eintragen lassen. Davon entfielen auf die Diözesen Lodz 32 262, Schlesien 8033, Kalisch 7875, Plozk 7699, Wolhynien 6993, Warschau 5219, Petrikau 3327, Lublin 3184, Wilna 1216 und Großpolen 1078 Wähler.[9] Die Zahl der auf die einzelnen Diözesen entfallenden Delegierten in die Senioratsversammlungen und in die Synode war stark unterschiedlich, da das Wahlgesetz die Seelenzahl der einzelnen Diözesen wie die Zahl der wahlberechtigten Laien in diesen weithin unberücksichtigt ließ.[10]

---

5 FP vom 8. Januar 1937; PEK 1937/4, 171.

6 Protokoll der Sitzung des Wahlkomitees vom 6. Januar 1937 und Brief der Arbeitsgemeinschaft dt. Pastoren vom 12. Januar 1937, in: AK.

7 PEK 1937/6, 257f.

8 Zu den vom Warschauer Konsistorium in den Wählerlisten gestrichenen Gemeindegliedern, denen damit das aktive und passive Wahlrecht entzogen wurde, gehörten u. a. auch August Utta, ehem. Senator, Vorsitzender des Deutschen Volksverbandes in der Gemeinde Lask und der in der Gemeinde Białystok gewählte Julius Flacker. Die Einsprüche von Utta und Flacker an das Konsistorium, in: PEK 1937/7, 302ff.

9 Die Behörden der Ev.-Augsb. Kirche in Polen, in: GKE 1938, 135; *O. Heike,* Das Deutschtum 129.

10 Die Zahl der weltlichen Delegierten in die ersten Senioratsversammlungen betrug für die Diözesen: Warschau 32, Plozk 33, Kalisch 33, Petrikau 15, Lublin 16, Lodz 58,

Im Rahmen der Neuordnung der kirchlichen Verwaltung kam den Senioratsversammlungen der Diözesen, die die Senioren, Konsenioren und den Senioratsausschuß der Diözesen zu wählen hatten, zentrale Bedeutung zu. Die Zusammensetzung der Senioratsversammlungen war in § 54, ihre Befugnisse in § 55 des Inneren Grundgesetzes bestimmt. Sie waren vom Generalsuperintendenten (Bischof) zu leiten, der hinsichtlich der Person des zu wählenden bzw. des gewählten Kandidaten zum Senioratsamt das vorherige Einverständnis des Kultusministers einzuholen hatte. Angesichts der Stellung und der Befugnisse des Seniors als geistlicher Vorgesetzter der Diözese, ihrer Pfarrer, Vikare, Religionslehrer und als Exekutivorgan des Konsistoriums, legten der Generalsuperintendent, das Konsistorium und der Staat entscheidenden Wert auf die Wahl von Nationalpolen, gegebenenfalls „loyaler Deutscher", d.h. Befürworter der Staatsgesetze zu Senioren und wenn möglich auch der anderen Mitglieder des Senioratsausschusses. Umgekehrt legten die deutschen Pastoren und Gemeinden Wert darauf, in freier Wahl Delegierte ihres Vertrauens und Vertreter eines presbyterial-synodalen Aufbaus der Kirche in die Senioratsversammlungen zu entsenden und zu Senioren und Mitgliedern des Senioratsausschusses zu wählen. Wahlvorbereitungen und Wahlkämpfe waren Ausdruck der Bedeutung, die von polnischer wie deutscher Seite den Senioratsversammlungen beigemessen wurde.

Die Senioratsversammlungen wurden in allen 10 Diözesen im Laufe der Monate April und Mai 1937 unter Vorsitz des Gen.-Sup. Bursche gehalten: In den Diözesen Kalisch am 20.4., Großpolen (Tagungsort Bromberg) am 22.4., Petrikau (Tagungsort Tomaschow) am 23.4., Lublin am 27.4., Wolhynien (Tagungsort Luzk) am 28.4., Wilna am 30.4., Warschau am 4.5., Plozk (Tagungsort Kutno) am 5.5., Lodz am 7.5. und Schlesien (Tagungsort Teschen) am 10.5.1937. Von den 76 888 Wahlberechtigten hatten nur 44 810 von ihrem Wahlrecht Gebrauch gemacht. Die Wahlbeteiligung in den einzelnen Diözesen war unterschiedlich und betrug im Durchschnitt 58%. Am höchsten war sie in der Diözese Lodz (67,4%), am niedrigsten in der Diözese Warschau (37,6%).[11] Im einzelnen verliefen die Senioratsversammlungen in den Diözesen:

Kalisch mit 16 Pfarr- und 5 Filialgemeinden, 53 600 Seelen, davon 50 614 Deutsche, 2986 Polen. Zahl der Senioratsmitglieder: 52 Delegierte, davon 19 Geistliche und 33 Laien. Zum Seniorenamt wurde von den deutschen Delegierten Pastor Gustav Adolf Ulbrich–Grodziec, von den polnischen Delegierten der bisherige polnische Superintendent der Diözese, Eduard Heinrich Wende, vorgeschlagen. Auf Ulbrich entfielen 42, auf Wende 8 Stimmen, 2 Delegierte enthielten sich der Stimme. Nach Feststellung des Wahlergebnisses zog Sup. Wende seine Kandidatur zurück, während Gen.-Sup. Bursche die Sitzung unterbrach, um telephonisch Rückfrage beim Kultus-

---

Wolhynien 20, Wilna 12, Schlesien 28, Großpolen 12 (zusammen 259); die Zahl der weltlichen Delegierten in die erste Synode betrug für die Diözesen: Warschau 4, Plozk 3, Kalisch 4, Petrikau 2, Lublin 2, Lodz 6, Wolhynien 2, Wilna 1, Schlesien 5, Großpolen 1 (zusammen 30). Die Zahl der geistlichen Delegierten betrug für die Diözesen: Warschau 30, Plozk 17, Kalisch 19, Petrikau 10, Lublin 9, Wolhynien 11, Wilna 7, Schlesien 37, Großpolen 8, Lodz 32 (zusammen 180). Vgl. Die Behörden a.a.O.

11 Die Wahlbeteiligung in den anderen Diözesen betrug: Plozk 52,8%, Kalisch 67%, Petrikau 51,9%, Lublin 41,2%, Wolhynien 63,8%, Wilna 50,7%, Schlesien 38,9%, Großpolen 44,7%, nach: Die Behörden a.a.O.

ministerium zu halten, ob gegen Pastor Ulbrich nach § 24 des Staatsgesetzes Vorbehalte politischer Natur vorlägen. Er kam mit dem Bescheid zurück, daß das Kultusministerium die Wahl Ulbrichs ohne Angabe von Gründen ablehne. Als daraufhin die deutschen Delegierten die Pastoren Alexander Gross–Zagorów und Johann Gustav Friedenberg–Prażuchy für die Seniorenwahl in Vorschlag brachten und Bursche angesichts der fortgeschrittenen Zeit an diesem Tage keine Möglichkeit mehr hatte, das Einverständnis oder die Absage des Kultusministeriums für einen der beiden oder beide Kandidaten einzuholen, vertagte Bursche, dem der Delegierte Bauer–Zduńska Wola das Mißtrauen der Senioratsversammlung ausgesprochen hatte, die Versammlung auf unbestimmte Zeit.[12]

Großpolen. Der aufgrund des Staatsgesetzes vom 25. November 1936 gebildeten Diözese gehörten die 6 im Kirchengebiet der Unierten Kirche in Posen–Pommerellen gegründeten kleinen polnisch-augsburgischen Gemeinden und die 2 zur neuen Diözese geschlagenen bisher kongreßpolnischen deutschen Gemeinden Włocławek-Leslau und Nieszawa an, zusammen 8 Pfarrgemeinden und eine Filiale mit 10 300 Seelen, davon 7400 Deutsche und 2900 Polen. Zahl der Senioratsmitglieder: 20 Delegierte, darunter 8 Geistliche und 12 Laien. Die Zahlenarithmetik des Wahlgesetzes ergab eine polnische Mehrheit der Senioratsversammlung. Gewählt wurden Pastor Gustav Manitius–Posen zum Senior, zum Kurator bzw. Vizekurator 2 weitere Polen, zum Konsenior auf Bitte des bisherigen Superintendenten der Diözese Plozk, zu der die Gemeinden Włocławek und Nieszawa bislang gehört hatten, ein Deutscher.[13]

Petrikau mit 8 Pfarrgemeinden, 3 Filialen, 32 255 Seelen, davon 26 305 Deutsche, 5950 Polen. Zahl der Senioratsmitglieder 25, davon 10 Geistliche und 15 Laien. In nahezu exemplarischer Weise gaben die Senioratswahlen die kirchliche Lage wider. In der zur Diözese gehörenden Gemeinde Lask hatte das Kirchenkollegium unter Einfluß des polnisch gesonnenen Pastors Alfred Freyde als Delegierte zur Senioratsversammlung die Herren Eugen Stenzel und Berthold Schulz benannt. Daraufhin machten 200 wahlberechtigte Gemeindeglieder von dem Recht Gebrauch, eine zweite Kandidatenliste aufzustellen, deren Kandidaten – August Utta, Senator, Mitglied der Synodalkommission und Vorsitzender des Deutschen Volksverbandes, und der Landwirt Heinrich Müller – als Delegierte in die Senioratsversammlung von der Gemeindeversammlung gewählt wurden. Während das Kirchenkollegium keine Einwände gegen die Wahl Uttas erhoben hatte, verfügte das Konsistorium die Streichung seines Namens aus der Liste der Delegierten und blieb bei seiner Entscheidung auch nach den Einsprüchen Uttas, der Arbeitsgemeinschaft der deutschen Pastoren, des Volksverbandes und der Eingabe der Gemeinde Lask mit 649 Unterschriften wahlberechtigter Gemeindeglieder. Gegen Entscheidungen des Konsistoriums gab es keine kirchliche Berufungsinstanz. Verweigert wurde das aktive und passive Wahlrecht Utta mit der Begründung, daß er – der entschiedenste Gegner des kirchenpolitischen Kurses Bursches – in einer Phase der Auseinandersetzung mit diesem für die Gründung einer lutherischen Freikirche eingetreten wäre. Utta hatte stets aktiven Anteil am gesamt-

---

12 FP und NLZ vom 21. April 1937; *E. Kneifel,* Geschichte 273.

13 *E. Kneifel,* Geschichte a.a.O.

kirchlichen Leben wie dem Leben seiner Kirchengemeinde genommen, in der er als Lektor tätig war und bei Bibelstunden und Kinderlehre mitgewirkt hatte.[14]

Mit Utta hatte Bursche seinen einflußreichsten kirchen- und nationalpolitischen Gegner aus der Petrikau-Tomaschower Senioratsversammlung ausgeschaltet, die zunächst einen Verlauf ähnlich dem der Senioratsversammlung der Diözese Kalisch nahm. Gegen den Kandidaten der polnischen Delegierten, den bisherigen Superintendenten der Diözese, Leo Witold May–Tomaschow, wurde der deutsche Pfarrer Jakob Gerhardt–Belchatow zum Senior gewählt. Wie im Falle Kalisch unterbrach Bursche die Senioratsversammlung, setzte sich mit dem Kultusministerium in Verbindung, um anschließend mitzuteilen, daß die Wahl Gerhardts von der politischen Behörde nicht bestätigt werde. Daraufhin ließen sich die deutschen Delegierten bewegen, einen zweiten Kandidaten, Pastor Max Petznik–Petrikau, zu benennen, der dann aber eine Stimme weniger als Sup. May erhielt. Als Konsenior, Kurator und Vizekurator wurden Deutsche gewählt. Nach der Wahl Mays zum Senior verzichtete Bursche darauf das Ministerium zu befragen, auch verweigerte er, in das Protokoll aufzunehmen, daß im ersten Wahlgang Pastor Gerhardt zum Senior gewählt worden war.[15]

Lublin mit 8 Pfarrgemeinden, 9 Filialen und 33 690 Seelen, eine weitverzweigte aufgrund des Staatsgesetzes vom 25. November 1936 neugeschaffene Diözese, verzeichnet einen ruhigen Verlauf der Senioratsversammlung. Von den 25 Delegierten waren 9 Geistliche und 16 Laien. In der Eröffnungsansprache wies Bursche darauf hin, daß zum gegenwärtigen Zeitpunkt die Staatsgesetze für die Augsburgische Kirche viel ungünstiger ausfallen würden, und daß es eine „schwere Sünde" sein würde, wenn der bisherige Superintendent Alexander Eduard Schoeneich–Lublin nicht zum Senior gewählt werden würde. Ohne Gegenkandidaten wurde der 75jährige Schoeneich, der nicht zu den militanten Polen zählte, einstimmig gewählt, obwohl nach § 49 des Inneren Gesetzes der zu wählende Senior das 60. Lebensjahr nocht nicht beendet haben durfte.[16]

Wolhynien mit 9 Gemeinden, 53 700 deutschen und 1550 polnischen Kirchengliedern, 9 deutschen, 2 polnischen Pastoren, verzeichnet demgegenüber einen für die kirchenpolitische Situation bezeichnenden Verlauf der Senioratsversammlung. Entgegen seinem Brauch kehrte Bursche in Luzk nicht im Pfarrhaus, sondern in einem Hotel ein und begab sich von dort in Begleitung des polnischen Vikars zur Senioratsversammlung. Seinen Affront gegen den Ortspastor und Vorsitzenden der Arbeitsgemeinschaft der deutschen Pastoren, Alfred Kleindienst, brachte er in der Eröffnungsansprache des weiteren dadurch zum Ausdruck, daß er neben der Befürwortung der neuen Kirchengesetze auch deren restriktive Bestimmungen betr. eine Wahl derjenigen Pastoren hervorhob, die „ihren Talar als Deckmantel für politische und völkische Umtriebe benützten". Als seitens der Delegierten Pastor Kleindienst als einziger Kandidat für das Seniorenamt vorgeschlagen wurde, erklärte Bursche, daß dieser die

14 *E. Kneifel,* Geschichte a.a.O.; PEK 1937/6, 259 und 1937/7, 302f.; AK.
15 *E. Kneifel,* Geschichte a.a.O.; AK.
16 *E. Kneifel,* Geschichte a.a.O.; AK.

Bestätigung des Kultusministeriums nicht erhalten würde und er deshalb keine Abstimmung über diese Kandidatur zulassen könne. In der sich anschließenden Aussprache lehnte es Bursche ab, beim Kultusministerium für Kleindienst zu intervenieren und forderte die Delegierten auf, einen anderen Kandidaten zu benennen. Als kein anderer benannt wurde, löste Bursche die Senioratsversammlung auf unter Hinweis, daß die Diözese „zur Strafe" auch keine Delegierten in die Synode werde entsenden können und daß er dem Wojewoden werde melden müssen, daß die wolhynischen Pastoren renitent seien. In Begleitung seines Sekretärs verließ er als erster den Raum.[17]

Wilna. Die Diözese Wilna, aufgrund des Kirchengesetzes vom 25. November 1936 neu errichtet, umfaßte 6 Pfarrgemeinden, 7 Filialen, mit 17150 Seelen, 12400 deutschen, 5400 polnischen Volkstums und 7 Pastoren, davon 4 polnischer und 3 deutscher Nationalität. Von den 19 Delegierten der Senioratsversammlung waren 7 Geistliche und 12 Laien. Ähnlich wie Senator Utta in dem Wählerverzeichnis der Gemeinde Lask und der Liste der Delegierten zur Senioratsversammlung der Diözese Petrikau vom Konsistorium gestrichen worden war, wurde der von der Gemeindeversammlung der Gemeinde Białystok gewählte Delegierte Julius Flacker vom Konsistorium wegen „Unkirchlichkeit" aus der Liste der Delegierten zur Senioratsversammlung gestrichen, sein Einspruch vom Konsistorium abgelehnt, so daß ein Pole als Delegierter in die Senioratsversammlung nachrücken konnte. Mit 12 Stimmen bei 7 Enthaltungen deutscher Delegierter wurde der Wilnaer Pastor und bisherige Superintendent, Siegfried Oskar Loppe, zum Senior, mit allen Stimmen der deutsche Pastor Benno Kraeter–Białystok zum Konsenior gewählt. Auch das Amt des Kurators und Vizekurators fiel an die deutschen Kandidaten.[18]

Warschau. In der Diözese zusammengeschlossen waren 17 Pfarrgemeinden, 3 Filialen, mit 30 555 Polen, 18 854 Deutschen und 21 Pastoren, davon 19 polnischen, 2 deutschen Volkstums. Von den 62 Delegierten der Senioratsversammlung waren 30 Geistliche und 32 Laien. In der Senioratsversammlung hatten die 21 Delegierten der Warschauer Gemeinde (12 000 Seelen, davon 9000 Polen und 3000 Deutsche) die absolute Mehrheit gegenüber den Delegierten der deutschen Landgemeinden der Diözese. Die Aufstellung einer eigenen Kandidatenliste seitens der deutschen Gemeindeglieder der Warschauer Gemeinde beantwortete der Wahlaufruf einer „Gruppe Warschauer Gemeindeglieder". In diesem wurde ausgeführt, daß das Wohl der Kirche und des Staates es erfordere solche Delegierte zu wählen, die ihre Kirche lieb haben und die polnischen Rechte wahren. Der deutsche Nationalismus strecke seine räuberische Hand nach dem Herzen Polens aus. Eine deutsche Liste in Warschau sei eine Provokation. Sie sei eine Liste der kleinen deutschen ev. Minderheit in Warschau, arbeite mit Phrasen und werde auch polnischen Gemeindegliedern zugesandt. Da eine polnische Gegenaktion fehle und die polnischen Stimmen sich zersplittern könnten, drohe in Warschau die Wahl eines deutschen Nationalisten als Vertreter der hauptstädtischen Gemeinde. Dem müsse man sich entschlossen widersetzen. Es

17 *E. Kneifel,* a.a.O. 274; AK.
18 *E. Kneifel,* Geschichte a.a.O.; PEK 1937/7, 303f.; AK. Pastor Loppe galt als Pole, gehörte aber nicht zu deren radikalen Flügel.

sei Pflicht eines jeden ev. Polen, seine Verbundenheit mit Kirche und Vaterland bei den Wahlen zu dokumentieren.[19]
In einer Zuschrift an Pastor Z. Michelis, der diesen Wahlaufruf mit kritischem Kommentar in seinem „Zwiastun Ewangeliczny" veröffentlicht hatte, stellte sich Gen.-Sup. Bursche hinter den Aufruf, worauf Michelis Bursches Zuschrift mit dem Vermerk veröffentlichte, daß er mit seiner Kritik weit mäßiger gewesen wäre, wenn er „nur einen Augenblick den Verdacht gehabt hätte, daß das anonyme Flugblatt mit solch hoher Zustimmung erschienen ist".[20] Die unterschiedliche Stellungnahme zur deutschen Kandidatenliste war Ausdruck alter Gegensätze im polnisch-evangelischen Lager, die u.a. in Warschau zur Aufstellung zweier polnischer Kandidatenlisten zur Senioratsversammlung geführt hatte. Die Liste der Anhänger des Gen.-Sup. Bursche führte der bisherige Superintendent der Diözese, August Loth–Warschau, die der Gegner Bursches Pastor Siegmund Michelis–Warschau, der Herausgeber des „Zwiastun Ewangeliczny", an. Zum Senior gewählt wurde mit 32:27 Stimmen bei einer Enthaltung August Loth, zum Konsenior der zur Gruppe Michelis zählende Pastor Robert Nitschmann–Nowy Dwór. Zum Kurator gewählt wurde der bekannte Gegner Bursches Senator Evert mit 38 Stimmen gegen Rechtsanwalt Eberhardt, Mitglied des Synodalausschusses, der 20 Stimmen erhielt. Zu Synodalen wurden u.a. zwei deutsche Vertreter der Landgemeinden, darunter der Landwirt Friedrich Repsch gewählt, der in der weiteren Auseinandersetzung in der Kirchenfrage eine Rolle spielen sollte.[21]

Plozk. Die Senioratsversammlung der 16 Pfarrgemeinden, 6 Filialen, 55 680 Seelen (55 110 Deutsche, 570 Polen) mit 11 deutschen und 5 polnischen Pastoren umfassende Diözese – von den 50 Delegierten waren 17 Geistliche und 33 Laien – dauerte nur eine halbe Stunde.[22] In seiner Eröffnungsansprache beschwor Bursche die Eintracht zwischen ev. Deutschen und ev. Polen angesichts der gemeinsamen seitens der katholischen Kirche drohenden Gefahr, die die Stellung einer herrschenden Religion in Polen anstrebe. Über den einstimmigen Vorschlag, Pastor Erich Buse–Lipno, einen engagierten Verfechter des kirchlichen deutschen Schulwesens, zum Senior zu wählen, wollte Bursche erst nach Rückfrage beim Kultusministerium abstimmen lassen. Als er gefragt wurde, ob er bereit sei, sich beim Kultusministerium für Pastor Buse einzusetzen, gab er zur Antwort, daß er dies nicht könne und auch nicht wolle. Als daraufhin die Delegierten sich erboten, eine eigene Delegation ins Kultusministerium zu entsenden, rief Bursche den Delegierten zu: „Dann wählt euch eine Delegation und fahrt meinetwegen zum Minister" und löste die Senioratsversammlung auf. Tags darauf, am 5. Mai 1937, gab Bursche noch in Kutno eine Pressekonferenz, in der er aussprach: „[...] Mindestens 10 deutsche Pastoren haben es längst verdient, amtsenthoben zu werden, namentlich einer, der sich zu viel mit Schulfragen beschäftigt hat".[23] Nach Pastor Kleindienst befragt, gab er zur Antwort, daß dieser es schon

19 PEK 1937/6, 257f.; *E. Kneifel,* Geschichte 272; AK.
20 ZE 1937/10; FP vom 18. März 1937.
21 *E. Kneifel,* Geschichte a.a.O.; AK.
22 *E. Kneifel,* a.a.O. 274; AK.
23 Vermutet wurde, daß es sich um die Pastoren Erich Buse–Lipno, Adolf Ulbrich–Grodziec oder Rudolf Henke–Rożyszcze hätte handeln können.

längst verdient habe, aus Wolhynien entfernt zu werden. Die Vorsprache der deutschen Delegierten im Kultusministerium nahm einen auffallenden Verlauf. Sie wurde angeführt von dem polnischen Pastor Lucjan Lewandowski in Ossówka, einem konvertierten katholischen Geistlichen, der mit den deutschen Delegierten für Pastor Buse eintrat und die Meinung vertrat, daß Buse als loyalem Staatsbürger die Bestätigung als Senior nicht versagt werden könne. Darauf antwortete Vizedirektor Chrząstowski: „Sie haben ihr Kirchengesetz, und uns liegt es absolut fern, uns in Ihre Angelegenheit einzumischen. Wir denken nicht daran, irgendwelchen Druck auf die Wahlen auszuüben. Was Pastor Buse betrifft, so wird dieser Fall in kürzester Frist erledigt werden".[24] Erledigt wurde der Fall nicht.

Lodz. In der Diözese Lodz, der größten der Augsburgischen Kirche, mit ihren 17 Pfarrgemeinden, 4 Filialen, 108 640 deutschen und 405 polnischen Kirchengliedern, war es erst gar nicht zur Konstituierung der Senioratsversammlung gekommen. Sie zählte 90 Delegierte, davon 32 Geistliche und 58 Laien, von denen 54 Deutsche und 4 Polen waren. Für das Amt des Seniors war deutscherseits Pastor Adolf Doberstein–Lodz vorgesehen. Einleitend hatte Gen.-Sup. Bursche hervorgehoben, daß er trotz Hohn und Spott unbeirrt seinen Weg bis zum Ende gehen werde, da er diesen vor Gott und seinem Gewissen verantworten könne. In keiner der Senioratsversammlungen war die totale Ablehnung der Person und der Kirchenpolitik Bursches so deutlich zum Ausdruck gekommen. Keiner der 3 Delegierten, die er in das Präsidium berufen und gebeten hatte, am Konferenztisch Platz zu nehmen, war seiner Aufforderung nachgekommen. Als eine wiederholte Aufforderung keinen Erfolg hatte, eröffnete Bursche die Senioratsversammlung ohne Gebet mit der Aufforderung, einen Kandidaten für das Amt des Seniors zu benennen. Auch darauf reagierte man nicht, stellte vielmehr eine Reihe von Fragen im Zusammenhang mit der Ablehnung deutscher Kandidaten in den vorangegangenen Senioratsversammlungen, der Ausschaltung dreier deutscher Delegierter und deren Ersatz durch Polen und erklärte, erst nach der Bereinigung der Fälle wählen zu wollen. Zum Schluß wurde ein Antrag verlesen, den Bursche stillschweigend anhörte, aber nicht zur Kenntnis nehmen wollte und die Senioratsversammlung schloß. Diese stimmte das Lutherlied „Ein feste Burg" an. Der in der Presse beschlagnahmte Antrag der Senioratsversammlung beschuldigte das Konsistorium, das es „einigen Senioratsmitgliedern, die mit überwiegender Mehrheit gewählt worden sind, nach erfolgter Wahl ohne Anhören der Parteien das passive Wahlrecht abgesprochen und an deren Stelle Senioratsmitglieder bestimmt hat, die bei der Wahl nur einen Bruchteil der abgegebenen Stimmen auf sich vereinigen konnten". Durch diesen Beschluß hätte sich das Konsistorium einen „Rechtsbruch zuschulden kommen lassen, eine Lage der Rechtswillkür geschaffen". Da das gegenwärtige Kirchengesetz keine Instanz vorsehe, die diese Rechtsbrüche abzuändern befugt sei, ersuchte die Senioratsversammlung „den bisherigen Präsidenten des noch bestehenden Konsistoriums, diese Beschlüsse außer Kraft zu setzen" und beantragte bis zur Erledigung obiger Angelegenheiten die Senioratsversammlungen zu vertagen.[25]

24 PEK 1937/9, 389.
25 Antrag, in: AK.

Der gegen die Eigenmächtigkeiten des Konsistoriums und seines Präsidenten gerichtete Antrag der Lodzer Senioratsversammlung und das Fehlen einer Berufungsinstanz gegen deren Entscheidungen wurde von dem Bursche nahestehenden „Głos Ewangelicki" als „Sabotage, Anarchie und Schande" seitens der weltlichen Delegierten, als „Feigheit und Heuchelei" seitens der Geistlichen gewertet.[26]

Schlesien. Die mit dem Kirchengesetz vom 25. November 1936 neu abgegrenzte Diözese Schlesien umfaßte 12 Gemeinden, 3 Filialen, mit 48 900 Seelen, davon 32 600 Polen, 16 300 Deutsche, mit 14 Pfarrern (9 Polen, 5 Deutsche) und 16 polnischen Vikaren, darunter (damals erst) 7 als „Vikare" beim Pfarramt Sosnowitz geführte Geistliche der Augsburgischen Kirche, die Gen.-Sup. Bursche als Katecheten und Führer der Vereine evangelischer Polen in das Gebiet der Unierten evangelischen Kirche in Polnisch-Oberschlesien entsandt hatte. Verlauf und Ergebnis der Senioratswahlen waren ein Spiegelbild des Gegensatzes zwischen den früher zur Evangelischen Kirche A. und H. B. in Österreich gehörenden Gemeinden des ehem. Teschener Herzogtums und der kirchenpolitischen Linie des von Pastor Tytz (Tyc) in Sosnowitz repräsentierten Kurses des Warschauer Konsistoriums. Zum Senior gewählt wurde nicht der Teschener Pfarrer Karl Kulisz, der kirchenpolitische Weggenosse Bursches seit dem Jahre 1903 und nahezu mystische Verfechter des Polnischen Evangelizismus, sondern sein polnisch-schlesischer Gegenkandidat Paul Nikodem–Ustroń, zum Konsenior der deutsche Pfarrer Ernst Richard Wagner–Bielitz gegen den polnischen Kandidaten Tytz. Kurator und – erstmals – auch Vizekurator wurden Polen.[27]

Ausdruck und Folge kirchenpolitischer Gegensätze, nationaler Spannungen und Eingriffe des Staates war, daß von den 10 Diözesen der Ev.-Augsb. Kirche nur in 6 Diözesen – in den Diözesen Großpolen, Lublin, Petrikau, Schlesien, Warschau und Wilna – die 22 059 Wahlberechtigte vertraten, Senioratswahlen durchgeführt und Senioratsausschüsse konstituiert werden konnten. Gescheitert an der Haltung des Gen.-Sup. Bursche bzw. dem Einspruch des Kultusministeriums waren die Senioratsversammlungen in den 4 Diözesen Kalisch, Lodz, Plozk und Wolhynien, die ihrerseits 54 859, d.h. 2/3 aller Wahlberechtigten der Ev.-Augsb. Kirche vertraten. Für diese vier Diözesen ernannte der Generalsuperintendent – ohne kirchenrechtliche Grundlage – kommissarische Senioren: Für die Diözese Kalisch den bisherigen Superintendenten Eduard Heinrich Wende–Kalisch, für die Diözese Lodz den bisherigen Superintendenten und Konsistorialrat Julius Dietrich–Lodz, für die Diözese Plozk den Pastor Ernst Ludwig–Chodecz und für die Diözese Wolhynien den bisherigen Superintendenten Alexander Eduard Schoeneich–Lublin.[28] Der Versuch Bursches, die am 24. April 1937 vertagte Senioratsversammlung der Diözese Kalisch am 21. Mai 1937 (Tagungsort Koło) nachzuholen, führte zu keinem Ergebnis. Wie in der Senioratsversammlung der Lodzer Diözese fanden sich die Delegierten nicht bereit, einen Kandidaten für das Senioratsamt zu benennen, verlangten vielmehr vorher Auskunft vom Generalsuperintendenten, warum er sich nicht, wie er es im Amtsblatt angekündigt hatte, für die

26 GE vom 23. Mai 1937.
27 *E. Kneifel*, Geschichte 275; AK.
28 *E. Kneifel*, Geschichte a.a.O. 276; *O. Heike*, Das Deutschtum 128; *W. Gastpary*, Protestantyzm 236f.

diskriminierten deutschen Kandidaten in den Diözesen Lodz, Plozk, Wolhynien und Petrikau eingesetzt hatte. Als sich die Delegierten, mit den Auskünften Bursches unzufrieden, wie in Lodz anschickten, einen Antrag zu verlesen, schloß Bursche mit den Worten: „Den Antrag könnt ihr euch behalten“ die Senioratsversammlung.

Die vom 20. April bis 10. bzw. 21. Mai 1937 gehaltenen Senioratswahlen hatten die erste Etappe der Realisierung der neuen Kirchengesetze abgeschlossen. Die der Mehrheit der Ev.-Augsb. Kirche aufgezwungene kirchliche Gesetzgebung hatte ihre erste Belastungsprobe nicht bestanden. Sie war gescheitert an der ungelöst gebliebenen Frage der konfessionellen Gleichberechtigung und kirchlichen Autonomie, an den gesetzlich verankerten Eingriffsrechten des Staates in das kirchliche Verfassungs- und Verwaltungsleben, an der Verweigerung der Gleichberechtigung der Nationalitäten und Sprachen in der Kirche.

Eines der wesentlichsten Merkmale der Senioratsversammlungen war das tiefe Mißtrauen der die Mehrheit der Ev.-Augsb. Kirche bildenden Deutschen gegen die Person und gegen die Kirchenführung und kirchenpolitische Zielsetzung des im Mittelpunkt des Kirchenkampfes stehenden Gen.-Sup. Bursche. Dieser hinwieder suchte den Widerstand der deutschen Pastoren und Kirchenglieder der Ev.-Augsb. Kirche gegen ihn und die vom Staat aufgezwungene, von ihm vertretene kirchliche Gesetzgebung als politisch motiviert und als Illoyalität dem Staate gegenüber hinzustellen, nach 1933 als Einflüsse des Nationalsozialismus zu werten. Den gesamtkirchlichen Aspekt des Ausgangs der Senioratswahlen in der Ev.-Augsb. Kirche sprach Zöckler mit den Worten an:

„[...] Daß in weiten Kreisen der Augsburgischen Kirche ein so tiefgreifendes Mißtrauen, ja man muß sagen, eine so völlige Ablehnung der leitenden Persönlichkeit stattfand, ist etwas über die Maßen Schmerzliches, und muß in außerevangelischen Kreisen, in der katholischen Öffentlichkeit und natürlich auch bei den Männern der Regierung Eindrücke hervorrufen, die für unsere evangelische Kirche im Ganzen gewiß nicht erfreuliche sind. Man kann sich auch des Eindrucks einer großen Tragik nicht erwehren, wenn man sieht, wie der Mann, der zweifellos mit ganzer Kraft und Hingabe darum gerungen hat, dem Protestantismus im neuerstandenen Polen von Anfang an eine geachtete und gesicherte Stellung zu schaffen, nun das Vertrauen des größten Teils des Kirchenvolkes verloren hat. Eine große Tragik liegt auch darin, daß in einer Zeit, wo ein starker, geschlossener, einheitlicher Protestantismus mehr wie je nötig wäre, eine starke einheitliche Bezeugung des Evangeliums gegenüber den Herrschaftsversuchen auf römischer Seite, gegenüber Bolschewismus und Gottlosigkeit, gegenüber dem mächtig um sich greifenden Sektentum – daß gerade in dieser Zeit ein so tiefer Riß durch die evangelische Kirche geht. Es ist ja nicht nur ein Riß, der die Augsburgische Kirche in zwei Lager trennt, sondern dieser Riß geht durch den gesamten Protestantismus in Polen. Er hat seinen Ausdruck erst kürzlich im Zusammenbruch des Rates der Evangelischen Kirchen in Polen gefunden, der vom Standpunkt des Reiches Gottes ebenso sehr wie vom – sagen wir – kirchenpolitischen Standpunkt aus eine sehr dringend notwendige Institution war, die freilich eben durch die immer schärfer in den letzten Jahren schon hervortretenden Gegensätze ihre Aufgabe nicht erfüllen konnte“.[29]

Nach Abschluß der Senioratsversammlungen waren Deutsche und Polen von einer tiefen Unruhe und Sorge über die künftige Entwicklung der Ev.-Augsb. Kirche erfaßt. Der erste Versuch der Realisierung der Kirchengesetze von 1936 hatte das nationale Problem innerhalb der Kirche in einem seit 1922/23 nicht mehr gekannten Maße aktualisiert. Das

29 EGG 1937/5, 81.

Ziel, daß Gen.-Sup. Bursche vor den Senioratswahlen in Auseinandersetzung mit seinen Gegnern aus dem poln.-ev. Lager angesprochen hatte: „[...] Es geht um den polnischen Charakter unserer Kirche in Polen [...], darum, daß unsere Kirche nicht eine deutsche Kirche wird, wovon der deutsche Nationalismus träumt“[30], hatte Gegenkräfte wachgerufen, die er, der Unterstützung des Staates sicher, unterschätzt hatte. Alle Leidenschaften auf polnischer wie deutscher Seite waren wach geworden, als Gen.-Sup. Bursche der Warschauer Tageszeitung „Dziennik Poranny“ [Morgenpost] ein Interview gewährte, das am 26. Mai 1937 unter dem Titel „Kampf der Hitlerleute gegen Volkstum und Kirchentum. Die evangelische Kirche in Polen muß polnisch sein“ erschien. Darin gab er die Seelenzahl der Augsb. Kirche mit 350 000 Deutschen, 200 000 Polen und 50 000 germanisierten Polen an und führte zu ihrer Lage aus: „[...] Die Ev.-Augsb. Kirche macht gegenwärtig eine ernste Krise durch [...] die ihr angehörenden Deutschen gehen immer mehr zum Hitlerismus über und streben nach Macht. Wir werden es ganz entschieden nicht zulassen, daß der Kirche ein deutscher Charakter gegeben wird. Das neue [Staats-]Gesetz, gegen das die Deutschen auftreten, gibt uns eine Waffe in die Hand“. Im Inneren Grundgesetz „ist die völlige Freiheit der Kirche betont; der Staat mischt sich nicht in die inneren Kirchenfragen und beschränkt seine Ingerenz auf Personalfragen. [...] Die Senioren werden von den Diözesen gewählt und vom Konsistorium nach vorheriger Verständigung mit dem Kultusministerium bestätigt. Dagegen schäumen die Deutschen und boykottieren die Wahlen oder stellen unannehmbare Kandidaten auf“. Eine von Deutschland ausgehende neuheidnische Bewegung drohe nicht, „man muß jedoch vorausschauen“. Der „völlig offiziell bestehende Volksverband genügt für den Hitlerismus“. Zum Schluß sprach Bursche die feste Überzeugung aus, „daß es uns gelingen wird, mit allen Schwierigkeiten fertig zu werden“.[31]

Bursches Interview vom 26. Mai 1937, seine Zahlenangaben, seine als politische Diffamierungen angesehenen Angriffe gegen die deutschen Pastoren, Gemeindeglieder, Organisationen und die deutsche Presse – auch als Enttäuschung und Verbitterung über den Ausgang der Senioratswahlen gewertet –, führten zu heftigen Reaktionen auf deutscher Seite.

Die Arbeitsgemeinschaft der dt. Pastoren übergab am 2. Juni 1937 der Presse eine Erklärung unter dem Titel „Deutsche oder Polnische Kirche?“, in der sie Bursches These, daß „die ev. Kirche in Polen eine polnische sein müsse“, ablehnte und zum Ausdruck brachte: „Infolge der engen Verquickung des deutschen Teils der Kirche mit dem polnischen sehen wir es als unsere Pflicht an, auch weiterhin für die Erhaltung der Einheit unserer Kirche einzutreten. Nicht um jeden Preis! Wohl aber zur Grenze des Möglichen und Gebotenen. [...] Obwohl die deutschen Glieder bei weitem die Mehrheit der Kirche bilden, erstreben wir nicht die Vorherrschaft in derselben. Wir wollen den polnischen Teil nicht beherrschen, wollen aber auch von ihm nicht beherrscht werden [...]“.[32]

Die „Deutsche Rundschau“ in Bromberg vom 27. Mai 1937 schrieb, daß sie Gen.-Sup. Bursche aufrichtig dankbar sei dafür, daß er „endlich in diesem Interview klar bekannt hat, daß er eine weltliche Politik treibt. [...] Die erdrückende Mehrheit des evangelischen Kirchenvolkes in Mittelpolen lehnt diesen Kirchenfürsten aus kirchlichen Gründen ebenso ab,

30 EGG 1937/3, 45.
31 PEK 1937/9, 386f.
32 FP und NLZ vom 2. Juni 1937; AK.

wie eine starke Opposition innerhalb der polnisch evangelischen Gemeinde".[33] Schärfer war der Ton der Lodzer „Freien Presse" und der „Neuen Lodzer Zeitung". Utta antwortete Bursche in der „Freien Presse" mit dem Aufsatz „Unsere Antwort. Richtigstellung irreführender Behauptungen. Widerlegung leichtfertiger Anschuldigungen", der mit den Worten schloß: „Und dieser Mann verlangt, daß die Deutschen ihm Vertrauen entgegenbringen und als Haupt der Kirche ehren".[34] Der Hauptvorstand des Deutschen Volksverbandes verwahrte sich am 14. Juni 1937 gegen die Anschuldigungen Bursches und wies sie als „unbegründet und bewußte Entstellungen der Wahrheit" zurück. Die Anschuldigungen, so der Hauptvorstand, könnten nur den einen Zweck haben, „die ihm [Bursche] unbequeme führende Organisation des mittelpolnischen Deutschtums in den Augen der polnischen Öffentlichkeit und der Staatsbehörden herabzusetzen und die Arbeit des Verbandes zu erschweren [...]".[35] Der Rat der Deutschen in Polen sprach sich in der Erklärung vom 29. Mai 1937 gegen die Zurücksetzung des deutschen Bevölkerungsteils im kirchlichen und religiösen Leben und eine „bewußte Benachteiligung des deutschen evang. Kirchenvolkes bei der Bildung der Körperschaften der Ev.-Augsb. Kirche" aus.[36]

Bei aller Schärfe der Auseinandersetzungen war das innerkichliche Gespräch zwischen den deutschen und polnischen Geistlichen der Ev.-Augsb. Kirche nicht abgebrochen. Ende Mai 1937 richteten 56 polnische Pastoren einen „Offenen Brief an die Arbeitsgemeinschaft der deutschen Pastoren"[37], der, ohne auf die Gründe der Spannungen und Gegensätze einzugehen, die Pressepolemik der deutschen Presse gegen Gen.-Sup. Bursche ansprach und eine Stellungnahme der deutschen Pastoren zu diesen abforderte. Der Kampf in der Ev.-Augsb. Kirche, so die polnischen Pastoren, habe Ausmaße und Formen angenommen, die Beunruhigung und Ärgernis bei allen hervorrufen müsse, die ihre Kirche lieb haben. Besonders anstößig und empörend sei der Ton, den die deutsche Presse gegenüber dem Oberhaupt der Kirche, Bischof Bursche, anschlage. Die Mißachtung des Bischofs sei gleichbedeutend mit der Mißachtung der Kirche. Die Autorität und das Wesen der Kirche werde dadurch bei den eigenen Gemeindegliedern als auch bei den Fremden untergraben. Als Höhepunkt der Beleidigung des Bischofs seien die Gedichte von Julian Will in der „Freien Presse" vom 30. April und 9. Mai 1937 anzuprangern.[38] Vergeblich habe man auf einen Protest der deutschen Pastoren gegen die Verunglimpfungen des Bischofs gewartet. Die polnischen Pastoren forderten eine klare und eindeutige Antwort der Arbeitsgemeinschaft der dt. Pastoren zu dieser Angelegenheit und wiesen darauf hin, daß „für uns Pastoren, die wir auf dem Boden des Evangeliums Christi und des Wohles der Kirche stehen, die Antwort [...] der Maßstab für unsere Haltung ihnen gegenüber sein wird".

Die Arbeitsgemeinschaft der dt. Pastoren antwortete mit der „Antwort auf den offenen Brief von 56 polnischen Pastoren".[39] Der Kirchenkampf, so die deutschen Pastoren, liege auch ihnen schwer auf der Seele. Sie hätten ihn nicht begonnen und litten unter ihm.

---

33 DR vom 27. Mai 1937.
34 FP vom 30. Mai 1937.
35 FP vom 17. und 18. Juni 1937.
36 Posener Tageblatt vom 29. Mai 1937.
37 In: AK.
38 Die beiden Gedichte Julian Wills, in: *E. Kneifel*, Bischof Julius Bursche 233.
39 In: AK; PEK 1937/9, 390f.

Es wäre nicht dazu gekommen, wenn die berechtigten Anliegen der deutschen Kirchenglieder mehr Verständnis bei den polnischen Pastoren gefunden hätten. Die Form, die der Kirchenkampf vielfach angenommen habe, werde auch von den deutschen Pastoren verurteilt. Für die Angriffe der weltlichen deutschen Presse auf Bischof Bursche könne die deutsche Pastorenschaft nicht verantwortlich gemacht werden. Diese sei unabhängig und habe ihre eigenen Kriterien. Die zu beanstandende Form der Ausfälle sei Ausfluß „der besonderen aufs Äußerste gereizten und verbitterten Lage, in die man unsere Kirche hineingestürzt hat“. Solle es zu einem aufrichtigen Gespräch zwischen den deutschen und den polnischen Pastoren kommen, so müsse man tiefer greifen und von den „Symptomen der Krise zu ihrer Ursache durchdringen“. Wie kann man sich, so die deutschen Pastoren, um eine erfolgreiche Besserung der Form des Kirchenkampfes bemühen, wenn seine Ursachen bestehen bleiben? In dieser Beziehung wäre eine Verständigung anzustreben. Die polnischen Pastoren wurden um eine eindeutige Antwort auf folgende Fragen gebeten: „1. Halten Sie die Art und Weise, wie das neue Gesetz unter Dach und Fach gebracht worden ist, für vereinbar mit dem Wesen und dem Geiste der Kirche Christi? Wir haben dabei ausschließlich die kirchliche Seite dieser Frage im Auge und lassen die staatsrechtliche völlig beiseite. 2. Halten Sie die Art und Weise der Durchführung des neuen Gesetzes [...] für völlig loyal und [...] einwandfrei? 3. Solidarisieren Sie sich mit der von verantwortlicher Stelle ausgegebenen Losung, daß unsere Kirche, trotz ihrer deutschen Mehrheit, ‚polnische‘ Kirche sein müsse? 4. Billigen Sie die Tatsache, daß das Oberhaupt der Kirche deren deutsche Glieder in öffentlichen Erklärungen [...] in ein schiefes, ja geradezu falsches Licht gesetzt hat, und daß ihnen dadurch schwerer Schaden und bitteres Unrecht zugefügt worden ist? 5. Billigen Sie, daß der Herr Generalsuperintendent in einer für den öffentlichen Gebrauch abgegebenen Erklärung behauptet, daß mindestens 10 deutsche Pastoren ihres Amtes enthoben werden müßten, während er doch im ‚Amtsblatt‘ bescheinigt hat, daß keiner von uns staatlich unzuverlässig sei, und daß im Falle jemand unschuldig angeklagt werden sollte, er gerade durch das neue Gesetz wirksam verteidigt werden würde?“ Die Klärung obiger Fragen würde es den deutschen Pastoren erlauben, so der Schluß der „Antwort“, sich „mit allem Nachdruck für die Herbeiführung einer gerechten und dauerhaften Befriedung unserer schwer heimgesuchten Kirche einzusetzen“. Eine Antwort gaben die polnischen Pastoren nicht.

Aktiv in den Kirchenkampf eingeschaltet hatten sich die deutschen Mitglieder der Senioratsversammlungen der vier Diözesen, in denen die Senioren und Senioratsausschüsse nicht gewählt werden konnten und für die von Gen.-Sup. Bursche kommissarische Senioren ernannt worden waren. Sie schlossen sich zu einem „Ausschuß der deutschen Mitglieder der Senioratsversammlungen“ zusammen und traten an die Öffentlichkeit mit einer „Erklärung“ über die Grundlagen zur Wiederherstellung geordneter Verhältnisse in der Ev.-Augsb. Kirche. Gefordert wurden die Einhaltung von Recht und Gerechtigkeit, die Bindung der Kirchenleitung an das Gesetz, die Achtung vor dem Volkstum, eine Zusammensetzung der Kirchenleitung entsprechend der Zusammensetzung des Kirchenvolkes; als rechtswidrig abgelehnt wurde die bisherige Handhabung der kirchlichen Gesetzgebung seitens des Generalsuperintendenten und des Konsistoriums.[40]

40 In: AK; PEK 1937/9, 391.

b) Die polnische Rumpfsynode. Ihre Sessionen. Die Konstituierung der Kirchenbehörden und die Bischofswahl. Das Scheitern der Ausgleichsversuche (Juli 1937)

Die Realisierung des Staatsgesetzes auf der Ebene der Seniorate hatte mit einem Fehlschlag geendet. In den Senioratsversammlungen der vier größten Diözesen konnten die Wahlen der Senioren, der weltlichen Mitglieder in die Synode, die Konstituierung des Senioratsausschusses nicht durchgeführt werden. Ungeachtet der Tatsache, daß in der Konsequenz 2/3 des Kirchenvolkes der Augsburgischen Kirche auf der Synode nicht vertreten sein würden, entschieden sich Bursche und das Konsistorium nach Verständigung mit der Regierung trotzdem zur Abhaltung der Synode, deren wesentlichste Aufgabe die Konstituierung der obersten Kirchenbehörden und die Wahl des Bischofs war. In noch stärkerem Maße als hinsichtlich der Zusammensetzung der Senioratsversammlungen begünstigte das neue Wahlrecht das polnische Element bei den Synodalwahlen. So entfielen auf die sechs Diözesen mit 22 059 Wahlberechtigten, in denen die Senioratswahlen durchgeführt werden konnten, 15 weltliche Delegierte in die Synode, die gleiche Anzahl wie auf die vier Diözesen mit 54 859 Wahlberechtigten, in denen die Senioratswahlen gescheitert waren. Die Wahl der 15 geistlichen Mitglieder der Synode war nach § 76 des Inneren Gesetzes von der „Gesamtheit der Gemeindepfarrer", die der 30 weltlichen Synodalmitglieder von den Senioratsversammlungen durchzuführen.

Bereits am 24. Mai 1937 war die Einladung Bursches an alle Gemeindepastoren zur Wahl der geistlichen Synodalen am 3. Juni in Warschau ergangen. Abwesenheit mußte entschuldigt und schriftlich begründet werden. Von den 113 wahlberechtigten Gemeindepastoren waren 102 erschienen, von den abwesenden 8 deutschen und 4 polnischen Pastoren waren 9 entschuldigt. Am Vorabend des Wahltages fanden sich die deutschen Pastoren in Lodz, die polnischen in Warschau zu Vorbesprechungen zusammen, auf denen nach Nationalitäten getrennte – jeweils 15 Namen umfassende – Wahllisten aufgestellt wurden. Das Verhandlungsklima der Wahlversammlung war zunächst gespannt. Nach Eröffnung der Wahlversammlung und Verlesung des 85. Psalms erging sich Bursche in heftigen Anschuldigungen gegen die „feindlichen Deutschen", denen er Sabotage der Senioratswahlen in einer Reihe von Diözesen, Aufwiegelung zum Unfrieden in der Kirche vorwarf und Beweise für ihre loyale Haltung gegenüber den Kirchen- und Staatsgesetzen forderte. Namens der deutschen Pastoren widersprach Sup. Dietrich dem Generalsuperintendenten und beantragte zwecks Beilegung des Kirchenkonfliktes die Wahl einer aus vier polnischen und vier deutschen Pastoren bestehenden „Befriedungskommission", die in einer „termingemäß festgelegten Zeit" der einzuberufenden Synode einen Bericht über ihre Arbeit vorzulegen hätte. Beinhaltet war damit zugleich der Antrag auf Verschiebung des Termins der Synode. Dietrichs Antrag wurde von Bursche mit der Begründung abgelehnt, daß die Dinge zu weit fortgeschritten seien, auch eine Annahme des Antrags den Termin der Synode nicht mehr verschieben könne. Zur Legitimität der Synode unter den Bedingungen des Ausgangs der Senioratswahlen erklärte Bursche, daß die rechtliche Seite dieser Frage von einer interministeriellen Kommission geklärt werde, bestehend aus Vertretern der Kultus-, Innen- und Justizministerien und des Außenministeriums. An die Adresse Bursches gewandt, ergänzte Pastor W. Krusche Dietrichs Ausführungen mit einigen Aussagen grundsätzlicher Natur: „[...] Wir sind keine Rebellen. [...] Gesetz ist Gesetz. Wir achten es, wenngleich wir seinerzeit gegen sein Zustandekommen protestierten. Nicht gegen das Gesetz sind wir, sondern gegen die Art und Weise seiner Durchführung". Er verwies auf die Unregelmäßigkeiten und auf die Desavouierung der deutschen Kandidaten in den Senioratsversammlungen und brachte zum Ausdruck: „Die Deutschen wünschen nichts sehnlicher als mit den Polen in derselben Kirche in Einvernehmen und Liebe zu leben und zu arbeiten".

Die Wahlhandlung verlief in einer gelösteren Atmosphäre. Von den 102 anwesenden Gemeindepastoren hatten 98 gewählt, drei sich der Stimme enthalten. Auf die polnische Liste waren 52, auf die deutsche Liste 46 Stimmen gefallen. Acht Mandate kamen auf die polnische, sieben auf die deutsche Liste. In der Reihenfolge der auf sie abgegebenen Stimmen wurden zu geistlichen Synodalen auf der polnischen Liste die Pastoren: August Loth–Warschau, Sup. Eduard Heinrich Wende–Kalisch, Sup. Leo Witold May–Tomaschow, Paul Nikodem–Ustroń, Karl Kotula–Lodz, Georg Tyc–Sosnowitz, Gustav Manitius–Posen und Alexander Karl Falzmann–Zgierz; auf der deutschen Liste die Pastoren: Sup. Julius Dietrich–Lodz, Gustav Schedler–Lodz, Ernst Waldemar Krusche–Rypin, Alfred Rudolf Kleindienst–Luzk, Erich Ludwig Gustav Buse–Lipno, Eduard Kneifel–Brzeziny und Adolf Löffler–Lodz gewählt.[1]

Nach Abschluß der Wahlhandlung war es dann doch noch von einem kleinen Kreis deutscher und polnischer Pastoren zur Bildung einer inoffiziellen „Befriedungskommission" gekommen, deren Vorsitz sich Bursche vorbehalten hatte. Auf polnischer Seite setzte sich für diese besonders der alte Gegner Bursches, Pastor Siegmund Michelis, ein. In dem von ihm herausgegebenen „Zwiastun Ewangeliczny" polemisierte er gegen den „unverständigen, lärmenden, auf Augenblickswirkung berechneten Hurra-Patriotismus einer Handvoll Hitzköpfe" im polnischen Lager und führte zur kirchlichen Lage und der Notwendigkeit der Befriedungsbemühungen aus:

„[...] Ich teile die Überzeugung von der absoluten Vollkommenheit unseres eigenen (polnischen) Lagers [...] nicht und sehe auf diesem Wege auch keine Möglichkeit der Einigung. Ich möchte lieber, daß wir uns alle auf der Linie des Apostels Paulus finden, der im Römerbrief schreibt, daß wir alle sündigen und alle des Ruhms vor Gott ermangeln. Die Deutschen haben große Fehler gemacht, aber die Polen ganz gewiß auch nicht geringere, und zwar von den Jüngsten an bis zu den Ältesten und den Höchststehenden. Ich glaube, daß die Deutschen sich im Kampfe mit uns nicht wohlbefinden mögen, da ein Kampf mit Polen im polnischen Staat, wenn auch auf dem Gebiet der Kirche, keine angenehme noch ungefährliche Sache ist. Aber wenn die Deutschen wirklich, wie gesagt worden ist, ihre Niederlage befürchten, so fürchte ich mich nicht weniger vor unserem Siege. Die Einberufung einer Rumpfsynode, die zwei Drittel der Kirche ausschließt und die die kirchlichen Behörden in einem sehr unvollständigen, ja sogar sehr kleinen Kreise wählen dürfen, halte ich für einen Pyrrhus-Sieg, den ich auch um einen hohen Preis vermeiden möchte. Wir fügen der Kirche eine Wunde zu, die sich für die Landesorganisation unserer Kirche als Todeswunde erweisen kann. Aber wie soll man das vermeiden? Vor allem müssen wir unsere gemeinsame Schuld bekennen und uns weiter bemühen, uns gegenseitig zu verstehen und die Situation objektiv zu beurteilen.

Drei Faktoren wirken mit: die Behörden (staatliche und kirchliche), die Polen und die Deutschen. Die Behörden sind befangen durch Prestigegründe. Einmal auf dem Wege, das Kirchengesetz durchzuführen, können sie sich nicht zurückziehen und deswegen wird im Juni die Synode stattfinden und diese Synode die Kirchenbehörden wählen. Die Polen in

1 *E. Kneifel,* Geschichte 275; FP und NLZ vom 4.6.1937; EGG 1937/6, 97; PEK 1937/9, 389; *W. Gastpary,* Protestantyzm 237f.

der Kirche stehen noch unter dem berauschenden Eindruck der Freude über die Erlangung der Freiheit der Nation und des Staates. Daher kommt die psychologisch verständliche Betonung des nationalen Momentes auch in der Kirche. Daher die Losung von der „polnischen Kirche“, die die Deutschen unnötigerweise viel zu wörtlich und tragisch nehmen. Sie sollten uns besser verstehen und uns mehr Vertrauen schenken. Aber dasselbe sollten auch die Polen gegenüber den Deutschen tun. Wir kennen doch alle unsere deutschen Gemeindeglieder und wissen, daß sie in der Mehrzahl tüchtige Leute sind, treue Staatsbürger und gläubige Christen. Wir kennen noch besser unsere deutschen Amtsbrüder, mit denen uns hundertfach freundschaftliche Bande trotz allem verbanden und noch verbinden. Es gibt vielleicht Ausnahmen, aber sie sind nicht zahlreich und auch nicht sehr erschreckend.
Das deutsche Volk erfährt in diesem Augenblick ein großes Erleben, das fast krankhafte Zeichen trägt, wie z.B. auf kirchlich religiösem Gebiet. Diese kräftige Welle hat auch die Deutschen in anderen Ländern mitgerissen. Das muß man verstehen und darf die Losungen, die in ihrem Lager ausgerufen werden, auch nicht zu wörtlich nehmen. Nubicula transibunt. Es kommt nur darauf an, das Gewitter oder die Krankheit zu überstehen, und die Schäden werden verwachsen und die Wunden vernarben. Wenn jedoch das Haus der Kirche zerstört ist, wer weiß, ob es gelingen wird, es wieder aufzubauen. Die Kommission ist notwendig, aber täuschen wir uns nicht darin, daß sie schon in diesem Augenblick den Gang der Ereignisse aufhalten könnte. Heute gehört von jeder Seite wirklich heldenhafter Mut dazu, um sich zurückzuziehen. Darauf wird keine der beiden Parteien eingehen. Aber wenn die Rumpfsynode ihr Werk durchführt, kann und soll die Kommission der Samariter sein, der das fließende Blut stillt, die Wunden verbindet und sie nach und nach mit Hilfe anderer zur Ruhe bringt“.[2]

Der Wahl der geistlichen folgte am 6. Juni 1937 diejenige der weltlichen Delegierten in die Synode. Sie konnten nur in den sechs Diözesen durchgeführt werden, in denen die Senioratswahlen stattgefunden hatten. In fünf dieser sechs Diözesen – Schlesien ausgenommen – stellten die Deutschen eigene Kandidatenlisten auf. Von den 15 auf diese sechs Diözesen nach dem Wahlgesetz entfallenden und gewählten weltlichen Delegierten waren acht Polen: Senator Ludwig Josef Evert–Warschau, Władysław Rogulski–Radom, Dr. Paul Zagóra-Teschen, Artur Michael–Sosnowitz, Dr. Heinrich Eisele–Krakau, Dr. Karl Kisza–Skotschau, Prof. Johann Wałach–Teschen und sieben Deutsche: aus der Diözese Warschau Friedrich Repsch–Radzymin, August Pilacki–Pilica und Johann Wolff–Lowicz, aus der Diözese Petrikau Hugo Schiffelbein–Petrikau und Ernst Barth–Tomaschow, aus der Diözese Lublin Friedrich Ristau–Cycow, aus der Diözese Wilna Julius Hampel–Białystok. Mit sieben geistlichen und sieben weltlichen Delegierten bestand die deutsche Synodalgruppe aus den sechs Diözesen Warschau, Petrikau, Lublin, Wilna, Großpolen und Schlesien aus 14 Delegierten. Die vier größten deutschen Diözesen Lodz, Plozk, Kalisch und Wolhynien mit den auf sie entfallenden 15 weltlichen Delegierten – der Hälfte der gesetzlichen, von den Gemeinden zu wählenden weltlichen Synodalen – waren auf der Synode ohne Vertretung geblieben.[3]

Mit Zirkular vom 14. Juni hatte Bursche die I. Session der Synode auf den 22. Juni 1937 nach Warschau einberufen. Teilnahme war Pflicht, ihr einziger Punkt der Tagesordnung gemäß Art. 42, Abs. 3 die Wahl der Konsistorialräte, der Mitglieder des Synodalausschusses und der Delegierten des Wahlkollegiums zur Bischofswahl. Im Vordergrund stand

2 PEK 1937/10, 441f.
3 Namensverzeichnis der Synodalen nach „Górnośląski Kalendarz Ewangelicki“ [Oberschlesischer evangelischer Kalender] 1938, 133ff.

zunächst die Frage nach der Legitimität und Beschlußfähigkeit der Synode, von deren gesetzlich vorgeschriebenen Mitgliederzahl von 54 Synodalen 45 (30 Laien und 15 Geistliche) aus Wahlen hervorgegangen sein mußten. Durch den Ausfall der Synodalen aus den vier Diözesen Kalisch, Plozk, Lodz und Wolhynien war nur die Zahl von 39 Synodalen gegeben, davon nur 15 aus Wahlen hervorgegangene Laienmitglieder. Beratungen der Befriedungskommission vom 16. und 21. Juni hatten zu keinem Ergebnis geführt, da deren deutsche weltliche Mitglieder, A. Born–Lodz und L. Kalenbach, die Vertagung der Synode bis zur Durchführung der Senioratswahlen in den vier Diözesen Kalisch, Plozk, Lodz und Wolhynien und die Herbeiführung einer echten kirchlichen Befriedung für notwenig erachteten. Senator Utta warnte[4] ebenso vor der Abhaltung einer Synode ohne ausreichende Mehrheit, wie auf polnischer Seite Pastor S. Michelis.[5]

Die Synode hatte ihre Beschlußfähigkeit verloren, als auch die in den sechs – nach Bursche „loyalen" – Diözesen gewählten sieben weltlichen und die sieben geistlichen deutschen Synodalen ihre Teilnahme an der Synode ablehnten, ihre Ablehnung in der nachstehenden Bursche überreichten „Erklärung" vom 22. Juni 1937 begründeten und den Antrag auf Vertagung der Synode zwecks Weiterführung der Befriedungsaktion stellten:

„An den Präses des Evangelisch-Augsburgischen Konsistoriums in Warschau.
Angesichts der Ausschaltung der vier größten Diözesen, die mehr als Zweidrittel der stimmberechtigten Kirchenglieder stellen, sehen wir deutschen Synodalen uns genötigt, den Arbeiten der Synode in ihrer jetzigen zahlenmäßigen Zusammensetzung fernzubleiben, und zwar aus folgenden Gründen:

1. Der deutsche Teil der Kirche, der mehr als drei Viertel des gesamten Kirchenvolkes ausmacht, ist eine Einheit, die einmütig und geschlossen dafür eintritt, daß ihr in der Kirche ihrer Väter die Stellung zuteil wird, die ihr nach Recht und Gerechtigkeit zukommt. Eine Teilaktion der deutschen Synodalen kommt deshalb nicht in Frage.
2. Die Haltung der vier ausgeschalteten Diözesen, die vor allem auf den Senioratsversammlungen zum Ausdruck gekommen ist, ist unter keinen Umständen als Sabotage des Kirchengesetzes zu werten, vielmehr ist sie die Folge der Art und Weise der Durchführung des Gesetzes.
3. Wir haben allen Anlaß zu befürchten, daß die Konstituierung der Synode ohne die genannten Diözesen weitere Erbitterung und Verhärtung der Fronten herbeiführen wird.
4. Es steht für uns sodann fest, daß die Konstituierung der Kirchenbehörden durch eine Rumpfsynode, die lediglich einen verhältnismäßig geringen Teil des Kirchenvolkes repräsentiert, diese ihrer Autorität und vollends des Vertrauens der Mehrheit des Kirchenvolkes gegenüber berauben und ihnen deshalb das Ausüben ihres Amtes in wahrhaft kirchlichem Sinne unmöglich machen wird.
5. Wir sehen deshalb unsererseits den einzigen Ausweg aus der so schweren Lage unserer Kirche in der Vertagung dieser Synode für einen entsprechenden Zeitraum zwecks Weiterführung der aufgenommenen Befriedungsaktion, vor allem zwecks Durchführung der Wahlen in den ausgeschalteten Diözesen.

Wir sind dabei der Überzeugung, daß die Befriedungsaktion, wenn man dem deutschen Teil der Kirche – bei voller Wahrung der Rechte des polnischen Teils – Gerechtigkeit widerfahren läßt, in kurzer Zeit einen vollen Erfolg zeitigen wird".[6]

---

4 FP vom 19.6.1937.
5 PEK 1937/10, 442.
6 *E. Kneifel,* a.a.O. 277. Unter der „Erklärung" fehlt die Unterschrift des Sup. J. Dietrich, der jedoch wie die anderen deutschen Synodalen der polnischen Rumpfsynode fernblieb.

Diese Erklärung war von den sieben weltlichen und sechs der sieben geistlichen deutschen Synodalen unterzeichnet.

Nachdem auch Senator Evert krankheitshalber seine Teilnahme an der Synode absagen mußte, war die Zahl der Synodalen auf 24, damit auf unter die Hälfte der gesetzlich vorgeschriebenen Zahl der 54 Synodalen gesunken. Die Synode und ihre Beschlüsse – sollte sie gehalten werden – waren nach § 6 des Inneren Gesetzes als ungültig anzusehen. Von ihren 24 Mitgliedern waren 15 gewählt (8 Geistliche, 7 Laien), vier gehörten ihr von amtswegen an (der Generalsuperintendent, der Vizepräsident des Konsistoriums M. Rudowski, der Vertreter der Warschauer Theologischen Fakultät Edmund Bursche, ein Stiefbruder des Generalsuperintendenten, und der Vertreter der Militärgeistlichkeit Senior Gloeh), fünf waren vom Generalsuperintendenten berufen (die Professoren Johann Szeruda, Rudolf Kesselring und Karl Michejda aus Warschau, Rechtsanwalt Alfred Bursche, ein Bruder des Generalsuperintendenten, aus Warschau und Religionslehrer Andreas Buzek–Teschen). Die nur aus Polen bestehende erste – und letzte – Synode der Evangelisch-Augsburgischen Kirche in Polen ist als „Polnische Rumpfsynode“ in die Geschichte der Augsburgischen Kirche wie der Kirchen- und Nationalitätenpolitik des polnischen Staates eingegangen.

Die Schatten einer fraglichen Legitimität und der nationalen Spaltung lagen auf der nicht ohne Spannungen verlaufenen Rumpfsynode. Gen.-Sup. Bursche gab einen Überblick über die Entwicklung der Verfassungsfrage in der Augsburgischen Kirche und unterstrich die positiven Seiten des Staatsgesetzes vom 25. November 1936 und des ihm entsprechenden Inneren Gesetzes. Er brachte die „Erklärung“ der deutschen Synodalen zur Verlesung, beschuldigte die Deutschen, für die er „mehr eingetreten sei, als überhaupt in Frage kommen konnte“, erneut der Sabotage eines Staatsgesetzes und einer friedlichen Entwicklung der kirchlichen Verhältnisse, bedauerte, daß die Befriedungsversuche bisher keinen Erfolg gehabt hätten und hoffte auf ihren Erfolg in der Zukunft. Die politische Entscheidung des interministeriellen Ausschusses betr. Legitimität der Synode und der Rechtmäßigkeit der von ihr zu fassenden Beschlüsse suchte Gen.-Sup. Bursche mit einer kunstfertigen Interpretation des Wahlgesetzes und des Inneren Gesetzes den Synodalen und der Öffentlichkeit gegenüber zu begründen. Zur Begründung der Rechtmäßigkeit der Synode führte er aus: von den 10 Diözesen der Augsburgischen Kirche hätten sechs Diözesen, d. i. die Mehrheit, gewählt. Von den 39 Synodalen dieser sechs Diözesen seien 24, d. i. die Mehrheit, erschienen. Damit sei die Legitimität und Beschlußfähigkeit der Synode gegeben, die Synode im Vollbesitz der ihr zustehenden Rechte. Der anwesende Vertreter der Regierung, Dr. Woliński, hatte keine Einwände gegen diese Auslegung der Bestimmungen des Staatsgesetzes vom 25. November 1936 zu erheben. Etwaige Zweifel der Synodalen an der Möglichkeit oder Zulässigkeit einer solchen Ausdeutung des Staatsgesetzes suchte Bursche dadurch zu begegnen, daß er die Synodalen um ihre Zustimmung zu solcher Interpretation des Staatsgesetzes und des Inneren Gesetzes bat. Sie wurde gegeben. Nicht Recht und Gesetz, sondern die beschlußunfähige Synode hat mit Zustimmung der Regierung über ihre Rechtmäßigkeit entschieden. Mit Mehrheit wies sie den Einspruch des Militärseniors Gloeh gegen die Gesetzesauslegung Bursches und dessen mit Hinweis auf § 74 des Inneren Gesetzes über die Zusammensetzung der Synode gestellten Antrag auf Vertagung der Synode bis zur Konstituierung der Senioratsbehörden in den Diözesen

Kalisch, Plozk, Lodz und Wolhynien zurück. In bezug auf die zu tätigenden Wahlen schlug Bursche vor, in dieser Synodalsession nur soviel Stellen zu besetzen, als zur Arbeitsfähigkeit der krichlichen Behörden und Gremien notwendig sei: Im Konsistorium zwei geistliche und zwei weltliche, im Synodalausschuß drei und im Bischofs-Wahlkollegium zwei Stellen. „Die zukünftige Befriedung", so führte er aus, „die kommen muß und die er noch zu erleben hoffe, würde die Besetzung der restlichen Stellen mit Deutschen mit sich bringen". Gegenüber dem Teil der Rumpfsynode, der verlangte, keine Rücksicht auf die Deutschen zu nehmen und alle Stellen in Konsistorium, Synodalausschuß und Wahlkollegium schon in dieser Session mit Polen zu besetzen, setzte sich der von Militärsenior Gloeh befürwortete Antrag Bursches durch, den anzunehmen auch der Vertreter der Regierung empfahl.

Es wurden gewählt: In das Konsistorium als geistliche Räte die Pastoren August Loth–Warschau und Georg Tyc–Sosnowitz, als weltliche Räte Maximilian Rudowski und Rechtsanwalt Karl Litterer, in den Synodalausschuß Sup. Eduard Wende–Kalisch, Pastor Paul Nikodem–Ustroń und Rechtsanwalt Alfred Bursche, in das Bischofswahlkollegium Dr. Heinrich Eisele, Maximilian Rudowski, Dr. Paul Zagóra und Prof. Johann Wałach. In dem achtköpfigen Konsistorium waren für die Deutschen zwei Stellen, in dem viergliedrigen Synodalausschuß eine Stelle vorbehalten, aus dem Bischofs-Wahlkollegium wurden sie ganz ausgeschlossen mit der Begründung, daß die Deutschen auf den Bischofssitz von vornherein verzichtet hätten und er für sie auch nicht in Frage käme. Es wurde aber kein Geheimnis daraus gemacht, daß dies geschehen sei, um Bursche einstimmig zum Bischof wählen zu können.[7] Die Vereidigung der neuen Konsistorialräte erfolgte am 28. Juni 1937 durch den Kultusminister im Beisein von Gen.-Sup. Bursche. Eine vorher von Militärsenior Gloeh geplante und von deutschen Pastoren vorbereitete Audienz beim Kultusminister zerschlug sich, als Bursche über Departementsdirektor Graf Potocki davon Kenntnis bekommen hatte.[8] In Anwendung der neuen Kirchengesetze war der deutsche Teil der Augsburgischen Kirche durch den Staat und den von Bursche repräsentierten und kirchenpolitisch vertretenen polnischen Evangelizismus aus der Leitung und Verwaltung ihrer Kirche ausgeschaltet.

Für den 3. Juli 1937 berief Bursche das Wahlkollegium, das – in getrennten Sitzungen – im Einvernehmen mit dem Kultusminister den Vizepräsidenten des Konsistoriums und den Bischof zu wählen hatte. Von den gesetzlich geforderten 26 Mitgliedern des Wahlkollegiums nahmen 15 – sämtlich Polen – an den Wahlen teil. In der für 10 Uhr anberaumten Sitzung zur Wahl des Vizepräsidenten des Konsistoriums waren Meinungsverschiedenheiten aufgetreten. Einige der für das Amt des Vizepräsidenten des Konsistoriums vorgesehene Persönlichkeiten hatten eine Kandidatur ausgeschlagen, bezüglich anderer konnte keine Einigung erzielt werden. Das Wahlkollegium sah sich gezwungen, an den Kultusminister unter Berufung auf Artikel 19, Abs. 3 des Staatsgesetzes mit der Bitte heranzutreten, einen der Konsistorialräte zur zeitweiligen Ausübung der Obliegenheiten des Vizepräsidenten zu berufen.[9] Innerhalb einer Stunde traf die staatliche Berufung des Konsisto-

---

7 *E. Kneifel,* a.a.O. 276f.; Berichte über die I. Session in ZE 1937/28, 262, FP und NLZ vom 23.6.1937; *W. Gastpary,* a.a.O. 237ff.
8 Aufzeichnung, in: AK.
9 PE 1937/14, 135; *W. Gastpary,* a.a.O. 241.

rialrats Maximilian Rudowski zum Vorläufigen Vizepräsidenten des Konsistoriums ein, unter dessen Vorsitz das Wahlkollegium in seiner für 12 Uhr anberaumten Sitzung durch Akklamation einstimmig Generalsuperintendenten Bursche zum ersten Bischof der Evangelisch-Augsburgischen Kirche in Polen wählte.[10] Die Zustimmung des Kultusministers zur Wahl brauchte nicht eingeholt zu werden.

An der Wahl Bursches zum Bischof der zu 80–85% deutschen Augsburgischen Kirche hatte der deutsche Teil der Kirche keinen Anteil. Sie war von diesem erwartet worden und wurde mit Besorgnis über die weitere kirchliche Entwicklung aufgenommen. Von der polnisch-evangelischen Presse betonte der „Przegląd Ewangelicki" die Verdienste Bursches („des geliebten Führers unserer Kirche") und schrieb:

„[...] Der Ausgang der [Bischofs-]Wahl wurde von der Gesamtheit der evangelischen Polen mit besonderer Freude, Dankbarkeit und Anerkennung aufgenommen. Da und dort entstandene Zweifel hinsichtlich des Schicksals unserer Kirche in den nächsten Jahren wichen Gefühlen der Sicherheit und des Vertrauens, daß der, der seit 33 Jahren unserer Kirche gesteuert und sie zur heutigen Entwicklung und Bedeutung geführt hat, weiterhin an der Spitze unserer Kirche stehen wird".[11]

Nüchterner war das Urteil des „Głos Ewangelicki":

„[...] Die wichtigsten Schritte zur neuen Kirchenorganisation sind auf Grund der jüngst beschlossenen Gesetze getan worden. Ob diese Schritte auf dem richtigsten und glücklichsten Wege getan wurden – das ist eine Frage, die sicherlich sowohl die Zufriedenen wie die Unzufriedenen im gegenwärtigen Augenblick sehr bewegen wird. Das Ziel wurde erreicht, aber ob die Mittel immer recht zweckdienlich waren – auch diese Frage ruft nicht minder Besorgnis in so manchem Herzen hervor".[12]

Die Vereidigung Bursches zum Bischof fand erst am 26. Oktober 1937 durch den Staatspräsidenten Mościcki in Anwesenheit hoher staatlicher Würdenträger, u.a. auch der Kultus-, Justiz- und Kriegsminister, statt. Soweit die katholische Presse des Landes davon Notiz nahm, verband sie das mit dem Hinweis, daß der Titel „Bischof" (biskup) wie derjenige „Pfarrer" (ksiądz) evangelischen Geistlichen nicht zustehe, da sie keine Priesterweihe hätten.

Die kirchlichen Vorgänge in Polen, insonderheit die Auswirkungen des Staatsgesetzes vom 25. November 1936 in der Augsburgischen Kirche und die Zerschlagung und Verstaatlichung der Unierten evangelischen Kirche in Polnisch-Oberschlesien am 16. Juli 1937, warfen ihre Schatten auch auf die Weltkirchenkonferenz für Kirche, Volk und Staat, die vom 12.–26. Juli 1937 in Oxford tagte. Aus Polen beteiligten sich an ihr Bischof Bursche und Prof. Szeruda von der Augsburgischen, D. Johannes Horst und Konsistorialrat D. Richard Hildt von der Unierten evangelischen Kirche in Posen–Pommerellen. In ihren Sektionen – Sektion I. Kirche und Volk, II. Kirche und Staat, III. Kirche, Volk und Staat in ihrem Verhältnis zur Wirtschaftsordnung, IV. Kirche, Volk und Staat in ihrem Verhältnis zur Erziehung, V. Die Una sancta und die Völkerwelt – beschäftigte sich die Weltkirchenkonferenz auch mit der kirchlichen Lage in Polen[13], mit veranlaßt durch die allen

10 PE a.a.O.; PEK 1937/10, 437f.
11 PE 1937/14, 134.
12 Nach PEK 1937/10, 438.
13 PEK 1937/11, 482ff.

Konferenzteilnehmern zugeleitete Schrift des Vorsitzenden der Niederländischen Landesgruppe des Protestantischen Weltbundes, A.G.H. Hoogenhuyze, „Kirche, Volk und Staat in Polen. Ein Bericht über die Lage der Evangelisch-Augsburgischen Kirche in Polen. Herausgegeben von der Evangelische Maatschapij, opgericht 1853, Amsterdam 1937" und die von Gen.-Sup. Bursche und Prof. Szeruda erfolgte Antwort darauf in dem Flugblatt „Kurze Antwort auf die Schrift ‚Kirche, Volk und Staat in Polen [...]'".[14] Hoogenhuyzes Schrift fußte auf der Beschäftigung der Niederländischen Landesgruppe des Protestantischen Weltbundes mit dem Schicksal der evangelischen Kirchen im katholischen Polen, einer Studienreise durch Polen, seinen Gesprächen in Posen und Warschau, mit Deutschen und Polen, darunter auch mit Prof. Szeruda, Konsistorialrat Loth, Pastor S. Michelis und dem Leiter der „Warschauer Reformierten Kirche", Superintendent Skierski. Den damals in Warschau abwesenden Generalsuperintendenten Bursche konnte Hoogenhuyze nicht sprechen. In seiner 65 Seiten umfassenden Schrift (davon 32 Seiten Text und 33 Seiten Dokumentation) beschäftigt sich Hoogenhuyze mit dem Problem des Verhältnisses des polnischen Staates zu den Kirchen der religiösen Minderheiten, der ihnen in der Staatsverfassung gewährleisteten Gleichberechtigung und Autonomie sowie der Abkehr von diesen Prinzipien im Staatsgesetz vom 25. November 1936 für die Augsburgische Kirche. Des Näheren geht er auf die Ingerenz des polnischen Staates in kirchlichen Fragen ein und die Rolle, die Gen.-Sup. Bursche beim Zustandekommen des Staatsgesetzes gespielt hat. In seiner Erwiderung verteidigte Gen.-Sup. Bursche das Staatsgesetz vom 25. November 1936 und die Ingerenz des Staates bis in den Wortlaut hinein mit den gleichen Argumenten wie in dem Brief an Prof. Ulmer vom 25. November 1936.[15]

Der Ausgang der Senioratswahlen, die vom Staat sanktionierte Rumpfsynode und deren Beschlüsse hatten dahin geführt, „daß das Verfassungsleben der Kirche bereits ein halbes Jahr nach Erlaß des [Staats-]Gesetzes sich in voller Auflösung" befand.[16] Verstärkt wurden Verwaltungs- und Polizeimaßnahmen gegen den deutschen Teil des Kirchenvolkes in Anwendung gebracht, mit dem Ziel, diesen zur Ausführung des Staatsgesetzes unter den Bedingungen der neuen kirchlichen Behörden zu zwingen. Parallel damit verlief eine Pressepolemik, deren Inhalt in den Schlagzeilen zum Ausdruck kam: „Sie wollen nicht zu Warschau gehören" – „Deutsche Lutheraner – stets Feinde Polens und Roms" – „Kampf der Hitlerleute gegen Polentum und Christentum" – „Die evangelische Kirche in Polen muß polnisch sein" – „Der Angriff der Deutschen im Inneren des Landes" – „Mit der Faust auf den Tisch" u. a. m. Die deutsche Presse in Polen blieb die Antwort nicht schuldig. Sie unterlag des öfteren, wie auch die kirchliche Presse, der Beschlagnahme, so die Lodzer „Freie Presse" in diesen Monaten allein gegen dreißig Mal. Bei der Wahl des Kirchenkollegiums in Lodz im September 1937 zog auf dem Kirchplatz vor der Johanniskirche eine größere Polizeiabteilung auf, am 22. Oktober 1937 erfolgten stundenlange Hausdurchsuchungen bei den Lodzer Pastoren Schedler und Doberstein. Für die Maßnahmen des Staates im kirchlichen Bereich wurde zurecht oder zuunrecht Bischof Bursche verantwortlich gemacht, dessen Ansehen im deutschen Teil der Kirche einen Tiefpunkt erreichte.

14 PEK 1937/11, a.a.O.
15 PEK 1937/11, a.a.O. Vgl. S. 263f.
16 *H. Wahl,* Ev. Staatskirchenrecht, Polen 108.

Julian Will verglich ihn mit einem Wolf im Schafstall und mit Judas[17], bei der Einweihung der Kapelle im Diakonissen- und Krankenhaus der Inneren Mission, dem „Haus der Barmherzigkeit" in Lodz, hatte Bursche sich des (spontanen) Zurufs zu erwehren: „Der Bischof möge das Gotteshaus verlassen"[18], bei der Amtseinführung eines Pastors in der Gemeinde Babiak mußte Polizei aufgeboten werden.

Zur Entspannung der kirchlichen Lage unternommene Versuche, im Wege freier Wahlen zur Bildung der Senioratsorgane und zur Wahl der Synodalen in den Diözesen Kalisch, Plozk, Lodz und Wolhynien zu kommen, blieben ohne Erfolg. Für die Diözesen Lodz und Wolhynien lehnte Bursche eine Wiederholung der Senioratsversammlungen als zwecklos ab, die am 14. Mai 1937 wiederholte Senioratsversammlung der Diözese Kalisch, wie die am 26. November 1937 vor der II. Session der Rumpfsynode angesetzte Wiederholung der Senioratsversammlung der Diözese Plozk in Kutno waren ergebnislos geblieben, da beide freie Wahlen in den übrigen vier Diözesen, in denen sie in den Monaten April und Mai 1937 gescheitert waren, und eine Vertagung der II. Session der Rumpfsynode forderten.

Seinen Rechts- und kirchenpolitischen Standpunkt brachte das Konsistorium in einem ausführlichen Rechtssatz zum Ausdruck, den es in seiner Stellungnahme zur Klage des deutschen Synodalen Friedrich Repsch am 22. März 1938 dem Obersten Verwaltungsgericht in Warschau einzureichen veranlaßt war. Friedrich Repsch, Synodaler der Diözese Warschau, hatte gegen die Entscheidung des Kultusministers betr. Bestätigung der Wahl der vier Konsistorialräte beim Obersten Verwaltungsgericht Klage mit der Begründung erhoben, daß der Kultusminister diese Wahl bestätigt habe, ohne vorher die Rechtsgültigkeit der Rumpfsynode und ihrer Beschlüsse nachgeprüft zu haben.[19] Vom Obersten Verwaltungsgericht zur Stellungnahme am 27. Januar 1938 aufgefordert, beantragte das Konsistorium am 22. März 1938 die Klage abzuweisen, da sie „,aus formalrechtlichen Gründen irrig und meritorisch gegenstandlos" sei:

„[...] Das Gesetz [vom 25.11.1936] besteht unabhängig von dem Willen derjenigen Personen, die von demselben Gebrauch machen können, aber nicht wollen, und eine freiwillige Nichtausübung von Rechten kann ein Gesetz nicht ungeschehen machen. Durch das eigene Zurücktreten der vier Diözesen wurde der Zustand geschaffen, daß die Synode am 22. Juni 1937 aus 39 Personen bestand. Diese Zahl muß als gesetzlich angesehen werden, da weder das Dekret des Staatspräsidenten vom 25.11.1936 noch das Innere Gesetz vom 17.12.1936 Fälle von unlegalem Widerstand gegenüber dem Gesetz durch einzelne Wahlkörperschaften vorsehen konnte. Das Gesetz konnte demnach auch keine Mittel enthalten, die dem bösen Willen [Sabotage] vorgebeugt hätten, zumal das öffentliche Interesse und das Ansehen des Staates die Ausführung des Gesetzes verlangen. Bei einer Zahl von 39 Mitgliedern der Synode ist die gesetzliche Mehrheit 20, wodurch also die Synode vom 22.6. 1937 auf Grund der Zahl von 39 Synodalen, von welchen sich 24, d.h. die Mehrheit, eingestellt hatten, legal einberufen und zu allen Arbeiten bevollmächtigt war. Die Synode hatte demnach nicht nur das Recht, sondern die Pflicht – auf Grund des Art. 42, Abs. 3 des Dekrets – die Wahl der Konsistorialräte vorzunehmen, was sie auch getan hat. Der

17 *W. Gastpary*, Biskup 97; vgl. S. 303.
18 NLZ vom 25.10.1937.
19 EGG 1937/3, 45.

Kultusminister hingegen hat auf Grund des Art. 19, Abs. 7 des Dekrets die legal gewählten Konsistorialräte bestätigt".[20]

Im deutschen Teil der Augsburgischen Kirche verstärkten sich die Zweifel, ob man unter den Bedingungen des Staatsgesetzes, seiner Interpretation durch staatliche und kirchliche Behörden und der kirchenpolitischen Zielsetzung des Polnischen Evangelizismus, wie sie am Schicksal der Unierten Kirche in Polnisch-Oberschlesien offenkundig geworden war, als gleichberechtigte Glieder friedlich mit den evangelischen Polen in einer Kirche werde leben können, ohne von Kirche und Staat zum Objekt der Verwaltung und der Polonisierung zu werden. Der Gedanke der Aufgliederung der Augsburgischen Kirche in einen deutschen und einen polnischen Teil, wie ihn der Verfassungsentwurf der Konstituierenden Synode von 1922/23 im beiderseitigen Einvernehmen vorgesehen hatte, gewann an Boden. Zumal die jüngere Generation drängte auf eine entschiedenere Haltung Bischof Bursche gegenüber und mißtraute den deutschen Pastoren, denen sie vorwarf, ihre Befriedungsbemühungen ohne die kirchlichen Laien zu führen und allzu große Nachgiebigkeit dem Warschauer Konsistorium gegenüber zu üben.[21] Die am 3. Juni 1937 auf der Pastoren-Synodalwahlversammlung gewählte „Befriedungskommission", deren Vorsitz sich Bursche vorbehalten hatte, war nach der I. Session der Rumpfsynode nicht mehr zusammengetreten. Im Raum standen die Forderungen der deutschen Synodalen, niedergelegt in der „Erklärung" vom 22. Juni 1937 und in der Klage des Synodalen Repsch beim Obersten Verwaltungsgericht. Im Oktober 1937 erhielt der deutsche Synodale Ernst Barth–Tomaschow, von der Senioratsversammlung in Petrikau zum Synodalen gewählt, vom Konsistorium die Mitteilung, daß sein Mandat hinfällig sei, da durch die Ungültigkeitserklärung der Wahlen in Wieluń und eine Neuwahl die polnische Liste ein zweites Mandat gewonnen habe. In der Diözese Plozk war die Wiederholung der Senioratsversammlung am 26. November 1937 gescheitert, am 4. Dezember 1937 wurde der deutsche Pastor Siegmund Lang–Pułtusk seines Amtes enthoben[22], von Bursche dienstlicher Versäumnisse beschuldigt, im Urteil von Pastor S. Michelis, weil er sich bei den Senioratswahlen der Diözese Warschau zu stark für die deutsche Liste eingesetzt hatte. Pressebeschlagnahmen gehörten zum Alltagsbild. Der Beschlagnahme verfiel auch die Stellungnahme der Arbeitsgemeinschaft der deutschen Pastoren zur II. Session der Rumpfsynode. Darin hatte sie zur Lage der Augsburgischen Kirche zwischen den beiden Sessionen der Rumpfsynode Stellung genommen und der Überzeugung Ausdruck gegeben, daß die Zukunft der Kirche, menschlich gesehen, von der rechten und gerechten Lösung der strittigen Fragen der Gegenwart abhänge. Das erschütterte Vertrauensverhältnis zwischen dem deutschen und dem polnischen Teil der Augsburgischen Kirche müsse unter allen Umständen wieder hergestellt und ein Ausgleich nach dem Maße der Gerechtigkeit, der Anerkennung der Gleichberechtigung beider Teile gefunden werden. Beide Teile hätten die Kraft dazu aufzubringen.

Die II. Session der Rumpfsynode, im Kirchlichen Amtsblatt vom 8. November unter Angabe der Tagesordnung angekündigt, wurde in Warschau vom 14.–16. Dezember 1937

20 PEK 1938/9, 409–411.
21 DW vom 5.12.1937.
22 FP vom 15.12.1937.

gehalten. Sie fand in einer Atmosphäre gegenseitigen Mißtrauens und gespannter Gegensätzlichkeit statt, gesteigert durch die Rolle, die Bischof Bursche bei der Verstaatlichung der Unierten evangelischen Kirche in Polnisch-Oberschlesien gespielt hatte und weiter spielte. Wie an der I., so beteiligten sich die 14 deutschen Synodalen auch nicht an der II. Session. Sie begründeten ihre Absage mit der Bischof Bursche zugeleiteten „Erklärung":

„An den
Präses des Evangelisch-Augsburgischen Konsistoriums
in Warschau
Bezugnehmend auf unsere Erklärung vom 22. Juni 1937 (Kirchl. Amtsblatt Nr. 6, S. 99) anläßlich der ersten Tagung der Synode, erklären wir, deutschen Synodalen, folgendes:

1. Wie damals so verpflichtet auch heute uns die Solidarität mit dem gesamten deutschen Teil der Kirche, der eine Einheit ist und nur als Einheit handeln wird. Diese Tatsache macht uns auch weiterhin die Teilnahme an der Arbeit der Synode unmöglich.
2. Der gesamte deutsche Teil unserer Kirche wird sich – wie wir nicht müde werden, zu betonen – nur dann an der Leitung und Verwaltung der Kirche beteiligen, wenn seine Gleichberechtigung mit dem polnischen Teil offenbare Verwirklichung gefunden haben wird.
3. Wir lehnen auch diesmal den Vorwurf der Sabotage aufs Entschiedenste ab. Seit der ersten Tagung der Synode haben wir es – wie früher – nicht an ernstlichen Versuchen fehlen lassen, eine gegenseitige Verständigung und dadurch eine wirkliche Befriedung unserer kirchlichen Notlage herbeizuführen. Leider haben unsere Vorschläge nicht die geringste Berücksichtigung gefunden. Desgleichen mußte die Einberufung der Plozker Diözesanversammlung ohne positives Ergebnis bleiben. da sie unter Umgehung der Gesamtregelung geschah und zu einem Termin, da der Zusammentritt der restlichen drei Diözesanversammlungen vor der Tagung der Synode unmöglich geworden war.
4. Aus Verantwortung um die Zukunft des Evangeliums in unserem Lande heraus möchten wir angesichts der tiefgreifenden Gegensätze in unserer Kirche den polnischen Brüdern anheimstellen, es ernstlich zu erwägen, ob die friedliche Aufteilung unserer Kirche in einen deutschen und einen polnischen Teil nicht der gegebene Ausweg wäre, um dem unendlichen Zwist und Streit ein Ende zu bereiten – ein Ausweg, der in ähnlichen Verhältnissen in anderen Ländern längst mit Erfolg beschritten ist.

Warschau, den 14. Dezember 1937
Pastor A. Löffler, Pastor G. Schedler, Pastor W. Krusche, Pastor E. Buse, Pastor E. Kneifel, Pastor A. Kleindienst, Fr. Repsch, J. Wolff, A. Pilacki, Fr. W. Ristau, H. Schiffelbein, J. Hempel".[23]

Um die Frage der Legitimität der Rumpfsynode zu umgehen, war die „Erklärung" der deutschen Synodalen – sie war von Sup. Dietrich nicht mitunterzeichnet – an den Präses des Konsistoriums und nicht an den Bischof Bursche als Präses der Synode gerichtet.

Über den Verlauf der Rumpfsynode liegen eingehende Berichte der polnischen kirchlichen und politischen Presse vor.[24] Als Vertreter des Staates haben an ihr der Wojewode von Warschau und der Departementsdirektor des Kultusministeriums, Graf Potocki, teilgenommen, der sich besonders an den Aussprachen über den Vorschlag der Aufgliederung

23 FP vom 15.12.1937.

24 *E. Kneifel,* a.a.O. 278f.; FP und NLZ vom 15., 16., 17. Dezember 1937; *W. Gastpary,* Protestantyzm 213f.; PEK 1937/114; DW vom 19.12.1937; *E. Dietrich,* Verpflichtendes Erbe 50f. Die meisten der deutschen Berichte vermeiden die Bezeichnung „Synode" und sprechen von einer „Tagung" oder „Versammlung der polnischen Synodalen", die FP gelegentlich von einer „Bursche-Synode".

der Augsburgischen Kirche in einen deutschen und einen polnischen Teil interessiert zeigte und sich auch im Sinne der Ablehnung einer Teilung daran beteiligte. Thematisch hatte die „Erklärung" die Verhandlungen der Rumpfsynode bestimmt. Nach der Andacht und der Amtseinführung der gewählten sechs Senioren beschäftigte sich Bischof Bursche in der Eröffnungsansprache der Synode erneut mit dem Staatsgesetz vom 25. November 1936, wies auf dessen unterschiedliche Beurteilung und Aufnahme im polnischen und deutschen Teil der Kirche hin und teilte im Anschluß daran die an das Konsistorium gerichtete „Erklärung" der deutschen Synodalen mit. In einer ersten improvisierten Stellungnahme zur „Erklärung" brachte er zum Ausdruck, daß die von den Deutschen geforderte kirchliche Gleichberechtigung mit den Polen von der Synode nicht entschieden werden könne. Die evangelischen Polen könnten nichts dafür, wenn der Staat die Deutschen nicht in gleicher Weise behandle, wenn die deutschen Kandidaten nicht in gleicher Weise wie die Polen bestätigt würden. „Oder wünschten die Deutschen einen deutschen Bischof oder deutschen Vizepräsidenten des Konsistoriums zu haben?" Darauf könne die Regierung nie eingehen. „Die Deutschen müßten sich dem Gesetz beugen und solche Wahlvorschläge machen, die der Minister bestätigen kann, dann wird sich alles beilegen lassen". Einer Teilung der Kirche in einen deutschen und einen polnischen Teil stünden unüberwindliche Schwierigkeiten entgegen, da die Gemeinden gemischt seien, eine Teilung auch Familien zerreißen würde. Den Ausdruck „Sabotage" für das Verhalten der Deutschen halte er für berechtigt, „seine Würde erlaube es ihm nicht, den Deutschen nachzulaufen und sie zu bitten, zurückzukommen; er tue, was er könne".

Mit Bursche lehnte auch die Rumpfsynode eine Teilung der Augsburgischen Kirche ab. Nur einige der Synodalen waren der Auffassung, daß sich über einen solchen Vorschlag reden ließe. Zu diesen zählte auch Senator Evert, der bereits auf der Konstituierenden Synode 1922/23 für eine Aufgliederung der Kirche in einen deutschen und einen polnischen Teil eingetreten war, und nun erklärte, daß „es nicht schaden würde, wenn in einem Staate von 33 Millionen Einwohnern eine deutsche und eine polnische Kirche bestehen würde". Er fügte hinzu: „Wir müssen uns aber bemühen, die Deutschen zu verstehen, und müssen alles tun, um es zu einer Einigung zu bringen". In formaler Hinsicht wurde die deutsche, an das Konsistorium gerichtete „Erklärung" diesem zur Beantwortung überwiesen, inhaltlich mußte man sich aber mit ihr auseinandersetzen, als am zweiten Verhandlungstage, dem 15. Dezember 1937, die Ergänzungswahlen in das Konsistorium auf die Tagesordnung kamen. In dem achtgliedrigen Konsistorium hatte die I. Session der Rumpfsynode zwei Stellen für die Deutschen offen gehalten. Da im Zusammenhang mit der Konstituierung des Wahlkollegiums zur Bischofswahl der Kultusminister am 3. Juli 1937 den bereits vereidigten Maximilian Rudowski zum zeitweiligen Vizepräsidenten des Konsistoriums berufen hatte, standen drei Konsistorialstellen zur Besetzung an. Bursche war grundsätzlich bereit, diese drei Stellen mit Deutschen zu besetzen, gegen die der Staat keine Einwendungen zu erheben hätte. Mit diesem Angebot käme man der deutschen Forderung nach paritätischer Besetzung des Konsistoriums nach, da der Präses (Bischof) und der Vizepräsident des Konsistoriums als Unparteiische anzusehen seien, mit je drei Stellen die paritätische Besetzung der eigentlichen sechs Konsistorialstellen gewährleistet sei. Die Aussprache der Rumpfsynode zu diesem Punkt, wie über die „Erklärung" machte Gegensätze deutlich. Militärsenior Gloeh sprach den deutschen Synodalen die Eigenschaft als Synodale ab, weil sie die Synode boykottierten, Prof. Kesselring empfahl, von der „Erklärung" keine Notiz zu nehmen, Konsistorialrat Tyc beschuldigte die deutschen Synodalen, „daß sie Werkzeug in anderen Händen seien", Pastor Kotula und der Synodale Arthur Michael verlangten die sofortige Besetzung der noch offenen Stellen im Konsistorium und der einen Stelle im Synodalausschuß mit Polen vorzunehmen und keinerlei Rücksicht auf den deutschen Teil der Kirche zu nehmen. Durchzusetzen vermochte sich diese Gruppe nicht. Senior Nikodem, Senator Evert, Prof. Szeruda, Dr. Zagóra, dann auch Pastor Kotula sprachen sich für eine Verständigung mit den Deutschen aus, auch Bursche befürwortete den Antrag Nikodems, die Ergänzungswahlen in das Konsistorium und den Synodalausschuß auf die für den Mai 1938 geplante III. Session der Rumpfsynode zu verschieben und in der Zwischenzeit den Weg einer Verständigung mit den Deutschen zu suchen. Von den 26 Synodalen sprachen sich 23 für den Antrag Nikodems, die Synodalen Karl Michejda, ein Bruder des vom Wojewoden von Schlesien zum Vorsitzenden der neu geschaffenen Kirchenbehörde der verstaatlichten Unierten Kirche in Polnisch-Oberschlesien ernannten Władysław Michejda, Eisele und Michael gegen den Antrag aus. In diesem Zusammenhang soll Bischof Bursche geäußert haben:

„[...] Ich hatte mir vorgenommen, nach Durchführung des Gesetzes in den Ruhestand zu gehen. Ich war und bin gegen die Teilung. Wir sind aufeinander angewiesen, und ich bin bereit, zu den Deutschen eine Abordnung aus der Synode zu entsenden".[25]

Mit der Fortsetzung bzw. Wiederaufnahme der Befriedungsbemühungen wurde seitens der Rumpfsynode Senior Nikodem beauftragt.

Die Befriedung der kirchlichen Verhältnisse und die Aufgliederung bzw. Teilung der Augsburgischen Kirche in einen deutschen und einen polnischen Teil beherrschten thematisch die Zeit zwischen der II. und der III. Session der Rumpfsynode. Zwei sich zunächst nicht ausschließende Bestrebungen ließen die Augsburgische Kirche ein halbes Jahr nicht zur Ruhe kommen. Sie standen im Vordergrund auch der kirchlichen Publizistik.[26] Mit

25 NLZ vom 16.12.1937.

26 Im Rückblick auf die II. Session der Rumpfsynode brachte P. Schedler die Haltung des deutschen Teils der Augsburgischen Kirche zu Punkt 4 der „Erklärung" der deutschen Synodalen in dem Aufsatz „Eine Aufteilung der Kirche?" in der NEK 1938/1 zum Ausdruck:
„[...] Über diese Erklärung entwickelte sich eine umfangreiche Aussprache, die auf besonderen Wunsch in Anwesenheit des Herrn Departementsdirektors des Grafen Potocki stattfand. [...] Mit Ausnahme von wenigen edlen evangelischen Polen, die sich bemühten, auf die Notlage der evangelischen Deutschen in der Kirche einzugehen und sie zu verstehen, war der Chor der Stimmen ablehnend. Dies ist verständlich. Weniger verständlich die Gründe für die Ablehnung: die Deutschen hätten es nicht ernst mit dem Vorschlag gemeint, sie wären zu ihrer Erklärung von einer politischen Partei gedrängt worden; ihr Vorschlag wäre unkirchlich in den Motiven und irreal in der Durchführung. [...]
Nun haben die Deutschen mit dem Vorschlag der Aufteilung allerdings eine Sache angeschnitten, die von größter Bedeutung für die Kirche ist. Sie taten es nicht zum Spiel, sondern weil es ihnen bitterernst um eine gerechte und vernünftige Neuordnung der Kirche ist. Auch müssen sie sich aufs entschiedenste dagegen verwahren, daß ihnen dieser Gedanke von außerkirchlichen Faktoren eingegeben worden sei.

Bischof Bursche und der Mehrheit der polnischen Rumpfsynode lehnte auch die polnisch-evangelische Presse eine Aufteilung der Kirche ab. Die Polemik um diese Frage wurde substantiell als Pastor Alexander Groß–Zagorów in seinem im Anschluß an die „Erklärung" der deutschen Synodalen vom 14. Dezember 1937 verfaßten, erst in der Aprilnummer 1938 der „Neuen Evangelischen Kirchenzeitung" (Lodz/Bielitz) veröffentlichten Grundsatzartikel „Ist eine Kirchenteilung in der Evangelisch-Lutherischen Kirche Polens erwünscht und möglich?"[27] die Zweckmäßigkeit einer Teilung aus religiös-sittlichen, kirchenrechtlichen und nationalen Gründen begründete und Wege und Möglichkeiten ihrer praktischen Durchführung zur Erwägung stellte. Das friedliche Verhältnis der beiden Nationalitäten in der einen Kirche – so seine Ausführungen – sei so lange möglich gewesen, solange keine Seite Herrschaftsansprüche über die andere erhoben hätte. Unter den Bedingungen, der zu 80% deutschen Augsburgischen Kirche den Charakter einer polnischen Kirche mit Hilfe des Staates zu geben, sei dies nicht mehr möglich. Der gegenwärtige Bischof solle das Haupt des polnischen Teils der Kirche bleiben, aber keinen Anspruch auf den deutschen Teil haben, in dem er absolut kein Vertrauen mehr genieße. Bei gutem Willen sei eine

---

Nein, in einer Aufteilung sehen sie die letzte Möglichkeit, die verworrene kirchliche Frage zu einer Entscheidung zu bringen, aus einer Lage, die ausweglos zu sein scheint, einen gangbaren Ausweg zu finden.

Man muß sich nur wundern, wie vergesslich die Mitglieder der Rumpfsynode [...] gezeigt haben. Vergessen ist worden, daß in den Jahren 1922 und 1923 eine Konstituierende Synode der Kirche getagt hat, die in ihren Gesetzentwurf [...] folgende Bestimmung aufnahm: ‚[...] Im Fall einer Teilung der Kirche aus nationalen Gründen gilt dieses Kirchengesetz für jede der so gebildeten Kirchen'. Warum wurde damals diese Bestimmung, angefangen vom Generalsuperintendenten bis zum letzten Delegierten, einstimmig beschlossen? [...] weil bei Polen und Deutschen trotz aller Reibungen und Kämpfe der Wille zur Kirche wohl noch stark genug war, einen Ausweg zu zeichnen, der beiden Teilen gerecht werden sollte und ein friedliches Nebeneinander ermöglichte. Dieser Wille zur Kirche war bei der jetzigen Rumpfsynode nicht mehr zu sehen, die nur noch die Deutschen beherrschen, aber ihnen keine Gleichberechtigung in der Kirche mehr gewähren möchte. [...] Man möchte diejenigen, die man als Hörige in der Kirche noch duldet, nicht freigeben, hat seinerseits keinen Ausweg gezeigt. [...] Die Aufteilung braucht nicht mehr beschlossen zu werden, da in den letzten 1½ Jahren von maßgebender kirchlicher Seite alles getan worden ist, um sie immer sichtbarer werden zu lassen. [...] ‚Wir wollen eine Kirche haben, daß wir ihrer froh werden können', ‚Wir wollen eine Kirche des Friedens haben', ‚Wir wollen in der Kirche wieder eine seelische Heimat finden' – so und ähnlich spricht heute der schlichte deutsche Kirchenmann und sehnt sich, von den Kunstmethoden einer ihm innerlich fremd gewordenen Kirchengewalt loszukommen, um mit einer wortgebundenen Kirche seinem Herrn leben zu können. Wenn das deutsche Kirchenvolk nicht noch mehr von der Kirche abgefallen ist, als es schon geschehen ist, so ist es im Bewußtsein erfolgt, daß nicht alle polnischen Pastoren die unkirchlichen Methoden billigen, daß ein großer Teil der deutschen Pastoren unter dem Einsatz ihrer ganzen Existenz treu zu Kirche und Volk hält, weil sie in der Kirche nur dienen, nichts denn dienen möchten, ohne dabei den protestantischen Rücken vor Menschen und Moden zu beugen. Nur solcher Dienst, gebunden am Wort Gottes, kann dem Gesamtleben, der Kirche und dem Staat, zum Nutzen gereichen. Aus diesem Bestreben heraus ist der Antrag der deutschen Synodalen entstanden. Nun hat das Kirchenvolk das Wort! [...]"

27 NEK 1938/4, 53ff.

Regelung auch für gemischtsprachige Gemeinden im Wege der Aufstellung von Lokalstatuten möglich. Groß gab seiner Überzeugung Ausdruck, daß die Augsburgische Kirche in Polen diesen Weg in Zukunft werde gehen müssen, wenn sie sich nicht selbst zerstören wolle. Früher oder später werde ihr deutscher Teil, sollten die Verhältnisse so, wie sie heute sind, andauern, gezwungen sein, sich selbständig zu organisieren, auch wenn diese Kirche von den Polen als zweitrangig behandelt würde. Der polnische Staat sei verfassungsmäßig ein Rechtsstaat, daher bestehe die Zuversicht, daß er der deutschen Mehrheit in ihrer Kirche die gleichen Rechte werde zukommen lassen wie der polnischen Minderheit.

Die Auffassung Bischof Bursches zur Frage der Aufgliederung der Augsburgischen Kirche in einen deutschen und einen polnischen Teil brachte Pastor W. Preiss–Bromberg, Herausgeber des „Przegląd Ewangelicki", im Aufsatz „Das deutsche Problem und das Projekt der Teilung der Kirche" zum Ausdruck:

„[...] Doch nur die Agitation der ‚christlichen Typen' in der Art von Pastor Groß, die Agitation der verblendeten und fanatisierten Nationalisten drängt hin zum Bruch und zur Trennung [...] trotz angeblicher geistlicher Einheit. Und was denken sich denn diese Leute? Daß wir ihnen unsere Glaubensgenossen, die evangelischen Deutschen ausliefern werden? [...] Es ist Naivität sich einzubilden, daß der Staat eine solche Kirche dulden würde. [...] Wenn der Staat schon jetzt nicht zuläßt, daß nationalistisch eingestellte Deutsche in der Synode, im Konsistorium sitzen, daß sie Bischöfe, Senioren und Pastoren sein könnten, wenn der Staat das schon jetzt in der gegenwärtigen gemeinsamen Evangelisch-Augsburgischen Kirche ablehnt, welche Naivität zu glauben, daß er eine Kirche, die überhaupt nur Amtsträger solcher nationaler Einstellung haben würde, dulden würde".[28]

Im gleichen Sinne konnte Pastor Kotula am 10. April 1938 schreiben:

„[...] Wir [Polen] sind noch nicht in unserer Kirche zuhause, sie hat noch für uns fremde, manchmal unfreundliche Züge. Wir nehmen in unserer Kirche noch nicht die Stellung ein, die uns billigerweise gebührt".[29]

Staatliche Minderheitenpolitik und Polnischer Evangelizismus verliefen weiterhin parallel und ergänzten einander.

Die Haltung des deutschen Teils der Augsburgischen Kirche nach der II. Session der Rumpfsynode bewegte sich im Spannungsfeld von Befriedungsversuchen und Tendenzen zur nationalen Aufgliederung der Kirche im Falle der Verweigerung der Gleichberechtigung. Der „Lodzer Senioratsausschuß" bzw. der „Ausschuß der deutschen Senioratsmitglieder" gab noch im Januar 1938 unmittelbar nach Anlaufen der Befriedungsbemühungen Senior Nikodems die Erklärung ab, daß eine Befriedung der kirchlichen Verhältnisse so lange nicht möglich sei, solange dem deutschen Teil in ihrer Kirche die Gleichberechtigung vorenthalten werde. Andernfalls müßte der Vorschlag der Aufgliederung der Kirche in einen deutschen und einen polnischen Teil aufrechterhalten, seine Verwirklichung angestrebt werden. Auf einer der zahlreichen Informationsversammlungen, zumal denen in Lodz und dem Lodzer Raum, sprach Pastor A. Löffler am 17. März 1938 aus:

„[...] Wenn die deutschen Synodalen dem polnischen Teil es anheimstellen, die Trennung der Kirche in einen deutschen und einen polnischen Teil als Ausweg aus dem gegenwärti-

28 PE 1938/19; LEP 1938/24; EGG 1938, 35.
29 PE vom 10.4.1938; LEP 1938/134.

gen Unfrieden zu erwägen, so ist diese Trennung nicht als ein Herausgehen aus der Kirche der Väter gedacht gewesen, sondern als eine innerkirchliche Verselbständigung und Organisierung des deutschen Kirchenteils. Die Organisation steht nunmehr vor uns als Aufgabe".[30]

Beherrschend blieb der Wille zur Erhaltung der übernationalen Einheit der Augsburgischen Kirche, zur Abwehr staatskirchlicher und polonisierender Tendenzen, die Forderung nach kirchlicher Freiheit und nach Gewährung der Gleichberechtigung für den deutschen Teil der Kirche. Herausragender und unermüdlicher Vertreter der Einheit der Augsburgischen Kirche unter der deutschen Pastorenschaft war der verdiente Lodzer Superintendent und Konsistorialrat Julius Dietrich, der als einziger der deutschen Synodalen die der II. polnischen Rumpfsynode übergebene „Erklärung" vom 14. Dezember 1937 wegen des Punktes, den Gedanken einer friedlichen Aufteilung der Kirche zu erwägen, nicht mitunterzeichnet hatte. Christus und seine Kirche, so J. Dietrich, könnten nicht geteilt werden. Mangelndes Vertrauen zueinander könne nur zur Buße und Umkehr, aber nicht zur Trennung führen.[31]

Die Einheit der Augsburgischen Kirche betonte der in Lodz am 2. Februar 1938 tagende Vorstand der Arbeitsgemeinschaft der deutschen Pastoren, für den Dr. Erich Dietrich, der Sohn des Superintendenten Julius Dietrich, Vikar-Adjunkt an der St. Johanniskirche in Lodz, eine Denkschrift verfaßt hatte.[32] In kritischer Beleuchtung des Staatsgesetzes vom 25. November 1936 ging E. Dietrich darin der von Bischof Bursche abgelehnten Gleichberechtigung des deutschen Teils der Kirche mit dem polnischen vom grundsätzlich-theologischen und praktisch-kirchlichen Standpunkt nach und forderte diese als Bedingung für die kirchliche Befriedung. Der Vorstand der Arbeitsgemeinschaft der deutschen Pastoren stimmte den Ausführungen, Schlußfolgerungen und Vorschlägen Erich Dietrichs zu, übermittelte die Denkschrift dem „Ausschuß der deutschen Senioratsmitglieder", der sie seinerseits als Verhandlungsgrundlage übernahm und seiner „Erklärung" vom 13. Februar 1938 zugrunde legte. Einem Beschluß des Vorstandes der Arbeitsgemeinschaft der deutschen Pastoren zufolge sollte die E. Dietrichsche Denkschrift der Konferenz der Arbeitsgemeinschaft vorgelegt und als Stellungnahme der Arbeitsgemeinschaft zu den Fragen der kirchlichen Befriedung der Öffentlichkeit übergeben werden. Sie wurde jedoch nicht veröffentlicht, sondern auf einstimmigen Beschluß der nach Lodz für den 17. Februar 1938 einberufenen Konferenz der Arbeitsgemeinschaft der deutschen Pastoren – erschienen waren 43 Pastoren – zunächst den bevorstehenden Verhandlungen mit Prof. Siegmund-Schultze zugrunde gelegt.

Den Verhandlungen mit Siegmund-Schultze waren die im Auftrag der II. Session der Rumpfsynode aufopferungsvoll geführten Befriedungsbemühungen Senior Nikodems vorausgegangen. Sie hatten darunter gelitten, daß Nikodem keine Verhandlungsvollmacht hatte, er selbst seine Aufgabe als die eines Gesprächsvermittlers zwischen Bischof Bursche und dem deutschen Teil der Kirche, vertreten durch Senator Utta, dem Vorsitzenden des Deutschen Volksverbandes, und Pastor Kleindienst, dem Vorsitzenden der Arbeitsgemeinschaft der deutschen Pastoren, ansah. Am 12. Januar 1938 wandte sich Nikodem mit im

30 FP vom 21.3.1938.
31 *E. Dietrich,* Verpflichtendes Erbe 50.
32 Aktenvermerk, in: AK.

wesentlichen gleichlautenden Schreiben an diese[33], beseelt von dem Wunsch nach Erhaltung der Einheit der Augsb. Kirche und den Deutschen in der Kirche zu ihrem Recht zu verhelfen. Bei der ersten Begegnung zwischen Nikodem und Utta in dessen Wohnsitz Okup, Kreis Lask, nannte Utta namens der ev. Laien der Augsb. Kirche folgende Voraussetzungen für eine Entspannung und Befriedung der kirchlichen Verhältnisse:

1. Wiederholung der Senioratsversammlungen in den Diözesen Kalisch, Plozk, Lodz, Wolhynien und Einigung über die Kandidaten für das Senioratsamt und den Senioratsausschuß;
2. Einigung über die Sitze im Konsistorium, Synodalausschuß und Wahlkollegium;
3. Respektierung des Willens der Wähler durch Bestätigung Flackerts und Uttas als Senioratsmitglieder;
4. Einstellung der kirchenamtlichen Diskriminierung des deutschen Teils des Kirchenvolkes.[34]

Im Verfolg der Antwort Kleindiensts an Nikodem vom 21. Januar 1938 waren diese Wünsche in konkretisierter Form Gegenstand der von Nikodem gewünschten Besprechung am 3. Februar 1938 in Lodz, an der außer dem Einberufer Kleindienst auch Utta und Pastor Löffler teilnahmen. Diese – inoffizielle – Besprechung wurde von Nikodem mit den Worten eingeleitet: „Ich komme zu Euch als ein Bettler, der nichts hat und nur die Einheit erhalten möchte" und fand statt in einer Atmosphäre bekundeter Bereitschaft zum Ausgleich auf der Grundlage der Gleichberechtigung und Berücksichtigung der legitimen kirchlichen Anliegen der deutschen Mehrheit des Kirchenvolkes auch in den Organen und Körperschaften der Augsburgischen Kirche.[35] Am 7. Februar 1938 teilte Nikodem Kleindienst mit, daß er die Wünsche der Deutschen dem Bischof vorgetragen hätte, dieser sich wohlwollend über die Befriedungsversuche geäußert hätte und auch seine Bereitschaft erklärt habe, eine Delegation der Deutschen zu empfangen.

Zu den an die Öffentlichkeit gelangten Gerüchten über vertrauliche Gespräche Nikodems mit deutschen Pastoren gab der „Ausschuß der deutschen Senioratsmitglieder" am 13. Februar 1938 folgende Mitteilung heraus:

„Inoffizielle kirchliche Aussprache.
Um Gerüchten über „Befriedungsverhandlungen" entgegenzutreten, sehen wir uns genötigt, unserem Kirchenvolk in Angelegenheit einer Aussprache zwischen dem deutschen und polnischen Teil der Kirche folgenden Tatsachenbericht zu unterbreiten:
Dem Wunsch des Seniors ks. Nikodem, mit dem deutschen Teil zwecks Aussprache über die Möglichkeit einer Befriedung der Kirche in Fühlung zu treten, wurde von deutscher Seite entsprochen. Die Aussprache, die einen vollkommen *inoffiziellen* Charakter trug, brachte in erschöpfender Ausführlichkeit alle, unsere augenblickliche Kirchenlage kennzeichnenden Fragen zur Behandlung. Das Ergebnis dieser Unterredung konnte naturgemäß kein bindender und die polnische Seite verpflichtender Beschluß sein, da Senior ks. Nikodem nicht als *beauftragter* Vertreter Stellung nehmen konnte. Von deutscher Seite wurde daher die Bedingung geltend gemacht, dem Wunsch zu Verhandlungen auch von *bevollmächtigten* Vertretern der polnischen Seite zu begegnen und daher einer *offiziellen* Einladung der Kirchenleitung entgegenzusehen. Nun hat aber die Kirchenleitung

33 Brief Nikodems an Kleindienst, in: AK.
34 Mitteilung Uttas an Kleindienst vom 18.1.1938, in: AK.
35 Aufzeichnung der Unterredung, in: AK.

hier die Prestigefrage gestellt, die selbstverständlich auch für die deutsche Seite besteht.
Um auch über diese Schwierigkeit hinwegzukommen und der Gegenseite unsere aufrichtigen Bestrebungen zur Bereinigung der kirchlichen Lage nochmals zu bekunden, ist eine weitere Unterredung inoffizieller Art mit Senior ks. Nikodem vorgesehen.
Der Ausschuß deutscher Senioratsmitglieder".[36]

Über die Grenzen der Verständigungsmöglichkeit gab man sich auf deutscher Seite keinen Täuschungen hin, als Kultusminister Świętosławski in der Debatte über den Haushalt des Kultusministeriums im Sejm am 13. Februar 1938 die Erklärung abgab:

„[...] Indem ich auf die Frage des evangelischen Bekenntnisses übergehe, möchte ich vor allem feststellen, daß das Dekret des Präsidenten der Republik vom 25. November 1936 über das Verhältnis des Staates zur Evangelisch-Augsburgischen Kirche in der Republik in seinem ganzen Umfange realisiert wird".[37]

Zu einer weiteren Besprechung mit Senior Nikodem war es nicht mehr gekommen. Dies war nicht nur durch seine fehlende Verhandlungsvollmacht bedingt. Neuen Anlaß zu Auseinandersetzungen hatte der Beschluß der Rumpfsynode vom 14. Dezember 1937 über die Erhebung der Kirchenbeiträge und die darauf folgende Verfügung des Konsistoriums vom 28. Dezember 1937 gegeben, wonach der Mindestsatz der jährlichen Beitragsleistung – rückwirkend vom Jahre 1936 an – auch für Frauen und Arbeitslose auf 3 Zł. jährlich für die Land- und auf 5 Zł. für die Stadtbevölkerung festgesetzt wurde und die Einreichung der neuen Verzeichnisse der Beitragsleistenden und damit der neuen Wählerlisten bis zum 22. Januar 1938 angeordnet worden war.[38] Als erste erhoben die drei Lodzer Gemeinden: St. Johannis, St. Trinitatis und St. Matthäi und die Gemeinde St. Michaeli in Lodz-Radogoszcz Einspruch gegen die Verordnung des Konsistoriums mit der Begründung, daß die Bemessung der Kirchenbeiträge nach § 39 des Inneren Grundgesetzes in die alleinige Zuständigkeit der Gemeindeversammlungen falle. Auch die Befreiung von Kirchenbeiträgen stehe ausschließlich den Organen der Kirchengemeinden zu. Die Gemeinden sähen sich nicht in der Lage, ihre Rechte preiszugeben und der Verfügung des Konsistoriums nachzukommen.[39]

Dem Einspruch der Lodzer Gemeinden schlossen sich andere Gemeinden Kongreßpolens und Wolhyniens an. Für ihre Protestschreiben übernahmen sie den Text der Lodzer oder ergänzten diesen mit eigenen Begründungen. Mit Rundschreiben vom 10. Februar 1938 an alle Pastoren und Kirchenräte wies das Konsistorium alle Proteste gegen seine Verfügung vom 28. Dezember zurück, verlängerte die Vorlagefrist der Beitrags- und Wählerlisten bis zum 1. März 1938 und begründete die Rechtmäßigkeit seiner Verfügung. Pastoren und Kirchenräte wurden darauf hingewiesen, daß das Konsistorium eine übergeordnete Behörde sei, an die man sich mit einer Bitte um Auskunft, keinesfalls aber mit Vorwürfen wegen Nichtbeachtung der Gesetze wenden dürfe. Aus dem weitgehend einheitlichen Wortlaut der Protestschreiben wurden Absprachen und ein Komplott der Deutschen gegen die Kirchenleitung herausgelesen und zur Begründung des Synodalbeschlusses

---

36 FP und NLZ vom 13.2.1938.
37 FP vom 14.2.1938.
38 Dz.U.K.EA. 1938/1, Pos. 8.
39 FP vom 22.1., NLZ vom 21. und 27.1. und 16.2.1938.

und der Konsistorialverfügung angeführt: „da eine ungeheure Menge von Personen in die Wählerlisten eingetragen wurden und eine große Anzahl Gemeindeglieder von den Beiträgen befreit wurde“ läge ein Wahlmißbrauch vor, der durch diese Verfügung unterbunden werden sollte.[40]

Nachteilig auf die Befriedungsbemühungen wirkten sich weiterhin die Auseinandersetzungen im polnisch-evangelischen Lager aus, die ihren Höhepunkt in dem vom 3. Januar –9. Februar 1938 dauernden Beleidigungsprozeß zwischen Pastor Siegmund Michelis, dem Herausgeber des „Zwiastun Ewangeliczny“, und Pastor Waldemar Preiss, dem Herausgeber des „Przegląd Ewangelicki“ erreichte. Ausgangspunkt der in einen Beleidigungsprozeß einmündeten Pressefehde waren die unterschiedliche Bewertung des Staatsgesetzes vom 25. November 1936 und die dem deutschen Teil der Augsburgischen Kirche gegenüber einzuschlagende Haltung. Preiss, verheiratet mit einer Nichte Bursches, publizistischer Verfechter der kirchen- und staatspolitischen Linie des Bischofs und des Polnischen Evangelizismus, beschuldigte Michelis, daß er in den Verhandlungen beim Zustandekommen des Staatsgesetzes im „Zwiastun“ zu sehr für die deutsche Sache eingetreten sei („Pseudopole“, „Karrieremacher“) und mit den Deutschen Fühlung gehalten habe, Michelis hinwieder rechnete Preiss zum Kreis der „unverständigen, lärmenden, auf Augenblickswirkung berechneten Hurra-Patrioten einer Handvoll von Hitzköpfen“, die der Augsburgischen Kirche und dem polnischen Staate nur schaden.[41] Nicht ohne Schadenfreude wurde in katholischen Presseorganen darauf hingewiesen, daß zwei polonisierte Pastoren deutscher Herkunft vor Gericht und der Öffentlichkeit einen Streit darüber ausfochten „wer patriotischer als der andre sei“ und den ein katholischer Richter nach wochenlangen Verhandlungen mit der Mahnung „Pax vobiscum“ dahingehend entschied, daß Pastor Michelis die Prozeßkosten zu tragen hatte. Zeugen des von Rechtsanwalt Ernst vertretenen Pastors Michelis waren die Pastoren A. Loth, Otto Krenz, Waldemar Krusche, Senator Evert, die Obersten Klim und Paszko, Zeugen des vom Bruder des Bischofs, Rechtsanwalt Alfred Bursche, verteidigten Pastors Preiss waren die Professoren Szeruda und Edmund Bursche, ein Stiefbruder des Bischofs, die Pastoren Waldemar Galster, Alexander Falzmann, Karl Kotula und Rechtsanwalt Eberhardt. Der Prozeß Michelis–Preiss brachte manche kirchenpolitischen Vorgänge ans Licht der Öffentlichkeit, so u.a. auch den, daß für die Ablehnung der deutschen Kandidaten in den Senioratsversammlungen nicht der Kultusminister, sondern Gen.-Sup. Bursche verantwortlich war, was bislang von polnischer Seite bestritten worden war. Noch ehe der Prozeß zu Ende gegangen war, urteilte Militärsenior Gloeh:

„[...] Diese traurige Erscheinungen sind infolge der keinen Widerspruch duldenden Methoden eingetreten, mit denen man dieses Gesetz um jeden Preis über die Köpfe aller und über alles hinweg zu verwirklichen und mit ihm das evangelische Kirchenvolk zu erneuern bemüht war“. So sei es zu „gegenseitigen öffentlichen Beschuldigungen, zu einer elenden Patriotismus-Manifestation polnisch-deutscher Proselyten“ gekommen. „Wir geben unserem Bedauern Ausdruck, daß in diesem Fall weder die oberste Leitung unserer Kirche, noch das Ehrengericht der Pastorenvereinigung, noch auch die Warschauer Pastorenkonferenz sich dieser Sache angenommen und die beiden hitzigen Pastoren von dem ärgerniserregenden Schauspiel eines öffentlichen Prozesses vor den Staatsgerichten zurückgehalten

40 Rundschreiben, in: AK.
41 PEK 1937/10, 439ff.; 1938/4, 166; 1938/5, 214f.

haben, der sich jetzt zur Freude aller Feinde der Kirche und zum Kummer aller ihrer Bekenner abspielt".[42]

Den letzten Versuch der Befriedung der kirchlichen Verhältnisse in der Augsburgischen Kirche unternahm der ökumenische Protestantismus, der die Entwicklung in Polen nach Erlaß des Staatsgesetzes für die Augsburgische Kirche vom 25. November 1936, der Zerschlagung und Verstaatlichung der Unierten evangelischen Kirche in Polnisch-Oberschlesien erneut mit großer Sorge verfolgte. Der Weltbund für Freundschaftsarbeit der Kirchen und der Ökumenische Rat der Kirchen entsandte den mit den kirchlichen Problemen Polens vertrauten Geschäftsführer des Weltbundes, Prof. Siegmund-Schultze, nach Polen mit dem Auftrag, die evangelischen Kirchen Polens einzeln zu besuchen und im Sinne der Einigung unter ihnen zu wirken. Von Kattowitz aus, wo er Gelegenheit hatte, in Gesprächen mit Kirchenpräsident Voß und Herren des aufgelösten Landeskirchenrates die Lage einer evangelischen Kirche unter den Bedingungen ihrer Verstaatlichung, Polonisierung und des Kirchenkampfes kennenzulernen, begab sich Siegmund-Schultze zu Besprechungen mit Bischof Bursche nach Warschau, von da nach Lodz, wo er am 19. Februar 1938 zur Aussprache mit dem Vorstand der Arbeitsgemeinschaft der deutschen Pastoren und dem Ausschuß der deutschen Senioratsmitglieder zusammentraf. Der Aussprache zugrundegelegt war die gemeinsame „Erklärung" der deutschen Pastoren und Laien vom 17. Februar 1938 (Denkschrift Erich Dietrich).

Den Befriedungsversuchen Siegmund-Schultzes konnte sich Bursche – anders als denen Senior Nikodems – nicht entziehen. Unter Vorsitz von Siegmund-Schultze kam es am 23. Februar 1938 zu einer gemeinsamen Sitzung der Vertreter des deutschen und polnischen Teils der Augsburgischen Kirche, an der Bischof Bursche als Vertreter der polnischen Partei teilnahm. Ausgehend vom Staatsgesetz vom 25. November 1936, den Seniorats- und Synodalwahlen und der „Erklärung" vom 17. Dezember, führte die mehrstündige Aussprache zu keiner Annäherung der Standpunkte.[43] Immerhin erreichte Siegmund-Schultze, daß der Gesprächsfaden nicht abriß und eine zweite Verhandlung für den 10. März 1938 vereinbart wurde. Siegmund-Schultze, der einer Verpflichtung in Estland und Lettland nachzukommen hatte, wurde von Bischof Bursche gebeten, auf der Rückkehr erneut nach Warschau zu kommen und die Verhandlungen zu leiten. Für diese hatte Siegmund-Schultze nachstehende 7 Thesen als Grundlage der Befriedung der kirchlichen Verhältnisse formuliert:[44]

„I. Das Kirchengesetz, das der Staat der Augsburgischen Kirche gegeben hat, entspricht in mancher Hinsicht der evangelischen Auffassung vom Wesen der Kirche nicht, wird aber als die gegenwärtig geltende Rechtsgrundlage der Kirche anerkannt, die nur auf gesetzlichem Wege geändert werden könnte.
II. Innerhalb der Kirche müssen die Glieder derselben sich gegenseitig, gemäß dem in der Evangelischen Kirche geltenden Grundgesetz vom allgemeinen Priestertum der Gläubigen, gleiche Rechte zugestehen, unabhängig vom Volkstum, demgemäß auch die Ämter vergeben nach dem Maß christlicher Gaben und Eignung.

---

42 GE vom 20.1.1938.
43 Niederschrift der Verhandlungen, in: AK.
44 PEK 1938/8, 349. Die 7 Thesen Siegmund-Schultzes wie die „Erklärung" der AdP wurden zunächst vertraulich behandelt.

III. Innerhalb der Augsburgischen Kirche soll die seelsorgerische und gottesdienstliche Betreuung, der Religionsunterricht der Jugend in der Muttersprache, die Heranbildung des theologischen Nachwuchses wie auch die Zuweisung materieller Mittel unter gerechter Berücksichtigung der Bedürfnisse und in gleicher Haltung gegenüber jedem Volkstum durchgeführt werden.
IV. Solange nicht von nationalen Gesichtspunkten bei der Besetzung der Ämter abgesehen werden kann und nicht jede nationale Gruppe bereit ist, der anderen mehr zuzugestehen, als sie selbst beansprucht, wird eine Verständigung auf paritätischer Grundlage erstrebt, dahingehend, daß für die Sitze im Konsistorium, im Synodalausschuß und in den Wahlkollegien gleichviel Sitze jeder Nationalität zugewiesen werden und aus derjenigen nationalen Gruppe, die nicht den Bischof stellt, ein Bischofsvikar gewählt wird.
V. Die Konstituierung der Senioratsversammlung erfolgt auf Grund vorangegangener Verständigung zwischen den maßgebenden Stellen der beiden Nationalitäten, wobei die verhandelnden Stellen die volle Verantwortung für ihre Seite auch mit Rücksicht auf die völkische Bewegung bzw. die Stellungnahme der Regierung übernehmen.
VI. Innerhalb der Kirche wird grundsätzlich auf jede Majorisierung sowie auf jede gewaltsame Durchsetzung von Beschlüssen verzichtet.
VII. Diffamierung und Denunzierung, wie sie im Verlauf des Kirchenstreites vorgekommen sind, sollen nach Möglichkeit wiedergutgemacht und in Zukunft streng vermieden werden, wie auch jedes Hinaustragen kirchlicher Streitigkeiten an die Öffentlichkeit durch den Einfluß der zuständigen kirchlichen Stellen verhindert werden soll.“

An den Verhandlungen des 10. März 1938 nahmen unter Vorsitz von Siegmund-Schultze teil: von polnischer Seite Bischof Bursche, der Vizepräsident des Konsistoriums Rudowski, Pastor A. Loth, Senior Nikodem und Prof. Szeruda, von deutscher Seite: Sup. Dietrich, Dr. Erich Dietrich, die Pastoren Schedler, Krusche, Doberstein, Löffler, Kneifel und Kleindienst sowie drei Laien. Nur über die ersten drei der 7 Thesen konnte eine Einigung erzielt werden:

Der ersten These wurde in der Fassung: „Das Kirchengesetz vom 25. November 1936, dem die deutschen Mitglieder der Synodalkommission als Vertreter des deutschen Teils der Kirche nicht zugestimmt haben, wird trotz mancher ernster Bedenken gegen dasselbe als gegenwärtig geltende Rechtsgrundlage der Kirche anerkannt; eventuelle Änderungen desselben könnten nur auf gesetzlichem Wege durchgeführt werden“ zugestimmt.
These zwei, eine theoretische Formulierung der Gleichberechtigung, wurde in der ersten Fassung ohne Diskussion von beiden Seiten akzeptiert.
Über These drei einigte man sich ebenfalls, nachdem auch von polnischer Seite die Berechtigung eines Lehrstuhls an der Theologischen Fakultät in Warschau in deutscher Sprache zugegeben wurde.
An These vier scheiterten die Verhandlungen. Bursche ging über sein auf der II. Session der Rumpfsynode gemachtes Angebot, für die Deutschen drei Stellen im Konsistorium offen zu halten, nicht hinaus. Auch seine Begründung war die gleiche: Von den Mitgliedern des Kollegiums seien der Vorsitzende und der Vizepräsident als Unparteiische anzusehen, mit der paritätischen Besetzung der sechs anderen Stellen sei die Gleichberechtigung gewahrt.[45]

Die Fortsetzung der Befriedungsverhandlungen wurde auf den 24. März 1938 vertagt. Sie wurde ohne Prof. Siegmund-Schultze fortgeführt, der enttäuscht Warschau verlassen hatte.[45a]

---

45 PEK 1938/7, 293f.; *W. Gastpary,* a.a.O. 245.
45a Am 28.7.1965 teilte Prof. Siegmund-Schultze P. Kleindienst mit (Brief, in: AK), daß

Zur Vorbereitung der Verhandlungen über die Thesen IV–VII hatte Bischof Bursche für den 21. März die Pastoren Kleindienst und Löffler zu einer Aussprache nach Warschau geladen. Diese bewegte sich um die 15 von beiden an den Bischof gerichteten Fragen, deren Inhalt von der deutschen Seite als Verhandlungsgegenstand am 24. März in Aussicht genommen war. Fragen und Antworten Bursches, nachstehend wiedergegeben, im Kirchlichen Amtsblatt vom 31. März 1938 veröffentlicht[46], markierten den Stand der Befriedungsverhandlungen zwischen der II. und III. Session der Rumpfsynode:

„1. Frage: Kann das Verhältnis der Konsistorialräte, wie es heute besteht, 5:3, geändert werden?

Antwort: Das Verhältnis ist nicht 5:3, sondern 3:3, da der Bischof und der Vizepräses über den Parteien sein müssen. Die Synode wird den Deutschen nie 4 Plätze zugestehen. Dagegen 5:4 widerspricht beiden Gesetzen, kann also nur auf dem Wege der Novellierung geändert werden, was gegenwärtig ausgeschlossen ist.

2. Frage: Zur personalen Frage im Konsistorium: Können die Deutschen beliebige Kandidaten nennen?

Antwort: Die Kandidaten bedürfen der Bestätigung durch den Minister.

3. Frage: Wie ist die Besetzung im Synodalausschuß gedacht? 2:2? Werden die Kandidaten der Deutschen anerkannt?

Antwort: Die Deutschen erhalten 2 Sitze im Synodalausschuß, die Kandidaten bedürfen der Bestätigung nicht.

4. Frage: Wie dachten Sie sich die rechtliche Stellung des Bischofsvertreters?

Antwort: Der Bischofsvikar, denn so müßte er heißen, ist zugleich Konsistorialrat, oder besser: der deutsche Konsistorialrat ist Bischofsvikar. Er ist es für die Gesamtkirche. Seine Pflichten und Aufgaben würden der Synodalausschuß festlegen. Besonders dachte ich ihm das Schulwesen zu übertragen.

5. Frage: Ist als Bischofsvikar eine bestimmte Persönlichkeit in Aussicht genommen?

Antwort: Der Bischofsvikar, zugleich Konsistorialrat, wird von den Deutschen benannt.

6. Frage: Wie dachten Sie sich die Einberufung der ausständigen Senioratsversammlungen?

Antwort: Sie müssen mir Kandidaten für die Posten der Senioren nennen, ich werde mich an den Minister wenden. Ich kann vom kirchlichen Standpunkt nicht eintreten für Ulbrich, Buse, Gerhardt, Groß und Friedenberg. Sie müssen garantieren, daß die von Ihnen Genannten von der Senioratsversammlung gewählt werden.

7. Frage: Wie steht es mit den Fällen Utta, Flacker und Lublin, wo in einem Fall 6, im anderen Fall 2 Gemeinden die gleiche Vertreterzahl in die Synode erhielten?

Antwort: Lublin ist gerecht entschieden worden, da die Minderheit, in diesem Fall die Polen, auch einen Vertreter in die Synode entsenden. Die Fälle Utta und Flacker sind, weil gemäß §§ 18 und 19 des Inneren Gesetzes entschieden, erledigt.

8. Frage: Wie steht es mit dem theologischen Nachwuchs für die deutschen Gemeinden?

---

er sich im Anschluß an die Warschauer Verhandlungen nach Wien begeben habe. Dort erreichte ihn am 13.3.1938 ein Telegramm Bursches, in dem dieser bat, „[...] ich möchte nochmals nach Warschau zurückkehren; er glaube, daß er jetzt auf die Verhandlungsvorschläge, die ich gemacht hätte, eingehen könne“. Politische Umstände (Anschluß Österreichs) verhinderten eine Rückreise Siegmund-Schultzes nach Warschau. Eine Änderung der Haltung ließ Bursche in der Folge nicht erkennen.

46 Dz.U.K.EA. 1938 vom 31.5.1938.

Antwort: Es sollen Lehrstühle in deutscher Sprache an der Theologischen Fakultät in Warschau eröffnet werden. Das ist ein Vorschlag der Professoren, es hängt aber von dem Senat der Universität ab. Außerdem soll ein Predigerseminar mit einem deutschen Leiter eröffnet werden. Der Leiter darf freilich keine völkische Agitation treiben.

9. Frage: Kann das Predigerseminar in Lodz gegründet werden?

Antwort: Nein, ich bin entschieden dagegen. Entweder in der Nähe von Lodz oder in der Nähe von Warschau.

10. Frage: Wir beabsichtigen, einen Verband deutscher Gemeinden zu gründen. Werden Sie die Sache befürworten?

Antwort: In keinem Fall! Es darf kein Verein deutscher, ebensowenig wie ein Verein polnischer Gemeinden entstehen. Ich bin auch entschieden dagegen, daß ein polnischer Pfarrerverein existiert. Gegen die Arbeitsgemeinschaft deutscher Pastoren habe ich nichts, obgleich die Entstehung auf unnormale Verhältnisse in unserer Kirche zurückzuführen ist.

11. Frage: Wie steht es mit der Gründung einer deutschen Gemeinde in Warschau?

Antwort: Das ist möglich. Die Gemeindeglieder müssen aber in die allgemeine Kirchenkasse ihre Beiträge zahlen und außerdem noch für ihren Pastor aufkommen (ca. 700 Zł. monatlich). Das Konsistorium gibt dazu nichts.

12. Frage: Wie geschieht die Zuwendung materieller Beihilfen?

Antwort: § 16 des Inneren Gesetzes sieht vor die Bestätigung der Anträge durch den Minister gemäß einer noch zu erscheinenden Verordnung. Vorläufig bestimmt das Konsistorium in einer Plenarsitzung auf Antrag des Bischofs. Die polnische Gemeinde in Lodz erhält nur einen Vikar und Pastor Tyc erhält 400 Zł. für die Vikare in Oberschlesien als Beihilfe.

13. Frage: Wie steht es mit den 5 von Ihnen genannten Synodalen?

Antwort: Sie bleiben bis zum Ende der Kadenz, ebenso bleibt das Wahlkollegium zur Wahl des Bischofs und des Vizepräsidenten des Konsistoriums.

14. Frage: Wie kann Ihrer Meinung nach die Pressefehde beigelegt werden?

Antwort: So lange ich angegriffen werde, hatte man nichts dagegen geschrieben. Die Pressefehde ist nicht beizulegen, sie müßte nur anständig sein.

15. Frage: Der „Zwiastun Ewangeliczny“ verlangt die Veröffentlichung der 7 Thesen Prof. Siegmund-Schultzes. Wie stehen Sie dazu?

Antwort: Die Thesen können einstweilen nicht veröffentlicht werden. Das kann erst nach Abschluß der Verhandlungen geschehen.

Pastor Löffler: Was Sie uns zusagten, ist nicht viel. Unsere Leute werden enttäuscht sein.

Pastor Kleindienst: Sie sagten, Sie möchten, daß die Deutschen in die Synode einziehen. Sie machen es uns aber schwer.

D. Bursche: Sagen Sie Ihren Leuten, die Deutschen hätten schon viel erreicht:
1. Die Mehrheit der Polen will keine Trennung, sondern mit Ihnen arbeiten,
2. Die Deutschen erhalten einen Bischofsvikar,
3. Die Deutschen erhalten Lehrstühle bei der Theologischen Fakultät,
4. Die Deutschen erhalten ein Predigerseminar mit einem deutschen Leiter, der hauptamtlich angestellt ist.“

Als im Laufe der Unterredung das Gespräch auf die deutschen Senioren kam, meinte Löffler, daß Bursche großen Einfluß bei der Regierung habe und erreichen könne, daß die neu zu nennenden Kandidaten auch behördlich bestätigt würden, antwortete D. Bursche, daß er nicht alles könne, so z.B. – und bei diesen Worten wandte er sich an Kleindienst –, daß er als Senior für Wolhynien bestätigt würde.

Vorstehende 15 Fragen und die Antworten D. Bursches waren Gegenstand der am 23. März in Lodz gehaltenen Vorbesprechung führender deutscher Pastoren und Laien zu den

Verhandlungen am 24. März 1938 mit den Vertretern der Rumpfsynode. Sie hielten an der grundsätzlichen Forderung der Gleichberechtigung fest und beschlossen eine am 24. März abzugebende „Erklärung“. Des weiteren beriet man über die Voraussetzungen einer Wiederholung der Seniorats- und Synodalwahlen in den Diözesen Kalisch, Plozk, Lodz und Wolhynien, der Teilnahme an der Synode und der Besetzung der offenen Stellen im Konsistorium. Mit der Verhandlungsführung beauftragt wurden die Pastoren Kleindienst, Löffler, Doberstein und die Laien Born und Brauer. Die polnische Seite war bei den Verhandlungen durch Bischof Bursche, Senior Nikodem, Pastor Loth und Prof. Szeruda vertreten. Weiterer Teilnehmer war Sup. Dietrich.

Die Verhandlungen am 24. März 1938[47] verliefen in einer Atmosphäre sachlicher Gegensätze, jedoch der Bereitschaft, aufeinander zu hören und wenn möglich, zu einem Ausgleich zu kommen. Bursche brachte die 15 Fragen der Pastoren Löffler und Kleindienst und seine Antworten zur Kenntnis, anschließend verlas Pastor Kleindienst die „Erklärung“ der Deutschen vom 23. März 1938:

„Wir erklären, daß wir auf unseren gerechten Forderungen, die in der Erklärung der Arbeitsgemeinschaft der deutschen Pastoren vom 17. Februar 1938, in den 7 Thesen und im Antrag des Lodzer Senioratsausschusses vom 10. Juni 1937 enthalten sind, bestehen. Unter der Voraussetzung, daß die Gewähr gegeben wird, daß unsere Kandidaten genehmigt werden, treten wir in die Senioratswahlen ein“.[48]

Die Debatten am Vormittag des 24. März bewegten sich um die Beteiligung des deutschen Teils der Kirche an der Synode, um die Zahl der von Deutschen und Polen zu besetzenden Stellen im Konsistorium, um das Problem einer nationalen Aufgliederung der Augsburgischen Kirche. Bischof Bursche bedauerte die Abwesenheit der deutschen Synodalmitglieder auch an der II. Session der Synode, erklärte, daß er für seine Person keine Einwände gegen vier deutsche Konsistorialräte hätte, eine nationale Teilung der Kirche müsse er jedoch ablehnen. Hinsichtlich des letzteren Problems brachte Brauer zum Ausdruck, daß Bursche es ja war, der das nationale Problem in die Augsburgische Kirche hineingetragen habe. Erst in jüngster Zeit habe er wieder erklärt, daß die Augsburgische Kirche eine „polnische Kirche“ sein müsse, daß er die Gründung augsburgischer Gemeinden auf nationaler polnischer Grundlage in Posen–Pommerellen, in Lodz, in Józefin u.a. vorgenommen habe, die nationale Strukturierung der Augsburgischen Kirche betrieben hätte. Bursche könne es den Deutschen nicht verübeln, wenn sie den gleichen Weg zu beschreiten gezwungen wären, wenn ihnen die Gleichberechtigung in ihrer Kirche, in der sie die Mehrheit hätten, vorenthalten werde und wenn ihre Forderungen nach Gleichberechtigung als nationalistisches Streben und staatsfeindliche Gesinnung diffamiert werde. Sup. Dietrich betonte die Einheit der Augsburgischen Kirche und die Notwendigkeit eines gleichberechtigten Neben- und Miteinander von Polen und Deutschen. Am Nachmittag des 24. März – zu den Verhandlungsteilnehmern waren die Pastoren Schedler und Löffler gestoßen – verlas Senior Nikodem ein von 26 polnischen Pastoren der Schlesischen Diözese unterzeichnetes Schreiben, in dem diese den Bischof und die Mitglieder der Befriedungskommission baten, „nicht nachzulassen, bis das hohe und wichtige Ziel der friedlichen Zusammenarbeit

47 Protokoll der Verhandlungen, in: AK.
48 „Erklärung“, in: AK.

der Deutschen und der Polen in der Kirche erreicht werde". Die sich anschließende Aussprache bewegte sich um die Wiederholung der Senioratsversammlungen in den Diözesen, in denen sie bisher gescheitert waren. Nachdem Bursche sich bereit erklärt hatte, für die von den Senioratsversammlungen vorgeschlagenen und gewählten Kandidaten bei der Regierung einzutreten, schlugen die Deutschen je zwei Kandidaten für die jeweiligen Diözesen vor: Für die Diözese Plozk die Pastoren Erich Buse–Lipno oder Waldemar Krusche–Rypin, für die Diözese Kalisch die Pastoren Adolf Ulbrich–Grodziec oder Richard Kneifel –Izbica, für die Diözese Lodz die Pastoren Adolf Löffler–Lodz oder Gustav Schedler–Lodz, für die Diözese Wolhynien die Pastoren Alfred Kleindienst–Luzk oder Reinhold Henke–Rożyszcze. Gegenüber Bursche, der seiner Verwunderung darüber Ausdruck gab, daß in erster Linie bereits abgelehnte Kandidaten vorgeschlagen würden, rechtfertigten die deutschen Teilnehmer der Verhandlung die Vorschläge mit dem Hinweis, daß dem deutschen Kirchenvolk nicht das Recht genommen werden dürfe, Pastoren ihres Vertrauens in kirchliche Ämter wählen zu können. Eine weitere Sitzung der beiderseitigen Verhandlungsgremien wurde für die Zeit nach Eintreffen der Entscheidung des Kultusministers in Sachen der vorgeschlagenen deutschen Senioren in Aussicht genommen. Am 29. April 1938 teilte Bursche dem Vorsitzenden der Arbeitsgemeinschaft deutscher Pastoren, Kleindienst, mit, daß der Kultusminister alle vorgeschlagenen von den Senioratsversammlungen zu wählenden Kandidaten, mit Ausnahme von Richard Kneifel, abgelehnt habe.[49] Damit waren die letzten Aussichten auf eine Befriedung der kirchlichen Verhältnisse geschwunden.[50] Am 17. Mai 1938 forderte das Konsistorium die deutsche Verhandlungsdelegation auf[51], in kürzester Frist neue Kandidaten für Seniorenämter und Synodalmitglieder in den Diözesen Kalisch, Plozk, Lodz und Wolhynien zu benennen, Kandidaten, die von der Regierung bestätigt werden könnten. Die Eile wurde mit der Notwendigkeit begründet, noch in der ersten Junihälfte die III. Kadenz der Synode einberufen zu müssen, die die Ergänzungswahlen in das Konsistorium und den Synodalausschuß vorzunehmen hätte. Nach Beratung mit den Mitgliedern der deutschen Verhandlungsdelegation teilten Kleindienst und Löffler namens der Arbeitsgemeinschaft der deutschen Pastoren dem Konsistorium am 20. Mai 1938 mit, daß auch gemäß dem Befriedungsvorschlag von Prof. Siegmund-Schultze (Thesen 5 und 6) die maßgebenden Stellen beider Nationalitäten die volle Verantwortung für die von ihnen in Vorschlag gebrachten Kandidaten übernehmen, die deutsche Seite aber nach Ablehnung von sieben der acht von ihr vorgeschlagenen Kandidaten durch den Kultusminister eine solche Verantwortung nicht übernehmen könne und sich nicht in der Lage sehe, weitere Kandidaten in Vorschlag zu bringen.[52] Über Ablauf und Scheitern der

---

49 Brief Bursches an Kleindienst, in: AK.

50 Im Brief Bischof Bursches an Prof. Siegmund-Schultze vom 29.April 1938 (in: EZA L VIII, 29b) wertete er die von „der deutschen Gruppe" vorgeschlagenen Senioratsamtskandidaten als „unnötige Demonstration", da nur solche Kandidaten (mit einer Ausnahme) benannt worden seien, „die bei der Regierung nicht gut angeschrieben sind". Aber er wollte nicht eingreifen und habe die vorgeschlagenen Kandidaten der Regierung schriftlich vorgestellt. Heute habe er die ablehnende Stellungnahme der Regierung erhalten.

51 Aufforderung des Konsistoriums, in: AK.

52 Brief der AdP an Bischof Bursche, in: AK.

Bemühungen um die Befriedung der kirchlichen Verhältnisse in der Augsburgischen Kirche liegt eine längere Darstellung „Die Befriedungsaktion in der Kirche" des Lodzer Teilnehmers Born vom April 1938 vor.[53] In einer von der Presse am 22. Mai 1938 veröffentlichten Stellungnahme sprach die Arbeitsgemeinschaft der deutschen Pastoren aus, daß alle Bemühungen um einen Ausgleich in der Kirche wegen der Verweigerung der Gleichberechtigung für den deutschen Teil der Kirche als gescheitert angesehen werden müßten.[54]

Die III. Session der Synode wurde von Bursche für den 21. und 22. Juni 1938 nach Warschau einberufen. Wichtigster Punkt der Tagesordnung war die Durchführung der Ergänzungswahlen in das Konsistorium und den Synodalausschuß. Die Synode tagte wieder als Rumpfsynode mit 25 polnischen Synodalen, nachdem die deutschen Synodalen nach Scheitern der Befriedungsbemühungen erneut eine Teilnahme abgelehnt hatten. Am Vortage des Zusammentritts der Rumpfsynode, am 20. Juni, hatte sich die Regierung zu einem folgenschweren Schritt entschlossen, als sie mit polizeilichen Mitteln des Drucks, der Einschüchterung und der Drohung die Haltung der deutschen Synodalen und des deutschen Teils der Kirche zur Kirchenfrage zu beeinflussen suchte. Über die Aktion der Regierung gab die Lodzer Wojewodschaft der Presse die in allen Zeitungen abgedruckte amtliche Mitteilung:[55]

„Der Leiter der Sicherheitsabteilung der Lodzer Wojewodschaft, Herr Dr. Wrona, empfing heute die deutschen Pastoren Schedler, Doberstein, Löffler, Schmidt–Radogoszcz sowie Kneifel–Brzeziny. Der Herr Abteilungsleiter informierte die Pastoren über den Standpunkt der polnischen Behörden bezüglich der Einführung des neuen Kirchengesetzes. Er wies

---

53 *A. Born,* Die Friedensaktion in der Kirche, in: NLZ vom 7.9. und 13. September 1938.

54 FP vom 22. Mai, NLZ vom 26. Mai 1938. Das Scheitern der Befriedung versuchte Bursche im Brief an Prof. Siegmund-Schultze vom 14. Juni 1938 (in: EZA L VIII, 29b) mit einer auffälligen Zahlenangabe und politisch zu erklären. Er schrieb: „[...] Nächste Woche tritt unsere Synode zusammen und wieder ohne die deutsche Gruppe. Alle Pazifikationsversuche haben versagt. Und das nicht blos deshalb, weil die polnische Gruppe nicht darauf eingehen kann, daß von den Konsistorialräten 4 Deutsche und nur 2 Polen sein sollten [...] denn das hätte zur Folge, daß wir uns ganz in die Hände der Deutschen überliefern würden, die jeden Augenblick sich zurückziehen und damit alle kirchliche Arbeit im Konsistorium lahmlegen könnten. Das Ganze liegt tiefer, wie es sich jetzt erwiesen hat: es handelt sich nicht um 4 Konsistorialratssitze für die Deutschen, sondern um 4 Sitze für bestimmte Personen, sowie um 4 Senioren für bestimmte Deutsche, die jedoch der Minister ablehnt. Die deutsche Gruppe hat, nachdem der Minister die vorgestellten Kandidaten aus politischen Gründen abgelehnt hat, ihrerseits erklärt, daß sie nur zu diesen Vertrauen habe und andere Kandidaten nicht vorschlagen werde. Das sollte wohl ein Druck auf den Minister sein. [...] Wir werden daher auf der Synode Wahlen vornehmen und die Verantwortung ganz auf unsere Schultern nehmen müssen. [...] Es sind unter den 190 Pastoren, die unsere Kirche in Polen hat, nur etwa 15, die von sich offen es aussprechen, daß sie Nationalsozialisten sind; diese führen aber das große Wort im Deutschen Volksverband und terrorisieren die übrigen Deutschen. Jeder aber, der unsere Verhältnisse und die Lage unserer Kirche in Polen kennt, wird mir Recht geben, wenn ich davor zurückschrecke, diese Kirche in die Hände eines politischen, dazu kirchlich indifferenten, ja teilweise antikirchlichen Verbandes zu überliefern. [...]".

55 FP vom 21. Juni 1938; PEK 1938, 504.

warnend darauf hin, daß die Behörden die Tätigkeit gewisser deutscher nationaler Kreise und eines Teiles politisierender deutscher Pastoren, welche versuchen, der Verwirklichung des neuen Kirchengesetzes Schwierigkeiten zu bereiten, nicht weiter dulden werden.
Der Herr Abteilungsleiter, Dr. Wrona, empfing gleichfalls am Montag die Vertreter des Deutschen Volksverbandes in Polen mit Herrn L. Wolff an der Spitze sowie die Vertreter der ideell gleichgerichteten Presse (‚Der Deutsche Weg', ‚Freie Presse'). Der Herr Abteilungsleiter machte sie bekannt mit der Einstellung der staatlichen Behörden zu der durch sie betriebenen Zersetzungsarbeit bei der Einführung des neuen Kirchengesetzes und wies darauf hin, daß die Behörden eine Tätigkeit, die die Einführung des neuen Kirchengesetzes erschwert, nicht dulden werden".

Am gleichen Tag sprach nach Mitteilungen der Presse „eine Anzahl loyaler Deutscher" beim Innenminister wegen Bestätigung einer „Organisation der vereinigten Deutschen in Polen" und bei Bischof Bursche wegen der „Normalisierung der inneren Verhältnisse der Evangelisch-Augsburgischen Kirche in Polen" vor. Man geht nicht fehl in der Annahme, daß die Initiatoren dieser Bestrebungen in dem regierungsseitig ins Leben gerufenen, von dem Polen Danilewski geführten „Deutschen Kultur- und Wirtschaftsbund" in Lodz zu suchen waren. Zur Aktion der Sicherheitsabteilung der Lodzer Wojewodschaft nahm die Rumpfsynode keine Stellung. In dieser Situation unterblieb auch eine von den in Lodz versammelten sechs deutschen Synodalen vorbereitete „Erklärung" an die Rumpfsynode, der die in Warschau weilenden deutschen Synodalen nicht zugestimmt hatten.[56]

Die III. Session der polnischen Rumpfsynode[57] wurde von Bischof Bursche mit einer Andacht über Matth. 10,17ff. eröffnet. Sein Bericht zur Lage der Kirche und zum Verlauf der Befriedungsverhandlungen atmete den Geist der Polizeiaktion vom Vortage. Von den 7 Thesen des Prof. Siegmund-Schultze, so seine Ausführungen, seien die erste, vierte und fünfte These unannehmbar oder zumindest stark anfechtbar. Es wäre strafwürdiger Leichtsinn, den Deutschen vier Plätze im Konsistorium einzuräumen:

„[...] Wie stellen es sich aber die Deutschen vor, daß die Polen sich für sie und ihre politische Einstellung vor den Behörden verantwortlich einsetzen sollen? [...] Nicht aus Furcht wehre ich mich gegen die Einführung von 4 deutschen Räten in das Konsistorium. Ich würde schon mit ihnen fertig werden, wie ich bisher immer mit den Deutschen fertig geworden bin. Aber ich will nicht, daß man aus dem Konsistorium einen Spielplatz politischer Auseinandersetzungen macht".[58]

Selbst drei Sitze im Konsistorium, so Bursche in seinem Bericht weiter, sollten die Deutschen nicht bekommen, da es ihnen an geeigneten Persönlichkeiten fehle. Sollte die Synode den Deutschen dennoch vier Stellen zubilligen, so müßte er als Bischof zurücktreten. Gegen die Ernennung eines deutschen Bischof-Stellvertreters aus der Reihe der deutschen Konsistorialräte hätte er nichts einzuwenden, doch müßte es ein Mann sein, der mit ihm Hand in Hand arbeite und von ihm abhängig sei. Ähnliche personale Bedingungen würden für die Gründung deutscher Professuren an der Warschauer Fakultät und die Errichtung eines Predigerseminars gestellt. Die dem Bericht des Bischofs folgende Aussprache

---

56 „Erklärung", in: AK.
57 Berichte über den Verlauf der III. Session der Rumpfsynode, in: LE vom 26.6.1938; JK 1938/13; FP vom 22. und 23. 6., NLZ vom 4., 22. und 23. Juni; DR vom 24.6. 1938. Ein ausführlicher, nicht veröffentlichter, Bericht von E. Stewner, in: AK.
58 PEK 1938/10–11, 505.

verlief erregt, nachdem der Teschener Synodale Dr. Zagóra einen von den Synodalen Militärsenior Gloeh, Pastor K. Kotula–Lodz, Notar W. Rogulski–Radom und Frank mitunterzeichneten Antrag eingebracht hatte, eine amtliche synodale Befriedungskommission zwecks Verhandlungen mit den Deutschen zu wählen, Bischof Bursche und andere Synodale dem Antrag scharf widersprachen und Dr. Zagóra sich veranlaßt sah, seinen Antrag zurückzuziehen. Die Mehrheit der Rumpfsynode sprach Bischof Bursche ihre Anerkennung und ihren Dank für seine Befriedungsversuche aus und beschloß in namentlicher Abstimmung mit 22 Stimmen, den Deutschen drei Stellen im Konsistorium zuzubilligen; nur die Synodalen Gloeh, Władysław Evert, ein Sohn des Senators Evert, und Franke sprachen sich für vier deutsche Konsistorialratsstellen aus. Die erregten Debatten setzten sich am folgenden Tage fort, als die Frage zur Entscheidung anstand, ob die Ergänzungswahlen in das Konsistorium und in den Synodalausschuß in dieser Session vollzogen, oder ob sie auf einen späteren Zeitpunkt, bis zur Einigung mit den Deutschen verschoben werden sollten. Die Rumpfsynode folgte dem Vorschlag Bursches, die Wahlen ohne Rücksicht auf die Deutschen in dieser Session zu vollziehen, „da das bestehende Provisiorium nicht länger durchgehalten werden könne", und daß sich schon eine Lösung werde finden lassen, wenn die Deutschen, was jetzt nicht der Fall ist, zu Verhandlungen bereit sein werden:

„[...] Wir alle wünschen, daß die Deutschen in die Synode einziehen, und sind bereit, ihnen drei Sitze im Konsistorium abzutreten. Man sagt mir, ich müsse mit anderen Deutschen verhandeln, die anderer Meinung sind, die mich verstehen, mir vertrauen und auch überzeugt sind, daß ihr Vertrauen sie nicht täuschen wird. Aber niemand von diesen will sich als Kandidat aufstellen lassen. Sie können das nicht tun, weil sie sonst nicht in ihren Gemeinden bleiben könnten. Sie haben ja keine Ahnung, was solch ein armer Pastor in seiner Gemeinde auszustehen hat. Es erfolgt auf ihn ein Druck von seiten des ‚Volksverbandes' und in seiner Gemeinde wird gegen ihn agitiert. Nur einige sind Herren der Situation".[59]

Die geschlossene Haltung des deutschen Kirchenvolkes gegen die Handhabung des Staatsgesetzes und das abgrundtiefe Mißtrauen gegen seine Person und Amtsführung konnte Bursche nur politisch motiviert sehen, als Sabotage und Widerstand gegen den Staat werten. So lehnte er auch den Antrag des Synodalen A. Buzek–Teschen ab, den Ergänzungswahlen eine Erklärung folgen zu lassen, daß ihre Durchführung kein Hindernis für weitere Ausgleichs- und Befriedungsverhandlungen mit dem deutschen Teil des Kirchenvolkes sei. Durch Zuruf wurden von der Rumpfsynode gewählt: In das Konsistorium: Pastor Alexander Falzmann–Zgierz zum geistlichen, Vizepräsident des Appellationsgerichtes Gustav Lauter zum weltlichen Mitglied des Konsistoriums, Pastor Edmund Frischke–Radom bzw. Notar Władysław Rogulski–Radom zu deren Stellvertretern. In den Synodalausschuß wurden an Stelle des zurückgetretenen Rechtsanwalts Alfred Bursche der Rechtsanwalt Hermann Eberhardt–Warschau, in die noch freie Stelle Ing. Artur Michael–Sosnowitz, zu deren Vertretern Pastor K. Kotula–Lodz und Rechtsanwalt Heinrich Eisele–Krakau gewählt.[60] Mehr als kritisch las man im deutschen Teil der Kirche die im Kirchlichen Amtsblatt veröffentlichte Ansprache Bischof Bursches, mit der er die III. Session der Rumpfsynode schloß und in der es u. a. hieß:

59 PEK a. a. O. 507.
60 PEK a. a. O.

„[...] Die Session war nicht allzu erfolgreich, aber sie hatte ihre besondere Bedeutung. Wir haben unsere Behörden vervollständigt und haben uns entschlossen, dem Provisorium ein Ende zu machen. Es besteht die Möglichkeit der Befriedung, sogar einer raschen Befriedung, und gerade der Beschluß der Synode wird eine Vorstufe dazu sein. Die deutsche Gruppe muß zu der Überzeugung kommen, daß wir sie nicht kränken wollen und werden. Wenn sie uns nicht die Möglichkeit gegeben hat, aus ihrer Mitte die Glieder des Konsistoriums und des Synodalausschusses zu wählen, so fällt die ganze Verantwortung jetzt uns zu, und wir werden diese Verantwortung auf uns nehmen. [...] Während der 43 Jahre, die ich schon an der Spitze stehe, ist nichts geschehen, was sie [die Deutschen] hätte kränken können. [...] Die Deutschen in unserem Lande sind leider unter den Einfluß der zersetzenden Losungen aus dem Dritten Reich gekommen. Wir waren immer Gegner auch der polnischen nationalen Tendenzen, wenn sie die Grenzen dessen, was recht ist, überschritten. Maßhalten ist angezeigt, um sich gegenseitig nicht unnötig zu reizen. Wenn die Deutschen denken, daß sie den Weg zu einer eigenen ‚deutschen Kirche' bei uns gehen könnten, so irren sie sich. Es ist nicht erlaubt, deutsche Politik in Polen zu treiben. Wenn sie das einsehen werden, werden sie auch die Wege verstehen, die Gott unserer Kirche in Polen bestimmt hat". Trotz seiner zahlenmäßigen kleinen Vertretung hätte der Polnische Evangelizismus in Polen eine große Aufgabe zu erfüllen.[61]

Mit den Beschlüssen der ersten und letzten, als polnische Rumpfsynode gehaltenen, Synode der Ev.-Augsb. Kirche in Polen hatte die Frage der Regelung ihres Verhältnisses zum Staat und ihres inneren Aufbaus ihren Abschluß gefunden. Er wurde mit dem endgültigen Bruch der inneren Einheit der Kirche bezahlt.

2. Der Kirchenkampf der Unierten Kirche in Polnisch-Oberschlesien

a) Die Zwangsausführung des Staatsgesetzes vom 16. Juli 1937. Kirchlicher Widerstand und Ausgleichsbemühungen. Die Rolle Bischof Bursches

Mit dem Erlaß des Staatsgesetzes für die Unierte Kirche in Polnisch-Oberschlesien vom 16. Juli 1937 ging der Kirchenkampf in Polen seinem Höhepunkt entgegen. Das Staatskirchenrecht Polens hinsichtlich der Kirchen und Religionsverbände der religiösen und nationalen Minderheiten hatte mit diesem seine Ausgestaltung und eine Interpretation der Bekenntnisartikel der Staatsverfassung erfahren. Wie das Staatsgesetz für die Ev.-Augsb. Kirche vom 25. November 1936 wurde das Staatsgesetz für die Unierte Kirche in Poln.-O/S vom 16. Juli 1937 im Kultusministerium ausgearbeitet und war von dem Referenten für Fragen der kirchlichen Minderheiten im Kultusministerium, Jakub Sawicki, mit dem Wojewoden Grażyński in Kattowitz abgestimmt.[1] Vom Erlaß des Staatsgesetzes für die Unierte Kirche war Gen.-Sup. Bursche unterrichtet und an seiner Ausführung entscheidend beteiligt.

61 PEK a.a.O. 507f. Der für das Ausland bestimmte deutschsprachige Bericht des Ewpol über den Verlauf der III. Session der Rumpfsynode schildert ihren harmonischen Verlauf; PEK a.a.O. 508f.; *R. Breyer,* Das Deutsche Reich 311f.

1 Mitteilung des Wojewoden Grażyński in der Unterredung mit Dr. Wagner vom 21. Oktober 1937, in: AW.

Das Gesetzgebungsverfahren zum Staatsgesetz vom 16. Juli 1937 war ungewöhnlich. Von dem, dem Sejmmarschall Karl Grzesik vom Wojewoden bereits am 13. Juli zur Beschlußfassung am 16. Juli durch den Sejm zugeleiteten Gesetzentwurf über die (vorläufige) Regelung des Verhältnisses des Staates zur Unierten ev. Kirche in Polnisch-Oberschlesien, hatte Kirchenpräsident Voß erst am 14. Juli Kenntnis erhalten. Dem am 14. Juli telephonisch in das Wojewodschaftsamt gebetenen Präs. Voß wurde vom Wojewoden eröffnet, daß die bisherige Verfassung der Unierten Kirche vom polnischen Staat nie bestätigt worden sei und daher als illegal und jeder rechtlichen Grundlage entbehrend angesehen werden müsse. Ein solcher Zustand könne nicht länger geduldet werden. Der Kirche müsse eine gültige Rechtsgrundlage gegeben werden. Der Wojewode übergab anschließend Präs. Voß den Entwurf eines Gesetzes zur Regelung der Rechtslage der Unierten Kirche zur Kenntnisnahme mit dem Hinweis, daß dieser Gesetzentwurf vom Schlesischen Sejm am 16. Juli zum Gesetz erhoben werde. Eine inhaltliche Angabe des Gesetzes wurde nicht gegeben. Präs. Voß widersprach der Rechtsauffassung des Wojewoden. Er wies darauf hin, daß die Verfassung der Unierten Kirche auf kirchenordnungsmäßigem Wege in Anpassung an die Bestimmungen des internationalen Deutsch-Polnischen Abkommens über Oberschlesien (Genfer Vertrag) zustandegekommen sei, von allen ev. Kirchen des In- und Auslandes, von allen ökumenischen Stellen und internationalen Instanzen wie vom polnischen Staat durch 15 Jahre anerkannt war, auch von der Wojewodschaft, die im amtlichen Verkehr mit der Leitung der Unierten Kirche stand. Es sei eine ungewöhnliche Sache, wenn ein Projekt zur Regelung des Verhältnisses von Kirche und Staat zuerst einer politischen Körperschaft zur Beschlußfassung vorgelegt werde, ohne daß die Kirche überhaupt wisse, daß eine solche Regelung geplant sei. Dies sei ein völliges Novum. Zuerst müsse doch Fühlung mit den kirchlichen Behörden und der Synode genommen werden. Voß sprach die Bitte aus, daß der Gesetzentwurf, den er nicht kenne, bevor er an die politischen Körperschaften gehe, den kirchlichen Stellen vorgelegt werde. Der Wojewode beharrte auf seinem Rechtsstandpunkt und sprach den Wunsch aus, daß „die Umbildung [der Rechtsgrundlage der Kirche] in der Atmosphäre der Zusammenarbeit, des Friedens, in aller Freundlichkeit, und nicht im Kampf sich vollzieht". Präs. Voß hob den Willen der Kirche hervor, mit dem Staate in Frieden zu leben und bedauerte, daß der Staat so wenig Vertrauen zu ihr gehabt habe. In diesem Zusammenhang verwies er auf die von der Wojewodschaft gestützte Rolle des Verbandes der ev. Polen. Der Wojewode wiederholte den Wunsch nach einer friedlichen Zusammenarbeit und sprach aus, daß Präs. Voß an der Spitze der Kirche belassen werde.[2]

Die bereits für den 16. Juli vorgesehene Beschlußfassung des Schlesischen Sejm über den Gesetzentwurf zwang zur Eile. Noch am 14. Juli wurden die deutsche Übersetzung des Gesetzentwurfs und der diesem beigegebenen „Begründung" erstellt, und am 15. Juli in der mit den Juristen des Posener Konsistoriums (Nehring, Klawun) gehaltenen Sitzung des Erweiterten Landeskirchenrates (Landeskirchenrat und Landessynodalvorstand) die ersten Schritte zur Wahrung der Rechte der Kirche beschlossen.[3] An den Ministerpräsidenten Felicjan Sławoj-Składkowski wurde telegraphisch die Bitte gerichtet, „auf telegraphi-

2 Aufzeichnung der Unterredung Voß–Grażyński vom 14. Juli 1937, in: AW.
3 „Gang der Ereignisse", in: AW.

schem Wege zu veranlassen, daß der Wojewode von Schlesien den Gesetzentwurf zurückzieht und Verständigungsverhandlungen mit der Kirche im Sinne von Art. 115, Abs. 2 der Staatsverfassung aufnimmt". Der Gesetzentwurf verletze die Staatsverfassung und vergewaltige das evangelische Kirchenrecht und belaste die Gewissen. Er vernichte die Selbständigkeit und Unabhängigkeit der Kirche und mache den Wojewoden zum entscheidenden Faktor in dieser. Gleichlautende Telegramme waren am 15. Juli an den Kultusminister Świętosławski, den Innenminister und den Staatspräsidenten Ignacy Mościcki ergangen, an letzteren mit den einleitenden Worten: „[...] Die Unierte evangelische Kirche in Polnisch-Oberschlesien ist durch das Vorgehen der schlesischen Wojewodschaft in ihrer Rechtsstellung bedroht. Den Herrn Staatspräsidenten bitten wir ehrerbietigst, zum Schutz der Staatsverfassung und der Kirche einzugreifen". Kirchenpräsident Voß bat um eine Audienz.[4] In einer umfangreichen Denkschrift an den Wojewoden Grażyński vom 15. Juli[5] erhoben Präs. Voß und der Landeskirchenrat feierlichen Protest gegen die Einführung einer Ordnung des Verhältnisses von Staat und Kirche ohne jegliche Zustimmung der Kirche und ohne Anhörung ihrer Organe und baten um Verhandlungen im Sinne von Art. 115, Abs. 2 der Staatsverfassung zwecks Herbeiführung einer Verständigung zwischen Staat und Kirche vor Erlaß des Gesetzes. Die Denkschrift an den Wojewoden wurde dem Sejmmarschall Grzesik mit der Bitte übermittelt, diese dem Schlesischen Sejm zur Kenntnis zu bringen und den Gesetzentwurf bis zum Zeitpunkt zurückzustellen, da eine Verständigung zwischen Staat und Kirche gemäß Art. 115, Abs. 2 der Staatsverfassung erfolgt sein werde.

Am 16. Juli, 9 Uhr, vor der entscheidenden Sitzung des Schlesischen Sejms, wurde eine Abordnung des Erweiterten Landeskirchenrates (Präs. Voß, Kirchenrat Friedrich Sowade, Graf Krafft Henckel-Donnersmarck, die Herren Leitloff, Czapalla, Ludwig, Dr. Wagner) im Wojewodschaftsamt vorstellig, wo sie anstelle des verreisten Wojewoden vom Leiter der kirchlichen Abteilung im Wojewodschaftsamt, Oberregierungsrat Bartl, empfangen wurde. Präs. Voß übergab Bartl die Denkschrift an den Wojewoden und das Schreiben an den Sejmmarschall[6] und verlaß eine Ansprache an den Wojewoden[7], in der es zum Schluß hieß: „[...] Der Weg, den Sie, Herr Wojewode, beschreiten wollen, führt nicht zum Frieden. Wir müssen ihn vielmehr als eine entschiedene Kampfansage empfinden. Es geht hier doch um Gewissenssachen. Es werden Konflikte entstehen, die sich weder Staat noch Kirche wünschen können. Als geistlicher Leiter der Unierten ev. Kirche beschwöre ich Sie, Herr Wojewode, den Entwurf zurückzuziehen und Verhandlungen aufzunehmen. Wir sind dazu bereit".

Einen Einfluß auf die bekundeten Maßnahmen des Staates hatten Eingaben und Stellungnahmen des Kirchenpräsidenten und der Kirchenleitung der Unierten Kirche in Poln.-O/S und deren Bitten um Aufnahme von Verhandlungen in der Frage des Verhältnisses des Staates zur Kirche nicht. Auch die Telegramme an den Staats- und Ministerpräsidenten, den Kultus- und den Innenminister waren ohne Antwort geblieben. Ohne Debatte erhob der Schlesische Sejm am 16. Juli 1937 den vom Wojewoden Grażyński vorgelegten Ent-

4 Die Telegramme, in: AW; KuH 1937, Sondernummer „Um unsere Kirche" 4f.; ÖJ, Die Vergewaltigung, Nr. 3, 203f.

5 Denkschrift, in: KuH a.a.O.; ÖJ a.a.O.; AW.

6 Schreiben an den Sejmmarschall, in: AW.

7 Ansprache Voß, in: ÖJ, a.a.O., Nr. 4; KuH a.a.O.; AW.

wurf zum „Gesetz über die vorläufige Organisation der Unierten evangelischen Kirche in Oberschlesien“[8], mit dem die bisherige Verfassung dieser Kirche für ungültig, ihre Synode und ihre Behörden für illegal, Kirchenpräsident Voß seines Amtes für verlustig erklärt wurde.

Bedingt durch die Erfahrungen mit dem Erlaß des Staatsgesetzes vom 25. November 1936 für die Ev.-Augsb. Kirche war die Regierung bemüht, das Staatsgesetz für die Unierte Kirche in Poln.-O/S möglichst geräuschlos durchzuführen und eine Auseinandersetzung um dieses Gesetz in der Öffentlichkeit zu vermeiden. Am 17. Juli 1937 – es war ein Samstag und die Sonntagsausgaben der deutschen Zeitungen in Poln.-O/S wurden erst mittags ausgeliefert – wurde Dr. Wagner für 9 Uhr in die Wojewodschaft gebeten, wo er vom Abteilungsleiter Bartl und dem Leiter des am 15. Juli 1937 aufgelösten polnischen Minderheitenamtes, einer staatlichen Vorinstanz zur Überwachung des Minderheitenschutzes bei der Gemischten Kommission für Oberschlesien, Dr. Marek Korowicz, empfangen wurde. Namens des verreisten Wojewoden habe er, so Korowicz, von diesem beauftragt, die Bitte vorzutragen, kirchlicherseits die Meinungsverschiedenheiten und Auseinandersetzungen über die Rechtslage der Unierten Kirche und das Gesetz vom 16. Juli 1937 nicht mit nationalen Fragen zu verknüpfen und nicht in die Presse zu bringen; die polnische Presse habe dahingehende Weisungen der Wojewodschaft erhalten. Eine Zuspitzung der nationalen Fragen im Bereich des Religiösen sei über alle Maßen unerwünscht. Auch habe ihn der Wojewode gebeten, die „Erklärung abzugeben, daß das Verhältnis der Regierung zu den Evangelischen das wohlwollendste sei, der Staat die Freiheit der Kirche wolle und daß sich etwaige Schwächen des Gesetzes im beiderseitigen Einvernehmen beseitigen ließen“. Er, Korowicz, könne nicht einsehen, wie Staatsbürger ein ordnungsgemäß erlassenes Gesetz nicht anerkennen könnten, um fortzufahren: „Haben Sie Vertrauen zu uns. Soll doch die Kirche versuchen, das Gesetz in Gang zu setzen und wenn sich seine Durchführung als nicht möglich erweisen sollte, dann können Sie ja protestieren“. Die Leitung des Vorläufigen Kirchenrates bliebe ja, vom Wojewoden beauftragt, in der Hand des Kirchenpräsidenten Voß. Das Gesetz vom 16. Juli sei notwendig gewesen, um die Rechtslage der Unierten Kirche zu legalisieren. Auf der Grundlage des Gesetzes sei der Wojewode nach seiner Rückkehr am 22. Juli jederzeit bereit, mit Präsident Voß oder Vertretern der Kirche zu verhandeln. Die etwa zweistündige Unterredung erstreckte sich auf alle Aspekte des Verhältnisses von Staat und Kirche seit 1922 und brachte keine Annäherung der Standpunkte. Mit dem Gesetz vom 16. Juli habe der Staat, so Wagner, „über die Kirche, ohne sie und gegen sie entschieden“. Beschlüsse des Schlesischen Sejm dürften der Staatsverfassung nicht widersprechen. Die einheitliche Auffassung von Kirchenpräsident Voß, Landeskirchenrat und Landessynodalvorstand gehe dahin, daß das Gesetz vom 16. Juli 1937 verfassungswidrig sei und seitens der Unierten Kirche nicht ausgeführt werden könne. Auch die Unierte Kirche wünsche nichts mehr als den Frieden mit dem Staat. Der Charakter als Kirche dürfe ihr aber nicht genommen werden. Auch sie lehne eine Verquikkung von religiösen und nationalen Fragen ab. Auf die deutsche politische Presse des Landes und die Verwendung des ihr zur Verfügung gestellten Materials habe die Kirche keinen Einfluß. Dr. Korowicz bedauerte die von der Kirche an die Presse übergebenen Informa-

8 Vgl. S. 216, Anm. 6.

tionen und schlug vor, in die nächste Nummer der „Kattowitzer Zeitung“ eine Notiz einzusetzen, „daß die Kirche mit uns über diese Fragen in Verhandlung steht, damit der Pressekampf vermieden wird“. Dr. Wagner versprach, die Mitteilungen bzw. Bitten des Wojewoden an Kirchenpräsident Voß weiterzuleiten.[9] Am Nachmittag des 17. Juli brachte die „Kattowitzer Zeitung“ den am gleichen Tage im Gesetzblatt der Wojewodschaft Schlesien veröffentlichten Text des Gesetzes vom 16. Juli und die Einsprüche der Kirchenleitung der Unierten Kirche gegen dieses unter der Überschrift: „Das Schicksal der Evangelischen Kirche nun auch in Oberschlesien besiegelt“.

Am 19. Juli 1937 fand eine Unterredung des Kirchenpräsidenten Voß mit dem noch in Kattowitz weilenden Präsidenten der Gemischten Kommission Dr. Calonder statt[10], der über das Vorgehen der polnischen Behörden aufs Tiefste bewegt war, am gleichen Tage lehnte die von Präs. Voß einberufene Pfarrkonferenz aller Geistlichen der Unierten Kirche einstimmig das Gesetz vom 16. Juli und seine Ausführung ab[11], am 20. Juli hatte der englische Vizekonsul in Kattowitz Präsident Voß aufgesucht, um ihm seine ablehnende Stellung zum Gesetz und zum Vorgehen der Wojewodschaft auszusprechen.[12] Zur Information der Gemeinden und der interessierten Öffentlichkeit über den Text des Staatsgesetzes und die Tragweite seiner Bestimmungen erschien am 22. Juli 1937 die von Oberkonsistorialrat Nehring aus Posen erstellte Dokumentation: „Das Gesetz über die vorläufige Ordnung der Unierten Evangelischen Kirche in Oberschlesien, beschlossen vom Schlesischen Sejm am 16. Juli 1937, veröffentlicht am 17. Juli 1937. Amtliche Darlegung des Landeskirchenrates der Unierten evangelischen Kirche in Polnisch-Oberschlesien“.[13]

Die Motive der polnischen Regierungspolitik sprach Außenminister Josef Beck in der Besprechung mit dem Deutschen Botschafter in Warschau, Hans Frhr. von Moltke, an, den er am 30. Juli 1937 zu sich gebeten hatte, um die seit Anfang Januar laufenden Besprechungen über eine deutsch-polnische Minderheitenerklärung fortzusetzen, bei welcher Gelegenheit er auch Moltke einen von ihm abgeänderten Entwurf für die Minderheitenerklärung übergab. In der Besprechung brachte Moltke die nach Ablauf der Genfer Konvention erlassenen deutschfeindlichen Gesetze zur Sprache, darunter das „als ein besonders schwerer Schlag“ zu wertende Gesetz über die Organisation der evangelischen Kirche in Polnisch-Oberschlesien. Die überschnelle Verabschiedung dieses Gesetzes und ohne vorherige Fühlungnahme mit den betroffenen kirchlichen Kreisen habe umsomehr befremdet, als nach Äußerungen maßgebender Persönlichkeiten hätte angenommen werden können, daß der Ablauf der Genfer Konvention nicht eine Intensivierung des Volkstumskampfes und eine tatsächliche Schlechterstellung der deutschen Volksgruppe in Ostoberschlesien zur Folge haben werde. Er, Beck, habe im Laufe der letzten Verhandlungen ihm, Moltke, gegenüber darauf hingewiesen, „daß die verhaßte, als Beeinträchtigung der Souveränität empfundene Genfer Konvention in erster Linie schuld daran sei, wenn die untergeordneten Behörden in Oberschlesien sich nicht in die von der Zentrale gewünschte Minderheitenpolitik hineinfinden könnten, und daß alles besser werden würde, wenn erst die völlig

9 Aufzeichnung der Unterredung Bartl–Dr. Korowicz–Dr. Wagner, in: AW.
10 „Gang der Ereignisse“ 6.
11 Protokoll der Sitzung des LKR vom 20. Juli 1937, in: AW.
12 „Gang der Ereignisse“, a. a. O.
13 Dokumentation, in: AW.

autonome Handhabung dieser Fragen auf Grund der polnischen Verfassung hergestellt sein werde". Weiter heißt es in dem Bericht Moltkes: „Er [Beck] bemerkte, diese Gesetze hätten früher oder später doch erlassen werden müssen, und er hätte es für besser gehalten, ihre Verabschiedung nicht hinauszuzögern, weil es nur so möglich gewesen sei, den sehr viel weitergehenden Forderungen der Chauvinisten entgegenzutreten. Wenn erst einmal Ruhe eingetreten sein werde, so würde es leichter sein, hinsichtlich einer vernünftigen Gestaltung der Minderheitenpolitik einen Druck auszuüben. Er hoffe im übrigen auch seinerseits, daß die beabsichtigte Minderheitenerklärung eine gute Wirkung ausüben werde". Moltke bedauerte, daß die polnische Regierung mit dem Erlaß des Gesetzes für die Unierte Kirche in Polnisch-Oberschlesien „ein ‚fait accompli' schaffe in einer Frage, die wir gemäß Ziffer 4 unseres Erklärungsentwurfes zu einem Programmpunkt unserer Aussprache gemacht hatten". Die Stellungnahme des polnischen Außenministers bestätigte den Zusammenhang von Staatskirchenrecht und Minderheitenpolitik in der Politik Polens.[14]

Gleich nach den kirchlichen Behörden und der Geistlichkeit lehnten auch die zwischen dem 21. und 27. Juli tagenden kirchlichen Körperschaften (Gemeindekirchenräte und Gemeindevertretungen) aller Gemeinden mit 386 gegen 19 Stimmen bei 2 Enthaltungen das Staatsgesetz vom 16. Juli 1937 als Vergewaltigung einer evangelischen Kirche und im Widerspruch zur Staatsverfassung stehend ab.[15]

Mit der am 22. Juli 1937 zugestellten Verfügung vom 17. Juli[16] hatte der Wojewode Grażyński den „Pfarrer Dr. Hermann Voß" zum Vorsitzenden des Vorläufigen Kirchenrates gemäß Artikel 18 des Gesetzes vom 16. Juli bestimmt, diesem mitgeteilt, daß er die Herren: Rechtsanwalt Dr. Władysław Michejda–Kattowitz, Paweł Zabystrzan (Prokurist) –Kattowitz, Karol Świstuń (Bankdirektor)–Kattowitz und Karol Skrzypek (Beamter)–Schoppinitz mit Dekreten vom gleichen Tage zu Mitgliedern des Vorläufigen Kirchenrates berufen habe, zwei davon an Stelle von Kirchenrat Friedrich Sowade und Direktor Ernst Krämer, die als deutsche Staatsbürger ihre Ämter im bisherigen Landeskirchenrat, verloren hätten. Der Wojewode bat Voß, die vier genannten Herren in ihr Amt einzuführen und

---

14 Bericht v. Moltkes an das AA vom 30. Juli 1937, in: DWB II, Nr. 94, 120–123. Moltkes Unterredung mit Beck ging auf den Erlaß des AA vom 26. Juli zurück, in dem es heißt: „Das vom polnischen Sejm am 16. Juli d.J. angenommene Gesetz über die zukünftige Organisation der Unierten Evangelischen Kirche in Ostoberschlesien hat hier starke Erregung hervorgerufen, da es in seinen voraussichtlichen Auswirkungen als ein scharfer Schlag gegen das Deutschtum in Ostoberschlesien empfunden wird. Die überschnelle Verabschiedung des Gesetzes unmittelbar nach Ablauf der Genfer Konvention ohne vorherige Fühlungnahme mit den betreffenden kirchlichen Kreisen hat hier umso mehr befremdet, als sowohl aus Äußerungen des Wojewoden Grażyński wie aus Ausführungen des polnischen Verhandlungsführers bei den letzten Verhandlungen über den Ablauf der Genfer Konvention eindeutig hervorzugehen schien, daß der Ablauf der Konvention nicht eine Intensivierung des Volkstumskampfes und eine tatsächliche Schlechterstellung der deutschen Volksgruppe in Ostoberschlesien zur Folge haben wird. Das bereits am 16. Juli beschlossene Gesetz scheint unsere schlimmsten Befürchtungen zu bestätigen und durchaus nicht im Einklang zu den von polnischer Seite gegebenen Versicherungen zu stehen" (Erlaß in: AA, Kult. A, Bd. 11, Ev. Angelegenheiten 1).

15 Die Beschlüsse der Kirchlichen Körperschaften, in: AW.

16 Verfügung des Wojewoden Grażyński vom 17. Juli 1937, in: AW.

ihm von der Konstituierung des Vorläufigen Kirchenrates Mitteilung zu machen. Er sprach die Hoffnung aus, daß „Euer Hochwürden bemüht sein werden, die Angelegenheit der Regelung der Rechtslage in der dortigen Kirche zu dem endgültigen Ziele zu führen, als welches die Regelung des Verhältnisses zum Staate in der in Artikel 115 der Staatsverfassung [vom 23. April 1935] vorgesehenen Weise anzusehen ist". Mit einer Verfügung vom gleichen Tage (17. Juli 1937) wurden die vier ernannten Mitglieder des Vorläufigen Kirchenrates vom Wojewoden angewiesen, sich ehestens beim „Vorsitzenden des Vorläufigen Kirchenrates, Herrn Pfarrer Dr. Hermann Voß", zwecks Übernahme der mit dem Amte verbundenen Pflichten zu melden. Den noch am gleichen 22. Juli 1937 erschienenen vier Herren teilte Präs. Voß mit, daß er ihnen zu diesem Zeitpunkt keine bindende Antwort geben könne, da er als Leiter der Kirche an die Kirche gebunden und verpflichtet sei, sich mit den zuständigen kirchlichen Stellen in Verbindung zu setzen.[17]

Die von dem Wojewoden ernannten vier Mitglieder des Vorläufigen Kirchenrates gehörten den Vorständen der Vereine bzw. des Verbandes der evangelischen Polen an und waren mit Ausnahme des Oberschlesiers Skrzypek aus dem Teschener Gebiet zugezogene ev. Polen, die sich der Ev.-Augsb. Kirche zugehörig und der krichenpolitischen Zielsetzung des Gen.-Sup. Bursche verpflichtet wußten. Damit hatte der Wojewode der neugeschaffenen obersten Kirchenbehörde der Unierten Kirche in Polnisch-Oberschlesien, die aus einem Kirchenpräsidenten und sechs Mitgliedern bestehen sollte, die gewünschte polnische Mehrheit gegeben und praktisch die Leitung der Unierten Kirche in die Hände von Vorstandsmitgliedern des Verbandes der ev. Polen gelegt. Nachdem dem Wojewoden kraft Artikel 18 des Gesetzes vom 16. Juli 1937 das Recht zustand festzustellen, ob ein Mitglied des Vorläufigen Kirchenrates seinen Pflichten nachkommt, gegebenenfalls an dessen Stelle ein anderes Mitglied zu berufen und eine Berufungsinstanz gegen Entscheidungen des Wojewoden im Gesetz vom 16. Juli nicht vorgesehen war, lag die Leitungsfunktion der Unierten Kirche in der Hand des Wojewoden.

Die Haltung der Kirchenbehörde, Geistlichen und Gemeinden der Unierten Kirche in Poln.-O/S wie die Reaktion des ev. In- und Auslandes auf die kirchlichen Ereignisse in Polnisch-Oberschlesien und Kongreßpolen veranlaßten den Wojewoden, Präs. Voß für den 24. Juli 1937 zu einer Unterredung in das Wojewodschaftsamt zu bitten, zu der auch Abteilungsleiter Bartl, Dr. Korowicz und Dr. Wagner hinzugezogen wurden.[18] Die Unterredung verlief in einer gespannten Atmosphäre. Hart prallten die gegenseitigen Standpunkte aufeinander. Einleitend bedauerte der Wojewode, daß seiner Bitte, die Auseinandersetzungen um das Gesetz vom 16. Juli nicht in die Presse zu bringen, nicht stattgegeben wurde. Er betonte das Wohlwollen des Staates der Unierten Kirche gegenüber und sprach erneut den Wunsch nach einer Zusammenarbeit in Ruhe und Frieden auf der Grundlage des Gesetzes aus. Der Unierten Kirche warf er vor, daß sie in den vergangenen 15 Jahren in einer dreifachen „Abstraktion", gelebt habe: Sie habe sich „wie eine Insel vom Staate abgesondert", der „einen Einfluß auf die Kirche haben müsse"; sie habe die nationalen und kirchlichen Verhältnisse in der Unierten Kirche, deren Glieder 18 000 polnisch- und 14 000 deutschsprachig und zu 95% augsburgischen Bekenntnisses seien, nicht berücksichtigt; zur dritten

17 „Gang der Ereignisse" 8.
18 Aufzeichnung der Unterredung Voß–Grażyński vom 24. Juli 1937, in: AW.

Abstraktion gehöre, daß „er [der Wojewode] sich mit dem Präsidenten der Kirche nicht in der Staatssprache unterhalten könne". Ein Kampf zwischen Kirche und Staat, so der Wojewode weiter, müsse vermieden werden, wenn er auch einen solchen nicht fürchte, „weil hinter mir nicht nur der Staat steht, sondern auch ein viel wichtigeres Moment, und zwar die Gerechtigkeit". Der Wojewode wiederholte seinen Wunsch nach einer friedlichen Zusammenarbeit auf der Grundlage eines rechtmäßig zustande gekommenen Staatsgesetzes. Dem Wunsch nach Frieden, so Präs. Voß, stimme die Unierte Kirche aus ganzem Herzen zu. Mitteilungen an die Presse seien notwendig, weil die Kirchenglieder ein Recht darauf hätten zu erfahren, was in den für sie entscheidenden kirchlichen Fragen vor sich gehe. Auf die Kommentierung des Materials habe die Kirche keinen Einfluß. An den mangelnden Kontakten zum Staate trage die Unierte Kirche keine Schuld. In diesem Zusammenhang sprach Präs. Voß die Rolle des Verbandes der ev. Polen und die enge Zusammenarbeit der Wojewodschaft mit diesem an. Den statistischen Zahlenangaben des Wojewoden könne er nicht folgen. Die Ergebnisse der kirchlichen Wahlen sprächen eine andere Sprache. Die Stellung der Lutheraner innerhalb der Union sei eine andere als die in einer konfessionell augsburgischen Kirche. Das Gesetz vom 16. Juli 1937 verletze die Konfessionsbestimmungen der Staatsverfassung. Auch er, Präs. Voß, mache für sich und die Sache, die er vertrete, geltend, die Gerechtigkeit zu vertreten. „Wenn es zum Kampf kommen sollte", so Voß weiter, „so tragen nicht wir die Schuld, sondern diejenigen Stellen, die das Gesetz eingebracht und beschlossen haben, ohne sich mit den berufenen Organen der Kirche zu verständigen". Für seine Person gab Voß dem Wojewoden gegenüber die Erklärung ab: „Ich bin von kirchlichen Instanzen in mein Amt berufen worden und bin meinem Gewissen verantwortlich. Danach werde ich meine Entscheidungen treffen". Der Wojewode lehnte es ab, die Behauptung von einer Verletzung der Staatsverfassung zur Kenntnis zu nehmen. Das Gesetz vom 16. Juli 1937, so der Wojewode, „sei erlassen und gilt. [...] Wenn es zum Kampf kommen sollte, dann trägt die Schuld an diesem Kampf der, der ihn eröffnet hat. Wir sind es nicht". Am Schluß der Unterredung betonte der Wojewode nochmals seinen festen Willen, die „Sache in Frieden zu ordnen", während Präs. Voß zusagte, dem Wojewoden Ende der nächsten Woche seine Antwort zugehen zu lassen.

Der Ernst der Lage kam in den am Abend des 27. Juli in allen Gemeinden gehaltenen, überfüllten Bittgottesdiensten zum Ausdruck. Der in diesen Gottesdiensten verlesene Hirtenbrief[19] des Kirchenpräsidenten Voß bezeugte die religiösen und geistlichen Wurzeln des Kirchenkampfes und rief zu Glaubenstreue, Gebet und Fürbitte auf. Ob seiner Bedeutung als Wegweisung für den Kirchenkampf sei sein Wortlaut wiedergegeben:

„Allen unseren Gemeinden, allen lieben evangelischen Brüdern und Schwestern wünsche ich Gnade und Frieden von Gott unserem Vater und unserem Herrn Jesus Christus.
Über unsere kleine Kirche und ihre Gemeinden ist unversehens schwerstes Leid gekommen. Die Kirche wird ihrer aus ihr selbst hervorgegangenen Leitung beraubt, Gemeinden sollen ihre Pfarrer, die sie selbst gewählt haben, verlieren. Die Kirche wird in einer Weise an die staatliche Macht gebunden, daß sie aufhört, die Kirche Jesu Christi zu sein. Ganz dunkel liegt die Zukunft vor uns.
In dieser unsagbar ernsten Zeit wünsche ich aus der Tiefe meines Herzens, daß der Herr unser Gott Euch Trost und Kraft von oben schenke.

19 Hirtenbrief, in: KuH 1937, 67.

Seht auf unseren Herrn und Heiland, der den Weg des Kreuzes gehen mußte, um selbst vollendet zu werden und viele zur Vollendung zu führen! Seht hinein in die heilige Schrift, die uns nicht im Unklaren läßt, da wir durch viel Trübsal ins Reich Gottes eingehen müssen! Seht auf den D. Martin Luther, der in schwersten Stunden auf Gottes Verheißung gepocht und getrotzt und gesungen hat: ‚Ein feste Burg ist unser Gott' – ‚Das Wort sie sollen lassen stahn' – ‚Das Reich muß uns doch bleiben!' Nehmt solchen Trost ins Herz: Gott verläßt seine Gläubigen nicht; sein Ratschluß kann wunderlich sein, aber er führt's doch herrlich hinaus.
Was Euch und uns allen jetzt not tut, ist der Geist Gottes, der Geist nicht der Furcht, sondern der Kraft. Ich erbitte diesen Geist für Euch und mich. Laßt uns in solchem Gebet uns täglich vor dem Throne Gottes begegnen. Dieser Geist der Kraft wird Euch helfen, alles, was Ihr jetzt zu tun habt, zu tun von Herzen als dem Herrn und nicht den Menschen, das heißt: in evangelischer Innerlichkeit, in evangelischer Gewissenhaftigkeit, in evangelischer Unabhängigkeit. Er wird Euch helfen, in Einmütigkeit und Treue zusammenzustehen als Gemeinschaften des Glaubens und der Bruderliebe, denen man es anmerkt: Hier ist Geduld und Glauben der Heiligen! Er wird Euch helfen, auch Not und Fährlichkeit und Schaden, wo es not tut, zu erdulden; wenn nur Gott mit uns ist, was können uns Menschen tun? So seid stark in dem Herrn und der Macht seiner Stärke! Ergreift den Schild des Glaubens, nehmt den Helm des Heils und das Schwert des Geistes, welcher ist das Wort Gottes!
Ich bitte Euch, alle Unbesonnenheiten peinlichst zu vermeiden. Wir wollen auch in diesen dunklen Zeiten beweisen, daß das Wohl des Staates uns als evangelischen Christen am Herzen liegt. Ich bitte Euch aber auch, nicht zu vergessen, daß wir in Sachen des Gewissens nur Gott Rechenschaft schuldig sind. Steht zu Euren Pfarrern, die Euch das Wort Gottes sagen, zu Euren Ältesten und Vertretern, haltet ihnen die Treue und folgt ihren Weisungen. Haltet fest an dem, was Ihr von Euren Vätern ererbt habt! Haltet, was Ihr habt, daß niemand Eure Krone nehme!
Auch in diesen Tagen wollen wir den Gott aller Gnade preisen, daß wir sein herrliches und heiliges Evangelium haben, und daß dieses Evangelium unsere einzige Kraft im Leben und unser einziger Trost im Sterben ist. Er wolle unser teuerstes Vätergut, unsere Bibel, unseren Katechismus und unser Gesangbuch uns und unseren Gemeinden, unseren Kindern und Kindeskindern allezeit erhalten und segnen.
Ich rufe Euch zu, was Luther einst schwer bedrängten Christen zugerufen hat: ‚Bittet für uns, liebe Brüder, und gegenseitig für Euch, auf daß wir die treue Hand einer dem anderen reichen und alles in einem Geist an unserem Haupte Jesus Christus halten, der Euch mit Gnaden, stärke und vollbereite zu Ehren seinem heiligen Namen! Dem sei Preis, Lob und Dank bei Euch und allen Kreaturen in Ewigkeit, Amen'. D. Voß."

Mit der in den Beschlüssen der Kirchlichen Körperschaften und in den Bittgottesdiensten zum Ausdruck gekommenen Reaktion der Gemeinden scheint die Staatsbehörde nicht gerechnet zu haben. Als am frühen Morgen des 28. Juli die Polizeiberichte über den Verlauf der Bittgottesdienste im Wojewodschaftsamt eingelaufen waren, wurde Dr. Wagner für 10 Uhr zu einer Besprechung in das Wojewodschaftsamt gebeten, wo er von Abteilungsleiter Bartl und Dr. Korowicz empfangen wurde.[20] Die Bittgottesdienste, so Bartl, hätten Unruhe in die Gemeinden getragen, die Ansprachen einzelner Pfarrer kollidierten mit dem Strafgesetzbuch. Die Wojewodschaft wolle Frieden. Das Gesetz vom 16. Juli liege ja im Interesse der Kirche. Etwaige Härten des Gesetzes könnten in Zusammenarbeit abgeschwächt werden. Dem Staat liege daran, daß auf dem kirchlichen Abschnitt Ruhe herrscht.

20 Aufzeichnung der Unterredung Bartl–Dr. Korowicz–Dr. Wagner vom 28. Juli 1937, in: AW.

Kirchliche Fragen sollten nicht mit nationalen Fragen vermischt werden. „Sie", so Bartl an Wagner, „sind unter uns erzogen, kennen unsere Geschichte. Sie sollten vor allem darauf hinarbeiten, daß es zu einem modus vivendi kommt". Dr. Korowicz ergänzte die Ausführungen Bartls: Präsident Voß habe seine grundsätzliche Stellungnahme zum Gesetz erklärt. Diese Stellungnahme der Kirche könne ja bestehen bleiben. Aber das Gesetz gelte. Die Staatsbehörde käme ja der Kirche nur zu Hilfe in der Legalisierung ihrer Organisation. Die Kirchenglieder könnten nicht „hysterisiert" werden. Wenn die Dinge verschärft würden, könnte es zum Schlimmsten kommen. Alles liege an Präsident Voß. Vom Boden des Gesetzes vom 16. Juli aus habe er die Möglichkeit, in Verhandlungen mit dem Staate der Kirche ein neues Gesetz zu geben. Korowicz erneuerte die Bitte, auf Kirchenpräsident Voß dahingehend einzuwirken. Wagner wiederholte die grundsätzlichen Einwände der Unierten Kirche gegen das Gesetz vom 16. Juli. Seine Stellungnahme decke sich mit der des Präs. Voß, der Geistlichen und der Gemeinden der Unierten Kirche. Das Gesetz sei weder für die Unierte, noch für eine andere evangelische Kirche tragbar. Gebets- und Bittgottesdienste der Gemeinden in der angefochtenen Lage ihrer Kirche könnten nicht beanstandet werden. Ausfälle gegen die Staatsregierung, soweit solche vorgekommen sein sollten, könnten nicht gebilligt werden. Er bat um Unterlagen. Auch Präs. Voß sei bestrebt, einen modus vivendi zu schaffen, der Weg dazu werde aber durch das Gesetz vom 16. Juli verbaut. Der modus vivendi könne nicht über die Vergewaltigung der Kirche führen. Niemand habe ein Recht, der Kirche ihre rechtmäßige Repräsentation zu nehmen. Es sei eine Verkennung der Kirche und ihres Wesens, wenn man glaube, mit taktischen Maßnahmen an Fragen heranzugehen, die Grundsätze des Protestantismus betreffen. Zweimal stellte Wagner im Laufe der Besprechung die Frage, ob die Möglichkeit der Novellierung des Gesetzes vom 16. Juli und der Aufnahme von Verhandlungen mit der rechtmäßigen Repräsentation der Kirche über die Regelung des Verhältnisses des Staates zur Unierten Kirche bestehe. Beide Male erfolgte ein „Nein". Für die staatskirchenrechtliche Auffassung der Regierung war der Hinweis Bartls auf die Regelung des Verhältnisses des Staates zur Ev.-Augsb. Kirche in Polen kennzeichnend: „Ihr sagt: Vergewaltigung und wir sagen: Legalität. Das Gesetz ist da und versucht es doch mit ihm. Dann werdet Ihr mit dem Staat so verhandeln können, wie es D. Bursche getan hat". „Das wäre ein Unglück", so Wagner, „dort hat die sogenannte Repräsentation der Kirche, aus 4 Herren bestehend, 80% des Kirchenvolkes majorisiert und vergewaltigt". Korowicz sah für die Unierte Kirche den einzigen Ausweg darin, daß die Kirche ihre Einwände in bezug auf das Gesetz aufrecht erhält, aber dabei ihren guten Willen zeigt und die Mitarbeit versucht. Der Wojewode wie die von ihm ernannten Mitglieder des Vorläufigen Kirchenrates hätten den besten Willen dazu. Es solle ja nur eine rechtliche Repräsentation der Kirche geschaffen werden, die dann mit dem Staate verhandle und die kirchlichen Dinge regele. Wagner wurde gebeten, „Interpret" dieser Gedankengänge bei Kirchenpräsident Voß zu sein. Dieser lehnte ab. Er könne nicht Interpret, sondern nur Übermittler der Ansichten und Wünsche der Wojewodschaft an Kirchenpräsident Voß sein.

Nach den Kirchenbehörden, der Pfarrerschaft, den Kirchlichen Körperschaften der Gemeinden nahm auch die am 20. Juli für den 28. Juli 1937 einberufene a.o. Synode der Unierten Kirche in Poln.-O/S Stellung zum Staatsgesetz vom 16. Juli 1937. Der Eröffnungsandacht hatte Kirchenpräsident Voß den Text aus der Offenbarung des Johannes 13,10 zugrunde gelegt: „[...] Hier ist Geduld und Glaube der Heiligen". Einstimmig bekannte sich die a.o. Synode zu der Haltung des Kirchenpräsidenten, des Landeskirchenrates, des Landessynodalvorstandes, der Geistlichen und Kirchlichen Körperschaften der Gemeinden und faßte einmütig nachstehenden Beschluß:[21]

„1. Die Synode verwahrt sich gegen das Wojewodschaftsgesetz vom 16. Juli 1937 über die vorläufige Organisation der Unierten Evangelischen Kirche in Oberschlesien. Diese Verwahrung legt Synode ein für die gesamte Kirche, für sämtliche Gemeinden, im Namen der Synodalen und der großen Mehrheit der Kirchenglieder. Die Synode weiß sich als Gewissen und Stimme des oberschlesischen Kirchenvolkes, das vor kurzer Zeit durch die Wahlen vom Oktober 1936 dargetan hat, daß es hinter seinen Geistlichen, hinter der Kirchenleitung und hinter der Synode steht.
2. Synode weiß, woher Kampf und Unfrieden in unsere Kirche getragen worden ist; Geistliche und Laien aus der Augsburgischen Kirche haben es getan. Nachdem diese, eine kleine Minderheit in unserer Kirche, durch die Wahlen vom Oktober 1936 und durch die Haltung des evangelischen Kirchenvolkes erfahren haben, daß sie auf kirchenordnungsmäßigem Wege in unserer Kirche nichts erreichen können, wollen sie jetzt durch außerkirchliche Faktoren in die leitende Behörde, in die Pfarrämter und in die Synode unserer Kirche gelangen.
3. Der Bestand unserer Kirche ist in Frage gestellt, Synode ruft die Gemeinden, die Geistlichen und die Glieder der Kirche auf, treu zueinander und zur Kirche zu halten. Wir sind der Überzeugung, daß die Ordnung einer Kirche nicht einseitig durch staatliche Gesetze geändert werden kann, und daß unserer Kirche auch nicht leitende Männer und Geistliche durch ein Staatsgesetz genommen und durch andere ersetzt werden können, die unserer Kirche fremd sind. Wenn die Staatsregierung in der bestehenden Ordnung unserer Kirche Mängel wahrzunehmen glaubte, so konnte und mußte sie sich zu deren Abstellung mit der seit Jahren amtierenden anerkannten Leitung unserer Kirche in Verbindung setzen.
4. Synode beauftragt den Kirchenpräsidenten D. Voß und die Herren des seinerzeit von ihr gewählten Landeskirchenrats und Landessynodalvorstands – mit der Maßgabe, daß nötigenfalls der Präsident D. Voß bevollmächtigt ist, allein zu handeln und seinen Auftrag auf einen Dritten zu übertragen –, alles zu tun, was zur Erhaltung unserer Kirche und zum Bestand der Ordnung in unseren Gemeinden erforderlich ist, und vor allem durch Prüfung nach der kirchenrechtlichen und theologischen Seite hin festzustellen, ob das Gesetz vom 16. Juli 1937 mit dem Recht unserer Kirche und dem Anspruch einer evangelischen Kirche auf innere Freiheit und Unabhängigkeit vereinbar ist, oder ob es um des Bekenntnisses und um des Gewissens willen geboten ist, gegenüber dem Inhalt der gesetzlichen Bestimmungen die Anerkennung der inneren Unabhängigkeit und Freiheit unserer Kirche zu fordern".

Einen Tag nach der a.o. Synode, am 29. Juli 1937, brachte Senator Erwin Hasbach die oberschlesische Kirchenfrage erstmalig im Senat zur Sprache. In seiner Interpellation wies er darauf hin, daß das Gesetz des Schlesischen Sejms vom 16. Juli 1937 die Staatsverfassung (Artikel 115, Abs. 1 und 2) verletze und fragte an, welche Maßnahmen die Staatsregierung zu ergreifen gedenke, um dieses Gesetz in Übereinstimmung mit der Staatsverfassung zu bringen.[22]

Für den weiteren Verlauf des Kirchenkampfes der Unierten Kirche wurde der Synodalbeschluß vom 28. Juli 1937 von grundlegender Bedeutung. Am 31. Juli 1937 beantwortete

21 Beschluß der a.o. Synode vom 28. Juli 1937, in: AW.
22 Interpellation Hasbachs vom 29. Juli 1937, in: ÖJ a.a.O., Nr. 5, 207f.; AW.

Kirchenpräsident Voß die Verfügung des Wojewoden vom 17. Juli und gab unter Bezug auf seinen Appell an den Staatspräsidenten, auf die Beschlüsse des Landeskirchenrates, der Geistlichen, der Kirchlichen Körperschaften aller Kirchengemeinden und der a.o. Synode dem Wojewoden gegenüber die Erklärung[23] ab:

„[...] Ich werde nie zugeben können, daß wir in den vergangenen Jahren die Hoheitsrechte des polnischen Staates über unsere Kirche nicht anerkannt und beachtet haben. [...] Ich werde die Art und Weise, wie das Gesetz zustande gekommen ist, stets als das bitterste Unrecht empfinden, das unserer Kirche angetan ist.
Meine Verantwortung für die mir anvertraute Kirche und mein an Gottes Wort gebundenes Gewissen zwingen mich zu der Erklärung, daß ich an der Legalität des bisherigen Zustandes festhalte und das Gesetz, da es der evangelischen Lehre widerspricht, nicht ausführen kann.
Die beiden Herren, die aus dem bisherigen Landeskirchenrat für den Vorläufigen Kirchenrat in Betracht kommen, haben mich zu der Erklärung ermächtigt, daß sie aus denselben Gründen nicht mitzuarbeiten vermögen.
[...].
Kraft meines Amtes, berufen auf ordnungsmäßigem Wege, getragen von dem Vertrauen der Kirche, bin ich der geistliche Leiter der Unierten Evangelischen Kirche in Polnisch-Oberschlesien. Der Staatsregierung steht nach der Verfassung des Staates nicht das Recht zu, einer anerkannten Kirche den geistlichen Führer zu nehmen. So erkläre ich, daß ich mich vor Gott und meinem Gewissen für verpflichtet halte, das mir von Kirchenwegen übertragene Amt der Leitung der Kirche weiter auszuüben".

Am gleichen Tage des 31. Juli 1937 unterbreitete Präs. Voß dem Staatspräsidenten Mościcki die kirchliche Lage in einer umfangreichen Denkschrift.[24] In dieser sprach er die Entstehungsgeschichte, den Inhalt des Staatsgesetzes vom 16. Juli 1937, seine Auswirkungen und die Gründe für die ablehnende Haltung der Unierten Kirche zum Gesetz an. Es gehe in dieser entscheidenden Stunde, so die Denkschrift, „um das Weiterbestehen unserer Kirche in ihrer Eigenart oder um die Vernichtung ihrer Eigenart". Der vom Wojewoden bestellte Vorläufige Kirchenrat sei kein kirchliches, sondern ein staatliches Organ, dem der Wojewode die Leitung der Kirche übertragen habe. Der Unierten Kirche in Polnisch-Oberschlesien sei ihr Charakter als Kirche genommen. Das Gesetz widerspreche der Staatsverfassung und den Grundsätzen der evangelischen Kirche (zitiert werden Luthers Schmalkaldische Artikel). Die in das Kirchengebiet der Unierten Kirche zugezogene Gruppe von Evangelischen der Ev.-Augsb. Kirche und die von dieser entsandten Geistlichen haben mit Unterstützung staatlicher Behörden nationale und kirchliche Gegensätze in die Gemeinden hineingetragen. Die Unierte Kirche wisse sich nicht bloß äußerlich, sondern auch innerlich verpflichtet, dem Staate zu geben, was des Staates ist. Sie war und sei bereit, über Fragen ihrer kirchlichen Organisation mit der Staatsbehörde in Verhandlungen zu treten, sie sei aber nicht bereit, eine ihr vom Staat aufgezwungene einseitige Lösung auszuführen. Auch er, Voß, könne sich hinsichtlich seiner Amtsführung nicht Entscheidungen des Wojewoden unterwerfen. Voß bat den Staatspräsidenten, „eine schwer bedrängte, kleine evangelische Kirche vor dem sich vorbereitenden Unheil zu bewahren".

23 Schreiben Voß an den Wojewoden Grażyński vom 31. Juli 1937, in: AW.
24 Denkschrift Voß an den Staatspräsidenten vom 31. Juli 1937, in: AW.

Wie auf die Bitte des Landeskirchenrates vom 15. Juli antwortete der Staatspräsident auch nicht auf die Denkschrift und die Bitte des Präs. Voß vom 31. Juli 1937.

In Ausübung seines geistlichen Amtes erhob Präs. Voß am 4. August 1937 Berufung beim Kultusminister Świętosławski gegen die Verfügung des Wojewoden vom 17. Juli[25], zugestellt am 22. Juli 1937, betr. Berufung der Herren Dr. Michejda, Paul Zabystrzan, Karl Świstun und Karl Skrzypek in den Vorläufigen Kirchenrat und die Bestellung des Dr. Michejda zum stellv. Vorsitzenden dieser Behörde. Unter Berufung auf die Artikel 113, Abs. 1, Satz 1 und Artikel 115, Abs. 1 der Staatsverfassung und auf das Statut der Unierten Kirche vom 6. Juni 1923 beantragte er, die obige Verfügung des Wojewoden aufzuheben.

Aus der Sicht der Staatsregierung waren die das Staatsgesetz vom 16. Juli 1937 ablehnenden Beschlüsse der Kirchenbehörden, der Pfarrerschaft, der Gemeinden und der Synode der Unierten Kirche illegal und Widerstand gegen die Staatsgewalt. Nachdem Kirchenpräsident Voß es abgelehnt hatte, die bisherige Verfassung der Unierten Kirche als illegal anzuerkennen, seine Ernennung zum Vorsitzenden des Vorläufigen Kirchenrates aus der Hand des Wojewoden entgegenzunehmen und die vom Wojewoden verfügte Konstituierung des Vorläufigen Kirchenrates vorzunehmen, ergab sich für den Staat die unvorhergesehene und ungewollte Rechtslage einer evangelischen Kirche ohne eine oberste Kirchenbehörde, mit der Verhandlungen über die Durchführung des Staatsgesetzes geführt werden konnten.

In dieser Lage nahm der Wojewode Grażyński die Ausführung des Gesetzes vom 16. Juli 1937 in die eigene Hand. Mit Verfügung der Polizeidirektion Kattowitz bzw. der Starostei Pleß vom 8. bzw. 9. August erfolgten zum 15. August 1937 die Ausweisungen der Kattowitzer Pfarrer Georg Schiller und Dr. Rudolf Schneider – ersterer seit 1910 in der Gemeinde tätig – und des Plesser Pfarrers Walter Wenzlaff als reichsdeutscher Staatsbürger aus Polen. Mit der kommissarischen Verwaltung der verwaisten Pfarrstellen in Kattowitz wurden von Präs. Voß die Vikare Günter Nestmann und Ernst Przybyla, mit der Verwaltung der Plesser Pfarrstelle Vikar Rudolf Irmer beauftragt. Nestmann, Przybyla und Irmer gehörten wie Heinz und Wolfgang Graefe, Hans Heinrich, Gerhard Myschliwczyk, Josef Ożana und Heinrich Gerhardt, der seine theologischen Prüfungen vor der Prüfungskommission in Kattowitz abgelegt hatte, der einheimischen jungen Theologengeneration an, die kurz vor der Verstaatlichung der oberschlesischen evangelischen Kirche ihre Studien abgeschlossen und sich im Kirchenkampf ihrer Heimatkirche in Opferbereitschaft und Treue bewährt hatte.

Nach der vom Wojewoden Grażyński verfügten Ausweisung der Pfarrer Schiller, Schneider und Wenzlaff brach am 11. August 1937 auch der Verband der ev. Polen das ihm vom Wojewodschaftsamt auferlegte Schweigen in Angelegenheit des Staatsgesetzes vom 16. Juli und trat mit der Erklärung[26] an die Öffentlichkeit:

„Evangelische Polen, die am 11. August 1937 in Kattowitz versammelt sind, beschließen im Blick auf die letzten Ereignisse, die mit dem neuen Gesetz für die Unierte evangelische Kirche in Polnisch-Oberschlesien zusammenhängen, folgende Erklärung:

25 Berufung Voß an den Kultusminister Świętosławski vom 4. August 1937, in: AW.
26 „Erklärung" des Verbandes ev. Polen vom 11. August 1937, in: PEK 1937, 490.

1. Unsere Ehrerbietung und Dankbarkeit bringen wir dar dem schlesischen Wojewoden Dr. Grażyński und dem Schlesischen Sejm für das vorläufige Gesetz für die Unierte evangelische Kirche in Polnisch-Oberschlesien, das eine rechtliche Grundlage zur Regelung der Verhältnisse in dieser Kirche bietet.
2. Wir mißbilligen aufs Schärfste die Aktion der Kirchenbehörde mit Präsident D. Voß an der Spitze, der als polnischer Staatsbürger sich dem neuen Gesetz, das von den maßgebenden Körperschaften beschlossen wurde, nicht unterordnen will, was der evangelischen Kirche sehr zum Schaden ausschlagen muß.
3. Wir erhoffen von den maßgebenden Faktoren, daß sie alle rechtlich zulässigen Mittel gegen diese kirchlichen Persönlichkeiten anwenden werden, die für die letzten Ereignisse und ihre Stellung zu dem neuen Gesetz verantwortlich sind.
4. Wir fordern schnelle Konstituierung des Vorläufigen Rates der Unierten evangelischen Kirche in Polnisch-Oberschlesien.
5. Wir verlangen die Einführung polnischer Pastoren in die Gemeinden und die Entlassung der landfremden Pastoren".

Auf die Maßnahmen des Wojewoden zur Ausführung des Staatsgesetzes reagierte Kirchenpräsident Voß mit gleichlautenden Eingaben an den Ministerpräsidenten, die Kultus- und Innenminister vom 12. August 1937.[27] Darin bedauerte er, daß die Unierte Kirche auf keine ihrer Eingaben betr. das Staatsgesetz vom 16. Juli bisher eine Antwort erhalten habe. Den Eingaben fügte Voß (nochmals) Abschriften der Schreiben an den Staatspräsidenten vom 31. Juli, seiner Antwort an den Wojewoden vom 31. Juli, der Beschlüsse der Kirchlichen Körperschaften und der a.o. Synode vom 28. Juli 1937 bei und bat um Antwort, wie der Erlaß des Gesetzes vom 16. Juli ohne Verständigung, ja ohne Anhörung der rechtmäßigen Repräsentation der Kirche mit den Bestimmungen der Staatsverfassung zu vereinbaren sei. An den Ministerpräsidenten und die Kultus- und Innenminister richtete er die dringendste Bitte, „in letzter Stunde die Stimme der zutiefst betroffenen evangelischen Kirche zu erhören und ihr Hilfe zuteil werden zu lassen". Die Eingaben vom 12. August blieben vorerst ohne Antwort.

Auf Weisung des Wojewoden Grażyński wurden Ende August 1937 die Ausweisungen fortgesetzt. Betroffen waren die acht im Mädchenwaisenhaus zu Pleß tätigen Diakonissen des Mutterhauses von Eva Tiele-Winckler in Miechowitz und die sechs Schwestern des Johanniter-Krankenhauses in Pleß, auch diese deutscher Staatsangehörigkeit. Die politische polnische Presse kommentierte die kirchlichen Vorgänge unter der Überschrift: „Ein kleiner Religionskrieg in Schlesien".[28]

Eine erste Antwort der Warschauer Zentralregierung auf die vielen Eingaben, Beschwerden, Berufungen des Präs. Voß bzw. der Kirchenleitung der Unierten Kirche kam mit der Entscheidung des Kultusministers Świętosławski vom 1. September 1937[29], adressiert an den „Herrn Superintendenten D. Hermann Voß, Präsident der Unierten evangelischen Kirche in Oberschlesien, Vorsitzender des Vorläufigen Kirchenrates der Unierten evangelischen Kirche in Oberschlesien". Darin wies der Kultusminister die Beschwerde des Präs. Voß vom 4. August 1937 als jeder Grundlage entbehrend zurück. Die Verfügung des

27 Eingaben Voß an den Kultus- und den Innenminister vom 12. August 1937, in: AW.
28 „Gazeta Polska" [Polnische Zeitung, Warschau] vom 25. und „Kurjer Poznański" [Posener Kurier, Posen] vom 27. August 1937.
29 Entscheidung des Kultusministers Świętosławski vom 1. September 1937, in: AW.

Wojewoden vom 17. Juli betr. Ernennung der vier Mitglieder des Vorläufigen Kirchenrates widerspreche nicht den Artikeln 113ff. der Staatsverfassung, da sie nicht in Ausführung der Artikel 113ff. der Staatsverfassung, sondern des Artikels 18 des Gesetzes vom 16. Juli 1937 ergangen sei, das als legal anerkannt werde. In seiner Antwort war Kultusminister Świętosławski der entscheidenden Frage der Verletzung des Artikels 115, Abs. 2 der Staatsverfassung durch das Gesetz vom 16. Juli ausgewichen. Auch im weiteren Verlauf des Kirchenkampfes vermied die Staatsregierung eine Stellungnahme zu dieser Frage.

Nach der Entscheidung des Kultusministers vom 1. September konzentrierte der Wojewode Grażyński seine Bemühungen auf die Konstituierung des Vorläufigen Kirchenrates als oberster Kirchenbehörde für die Unierte Kirche in Poln.-O/S. Mit Schreiben vom 14. September 1937[30] richtete er an Präs. Voß – die Titulatur war die gleiche wie in der Entscheidung des Kultusministers – unter Berufung auf Artikel 18, Punkt 8 des Gesetzes vom 16. Juli 1937 die Anfrage, welche Schritte er zur Konstituierung des Vorläufigen Kirchenrates unternommen habe. Präs. Voß beantwortete die Anfrage mit dem Zwischenbescheid an den Wojewoden vom 16. September[31], in dem er bat, die mit der Organisation der Unierten Kirche zusammenhängenden Fragen noch einmal mit dem Wojewoden besprechen zu können.

Diese Unterredung fand am 6. Oktober 1937 statt.[32] Ihr lagen die dem Wojewoden auch schriftlich übergebenen Darlegungen des Präs. Voß zugrunde, in denen erneut die Gründe zusammengefaßt waren, die es der Unierten Kirche nicht möglich machten, das Gesetz vom 16. Juli 1937 auszuführen. Die Stellungnahme der Kirche beruhe auf reformatorischen, evangelisch-kirchlichen Grundsätzen. Der Staat könne nicht pro foro ecclesiastico handeln, ohne der Kirche ihren Charakter als Kirche zu nehmen. Die kirchliche Gesetzgebung müsse von der Kirche ausgehen. Die Stellungnahme der Unierten Kirche habe die Billigung allerweitester Kreise des Gesamtprotestantismus gefunden. Gerne wolle die Kirche dem Staate geben, was des Staates ist. Alle Vorschläge und Bemühungen der Kirche, zu einer Einigung zu kommen, seien an der Forderung nach vorheriger Anerkennung und der Mitarbeit an der Durchführung des Gesetzes vom 16. Juli gescheitert. Wenn keine Verständigung auf dem Wege von Verhandlungen erfolgen kann, wenn das Gesetz nach seinem Wortlaut ausgeführt wird, dann wird das Verhängnis seinen Lauf nehmen. Im Interesse des Staates und der Kirche bat Präs. Voß den Wojewoden, den Vorschlag zu erwägen, den er schon früher in die Debatte geworfen habe: „Trennung der evangelischen Gemeinden nach nationalen Gesichtspunkten in polnische und deutsche Gemeinden". Eine Trennung der Gemeinden nach nationalen Gesichtspunkten sei im Interesse des Friedens gerechtfertigt. Jedes Kirchenglied solle sich frei entscheiden können. Die gemeinsame Benutzung von Kirchen und kirchlichen Gebäuden könne durch Verhandlungen geregelt werden. Auch solle jede Kirche ihre eigene Spitze haben, in gemeinsamen Angelegenheiten sollten beide Kirchenleitungen gemeinsam beraten und beschließen. Die letzten Jahre, die kirchlichen Wahlen des Jahres 1936 und die vergangenen $2^1/_2$ Monate hätten, so Voß, „es klar an den Tag gelegt, was für eine Kluft zwischen evangelischen Deutschen und evangelischen Polen

30 Schreiben des Wojewoden Grażyński an Voß vom 14. September 1937, in: AW.
31 Schreiben Voß an Grażyński vom 16. September 1937, in: AW.
32 Aufzeichnung über die Unterredung Voß–Grażyński vom 6. Oktober 1937, in: AW.

aufgetan ist. Auch eine Kluft religiöser und kirchlicher Art". Pressestimmen zufolge handle es sich nicht mehr um kirchliche, sondern um politische Dinge. Die Broschüre des Konsistorialrats Tytz, des Bevollmächtigten des Warschauer Konsistoriums und geistlichen Leiters der nach Polnisch-Oberschlesien von Gen.-Sup. Bursche entsandten augsburgischen Geistlichen hätten „auch dem Letzten die Augen geöffnet". Die anschließende Aussprache brachte keine Annäherung der Standpunkte. Der Wojewode: „[...] In einem Ordnungsstaat sind Gesetze da und die müssen ausgeführt werden. [...] Das Gesetz ist da und wird im vollen Umfange durchgeführt". Demgegenüber Präs. Voß: „[...] Es ist unmöglich, daß eine Regelung des Verhältnisses von Staat und Kirche auf dem Wege erfolgt, daß der Staat sich die Repräsentation der Kirche selbst schafft, um dann mit ihr zu verhandeln. Es ist mir und allen Pfarrern nicht möglich, mich einer Kirchenbehörde zu unterstellen, die vom Staat ernannt ist". Der Wojewode widersprach solcher Argumentation. Das wichtigste am Gesetz vom 16. Juli sei die Belassung des Kirchenpräsidenten im Amt als Vorsitzenden des Vorläufigen Kirchenrates. Das Gesetz habe ja vorläufigen Charakter. Es liege in der Hand des Präsidenten, in Zusammenarbeit mit den Mitgliedern des Vorläufigen Kirchenrates und mit ihm, dem Wojewoden, ein endgültiges, die Kirche befriedigendes Gesetz zu geben. Auf den Vorschlag einer nationalen Aufgliederung der Gemeinden ging der Wojewode im Gespräch nicht ein, erwähnte ihn auch nicht. Präs. Voß und die Unierte Kirche konnten nicht wissen, daß die Entscheidung in dieser Frage schon im Mai 1936 im Kultusministerium und im Präsidium des Ministerrates im Einverständnis mit Gen.-Sup. Bursche gefallen war.

Dem Ernst der kirchlichen Lage entsprach die Anordnung des Präs. Voß an alle Geistlichen der Unierten Kirche vom 11. Oktober 1937, in das sonntägliche Allgemeine Kirchengebet die Fürbitte[33] aufzunehmen:

„Segne unsere kleine Kirche mit all ihren Gemeinden. Es ist tiefe Not und schweres Verhängnis über sie gekommen. Eile, uns beizustehen, Herr, unsere Hilfe; denn wir sind einsam und elend, und unsere Verzagtheit und Trauer ist groß.
Erleuchte uns mit der Weisheit Deines heiligen Geistes, damit wir den Weg sehen, den Dein Wort uns gehen heißt. Herr, unser Gott, stehe uns bei wider aller Welt Vernunft und Weisheit. Laß es uns immer nur um Deine Sache, um Dein Reich, um Deine Ehre gehen. Halte Zwietracht und Uneinigkeit von uns fern. Gib uns großen Glauben. Mache unser Herz ganz fest, damit wir bewahrt werden in der Stunde der Versuchung. Soll es durch Leiden und Gedränge hindurchgehen, so mache uns willig und freudig, alles auszuhalten, was Du über uns bestimmt hast. Verlasse und versäume Deine Gemeinde nicht. Mache uns dessen ganz gewiß, daß Du Deine Gemeinde und Kirche durch alle Nöte und Bedrängnisse hindurch dennoch ihrem herrlichen Ziele entgegenführen wirst".

Dem Gespräch des Präs. Voß mit dem Wojewoden am 6. Oktober 1937 war am gleichen Tage eine Unterredung mit Dr. Michejda vorausgegangen, in dem dieser bemüht war, Präs. Voß für die Anerkennung des Staatsgesetzes vom 16. Juli zu gewinnen unter gleichzeitiger Aufnahme von Verhandlungen zur Lösung der Verfassungsfrage.[34] Nach Ablehnung des Vorschlags einer nationalen Aufgliederung der Gemeinden durch den Staat unterbreitete Präs. Voß am 11. Oktober 1937 in dem Wunsch, zu einer friedlichen Lösung der

33 Fürbittegebet, in: AW.
34 Brief Dr. Michejdas an Sup. Zöckler vom 9. Oktober 1937, in: AW.

schwebenden Fragen über die Organisation der Unierten Kirche in Poln.-O/S beizutragen, im Einvernehmen mit dem bisherigen Erweiterten Landeskirchenrat dem Wojewoden Grażyński als Vertreter der Staatsregierung den Vorschlag[35], daß – unter Beiseitelassung des Gesetzes vom 16. Juli 1937 – eine Kommission eingesetzt werde, deren Aufgabe es sein sollte, endgültige Grundsätze bezüglich der künftigen Verfassung der Unierten Kirche in Poln.-O/S und bezüglich der dem Staate gegenüber der Kirche zustehenden Rechte festzustellen. Voß schlug vor, daß diese Kommission sich aus 7 Mitgliedern zusammensetzen solle, von denen der Wojewode 3, der Kirchenpräsident 4 Mitglieder zu benennen hätte. Die Kommission sollte ihre Arbeit sofort aufnehmen. Den Vorschlag der Einsetzung einer Kommission übersandte Präs. Voß am 14. Oktober 1937 dem Ministerpräsidenten Sławoj-Składkowski mit der Bitte, sich für die Annahme dieses Vorschlages einzusetzen.[36] Sie blieb ohne Antwort.

Dem Vorschlag an den Wojewoden vom 11. Oktober und der Bitte an den Ministerpräsidenten schlossen sich die am 15. Oktober 1937 zur Beratung über die kirchliche Lage in Kattowitz zusammengetretenen 101 Kirchenältesten aus allen Gemeinden bei drei Enthaltungen mit der Erklärung[37] an:

„Unsere Kirche will als wahre Kirche Jesu Christi allen ihren Gliedern, ganz gleich welchen Standes und welchen Volkstums, mit gleicher Liebe dienen; sie will allen in ihrer Mitte die gleichen Rechte geben. Sie will die Grundsätze des göttlichen Wortes überall zur Geltung bringen. Sie gibt willig dem Staate, was des Staates ist, denn er ist ihr eine Gottesordnung. Getreu den Weisungen der Heiligen Schrift tut sie darum auch Fürbitte für Staat und Obrigkeit. An ihre Glieder stellt sie die Forderung, daß jeder nach bestem Wissen und Gewissen dem Staatsganzen diene und für das Wohl der Gesamtheit lebe. Sie will, daß jedermann aus Gehorsam gegenüber dem Wort Gottes der staatlichen Ordnung untertan sei. Sie will, daß jeder sich seiner Mitverantwortung bewußt ist und alles tut, was das öffentliche Wohl fördert, stärkt und bessert. Solcher Dienst ist auch Gottesdienst.
Um solch ihres Dienstes willen kann und darf die Kirche Jesu Christi nicht darauf verzichten, ihre Innere Verfassung und Verwaltung auf Grund der Heiligen Schrift und der in ihr geltenden Bekenntnisschriften in Selbständigkeit und Freiheit zu bestimmen. Sonst wird sie ungehorsam gegen ihren Herrn und hört auf, Kirche Jesu Christi zu sein.
Die Ältesten sämtlicher Gemeinden bitten daher die staatlichen Regierungsstellen, mit den Vertretern der Kirche im Sinne des Vorschlages ihres Kirchenpräsidenten D. Voß vom 11. dieses Monats in Verhandlungen einzutreten, die eine Regelung eines für Staat und Kirche gerechten Verhältnisses herbeiführen sollen im Interesse des Friedens in unseren Gemeinden und zum Wohle der Kirche und des Staates".

Die Erklärung der Kirchenältesten wurde von Präs. Voß am 17. Oktober dem Ministerpräsidenten und dem Wojewoden Grażyński zugeleitet.

In den Beratungen der Kirchenältesten vom 15. Oktober waren unter dem Eindruck der rigorosen Entdeutschungspolitik des Wojewoden Grażyński im Lande und seiner Androhung, das Gesetz vom 16. Juli 1937 „im vollen Umfang durchzuführen", erstmals unterschiedliche Auffassungen über den von der Unierten Kirche kirchenpolitisch einzu-

---

35 Schreiben Voß an den Wojewoden Grażyński vom 11. Oktober 1937, in: KuH 1937, 103; AW.
36 Eingabe Voß an den Ministerpräsidenten vom 14. Oktober 1937, in: AW.
37 Beschluß der Gemeindekirchenräte sämtlicher Gemeinden vom 15. Oktober 1937, in: ÖJ a.a.O., Nr. 6, 208f.; AW.

schlagenden Weg zum Ausdruck gekommen. Über Dr. Michejda hatte die Wojewodschaft Ende September und der Wojewode Anfang Oktober Verbindung mit den Kirchenältesten und Synodalen Martin Herrmann, Hofbesitzer in Ober-Schwierklan, und Klaus Hegenscheidt, Gutsbesitzer in Ornontowitz, aufgenommen und ihnen gegenüber weitgehende Zugeständnisse in der Kirchenfrage für den Fall in Aussicht gestellt, daß Präs. Voß bereit sein sollte, das Gesetz vom 16. Juli 1937 anzuerkennen und den Vorsitz im Vorläufigen Kirchenrat zu übernehmen (paritätische Besetzung des Vorläufigen Kirchenrates und der Synode, nur kommissarische Besetzung der Pfarrstellen durch den Vorläufigen Kirchenrat, Belassung der reichsdeutschen Geistlichen im Amt, wenn sie das Gesetz vom 16. Juli anerkennen, paritätische Zusammensetzung der Kommission zur Ausarbeitung eines neuen Kirchengesetzes unter einem deutschen Vorsitzenden). Herrmann und Hegenscheidt wurden vom Wojewoden gebeten, diese Zugeständnisse in die Beratungen der Kirchenältesten einzubringen, was sie auch taten, nachdem sie vorher Präs. Voß von ihnen als privat bezeichneten Gesprächen und der Ablehnung der Annahme der ihnen angetragenen Berufung in den Vorläufigen Kirchenrat Mitteilung gemacht hatten. Dem Bericht Herrmanns und Hegenscheidts in den Beratungen vom 15. Oktober mit der Empfehlung der Aufnahme von Verhandlungen durch den Präsidenten auf der Grundlage der in Aussicht gestellten Zugeständnisse des Wojewoden schloß sich zustimmend als einziger Geistlicher Pfarrer Hans Harlfinger aus Golassowitz an. Herrmann, Hegenscheidt und Harlfinger stimmten jedoch der Erklärung der Kirchenältesten zu, ohne sie für ausreichend zu halten.[38]

Ihren Standpunkt begründeten Herrmann und Hegenscheidt des näheren in ihrem gemeinsam gezeichneten Schreiben an Präs. Voß vom 16. Oktober 1937.[39] Darin führten sie u.a. aus:

„Wir fühlen uns nicht berufen, einzig und allein allgemeine kirchliche Grundsätze zu verteidigen. Uns geht es um das Kirchenvolk, um unsere evangelischen Brüder und Schwestern. Uns die Seelsorger zu erhalten, die uns Gottes Wort in unserer Muttersprache bringen, im Leben und Sterben, das ist unser Wunsch, der Zweck unserer Bemühungen, der Sinn unserer Mitarbeit und Verhandlungen. Um Prinzipien geht es uns nicht, darf es uns in dieser Situation garnicht gehen. Und dem ganzen Kirchenvolk geht es nicht um diese Dinge. Es will und muß seine getreuen und bewährten Seelsorger behalten und es könnte sie unseres Erachtens in erheblichem Umfang behalten. [...] Sollten Sie, Herr Präsident, und Herr Dr. Wagner es wirklich glauben können, daß in dieser irdischen, rauhen Wirklichkeit und ausgerechnet bei uns in der Wojewodschaft Schlesien die Kirche der Obrigkeit die Gesetze ihres Handelns vorschreiben kann? [...] Unsere Aufgabe [...] ist, zu retten, was zu retten ist".

Abschließend erklären beide Herren, daß sie bei aller Verehrung und Hochschätzung der Person des Kirchenpräsidenten, sich nicht mehr solidarisch mit ihm erklären und sich nicht mehr, wie bisher, bedingungslos hinter ihn bzw. die Kirchenleitung stellen könnten, weil sie seinen Standpunkt für falsch und verhängnisvoll halten. Mit ihrem Bericht in den Beratungen der Kirchenältesten sei ihre „Mission" erledigt. Sollte die Notwendigkeit des Handelns von außen wieder an sie herantreten, so würden sie sich mit Präs. Voß erneut in Verbindung setzen.

38 Protokoll der Versammlung der Gemeindekirchenräte, in: AW.
39 Schreiben Herrmann-Hegenscheidt an Voß vom 16. Oktober 1937, in: AW.

Präs. Voß antwortete Herrmann und Hegenscheidt mit Schreiben vom 23. Oktober 1937.[40] Darin bedauerte er, daß sie sich in ihrer Haltung vornehmlich durch Zweckmäßigkeitsgründe bestimmen ließen und sprach die Überzeugung aus, daß es dem wahren Wohl der Kirche nicht diene, wenn das Wichtigste beiseite gelassen werde. Auch ihm liege das Wohl der Gemeinden zutiefst am Herzen, ebenso wie er nichts sehnlicher wünsche, als mit dem Staat zu einer Verständigung zu kommen. Es sei ihm aber grundsätzlich nicht möglich, die ihm aus zweiter Hand gewordenen Mitteilungen als offizielle Antwort des Wojewoden auf sein Schreiben vom 11. Oktober 1937 anzusehen. Zum Schluß betonte Voß, daß er den beiden Herren jederzeit zur Verfügung stehen werde.

Wie mit den Herren Herrmann und Hegenscheidt hatte Dr. Michejda auch mit den Pfarrern Alfred Bolek–Laurahütte und Gustav Adolf Leder–Nikolai Fühlung mit dem Ziel aufgenommen, Wege der Verständigung in der Verfassungsfrage zu suchen, nachdem der Wojewode, so Michejda, den Vorschlag des Präs. Voß vom 11. Oktober nicht zu akzeptieren bereit sei. Um seine Bereitschaft zur Verständigung erneut darzulegen, erklärte Präs. Voß, daß er mit der Berufung der paritätischen Kommission durch den Wojewoden nach vorheriger Vereinbarung einverstanden sein würde, nachdem Michejda den Gedanken der Einberufung einer Notsynode ins Gespräch gebracht hatte. Die Notsynode sollte von Präs. Voß im Einvernehmen mit dem Wojewoden einberufen werden und – ebenfalls nach bestimmten Vereinbarungen – sowohl die vorläufige Kirchenbehörde wie die geplante Kommission zu wählen haben. Dieser von Bolek und Leder am 20. Oktober 1937 dem Wojewoden überbrachte Vorschlag wurde von diesem abgelehnt und mit der Forderung nach Anerkennung und Durchführung des Gesetzes vom 16. Juli beantwortet.[41]

Ein Zwischenspiel in dieser Lage war die Intervention des Senators Hasbach beim Ministerpräsidenten Sławoj-Składkowski vom 20. Oktober 1937 in der oberschlesischen Kirchenfrage.[42] Unter Bezug auf das Schreiben des Präs. Voß an den Ministerpräsidenten vom 14. Oktober bat Hasbach, dessen Vorschlag betr. Einsetzung einer Kommission zu überprüfen. Der Ministerpräsident bezeugte seine „große Sympathie und Achtung" für den Präs. Voß, aber das Gesetz vom 16. Juli sei nun einmal da und auch er, der Ministerpräsident, sei daran gebunden. Die Majorität der Unierten Kirche in Poln.-O/S sei deutsch, für die polnische Minderheit müsse aber Sicherheit verlangt werden durch die Einstellung polnischer Geistlicher. Präs. Voß habe sich bisher geweigert, dies zu tun. Die kirchliche Angelegenheit müsse friedlich behandelt werden. Ein Streit mit der Kirche sei für den Staat noch nie gut ausgegangen. Als Hasbach darauf verwies, daß das angefochtene Gesetz ja nicht aufgehoben werden sollte und daß es der Zweck der Kommission sei, daß sie nicht mit gebundenen Händen an die Regelung der Kirchenfrage herangehe, brachte der Ministerpräsident zum Ausdruck: „Darüber kann man reden. Ich will mit dem Wojewoden darüber sprechen". Er bat Hasbach, dem Wojewoden, mit dem er sich gleich telephonisch in Verbindung setzen wolle, den gleichen Vorschlag vorzutragen. Das Gespräch Hasbachs mit

40 Schreiben Voß an Herrmann-Hegenscheidt vom 23. Oktober 1937, in: AW.
41 KuH 1937, 123f.; Schreiben Voß an den EO in Berlin vom 22. Oktober 1937, in: AW.
42 Mitteilung Hasbachs über seine Intervention beim Ministerpräsidenten vom 20. Oktober 1937, in: AW.

dem Wojewoden Grażyński fand noch am späten Abend (22 Uhr) des 20. Oktober in Kattowitz statt. Eine Stellungnahme des Wojewoden zu dem vom Ministerpräsidenten nicht abgelehnten Vorschlag der Bildung einer gemeinsamen Kommission konnte, so Hasbach, aus der Unterredung nicht entnommen werden. Zur Fortsetzung des Gespräches bat Hasbach, der noch in der Nacht nach Warschau zurückkehren mußte, den Wojewoden, am nächsten Tage Dr. Wagner zu empfangen.

Die Unterredung Wagners mit dem Wojewoden Grażyński am 21. Oktober[43] fand im Anschluß an die Vorsprache der Pfarrer Bolek und Leder beim Wojewoden und der Ablehnung des Vorschlags des Präs. Voß betr. Einberufung einer Notsynode durch diesen statt. Die Unterredung lief hart an. Der Wojewode kam mit keinem Wort auf die Stellungnahme des Ministerpräsidenten zu sprechen, ließ aber durchblicken, daß er auf die Vorschläge betr. Einsetzung einer Kommission oder Einberufung einer Notsynode nicht eingehen könne, weil sie keine Begründung im Gesetz vom 16. Juli hätten. Das Gesetz müsse ausgeführt werden. Es gehe nicht an, gegen ein Staatsgesetz Sturm zu laufen und das Volk zum Widerstand aufzurufen. Dies seien Verstöße gegen das Strafgesetz, für die nach § 150 des Strafgesetzbuches Strafen bis zu zwei Jahren Haft vorgesehen sind. Sie würden auch in Anwendung gebracht werden. Es stehe ihm, dem Wojewoden, frei, so Wagner, Gewaltmittel anzuwenden. Präs. Voß, die ehem. Kirchenleitung, die Geistlichen, die Mehrheit der Kirchenglieder seien bereit, die Konsequenzen ihrer Haltung auf sich zu nehmen. Mit allem Nachdruck müsse die Auffassung zurückgewiesen werden, die die Ablehnung des Gesetzes vom 16. Juli 1937 als Illoyalität dem Staate gegenüber oder als Staatsfeindlichkeit werte. Die Gründe für die Ablehnung dieses Gesetzes seien religiöser und kirchlicher Art, abgesehen davon, daß es nach kirchlicher Auffassung nicht verfassungskonform sei. Auf dem Boden der kleinen oberschlesischen Kirche würden gesamtprotestantische und gesamtkirchliche Fragen ausgetragen. Dies sei der Grund, warum das evangelische Ausland mit so viel Aufmerksamkeit die Lage der evangelischen Kirche in Polen verfolge. Kontrovers blieben die Standpunkte auch zur Rechtslage der Unierten Kirche in den Jahren 1922–1937. Den Hinweis, daß der Schlüssel zur Lösung der Verfassungsfrage bei ihm, dem Wojewoden, liege und er alle Lösungsvorschläge des Präs. Voß abgelehnt habe, beantwortete der Wojewode mit der Feststellung: „Ja, aber seine Vorschläge umgehen das Gesetz. Erst muß das Gesetz [vom 16. Juli] anerkannt werden“. Der Wojewode hatte wohl die Haltung von Herrmann, Hegenscheidt und Pfr. Harlfinger im Auge, als er darauf hinwies, „daß Präsident D. Voß mit seinem Standpunkt nicht einmal alle Kreise in der Kirche überzeugt hat“, um fortzufahren: „[...] Ich habe aufgrund von Beobachtungen den Eindruck, daß Sie Einfluß auf die Dinge haben und daß Sie manches tun könnten“. Wagner betonte, daß sich seine Auffassungen mit denen des Präs. Voß deckten. Die Schritte, die er, der Wojewode, in der letzten Zeit unternommen habe, um mit diesen oder jenen Personen die kirchliche Frage zu lösen, seien bekannt. Diese Wege könnten nicht zum Ziele führen. Der Partner für den Staat sei die Kirche, die heute allein durch Präs. Voß handle. Nur er könne für die Kirche sprechen mit der Gewähr, daß die mit ihm gefundene Lösung allgemeine Anerkennung finde und jede Unruhe oder Spaltung vermieden werde. Der Wojewode hob erneut seine Bereitschaft

43 Aufzeichnung über die Unterredung Wojewode Grażyński–Dr. Wagner vom 21. Oktober 1937, in: AW.

zur Zusammenarbeit mit Präs. Voß auf der Grundlage des Gesetzes hervor und bat, dies ihm übermitteln zu wollen. Am Schluß der etwa zweistündigen Unterredung gab der Wojewode dem Gespräch erneut eine personale Wendung in Richtung, Wagner für die Zusammenarbeit unter den Bedingungen des Gesetzes zu gewinnen. Wagner lehnte ab.

Um die gleiche Zeit war der Wojewode Grażyński bestrebt, auch das Mitglied des aufgelösten Landeskirchenrates, den Grafen Krafft Henckel von Donnersmarck, zur Annahme der Berufung in den Vorläufigen Kirchenrat zu bewegen. Mit dem Hinweis, daß er die kirchliche Linie des Präs. Voß teile, lehnte Henckel von Donnersmarck ab. Auch dieses Gespräch mit dem Wojewoden verlief stellenweise nicht ohne Schärfe und war mit einer Drohung verbunden.[44]

Mit der Enthebung des Kirchenpräsidenten Voß von seinem Amte durch den Wojewoden Grażyński ging der Kirchenkampf der Unierten Kirche in Poln.-O/S seinem Höhepunkt entgegen. Mit Verfügung des Wojewoden vom 23. Oktober 1937 hatte der Wojewode unter Bezug auf Artikel 18 des Gesetzes vom 16. Juli 1937 den mit Dekret vom 17. Juli 1937 zum stellvertretenden Vorsitzenden des Vorläufigen Kirchenrates ernannten Dr. Michejda aufgefordert, „alle Agenden des Vorsitzenden des Vorläufigen Kirchenrates, einschließlich der Akten und der Kanzlei des Amtes“ sofort zu übernehmen und von der Übernahme des Amtes dem Wojewoden Kenntnis zu geben.[45] Am 26. Oktober 1937 beschlagnahmte der Polizeidirektor Władysław Kutzner in Gegenwart von Dr. Michejda und Dr. Wagner die Akten, das Amtssiegel, das Inventar, den Amtsraum des Kirchenpräsidenten, nachdem Präs. Voß deren freiwillige Herausgabe abgelehnt hatte. Präs. Voß legte Verwahrung gegen die Anordnung des Polizeivizedirektors ein, behielt sich alle Rechtsmittel gegen diese vor und erklärte, „daß er sich weiterhin als Leiter der Kirche ansehe, da er sein Amt von der Kirche erhalten habe und die politische Behörde ihn nicht dieses Amtes entheben könne“. Präs. Voß verwies darauf, daß sich die Akten und das Büro des Landeskirchenrates in den der Kirchengemeinde Kattowitz gehörenden Räumen befänden und daß über die Weiterbenutzung dieser Räume der Gemeindekirchenrat Kattowitz zu entscheiden habe. Schließlich gab Präs. Voß zur Kenntnis, daß er noch eine Reihe kleinerer Fonds habe, die ihm zu treuen Händen übergeben worden seien. Auf diese legte Dr. Michejda keinen Wert.[46]

Der Gemeindekirchenrat Kattowitz verweigerte dem Vorläufigen Kirchenrat die Benutzung der gemeindeeigenen Räume und erhob am 30. Oktober 1937 Berufung beim Kultus- und dem Innenministerium gegen die Beschlagnahme eines Teiles der Gemeinderäume

---

44 Nach dem Gespräch mit dem Wojewoden Grażyński berichtete Graf Henckel v. Donnersmarck, daß ihm dieser die Verhaftung mit den Worten angedroht habe: „Wissen Sie, daß ich Sie sofort verhaften lassen kann?“ Worauf Graf Henckel seine Zahnbürste aus der oberen Rocktasche hervorgeholt habe und geantwortet hatte: „Das weiß ich“. Mit den Worten: „Ich habe mich schon darauf vorbereitet“, zeigte er die Zahnbürste vor. Zu einer zweiten Unterredung mit dem Wojewoden war es nicht mehr gekommen.

45 Die Verfügung des Wojewoden Grażyński vom 23. Oktober 1937, in: AW.

46 „Protokoll, aufgenommen am 26. Oktober 1937 in Angelegenheit der Übernahme des Vorsitzenden des Oberschlesischen Kirchenrates im Sinne des Gesetzes vom 16. Juli 1937“, in: AW.

mit dem Antrag, die Verfügung des Wojewoden aufzuheben.[47] Mit Reskript vom 29. November 1937[48] lehnte das Innenministerium die Berufung ab.

In der Sicht des Staates war vom 23. Oktober 1937 an jedes geistliche Handeln des Präs. Voß illegal geworden und die Leitung der Unierten Kirche in Polnisch-Oberschlesien in ihrem ganzen Umfang bis zur Ernennung eines geistlichen Vorsitzenden des Vorläufigen Kirchenrates, in die Hände des stellv. Vorsitzenden des Vorläufigen Kirchenrates, Rechtsanwalt Dr. Michejda, übergegangen. Am 27. Oktober 1937 löste die Polizei die von Präs. Voß wöchentlich gehaltene Pfarrkonferenz auf, notierte deren Teilnehmer und verbot künftighin die Abhaltung von Pfarrerversammlungen. Zwei Tage danach, am 29. Oktober, teilte Dr. Michejda den Geistlichen und Kirchengemeinden mit, daß er auf Grund einer Anordnung des Wojewoden Grażyński alle Agenden des Vorsitzenden des Vorläufigen Kirchenrates übernommen habe und forderte sie auf, sich in allen kirchlichen Angelegenheiten an den Vorläufigen Kirchenrat zu wenden und alle Korrespondenz mit diesem zu führen.[49]

In den Tagen vom 28.–30. Oktober 1937 hatte Dr. Michejda alle Geistlichen der Unierten Kirche, außer Kirchenpräsident Voß und Dr. Wagner, zu Einzelgesprächen in das Pfarrbüro nach Kattowitz geladen[50] und von ihnen die Unterzeichnung nachstehender „Erklärung"[51] verlangt:

„Hiermit erkläre ich, daß ich auf dem Standpunkt der genauen Ausführung des Gesetzes des Schlesischen Sejms vom 16. Juli 1937 (Dz. U. Sl. Nr. 14, Pos. 33) über die Vorläufige Organisation der evangelischen Kirche in Oberschlesien stehe.
Ich erkläre ebenfalls, daß ich ohne Einschränkungen den mit Schreiben des Herrn Wojewoden von Schlesien vom 23. Oktober d. J. – A. I 71/4 – ins Leben gerufenen Vorläufigen Kirchenrat der unierten Kirche in Oberschlesien anerkenne und verpflichte mich, seinen Anordnungen nachzukommen.
Außerdem erkläre ich, daß ich keinerlei Schritte gegen die Durchführung des neuen Gesetzes anordnen werde, sondern im Gegenteil, ich verpflichte mich, auf meine Gemeindeglieder in dem Sinne einzuwirken, daß sie mit Ruhe und Vertrauen den neuen Stand der Dinge annehmen".

Ausnahmslos lehnten die Geistlichen die Unterzeichnung der „Erklärung" ab und verwiesen auf die Legalität der Amtsführung des Kirchenpräsidenten Voß.

Als Leiter der Kirche wußte sich Dr. Michejda überfordert. Die von einzelnen Geistlichen während der Einzelgespräche an ihn gerichtete Frage nach der Berechtigung seines Handelns beantwortete er mit den Worten: „Ich habe das Recht vom Staate und der Staat ist mehr als die Kirche". Offen sprach er aber aus: „[...] Ich bin nicht geeignet, die Leitung [der Kirche] zu führen. Ich sitze auf einem Stuhl, auf den ich nicht gehöre. Meiner Ansicht nach, muß ein Geistlicher diesen Vorsitz übernehmen". Seine Aufgabe, so Michejda,

47 Berufung des Gemeindekirchenrates Kattowitz vom 30. Oktober 1937 beim Kultus- und dem Innenministerium, in: AW.
48 Reskript des Innenministers vom 29. November 1937, in: AW.
49 Schreiben Dr. Michejdas vom 29. Oktober 1937, in: AW.
50 Aufzeichnungen der Geistlichen über die von Dr. Michejda mit ihnen geführten Einzelgespräche, in: AW.
51 „Erklärung", in: AW.

sei es, daraufhin zu wirken, daß in jeder Gemeinde ein polnischer und ein deutscher Pfarrer angestellt werde.[52]

Vom Anfang November 1937 an begann der Vorläufige Kirchenrat in seiner rein polnischen Besetzung die von Gen.-Sup. Bursche als Präfekten und Leiter der Vereine der ev. Polen nach Polnisch-Oberschlesien entsandten Geistlichen der Ev.-Augsb. Kirche offiziell in Pfarrstellen einzusetzen. Ernannt wurden die Pfarrer Richard Danielczyk für Kattowitz (5.11.), Leopold Michaelis für Tarnowitz (5.11.), Gustav Broda für Nikolai (8.11.), Robert Fiszkal für Rybnik (8.11.), Karl Wolschendorf für Lublinitz (8.11.) und Leopold Raabe für Schwientochlowitz (8.11.), deren Einsetzung in die Gemeinden zu einem späteren Zeitpunkt erfolgte.

Zur Klärung der Rechtslage der Unierten Kirche in Poln.-O/S, damit auch der Legalität der Maßnahmen des Wojewoden und des Vorläufigen Kirchenrates wurde vom Kirchenpräsidenten im Einvernehmen mit dem ehem. Landeskirchenrat durch den Warschauer Rechtsanwalt Dr. Josef Sarapata am 6. November 1937 Beschwerde beim Obersten Verwaltungsgericht in Warschau gegen die Entscheidung des Kultusministers vom 1. September 1937 erhoben und beantragt, diese als im Widerspruch zu Artikel 115 der Staatsverfassung stehend, aufzuheben.[53]

Auf die Maßnahmen des Vorläufigen Kirchenrates reagierten die Geistlichen der Unierten Kirche – von ihren 30 Geistlichen hatten 29 unterschrieben – mit Schreiben an den Wojewoden Grażyński vom 11. November 1937.[54] Darin erklärten sie, daß sie an der Rechtsauffassung der Unierten Kirche festhielten, den Vorläufigen Kirchenrat nicht als kirchliches Organ ansehen könnten. Das Recht der Kirche auf Freiheit und Selbständigkeit ließe es nicht zu, daß die Kirche in grundlegenden Fragen von außerkirchlichen Stellen regiert werde. Sie baten, „daß der Unierten Kirche die Freiheit und Selbständigkeit, die sie als Kirche beanspruchen darf, zurückgegeben" und der „Unionscharakter der Kirche gewahrt" werde. Sie verwiesen auf die Beschwerden beim Kultusminister gegen die Verfügung des Wojewoden vom 23. Oktober und beim Obersten Verwaltungsgericht gegen die Entscheidung des Kultusministers vom 1. September 1937. Am 12. November 1937 legten die 29 Geistlichen Berufung beim Kultusminister Świętosławski gegen die Anordnung des Vorläufigen Kirchenrates vom 29. Oktober und die Verfügung des Wojewoden vom 23. Oktober 1937 ein unter Beifügung der Beschwerde an das Oberste Verwaltungsgericht vom 6. November 1937.[55]

---

52 Aus den Aufzeichnungen über die Einzelgespräche Dr. Michejdas mit den Pfarrern A. Bolek und Bruno Torinus, in: AW.

53 Beschwerde des Kirchenpräsidenten Voß und des aufgelösten Landeskirchenrates beim Obersten Verwaltungsgericht in Warschau vom 6. November 1937, in: AW.

54 Schreiben der Geistlichen an den Wojewoden Grażyński vom 11. November 1937, in: AW. Das Schreiben wurde Pfr. Harlfinger zur Unterzeichnung nicht vorgelegt, nachdem er seinen Brief an den Kirchenpräsidenten (in: AW) mit den Worten geschlossen hatte: „[...] Es tut mir leid, daß ich nicht mehr mit Ihnen gehen kann. An dem Gedanken des passiven Widerstandes trennen sich unsere Wege. Gott wolle in Gnaden Ihre Wege leiten und seine Hand schützend auch über unsere lieben Gemeinden und unsere Kirche halten".

55 Berufung an den Kultusminister vom 12. November 1937, in: AW.

Über seine Amtsenthebung hatte Kirchenpräsident Voß von keiner amtlichen Stelle eine Verständigung erhalten, von dieser aus Äußerungen Dr. Michejdas und des Polizeivizedirektors Kutzner und aus Berichten der polnischen Presse erfahren, die, wie das Parteiblatt des Wojewoden, die „Polska Zachodnia" [Das Westliche Polen] vom 29. Oktober, von der Amtsenthebung des Kirchenpräsidenten unter der Überschrift „Entscheidender Wechsel in der Leitung der Evangelischen Unierten Kirche in Oberschlesien" mit dem Untertitel „Endliche Bändigung des Sabotage-Widerstandes des fälschlichen Präsidenten D. Voß. Neue Provokationen seitens Voß haben exemplarisch bestraft zu werden" berichteten. Am 13. November wandte sich Präs. Voß an den Wojewoden mit der Bitte, ihm einen schriftlichen Bescheid über seine Amtsenthebung zukommen zu lassen unter dem gleichzeitigen Hinweis, „daß eine weltliche Stelle nicht in der Lage sein kann, einer Kirche den geistlichen Leiter zu nehmen".[56]

Keine Bedeutung auf den Gang der Ereignisse hatte der von Dr. Michejda Anfang November über Pfr. Leder–Nikolai dem Kirchenpräsidenten Voß vorgetragene frühere Vorschlag der „Bildung einer Kommission durch eine bald einzuberufende Notsynode". Auf der Suche nach einem Ausweg in der Verfassungsfrage hatte Präs. Voß diesen Vorschlag aufgenommen und einen „Vorschlag betreffend Notsynode" ausgearbeitet, der durch Maßnahmen des Vorläufigen Kirchenrates jedoch überholt war, ehe er dem Wojewoden übermittelt wurde.[57]

Nach der Amtsenthebung des Kirchenpräsidenten Voß und der Übertragung der Kirchenleitung an Dr. Michejda traten die Vereine der ev. Polen mit ihren Forderungen erneut

---

56 Schreiben des Präsidenten Voß an den Wojewoden Grażyński vom 13. November 1937, in: AW; KuH 1937, 129.

57 Der Brief Pfr. Leders an Dr. Michejda vom 4. November und der Vorschlag des Präs. Voß betr. Notsynode vom 26. November 1937, in: AW.
Der Vorschlag betr. Notsynode lautete:
1. Zu Mitgliedern der Notsynode werden von dem Herrn Wojewoden 15 Glieder der Unierten Evangelischen Kirche in Oberschlesien polnischer Nationalität, von dem Präsidenten der Kirche 15 Glieder deutscher Nationalität und polnischer Staatsangehörigkeit berufen.
2. Die Notsynode soll lediglich die Aufgabe haben, die Vorläufige Kirchenleitung und eine Kommission zur Ausarbeitung der Gesetzesvorlagen für eine verfassunggebende Kirchenversammlung zu wählen.
3. Sowohl die Vorläufige Kirchenleitung wie die genannte Kommission sollen unter dem Vorsitz des Präsidenten der Kirche oder eines anderen deutschen Geistlichen stehen und außerdem sollen ihr je drei Mitglieder polnischer und deutscher Nationalität angehören.
4. Über die Berufung von Deputierten zur Notsynode und über die Wahlen in die Vorläufige Kirchenleitung und in die genannte Kommission sind vor der Einberufung der Notsynode zwischen dem Herrn Wojewoden und dem Präsidenten der Kirche Vereinbarungen zu treffen, die für alle Teile verbindlich sind.
5. Den Vorsitz in der Notsynode führt der Präsident der Kirche.
6. Die Voraussetzung für diesen Vorschlag einer Notsynode ist, daß die Rechtskontinuität mit dem früheren Zustand der Kirche wieder hergestellt, also an die Lage vor dem 16. Juli d.J. angeknüpft werde.
7. Über andere Einzelheiten, die sich etwa aus diesem Vorschlage ergeben, können Verhandlungen erfolgen".

an die Öffentlichkeit. In Resolutionen forderten sie u.a. die vollinhaltliche Inkraftsetzung und schnelle Realisierung des Gesetzes vom 16. Juli, die Ernennung von Seelsorgern für die polnischen Glieder der Gemeinden, die Beseitigung von Geistlichen mit fremder Staatsangehörigkeit, die Ungültigkeitserklärungen von Pfarrwahlen, die Einleitung von Disziplinarverfahren gegen einzelne Geistliche, die Einstellung von polnischen Kirchenangestellten, die Einführung der polnischen Amtssprache in der Unierten Kirche und die Auflösung der Kirchlichen Körperschaften in den Gemeinden.[58]

Die Beschlüsse und Forderungen der Vereine der ev. Polen bildeten die publizistische Begleitpolemik zu den Zwangsmaßnahmen des Vorläufigen Kirchenrates und der Wojewodschaft gegen die Kirchenleitung, die Geistlichen und die Gemeinden der Unierten Kirche. Am 21. November 1937 (Totensonntag) wurden in der Gemeinde Schwientochlowitz die beiden Geistlichen, Pfr. Werner Koderisch und Vikar Heinrich Gerhardt, von Dr. Michejda und dem Vizestarosten Karol Piertrański ihrer Ämter enthoben, im Verlauf der Polizeiaktion gegen Vikar Gerhardt von Dr. Michejda ein Amtsverbot für das ganze Kirchengebiet ausgesprochen, in die Schwientochlowitzer Pfarrstelle Präfekt Leopold Raabe eingesetzt. Gegen die Maßnahmen des Vorläufigen Kirchenrates haben Pfr. Koderisch, Vikar Gerhardt, Präs. Voß am 3. Dezember, der Kirchenvorstand von Schwientochlowitz am 4. Dezember beim Wojewodschaftsamt Einsprüche erhoben, die unbeantwortet blieben. In Rybnik wurde vom Vorläufigen Kirchenrat am 27. November 1937 der Präfekt Robert Fiszkal als polnischer Pfarrer eingesetzt; gegen die Verletzung der Rechte der Gemeinden auf Berufung ihrer Geistlichen protestierte der Gemeindekirchenrat Rybnik am 2. Dezember 1937. Am 29. November 1937 wurde Kirchenrat Friedrich Sowade, seit 1910 Pfarrer der Gemeinde Tarnowitz, von Dr. Michejda seines Amtes enthoben und als reichsdeutscher Staatsangehöriger zum 1. Dezember 1937 ausgewiesen; die Pfarrstelle wurde mit Pfr. Leopold Michaelis besetzt, den Gen.-Sup. Bursche von Gdingen nach Polnisch-Oberschlesien gewiesen hatte. In der Nachfolge des zum 1. Dezember 1937 als österreichischer Staatsbürger ausgewiesenen Pfarrers Wilhelm Koch in Ludwigsthal-Lublinitz wurde zum kommissarischen Verwalter der Pfarrstelle vom Vorläufigen Kirchenrat Vikar Karl Wolschendorf aus Sosnowitz eingesetzt, den Gen.-Sup. Bursche für die Übernahme einer Pfarrstelle in Polnisch-Oberschlesien frei gegeben hatte. Zum 3. Dezember 1937 wurde der Präfekt Theodor Stoy vom Vorläufigen Kirchenrat als Pfarrverweser in Myslowitz eingesetzt, dessen Pfarrstelle seit dem 1. Juli 1937 von Pfarrvikar Edmund Hartung verwaltet worden war. Am 1. Dezember 1937 erfolgte von Dr. Michejda und dem Plesser Vizestarosten Dr. Adolf Łukowiecki die Amtsenthebung des Pfarrers Kornelius Guttenberger in Ruptau und die Amtseinsetzung des Präfekten Jan Motyka; Pfr. Guttenberger wurde zum 15. Dezember 1937 als österreichischer Staatsbürger ausgewiesen. Die kirchlichen Körperschaften der Gemeinde Ruptau haben am 9. und 15. Dezember Beschwerde gegen die Maßnahmen des Vorläufigen Kirchenrates erhoben. Zum 17. Dezember 1937 erhielt Pfr. Leder–Nikolai die polizeiliche Ausweisung als reichsdeutscher Staatsbürger. Seine Stelle wurde dem Präfekten Gustav Broda übertragen. Innerhalb von wenigen Wochen hatte der Vorläufige Kirchenrat seine Beschlüsse vom 5. bzw. 8. November ausgeführt und mit Hilfe der Staats-

58 KuH 1937, 119.

behörden bzw. der Polizei in sieben Gemeinden der Unierten Kirche polnische augsburgische Geistliche als provisorische Pfarrstelleninhaber eingesetzt.

Die Zwangsmaßnahmen der Wojewodschaft und des Vorläufigen Kirchenrates waren durch die Entscheidung des Kultusministers Świętosławski vom 2. Dezember 1937 erneut legitimiert. In Beantwortung der Interpellation des Senators Hasbach vom 29. Juli 1937 wurde ihm die Antwort zuteil, daß das Gesetz vom 16. Juli 1937 mit der Staatsverfassung übereinstimme, da es den Weg zur Regelung der Rechtslage dieser Kirche in Übereinstimmung mit den Hinweisen und der Intention des Artikels 115, Abs. 1 und 2 der Verfassung aufzeige.[59]

Auf die Zuschrift des Präs. Voß an den Wojewoden Grażyński vom 13. November, ihm einen schriftlichen Bescheid über seine Amtsenthebung zukommen zu lassen, antwortete der Wojewode mit Schreiben vom 15. Dezember 1937[60] an „Pfarrer D. Hermann Voß, Pastor der evangelischen Gemeinde in Kattowitz". Die Frage des Leiters der Unierten Kirche in Polnisch-Oberschlesien, so der Wojewode, sei in Art. 18 des Gesetzes vom 16. Juli 1937 „endgültig erledigt". Mit der Ablehnung des Mandats eines Vorsitzenden des Vorläufigen Kirchenrates habe Voß selbst die Möglichkeit der Legalisierung seiner Funktion verworfen. Wörtlich heißt es dann weiter: „Angesichts Ihrer in dem genannten Schreiben enthaltenen Deklarationen halte ich mich verpflichtet, Sie darauf aufmerksam zu machen, daß die Aneignung von öffentlichen Funktionen ohne rechtliche Grundlagen und der Gebrauch des Ihnen nicht zustehenden Titels des Präsidenten der Unierten Evangelischen Kirche in ausdrücklicher Kollision mit dem Gesetz verbleibt und seinen Strafsanktionen unterliegt".

Präs. Voß sah sich veranlaßt, mit Schreiben vom 18. Dezember 1937[61] erneut beim Staatspräsidenten Mościcki vorstellig zu werden, ungeachtet der Tatsache, daß er auf keine seiner Eingaben an diesen eine Antwort erhalten hatte. In diesem wiederholte er die Gründe, warum die Unierte Kirche in Poln.-O/S das Gesetz nicht ausführen könne, verwies auf die Klage beim Obersten Verwaltungsgericht und führte zur Lage der Kirche aus:

„Inzwischen hat der Vorläufige Kirchenrat seine Arbeiten begonnen. Mit polizeilicher Hilfe sind die Akten des Landeskirchenrates übernommen worden. In der Gemeinde Schwientochlowitz ist am Totensonntag vor und während der gottesdienstlichen Stunden der zuständige Pfarrer seines Amtes enthoben und sind die Gemeindeglieder in schwerste Gewissenskonflikte gebracht worden. In einer Reihe anderer Gemeinden ist ähnliches geschehen, vor allem in Gemeinden, die noch von Pfarrern deutscher Reichsangehörigkeit oder österreichischer Bundesbürgerschaft verwaltet wurden. Jahre- und jahrzehntelange Bande des Vertrauens und der Liebe zwischen Gemeinden sind jäh zerrissen worden. In der Mehrzahl der Fälle konnte Amtsenthebung und Übergabe nur mit Hilfe der Behörden oder der Polizei zustandegebracht werden. Wo es scheinbar friedlich zugegangen ist, ist dies, wie uns auf das bestimmteste versichert wird, lediglich aus der allgemein herrschenden Verängstigung und der Sorge um schwerwiegende Folgen erfolgt. In fast allen Gemeinden ist Unruhe und Zwiespalt gekommen. [...]

---

59 Aufzeichnung des Legationsrates Mackeben betr. Unierte ev. Kirche in Poln.-O/S. in: AA, Kult. A, Bd. 12, Evangelische Angelegenheiten, 1 Polen.

60 Schreiben des Wojewoden Grażyński an Präs. Voß vom 15. Dezember 1937, in: AW.

61 Schreiben Präs. Voß an den Staatspräsidenten vom 18. Dezember 1937, in: ÖJ a.a.O. Nr. 7, 209f.; AW.

Wir sehen voraus, daß es um den Bestand und die Zukunft unserer Gemeinden geht. Dazu wird unserer Kirche schon jetzt ihr Charakter als einer Kirche der Union genommen; es werden unter Zwang Geistliche einer anderen Kirche eingeführt, die eine einwandfreie Stellung zur Union nicht einnehmen dürften; selbst der Vorsitzende des Vorläufigen Kirchenrates hat sich in ausgesprochen negativer Weise über die Union geäußert".

Zu Schluß kam Präs. Voß auf seine Amtsenthebung zu sprechen und bat den Staatspräsidenten, daß hinsichtlich der Rechtslage der Unierten Kirche vor der Entscheidung des Obersten Verwaltungsgerichtes keine dauernden Zustände geschaffen werden, die sich zum Schaden der früher so blühenden und friedlichen Gemeinden auswirken müßten. Ferner bat er den Staatspräsidenten, einer Delegation der Pfarrerschaft Gelegenheit zu geben, die Sache der Kirche in einer Audienz vorzutragen. Eine Antwort des Staatspräsidenten erfolgte nicht.

Auch nach seiner Amtsenthebung durch die Staatsbehörden setzte Präs. Voß im Einvernehmen mit den Geistlichen und Gemeinden der Unierten Kirche das Amt eines geistlichen Leiters der Kirche fort. Die durch Ausweisung frei gewordenen Pfarrstellen besetzte er kommissarisch mit jüngeren Geistlichen (Pfarrvikaren), die vom Vorläufigen Kirchenrat amtsenthobenen Pfarrer forderte er auf, ihr Amt weiterzuführen. Von den von Präs. Voß nach seiner Amtsenthebung eingesetzten Pfarrvikaren wurden Josef Ożana (Königshütte), Herbert Rutz (Nikolai) und Wilhelm Bauer (Ruptau) dann wieder vom Vorläufigen Kirchenrat ihrer Ämter enthoben, Bauer nach seinem ersten Gottesdienst in Ruptau am 19. Dezember 1937 polizeilich verhört und am 20. Dezember 1937 vom Wojewodschaftsamt aus Oberschlesien ausgewiesen.

Unruhe und Unsicherheit hatten die Gemeinden erfaßt.

b) Die Fortführung der Unterwerfung der Unierten Evangelischen Kirche in Polnisch-Oberschlesien. Das Scheitern der Befriedungsbemühungen. Der Tod des Kirchenpräsidenten Voß am 6. Mai 1938

Mit der Amtsenthebung des Präs. Voß am 23. Oktober 1937 war die erste Phase des oberschlesischen Kirchenkampfes abgeschlossen. Seine zweite Phase begann mit dem Eintritt der Herren Herrmann und Hegenscheidt als weltliche Mitglieder und des Pfarrers Harlfinger als geistliches Mitglied in den Vorläufigen Kirchenrat und war durch die erfolglos gebliebenen Bemühungen des Präs. Voß, der Kirchenleitung und der Pfarrerschaft der Unierten Kirche gekennzeichnet, selbst unter Zurückstellung schwerster Bedenken gegen das Staatsgesetz vom 16. Juli 1937 zu einer Verständigung mit dem Staate zu kommen. Als am 3. Dezember Herrmann und Hegenscheidt und am 6. Dezember 1937 Harlfinger ihre Ernennungsurkunden in den Vorläufigen Kirchenrat entgegennahmen und ihre Mitarbeit an der Ausführung des Staatsgesetzes zum Ausdruck brachten, konnte der Wojewode Grażyński mit Genugtuung auf den Erfolg seiner Kirchenpolitik verweisen und die polnische Presse vom Zusammenbruch des passiven Widerstandes schreiben.

Auf der ersten, am 9. Dezember 1937 gehaltenen, Sitzung des „komplettierten Vorläufigen Kirchenrates" hatten Herrmann, Hegenscheidt und Harlfinger ihre Mitarbeit von der schriftlichen Bestätigung der ihnen vom Wojewoden mündlich zugebilligten Zugeständnisse in der Kirchenfrage abhängig gemacht. Diese Zusagen betrafen: 1. Zusammensetzung des Vorläufigen Kirchenrates aus 3 Deutschen und 3 Polen mit einem deutschen Präsidenten, 2. Zusammensetzung der Kommission zur Ausarbeitung eines neuen Kirchengesetzes aus 3 Deutschen und 3 Polen mit einem deutschen Vorsitzenden, 3. Im neuen Kirchengesetz wird den Gemeinden das Pfarrerwahlrecht garantiert, 4. Die Synodalen werden gewählt, 5. Alle in der Unierten Kirche zur Zeit tätigen Geistlichen, sofern sie das Kirchengesetz anerkennen, können in ihren Ämtern weiter verbleiben, 6. Bestätigung eines Statutes für einen Verein evangelischer Deutscher, 7. Der Unionscharakter der Kirche bleibt gewahrt.[1]

Die Bedingungen der deutschen Mitglieder des Vorläufigen Kirchenrates nahm der Wojewode Grażyński mit Erlaß an den stellv. Vorsitzenden des Vorläufigen Kirchenrates, Dr. Michejda, vom 22. Dezember 1937[2] mit der Maßgabe zur Kenntnis, daß 1. der von ihm zu ernennende definitive Vorsitzende des Vorläufigen Kirchenrates aus dem Kreise der bisherigen Geistlichen der Unierten Kirche „eine Erklärung über die völlige Unterordnung unter das Gesetz vom 16. Juli 1937 abgibt, ferner sich loyal zu den bisherigen Beschlüssen des Rates über die von diesem bisher vollzogenen Veränderungen in den Stellungen der Pastoren verhält", 2. daß die vom Wojewoden zu berufende paritätische Deutsch-Polnische Kommission zur Vorbereitung des Materials für das künftige Gesetz, das die Organisationsgrundsätze der evangelischen Kirche sowie das Verhältnis des Staates zu der Unierten Kirche regeln soll, folgende Grundsätze als Arbeitsrichtlinien annimmt: a) „Den Kirchengemeinden verbleibt das Pfarrwahlrecht des Geistlichen, wobei den staatlichen Behörden das Einspruchsrecht bewahrt wird, welches das Gesetz vorsieht, das das Verhältnis des Staates zum Augsburgischen Bekenntnis regelt", b) Die Mitglieder der Synode werden durch Wahl einberufen, jedoch mit der Maßgabe, „daß den Staatsbehörden das Recht bleibt, einige (2–3) Delegierte mit Stimmrecht zu entsenden", 3. daß die Pfarrer deutscher Nationalität, welche die durch das Gesetz vorgesehenen Voraussetzungen erfüllen, in ihren Funktionen bleiben können, „unter der Bedingung, daß sie sich ganz dem Vorläufigen Kirchenrat unterordnen", 4. daß das Statut des Vereins der evangelischen Deutschen den „Vorschriften des Vereinsrechts entsprechen wird". Am Schluß seines Erlasses verwies der Wojewode „auf die Notwendigkeit, die Arbeiten in Angriff zu nehmen, die sich aus dem Gesetz vom 16. Juli 1937 ergeben und die auf eine Errichtung aller Behörden der evangelischen unierten Kirche in der vom Gesetz vorgesehenen Weise abzielen".

Bemerkenswert waren die Entscheidungen des Wojewoden hinsichtlich der paritätischen Zusammensetzung des Vorläufigen Kirchenrates und der Deutsch-Polnischen Kommission zur Vorbereitung des Materials für die Gesetzentwürfe betr. Regelung des Verhältnisses des Staates zur Unierten Evangelischen Kirche in Polnisch-Oberschlesien und für deren Kirchenverfassung. Zur Einhaltung der nationalen Parität im Vorläufigen Kirchenrat und in der Deutsch-Polnischen Kommission sah sich der Wojewode veranlaßt, eines der von ihm mit Verfügung vom 17. Juli 1937 in den Vorläufigen Kirchenrat berufenen vier polnischen Mitglieder zu entlassen. Er entließ Karl Skrzypek, den einzigen Oberschlesier und das einzige Mitglied der Unierten Kirche.[3] Die polnische Vertretung im Vorläufigen

1 KuH 1937, 137.
2 ÖJ a.a.O., Nr. 10, 211f.; KuH 1938, 15; PEK 1938, 161f.; AW.
3 Die Entlassung K. Skrzypeks, der in seinem Hause deutsch gesprochen hat, wurde in

Kirchenrat, der vorläufigen obersten Kirchenbehörde der Unierten Kirche, lag nunmehr ganz in den Händen der drei nach Polnisch-Oberschlesien zugezogenen evangelischen Polen augsburgischen Bekenntnisses, Vorstandsmitglieder des Verbandes der evangelischen Polen, die als ihre oberste Kirchenbehörde das Warschauer Konsistorium und den Generalsuperintendenten Bursche ansahen.

Der Eintritt der drei deutschen Mitglieder in den Vorläufigen Kirchenrat in Verbindung mit der Verfügung des Wojewoden vom 22. Dezember 1937 hatte zur Folge, daß dieses neu geschaffene Leitungsorgan der Unierten Kirche in Polnisch-Oberschlesien beschlußfähig geworden war. Schon am 23. Dezember 1937 ließ der Vorläufige Kirchenrat eine Mitteilung an alle Geistlichen[4] ergehen, „daß er nach Übernahme aller Agenden des früheren Landeskirchenrates der Unierten Kirchen in Polnisch-Oberschlesien von nun an allen Herrn Pfarrern, Administratoren und Vikaren den Zuschuß zu den Gehältern auszahlen wird, den sie bisher vom früheren Landeskirchenrat erhalten haben". Außer Pfr. Harlfinger hat keiner der deutschen Geistlichen von diesem Angebot Gebrauch gemacht.

Durch die Aufnahme der Zusammenarbeit mit dem Staate hatten die deutschen Mitglieder des Vorläufigen Kirchenrates die Erwartung verbunden, die vom Wojewoden Grażyński mehrfach angekündigten Sanktionen gegen die Unierte Kirche, ihre Geistlichen und Gemeinden verhindern oder zumindest lindern zu können. Ihre Enttäuschung stellte sich jedoch bald ein. Sie waren gehalten, alle bisherigen Entscheidungen des Wojewoden, einschließlich der Amtsenthebung von Kirchenpräsident Voß und aller bisher getroffenen Maßnahmen des Vorläufigen Kirchenrates als legal anzuerkennen und die weiteren Entscheidungen des Wojewodschaftsamtes, wenn auch widerstrebend, hinzunehmen. Hegenscheidt zufolge hatte Dr. Michejda „den Weg zu den Sitzungen des Vorläufigen Kirchenrates stets über das Wojewodschaftsamt" genommen.

Die Maßnahmen des Wojewoden Grażyński und des von ihm eingesetzten Vorläufigen Kirchenrates ließen keinen Zweifel, daß das Staatsgesetz vom 16. Juli 1937 und die aus diesem abgeleiteten Maßnahmen ja nur ein Teil der auf eine totale Entdeutschung bzw. Polonisierung Polnisch-Oberschlesiens ausgerichteten Minderheitenpolitik des polnischen Staates war. Sie erfuhr auch keine Änderung, als sich nach weiteren schwierigen Verhandlungen die Regierung Deutschlands und Polens am 26. August 1937 auf eine übereinstimmende „Erklärung der Deutschen und der Polnischen Regierung über den Schutz der beiderseitigen Minderheiten" geeinigt hatten, deren Artikel 4 auch kirchliche Fragen einschloß und bestimmte:

„Auf kirchlichem Gebiet wird den Angehörigen der Minderheit die Pflege ihres religiösen Lebens in ihrer Muttersprache und die kirchliche Organisierung gewährt. In die bestehenden Beziehungen auf dem Gebiete des Bekenntnisses und der charitativen Betätigung wird nicht eingegriffen werden".

Wegen des Widerstandes des Wojewoden Grażyński gegen „das Zustandekommen irgendwelcher Vereinbarungen über den Minderheitenschutz" konnte die Deutsch-Polnische Minderheitenschutz-Erklärung nicht, wie vorgesehen, Anfang September, sondern

---

der Öffentlichkeit mit dem „Verständnis seiner bürgerlichen Pflicht begründet", vgl. KuH 1938, 16.

4 Mitteilung an die Geistlichen, in: AW.

erst – nachdem die polnische Regierung in dem Vorgehen Grażyńskis eine Gefahr für ihren außenpolitischen Kurs sah – nach Einschaltung des Ministerpräsidenten Felicjan Sławoj-Składkowski am 5. November 1937 erfolgen.[5]

Praktische Auswirkungen auf die aktuelle Lage der deutschen Minderheit in Polnisch-Oberschlesien oder in anderen Teilen des Landes hatte die „Erklärung" vom 5. November nicht. Im oberschlesischen Industriegebiet waren zum 22. November 1937 75% der deutschen Arbeiter und Angestellten von ihren Arbeitsplätzen verdrängt oder arbeitslos. Laufende Aktionen des „Westmarkenverbandes", dessen Ehrenvorsitzender Grażyński war, forderten die totale Entdeutschung des Handels, des Gewerbes, die Parzellierung des deutschen Bodenbesitzes, die Polonisierung von etwa 80 000 Familiennamen oberschlesischer Schreibweise u. a. m.[6] Einer Verfügung des Wojewodschaftsamtes an die Standesämter zufolge durften im Geburtsregister nur polnische Vornamen eingetragen werden. Immer wieder kam es vor, daß dies nicht nur gegen den Willen, sondern auch ohne Wissen der Eltern geschah, die erst bei der Taufanmeldung die Verfälschung ihres Willens bemerkten, und daß die Namenseintragungen in den Geburts- und Taufregistern differierten.[7] Die polizeiliche Überwachung der Predigten und der Amtsführung der Geistlichen gehörte zu deren Alltag, zur Not auch der Mitglieder der Kirchenleitung der Unierten Kirche und so mancher Synodaler und Mitglieder der Kirchlichen Körperschaften.

Auch der Kirchenkampf in Oberschlesien hatte nach dem Minderheitenabkommen vom 5. November 1937 keine Unterbrechung erfahren. Nach der Unterredung mit dem polnischen Außenminister Josef Beck am 11. Dezember 1937 berichtete der Deutsche Botschafter v. Moltke an das Auswärtige Amt in Berlin[8], „daß sich in Polnisch-Oberschlesien nicht das geringste geändert hätte" und Beck ihm mitgeteilt habe, „daß er hinsichtlich der kirchlichen Fragen zur Zeit keine Möglichkeit einer befriedigenden Lösung sehe". Auch habe ihm Beck angedeutet, daß das Gesetz vom 16. Juli 1937 im Vollzug der Regierungspolitik den Kirchen der nationalen Minderheiten gegenüber ergangen war. Er habe seinen Kabinettschef, den Grafen Lubieński, nach Oberschlesien geschickt, um diese Frage an Ort und Stelle zu prüfen und gegebenenfalls auf den Wojewoden einzuwirken. Bei der von ihm angeordneten Untersuchung habe sich aber herausgestellt, „daß die unkluge Haltung der Geistlichen jede Intervention unmöglich mache". Die Ablehnung eines „rite zustandegekommenen Gesetzes" könne sich der „Staat [...] nicht gefallen lassen". Moltkes Erwägung, das nur vorläufigen Charakter tragende „unglückliche Gesetz" vom 16. Juli 1937 ruhen zu lassen und in der Zwischenzeit neue Verhandlungen mit der Kirche über ein endgültiges Gesetz zu führen, lehnte Beck ab, „weil bis zum Erlaß des endgültigen Gesetzes, das durch den Sejm verabschiedet werden müsse, noch zu lange Zeit vergehen würde".

5 Die „Erklärung der Deutschen und Polnischen Regierung über den Schutz der beiderseitigen Minderheiten vom 5. November 1937", in: Anhang, Dok. 31. Zu den Verhandlungen der Regierungen Deutschlands und Polens über den Abschluß eines Minderheitenabkommens vgl. DWB II, Nr. 81–98, 101; *R. Breyer,* Das Deutsche Reich 297–330; *Th. Bierschenk,* Die deutsche Volksgruppe 265ff.

6 DWB II, Nr. 105–110; *Th. Bierschenk,* a.a.O. 260ff., 272ff.; *O. Ulitz,* Aus der Geschichte 63f.; *H. Roos,* Polen zwischen 63; *W. Kuhn,* Das Deutschtum 150.

7 Aufzeichnungen, in: AW.

8 Bericht Moltkes an das AA vom 11. Dezember 1937, in: DWB II, Nr. 109, 132–135.

Hatte sich die Deutsche Reichsregierung hinsichtlich des vom Schlesischen Sejm beschlossenen Gesetzes vom 16. Juli 1937 begnügt der polnischen Regierung ihr „Befremden" auszudrücken[9], so beließ sie es nach dem Bericht v. Moltkes vom 11. Dezember bei der Feststellung, daß „ein sachliches Ergebnis [...] nicht zu erreichen war".[10] Die zur Entschärfung der Minderheitenprobleme zwischen Deutschland und Polen abgeschlossenen Vereinbarungen – das Deutsch-Polnische Abkommen vom 26. Januar 1934 (Nichtangriffspakt) und die Erklärung der Deutschen und der Polnischen Regierung über den Schutz der beiderseitigen Minderheiten vom 5. November 1937 – waren unausgefüllt geblieben.

Entsprechend der Haltung der Reichsregierung nahm das Deutsche Generalkonsulat für Polnisch-Oberschlesien in Kattowitz (Generalkonsul Dr. Nöldecke) in der Frage des Kirchenkampfes der Unierten Kirche eine zurückhaltende Stellung ein. Es empfahl eine solche auch den Gliedern der Unierten Kirche, die nach dem Anfall des Landes an Polen ihre deutsche Staatsangehörigkeit behalten hatten und die für den Fall einer Ablehnung des Staatsgesetzes vom 16. Juli 1937 wegen „staatsfeindlicher" Einstellung oder Gesinnung mit der Ausweisung zu rechnen hatten. Nach dem Eintritt deutscher Mitglieder in den Vorläufigen Kirchenrat war dies der zweite Riß, der durch das deutsche Kirchenvolk ging. Auf die Entscheidungen der Kirchenleitung der Unierten Kirche hatte er keinen Einfluß.

Nach Ablauf der Genfer Konvention war die Unierte Kirche in Polnisch-Oberschlesien dem politischen Zugriff des Staates nahezu schutzlos ausgeliefert und auf die eigenen Kräfte zurückgeworfen. Mit ihrer unter 30000 gesunkenen Seelenzahl besaß sie kein eigenes politisches Gewicht innerhalb des nahezu ganz katholischen deutschen Bevölkerungsanteils Polnisch-Oberschlesiens, unbeschadet des vertrauensvollen Verhältnisses zu den führenden Persönlichkeiten und Stellen der nach Erlaß der neuen Staatsverfassung vom 24. April 1935 politisch entmachteten deutschen Minderheit. War noch im Jahre 1930 die „Deutsche Wahlgemeinschaft" aus den parlamentarischen Wahlen mit 16 von 48 Mandaten als stärkste Fraktion im Schlesischen Sejm hervorgegangen und hatte 5 Abgeordnete in den Warschauer Sejm und 2 Abgeordnete in den Senat entsenden können, so änderte sich dies nach 1935. Die im Anschluß an die neue Staatsverfassung erlassene Wahlordnung hatte die Aufstellung von deutschen Kandidaten in den Schlesischen und in den Warschauer Sejm unmöglich gemacht, so daß der deutsche Bevölkerungsanteil Polnisch-Oberschlesiens wie ganz Polens in den Jahren 1935–1939 ohne gewählte parlamentarische Vertretung geblieben war, vertreten nur noch durch die beiden vom Staatspräsidenten berufenen Senatoren Erwin Hasbach aus Pommerellen (1935–1939) und Rudolf Wiesner aus Bielitz (1935–1938), dann M. Wambeck (1938–1939).[11] Die Ausschaltung der deutschen Minderheit aus dem Schlesischen Sejm hatte die Beschlußfassung des für die Unierte Kirche in Polnisch-Oberschlesien so schicksalsschweren Gesetzes vom 16. Juli 1937 erleichtert, wenn nicht ermöglicht und ihr die Möglichkeit genommen, dem politischen Zugriff des Staates auf parlamentarischer Ebene zu begegnen.

9 Bericht Moltkes an das AA vom 30. Juli 1937, in: DWB II, Nr. 94, 120–123.
10 Bericht Moltkes vom 11. Dezember 1937, a.a.O. 135.
11 *O. Ulitz,* a.a.O. 47ff.; *Th. Bierschenk,* a.a.O. 229ff.; *W. Kuhn,* a.a.O. 149f.

Die „Komplettierung" des Vorläufigen Kirchenrates und die durch den Widerstand der Unierten Kirche ermöglichten Zugeständnisse des Wojewoden Grażyński an die deutschen Mitglieder des Kirchenrates vom 22. Dezember 1937 erleichterten es der Regierung, in der Realisierung des Staatsgesetzes vom 16. Juli 1937 ein wesentliches Stück voranzukommen. Nicht zu lösen war für sie dagegen die Frage der Besetzung der Stelle des Vorsitzenden des Vorläufigen Kirchenrates, damit die des geistlichen Leiters der neu verfaßten Unierten Kirche, der vom Wojewoden „aus dem Kreise der bisherigen Geistlichen der Unierten Kirche in Polnisch-Oberschlesien" zu berufen war. Herrmann und Hegenscheidt, die auch nach ihrem Eintritt in den Vorläufigen Kirchenrat Kontakte zu Kirchenpräsident Voß und Dr. Wagner aufrechterhalten hatten, wurden nicht müde, unter Hinweis auf die Zugeständnisse des Wojewoden vom 22. Dezember 1937 und die Erwartung, mit einem deutschen Vorsitzenden die Arbeit des Vorläufigen Kirchenrates entscheidend beeinflussen zu können, Präs. Voß, dann Dr. Wagner zur Annahme der Berufung durch den Wojewoden zu bewegen. Ihre Bemühungen scheiterten an der Forderung des Wojewoden nach einer „völligen Unterordnung unter das Gesetz vom 16. Juli 1937".

Dem Problem der Übernahme des Vorsitzes im Vorläufigen Kirchenrat war die Schlüsselrolle zugefallen, als der Kirchenkampf der Unierten Kirche aus dem Zusammenhang der Verhandlungen der Regierungen Deutschlands und Polens über Fragen der Behandlung der gegenseitigen Minderheiten und damit der Beziehungen zwischen Deutschland und Polen nicht mehr herausgehalten werden konnte. Am 5. Januar 1938 war es in Beuthen zu einer Unterredung zwischen Legationsrat Mackeben vom Auswärtigen Amt in Berlin, dem deutschen Generalkonsul in Kattowitz Nöldecke, Oberkonsistorialrat Dr. Benn vom Ev. Oberkirchenrat in Berlin, zu dem die Unierte Kirche in Polnisch-Oberschlesien während der Dauer der Genfer Konvention kirchliche Beziehungen unterhalten konnte und von dem sie finanzielle Zuwendungen erhalten hatte, Kirchenpräsident Voß und Dr. Wagner gekommen[12], in deren Ergebnis Präs. Voß noch einmal den Versuch machen sollte, durch ein Einlenken in der kirchlichen Verfassungsfrage zu einer Verständigung mit dem Staate zu kommen. Nur aus Treue zu den angefochtenen, ihm anvertrauten Gemeinden hatte sich Präs. Voß zu entschließen vermocht, diesen Weg zu gehen. Sollte, so Voß, seine Person ein Hindernis zur Verständigung mit dem Staate sein, so sei er bereit, sein Amt mit Rücksicht auf sein Alter und seine Gesundheit – er war schwer Herzleidend und litt an Zucker – niederzulegen und den Geistlichen und Gemeinden den Weg zum Handeln gemäß eigener Entscheidung freizugeben. Auf der Pfarrkonferenz in Kattowitz vom 7. Januar 1938 berichtete Präs. Voß über die Gespräche in Beuthen vom 5. Januar und wurde nach einer lebhaften Aussprache einstimmig von der Pfarrerschaft gebeten, bei aller Bereitschaft zu einer Verständigung mit dem Staate zu kommen, in seinem Amte zu bleiben und in den grundsätzlichen Fragen der Kirche an der bisherigen kirchenpolitischen Linie festzuhalten. Sie sei willens, die sich aus der Ablehnung des Staatsgesetzes vom 16. Juli 1937 ergebenden Folgen zu tragen.[13]

---

12 Erlaß des AA an den Deutschen Botschafter v. Moltke vom 12. Januar 1938, in: AA, Kult. A, Ev. Angelegenheiten, 1 Polen.

13 Die Pfarrkonferenz vom 7. Januar 1938 wurde von der Polizei aufgelöst. Die Namen der Teilnehmer wurden notiert. Vgl. KuH 1938, 9.

Am 10. Januar 1938 lehnte Präs. Voß die ihm von Dr. Michejda und Herrmann erneut angebotene Übernahme des Vorsitzes im Vorläufigen Kirchenrat unter der Bedingung einer vollständigen Unterordnung unter das Gesetz vom 16. Juli 1937 und der Anerkennung aller bisherigen Maßnahmen des Wojewoden und des Vorläufigen Kirchenrates ab.[14] Diese wurden in der bisherigen Weise fortgesetzt. Auf Pfarrstellen eingesetzt wurden in Königshütte Präfekt Josef Szeruda (7. Januar)[15], in Kattowitz Präfekt und Herausgeber des „Ewangelik Gornośląski" Richard Danielczyk (13. Januar)[16], am 13. Januar waren der zuständige Pfarrer in Königshütte polizeilich an der Erteilung des Konfirmandenunterrichtes an seine polnischen Konfirmanden verhindert und Präs. Voß und Dr. Wagner auf dem Finanzamt Kattowitz über die persönliche Einkommenssteuer und die der Geistlichen sowie über die seitens des Landeskirchenrates gezahlten Zuschüsse zu den Gehaltsanteilen der Gemeinden befragt worden. Offenbar wollte man in erster Linie über die finanziellen Zuschüsse des Oberkirchenrates der Unierten Kirche in Berlin Auskunft erhalten. Gegen die Ernennung Danielczyks, der am 21. Januar von Dr. Michejda mit Polizeigewalt in sein Amt eingeführt worden war, hatten Präs. Voß und der Gemeindekirchenrat Kattowitz am 5. Februar 1938 Einspruch beim Wojewodschaftsamt[17] erhoben, der am 29. Januar 1939 zurückgewiesen wurde. Durch die Beauftragung (13. Januar) mit der provisorischen Verwaltung der Pfarrstelle in Lipine b. Königshütte, deren Pastor Gerhard Scholz, der letzte Pfarrer in Polnisch-Oberschlesien deutscher Staatsbürgerschaft, auf der Ausweisungsliste stand, sollte Dr. Wagner nach dem Wunsch des Vorläufigen Kirchenrates aus Kattowitz entfernt werden.[18] Pastor Scholz wurde am 24. Februar aus Polen ausgewiesen, auf die Pfarrstelle Lipine von Dr. Michejda mit Polizeiassistenz der polnische Geistliche Karl Minkner eingesetzt.[19] In Schoppinitz, dessen Pfarrer, Dr. Eduard Bechtloff, als Schriftleiter des Kirchenblattes der Unierten Kirche „Kirche und Heimat" laufenden Angriffen der politischen und kirchlichen polnischen Presse ausgesetzt war, diente die vom Wojewoden Grażyński mit Verfügung vom 21. Januar 1938[20] verordnete „Lustration des Ev. Pfarramtes" durch Wojewodschaftsbeamte (Überprüfung der Kassen, Rechnungsbücher, Sitzungsprotokolle) zum Anlaß, Dr. Bechtloff am 5. März 1938 von seinem Amte zu suspendieren und ein Disziplinarverfahren gegen ihn einzuleiten. Bechtloffs gegen die Verfügung des Wojewoden vom 21. Januar am 1. Februar 1938 beim Innenminister erhobene Beschwerde[21], wie dessen Beschwerden gegen seine Suspendierung vom Amte vom 12. März, 11. April und 20. Mai 1938[22] waren ergebnislos geblieben. Am 7. März 1938 war der polnische Geistliche Richard Horn von Dr. Michejda mit polizeilicher Hilfe als vor-

14 Die Ablehnung Voß' wurde in der polnischen Presse, so in der „Polska Zachodnia" vom 12. Januar 1937, als „böser Wille des Pastors Voß" kommentiert.
15 Verfügung des Vorläufigen Kirchenrates vom 7. Januar 1938, in: AW.
16 Verfügungen des Vorläufigen Kirchenrates vom 12. und 20. Januar 1938, in: AW.
17 Einspruch des Gemeindekirchenrates Kattowitz vom 5. Februar 1937, in: AW.
18 Verfügung des Vorläufigen Kirchenrates vom 13. Januar 1938, in: AW.
19 Verfügung des Vorläufigen Kirchenrates vom 14. November 1937 sowie Bericht und Protokoll über die Einsetzung Pfr. Minkners, in: AW; KuH 1938, 31, 32, 37.
20 Verfügungen des Wojewoden Grażyński vom 21. und 19. Januar und Protokoll über die Durchführung der Lustration vom 22. Januar 1938, in: AW.
21 Beschwerde Dr. Bechtloff beim Innenministerium vom 1. Februar 1938, In: AW.
22 KuH 1938, 122.

läufiger Administrator der Pfarrstelle Schoppinitz eingesetzt worden.[23] Beamte der Wojewodschaft hatten im Laufe des Februar 1938 auch die Kirchenkasse in Loslau überprüft. In Nikolai verbot der polnische Pfarradministrator Broda die Anbringung von deutschen Grabinschriften auf dem Friedhof[24], in der Gemeinde Ruptau hörten die Auseinandersetzungen des Administrators Motyka mit der Gemeinde nicht auf, deren Widerstand nur durch administrative Maßnahmen der Behörden gebrochen werden konnte.[25]

Mitte Januar 1938 sprach Kirchenpräsident Voß erstmals aus, „daß eine Fortsetzung des Widerstandes in der bisherigen Art" nicht mehr durchgehalten werden könne.[26] Dem Druck des totalitären Regims war die durch die Einsetzung von durch Bischof Bursche nach Oberschlesien entsandten polnischen Geistlichen der Ev.-Augsb. Kirche in Pfarrgemeinden unterwanderte, durch den Eintritt deutscher Mitglieder in den Vorläufigen Kirchenrat und die Haltung der Kirchenglieder reichsdeutscher Staatsangehörigkeit geschwächte, kleine Unierte Kirche in Poln.-O/S nicht gewachsen. Vielfache Beratungen mit den Kirchenleitungen der Unierten Kirche in Posen–Pommerellen, der Ev. Kirche A. und H.B. in Galizien und dem Ev. Oberkirchenrat in Berlin, wie mit Herrmann und Hegenscheidt in Kattowitz, mit Herrmann, Hegenscheidt und Harlfinger im „Rat der Deutschen in Polen" am 17. Januar 1938 geführten Gespräche[27], hatten Kirchenpräsident Voß im Einvernehmen mit der Pfarrerschaft der Unierten Kirche bewogen, einen letzten Versuch zur Befriedung im Kirchenkampf zu machen. Herrmann und Hegenscheidt, in ihren Erwartungen enttäuscht, hatten ihre weitere Mitarbeit im Vorläufigen Kirchenrat von ergänzenden Zusagen des Wojewoden in der Kirchenfrage abhängig gemacht.

Zu dem Entschluß des Kirchenpräsidenten hatte wesentlich die Erklärung des Kultusministers Świętosławski im Sejm vom 3. Februar 1938[28] beigetragen, in der er zur oberschlesischen Kirchenfrage mit Worten Stellung genommen hatte, die nach Auffassung politischer Kreise als Zeichen des Entgegenkommens des Staates der Unierten Kirche gegenüber im Kirchenkampf zu werten waren.

Das Schreiben des Kirchenpräsidenten Voß an den Wojewoden Grażyński vom 7. Februar 1938[29] wahrte im grundsätzlichen den kirchlichen Standpunkt in der Verfassungsfrage und war Ausdruck der Bereitschaft zu einem Kompromiß mit dem Staate zu kommen. Die Motive des Schreibens sprach Voß im Brief an Prof. Adolf Keller in Genf vom 9. Februar mit den Worten an: „[...] Dieser Brief hat die größte Selbstverleugnung bei mir und den anderen Geistlichen erfordert. Aber es schien mir richtig im Blick auf die Zukunft

---

23 KuH 1938, 36, 115.
24 KuH 1938, 51.
25 KuH 1938, 63, 99 u.a.; „Berichte über die Vorkommnisse in der Gemeinde Ruptau" vom 10. und 29. Januar 1938, in: AW.
26 Brief des Präs. Voß an den EO in Berlin (Dr. Benn) vom 17. Januar 1938, in: AW.
27 „Bericht über die Verhandlungen vor dem Rat der Deutschen in Polen vom 17. Januar 1938", in: AW.
28 „Erklärung" des Kultusministers Świętosławski vom 3. Februar 1938, in: PEK 1938, 211.
29 Schreiben des Präs. Voß an den Wojewoden Grażynski vom 7. Februar 1938, in: ÖJ a.a.O., Nr. 11, 212f.; AW.

und den Bestand unserer Gemeinden, jetzt das Äußerste zu tun".[30] Über den Ernst der Lage konnte man sich keinen Täuschungen hingeben. Am 6. Februar 1938 hatte die in Kattowitz tagende Hauptversammlung des Verbandes der evangelischen Polen Beschlüsse gefaßt, die verstärkte Zwangsmaßnahmen gegen die Gemeinden und deren durch das Staatsgesetz vom 16. Juli 1937 im Amt belassenen Kirchlichen Körperschaften befürchten ließen. Gefordert wurde u.a. die ständige Zuteilung der Gemeindesäle für die polnisch-evangelischen Organisationen, die Einstellung von polnischen Beamten, Diakonissen und Mitarbeitern in den einzelnen Gemeinden, die Auflösung der Gemeindekirchenräte und der Gemeindevertretungen in den Gemeinden, die sich dem Vorläufigen Kirchenrat nicht unterordnen, und ihre Ersetzung durch vom Vorläufigen Kirchenrat zu ernennende kommissarische Gemeindeorgane.[30a]

Das Schreiben von Kirchenpräsident Voß an den Wojewoden vom 7. Februar 1938 hatte den Wortlaut:

„Sehr geehrter Herr Wojewode!
Gestatten Sie, daß ich mich heute in der Angelegenheit der Unierten Evangelischen Kirche in Oberschlesien erneut an Sie wende.
Ich darf vorausschicken, daß mich folgende Erwägungen veranlassen, Ihnen heute zu schreiben.
1. Die Sätze in der Rede des Herrn Kultusministers vor dem Sejm vom 3. dieses Monats: ‚Die rascheste Regelung der kirchlichen Dinge in Oberschlesien liegt im Interesse der Unierten Kirche selbst, wie auch in dem des Staates, der ständig um die Schaffung von Rechtsgrundlagen für die Kirche bemüht ist. Alle Schritte der kirchlichen Faktoren nach dieser Richtung hin finden immer volles Verständnis und die volle Unterstützung der staatlichen Behörden'.
2. Ihr Schreiben an Herrn Dr. Michejda vom 22. Dezember vorigen Jahres, von dem ich erst Anfang Januar dieses Jahres Kenntnis erhalten habe, und das ich mit größtem Ernst studiert habe.
3. Die vielfachen Bestrebungen in Polen wie in Deutschland, den Minderheiten zu geben, was recht ist.
4. Die Lage in unseren Gemeinden, die weithin sich nach einem gerechten Frieden von ganzem Herzen sehnen.
5. Mein aufrichtiger Wunsch, unseren Gemeinden und unserer Kirche zu diesem Frieden nach meinen ganzen Kräften zu helfen.
Dies alles hat mich mit den Geistlichen und mit andern maßgebenden kirchlichen Kreisen genötigt, ernstlich zu prüfen, ob es uns möglich ist, unsererseits zu einer Befriedung des Kirchenstreites beizutragen.
Sie werden, sehr geehrter Herr Wojewode, von mir nicht erwarten, daß ich meine grundsätzlichen schweren Bedenken gegen das Gesetz vom 16. Juli 1937 und dessen Zustandekommen aufgebe. Wozu ich mich entschlossen habe, ist dies, daß ich bereit bin, diese Bedenken zurückzustellen und auf der Grundlage der Erklärung des Herrn Ministers vom 3. dieses Monats und Ihres Schreibens vom 22. Dezember 1937 eine Verständigung zu suchen und dann ehrlich mitzuarbeiten in der Zuversicht, daß die vorläufige Regelung in kürzester Frist abgelöst wird von einer endgültigen Regelung, die der Kirche die innere Freiheit und Selbständigkeit zurückgibt.

30 Brief des Präs. Voß an A. Keller, Generalsekretär der Europäischen Zentralstelle für Kirchliche Hilfsaktionen, vom 9. Februar 1938, in: AW.
30a Beschlüsse der Hauptversammlung vom 6. Februar 1938, in: KuH 1938, 28.

Ich verhehle mir nicht, daß über eine Reihe von Punkten noch eine Verständigung erfolgen muß. Aber ich habe die Hoffnung, daß auf diesem Boden die Verständigung sich wird erzielen lassen. Nach meiner Auffassung dürfte es sich empfehlen, die Klärung der etwa fraglichen Punkte einer mündlichen Verhandlung zu überlassen, um die ich hiermit bitte.
Wenn es zu der erwünschten Verständigung kommt, wird nach meiner festen Überzeugung die Befriedung in unseren Gemeinden und unserer Kirche eintreten. Die bisherigen Geistlichen und die in kirchlichen Ämtern stehenden Laien werden meiner Bitte um weitere Mitarbeit folgen, und der Weg zu einer kirchlichen Zusammenarbeit der beiden Volkstümer in unseren Gemeinden kann geebnet werden. Ich habe den dringenden Wunsch, daß die Verständigung gelingen möge, da ich einen andern Weg zu einer friedlichen Beilegung des Streites nicht sehe.

gez. D. Voß".

Das Schreiben vom 7. Februar 1938 und die Lage der Unierten Kirche in Poln.-O/S waren Gegenstand der Aussprachen von Präs. Voß, Graf Krafft Henckel v. Donnersmarck und Dr. Wagner mit Prof. Siegmund-Schultze, der im Auftrag des Weltbundes für Freundschaftsarbeit der Kirchen nach Polen gekommen war, am 10. Februar in Kattowitz und am 18. Februar 1938 in dem durch den Zutritt der Vertreter des Posener Konsistoriums (OKR. Nehring, Landesgerichtsrat Klawun) erweiterten Kreise in Warschau nach Siegmund-Schultzes Verhandlungen mit Bischof Bursche und der Arbeitsgemeinschaft deutscher Pastoren in der Ev.-Augsb. Kirche. Im Anschluß an die Warschauer Besprechung stattete Präs. Voß dem deutschen Botschafter v. Moltke einen Besuch ab.[31]

Das Schreiben des Kirchenpräsidenten Voß vom 7. Februar beantwortete der Wojewode Grażyński mit Schreiben an „Pfarrer Hermann Voß" vom 17. Februar 1938.[32] Darin stellte der Wojewode „mit angenehmer Befriedigung die Änderung der bisherigen Ansichten [des Präsidenten] und die ausdrückliche Erklärung, daß Voraussetzungen für eine Verständigung und Befriedung auf dem Gebiete der Gemeinden und der Unierten Evangelischen Kirche bestehen, fest". Seit Erlaß des Gesetzes vom 16. Juli 1937 habe er sich in der praktischen Ausführung dieses Gesetzes stets vom Grundsatz der Versöhnlichkeit und des Friedens leiten lassen. Für die Konflikte trage nicht er die Verantwortung. Seine (Voß') und des Kattowitzer Kirchenvorstandes Beschwerde vom 5. Februar gegen die Einsetzung Pfr. Danielczyks lasse jedoch Zweifel an der „endgültigen Festlegung seiner Ansichten in einer so entscheidenden Frage, wie es die harmonische Zusammenarbeit der staatlichen und kirchlichen Stellen in konfessionellen Angelegenheiten ist", aufkommen. Trotzdem nehme er Voß' „Bereitschaft zur Mitarbeit an der Befriedung der Verhältnisse in der Unierten Evangelischen Kirche zur Kenntnis, um noch einmal seine grundsätzliche Stellung in diesen Fragen zum Ausdruck zu bringen". Die ihm vorgelegten Anträge werde er „gewissenhaft studieren und in dem entgegenkommendsten Sinne ausnützen, selbstverständlich in den Grenzen der Möglichkeiten, die das Gesetz vom 16. Juli 1937 und die geltende Gesetzgebung geben". Zum Schluß machte der Wojewode den Präs. Voß noch einmal auf die Unzulässigkeit des von ihm weiter gebrauchten, mit den rechtlichen Vorschriften nicht übereinstimmenden Titel des Präsidenten der Unierten Kirche aufmerksam, trotz der Einwände, die ihm im Schreiben vom 15. Dezember 1937 zur Kenntnis gegeben wurden.

31 Brief des Präs. Voß an den EO in Berlin (Dr. Benn) vom 17. Februar 1938, in: AW.
32 Schreiben des Wojewoden Grażyński an Präs. Voß vom 17. Februar 1938, in: AW.

In einer kurzen Zuschrift an den Wojewoden vom 18. Februar[33] verwies Präs. Voß darauf, daß die Einsprüche vom 5. Februar 1938 aus kirchengesetzlichen Gründen erfolgt seien, um die gesetzliche Einspruchsfrist zu wahren, wie bisher immer geschehen, so lange keine gesamtkirchliche Regelung der Verfassungsfrage zustandegekommen sei und daß er auf die Beurteilung der Vergangenheit zu einem späteren Zeitpunkt zurückkommen werde.

Ohne dem Präs. Voß eine direkte Antwort zugehen zu lassen, lehnte der Wojewode Grażyński im Gespräch mit den deutschen Mitgliedern des Vorläufigen Kirchenrates vom 24. Februar 1938 den Vorschlag Herrmanns, Präs. Voß zum Vorsitzenden des Vorläufigen Kirchenrates zu berufen, mit der Begründung ab, „daß er zu ihm kein Vertrauen mehr habe" und daß ihm die ev. Polen verboten hätten, mit Präs. Voß noch einmal eine Unterredung zu führen. Herrmanns zweiten Vorschlag, Dr. Wagner zum Vorsitzenden des Vorläufigen Kirchenrates zu berufen, lehnte der Wojewode mit dem Hinweis ab, daß Wagner „zu sehr mit dem Präsidenten Voß verbunden gewesen sei, ja vielleicht auf seine Stellungnahme verschärfend eingewirkt habe". Die ev. Polen wünschten sich einen Deutschen an der Spitze des Vorläufigen Kirchenrates zu haben, zu dem sie Vertrauen hätten. Mit den Pfarrern Schicha–Königshütte oder Bolek–Laurahütte wären sie einverstanden.[34]

Präs. Voß war entschlossen, sich bald zurückzuziehen, aus Gesundheitsgründen und damit seine Person kein Hindernis für eine etwaige Befriedung im Kirchenkampf werde. Am 29. Februar 1938 begab er sich mit Dr. Ulitz, dem Vorsitzenden des Deutschen Volksbundes für Polnisch-Oberschlesien, zum deutschen Botschafter v. Moltke nach Warschau und bat ihn, daß er sich im Zusammenhang mit den deutsch-polnischen Regierungsverhandlungen über gegenseitige Minderheitenfragen „bei dem Staatspräsidenten und bei dem Außenminister möglichst stark dafür einsetze, daß bei dem Wojewoden im Sinne der Beauftragung des Pfarrers Dr. Wagner mit dem Vorsitz im Vorläufigen Kirchenrat eingewirkt werde". Botschafter v. Moltke erklärte sich bereit, eine erneute Unterredung mit dem polnischen Außenminister über die Lage der Unierten Kirche in Polnisch-Oberschlesien zu führen und darauf hinzuweisen, daß „eine wirkliche Entspannung der Lage nur dann erwartet werden könne, wenn in erster Linie Kirchenpräsident Voß, in zweiter Linie Dr. Wagner zum Vorsitzenden des Vorläufigen Kirchenrates bestellt werde".[35]

Am 3. März 1938 beantwortete Kirchenpräsident Voß das Schreiben des Wojewoden Grażyński vom 17. Februar.[36] Dieses, mit den Geistlichen der Unierten Kirche, dem Konsistorium in Posen und dem Ev. Oberkirchenrat in Berlin abgestimmte, letzte Schreiben des Kirchenpräsidenten an den Vertreter des Staates auf dem Höhepunkt des Kirchen-

---

33 Zuschrift des Präs. Voß an den Wojewoden Grażyński vom 18. Februar 1938, in: AW.

34 *H. Harlfinger,* „Bericht über die jüngste Kirchengeschichte in Oberschlesien" vom 21. März 1938, in: AW. Aufzeichnung Präs. Voß über sein Telephongespräch mit Dr. Benn vom 28. Februar 1938, in: AW.

35 Aufzeichnung Präs. Voß vom 28. Februar und Schreiben des EO in Berlin (Dr. Benn) an Legationsrat Mackeben vom 4. März 1938, in: AA, Kult. A, Bd. 12, Ev. Angelegenheiten, 1 Polen.

36 Schreiben des Präs. Voß an den Wojewoden Grażyński vom 17. Februar 1938, in: AW; KuH 1938, 131.

kampfes zeichnet die Grenze der Verständigungsbereitschaft und der Verständigungsmöglichkeit einer evangelischen Kirche mit einem autoritären, die Unterwerfung der Kirche unter den Staat fordernden Regime ab. Voß spricht darin in Vollmacht eines von der Kirche in sein Amt berufenen, zur Verteidigung des Wesens und der Rechte der Kirche auch von der Synode beauftragten geistlichen Leiters der Unierten Evangelischen Kirche in Polnisch-Oberschlesien. Im Schreiben widersprach Voß dem Vorwurf des Wojewoden, die Schuld an den Konflikten zu tragen. In all seinen mündlichen und schriftlichen Äußerungen und Stellungnahmen habe er stets nach evangelisch-kirchlichen Gesichtspunkten gehandelt und auch diesmal spreche er zu ihm „vom Raum der Kirche aus, als Mann der Kirche, der sich für evangelisches Wesen und Leben verantwortlich fühlt und weiß". Seine und der Kirche schweren grundsätzlichen Bedenken gegen das Gesetz vom 16. Juli 1937 bestünden weiter. Das Ziel seines Schreibens vom 7. Februar 1938 sei es gewesen, nichts unversucht zu lassen, was zur Beruhigung des Kirchenkampfes führen könne, „um den schwer geprüften und auch an mancherlei Ungemach leidenden Gemeinden zu ihrem Frieden zu verhelfen, den sie zu ihrer gedeihlichen Entwicklung dringend brauchen und sehnlich wünschen". Um das Ziel, die Befriedung des Kirchenstreites, zu erreichen, schlug Präs. Voß vor, „daß die Vergangenheit nicht mehr berührt, vielmehr versucht werde, den Blick in die Zukunft zu richten und nunmehr Vertrauen zu gedeihlicher Zusammenarbeit zu gewinnen". Die Geistlichen hätten den dringenden Wunsch, „daß an den Anfang einer praktischen Zusammenarbeit nicht das Verlangen der ausdrücklichen Anerkennung des Gesetzes vom 16. Juli 1937 und aller bisherigen Maßnahmen des Vorläufigen Kirchenrates gestellt werde". Wenn sie sich zur tatsächlichen und praktischen Zusammenarbeit zur Verfügung stellen, so sei damit die Bereitwilligkeit zur Zurückstellung der Bedenken gegen das Gesetz vom 16. Juli 1937 und zur Mitarbeit nach dem Gesetz zum vollen Ausdruck gebracht. Die Übernahme der Arbeit wird der „tatsächliche Beweis für den Wunsch aufrichtiger und völlig loyaler Zusammenarbeit mit den staatlichen Stellen sein. Ähnliches dürfte von den bisherigen Maßnahmen des Vorläufigen Kirchenrates gelten". Grundlage der Zusammenarbeit in Personalfragen könne die wiederholt ausgesprochene Forderung sein, „daß, soweit irgend möglich, für den polnischen Teil der Gemeinden ein Pfarrer polnischer Nationalität, für den deutschen Teil der Gemeinden ein Pfarrer deutscher Nationalität zur Verfügung stehe unter Berücksichtigung berechtigter Wünsche der Gemeinden". Zur Frage der Berufung eines Vorsitzenden des Vorläufigen Kirchenrates bestehe innerhalb der Pfarrerschaft einmütig die Auffassung, daß diese Persönlichkeit das Vertrauen der Geistlichen und Gemeinden besitzen müsse. Die Kommission zur Ausarbeitung einer Verfassung der Kirche und damit der Herbeiführung von kirchenordnungsmäßigen Zuständen in der Kirche habe „nicht nur das Material für die künftige Verfassung vorzubereiten, sondern den Entwurf der Kirchenverfassung in voller Freiheit und in vertrauensvollem Meinungsaustausch mit den staatlichen Behörden zu erarbeiten und den zuständigen Stellen vorzulegen". Die Pfarrerschaft habe mit Befriedigung davon Kenntnis genommen, daß der Unionscharakter der Kirche gewahrt und gesichert werden solle. Präs. Voß beschloß sein Schreiben mit dem Wunsch: „Möchte es trotz aller bisherigen Geschehnisse doch noch zu einer Verständigung kommen, die dem Staate gibt, was des Staates ist und der Kirche das Maß von Freiheit und Selbständigkeit des Handelns läßt, das ihr nach evangelischer Überzeugung unerläßlich ist, wenn sie die Aufgaben erfüllen soll, die aus ihrem Wesen fließen.

An der Herbeiführung eines solchen gerechten Ausgleichs dürften Staat und Kirche das gleiche Interesse haben".

Das Schreiben des Kirchenpräsidenten Voß an den Wojewoden vom 3. März wurde den Senatoren Hasbach und Wiesner und dem Oberkirchenrat in Berlin zur Kenntnis übersandt. Letzterer leitete es am 4. März dem Auswärtigen Amt in Berlin als Unterlage zur Besprechung in den deutsch-polnischen Regierungsverhandlungen über Minderheitenfragen zu. Am 8. März erging ein dahingehender Erlaß des Auswärtigen Amtes an Botschafter v. Moltke in Warschau[37] mit der Weisung, entsprechend dem Wunsch der Geistlichen und Gemeinden die Berufung des Präs. Voß zum Vorsitzenden des Vorläufigen Kirchenrates, wenn dieser nach einiger Zeit sein Amt mit Rücksicht auf sein Alter und die angegriffene Gesundheit auf jüngere Schultern zu übergeben wünsche, die Berufung von Pfarrer Wagner zu unterstützen.

Die Unterredung v. Moltkes mit dem polnischen Außenminister Beck verlief ergebnislos. Beck bekannte sich, wie schon in der Unterredung vom 11. Dezember 1937, zu der vom Wojewoden Grażyński vertretenen staatskirchenrechtlichen und kirchenpolitischen Linie des polnischen Staates den Kirchen der religiösen und nationalen Minderheiten gegenüber und sah die Möglichkeit der Befriedung im Kirchenkampf nur durch die vollständige Unterordnung der Unierten Kirche in Polnisch-Oberschlesien und ihrer Geistlichkeit unter das Staatsgesetz vom 16. Juli 1937. Die bisherige Haltung des Kirchenpräsidenten Voß und Pfarrer Wagners biete als Vorsitzende des Vorläufigen Kirchenrates keine Gewähr für eine friedliche Zusammenarbeit von Staat und Kirche auf der Grundlage des gültig zustandegekommenen Staatsgesetzes vom 16. Juli 1937. Von der Regierung gestützt, setzte der Wojewode Grażyński die Unterdrückungsmaßnahmen gegen die Unierte Kirche fort. Am 7. März 1938 wurden mit Polizeigewalt auf die Pfarrstelle in Myslowitz Theodor Stoy, auf die Pfarrstelle in Schoppinitz Richard Horn vom Vorläufigen Kirchenrat eingesetzt, zwei weitere von Bischof Bursche nach Polnisch-Oberschlesien entsandte polnische Geistliche der Ev.-Augsb. Kirche. Am gleichen Tage des 7. März 1938 wurde Pfr. Dr. Bechtloff–Schoppinitz mit sofortiger Wirkung seines Amtes enthoben und ein Disziplinarverfahren gegen ihn eingeleitet.[38]

Zur Aussprache über die von Präs. Voß im Schreiben vom 3. März zur Befriedung im Kirchenkampf gemachten Vorschläge empfing der Wojewode Grażyński am 25. März 1938 eine Delegation der Pfarrerschaft der Unierten Kirche, bestehend aus den Pfarrern Johannes Schicha–Königshütte, Alfred Bolek–Laurahütte und Gerhardt Kanzok–Sohrau. Die einzelnen deutschen Geistlichen, so der Wojewode, brauchten keine ausdrückliche Erklärung über ihre Unterordnung unter das Gesetz vom 16. Juli 1937 abzugeben, deren positive Mitarbeit genüge. Dagegen werde von dem zu ernennenden Vorsitzenden des Vorläufigen Kirchenrates eine schriftliche Erklärung über seine unbedingte Unterordnung unter dieses Gesetz abverlangt werden. Den Vorschlag der Pfarrerschaft, Kirchenpräsident Voß oder im Falle seiner Ablehnung Dr. Wagner zum Vorsitzenden zu berufen, lehnte der Wojewode als seine „unumstößliche Entscheidung" ab. Er kenne Präsident Voß und Dr.

37 Erlaß des AA an Botschafter v. Moltke in Warschau vom 8. März 1938, in: AA, Kult. A, a.a.O.

38 Berichte über die Vorgänge in Schoppinitz, in: KuH 1938, 36f., 58f., 68f.

Wagner aus wiederholten und längeren Aussprachen und sei zu der Überzeugung gekommen, daß eine Zusammenarbeit mit ihnen für ihn unmöglich sei. Der Vorsitzende des Vorläufigen Kirchenrates müsse unbedingt das Vertrauen der Staatsbehörden haben und ein „Garant der loyalen Ausführung des Gesetzes“ sein. Gleiches gelte für die Ernennung des Vorsitzenden der Kommission zur Erarbeitung eines in Zusammenarbeit mit dem Wojewodschaftsamt zu erstellenden Entwurfes zu einem Gesetz betr. Regelung des Verhältnisses des Staates zur Unierten Kirche. Der Wojewode ersuchte um die Benennung eines Kandidaten für die Ernennung zum Vorsitzenden des Vorläufigen Kirchenrates bis zum 1. April 1938 und sprach die Hoffnung auf weitere Kontakte aus.[39] Am 31. März schlugen Schicha und Kanzok im Einverständnis mit Präs. Voß und der Pfarrerschaft der Unierten Kirche Pfr. Bolek zum Vorsitzenden des Vorläufigen Kirchenrates vor, „in der Hoffnung, daß auf dem Wege einer vertrauensvollen Zusammenarbeit alle unsere Kirche betreffenden Fragen einer gerechten und friedlichen Lösung zugeführt werden“.[40]

Auf den Vorschlag zur Ernennung Pfr. Boleks zum Vorsitzenden des Vorläufigen Kirchenrates reagierte der Wojewode Grażyński bis zum Ende Mai nicht. Seitens des Verbandes der ev. Polen wurde versucht, seine Ernennung zu verzögern, um Dr. Michejda, im Einverständnis mit dem Wojewoden, Zeit zu lassen, in unmittelbare Verhandlungen mit Pfr. Bolek einzutreten und mit ihm eine Vereinbarung dahingehend zu erzielen, daß in den bestehenden gewählten Kirchlichen Körperschaften „das polnische Element verstärkt werde“.[41] Da die Kirchlichen Körperschaften im Gesetz vom 16. Juli 1937 aufrechterhalten wurden – nur das Recht der Pfarrwahl war ihnen genommen – und die Möglichkeit einer Änderung ihrer Zusammensetzung innerhalb der Geltungsdauer der Wahlperiode mit keinem Gesetz zu begründen war, sollten im Wege eines vom Wojewoden zu sanktionierenden Verwaltungsaktes des Vorläufigen Kirchenrates nach gütlicher Einigung mit dem vom Wojewoden zu ernennenden Vorsitzenden des Vorläufigen Kirchenrates die Beschlußorgane der Kirchengemeinden eine „nationale Parität“ erhalten. Damit hätte der Widerstand der Gemeinden im Kirchenkampf ausgeschaltet und diese in unmittelbare Abhängigkeit von staatlichen Stellen gebracht werden können.

Der schwerste Verlust traf die Unierte Kirche in Polnisch-Oberschlesien durch den Tod ihres Kirchenpräsidenten D. Hermann Voß, der im Alter von 65 Jahren den Belastungen des Kirchenkampfes erlag. Am Palmsonntag des Jahres 1938 hatte er seine letzte Predigt in Kattowitz gehalten. Schwer leidend mußte er sich Mitte April zur Behandlung nach Breslau begeben, wo er am 6. Mai 1938 verstarb. In seiner Person verkörperte Kirchenpräsident Voß die Geschicke der Gemeinden und der evangelischen Kirche in Oberschlesien durch drei Jahrzehnte. Mit ihm verlor die Unierte Kirche in Polnisch-Oberschlesien ihre überragende Persönlichkeit, die evangelischen Kirchen in Polen und der ökumenische Protestantismus eine seiner großen Gestalten, der oberschlesische Kirchenkampf

39 Aufzeichnung der Unterredung der Delegation der Pfarrerschaft mit dem Wojewoden Grażyński vom 25. März 1938, in: AW.

40 Schreiben der Pfarrer Schicha und Kanzok an den Wojewoden Grażyński vom 31. März 1938, in: AW.

41 Brief des EO in Berlin (Dr. Benn) an Legationsrat Mackeben vom 23. April 1938, in: AA, Kult. A, Bd. 12, Ev. Angelegenheiten, 1 Polen.

seine tragende Mitte. „Dem im Glauben und Treue bewährten Diener seines Herrn Christus und unermüdlichen Künder der Versöhnung“ dankten die Geistlichen und Gemeinden der Unierten Kirche über sein Grab hinaus. Das Urteil über seine Haltung in dem der Kirche aufgezwungenen Kirchenkampf gab Zöckler in einem Nachruf für Voß mit den Worten wieder: „[...] Es war – das wissen alle, die Voß kennen – gewiß kein Kampf gegen Staat und Regierung, aber es war ein Kampf um heilige Rechte der Kirche, um das Wohl der Gemeinden; ein Kampf, der in tiefster Glaubensüberzeugung beruhte und den nur diejenigen einen politischen nennen können, die die Dinge lediglich äußerlich und selbst mit politischen Augengläsern betrachten“.[42] Die Trauerfeierlichkeiten für den heimgegangenen Kirchenpräsidenten fanden in der St. Johanneskirche in Breslau am 10. Mai[43], in der Kattowitzer Auferstehungskirche am 15. Mai[44], die Beerdigungsfeier fand am 11. Mai 1938 in Giehren im Isergebirge statt, wo er seinen zum 31. Juli 1938 beantragten Ruhestand zu verleben gedachte.

Das Amt der Leitung der um ihre Fortdauer, ja um ihre Existenz ringenden Unierten Evangelischen Kirche in Polnisch-Oberschlesien war in kirchenrechtlicher Kontinuität auf den Vertreter des Kirchenpräsidenten Voß und dessen engsten Mitarbeiter, Landessynodalpfarrer Dr. Oskar Wagner, übergegangen, auf den Voß auch seine ihm von der a.o. Synode vom 28. Juli 1937 verliehenen Vollmachten übertragen hatte. Voß' letztes dienstliches Schreiben war das an den Kirchenvorstand in Kattowitz aus Breslau vom 22. April 1938.[45] Dieses vor seiner Operation verfaßte Schreiben ist zu seinem Abschiedsbrief an die Gemeinde Kattowitz geworden. Darin teilte er den Mitgliedern des Kirchenvorstandes seine Versetzung in den Ruhestand zum 31. Juli mit und sprach im Rückblick auf seine 34jährige

---

42 *Zöckler,* „Kirchenpräsident D. Hermann Voß †“, in: EGG 1938, 66–68.

43 Bei der Trauerfeierlichkeit in Breslau sprachen am Sarge des heimgegangenen Kirchenpräsidenten Worte des Dankes und des Abschieds Bischof Otto Zänker für die Schlesische Provinzialkirche, Pfr. Dr. Wagner für die Unierte Ev. Kirche in Polnisch-Oberschlesien, Bischof D. Theodor Heckel für die Ev. Kirche in Deutschland, Generalsekretär D. Bruno Geißler für den Zentralvorstand der Gustav-Adolf-Stiftung und Pfr. Johannes Müller, ein Jugendfreund des Kirchenpräsidenten. Unter den Kränzen am Sarge befand sich auch einer des Verbandes der ev. Polen mit einer Schleife in den polnischen Nationalfarben.

44 Den Trauergottesdienst in der Auferstehungskirche in Kattowitz hielten die Pfarrer Dr. Wagner–Kattowitz, J. Schicha–Königshütte und A. Bolek–Laurahütte. Alle ev. Gemeinden der Unierten Kirche waren durch Abordnungen vertreten. Dankesworte sprachen die Vertreter der Unierten Kirche in Polen (Konsistorialrat Hein–Posen), der Ev. Kirche A. und H. B. in Polen (Senior R. Walloschke–Neu-Sandez), der Arbeitsgemeinschaft deutscher Pastoren in der Ev.-Augsb. Kirche in Polen (Pfr. Schedler). KuH 1938, 87f. bringt eine Reihe von Zuschriften an die Pfarrerschaft zum Heimgang des Kirchenpräsidenten, u.a. von Gen.-Sup. Blau–Posen, Baron Albert von Radwanszky–Budapest, Generalinspektor der Ungarländischen Ev. Kirche, Landesbischof D. Glondys–Hermannstadt (Rumänien), Landesbischof Dr. Popp–Agram (Jugoslawien), Kirchenpräsident D. Wehrenpfennig–Gablonz (ČSR), Landesbischof D. Meiser –München, Prof. Bornkamm, Präsident des Ev. Bundes. Die Ev.-Augsb. Kirche in Polen (Konsistorium Warschau, Gen.-Sup. Bursche) war beim Trauergottesdienst in Kattowitz nicht vertreten, hatte auch an die Witwe des Kirchenpräsidenten kein Beileidschreiben gerichtet.

45 Schreiben, in: KuH 1938, 79; AW.

Tätigkeit in der Gemeinde von der Freude und dem Dank in seinem Herzen über die Gemeinde, die ihm geschenkte Liebe und das ihm entgegengebrachte Vertrauen. Seine Gebete würden auch weiterhin dieser seiner Gemeinde gelten. Im Blick auf ihr künftiges Schicksal heißt es in dem Abschiedsbrief: „[...] Ich trage besondere Sorge um die deutsche Mehrheit in unserer Gemeinde, zumal da die polnische Minderheit zahlreiche starke Förderer bis in unsere Reihen hinein gefunden hat und finden wird. Ich bin gewiß, daß Sie diese meine besondere Sorge teilen werden. Deshalb bitte ich Sie auf das dringendste, daß Sie bei den zuständigen Stellen einmütig Herrn Pfarrer Dr. Wagner als meinen Nachfolger begehren. Ich bin überzeugt, daß nur in diesem Falle unserer Gemeinde und unseren kirchlichen Körperschaften die deutsche Leitung, wie es sich gebührt, verbleiben wird. Wenn ich Ihnen je etwas gegolten habe, so machen Sie sich diese meine Bitte zu eigen. Sie ruht auf keinerlei persönlichen Gründen, sondern einzig in dem heißen Wunsch, daß unsere Gemeinde auch in den kommenden Nöten und Trübsalen sichere Zuflucht und starker Hort für unsere Glaubens- und Volksgenossen bleiben möge". In seiner Arbeit führte Wagner die kirchenrechtliche und kirchenpolitische Linie des Kirchenpräsidenten Voß, der aufgelösten Kirchenbehörden, der Beschlüsse der Kirchenvorsteher aller Gemeinden und der a. o. Synode im Einvernehmen mit der Pfarrerschaft und in Verbindung mit dem Konsistorium in Posen und Sup. Zöckler in Stanislau fort. Die wöchentlichen Pfarrkonferenzen wurden weitergeführt, die Verbindung zu Herrmann und Hegenscheidt aufrechterhalten.

Der Tod des Kirchenpräsidenten hatte eine weitere Verschärfung des Kirchenkampfes zur Folge. Es schien, als ob für die Staatsbehörden letzte Hemmungen gefallen wären. Ehe noch Präs. Voß zu Grabe getragen war, wurde dessen Kattowitzer Pfarrstelle und die Leitung des Kattowitzer Kirchenvorstandes mit Verfügung Dr. Michejdas vom 9. Mai 1938[46] Pfr. Hans Harlfinger aus Golassowitz, dem einzigen Geistlichen der Unierten Kirche, der sich dem Wojewoden Grażyński zur Mitarbeit an der Ausführung des Gesetzes vom 16. Juli 1937 zur Verfügung gestellt und eine Berufung in den Vorläufigen Kirchenrat angenommen hatte, „bis zur vorübergehenden Erledigung der Angelegenheit durch den Vorläufigen Kirchenrat übergeben". Gegen diese Verfügung erhob der Kattowitzer Gemeinderat am 16. Mai 1938 Beschwerde beim Wojewoden[47] und leitete diese auch dem Kultusminister W. Świętosławski und dem Ministerpräsidenten F. Sławoj-Składkowski zu. Die Beschwerde vom 16. Mai – in ihrem deutschen wie polnischen (Übersetzung) Text von allen 12 Mitgliedern des Kirchenvorstandes unterschrieben – war kirchenrechtlich, darüber hinaus u. a. auch damit begründet worden, daß die Kirchengemeinde kein Vertrauen zu Pfr. Harlfinger habe und er für sie untragbar sei. So habe er auch „nicht aufgehört, gegen Herrn D. Voß in jeder Weise zu intrigieren und bis in die letzte Zeit hinein in Schreiben, welche an alle möglichen Stellen des In- und Auslandes verschickt wurden, Herrn D. Voß anzugreifen und herabzusetzen".

Der Einspruch des Kattowitzer Gemeindekirchenrates gegen die Einsetzung von Pfr. Harlfinger war nach dem Bericht des Blattes des Verbandes der ev. Polen „Ewangelik Górnośląski" der Anlaß für den Wojewoden Grażyński, den Kattowitzer Gemeindekirchen-

46 Verfügung des Vorläufigen Kirchenrates vom 9. Mai 1938, in: KuH 1938, 81; AW.
47 Beschwerde des Kattowitzer Gemeindekirchenrates vom 16. Mai 1938, in: AW; KuH 1938, 88f.

rat mit Verfügung vom 24.Mai[48] aufzulösen und dessen Funktion dem als „Kommissar der Kirchengemeinde Kattowitz" eingesetzten Paul Zabystrzan, einem Mitglied des Vorläufigen Kirchenrates und Vorstandsmitglied des Verbandes der ev. Polen, kommissarisch zu übertragen. Zur Begründung der Auflösung des Gemeindekirchenrates und der Einsetzung eines Staatskommissars für die Gemeinde Kattowitz führte der Wojewode an, daß der Gemeindekirchenrat Kattowitz „die ihm durch die Gesetze auferlegten Pflichten nicht erfüllt und die legale, vorgesetzte Kirchenbehörde [den Vorläufigen Kirchenrat] nicht anerkennt". Er, der Wojewode, „stellte daher fest, daß das Vorgehen des Gemeindekirchenrates in hohem Maße das Wohl und die Interessen der Gemeinde gefährdet, der gegenwärtigen Rechtsordnung widerspricht und gegen die allgemeinen Interessen der Evangelischen Kirche in Oberschlesien gerichtet ist". Am Tage der Auflösung des Gemeindekirchenrates und der Einsetzung eines Staatskommissars (24. Mai 1938) erhob Pfr. Harlfinger gegen die 12 Mitglieder des aufgelösten Gemeindekirchenrates eine Privatklage beim Kattowitzer Amtsgericht.[49] Zur Begründung führte die Anklageschrift an, daß die in der Beschwerde vom 16. Mai behaupteten Tatsachen der Wahrheit nicht entsprächen und die Beschwerde erhoben worden sei, „um Pfarrer Harlfinger die Übernahme der ihm anvertrauten Stellung unmöglich zu machen und seinen guten Namen anzutasten". Gegen die Verfügung des Wojewoden Grażyński betr. Auflösung des Gemeindekirchenrates vom 24. Mai erhob der Gemeindekirchenrat Kattowitz am 8. Juni 1938 Berufung beim Kultusministerium in Warschau.[50]

Am 25. Mai 1938 übernahm Paul Zabystrzan als „Kommissar der evangelischen Kirchengemeinde Kattowitz" in Anwesenheit von Dr. Michejda und Dr. Wagner von dem stellv. Vorsitzenden des (aufgelösten) Gemeindekirchenrates, Direktor Friedrich Schwarzer, und dem Rendanten der Kirchenkasse, August Firschke, das Protokollbuch der Sitzungen der Kirchlichen Körperschaften, das Siegel und die Matrikel (Tauf-, Trauungs-, Sterberegister) und das Archiv, das Inventar und die Kassen des Pfarramtes bzw. der Kirchengemeinde.[51] Nachdem sich keines der Mitglieder des aufgelösten Gemeindekirchenrates für den Eintritt in den zu bildenden Kommissarischen Gemeindekirchenrat zur Verfügung gestellt hatte, ernannte der Wojewode Grażyński einen aus 6 Polen bestehenden Kommissarischen Gemeindekirchenrat, der in seiner ersten Sitzung den Beschluß faßte: „Es wird zur Kenntnis genommen und einmütig das Einverständnis dazu ausgesprochen, daß Pfarrer Hans Harlfinger als dem ernannten Administrator der Kattowitzer Kirchengemeinde der Vorsitz des Kommissarischen Gemeindekirchenrates anvertraut wird".[52]

48 Verfügung des Wojewoden Grażyński vom 24. Mai 1938 betr. Auflösung des Kattowitzer Gemeindekirchenrates, in: KuH 1938, 81; PEK 1938, 406f.

49 Anklageschrift des Pfr. Harlfinger gegen die Mitglieder des Kattowitzer Gemeindekirchenrates vom 24. Mai 1938, in: AW.

50 Berufung des Gemeindekirchenrates Kattowitz vom 8. Juni 1938 gegen die Verfügung des Wojewoden vom 24. Mai 1938, in: AW.

51 Protokoll der Übernahme der Akten, Bücher usw. der Kattowitzer Gemeinde durch den Staatskommissar vom 25. Mai 1938, in: AW.

52 KuH 1938, 90, 97; Ewangelik Górnośląski vom 26. Juni 1938. In den kommissarischen Gemeindekirchenrat wurden vom Wojewoden berufen: Paul Zabystrzan, Kommissar für die Gemeinde; Dr. Stanisław Kubisz, Wojewodschaftsbeamter; Richard

Die Maßnahmen der Wojewodschaft und des Vorläufigen Kirchenrates gegen die Kattowitzer Kirchengemeinde wurden von der polnischen politischen und kirchlichen Presse mit Genugtuung aufgenommen. Ihre Angriffe richteten sich gegen die „Opposition auf dem Gebiete der evangelischen Kirche in Schlesien, die ausschließlich aus Deutschen besteht und die nach der Entfernung von D. Voß, dem ehemaligen Haupt der evangelischen Kirche in Schlesien, von Pastor Dr. Wagner angeführt wird".[53] Nach dem Tode des Kirchenpräsidenten Voß hatten sich die politischen Angriffe vornehmlich gegen diesen gerichtet. Auf Weisung der Wojewodschaft wurde in dessen Wohnung am 3. Juni 1938 eine polizeiliche (achtstündige) Hausdurchsuchung durchgeführt und eine Reihe von Aktenstücken mit Aufzeichnungen, Niederschriften, Korrespondenzen und Notizen zum Kirchenkampf beschlagnahmt. Dieser Hausdurchsuchung war die bei Pfr. Dr. Bechtloff in Schoppinitz vorausgegangen.[54] Am 7. Juni 1939 wurde Pfr. Koderisch in Schwientochlowitz aus dem Pfarrhaus exmittiert, am gleichen Tage ihm auf Weisung der Wojewodschaft die Grenzkarte zur Fahrt nach Beuthen entzogen, wo er ein dort verstorbenes Gemeindemitglied zu beerdigen hatte.[55]

Ihren amtlichen Niederschlag fand die Kirchenpolitik des polnischen Staates im oberschlesischen Kirchenkampf nach dem Tode des Kirchenpräsidenten Voß in der beginnenden Einsetzung von Staatskommissaren in den Kirchengemeinden und in der Unterredung des Wojewoden Grażyński am 24. Mai 1938 mit Pfr. Alfred Bolek aus Laurahütte[56], den die Pfarrerschaft der Unierten Kirche am 31. März 1938 für die Berufung zum Vorsitzenden des Vorläufigen Kirchenrates vorgeschlagen hatte. Der Wojewode wollte sein Gespräch mit Pfr. Bolek als ein mit ihm „persönlich" geführtes Gespräch verstanden wissen und nicht als eine Unterredung mit ihm als Vertreter der Pfarrerschaft der Unierten Kirche. Er brachte zum Ausdruck, daß er Vertrauen zu Bolek hätte und die Absicht habe, ihn mit dem Vorsitz im Vorläufigen Kirchenrat zu beauftragen. Vorher müsse man aber in einigen grundsätzlichen Punkten zu einem Einvernehmen kommen, und es wäre ihm am liebsten, „wenn wir ein gentlemen agreement abschließen würden". Die grundsätzlichen Punkte, über die ein Einvernehmen erzielt werden müsse, kleidete der Wojewode in die Form konkreter Forderungen, die er tags darauf durch sein Sekretariat Pfr. Bolek auch schriftlich zukommen ließ.[57] Diese Forderungen waren:

„1. Sämtliche deutschen Geistlichen sind verpflichtet, eine schriftliche Erklärung der vollständigen Unterordnung unter das Gesetz und den Vorläufigen Kirchenrat abzugeben.
2. Die Gesamtzahl der in der Unierten Evangelischen Kirche in Oberschlesien beschäftigten Geistlichen und Vikare wird im Höchstfall 30 Personen betragen, wovon 50% auf geistliche Pastoren und Vikare polnischer Nationalität und 50% auf Geistliche deutscher Nationalität entfallen werden. Die bisherigen, aus ihren Stellen entfernten deutschen

---

Danielczyk, Pfarrer; Georg Beck, Bäckermeister; Franz Manz, Gymnasiallehrer und Adolf Wojtas, Polizeiinspektor.

53 Presseangriffe in: „Kurier Wieczorny" [Abendkurier] vom 31. Mai, „Gazeta Polska" [Polnische Zeitung] vom 2. Juni, „Polonia" vom 1. Juni 1938.

54 Aktennotiz in: AW.

55 Bericht in KuH, 1938, 90.

56 Aufzeichnung Pfr. Boleks über seine Unterredung mit dem Wojewoden Grażyński vom 24. Mai 1938, in: AW.

57 Schreiben des Sekretariats des Wojewoden an Pfr. Bolek vom 25. Mai 1938, in: AW.

Geistlichen können um der Parität willen in Zukunft auf dem Gebiete der Wojewodschaft Schlesien keine geistlichen Funktionen und keine Arbeiten in kirchlichen Organisationen oder Bekenntnisvereinen ausüben.
3. Alle bisherigen Beschlüsse und Entscheidungen des Vorläufigen Kirchenrates verbleiben in Kraft und können nur mit Zustimmung aller Mitglieder des Vorläufigen Kirchenrates abgeändert werden.
4. Die Gehälter der Pastoren und Vikare zahlen die Gemeinden aus ihren Mitteln aus. Mit Rücksicht auf nicht ausreichende Finanzmittel der Gemeinden wird der Vorläufige Kirchenrat Zuschüsse auszahlen, die sei es aus Subventionen des Wojewodschaftsamtes, sei es aus eigenen Einkünften des Vorläufigen Kirchenrates stammen werden.
5. Sollten aus dem Ausland und besonders vom Gustav-Adolf-Verein Subventionen überwiesen werden, so können sie nur dem Vorläufigen Kirchenrat zufließen, der aus diesen einen besonderen Fond bilden wird. [...].
6. Es wird der Verzicht des Pfarrers Bechtloff auf seine Stellung in Schoppinitz veranlaßt.
7. Pfarrer Proß kann die Stellung eines Pastors des deutschen Teiles der Gemeinde Pleß nicht übernehmen.
8. Pfarrer Harlfinger bleibt Pastor der Kattowitzer Kirchengemeinde. Auf die frei werdende Stelle eines Pastors in Golassowitz wird provisorisch Pfarrer Morcinek aus Kurzwald [Anm.: im Teschener Schlesien] berufen. In Warschowitz soll ein Administrator polnischer Nationalität eingesetzt werden. Der Vorläufige Kirchenrat wird im Sinne seines Beschlusses an den Patron einen Antrag auf Ernennung des Pfarrers Falzmann [Anm.: aus Kongreßpolen, Mitglied des Warschauer Konsistoriums] zum Pastor in Nikolai einreichen".

Die schriftlich fixierten Forderungen ergänzte der Wojewode durch die Mitteilung, daß „diejenigen Pastoren, die sich offen gegen das Gesetz aufgelehnt hätten, wie Koderisch, Bauer, Gerhardt, Bechtloff in Oberschlesien weder im Pfarramt bleiben noch eine Tätigkeit in kirchlichen Vereinen ausüben können". Auch Dr. Wagner könne nicht bleiben. Von der Wahrung des unierten Charakters der Kirche war nicht mehr die Rede.

Die Einwände Pfr. Boleks zu den Forderungen des Wojewoden, besonders denen personeller Natur, „schnitt der Wojewode mit einer Handbewegung ab". Der Einspruch des Kattowitzer Gemeindekirchenrates gegen die Einsetzung von Pfarrer Harlfinger sei für ihn „ohne jegliche Bedeutung". Die Gemeinde werde sich an ihn gewöhnen „und dann wird alles vergessen sein". Er habe sein Urteil über Pfr. Harlfinger revidiert, seine Fähigkeiten kennen gelernt und ihn in den Vorläufigen Kirchenrat berufen. Den Hinweis Boleks, daß er in den Forderungen des Wojewoden ein Mißtrauen gegen seine Person sehe, verneinte der Wojewode, der abschließend Bolek bat, „sich diese Punkte durch den Kopf gehen zu lassen".

Die Entscheidung, kirchliche Fragen mit der Einsetzung von Staatskommissaren zu lösen und die im Gespräch mit Pfr. Bolek vom 25. Mai 1938 nur mehr zur Mitteilung gebrachten Forderungen und beabsichtigten Maßnahmen des Wojewoden Grażyński gegen Geistliche und Gemeinden der Unierten Kirche trugen wesentlich zur Klärung der staatlichen Zielsetzung im oberschlesischen Kirchenkampf bei. Es ging nicht mehr, wie von staatlichen Stellen stets bisher betont, um das Anliegen des Staates, eine „illegale Verfassung" der Kirche durch eine verfassungskonforme zu ersetzen, sondern um eine politische Unterwerfung einer Kirche der religiösen und nationalen Minderheit und deren Polonisierung. Die als grundsätzlich bezeichneten Forderungen des Wojewoden vom 25. Mai 1938 hatten keine rechtliche Begründung mehr im Staatsgesetz vom 16. Juli 1937 und gingen weit darüber hinaus. Nur in nationaler Zusammenarbeit mit dem Verband der ev. Polen, in dessen Hände der Staat die Leitung der Unierten Kirche in Poln.-O/S gelegt hatte, und mit Gen.-Sup. bzw. Bischof Bursche in Warschau, der auf Wunsch der Wojewodschaft bzw. des Vorläufigen Kirchenrates polnische Pfarrer der Ev.-Augsb. Kirche zur Besetzung der Pfarrstellen in den Gemeinden der Unierten Kirche entsandt oder vermittelt hatte, konnte der Staat die Ausführung des Gesetzes vom 16. Juli 1937 in Angriff nehmen und weithin auch durchsetzen.

Die Forderungen des Wojewoden Grażyński vom 25. bzw. 26. Mai beantwortete Pfr. Bolek mit Schreiben vom 16. Juni 1938.[58] Dieses ordnete das Gespräch vom 25. Mai wieder in den Gesamtzusammenhang vorangegangener Gespräche und des bisherigen Schriftwechsels zwischen kirchlichen und staatlichen Stellen ein und grenzte sich damit von den Absichten des Wojewoden, zu einem „persönlichen" Einvernehmen mit dem von ihm zu ernennenden Vorsitzenden des Vorläufigen Kirchenrates zu kommen, ab. Zu den Forderungen des Wojewoden und zu den schwebenden kirchlichen Fragen und Aufgaben nahm Bolek – für den Fall, daß er zum Vorsitzenden des Vorläufigen Kirchenrates berufen werden sollte – wie folgt Stellung:

1. Als dringendste Aufgabe würde er in Übereinstimmung mit Art. 18, Abs. 6 des Gesetzes vom 16. Juli 1937 die Schaffung von kirchenordnungsmäßigen Verhältnissen in der Unierten Kirche Polnisch-Oberschlesiens in Angriff nehmen.
2. Eine mathematische Lösung der Pfarrstellenbesetzungen (15:15) werde dem Wesen kirchlichen Dienstes nicht gerecht. Es sei Grundsatz der Kirche, den Gemeinden eine genügende geistliche Versorgung in Gottesdienst und in der Seelsorge zu gewährleisten. Als Vorsitzender des Vorläufigen Kirchenrates würde er für die Beachtung dieses Grundsatzes Sorge tragen. Mit dem Amt eines verantwortlichen Leiters der Kirche könne er es aber „nicht vereinbaren, erfahrene und mit der Gemeinde verwachsene Geistliche, dazu in der Mehrzahl Oberschlesier, zu entfernen und sie durch Geistliche zu ersetzen, die den Gemeinden fremd sind und die in ihrer Mehrheit kein Verständnis für die geschichtlichen und kirchlichen Eigenheiten unserer Unierten Kirche in Oberschlesien haben. Einen Geistlichen kann man nicht beliebig entlassen, versetzen oder entfernen, weil eine fruchtbringende seelsorgerliche Arbeit Stetigkeit und Verbundenheit mit der Gemeinde verlangt".
3. Die Forderung nach einer unveränderten Übernahme aller bisherigen Beschlüsse und Entscheidungen des Vorläufigen Kirchenrates, damit einer unterschiedlichen Behandlung der bisherigen und der zukünftigen Beschlüsse des Vorläufigen Kirchenrates, sei für ihn als juristischen Laien schwer zu verstehen und mit dem Gesetz vom 16. Juli 1937 nicht zu vereinen. Soviel er wisse, kenne auch das Recht einen solchen Grundsatz nicht. Aber, er, Bolek, beharre in dieser Angelegenheit nicht bei dem formalrechtlichen Standpunkt. Wenn ihm, dem Wojewoden, an der Erfüllung dieses Wunsches liege, so habe er die Bitte, ihm Gelegenheit zu geben, sich mit den bisherigen Beschlüssen des Vorläufigen Kirchenrates bekanntzumachen, da er sie nicht kenne.
4. Hinsichtlich der Forderung, daß nicht nur der Vorsitzende des Vorläufigen Kirchenrates, sondern alle deutschen Geistlichen eine schriftliche Erklärung der vollständigen Unterordnung unter das Gesetz und den Vorläufigen Kirchenrat abgeben, sei er bei Übernahme des Amtes des Vorsitzenden des Vorläufigen Kirchenrates bevollmächtigt, eine solche Erklärung im Namen aller deutschen Geistlichen abzugeben.

Wörtlich heißt es in dem Schreiben weiter: „Ich betone mit allem Ernst, daß wir aufrichtig an der Wiederherstellung kirchenordnungsmäßiger und ruhiger Verhältnisse mitarbeiten

58 Schreiben Boleks an den Wojewoden Grażyński vom 16. Juni 1938, in: AW.

wollen. [...] Wir verlangen aber auch Verständnis dafür, daß unsere bisherige Einstellung Ausdruck der kirchlichen Haltung war, die uns verpflichtet, als Geistliche die kirchlichen Grundsätze einzuhalten und den Gemeinden die Freiheit der Verkündigung des Wortes Gottes im Sinne der Grundsätze und der Tradition unserer Kirche zu erhalten".
Konkret sprach Pfr. Bolek dann u.a. die Auflösung des Kattowitzer Kirchenvorstandes und die Berufung von Pfr. Harlfinger an, die für den deutschen Teil der Kirche unerträglich sei und eine ständige Bedrohung des kirchlichen Friedens in sich berge. Er halte es für seine Pflicht, auf diese Dinge hinzuweisen.

Am Schluß seines Schreibens hob Pfr. Bolek hervor, daß die Übernahme des Amtes des Vorsitzenden des Vorläufigen Kirchenrates für ihn eine Frage des Gewissens sei und er sich in der Ausübung des Amtes an die kirchliche Ordnung halten müßte. Er sei bereit, das Amt des Vorsitzenden des Vorläufigen Kirchenrates zu übernehmen in der Gewißheit, daß der Wojewode seine Ausführungen freundlichst berücksichtigen werde.

Das Schreiben Boleks vom 16. Juni 1938 wurde vom Wojewoden Grażyński nicht beantwortet.

Die Ablehnung der Berufung Boleks zum Vorsitzenden des Vorläufigen Kirchenrates bedeutete das Ende aller seit dem 16. Juli 1937 unternommenen Bemühungen der Unierten Kirche mit dem Staat, selbst unter Zurückstellung schwerster kirchlicher Bedenken gegen das Zustandekommen, den Inhalt und die Durchführung des Staatsgesetzes vom 16. Juli 1937 zu einer friedlichen Einigung zu kommen. Das Gespräch zwischen Staat und Unierter Kirche in Polnisch-Oberschlesien war abgebrochen. Der Kirchenkampf ging weiter und nahm eine neue Dimension an.

3. Das Problem der nationalen Aufgliederung der evangelischen Kirchen in Polen 1921/22–1937. Seine Aktualisierung im Kirchenkampf

Die staatliche Anerkennung der Beschlüsse der III. Rumpfsynode der Ev.-Augsb. Kirche vom 21.–22. Juni 1938 und das vom Wojewoden Grażyński unbeantwortet gelassene Schreiben der Pfarrerschaft der Unierten Kirche in Poln.-O/S vom 16. Juni 1938 betr. Ernennung des Pfarrers A. Bolek zum Vorsitzenden des Vorläufigen Kirchenrates bilden im Verlauf des Kirchenkampfes eine entscheidende Zäsur. Mit diesen um die gleiche Zeit gefällten Entscheidungen der polnischen Regierung waren die letzten Hoffnungen auf eine verfassungsmäßige, die Gleichberechtigung und Autonomie der evangelischen Kirchen gewährleistende Regelung des Verhältnisses des Staates zu ihnen und auf einen nationalen Ausgleich innerhalb des Protestantismus in Polen geschwunden.

Seit dem Alleingang des Gen.-Sup. Bursche in der Frage der Regelung des Verhältnisses des Staates zur Ev.-Augsb. Kirche, mit der eine Vorentscheidung auch für die anderen ev. Kirchen Polens gefallen war, und nach dem Austritt der beiden Unierten Kirchen aus dem bedeutungslos gewordenen Rat der ev. Kirchen in Polen hatte praktisch jede Zusammenarbeit der Unierten Kirche in Polen, der Unierten Kirche in Poln.-O/S und der Evangelischen Kirche A. und H. B. in Kleinpolen (Galizien) mit dem Gen.-Sup. Bursche und dem Warschauer Konsistorium aufgehört. Unter dem Zwang der Verhältnisse sah sich der deutsche Teil des Protestantismus in Polen gezwungen, den kirchlichen Weg einzuschlagen, den unter Führung von Gen.-Sup. Bursche der Polnische Evangelizismus seit der Entstehung des polnischen Staates gegangen war: den des Zusammenschlusses über die bisherigen Kirchengrenzen hinaus.

Auch in Polen drängte die innerkirchliche Entwicklung der Nationalitätenfrage zu einer Lösung, wie sie nach dem 1. Weltkrieg in den neu entstandenen Staaten Estland, Lettland, Litauen, der Tschechoslowakei, in Jugoslawien und Rumänien genommen wurde: die der nationalen Aufgliederung der ev. Kirchen im Wege kirchlicher Selbstbestimmung. In Polen ging dieser Prozeß – er stellte sich nicht für die beiden kleinen reformierten Kirchen – am schmerzlichsten vor sich, weil er sich hier nicht im Einvernehmen mit dem Staate, sondern im Spannungsverhältnis zu dessen Nationalitätenpolitik und dem ihm zugeordneten kirchenpolitischen Programm des Polnischen Evangelizismus vollziehen mußte. Bis zum Beginn des 2. Weltkrieges war dieser Prozeß nicht abgeschlossen.

Für die Ev.-Augsb. Kirche hatte sich die Frage ihrer nationalen Aufgliederung seit der Wiederherstellung der polnischen Staatlichkeit gestellt. Mit nationalkirchlicher Begründung hatten sich Gen.-Sup. Bursche und das Warschauer Konsistorium – eine staatliche Kirchenbehörde – in den politischen Kampf um die Grenzen Polens eingeschaltet, nationalkirchlich war die Begründung für die Errichtung der Ev.-theol. Fakultät an der Universität Warschau. Erst der Widerstand der deutschen Mehrheit der Ev.-Augsb. Kirche gegen die auf eine Polonisierung der Kirche abzielende Kirchenpolitik des von Gen.-Sup. Bursche und dem Warschauer Konsistorium getragenen Polnischen Evangelizismus führte auf der Konstituierenden Synode 1922/23 zur grundsätzlichen Anerkennung der nationalen Gleichberechtigung der Deutschen und Polen in der Ev.-Augsb. Kirche und zur Aufnahme der Bestimmung in den synodalen Gesetzentwurf betr. Regelung des Verhältnisses des Staates zur Ev.-Augsb. Kirche über die Möglichkeit und Zulässigkeit einer Trennung der Kirche „aus nationalen Gründen" in kirchengesetzlich geordneten Bahnen eines friedlichen Nebeneinander. Zu einer Befriedung der nationalen Verhältnisse war es in der Kirche aber nicht gekommen. Die polnische Regierung hatte keine Verhandlungen über den synodalen Gesetzentwurf aufgenommen. Deren restriktive Minderheitenpolitik hatte vielmehr die nationalen Gegensätze verschärft. Einen national-konfessionellen Charakter trugen die polnischen ev.-augsb. Gemeinden, die Gen.-Sup. Bursche vom Jahre 1921/22 an im Gebiet der Unierten evangelischen Kirche in Posen–Pommerellen zu gründen begann.

Den Weg der Aufrechterhaltung ihrer konfessionellen und nationalen Sonderart haben auch die an Polen gefallenen ev.-luth. (altlutherischen) Gemeinden beschritten. Trotz gleichen Bekenntnisses schlossen sie sich nicht der Ev.-Augsb. Kirche in Polen an, sondern gründeten am 9. Juli 1924 die selbständige „Evangelisch-Lutherische Kirche in Westpolen" mit der Begründung, daß „die friedliche Auseinandersetzung [Teilung] in national getrennte Kirchen, trotz Bedenken, die beste Gewähr zur Lösung des nationalen Problems im Raum der Kirche bietet".[1]

Nach wenigen Jahren relativer Ruhe in der Ev.-Augsb. Kirche brach das Problem der nationalen Trennung mit aller Schärfe in der Unierten ev. Kirche in Polnisch-Oberschlesien auf. In Abwehr der national motivierten kirchenpolitischen Eingriffe des Gen.-Sup. Bursche bzw. des Warschauer Konsistoriums in das Leben der Unierten Kirche sah sich

---

1 *O. Schilter,* Die Ev.-Luth. Kirche 83.

Kirchenpräsident Voß unter Bezug auf die Synodalbeschlüsse von 1930 und 1932 im Herbst 1932 zur Stellungnahme veranlaßt:[2]

„[...] Aus welchen Gründen ist der Kampf seitens der Evangelischen polnischer Nationalität gegen unsere Kirche entfesselt worden? Es ist zuletzt nur ein Grund, nämlich der in der Hauptsache deutsche Charakter unserer unierten Kirche. [...] Es muß mit allem Nachdruck festgestellt werden, daß nicht kirchliche Gründe, sondern nationale, politische Gründe zu diesem bitterbösen Kampfe geführt haben. [...] Für jeden, der die Verhältnisse in Polnisch-Oberschlesien kennt, ist es vollkommen klar, daß die Arbeit der ins Land hereingekommenen evangelischen Polen [...] früher oder später zur Zerstörung unserer Gemeinden führen muß. [...] Die Tätigkeit der Vereine evangelischer Polen und der in ihrem Dienst stehenden Geistlichen zielt auf die Zerreißung unserer Gemeinden. [...]
[...] was wir unter den heute bestehenden Verhältnissen für angezeigt halten, nämlich die Gründung eigener Gemeinden seitens der Evangelischen Kirche Augsburgischer Konfession wie in Posen–Pommerellen so auch in Polnisch-Oberschlesien. Schon längst haben wir auf diesen Weg gewiesen. Das ist uns nicht leicht geworden. Wir sind genügend biblisch gegründet, um zu wissen, daß, was die Gläubigen in der ersten Christenheit zu christlichen Gemeinden zusammenfaßte, nicht die durch Abstammung, Volkstum, örtliche Verhältnisse und Geschichte bedingte Denkweise und Gemütsart war, sondern der bußfertige Glaube an das Evangelium und der über alle Gläubigen auf der ganzen Erde ausgegossene heilige Geist Gottes und Christi.
Wir wissen, daß Zersplitterung niemals Gutes wirkt. Wir sehen klar, daß die Gründung besonderer polnischer Gemeinden noch lange nicht den erwünschten Frieden gewährleistet. Trotz alledem wissen wir jetzt keinen anderen Rat. Die politischen Leidenschaften sind in Polnisch-Oberschlesien so sehr aufgepeitscht wie vielleicht in keinem anderen Teile Polens. Immer aufs neue wird von den verschiedensten Stellen zum Ausdruck gebracht, daß Polnisch-Oberschlesien entdeutscht werden müsse. Wir erleben die Entdeutschung in der Industrie, in der Schule usw. Wir haben den Eindruck, daß polnische Genossen unseres Glaubens sich durch Entdeutschungsarbeit im Bereich unserer Kirche und unserer Gemeinden Lorbeeren verdienen wollen.
Politische Anstürme auf unsere Gemeinden abzuwehren, ist unsere heilige Pflicht. Sonst würden unsere blühenden Gemeinden zerfallen, und die römische Kirche oder gar die Gottlosigkeit würde schließlich den Gewinn davontragen. Vorläufig ist das Mißtrauen, ja der Haß gegen uns auf jener Seite so groß, daß nach unserer Meinung nur die Gründung eigener polnischer Gemeinden übrig bleibt, wenn es nicht zu einer Katastrophe kommen soll. [...] Wir haben eine starke Macht (des Staates) wider uns. Wir stehen fast wehrlos da. Aber wir wollen den Kampf im Geiste des Evangeliums Jesu weiterführen und vertrauen darauf, daß wir nicht vergeblich kämpfen werden. Es geht um die Freiheit der evangelischen Kirche, um freie Entscheidung ihrer Glieder, um das Fernhalten politischer und chauvinistischer Bestrebungen aus unseren Gemeinden. Es geht letztlich darum, mit unserem Abwehrkampf ein wenig dazu zu helfen, daß endlich eine Zeit komme, wo alle Menschen unter allen Völkern in Frieden ihres Glaubens und ihres Volkstums leben dürfen".

Zu einer innerkirchlichen Lösung der Nationalitätenfrage war es infolge ihrer Verquickung mit der staatlichen Nationalitätenpolitik und des Vollzugs des kirchenpolitischen Programms des Polnischen Evangelizismus nicht gekommen. Das Staatsgesetz für die Ev.-Augsb. Kirche vom 25. November 1936 hatte diese Zusammenhänge und ihre Konsequenzen für die anderen ev. Kirchen des Landes erneut aufgezeigt und sie unter Auslassung des Warschauer Konsistoriums zu einer engeren Zusammenarbeit geführt.

2 *H. Voß,* Die besonderen Nöte 238f.

Die Hoffnung auf eine Lockerung des staatlichen Drucks schien sich durch die seit Januar 1937 zwischen Deutschland und Polen geführten Verhandlungen über den Schutz der gegenseitigen Minderheiten abzuzeichnen. In dieser Lage setzten, vom ev. Konsistorium in Posen angeregt, kirchliche Beratungen über die in ein zwischenstaatliches Minderheitenschutzabkommen oder in eine „Erklärung" aufzunehmende Bestimmung über den gegenseitigen Schutz auch kirchlicher Minderheiten ein. Am 6. Juli 1937 kam es in Danzig zur ersten Aussprache[3] von Vertretern des Ev. Oberkirchenrates in Berlin (Oberkonsistorialrat Banke) und des Kirchlichen Außenamtes der Deutschen Evangelischen Kirche in Berlin (Oberkirchenräte Dr. Hans Wahl und Dr. Friedrich-Wilhelm Krummacher) mit den Vertretern der Unierten ev. Kirche in Polen (Konsistorialrat Gottfried Hein und Landgerichtsrat Georg Klawun) und der Arbeitsgemeinschaft der deutschen Pastoren in der Ev.-Augsb. Kirche (Kleindienst, Schedler, Krusche), deren Zweck es war, durch „Information der reichsdeutschen kirchlichen Behörden über die Lage der Ev.-Augsb. Kirche und Besprechung von Möglichkeiten, in der Frage der Verfassung vom Reich aus zu helfen". Kleindienst berichtete über den gegenwärtigen Stand der kirchlichen Lage in der Ev.-Augsb. Kirche, Schedler wies auf die Gefahr hin, daß angesichts der Haltung des Staates und des Gen.-Sup. Bursche zu den kirchlichen Fragen unkirchliche Elemente in die deutsche Volksgruppe eindringen könnten und richtete einen Appell an den deutschen Protestantismus, die Nöte und Sorgen der Deutschen in der Ev.-Augsb. Kirche mit zu tragen. Krusches Darlegungen gingen dahin, daß es für den deutschen Teil der Ev.-Augsb. Kirche in Polen nur zwei Möglichkeiten gebe: den Kampf fortzusetzen, oder auf einen Kompromiß einzugehen. Beide Möglichkeiten hätten ihre Schattenseiten. Angesichts der Machtmittel des Staates und der Haltung des Gen.-Sup. Bursche wie des Warschauer Konsistoriums sei der Kirchenkampf auf die Dauer nicht durchzuhalten, der Kompromiß hinwieder würde den deutschen Teil der Kirche auf die Dauer von der Gleichberechtigung ausschließen, und die Mehrheit des Kirchenvolkes der stufenweisen Polonisierung unterwerfen. Der kritische Punkt seien die Senioratswahlen, bei denen – entgegen den Vorschlägen der Gemeinden – Staat und Gen.-Sup. Bursche es unternehmen, ihnen gefügige Kandidaten durchzusetzen. Zu irgendwelchen Beschlüssen war es auf dieser ersten Danziger Besprechung nicht gekommen. Sie hatte informativen Charakter und bewegte sich auf der Linie der Suche nach einer Zukunft der deutschen Gemeinden der Ev.-Augsb. Kirche sichernden Lösung der kirchlichen Verfassungsfrage.

Die Erwartungen auf den baldigen Abschluß eines deutsch-polnischen Minderheitenschutzvertrages hatten sich nicht erfüllt. Zum Zeitpunkt, da die Regierungsdelegation darüber verhandelte, lag bereits der Gesetzentwurf über die Verstaatlichung der Unierten ev. Kirche in Polnisch-Oberschlesien vor, der vom Schlesischen Sejm als „Gesetz vom 16. Juli 1937 über die vorläufige Organisation der Unierten evangelischen Kirche in Oberschlesien" beschlossen wurde. Maßgebend geblieben war die polnische Staatsraison, wie sie in bezug auf die Unierten Kirchen in den Richtlinien des Nationalitätenausschusses beim Ministerpräsidenten vom 9. Juli 1936 festgelegt worden war.[4] Alle Aussichten auf eine verfassungsgemäße Regelung ihres Verhältnisses zum Staat und auf einen innerkirchlichen Ausgleich in der Nationalitätenfrage waren damit zunichte gemacht.

3 EZA, AKA Nr. 8906; AK.
4 Siehe S. 176.

Die deutsch-polnische Minderheitenschutzerklärung vom 5. November 1937 war ohne Auswirkungen auf die kirchliche Lage geblieben. Dennoch sollte das in ihrem Artikel 4 den nationalen Minderheiten erneut zugesicherte Recht der „kirchlichen Organisierung" für die Zukunft eine kaum zu unterschätzende Bedeutung gewinnen. Die Tendenz zur nationalen Aufgliederung des Protestantismus in Polen als Weg zur Lösung der Nationalitätenfrage und zur Beendigung des Kirchenkampfes hatte im deutschen Teil des Kirchenvolkes neuen Auftrieb bekommen.

Zur Aussprache über die Lage der ev. Kirchen im Zusammenhang mit dem Kirchenkampf in der Ev.-Augsb. und in der Unierten Kirche Oberschlesiens fanden sich in Warschau am 26. November 1937 die Vertreter der Unierten Kirche in Polen (Nehring, Hein, Klawun und der Direktor des Posener Predigerseminars D. Richard Hildt), der Unierten Kirche in Oberschlesien (Wagner), der Ev. Kirche A. und H. B. in Polen (die Senioren Rudolf Walloschke–Neu-Sandez und Emil Ladenberger–Stryj und Pfr. Julius Schick–Stanislau) und der Arbeitsgemeinschaft der deutschen Pastoren in der Augsb. Kirche (Kleindienst, Adolf Löffler, Schedler, Krusche) zusammen.[5] Erstmals tauchte in dieser Aussprache – auch unter Bezug auf die Deutsch-Polnische Minderheitenschutzerklärung vom 5. November 1937 – der Gedanke der Schaffung einer deutschen evangelischen Kirche in Polen nach dem Vorbild der Kirchen in den Baltischen Staaten, in der Tschechoslowakei und in Südosteuropa auf. Man erwog das Für und Wider eines solchen Zusammenschlusses und wählte einen „Zwischenkirchlichen Ausschuß", der diese Frage nach ihrer theologischen, konfessionellen, kirchen- und staatsrechtlichen, nach der nationalen und wirtschaftlichen Seite zu prüfen hatte, um sich zu gegebener Zeit mit der polnischen Regierung ins Benehmen setzen zu können. Erwogen wurde auch der Gedanke, ob nicht eine zwischenstaatliche Hilfe, d.h. eine Hilfe vom Deutschen Reich, erbeten werden sollte. Zum Vorsitzenden des „Zwischenkirchlichen Ausschusses" wurde Pastor Kleindienst, zum stellv. Vorsitzenden Pastor Schedler gewählt. Erste Meinungsverschiedenheiten zeichneten sich ab, als die Vertreter der Ev. Kirche A. und H. B. Bedenken gegen die Bildung einer einheitlichen Kirche äußerten und – zunächst wenigstens – für einen Bund der evangelischen Deutschen nach dem Vorbild des Bundes katholischer Deutscher eintraten. Konkret wurde die Gründung evangelischer deutscher Vereine in Aussicht genommen, die sich in der Folge zu einem Verband zusammenschließen sollten. Als Termin der nächsten Sitzung des Zwischenkirchlichen Ausschusses wurde der Anfang des Januar 1938 vorgesehen.

Die Stellungnahmen zu den Beratungspunkten vom 26. November 1937 wie die kirchliche Entwicklung in der Ev.-Augsburgischen und der Unierten Ev. Kirche in Polnisch-Oberschlesien führten zu einer Besprechung der Vertreter für die beiden Unierten Kirchen (Klawun) und der Arbeitsgemeinschaft der deutschen Pastoren in der Ev.-Augsb. Kirche (Kleindienst, Löffler) mit den Vertretern des Ev. Oberkirchenrates in Berlin (Oberkonsistorialrat Dr. V. Benn) und des Kirchlichen Außenamtes des DEK (Oberkonsistorialrat Dr. Hans Wahl) schon am 2.–3. Dezember 1937 in Danzig.[6] In der Augsburgischen Kirche stand die II. Session der polnischen Rumpfsynode bevor, in Polnisch-Oberschlesien war eine Eingabe des Kirchenpräsidenten Voß an den Staatspräsidenten in Vorbereitung mit

5 Niederschrift von E. Nehring vom 7. Dezember 1937, in: EZA, AKA, A II 6001/38.
6 Niederschrift, in: AK.

der dringenden Bitte, „[...] daß hinsichtlich der Rechtslage unserer Unierten Kirche vor der Entscheidung des Obersten Verwaltungsgerichts hier nicht dauernde Zustände geschaffen werden [...]“. Für die Posener Kirche erklärte Klawun, daß ein Zusammenschluß aller Kirchen, von dem in den Beratungen vom 26. November in Warschau die Rede war, für diese „in jeder Hinsicht unverbindlich“ sei. Das Konsistorium müsse erst die Stellungnahme des Synodalausschusses abwarten. Für Posen würde ein solcher Zusammenschluß die Aufgabe der bisherigen Rechtsposition bedeuten. Eher wäre schon zu erwägen, ob sich die Unierte Kirche in Posen–Pommerellen nicht auf Grund des Minderheitenschutz-Abkommens vom 5. November 1937 als Minderheitenkirche konstituieren sollte, der sich dann die anderen Kirchen anschließen könnten. Wahl vertrat die Meinung, daß unter den gegebenen Verhältnissen, eine Teilung der Augsburgischen Kirche weniger Chancen hätte, als eine deutsche Gesamtkirche. Zur Frage einer den deutschsprachigen Protestantismus in Polen zusammenschließenden Gesamtkirche legte Kleindienst eine von ihm verfaßte Denkschrift „Deutsch-Evangelische Kirche in Polen“ vom 30. November 1937[7] vor. In dieser hatte er das Ergebnis der Beratungen vom 26. November 1937 zusammengefaßt und im Blick auf die Lage der Kirchen, insonderheit der Ev.-Augsb. Kirche ausgeführt:

„[...] Die Deutsch-Evangelische Kirche in Polen ist eine Lebensfrage sowohl des Evangeliums wie des Deutschtums in Polen. [...] Die Evangelisch-Augsburgische Kirche und die Unierte Kirche in Polnisch-Oberschlesien haben bereits ihre „kirchliche Ordnung“ als Staatsgesetz erhalten. In beiden Kirchen ist dies unter Umgehung der deutschen Mehrheit der Kirchen geschehen, in Oberschlesien auf eine Weise, die als unerhört bezeichnet werden muß. Die Evangelisch-Augsburgische Kirche mit D. Bursche an der Spitze hat eine rein polnische Leitung, die sie wohl auf unabsehbare Zeit behalten wird. [...] D. Bursche, der in einem Interview erklärt hat, daß die Evangelisch-Augsburgische Kirche eine polnische sein müsse und er es nicht zulassen werde, daß sie einen deutschen Charakter bekommt, wird vom deutschen Kirchenvolk abgelehnt. Allem Anschein nach ist eine Verständigung zwischen D. Bursche und dem deutschen Teil der Kirche nicht mehr möglich. [...]

[Dennoch] sollten die Bemühungen um eine friedliche Lösung nicht aufgegeben werden. Es hat sich bereits eine Delegation bestehend aus drei [deutschen] Geistlichen und zwei Laien beim Staatspräsidenten angemeldet. Sollte der Empfang zustandekommen, so würde diese Delegation die Möglichkeit haben, dem Staatspräsidenten die Benachteiligung der Deutschen in der Augsburgischen Kirche mündlich und schriftlich darzulegen. Sollte der deutsche Teil nicht zu seinem Recht kommen, so wäre der nächste Schritt die Konstituierung der Deutschen Evangelisch-Augsburgischen Kirche auf Grund von Art. 1, Abs. 3 des Entwurfs des Gesetzes über das Verhältnis der Evangelisch-Augsburgischen Kirche zum Staat der Konstituierenden Synode von 1923.

Zweifellos würden dem Zusammenschluß der Deutschen zu *einer* evangelischen Kirche die größten Hindernisse in den Weg gelegt werden. [...] Daher ist es ratsam, die nötigen Vorbereitungen sofort zu treffen, und zwar:

1. die Anmeldung mehrerer (für jede Wojewodschaft) deutscher evangelischen Vereine, die laut Vereinsgesetz vier Wochen nach erfolgter Anmeldung ihre Tätigkeit aufnehmen können;
2. die Registrierung eines Verbandes deutsch-evangelischer Gemeinden (etwa eines Martin Luther-Bundes) als eines eingetragenen Vereins für ganz Polen;
3. die Herausgabe eines Gemeindeblattes für den Bereich der Evangelisch-Augsburgischen Kirche in Polen.

---

7 Denkschrift Kleindienst vom 30. November 1937, in: AK.

Alle diese Vorbereitungen, die noch im Rahmen der bestehenden Kirchen zu geschehen haben, würden dazu dienen, den Gedanken eines Zusammenschlusses ins Volk zu tragen und den Boden zur Legalisierung der Deutsch-Evangelischen Kirche in Polen zu sondieren".

Die erbetene Audienz der Vertreter des deutschen Teils der Augsburgischen Kirche beim Staatspräsidenten kam nicht zustande, die II. Session der polnischen Rumpfsynode lehnte in einer Stellungnahme zur „Erklärung" der deutschen Synodalen vom 14. Dezember 1937 eine nationale Teilung der Ev.-Augsb. Kirche ab. Keinen Erfolg hatten auch die Befriedungsbemühungen des beauftragten Seniors Nikodem, wie die Professor Siegmund-Schutzes im Namen des Weltbundes für Freundschaftsarbeit der Kirchen und der Vertreter der Arbeitsgemeinschaft der deutschen Pastoren bei ihrer letzten Begegnung mit Bischof Bursche am 24. März 1938. Anfang Februar bereits war dem Vorsitzenden der Arbeitsgemeinschaft deutscher Pastoren, Pastor Kleindienst, die Ausstellung eines Auslandspasses verweigert worden. In Polnisch-Oberschlesien war Anfang Februar 1938 der letzte Versuch des Kirchenpräsidenten Voß zu einer Befriedung der kirchlichen Verhältnisse und zur Beendigung des Kirchenkampfes zu kommen, vom Wojewoden abgelehnt worden.

Das dringlicher werdende Problem einer gemeinsamen Haltung im Kirchenkampf führte zu einer erneuten Besprechung in Danzig vom 28. und 29. April 1938.[8] Vertreten waren die Unierten Kirchen in Polen (Nehring, Hein, Klawun), in Polnisch-Oberschlesien (Wagner, die Pfarrer Johannes Schicha–Königshütte, Alfred Bolek–Laurahütte), die Augsburgische Kirche (Schedler, Löffler), der Oberkirchenrat Berlin (Dr. Benn, KR. Rieke), das Kirchliche Außenamt (Dr. H. Wahl). Kleindienst konnte nicht nach Danzig kommen, da ihm die Starostei (Landratsamt) von Luzk die für die Erlangung eines Passes oder Personalausweises notwendige staatsbürgerliche Bescheinigung verweigert hatte. Alle Berichte der Danziger Teilnehmer wiesen auf eine weitere Verschlechterung der kirchenpolitischen Lage hin. In Kongreßpolen wie in Polnisch-Oberschlesien suche der Staat seine Kirchengesetze unter Anwendung von Druck und Gewalt mit Hilfe Bischof Bursches zur Durchsetzung zu bringen. Die eingehende Aussprache ergab, daß alle Möglichkeiten einer Verständigung mit dem Staat erschöpft waren und als letzter Ausweg zur Befriedung der kirchlichen Verhältnisse eine nationale Trennung auf legalem Wege und in rechtlicher Form angestrebt werden sollte. Der praktischen Schwierigkeiten war man sich voll bewußt. In Polnisch-Oberschlesien war es dem Wojewoden Grażyński möglich gewesen, den landeskirchlichen Pfarrer Hans Harlfinger aus Golassowitz für die Mitarbeit in der neugeschaffenen staatlichen Kirchenbehörde, dem Vorläufigen Kirchenrat, zu gewinnen. In der Augsburgischen Kirche stieß der Gedanke einer nationalen Aufgliederung auf den Widerstand des deutschen Lodzer Superintendenten und Konsistorialrats Julius Dietrich. Er rief die „Gemäßigten auf beiden Seiten" [...] auf, „aus der bisherigen Reserve hervorzutreten", bei den maßgebenden Stellen auf die Notwendigkeit gegenseitigen Entgegenkommens hinzuweisen. Bei weiterer Passivität könnte man eines Tages vor vollendeten Tatsachen stehen, eine Befriedung der kirchlichen Verhältnisse würde dann nicht mehr möglich sein. Löffler griff den alten Gedanken der Gründung eines „Lutherbundes" in der Aussprache auf, der das Ziel haben sollte, eine Sammlung des deutschen Teiles der Augsburgischen Kirche unter der Losung „Los vom Warschau des Bischofs Bursche" vorzubereiten. Wahl

8 Bericht H. Wahl vom 3. Mai 1938, in: EZA, AKA C VII, Polen 2, Bd. IX.

betonte die Notwendigkeit, wie in den Baltischen Staaten, der Tschechoslowakei, Rumänien und Jugoslawien, auf legalem Wege auch in Polen im Wege von Verhandlungen mit der Regierung zu einem Ergebnis zu gelangen, wobei eine Organisationsform in Anlehnung an die Unierte Kirche in Posen–Pommerellen denkbar wäre. Inzwischen müßte alles geschehen, den Gedanken der Gemeinschaft zwischen den einzelnen Kirchen, Gemeinden und Gebieten zu stärken. Als Nahziel wurden seitens der Vertreter der Augsburgischen Kirche die Gründung eines Verbandes der evangelischen Deutschen nach dem Muster des Verbandes deutscher Katholiken ins Auge gefaßt. Die nächste Sitzung des Zwischenkirchlichen Ausschusses sollte von Nehring und Kleindienst einberufen werden.

Diese fand am 1. Juni 1938 in Warschau statt.[9] Vertreten waren die Unierten Kirchen in Polen (Nehring, Klawun, Superintendent Johannes Steffani–Posen) und in Polnisch-Oberschlesien (Wagner, Schicha, Bolek), die Kirche A. und H. B. (Walloschke, der reformierte Senior Paul Royer–Josefsberg), der deutsche Teil der Augsburgischen Kirche (Kleindienst, Krusche, Schedler). Im Mittelpunkt der Beratungen stand der Kirchenkampf in Polnisch-Oberschlesien nach dem Tode von Kirchenpräsident Voß (gest. 6. Mai 1938). Die Vorgänge in der Gemeinde Kattowitz nach dem Tode des Kirchenpräsidenten – die Berufung von Pfr. Harlfinger nach Kattowitz, der Widerstand der Gemeinde und die Einsetzung eines „[Staats-]Kommissars für die Gemeinde Kattowitz" – zeichneten den Ernst der Lage ab. Auch in der Ev.-Augsb. Kirche war man an die Grenze der innerkirchlichen Verständigung gelangt, als sich nach dem Scheitern der Befriedungsversuche die deutschen Synodalen wieder nicht in der Lage sahen, an der III. Rumpfsynode teilzunehmen. Die Vertreter der Augsb. Kirche hielten es für möglich, daß die Haltung des Sup. Dietrich–Lodz und die der Landeskirchlichen Gemeinschaft Bischof Bursche bewegen könnte, aus deren Reihe eine ihm genehme Persönlichkeit in das Konsistorium wählen zu lassen, also den Weg zu gehen, den er im Einvernehmen mit dem Wojewoden in Polnisch-Oberschlesien beschritten hatte. Sollte die polnische Rumpfsynode die offen gehaltenen Stellen im Konsistorium mit Polen besetzen, würde Bursche der nationalen Teilung der Kirche selbst Vorschub leisten. Zur Frage einer deutschen Gesamtkirche äußerte Nehring seine Auffassung dahingehend, daß diese das Fernziel bleibe, der Anfang in den Gemeinden gemacht werden müsse. Zuerst müßten sich die deutschen Gemeinden in der Augsburgischen Kirche konstituieren. Ähnlich müsse es in Polnisch-Oberschlesien und in Galizien vor sich gehen. Erst dann könne eine gemeinsame Synode als Dachorganisation entstehen. Ist diese erst gefestigt, so könnten die Einheiten aufgelöst und eine Gesamtorganisation entstehen. Krusche äußerte Bedenken gegen eine Zusammenfassung konfessionell verschiedener Gemeinden in einer Kirche. Die kirchliche Union sei eine Fehlentwicklung. Seiner Meinung nach könne nur eine deutsche lutherische Kirche mit einem reformierten Seniorat angestrebt werden. Krusches Ausführungen stießen auf Widerstand der Vertreter der Unierten Kirchen, in dieser Form auch der Vertreter der A. und H. B. Kirche. Zur Fortführung der Arbeiten wurden drei Unterausschüsse gebildet: ein kirchenrechtlicher (Nehring, Walloschke, Kleindienst, Wagner), ein konfessioneller (Steffani, Royer, Krusche) und ein vereinstechnischer (Klawun, Wagner, Löffler). Die nächste Beratung wurde für September 1938 vorgesehen.

9 Protokoll der Sitzung vom 1. Juni 1938, in: AK.

Der Verlauf des Kirchenkampfes in der Ev.-Augsb. Kirche in Polen und in der Unierten Kirche in Polnisch-Oberschlesien hatte ein früheres Treffen erforderlich gemacht. Es fand am 18. Juli 1938 in Danzig statt.[10] Vertreten waren die Unierten Kirchen in Polen (Hein, Klawun) und in Oberschlesien (Wagner), die Arbeitsgemeinschaft der deutschen Pastoren in der Augsb. Kirche (Schedler, Löffler, Krusche, Eduard Kneifel–Brzeziny), der Oberkirchenrat (Benn) und das Kirchliche Außenamt (Wahl) in Berlin.

Die Danziger Besprechung war auf Antrag von Schedler zustande gekommen. Der nationale Bruch in der Ev.-Augsb. Kirche im Ergebnis der Beschlüsse der III. Rumpfsynode und der Haltung des Staates hatte sie wünschenswert erscheinen lassen. Die Vertreter der Augsburgischen Kirche zeichneten ein düsteres Bild der kirchlichen Lage. Die III. Session der Rumpfsynode habe endgültig die Gleichberechtigung des deutschen Teils der Kirche abgelehnt. Die Drohung des Leiters der Sicherheitsabteilung der Lodzer Wojewodschaft, die Durchführung des Staatsgesetzes vom 25. November 1936 nicht zu „sabotieren", ließen Repressalien gegen führende deutsche Geistliche und Laien erwarten. Die Gemeinden würden eingeschüchtert, Stimmen unsicherer Haltung würden laut. Dabei führe man den Kirchenkampf stellvertretend auch für die anderen evangelischen Kirchen in Polen. Es gehe nicht nur um die Gleichberechtigung, sondern auch um die Freiheit des Protestantismus in Polen. Ohne Hilfe des deutschen und des ökumenischen Protestantismus könne auf lange Sicht der Kirchenkampf in Polen nicht geführt werden. Krusche unterstützte die Bitte an die Evangelische Kirche in Deutschland um Hilfe und wies darauf hin, daß die Minderheitenschutz-Erklärung vom 5. November 1937 der evangelischen deutschen Minderheit im Staate das Recht der kirchlichen Organisation gebe. Wahl gab seiner Überzeugung Ausdruck, daß die Evangelische Kirche in Deutschland ihre Hilfe nicht versagen würde. Trägerin des Kirchenkampfes müsse in der Augsburgischen Kirche nach wie vor die Arbeitsgemeinschaft deutscher Pastoren bleiben und nicht etwa Neugründungen, wie der „Lutherbund", der nicht recht voran käme. Zur Frage eines Mittelsmannes der Augsburgischen Kirche zum Protestantismus in Deutschland schlug Kneifel vor, einen Ausschuß einzusetzen, da Kleindienst zu weit ab wohne und nun auch behindert sei, nach Danzig zu kommen. Seitens der anderen Vertreter der Augsburgischen Kirche wurde dieser Vorschlag abgelehnt. Zugestimmt wurde dem Vorschlag Benns, die Frage der Führung in der Augsburgischen Kirche ihren Pastoren selbst zu überlassen und als Mittelsmann der Pastoren zur Evangelischen Kirche in Deutschland Sup. Johannes Steffani–Posen vorzusehen.

In Polnisch-Oberschlesien hatte der Wojewode Grażyński auf administrativem Wege weitere „fertige Tatsachen" geschaffen. Mit Verfügung des Staatskommissars für die Kirchengemeinde Kattowitz vom 18. Juni 1938[11] wurde den Kattowitzer deutschen Geistlichen, Pfr. Wagner und den mit der Verwaltung der Pfarrstellen der ausgewiesenen Geistlichen Georg Schiller und Rudolf Schneider beauftragten Pfarrvikaren Günter Nestmann und Ernst Przybyla, jede Gehaltszahlung eingestellt. Ende Juni war der Organist der Kirchengemeinde Ruptau, J. Maciejczyk, wegen „beleidigender Äußerungen gegen den polnischen Staat" aus Anlaß einer Versammlung des Verbandes der ev. Polen zu sechs Monaten

10 Bericht über das Danziger Treffen vom 18. Juli 1938, in: EZA, AKA C VII, Polen 2, Bd. IV.

11 Verfügung vom 18. Juni 1938, in: AW.

Gefängnis bei vierjähriger Bewährungsfrist verurteilt worden. Dem Urteil des Amtsgerichtes in Rybnik lag eine von Maciejczyk und einer Reihe von Zeugen bestrittene Aussage eines 16jährigen Mädchens zugrunde.[12] Auf Weisung der Wojewodschaft wurden Wagner von der Polizeidirektion Kattowitz die Verlängerung seines Passes verweigert und der kleine Grenzübertrittsschein eingezogen. Den Pfarrvikaren Josef Ozanna, Pfarrverweser der II. Pfarrstelle in Königshütte, und Heinrich, Pfarrverweser der Pfarrstelle in Tarnowitz, wurde am 1. Juli 1938 der Aufenthalt in der Grenzzone verboten, damit die Ausübung des Dienstes in ihren in der Grenzzone liegenden Gemeinden unmöglich gemacht. Die mit 1083 Unterschriften versehene Bitte Königshütter Gemeindemitglieder, das Aufenthaltsverbot für Ozanna, der auch seine in der Grenzzone wohnenden Eltern nicht mehr besuchen konnte, aufzuheben, wurde vom Wojewodschaftsamt abgelehnt.[13] In Schwientochlowitz mußte am 5. Juli 1938 erneut eine Beerdigung ohne Geistlichen gehalten werden, da der polnische Pfarrverweser die Beerdigung durch den amtsenthobenen Gemeindepfarrer oder einen deutschen Geistlichen der Nachbargemeinden verweigert hatte.[14] Am 8. Juni 1938 hatten die 12 Mitglieder des aufgelösten Kattowitzer Gemeindekirchenrates beim Kultusministerium in Warschau Berufung[15] gegen die Verfügung des Wojewoden Grażyński vom 24. Mai 1938 betr. Auflösung des Gemeindekirchenrates und die Einsetzung eines Staatskommissars für die Kirchengemeinde Kattowitz mit der Begründung eingelegt, daß „der Herr Wojewode auf Grund der geltenden Vorschriften weder zur Auflösung von Gemeindekirchenräten noch zur Berufung von Kommissaren berechtigt ist“. Das Kultusministerium wurde um die Aufhebung der angefochtenen Verfügung gebeten.

Die staatlichen Maßnahmen gegen Geistliche und Gemeinden der Unierten Kirche in Oberschlesien machten deutlich, daß der Staat kein Interesse an der Berufung eines deutschen Geistlichen zum Vorsitzenden des Vorläufigen Kirchenrates und an der Beantwortung des Schreibens von Pfr. Bolek vom 16. Juni mehr hatte. Die nationale Trennung der Gemeinden und der Unierten Kirche in Oberschlesien war praktisch bereits vollzogen, ihre Einheit nur mehr zwangsmäßig durch das Staatsgesetz vom 16. Juli 1937 aufrechterhalten. Die Vertreter der Ev.-Augsb. Kirche wie die der Unierten Kirche in Polnisch-Oberschlesien waren sich in der Danziger Besprechung vom 18. Juli 1938 des Ernstes der kirchlichen Lage in ihrem Kampf gegen die Verstaatlichung ihrer Kirchen schmerzlich bewußt. Dem staatlichen Zwang traten sie mit dem Beharren auf das Recht der krichlichen Selbstbestimmung der Kirchenglieder und das Recht der kirchlichen Organisationsfreiheit als eines integralen Bestandteiles der Religionsfreiheit entgegen, zugleich als Ausweg aus den Nationalitätenkämpfen innerhalb des Protestantismus in Polen.

Als Termin der nächsten Zusammenkunft des Zwischenkirchlichen Ausschusses wurde der 18. Oktober 1938 vorgesehen. Sie sollte wieder in Danzig gehalten werden.

---

12 Bericht, in: KuH 1938, 99.
13 Berichte, in: KuH 1938, 105, 151.
14 Bericht, in: KuH 1938, 106.
15 Berufung vom 8. Juni 1938, in: KuH 1938, 89f.; AW.

4. Die Zerschlagung der Unierten Kirche in Polnisch-Oberschlesien. Bildung des „Zwischenkirchlichen Ausschusses". Auf der Suche nach neuen kirchlichen Organisationsformen

Bevor es zur Besprechung in Danzig im Oktober 1938 gekommen war, hatten staatliche Maßnahmen die Lage der beiden durch den Kirchenkampf betroffenen Kirchen entscheidend verschlechtert.

Ihre im einzelnen unterschiedliche Rechtslage hatte zur Folge, daß der Schwerpunkt des Kirchenkampfes weiterhin in Polnisch-Oberschlesien lag. Neue Verwaltungsmaßnahmen sollten die Ausführung des Staatsgesetzes vom 16. Juli 1937 erzwingen. Mit Verfügung vom 23. Juli 1938[1] hatte der Wojewode Grażyński den Gemeindekirchenrat in Schoppinitz aufgelöst und den aus dem Teschener Gebiet zugezogenen ev. Polen, Ing. Karl Kaleta, zum „[Staats-]Kommissar der ev. Gemeinde Schoppinitz" ernannt. Gegen die Verfügung des Wojewoden vom 23. Juli 1938 legte der Schoppinitzer Kirchenvorstand Berufung beim Kultusministerium ein. Wie in Kattowitz hatte sich auch in Schoppinitz keines der Mitglieder des aufgelösten Gemeindekirchenrates für die Berufung in den neuen kommissarischen Gemeindekirchenrat zur Verfügung gestellt.[2] Ende Juli 1938 war Frau Pfarrer Koderisch in Schwientochlowitz vom Amtsgericht in Königshütte zu einer Geldstrafe von 50 Zł. oder drei Tagen Arrest verurteilt worden, weil sie „unberechtigter Weise" eine Kindergruppe in ihrem Hause sammelte. Es handelte sich um eine Kindergruppe der Gemeinde, die Frau Koderisch als Pfarrfrau seit vielen Jahren allwöchentlich im Gemeindesaal auch nach der Amtsenthebung ihres Mannes in der Wohnung führte.[3]

Neue Maßnahmen wurden gegen den amtsenthobenen und mit Predigtverbot belegten Pfr. Dr. Wagner–Kattowitz eingeleitet. Am 20. Juli 1938 wurden ihm auf der Polizeidirektion die bei der Hausdurchsuchung am 3. Juni beschlagnahmten Aktenstücke zurückgegeben, mit Ausnahme einiger Notizen, die sich auf die sog. Gesangbuchangelegenheit bezogen, und der drei Briefbogen von Kirchenpräsident Voß mit dessen Blanko-Unterschrift. Letztere hatte Präs. Voß vor seiner Abreise zur Operation nach Breslau Wagner zu treuen Händen übergeben, wenn während seiner Abwesenheit Fälle zur Erledigung anfallen sollten, die seine Unterschrift erforderlich machten. Auf beide Fragen – die sog. Gesangbuchangelegenheit und die Briefbogen Voß – erstreckte sich die Vernehmung Wagners auf der Kattowitzer Kriminalpolizei am 4. Juni 1938.

Bei der „Gesangbuchangelegenheit" handelte es sich um den im Keller des von Präsident Voß bewohnten Kattowitzer Pfarrhauses lagernden Restbestand der Auflage des vom Landeskirchenrat 1931 herausgegebenen, vom Ev. Oberkirchenrat in Berlin mit einem Darlehen von 17 000 RM finanzierten polnischen Gesangbuches für die Unierte Kirche in Polnisch-Oberschlesien.[4] Über die Gesangbuchfrage hatte Wagner, der erst am 1. Februar 1932 in den Dienst der Unierten Kirche in Oberschlesien getreten war, keine näheren Kennt-

1 Verfügung vom 23. Juli 1938, in: AW; vgl. KuH 1938, 115ff., 122f.; PEK 1938, 347, 503.
2 KuH 1938, 132.
3 Aufzeichnungen, in: AW.
4 Siehe S. 386.

nisse. Aus Gesprächen mit Präs. Voß und aus einem ihm bekannt gewordenen Schreiben des Ev. Oberkirchenrates hatte er erfahren, daß der Oberkirchenrat auf Bitte des Präsidenten Voß nach einer gewissen Zeit der Bedienung des Darlehens auf die Rückzahlung der Restschuld verzichtet hatte und die Einnahmen aus dem Verkauf der verbliebenen polnischen Gesangbücher dem Präs. Voß als Vertrauensfond zur Verwendung für diakonische Zwecke überlassen hatte. Über die Einnahmen und Ausgaben des „Fond für polnische Gesangbücher" hatte das Sekretariat des Präsidenten Rechnung geführt. Bei der polizeilichen Beschlagnahme der Akten, des Inventars und der Kassen des Landeskirchenrates am 26. Oktober 1937 hatte Präs. Voß den Restbestand der polnischen Gesangbücher nicht angegeben, da sie nicht Eigentum des Landeskirchenrates waren und – wie er mehrfach betonte – er allein über den ihm zugestandenen Vertrauensfond zu befinden hatte. Bis zur Auflösung des Gemeindekirchenrates und der Einsetzung eines Staatskommissars für die Kirchengemeinde Kattowitz am 24. Mai 1938 war Wagner mit der Frage der polnischen Gesangbücher nicht befaßt worden und hatte mit ihr nichts zu tun. Erst als der Staatskommissar für die Kirchengemeinde am 30. Mai 1938 den im Keller des Pfarrhauses lagernden Restbestand der polnischen Gesangbücher in Besitz nehmen wollte, wurde er von Wagner darauf aufmerksam gemacht, daß diese nicht Eigentum der Kirchengemeinde Kattowitz seien. Zur Klärung der Eigentumsfrage an den Gesangbüchern schlug Wagner eine Rückfrage des Staatskommissars oder des Vorläufigen Kirchenrates beim Ev. Oberkirchenrat in Berlin vor. Sie war nicht erfolgt. Staatskommissar Zabystrzan und Dr. Michejda als Vorsitzender des Vorläufigen Kirchenrates müssen Strafanzeige bei der Staatsanwaltschaft gegen Wagner wegen Unterschlagung erstattet haben, denn nach dieser Richtung lief das Verhör auf der Kriminalpolizei am 4. Juni 1938.

Hinsichtlich der zweiten Frage, die Gegenstand des Verhörs Wagners auf der Kriminalpolizei am 4. Juni 1938 war, konnte dieser nur zu Protokoll geben, daß Präsident Voß ihm die drei Briefbogen mit seiner Blanko-Unterschrift ohne Auflage und ohne Bindung zu treuen Händen übergeben habe, eine Verwendung dafür sich aber nicht ergeben hätte.

Am Schluß der Vernehmung brachte der Kriminalbeamte zum Ausdruck, daß die Gesangbuchfrage aller Wahrscheinlichkeit nach nicht unter dem Gesichtspunkt einer etwaigen Unterschlagung – nach dieser Richtung hin gingen die Untersuchungen der Staatsanwaltschaft – weiterverfolgt werden würde, daß aber die Möglichkeit nicht auszuschließen sei, daß sich die Finanzbehörde für diesen Fall interessieren könne, weil das Darlehen des Ev. Oberkirchenrates seinerzeit der polnischen Devisenstelle nicht angemeldet worden sei.[5]

Die Gesangbuchangelegenheit und die Frage nach den Briefbogen des Kirchenpräsidenten Voß mit seiner Blanko-Unterschrift wären eine nebensächliche Episode im Verlauf des oberschlesischen Kirchenkampfes geblieben, wenn nicht damit ein neues Element in den Kirchenkampf seitens der Regierung hineingetragen worden wäre: das der moralischen Diskriminierung der Träger des kirchlichen Widerstandes in der Öffentlichkeit, in erster Linie des als „Haupt der deutschen Opposition" angegriffenen Dr. Wagner als Nachfolger des Kirchenpräsidenten Voß. Die polnische Presse, von der Presseabteilung der Wojewodschaft gesteuert, hielt seit dem 20. Juli 1938 den Verdacht gegen ihn wegen „Unterschlagung" und „Devisenvergehens" wach, um ihn bei besonderen Anlässen von neuem hervorzu-

5 Schreiben Wagner an den EO vom 21. Juli 1938, in: AW.

kehren. Auf breiter Front beschritt Pfr. Harlfinger diesen Weg mit seiner Ende 1938 herausgegebenen, in der Wojewodschaftsdruckerei gedruckten und in einigen tausend Exemplaren unentgeltlich im In- und Ausland verbreiteten Broschüre: „Kirche oder Volkstum? Worum geht es im ‚Kirchenstreit' in der Unierten evangelischen Kirche in Polnisch-Oberschlesien? Die Bilanz des passiven Widerstandes". Harlfinger suchte darin den Weg, den er im Kirchenkampf genommen hatte, auf die Weise zu rechtfertigen, „daß er seinen Amtsbrüdern der Reihe nach schwere Vorwürfe machte, Verleumdungen aller Art gegen sie aussprach und ihnen niedrige Beweggründe für ihr Verhalten unterschob".[6] Auf die Angriffe Harlfingers antwortete die Pfarrerschaft der Unierten Kirche mit der noch Ende Juli 1938 der Presse übergebenen, von allen noch im Amt befindlichen oder amtsenthobenen 23 Geistlichen unterzeichneten „Erklärung"[7], in der es u. a. heißt:

„[...] Wir waren und sind uns in dieser entscheidungsschweren Zeit unserer Verantwortung gegenüber Staat, Kirche und Volkstum voll bewußt und sind nach wie vor trotz aller Anfeindungen und Mißdeutungen bereit, an einem Wege mitzuarbeiten, der unserer Kirche und ihren Gemeinden Bestand und Zukunft sichert. Wir lehnen es aber ab, uns mit Pfarrer Harlfinger über Fragen der Kirche und des Volkstums auseinanderzusetzen".

Neue Aktualität im Rahmen der Maßnahmen des Wojewoden Grażyński gegen die Unierte Kirche gewann der „Fall Harlfinger" im Zusammenhang mit der Beschwerde des Gemeindekirchenrates Kattowitz vom 16. Mai 1938 an den Wojewoden gegen die Berufung Harlfingers zum Pfarrer in Kattowitz und mit dessen beim Amtsgericht Kattowitz erhobenen Privatklage vom 24. Mai gegen die 12 Unterzeichner der Beschwerde vom 16. Mai 1938. Die am 2. August 1938 stattgefundene Gerichtsverhandlung gegen die 12 Mitglieder des inzwischen vom Wojewoden aufgelösten Gemeindekirchenrates war kurz. Sie wurde nach Aufnahme der Personalien der 12 Angeklagten auf den Herbst vertagt, nachdem diese die Verantwortung für die Beschwerde vom 16. Mai übernommen hatten und den Wahrheitsbeweis anzutreten bereit waren. Zu einer weiteren Verhandlung der Privatklage Harlfingers war es nicht mehr gekommen, nachdem das Wojewodschaftsamt sich dieses Falles angenommen hatte.[8]

Vom Staatskommissar Zabystrzan hatte das Wojewodschaftsamt das Protokollbuch der Sitzungen des Kattowitzer Gemeindekirchenrates einverlangt und im Vergleich des im Protokollbuch niedergelegten deutschen mit dem der Wojewodschaft eingereichten polnischen Wortlaut der Beschwerde vom 16. Mai festgestellt, daß in letzterer das deutsche Wort „anzugreifen" in dem Satz „[...] [den Kirchenpräsidenten] anzugreifen und herabzusetzen" mit dem schärferen polnischen Ausdruck „szkalować i poniżać" wiedergegeben war. Die Wojewodschaft nahm dies zum Anlaß gegen die 12 Mitglieder des Gemeindekirchenrates Strafanzeige zu erstatten und eine staatsanwaltschaftliche Untersuchung gegen sie wegen „Urkundenfälschung" einzuleiten. Zu einer Anklage der Staatsanwaltschaft war es nicht gekommen. Da beide Fassungen der Beschwerde vom 16. Mai – die deutsche wie die polnische – von allen 12 Mitgliedern des Gemeindekirchenrates unterzeichnet waren, mußten beide als Originalfassung angesehen werden. Die Strafanzeige der Wojewodschaft

6 PEK 1938, 502.
7 PEK 1938 a. a. O.; in: AW.
8 Klageschrift Harlfingers, in: AW; KuH 1938, 112.

hatte dennoch ihren Zweck erfüllt. Die polnische Presse und auch Pfr. Harlfinger waren fortan nicht müde gewesen, den Verdacht auf „Urkundenfälschung“ gegen die Gegner staatlicher Eingriffe in das Leben der Kattowitzer Gemeinde aufrechtzuerhalten und in der Öffentlichkeit in erster Linie Dr. Wagner damit zu belasten, obwohl dieser die Verantwortung für die polnische Fassung der Beschwerde vom 16. Mai 1937 nicht zu tragen hatte.

Ein schwerer Schlag traf die Unierte Kirche durch die Ausschaltung aller ihrer Geistlichen aus dem Religionsunterricht auch an den privaten deutschen Volks- und Höheren Schulen.[9] Ende Juni 1938 hatte der Vorläufige Kirchenrat der Schulabteilung der Wojewodschaft seinen Beschluß zugeleitet, wonach vom Schuljahr 1938/39 an die Erteilung des ev. Religionsunterrichtes an sämtlichen Schulen im Bereich der Unierten Ev. Kirche in Polnisch-Oberschlesien von der Genehmigung des Vorläufigen Kirchenrates (missio canonica) abhängig gemacht und die von Präs. Voß erteilten Unterrichtsgenehmigungen nicht mehr anerkannt werden sollten. Die Schulabteilung der Wojewodschaft griff den Antrag auf und verfügte mit Erlaß an alle Schulleitungen vom 12. bzw. 19. August 1938, vom Schuljahr 1938/39 ab die Erlaubnis zur Erteilung des ev. Religionsunterrichtes von der Vorlage 1. eines Loyalitätszeugnisses der zuständigen politischen Behörde und 2. einer Unterrichtsgenehmigung des Vorläufigen Kirchenrates abhängig zu machen. Praktisch bedeutete dies die Erzwingung der Anerkennung des Vorläufigen Kirchenrates seitens der Lehrer, der Schulleitungen und des Rechtsträgers des deutschen Privatschulwesens, des Deutschen Schulvereins, nachdem der ev. Religionsunterricht an den Staatsschulen seit Jahren bereits in den Händen der von der Wojewodschaft eingesetzten polnischen Geistlichen (Präfekten) der Ev.-Augsb. Kirche bzw. polnischer Lehrer lag. Um den ev. Kindern der deutschen privaten Volksschulen den Religionsunterricht in ihrer Muttersprache wenigstens für ein weiteres Jahr zu sichern, wies der Deutsche Schulverein im Einvernehmen mit Dr. Wagner die Schulleitungen an, den Forderungen der Wojewodschaft nachzukommen. Schwieriger war die Entscheidung hinsichtlich der drei deutschen Privatgymnasien in Königshütte, Pleß und Tarnowitz, an denen bis dahin Geistliche der Unierten Kirche den Religionsunterricht erteilen konnten. Im Falle von Pfr. Bolek, der den Religionsunterricht am Königshütter deutschen Gymnasium erteilt hatte, hätte die Einholung der Unterrichtserlaubnis beim Vorläufigen Kirchenrat die Voraussetzungen des Vorschlags der Pfarrerschaft betr. Ernennung Boleks zum Vorsitzenden des Vorläufigen Kirchenrates vom 16. Juni 1938 hinfällig gemacht. Überlegungen dieser Art hatten sich als überholt erwiesen, nachdem den bisherigen Religionslehrern an den deutschen Privatgymnasien in Königshütte (Bolek), Pleß (Pross) und dem für Tarnowitz in Aussicht genommenen Pfarrvikar Przybyla die erbetenen Loyalitätszeugnisse verweigert worden waren und den Schulleitungen nahegelegt wurde, Geistliche der Ev.-Augsb. Kirche als Religionslehrer zu berufen. Als die Schulleitungen zögerten, diesen Weg zu nehmen, wurde ihnen von der Schulabteilung der Wojewodschaft mitgeteilt, daß im Falle der Religionsunterricht an der Anstalt nicht gehalten werden würde, das Abitur ausfallen müßte und die Anstalt wegen Unnachgiebigkeit mit scharfen Maßnahmen zu rechnen hätte. Der Deutsche Schulverein sah sich nach Einvernehmen mit Dr. Wagner gezwungen, dem staatlichen Druck nachzugeben und die vom

9 Schreiben Wagner an den EO vom 6. und 22. September 1938, in: AW; KuH 1938, 132, 137.

Vorläufigen Kirchenrat vorgeschlagenen Religionslehrer zu akzeptieren: den polnischen Pfarrer Leopold Michaelis für Tarnowitz, den Religionsprofessor i. R. Harlfinger aus Bielitz, einen Vetter des Pfr. Harlfinger, für Pleß und den Lehrer Manz, ein Mitglied des kommissarischen Gemeindekirchenrates in Kattowitz, für Königshütte. Am 14. November 1938 konnte Wagner schreiben: „[...] Auf dem Gebiete des Schulwesens ist das Werk der Zerstörung radikal durchgeführt".[10]

Neue Entscheidungen zeichneten sich im Laufe des September 1938 ab. Ein neuerlicher Versuch Herrmanns und Hegenscheidts, den Wojewoden Grażyński zur Berufung von Pfr. Bolek zum Vorsitzenden des Vorläufigen Kirchenrates zu bewegen und davon ihre weitere Mitarbeit im Vorläufigen Kirchenrat abhängig zu machen, war ergebnislos geblieben. Im Brief Herrmanns an Dr. Wagner vom 9. September 1938[11] heißt es dazu: „[...] Harlfinger [...] uns zum Verräter wurde. Die Gegner sitzen auf einem sehr hohen Pferde und hoffen, mit ihm und seinen Freunden zum vollen Sieg zu kommen". In Brüche gegangen war nicht nur die spannungsreiche Zusammenarbeit der deutschen Mitglieder des Vorläufigen Kirchenrates. Die politische Lage im Zusammenhang mit der Krise um die Tschechoslowakei, von der Polen das sog. Olsa-Gebiet beanspruchte, war auch auf den Kirchenkampf in Polnisch-Oberschlesien nicht ohne Auswirkung geblieben. Der Wojewode hatte den Vorsitz im Vorläufigen Kirchenrat dem Kommissar für die Kirchengemeinde Kattowitz, Paul Zabystrzan, übertragen, bevor Dr. Michejda am 21. September 1938 Kattowitz verlassen hatte, um einer Berufung in den Vorstand des „Kampfkomitees für die Rechte der Polen in der Tschechoslowakei" Folge zu leisten. Als am 2. Oktober 1938 polnische Truppen das Olsa-Gebiet besetzten, das kurz darauf verwaltungsmäßig in die Schlesische Wojewodschaft eingegliedert worden war, hatte die nationale Welle in Polen einen neuen Höhepunkt erreicht.

Mit Verfügung des Staatskommissars Zabystrzan vom 6. Oktober 1938[12] wurde allen drei deutschen Geistlichen der Gemeinde Kattowitz – Dr. Wagner und den Pfarrvikaren Günter Nestmann und Ernst Przybyla – mit sofortiger Wirkung „die Ausübung gottesdienstlicher oder Amtsfunktionen" verboten, bei gleichzeitiger Aufforderung, „sofort die Dienstwohnungen zu räumen und alle Bücher, Kassen, Agenden, soweit sie im Eigentum der Kirchengemeinde sind, im Pfarrbüro zu übergeben". Drei Tage nach ihrer Amtsenthebung und dem Predigtverbot, am 9. Oktober 1938, wurden Wagner, Nestmann und Przybyla auf Weisung des Wojewoden Grażyński von der Politischen Abteilung der Wojewodschaft auf Grund des Grenzzonengesetzes mit sofortiger Wirkung aus der – auch das ganze Kirchengebiet umfassenden – Wojewodschaft Schlesien ausgewiesen[13], da dies, so die Entscheidung, „die Rücksicht auf die Sicherheit und den Schutz der Grenzen [des Staates] erfordert". Ein Verstoß gegen die Entscheidung wurde mit einer Haftstrafe bis zu drei Monaten oder mit einer Geldstrafe bis zu 3000 Zł. oder mit diesen beiden Strafen bedroht.

---

10 Schreiben Wagner an den EO vom 14. November 1938, in: AW.

11 Brief Herrmanns vom 9. September 1938, in: AW.

12 Verfügung des Kommissars Zabystrzan vom 6. Oktober, zugestellt am 8. Oktober 1938, in: AW; PEK 1938, 22.

13 Verfügung der Politischen Abteilung der Wojewodschaft vom 9. Oktober 1938, in: AW; KuH 1938, 146, 149; PEK 1938, 22f.

Mit Rücksicht auf das „wichtige öffentliche Interesse“ wurde die Entscheidung mit ihrer Aushändigung auf der Polizeidirektion in Kraft gesetzt.

Die ausgewiesenen drei Geistlichen gingen nach Posen. Przybyla bekam die kommissarische Verwaltung einer Pfarrstelle in der Unierten Kirche in Polen übertragen, Nestmann wurde Mitarbeiter Wagners, der von Posen aus die Verbindung zu den oberschlesischen deutschen Geistlichen und Gemeinden, dem Konsistorium in Posen, der Ev. Kirche A. und H. B., der Arbeitsgemeinschaft der deutschen Pastoren in der Ev.-Augsb. Kirche und dem Ev. Oberkirchenrat in Berlin aufrechterhielt.

Dem Amtsverbot und der Ausweisung der Kattowitzer deutschen Geistlichen waren in der polnischen Presse heftige Angriffe gegen Dr. Wagner vorausgegangen. Bis in den Wortlaut hinein glichen sich die auf Mitteilungen der Presseabteilung der Wojewodschaft zurückgehenden Artikel der polnischen Presse. Übereinstimmend berichteten sie von behördlichen Untersuchungen gegen den „ehemaligen Pastor der ev. Gemeinde Kattowitz“ wegen „Verübung eines Betruges“, „Dokumentenfälschung“ und „Devisenvergehens“, Vergehen, derer er sich neben der „Sabotage von Staatsgesetzen“ schuldig gemacht habe.[14] Den Angriffen trat Dr. Wagner mit der der Presse zugeleiteten „Erklärung“[15] entgegen: „[...] Der Zweck solcher Nachrichten ist durchsichtig. Diese Art Vorwürfe und Angriffe können mich weder in meiner Ehre treffen, noch Einfluß auf meine Haltung und Stellungnahme haben“. Von einer gegen ihn eingeleiteten Untersuchung der Behörden sei ihm bisher nichts bekannt. Sollten sich die Meldungen der polnischen Presse bewahrheiten, so sehe er einer Untersuchung mit dem ruhigsten Gewissen entgegen. Zu gerichtlichen Schritten gegen Dr. Wagner war es nicht gekommen. Zu seiner beabsichtigten Ausschaltung aus dem Kirchenkampf wurde das Staatsschutzgesetz herangezogen.

Die Ausweisung Dr. Wagners, Nestmanns und Przybylas hatte im ev. In- und Ausland ein vielfaches Echo gefunden. Die deutschen Geistlichen der Unierten Kirche in Polnisch-Oberschlesien sprachen in ihrer von allen persönlich gezeichneten Eingabe an den Ministerpräsidenten General Sławoj-Składkowski vom 14. Oktober 1938[16] von einem „Ereignis von schwerwiegendster Bedeutung“ und brachten die Befürchtung zum Ausdruck, daß „durch die Tatsache der Ausweisung eine Regelung der jetzt so schwierigen Verhältnisse in unserer Kirche in Frage gestellt ist“. Alle drei Geistlichen seien ordnungsgemäß in ihr Amt berufen worden, Dr. Wagner, „von der Landessynode der Unierten evangelischen Kirche in Oberschlesien zum Vertreter des Kirchenpräsidenten gewählt, stand und steht nach dem Tode des Herrn Kirchenpräsidenten an der Spitze der deutschen Geistlichkeit unserer Kirche. Auf ihn sind auch alle Vollmachten, die dem Kirchenpräsidenten übertra-

14 „Kurier Wieczorny“ [Abendkurier], „Polonia“ [Königshütte], „Siedem Groszy“ [Sieben Groschen] gleichlautende Artikel am 19. September 1938: „Untersuchung gegen Pastor Dr. Wagner, den Führer der ev. Deutschen“; „Ilustrowany Kuryer Codzienny“ [Illustrierter Täglicher Kurier, Krakau] vom 20. September 1938: „Machenschaften eines Pastors, des Führers der kämpferischen Deutschen“; „Polska Zachodnia“ [Das Westliche Polen, Kattowitz] vom 20. September 1938: „Untersuchung gegen Pastor Dr. Wagner“; „Gazeta Polska“ [Polnische Zeitung, Warschau] vom 21. September 1938: „Pastor unter Vorwurf krimineller Vergehen“.

15 Presseerklärung Wagners, in: AW; KuH 141.

16 Eingabe der Pfarrerschaft vom 14. Oktober 1938, in: AW; PEK 1938, 66f.

gen worden sind, übergegangen". Er, wie Nestmann und Przybyla gehörten keiner politischen Partei an und hätten sich politisch nie betätigt, „ihre Tätigkeit und ihr Handeln waren lediglich aus dem Willen treuen Dienstes an der Gemeinde Jesu Christi ohne Rücksicht auf evtl. Vor- oder Nachteile bestimmt". Der Ministerpräsident wurde um eine Intervention und die Rücknahme der Entscheidung betr. Ausweisung der drei Geistlichen gebeten, die „für äußerst schädlich für den Frieden in unserer Kirche gehalten werden müsse".

Am gleichen Tage des 14. Oktober 1938 wurden die beiden deutschen Senatoren Hasbach und Wiesner vom Ministerpräsidenten Sławoj-Składkowski empfangen, dem sie in Angelegenheit der Ausweisung der drei Kattowitzer Geistlichen drei von ihnen unterzeichnete Eingaben betr. die kirchlichen Verhältnisse in der Unierten ev. Kirche in Polnisch-Oberschlesien überreichten: eine im Namen des aufgelösten Gemeindekirchenrates in Kattowitz, eine im Namen der deutschen Volksgruppe in Polen und eine in ihrem Namen als Senatoren.

Die im Namen des Gemeindekirchenrates eingebrachte Eingabe[17] streifte die Geschikke der Kattowitzer Gemeinde seit dem Erlaß des Staatsgesetzes vom 16. Juli 1937 und verwies darauf, „daß in die kirchlichen Verhältnisse tatsächliche und rechtliche Unordnung hineingetragen worden ist, die das Vertrauen der evangelischen Bevölkerung in Recht und Ordnung untergräbt". Sie baten daher zu veranlassen, daß

„1. den drei deutschen Geistlichen der Gemeinde Kattowitz, Pfr. Dr. Wagner, Pfarrvikar Nestmann und Pfarrvikar Przybyla, die das Vertrauen der deutschen Gemeindeglieder besitzen, die sofortige Möglichkeit gegeben werde, in ihre Gemeinde zurückzukehren,
2. über die Berufungen des Gemeindekirchenrates vom 16. Mai und 8. Juni in Sachen Pfarrer Harlfinger sowie der Auflösung des Gemeindekirchenrates so schnell als möglich entschieden werde,
3. die ungesetzlichen Maßnahmen der kommissarischen Gemeindeverwaltung aufgehoben werden".

Die im Namen der deutschen Volksgruppe überreichte Eingabe[18] legte Verwahrung dagegen ein, „daß [in der Unierten Kirche] durch ein Staatsgesetz neue Verhältnisse nach dem Willen der polnischen Minderheit aber zum Schaden der deutschen Mehrheit bei Nichtbeachtung deren grundsätzlichen Rechte geschaffen werden". In der Unierten Kirche in Oberschlesien gelte der kirchliche Wille heute nichts, „die Herrschaft in der Kirche werde heute ausgeübt von der Wojewodschaft mittels: a) der von ihr in leitende Stellungen berufenen Persönlichkeiten, b) polizeilicher Anordnungen, c) Auflösung der Gemeindeorgane und Einsetzung von Kommissaren". Die Beschwerden der deutschen Geistlichen oder kirchlicher Körperschaften blieben unerledigt. Das Schlesische Gesetz gelte seit 1 1/4 Jahren. In dieser Zeit sei nichts geschehen, um die eigentlichen Aufgaben des Gesetzes zu verwirklichen. Statt dessen habe das Schlesische Wojewodschaftsamt das Gesetz benutzt, um in der Kirche neue, mit dem Kirchenrecht unvereinbare Verhältnisse einzuführen. An den Ministerpräsidenten wurde die Bitte gerichtet, daß

„1. der Durchführung des Schlesischen Gesetzes vom 16. Juli 1937 in der bisherigen Weise Einhalt geboten wird,

17 Eingaben der Senatoren Hasbach und Wiesner vom 14. Oktober 1938, in: AW.
18 Ebenda.

2. eine Verständigung zwischen den Staatsbehörden und den deutschen Geistlichen aufgrund des evangelischen Kirchenrechts herbeigeführt wird,
3. freie Wahlen zwecks rechtlicher Berufung der Organe und Kirchenbehörden herbeigeführt werden".

Die Eingabe Hasbachs und Wiesners als Senatoren[19] sprach die rechtlichen und kirchenrechtlichen Aspekte der Ausweisung der Kattowitzer deutschen Geistlichen an und führte aus:

„[...] Die betreffenden Dekrete des Schlesischen Wojewodschaftsamtes vom 9. d. Mts. enthalten keine Begründung der Ausweisung, sondern nur die Angabe, daß dies die Sicherheit und der Schutz der Grenzen erfordert. [...] Die Pfarrer Dr. Wagner, Nestmann und Przybyla bekennen sich zum deutschen Volkstum. Sie haben sich aber nie politisch betätigt und gehören auch keiner politischen Partei an. Die ordnungsgemäße Bekleidung und Ausübung des geistlichen Amtes [...] hat mit der Sicherheit und den Staatsgrenzen nicht das Geringste zu tun. Deshalb sind wir der Ansicht, daß die Verordnung betr. die Staatsgrenzen in diesen Fällen nicht die richtige Anwendung gefunden habe". Auf Dr. Wagner, so ihre kirchenrechtlichen Ausführungen, seien nach dem Tode von Kirchenpräsident Voß alle Vollmachten der Landessynode der Unierten Kirche in Polnisch-Oberschlesien übergegangen. Er stehe heute an der Spitze der deutschen Geistlichen dieser Kirche." Eine Gesamtregelung der kirchlichen Frage im Sinne einer beiderseitigen Verständigung, die sowohl von der Kirche wie auch vom Ministerpräsidenten und dem Herrn Minister für religiöse Bekenntnisse und öffentliche Aufklärung angestrebt wird, erfordert seine Mitwirkung und Wiederaufnahme der Tätigkeit in Kattowitz". Sie baten den Ministerpräsidenten, veranlassen zu wollen, daß die Ausweisung der Geistlichen Dr. Wagner, Nestmann und Przybyla sofort rückgängig gemacht wird.

Am 15. Oktober 1938 wurden Wagner und Klawun in der Angelegenheit der Ausweisung der Kattowitzer Geistlichen von Botschafter v. Moltke empfangen, der noch am gleichen Tage bei Außenminister Beck in dieser Frage vorstellig werden wollte.[20] Am 22. Oktober 1938 legten Dr. Wagner und die Pfarrvikare Nestmann und Przybyla Berufung beim Innenministerium gegen ihre Ausweisung ein.[21]

Die Eingabe der Pfarrerschaft der Unierten Kirche und die Eingaben der Senatoren Hasbach und Wiesner vom 14. Oktober waren ohne Antwort, die Vorsprache Moltkes bei Außenminister Beck ergebnislos geblieben. Auch die Berufung der betroffenen Geistlichen beim Innenministerium hat keine Beantwortung gefunden.

In der Gemeinde Kattowitz hatte die (nicht aufgelöste, aber vom Staatskommissar auch nie einberufene) Gemeindevertretung Ende Oktober 1938 drei Mitglieder des aufgelösten Gemeindekirchenrates – den Tischlermeister Richard Guttwein, den Prokuristen Erich Sowoidnich und den Architekten Andreas Twardzik – bevollmächtigt, „die Interessen der deutschen Gemeindeglieder der ev. Kirchengemeinde Kattowitz auf kirchlichem Gebiet zu vertreten, wo immer eine solche Vertretung notwendig sein wird". Begründet wurde die Bildung dieses Ausschusses mit dem Hinweis, „daß wir nach Ausweisung unserer letzten drei Geistlichen der geistlichen Führung entbehren" und „in der nächsten Zeit sicherlich Ereignisse eintreten, die eine Stellungnahme von Vertretern des deutschen Tei-

19 Ebenda.
20 Vermerk, in: AW.
21 Berufung Wagners, Nestmanns und Przybylas an das Innenministerium vom 22. Oktober 1938, in: AW.

les der Gemeinde erforderlich machen".[22] Mit Schreiben vom 12. November 1938[23] teilte der Wojewode Grażyński dem Tischlermeister Guttwein, „ehemaligem Mitglied des ev. Gemeindekirchenrates und Genossen" mit, daß das Kultusministerium mit Entscheidung vom 4. November 1938 die Berufung des Kirchenvorstandes vom 8. Juni 1938 gegen seine Verfügung vom 24. Mai 1938 betr. Auflösung des Gemeindekirchenrates und Einsetzung eines Kommissars nicht berücksichtigt und seine, des Wojewoden, Verfügung vom 24. Mai 1938 „zur Gänze bestätigt hat". Am 19. Oktober 1938 wurde Pfarrvikar Paul Schön, Pfarrverweser in Warschowitz, vom Vorläufigen Kirchenrat mit Polizeigewalt seines Amtes enthoben und ein polnischer augsburgischer Geistlicher eingesetzt. Die bisher ruhige Gemeinde Warschowitz wurde in den Kirchenkampf einbezogen, der in der Form des passiven Widerstandes mit am stärksten von den polnischsprachigen, wirtschaftlich unabhängigen Landgemeinden Pleß-Land, Ruptau, Warschowitz, Loslau getragen wurde.

Im Sinne der Kirchenpolitik des Wojewoden Grażyński suchte Pfr. Harlfinger seine Stellung in Kattowitz und Oberschlesien zu festigen. Am 31. Oktober 1938, dem Reformationsfest, rief er in Kattowitz das „Evangelische Gemeindeblatt für die deutschen evangelischen Gemeinden in Polnisch-Oberschlesien" ins Leben, das kirchenpolitisch die Linie seiner Broschüre vom Ende Juli „Kirche oder Volkstum?" fortsetzte. Der Verband ev. Polen, der die Ausweisung der drei deutschen Kattowitzer Geistlichen als „Beginn der Normalisierung in der Gemeinde Kattowitz" wertete, begrüßte, wie die politische polnische Presse, die Herausgabe des „Evangelischen Gemeindeblattes" und empfahl es der evangelischen deutschen Bevölkerung, „da die Person des Herausgebers und die Haltung des Blattes eine loyale Einstellung zu Kirche und Staat gewährleisten"[24].

Folge der Entwicklung war, daß der von Kirchenpräsident Voß als letzter Ausweg auf der Suche nach einer friedlichen Lösung der Verfassungsfrage und des Ausgleichs in den Nationalitätengegensätzen vertretene, in den Besprechungen des „Zwischenkirchlichen Ausschusses" aktualisierte Gedanke der nationalen Aufgliederung der Gemeinden reale Gestalt anzunehmen begann. Den Anfang machte eine Gruppe Kattowitzer Gemeindeglieder. Anfang September 1938 rief sie den auf das ganze Gebiet der Unierten ev. Kirche in Polnisch-Oberschlesien bezogenen „Deutsch-evangelischen Verein" mit dem Sitz in Kattowitz ins Leben und beantragte am 15. September 1938 bei der Polizeidirektion unter Vorlage der Satzung seine Registrierung. Mit Entscheidung vom 19. Oktober 1938 lehnte die Polizeidirektion Kattowitz die Registrierung des Vereins ab und verbot die Gründung einer solchen Vereinigung. Die Berufung gegen die Entscheidung der Polizeidirektion an das Schlesische Wojewodschaftsamt vom 3. November 1938[25] blieb ohne Erfolg, ebenso wie die Bemühungen, Vereinigungen evangelischer Deutscher für die Kreise Pleß und Rybnik genehmigt zu erhalten.

Einen Einblick in die Beurteilung des oberschlesischen Kirchenkampfes durch den internationalen Protestantismus vermittelt der Brief Prof. Siegmund-Schultzes an Bischof Bursche vom 15. Oktober 1938.[26] Darin heißt es zu den Vorgängen in Oberschlesien:

---

22 Bevollmächtigung an Guttwein, Sowoidnich, Twardzik, in: AW.
23 Schreiben des Wojewoden Grażyński an Guttwein vom 12. November 1938, in: AW.
24 PEK 1938, 67f.
25 Berufung vom 3. November 1938, in: AW; vgl. KuH 1939, 30.
26 EZA, L VIII, 29b.

„[...] Wie ich seinerzeit befürchtet hatte, ist nun ein Zustand eingetreten, der die Deutschen innerhalb der Kirche vollständig rechtlos macht. Die Gemeinden werden aufs schwerste in ihren innersten Interessen bedroht; die Pastoren können ihren Dienst nicht mehr tun. Und offenbar finden diejenigen, die nun eine Gewalttat nach der anderen durchgeführt haben, keinen Ausweg mehr". Er wisse, so Siegmund-Schultze, daß Bursche mit dieser Frage nicht direkt befaßt sei. Er hätte aber sicher ein klareres Bild von dem, was geschehen müßte und so erbitte er von ihm einen „Rat, was geschehen sollte, damit nicht diese Schädigung der evangelischen Sache durch weitere Jahre fortgesetzt wird". Auf den Konferenzen des Weltbundes vom Sommer 1938, wie auch seither hätten sich „fortwährend Tendenzen bemerkbar gemacht, die ein energisches Eingreifen von außen verlangen". Er, so Siegmund-Schultze, habe dabei den Standpunkt eingenommen, „daß wir nur aufgrund einer besseren Verständigung der evangelischen Kirchen Polens untereinander und nur mit Bemühungen innerhalb Polens selbst weiterkommen könnten und deswegen auch von jeder Stellungnahme zu den gegenwärtigen Fragen abgeraten". Er könne diesen Rat nur aufrecht erhalten, „wenn endlich Wege gefunden werden, die dem rechtlosen Zustand, der gegenwärtig besteht, und der schweren Schädigung der evangelischen Interessen ein Ende machen".

Bischof Bursche antwortete Siegmund-Schultze am 18. Dezember 1938.[27] Der Abschnitt seines Briefes, der sich auf den Kirchenkampf in Oberschlesien bezieht, ist kurz und für seine staatskonforme Haltung kennzeichnend. Er schrieb:

„[...] Es ist nicht so, wie Sie schreiben, daß die Deutschen dort rechtlos gemacht worden sind. Sie tragen jedoch die bitteren Folgen ihrer Kurzsichtigkeit, und diejenigen, die sich widersetzten, werden aus Schlesien verwiesen. Die Kirche in Oberschlesien wird jedoch nicht untergehen, auch deutsche Pastoren und deutsche Gemeinden werden dort bleiben; ich bin überzeugt, daß die Kirche dort aus der ganzen Krisis geläutert und gereinigt von der alten politischen Einstellung hervorgehen wird. Ein ‚energisches Vorgehen von außen', von dem Sie schreiben, würde nicht nur nichts nützen, denn Polen ist heute nicht mehr der Staat, der das dulden würde, sondern dieser Kirche den Gnadenstoß geben".

Die Lage der Unierten Kirche in Polnisch-Oberschlesien am Ende des Jahres 1938 gibt der Erlaß des Wojewoden Grażyński vom 6. Dezember 1938 an den stellv. Vorsitzenden des Vorläufigen Kirchenrates, den aus dem Olsa-Gebiet zurückgekehrten Dr. Michejda[28] wider. Darin wurde Michejda aufgefordert, „ihm [dem Wojewoden] die Deklarationen der Pfarrer, die das Gesetz [vom 16. Juli 1937] anerkennen, sowie einen Ausweis jener Geistlichen, die die Deklaration nicht unterschrieben haben, vorzulegen". In Ausführung des Erlasses übersandte Michejda die vorgegebene Deklaration am 23. Dezember 1938 allen Geistlichen „mit der Bitte um Unterschrift und Rücksendung mit dem Bemerken, daß er ein Nichtunterschreiben und Nichtrücksenden der Deklaration bis zum 5. Januar 1939 bzw. ein Unterschreiben mit Bedingungen und Vorbehalten als gleichbedeutend mit der Nichtanerkennung des Gesetzes und der durch dieses berufenen Behörden ansehen werde". Die eingeforderte Deklaration hatte den Wortlaut: „Der unterzeichnete Pfarrer [...] erklärt, daß er sich dem Gesetz vom 16. Juli 1937 (Dz. U. Śl. Nr. 14, Pos. 33) unterordnet und die durch dieses Gesetz geschaffene Kirchenbehörde, das ist: den Vorläufigen Kirchenrat der Unierten Kirche in Oberschlesien als seine oberste Kirchenbehörde anerkennt".

27 EZA-L VIII, 29b.
28 Erlaß vom 6. und Verfügung vom 23. Dezember 1938, in: AW; PEK 1939, 249.

Die Befriedung im oberschlesischen Kirchenkampf war auch im Jahre 1938 um keinen Schritt weiter gekommen.

5. Die Zwangsmaßnahmen des Staates in der Ev.-Augsb. Kirche. Der Anschluß des „Olsa-Gebietes". Der Zwischenkirchliche Ausschuß bis Ende 1938

Auch in der Ev.-Augsb. Kirche hatte sich die Lage seit der Danziger Besprechung vom 18. Juli 1938 verschlechtert. Wie in der Unierten Kirche in Polnisch-Oberschlesien war die deutsche Mehrheit in der Augsburgischen Kirche von der Leitung der Kirche ausgeschlossen und hatte keine Möglichkeit, sich unter Berufung auf Rechtsmittel zu wehren und ihre Anliegen innerhalb der Kirche gegenüber der Staatsregierung oder dem Warschauer Konsistorium durchzusetzen. Vom Ende September 1938 an hatte sich der polnische Staat auch in der Augsburgischen Kirche direkt in den Kirchenkampf eingeschaltet und zu Zwangsmaßnahmen gegriffen.

Wie in Oberschlesien seit der Amtsenthebung von Kirchenpräsident Voß suchte der Staat die führenden Persönlichkeiten des kirchlichen Widerstandes auch in der Ev.-Augsb. Kirche, in erster Linie Pastor A. Kleindienst, den Vorsitzenden der Arbeitsgemeinschaft der deutschen Pastoren in der Augsburgischen Kirche, den Herausgeber des „Wolhynischen Boten" (1923–1936) und Mitherausgeber des Wochenblattes „Luthererbe in Polen" (1938–1939), auszuschalten. Bereits im April 1938 hatte ihm der Starost (Landrat) von Łuzk die Anerkennung der polnischen Staatsangehörigkeit verweigert, der wolhynische Wojewode, Henryk Jan Józewski, anschließend die Berufung Kleindiensts abgelehnt und die Entscheidung des Starosten bestätigt. Bevor noch das Oberste Verwaltungsgericht in Warschau über die Berufung Kleindiensts gegen die Entscheidung des Wojewoden entschieden hatte, verständigte dieser am 2. September 1938 das Warschauer Konsistorium, daß Kleindienst nicht im Besitz der polnischen Staatsangehörigkeit sei und nach § 28 des Staatsgesetzes vom 25. November 1936 ein Amt in der Kirche nicht bekleiden könne. Das Warschauer Konsistorium kam der Forderung des Wojewoden nach und sprach mit Verfügung vom 24. September, zugestellt am 27. September 1938, die Entlassung Kleindiensts zum 1. Oktober 1938 aus seinem Amte aus. Gleichzeitig beauftragte es den zuständigen Senior Schoeneich in Lublin, die Übergabe des Pfarramtes in Łuzk an den polnischen Vikar Otto Frank am 27. September 1938 vorzunehmen. Gegen seine Amtsentlassung legte Kleindienst am 1. Oktober 1938 Berufung beim Konsistorium ein, die von diesem am 5. Oktober 1938 abgelehnt wurde. Mit Verfügung vom 20. Oktober wurde Kleindienst endgültig zum 22. Oktober 1938 seines Amtes enthoben und mit Predigt- und Amtsverbot für den Bereich der Pfarrgemeinde Łuzk belegt. Gegen den Entscheid des Konsistoriums legte Kleindienst Berufung beim Kultusminister und beim Obersten Verwaltungsgericht in Warschau ein. Die polnische Presse sprach offen aus, daß die Verweigerung bzw. Aberkennung der polnischen Staatsbürgerschaft und die Entfernung Kleindiensts aus dem Amt eine politische Entscheidung war. Kleindiensts Familie lebte seit über hundert Jahren in Wolhynien, er selbst war in Łuzk geboren und von 1921–1938 – von Kirche und Staat unangefochten – gewählter Pfarrer seiner Heimatgemeinde Łuzk, in all den Jahren auch Standesbeamter für den evangelischen Teil der Bevölkerung. Als Grund für die Nichtanerkennung bzw. Aberkennung der polnischen Staatsangehörigkeit wurde behördlicherseits angegeben, daß er am Tage der Ratifizierung des Rigaer Vertrages (30. April 1921), durch den Wolhynien an Polen kam, in der Einwohnerliste der politischen Gemeinde Łuzk nicht verzeichnet war. Durch Kriegsereignisse verhindert, war es ihm erst kurz danach möglich, in seine Heimatstadt zurückzukehren.[1]

Zur gleichen Zeit wie gegen Kleindienst erhob der wolhynische Wojewode auch gegen Pastor Rudolf Reinhold Henke in Rożyszcze, der führend im Aufbau evangelischen (deutschen) Schulwesens in Wolhynien tätig war, Einwände politischer Natur und verlangte beim Warschauer Konsistorium seine Entlassung aus dem Amt. Der Aufforderung Bischof Bursches, sich um eine andere Pfarrstelle zu bewerben, war Henke nicht nachgekommen.[2]

Das Verhalten Bischof Bursches in den Fällen Kleindienst und Henke stieß bei den deutschen Pastoren und den wolhynischen Gemeinden auf Widerstand. Am 11. Oktober 1938 überreichte eine Delegation wolhynischer Pastoren Bischof Bursche eine Eingabe[3], in der sie im Namen der wolhynischen Gemeinden baten, die Amtsenthebung Kleindiensts rückgängig zu machen und in der Angelegenheit Henke beim Wojewoden zu intervenieren. Die Eingabe schloß mit den Worten, daß „die Entlassung Pastor Kleindiensts in Łuzk und die Entfernung Pastor Henkes aus Rożyszcze den evangelischen Gemeinden einen Schaden zufügen würde, der nicht mehr gutzumachen wäre und Erbitterung und Zerfall innerhalb der evangelischen Bevölkerung zur Folge haben würde. Die Pastoren Wolhyniens müssen es ablehnen, die Verantwortung dafür zu tragen". Eine vollzählig besuchte Delegiertenversammlung wolhynischer Gemeinden in Łuzk hatte den Beschluß gefaßt, Pastor Kleindienst weiterhin als rechtmäßigen Pfarrer von Łuzk zu betrachten.[4] Die in Erlangen erscheinende Halbmonatsschrift „Lutherische Kirche" kommentierte die Entlassung Kleindiensts mit den Worten: „Wir wagen nicht mehr zu hoffen, daß es noch zu einer friedlichen Beilegung des Konfliktes zwischen Polentum und Deutschentum in der evangelischen Kirche Kongreßpolens kommt".[5]

In den Fällen Kleindienst und Henke war erstmals die ganze Tragweite des Artikel 33 des Staatsgesetzes für die Ev.-Augsb. Kirche vom 25. November 1936 deutlich geworden, wonach die Regierung [dem Wojewoden] „im Falle einer für den Staat schädlichen Tätigkeit" nicht nur das Recht der Aufsicht, sondern auch das Recht des Eingreifens in alle Personalangelegenheiten der Kirche zukam und sie allein zu bestimmen hatte, was „eine für den Staat schädliche Tätigkeit" ist.

---

1 Zur Literatur über die Amtsenthebung und die Angelegenheit der Staatsbürgerschaft von Pastor Kleindienst: *E. Kneifel,* Geschichte 285f.; *ders.:* Bischof Bursche 147ff.; *Th. Bierschenk,* Die deutsche Volksgruppe 202; *A. Schmidt,* Dr. theol. Alfred Kleindienst 2f.; PEK 1938/2, 69; 1938/3, 108.

2 PEK 1938/1, 26; *Th. Bierschenk,* Die deutsche Volksgruppe a. a. O.

3 Eingabe, in: PEK 1938/1, 26f.

4 PEK 1938/2, 69.

5 PEK 1938/3, 109.

Der in der Ev.-Augsb. Kirche in Polen und in der Unierten Kirche in Polnisch-Oberschlesien geführte Kirchenkampf gegen die Bindungen der ihnen oktroyierten Staatsgesetze fand im Urteil ihrer deutschen Kirchenglieder und darüber hinaus seine Rechtfertigung durch die Behandlung der kirchlichen Fragen in dem Polen angeschlossenen sog. Olsa-Gebiet. An der Seite Deutschlands hatte sich Polen an der Aufteilung der Tschechoslowakei beteiligt und am 2. Oktober 1938 den 1920 an die Tschechoslowakei gefallenen westlichen Teil des ehem. österreichischen Herzogtums Teschen (Olsa-Gebiet) annektiert. Das neu gewonnene Staatsgebiet wurde verwaltungsmäßig der Wojewodschaft Schlesien angeschlossen und in die vom Wojewoden Grażyński vertretene polnische Nationalitätenpolitik und die Kirchenpolitik Bischof Bursches einbezogen.

Bei der Inbesitznahme des Landes, beim Einzug in Tschechisch-Teschen, weigerte sich Grażyński, aus der Hand des Bürgermeisters der Stadt, Josef Koždon, des Führers der „Schlesischen Volkspartei" und Ehrenkurators der deutsch-schlonsakischen evangelischen Kirchengemeinde in Tschechisch-Teschen, den Schlüssel der Stadt und einen Blumengruß entgegenzunehmen. Mit sofortiger Wirkung wurden sämtliche deutsche Schulen geschlossen, jede deutsche und tschechische Aufschrift in dem bisher dreisprachigen Lande getilgt, alle Vereine, auch die kirchlichen und wohltätigen, mit Ausnahme der polnischen Vereine, verboten.[6]

Auch die kirchliche Landschaft des neu gewonnenen Landes erfuhr eine Änderung. Bereits am 7. Oktober 1938 hatte das Pressebüro des Warschauer Konsistoriums (EwPol) darauf hingewiesen, daß die beiden bisher der Deutschen Evangelischen Kirche in Böhmen, Mähren und Schlesien angehörenden Kirchengemeinden „ein bedeutendes Hindernis für die Pflege der polnisch-evangelischen Gemeinschaft", die tschechisch-brüderischen Gemeinden „einen Fremdkörper im kirchlichen Organismus des Olsagebietes" bilden und ausgesprochen: „[...] Heute ist die Zeit gekommen, daß die ‚Bruchteile' in ein Ganzes zusammengeschlossen werden und der Zustand von 1920 wiederhergestellt werde".[7] Bei Anwesenheit Bischof Bursches faßte die 1920/22 gebildete polnisch-schlonsakische „Evangelische Kirche Augsburgischen Bekenntnisses in Ostschlesien in der Tschechoslowakei" auf der a.o. Synode vom 5. November 1938 den Beschluß, sich aufzulösen und ihre sieben Gemeinden mit 43 000 Seelen der Ev.-Augsb. Kirche in Polen anzuschließen. Mit Dekret des polnischen Staatspräsidenten Ignacy Mościcki vom 19. November 1938 wurde die Geltung des Staatsgesetzes für die Ev.-Augsb. Kirche in Polen vom 25. November 1936 auf das Olsagebiet ausgedehnt, mit Beschluß des Warschauer Konsistoriums vom 1. Dezember 1938 wurden die ev. Gemeinden des Olsagebietes verwaltungsmäßig der Schlesischen Diözese dieser Kirche eingegliedert.[8] Die „Tschechisch-Brüderische Evangelische

---

6 *B. Geißler,* Von der ev. Diaspora in der ehem. Tschechoslowakei, in: ED 21 (1939), 156–173; *Th. Bierschenk,* Die deutsche Volksgruppe 292ff.; DWB II, Dok. Nr. 118–127.

7 Ewpol 1938, Nr. 114.

8 PEK 1938/2, 68; 1938/3, 109f.; *W. Gastpary,* Protestantyzm 260; *T. Gruda,* Ewangelicy za Olsą [Die Evangelischen jenseits der Olsa], in: Przyjaciel Domu, Kalendarz dla ewangelików na rok 1939, 28–39. Zur Geschichte der Ev.-Augsb. Kirche in Ostschlesien vgl. *O. Wagner,* Mutterkirche 482f.; *O. Michejda,* Die Ev. Kirche Augsb. Bekenntnisses 236–246.

Kirche" wurde aufgelöst. Ihre Geistlichen wurden vertrieben, von ihren vier Kirchen zwei der Röm.-kath., zwei der Ev.-Augsb. Kirche übergeben.[9] Die beiden der „Deutschen Evangelischen Kirche in Böhmen, Mähren und Schlesien" angeschlossenen deutsch-schlonsakischen Gemeinden, Tschechisch-Teschen und Oderberg, verweigerten ihre Unterstellung unter das Warschauer Konsistorium und beharrten auf dem Recht kirchlicher Selbstbestimmung und Organisationsfreiheit, das ihnen in der Tschechoslowakei nie bestritten wurde. Es wurde ihnen verweigert. Ohne sie zu befragen, wurden beide Gemeinden der Ev.-Augsb. Kirche in Polen eingegliedert, ihre Pfarrer, Paul Zahradnik in Tschechisch-Teschen und Georg Badura in Oderberg, im Juli 1939 ausgewiesen. Für die Gemeinden wurden polnische Administratoren eingesetzt, worauf diese in einen „Kirchenstreik" traten.[10] Der Kirchenkampf in Polen hatte auf das Olsagebiet übergegriffen.

Mit Besorgnis reagierte der Weltbund für Freundschaftsarbeit der Kirchen auf die kirchliche Entwicklung in Polen. In seinem bereits erwähnten Brief vom 15. Oktober 1938 an Bischof Bursche[11] hatte Prof. Siegmund-Schultze auch die Lage in der Ev.-Augsb. Kirche angesprochen. Darin lehnte er den für ihn „völlig absurden Gedanken einer Trennung [der Kirche] nach Nationalitäten" ab. Wenn dieser Plan praktische Gestalt annimmt, werde es zu einer außerordentlichen Verschärfung des Kampfes kommen und keine Seite werde befriedigende Resultate erzielen. Sollte die Zählung von 18% Polen in der Augsb. Kirche stimmen, muß, so Siegmund-Schultze, damit gerechnet werden, daß das ganze Kirchenvolk in schwerste Aufregungen versetzt wird, „und da die Staatsregierung ja in einem solchen Falle nicht untätig zusehen könnte, werden wahrscheinlich auch politische Erschwerungen eintreten, wie sie sich jetzt schon in der Absetzung der Pastoren Kleindienst und Henke ankündigen". An Bursche richtete Siegmund-Schultze die Anfrage, ob nach seinem Urteil „wirklich Verfehlungen vorliegen, die auch vom Konsistorium als so schwer angesehen werden mußten, daß eine Amtsenthebung bzw. Versetzung notwendig wurde".

Die kirchliche Lage nach der Aberkennung der polnischen Staatsbürgerschaft, der Amtsenthebung und dem Amtsverbot für Pastor Kleindienst, den Vorsitzenden der Arbeitsgemeinschaft der deutschen Pastoren in der Ev.-Augsb. Kirche, wie nach der Amtsenthebung, dem Amtsverbot und der Ausweisung von Dr. Wagner und der beiden anderen deutschen Geistlichen der Gemeinde Kattowitz, Nestmann und Przybyla, und nach den Vorgängen im Olsa-Gebiet war Gegenstand der Besprechungen des Zwischenkirchlichen Ausschusses – Nehring, Klawun, Dr. Möller (Posen), Wagner (Oberschlesien), Schedler, Löffler, Henke (Arbeitsgemeinschaft deutscher Pastoren) – in Danzig am 18. Oktober 1938, an denen als Vertreter des Ev. Oberkirchenrates Dr. Benn und des Kirchlichen Außenamtes Wahl teilgenommen haben.[12] Zur Lage in der Ev.-Augsb. Kirche heißt es im Bericht Wahls:[13]

„Die Berichte der Herren aus der Ev. Augsb. Kirche waren wenig ermutigend. Löffler berichtete: eine Zusammenfassung des deutschen Kirchenvolkes, wie er es im Lutherbund

9 *P. Zahradnik,* Ostoberschlesien, in: ED 23 (1941), 49–56.
10 *P. Zahradnik,* Ostoberschlesien 50.
11 EZA-L VIII, 29b.
12 Aktennotiz, in: AW.
13 EZA, AKA, C VII, Polen 2, Bd. IV.

vorgeschlagen hatte, sei nicht möglich, da anzunehmen sei, daß die Regierung diese nicht genehmigen würde. [...] Die kirchlichen Belange müßten nach wie vor von der Arbeitsgemeinschaft deutscher Pastoren und dem Synodalausschuß vertreten werden. Bei einer eventuellen staatlichen Verhandlung aufgrund der Minderheiten-Erklärung vom 5. November 1937 müßte auch die Frage der kirchlichen Organisation behandelt werden. Von Posen her bremst man wieder die Behandlung der Frage der Gesamtkirche, die man, nach Meinung von Klawun, nicht überschätzen dürfe. Das Ergebnis von Danzig war sehr mager".

Die Ergebnisse der Danziger Besprechung vom 18. Oktober 1938 und der im Laufe des Oktober gehaltenen vielfachen Besprechungen fanden ihren Niederschlag in der von Nehring verfaßten umfangreichen „Denkschrift über die Lage des evangelischen Kirchentums in Polen vom Ende Oktober 1938."[14] In dieser heißt es:

„[...] Die polnische Staatsregierung hat in den letzten Jahren [...] die rechtliche Stellung der Ev. Augsb. Kirche im Staat [...] und die Rechtslage der Unierten Kirche in Oberschlesien in einer Weise geordnet, daß diese beiden Kirchen zu Verwaltungsbereichen des Staates geworden sind. [...] Alles geschieht in der Absicht, die staatlichen Einflußbereiche zu verstärken und aus den ev. Kirchen im Sinne der allgemeinen staatlichen Tendenzen (Aufbau eines Nationalstaates) Polonisierungsinstrumente zu machen". Nehrings Analyse der staatlichen Gesetzgebung und der Tätigkeit der staatlichen wie der kirchlichen Verwaltungsbehörden, die im Sinne der polnischen Staatsregierung arbeiten, kommt zu den „Folgerungen":

„Es gibt kein Mittel, um dem Deutschtum die freie Betätigung seiner Gesinnung in den evangelischen Kirchen in Polen zu sichern, solange die Leitung der Kirche in der Hand des evangelischen Polentums liegt. Das evangelische Polentum wird die kirchliche Amtsgewalt immer wieder in demselben Sinne wie bisher benutzen, zur Unterdrückung der deutschen Belange und zur Assimilierung. [...] Sowohl die Vorgänge in der Ev.-Augsb. Kirche wie in Oberschlesien beweisen, daß ein Ausgleich zwischen den Tendenzen des evangelischen Polentums und den Belangen des Deutschtums unmöglich ist. [...] Der Deutsche, der seine Rechte nicht preisgibt und sich zur Wehr setzt, ist ein illoyaler Staatsbürger, ein Hitlerianer, ein Politiker in der Kirche. [...] Angesichts dieser Sachlage bleibt nur der Weg, deutsches und polnisches Volkstum kirchlich voneinander zu trennen und dem evangelischen Deutschtum die Möglichkeit zu geben, sich kirchlich unabhängig, neben dem evangelischen Polentum zu organisieren. Nicht als religiöser Verein, der unter das Vereinsrecht fällt, sondern als evangelische Kirche, mit derselben Rechtsstellung, wie sie die evangelischen Kirchen im Lande bisher gehabt haben. [...]

Man muß sich darüber klar sein, daß die Staatsregierung gemeinsam mit dem evangelischen Polentum sich keinem Plan so widersetzen wird wie dem einer Scheidung des ev. Kirchentums in einen polnischen und einen deutschen Teil. [...] Man kann sagen: Assimilierung ist Pflicht. Widerstand dagegen ist staatsschädlich. Das wichtigste Mittel der Assimilierung ist die Kirche. [...]

Auch diese Erwägungen und die Erwartung entsprechenden Widerstandes können die bewußt deutschen Kreise im ev. Kirchentum nicht an der Überzeugung irre machen, daß der Weg der Trennung der gewiesene ist und daß mit entsprechenden Forderungen an die Staatsregierung herangetreten werden muß".

Die Denkschrift Nehrings veranlaßte das Kirchliche Außenamt (Wahl), am 7. November 1938 an das Auswärtige Amt die schriftliche Anfrage zu richten, ob die Deutsche Reichsregierung es für möglich halte, daß im Rahmen der Deutsch-Polnischen Regierungsverhandlungen über den Schutz der gegenseitigen Minderheiten unter Bezug auf den Arti-

14 *E. Nehring,* Denkschrift, in: AW.

kel 4 der gemeinsamen Minderheitenerklärung vom 5. November 1937 die Zustimmung der polnischen Regierung zur Bildung einer selbständigen deutschen evangelischen Kirche in Polen zu erreichen ist.

Das Auswärtige Amt übersandte die Anfrage des Kirchlichen Außenamtes mit Erlaß vom 18. November 1938 der Deutschen Botschaft in Warschau zur Stellungnahme. Die Berichte des Botschafters Moltke zur „Lage des deutsch-evangelischen Kirchentums in Polen" vom 22. November 1938 und – nach Fühlungnahme mit den Generalkonsulaten in Posen und Warschau – vom 17. Januar 1939[15] an das Auswärtige Amt waren skeptisch. Die Aussichten, so Moltke, mit der polnischen Regierung in der Frage der Bildung einer selbständigen deutschen evangelischen Kirche in Polen auf dem Verhandlungswege weiter zu kommen, seien „nicht vielversprechend". Die polnischen Behörden hätten bisher vermieden, „in dem Kampf mit dem evangelischen Deutschtum weiterzugehen als außenpolitisch tragbar erschien. Insbesondere dürfte das für den schlesischen Wojewoden zutreffen". Wörtlich heißt es in dem Bericht vom 17. Januar weiter:

„[...] Entscheidend ist, daß die polnische Staatsführung allen Bestrebungen von Haus aus ablehnend gegenüber steht, die geeignet sind, ihre Assimilationsbemühungen, für die sie sich bereits in der augsburgisch-evangelischen Kirche und der unierten Kirche Oberschlesiens geeignete Werkzeuge geschaffen hat, zu durchkreuzen, und die überdies einer einheitlichen Zusammenfassung des Deutschtums in Polen zu dienen scheinen.
Angesichts dieser Einstellung der polnischen Regierung dürfte auch der deutsch-polnischen Minderheitenerklärung bei etwaigen Verhandlungen nur ein geringer Wert zukommen. Freilich wird in Ziffer 4 dieser Erklärung den Minderheitsangehörigen das Recht zur kirchlichen Organisation zugestanden. Von polnischer Seite würde aber sicherlich bestritten werden, daß damit einer deutsch-evangelischen Kirche die Rechte einer öffentlichen Körperschaft zugesichert seien. Ziffer 4 läßt ferner die Frage völlig offen, inwieweit die neu zu errichtende Kirche als Rechtsnachfolgerin der bestehenden evangelischen Kirchen angesehen werden könnte.
Unter diesen Umständen dürfte die Möglichkeit eines positiven Ergebnisses etwaiger deutsch-polnischer Verhandlungen überhaupt nur dann gegeben sein, falls von deutscher Seite eine Gegenleistung erfolgen würde. Es kann von hier aus nicht übersehen werden, ob ein solches Entgegenkommen, das etwa in einem Eingehen auf die religiösen Forderungen der polnischen Volksgruppe im Reiche bestehen könnte, im gesamtdeutschen Interesse vertretbar erschiene. Auch diese Frage bedarf vielmehr einer gemeinsamen Klärung durch die zuständigen Reichsstellen".

Eine neue Wendung im Kirchenkampf zeichnete sich für die Ev.-Augsb. Kirche durch personelle Veränderungen im ministeriellen Bereich ab. Zum Leiter der Abteilung für die Kirchen der religiösen Minderheiten im Kultusministerium wurde an Stelle des Grafen Potocki der bisher im Außenministerium tätige Graf Dunin-Borkowski, zum Leiter des Departements für nationale Minderheiten im Innenministerium an Stelle von Suchenek-Suchecki der als Staatskirchenrechtler bekannt gewordene Jakub Sawicki berufen. In Wolhynien war der Wojewode Józewski durch den Wojewoden Hauke-Nowak ersetzt worden.

Um diese Zeit hatte sich auch die innerpolnische Oppositionsgruppe gegen Bischof Bursche in der Ev.-Augsb. Kirche zu Wort gemeldet, die sich in der Folge (am 12. Januar

---

15 Berichte Moltkes vom 22. November 1938 und 17. Januar 1939, in: AA, Kult. A, Ev. Angelegenheiten, 1 Polen, Bd. 13.

1939) zur „Federacja Polskich Ewangelików“ [Föderation evangelischer Polen][16] zusammenschloß. Ihre Initiatoren waren der Warschauer Pastor Siegmund Michelis und der Publizist Władysław Ludwik Evert, Sohn des Senators Ludwik Evert, der in der Nachfolge von Pastor Michelis die Schriftleitung des „Zwiastun Ewangeliczny“ übernommen hatte. Die „Federacja“ verstand sich nicht als kirchliche oder konfessionelle Organisation. Vielmehr wollte sie eine das ganze Land umfassende evangelische weltliche Organisation, gleichsam der weltliche Arm des Polnischen Evangelizismus sein, um diesem mehr Geltung im öffentlichen Leben zu verschaffen. In ihren Vorstand wurden nachträglich auch der Pastor der reformierten Gemeinde Warschau, L. Zaunar, und der Leiter der Stundisten berufen. Erstrebt wurde der Zusammenschluß aller evangelischen Polen, unabhängig von Bekenntnis und Kirchengemeinschaft (Lutheraner, Reformierte, Stundisten und Evangeliumschristen). Die Mitglieder des Hauptvorstandes und der Vorstände der wenigen bis zum Herbst 1939 gegründeten Ortsgruppen der „Federacja“ trugen durchweg deutsche Namen, so in Wola bei Warschau: Hellwig, Scholz, Werner, Lehmann, Hauser, Maßlich, Rapp. Die Namen der Vertrauensmänner der „Federacja“ in den Siedlungen waren: Fröhlich, Sauter, Seider, Gerber, Schwartz, Otto.

Zur Frage der nationalen Aufgliederung der Ev.-Augsb. Kirche nahm Evert für die „Federacja“ – bei grundsätzlicher Bejahung jedes Volkstums als einer Gabe Gottes – mit dem Aufsatz „Naszym zdaniem“ [Unserer Auffassung nach] im „Zwiastun“ vom 13. November 1938 wie folgt Stellung:

„[...] Eine unbestreitbare und natürliche Sache ist, daß der evangelische Pole ein integrales, totales Polentum in der Kirche anstrebt, und es ist auch natürlich, daß der evangelische Pole sich mit der Zerschlagung seiner Kirche in zwei feindliche Lager nicht einverstanden erklären kann. [...] Der polnische Protestantismus besitzt eine große absorbierende Kraft, eine polonisierende Kraft. [...] Eine kirchliche Gemeinschaft kann den Assimilierungsprozeß nur beschleunigen, und darin liegt eine der weltlichen Aufgaben unserer Kirche. [...] Eine kirchliche Teilung kann diesen Assimilierungsprozeß nur hemmen, indem sie einen von uns selbst geschaffenen Mittelpunkt des Widerstandes bildet. [...] Die Staatsraison und das Wohl der Kirche erfordern, daß eine Verständigung mit den Deutschen herbeigeführt werde, denn sonst gingen sie dem polnischen Volkstum verloren. [...] Wir, evangelische Polen, marschieren als geschlossene und disziplinierte staatsbürgerliche Armee und führen alle Glaubensgenossen anderer Nationalität mit uns, diejenigen unter ihnen, die es sind und bleiben wollen, loyale Bürger der Republik Polen“ [17]

Bischof Bursche nahm die Gründung der „Federacja“ zwiespältig auf. Sein Sprachrohr, der von seinem (angeheirateten) Neffen, Pastor Waldemar Preiß, herausgegebene „Przegląd Ewangelicki“ [Evangelische Rundschau] stimmte der nationalkirchlichen Zielsetzung der „Federacja“ weitgehend zu, bemängelte indes, daß „irgendwo und irgendwie in der Verborgenheit“ die ganze Konzeption ausgeheckt worden wäre, ohne sich mit den maßgebenden Stellen der Kirche beraten und in Verbindung gesetzt zu haben. Im übrigen sei es ein Häuflein Eigenbrötler, das nicht die Mehrheit der Warschauer Gemeinde repräsentiere.

In den deutschen kirchlichen Kreisen der Augsb. Kirche wurde zu Recht oder zu Unrecht ein Zusammenhang zwischen der programmatischen Aussage Everts und dem von

16 PEK 1939/5, 202; 1939/6, 251; 1939/7, 296.
17 In: AK.

Pastor Michelis, der sich des besonderen Vertrauens Dunin-Borkowskis erfreute, vermittelten Gespräch Dunin-Borkowskis mit Pastor Schedler über aktuelle Fragen der Ev.-Augsb. Kirche angenommen. Nach Rücksprache mit der Arbeitsgemeinschaft deutscher Pastoren und dem Synodalausschuß wurde für dieses Gespräch der 15. November 1938 in Aussicht genommen.

Dem Gespräch Schedlers und des Lodzer Pharmazeuten Kalenbach mit Dunin-Borkowski war eine Vorsprache der Pastoren Schedler, Löffler, Doberstein und des Vorsitzenden des Deutschen Volksverbandes, Ludwig Wolff (d.J.), bei Botschafter v. Moltke vorangegangen, der im Vollzug der Minderheitenerklärung vom 5. November 1937 in laufender Verbindung mit der polnischen Regierung stand. Gefragt wurde, wie die Reichsregierung im Zusammenhang solcher Verhandlungen zum Kirchenkampf in Polen stünde und ob sie die Absicht habe, die in Artikel 4 der Minderheitenschutzerklärung vorgesehene kirchliche Organisationsfreiheit zum Verhandlungsgegenstand mit der polnischen Regierung zu machen. Darauf habe Moltke geantwortet: „[...] Wenn es eine Deutsche Evangelische Kirche in Polen gäbe, würde es leicht sein, für sie einzutreten. Da sie aber nicht bestehe, könnten leicht formalrechtliche Gründe gegen das Eintreten für die deutschen Evangelischen eingewendet werden. Das Eintreten für die Anerkennung der Deutschen Evangelischen Kirche dagegen sei nicht möglich.[18]

Moltkes Antwort, wie die Haltung des deutschen Generalkonsuls in Kattowitz, Nöldecke, bestätigten, daß der Kirchenkampf in Deutschland der deutschen Reichsregierung und der Öffentlichkeit in Deutschland den Blick für den Kirchenkampf in Polen verstellt hatte:

„[...] Dieser Kirchenkampf ist im Reich kaum begriffen worden, er fand in der Presse keine Erwähnung. Im Gegenteil: man sah im deutschen Kirchenkampf in Mittelpolen in völliger Verkennung der Lage höchstens eine unwillkommene Parallele zum Kampf der ‚Bekennenden Kirche' gegen das Führerprinzip des Reichsbischofs, den man mit Bischof Bursche in Verbindung brachte. Der Kirchenkampf im Reich erschwerte die Begründung der Ablehnung des polnischen Kirchengesetzes durch die Senatoren, den ‚Deutschen Volksverband', der im Kirchenkampf besonders rege war, schließlich auch durch Moltke, als dieser wegen der in Oberschlesien ähnlichen Lage bei Beck protestierte. Auch Bischof Bursche selbst betonte, daß sein Weg im Deutschen Reich schon längst beschritten sei, die Deutschen in der Augsburgischen Kirche in Polen keinen Grund zu Klagen hätten".[19]

Im Gespräch mit Schedler und Kalenbach vom 15. November 1938 brachte Dunin-Borkowski den Wunsch der polnischen Regierung nach einer Befriedung der kirchlichen Verhältnisse und der Entschärfung des Verfassungskonflikts in der Augsburgischen Kirche zum Ausdruck. Die Deutschen, so Dunin-Borkowski, müßten sich mit der Lage auf kirchlichem Gebiet abfinden. Sie bekämpften das Staatsgesetz vom 25. November 1936 und informierten die ausländische Presse. Mit Sanktionen müßte gerechnet werden. Auf Unzulänglichkeiten bei der Durchführung des Staatsgesetzes wolle er nicht eingehen. Er gebe zu, daß Fehler begangen worden seien. Diese gehörten aber der Vergangenheit an. Das Gesetz sei da und müßte ausgeführt werden. Aktuell seien jetzt die Senioratswahlen in denjenigen Diözesen, in denen sie nicht durchgeführt werden konnten. Die Deutschen sollten

18 Nach Bericht Schedlers in der Danziger Besprechung vom 13. und 14. Dezember 1938.
19 *R. Breyer,* Das Deutsche Reich 311f.

neue, tragbare Kandidaten für das Senioratsamt benennen. Auf Bischof Bursche ließ Dunin-Borkowski nichts kommen. Schedler und Kalenbach wiesen den Vorwurf der Information an ausländische Presseorgane wie den des Boykotts gegen Bischof Bursche und das Staatsgesetz zurück. Es gehe nicht um einen „Boykott", sondern um die Wahrung der legitimen Rechte der deutschen Mehrheit der Kirchenglieder der Augsburgischen Kirche und um ihre Gleichberechtigung in der Kirche. Die Kirche könne keine Anstalt der Assimilierung sein. Auf die Frage nach etwaigen deutschen Kandidaten für das Senioratsamt, die die Regierung bestätigen könne, nannte Schedler unverbindlich als seine Privatmeinung die Namen der Pastoren Waldemar Krusche-Rypin für die Diözese Plozk, Georg Lehmann-Zduńska Wola für die Diözese Kalisch, Albert Schoen-Wladimir-Wolynsk für die Diözese Wolhynien, die Pastoren Albrecht Wannagat und Superintendent Dietrich, beide Lodz, für die Diözese Lodz. Darauf Dunin-Borkowski: „Wenn Ihr Wannagat oder Dietrich wählt, wird Krusche für Plozk akzeptiert nach dem Grundsatz des do ut des". Auf die Fälle Kleindienst und Henke angesprochen, meinte er, daß Kleindienst – sollte das Oberste Verwaltungsgericht zu seinen Gunsten entscheiden – außerhalb seiner früheren Gemeinde im Amt belassen werden könnte, die Erledigung des Falles Henke hingegen hänge von der „Gesamtregelung" ab. Dunin-Borkowski hob hervor, daß er keinen Druck auf die Deutschen ausüben wolle. Er stellte das Übereinkommen Hitler–Piłsudski aus dem Jahre 1934 als nachahmenswertes Beispiel hin, lobte die Ordnungsliebe der Deutschen mit dem Hinweis, daß auch der Nationalsozialismus die Einordnung in das Ganze lehre, und verabschiedete die deutschen Gesprächspartner mit den Worten: „Ich warte auf Sie, wobei Sie es halten können, wie Sie wollen: Kommen oder Nichtkommen".[20]

Die Stellungnahme Dunin-Borkowskis und seine Anregung zu neuen Verhandlungen mit dem deutschen Teil der Augsburgischen Kirche waren Gegenstand der Beratung führender Lodzer Pastoren und Laien unter Hinzuziehung Nehrings in Lodz am 17. und 18. November 1938.[21] Man war sich klar, daß das Eingreifen Dunin-Borkowskis insofern eine neue Lage geschaffen habe, als es jetzt auch in der Augsburgischen Kirche primär nicht mehr um den Gegensatz zu Bischof Bursche und den zwischen Deutschen und Polen in der Kirche gehe, sondern wie in der Unierten Kirche in Polnisch-Oberschlesien um eine Auseinandersetzung mit dem Staat. Deutlich geworden war auch, daß der Staat mit seinen Machtmitteln hinter Bischof Bursche steht und seine kirchenpolitische Linie in der Kirche durchzusetzen beabsichtigt.

Der schriftlichen Antwort Schedlers und Kalenbachs an Dunin-Borkowski[22] lag ein Entwurf Nehrings und eine Entschließung des deutschen Senioratsausschusses zugrunde. Sie erinnerte an die bisher unternommenen Ausgleichsversuche, die sämtlich daran gescheitert seien, weil man den deutschen Kirchengliedern die Gleichberechtigung in ihrer Kirche verweigert habe. Namen für die zu wählenden Senioren könnten sie nicht nennen, ohne die zur Zeit schwebenden Ausgleichsverhandlungen auf eine falsche Grundlage zu stellen.

20 Niederschrift des Gespräches, in: AK; *E. Nehring,* Zur Lage der evangelischen Kirchen in Polen (Oktober und November 1938), 3ff., 10ff. Zur Lage der evangelischen Kirchen in Polen (Bericht vom 18. November 1938), 5ff., in: AW.

21 *E. Nehring,* Zur Lage (Bericht vom 18. November) 6ff.

22 Nehrings Entwurf der Antwort, in: AW.

Auf beiden Seiten sei man sich bisher klar gewesen, daß eine Verständigung auf der ganzen Linie erzielt werden müsse, nicht nur bezüglich der zu wählenden Senioren, sondern auch bezüglich der Zusammensetzung des Konsistoriums und anderer Punkte. Wie die tatsächlichen Verhältnisse es bewiesen, sei ein Zusammenleben von polnischen und deutschen Evangelischen schwer, wenn nicht unmöglich. Eine evangelische Kirche sei keine Anstalt, welche einer Assimilierung dienen soll. Wenn er, Dunin-Borkowski, jetzt „in letzter Stunde den Versuch machen wolle, zu einer Ausgleichung beizutragen", so werde dieser von deutscher Seite dankbar empfunden werden. Ein solcher Versuch erfordere, daß beide Teile „von neuem zusammengeführt werden". Das Schreiben Schedlers und Kalenbachs an Dunin-Borkowski fand keine Beantwortung.

Die kirchenpolitische Lage der Ev.-Augsb. Kirche am Ausgang des Jahres 1938 in der Sicht Bischof Bursches spiegelte sein bereits erwähnter Antwortbrief an Siegmund-Schultze vom 18. Dezember 1938[23] wider. Nach dem Hinweis, daß die Zahl der ev. Polen in der Augsburgischen Kirche nicht 18%, sondern 30–40% (ohne das Olsa-Gebiet) betrage, führte er aus:

„[...] Ein nicht geringer Teil der deutschen Pastoren hat ihre Gefolgschaft den Herren Kleindienst, Schedler, Löffler, Doberstein, Kneifel und noch einigen anderen, aufgesagt [...] der Gedanke an eine Freikirche ist vollkommen fallen gelassen [...] ein großer Teil der Deutschen sieht ein, daß eine Trennung unserer Kirche nach Nationalitäten ein Ding der Unmöglichkeit ist, denn unser Staat wird darauf nicht eingehen, haben wir doch in Polen ein Gesetz für die Ev.-Augsb. Kirche, und nicht für eine polnische Ev.-Augsb. Kirche, sondern für eine Kirche, die beide Nationalitäten umfaßt".

Weiter heißt es: „Die Deutschen haben sich in eine Sackgasse verlaufen, aus welcher sie keinen Ausweg finden. Wir Polen könnten eigentlich ruhig warten, bis sie endlich zur Überzeugung kommen, daß ihr Vorgehen verfehlt war. Denn wie es heute ist, führen wir die ganze Verantwortung ohne die Deutschen. [...] Und es geht alles seinen gewohnten, regelmäßigen Gang. Es ist so, wie es zur russischen Zeit war, wo das Konsistorium mit dem Präsidenten und Bischof an der Spitze von der Regierung ernannt war und eine Selbstverwaltung kaum vorhanden war".

Diesen Zustand sah Bursche als „anormal und für die Kirche schädlich" an. Am meisten schädige er die deutschen Gemeinden, in denen die Jugend verhetzt wird und sich immer mehr radikalisiert. Darunter leide er schwer, weil ihm alle seine Glaubensgenossen ans Herz gewachsen seien, die Deutschen wie die Polen. Die Frage Siegmund-Schultzes, was getan werden könne, beantwortete Bursche mit den Worten: „Ich muß warten, bis meine Gegner zur Vernunft kommen und so handeln, daß der Schade nicht allzu groß werde".

Die weitere Frage Siegmund-Schultzes, ob nach seinem, Bursches, Urteil in den Fällen Kleindienst und Henke „wirklich Verfehlungen vorliegen, die auch vom Konsistorium als so schwer angesehen werden mußten, daß eine Amtsenthebung bzw. Versetzung notwendig wurde", beantwortete Bursche im Sinne, zum Teil im Wortlaut der politischen polnischen Presse. Er schrieb:

„Kleindienst ist ein Opfer seiner Unvernunft: er selbst trat immer wieder als National-Sozialist auch in seinem ‚Luthererbe' – Deutschsein heißt National-Sozialist sein – ein und drgl. Habeat sibi! Aber als er nun auch seine wolhynischen Kolonisten zu National-Sozialisten machen wollte und Lehrer in reinen deutschen privaten Kirchenschulen, die mit ausländischen Mitteln unterhalten werden, anstellte, die Rosenbergs Weisheit den Kolonisten predigten, da kam die Reaktion der Behörden und auch meine Nachsicht und Geduld war zu Ende, und ich hatte keine Veranlassung mehr, ihn zu schützen. [...] Kleindienst war

23 EZA-L VIII, 29b; vgl. S. 329.

nicht zu bessern, es winkte ihm die Märtyrerkrone, die umso leichter zu tragen sein wird, da er materiell gesichert dasteht und in Deutschland man ihn ohne weiteres annehmen wird, wo er – wie viele andere – erst recht die Möglichkeit haben wird, uns zu verunglimpfen". Kleindienst habe sein Amt auf Verlangen des Wojewoden verloren, weil er nicht im Besitz der polnischen Staatsangehörigkeit sei. Was Henke anbelangt, so habe ihn Kleindienst „mit hineingezogen". Er, Bursche, hoffe aber, daß seine Fürsprache beim Minister Erfolg haben werde.

Die Ausführungen Bischof Bursches in seinem Brief an Siegmund-Schultze vom 18. Dezember 1938 zur kirchlichen Lage in der Ev.-Augsb. Kirche und der Kirche in Polnisch-Oberschlesien hatten im evangelischen In- und Ausland die Grenzen einer Verständigung innerhalb des Protestantismus in Polen erneut aufgezeigt und nach der Wahrheitsfrage im kirchlichen Geschehen fragen lassen.

Fragen der kirchlichen Organisationsfreiheit auf dem Hintergrund der polnischen Nationalitätenpolitik und des kirchenpolitischen Kurses des Bischofs Bursche und des Polnischen Evangelizismus standen im Mittelpunkt der in Danzig am 13. und 14. Dezember 1938 gehaltenen Besprechung zwischen den Vertretern der Unierten Kirchen in Posen-Pommerellen (Nehring, Klawun) und Polnisch-Oberschlesien (Wagner), des deutschen Teils der Augsburgischen Kirche (Schedler, Löffler, Krusche, Doberstein), des Berliner Oberkirchenrates (Vizepräsident Evers, Dr. Benn) und Kirchlichen Außenamtes (Dr. Wahl).[24] Einvernehmlich wurde betont, daß die Inanspruchnahme der kirchlichen Organisationsfreiheit durch den deutschen Teil des Protestantismus in Polen keine politische, sondern eine in der Religionsfreiheit begründete rein kirchliche Frage sei, unabhängig von der grundsätzlichen Einstellung der Reichsregierung zu kirchlichen Fragen im allgemeinen und ihrer Haltung zu Art. 4 der zwischenstaatlichen Minderheitenerklärung im besonderen. Für die kirchliche Lage in Polnisch-Oberschlesien könne das Prinzip der nationalen Aufgliederung als Willenskundgebung der deutschen Gemeinden eindeutig bejaht werden. Für die Augsburgische Kirche hoben ihre Vertreter hervor, daß das deutsche Kirchenvolk für die Aufgliederung eintrete, die deutschen Pastoren in dieser Frage z.T. nicht einheitlicher Meinung seien. Eine öffentliche Aussprache über diese Frage sei nicht möglich, da alle Äußerungen zu diesem Problem in der Presse beschlagnahmt würden. Zur Lagebeurteilung gehörte auch die Mitteilung, daß die Kirche A. und H.B. – sie war in Danzig nicht vertreten – bei der Regierung in Angelegenheit der Regelung ihres Vehältnisses zum Staat vorstellig geworden sei. Die Vertreter des Oberkirchenrates und Kirchlichen Außenamtes wiesen darauf hin, daß die Inanspruchnahme der kirchlichen Organisationsfreiheit eine innerkirchliche Angelegenheit der evangelischen Deutschen in Polen sei. Art. 4 der Minderheitenerklärung könne eine Hilfe sein. Nur in diesen Grenzen könne von Deutschland aus geholfen werden. Die Vertreter des deutschen Teils des Protestantismus in Polen waren im Zuge der bitteren Erfahrungen im Kirchenkampf der einheitlichen Auffassung, daß die nationale Aufgliederung der evangelischen Kirchen in Polen nicht nur ein notwendig gewordenes Postulat der kirchlichen Organisationsfreiheit, sondern des Überlebens der evangelischen Kirche als einer religiösen, im verminderten Rechtszustand gehaltenen Minderheitskirche in einem sich katholisch verstehenden, die Assimilierung oder Verdrängung der nationalen Minderheiten anstrebenden Nationalstaat sei.

---

24 Aufzeichnung der Danziger Besprechung vom 13. und 14. Dezember, in: AW.

Zu Erhebungen statistischer, konfessioneller, juristischer und finanzieller Art im Blick auf die anzustrebende Deutsche Evangelische Kirche in Polen wurden die in Warschau am 1. Juni 1938 gewählten drei Unterausschüsse zu einem Vierer-Ausschuß umgebildet, bestehend aus Nehring (Posen), Wagner (Polnisch-Oberschlesien), Kleindienst (Augsburgische Kirche) und einem noch von der Kirche A. und H. B. zu benennenden Vertreter. Der Sonderstellung dieser Kirche Rechnung tragend, wurde beschlossen, die nächste Sitzung des Vierer-Ausschusses am 16. Januar 1939 in Stanislau in Galizien zu halten.

Im Sinne der Danziger Beratungen vom 13. und 14. Dezember 1938 hatte Wagner die kirchliche, rechtliche und nationale Problematik des Kirchenkampfes in Polen aus der Sicht der oberschlesischen Kirche Ende des Jahres 1938 angesprochen und u.a. ausgeführt:[25]

„[...] Die historisch entstandenen Kirchengrenzen haben sich im neuen polnischen Staat [...] überholt. Es muß eine andere, neue Gliederung des ev. Kirchenwesens erfolgen, die unter Berücksichtigung der kirchlichen und nationalen Sonderheiten zu neuen kirchlichen Organisationsformen schreitet. [...]

Der heutige polnische Evangelizismus hat sein klar gefaßtes kirchenpolitisches Programm, das er [...] dank der Unterstützung des polnischen Staates mit der Ausrichtung auf eine große, einheitliche, alle Gebiete des polnischen Staates umfassende polnisch-evangelische Kirche zu verwirklichen versucht. Er hat als erster die Grenzen der historischen evangelischen Kirchen überschritten. [...]

Wir verstehen den polnischen Evangelizismus [...] und können es ihm nur wünschen, daß es ihm gelinge, wie einst im ‚Goldenen Zeitalter' der polnischen Geschichte, vom Evangelium her bestimmenden Einfluß auf die Gestaltung des geistigen Lebens der Nation zu gewinnen. [...] Der ev. Teil des polnischen Volkes sammelt sich im Zeichen des polnischen Evangelizismus, der als religiöse Erscheinung eine große Zukunft innerhalb des polnischen Volkes und des polnischen Staates haben könnte. Diese seine Zukunft wird aber menschlich gesehen davon abhängen, ob ihm die Kraft einer religiösen Erneuerungsbewegung geschenkt, oder ob er in seinem kirchenpolitischen Programm stecken bleiben wird. Wir verkennen nicht die Gefahren, die für den polnischen Evangelizismus darin gegeben sind, daß sich sein Programm nur nach der kirchenpolitischen Seite hin und auch da nur in Bezug auf die nationale Linie desselben mit dem staatlichen Programm deckt. [...]

Parallel mit dieser Entwicklung des ev. Polentums läuft die kirchliche Entwicklung des ev. Deutschtums. Innerhalb des ev. Deutschtums in Polen ist der Wille nach eigener kirchlicher Gestaltung nicht minder stark, und die Organisations- und Lebensformen, in die das ev. Deutschtum in der augsburgischen und der oberschlesischen Kirche zu leben kam, beschleunigen nicht nur die Entwicklung der nationalen Trennung des Protestantismus in Polen, sondern verwirklichen sie bereits praktisch als Bewußtsein der Schicksalsverbundenheit alles deutschen evangelischen Lebens in Polen. [...]

Den Weg der nationalen Gliederung sind in der Nachkriegszeit [...] die ev. Kirchen in Ost- und Mitteleuropa gegangen, so die ev. Kirchen in Estland, Lettland, Litauen, der Tschechoslowakei, in Rumänien und Jugoslawien. [...] Diese Entwicklung hat den nationalen Spannungen und Kämpfen innerhalb des Protestantismus jener Staaten ein Ende gesetzt, den ev. Kirchen eine ruhige, innere Entwicklung gesichert und damit auch den Staaten selbst in hohem Maße einen Dienst erwiesen. Auch in Polen muß das ev. Deutschtum und das ev. Polentum den Weg zur eigenen Kirche finden: Der Deutsch-Evangelischen und der Polnisch-Evangelischen Kirche in Polen".

---

25 *O. Wagner,* Zur Lage der Evangelischen Kirche in Oberschlesien, in: PEK 1939/4, 143–153.

6. Die Ev.-Augsb. Kirche und die Unierte ev. Kirche in Polnisch-Oberschlesien im Spannungsfeld zwischen Staatskirche und kirchlicher Organisationsfreiheit. Die Ereignisse des Jahres 1939

Am Anfang des Jahres 1939 bot der Protestantismus in Polen das Bild einer inneren Zerrissenheit. Die Landesvereinigung Polen des Weltbundes für Freundschaftsarbeit der Kirchen und der Rat der evangelischen Kirchen in Polen, formell weiterbestehend, waren bedeutungslos geworden, die Beziehungen der beiden unierten Kirchen und der Evangelischen Kirche A. und H.B. in Kleinpolen zum Konsistorium in Warschau und zu Bischof Bursche waren abgebrochen. Die Ev.-Augsb. Kirche und die Unierte Kirche in Polnisch-Oberschlesien waren im Wege von Staatsgesetzen dem Willen des Staates unterworfen, aufgehört hatte das Gespräch zwischen den deutschen Evangelischen und dem Polnischen Evangelizismus.

Für die ev. Kirchen in der Wojewodschaft Schlesien, d.h. für das Gebiet der Unierten Kirche in Polnisch-Oberschlesien und das Schlesische Seniorat der Ev.-Augsb. Kirche, hatte der schlesische Wojewode Grażyński die Religionspolitik des polnischen Staates im Gespräch mit Pfr. Paul Zahradnik aus dem ehem. Tschechisch-Teschen von Anfang Januar 1938 mit den Worten zum Ausdruck gebracht: „In den kirchlichen Angelegenheiten Schlesiens bestimme ich“.[1] In seiner Haltung zum Kirchenkampf in Polnisch-Oberschlesien baute er auf den Faktor Zeit und war nicht mehr bereit, auf die von der Pfarrerschaft oder den Gemeinden der Unierten Kirche vertretenen Anliegen oder Vorschläge zur Befriedung der kirchlichen Verhältnisse einzugehen. Am 2. Januar erfolgte die Exmission der Frau Pfarrer Wagner aus der Dienstwohnung ihres aus dem Kirchengebiet ausgewiesenen Mannes. Am 3. Januar empfing Grażyński auf deren Wunsch die beiden deutschen Mitglieder des Vorläufigen Kirchenrates, Herrmann und Hegenscheidt, zu einer Aussprache über die kirchliche Lage.[2] Darin sprachen sie aus, daß sie „ihre Absicht, eine die deutschen wie die polnischen Gemeindeglieder sowie die deutsche und die polnische Geistlichkeit zufriedenstellende Zusammenarbeit aller Evangelischen in Polnisch-Oberschlesien durchzusetzen, nicht erreicht haben“. Im Vorläufigen Kirchenrat bestünden erhebliche Unstimmigkeiten. Von deutscher Seite wurde ihnen der Vorwurf gemacht, daß sie zur Vertretung der Anliegen der deutschen Kirchenglieder nicht fähig oder Verräter seien. Die meisten Vorwürfe, so Herrmann und Hegenscheidt, „würden uns gemacht, weil durch die Verwaltungsbehörden, durch die Polizei, die Wojewodschaft, die Landratsämter, die obersten Schulbehörden andauernd Maßnahmen“ gegen die deutschen Pastoren, Mitglieder der kirchlichen Körperschaften und evangelische Deutsche „getroffen werden, ohne daß wir dies verhindern“. Sie seien nicht in der Lage, sich gegen diese und andere Vorwürfe zu verteidigen, und wären nur dann zu einer weiteren Mitarbeit bereit, wenn Pfr. Bolek oder ein anderer deutscher Geistlicher zum Vorsitzenden des Vorläufigen Kirchenrates ernannt werde. Eine Berufung Boleks sei nicht möglich, so der Wojewode, weil er die ihm im Juni 1938 vorgeschlagenen Sonderbedingungen schriftlich nicht angenommen habe und außer-

---

1 Mitteilung von Pfr. Zahradnik von Mitte Oktober 1939.

2 Aufzeichnung der Unterredung, in: AW.

dem von der polnischen Geistlichkeit abgelehnt werde. Den Vorschlag des Wojewoden, Harlfinger zum Vorsitzenden des Vorläufigen Kirchenrates zu ernennen, lehnten Herrmann und Hegenscheidt ab und baten, ihr Rücktrittsgesuch anzunehmen. Der Wojewode versicherte beiden Herren, daß er Verständnis für ihre schwierige Lage habe, bat sie dann aber, mit ihrem Rücktritt noch 8 bis 10 Tage zu warten, „bis er eine irgendwie vernünftige, tragbare Lösung gefunden haben werde".

Das im Namen der deutschen Pfarrerschaft von Bolek an den Wojewoden Grażyński gerichtete Schreiben vom 5. Januar 1939[3], in dem dieser – im Zusammenhang mit der Verfügung des Vorläufigen Kirchenrates vom 23. Dezember 1938 – um die Beantwortung seines Schreibens vom 16. Juni 1938 gebeten hatte, fand keine Beantwortung. Der Wojewode hatte jeden Kontakt zur Pfarrerschaft und den (aufgelösten) Behörden der Unierten Kirche abgebrochen und einen solchen zu einem späteren Zeitpunkt auch nicht mehr aufgenommen.

Ein regierungsseitiger Kommentar zu den Bestrebungen der deutschen Kirchenglieder, die kirchliche Organisationsfreiheit in Anspruch zu nehmen, kam aus Königshütte. Dort war es Anfang Januar 1939 zur Gründung einer „Vereinigung evangelischer Deutscher für die Stadt Chorzów (Königshütte) und den Kreis Świętochlowice" gekommen, deren Statuten am 11. Januar 1939 der Polizeidirektion Königshütte zur Registrierung eingereicht wurden. Mit Entscheid vom 8. Februar 1939[4] lehnte die Polizeidirektion Königshütte nicht nur die Registrierung, sondern auch das Bestehen eines solchen Vereins ab. Zur Begründung wurden statutarische Mängel angeführt und darüber hinaus:

„[...] Es besteht daher der begründete Anlaß zu der Vermutung, daß es den Gründern um die Erlangung anderer verborgener Ziele geht, und zwar, um mit Hilfe des Vereins eine Tätigkeit gegen das Gesetz vom 16. Juli 1937 über die vorläufige Organisation der Unierten Evangelischen Kirche in Oberschlesien zu entfalten, da sie auf dem Gebiete der Gemeinde wegen ihrer Einstellung gegen das genannte Gesetz bekannt sind. Das Bestehen des Vereins würde mithin eine Bedrohung geltenden Gesetzes bedeuten".

Gegen die Entscheidung der Polizeidirektion Königshütte wurde Einspruch beim Wojewodschaftsamt erhoben. Eine Antwort wurde nicht gegeben.

Am 11. Januar 1939 wurde Pfr. Zahradnik im ehem. Tschechisch-Teschen vom Wojewodschaftsamt benachrichtigt, daß ihm die Heimatzuständigkeit in seinem Geburtsort Kojkowitz b. Teschen entzogen wurde und er damit zugleich die polnische Staatsangehörigkeit verloren habe. In der Gemeinde Schoppinitz kam im Laufe des Januar 1939 der dritte Fall der Beerdigung eines deutschen Gemeindegliedes ohne Geistlichen vor, weil der vom Vorläufigen Kirchenrat eingesetzte polnische kommissarische Verwalter der Pfarrstelle eine Beerdigung in deutscher Sprache für seine Person oder durch einen benachbarten deutschen Geistlichen abgelehnt hatte. In den polnischsprachigen Gemeinden Ruptau und Warschwitz war es zu neuen Protestaktionen gegen die vom Vorläufigen Kirchenrat eingesetzten polnischen Pfarrer augsburgischen Bekenntnisses gekommen. Ohne Antwort geblieben war die von Mitgliedern des aufgelösten Gemeindekirchenrates in Kattowitz am 13. Januar 1939 erhobene Klage beim Obersten Verwaltungsgericht in Warschau[5] gegen

3 In: AW.
4 Entscheid, in: AW.
5 Klage, in: AW.

die Entscheidung des Kultusministers vom 4. November 1938 betr. Rechtmäßigkeit der Auflösung des Gemeindekirchenrates und die Einsetzung eines Staatskommissars für die Gemeinde Kattowitz durch den Wojewoden Grażyński.

Zur Lage in der Ev.-Augsb. Kirche am Beginn des Jahres 1939 führte der ehem. Senator August Utta in der Neujahrsnummer der Lodzer „Freien Presse"[6] aus:

„[...] Wir sind keine Saboteure der Kirchengesetze, wir wollen den Frieden, aber einen gerechten und dauerhaften Frieden. Dazu gehört
1. Daß die Kirche keine weltlichen Nebenziele verfolgt.
2. Daß bei der Besetzung der Ämter in der Kirchenleitung, in den Senioraten und Gemeinden nicht die völkische Zugehörigkeit, sondern die inneren Werte der betreffenden Kandidaten und ihre Verdienste um die Kirche allein in Betracht gezogen werden.
3. Daß auf gesetzlichem Wege eine Kirchenordnung geschaffen wird, die den Verhältnissen in unserer Kirche entspricht.
4. Daß bis dahin die verpflichtenden Kirchengesetze nicht willkürlich ausgelegt und angewandt werden.
5. Daß das bis jetzt dem deutschen Teil der Kirche zugefügte Unrecht wieder gutgemacht wird.

Daß uns das neue Jahr geordnete Verhältnisse und einen dauerhaften Frieden in der Kirche bringen möge, ist unser aufrichtiger Wunsch".

Eine gewisse Entspannung schien sich abzuzeichnen, als der neue wolhynische Wojewode, Hauke-Nowak, mit Schreiben vom 5. Januar 1939 Pastor Kleindienst mitteilte, daß die Entscheidung der wolhynischen Wojewodschaft vom 23. Juli 1938 betr. Nichtanerkennung seiner polnischen Staatsangehörigkeit zurückgezogen werde. Praktische Bedeutung kam der Entscheidung des neuen wolhynischen Wojewoden kaum zu, da er mit Entscheidung des Wojewodschaftsamtes vom 23. Februar 1939 aufgrund des Grenzschutzgesetzes aus der Wojewodschaft Wolhynien ausgewiesen wurde. In Wolhynien hatte der Staat zu den gleichen Mitteln wie in Polnisch-Oberschlesien gegriffen. Kleindienst nahm seinen Wohnsitz in Warschau, von wo aus er die Arbeit der Arbeitsgemeinschaft der deutschen Pastoren in der Ev.-Augsb. Kirche leitete und die Entscheidung des Obersten Verwaltungsgerichtshofes in Warschau in der Angelegenheit seiner Staatsangehörigkeit abwartete. Die vom deutschen Botschafter v. Moltke beim polnischen Außenminister Beck unternommenen Bemühungen, die Ausweisung Kleindiensts rückgängig zu machen, hatten keinen Erfolg.[7]

Der Gedanke der kirchlichen Organisationsfreiheit des deutschen Teiles des Protestantismus in Polen war Gegenstand des bei den Danziger Beratungen vom 12.–14. Dezember 1938 in Aussicht genommenen Gespräches mit Sup. Zöckler, dem Leiter der Evangelischen Kirche A. und H.B. in Kleinpolen, in Stanislau am 16. Januar 1939.[8] Teilnehmer der Unterredung waren Zöckler, Kleindienst und Wagner; Konsistorialrat Hein-Posen war am Kommen verhindert. Zweck der Unterredung war, Zöckler über die Danziger Beratungen, die Lage in der Ev.-Augsb. und in der Unierten Kirche in Polnisch-Oberschlesien zu

6 Nach PEK 1939/5, 155f.
7 *E. Kneifel,* Geschichte 285f.; *ders.:* Bischof Bursche 147ff.; PEK 1939/5, 200; PEK 1939/6, 255.
8 Bericht über die Besprechungen in Stanislau, in: AW.

unterrichten, andererseits „seine Mitarbeit an den Vorarbeiten zur Schaffung einer deutschen evangelischen Kirche in Polen zu erlangen und einer Sonderentwicklung der kleinpolnischen Kirche vorzubeugen“. Im Laufe der Unterredung betonte Zöckler mehrfach, daß in der oberschlesischen wie in der Augsburgischen Kirche alles getan werden müsse, um den deutschen Menschen ihre deutschen Pfarrer zu erhalten. Die kleinpolnische Kirche könne einstweilen ihr Leben in Ruhe gestalten. Nur Lemberg mache Sorge, weil dort die kleine Minderheit des ev. Polentums unnachgiebig sei. Selbst für ihn sei eine Verständigung mit den ev. Polen vom Schlage des Militärpfarrers Banszel, der dort die ev. Polen der Zivilgemeinde Lemberg im Auftrage von Bischof Bursche betreue, nicht denkbar. Der Prozentsatz der ev. Polen in der kleinpolnischen Kirche betrage höchstens 6%. Mit Bischof Bursche habe er, Zöckler, keine Verbindung. Seine Versuche, D. Keller (Schweiz), D. Wollmer (Schweden) und andere Persönlichkeiten des internationalen Protestantismus nach Polen zu einer Besprechung zu bitten, scheiterten daran, daß diese Bischof Bursche nicht umgehen wollen und Warschau als Ort der Besprechung vorschlugen. Die wichtigste Frage der kleinpolnischen Kirche sei zur Zeit die Verfassungsfrage. Wörtlich heißt es in dem Bericht über die Besprechung weiter:

„[...] Mit großer Eindringlichkeit entwickelte Sup. Zöckler seinen übernationalen, missionarischen Kirchenbegriff. Der Staat werde es zu einer deutschen evangelischen Kirche nie kommen lassen, und er glaube nicht an ihre Verwirklichung für die nächste Zeit. Trotzdem wäre es für den deutschen Protestantismus das Beste, wenn er sein Schicksal in seiner eigenen Kirche gestalten könnte. Seine Pfarrer würden diesen Gedanken mit Freuden aufnehmen. Wie das Ziel, so müssen auch die Wege zu diesem Ziel nur kirchliche sein und Voraussetzung dazu ist die völlige finanzielle Unabhängigkeit der einzelnen Gemeinden, die unter allen Umständen erstrebt werden müsse. In die Danziger Kommission hat er Senior Walloschke aus Neu-Sandez als Delegierten seiner Kirche benannt“.

Ungeachtet aller Schwierigkeiten nahmen die vorbereitenden Schritte zur nationalen Aufgliederung der ev. Kirchen in Polen unter dem Zwang der Verhältnisse langsam Gestalt an. Das Ergebnis der in Posen am 25. und 26. Januar 1939 gehaltenen Beratung des „Vierer-Ausschusses“ (Nehring, Kleindienst, Wagner, Walloschke) faßte Nehring in seinem Bericht vom 27. Januar 1939[9] zusammen:

„[...] Es ist festzustellen, daß der Gedanke der Deutschen Evangelischen Kirche anfängt in dem öffentlichen Schrifttum eine Rolle zu spielen. [...] Die Haltung der deutschen Geistlichen ist im allgemeinen einheitlich und anerkennenswert. [...] Dazu kommt, daß die Gemeinden auf Seite der deutschen Geistlichen stehen, was den polnischen Geistlichen zu denken gibt. Sie fühlen sich unsicher, sie merken ihre Abhängigkeit von den Gemeinden. [...]
Sodann wird eine Darstellung gegeben, wie der Gedanke der Schaffung einer Deutschen Evangelischen Kirche sich durchführen läßt. Folgende fünf Punkte werden vorgetragen und erörtert:

1. Nicht sogleich Schaffung einer einheitlichen neuen Evangelischen Kirche, sondern Aufteilung der vorhandenen Kirchen in eine deutsche und eine polnische Gruppe innerhalb der betreffenden Kirche.
2. Der Gedanke der Aufteilung ist in der Weise durchzuführen, daß die deutschen evangelischen Gemeinden und ihre höheren Verbände die bisherige Rechtsstellung als Korpo-

9 Bericht Nehring vom 27. Januar 1939, in: AW.

rationen öffentlichen Rechts ebenso behalten wie das gesamte Vermögen, das bisher zu ihrer Verfügung gestanden hat. Ordnung im einzelnen bleibt vorbehalten.
3. Die Aufteilung beginnt in der Gemeindeinstanz. Zu schaffen sind deutsche (polnische) Gemeinden, eben solche Kreissynoden und eine ebensolche, d.h. rein deutsche Oberste Instanz (Oberste Synode, Konsistorium Oberster deutscher Geistlicher in der betreffenden Kirche).
4. Die deutschen Gruppen in den verschiedenen evangelischen Kirchen des Landes werden sich zusammenschließen. Der Zusammenschluß erscheint von vornherein als das wichtigste zu erstrebende Ziel.
5. Es geht nicht ohne eine Entscheidung des einzelnen Gemeindegliedes. Damit, daß das einzelne Gemeindeglied den Mut haben muß, sich trotz aller Beeinflussungen von dritten Stellen her als deutscher evangelischer Christ zu bekennen, muß gerechnet werden.

Von kleinpolnischer Seite wurde mitgeteilt, daß bei einer Besprechung dieser Frage auch die jüngeren Theologen mit einer Ausnahme ihre Bedenken geäußert und den Gedanken einer Deutschen Evangelischen Kirche als undurchführbar bezeichnet hätten".

Parallel zu der kirchenpolitischen lief die wissenschaftliche, literarische und publizistische Auseinandersetzung um die Kernprobleme des Kirchenkampfes. In Polnisch-Oberschlesien, wo die evangelische Kirche es mit dem Staate zu tun hatte und der Polnische Evangelizismus nur als Begleiterscheinung zur staatlichen Minderheitenpolitik in Erscheinung trat und Gewicht hatte, waren es primär Fragen staats-, staatskirchenrechtlicher und kirchenrechtlicher Natur, die im Vordergrund standen. Den Arbeiten Langers, Michejdas, Rückerts und Wehrungs[10] folgten Georg Klawuns: „Die Rechtslage der Unierten Evangelischen Kirche in Oberschlesien"[11], Jakub Sawickis: „Evangelische Kirche und Staat in Polnisch-Oberschlesien"[12], Erich Nehrings Arbeit: „Sawicki zur Kirchenfrage in Oberschlesien"[13] und eine Reihe seiner kirchenrechtlichen Denkschriften, die Memoranden des Kirchenpräsidenten Voß und Aufsätze Wagners. Die kirchenrechtliche Situation zu Beginn des Jahres 1939 sprach Wagner mit den Worten an:

„[...] Mit dem Scheitern dieses letzten Versuches [Ablehnung der Berufung Pfr. Boleks zum Vorsitzenden des Vorläufigen Kirchenrates] ist jede Kontinuität zu der kirchlichen Rechtsordnung der Unierten Evangelischen Kirche in Oberschlesien nach der Vergangenheit hin abgebrochen, und das bedeutet, daß keinerlei Neuordnung der Frage der Unierten Evangelischen Kirche in Oberschlesien vom evangelischen Kirchenrecht als legal angesehen werden kann. Die kirchliche Rechtskontinuität ist unterbrochen, die Fragen sind offen, und offene Rechtsfragen können weder durch den Zeitablauf noch durch nachträgliche andere Maßnahmen berührt werden. Auf diese Gültigkeit evangelischen Kirchenrechtes hat es keinen Einfluß, welcher Weg nun zur Regelung der oberschlesischen Kirchenfrage [seitens des Staates] beschritten wird, ebensowenig wie Redeverbote, Amtsenthebungen, Versetzungen, Auflösungen von Gemeindekirchenräten, Kündigungen usw. etwas über deren kirchliche Gültigkeit auszusagen vermögen. Die Kirche ist daran nicht beteiligt, und ihre innere Rechtsordnung und die Gültigkeit ihres Kirchenrechtes bleibt dadurch unbetroffen".[14]

10 Siehe S. 208f.
11 Posen 1937.
12 In: Głos Prawników Śląskich [Stimme der schlesischen Juristen, Zeitschrift], Nr. 1, Januar 1939.
13 *E. Nehring,* Sawicki zur Kirchenfrage in Oberschlesien, in: PEK 1938/7, 276–279; 1938/8, 324–346; 1938/10–11, 448–495.
14 *O. Wagner,* Zur Lage 4.

„[...] Die [...] Kirche in Oberschlesien ist immer noch eine selbständige evangelische Kirche. Aber nach dem Gesetz vom 16. Juli 1937 und in Auswirkung desselben heute ohne oberste synodale Organe [Synode, Synodalvorstand, Synodalrechnungsausschuß], d.h. ohne Gesetzgebungs- und Disziplinargewalt und ohne das kirchliche Leben beaufsichtigenden Organe, ohne geistliche Spitze und Leitung, d.h. ohne das wesentliche Merkmal evangelischen Kirchentums, mit einem ausschließlich vom Wojewoden berufenen Organ, dem Vorläufigen Kirchenrat, als die der Kirche gesetzte Behörde an der Spitze, gegen deren Einsetzung vielmehr durch die Synode der Kirche Einspruch und dann Klage erhoben wurde und deren Einzelentscheidungen in den wichtigeren Fällen laufend angefochten werden".[15]

In der Ev.-Augsb. Kirche stand entsprechend ihrer anderen Rechts- und kirchenpolitischen Lage die literarische und publizistische Auseinandersetzung vorwiegend im Zeichen der Auseinandersetzung mit dem Polnischen Evangelizismus um Fragen nach dem Wesen der Kirche und ihrer Aufgabe, der Bedeutung des Volkstums, der kirchlichen Gleichberechtigung und Selbstverwaltung usw. Die Auseinandersetzungen knüpften meist an Entscheidungen des Warschauer Konsistoriums oder Bischof Bursches an, vom Anfang des Jahres 1939 an in besonderer Weise an den, wie angenommen, von staatlicher Seite inspirierten, die Assimilation der deutschen Kirchenglieder als Ausweis politischer und staatlicher Loyalität hervorkehrenden Artikel W. Everts im „Zwiastun Ewangeliczny" vom 13. November 1938.[16] Namens der Wissenschaftlich-Theologischen Abteilung der Arbeitsgemeinschaft deutscher Pastoren in der Ev.-Augsb. Kirche antwortete Pastor W. Krusche Evert mit dem Aufsatz „Um den Ausweg" im „Luthererbe" vom 29. Januar 1939. Darin wiederholte er den Wunsch nach einer Verständigung in der Kirche, stimmte Evert zu, daß eine Befriedung der Verhältnisse nur auf der Grundlage der Anerkennung und praktisch zu verwirklichenden Gleichberechtigung der beiden Nationalitäten in der Kirche zu verwirklichen sei. Scharf widersprach er aber der Auffassung Everts, daß die Assimilierung, d.h. die Polonisierung des deutschen Teiles der Augsburgischen Kirche eine der weltlichen Aufgaben dieser Kirche sei. An diesem Punkte des Programms des Polnischen Evangelizismus wie der staatlichen Minderheitenpolitik, so Krusche, schieden sich theologisch, kirchlich, national und politisch die Geister in der Augsburgischen Kirche. Für beide Teile in der Kirche müsse gelten, daß Volkstum eine Gabe Gottes sei.

Evert antwortete Krusche im „Zwiastun" vom 22. April 1939. Er beschuldigte die Arbeitsgemeinschaft der deutschen Pastoren, kirchliche Fragen bis hin zum Gedanken einer nationalen Aufgliederung der Kirche zu politisieren und betonte, daß er eine gewaltsame Assimilierung ablehne. Das Volkstum sei eine Gabe Gottes, wie das Polentum habe das Deutschtum eine gewisse Anziehungskraft und der „Vorsehung müsse überlassen werden", welches Volkstum in der Kirche sich als das stärkere erweisen würde. Krusche erwiderte mit der Stellungnahme „Noch einmal: Um den Ausweg" in der Februarnummer der „Neuen Evangelischen Kirchenzeitung". Er verwahrte sich gegen den Vorwurf der Politisierung kirchlicher Fragen durch die Arbeitsgemeinschaft deutscher Pastoren, lehnte die Berufung auf die „Vorsehung" ab, die man in maßgeblichen polnischen kirchlichen Kreisen selber

15 *O. Wagner*, a.a.O. 21f.
16 Siehe S. 336f.

spiele oder dieser wenigstens nachhelfen wolle. Die konsequente Verweigerung der Gleichberechtigung des deutschen Teiles der Augsburgischen Kirche, in der er eine Mehrheit von 80% bilde, verhindere eine Verständigung in der Kirche, so daß die Arbeitsgemeinschaft nach allen bisherigen Erfahrungen als Ausweg zur Befriedung der kirchlichen Verhältnisse nur noch die Verselbständigung des deutschen Teiles der Kirche sehen könne. Abschließend zitierte Krusche zustimmend das Urteil Everts: „[...] Man braucht weder Weiser noch Prophet zu sein, um vorauszusehen, daß bei uns das gleiche eintreten wird [die nationale Trennung der luth. Kirche in der Slowakei], falls es nicht gelingen sollte, die kirchliche Notlage in der größten ev. Kirche Polens auf raschem und gütlichem Wege zu beheben". Evert veröffentlichte die Stellungnahme der Arbeitsgemeinschaft der deutschen Pastoren im „Zwiastun" vom 9. April 1939. In seinem Kommentar wiederholte er sein Zitat, das er bezeichnenderweise dahin abänderte: „[...] falls die Staatsbehörden nicht eine Möglichkeit zur baldigen und friedlichen Behebung der Notlage der größten ev. Kirche finden sollten". Damit hatte Evert den Finger auf die eigentliche wunde Stelle des Kirchenkampfes gelegt.

Letzter manifester Ausdruck des polnischen nationalkirchlichen Programms waren die Gedenkfeiern für den Begründer des Polnischen Evangelizismus, Pastor Leopold Otto, vom 25.–26. Februar 1939 aus Anlaß seines 120. Geburtstages in Warschau.[17] Das Protektorat über die Feierlichkeiten hatten Bischof Bursche, der ev. Verkehrsminister Ulrych und der Vorsitzende des polnischen Frontkämpferverbandes, General Gorecki, übernommen. Die Teilnahme starker Abordnungen der evangelischen Bevölkerung aus dem neu an Polen angeschlossenen Olsa-Gebiet gaben den Feierlichkeiten ein betont nationales Gepräge, das von Bischof Bursche in der Predigt und in Ansprachen aufgenommen wurde. Das Kirchenblatt Bursches, der „Przegląd Ewangelicki", würdigte in seiner Ausgabe vom 5. März 1939 die Verdienste des polnischen Evangelizismus um ein freies und großes Polen und bekämpfte das alte Vorurteil: „Wer kein Katholik ist, der ist auch kein Pole". Über das Polentum entscheiden, so der „Przegląd", „weder die Herkunft, noch das Bekenntnis, noch der Name, sondern das Herz, Gefühl, Liebe, Zuneigung, Opferwilligkeit und Dienstbereitschaft, Gedanken und Taten". Die Sendung des Polnischen Evangelizismus sah das Kirchenblatt darin, „daß die polnischen Evangelischen, zwischen Katholizismus und Deutschtum gestellt, das Licht des Evangeliums leuchten lassen und daß sie sich gemeinsam mit ihren Brüdern für ein großes und freies Polen einsetzen". Eine kritische Haltung zu den Otto-Feierlichkeiten nahm die „Föderation der ev. Polen" ein. Obwohl sie zu den Feiern nicht eingeladen war, hatte sie ihre Mitglieder und Förderer aufgefordert, an den Veranstaltungen teilzunehmen. Ihr Vorsitzender, W. Evert, bemängelte im „Zwiastun", daß die Feierlichkeiten sich mehr mit den Verdiensten der großen Männer der Vergangenheit als mit der Bezeugung der Grundwahrheiten des Evangeliums in der Gegenwart befaßten.

In Polnisch-Oberschlesien setzte sich der Kirchenkampf in unverminderter Schärfe fort. Am 15. Februar 1939 erklärten die beiden deutschen Laienmitglieder des Vorläufigen Kirchenrates, Herrmann und Hegenscheidt, in einem Schreiben an den Vorsitzenden

---

17 PEK 1939/6, 251ff.

des Kirchenrates, Dr. Michejda[18], ihren Austritt aus dem Vorläufigen Kirchenrat mit der Begründung:

„Als wir vor mehr als einem Jahr dem Ruf des Herrn Wojewoden, als deutsche Mitglieder in den Vorläufigen Kirchenrat einzutreten, folgten, geschah dies in der festen Überzeugung, daß es gelingen würde, unter Beseitigung der Gegensätze eine befriedigende Zusammenarbeit zwischen allen Evangelischen Oberschlesiens, gleich welcher Nationalität, auf der Grundlage der gegebenen Verhältnisse durchzuführen.
Wir haben uns diese ganze Zeit hindurch immer wieder bemüht, eine reale und angemessene Lösung der oberschlesischen Kirchenfrage zu finden und herbeizuführen, obwohl die Hoffnungen ständig geringer wurden. Wir sind aber nunmehr zu der Einsicht gelangt, daß unseren redlichen Anstrengungen der Erfolg versagt geblieben und daß unsere weitere Mitarbeit im Vorläufigen Landeskirchenrat zwecklos geworden ist, von welcher Auffassung wir Sie schon vor längerer Zeit unterrichteten und über die wir Anfang Januar auch den Herrn Wojewoden persönlich informieren konnten".

Die von dem Wojewoden Grażyński an Stelle von Herrmann und Hegenscheidt am 20. Februar 1939 berufenen neuen deutschen Laienmitglieder des Vorläufigen Kirchenrates, Augustin Firschke, ein Mitglied des ehem. Kattowitzer Gemeindekirchenrates, und der Gutsbesitzer Friedrich Thau aus der Gemeinde Golassowitz, hatten keinen Einfluß mehr auf die kirchliche Entwicklung in Polnisch-Oberschlesien. Am 13. Februar 1939 verbot das Landratsamt Pleß[19] dem Pfarrvikar Wilhelm Bauer in Anhalt mit sofortiger Wirkung das „Wohnen und den Aufenthalt" in der Grenzzone der Bezirke Pleß, Bielitz, Rybnik, Teschen und der Stadt Bielitz, mit Entscheidung vom gleichen Tage hatte das Kultusministerium die Berufung der Mitglieder des (aufgelösten) Gemeindekirchenrates in Schoppinitz gegen die Auflösung des Gemeindekirchenrates und die Einsetzung eines Staatskommissars für die Kirchengemeinde Schoppinitz durch den Wojewoden Grażyński am 23. Juli 1939 abgelehnt.[20]

Den härtesten Schlag führten der Wojewode Grażyński und der Vorläufige Kirchenrat gegen die Gemeinde Königshütte (Chorzów), die nach Kattowitz zweitgrößte Gemeinde der Unierten Kirche in Polnisch-Oberschlesien, eingeleitet mit dem Beschluß des Vorläufigen Kirchenrates vom 21. Februar 1939 über die Durchführung eines Disziplinarverfahrens gegen Pfarrer Johannes Schicha, den dienstältesten Geistlichen der Unierten Kirche. Mit Verfügung vom 3. März 1939[21] löste der Wojewode die Kirchlichen Körperschaften (den Gemeindekirchenrat und die Gemeindevertretung) der Königshütter Gemeinde auf und setzte in der Person des Bücherrevisors Leopold Klus, eines ev. Polen aus dem Teschener Gebiet, einen (Staats-)Kommissar für die Kirchengemeinde Königshütte ein. Am 4. März wurde Pfr. Schicha von Dr. Michejda mit Polizeigewalt (vorläufig) seines Amtes enthoben und der von Bischof Bursche nach Oberschlesien empfohlene deutsche Pastor der Augsb. Kirche, Philipp Kreutz, früher in Sompolno, zum provisorischen Administrator der Pfarrstelle eingesetzt. Da der Königshütter Vikar, Gerhard Myschliwczyk, nicht bereit war, mit

18 Austrittserklärung, in: KuH 1939, 29; PEK 1939/6, 243 f.; AW.
19 Verfügung, in: AW. Am 20. Februar 1939 lehnte der Wojewode Grażyński die Berufung Bauers gegen seine Ausweisung ab.
20 Schreiben des Wojewoden Grażyński vom 21. Februar 1939 an Karl Goepfert, Mitglied des Schoppinitzer Gemeindekirchenrates, in: AW.
21 Verfügung, in: AW.

Pfr. Kreutz zusammenzuarbeiten und auf die Frage Dr. Michejdas, ob er bereit sei, sich dem Vorläufigen Kirchenrat unterzuordnen, auf die Erklärung Boleks im Schreiben an den Wojewoden vom 5. Januar 1939 verwies, wurde gegen ihn vom Vorläufigen Kirchenrat ein Predigt- und Seelsorgeverbot für den ganzen Bereich der Unierten Kirche ausgesprochen.[22]

Dem Disziplinarverfahren gegen Pfr. Schicha[23] – zum Disziplinarkommissar wurde der Staatskommissar für die Kirchengemeinde Kattowitz, Paul Zabystrzan, bestellt – waren folgende Anschuldigungen zugrunde gelegt worden: 1. Er habe das Vermögen der Ev. Kirchengemeinde Königshütte um etwa 44 000 Zł. verringert (Verwendung des Kirchbaufonds Lipine), 2. Er habe bis zum heutigen Tage das Staatsgesetz vom 16. Juli 1937 und den Vorläufigen Kirchenrat nicht anerkannt, 3. Er habe seelsorgerliche Funktionen an Personen, die aus anderen Parochien stammen, ausgeübt, ohne die Genehmigung der zuständigen (polnischen) Administratoren einzuholen, 4. Er beziehe Bezüge aus unbekannter Quelle. Im Zusammenhang mit dem Disziplinarverfahren setzte eine heftige Polemik der polnischen politischen Presse gegen Schicha ein, verbunden mit Anschuldigungen einer staatsfeindlichen Haltung und Verdächtigungen der Untreue und Unterschlagung kirchlicher Gelder. Gegen die politische und moralische Diskriminierung konnte sich Schicha nur durch eine „Erklärung" in der deutschen Presse wehren.[24] Aus Protest gegen die Amtsenthebung Schichas haben alle kirchlichen Angestellten der Gemeinde – der Diakon Kunze, der Kantor Lücke, die Küster der Lutherkirche (Fietz) und der Elisabethkirche (Raabe) – ihre Ämter niedergelegt. Von Mitgliedern der aufgelösten Kirchlichen Körperschaften wurde gegen die Amtsenthebung Pfarrer Schichas, die Einsetzung eines Staatskommissars für die Kirchengemeinde und die Auflösung der Selbstverwaltungsorgane der Gemeinde erfolgloser Einspruch und Beschwerde beim Kultusminister eingelegt.

Am 26. Februar 1939 teilte Dr. Michejda mündlich Pfr. Bolek mit, daß er als Vorsitzender des Vorläufigen Kirchenrates nicht mehr in Frage komme. Dies bedeutete das Ende aller Bemühungen der Unierten Kirche, selbst unter größten Opfern zu einer friedlichen Einigung mit dem Staat in der polnisch-oberschlesischen Kirchenfrage zu kommen.

Das Vorgehen der polnischen Regierung gegen die Unierte Kirche in Polnisch-Oberschlesien und der Kirchenkampf der deutschen Geistlichen und der Gemeinden waren Gegenstand der Beratungen im Rat der Deutschen in Polen vom 25.–26. Februar 1939 in Warschau. Diskussionsgrundlage der Beratungen war das von Dr. Wagner ausgearbeitete, mit den Geistlichen der Unierten Kirche, mit dem Konsistorium in Posen, mit dem Vorsitzenden des Deutschen Volksbundes in Polnisch-Oberschlesien, Dr. Otto Ulitz, am 20. Februar und dem Vertreter des Deutschen Generalkonsulates in Kattowitz, Dr. Lannwehr, am 21. Februar besprochene, Botschafter v. Moltke am 24. Februar 1939 überreichte Memorandum von Mitte Februar 1939.[25] Das Memorandum suchte die vom „Viererausschuß"

22 Protokoll der Amtsenthebung, in: AW.
23 Das Disziplinarverfahren wurde am 24. Februar eröffnet, die Begründung des Untersuchungskommissars (in: AW) trägt das Datum vom 15. März, das Protokoll der Disziplinarverhandlung das Datum vom 15. April (in: AW), die Anklage (in: AW) vom 22. April 1939.
24 In: KuH 1939, 30.
25 In: AW.

am 25. und 26. Januar 1939 in Posen besprochenen Leitlinien zum Punkt „Gemeinde" zu konkretisieren und führte aus:

„1. Bei der nationalen Aufgliederung handelt es sich nicht um die Aufhebung bestehender oder Schaffung neuer staatlicher Gesetze, auch nicht um die Schaffung völlig voneinander getrennter national bestimmter Gemeinden, sondern um eine Aufgliederung auf dem Boden der bestehenden Gemeinden und im Rahmen der für sie geltenden Rechtsordnung.
2. Praktisch handelt es sich demnach um die Forderung nach deutschen seelsorgerlichen Bezirken und eigener Verwaltung der deutschen evangelischen Belange, also um nach der verwaltungsmäßigen Seite hin erweiterte Personalgemeinden der deutschen und der polnischen Pfarrer auf dem Boden der bestehenden Kirchengemeinden bei gemeinsamer Benutzung der kirchlichen Gebäude.
3. Diese Forderung deckt sich mit der von polnischer Seite ausgegebenen Losung, daß es das Ziel der kirchlichen Neuorganisation sei, die Deutschen von deutschen und die Polen von polnischen Pfarrern versorgen zu lassen, mit dem Unterschied, daß dieser Grundsatz in einer rechtlich verbindlichen Form festgelegt werde.
4. Diese kann – ohne die grundsätzlichen Rechtsfragen aufrollen zu müssen – durch Aufstellung von Lokalstatuten in den Einzelgemeinden geschehen, die unter anderem a) die Zugehörigkeit zur deutschen oder polnischen Personalgemeinde der freien Entscheidung der Gemeindeglieder überläßt, das heißt eine deutsche und eine polnische Gemeinde ‚konstituiert' und b) die selbständige Verwaltung der deutschen und polnischen Belange der Kirchengemeinde gewährleistet.
   Die Aufstellung von Lokalstatuten ist nach der für die Gemeinden zur Zeit geltenden Rechtsordnung möglich. Sie ist den einzelnen Gemeinden zu überlassen. Lokalstatute sollen aufgestellt werden, wenn es das Bedürfnis und das Interesse der Gemeinde erfordert.
5. Die nationale Aufgliederung der Einzelgemeinden müßte zwangsläufig zu einer nationalen Aufgliederung der kirchlichen Verwaltung aller Stufen führen (Kuriensystem).
6. Die Durchführung eines Neuordnungsprinzips (zunächst) des kirchlichen Gemeindelebens und Zusammenlebens der deutschen und der polnischen Bevölkerung auf dem Boden einer Kirchengemeinde ist im Rahmen der zur Zeit geltenden (staats- und kirchenrechtlichen) Rechtsordnung möglich, kann jedoch nur auf dem Wege der Inanspruchnahme des Rechtes auf eigene kirchliche Organisation (Minderheitenerklärung vom 5. November 1937) durch den Einsatz politischer Instanzen verwirklicht werden.

Die national losgelösten deutschen bzw. polnischen Gemeindeteile der heute selbständigen ev. Kirchen könnten später zu eigenen Kirchenkörpern zusammengeschlossen werden, wobei das Ziel aller deutschen evangelischen Arbeit die Bildung einer „Deutschen Evangelischen Kirche in Polen" ist. Unter den gegenwärtigen Verhältnissen ist dieses Ziel nur in Etappen zu erreichen."

[Im einzelnen variierten die Fassungen dieses Entwurfs, der im „Viererausschuß" zu besprechen war.]

Eine allseitige Analyse der Lage der Unierten Kirche in Oberschlesien nach der Ablehnung aller Befriedungsversuche der Behörden, Geistlichen und Gemeinden der Unierten Kirche, nach dem Austritt von Herrmann und Hegenscheidt aus dem Vorläufigen Kirchenrat und nach den neuesten Zwangsmaßnahmen des Wojewoden Grażyński gegen die Kirchengemeinde Königshütte hatte der Frage der Absendung eines bereits im Januar geplanten und vorbereiteten Schreibens an den Ministerpräsidenten, General Sławoj-Składkowski, neue Aktualität verliehen. In Absprache mit der Pfarrerschaft der Unierten Kirche und dem Ev. Oberkirchenrat in Berlin richtete Wagner am 4. März 1939 eine in Zusammenarbeit mit dem Posener Konsistorium erstellte Eingabe an den Ministerpräsidenten[26], in der er unter Bezug auf die kirchenrechtliche Kontinuität für den deutschen Teil der Unierten Kirche die Inanspruchnahme des Rechtes der kirchlichen Selbstbestimmung und der kirchlichen Organisationsfreiheit anmeldete. Als „Pfarrer der Unierten Evangelischen Kirche in Polnisch-Oberschlesien, der das Vertrauen des deutschen Teiles der Pfarrer und Mitglieder dieser Kirche besitzt, als Vertreter des Präsidenten und zugleich als Bevollmächtigter der Landessynode" sprach er in der Eingabe unter Vorlage aller einschlägigen Dokumente die Entwicklung des Verfassungskonfliktes seit Erlaß des Staatsgesetzes vom 16. Juli 1937 und die gescheiterten Befriedungsvorschläge der Unierten Kirche an. Das Ziel der Verständigungsversuche war, so die Eingabe, „die Unierte Evangelische Kirche in Oberschlesien auf schnellstem Wege aus der durch das Gesetz vom 16. Juli 1937, also durch einen einseitigen Rechtsakt der staatlichen Behörde geschaffenen Rechtslage herauszuführen und in der Kirche die Grundsätze der durch die Staatsverfassung garantierten Selbstverwaltung wieder einzuführen". Seit dem Erlaß des Staatsgesetzes sei nichts nach dieser Richtung hin geschehen, vielmehr habe man versucht, aufgrund dieses Gesetzes den Charakter der Kirche zu ändern. Die dauernden Reibungen und die einseitigen gegen den tatsächlichen Bestand der Kirche gerichteten Maßnahmen führten zum Zerfall der Kirche. „Angesichts dieser Lage", so die Schlußfolgerung der Eingabe, „nehmen wir als deutsche Minderheit aufgrund der Deklaration des Herrn Staatspräsidenten vom 5. November 1937 für uns das Recht in Anspruch, uns im Rahmen der Unierten Evangelischen Kirche in Oberschlesien selbständig zu organisieren und dadurch die Bedingungen für eine friedliche Entwicklung des kirchlichen Lebens für die deutsche evangelische Bevölkerung Oberschlesiens zu schaffen". Diese Organisierung soll „im Rahmen der einzelnen Kirchengemeinden und der für diese geltenden Rechtsordnungen durch Aufstellung von Lokalstatuten erfolgen". Die Aufstellung von Lokalstatuten sei in dem für die Gemeinden der Unierten Kirche geltenden Recht vorgesehen. Der Ministerpräsident wurde gebeten, „das Schlesische Wojewodschaftsamt geneigtest anweisen zu wollen, daß es – um der Unierten Evangelischen Kirche in Oberschlesien den Frieden und dem deutschen Teil dieser Kirche die Möglichkeit der Befriedigung seiner religiösen und kirchlichen Bedürfnisse zu geben – eine Reorganisation der Unierten Evangelischen Kirche in Oberschlesien in Zusammenarbeit mit der gewählten Vertretung des deutschen Teiles der Unierten Kirche entsprechend unserem Vorschlage im Sinne der Deklaration des Herrn Staatspräsidenten vom 5. November 1937 durchführt".

Die deutsche Pfarrerschaft der Unierten Kirche in Oberschlesien schloß sich in ihrer Eingabe an den Ministerpräsidenten[27] der Eingabe Wagners vom 4. März 1939 einmütig an und bat, diesem Antrag „alsbaldig stattzugeben und uns als deutscher Minderheit eine freie Entwicklung des kirchlichen Lebens im Raum unserer Kirche auf Grundlage und im Sinne der Erklärung des Herrn Staatspräsidenten vom 5. November 1937 zu geben". Nach dem Willen Gottes, so die Eingabe der Pfarrerschaft, wohnten in der Unierten Kirche Oberschlesiens Deutsche und Polen nebeneinander. Es sei der Wille Gottes, daß beide Volkstümer in Frieden miteinander leben. Nach den Erfahrungen seit dem Erlaß des Staatsgesetzes vom 16. Juli 1937 sei dies nicht mehr möglich. Ein Teil des ev. Kirchenvol-

26 In: AW.
27 In: AW.

kes könne nicht gegen den anderen ausgespielt werden, ebensowenig wie ein Teil den anderen in kirchlichen Dingen beherrschen könne. Die nationale Aufgliederung der Gemeinden auf dem Boden der gemeinsamen Kirche verbleibe nunmehr noch als letzter Weg der Befriedung der kirchlichen Verhältnisse.

Auf keine der beiden Eingaben erfolgte eine Antwort des Ministerpräsidenten.

Auch in der Ev.-Augsb. Kirche waren die statistischen Vorarbeiten zur nationalen Aufgliederung der Gemeinden angelaufen, wenn auch die Hoffnung auf einen friedlichen Ausgleich der Gegensätze noch nicht ganz geschwunden war.

Der deutsche Teil des Protestantismus in Polen war sich dessen bewußt, daß das kirchliche Problem der nationalen Aufgliederung der Gemeinden und Kirchen im Interesse des friedlichen Neben- und Miteinander von ev. Deutschen und ev. Polen seitens des polnischen Staates als politisches Problem gesehen werde und daher nur auf politischem Wege gelöst werden könne, auf einem Wege, wie er sich aus der Sicht der durch den Kirchenkampf betroffenen Teile der evangelischen Deutschen in der gemeinsamen Minderheitenerklärung der Polnischen und der Deutschen Regierung vom 5. November 1937 abgezeichnet hatte.

Die Hoffnung sollte sich als trügerisch erweisen. Zum Zeitpunkt, da der deutsche Teil der Unierten Kirche Oberschlesiens das Recht der kirchlichen Selbstbestimmung und Organisationsfreiheit in Anspruch genommen und dem polnischen Staate gegenüber angemeldet hatte, waren dessen Entscheidungen in dieser Frage bereits gefallen. Vor dem Zusammentritt der aufgrund der Deutsch-Polnischen Minderheitenerklärung vom 5. November 1937 gebildeten Gemischten Regierungskommission, die sich in ihrer ersten Sitzung auch mit Beschwerden auf kirchlichem Gebiet zu befassen hatte, wurde in der Kulturabteilung des Auswärtigen Amtes in Berlin am 16. Februar 1939 „eine Besprechung über Fragen der deutschen evangelischen Kirchen in Polen“ [28] gehalten. Vertreten waren: die Kulturpolitische Abteilung des Auswärtigen Amtes (v. Twardowski), das Reichsministerium des Innern (Springorum), das Reichsministerium für die kirchlichen Angelegenheiten (Haugg), die Volksdeutsche Mittelstelle (Kubitz), die Deutsche Stiftung (Krahmer-Möllenberg) und das Außenamt der Evangelischen Kirche (Wahl). Der Aussprache lagen die Berichte Wahls und der Deutschen Botschaft in Warschau, insonderheit diejenigen vom 17. Januar und 24. Februar 1939 [29] zugrunde. Hinsichtlich des Problems einer kirchlichen Organisation der ev. Deutschen in Polen war man sich einig, daß es sich zu diesem Punkte nur um eine vorbereitende Besprechung handeln könne. Diese Frage sei bisher weder bei den volksdeutschen Stellen in Polen, noch auch im Reich hinreichend geklärt worden. Im Falle der Ausweisungen aus der Grenzzone seien von Deutschland aus bereits Gegenmaßnahmen ergriffen worden. Sonstige kirchliche Fragen würden voraussichtlich erst später zur Sprache kommen. Das Innenministerium übernahm es, „festzustellen, wieviel stationäre Gottesdienste in polnischer Sprache in Deutschland (in Berlin, Hamburg, Sachsen, dem Ruhrgebiet, im Osten) abgehalten werden“. Auch solle festgestellt werden, wieviel Geld deut-

---

28 Aufzeichnung über die in der Kulturpolitischen Abteilung des Auswärtigen Amtes am 16. Februar 1939 abgehaltene Besprechung über Fragen der deutsch-evangelischen Kirche in Polen, in: AA, Kult. A, Deutsches Kirchenwesen in Polen, Bd. 14, Evangelische Angelegenheiten, 1 Polen.

29 Bericht vom 24. Februar 1939, in: AA, a.a.O.

scherseits für die kirchliche Betreuung der polnischen Volksgruppe in Deutschland bereitgestellt werde.

Das Ergebnis der Verhandlungen des Deutsch-Polnischen Minderheitenausschusses vom 27. Februar 1939 in Berlin zum Punkt „Kirchliche Fragen" war völlig negativ. Im Bericht des Legationsrates Schliep vom 3. März an das Auswärtige Amt[30] heißt es:

„[...] Auf kirchlichem Gebiet haben wir unser Interesse an der Erfüllung der Organisationswünsche der ev. Kirche in Posen-Pommerellen angedeutet und ferner darum gebeten, das unseres Erachtens politische Vorgehen gegen deutschstämmige ev. Geistliche, insbesondere in Oberschlesien und Kongreßpolen, zu unterbinden. Zur Frage der Organisierung der ev. Kirche in Posen-Pommerellen bemerkte die polnische Seite, daß diese bald gesetzlich geregelt würde. Eine Einflußnahme auf die Kirchenleitung wegen des Vorgehens gegen deutsche ev. Geistliche sei der Staatsverwaltung nicht möglich".

Im Bericht des Reichsministers des Innern an das Auswärtige Amt vom 4. März[31] über die Verhandlungen vom 27. Februar im Minderheitenausschuß wird ausgeführt:

„[...] Die Verhandlungen haben leider ein durchaus unbefriedigendes Ergebnis gehabt. Die Polen denken nicht daran, ihre Politik gegenüber der deutschen Volksgruppe irgendwie zu ändern. Sie mögen auf weniger wichtigen Gebieten zu kleinen Zugeständnissen bereit sein, in den das Leben der deutschen Volksgruppe berührenden Fragen sind sie jedoch bestrebt, ihre bisherige Entdeutschungspolitik mit allem Nachdruck fortzusetzen".

Auf parlamentarischer Ebene hatte Senator Hasbach in seiner Rede im Senat vom 13. März 1939[32] zum Etat des Kultusministeriums die Lage der deutschen Minderheit auf

30 Bericht vom 3. März 1939, in: AA, Akten zur deutschen Auswärtigen Politik, Serie D (1937–1945), Bd. V, Nr. 134.

31 Bericht vom 4. März 1939, in: DWB II, Nr. 178.– Der „Dziennik Poznański" [Posener Tageblatt] vom 12. März 1939 brachte einen Aufsatz von Prof. Józef Górski unter dem Titel „Die Angelegenheit der Unierten Evangelischen Kirche wartet auf eine Lösung", in dem es u.a. heißt: „[...] Die Unierte Evangelische Kirche [...] besitzt keine Organisation, die ihr Dasein mit dem polnischen Staate vereinigen und in Übereinstimmung bringen würde. Es erscheint uns die allerhöchste Zeit zu sein, daß bei der allgemeinen Regelung der konfessionellen Verhältnisse in Polen, auch die Angelegenheit der genannten Kirche schnellstens auf dem in der Staatsverfassung vorgesehenen Wege erledigt werde. [...] Sie muß denselben Normen unterstellt werden, denen die anderen Kirchen unterliegen, deren Verhältnis zum Staat auf gesetzlichem Wege geregelt worden ist. Insonderheit muß der entsprechende Akt den Normen entsprechen, die sich auf die Evangelisch-Augsburgische Kirche beziehen bezw. auf die Polnische Orthodoxe Kirche in Polen. [...] Schließlich muß angefragt werden, ob im Zusammenhang mit der Regelung des Verhältnisses des Staates zur Unierten Evangelischen Kirche nicht die Abtretung einer gewissen Anzahl von Kirchen zugunsten der Katholischen Kirche erfolgen könnte, da mit Rücksicht auf die kleine Anzahl der Glieder in vielen Fällen die Kirchen seit Jahren geschlossen sind. Diese Frage ist, nicht nur für die Stadt Posen selbst aktuell, sondern auch für die westlichen Wojewodschaften, wo alle oder fast alle Siedlungen der Ansiedlungskommission in katholische Hände übergegangen sind und wo bis heute entbehrliche evangelische Kirchen und Pfarreien bestehen, die seinerzeit von der preussischen Regierung dotiert worden sind".

32 Rede, in: PEK 1939/6, 240–243; KuH 1939, 41ff.; zur Rede Hasbachs brachte der Bischof Bursche nahestehende „Przegląd Ewangelicki" vom 23. April 1939 den Kommentar: „[...] Die polnischen Behörden nehmen gegenüber diesen Absichten [Ver-

kirchlichem Gebiet angesprochen und den Gedanken der nationalen Aufgliederung der ev. Kirchen aufgenommen. Er führte aus:

„[...] Bisher ist das Verhältnis des Staates nur zu zwei evangelischen Kirchen des Landes geordnet worden, endgültig in der Ev.-Augsb. Kirche [...] vorläufig zu der Unierten Kirche in Oberschlesien. [...] In beiden Fällen ist die Regelung mit der Absicht geschehen, dem evangelischen Polentum zur Leitung und zur Übermacht in der Kirche zu verhelfen, entgegen den zahlenmäßigen Verhältnissen. [...] Auf der einen Seite Akte einer Leitungsgewalt, die sich mit allen Mitteln, und doch vergeblich, durchsetzen will, auf der anderen Seite Erbitterung, Ablehnung, beunruhigte Gewissen, Kampf um das gleiche Recht. Wo man hinsieht: Streit, Kampf, entlassene und ausgewiesene Geistliche, gemiedene Gotteshäuser, politischer Zwang. [...]
In der Augsburgischen Kirche sind die Deutschen, die 82% der Evangelischen ausmachen, aus der Verwaltung und Leitung ausgeschaltet. [...] Ferner der Fall Kleindienst. [...] Wer es meint, in der Weise tun zu können, daß er die deutschen Geistlichen und Laien illoyaler Gesinnung und antichristlicher Einstellung beschuldigt, gehört in die Reihe derer, die uns Deutsche täglich in unerhörter Weise verdächtigen und verleumden und die es ungestraft tun dürfen. [...] Wozu? Nur zu dem Zweck der Assimilierung – und daß man, um dies zu rechtfertigen, zu dem unwürdigen Mittel der Verdächtigung greift. [...]
In der Unierten Kirche in Oberschlesien wurde das Gesetz [vom 16. Juli 1937] seit seinem Inkrafttreten lediglich dazu verwendet, den Charakter der Kirche zu ändern [...] der Erfolg ist der, daß ein faktisches und rechtliches Chaos in die kirchlichen Verhältnisse hineingetragen wurde. [...] Nur mit Zwangsmitteln konnte das Gesetz vom 16. Juli 1937 eingeführt werden. [...] Hier handelt nicht mehr die Kirche. [...] Die ganz überwiegende Mehrheit in den betroffenen Gemeinden hält an ihren amtsenthobenen oder ausgewiesenen Pfarrern fest, zahlt keine Kirchenbeiträge, besucht um ihres Gewissens willen nicht mehr die ihr von aufgezwungenen Pfarrern gehaltenen Gottesdienste und geht zu den Gottesdiensten in den Nachbargemeinden, wenn diese noch deutsche Pfarrer haben, oder hält zu Hause Andacht. Es mehren sich die Fälle, in denen deutsche Menschen in Privathäusern zu Bibelstunden und Andachten zusammenkommen, und es werden Tote ohne Geistliche zu Grabe getragen, weil den Deutschen deutsche Geistliche abgelehnt werden. [...]
Ich habe von neuen Formen der Gestaltung des kirchlichen Lebens gesprochen. Diese Formen können nur die sein, daß ev. Polen und ev. Deutsche auf kirchlichem Boden unabhängig voneinander in gesonderten Organisationen, ungestört und in Frieden ihrem Glauben leben. [...] Wir können mit dem ev. Polentum nicht als eine Gemeinschaft unter einem Dach leben. Wir wollen nicht Objekt ihrer Herrschaft sein. [...]
Der von mir hier vorgetragene Gedanke ist dem Herrn Ministerpräsidenten bereits schriftlich unterbreitet worden, und zwar von dem früher bestellten Vertreter des verstorbenen Kirchenpräsidenten, Pfarrer Dr. Wagner, der zugleich in Vollmacht der Landessynode der Unierten Kirche in Oberschlesien gehandelt und der einen entsprechenden Antrag für Oberschlesien vorgetragen hat, und zwar im Namen der deutschen Pfarrerschaft und des deutschen Teiles der Kirche [...]
Unter dem 5. November 1937 hat der Herr Staatspräsident in seiner bedeutsamen Urkunde der deutschen nationalen Minderheit die Berechtigung zugesichert, sich kirchlich zu organisieren. Hier öffnet sich ein neuer Weg. Ich erinnere daran, daß dieser Weg dem Polentum nicht unbekannt ist [...]".

---

selbständigung der deutschen Kirchenteile] eine ablehnende Stellung ein und sehen darin eine Unruhestiftung von nationalsozialistischer Seite. Es muß hinzugefügt werden, daß von den evangelischen Pfarrern ein großer Teil, der sich zur deutschen Nationalität bekennt, die Zusammenarbeit mit den Polen ablehnt und offen den Separatismus pflegt".

Der „Głos Ewangelicki" vom 23. April 1939 kommentierte die Rede Hasbachs mit den Worten: „[...] Die polnischen Behörden nehmen gegenüber diesen Absichten [der nationalen Aufgliederung der ev. Kirchen] eine ablehnende Stellung ein und sehen darin eine Unruhestiftung von nationalsozialistischer Seite".

Die weitere Konkretisierung der „neuen Formen der Gestaltung kirchlichen Lebens" waren Gegenstand der Beratungen des „Vierer-Ausschusses" (Nehring, Kleindienst, Wagner; Walloschke fehlte) am 15. März 1939 in Posen. Als deren Ergebnis wurde festgehalten:[33]

„[...] Es bedarf formulierter Entwürfe [...], wie der Gedanke einer Deutschen Evangelischen Kirche zunächst im Bereich der Evangelisch-Augsburgischen Kirche und der Unierten Evangelischen Kirche in Oberschlesien verwirklicht werden soll. In beiden Fällen soll nicht die vorhandene Kirche aufgelöst, sondern aufgrund der in der betreffenden Kirche gegebenen Rechtslage eine Aufteilung in Gruppen/Kurien durchgeführt werden.

a) Für die augsb. Kirche bedarf es eines Entwurfes, der, von der Aufteilung in der Gemeindeinstanz beginnend, die Aufteilung bis zur obersten Instanz durchführt unter Belassung der durch das Dekret des Staatspräsidenten vom 25. 11. und das Innere Gesetz vom 17. 12. 1936 für die augsburgische Kirche eingeführten Rechtsnormen.
b) Für die oberschlesische Kirche soll der Versuch gemacht werden, zunächst auf dem Wege über ein Gemeindestatut die Aufteilung innerhalb der örtlichen Kirchengemeinden durchzuführen. [...]

Bei der Erörterung betr. den Aufbau einer Deutschen Evangelischen Kirche wurden folgende Einzelheiten berührt:

a) Die Gegner regen sich; sie sprechen von einer Zerreißung des Leibes Christ und vom Zerfall der Kirche.
b) Noch immer wird vom Verlust der gesamten Vermögensrechte gesprochen. Hierzu wird bemerkt, daß es sich bei dem Aufbau einer Deutschen Evangelischen Kirche nicht um eine Austrittsbewegung handelt, sondern um eine Ausgestaltung auf der vorhandenen rechtlichen Grundlage, wobei es allerdings neuer rechtlicher Vorschriften seitens des Staates bedarf. Man war sich darüber klar, daß es ohne rechtliche Mitwirkung der Staatsregierung nicht geht.
c) Wichtig scheint es, die religiösen Gründe, welche zu dem Gedanken des Aufbaus einer Deutschen Evangelischen Kirche geführt haben, näher zu präzisieren.[...]".

Die Eingabe Wagners an den Ministerpräsidenten vom 4. März war der Deutschen Botschaft in Warschau verspätet, die der deutschen Pfarrerschaft Oberschlesiens gar nicht zur Kenntnis gekommen. Ohne im Besitz näherer Informationen über die Zusammenhänge der Eingabe und des Termins ihrer Absendung zu sein, bezeichnete Botschafter v. Moltke in seinem Bericht an das Auswärtige Amt in Berlin vom 20. März 1939[34] Wagners „Initiative und insbesondere die Form, in der sie erfolgte, als recht unglücklich". Sie sei ohne nochmalige Fühlungnahme mit der Botschaft zustandegekommen, Wagner – aus der Grenzzone ausgewiesen – sei in den Augen der Polen zu sehr belastet, ferner sei es „nicht glücklich, wenn der neue Plan von vornherein aus dem Recht der deutschen Minderheit, sich im Rahmen der unierten Kirche selbständig zu organisieren, hergeleitet wird, daß damit die Karten von deutsch-evangelischer Seite ohne Not vorzeitig aufgedeckt werden". In

33 Aufzeichnung Nehrings vom 16. März 1939, in: AW.
34 Bericht, in: AA, Kult. A, Bd. 14, Evangelische Angelegenheiten, 1 Polen.

seinem zweiten Bericht an das Auswärtige Amt vom 31. März 1939[35] brachte v. Moltke die Rede Senator Hasbachs vom 13. März im Senat zur Kenntnis mit dem Bemerken, daß dieser „noch schärfer als es durch Pfarrer Wagner geschehen war, die Forderung erhoben habe, daß ev. Polen und ev. Deutsche auf kirchlichem Boden unabhängig voneinander und in gesonderten Organisationen leben müßten".

Die kirchlichen Eingaben und der Appell Hasbachs an den Ministerpräsidenten betr. Inanspruchnahme des Rechtes der Organisationsfreiheit durch den deutschen Teil des Protestantismus in Polen hatten zu gewissen Spannungen zur Deutschen Botschaft in Warschau geführt, die nach Ansicht der maßgebenden deutschen evangelischen Kreise Polens den Kirchenkampf in Polen zu sehr unter dem Gesichtspunkt des Kirchenkampfes in Deutschland gesehen und allein unter dem politischen Aspekt des Verhältnisses von Staat und Kirche gewertet habe. Seine kirchlichen und religiösen Anliegen und Zusammenhänge wurden von ihr unberücksichtigt gelassen, waren ihr vielleicht auch fremd geblieben.

Unmittelbare Folge auch der kirchlichen Eingaben und des Appells Hasbachs war, daß der Ministerpräsident, General Sławoj-Składkowski, alle nachgeordneten Stellen in einer Verfügung[36] anwies, „den Verfolgungen und Belästigungen der deutschen Volksgruppe mit allen Mitteln entgegenzuwirken, widrigenfalls sie persönlich zur Verantwortung gezogen würden", und daß er den Vorsitzenden des Westmarkenvereins aufforderte, die „Agitation des Westmarkenvereins gegen die deutsche Volksgruppe zu unterlassen". Die Verfügung des Ministerpräsidenten wirkte sich vorübergehend beruhigend auch auf die kirchlichen Verhältnisse aus, ohne daß nachhaltige Auswirkungen auf die Lage eingetreten waren oder erwartet werden konnten. Eine dahingehende Anfrage Prof. Siegmund-Schultzes beantwortete Nehring am 28. März 1939[37]: [...] Wir raten aber dringend ab, unsere polnischen Angelegenheiten vor eine internationale Konferenz zu bringen. Auf diesem Wege ist uns zur Zeit nicht zu helfen. Wir fürchten davon eher Schaden. [...] Die Regierung will keine Verständigung. Sie will Unterordnung zum Zwecke der Assimilierung, um aus Polen einen einheitlichen Nationalstaat zu machen. Eine sogenannte Verständigung wäre nur möglich, wenn die Deutschen den Widerstand gegen die Assimilierung aufgeben".

Nehring hatte damit auch die kirchenpolitische Linie Bischof Bursches angesprochen, der in diesem Sinne auf die in der Ev.-Augsb. Kirche stattfindenden Wahlen in die örtlichen kirchlichen Gemeinderäte Einfluß zu nehmen suchte.[38] Ähnlich war die Einstellung Bursches zum oberschlesischen Kirchenkampf. In seinem vertraulichen Brief an Pastor Sigismund Kliner in Białystok vom 15. März 1939[39], den er für die Übernahme einer deutschen Pfarrstelle in Oberschlesien gewinnen wollte, schrieb er:

„[...] Es sind dort [in Oberschlesien] zwei deutsche Parteien, die sich bekämpfen. Eine, an deren Spitze Pastor Harlfinger steht, geht den Behörden an die Hand, und tut dies in der Überzeugung, daß nur auf diese Weise der deutsche Charakter der Kirche gerettet werden

35 Bericht, in: AA, Kult A, a.a.O.

36 Mitteilung Nehrings im Brief an den Ev. Oberkirchenrat in Berlin vom 4. April 1939 (in: AW).

37 Brief Nehrings an Siegmund Schultze vom 28. März 1939, in: AW.

38 Aufzeichnungen Nehrings „Lösungsversuche in der Ev.-Augsb. Kirche" vom 28. März 1939, in: AW.

39 Brief, in: AW.

kann. Die andere [ebenfalls deutsche] befindet sich in krasser Opposition zur Regierung und verliert immer mehr Boden unter den Füßen. Außerdem sind auch wir dort [in polnischen Pfarrstellen] und ich habe dort 12 polnische Pfarrer. Ich möchte den dem Staate gegenüber loyalen Deutschen helfen, denn auch ich bin der Überzeugung, daß sich die evangelische Kirche in Oberschlesien nur auf diese Weise halten kann".

Neue Maßnahmen wurden in Oberschlesien vom Vorläufigen Kirchenrat gegen die noch im Amt befindlichen deutschen Geistlichen und die kirchlichen Körperschaften ergriffen, als man feststellen mußte, daß gerade von diesen der Widerstand gegen die Verstaatlichung ihrer Kirche getragen wurde und der Staat einen Fehler begangen hatte, diese im Gesetz vom 16. Juli 1937 aufrechtzuerhalten. Mit Verfügung des Vorläufigen Kirchenrates vom 24. März 1939[40] an sämtliche Gemeindekirchenräte wurden diese aufgefordert, bis zum 1. April namentliche Verzeichnisse über Taufen, Konfirmationen, Trauungen und Beerdigungen für das Jahr 1938 und für die Zeit ab Januar 1939 vorzulegen, die in der dortigen Gemeinde „nicht zuständigkeitshalber" vollzogen worden waren. Für die auf dem Gebiet der Kirchengemeinde nicht zuständigkeitshalber vollzogenen und in Zukunft noch vorkommenden geistlichen Amtshandlungen wurden die Gemeindekirchenräte verantwortlich gemacht. Zugleich wurden ihnen die Namen derjenigen Geistlichen der Unierten Kirche bekannt gegeben, die ihres Amtes enthoben waren und keinerlei geistlichen Dienst verrichten durften. Genannt wurden: Dr. Eduard Bechtloff, Wilhelm Bauer, Heinrich Gerhardt, Werner Koderisch, Gerhard Myschliwczyk, Josef Ozana, Paul Schoen, Heinrich Leinkauf, Otto Christ und Johannes Schicha. In gleichlautenden Schreiben lehnten die noch unter deutschem Vorsitz stehenden Gemeindekirchenräte die Forderung des Vorläufigen Kirchenrates vom 24. März ab.[41] Sie seien nicht darüber unterrichtet, welche Personen, die aus anderen Pfarrgemeinden stammen, Amtshandlungen von ihren oder anderen Geistlichen der Unierten Kirche seit dem 1. Januar 1938 begehrt und erhalten haben und hätten auch kein Recht, diese Persönlichkeiten zu ermitteln. Weder im Staatsgesetz vom 16. Juli 1937 noch irgendeinen anderen Staats- oder Kirchengesetz sei eine Bestimmung enthalten, die den Vorsitzenden des Vorläufigen Kirchenrates berechtige, eine solche Forderung zu stellen. Verwiesen wird schließlich auf Luthers Schmalkaldische Artikel (Absatz 67), in denen es heißt: „Wo die Kirche ist, da ist je der Befehl, das Evangelium zu predigen".

Der erste Konflikt zu diesem Punkte konnte entschärft werden. Am Vortage des 2. April 1939, an dem in Laurahütte die Konfirmation der Laurahütter, aber auch Kattowitzer, Königshütter, Lipiner und Schwientochlowitzer deutschen Konfirmanden stattfinden sollte, teilte Dr. Michejda Pfarrer Bolek, dem zuständigen Gemeindepfarrer von Laurahütte, telefonisch mit, daß der Wojewode Grażyński die Abhaltung der Konfirmation von Kindern aus anderen Kirchengemeinden verbiete. In einem einstündigen Telefongespräch einigten sich Bolek und Dr. Michejda schließlich dahin, daß die Konfirmationsfeier nicht gestört werden würde, daß sie aber ohne die Zustimmung des Wojewoden erfolge, und der Wojewode und er, Michejda, sich Konsequenzen vorbehalten müßten.[42] Ohne Zwischenfäl-

40 Verfügung, in: KuH 1939, 76; PEK 1939/9, 370.

41 Schreiben, in: KuH 1939/76; PEK 1939/9, 370f.

42 Aus Schreiben Wagners an den Ev. Oberkirchenrat in Berlin vom 4. April 1939, in: AW.

le konnte auch die von Pfarrer Bolek im Auftrage Wagners am 4. April 1939 in der Kirche zu Laurahütte vollzogene Ordination der Lehrvikare Heinrich Gerhardt, Hans Heinrich, Rudolf Irmer, Heinz Kühnel und Gerhard Myschliwczyk[43] gehalten werden, von denen Gerhardt und Myschliwczyk vom Vorläufigen Kirchenrat ihrer Ämter enthoben waren und Predigtverbot erhalten hatten.

Fortgeführt wurden die Vorarbeiten zur kirchlichen Verselbständigung des deutschen Teiles der evangelischen Kirchen in Polen. Die Beratungen des „Viererausschusses" (Nehring, Klawun, Kleindienst, Wagner) wurden am 3. April 1939 in Posen[44] fortgesetzt. Ihnen lagen zugrunde:

1. Kleindienst's Memorandum „Lösungsmöglichkeiten in der Evangelisch-Augsburgischen Kirche" vom 28. März 1939, das auch Verfassungsfragen behandelte;[45]
2. Der Revisionsentwurf einer Kirchenverfassung der Evangelisch-Augsburgischen Kirche[46] von Nehring-Kleindienst, dessen Artikel 1 den Wortlaut hatte: „Die Evangelisch-Augsburgische Kirche in Polen baut sich unter Aufrechterhaltung ihrer (auf dem Bekenntnis beruhenden) kirchlichen Einheit in zwei nebeneinander stehende, untereinander gleichberechtigte Kurien auf, einer polnischen und einer deutschen";
3. Wagners Entwurf zu einem „Statut der evangelischen Kirchengemeinde Kattowitz" vom Ende März 1939.[47]

Nach einigen Wochen relativer Ruhe brachen in Polnisch-Oberschlesien die Konflikte mit dem Vorläufigen Kirchenrat und dem Staat mit Schärfe auf dem Boden der Gemeinden Lipine und Königshütte auf, deren mit Polizeigewalt eingesetzte Geistliche von den Gemeindegliedern abgelehnt wurden. „Kirchenfahrten" deutscher Gemeindeglieder in Gemeinden, die ihre landeskirchlichen Geistlichen noch behalten hatten, wurden polizeilich registriert. Im April und Anfang Mai 1939 wurden in Lipine eine, in Königshütte drei Beerdigungen deutscher Gemeindeglieder ohne Geistliche gehalten, da der Wunsch der Angehörigen nach einem landeskirchlichen Geistlichen abgelehnt worden war. Ein Gesangbuchlied, das gemeinsam gesprochene Vaterunser, ein Bibelwort und der Erdwurf – das war die Form, in welcher sich die Gemeindeglieder untereinander diesen Dienst taten.[48] Am 15. Mai 1939 verfügte der Wojewode Grażyński mit sofortiger Wirkung die Absetzung des deutschen Vorstandes des vereinsgesetzlich selbständigen, 1884 gegründeten evangelischen Waisenhauses „Lutherstift" in Königshütte, dessen Leitung vom Kommissar für die Gemeinde Königshütte, Leopold Klus, dem vom Vorläufigen Kirchenrat eingesetzten polnischen Pfarrer Szeruda und dem polnischen Rektor Kisiel übertragen wurde.[49] Der Wojewode begründete seine Maßnahme mit dem Hinweis, daß die im „Lutherstift" am 22. und 24. April 1939 durchgeführte Revision ergeben habe, daß sein Vorstand (Vorsitzender Pfarrer Schicha) illegal bestehe und die Anstalt in sanitärer Hinsicht Mängel aufweise, welche die Gesundheit

43 PEK 1939/9, 371; KuH 1939, 85.
44 Schreiben Nehrings an den Ev. Oberkirchenrat in Berlin vom 17. April 1939, in: AW.
45 Memorandum, in: AK.
46 „Entwürfe zur Änderung der Verfassung der Ev.-Augsb. Kirche" vom 29. März, in: AK.
47 Entwurf, in: AW.
48 KuH 1939, 61, 63, 78.
49 Verfügung, in: AW.

der Zöglinge schädigten. Gegen die Verfügung des Wojewoden vom 15. Mai wurde vom abgesetzten Vorstand des „Lutherstiftes" Einspruch und Beschwerde beim Innenministerium erhoben. Das „Lutherstift" wurde polonisiert. Die beiden deutschen Diakonissen wurden entlassen, seine Leitung einer aus dem polnischen Diakonissenhaus Dzingelau b. Teschen berufenen Diakonisse übertragen, die das Polnische als Umgangssprache im Waisenhaus einführte. In dieser Sprache hielt sie auch die Andachten für die Kinder, von denen die meisten bis dahin das Polnische nicht verstanden. Mit der Beschlagnahme und Polonisierung des „Lutherstiftes" verlor die Kirchengemeinde Königshütte zugleich ihren deutschen Kindergarten, deren Träger das „Lutherstift" war, und die Versammlungsräume ihrer Gemeindevereine, die im Anbau des „Lutherstiftes" ihre Versammlungs- und Tagungsräume hatten.[50]

Zur gleichen Zeit verloren auch die kirchlichen Vereine der Gemeinde Kattowitz ihre Versammlungs- und Tagungsräume in dem dem „Evangelischen Männer- und Jünglingsverein" gehörenden „Hospiz" (Evangelisches Gemeindehaus), nachdem Pfr. Harlfinger die Benutzung dieser Räume von der Anerkennung seiner Person als Gemeindepfarrer abhängig gemacht hatte, was von den Vereinen abgelehnt worden war.[51] Wie in Königshütte kamen die deutschen kirchlichen Vereine nunmehr in Gasthäusern zusammen.

Praktische Bedeutung kam dem vom Vorläufigen Kirchenrat im Disziplinarverfahren gegen Pfarrer Schicha am 10. Juli 1939 gefällten Urteil auf Entlassung aus dem Amte[52] kaum mehr zu, da Schicha seit dem 4. März bereits (vorläufig) amtsenthoben war. Die Begründung der Entlassung aus dem Amte folgte den Anschuldigungen der gegen ihn erhobenen Anklage vom 24. Februar bzw. 22. April 1939. In dem Hauptpunkt der Anklage war nicht mehr von Veruntreuung oder Unterschlagung, sondern nur noch vom „Herausdisponieren" von Geldern aus dem „Kirchenbaufonds Lipine" durch Pfr. Gerhard Scholz die Rede, die er, Schicha, als Vorsitzender des Gemeindekirchenrates Königshütte zugelassen habe. Es handelte sich hierbei um eine Spende des Gustav-Adolf-Vereins in Leipzig, über deren Zweckbestimmung der Zentralvorstand des Gustav-Adolf-Vereins mit Schreiben an Pfr. Scholz vom 8. Oktober 1936[53] Bestimmung getroffen hatte. Hinsichtlich der anderen Punkte der Anklage[54] wurde Schicha verurteilt, weil „der Widerstand gegen den Vorläufigen Kirchenrat und das Gesetz vom 16. Juli 1937 und die Ausübung von seelsorgerlichen Funktionen in bezug auf Personen aus anderen Pfarrgemeinden vom Angeklagten schon über eineinhalb Jahre andauert. Dadurch wird die kirchliche Disziplin gelockert und die Stellungnahme des Angeklagten gibt den anderen jüngeren Pastoren ein schlechtes Beispiel." Die Entlassung des Angeklagten von seinem Amte als Pfarrer in Chorzów, so das Urteil, sei eine entsprechende Strafe, „die zur Gesundung der Verhältnisse beitragen kann".

---

50 KuH 1939, 81, 90, 103.

51 Betroffen waren: Der „Ev. Männer- und Jünglingsverein" (gegr. 1883), der „Ev. Armenpflegeverein" (gegr. 1890), der „Ev. Frauen- und Jungfrauenverein" (gegr. 1891), der „Ev. Jungfrauenverein Martha" (gegr. 1899), der „Zweigverein des Ev. Bundes" (gegr. 1904) und der „Ev. Arbeiterverein" (gegr. 1907).

52 Urteil, in: AW.

53 Nach Schreiben des Zentralvorstandes des Gustav-Adolf-Vereins in Leipzig vom 7. Juni 1939 an Pfr. Schicha, in: KuH 1939, 91.

54 Siehe S. 350.

Auf Weisung des Wojewoden Grażyński wurden Ende 1938 die staatsanwaltschaftlichen Untersuchungen gegen den nach seiner Ausweisung in Posen wohnhaften Dr. Wagner in Angelegenheit des Verdachts einer „Fälschung“ der Beschwerde des Kattowitzer Gemeindekirchenrates vom 16. Mai 1938 und in der sog. Gesangbuchfrage neu aufgenommen, nur daß die Untersuchungen in der Gesangbuchfrage nicht mehr in Richtung des Verdachts auf Mitwisserschaft um eine solche geführt wurden. Zur ersten Angelegenheit wurde er auf der Posener Polizeidirektion am 21. Januar[55], zur zweiten am 7. Juni 1939 vernommen.[56] Gerichtliche Klagen gegen ihn wurden nicht erhoben. Der politische Charakter der Untersuchungen wurde in den Kreisen der ev. Polen nicht verschwiegen.

Die Maßnahmen der Wojewodschaft und des Vorläufigen Kirchenrates gegen die deutsche Geistlichkeit (Ausweisungen, Amtsenthebungen, Amtsverbote) hatten die Zahl der deutschen Geistlichen der Unierten Kirche dezimiert, im gleichen Maße polnische Geistliche der Augsburgischen Kirche nach Oberschlesien gebracht, abgesehen von den deutschen Geistlichen aus anderen ev. Kirchen in Polen, die Pfr. Harlfinger für den Dienst in der Oberschlesischen Kirche zu gewinnen suchte. Die Unierte Kirche in Polnisch-Oberschlesien hatte weithin bereits einen anderen Charakter erhalten. Ihr veränderter Charakter wurde auch dadurch zum Ausdruck gebracht, daß der Wojewode Grażyński – die polnischen Geistlichen hatten die Ernennung Harlfingers zum Vorsitzenden des Vorläufigen Kirchenrates abgelehnt – am 15. Juni 1939 dem Superintendenten Oskar Michejda, einem Verwandten des Vorsitzenden des Vorläufigen Kirchenrates und ehem. Leiter der nach Anschluß des Olsa-Gebietes an die Ev.-Augsb. Kirche in Polen aufgelösten „Evangelischen Kirche Augsburgischen Bekenntnisses in Ostschlesien“ (Tschechoslowakei), die Pfarrstelle in Kattowitz und die Übernahme der Leitung der Unierten Kirche in Oberschlesien angeboten und Verhandlungen mit ihm aufgenommen hatte.[57]

Im oberschlesischen Kirchenkampf hatte der polnische Staat seine Machtmittel überschätzt. Mit Gesetz des Schlesischen Sejms vom 10. Juli 1939[58] sah er sich gezwungen, die Gültigkeit des Staatsgesetzes vom 16. Juli 1937 über die vorläufige Organisation der Unierten Kirche in Oberschlesien um weitere drei Jahre zu verlängern und die Befugnisse des schlesischen Wojewoden in kirchlichen Verfassungsfragen zu erweitern. Der Artikel 18 Abs. 2 des Gesetzes vom 16. Juli erhielt die Fassung „Die Besetzung der freien Stellen im Vorläufigen Kirchenrat und die Durchführung von Veränderungen auf diesen Stellen nimmt der Wojewode von Schlesien als Vertreter der Regierung vor. Einer der in den Vorläufigen Kirchenrat berufenen Personen überträgt der Wojewode von Schlesien die Funktionen des Stellvertreters des Vorsitzenden dieses Rates“. Im polnischen Staatskirchenrecht wurde die letzte gesetzliche Lücke der Unterwerfung einer evangelischen Kirche unter den Staat ausgefüllt. Auch im Blick auf die Minderheitenpolitik bezeichnete Botschafter v. Moltke in seinem Bericht an das Auswärtige Amt vom 11. Juli 1939 den Wojewoden Grażyński als „den Totengräber der deutsch-polnischen Verständigung“.[59]

---

55 Niederschrift des Verhörs vom 21. Januar 1939, in: AW.
56 Niederschrift des Verhörs vom 7. Juni 1939, in: AW; siehe S. 401, 426, 429.
57 PSB, Bd. 20, 673.
58 Anhang, Dok. 32.
59 Bericht, in: DWB II, Nr. 397, S. 450.

Das Urteil des Weltbundes für Freundschaftsarbeit der Kirchen über die kirchlichen Ereignisse in Polnisch-Oberschlesien brachte Prof. Siegmund-Schultze im Brief an Bischof Bursche vom 9. März 1939[59a] zum Ausdruck. Er schrieb:

„[...] Ich bin nach wie vor entsetzt darüber, daß jener verfassungswidrige Eingriff in die kirchlichen Verhältnisse stattfinden konnte, der durch jenes Gesetz bezeichnet ist, das der katholische Wojewode durch den Sejm der evangelischen Kirche auferlegt. Ich bin sicher, daß jede protestantische Geschichtsschreibung, sei sie nun polnisch oder deutsch, aus einer gewissen zeitlichen Entfernung die dortigen Vorgänge verurteilen wird, den ungesetzlichen Charakter dieser gesetzlichen und praktischen Maßnahmen brandmarken wird. Ich hätte deswegen gewünscht, daß die evangelischen Polen schon jetzt zur Erkenntnis jenes Unrechts gekommen wären und sich auch deutlich dagegen ausgesprochen hätten. Abgesehen von allem anderen, ist das Vorgehen in Oberschlesien ein höchst unglückliches Beispiel für künftige Gewaltakte, die anderen Minoritätenkirchen gegenüber Anwendung finden könnten. Sollte einmal später die Minoritätenfrage innerhalb Deutschlands wieder lebendiger werden, so werden sich alle möglichen Menschen, auch die jetzt vertriebenen Theologen, auf das Vorgehen Polens berufen. Kurz, es steht zu befürchten, daß auf lange Zeit hinaus eine Verschlechterung des status der Minoritätenkirchen zustandekommt, weil dieses Vorgehen in Oberschlesien ohne Widerspruch von Seiten der evangelischen Polen geblieben ist. Wenn es sich nur um einen Kampf zwischen einer evangelischen Kirche und staatlichen Stellen handelte, die von katholischen und nationalistischen Tendenzen geleitet sind, dann wäre eine spätere Klärung innerhalb evangelischer Kreise möglich. Wenn aber jetzt die evangelischen Polen ihre Glaubensgenossen im Stich lassen, wird sowohl für die späteren Rechte der evangelischen Kirchen Polens wie auch für das Verhalten der staatlichen Behörden anderer Länder eine Präzedenz geschaffen, die uns dauernd die größten Schwierigkeiten bereiten wird“.

Bischof Bursche beantwortete den Brief Siegmund-Schultzes nicht. Der Briefwechsel zwischen ihnen hatte aufgehört.

Auch in der Ev.-Augsb. Kirche wirkten sich die politischen Bestimmungen des Staatsgesetzes vom 25. November 1936 im Jahre 1939 zunehmend stärker aus. Am 23. Februar wurde Pastor Kleindienst aufgrund des Grenzschutzgesetzes endgültig aus der Wojewodschaft Wolhynien ausgewiesen, im Juni wurden die Pastoren Adolf Schendel-Plock und Alexander Jehnke-Wiżajny auf Verlangen des Wojewoden von Białystok bzw. Warschau vom Warschauer Konsistorium ihrer Ämter enthoben[60], am 28. Juni wurde Pastor Jakob Gerhardt-Belchatów wegen eines ihm vorgeworfenen Devisenvergehens und der Anstiftung zum Grenzübertritt zu einer Gefängnisstrafe von einem Jahr und drei Monaten verurteilt.[61]

Die kirchlichen Fragen der religiösen und nationalen Minderheiten in Polen waren in den Sog des politischen Geschehens geraten, als vom Ende März 1939 an der Schatten des 2. Weltkrieges über dem Lande lag. In der Augsburgischen Kirche hatten die gemeinsamen Pastorenkonferenzen aufgehört. Nach der letzten Sitzung der Arbeitsgemeinschaft der deutschen Pastoren in der Augsb. Kirche am 18.–19. Januar 1939 kamen die führenden deutschen Pastoren nur noch sporadisch zu Besprechungen über innerkirchliche Fragen und Maßnahmen des Warschauer Konsistoriums zusammen. Das Gespräch zwischen der

59a In: EZA-L VIII, 29b.
60 PEK 1939/10–11, 434ff.; *E. Kneifel,* Bischof Bursche 151ff.
61 PEK 1939/6, 255; *E. Kneifel,* Geschichte 286.

polnischen Kirchenleitung und den deutschen Gemeinden, zwischen Bischof Bursche und den deutschen Pastoren war abgebrochen. Ausschreitungen gegen die deutsche Minderheit veranlaßten Bischof Bursche am 4. Juni 1939 zum Aufruf an die evangelische Bevölkerung[62], in dem bedauert wurde, daß die polnische Bevölkerung keinen Unterschied zwischen Deutschen und Evangelischen mache, so daß auch evangelische Polen den Exzessen zum Opfer fielen.

Nach den Besprechungen in Posen vom 24. April 1939 war es auch zu keinen weiteren Beratungen des „Viererausschusses" mehr gekommen. Man war sich einig, daß „die gegenwärtige Zeit mit ihrer [politischen] Hochspannung zu irgendwelchen offiziellen Schritten in Sachen der Deutschen Evangelischen Kirche nicht geeignet sei". Das Kirchliche Außenamt hatte erst Ende Juli 1939 durch Vermittlung des Auswärtigen Amtes in Berlin Kenntnis vom Revisionsentwurf der Kirchenverfassung erhalten, der vom Botschafter v. Moltke am 17. Juli dem Auswärtigen Amt mit dem Vermerk zugeleitet worden war: „[...] Er [Kleindienst] sieht die Zeit für eine Eingabe an die polnische Regierung erst für gekommen, wenn die Entwicklung der deutsch-polnischen Beziehungen eine Bereinigung der Minderheitenfragen auf zwischenstaatlichem Wege es ermöglichen sollte und hat daher zunächst nur die Bitte ausgesprochen, von seiner Arbeit Kenntnis nehmen zu wollen".[63] Im Bericht an das Auswärtige Amt vom 5. Juli 1939 über „Gewalttätigkeiten gegen die evangelische Kirche und ihre Träger in letzter Zeit" hatte Botschafter v. Moltke den Fall Kleindienst und 17 Fälle aus dem Bereich der Unierten Kirche in Posen-Pommerellen angeführt.[64] Im Juli 1939 mußte die von den Pastoren A. Kleindienst und E. Kneifel herausgegebene Kirchenzeitung für die Ev.-Augsb. Kirche „Luthererbe in Polen" eingestellt werden, in Warschau verlangte Oberst Klim, ein Vorstandsmitglied der „Föderation evangelischer Polen", die Einstellung der deutschen Predigten und Andachten. Ohne Erfolg geblieben waren: die Eingaben des Senators Hasbach und des ehem. Senators Wiesner an den Staatspräsidenten vom 12. Mai, die Denkschriften Hasbachs an den Ministerpräsidenten vom 13. und 26. Juni, die Denkschrift Wiesners an den Ministerpräsidenten vom 19. Juni, der Protest Hasbachs beim Innenminister vom 3. August und der Wiesners beim schlesischen Wojewoden vom 8. Juli 1939.[65]

In der Lage des politischen Drucks, der auf allem, nicht nur deutschem evangelischen Leben lag, suchte Bischof Bursche die Senioratswahlen in den vier Diözesen, in denen sie nicht gehalten werden konnten, durchzuführen, und Geistliche und Laien seines Vertrauens in die Senioratsbehörden wählen zu lassen.[66] Wegen der ungewissen Zeitumstände mußten die Wahlen aber wieder abgesagt werden. Von staatlicher Seite aktiviert und von polnisch-evangelischer Seite begrüßt wurde die Tätigkeit des in deutscher Sprache in Lodz erscheinenden, polnisch orientierten Blattes „Der deutsche Wegweiser", dessen Angriffe

62 In: Ewpol vom 4. Juni 1939.
63 Bericht vom 17. Juli 1939, in: AA, Kult. A, Bd. 14, Ev. Angelegenheiten, 1 Polen.
64 DWB II, Nr. 394.
65 *Th. Bierschenk,* Die deutsche Volksgruppe 322ff.; DWB II, Nr. 128–155, 349–417; *W. Kuhn,* Das Deutschtum 149ff.; PEK 1939/10–11, 436; Die Denkschriften Hasbachs an den Ministerpräsidenten vom 13. und 26. Juni 1939, in: AK.
66 Schreiben Bischof Bursches an den kommissarischen Senior von Wolhynien vom 18. Juni 1939, in: AK.

auf führende deutsche Geistliche und Laien der Augsburgischen Kirche von der politischen und kirchlichen polnischen Presse übernommen wurden.[67]

VIII. Die Lage der Evangelischen Kirche Augsburgischen und Helvetischen Bekenntnisses in Kleinpolen (Galizien)

Nach dem Erlaß der Staatsgesetze für die Ev.-Augsb. Kirche in Polen und die Unierte Evangelische Kirche in Polnisch-Oberschlesien hatte der polnische Staat die Absicht, sein Verhältnis zu der Evangelischen Kirche Augsburgischen und Helvetischen Bekenntnisses in Kleinpolen zu regeln. Diese Regelung warf eine Reihe von Problemen auf, die sich aus der besonderen Struktur der auf die deutsche Kolonisation unter der Kaiserin Maria Theresia (1740–1780) und den Kaisern Joseph II. (1780–1790) und Franz I. (1792–1835) zurückgehenden Kirche ergaben. In extremer Diasporalage unter Millionen römisch-katholischer Polen in West- und griechisch-katholischer Ukrainer in Ostgalizien gelegen, umfaßte sie (1936) 33 220 Seelen, davon 30 057 augsburgischen und 3163 helvetischen Bekenntnisses, organisatorisch zusammengefaßt in 120 Gemeinden, vier (drei augsburgischen, einem helvetischen) Senioraten mit 24 Pfarrgemeinden, 72 Filialgemeinden, 24 Predigtstationen und Friedhofsgemeinden. Von den 33 220 Kirchengliedern gehörten 28 887 der deutschen, 2652 der ukrainischen (in eigenen Gemeinden) und 1675 der polnischen Nationalität an. Zu den Besonderheiten der „Galizischen Kirche" gehörten ihr konfessioneller Charakter (eine Kirche mit zwei Bekenntnissen), ihr privates Schulwesen (2 evangelische Gymnasien und 81 evangelische Volksschulen mit deutscher Unterrichtssprache), ihre Innere Mission („Zöckler'sche Anstalten", auch „Stanislauer Anstalten" genannt) und ihre aus dem Missionszeugnis erwachsene Evangelische Ukrainische Bewegung.[1] Leiter der Kirche war der aus Greifswald gebürtige Superintendent D. Theodor Zöckler (1867–1949), Pfarrer in Stanislau (1891–1939). Er war Begründer und Leiter der „Stanislauer Anstalten" („Klein-Bethel"), der größten Anstalten der Inneren Mission in Osteuropa, Mitbegründer des „Evangelischen Zentralvereins für Innere Mission in Österreich" (1912), auch geistliches Oberhaupt der entscheidend auf sein Glaubenszeugnis zurückgehenden evangelischen Bewegung unter den Ukrainern und die treibende Kraft der Einigungsbewegung

67 Der „Deutsche Wegweiser" vom 28. Mai und vom 4., 11. und 25. Juni 1939 kündigte die Gründung einer „Vereinigung der Deutschen in Polen" an.

1 Die wichtigste Quelle zur neueren Geschichte der Ev. Kirche A. und H. B. in Galizien ist das „Evangelische Gemeindeblatt für Galizien" (bis 1918/19 auch: „und die Bukowina"), Biala–Lemberg 1904–1939. Zur Literatur wird auf *Sepp Müller:* Schrifttum über Galizien und sein Deutschtum verwiesen, ergänzend auf die Sammelwerke: Heimat Galizien, Bde. I–II und die Beiträge im Zeitweiser der Galiziendeutschen, 1961ff.

der evangelischen Kirchen in Polen. Er gehörte zu den großen Gestalten des ökumenischen Protestantismus.[2]

Der in Auswirkung der für die Ev.-Augsb. Kirche und die Unierte Kirche in Polnisch-Oberschlesien erlassenen Staatsgesetze entbrannte Kirchenkampf hatte die Regierung veranlaßt, den „Hauptverfasser“ dieser Gesetze und führenden Staatskirchenrechtler, Jakub Sawicki, am 20.–21. April 1939 nach Stanislau zu Gesprächen mit Zöckler über die anstehende Regelung des Verhältnisses des Staates zur Evangelischen Kirche A. und H.B. in Kleinpolen zu entsenden. Eine Ausweitung des Kirchenkampfes sollte vermieden werden. Über diesen ersten Kontakt war man nicht hinausgekommen. Deutlich geworden war indes, daß der Staat den von der Kirchenleitung der Evangelischen Kirche A. und H.B. 1924 der Regierung eingereichten Entwurf zu einem Gesetz betr. Regelung ihres Verhältnisses zum Staate als überholt ansah und ein neuer Entwurf sich an den dem Staatsgesetz für die Ev.-Augsb. Kirche vom 25. November 1936 zugrundeliegenden Grundsätzen auszurichten habe.

Die Frage nach dem Verhältnis des Staates zu den 1918/19 mit dem Lande Galizien an Polen gefallenen Gemeinden des galizischen Teiles der „Galizisch-Bukowinaer Superintendentur“ der „Evangelischen Kirche Augsburgischen und Helvetischen Bekenntnisses in Österreich“ hatte sich erstmals nach dem Übergang der Staatshoheit gestellt. Von Anfang an konnte sie weder aus dem Zusammenhang der Religions- und Nationalitätenpolitik des polnischen Staates, noch aus dem national- und kirchenpolitischen Programm des Polnischen Evangelizismus herausgehalten werden. Auf der „Kirchlichen Versammlung der evangelischen Gemeinden Galiziens“ (Synode) vom 11.–12. Dezember 1919 hatten sich die galizischen Gemeinden einstimmig unter der Führung Zöcklers zu einer selbständigen „Evangelischen Kirche Augsburgischen und Helvetischen Bekenntnisses in Galizien“ zusammengeschlossen und sich eine vorläufige kirchliche Organisation mit dem Superintendentialausschuß an der Spitze, der die Rechte und Befugnisse des Wiener Oberkirchenrates wahrzunehmen hatte, geschaffen. Mit den sich aus dem Übergang der Staatshoheit ergebenden Änderungen war die österreichische „Evangelische Kirchenverfassung vom 9. Dezember 1891“ in Kraft geblieben.[3] Die polnische Regierung hatte sich zu den Beschlüssen der Lemberger Synode zunächst nicht geäußert, dann aber mittels des von Gen.-Sup. Bursche initiierten und weithin auch ausgearbeiteten, dem Sejm zur Beschlußfassung zugeleiteten „Gesetzentwurfes über das Verhältnis der evangelischen Kirchen in Polen zum Staate“ vom 2. Juli 1920 („Gesetzentwurf Nader“) den Versuch unternommen, die Evangelische Kirche A. und H.B. in Galizien, ohne deren Kirchenleitung oder Gemeinden zu befragen oder zu verständigen, aufzulösen und deren Gemeinden augsburgischen Bekenntnisses der Ev.-Augsb. Kirche in Polen, deren reformierte Gemeinden dem Konsistorium der Warschauer Reformierten Kirche anzuschließen.[4] Bereits in seiner Denkschrift an die Pariser Friedenskonferenz vom 14. Februar 1919 hatte Gen.-Sup. Bursche die galizischen

2 Zur Biographie Zöcklers vgl. die Angaben in Anm. 1, ergänzend: *Strohal, Lempp, Wagner, Dombrovskyj* (s. Literaturverzeichnis).
3 *Th. Zöckler,* in: EGG 1920, Nr. 1, 4; *W. Lempp,* Die ev. Kirche A. und H. B. 233f.; *O. Wagner,* Staat und Kirche 137; *E. Ladenberger* 120.
4 Anhang, Dok. 15.

Gemeinden als zur Ev.-Augsb. Kirche in Polen zugehörig angegeben.[5] Die national- und kirchenpolitische Begründung für den Gesetzentwurf Nader brachte der „Ewangelik" [Der Evangelische], das Organ des Warschauer Kirchenkollegiums, mit den Vorwürfen des Nationalismus, der Polenfeindlichkeit, der Intoleranz und der Illegalität der Evangelischen Kirche A. und H.B. in Galizien zum Ausdruck. Zöckler antwortete dem „Ewangelik" (Bursche) mit der Stellungnahme im „Ev. Gemeindeblatt" vom 15. August 1920, in der es abschließend heißt:

„[...] Wenn zum Schluß von einer polnisch-evangelischen Bewegung in Galizien die Rede ist, so wollen wir darauf hinweisen, daß der Kirchenausschuß ebenso wie die gesamte deutsche evangelische Bevölkerung Galiziens eine solche Bewegung nur von Herzen begrüßen würde. Nämlich eine Bewegung, die wirklich diesen Namen verdient, eine Hinwendung unserer polnischen Landsleute zum Evangelium oder auch einen Zusammenschluß unserer evangelischen Polen zur Vertretung ihrer Angelegenheiten und gegenseitigen Förderung der Sache des Evangeliums in ihrem Volke. [...] Wenn freilich unter einer evangelischen Bewegung eine Aktion verstanden werden soll, welche die Absicht hat, die nationale Brandfackel in die friedlichen evangelischen Gemeinden zu werfen um einiger weniger polnischer Mitglieder willen, so sind wir dafür nicht zu haben".[6]

Erst Ende Oktober 1920 hatte die Kirchenleitung der Ev. Kirche A. und H.B. vom Konsistorium der Unierten Kirche in Posen Kenntnis von dem im Sejm bereits seit dem September verhandelten Gesetzentwurf Nader erhalten. In ihrer Denkschrift an den Sejm vom 4. Dezember 1920[7] erhob sie Einspruch gegen den Gesetzentwurf Nader und forderte die staatliche Anerkennung der Evangelischen Kirche Augsburgischen und Helvetischen Bekenntnisses in Galizien (Kleinpolen) als einer selbständigen und von anderen Kirchen unabhängigen Kirchengemeinschaft. Der Erlaß der Staatsverfassung vom 17. März 1921, die in ihren Religionsartikeln die Anerkennung aller in das polnische Staatsgebiet gefallenen Kirchen bestimmte, hatte dann die von der Regierung gestützten kirchenpolitischen Bestrebungen des Gen.-Sup. Bursche überholt, noch vor Erlaß der Staatsverfassung im Wege eines Staatsgesetzes eine bekenntnismäßige und territoriale Neugliederung der evangelischen Kirchen in Polen ohne Befragung der anderen Kirchen durchzuführen. Nicht überholt waren aber die Bestrebungen des Polnischen Evangelizismus, die Evang. Kirche A. und H.B. aufzulösen und deren Gemeinden der Ev.-Augsb. Kirche bzw. der Reformierten Kirche in Polen anzuschließen. Die unter dem Ehrenpräsidium des Gen.-Sup. Bursche am 10. April 1921 in Krakau gehaltene Versammlung der evangelischen Polen beschloß eine dahingehende Eingabe an den Sejm[8], in der ausgeführt wurde:

„[...] Die evangelischen Deutschen Kleinpolens haben dem Hohen Sejm die Bitte überreicht, derselbe wolle die evangelischen Gemeinden Kleinpolens als selbständige kirchliche Organisation, unabhängig von den Evangelischen Kongreßpolens anerkennen. [...] Den Deutschen Kleinpolens geht es im Grunde der Sache nur darum, umso leichter ihre politische deutsche Arbeit in den Gemeinden betreiben zu können. [...] Es sollte nicht geduldet werden, daß ihnen eine selbständige kirchliche Organisation hierzu behilflich wäre. Im Hinblick darauf bittet die erste Versammlung evangelischer Polen Kleinpolens [...],

5 Anhang, Dok. 13.
6 *Th. Zöckler,* in: EGG 1920, Nr. 8.
7 *Th. Zöckler,* in: EGG 1920, Nr. 12.
8 *Th. Zöckler,* in: EGG 1921, Nr. 6.

der Hohe Sejm wolle die evangelischen Deutschen Kleinpolens der Organisation der Gemeinden des ehemaligen Kongreßpolen anschließen; er wolle die Bitte der evangelischen Deutschen Kleinpolens um Anerkennung als besondere selbständige Kirche nicht genehmigen [...]".

In dem Begleitschreiben zur Denkschrift an den Sejmmarschall[9] heißt es ergänzend:

„Die heiße Liebe zu unserem Vaterland und die angelegentliche Sorge um seine Sicherheit legt uns evangelischen Polen die Pflicht auf, die Nation vor der drohenden Gefahr zu warnen. [...] Der deutsche Teil unserer Glaubensgenossen [...] fordert [...], daß seine kirchliche Organisation von Warschau unabhängig gestaltet und ihm kirchliche Autonomie verliehen werde. [...] Das würde einer Unterminierung der Fundamente der polnischen Republik gleichkommen. Gegen derartige Absichten protestieren wir evangelischen Polen [...] mit der ganzen Kraft unseres nationalen Selbstgefühls. [...] Wir fordern eine so weit wie möglich gehende Zentralisierung der evangelischen Kirchen in Polen, wir fordern die organisatorische Verbindung mit dem Warschauer Konsistorium [...]".

Der Beschluß und die Eingaben der Krakauer Versammlung der evangelischen Polen vom 10. April 1921 an den Sejm veranlaßten Zöckler, sich erneut, wie vorher schon in der Denkschrift an den Sejm vom 4. Dezember 1920 und der Denkschrift an die Kirchenversammlung in Uppsala vom 3.–5. März 1921 „Die evangelische Kirche Galiziens im Kampf um ihre Existenz und Zukunft"[10] mit dem kirchenpolitischen Programm des Gen.-Sup. Bursche und des Polnischen Evangelizismus auseinanderzusetzen. Die Stellungnahme Zöcklers im „Evangelischen Gemeindeblatt", dem amtlichen Organ der Evang. Kirche A. und H.B., sei um ihres grundsätzlichen Charakters in ihren wesentlichen Teilen wiedergegeben:

„[...] Ich bin ganz ebenso wie Generalsuperintendent Bursche [...] davon überzeugt, daß die Sache des Evangeliums schwer leiden wird, wenn wir nicht auch für die Frage des Verhältnisses der beiden in unserer Kirche vertretenen Nationalitäten, der polnischen und deutschen, die richtige Lösung finden. Diese Lösung kann nicht gefunden werden, wenn wir fortfahren, mit den alten Schlagworten aufeinander loszudonnern, wenn die eine Partei versucht, die andere sei es auch vor der breiten Öffentlichkeit unseres Landes oder sei es auch vor dem weiten Forum der evangelischen Christenheit herabzusetzen oder wenn wir Deutschen gar von unseren polnischen Glaubensgenossen bei der Regierung und den staatlichen Behörden denunziert werden. [...]
[...] Und wie stimmt es mit dem Grundsatz evangelischer Freiheit, wenn diese evangelischen Polen jetzt die Regierung gegen ihre Glaubensgenossen aufrufen und mit der weltlichen Gewalt uns – die ganz überwiegende Majorität – ihrem, der ganz geringen Minorität Willen gefügig machen wollen [...] wenn evangelische polnische Glaubensgenossen in den polnischen Tageszeitungen über uns herfallen und uns mittels entstellter und den Tatsachen durchaus nicht entsprechender Angaben als Feinde des polnischen Volkes und Staates anzuschwärzen suchen?
[...] Wir haben schon in den österreichischen Zeiten es nicht nur als unsere Liebes- und Glaubenspflicht erkannt, den evangelischen Polen so zu dienen, wie den deutschen Gemeindegliedern, sondern wir haben, so weit es in unseren Kräften stand, uns auch bemüht, dieser Aufgabe gerecht zu werden. Aber man muß sich immer vor Augen halten, wie verhältnismäßig gering die Zahl der evangelischen Polen war und auch heute noch ist.

9 *Th. Zöckler,* in: EGG 1921 a.a.O.
10 Siehe S. 90.

Wir müssen entschieden gegen das Blendwerk, das in dieser Beziehung der Regierung und der Öffentlichkeit gegenüber getrieben wird, protestieren. [...] Ich stehe selbst nicht an, zu erklären, daß auch ich wünsche und hoffe, wir werden es ermöglichen können, überall, wo auch nur 2 oder 3 evangelische Polen sind, Gottesdienste und polnischen Religionsunterricht einzuführen. [...] Vor allem, meine ich, muß unsere ganze kirchliche Arbeit auf Wahrheit und Liebe begründet sein. Auf Wahrheit! Ich kann mich des Eindrucks nicht erwehren, auch im Blick auf die evangelische Kirche in Kongreßpolen, daß eine Unwahrheit darin liegt, wenn eine Kirche, die zu neun Zehntel aus Deutschen besteht, die in ihrem ganz überwiegenden Bestande tatsächlich in keinen historischen Zusammenhängen mit dem polnischen Protestantismus der Reformationszeit steht, sondern lediglich durch die deutsche Einwanderung entstanden ist – wenn eine solche Kirche in so ausgesprochenem Maße eine polnische National- und Staatskirche sein will, wie dies die führenden Männer der evangelisch-lutherischen Kirche Kongreßpolens gegenwärtig in ihrem Programm auf die Fahne schreiben. Wir wissen, in wie energischer Weise von Seiten weiter Kreise der deutschen Protestanten Kongreßpolens gegen dieses Programm protestiert wird. Eine Unwahrheit ist es auch, wenn man unsere evangelische Kirche in Galizien, die vielleicht in noch weitergehendem Maße ganz auf der deutschen Kolonisation beruht, in diese Bestrebungen hineinziehen will. Wir können es begreifen, daß evangelische Polen sich für diese Bestrebungen begeistern. Solchen galt der Rat und gilt noch heute [...]: Ist es nicht besser, ihr evangelischen Polen, wenn ihr doch lediglich eine Nationalkirche haben wollt, schließt euch untereinander zu ihr zusammen und zwingt uns evangelische Deutschen nicht ein Ideal auf, das wir nach der ganzen geschichtlichen Entwicklung nicht haben können? Wir wollen eine freie Kirche des Evangeliums sein, die bei aller Erkenntnis der Zeugenpflicht, welche die Kirche Christi ihrer weiteren Umgebung gegenüber hat, doch vor allem und in erster Linie ihre Aufgabe darin sieht, den Bedürfnissen ihrer eigenen Gemeindeglieder gerecht zu werden. Für mindestens 95% der Gemeindeglieder besteht dieses Bedürfnis darin, daß ihnen das Evangelium in ihrer deutschen Muttersprache verkündigt wird und ihre Kinder auch in dieser Religion unterwiesen werden. Mit Freuden wollen wir den (noch nicht) 5% Polen und Ukrainern, die wir unter uns haben, nach aller Möglichkeit auch in ihrer Muttersprache dienen, – aber es widerspräche jedem Grundsatz religiöser und kirchlicher Freiheit und Gerechtigkeit, wenn diese kleine Minorität unserer Kirche ihr Programm aufdrängen und sie beherrschen wollte. Denn wir können uns des Eindrucks nicht erwehren, daß es doch in letzter Hinsicht darum geht, das Deutschtum zu verdrängen und unsere Gemeinden in schnellerem oder langsamerem Tempo zu polonisieren.
Etwas ganz anderes ist die Frage unserer Stellung zum polnischen Staat. Wir erklären in aller Ruhe den für einen Verleumder, der unsere Loyalität in dieser Hinsicht verdächtigt. Es ergibt sich schon aus unserer Stellung zur Bibel und zur Reformation, daß wir dem Staat geben, was dem Staat gebührt und daß wir der Obrigkeit, die Gott über uns gesetzt hat, durchaus gehorchen wollen. Wir haben diese Stellung gegenüber dem österreichischen Staat eingenommen und nehmen sie genau so dem polnischen Staat gegenüber ein. [...]
Eine ganz andere Frage ist die Glaubensgemeinschaft. Hinsichtlich dieser haben wir immer hervorgehoben und tun es auch jetzt aus vollem Herzen: Wir wollen eine volle Glaubensgemeinschaft mit allen evangelischen Brüdern innerhalb unseres Staates haben. Ja, wir betrachten das als eine absolute Lebensnotwendigkeit für uns alle. Je wahrer, je inniger, je tiefer diese Glaubensgemeinschaft, die sich über alle nationalen, politischen, sozialen Gegensätze hinaus erstreckt – umso besser für uns – umso mehr wird die Sache des Evangeliums und des Reiches Gottes gedeihen! Aber diese Gemeinschaft hängt nicht an der kirchlichen Organisation und sie wird viel besser gedeihen, wenn hinsichtlich der letzteren kein Zwang von einer Seite ausgeübt wird, sondern wenn jede religiöse und kirchliche Individualität auf dem gemeinsamen Glaubensgrunde sich frei und ungehindert entfalten läßt. [...]
Gerade weil wir aber selbst für Freiheit und Selbständigkeit eintreten, wollen wir nicht, daß irgend jemand sich durch uns beengt und eingeschränkt fühlen soll. Wenn wirklich die kleinen polnischen Minoritäten, um die es sich in der gegenwärtigen Streitfrage handelt,

sich in dieser Kirche nicht wohl fühlen sollten – so werden wir es ihnen nicht verargen, wenn sie einen anderen Weg gehen und ihre Heimat in einem anderen Haus finden wollen. Unsere Glaubensgemeinschaft braucht darunter nicht zu leiden. Was aber die äußeren Fragen betrifft, die finanzielle, das Kirchenvermögen, die Benutzung der Gotteshäuser, so würde es gewiß bei gutem Willen möglich sein, eine solche Lösung zu finden, die beiden Teilen gerecht würde".[11]

Die Stellungnahme Zöcklers enthält alle Elemente der Kirchenpolitik des Polnischen Evangelizismus und der deutschen Haltung dieser gegenüber bis hin zu dem Offenhalten einer nationalen Trennung der Gemeinden bzw. Kirche um der Wahrheit, der Liebe, der Gerechtigkeit und des Friedens willen.

Die kirchenpolitische Konfrontation mit Gen.-Sup. Bursche und dem Warschauer Konsistorium hatte durch den Anschluß der zur galizischen Kirche gehörenden Kirchengemeinde Krakau an die Ev.-Augsb. Kirche in Polen auf einer Versammlung vom 21. Mai 1922 eine zusätzliche Belastung erfahren.[12] Der Einspruch des Superintendentialausschusses gegen die kirchenrechtlich anfechtbare Versammlung vom 21. Mai und deren Mehrheitsbeschluß führte zu scharfen Angriffen des Warschauer Konsistoriums und der polnischen politischen und kirchlichen Presse gegen die „illegale" galizische Kirchenleitung, insbesondere gegen Sup. Zöckler, von dem der „Poseł Ewangelicki" [Der evangelische Bote] am 5. August 1922 schrieb: „[...] Eine Polemik mit einem deutschen Agitator, welcher in der Maske eines Pastors auftritt, wie Dr. Zöckler, führt zu nichts. [...] Deutsche vom Typ des Pfarrers Zöckler und einigen Vertretern der Lodzer Gruppe werden vermutlich erst dann von einer Sache überzeugt werden, wenn sie Beweise auf ihrer Haut oder an ihrer Tasche fühlen".[13] In seiner Antwort auf die Angriffe von polnisch-evangelischer Seite ging Zöckler auf den kirchlichen Bezug der Krakauer Angelegenheit ein und sprach darüber hinaus die psychologische Komponente des nationalkirchlichen Programms des Polnischen Evangelizismus an. Er führte aus:

„[...] Wie ist es möglich, daß unsere polnischen Glaubensgenossen in einem solchen Grade der Verblendung es uns fast unmöglich machen, noch weiter mit ihnen im Bruderverhältnis zu bleiben? Wir können uns psychologisch die Sache nur so erklären, daß ein Teil der polnischen Glaubensgenossen von der Wiederherstellung des Vaterlandes so berauscht worden ist, daß ihnen dabei nicht nur jede gesunde nüchterne Erwägung, sondern leider auch jedes kirchliche Taktgefühl und leider auch die Grunderfordernisse christlich evangelischer Bruderliebe sich verrückt haben. Sie haben sich offenbar eingebildet, daß im neuen polnischen Staat die deutschen Protestanten jeden Versuch, auch weiter noch treu an ihrem Volkstum festzuhalten, zu Gunsten des Ideals der großen polnischen Missionskirche aufgeben würden. Es ist ihnen offenbar schrecklich, daß infolge der Tatsache, daß neun Zehntel der Protestanten Polens Deutsche sind, der Makel irgend einer Beziehung zum Deutschtum auf ihnen lasten könnte! [...] Daher dieses krampfhafte Bemühen, vor der politischen Öffentlichkeit den überwiegend deutschen Charakter der evangelischen Kirche Polens zu vertuschen; daher die Versuche alle, diejenigen deutschen Geistlichen und Laien, welche auch in der jetzigen schweren Lage unbeirrt ihr Deutschtum bekennen, zu brandmarken und wenn irgend möglich zu beseitigen. Schade, daß der polnische Protestantismus, dem wir von Herzen alles Gute wünschen und immer gewünscht haben, sein

11 *Th. Zöckler,* in: EGG 1921, Nr. 5.
12 *O. Wagner,* Der Krakauer Streit 226f.
13 *Th. Zöckler,* in: EGG 1922, Nr. 8.

erstes Auftreten in der wiedererstandenen polnischen Republik mit so häßlichen Flecken besudelt! Es macht fast den Eindruck, als wenn ihm die Gunst der großen katholischen Öffentlichkeit in Polen mehr gelte, als die Gemeinschaft mit den deutschen Glaubensbrüdern! Das ist menschlich nicht schön und jedenfalls nicht evangelisch".[14]

In solchem Zusammenhang nahm Zöckler erneut Stellung zur Frage der nationalen Teilung der evangelischen Kirche in Polen, die zu jenem Zeitpunkt von der Konstituierenden Synode der Ev.-Augsb. Kirche in Polen lebhaft diskutiert worden war und auch in den von der Synode einstimmig angenommenen Entwurf zu einem Gesetz betr. Regelung des Verhältnisses des Staates zur Ev.-Augsb. Kirche aufgenommen wurde. Zöckler hielt eine nationale Scheidung der Kirchen nicht für richtig und auch nicht für wünschenswert. Die Kirche gewinne dabei nichts, sondern sie verliere. Aber die nationale Scheidung könne manchmal zur Notwendigkeit werden, wenn die andauernden Reibungen das ganze Gemeindeleben zu zersprengen und zu vernichten drohen. Dann sei es besser schiedlich-friedlich nebeneinander".[15]

Als sich ein Jahr später (1923) im Zuge des Regierungswechsels die nationalstaatliche Staatsidee der Nationaldemokraten mit ihrer minderheitenfeindlichen Innenpolitik (Boden- und Agrargesetze, Schulgesetze, Auflösung deutscher Zentralverbände, u.a. auch des 1907 gegründeten „Bundes der Christlichen Deutschen in Galizien") durchgesetzt hatte, war auch das Leben der evangelischen Kirchen in Mitleidenschaft gezogen, auch zwischenkirchlich. Die große Schwierigkeit für den Protestantismus in Polen lag, so Zöckler, „in der verschiedenen Einstellung nicht nur der einzelnen Kirchen, sondern auch der innerhalb jeder einzelnen kirchlichen Organisation vorhandenen nationalen Gruppen bezüglich der Stellung zu Staat und Volk". Am stärksten seien die Gegensätze innerhalb der lutherischen Kirche im ehemaligen Kongreßpolen, fast gar nicht seien sie in den beiden unierten Kirchen vorhanden. „Allein das Problem klopft immerhin auch schon an die Pforten dieser Kirchen und ähnlich dürfte es in der bisher wesentlich aus evangelischen Polen bestehenden reformierten Kirche Kongreßpolens sein". Nachdem sich „neuerdings die evangelischen Polen unter Führung der Warschauer lutherischen Kreise zu einem Bunde der Evangelischen Polen zusammenschlossen, der offenkundig die Absicht hat, alles, was es an evangelischem Polentum innerhalb des Staates gibt, zu einer großen Einheit zusammenzuschließen", sei ein Zusammenschluß der evangelischen Deutschen zu einer Arbeitsgemeinschaft eine Notwendigkeit. Die Glaubensgemeinschaft mit den evangelischen Polen brauche darüber nicht verloren zu gehen, „denn diese werden es sich ihrerseits kaum verhehlen, daß die gegenwärtige Regierungspolitik, welche heute die nationalen Minderheiten bedroht, sich morgen ebenso gegen die religiösen wenden wird. Wir spüren schon mancherlei davon. Wir haben gegenwärtig alle, ob polnische oder deutsche Protestanten, ein Interesse, nämlich, daß uns die Rechte nicht verkürzt werden, welche uns nach der Verfassung zukommen".[16]

Den Jahren kirchenpolitischer Konfrontation folgte ein knappes Jahrzehnt relativer Ruhe und zwischenkirchlicher Zusammenarbeit der evangelischen Kirchen in Polen, an

14 *Th. Zöckler,* in: EGG 1922 a.a.O.
15 *Th. Zöckler,* in: EGG 1922, Nr. 7.
16 *Th. Zöckler,* in: EGG 1923, Nr. 11.

der Zöckler ein besonderes Verdienst zukam. Hatten die ökumenischen Bestrebungen des europäischen Protestantismus und der übermächtige Einfluß der katholischen Kirche im Lande zur Zusammenarbeit der evangelischen Kirchen in der Landesvereinigung Polen des Weltbundes für Freundschaftsarbeit der Kirchen und im Rat der evangelischen Kirchen in Polen geführt, so setzten die kirchlichen und nationalen Gegensätze in der sog. „Oberschlesischen Frage" und der Alleingang des Gen.-Sup. Bursche in der für alle entscheidenden Frage der Regelung des Verhältnisses des Staates zu den evangelischen Kirchen dieser ein Ende. Im Gegensatz zu den beiden Unierten Kirchen konnte sich die Kirchenleitung der galizischen Kirche jedoch zum Austritt aus dem Rat der evangelischen Kirchen in Polen nicht entschließen, um – nach Zöcklers Worten – „[...] den Zusammenschluß und die Zusammenarbeit der evangelischen Kirchen, sei es auch in bescheidenster und armseligster Form", nicht aufzugeben.[17]

Aber auch für sie hatte sich die Lage entscheidend verschlechtert. Der in Geheimverhandlungen der Regierung mit Gen.-Sup. Bursche erstellte staatliche „Gesetzentwurf betr. das Verhältnis des Staates zur Evangelisch-Augsburgischen Kirche" vom 7. Juli 1933 brachte mit seinem Art. 1: „Die Evangelisch-Augsburgische Kirche in Polen besteht aus den evangelisch-augsburgischen Gemeinden, die sich im Gebiet des ganzen Staates befinden" eine Wiederholung des Art. 1 des Gesetzentwurfes Nader vom 2. Juli 1920 und barg, wie Zöckler befürchtete, die Gefahr der Annexion der ev.-augsburgischen Gemeinden der galizischen Kirche durch die Ev.-Augsb. Kirche in Polen in sich, wie sie der Gesetzentwurf Nader vorgesehen hatte.[18] Nach dem Beispiel von Krakau versuchte der am 21. Januar 1923 von 49 polnischen Gemeindegliedern der rd. 5000 Seelen umfassenden Kirchengemeinde Lemberg gegründete Verein der evangelischen Polen in Lemberg unter Führung des 1933 in Lemberg eingesetzten polnischen augsburgischen Militärpfarrers Karl Banszel mit Hilfe der Lemberger Wojewodschaft die Kirchengemeinde Lemberg dem Warschauer Konsistorium zu unterstellen.[19] Über die Ereignisse in Lemberg urteilte Zöckler in einem vertraulichen Bericht vom März 1934:

„[...] Es geht nicht darum, für die evangelischen Polen in ihrer religiösen Bewegung Freiheit und Arbeit zu erlangen – denn wer hindert sie gegenwärtig daran? Sie haben überall, wo sie sich befinden, wenn sie nur wollen, die vollste Freiheit gehabt. Wir würden auch gar nichts dagegen haben, wenn sich die evangelischen Polen von unserer Kirche losmachen und unter Warschau stellten. [...] Aber, das Ziel ist ein anderes. Zunächst ist klar, daß die Polen die Lemberger Gemeinde beherrschen wollen [...], um die Gemeinde unter das Warschauer Konsistorium stellen zu können. Aber mit diesem Ziel begnügen sie sich nicht. Sie wollen auch sonst in unseren Landgemeinden Propaganda machen gegen die gegenwärtige Kirchenleitung, wobei ausdrücklich als das Verbrechen derselben bezeichnet wird, daß sie eine deutsche Kirchenleitung ist – sie wollen unsere deutschen Gemeinden also offenbar unter eine polnische Kirchenleitung bringen. Der Gedanke ist jedenfalls der, von der Lemberger Gemeinde vielleicht mit Hilfe der Regierung durch einen bestellten Superintendenten die ganze Diözese unter die Warschauer Leitung zu bringen und das durchzuführen, was offenbar gleichzeitig auf gesetzlichem Wege auch durch das Projekt des neuen Kirchengesetzes zustande gebracht werden soll".[20]

17 Siehe S. 193f.
18 Dokument 15.
19 *Th. Zöckler,* in: EGG 1924, Nr. 2, 3, 12; *Sepp Müller,* Von der Ansiedlung 88ff.
20 Bericht, in: AW.

Noch am 9. März 1932 hatte Gen.-Sup. Bursche in der Sitzung des Rates der evangelischen Kirchen in Polen die Erklärung abgegeben: „[...] Damals [1922] wollte auch Lemberg zum Augsburgischen Konsistorium gehören. Der Vorsitzende [Bursche] fuhr nach Lemberg, und als er sich überzeugte, daß dort Deutsche seien, verweigerte er den Anschluß".[21]

Nach dem Erlaß der Staatsgesetze für die Ev.-Augsb. Kirche in Polen (1936) und die Unierte Kirche in Polnisch-Oberschlesien (1937) steigerte sich die Polemik der polnischen politischen Presse gegen Zöckler, die galizische Kirchenleitung und die galizischen evangelischen Gemeinden. Gefordert wurde nach dem Beispiel der Regelung des Verhältnisses des Staates zur Unierten Kirche in Oberschlesien dem „illegalen Rechtsstand" der galizischen Kirche, die keine „rechtmäßige Kirchenleitung" habe und das Polentum unterdrükke, ein Ende zu setzen und dieser Kirche eine gesetzliche Grundlage zu geben. Den Tiefstand der zwischenkirchlichen Beziehungen zum radikalen Flügel des Polnischen Evangelizismus brachte Zöckler zum Ausdruck, als er im November 1937 schrieb:

„[...] Das Ziel dieser Artikel ist ganz offenkundig, die polnische Gesellschaft mit Mißtrauen, ja mit Haß und Feindschaft gegen die kleine Schar der deutschen Mitbürger und insbesondere gegen die evangelischen Deutschen unseres Gebietes zu erfüllen. Das Traurige dabei ist, daß es kaum zweifelhaft sein kann, daß hinter diesen Artikeln evangelische Glaubensgenossen, offenbar Vertreter jener sehr kleinen polnischen Gruppe stehen, die – keineswegs identisch mit der Mehrheit unserer evangelisch-polnischen Glaubensgenossen – darauf ausgeht, möglichst viel Schwierigkeiten, ja Unordnung in unserer Kirche anzurichten, womöglich dieselbe in den Augen der Behörden als illegal und staatsfeindlich erscheinen zu lassen, um dann, wenn sie ihre Hoffnung, die evangelische Kirche unseres Landes in ihrer gegenwärtigen Form und Gestalt zu erschüttern oder gar zu vernichten, erfüllt sehen, auf den Trümmern den Zukunftsbau einer ihren Wünschen entsprechenden evangelischen Kirche aufzurichten [...]".[22]

Auf den Einfluß des Vereins der evangelischen Polen in Lemberg dürfte auch das Interesse zurückgehen, das militärische Stellen an kirchlichen Fragen auch der evangelischen Kirche in Galizien zu nehmen begannen. Am 18. Juni 1938 faßte der regierungsnahe Verband der (polnischen) Legionäre auf seiner Tagung in Lemberg nachstehende zwei Resolutionen, die inhaltlich den kirchenpolitischen Forderungen des Polnischen Evangelizismus entsprachen:

„1. Seit 20 Jahren steht die Leitung der evangelischen Kirche auf dem Gebiete des östlichen Kleinpolen im Gegensatz zu der verpflichtenden polnischen Gesetzgebung. Seit einigen Jahren führen die Behörden dieser Kirche eine nationalistisch-pangermanische Politik, welche dahin zielt, nicht nur den Besitzstand zu erweitern, sondern unter ihre politische Macht auch die Nachkommen derjenigen Deutschen zu bekommen, welche schon längst in die polnische Gesellschaft hineingewachsen waren.
2. Da die gegenwärtige Leitung der Kirche in Kleinpolen auf keinem rechtlich-staatlichen Akt beruht (die Leitung der Kirche, eigenmächtig ins Dasein getreten, hat sich im Lauf von 20 Jahren nicht um Legalisierung bei der polnischen Regierung bemüht) und da diese Kirchenleitung die Interessen der evangelischen Polen nicht berücksichtigt, welche ein Drittel der Gesamtheit der Gläubigen dieser Kirche bilden, so richten wir die

21 Protokoll der Ratssitzung vom 9. März 1932.
22 *Th. Zöckler,* in: EGG 1937, Nr. 11.

Bitte an das Hohe Kultusministerium, dasselbe wolle gnädigst in diese Verhältnisse Einblick nehmen, um sie zu normieren und dem Zustand der Gesetzlosigkeit ein Ende zu machen".[23]

Auf der gleichen Linie lag die den Regierungsstellen übergebene Eingabe des Vereins der evangelischen Polen in Lemberg vom Ende Juni 1939. Die rechtlich organisatorischen Verhältnisse der galizischen Kirche, so die Eingabe, wären nicht geordnet, die Amtsführung Zöcklers sei illegal, er, wie die Mehrheit der ihm unterstellten Pfarrer, machten aus der Kirche ein Instrument fremder Politik, sie arbeiteten nicht an der religiösen, sondern an der „deutschen Erneuerung". Ein solcher Zustand könne nicht länger dauern und sollte unter keinen Umständen geduldet werden. Es gelte schweren Schaden für Staat und Kirche abzuwenden, wenn er nicht zur völligen Desorganisation und Anarchie in der Kirche führen soll. Am Schluß der Eingabe an die Regierung heißt es:

„Die Erledigung dieser Frage ist notwendig und gegenwärtig brennender als je. Es muß planvoll und kompromißlos zu rechtlichen Maßnahmen gegriffen werden, die ohne Beeinträchtigung der religiösen und kulturellen Bedürfnisse der deutschen Minderheit, die Herrschaft einer nationalsozialistischen Politisierung in der Kirche unmöglich machen würden. Der polnische Evangelizismus hat das Recht zu fordern, daß in der evangelischen Kirche die Verhältnisse so geordnet wären, daß seine Bekenner ohne Unterschied der Herkunft die Möglichkeit hätten, das Leben im Geist der Grundsätze des Herrn Christus zu gestalten und mit der Religion der Tat ihren organischen Zusammenhang und ihre Einheit mit den Zielen der Großmacht Polen zu dokumentieren".[24]

Noch weiter ging die Entschließung der Versammlung des die Regierung tragenden „Lagers der Nationalen Einigung" in Stanislau vom 3. Juli 1939 in der vornehmlich von Deutschen bewohnten Kolonie Knihinin, in der auch die Stanislauer Anstalten lagen. Gefordert wurden die Erweiterung der Grenzzone auf 250 km, d.h. die Einbeziehung der Stadt Stanislau in die Grenzzone, die Enteignung des Vermögens der Stanislauer Anstalten, die das Eigentum Zöcklers und anderer Deutscher bilden, die wegen ihrer Hitlerüberzeugung bekannt sind mit Rücksicht darauf, daß diese Objekte in der nächsten Nachbarschaft militärischer Objekte gelegen sind, die Abhaltung der Predigten in den evangelischen Kirchen in polnischer Sprache u.a.m.[25]

Kirchenleitung, Geistliche und Gemeinden der Evangelischen Kirche Augsburgischen und Helvetischen Bekenntnisses in Kleinpolen gaben sich keinen Täuschungen hin, daß im Zusammenhang mit der zu erwartenden Regelung des Verhältnisses des Staates zu ihrer Kirche auch auf sie der Kirchenkampf zukommen werde. Dazu war es nicht mehr gekommen.

---

23 EGG 1938, Nr. 7.
24 PEK Jg. 17 (1939), Nr. 10/11.
25 PEK a.a.O.

IX. Das Verhältnis des Staates zu der Orthodoxen und der Griechisch-Katholischen Kirche in Polen

Die Geschichte der evangelischen Kirchen in der Republik Polen, insbesondere die Regelung des Verhältnisses des Staates zu ihnen, gehört in den Zusammenhang der Geschichte der anderen Kirchen bzw. Religionsgemeinschaften der religiösen und nationalen Minderheiten im polnischen Staate und ist von dieser nicht zu trennen. Unabhängig von der Regierungsform wurden seitens des Staates diesen gegenüber die gleichen auf die Schaffung eines polnischen Nationalstaates gerichteten Grundsätze der Nationalitäten- und Religionspolitik, hinsichtlich der Regelung ihres Verhältnisses zum Staate die gleichen staatskirchenrechtlichen Grundsätze zur Anwendung gebracht.

Schwieriger noch als für die evangelischen Kirchen stellte sich die Problematik für die Orthodoxe Kirche in Polen. Durch die Grenzziehung der Jahre 1919/21 waren in dem neu entstandenen polnischen Staat die Eparchien Wilna, Grodno, Cholm, Warschau und die Vikariate Pińsk-Nowogródek und Kremjenec der Orthodoxen Kirche Rußlands gefallen, mit (1931) 3 878 000 Seelen (11,8% der Einwohnerzahl), davon 2,5 Mill. ukrainischer, weißruthenischer und rd. 140 000 russischer Nationalität. Für 1938 wird die Zahl der Orthodoxen in Polen mit 4 880 000 angegeben.[1]

Aus einem zweifachen Grunde wird auf die Orthodoxe Kirche eingegangen: Das Verhältnis des Staates zur Orthodoxen Kirche spiegelte in besonderer Weise die Bedeutung der Verfassungsbestimmung über die Hauptstellung des röm.-kath. Bekenntnisses unter den gleichberechtigten Bekenntnissen und die Stellung des röm.-kath. Katholizismus als der polnischen Nationalreligion im politischen und kirchlichen Leben der Republik Polen wider. Zum anderen war die Orthodoxe Kirche seit dem Jahre 1930 (auf Drängen des Weltbundes für Freundschaftsarbeit der Kirchen) mit den evangelischen Kirchen Polens in der Landesvereinigung Polen des Weltbundes verbunden und spielte darin zeitweise eine vermittelnde Rolle. Als durch die Spannungen im Rat der evangelischen Kirchen in Polen bedingt, auch die Tätigkeit der Landesvereinigung in Mitleidenschaft gezogen war und es zweckmäßig schien, weder einen Polen noch einen Deutschen zum Vorsitzenden zu wählen, fiel die Wahl des Vorsitzenden der Landesvereinigung auf den Metropoliten der Orthodoxen Kirche Polens, den Erzbischof Dionisij (Valedinskyj). Dies ermöglichte – wieder auf Betreiben des Weltbundes – die Abhaltung einer Sitzung der Landesvereinigung am 21. April 1933, deren Bedeutung darin lag, daß das im Rat der evangelischen Kirchen abgebrochene Gespräch der evangelischen Kirchen untereinander durch die unter Vorsitz des Metropoliten im Synodalsaal der Orthodoxen Kirche geführten Verhandlungen nicht ganz abgebrochen wurde.[2] Bei allem Unterschied in der Methode war die Zielsetzung der Religions- und Nationalitätenpolitik des polnischen Staates den Kirchen der nationalen und religiösen Minderheiten gegenüber die gleiche.

---

1 *B. Spuler,* Die Orth. Kirche 116; *H. Roos,* Polen 37ff.; Encyklopedja Ukrainoznawstwa 618; *F. Heyer,* Die Orth. Kirche 130f.; *St. Baran,* Metropolit 92ff.

2 *O. Wagner,* Die zwischenkirchliche Zusammenarbeit 88.

Die kirchenrechtliche und administrative Neuordnung der an Polen gefallenen Teile der Orthodoxen Kirche Rußlands vollzog sich unter großen Schwierigkeiten. Der Forderung des polnischen Staates nach ihrer Lösung aus der Jurisdiktion des Moskauer Patriarchates und nach der Autokephalie für die zu bildende Orthodoxe Kirche in Polen widersetzten sich nicht nur der Moskauer Patriarch Tichon, der nur bereit war, der Orthodoxen Kirche in Polen den Status eines Exarchates zu verleihen, sondern auch ein Teil der orthodoxen Hierarchie in Polen. Die Konflikte kanonischer und kirchenrechtlicher Natur in ihrer innen- und außenpolitischen Tragweite[3], verschärft durch die Enteignung orthodoxen Kirchengutes durch die Regierung und die Missionsversuche der röm.-kath. Kirche führten zur Spaltung der orthodoxen Hierarchie auf der Bischofssynode vom 24. Januar 1922 in der Frage der Regelung des Verhältnisses des polnischen Staates zur Orthodoxen Kirche. In dieser Lage oktroyierte die polnische Regierung am 30. Januar 1922 ihren Gesetzentwurf als „Statut zur vorläufigen Regelung der Verhältnisse der Orthodoxen Kirche im polnischen Staate"[4] der Orthodoxen Kirche. Das Statut unterwarf die Orthodoxe Kirche der Kontrolle des Staates, machte sie in allen Personalangelegenheiten von der Regierung abhängig und führte das Polnische als Amtssprache in der Kirche ein. Die entscheidenden Bestimmungen des „Statuts" für die Orthodoxe Kirche finden sich 14 Jahre später im Staatsgesetz für die Ev.-Augsb. Kirche in Polen vom 25. November 1936.

Der internationale Minderheitenschutzvertrag vom 28. Juni 1919, der zwischen der Republik Polen und den (Sowjet-)Republiken Rußland und Ukraine abgeschlossene Friedensvertrag von Riga vom 18. 3. 1921 mit seinen nationalen, das kirchliche Leben einschließenden Schutzbestimmungen[4a], auch nicht das „Statut" vom 30. 1. 1922 vermochten die orthodoxe Kirche Polens vor gewaltsamen Wegnahmen oder Zerstörungen orthodoxer Kirchen, von Beschlagnahmen und Parzellierungen orthodoxen Kirchengutes und Missionsversuchen der röm.-kath. Kirche zu schützen. Die gesetzliche Grundlage „der Festigung des polnischen Besitzstandes" in den orthodoxen Gebieten gaben die beiden Gesetze vom 17. Dezember 1920 ab. Das eine ermöglichte die Verstaatlichung orthodoxen Kirchengutes in den Wojewodschaften Wolhynien, Polesien, Nowogródek und Wilna, das andere schuf die Voraussetzung für die unentgeltliche Übereignung beschlagnahmter oder enteigneter Ländereien vornehmlich an Soldaten, die der polnischen Armee freiwillig beigetreten waren oder einen Fronteinsatz hinter sich hatten („Militärische Kolonisation").[5]

Der Beschluß der Bischofssynode vom 14. Juni 1922 betr. Einverständnis zur Schaffung der Autokephalie, dem die Einrichtung des „Heiligen Synod" in Warschau als oberster Kirchenbehörde am 16. Juni 1922 gefolgt war, die Ermordung des Metropoliten Georgij (Jaroschewskyj) am 8. Februar 1923 durch den Archimandriten Smaragd (Latyschenko, Rektor des Priesterseminars in Kremjenec) und der durch die Abschaffung des Julianischen und Einführung des Gregorianischen Kalenders am 12. April 1924 ausgelöste

3 *F. Heyer,* a.a.O. 133f.; *B. Spuler,* a.a.O. 114f.; Encyklopedja a.a.O.
4 Monitor Polski 1922, Nr. 38; *St. Piekarski,* Wyznania 61; *F. Heyer,* a.a.O. 136; *St. Grelewski,* Wyznania 29f.; *I. Grüning,* Die Autokephalie 112ff.
4a Dokument 33.
5 Encyklopedja 556f., 560f.; *M. Papierzyńska-Turek,* Sprawa ukraińska.

leidenschaftliche „Kalenderstreit", zeichneten den konfliktsgeladenen Weg zur Autokephalie der Orthodoxen Kirche in Polen ab. Sie wurde vom Ökumenischen Patriarchen Gregorios VII. und seinem Synod am 13. November 1924 („Tomos") beschlossen, am 30. Januar 1925 allen orthodoxen Kirchen der Welt mitgeteilt und am 17. September 1925 in der Warschauer Metropolitankirche verkündet.[6] Das Moskauer Patriarchat hatte die Autokephalie der Orthodoxen Kirche in Polen nicht anerkannt. Das „Statut" vom 30. Januar 1922, der Beschluß der Bischofssynode vom 14. Juni 1922 und der „Tomos" vom 13. November 1924 schufen die Voraussetzung für das von der Bischofssynode am 1. Juli 1926 beschlossene, am 31. Juli 1926 veröffentlichte „Innere Statut"[7] (Kirchenverfassung) der „Autokephalen Orthodoxen Kirche in Polen", dem ein im Kultusministerium erarbeiteter Entwurf zugrunde lag.

Bei gleichbleibender politischer Zielsetzung gestaltete sich das Verhältnis des Staates zur orthodoxen Kirche in mehreren Phasen, die sich gegenseitig überschnitten. In einer ersten Phase – sie reichte etwa bis zur Verwirklichung der Autokephalie – war die polnische Staats- und Kirchenpolitik bemüht, außenpolitisch die Unabhängigkeit der Orthodoxen Kirche in Polen vom Moskauer Patriarchat kirchenrechtlich und politisch abzusichern und sie innerstaatlich ihrem staatskirchenrechtlichen System unterzuordnen. Ohne massive Eingriffe in das kirchliche Leben und in die personelle Struktur der Hierarchie war dies nicht zu erreichen. Ihr, wie weitesten Kreisen der Geistlichkeit und Laien, war es nicht leicht gefallen, den Sturz aus der Höhe einer bevorzugten Staatskirche in die bedrängte Lage einer angefochtenen Kirche einer religiösen und nationalen Minderheit zu verkraften oder gar zu bejahen.[8]

Die zweite Phase der polnischen Staats- und Kirchenpolitik der Orthodoxen Kirche gegenüber war durch die staatsrechtliche Absicherung des staatlichen Einflusses in dieser durch die ihr aufoktroyierten Statute vom 30. Januar 1922 und vom 31. Juli 1926 und durch die „Ukrainisierung" der Orthodoxen Kirche gekennzeichnet.[9] Der in Geschichte, Tradition, Erziehung der Geistlichkeit u.a. begründete russische Einfluß in der orthodoxen Kirche sollte gebrochen, den kirchlichen Bedürfnissen der in der Zarenzeit unterdrückten orthodoxen Ukrainer wie den Forderungen der ukrainischen Parlamentarier und den Interessen des Staates Rechnung getragen werden. Am 8. Februar 1925 wurde die staatliche „Orthodoxe Theologische Fakultät an der Universität Warschau" mit polnischer Vortragssprache „zur Heranbildung einer antisowjetischen und antirussischen Priester- und Lehrerschaft, die zum Träger einer polenfreundlichen ukrainischen und weißruthenischen Nationalidee werden sollte", ins Leben gerufen. Auch für die orthodoxen Priesterseminare in Wilna und Kremjenec wurden die polnische Vortragssprache verordnet und die Priesterkonvikte in Warschau und Kremjenec unmittelbar einer polnischen Leitung unterstellt. Die kurze Phase der „Ukrainisierung" hinterließ in der orthodoxen Kirche tiefe Spuren.

---

6 *St. Piekarski,* a.a.O. 59f.; *F. Heyer,* a.a.O. 138ff., 144ff.; *B. Spuler,* a.a.O. 115; *I. Grüning,* Die Autokephale Östlich-Orthodoxe Kirche 121.

7 *H. Meyer,* Das Recht 47ff.; *St. Piekarski,* a.a.O.

8 *F. Heyer,* a.a.O. 140ff.

9 *B. Spuler,* a.a.O. 115; *F. Heyer,* a.a.O. 160ff.; Encyklopedja 618; *G. Prokoptschuk,* Metropolit 214.

Nationalukrainische Professoren (Bidnow, Doroschenko, Lotockyj, Ohijenko u.a.) der Warschauer orthodoxen Fakultät bildeten eine Reihe von Theologen heran, die in die ukrainische Kirchengeschichte eingegangen sind. Sie führten die Volkssprache in Predigt und Unterricht ein, knüpften im kirchlichen Brauchtum an ukrainische Traditionen an und führten, legitimiert durch die Bischofssynode vom 14. Dezember 1922, an Stelle der russischen die ukrainische Aussprache und Betonung der kirchenslawischen liturgischen Texte in Gottesdiensten und Amtshandlungen ein.

Die Phase der „Ukrainisierung" wurde staatlicherseits durch die der direkten Polonisierung der orthodoxen Kirche in Polen[10] abgelöst. Zur Daseinsfrage für die orthodoxe Kirche wurden die seit dem Jahre 1930 verstärkt einsetzenden Tendenzen der Polonisierung, verbunden mit der Forderung der röm.-kath. Kirche auf Enteignung von ca. 700 orthodoxen Kirchen, Kapellen, Pfarrhäusern, Friedhöfen, die vor der Teilung Polens Besitz der römisch-katholischen oder griechisch-katholischen (unierten) Kirchen waren oder gewesen sein sollten („Revindikationen"). Parallel verlief der Prozeß einer sprachlichen Polonisierung der orthodoxen Kirche, begonnen mit der Herausgabe orthodoxer Religionsbücher für die Schulen, fortgesetzt mit der polnischen Übersetzung der kirchenslawischen liturgischen Texte für den gottesdienstlichen Gebrauch. So forderte der wolhynische Wojewode Józewski die nachgeordneten staatlichen und kommunalen Dienststellen zu verschärften Maßnahmen gegen die orthodoxe Kirche auf und wies darauf hin, daß die Staatsbehörden im Gebrauch der russischen, der kirchenslawischen oder einer „unbestimmten Mundart" im Unterricht den Versuch sehen würden, Kinder, die das Polnische beherrschten, zu entnationalisieren. Den Starosten wurde aufgetragen festzustellen, ob und welche Geistlichen noch weiterhin unter Berufung auf das Warschauer orthodoxe Konsistorium der Einführung des Polnischen im kirchlichen Leben widersprächen.

Eine geheime Denkschrift des Innenministeriums vom 6. April 1935 hatte die Zahl der Polen orthodoxen Bekenntnisses mit 588 069 (21% aller Orthodoxen) angegeben und betont, „daß es Aufgabe der Regierungsstellen sei, den Teil der Orthodoxie, welcher dem polnischen Volkstum angehöre, in sorgsame Obhut zu nehmen, um ein dem polnischen Volke zugefügtes historisches Unrecht wieder gutzumachen".[11] Vorkämpfer der Polonisierung der orthodoxen Kirche wurde ab 1935 die regierungsseitig inspirierte und gestützte „Organisation der orthodoxen Polen". Polnische Presseorgane hörten nicht auf, die orthodoxe Kirche zu beschuldigen, ein „Instrument der Russifizierung" und ein Hort staatsfeindlicher Gesinnung zu sein. Am 6. Mai 1935 verordnete das Kriegsministerium – einer Stellungnahme des beim Kriegsministerium bestehenden selbständigen „Referates für Nationalitätenfragen" folgend – das Polnische als Sprache der orthodoxen Militärseelsorge. Im Jahre 1937 erfolgte die Berufung des polonisierten Russen Sabbas (Sovjetov) zum Eparchialbischof der Diözese Grodno und die Ausdehnung der Organisation der orthodoxen Polen auf die weißrussischen Gebiete. Als orthodoxer Militärpfarrer von Grodno hatte Sovjetov Grodno zum Stützpunkt der Polonisierung der Orthodoxie in den weißrussi-

10 Encyklopedja a.a.O.; *F. Heyer,* a.a.O. 153ff.; *B. Spuler,* a.a.O. 115; *I. Grüning,* a.a.O. 134; *St. Baran,* a.a.O. 104ff.; *H. Roos,* a.a.O. 115f.; PEK 16 (1938), Nr. 8–10/11; 17 (1938), Nr. 2; *H.-J. Beyer,* Ziele 407ff.

11 *F. Heyer,* a.a.O. 156f.; *B. Spuler,* a.a.O. 115f.; *J. Madey,* Kirche 190f.

schen Gebieten gemacht, die hier größere Fortschritte als in den ukrainischen Gebieten gemacht hatte. Orthodoxem Widerstand begegnete die Regierung mit Verwaltungsmaßnahmen und polizeilichen Mitteln. In dem Jahrzehnt von 1921 bis 1931 war in den Polnischen Ostgebieten die Zahl der Polen von 37,9% (4 441 000) auf 45,5% (5 372 000), die Zahl der Römisch-Katholischen von 28,2% (3 473 000) auf 37,7% (4 503 000) angestiegen.[12]

Radikal setzte die Polonisierung der orthodoxen Kirche nach dem, aus dem Konkordat von 1925 entwickelten, Staatsvertrag der polnischen Regierung mit dem Vatikan vom 20. Juni 1938[13] betr. Rückführung früher römisch-katholischen oder unierten Kirchenbesitzes an die römisch-katholische Kirche ein. Im Vollzug dieses als Staatsgesetz erlassenen Vertrages erfolgte in Zusammenarbeit von Staat und römisch-katholischer Kirche die gewaltsame Überführung orthodoxer Kirchen, Kapellen, Kirchengebäuden, Ländereien in römisch-katholischen Besitz, zum Teil verbunden mit der Zwangskatholisierung der orthodoxen Bevölkerung. Allein im Sommer 1938 wurden 130 orthodoxe Kirchen, 10 Bethäuser und zwei Klöster zerstört und dem Erdboden gleichgemacht.[14] Ohne Antwort geblieben war die vom Metropoliten Dionisyj schon am 2. Juni 1938 an den Generalinspekteur und Marschall der polnischen Armee, Eduard Rydz-Śmigły, die entscheidende Persönlichkeit im Staate, gerichtete Bitte: „Im Namen der Gerechtigkeit und christlichen Barmherzigkeit flehe ich Sie an, der Zerstörung der Gotteshäuser Einhalt zu gebieten".[15] Beschlagnahmt wurde der Hirtenbrief der orthodoxen Bischofskonferenz vom 16. Juli 1938[16], in dem es u.a. hieß:

„[...] Alle wissen, was in den letzten Tagen im Cholmer Land und in Podlachien geschehen ist. [...] Über 100 Kirchen wurden [...] zerstört. Schon allein die Tatsache, daß zur Erreichung eines gewissen Zieles solche Maßnahmen wie die Vernichtung der Gotteshäuser und Verhöhnung der Heiligtümer angewendet werden mußten, zeugt deutlich von der Festigkeit und Unerschütterlichkeit des orthodoxen Geistes der Bevölkerung. [...] Zum Zeichen der Verbundenheit [...] ordnen wir am 19., 20. und 21. Juli dreitägiges Fasten mit Gebet an, wie es uns die gottesfürchtigen alttestamentlichen Juden und die ersten Christen zu tun gelehrt haben".

Der ukrainische Sejmabgeordnete Stepan Baran berichtet, daß im Jahre 1938 115 orthodoxe Kirchen zerstört oder abgebrannt wurden, darunter kunstgeschichtlich so wertvolle Bauten, wie die aus dem Jahre 1184 stammende Kirche in Szczebrzeszyn, die zu den ältesten Denkmälern ukrainischer Kirchbaukunst gehörte, und daß bis zum 1. September 1939 insgesamt 149 orthodoxe Kirchen in römisch-katholische umgewandelt, weitere 189 zerstört, abgetragen oder abgebrannt wurden.[17] Über die Maßnahmen berichtet Baran:

---

12 Rosznik Polityczny 16ff.; *B. Olszewicz,* Obraz 112ff. und die Statistischen Tafeln; *J. Czech,* Die Bevölkerung 198–212; *B. Spuler,* a.a.O.

13 Dz. U. R. P. 1938, Nr. 35, Pos. 222.

14 *B. Spuler,* a.a.O. 116; *F. Heyer,* a.a.O. 153f.; *St. Baran,* a.a.O. 106ff.; *G. Prokoptschuk,* a.a.O. 215ff.; PEK 16 (1938), Nr. 6, 7, 8, 9–10; 17 (1938), Nr. 2, 3; 17 (1939), Nr. 6, 10–11; *I. Grüning,* a.a.O. 124; *E. Winter,* Byzanz 204ff.

15 *F. Heyer,* a.a.O. 154.

16 *F. Heyer,* a.a.O.

17 *St. Baran,* a.a.O. 107; Encyklopedja 564; *I. Grüning,* Die orthodoxe Kirche, in: Kyrios.

„[...] Die Zerstörung der Kirchen erfolgte planmäßig und systematisch mit Hilfe herbeitransportierter polnischer Arbeiter unter Aufsicht und dem Schutz der polnischen Staatspolizei. [...] Bewaffnete Einsatzgruppen polnischer Kolonisten, sogenannte Krakusy [...] überfielen orthodoxe Bauern und vernichteten ihre Habe, um sie zum Übertritt zur katholischen Kirche zu zwingen. Starker Druck ging von der polnischen [römisch-katholischen] Geistlichkeit, den Lehrern, den Dorfschulzen, der Polizei und den Starosten aus. Unter dem Druck dieses Terrors begannen im Sommer 1938 ganze Dorfschaften zum Katholizismus überzugehen, um Leben und Gut zu retten".[18]

Zum Schutz der orthodoxen Bevölkerung und Kirche in Wolhynien, im Cholmer Gebiet, in Podlachien und Polesien erhob auch der Metropolit der Griechisch-Katholischen Kirche in Galizien (Kleinpolen), Andreas Graf Scheptyckyj, seine Stimme im (beschlagnahmten) Hirtenbrief vom 2. August 1939[19] aus religiösen, kirchlichen und nationalen Gründen. Er rief die Gläubigen auf, die nicht-unierten orthodoxen Christen öffentlich in Schutz zu nehmen und für sie zu beten. Die Ereignisse im Cholmer Land, so der Hirtenbrief, „töten in den Seelen unserer orthodoxen nicht-unierten Brüder selbst den Gedanken an die Möglichkeit einer Kirchenvereinigung und die katholische Kirche erscheint auf diese Weise als eine feindliche und für das orthodoxe Volk gefährliche Macht. In den Augen einiger Millionen der Bevölkerung Polens wird der Apostolische Stuhl zum Mitschuldigen am Vernichtungswerke gemacht. Ein neuer Abgrund zwischen der katholischen und orthodoxen Kirche wurde geschaffen [...]". Der polnische Sejm und der Völkerbund sahen sich veranlaßt, sich mit den Ereignissen um die Orthodoxe Kirche in Polen zu befassen[20], die in ihrem Verlauf und ihren Einzelheiten u.a. über die in Brüssel in französischer Sprache herausgegebenen Schrift „L'union des églises et les persécutions polonaises en Ukraine"[21] der westlichen Öffentlichkeit bekannt geworden waren.

Die evangelischen Kirchen Polens verfolgten die Vorgänge um die orthodoxe Kirche des Landes mit Betroffenheit und Sorge, auch wenn die polnische evangelische Presse nur sporadisch und knapp darüber berichtete. Die Haltung des Weltbundes für Freundschaftsarbeit der Kirchen brachte Prof. Siegmund-Schultze im Brief an Bischof Bursche vom 15. Oktober 1938[22] zum Ausdruck. Darin bat er Bursche um Orientierung über die Vorgänge in der Orthodoxen Kirche Polens unter Hinweis darauf, „daß die Verfolgung der Orthodoxen Kirche [...] in den ökumenischen Kreisen stärker noch gewirkt hat, als das, was in den protestantischen Kirchen geschehen ist". Im Antwortbrief an Siegmund-Schultze vom 18. Dezember 1938[23] ging Bischof Bursche auf die Vorgänge in der Orthodoxen Kirche nicht ein.

Die Polonisierung der Orthodoxen Kirche Polens erhielt ihre staats- und kirchenrechtliche Sanktion mit dem ihr aufoktroyierten, ohne Verständigung mit der Synode, deren Einberufung verboten worden war, als Dekret des Staatspräsidenten mit Gesetzeskraft erlassenen „Statut der Polnischen Orthodoxen Kirche" (Äußeres Statut) vom 18. November

18 *St. Baran,* a.a.O. 107, 111.
19 Text bei: *St. Baran,* a.a.O. 108–110, auszugsweise bei *E. Winter,* a.a.O. 206; *F. Heyer,* a.a.O. 154f.
20 *St. Baran,* a.a.O. 98f.
21 *B. Spuler,* Gegenwartslage 100.
22 EZA-L VIII, 29b.
23 EZA-L VIII, 29b.

1938[24], mit dem der polnische Staat sein Verhältnis zur Orthodoxen Kirche regelte. Als Verordnung des Ministerrates vom 10. Dezember 1938 wurde das „Innere Statut“ (Kirchenverfassung)[25] der Orthodoxen Kirche in Polen erlassen. Der bisherige Name „Autokephale Orthodoxe Kirche in Polen“ wurde amtlich in „Polnische Autokephale Orthodoxe Kirche“ abgeändert, das Polnische als Amts- und Kirchensprache eingeführt, die Ingerenz des Staates in kirchlichen Angelegenheiten, primär in Personalfragen, ähnlich den Bestimmungen im Dekret des Staatspräsidenten für die Ev.-Augsb. Kirche vom 25. November 1939 festgeschrieben. Mit der Berufung von Sabbas zum Bischof von Grodno und der Ernennung von zwei polnischen Vikarbischöfen – M. Siemiaszko in Wilna und Timofej Szretter in Lublin – sicherte sich der Staat die Mehrheit „loyaler“ Mitarbeiter in der orthodoxen Bischofskonferenz und in den obersten kirchlichen Gremien der orthodoxen Kirche. Am 4. Januar 1939 forderte der wolhynische Wojewode Józewski erneut eine Liste derjenigen orthodoxen Geistlichen an, die der religiösen Unterweisung in der „Staatssprache“ widerstrebten. Eine Reihe der Widerstrebenden wurde in das Konzentrationslager Bereza Kartuska eingewiesen.[26] Erst kurz vor dem Zweiten Weltkriege ließ der stärkste Druck des polnischen Staates und der römisch-katholischen Kirche auf die Orthodoxe Kirche nach. Zur Milderung der Zerstörungen von Gotteshäusern, von Repressalien gegen orthodoxe Ukrainer, Weißruthenen und Russen und zur Erlaubnis für die Zwangskatholisierten, zur Orthodoxen Kirche zurückzukehren, hat die scharfe Demarche der Regierung der Sowjetunion in Warschau unter Berufung auf den Friedensvertrag von Riga von 1921 entscheidend beigetragen.[27]

Das Problem des Verhältnisses des polnischen Staates zu der territorial auf das Gebiet des ehemaligen russischen Kongreßpolen beschränkten Orthodoxen Kirche war durch den Zusammenhang mit der aus dem ehemaligen österreichischen Galizien, seit Oktober 1920 amtlich „Kleinpolen“ genannt, an Polen gefallenen „Griechisch-Katholischen Kirche“[28] verknüpft. Staats- und kirchenrechtlich gehörte die Griechisch-Katholische Kirche nicht zu den Kirchen der religiösen Minderheiten im Lande. Das Verhältnis des polnischen Staates zu ihr – sie war ja nur ein Ritus der einen katholischen Kirche – war durch das Konkordat der Republik Polen mit dem Hl. Stuhl vom 10. Februar 1925 geregelt, ohne daß sie die Möglichkeit bekommen hatte, an diesem mitzuwirken. Als Kirche einer nationalen Minderheit war sie aber wie die Kirchen der religiösen und nationalen Minderheiten in die Staats- und Nationalitätenpolitik des polnischen Staates einbezogen.

Schon in der Zeit der Zugehörigkeit zu Österreich hatte sich die Griechisch-Katholische Kirche (Metropolie) Galiziens – ein Restteil der auf der Synode von Brest 1596 geschlossenen Union der Orthodoxen Kirche mit Rom – in Abgrenzung zur russischen Or-

---

24 Dz. U. R. P. 1938, Nr. 88, Pos. 597.
25 Dz. U. R. P. 1938, Nr. 103, Pos. 679.
26 *F. Heyer,* a. a. O. 156 f.
27 *St. Baran,* a. a. O. 111.
28 Zur Geschichte der Griechisch-Katholischen Kirche seien von den älteren Arbeiten genannt: *M. Harasiewicz:* Annales Ecclesiae Ruthenae, Lemberg 1862; *E. Likowski:* Die ruthenisch-römische Kirchenvereinigung, genannt Union von Brest, Freiburg 1904; *J. Pelesch:* Geschichte der Union der ruthenischen Kirche mit Rom von den ältesten Zeiten bis auf die Gegenwart, 2 Bände, Würzburg–Wien 1878–1881.

thodoxie und zur Römisch-Katholischen Kirche als russischen bzw. polnischen Nationalkirchen zu einer ukrainischen Volks- und Nationalkirche entwickelt. Verstärkt betonte sie diesen Charakter, als nach dem Zerfall Österreichs und nach dem verlorenen polnisch-ukrainischen Kriege von 1918/19 mit Ostgalizien auch die ganze Griechisch-Katholische Kirche mit ihren (1931) 3,4 Mill. Seelen (10,5% der Gesamtbevölkerung Polens), davon rd. 2,8 Mill. Ukrainer in den Diözesen Lemberg, Przemyśl und Stanislau unter Leitung der überragenden Gestalt des Metropoliten Andreas Graf Scheptyckyj (1901–1944)[29], an Polen gefallen war. Im neu erstandenen polnischen Staate waren die Ukrainer mit ca. 5,2 Mill. Seelen zur stärksten nationalen Minderheit geworden.

Ungeachtet ihrer Zugehörigkeit zur katholischen Kirche, der verfassungsmäßig die Hauptstellung unter den gleichberechtigten Bekenntnissen im Staate zukam, wurde die Griechisch-Katholische Kirche als Nationalkirche einer nationalen Minderheit in den Prozeß der Polonisierung auf politischem, kulturellem, auch kirchlichem Wege einbezogen. In der „Pazifikation" (16. September bis 30. November 1930)[30] der politisch unruhigen ukrainischen Bevölkerung hatte der polnisch-ukrainische Gegensatz nach 1918/20 einen neuen Höhepunkt erreicht. Am leidenschaftlichsten wurde dieser Gegensatz in der Folge auf dem Gebiete der Sprachen- und Kulturpolitik ausgetragen, deren Trägerin fast ausschließlich die Griechisch-Katholische Kirche bzw. die ukrainische Geistlichkeit war. An ihrem Widerstand fanden die staatlichen Polonisierungsmaßnahmen ihre Grenze, unbeschadet der Tatsache, daß die Zahl der Schulen mit ukrainischer Unterrichtssprache im Zeitraum von 1922–1939 von 2426 auf 352 zurückgegangen war.[31]

Eine aktivierende Rolle im Prozeß der angestrebten Polonisierung der Griechisch-Orthodoxen Kirche kam der ins Leben gerufenen, von der Regierung geförderten, „Vereinigung der Polen griechisch-katholischen Bekenntnisses" zu, die ihre Parallele in dem „Verband der evangelischen Polen" und der „Organisation der orthodoxen Polen" hatte. Publizistisches Organ der Vereinigung der Polen griechisch-katholischen Bekenntnisses, deren Zahl mit 475 000 angegeben wurde, war das in Lemberg herausgegebene Kirchenblatt „Der griechisch-katholische Pole". Zentral und auf örtlicher Ebene erhob die Vereinigung der Polen griechisch-katholischen Bekenntnisses, von der politischen polnischen Presse unterstützt, Forderungen nach polnischen Gottesdiensten und polnischem Religionsunterricht in den Schulen, nach einer polnischen Übersetzung der kirchenslawischen liturgischen Bücher. „Mit der Zeit sollte die Vereinigung einen eigenen Bischof erhalten, um dann eine polnische Gegenkirche unter den Ukrainern zu bilden".[32]

Die Staats- und Nationalitätenpolitik Polens hatte zu einer politischen Solidarisierung der konfessionell getrennten nationalen ukrainischen Minderheit geführt. Im Sejm bildeten die ukrainischen Abgeordneten eine Fraktion. Wie sich der griechisch-katholische Metropolit Scheptyckyj an die Seite der Orthodoxen Kirche in der Zeit ihrer Bedrängnis ge-

---

29 Zur Literatur über Scheptyckyj *(Baran, Prokoptschuk, Hrynioch)* vgl.: *A.W. Ziegler,* Die religiöse Bedeutung des Metropoliten Scheptytzkyj, in: Ukraine in Vergangenheit und Gegenwart, München 1953.

30 *H. Koch,* Die unierte Kirche 111f.; *St. Baran,* a.a.O. 96ff.; Encyklopedja 561ff., 619; L'union des eglises.

31 *L. Mirtschuk,* Geschichte 239f.

32 *G. Prokoptschuk,* a.a.O. 215; PEK 16 (1938), Nr. 5.

stellt hatte, so stellten sich der orthodoxe Metropolit Dionisyj und im Sejm die orthodoxen Abgeordneten schützend vor Scheptyckyj, als diesem im Sejm vorgeworfen wurde, daß er nicht als christlicher Priester zu bezeichnen sei und den Treueid auf die Republik Polen gebrochen habe, weil er das Konkordat für eine antipolnische Politik ausnütze und einen staatsfeindlichen Nachwuchs an Geistlichen heranbilde.[33]

Folgenschwerer als die von der Staats- und Nationalitätenpolitik des polnischen Staates auf die Griechisch-katholische Kirche zugekommenen aktuellen Probleme war für ihre Zukunft die innerhalb ihrer Hierarchie neu aufgebrochene Auseinandersetzung zwischen der „byzantinischen" und der „lateinischen" dogmatischen, liturgischen, ekklesiologischen, kultur- und kirchenpolitischen Orientierung der Griechisch-Katholischen Kirche. Diese innerkirchlichen Auseinandersetzungen waren nicht neu.[34] Sie begleiteten die Griechisch-Katholische Kirche seit ihrer Entstehung, hatten aber im wiedererstandenen polnischen Staate durch dessen Staats-, Nationalitäten- und Kirchenpolitik einen politischen Bezug erhalten. Die „Byzantinische Orientierung"[35] war in unserem Zeitraum durch den Metropoliten Andreas Graf Scheptyckyj in Lemberg vertreten, der zu keiner Zeit sein religiöses und kirchliches Anliegen und die Hoffnung auf eine Vereinigung (Union) der westlichen und der östlichen christlichen Kirchen aufgegeben hatte, in der das reiche geistliche Erbe der Byzantinischen Kirche und Kultur erhalten und bewahrt werden sollte. Die „Lateinische Orientierung"[36], durch die Bischöfe Josafat Kocylovskyj in Przemyśl und Hrihorij Chomyschyn in Stanislau vertreten, setzte sich demgegenüber für eine weitere Assimilierung der Griechisch-Katholischen Kirche in dogmatisch-liturgischer Hinsicht an die Römisch-Katholische Kirche und trat auch für die Einführung des Zölibats und des Gregorianischen Kalenders in der Griechisch-Katholischen Kirche ein. Der polnische Staat und die Röm.-kath. Kirche unterstützten die latinisierende Orientierung in der Griechisch-Katholischen Kirche, in der sie langfristig den erfolgversprechendsten Weg zur Katholisierung und Polonisierung dieser Kirche und der griechisch-katholischen Ukrainer sahen.

Für die Geschichte des Protestantismus in Polen und für die allgemeine Kirchengeschichte wurden die theologisch-kirchlichen Auseinandersetzungen in der Griechisch-Katholischen Kirche insoweit von Bedeutung, als sie eine der Wurzeln für die Entstehung der Evangelischen Bewegung unter den Ukrainern Ostgaliziens im Kirchengebiet der Evangelischen Kirche Augsburgischen und Helvetischen Bekenntnisses in Galizien waren, die zur Bildung einer „Ukrainischen Evangelischen Kirche Augsburgischen Bekenntnisses" und einer „Ukrainischen Evangelischen Kirche Helvetischen Bekenntnisses", den einzigen reformatorischen Kirchen Europas mit byzantinischer Liturgie und ostkirchlicher Tradition, geführt hatte.[37]

---

33 *St. Baran,* a.a.O. 99; *G. Prokoptschuk,* a.a.O. 223.

34 *A. Korczok,* Die Griech.-Kath. Kirche 80ff., 110ff., 153ff.; *E. Winter,* Byzanz 91ff.; Encyklopedja a.a.O.

35 *H. Koch,* a.a.O. 109f.; *E. Winter,* a.a.O. 194ff.; *G. Prokoptschuk,* a.a.O. 159ff.; *I. Hrynioch,* Słuha 91ff., 97ff., 106ff.

36 *H. Koch,* a.a.O.; *J. Madey,* a.a.O. 67ff.; Ukraine und die Kirchliche Union (Sammelband).

37 Literaturangaben zur Geschichte der Evangelischen Bewegung unter den Ukrainern bei: *O. Wagner.*

X. Am Vorabend und zu Beginn des Zweiten Weltkrieges

Am Vorabend des Zweiten Weltkrieges teilte die deutsche evangelische Bevölkerung Polens das Schicksal der Angehörigen der anderen religiösen oder nationalen Minderheiten des Landes. Wie die Ukrainer, Weißruthenen, Russen, Litauer, aber auch die Juden, war sie im Spannungsfeld innerstaatlicher Entwicklungen in den seit dem Abschluß der Friedensverträge von Versailles und Riga schwelenden Interessenskonflikt der Staaten Mittel- und Osteuropas einbezogen.

Gesetzliche und administrative, gegen die nationalen Minderheiten gerichtete Maßnahmen der polnischen Regierung und ihrer nachgeordneten Behörden griffen tief auch in das kirchliche Leben der evangelischen Gemeinden ein. Das Grenzzonengesetz in seiner Neufassung vom 22. Januar 1937 mit seinen Bestimmungen über den Aufenthalt, die Ausweisung, die Auflösung von Vereinen, Verbänden, Organisationen, die Schließung von Schulen u.a. in Verbindung mit dem Gesetz vom 30. März 1939 über die Aussiedlung von Personen aus bedrohten Staatsgebieten im Interesse der Landesverteidigung, hatte die Rechtslage weiter Kreise der Bevölkerung verändert. Nach der gleichen Richtung wiesen das Gesetz vom 23. Juni 1939 über Hausdurchsuchungen, die Verhaftung und Internierung von „Personen, die die Sicherheit, Ruhe und öffentliche Ordnung gefährden oder das Interesse der Verteidigung des Staates gefährden können" und das Gesetz vom gleichen Tage über die Beschlagnahme des Vermögens, den Verlust der Erbfähigkeit und die Überführung des Vermögens von Personen, die nach dem Ausland fliehen, an den Staatsschatz für die Nationalverteidigung.

Ab Anfang Mai 1939 setzten die Verhaftungen von Angehörigen der nationalen Minderheiten im ganzen Lande ein und mehrten sich Demonstrationen, Überfälle und z.T. blutige Ausschreitungen gegen die deutsche Minderheit.[1] Sie entbehrten nicht eines konfessionellen Bezuges. In evangelischen Kirchen, Pfarrhäusern, Kindergärten, Schulen wurden Fensterscheiben eingeschlagen, auf Friedhöfen Grabsteine und Denkmäler zerstört und Grüfte aufgebrochen.[2] Beschlagnahmt wurden die Evangelischen Vereinshäuser in Posen, Bromberg, Thorn, Graudenz, Dirschau, Kattowitz, Königshütte, Lodz und anderen Städten, am 20. August 1939 wurde auch die Theologische Schule in Posen geschlossen. Ein im Unterrichtsministerium vorbereiteter Entwurf zu einem neuen Schulgesetz sah in drei Etappen die Liquidierung des deutschen privaten, auch des kirchlichen evangelischen Schulwesens vor.[3] Marschall Rydz-Śmigły wies in Ansprachen auf einen bevorstehenden Krieg hin, polnische Presseorgane drohten, „daß im Kriegsfall kein einheimischer Feind lebend entrinnen wird"[4], der Wojewode Grażyński rief am 20. August 1939 dem Verband der Aufständischen zu: „Schlagt die Deutschen nieder, wo ihr sie trefft"[5], Grażyński, wie

1 *Th. Bierschenk,* Die deutsche Volksgruppe 315ff.; DWB II, Nr. 349–417.
2 *Th. Bierschenk,* a.a.O.; *A. Rhode,* Beiträge 4.
3 *M. Iwanicki,* Polityka 152.
4 *Th. Bierschenk,* a.a.O. 348.
5 *Th. Bierschenk,* a.a.O.

u.a. auch die amtierenden Minister Marian Zyndram-Kościałkowski und Eugeniusz Kwiatkowski verwiesen auf die im Friedensvertrag von Versailles unerfüllt gebliebenen polnischen Territorialwünsche und erhoben öffentlich Territorialforderungen auf die deutschen Reichsgebiete Schlesien, Ostpreußen, die Grenzmark Posen-Westpreußen und Teile Pommerns. Bereits im Mai 1939 waren in den Schaufenstern der verkehrsreichsten Straßen Warschaus Landkarten aufgestellt, auf denen diese Gebiete markiert waren. Auf Veranlassung des polnischen Außenministeriums wurden diese Landkarten zurückgezogen, aber noch im August 1939 waren Postkarten im öffentlichen Verkauf mit den eingezeichneten Grenzen Polens von den Toren Berlins bis vor die Tore Kiews zu haben.[5]

In den Sommermonaten des Jahres 1939 setzte eine Massenflucht Deutscher aus Polen über Danzig und die Grenze in Oberschlesien nach Deutschland ein. In den für sie eingerichteten Flüchtlingslagern waren bis zum 21. August 1939 ca. 70 000 Personen registriert, von denen ca. 45 000 aus Polnisch-Oberschlesien und aus dem sog. Olsa-Gebiet stammten.[7] Allein aus dem Kirchspiel Kostopol in Wolhynien waren 250 deutsche Bauernfamilien abgewandert, die nach Deutschland zu kommen suchten.

Im Unterschied zu der politischen Aktivität der Röm.-Katholischen Kirche hatte sich das Leben der evangelischen Kirchen in die Einzelgemeinden verlagert. In Warschau unterzeichnete Bischof Bursche – wohl mit Rücksicht auf die mitunterzeichnenden katholischen Bischöfe wurde er dennoch als „Generalsuperintendent der Evangelisch-Augsburgischen Kirche in Polen" angeführt – den Regierungsaufruf zur Zeichnung der Nationalanleihe; in einem besonderen Aufruf forderte das Warschauer Konsistorium die Pastoren auf, selber so viel als möglich zu zeichnen, in Kirchen und Bethäusern den Zweck der Anleihe zu erklären und auf die Gemeindeglieder Einfluß zu nehmen, daß sich niemand der Zeichnung entziehe. Gleicherweise sollten die Pastoren für Beiträge und Spenden zum Fonds der nationalen Verteidigung werben.[8] Keiner der deutschen Pastoren wollte oder konnte sich dem Aufruf entziehen. Superintendent Dietrich-Lodz wandte sich in einem besonderen Aufruf an die Lodzer Pastoren und Gemeinden zur Spende für ein polnisches Unterseeboot, den er mit einer Treueerklärung zum polnischen Staate verband.[9]

Am 29. August 1939 wurde in Polen die Mobilmachung öffentlich befohlen, die heimlich und halböffentlich seit Monaten im Gang war. Am Tage des Kriegsbeginns, am 1. September 1939, wandte sich Bischof Bursche namens der Ev.-Augsb. Kirche an die Öffentlichkeit mit einem Aufruf, in dem er zum Kampf aufforderte und seiner Überzeugung an den Sieg der gerechten polnischen Sache Ausdruck gab, nach dem auch alle Schlesier und Masuren in das polnische Vaterland zurückkehren würden.[10]

Nach seit dem Frühjahr 1939 vorbereiteten Listen wurden am ersten Kriegstage – teilweise schon seit Juli–August – ca. 25 000 Angehörige der deutschen Minderheit verhaftet und in Gefängnisse, Internierungslager und in das Konzentrationslager Bereza Kar-

---

6 DWB II, Nr. 367, auch Nr. 130.
7 DWB II, Nr. 416; *W. Kuhn,* Das Deutschtum, in: OHP 149 ff.; *Th. Bierschenk,* a. a. O. 212, 351.
8 Aufruf Bursches, in: AK.
9 In: AK.
10 *W. Gastpary,* Biskup 104; PEK 17 (1939)/7, 295.

tuska verbracht. Ihre Verluste an Ermordeten, auf den Verschleppungsmärschen Verhungerten oder Erschossenen oder im Konzentrationslager Bereza Kartuska zu Tode Gemarterten betrugen 3841 Personen, davon aus den Wojewodschaften Posen 1293, Pommerellen 1803, Warschau 443, Lodz 134, Kielce 22, Lublin 37, Białystok 6, Wolhynien 20, Schlesien 59, Krakau-Lemberg-Przemyśl-Stanislau 24 Personen.[11] Die kurze Dauer des Krieges verhinderte weitere Opfer.

Von der Unierten Evangelischen Kirche in Polen waren 244 Kirchenbeamte, Älteste und Kirchenvertreter, zwei Diakone und 14 Geistliche durch Überfälle oder auf den Verschleppungszügen ermordet worden: Die Superintendenten Julius Aßmann-Bromberg und Georg Reisel-Neutomischel, die Pfarrer: Wilhelm Bergmann-Neustadt bei Pinne, Pfarrvikar Ernst Fröhlich-Schönsee, Friedrich Just-Sienno, Richard Kutzer-Jägerhof bei Bromberg, Lic. Ernst Kienitz-Schempin, Emil Mix-Strelno, Pfarrvikar Max Miecke-Schmiegel, Paul Rudolf-Grätz, Oskar Reder-Mogilno, Johannes Schwerdtfeger-Posen, Johannes Tauber-Sontop, Heinz Werner-Exin.[12] Die Evangelisch-Augsburgische Kirche in Polen hatte zwei ermordete Pastoren zu beklagen: Bruno Gutknecht-Gombin und Kurt Alexander Mergel-Poddembice. Zu den Todesopfern gehört auch Pastor Johannes Zander-Ruda Pabianicka, der wenige Monate nach der Verschleppung an ihren Folgen gestorben war. Die Zahl der inhaftierten Geistlichen der Ev.-Augsb. Kirche, zu denen u.a. auch Hugo Karl Schmidt-Tuczyn, Rudolf Henke-Rożyszcze, Jakob Fuhr-Kostopol gehörten, wie die Zahl der inhaftierten oder getöteten Mitglieder der kirchlichen Kollegien, konnte nicht ermittelt werden.[13] Von der Unierten Evangelischen Kirche in Polnisch-Oberschlesien waren die Geistlichen Alfred Bolek-Laurahütte, Johannes Schicha-Königshütte und Dr. Oskar Wagner-Kattowitz interniert, letzterer nach seiner Ausweisung aus dem Kirchengebiet in Posen wohnhaft, dem Posener Verschleppungszug angeschlossen. Die Zahl der inhaftierten Mitglieder

---

11 *W. Kuhn,* Das Deutschtum 151; *Th. Bierschenk,* a.a.O. 352ff.; *P. Aurich,* Der Deutsch-Polnische September 1939; *A. Rhode,* Beiträge 15ff.; *F. Wallmann,* Bereza 129ff.; *R. Breyer–Wolfgang Kohte–Gotthold Rhode,* Zur Problematik einer Darstellung des Schicksals der Deutschen in Polen im September 1939, in: KW 1969, H. 97, 2–14; *Richard Breyer–Wolfgang Kohte–Gotthold Rhode,* Die Septemberverluste 1939 der Deutschen in Polen, in: KW 1969, H. 97, 15; *R. Breyer,* Das Vorspiel vom Frühjahr 1939, in: KW 1969, H. 96, 21ff. Im Bericht *A. Rhodes,* Geschichte 236 heißt es: „[...] Als in den sonnigen Septembertagen dann wirklich die Kriegsfurie über das [...] Land [...] dahinjagte, waren viele Tausende von Deutschen, nicht nur die führenden Männer, sondern auch Greise, Invaliden, Frauen und Kinder, auf Grund des Konfinierungsgesetzes gezwungen worden, jene Verschleppungsmärsche anzutreten, die für viele Todesmärsche wurden. Bereza Kartuska, Warschau, Kutno, Lowicz waren die grauenvollen Endstationen jener Märsche, auf deren Straßen die Zurückgebliebenen gequält, gemartert, erschossen wurden, verhungerten und verdursteten. Diejenigen, die nicht verschleppt wurden, erlebten die angstvollsten Tage ihres Lebens in den Kellern und Wäldern, im Sumpfgebiet der Seen oder auch in ihren Häusern, in denen der Mob durch Haussuchungen und Plünderungen und mit scheußlichen Martern seine Wut über die sich von Tag zu Tag steigernde polnische Niederlage ausließ. So am 3. September am Blutsonntag in Bromberg, seinen Vororten und seinen zum Teil deutschen Dörfern. [...]".

12 *R. Kammel,* Er hilft uns frei 5f.; *A. Rhode,* Beiträge 29ff.; *H. Kruska,* Gen.-Sup. Blau 41.

13 *E. Kneifel,* Geschichte 288; *A. Rhode,* a.a.O.

der kirchlichen Körperschaften ist nicht ermittelt. Auch die Evangelische Kirche Augsburgischen und Helvetischen Bekenntnisses in Polen (Galizien) hatte keinen Verlust an ermordeten Geistlichen zu verzeichnen. Interniert, in Gefängnisse oder in das Konzentrationslager Bereza Kartuska verbracht wurden 13 ihrer Geistlichen: Superintendent D. Theodor Zöckler-Stanislau, die Senioren Emil Ladenberger-Stryj und Rudolf Walloschke-Neu-Sandez, die Pfarrer: Otto Bauer-Stanislau, Oskar Daum-Neu-Sandez, Johannes Fuhr-Stanislau, Siegfried Gruber-Neu-Gawlow, Jakob Huber-Stanislau, Walter Rech-Unterwalden, Julius Schick-Stanislau, Hermann Schick-Ugartsthal, Friedrich Spieß-Stadlo, Martin Zöckler-Stanislau. Die Zahl der Internierten ging in die Hunderte. Am stärksten betroffen war die Gemeinde Neu-Sandez.[14]

Die am Leben gebliebenen eingekerkerten oder verschleppten Geistlichen und kirchlichen Amtsträger der ev. Kirchen wurden im Zuge der Kampfhandlungen, die Häftlinge des Konzentrationslagers Bereza Kartuska vor dem Einmarsch der sowjetischen Truppen von deutschen Truppen befreit und kehrten in ihre Gemeinden zurück. Auch in der Unierten Kirche in Polnisch-Oberschlesien konnten die amtsenthobenen Geistlichen ihr Amt in den Gemeinden wieder aufnehmen. Die von Gen.-Sup. bzw. Bischof Bursche nach Polnisch-Oberschlesien in das Gebiet der Unierten Kirche entsandten 16 polnischen Geistlichen der Ev.-Augsb. Kirche hatten – bis auf einen – in den ersten beiden Septembertagen das Land verlassen. Bischof Bursche war am 3. Oktober 1939 in Lublin vom deutschen Sicherheitsdienst verhaftet worden. Über Radom und Berlin wurde er im Januar 1940 in das Konzentrationslager Oranienburg-Sachsenhausen verbracht, in dem er seine beiden letzten Lebensjahre verbringen mußte. Im 82. Lebensjahre starb Bischof Bursche am 20. Februar 1942 im Polizeikrankenhaus in Berlin.[15]

Mit dem Zusammenbruch Polens am Beginn des Zweiten Weltkrieges war auch die Geschichte der evangelischen Kirchen in der Republik Polen (1918/19–1939) zu Ende gegangen. Ihre ungelöst gebliebenen Probleme wirkten jedoch weiter.

---

14 Berichte, in: HGG II, 24–67, 535.

15 *E. Kneifel*, Bischof Bursche 190ff.; *W. Gastpary*, Biskup Bursche 104ff.; *A. Kleindienst*, Bischof Bursches letzte Jahre.

DOKUMENTATION

1. Verfassungsgesetz vom 3. Mai 1791. Auszug, Übersetzung.
2. Grundrechte des Sejm von Grodno 1793. Auszug, Übersetzung.
3. Verfassungsgesetz des Herzogtums Warschau vom 22. Juli 1807. Auszug, Übersetzung.
4. Verfassungsgesetz des Königreichs Polen vom 15./27. November 1815. Auszug, Übersetzung.
5. Organisches Statut für das Königreich Polen vom 26. Februar 1932. Auszug, Übersetzung.
6. Ukaz vom 8. (20.) Februar 1849. Übersetzung.
7. Gesetz für die Evangelisch-Augsburgische Kirche im Königreich Polen vom 8. (20.) Februar 1849. Auszug, Übersetzung.
8. Entwurf der „Verfassung des Königreichs Polen“ vom 28. Juli 1917. Auszug, Übersetzung.
9. Entwurf einer Verfassung für die evangelisch-augsburgische Kirche im Königreich Polen vom 4. Juni 1917. (Verfassungsentwurf Rendtorff-Meyer)
10. Protokoll über die evangelisch-augsburgische Synode am 18. und 19. Oktober 1917 in Lodz.
11. Entwurf eines Staatsgesetzes betr. die Evangelisch-Augsburgische Kirche im Königreich Polen vom 12. Mai 1918.
12. Minderheitenschutzvertrag mit Polen vom 28. Juni 1919. Übersetzung.
13. Memorial des Generalsuperintendenten Julius Bursche an die Pariser Friedenskonferenz vom 14. Februar 1919. Übersetzung.
14. Aufruf des Warschauer Konsistoriums „An die Masurischen Brüder“ vom April 1919 Übersetzung.
15. Gesetzentwurf über das Verhältnis der Evangelischen Kirchen in Polen zum Staat vom 2. Juli 1920. Übersetzung.
16. Der Regierungsentwurf für die Staatsverfassung der Republik Polen vom 1. November 1919. Übersetzung.
17. Gesetz betreffend das Verhältnis des polnischen Staates zu den Kirchen der evangelischen Bekenntnisse vom 20. Januar 1921. Übersetzung.
18. Gesetz vom 17. März 1921. Verfassung der Republik Polen. Auszug, Übersetzung.
19. Aufruf des Warschauer Konsistoriums an die „Evangelischen Brüder in Schlesien“ vom April 1919.
20. Das Deutsch-Polnische Abkommen über Oberschlesien vom 15. Mai 1922.
21. Statut der Unierten Evangel. Kirche in Polnisch-Oberschlesien vom 6. Juni 1923.
22. Verfassungsgesetz vom 15. Juli 1920 enthaltend das Organische Statut der Wojewodschaft Schlesien. Auszug, Übersetzung.
23. Der Gesetzentwurf der Konstituierenden Synode der Ev.-Augsb. Kirche in Polen betr. das Verhältnis der Ev.-Augsb. Kirche zum Staate vom 10. April 1923.
24. Konkordat geschlossen zwischen dem Apostolischen Stuhl und der Republik Polen am 10. Februar 1925. Auszug, Übersetzung.
25. Satzung der Landesvereinigung Polen des Weltbundes für Freundschaftsarbeit der Kirchen. Auszug.
26. Statut des Rates der evangelischen Kirchen in Polen. Auszug.
27. Die Botschaft des Kongresses von Wilna.

27a. Staatlicher Gesetzentwurf betr. das Verhältnis des Staates zur Evangelisch-Augsburgischen Kirche in Polen vom 7. Juli 1933. Übersetzung.

28. Dekret des Präsidenten der Republik vom 25. November 1936 betr. das Verhältnis des Staates zur Evangelisch-Augsburgischen Kirche in der Republik Polen.

29. Erklärung der Unierten Evangelischen Kirche in Polen und der Unierten Evangelischen Kirche in Polnisch-Oberschlesien betr. Austritt aus dem Rat der Evangelischen Kirchen in Polen vom 8. bzw. 13. Februar 1937.
30. Gesetz vom 16. Juli 1937 über die vorläufige Organisation der Unierten Evangelischen Kirche in Oberschlesien. Übersetzung.
31. Deutsch-polnische Minderheitenerklärung vom 5. November 1937.
32. Gesetz vom 10. Juli 1939 betr. Änderung einiger Bestimmungen des Gesetzes vom 16. Juli 1937. Übersetzung.
33. Friedensvertrag zwischen Polen und Rußland und der Ukraine in Riga vom 18. März 1921. Auszug, Übersetzung.

Dokument 1

Ustawa Rządowa z dnia 3-go maja 1791 r.[1]
[Verfassungsgesetz vom 3. Mai 1791]

Art. I.

Religja narodowa panująca jest in będzie wiara święta rzymsko katolicka ze wszystkiemi jej prawami. Przejście od wiary panującej do jakiegokolwiek wyznania jest zabronione pod karami apostazji. Że zaś taż sama wiara święta przykazuje nam kochać bliźnych naszych, przeto wszystkim ludziom, jakiegokolwiek bądź wyznania, pokój w wierze i opiekę rządową winniśmy i dlatego wszelkich obrządków i religij wolność w krajach polskich, podług ustaw krajowych, warujemy.

[Die herrschende Nationalreligion ist und bleibt der heilige römische katholische Glaube mit allen seinen Rechten. Der Übertritt vom herrschenden Glauben zu irgendeinem Bekenntnis ist bei Strafen der Apostasie verboten. Weil aber der gleiche heilige Glaube uns gebietet, unsere Nächsten zu lieben, daher sind wir allen Menschen, gleich welchen Bekenntnisses, den Frieden im Glauben und Fürsorge der Regierung schuldig und daher wahren wir die Freiheit aller Riten und Religionen in den polnischen Ländern gemäß den Landesgesetzen.]

1 Publ. in: *Marceli Handelsman,* Konstytucje 37–48.

Dokument 2

Prawa Kardynalne Sejmu Grodzieńskiego 1793 r.[1]
[Grundrechte des Sejm von Grodno 1793]

Art. III.

W tem królestwie Polskiem i w kś. Litewskiem wiara św. katolicka rzymska obojga obrządków ze wszystkiemi prawami kościołowi św. służącemi wieczyście panującą będzie, i tak się w aktach publicznych mianować ma.

Art. IV.

Przejście od kościoła rzymskiego katolickiego obu obrządków do jakiegokolwiek innego wyznania zawsze za występek kryminalny poczytywane będzie. Sąd o to ma być w trybunale respective prowincji ante omnes causas, kara wygnania z państw Rzeczypospolitej, zachowując w całosci prawo o dysydentach podług konstytucji 1775.

[In diesem Königreich Polen und im Großfürstentum Litauen wird der heilige katholische römische Glaube beider Riten mit allen der heiligen Kirche dienenden Rechten der ewig herrschende sein und ist so in den öffentlichen Akten zu benennen.

Der Übertritt von der römischen katholischen Kirche beider Riten zu irgendeinem anderen Bekenntnis wird immer als kriminelle Handlung angesehen werden. Das Urteil darüber im Tribunal respektive der Provinz soll ante omnes causas die Strafe der Vertreibung aus den Ländern der Republik bei vollständiger Wahrung des Gesetzes über die Dissidenten nach der Verfassung 1775 sein.]

1 Publ. in: *M. Handelsman,* a. a. O. 58–63.

Dokument 3

Ustawa Konstytucyjna Księstwa Warszawskiego z dnia 22. lipca 1807 r.[1]
[Verfassungsgesetz des Herzogtums Warschau vom 22. Juli 1807]

Art. 1.

Religja katolicka, apostolska, rzymska jest religją stanu.

Art. 2.

Wszelka część religijna jest wolna i publiczna.

[Die katholische, apostolische, römische Religion ist Staatsreligion.

Jede Art von Religion ist frei und öffentlich.]

1 Publ. in: *M. Handelsman,* a. a. O. 63–74.

Dokument 4

Ustawa Konstytucyjna Królestwa Polskiego z dnia 15./27. listopada 1815 r.[1]
[Verfassungsgesetz des Königreichs Polen vom 15./27. November 1815]

Art. 11.

Religja katolicko-rzymska, wyznawana przez największą część mieszkańców Królestwa Polskiego, będzie przedmiotem szczególniejszej opieki rządu, nie uwłaszczając przez to wolność innych wyznań, które wszystkie bez wyłączenia obrządki swe całkowicie i publicznie pod protekcją rządu odbywać mogą.
Różność wyznań chrześcijańskich nie będzie stanowić żadnej różnicy w używaniu praw cywilnych i politycznych.

[Die katholisch-römische Religion, von dem allergrößten Teil der Bewohner des Königreichs Polen bekannt, wird Gegenstand der angelegentlichsten Fürsorge der Regierung sein, ohne dadurch die Freiheit anderer Bekenntnisse zu beeinträchtigen, die alle ohne Ausnahme ihre Riten vollständig und öffentlich unter dem Schutz der Regierung abhalten können.
Die Verschiedenheit der christlichen Bekenntnisse wird kein Unterschied im Genuß der zivilen und politischen Rechte sein.]

1 Publ. in: *M. Handelsman,* a. a. O. 82–101.

Dokument 5

Statut Organiczny dla Królestwa Polskiego z dnia 26. lutego 1832 r.[1]
[Organisches Statut für das Königreich Polen vom 26. Februar 1932]

Art. 4.

Wolność wyznania religijnego gwarantuje się w zupełnej mocy, każdemu w szczególności, pod protekcją rządu zostawuje się wolność sprawowania religijnych obrządków publicznie i bez żadnej przeszkody, a różnica w nauczaniu rozmaitych wyznań chrześcijańskich nie może być powodem do wyłączenia kogokolwiek od praw i przywilejów, wszystkim mieszkańcom Królestwa nadanych. Osoby duchowne wszelkich wyznań zostają w równym stopniu pod protekcją i dozorem wladz, przez prawa ustanowionych. Wreszcie, religją rzymsko-katolicka, jako przez największą część poddanych naszych Królestwa Polskiego wyznawana, będzie zawsze szczególnym przedmiotem opieki i protekcji rządu.

[Die Freiheit des religiösen Bekenntnisses wird im vollständigen Maße garantiert, jedem in Sonderheit, unter der Protektion der Regierung verbleibt die Freiheit der Ausübung der religiösen Kulte öffentlich und ohne jede Behinderung, und der Unterschied in der Lehre verschiedener christlicher Bekenntnisse kann kein Grund sein, irgendjemanden von den Rechten und Privilegien auszuschließen, die allen Einwohnern des Königreichs gegeben wurden. Geistliche Personen aller Bekenntnisse verbleiben in gleichem Maße unter der Protektion und der Aufsicht der durch Gesetz eingesetzten Behörden. Endlich wird die römisch-katholische Religion, als von dem allergrößten Teil der Untertanen unseres Königreichs Polen bekannt, immer der besondere Gegenstand der Fürsorge und der Protektion der Regierung sein.]

1 Publ. in: *M. Handelsman,* a.a.O. 134–143.

Dokument 6

Ukaz vom 8. (20.) Februar 1849[1]

Von Gottes Gnaden
Wir Nikolaus der Erste, Kaiser und Selbstherrscher
von ganz Rußland, König von Polen usw. usw.

Nachdem wir es für zweckmäßig gehalten haben, die Verwaltung der Interessen des Evangelisch-Augsburgischen und des Evangelisch-Reformierten Bekenntnisses in Unserem Polnischen Königreiche der im Kaiserreich bestehenden, auf den Grundsätzen jeder dieser besonderen Kirchen aufgebauten Ordnung anzupassen, haben wir auf Vorstellung des Statthalters des Königreichs was folgt beschlossen:

Artikel I.

Das Konsistorium der gegenwärtig im Königreich Polen bestehenden evangelischen Bekenntnisse erhält die Benennung eines Konsistoriums Augsburgischen Bekenntnisses

1 Dziennik Praw, Bd. 42,5.

und wird sich mit der Verwaltung aller Interessen der Kirche und der Schulen der Bekenner evangelisch-augsburgischen Konfession befassen auf der Grundlage des von Uns am heutigen Tage bestätigten und diesem Ukaz beigefügten besonderen Gesetzes für die Evangelisch-Augsburgische Kirche im Königreich Polen. Gemäß der bisherigen Ordnung wird sich das Konsistorium auch mit den Angelegenheiten der Herrnhuter oder Mährischen Brüder und der Mennoniten befassen.

Artikel II.

Die Verwaltung der Interessen der Evangelisch-Reformierten Kirche im Königreich Polen wird der Evangelisch-Reformierten Synode übertragen, die einmal im Jahr zusammentreten wird. Zur Erledigung der laufenden Interessen wird ein Evangelisch-Reformiertes Konsistorium in Warschau errichtet. Der Tätigkeitsbereich sowohl der Synode wie des Konsistoriums ist in den gleichzeitig bestätigten und diesem Ukaz beigefügten besonderen Vorschriften festgelegt.

Artikel III.

Die Ausführung dieses Ukaz's, der im Gesetzblatt veröffentlicht werden soll, wird dem Statthalter Unseres Polnischen Königreichs übertragen.

Gegeben zu Petersburg am 8. (20.) Februar 1849

gez. Nikolaus I.

Dokument 7

Ustawa dla Kościoła Ewangelicko-Augsburskiego w Królestwie Polskiem z dnia 8. (20.) lutegao 1849[1]

[Gesetz für die Evangelisch-Augsburgische Kirche im Königreich Polen vom 8. (20.) Februar 1849]

Kapitel I.

Von den Geistlichen

Abschnitt 1.
Von den Kandidaten des geistlichen Standes
§§ 1–14 (136–151)

§ 1 (136)

Wer ein Kandidat des geistlichen Standes des Evangelisch-Augsburgischen Bekenntnisses im Königreich Polen werden will, muß auf einer der Russischen Universitäten den ganzen Kursus der für die Geistlichkeit dieses Bekenntnisses vorgeschriebenen Theologischen Wissenschaften vollenden, und nach dem Abgange von der Universität ein Examen

1 Dziennik Praw, Bd. 42,11. Das deutsche Original und die amtliche russische Ausgabe des Kirchengesetzes vom 8. (20.) Februar 1849 war uns nicht zugänglich. Der hier wiedergegebene Text ist eine Übersetzung der amtlichen polnischen Ausgabe des Kirchengesetzes unter dem Titel „Ustawa dla Kościoła Ewangelicko-Augsburgskiego w Królestwie Polskiem" als „Auszug aus dem Protokoll des Staatssekretariats des Königreichs Polen" 1849 in Warschau veröffentlicht.
Die Zahlenangaben in Klammern verweisen auf die entsprechenden – meist wörtlich übernommenen – Artikel des „Gesetz für die evangelisch-lutherische Kirche in Rußland" vom 28. Dezember 1832 (St. Petersburg), veröffentlicht in „Kirchenordnungen der evangelisch-lutherischen Kirche in Rußland". Hrsg. von Robert Stupperich. Ulm 1959. 38–170.

zunächst an der Theologischen Fakultät (Abteilung), dann, gemäß der in diesem Kapitel enthaltenen Vorschriften, zwei Examina vor dem Konsistorium ablegen: eines zur Erlangung der Predigterlaubnis (pro venia concionandi), das andere zur Erlangung des Rechtes der Bewerbung um ein vakantes Pastorat (pro ministerio).

Abschnitt 2.
Von den Pastoren
§§ 15–90 (152–258)

§ 15 (152)

Bewerber um ein Pastorenamt müssen:
1. Durch die im Ersten Abschnitt vorgeschriebenen Prüfungen als würdig für dieses Amt anerkannt sein, nicht nur hinsichtlich der Fähigkeiten und Kenntnisse, sondern auch ihrer unbescholtenen Moralität und des Durchdrungenseins vom christlichen Geiste;
2. Auf dieses Amt auf Grund der Gesetze und der Gebräuche gewählt oder berufen, anschließend bestätigt, ordiniert und installiert sein.

§ 20 (157)

Die Ordnung für die Wahl der Pastoren, wie sie bisher in jeder Pfarrgemeinde besteht, wird auch weiterhin aufrechterhalten.

§ 21 (161)

Der gewählte Kandidat muß vom Kirchenkollegium dem Konsistorium mit der Bitte um Bestätigung vorgestellt werden; das Konsistorium kann diese nicht versagen, wenn kein gesetzliches Hindernis vorliegt. Über die erfolgte Installation ist das Konsistorium verpflichtet, die Regierungskommission für Innere und Geistliche Angelegenheiten zu verständigen.

§ 46 (196)

In allen Pflichten ihrer Berufung stehen die Geistlichen allein unter der geistlichen Obrigkeit. [...]

§ 54 (204–211)

Jeder Geistliche ist verpflichtet, religiös-zivile Verzeichnisse der Geborenen, Verheirateten und Verstorbenen, auch der Aufgebote zu führen und in diese die vollzogenen religiösen Handlungen sogleich einzutragen. [...]

§ 67 (226)

Die evangelisch-augsburgischen Geistlichen genießen, solange sie sich im geistlichen Stande befinden, alle Rechte des persönlichen Adels und sind demzufolge von allen persönlichen Steuern und Abgaben befreit.

§ 76 (236)

Ein Geistlicher kann nur durch ein förmliches Urteil oder auf besonderen Allerhöchsten Befehl seines geistlichen Standes oder seines Amtes enthoben werden.

§ 88 (254)

Wenn ein evangelisch-augsburgischer Geistlicher ein Glied der Russisch-Griechischen Kirche in seine Kirche aufnimmt, so wird er unverzüglich seines Amtes und der geistlichen Würde entsetzt und dem weltlichen Gericht zur gesetzlichen Strafe übergeben. Für die Einsegnung einer Ehe, wenn einer der Ehekontrahenten den Griechisch-Russischen Glauben bekennt, für die Taufe der Kinder aus solchen gemischten Ehen, ohne durch eine besondere Erlaubnis gehörig dazu autorisiert zu sein, und überhaupt für jede Verrichtung geistlicher Handlungen an Gliedern der Russisch-Griechischen Kirche, wird der Geistliche, wenn dieses von ihm wissentlich, nicht aber aus einem durch die Umstände zu entschuldigenden Irrtum geschah, des Amtes entsetzt und kann in Zukunft kein evangelisch-augsburgisches Pastorat erhalten.

Abschnitt 3.
Von den Offizialisten und Kirchendienern
§§ 91–97 (259–263)

§ 91

Kirchliche Offizialisten sind: der Organist, der Kantor, der Küster und der Kirchenschreiber; Kirchendiener dagegen sind: der Totengräber, der Kalkant und Hilfsdiener.

Kapitel II.

Von den höheren geistlichen Ämtern

A. Von den Superintendenten
§§ 98–108 (264–274)

§ 98

Die Verwaltung der evangelisch-augsburgischen Pfarrgemeinden im Königreich Polen in geistlicher Hinsicht gliedert sich zur Zeit in die vier Superintendenturen oder Diözesen: Warschau, Kalisch, Augustowo und Plozk.

§ 101 (267)

Im Falle der Vakanz im Amt des Superintendenten beruft das Konsistorium alle Pastoren der Diözese zur Wahl von zwei Kandidaten oder fordert ihre Meinungen schriftlich ein. Wenn das Konsistorium keinem der gewählten Kandidaten zustimmt, ordnet es eine neuerliche Wahl aus den Pastoren zweier oder, wenn nötig, dreier Diözesen an.

Das Konsistorium stellt die beiden gewählten Kandidaten mit seinem Gutachten durch Vermittlung der Regierungskommission für Innere und Geistliche Angelegenheiten dem Statthalter des Königreichs zur Bestätigung eines von ihnen vor.

§ 108 (274)

Die Superintendenten, wie alle anderen evangelischen Geistlichen, gebrauchen bei der geistlichen Korrespondenz das Siegel mit dem Wappen des Königreichs; ihre mit diesem Siegel versehenen Briefe und Pakete sind gebührenfrei.

B. Von den Generalsuperintendenten
§§ 109–123 (275–289)

§ 110 (276)

Für das Amt des Generalsuperintendenten stellt das Konsistorium den Kandidaten der Regierungskommission für Innere und Geistliche Angelegenheiten zwecks Einholung der Allerhöchsten Bestätigung desselben durch Vermittlung des Statthalters des Königreichs vor.

§ 119 (285)

Der evangelisch-augsburgische Generalsuperintendent trägt beim Gottesdienst und bei anderen feierlichen Gelegenheiten die für evangelisch-augsburgische Pastoren vorgeschriebene Amtstracht und überdies auf der Brust ein ihm als Zeichen der Würde von Seiner Kaiserlich-Königlichen Majestät verliehenes glattes, goldenes Kreuz, das ihm der Präses des Konsistoriums bei der Installation zu diesem Amt anlegt.

§ 123 (289)

Alle höheren evangelisch-augsburgischen Geistlichen wie die Pastoren und deren Adjunkte leisten bei Antritt ihres Amtes, die Kandidaten des geistlichen Amtes dagegen bei der Verleihung der venia concionandi Ihrer Kaiserlich-Königlichen Majestät in gesetzlicher Ordnung den allgemeinen Diensteid.

Kapitel III.

Vom Konsistorium
§§ 124–143 (290–437)

§ 125 (292)

Das Evangelisch-Augsburgische Konsistorium im Königreich Polen setzt sich zusammen: aus dem weltlichen Präses und dem geistlichen Vizepräses, welcher immer der Generalsuperintendent ist, sowie aus zwei weltlichen und zwei geistlichen Mitgliedern.

§ 126 (293–294)

Ihre Kaiserlich-Königliche Majestät ernennt den Präses auf Vorstellung des Statthalters des Königreichs, die weltlichen und geistlichen Mitglieder ernennt der Statthalter des Königreichs auf Vorstellung des Konsistoriums durch Vermittlung der Regierungskommission für Innere und Geistliche Angelegenheiten. Für jede vakante Stelle stellt das Konsistorium je einen Kandidaten vor.

§ 127

Zum Bestand des Konsistorialgerichts evangelisch-augsburgischen Bekenntnisses gehört ein Prokurator, dessen Pflichten gemäß Anordnung des Statthalters Ihrer Kaiserlich-Königlichen Majestät der Prokurator des Appellationsgerichtes des Königreichs Polen wahrnimmt.

§ 128 (295–296)

Die Kanzlei des Konsistoriums besteht aus dem Kanzleivorsteher, dem Schriftführer des Konsistorialgerichtes, dem Gehilfen des Kanzleivorstehers (Sekretär), dem Übersetzer, dem Archivar und dem Tagebuchführer, sowie der notwendigen Zahl von Kanzlisten. [...] Für die Stellen des Kanzleivorstehers und des Schriftführers des Konsistorialgerichtes wählt das Konsistorium die Kandidaten aus und stellt sie zur Bestätigung der Regierungskommission für Innere und Geistliche Angelegenheiten vor; die anderen Beamten und Offizialisten ernennt das Konsistorium.

§ 129 (298)

Der Präses, der Vizepräses, die Mitglieder des Konsistoriums, der Vorsteher der Kanzlei und die übrigen Beamten des Konsistoriums leisten vor dem Antritt ihres Amtes nach gesetzlicher Vorschrift den Eid der Diensttreue; zu der gewöhnlichen Formel desselben fügen der Präses, der Vizepräses und die übrigen Mitglieder des Konsistoriums noch nachstehende Worte hinzu: „Ich schwöre bei Gott, unserem Herrn und Seinem heiligen Evangelium, daß ich in der Verwaltung des mir aufgetragenen Amtes (N. N.) sowohl die allgemeinen Gesetze des Staates als die besonderen Vorschriften der Evangelisch-Augsburgischen Kirche nach allen meinen Kräften und nach meiner besten Einsicht aufs gewissenhafteste beachten werde, so wahr mir Gott helfe."

§ 133 (301)

Das Konsistorium evangelisch-augsburgischen Bekenntnisses ist verpflichtet, darüber zu wachen, daß die evangelisch-augsburgischen Geistlichen und alle ihnen unterstellte Personen sich in ihren kirchlichen Pflichten genau, sowohl an die allgemeinen Staatsgesetze als auch an die Bestimmungen dieser Kirchenordnung halten.
Demzufolge gehört zu den Attributen des Konsistoriums:
1. Die Aufsicht darüber, daß die auf der heiligen Schrift gegründete und in den symbolischen Büchern der Evangelisch-Augsburgischen Kirche erklärte Lehre in ihrer Reinheit erhalten werde, so wie über die Ordnung bei Verrichtung des Gottesdienstes und Verwaltung der Sakramente und aller übrigen geistlichen Handlungen;
2. [...];
3. die Bewahrung und Verteidigung der Rechte der Kirche, der Geistlichkeit und des kirchlichen Personals und die Vertretung derselben bei der höheren Obrigkeit;
4.–6. [...];
7. die allgemeine Aufsicht über den Religionsunterricht der evangelisch-augsburgischen Jugend in den Staats- sowohl als den Privatschulen und die Beschäftigung mit all dem, was das Wohl der evangelisch-augsburgischen Schulen betrifft;
8., 9. [...];
10. die Bestätigung der Wahl der Mitglieder der Kirchenkollegien der Pfarrgemeinden und Filialen, der Friedhofsaufseher, der kirchlichen Offizialisten und Kantoren an den Bethäusern und Friedhöfen, die Befreiung all dieser Personen von der Ausübung ihres Dienstes oder ihre Entlassung, und die Benachrichtigung der zuständigen Gubernialregierung von jeder dieser Maßnahmen;
11.–13. [...];
14. die Vorstellung der auf die vakanten Stellen der Superintendenten der Diözese gewählten Kandidaten der Regierungskommission für Innere und Geistliche Angelegenheiten zwecks Erlangung ihrer Ernennung beim Statthalter des Königreichs und die Regelung der Vertretung bis zur Ernennung des Superintendenten;
15.–23. [...];
24. die Vorstellung an die Regierungskommission für Innere und Geistliche Angelegenheiten betreffend Einberufung einer evangelisch-augsburgischen Generalsynode und Vorlage der Beratungsgegenstände und Projekte;
25. die Vorstellung an die Regierungskommission für Innere und Geistliche Angelegenheiten der Notwendigkeit der Errichtung neuer Kirchen, kirchlicher Gebäude, und ihrer

Reparaturen [...], der Errichtung neuer Pfarrgemeinden, Filialen, Bethäuser und Friedhöfe. [...]

§ 134

Das Konsistorium verbleibt unter der Oberhoheit der Regierungskommission für Innere und Geistliche Angelegenheiten in allen Verwaltungsangelegenheiten; in gerichtlichen Angelegenheiten entscheidet es in erster und letzter Instanz.

§ 135

Das Konsistorium macht Vorstellungen an die Regierungskommission für Innere und Geistliche Angelegenheiten in all den Fällen, die eine Stellungnahme Ihrer Kaiserlich-Königlichen Majestät, oder eine Entscheidung des Statthalters des Königreichs, oder auch eine Verordnung der Regierungskommission selbst erfordern, ebenso in den Fällen, die eine Verständigung mit anderen Regierungskommissionen und Obersten Behörden notwendig machen, auch bei Mißverständnissen zwischen dem Konsistorium und den geistlichen Behörden anderer Bekenntnisse und schließlich in eingetretenen Zweifelsfällen, ob irgend ein Gegenstand in seine Zuständigkeit fällt.

§ 136 (305)

Das Konsistorium korrespondiert mit der Regierungskommission für Innere und Geistliche Angelegenheiten in Form von Vorstellungen und erhält von dieser Aufträge; mit den Gubernialbehörden, dem Generalsuperintendenten, in Form von Communicaten; dagegen erteilt es den Superintendenten, Pastoren und Kirchenkollegien Vorschriften und erhält von ihnen Berichte und Unterlegungen.

§ 137 (302)

Das Konsistorium übersendet der Regierungskommission für Innere und Geistliche Angelegenheiten alljährlich zur festgesetzten Frist den vorgeschriebenen Jahresbericht über seine Tätigkeit, wie über den Stand der Geistlichkeit, der Kirche und der Gemeinden evangelisch-augsburgischen Bekenntnisses, desgleichen über alle periodischen Mitteilungen und Briefe, erforderlich im Vollzug Allerhöchster Befehle, Entscheidungen des Statthalters des Königreichs und des Verwaltungsrates.

§ 139

Das evangelisch-augsburgische Konsistorium arbeitet kollegial. [...]

§ 140 (306)

Die Geschäftsführung im Konsistorium, wie auch seine Korrespondenz mit der Regierungskommission für Innere und Geistliche Angelegenheiten und der unterstellten Geistlichkeit werden in der durch die allgemeinen Vorschriften für die Behörden des Königreichs bestimmten Sprache geführt. Bittschriften an das Konsistorium können in russischer, deutscher und polnischer Sprache gerichtet werden.

§ 143 (308)

Das Evangelisch-Augsburgische Konsistorium verwendet als Landesbehörde ein Siegel mit dem Wappen des Polnischen Königreichs und der Umschrift in russischer und polnischer Sprache: „Siegel des Evangelisch-Augsburgischen Konsistoriums im Königreich Polen“. Alle seine mit diesem Siegel versehenen Schriftsachen und Sendungen werden portofrei befördert.

Kapitel IV.

Von den Eheangelegenheiten
§ 144 (66–135)

Kapitel V.

Von den Evangelisch-Augsburgischen Synoden
§§ 145–162 (438–458)

§ 145 (438)

Die Superintendenten, bevollmächtigt vom Generalsuperintendenten, berufen auf Grund der erhaltenen Einwilligung des Konsistoriums alljährlich zu einer angemessenen Zeit und an einem von ihnen bestimmten Ort die Geistlichen ihrer Diözese zu einer Evangelisch-Augsburgischen Synode oder einer allgemeinen geistlichen Beratung. Der Zweck solcher Beratung ist die Ausbildung und Vervollkommnung der Geistlichen in der Erfüllung der Pflichten des geistlichen Standes durch Verständigung in Fragen der Beseitigung der in ihrem Beruf auftretenden Hindernisse und Schwierigkeiten und durch Austausch gegenseitiger Erkenntnisse und örtlicher Erfahrungen in religiösen Dingen.

§ 149 (442)

Gegenstände synodaler Beratungen sind:

1. Gegenseitige Unterrichtung über ausschließlich geistliche Gegenstände, den religiösen Zustand der Gemeinden, den Erfolg von Katechisationen, über außerordentliche oder wichtige Vorfälle in der Amtsführung der Geistlichen u. ä.;
2. Beratungen über gelehrte geistliche Gegenstände, Vorlesung von Mitgliedern der Synode vorbereiteter Abhandlungen über Fragen der theoretischen und praktischen Theologie, Austausch von Gedanken und gegenseitiger Bemerkungen über neueste theologische Schriften u. a.;
3. Beratungen über die kirchlich-ökonomische Verwaltung der Gemeinden u. ä. m.;
4. Beratungen über Mittel zur Verbesserung des Zustandes der Kirchen ihrer Diözesen.

§ 151 (446)

Um der Regierung zuverlässige und ausführliche Kenntnis von den Bedürfnissen der Evangelisch-Augsburgischen Kirche im Königreich und von den Mitteln zur Vervollkommnung ihrer Einrichtungen zu geben, soll von Zeit zu Zeit eine Evangelisch-Augsburgische Generalsynode einberufen werden.

§ 152 (447)

Zur Teilnahme an der Generalsynode wählt jede Diözese ein weltliches und ein geistliches Mitglied. Außer diesen Mitgliedern haben in dieser Synode Sitz: der Präses des Konsistoriums und der Generalsuperintendent, im Falle ihrer wichtigen Verhinderung, die ältesten geistlichen und weltlichen Mitglieder des Konsistoriums.

§ 153 (448)

Die Regierungskommission für Innere und Geistliche Angelegenheiten stellt nach Erhalt der konsistorialen Liste der gewählten Mitglieder der Generalsynode diese über den Statthalter des Königreichs zur Allerhöchsten Bestätigung vor.

§ 156 (451)

Die Generalsynode wird sich in ihren Sitzungen befassen:
1. Mit der Entscheidung über Anträge oder Fragen des Konsistoriums, auf Weisung oder mit Billigung der Regierungskommission für Innere und Geistliche Angelegenheiten an dieses gerichtet;
2. mit Aufzeichnung von Mitteln zur genauesten Ausführung der Bestimmungen der Kirchenordnung;
3. mit der Vorstellung von Anträgen und Beschlüssen hinsichtlich des Zustandes und der Bedürfnisse der Evangelisch-Augsburgischen Kirche im Königreich und deren Verwaltung zur Allerhöchsten Kenntnis durch Vermittlung der Regierungskommission für Innere und Geistliche Angelegenheiten über den Statthalter des Königreichs.

§ 160 (456)

Die Anträge und Beschlüsse der Generalsynode werden von der Regierungskommission für Innere und Geistliche Angelegenheiten über den Statthalter des Königreichs Ihrer Kaiserlich-Königlichen Majestät zur Bestätigung vorgestellt.

Kapitel VI.

Von der Verwaltung des Vermögens §§ 163–180 (459–501)

§ 165 (461)

Die Evangelisch-Augsburgischen Kirchen können unbewegliches Vermögen ohne Allerhöchste Erlaubnis weder erwerben, noch veräußern. [...]

§ 167 (463)

Kirchengebühren und zugunsten der Kirche erhobene Beiträge, die auf Grundlage geltender Vorschriften oder alter Gebräuche bisher erhoben werden, können ohne Entscheidung des Konsistoriums weder erhöht noch verringert, noch abgestellt werden.

§ 180 (478)

Die Oberaufsicht über die Verwaltung des Vermögens der evangelisch-augsburgischen Kirchen bleibt dem Konsistorium anvertraut.

Kapitel VII.

Von den Kirchenkollegien und der Friedhofsaufsicht §§ 181–196 (459–501)

§ 181 (479)

Die Kirchenkollegien bestehen aus nicht weniger als vier und nicht mehr als zwölf Mitgliedern, die den Namen Kirchenälteste tragen und von den Gemeindegliedern auf drei Jahre gewählt werden. [...]

§ 186 (482)

Zum Tätigkeitsbereich der Kirchenkollegien gehören:
1. Die Vorstellung der Liste der Kandidaten um die vakante Pfarrstelle an das Konsistorium zur Bestätigung;
2. [...];
3. die Ausstellung der Vokation an den neugewählten Pastor [...];
4. im Einverständnis mit dem Pfarramt die Wahl aller Offizialisten und Kirchendiener [...];
5. [...];
6. die Bemühungen um Vermeidung aller Ärgernisse und Mißverständnisse in der Pfarrgemeinde [...], ein gutes Beispiel der christlichen Tugenden und der Gottesfurcht zu geben; Frieden unter den Gemeindegliedern wie zwischen ihnen und dem Pastor, den Offizialisten und Kirchendienern zu halten;
7. [...];
8. zu wachen über der genauen Einhaltung der Pflichten durch die Geistlichen, alle Offizialisten und Kirchendiener, sie vor ungerechtfertigten Vorwürfen zu schützen und besonders darauf zu achten, daß die Geistlichen mit der Achtung umgeben werden, die ihr Stand erfordert;
9. [...]. Sorge um die religiöse Ausbildung der Jugend [...] zu tragen;
10. die Einhaltung und Verteidigung der Rechte, Fonds und des Eigentums der Kirche, der Pfarrgemeinde und der zu ihr gehörenden Wohltätigkeitsanstalten;
11. die Verwaltung oder Administration des gesamten beweglichen und unbeweglichen Vermögens. [...];
12. die Einberufung von Gemeindeversammlungen gemäß § 184 zur Beratung und Annahme vorbereiteter Projekte und Vorschläge und zur Beratung über die wichtigsten Interessen der Kirche und Gemeinde;
13. die Vorstellung und Erledigung aller kirchlichen, gemeindlichen, schulischen und institutionellen Interessen und die Führung aller in dieser Beziehung notwendigen Korrespondenz mit den zuständigen Behörden und Personen;
14.–19. [...].

Kapitel VIII.

Von der religiösen Aufsicht über die evangelisch-augsburgischen Schulen und Lehrer §§ 197–201

§ 197

Die evangelisch-augsburgischen Schulen im Lande und deren Lehrer verbleiben in religiöser Hinsicht unter der Oberaufsicht des Konsistoriums.

Kapitel IX.

Von den Rechten und Pflichten der Kollatoren §§ 202–212 (502–512)

Dokument 8

Entwurf der „Verfassung des Königreichs Polen“ vom 28. Juli 1917[1]

Art. 129.

Die römisch-katholische Religion ist die Staatsreligion: die religiösen Akte, die bei Staatsfeierlichkeiten vorgenommen werden, erfolgen nach dem Ritus der römisch-katholischen Kirche.

Art. 4.

Die polnischen Könige müssen römisch-katholischen Bekenntnisses sein. Die Königin darf einem anderen Bekenntnisse nicht angehören. Die königlichen Nachkommen müssen im römisch-katholischen Glauben erzogen werden.

Art. 130.

Das Verhältnis des Staates zur römisch-katholischen Kirche wird im Einverständnis mit dem Apostolischen Stuhl geregelt.

1 Publ. in: Projekty Konstytucji Rzeczypospolitej Polskiej Nr. VII. Der Verfassungsentwurf vom 28. Juli 1917 enthielt keine Bestimmungen, in welcher Form und auf welchem Wege das Verhältnis des Staates zu den Kirchen und Religionsgesellschaften der konfessionellen oder religiösen Minderheiten zu regeln sei.

Dokument 9

Entwurf einer Verfassung für die evangelisch-augsburgische Kirche im Königreich Polen vom 4. Juni 1917[1]

(Verfassungsentwurf Rendtorff-Meyer)

§ 1.

Angehörige der Kirche sind alle Christen evangelisch-lutherischen Bekenntnisses, die im Königreich Polen ihren Wohnsitz haben.

§ 2.

Der Wohnsitz auf dem Gebiete der einzelnen Kirchengemeinden begründet die Gemeindemitgliedschaft.

§ 3.

Die Kirchengemeinden verwalten innerhalb der gesetzlichen Grenzen ihre Angelegenheiten selbständig. Sie werden vertreten durch die Kirchenvorstände.

1 Publ. in: Die evangelische Diaspora, Jg. 16 (1934), H. 2, 100–103.

§ 4.

Der Kirchenvorstand besteht aus dem Pfarrer und 4 bis 12 gewählten Kirchenvorstehern. Der Pfarrer führt den Vorsitz, in seiner Verhinderung ein durch den Kirchenvorstand aus seiner Mitte bestimmter ständiger Vertreter. Sind mehrere Gemeindepfarrer vorhanden, so sind sie sämtlich Mitglieder, und der jeweilige älteste im Dienst der Gemeinde führt den Vorsitz.

§ 5.

Die Wahl der Mitglieder des Kirchenvorstandes und der gleichen Zahl Ersatzmänner geschieht durch die stimmberechtigten Gemeindeglieder auf Grund von Wählerlisten, die vom Kirchenvorstand vier Wochen vorher auszulegen und drei Tage vorher abzuschließen sind, durch verdeckte Stimmzettel mit einfacher Mehrheit. Über Einwendungen gegen die Wählerliste, die wenigstens drei Tage vor der Wahl bei dem Vorsitzenden des Kirchenvorstandes angebracht werden müssen, entscheidet der Kirchenvorstand und auf dagegen erhobene Beschwerden das Konsistorialgericht (§ 18). Diese Beschwerde hält die Wahl nicht auf.

§ 6.

Stimmberechtigt sind alle männlichen volljährigen Mitglieder der Gemeinde, welche mindestens ein Jahr im Bezirk dieser Gemeinde ihren Wohnsitz haben, zu ihren Lasten beitragen und sich zur Aufnahme in die Urliste beim Pfarramt persönlich angemeldet und dabei schriftlich verpflichtet haben, das kirchliche Leben in der Gemeinde in Übereinstimmung mit den Ordnungen der Kirche zu fördern.

§ 7.

Ausgeschlossen vom Stimmrecht ist:

a) wer seine Ehe nicht kirchlich einsegnen, seine Kinder nicht taufen läßt oder sie nicht im evangelisch-lutherischen Bekenntnis erzieht,
b) wer in Mischehe mit einem nicht protestantischen Ehegatten lebt,
c) wer mit den ihm obliegenden Beiträgen zu den Kirchenlasten im Rückstande ist,
d) wer durch seine Lebensführung in sittlicher Hinsicht öffentliches, noch nicht durch nachhaltige Besserung gesühntes Ärgernis gegeben hat.

§ 8.

Wählbar sind nur stimmberechtigte Gemeindeglieder von gutem Ruf und bewährtem kirchlichen Sinn, die das 30. Lebensjahr zurückgelegt haben.

Die Wahl gilt auf sechs Jahre, so daß alle drei Jahre ein Drittel ausscheidet.

§ 9.

Der Kirchenvorstand führt die Verwaltung der äußeren Angelegenheiten der Gemeinde, soll aber zugleich die Erhaltung von kirchlicher Zucht und Sitte und die Belobung des christlichen Sinnes in der Gemeinde sich angelegen sein lassen.

Der Kirchenvorstand kann im Falle beharrlicher Vernachlässigung seiner Obliegenheiten oder sonstiger grober Pflichtwidrigkeiten von dem Konsistorium aufgelöst werden.

§ 10.

Zum Pfarrdienst in der Gemeinde kann nur bestellt werden ein dem lutherischen Bekenntnis zugetaner sittlich untadeliger Mann, der das 25. Lebensjahr zurückgelegt hat und auf Grund nachgewiesener wissenschaftlicher und praktischer Vorbildung in die Kandidatenliste des Konsistoriums aufgenommen worden ist. Durch vorher einzuholenden Beschluß des Konsistoriums kann im besonderen Falle auch einem Nichteingetragenen die Wählbarkeit zuerkannt werden.

Die Vorschriften über den Bildungsgang, für den ein mindestens dreijähriges Studium der Theologie an einer deutschen Universität oder an der theologischen Fakultät in Wien wesentliches Erfordernis ist, und über die Einrichtung der Prüfungen erläßt das Konsistorium.

§ 11.

Der Kirchenvorstand der Gemeinde wählt den Pfarrer mit einfacher Stimmenmehrheit unter Vorsitz des Propstes, der auch das vorbereitende Verfahren leitet und das Wahlergebnis dem Konsistorium mit Bericht zur erforderlichen Bestätigung vorlegt. Jedem Gemeindegliede steht das Recht zu, Bedenken gegen die Gaben, die Lehre und den Wandel des Gewählten dem Konsistorium vorzutragen. Das Konsistorium kann die Bestätigung verweigern und eine neue Wahl anordnen, wenn wesentliche Formen des Verfahrens verletzt wurden oder erhebliche sachliche Bedenken, die genauer zu bezeichnen sind, gegen die vorgenommene Wahl bestehen.

§ 12.

Das Gebiet der Gesamtkirche ist in Propsteien, zurzeit fünf, eingeteilt, die den Amtsbezirk der Pröpste bilden und nur durch Kirchengesetz geändert werden können.

§ 13.

Der Propst überwacht in seinem Bezirk die kirchlichen Zustände sowie die Durchführung der kirchlichen Gesetze und der Anordnungen des Konsistoriums und erstattet darüber alljährlich umfassenden Bericht an das Konsistorium. Er führt über die Geistlichen seiner Propstei die unmittelbare Dienstaufsicht mit dem Recht der Berichteinforderung, der Visitation, des Vorhaltes und des vorläufigen Einschreitens bei Dringlichkeit der Abhilfe.

Der Propst wird aus den Pfarrern der Propstei, die das 65. Lebensjahr noch nicht vollendet haben, durch die Propsteiversammlung für die Dauer seines Hauptamtes gewählt. Zugleich wird ihm von der Propsteiversammlung für Fälle der Verhinderung ein ständiger Vertreter bestellt.

Beide Wahlen bedürfen der Bestätigung durch das Konsistorium.

§ 14.

Die Propsteiversammlung wird gebildet von den Pfarrern der Propstei unter Vorsitz des Propstes. Sie ist bestimmt, zu brüderlicher Aussprache über amtliche Angelegenheiten, namentlich auch über Fragen der Standeszucht und über die Lehre, zu dienen. Falls die Wahl eines Propstes vorzunehmen ist, müssen zu der Versammlung alle Mitglieder schriftlich geladen und zu drei Vierteln erschienen sein.

§ 15.

Die Verwaltung der Landeskirche führt auftrags der Synode das Konsistorium. Es hat seinen Sitz in Lodz und besteht aus fünf Mitglieder, drei ständigen und zwei ehrenamtlichen.

Die ständigen Mitglieder sind: der Präsident, der die Fähigkeit zum Richteramt, der Generalsuperintendent, der die zum Pfarramt besitzen soll, und ein weltlicher Konsistorialrat. Sie werden von der Synode auf Lebenszeit angestellt.

Die zwei ehrenamtlichen Konsistorialräte wählt die Synode auf sechs Jahre aus ihrer Mitte. Sie haben in allen wichtigen Angelegenheiten an der Beratung und Beschlußfassung teilzunehmen.

Das Nähere der Geschäftsverteilung bestimmt die vom Konsistorium dafür aufzustellende Ordnung.

§ 16.

Der Präsident des Konsistoriums hat die Oberleitung der ganzen Behörde. Er stellt die nötigen Hilfsbeamten an und ist deren Vorgesetzter. Er vertritt die Gesamtkirche nach außen.

Der Generalsuperintendent ist im Verhinderungsfalle sein Vertreter.

§ 17.

Das Konsistorium ist die Aufsichtsbehörde der Kirchengemeinden. Sie bedürfen seiner Genehmigung für den aufgestellten Haushaltsplan, für Last- und Steuerauflage, sowie für Veräußerung und Verpfändung von liegendem Gut und Aufnahme von Darlehn. Es ist die vorgesetzte Dienstbehörde sämtlicher Geistlichen. Der Generalsuperintendent führt in seinem Namen die laufenden Geschäfte der Dienstaufsicht und bedient sich dazu der unter seiner Leitung stehenden Pröpste.

§ 18.

Das Konsistorium entscheidet in der Besetzung mit seinen ständigen Mitgliedern und zwei zugezogenen ehrenamtlichen Konsistorialrichtern als Konsistorialgericht nach rechtlichem Gehör der Parteien über Rechtsstreitigkeiten in kirchlichen Angelegenheiten, insbesondere über Anfechtung einer ergangenen Anordnung wegen behaupteter Rechtswidrigkeit. Es entscheidet ebenso über Disziplinarsachen gegen Geistliche der Landeskirche.

Die ehrenamtlichen Konsistorialrichter werden von der Synode auf sechs Jahre gewählt. Die für die Fälle von Disziplinarsachen gegen Geistliche vorgesehenen müssen dem Pfarrstande entnommen sein.

§ 19.

Die oberste Gewalt in der Kirche steht der Synode zu. Sie setzt sich zusammen:

a) aus den ständigen Mitgliedern des Konsistoriums,
b) aus den sämtlichen Pröpsten,
c) aus je einem von jeder Propsteiversammlung zu wählenden Pfarrer,
d) aus je zwei Laienabgeordneten jeder Propstei, gewählt durch eine vom Propste einzuberufende Versammlung, zu welcher jeder Kirchenvorstand einen Laienvertreter entsendet,
e) aus je zwei weiteren Laienabgeordneten, gewählt auf eben dieser Versammlung durch die Vertreter der an Seelenzahl stärkeren Gemeinden, welche zusammen die Hälfte der Kirchenmitglieder der Propstei vorstellen.

Die zu wählenden Laien müssen die Wählbarkeit zum Kirchenvorstand besitzen.

Die Wahlen gelten überall für sechs Jahre. Für die gewählten Pfarrer und für die Laienabgeordneten sind Ersatzmänner zu wählen.

§ 20.

Die Synode tritt mindestens alljährlich im Spätherbst in Lodz zusammen. Vier Wochen vorher erhalten die Mitglieder Mitteilung der vom Konsistorium vorzulegenden Beratungsgegenstände, deren ersten stets der Verwaltungsbericht des Konsistoriums bildet. Die auswärts wohnhaften Mitglieder erhalten aus der landeskirchlichen Kasse Reisekostenentschädigung. Die Sitzungsdauer soll ordentlicherweise fünf Tage nicht überschreiten.

§ 21.

Der Präsident des Konsistoriums führt in der Synode den Vorsitz. Einen Stellvertreter für ihn wählt die Synode aus ihrer Mitte.

§ 22.

Die Synode erläßt die Kirchengesetze, die das Konsistorium in dem dafür bestimmten amtlichen Blatt verkündigt. Verfassungsänderungen müssen, um wirksam zu sein, in zwei aufeinanderfolgenden Tagungen mit 2/3 Mehrheit beschlossen werden.

Ihre Beschlüsse in Verwaltungssachen sind für das Konsistorium verbindlich. Der Haushaltsplan der Kirche ist ihr alljährlich zur Beschlußfassung vorzulegen. Veräußerung und Verpfändung von liegenschaftlichem Kirchengut sowie Aufnahme von Darlehen bedürfen ihrer Genehmigung.

§ 23.

Auf allen Stufen der kirchlichen Verwaltung mit Einschluß auch der Tagungen der Propsteiversammlung gilt als Amtssprache die deutsche.

Begründung

Die evangelisch-augsburgische Kirche im Königreich Polen umfaßt eine evangelische Bevölkerung von etwa 600 000 Seelen, die über ein weites katholisches Land in 66 Pfarrgemeinden mit 79 Pfarrstellen und 39 Filialen zerstreut sind. Sie ist also eine Diasporakirche. Zugleich aber ist sie, da sie alle im Lande wohnenden Konfessionsverwandten umfaßt und vom Staat anerkannt und mit besonderen Rechten ausgestattet ist, eine Landeskirche und als solche eine Korporation des öffentlichen Rechts. Bisher war diese Kirche als Staatsanstalt geordnet. Das an der Spitze stehende Konsistorium wurde vom Staatsoberhaupte und Regierungsorganen ernannt und stand unter dem Ministerium des Innern als seinem Vorgesetzten. Der erste Staatsanwalt des Oberlandesgerichts Warschau war ihm als „Prokurator" zur Überwachung beigegeben. Andererseits standen die sämtlichen Pfarrgemeinden unter seiner „Leitung", und sein Mitglied, der Generalsuperintendent, war der „oberste Vorgesetzte" aller Geistlichen.

Die Kirche war also Staatskirche im vollen Sinne des Wortes.

Bei der Aufstellung des Entwurfs einer neuen Verfassung dieser Kirche, bei deren Ausarbeitung die früher bestehenden gesetzlichen Bestimmungen aus den Jahren 1849 und 1896 sowie die 1906 vorgelegten „Materialien" sorgfältig berücksichtigt wurden, war davon auszugehen, daß die Kirche ihren Charakter als Diasporakirche behalten wird, die für sie zu erlassenden Ordnungen demgemäß auf die einfachen Verhältnisse einer an Seelenzahl kleinen, unter weiter räumlicher Zerstreuung ihrer Glieder leidenden Kirche zugeschnitten sein müssen. Andererseits war vorauszusetzen, daß die Kirche ihres Charakters als Staatsanstalt zu entkleiden sein wird. Bei der hiernach notwendig werdenden Loslösung der Kirche von dem bisherigen Machteinfluß der staatlichen Behörden muß die Verfassung dafür sorgen, daß die Kirche auf sich selbst stehen kann. Die Kirchengewalt darf aber nun auch nicht in die Hände eines kirchlichen Berufsbeamtentums übergehen, vielmehr muß wirksam zur Geltung kommen, daß sie ursprünglich ausgeht von derselben örtlichen Gemeinschaft, für welche auch die ordentliche kirchliche Wortverkündung eingerichtet ist, der Kirchengemeinde.

Dabei darf nicht außer acht gelassen werden, daß über die Kirche auch fernerhin der Staat, in welchem sie lebt, Gewalt hat. Um diese Gewalt abzugrenzen, wird in der Verfassung des Staates eine Bestimmung sich finden müssen, wonach im Staat Religionsfreiheit besteht und die evangelische Kirche, wie die anderen öffentlichen Religionsgemeinschaften, ihre Angelegenheiten innerhalb der gesetzlichen Schranken selbständig verwaltet und rechtlich ordnet. Der Staat wird auch wohl Bestimmung treffen wegen der Sprache, in der die Kirchenbücher als öffentliche Urkunden zu führen sind, wegen der Kirchensteuern, denen er ein gewisses Maß setzt und für deren Erhebung er die Mitwirkung seiner Beamten gewährt. Es liegt auch nahe, daß der oberste Kirchenbeamte, vielleicht auch der Generalsuperintendent und die Superintendenten, dem Staatsoberhaupte einen Eid zu leisten haben werden, in welchem sie diesem Treue geloben und Gehorsam dem Gesetz. Die gesetzliche Festlegung der hierfür zu erlassenden Bestimmungen ist aber nicht Sache der Kirchenverfassung, sondern der Staatsgesetzgebung zu überlassen.

Wünschenswert wird es sein, daß bei Gelegenheit der Einführung einer neuen Kirchenverfassung die Fachausdrücke für die verschiedenen kirchlichen Ämter und Einrichtungen bereinigt werden, einerseits zur Schonung der deutschen Sprache, andererseits zur besseren Übereinstimmung mit dem Sprachgebrauch der evangelischen Kirchen Deutschlands.

Im einzelnen ist zu bemerken:

Zu § 1. Die Kirchenangehörigkeit tritt von selbst ein und dauert bis zu der selbstverständlich freistehenden Austrittserklärung. Formvorschriften für diese könnten nur durch Staatsgesetz wirksam gegeben werden.

Zu § 3. Die Selbständigkeit der Gemeinde wird hier betont vor allem dem Konsistorium als der obersten Kirchenverwaltungsbehörde gegenüber, insofern auch dieses nur soweit Macht über die Gemeinde besitzt, als eine gesetzliche Grundlage dafür besteht.

Zu § 4. Die allgemeine Gemeindeversammlung hat meist kein rechtes Leben und wirkt daher eher schädlich. Die damit gewollten Zwecke lassen sich vorteilhafter durch frei veranstaltete Besprechungsversammlungen erreichen.

Der bisher gebräuchliche Name „Kirchenkollegium" wird besser durch „Kirchenvorstand" ersetzt.

Zu § 5. Als Grundlage der für jede Wahl besonders aufzustellenden Wählerliste dient die ständige Urliste der Stimmberechtigten, in welche die Eintragung nur auf Antrag erfolgt (unter § 6).

Zu § 6. Es scheint nicht ratsam, gerade in dieser Kirche mit dem Experiment des Frauenstimmrechts vorzugehen. Nach dem Vorbild anderer Kirchenordnungen soll die Eigenschaft als Stimmberechtigter von einem offenen Bekenntnis zur Sache der Kirche abhängig gemacht werden.

Zu § 7. Während § 6 die Grundlagen des Stimmrechts bezeichnet, folgen hier die besonderen Mangelhaftigkeiten, welche das an sich bestehende Wahlrecht aufheben.

Zu a und b). Die Anforderungen an die kirchliche Haltung des Familienlebens müssen unter den besonderen Verhältnissen des Landes strenger sein als z.B. in Preußen.

Zu c). Die Beitragspflicht zu den Lasten der Kirchengemeinde überhaupt ist Voraussetzung der Stimmberechtigung (§ 6). Nichterfüllung der danach begründeten Leistungspflicht beseitigt dieses Recht, so lange sie dauert.

Zu § 8. Die Drittelserneuerung hat den Vorteil, einen gewissen geistigen Zusammenhang der sich erneuernden Versammlung zu gewährleisten. Nach der ersten Gesamtneuwahl sowie nach einer Auflösung wird die Zugehörigkeit zu den der Reihe nach ausscheidenden Dritteln durch das Loos [sic!] zu bestimmen sein.

Zu § 9. Die äußeren Angelegenheiten der Gemeinde umfassen alles, was nicht dem Lehramt als sochem gehört. In seiner zweiten Aufgabe, die zugleich eine Aufgabe jedes einzelnen Mitglieds für sich ist, wird der Kirchenvorstand zu einem Gehilfen des Pfarrers.

Der Kirchenvorstand hat keinen Vorgesetzten. Er steht unter den Kirchengesetzen und unter den aufsichtsrechtlichen Maßregeln des Konsistoriums (§ 9 Abs. 2, § 17) sowie der Rechtskontrolle des Konsistorialgerichts (§ 18).

Zu § 10. Für die Ausbildung der jungen Theologen und wohl auch für ihre Prüfung werden ausländische Fakultäten nicht entbehrt werden können. Das Nähere ist am besten den Vorschriften der kirchlichen Verwaltungsbehörde anheimzugeben. Diese wird insbesondere auch die erforderlichen Verständigungen mit solchen Fakultäten zu treffen haben.

Die Beschränkung der Wahl auf die in die ständige Kandidatenliste des Konsistoriums Eingetragenen gibt den Kirchenvorständen eine gewisse Leitung, die um der guten Ordnung und Einheit der Kirche willen nicht zu entbehren ist. Die Aufnahme in jene Liste kann keinem verweigert werden, der die gesetzlichen Voraussetzungen dafür erfüllt; auch hier schützt § 18. Der Fall, daß der Kirchenvorstand einen Nichteingetragenen ins Auge faßt, der sonst die gesetzlichen Erfordernisse der Eintragung erfüllt, wird namentlich da vorkommen, wo es sich um einen auswärtigen Theologen handelt. Die Frage der Wählbarkeit ist dann vor Vollzug der Wahl zu erledigen.

Zu § 11. Der Propst stimmt nicht mit ab; er hat aber sich zu bemühen, die Wahl zu einem guten Ende zu führen, dabei namentlich auch Fühlung zu nehmen mit der Stimmung der Gemeinde. Zu dem Zwecke kann er auch Versammlungen der Stimmberechtigten veranstalten. Dieses Verfahren wird der Wahl durch einen verstärkten Kirchenvorstand oder durch eine Gemeindeversammlung vorzuziehen sein.

Die verweigerte Bestätigung durch das Konsistorium macht die Wahl hinfällig. Dem Konsistorium kann bei der sachlichen Würdigung der Wahl freies Ermessen gelassen werden, da die Möglichkeit dahinter steht, daß die Synode sich mit dem Falle befaßt.

Zu § 12. Es empfiehlt sich, das unschöne und unhandliche Wort „Superintendent“ durch das in der evangelisch-lutherischen Kirche Rußlands gebräuchliche „Propst“ zu ersetzen. Damit erhält zugleich der Amtsbezirk seine entsprechende Bezeichnung.

Zu § 13. Da der Propst kein eigentlicher Vorgesetzter der Pfarrer ist, wird es möglich sein, ihn von den Pfarrern selbst wählen zu lassen. Er übt nur begrenzte Rechte der Dienstaufsicht über seine Kollegen aus und steht dabei unter der Leitung des zuständigen Mitglieds des Konsistoriums (§ 17).

Zu § 14. Die wichtigste Aufgabe der Propsteiversammlung wird sein eine brüderliche Selbstdisziplin des Pfarrstandes, die eine rechtliche Disziplin durch Vorgesetzte überflüssig macht.

Zu § 15. Für den Generalsuperintendenten wäre gleichfalls eine vernünftigere Bezeichnung wünschenswert, etwa „Landespropst“.

Wenn das Konsistorium den bisherigen Namen beibehält, so darf doch nicht übersehen werden, daß seine Stellung künftig eine ganz andere sein wird als in einer Staatskirche oder einer von landesherrlichem Episkopat regierten. Dort war eine möglichste Selbständigkeit und Widerstandsfähigkeit dieser Behörde wertvoll als ein Schutz der Freiheit der Kirche. Sobald dagegen der Schwerpunkt der Kirchengewalt in die Gemeinden und die darauf aufgebaute Synode verlegt sein soll, die doch von Natur zu einer stetigen und durchgreifenden Herrschaft wenig veranlagt sind, muß verhütet werden, daß jene Behörde ihnen gegenüber zu stark wird. Deshalb ist – auch abgesehen vom Finanzpunkt – ein allzu reich besetztes Kollegium regierender kirchlicher Berufsbeamten hier nicht am Platze. Das Direktorium (d.i. Konsistorium) der augsburgischen Kirche in Elsaß-Lothringen besitzt unter seinen fünf Mitgliedern nur einen einzigen eigenen Berufsbeamten, den Präsidenten. Im übrigen sind das Ministerialräte oder Pfarrer, die nur im Nebenamt tätig werden, oder ehrenamtliche Abgeordnete der Synode. Wenn hier drei eigene Berufsbeamte gesetzt werden, so ist das sicher ausreichend. Die Anstellung von Hilfsbeamten, unter welchen auch Theologen oder Juristen sein können, gibt die etwa noch fehlenden Arbeitskräfte. Die Zuziehung von ehrenamtlich tätigen Mitgliedern der Synode ist wesentlich nur bestimmt, den inneren Zusammenhang mit dieser zu gewährleisten.

Es wäre auch unzweckmäßig, alle Geschäfte des Konsistoriums immer von dem ungefügen Kollegium der fünf Mitglieder besorgen zu lassen. Die zwei Ehrenbeamten dürfen nicht unnötig in Anspruch genommen werden. Die laufenden Geschäfte werden daher grundsätzlich die drei berufsmäßigen ständigen Mitglieder allein besorgen, einzeln oder im engeren Kollegium. Die Beschlüsse des Gesamtkollegium gehen natürlich immer vor.

Die genauere Geschäftsverteilung wird zweckmäßigerweise einer leicht änderbaren Ordnung überlassen, welche das Konsistorium selbst aufstellt.

Zu § 16. u. 17. Es handelt sich hier um gewisse Stücke der Geschäftsverteilung, die verfassungsrechtlich zu regeln sind wegen ihrer Wichtigkeit oder ihrer Wirkung nach außen.

Zu § 18. Nach erlangter Selbständigkeit muß die Kirche eine zuverlässige Rechtspflege für alle dazu geeigneten kirchlichen Angelegenheiten innerhalb ihrer eigenen Ordnung bieten. Sonst würde sich die unerwünschte Neigung geltend machen, die staatlichen Gerichte zu einer übermäßigen Einmengung zu veranlassen. Statt eine Aufzählung der Zuständigkeiten des kirchlichen Gerichts zu geben, die immer Lücken läßt, wird es richtiger sein, einen allgemeinen Begriff aufzustellen; das Gericht wird im Stande sein, mit dieser Formel den Umfang seiner Aufgabe überall selbst zu finden. Die kirchliche Gesetzgebung muß bereit sein, in sich ergebenden Zweifelsfällen nachzuhelfen. Gewisse, mehr staatliche Dinge, wie z.B. eherechtliche Streitigkeiten, werden wahrscheinlich von der Landesgesetzgebung wie früher schon der Kirche überlassen bleiben; auch für diese ist dann Fürsorge getroffen. Sehr wichtig sind außerdem die in solchen Formen zu behandelnden Disziplinarstrafverfolgungen gegen Geistliche.

Das gegebene Gericht ist das Konsistorium, das sich nach dem Vorbild neuerer Verwaltungsrechtspflegegesetze dabei selbst als Gericht, Konsistorialgericht, zu bezeichnen hat. Es verfährt dann im förmlichen Prozeß ganz unter Mitwirkung der Beteiligten als Parteien, und sein Ausspruch ist ein rechtskraftfähiges Urteil.

Die beiden ehrenamtlichen Konsistorialräte (§ 15, Abs. 3) werden hier durch andere Ehrenbeamte ersetzt, die für eine richterliche Tätigkeit geeigneter und dafür besonders ausgesucht sind. Die Synode wird wo möglich praktische Juristen dazu bestimmen. Die Fähigkeit zum kirchlichen Ehrenamt ist selbstverständlich auch bei ihnen vorausgesetzt (§ 8). Für Disziplinarsachen gegen Geistliche sollen, abweichend von den übrigen Fällen, die zuzuziehenden beiden Ehrenbeamten aus der Landesgeistlichkeit entnommen sein, damit die Mehrheit der Gerichtsmitglieder aus Standesgenossen des Angeklagten besteht.

Zu § 19. Sobald, wie hier, die Synode häufiger tagen soll, darf sie nicht zu zahlreich sein. In Elsaß-Lothringen zählt sie 24 Mitglieder. Hier werden es 33 sein.

Zu a). Da die zwei ehrenamtlichen Konsistorialräte ohnehin Mitglieder der Synode sind, ist das ganze Konsistorium in dieser enthalten. Das Zusammenwirken der beiden obersten Stellen wird dadurch gefördert. Die Mitglieder des Konsistoriums erhalten eine Verstärkung ihrer Machtstellung, werden aber auch andererseits dem Einflusse ihrer Kollegen in der Synode zugänglicher. Der rechtliche Vorrang der Beschlüsse der Synode verliert an persönlicher Schärfe. Die Einrichtung hat sich in Elsaß-Lothringen bewährt.

Zu b u. c). Die Pröpste sind hier wegen ihrer Sachkenntnis und Vertrauensstellung unentbehrlich. Die Zahl der geistlichen Mitglieder verhält sich demnach den der der weltlichen im ganzen wie 1:2.

Zu d u. e). Die Art der Verteilung der zu wählenden Laienabgeordneten ist im wesentlichen der Preuß. Kirchengemeinde- und Synodalordnung nachgebildet (§ 50, § 62). Da die Mitwirkung der höheren Stellen bei der Zuteilung von Abgeordneten an die zahlreicheren Gemeinden hier wegfällt, muß das Gesetz so genau bestimmen, daß diese Zuteilung sich von selbst ausrechnet. Die Zusammenfassung der stärkeren Gemeinden geht natürlich von oben nach unten.

Zu § 20. Wenn die Synode die eigentliche Trägerin der Kirchengewalt sein soll, darf sie nicht allzuselten werden. Alljährliche Zusammenkunft ist das wenigste. Weil die Mitglieder auf diese Weise nie ganz aus dem Zusammenhange kommen, können die einzelnen Tagungen desto kürzer sein. Das ist für die Pfarrer im Amte wie für die bäuerlichen Abgeordneten sehr notwendig und fördert auch die Verhandlungen. Die Nichtgewährung von Tagegeldern hat den gleichen Zweck im Auge. Das bewährte Vorbild Elsaß-Lothringens ist hier wieder maßgebend.

Zu § 21. Wenn der Präsident des Konsistoriums Mitglied der Synode ist, kann kein anderer den Vorsitz führen.

Zu § 22. Die Synode hat in der Kirche die gesetzgebende Gewalt. Darin liegt insbesondere auch das Recht der Steuerauflage.

In Verwaltungssachen wird die Synode, abgesehen von den angeführten notwendigen Beschlüssen, naturgemäß seltener eingreifen. Namentlich die Verhandlungen über den Verwaltungsbericht des Konsistoriums können Anlaß geben, ihre Willensmeinung bezüglich der vom Konsistorium getroffenen oder zu treffenden Maßregeln zur Geltung zu bringen.

Schlußbemerkung

Bei Einführung der Verfassung wäre noch eine Übergangsbestimmung zu treffen dahin:
„Alle bisher in der Kirche geltenden Gesetze und Verwaltungsvorschriften, soweit sie nicht mit dieser Verfassung in Widerspruch stehen, bleiben in Kraft bis zu ihrer ordnungsmäßigen Aufhebung oder Änderung".

Dokument 10

Protokoll über die evangelisch-augsburgische Synode am 18. und 19. Oktober 1917 in Lodz,
Lodz 1917[1]

§ 1.

Angehörige der evangelisch-augsburgischen Landeskirche sind alle Christen evangelisch-lutherischen Bekenntnisses, welche im Königreich Polen ihren Wohnsitz haben und nicht evangelischen Kirchengemeinden anderen Bekenntnisses angehören.

Abänderungsvorschlag 1.: welche sich zu den sämtlichen Büchern des Alten und Neuen Testaments als der alleinigen Regel und Richtschnur des Glaubens und Lebens, sowie zu sämtlichen Bekenntnisschriften der evangelisch-lutherischen Kirche bekennen: dem Apostolischen, Nicäischen und Athanasianischen Glaubensbekenntnis, der Unveränderten Augsburgischen Konfession, der Apologie, den Schmalkaldischen Artikeln, dem Kleinen und Großen Katechismus Dr. M. Luthers und der Konkordienformel, wie dieselbe in dem Konkordienbuche von 1580 enthalten sind.

Abänderungsvorschlag 2:

„Die Evangelisch-Augsburgische Kirche im Königreich Polen bekennt sich zu den sämtlichen kanonischen Büchern des Alten und Neuen Testaments als der alleinigen Regel und Richtschnur des Glaubens und Lebens, sowie zu den sämtlichen Bekenntnisschriften der evangelisch-lutherischen Kirche: dem Apostolischen, Nicäischen und Athanasianischen Glaubensbekenntnisse, der Unveränderten Augsburgischen Konfession, der Apologie, den Schmalkaldischen Artikeln, dem Kleinen und Großen Katechismus Dr. Martin Luthers und der Konkordienformel, wie dieselbe in dem Konkordienbuche von 1580 enthalten sind.

1 38–45.

Angehörige der Evangelisch-Augsburgischen Kirche im Königreich Polen sind somit alle Christen, die im Königreich Polen ihren Wohnsitz haben und zu den Lehren dieser Kirche sich bekennen."

Abänderungsvorschlag 2 einstimmig angenommen.

§ 2.

Der Wohnsitz im Gebiete der einzelnen Kirchengemeinden begründet die Gemeindemitgliedschaft. In sprachlich gemischten Gemeinden kann der sprachlichen Minderheit der Zusammenschluß zu einer besonderen Kirchengemeinde nach Anhörung der betreffenden Kirchengemeinden vom Konsistorium gestattet werden.

Abänderungsvorschlag: „Der Wohnsitz im Gebiete der einzelnen Kirchengemeinden begründet die Gemeindemitgliedschaft. Die sprachlichen Minderheiten müssen überall in Bezug auf ihre kirchliche Bekennung zu ihrem vollen Rechte kommen. In sprachlich gemischten Gemeinden kann der sprachlichen Minderheit auf Verlangen derselben der Zusammenschluß zu einer besonderen Kirchengemeinde von dem Konsistorium (Synode) gestattet werden." Zusatz: Im Falle der Ablehnung dieses Antrages steht der Minderheit das Recht der Beschwerde bei der Synode zu.

Der Abänderungsvorschlag mit Ersatz des Wortes „Synode" durch „Konsistorium" und dem Zusatz angenommen.

§ 3.

Die Kirchengemeinden verwalten innerhalb der gesetzlichen Grenzen ihre Angelegenheiten selbständig (Gemeindeversammlung § 6). Sie werden durch die Kirchenkollegien vertreten.

§ 4.

Das Kirchenkollegium besteht aus dem Pastor und mindestens 4 gewählten Kirchenvorstehern, deren Zahl das Konsistorium bestimmt. Der Pastor führt den Vorsitz, in seiner Verhinderung ein vom Kirchenkollegium aus seiner Mitte gewählter ständiger Vertreter. Sind mehrere Pastoren in einer Gemeinde vorhanden, so sind sie sämtlich Mitglieder. Der dienstälteste Pastor führt den Vorsitz.

Sind mehrere Gemeinden (Filialen, Predigtstellen, Friedhofsgemeinschaften usw.) unter einem Pfarramt vereinigt, so regelt das Konsistorium die Besorgung der Geschäfte der einzelnen Gemeinden und der Gesamtgemeinde (Parochie) nach Bedarf durch Errichtung von örtlichen Kollegien.

§ 5.

Die Wahl der Mitglieder des Kirchenkollegiums und der gleichen Zahl Ersatzmänner geschieht durch die stimmberechtigten Gemeindeglieder auf Grund von Wählerlisten, die vom Kirchenkollegium vier Wochen vorher in den Muttergemeinden, Filialen und Kantoraten auszulegen und spätestens eine Stunde vor Wahlbeginn abzuschließen sind. Die Auslegung ist von der Kanzel bekannt zu geben. Die Wahl ist geheim, kann aber auch auf Antrag bei einstimmiger Annahme durch Zuruf stattfinden. Ueber Einwendungen gegen die Wählerlisten, die vor ihrem Abschluß bei dem Vorsitzenden des Kirchenkollegiums angebracht sein müssen, entscheidet das Kirchenkollegium und auf dagegen erhobene Beschwerde das Konsistorium (§ 18a). Die Beschwerde hat keine aufschiebende Wirkung.

§ 6.

Stimmberechtigt sind alle männlichen volljährigen Mitglieder der Gemeinde, welche mindestens ein Jahr (am Orte wohnen oder) zur Gemeinde gehören und im Besitz der Standesrechte sind.

Stimmberechtigt sind auch die Mitglieder, die infolge eines besonderen Rechtsgrundes von der Kirchensteuer befreit sind.

(Unter den gleichen Voraussetzungen sind selbständige Frauen stimmberechtigt; doch müssen sie sich in der Gemeindeversammlung durch männliche stimmberechtigte Gemeindeglieder mittels schriftlicher Vollmacht vertreten lassen.)

Absatz 1 und 2 mit dem eingeklammerten Zusatz angenommen.

Zu Absatz 3 wird folgendes Gutachten der Synode erstattet:

Es ist erwünscht, ein beschränktes Frauenstimmrecht festzusetzen.

Der Begriff der wirtschaftlichen „Selbständigkeit" müßte genau formuliert werden.

§ 7.

Ausgeschlossen vom Stimmrecht ist:

a) wer sich durch seine Unkirchlichkeit, Verbreitung von Irrlehren oder unsittliche Lebensführung in Widerspruch mit den Ordnungen der Kirche setzt,
b) wer mit den ihm obliegenden Beiträgen zu den Kirchenlasten im Rückstande ist.

§ 8.

Wählbar sind nur stimmberechtigte Gemeindeglieder, die das 30. Lebensjahr zurückgelegt haben. Wählbar ist nicht, wer, in einer Mischehe lebend, alle seine Kinder in einer anderen Konfession erzieht.

Die Wahl gilt auf sechs Jahre. Alle drei Jahre scheidet die Hälfte aus. Das erste Mal findet Auslosung statt. Wiederwahl ist zulässig.

§ 9.

Das Kirchenkollegium führt die Verwaltung der äußeren Angelegenheiten der Gemeinde, soll aber zugleich die Erhaltung von kirchlicher Zucht und Sitte, die Belebung des christlichen Sinnes und die Pflege der krichlichen Liebestätigkeit in der Gemeinde sich angelegen sein lassen.

Die Mitglieder des Kirchenkollegiums können im Falle beharrlicher Vernachlässigung ihrer Obliegenheiten oder sonstiger grober Pflichtwidrigkeit von dem Konsistorium (§ 18a) ihres Amtes entsetzt werden.

§ 10.

Zum Pastor einer Gemeinde kann nur bestellt werden ein im Bekenntnis der Kirche stehender sittlich untadeliger Mann, der das 25. Lebensjahr zurückgelegt hat und auf Grund nachgewiesener wissenschaftlicher und praktischer Vorbildung in die Kandidatenliste des Konsistoriums aufgenommen worden ist. Durch Beschluß des Konsistoriums kann auch einem Nichteingetragenen nach vorangegangenem Colloquium die Wählbarkeit zuerkannt werden.

Die Vorschriften über den Bildungsgang sowie die Anordnungen über die Einrichtung der Prüfungen erläßt das Konsistorium. Bedingung ist ein vierjähriges Studium der lutherischen Theologie auf einer deutschsprachigen theologischen Fakultät.

§ 11.

Die Gemeindeversammlung wählt den Pastor mit einfacher Stimmenmehrheit unter Vorsitz des Superintendenten oder eines von ihm entsandten Geistlichen. Dieser leitet das vorbereitende Verfahren. Er legt das Wahlergebnis dem Konsistorium zur Bestätigung vor. Das Konsistorium kann die Bestätigung nur dann verweigern, wenn wesentliche Formen des Verfahrens verletzt sind oder erhebliche sachliche Bedenken gegen die vorgenommene Wahl vorliegen. Der Gemeinde steht das Recht der Berufung an die Synode zu.

§ 12.

Das Gebiet der Gesamtkirche ist in Diözesen eingeteilt, die den Amtsbezirk der Superintendenten bilden.

Der Superintendent überwacht in seinem Bezirk die kirchlichen Zustände sowie die Durchführung der kirchlichen Gesetze und der Anordnungen des Konsistoriums sowie der Synode und erstattet darüber alljährlich umfassenden Bericht an das Konsistorium. Er führt über die Geistlichen seiner Diözese die unmittelbare Dienstaufsicht mit dem Rechte der Berichteinforderung, des Verhaltens und des vorläufigen Einschreitens bei Dringlichkeit der Abhilfe und hat die Pflicht der regelmäßigen Visitation.

§ 13.

Die Diözesanversammlung besteht aus den Pastoren der Diözese und Laienvertretern, deren jede Gemeindeversammlung doppelt so viel entsendet, als die Gemeinde Pfarrstellen hat. Die Diözesanversammlung muß mindestens einmal jährlich einberufen werden, außerdem auf Verlangen von einem Drittel der Mitglieder.

Für die Wahl der Laienabgeordneten finden die Vorschriften der §§ 5–8 entsprechende Anwendung.

Der Wirkungsbereich der Diözesanversammlung umfaßt nachstehende Befugnisse und Obliegenheiten:

1. Die Erledigung der ihr vom Konsistorium oder der Synode zugehenden Vorlagen.
2. Die Beratung von Anträgen an das Konsistorium oder die Synode.
3. Die Mitaufsicht über die Kirchengemeinden hinsichtlich ihrer Vermögensverwaltung, ihrer Einrichtungen für christliche Liebeszwecke und ihrer kirchlichen und sittlichen Zustände.
4. Die Verwaltung und Leitung von etwaigen den Kirchengemeinden der Diözese gemeinsamen Einrichtungen.
5. Die Wahl des Superintendenten gemäß § 14.

Abänderungsvorschlag: Das Wort „doppelt" zu streichen.

Der Abänderungsvorschlag einstimmig abgelehnt.

§ 14.

Der Superintendent wird aus den Pastoren der Diözese, die das 60. Lebensjahr noch nicht vollendet haben, durch die Diözesanversammlung (§ 13) für die Dauer seines Hauptamtes gewählt. Zugleich wird ihm von der Diözesanversammlung für Fälle der Verhinderung ein ständiger Vertreter für seine Amtsdauer gestellt.

Beide Wahlen bedürfen der Bestätigung durch das Konsistorium, gemäß den Vorschriften bei der Bestätigung der Pfarrwahlen (§ 11).

§ 15.

Die Verwaltung der Landeskirche führt im Auftrage der Synode das Konsistorium. Es hat seinen Sitz in Lodz und besteht aus sechs von der Synode gewählten, und zwar zwei beruflichen sowie vier ehrenamtlichen Mitgliedern.

Die beruflichen Mitglieder sind: der Präsident, der die Befähigung zum Richteramt oder höheren Verwaltungsdienste, der Generalsuperintendent, der die zum Pfarramt besitzen muß. Sie werden von der Synode auf sechs Jahre gewählt und können von ihr bei Wiederwahl auf Lebenszeit angestellt werden. Sie dürfen keine Nebenämter bekleiden.

Die vier ehrenamtlichen Konsistorialräte (zwei Geistliche und zwei Laien), wählt die Synode auf sechs Jahre aus ihrer Mitte. Außerdem wählt die Synode vier Ersatzmänner (zwei Geistliche und zwei Laien), die im Falle der Verhinderung von Mitgliedern des Konsistoriums für diese eintreten.

1. Abänderungsvorschlag: Die beruflichen Mitglieder sind: 1. der Generalsuperintendent als Präsident, 2. der Vizepräsident, welcher die Befähigung zum Richteramt oder höheren Verwaltungsdienst haben muß. Sie werden von der Synode auf Lebenszeit gewählt und dürfen keine Nebenämter bekleiden.

2. Abänderungsvorschlag: statt „Lodz" „Warschau" zu setzen.

3. Abänderungsvorschlag: keine Bestimmung über den Amtssitz zu treffen.

4. Abänderungsvorschlag: statt Generalsuperintendent zu sagen: Bischof.

Ohne die Abänderungsvorschläge angenommen.

§ 16.

Das Konsistorium ist beschlußfähig, wenn es vollzählig versammelt ist. Es entscheidet mit einfacher Stimmenmehrheit. Bei Stimmengleichheit gibt die Stimme des Präsidenten den Ausschlag.

§ 17.

Das Konsistorium ist die Aufsichtsbehörde der Kirchengemeinden. Sie bedürfen seiner Genehmigung für den aufgestellten Haushaltsplan, für den Abschluß der Kirchenrechnungen, für Last- und Steuerauflagen, sowie für Veräußerung und Verpfändung von Kirchengut und Uebernahme von Verbindlichkeiten.

Das Konsistorium ist die vorgesetzte Dienstbehörde sämtlicher Geistlichen und Beamten der Landeskirche. Der Generalsuperintendent übt namens des Konsistoriums die Dienstaufsicht über die Pastoren aus und bedient sich hierbei der unter seiner Leitung stehenden Superintendenten.

§ 18.

Das Konsistorium entscheidet nach Anhörung der Parteien

a) als Aufsichtsbehörde über die sich auf Grund der Kirchenordnung ergebenden Streitigkeiten, insbesondere über Anfechtung einer ergangenen Anordnung wegen behaupteter Rechtswidrigkeit, sowie über die Anfechtung von Wahlen,
b) als Disziplinargerichtshof über die Geistlichen, Kirchenvorsteher und Beamten der Landeskirche. Richtet sich das Disziplinarverfahren gegen einen Geistlichen, so urteilt das Konsistorium verstärkt durch zwei Geistliche, die von der Synode hierfür gewählt werden. Berufungsbehörde für die Entscheidungen dieses Gerichts ist die Synode.

§ 19.

Die oberste Gewalt in der Kirche steht der Landessynode zu. Sie setzt sich zusammen:

a) aus den Mitgliedern des Konsistoriums,
b) aus sämtlichen Geistlichen der Landeskirche,
c) aus Laien-Abgeordneten, deren jede Gemeinde doppelt soviel entsendet, als in ihr Pfarrstellen vorhanden oder Pastoren tätig sind.

Abänderungsvorschlag: Das Wort „doppelt" zu streichen.

Die zu wählenden Laien müssen die Wählbarkeit zum Kirchenkollegium besitzen.

Die Wahlen gelten überall für sechs Jahre. Für jeden Gewählten ist ein Ersatzmann zu wählen. Die Synode ist beschlußfähig, wenn sie ordnungsmäßig einberufen ist und mehr als die Hälfte ihrer Glieder anwesend sind.

Ohne den Abänderungsvorschlag einstimmig angenommen.

§ 20.

Die Synode tritt mindestens alljährlich einmal zusammen. Die auswärts wohnhaften Mitglieder erhalten aus den Kirchenkassen nur eine Reisekostenentschädigung, solange sie nicht aus den durch spezielle Kirchensteuern aufgebrachten Synodalmittel entschädigt werden können. Die Sitzungsdauer soll ordentlicher Weise fünf Tage nicht übersteigen.

§ 21.

Die Einladung zur Synode ergeht durch den Synodalvorstand.

Der Synodalvorstand besteht aus dem Vorsitzenden, einem Stellvertreter und dem Schriftführer, welche die Synode aus ihrer Mitte wählt. Mitglieder des Konsistoriums sind nicht wählbar.

Der Synodalvorstand führt die Geschäfte der Synode bis zum Zusammentritt der nächsten Synode. Bis zur ersten Synode führt das Konsistorium die Geschäfte des Synodalvorstandes.

§ 22.

Zur Zuständigkeit der Synode gehört es:
a) die Kirchengesetze zu erlassen,
b) den Haushaltsplan für die Gesamtkirche aufzustellen,
c) die Veräußerung und Verpfändung von Kirchengut der Gesamtkirche, sowie die Uebernahme von Verbindlichkeiten durch dieselbe zu genehmigen,
d) etwaige Berufungen gegen die Urteile des Disziplinargerichts zu erledigen.

Die Beschlüsse der Synode werden mit der Ausnahme des § 24 mit einfacher Stimmenmehrheit gefaßt und sind für das Konsistorium verbindlich.

§ 23.

Dem Konsistorium liegt die Verkündigung der von der Synode erlassenen Kirchengesetze ob. In dringenden Fällen ist das Konsistorium gemeinsam mit dem Synodalvorstand zur Vertretung der Synode gemäß § 22 befugt, jedoch ist die nachträgliche Genehmigung der nächsten Synode einzuholen.

§ 24.

Aenderungen dieser Kirchenordnung müssen, um wirksam zu sein, in zwei aufeinander folgenden durch drei Monate getrennten Tagungen der Synode mit zwei Drittel Mehrheit beschlossen werden.

§ 25.

Vorlage: Bei Festsetzung der Verhandlungssprache ist in allen Körperschaften der kirchlichen Verwaltung (Gemeindeversammlung, Kirchenkollegium, Diözesanversammlung und Landessynode) die Sprache der Minderheit gebührend zu berücksichtigen.

Abänderungsvorschlag: Die Verhandlungssprache für alle Körperschaften der kirchlichen Verwaltung (Gemeindeversammlung, Kirchenkollegium, Diözesanversammlung und Landessynode) ist deutsch. Personen, welche der deutschen Sprache nicht mächtig sind, kann es gestattet werden, sich ihrer Muttersprache zu bedienen.

Sowohl die Vorlage wie der Abänderungsvorschlag werden abgelehnt.

§ 25 wird in folgender Fassung angenommen:

Die Verhandlungssprache der Landessynode und der Diözesanversammlungen ist deutsch, desgleichen die der Kirchenkollegien und Gemeindeversammlungen in den ihrer Mehrheit nach deutschsprechenden Gemeinden. Den Personen, welche der jeweils vorgeschriebenen Verhandlungssprache erwiesenermaßen nicht mächtig sind, ist der Gebrauch ihrer Muttersprache zu gestatten.

Dokument 11

Entwurf eines Staatsgesetzes betreffend die Evangelisch-Augsburgische Kirche im Königreich Polen vom 12. Mai 1918[1]

§ 1

Die Evangelisch-Augsburgische Kirche im Königreich Polen ist eine freie und autonome Landeskirche, die nach Maßgabe der Staats- und Kirchengesetze ihre Angelegenheiten selbständig ordnet. Der Staatsregierung steht das Recht der Oberaufsicht nach Maßgabe der Gesetze zu; die Kirche ihrerseits kann den Schutz und Beistand der Staatsbehörden zur Vollziehung der in gesetzlicher Weise getroffenen kirchlichen Verfügungen in Anspruch nehmen.

§ 2

Die Verfassung der Kirche ist die synodal-konsistoriale.
Die oberste Instanz der sich selbst verwaltenden Gemeinde ist die Gemeindeversammlung der stimmberechtigten Mitglieder oder der Gemeindeausschuß, deren ausführendes Organ das Kirchenkollegium ist.
Die Gemeinden werden zu Diözesen, an deren Spitze die Superintendenten stehen, zusammengefaßt.
Die oberste Gewalt in der Landeskirche steht der Synode zu.
Die Verwaltung und Vertretung der Landeskirche erfolgt durch das Konsistorium. Die Kirche verkehrt mit den Staatsbehörden durch das Konsistorium. An der Spitze des Konsistorium steht der Bischof.

§ 3

Kirchengesetze und Verordnungen werden von der Synode beschlossen. Bevor ein Kirchengesetz, welches den Bekenntnisstand und die inneren Angelegenheiten der Kirche betrifft, Gesetzeskraft erlangt, ist durch eine Erklärung der zuständigen Staatsbehörde festzustellen, daß es mit einem Staatsgesetz nicht in Widerspruch steht. Alle übrigen Kirchengesetze bedürfen der Genehmigung des Staates.

§ 4

Die Landeskirche hat die Eigenschaft einer juristischen Person des öffentlichen Rechts.

§ 5

Der Landeskirche sowie den einzelnen Pfarr- und Filialgemeinden wird die ungeschmälerte Erhaltung ihres Vermögens und ihrer Rechte im gegenwärtigen und zukünftigen Besitzstande zugesichert.

---

1 Publ. in: Unsere Kirche, Amtsblatt der Ev.-Augsb. Kirche im Königreich Polen, Sonderausgabe vom 12.5.1918; *O. Wagner,* Staat und ev. Kirche 154–57.

§ 6

Die Vertretung und Verwaltung der Diözesen erfolgt durch die in den Kirchengesetzen bestimmten Organe.

§ 7

Die Pfarr- und Filialgemeinden haben die Eigenschaft von juristischen Personen des öffentlichen Rechts. Ihre Vertretung und Verwaltung erfolgt durch die in den Kirchengesetzen bestimmten Organe.

§ 8

Die Vertretung und Verwaltung der Bethaus-, Friedhofs- und Kantoratsgemeinschaften erfolgt durch die Organe der zuständigen Pfarr- oder Filialgemeinde.

§ 9

Die Errichtung neuer Diözesen, Pfarr- oder Filialgemeinden und deren Abgrenzung sowie die andere Umgrenzung bestehender Diözesen, Pfarr- oder Filialgemeinden erfolgt durch die kirchlichen Organe nach Maßgabe der Kirchengesetze. Sie bedarf der Genehmigung der zuständigen Staatsbehörde.

§ 10

Die Wahl des Bischofs, des Vizepräsidenten und der Mitglieder des Konsistoriums, welche sämtlich die polnische Staatsangehörigkeit besitzen müssen, erfolgt nach Maßgabe der Kirchengesetze durch die Synode.
Die Anstellung des Bischofs und des Vizepräsidenten erfolgt nach Bestätigung durch das Staatsoberhaupt, die der Mitglieder bedarf nur der Anzeige an die zuständige Staatsbehörde.
Die Synode tritt vor der Wahl des Bischofs und des Vizepräsidenten des Konsistoriums mit den Staatsbehörden über die Person des Kandidaten in Verbindung.

§ 11

Die Anstellung der Superintendenten und Pastoren, welche die Staatsangehörigkeit des Königreichs Polen besitzen oder erwerben müssen, erfolgt nach Maßgabe der Kirchengesetze. Jede Anstellung ist der zuständigen Staatsbehörde anzuzeigen.
Die Anstellung oder Beschäftigung von Ausländern als Anstalts- oder Hilfsgeistliche bedarf der Zustimmung der zuständigen Staatsbehörde.

§ 12

Die Anstellung der Superintendenten und Pastoren, welche die Staatsangehörigkeit des Königreichs Polen besitzen oder erwerben müssen, erfolgt nach Maßgabe der Kirchengesetze.

§ 13

Die Mitglieder des Konsistoriums und die Geistlichen haben vor Antritt ihres Amtes den vorgeschriebenen Eid zu leisten, und zwar die Geistlichen bei der Ordination.

§ 14

Im Verkehr mit den Staatsbehörden haben sich die Geistlichen und Beamten der Kirche der polnischen Sprache als der Amtssprache zu bedienen.

§ 15

Die Erhebung von Kirchensteuern erfolgt nach Maßgabe der bestehenden Kirchengesetze. Jeder Umlagebeschluß bedarf der Bestätigung durch die zuständige Staatsbehörde. Die Entscheidung über die Bestätigung hat innerhalb eines Monats nach Mitteilung des Umlagebeschlusses an die zuständige Staatsbehörde zu erfolgen.
Die Bestätigung kann nur dann versagt werden, wenn die Belastung der Gemeinde zu hoch oder ungerecht erscheint. In diesem Falle ist der Umlagebeschluß noch einmal in einer besonders einzuberufenden Gemeindeversammlung nachzuprüfen, welche in Anwesenheit eines abgeordneten Staatskommissars, dessen Ausführungen zu hören sind, endgültige Entscheidung trifft.

§ 16

Die Bestätigung des Umlagebeschlusses ist an zwei aufeinanderfolgenden Sonntagen in den Kirchen- und Bethäusern mitzuteilen. Der Umlagebeschluß ist zwei Wochen zur Einsicht in der Kirchenkanzlei auszulegen.
Innerhalb einer Frist von einem Monat seit der letzten Verkündigung steht die Beschwerde gegen die Veranlagung offen. Über die Beschwerde entscheidet das Konsistorium. Sie hat keine aufschiebende Wirkung.

§ 17

Die Einziehung der Kirchensteuern erfolgt auf Grund des bestätigten Umlagebeschlusses (§§ 15, 16) durch die zuständige Kirchengemeinde. Die staatlichen Vollstreckungsorgane leisten ihr auf Ersuchen bei der Einziehung der Kirchensteuern Hilfe.

§ 18

Die Vorschriften der §§ 15 und 17 gelten entsprechend für die Erhebung von Kirchensteuern durch die Gesamtkirche.

§ 19

Der Staat leistet der Evangelisch-Augsburgischen Kirche eine jährliche Beihilfe, deren Höhe durch den Staatshaushaltsplan bestimmt wird.

§ 20

Der vorher einzuholenden Genehmigung der zuständigen Staatsbehörde bedarf es:
a) zu jeder Erwerbung, Veräußerung oder Belastung von Grundeigentum, sofern der Wert 10 000,– Mark übersteigt;
b) zu jeder Verfügung über Eigentum, welches einen besonderen wissenschaftlichen, geschichtlichen oder künstlerischen Wert hat.

§ 21

Das Konsistorium leitet die Angelegenheiten der Herrnhuter oder Mährischen Brüder und der Mennoniten, welche im Königreich wohnen, in der bisher geltenden Weise.

Dokument 12

Minderheitenschutzvertrag mit Polen vom 28. Juni 1919[1]

Die Vereinigten Staaten von Amerika, das Britische Reich, Frankreich, Italien und Japan, die Alliierten und Assoziierten Hauptmächte einerseits

In Anbetracht, daß die Alliierten und Assoziierten Mächte durch den Erfolg ihrer Waffen der polnischen Nation die Unabhängigkeit gegeben haben, deren sie ungerechterweise beraubt war;

in Anbetracht, daß durch die Proklamation vom 30. März 1917 die russische Regierung der Wiederherstellung eines unabhängigen polnischen Staates zugestimmt hat;

daß ferner der polnische Staat, der jetzt tatsächlich die Souveränität über die überwiegend von Polen bewohnten Teile des alten russischen Kaiserreichs ausübt, von den Alliierten und Assoziierten Hauptmächten schon als souveräner und unabhängiger Staat anerkannt worden ist;

in Anbetracht ferner, daß kraft des von den Alliierten und Assoziierten Mächten mit Deutschland geschlossenen Friedensvertrages, den Polen mitunterzeichnet hat, gewisse Gebiete des alten deutschen Kaiserreichs in das Gebiet Polens einverleibt werden;

und daß nach dem Wortlaute des genannten Friedensvertrags die Grenzen Polens, die noch nicht festgesetzt sind, später durch die Alliierten und Assoziierten Hauptmächte bestimmt werden sollen;

unter Bestätigung ihrer Anerkennung des polnischen Staates innerhalb der genannten Grenzen als Gliedes der Familie der Nationen, als souverän und unabhängig und weiter im Bestreben, die Ausführung des Artikels 93 des genannten Friedensvertrags mit Deutschland sicherzustellen;

Polen anderseits,

das seine Einrichtungen den Grundsätzen der Freiheit und Gerechtigkeit anzupassen und davon allen Einwohnern der Gebiete, über die es die Souveränität übernommen hat, eine sichere Gewähr zu bieten wünscht,

haben zu diesem Zwecke, und zwar die hohen vertragschließenden Teile vertreten, wie folgt: ...... nach Austausch ihrer Vollmachten, die als gut und formrichtig anerkannt wurden, die nachfolgenden Abmachungen vereinbart:

Artikel 1.

Polen verpflichtet sich, die in den Artikeln 2–8 dieses Kapitels enthaltenen Bestimmungen als Grundgesetze anzuerkennen, mit der Wirkung, daß kein Gesetz, keine Verordnung und keine amtliche Handlung im Gegensatz oder Widerspruch zu ihnen stehen, und daß kein Gesetz, keine Verordnung und keine amtliche Handlung gegen sie Geltung beanspruchen darf.

Artikel 2.

Die polnische Regierung verpflichtet sich, allen Einwohnern ohne Unterschied der Geburt, der Staatsangehörigkeit, der Sprache, des Volkstums und der Religion den umfassendsten Schutz ihres Lebens und ihrer Freiheit zu gewähren.

1 Dz.U.R.P. 1920, Nr. 110, Pos. 728; deutsche Übersetzung in: *Herbert Kraus,* Das Recht der Minderheiten. Materialien zur Einführung in das Verständnis des modernen Minoritätenproblems. Berlin 1927. 65–71.

Alle Einwohner Polens sollen das Recht auf freie private und öffentliche Ausübung jeden Bekenntnisses, jeder Religion oder Weltanschauung haben, deren Betätigung nicht mit der öffentlichen Ordnung und den guten Sitten unvereinbar ist.

Artikel 3.

Polen anerkennt als polnische Staatsangehörige rechtmäßig ohne jede Förmlichkeit die deutschen, österreichischen, ungarischen oder russischen Staatsangehörigen, die im Augenblicke des Inkrafttretens des gegenwärtigen Vertrages in dem Gebiete wohnen, welches als Teil Polens schon anerkannt ist oder noch wird, jedoch unbeschadet aller Bestimmungen der Friedensverträge mit Deutschland oder Österreich hinsichtlich derjenigen Personen, die in diesen Gebieten nach einem bestimmten Datum ihren Wohnsitz nehmen. Gleichwohl haben alle obenbezeichneten Personen, die über 18 Jahre alt sind, das Recht, unter den in den genannten Verträgen vorgesehenen Bedingungen für jede andere Nationalität, die ihnen offensteht, zu optieren. Die Option des Ehemannes schließt die der Ehefrau ein, die der Eltern diejenigen ihrer Kinder unter 18 Jahren.

Die Personen, die das erwähnte Optionsrecht ausgeübt haben, müssen innerhalb der nächstfolgenden 12 Monate, soweit nicht Bestimmungen des Friedensvertrages mit Deutschland entgegenstehen, ihren Wohnsitz in den Staat verlegen, zu dessen Gunsten sie optiert haben. Sie sind berechtigt, ihren unbeweglichen Besitz im polnischen Gebiet zu behalten. Sie dürfen ihr bewegliches Eigentum jeder Art mit sich nehmen. Dabei darf ihnen keinerlei Ausfuhrzoll auf solches Gut auferlegt werden.

Artikel 4.

Polen anerkennt als polnische Staatsangehörige rechtmäßig und ohne jede Förmlichkeit Personen deutscher, österreichischer, ungarischer oder russischer Nationalität, die in dem genannten Gebiete von daselbst ihren Wohnsitz habenden Eltern geboren wurden, wenngleich sie selbst ihren Wohnsitz z.Z. des Inkrafttretens des gegenwärtigen Vertrages dort nicht haben.

Gleichwohl können solche Personen innerhalb von 2 auf das Inkrafttreten des gegenwärtigen Vertrages folgenden Jahren vor den zuständigen polnischen Behörden ihres Aufenthaltslandes erklären, daß sie auf die polnische Staatsangehörigkeit verzichten, und sie werden alsdann nicht mehr als polnische Staatsangehörige angesehen. In dieser Hinsicht gilt die Erklärung des Ehemannes als verbindlich für die Ehefrau, die der Eltern für die Kinder unter 18 Jahren.

Artikel 5.

Polen verpflichtet sich, keinerlei Hindernisse der Ausübung des Optionsrechtes zu bereiten, wie es in den von den Alliierten und Assoziierten Mächten mit Deutschland, Österreich, Ungarn oder Rußland abgeschlossenen oder noch zu schließenden Verträgen vorgesehen ist und den Beteiligten gestattet, die polnische Nationalität zu erwerben oder nicht zu erwerben.

Artikel 6.

Die polnische Staatsangehörigkeit wird rechtmäßig schon durch die Tatsache der Geburt auf polnischem Gebiete für jede Person erworben, die keine andere Staatsangehörigkeit für sich geltend machen kann.

Artikel 7.

Alle polnischen Staatsangehörigen sind vor dem Gesetze gleich und genießen ohne Unterschied des Volkstums, der Sprache oder der Religion die gleichen bürgerlichen und staatsbürgerlichen Rechte.

Der Unterschied der Religion, der Weltanschauung oder des Bekenntnisses soll keinem polnischen Staatsangehörigen im Genusse der bürgerlichen oder staatsbürgerlichen Rechte schaden, insbesondere bei der Zulassung zu öffentlichen Ämtern, Tätigkeiten und Ehrenstellungen oder bei der Ausübung der verschiedenen Berufe und Gewerbe.

Kein polnischer Staatsangehöriger darf in dem freien Gebrauch einer beliebigen Sprache irgendwie beschränkt werden, weder in seinen persönlichen oder wirtschaftlichen Beziehungen, noch auf dem Gebiete der Religion, der Presse oder bei Veröffentlichungen jeder Art, noch endlich in öffentlichen Versammlungen.

Unbeschadet des Rechts der polnischen Regierung, eine Staats- und Amtssprache zu bestimmen, müssen den fremdsprachigen polnischen Staatsangehörigen für den schriftlichen oder mündlichen Gebrauch ihrer Sprache vor den Gerichten angemessene Erleichterungen gewährt werden.

Artikel 8.

Die polnischen Staatsangehörigen, die zu einer völkischen, religiösen oder sprachlichen Minderheit gehören, sollen die gleiche Behandlung und die gleichen rechtlichen und tatsächlichen Sicherheiten genießen wie die übrigen polnischen Staatsangehörigen. Sie sollen insbesondere ein gleiches Recht haben, auf ihre Kosten Wohlfahrts-, religiöse oder soziale Einrichtungen sowie Schulen und andere Erziehungsanstalten zu errichten, zu leiten und zu beaufsichtigen und in ihnen ihre Sprache frei zu gebrauchen und ihre Religion frei auszuüben.

Artikel 9.

Auf dem Gebiete des öffentlichen Unterrichts soll die polnische Regierung in den Städten und Bezirken, in denen fremdsprachige polnische Staatsangehörige in beträchtlichem Verhältnis wohnen, angemessene Erleichterungen schaffen, um sicherzustellen, daß den Kindern dieser polnischen Staatsangehörigen in den niederen Schulen der Unterricht in ihrer eigenen Sprache erteilt wird. Diese Bestimmung soll nicht ausschließen, daß die polnische Regierung in diesen Schulen die polnische Sprache zum Pflichtfache macht.

In den Städten und Bezirken, in denen polnische Staatsangehörige einer völkischen, religiösen oder sprachlichen Minderheit in beträchtlichem Verhältnis wohnen, soll für diese Minderheiten ein gerechter Anteil an dem Genusse und der Verwendung der Summen sichergestellt werden, die in staatlichen, kommunalen oder anderen Haushaltsplänen für Zwecke der Erziehung, der Religion oder der Wohlfahrt ausgeworfen werden.

Die Bestimmungen des gegenwärtigen Artikels dürfen nur auf die polnischen Staatsangehörigen deutscher Zunge in denjenigen Teilen Polens angewendet werden, die am 1. August zum deutschen Gebiet gehörten.

Artikel 10.

Örtliche Schulausschüsse, die von den jüdischen Gemeinden eingesetzt werden, sollen unter der allgemeinen Aufsicht des Staates die Verteilung des verhältnismäßigen Anteils, der den jüdischen Schulen gemäß Artikel 9 zusteht, sowie die Einrichtung und Leitung dieser Schulen sicherstellen. Die Bestimmungen des Artikel 9 über den Gebrauch der Sprache in den Schulen finden auf diese Schulen Anwendung.

Artikel 11.

Die Juden dürfen nicht gezwungen werden, irgendwelche Handlungen vorzunehmen, die eine Verletzung ihres Sabbat in sich schließen, und sie dürfen keine Entrechtung erleiden, wenn sie sich weigern, am Sabbat vor den Gerichten zu erscheinen oder Rechtshandlungen vorzunehmen. Diese Bestimmung befreit jedoch die Juden nicht von den Pflichten, die allen polnischen Staatsangehörigen im Hinblick auf die Notwendigkeit des Heeresdienstes, der nationalen Verteidigung oder der Aufrechterhaltung der öffentlichen Ordnung obliegen.

Polen erklärt, daß es nicht beabsichtigt, allgemeine oder örtliche Wahlen an einem Sonnabend vorzuschreiben oder zu gestatten; es darf keine obligatorische Einstellung in Wählerlisten und dergleichen an einem Sonnabend stattfinden.

Artikel 12.

Polen ist damit einverstanden, daß, insoweit die Bestimmungen der vorstehenden Artikel Personen einer völkischen, religiösen oder sprachlichen Minderheit betreffen, diese Bestimmungen Verpflichtungen von internationalem Interesse begründen und unter die Garantie des Völkerbundes gestellt werden. Sie können nur mit Zustimmung der Mehrheit des Völkerbundrates geändert werden. Die Vereinigten Staaten von Amerika, das Britische Reich, Frankreich, Italien und Japan verpflichten sich, keiner Abänderung der bezeichneten Artikel ihre Zustimmung zu versagen, wenn sie von der Mehrheit des Völkerbundrates formgerecht angenommen worden ist.

Polen ist damit einverstanden, daß jedes Mitglied des Völkerbundrates befugt ist, die Aufmerksamkeit des Rates auf jede Verletzung oder jede Gefahr einer Verletzung irgendeiner dieser Verpflichtungen zu lenken, und daß der Rat befugt ist, alle Maßnahmen zu treffen und alle Weisungen zu geben, die nach Lage des Falles zweckmäßig und wirksam erscheinen.

Polen ist ferner damit einverstanden, daß im Falle einer Meinungsverschiedenheit zwischen der polnischen Regierung und einer jeden alliierten und assoziierten Hauptmacht oder jeder Macht, die Mitglied des Völkerbundrates ist, über die rechtlichen und tatsächlichen Fragen, die diese Artikel betreffen, diese Meinungsverschiedenheit als Streit anzusehen ist, der im Sinne des Artikel 14 der Völkerbundsatzung internationalen Charakter trägt. Die polnische Regierung ist damit einverstanden, daß jeder Streit dieser Art auf Verlangen des anderen Teiles vor den Ständigen Internationalen Gerichtshof gebracht wird. Die Entscheidung des Ständigen Gerichtshofs soll endgültig sein und dieselbe Kraft und Wirkung haben wie eine auf Grund des Artikel 13 der Völkerbundsatzung gefällte Entscheidung.

Dokument 13

Memorial des Generalsuperintendenten Bursche an die Pariser Friedenskonferenz vom 14. Februar 1919[1]

Paris, den 14. Februar 1919

Als Haupt der evangelischen Kirche in Polen und als ihr Repräsentant bin ich nach Paris gekommen, um den Stellen gegenüber, die über das Schicksal Polens zu entscheiden haben, zu bezeugen, welches die Wünsche und Sehnsüchte der evangelischen Polen sind.

1 Deutsche Übersetzung aus: *Jakub Glass,* Ewangelicy Polacy, Dok. X, 74–76.

In der Zeit seiner glänzendsten Entwicklung im 15. und 16. Jahrhundert hatte Polen regen Anteil an der zeitgenössischen religiösen Bewegung genommen. Sowohl das Hussitentum wie die Reformation hatten ihre hervorragenden Vertreter in Polen, und in der zweiten Hälfte des 16. Jahrhunderts hatte es zeitweilig den Anschein, als ob das ganze Polen sich dem neuen Glauben zuwenden würde. In der Zeit des Niedergangs jedoch, im 17. und 18. Jahrhundert, schwächte sich mit dem allgemeinen Dahinschwinden der Lebenskraft zugleich auch die religiöse Bewegung in Polen ab. Polen verblieb katholisch und nur eine kleine Minderheit, und dies hauptsächlich in den Grenzgebieten, hielt an dem Glauben ihrer Väter fest und bewahrte der evangelischen Kirche die Treue.

Heute öffnen sich auch vor uns evangelischen Polen neue Horizonte und Perspektiven. Im neuen Polen, das alle bisher zerstreut lebenden und unter fremden Joche schmachtenden Polen in sich vereinen soll, soll auch für uns ein Platz sein. Und nicht nur dies. Wir sind überzeugt, daß Gott uns nicht umsonst bewahrt hat: Wir haben unsere Sendung in Polen, wir haben Verkündiger der Wahrheit Gottes im evangelischen Gewande zu sein, wir wollen dem von uns allen geliebten Vaterlande mit den Gaben dienen, die uns Gott verliehen hat. Dies wird zu Nutz und Frommen für die Kirche wie für das Land sein. Vergeblich schrekken uns unsere Feinde damit, daß Polen in seiner überwiegenden Mehrheit katholisch sein wird. Wir kennen Polen gut und wissen, daß es uns nicht eine Stiefmutter, sondern eine Mutter sein wird. Seinen Katholizismus fürchten wir nicht und fremde Protektoren brauchen wir nicht. Wir werden den uns gebührenden Platz einzunehmen und zu behaupten wissen.

Nötig ist nur, daß wir, evangelische Polen, alle wirklich vereint werden.

Ich werde nicht vom ehemaligen Königreich Polen und von Galizien reden, denn dort sind wir schon vereint. Uns geht es vor allem um das Herzogtum Teschen, um Preußisch-Schlesien und um Preußisch-Masovien.

Das Herzogtum Teschen ist ganz polnisch: Deutsche wohnen dort nur in den Städten, die Tschechen bilden eine geringe Minderheit; der Rest sind lauter Polen, darunter über 80 000 genuiner Polen evangelischen Bekenntnisses. Es ist dies ein national bewußtes Volk, das seine Muttersprache und seine Sitten treu bewahrt hat, das Polen liebt, das sich jetzt schon unter der Verwaltung des Warschauer Evangelischen Konsistoriums befindet. Dieses Volk wird sich bis zum Letzten wehren, wenn man es von Polen losreißen sollte und niemals wird es sich damit abfinden, geteilt zu werden: daß es zur Hälfte zu Polen, zur Hälfte zu Böhmen gehören soll. Für den Polnischen Evangelizismus aber würde dies nicht nur ein fürchterliches Unrecht, sondern geradezu ein nicht zu berechnendes Unglück sein. In wessen Interesse sollte es liegen, uns bis zu solch einem Grade zu schwächen und zum Untergang zu verurteilen?

In verschiedenen Kreisen Preußisch-Schlesiens, hauptsächlich in den östlichen Teilen des Regierungsbezirks Breslau, zählen wir einige Zehntausend evangelischer Polen, die sich danach sehnen, endlich mit den übrigen evangelischen Polen unter gemeinsamen Dache vereint zu sein.

In Ostpreußen, vor allem in seinen acht südlichen Kreisen, die an das ehemalige Königreich Polen grenzen, leben in geschlossener und einheitlicher Masse Masuren, die seit dem 16. Jahrhundert evangelisch sind. Sie sprechen das Altpolnische des 16. Jahrhunderts und halten treu an ihrer Sprache und an ihrem Glauben fest. Auch zufolge der Statistik der preußischen Regierung sind es ca. 300 000 Seelen; in Wirklichkeit jedoch ist die Zahl der dortigen evangelischen Polen noch größer.

Der Anschluß all dieser evangelischen Polen an das neue Polen wird ein jahrhundertealtes uns zugefügtes Unrecht wieder gut machen, wird den Polnischen Evangelizismus stärken und dazu führen, daß im neuen Polen über eine Million evangelischer Polen sein werden.

Wir verlangen niemandes Unrecht, wir wollen keine uns fremden Elemente an uns reißen. Wir bitten nur darum, daß man uns evangelische Polen alle vereine und damit unseren Bestand und unsere weitere Entwicklung ermögliche.

Wir wollen eine polnisch-evangelische Kirche schaffen, frei von deutschen Einflüssen, die wir besonders während der deutschen Okkupation so grausam erfahren haben, und wir sind gewiß, daß eine solche Kirche bestehen, sich entwickeln und ein Segen werden kann.

Jul. Bursche
Generalsuperintendent

Dokument 14

Aufruf des Warschauer Konsistoriums „An die Masurischen Brüder" vom April 1919[1]

Masurische Brüder!

Jahrhunderte lang ward ihr fremder Übermacht unterworfen. Die Macht herrschte bei Euch vor dem Recht. Der Preuße hat Euch gewissenlos seinen Willen aufgezwungen, seine Sitte, seine Schulen und Ämter, seine deutsche Sprache.

Gottes Mühlen mahlen langsam, aber gerecht.

Den grimmigen Preußen, der Eure Gewissen vergewaltigt hat, hat der große Weltkrieg zu Boden geworfen. Das Ende eurer langen Leiden naht. Ihr sollt Euch nunmehr mit diesem geliebten Polen vereinen, aus dem Eure Vorfahren kamen, mit dem Euch eine gemeinsame Sprache und gemeinsame Bräuche verbinden.

Es ist uns, liebe Brüder in Christo, nicht verborgen, daß so mancher unter Euch heute beunruhigt ist und nicht weiß, für wen er sich entscheiden soll. Ihr fürchtet um das, was jedem Menschen das Teuerste ist: um Euren heiligen evangelischen Glauben, um die Freiheit des Gewissens.

In diesem wichtigen geschichtlichen Augenblick, da Ihr an Scheidewegen steht und in Eurem Gewissen erwägt, was Ihr zu tun habt, wendet sich an Euch das polnische evangelische Konsistorium in Warschau, das über der Reinheit unseres heiligen Glaubens wacht um Euch zu beruhigen und zu erfreuen und gibt Euch solche aus der Tiefe des Herzens kommende Weisungen:

Fürchtet Euch nicht, geliebte Brüder. Die Vereinigung mit Polen verbürgt Euch nicht nur geringere Steuern, weil Ihr nicht die Kosten des Krieges zu zahlen haben werdet, den die noch unlängst so mächtigen Deutschen so schmählich verloren haben. Sie sichert Euch nicht nur einen größeren Wohlstand, da Polen in seiner Erde unerschöpfliche Reichtümer besitzt, wie Steinkohle, Eisen, Zink, Petroleum. Der masurische Arbeiter wird nicht nur dort in den Gruben auf eigener Erde seinen Verdienst finden, er wird es auch nicht nötig haben, Fremden zu dienen und die Gaben vergeuden, die ihm Gott bei der Schöpfung zugeteilt hat. Er wird in Polen nicht nur eine bessere Ordnung und bessere Einrichtungen finden, da polnische Gerichte jedem nach seinen Verdiensten Gerechtigkeit widerfahren lassen werden. Er wird nicht nur gottesfürchtige polnische Schulen finden, in denen unsere Kinder verständlich unterrichtet und nicht verdummt werden, wie dies bisher in Masuren der Fall war. Darüber hinaus wird der Masure in Polen das finden, was ihm über dem Leben das liebste und teuerste ist: er wird die Freiheit des Gewissens finden.

Erinnert Euch, geliebte Brüder, an das Gleichnis, das uns der Herr Christus von dem Sämann gibt, der ausgegangen ist, Samen zu säen. Und ein Körnlein fiel unter die Dornen: und die Dornen wuchsen empor und erstickten es. Und das andere Körnlein fiel auf gutes Land: es wuchs auf und trug hundertfältige Frucht. Das Samenkorn, das unter die Dornen fiel, ist der Masure unter preußischer Herrschaft, da der Fremde Euch zu betrügen suchte,

---

1 Poln. Text publ. in: *J. Glass*, Ewangelicy Polacy, Dok. XIV, 92–94.

um Gewinn aus dem Euch zugefügten Unrecht zu ziehen. Der Samen aber, der auf gutes Land fiel, ist der Masure aus der Gegend von Lyck, von Ządzbork und von Ortelsburg, vereint in unserem geliebten Polen mit dem Masuren aus der Gegend von Warschau, von Plozk und von Mlawa, die, alle Kinder der gleichen Mutter, die gleiche polnische Mundart sprechen, sich nach der gleichen Sitte richten, für das gemeinsame Wohl arbeiten und sich gegenseitig helfen.

Glaubt nicht denen, die Euch sagen, daß Polen Euch den heiligen Glauben Eurer Väter nehmen will, weil dies böse und verkehrte Menschen sind. Polen, obwohl es selbst überwiegend katholisch ist, wird Euch nicht daran hindern, die Grundsätze Eures uralten evangelischen Glaubens zu bekennen, im Gegenteil, es wird Euch die Freiheit der Verkündigung des Evangeliums und die Freiheit religiöser Versammlung gewährleisten. Daß in Polen die evangelischen Pastoren hoch geehrt und geschätzt werden, davon könnt Ihr Euch schon von daher überzeugen, daß das Haupt unserer Kirche, der Generalsuperintendent Bursche, von der polnischen Regierung zum Friedenskongreß nach Paris entsandt wurde, um dort im Namen der evangelischen Polen und damit, masurische Brüder, auch in Eurem Namen zu sprechen.

In Polen gibt es viele Evangelische polnischer Sprache und alle genießen sie in Polen Anerkennung und Achtung. Sie haben ihre eigenen polnischen Gemeinden mit polnischen Pastoren, die in den Kirchen in der schönen polnischen Sprache Predigten halten.

An der Spitze der Gemeinden steht das polnische Konsistorium in Warschau, das sich nun als der berufene Verteidiger des Glaubens an Euch wendet.

Noch einmal wiederholen wir es Euch, geliebte Brüder in Christo; bangt nicht um Eure Zukunft: kein Haar wird Euch in Polen vom Kopfe fallen. Überall werdet Ihr unsere teuren polnischen Laute, polnische Sitte, polnische Schulen, Ämter haben, zugleich polnische Predigten in der Kirche und die Möglichkeit gemeinschaftlicher Beratung in religiösen Fragen. Wenn es daher bei Euch zu einer Abstimmung oder Wahl kommt, so stimmt alle für Polen, nicht nur um Eures zeitlichen Wohles willen, sondern im Namen der Freiheit des Gewissens.

Warschau im April 1919
Präses des Konsistoriums: J. Glass
Vizepräses: Pfarrer Julius Bursche, Generalsuperintendent.

Dokument 15

Projekt ustawy o stosunku Kościołów Ewangelickich w Polsce do Państwa z dnia 2. lipca 1920 r.[1]

[Gesetzentwurf über das Verhältnis der Evangelischen Kirchen in Polen zum Staat vom 2. Juli 1920]
(Gesetzentwurf Nader)

Art. 1

Die Gemeinden (Parochien) des Evangelisch-Augsburgischen Bekenntnisses auf dem ganzen Gebiete der Republik Polen bilden die Evangelisch-Augsburgische Kirche in Polen.
Die Gemeinden (Parochien) des Evangelisch-Reformierten Bekenntnisses auf dem ganzen Gebiete der Republik Polen bilden die Evangelisch-Reformierte Kirche in Polen.

1 Publ. in: Sejm Ustawodawczy Rzeczypospolitej Polskiej, Druck Nr. 1984 von 1920; deutsche Übersetzung in: *O. Wagner,* a.a.O. 157–162.

Die Gemeinden (Parochien) des Evangelisch-Unierten Bekenntisses auf dem Gebiete der Wojewodschaften Poznan und Pomorze, desgl. auf anderen Gebieten, welche ehemals zum preußischen Staate gehörten, bilden die Evangelisch-Unierte Kirche in Polen.

Art. 2

Die evangelischen Kirchen in Polen sind freie und autonome Kirchen und erledigen ihre Angelegenheiten selbständig im Einklang mit den bestehenden Gesetzen des Staates und der Kirchen.
Die weltlichen Behörden sind verpflichtet, den Kirchen auf Erfordern der Kirchenbehörden bei der Ausführung der im Einklang mit den Staatsgesetzen stehenden Kirchenverordnungen Schutz und Hilfe zu gewähren.
Die Oberaufsichtsrechte, welche den staatlichen Behörden gebühren, sind in diesem Gesetz bestimmt.

Art. 3

Die Organisation jeder evangelischen Kirche bestimmt ein durch die verfassunggebende Synode der betreffenden Kirche erlassenes Kirchengesetz. Die Zusammensetzung dieser Synode und die Wahlordnung für dieselbe schreibt ein Dekret des Staatsprädisenten vor, das auf Grund eines nach Anhörung der höchsten derzeitigen Landesvertretung der betreffenden Kirche ergangenen Ministerratsbeschlusses erlassen wird.
Das von der verfassunggebenden Synode beschlossene Gesetz wird dem Staatspräsidenten unterbreitet und tritt in Kraft, wenn der Staatspräsident feststellt, daß dies Gesetz sich mit den Staatsgesetzen und insbesondere mit diesem Grundgesetz im Einklang befindet.

Art. 4

Die Gesetzgebungsgewalt in der Kirche gebührt der Generalsynode.
Die durch die Synode beschlossenen Kirchengesetze, Verordnungen und Regulative werden rechtswirksam, sobald der Minister für Bekenntnisse und öffentliche Aufklärung bestätigt hat, daß sie mit den Staatsgesetzen nicht im Widerspruch stehen.

Art. 5

Die oberste Exekutivgewalt in der Kirche ist das Konsistorium (der Oberkirchenrat). An der Spitze des Konsistoriums (Oberkirchenrates) steht der Bischof (Generalsuperintendent) oder eine weltliche Person, welche die Kirchenverfassung bezeichnet.
Das Konsistorium (Oberkirchenrat) vertritt die Kirche nach außen.
Die Kirche verkehrt mit den staatlichen Behörden durch das Konsistorium (Oberkirchenrat).

Art. 6

Die höchste Kirchenbehörde in der Parochie (Gemeinde) ist die allgemeine Versammlung der stimmberechtigten Gemeindeglieder oder der durch die allgemeine Versammlung erwählte (delegierte) Parochialausschuß, dessen ausführendes Organ das Kirchenkollegium (Kirchenrat oder Presbyterium) ist.
Die Gebetshäuser, gemeinsame Friedhöfe und Kantoreien werden durch die Organe der zuständigen Parochien und Filialen verwaltet und vertreten.

Art. 7

Falls das Kirchengesetz nichts anderes bestimmt, vereinigen sich die einzelnen Gemeinden zu Diözesen, an deren Spitze Senioren (Superintendenten) oder andere Personen stehen, die durch das Kirchengesetz bestimmt werden.

Art. 8

Mitglieder der kirchlichen Diözesanbehörden (Diözesansynode, Diözesanausschuß u. dgl.) ebenso der Generalsynode und des Konsistoriums (Oberkirchenrats) können nur polnische Staatsbürger sein, welche nach der jeweiligen in Geltung befindlichen Wahlordnung für den Sejm das Wahlrecht zum Sejm der Republik Polen besitzen.

Art. 9

Die Kirche sowie die einzelnen Diözesen, Parochien und Filialen sind juristische Personen des öffentlichen Rechts.

Art. 10

Der Kirche sowie den einzelnen Diözesen, Parochien und Filialen wird die uneingeschränkte Erhaltung ihres Vermögens und ihrer Rechte nach dem gegenwärtigen und zukünftigen Besitzstande gewährleistet.
Das allgemein kirchliche, das Diözesan-, Parochial- und Filialvermögen verwalten die Organe, welche in dem Kirchengesetz bestimmt sind.
Die vorherige Genehmigung der zuständigen staatlichen Behörde ist nur dann erforderlich, wenn es sich nach den allgemeinen in dieser Hinsicht verbindlichen Vorschriften um die Verfügung über ein Vermögen handelt, welches einen besonderen wissenschaftlichen, historischen oder Kunstwert hat.

Art. 11

Der Staat zahlt an die Kirche aus Staatsmitteln Beihilfen, welche im Staatsbudget oder in einem besonderen staatlichen Gesetze festgestellt sind.
Der Sejm kann durch einen Beschluß beziehungsweise durch ein Staatsgesetz die näheren Bedingungen für die Gewährung dieser Beihilfen feststellen und ebenso vorschreiben, daß die Gründung neuer Diözesen, Parochien und Filialen sowie die Bestimmung ihrer Grenzen ebenso wie Änderungen der Grenzen der bestehenden Diözesen, Parochien und Filialen durch die zuständige Kirchenbehörde nur nach Erlangung der Genehmigung der zuständigen Staatsbehörde erfolgen dürfen.
In jedem Falle sind die Kirchenbehörden aller Grade verpflichtet, der zuständigen staatlichen Behörde nach den durch die staatliche Behörde vorgeschriebenen Formularen alljährlich über Einnahmen und Ausgaben, über das Vermögen und die Schulden der Parochie, der Kirche und ihrer Parochial-, Diözesan- und allgemeinen kirchlichen Anstalten Bericht zu übersenden.

Art. 12

Die Einziehung der Kirchenabgaben erfolgt im Einklang mit den Kirchengesetzen.
Jeder Beschluß über die Umlegung von Abgaben bedarf der Genehmigung der zuständigen Staatsbehörde. Die Entscheidung über die Genehmigung muß innerhalb eines Monats erfolgen, von dem Zeitpunkte ab, in welchem der Umlagebeschluß der zuständigen Staatsbehörde mitgeteilt worden ist.
Die Genehmigung kann nur dann versagt werden, wenn die Belastung der Parochie nach der Ansicht der Staatsbehörde zu hoch oder die Verteilung der Umlage ungerecht erfolgt ist. In diesem Falle muß der Gegenstand der Umlage in einer zu diesem Zweck einberufenen Parochialversammlung im Beisein eines delegierten Staatskommissars einer erneuten Prüfung unterzogen werden.
Nach Anhörung seiner Ausführungen entscheidet die Versammlung über die Angelegenheit endgültig.

Art. 13

Die Bestätigung der Umlage ist in den Kirchen und Bethäusern an zwei aufeinander folgenden Sonntagen bekanntzumachen.
Die Umlageverteilung muß zwei Wochen hindurch in der kirchlichen Kanzlei zur Durchsicht ausliegen.
Innerhalb eines Monats vom Tage der letzten Bekanntmachung steht jedem das Recht der Beschwerde gegen die Umlage zu. Das Konsistorium (der Oberkirchenrat) entscheidet über die Beschwerde. Die Beschwerde hält die Ausführung der Umlage nicht auf.

Art. 14

Die zuständige Parochie zieht die Kirchenabgaben im Einklang mit der genehmigten Umlage ein (§§ 12 u. 13). Auf ihr Erfordern leisten ihr bei der Einziehung der Abgaben die staatlichen Vollziehungsorgane Hilfe.

Art. 15

Die Vorschriften der Artikel 12 und 14 finden bei der Einziehung der allgemeinen Kirchenabgaben entsprechende Anwendung.

Art. 16

Im Verkehr mit den staatlichen und Gemeindebehörden bedienen sich die Geistlichen und Kirchenvorstände der polnischen Sprache als der Amtssprache.
Die Kirchenverfassung bestimmt die innere Amtssprache der einzelnen Kirchenbehörden.
Soweit es das Konsistorium (den Oberkirchenrat) angeht, verpflichtet das zeitige Recht.
In den Schulen mit deutscher Unterrichtssprache ist der Unterricht in der polnischen Sprache verbindliches Fach auf dem Lehrplan, welcher durch die zuständige Schulbehörde bestätigt wird.
In den Parochialversammlungen desgl. in den Sitzungen der Parochial-Kirchenkollegien, der Diözesansynode und des Diözesanausschusses, ebenso in der Generalsynode ist der Gebrauch der polnischen und deutschen Sprache gestattet.
Die Diözesan-Kirchenbehörden und das Konsistorium (der Oberkirchenrat) desgl. die Behörden der zweisprachigen Gemeinden führen den Schriftwechsel in beiden Sprachen und antworten in der Sprache der Eingabe.

Art. 17

Die Ernennungen der Senioren (Superintendenten), Geistlichen, Pastoren und Vikare erfolgt in Übereinstimmung mit den Kirchengesetzen.
Von jeder Ernennung ist der zuständigen staatlichen Behörde Kenntnis zu geben.

Art. 18

Die Vorschrift über die Ausbildung und die Prüfung der Theologen gehören – mit Ausnahme der abweichenden staatlichen Gesetze, insbesondere der Vorschrift des Art. 19 – zur Gesetzgebung der Kirche.

Art. 19

Zum Pfarrer, Pastor oder Vikar kann nur ein polnischer Staatsbürger ernannt werden, welcher wenigstens durch 4 Semester (2 Jahre) ordentlicher Hörer der evangelischen theologischen Fakultät an der Universität Warschau gewesen ist und nach Beendigung der vorschriftsmäßigen Studien in allen Hauptfächern des theologischen Studiums die theoretische Schlußprüfung vor einer aus allen ordentlichen Professoren der Warschauer Fakultät

zusammengesetzten Kommission, deren Vorsitzender vom Konsistorium (Oberkirchenrat) der betreffenden evangelischen Kirche bezeichnet wird, abgelegt hat. Weitere Vorschriften über die Abhaltung dieser Prüfung entwirft für jedes Bekenntnis das zuständige Konsistorium (der Oberkirchenrat) im Einverständnis mit dem Ministerium für Bekenntnisse und Aufklärung.
Die Prüfung ist in wenigstens der Hälfte der Hauptfächer in polnischer Sprache abzuhalten.
Eine Verordnung des Ministerrates bezeichnet den Zeitpunkt für das Inkrafttreten der obigen Vorschrift im ganzen oder in einzelnen Teilen.
Einen Dispens von den Vorschriften des ersten Absatzes dieses Artikels erteilt – auf Antrag des zuständigen Konsistoriums (Oberkirchenrates) – in den der Berücksichtigung würdigen Fällen das Ministerium für Bekenntnisse und Aufklärung.

Art. 20

Die Generalsynode wählt in Übereinstimmung mit den Kirchengesetzen den Präsidenten, Vizepräsidenten und die anderen Mitglieder des Konsistoriums (Oberkirchenrates).
Über die Person des Präsidenten und Vizepräsidenten verständigt sich die Synode vor der Wahl mit der zuständigen staatlichen Behörde.
Die Ernennung des Präsidenten und Vizepräsidenten erfolgt nach Bestätigung der Wahl durch den Staatspräsidenten.
Von der Wahl der übrigen Mitglieder des Konsistoriums (Oberkirchenrates) ist der zuständigen staatlichen Behörde Kenntnis zu geben.

Art. 21

Die Mitglieder des Konsistoriums (Oberkirchenrates), die Senioren (Superintendenten), ebenso die Pfarrer sind verpflichtet, vor der Übernahme ihres Amtes bzw. bei der Ordination einen Eid abzulegen, daß sie in ihrem Wirkungskreis mit allen Kräften zur Befestigung der Freiheit, Unabhängigkeit und Macht der Republik Polen, der sie stets Treue halten, beitragen werden.

Art. 22

Die Bezeichnung der zuständigen Staatsbehörden in den in diesem Gesetz bezeichneten Fällen erfolgt auf dem Wege der Verordnung durch den Ministerrat.

Art. 23

Dieses Gesetz tritt mit dem Tage der Verkündigung in Kraft.
Die jetzt bestehenden Vorschriften von der Organisation der Evangelisch-Augsburgischen, der Reformierten und Unierten Kirche und von ihrem Verhältnis zum Staat, bleiben in Kraft bis zum Inkrafttreten der Kirchengesetze, welche entsprechend dem Art. 3 dieses Gesetzes erlassen werden.
Diese Gesetze werden im Gesetzblatt (Dziennik Ustaw) der Republik Polen veröffentlicht.
Gleichzeitig wird der Minister für Bekenntnisse und Aufklärung im Gesetzblatt (Dziennik Ustaw) ein Verzeichnis der bisher in Geltung befindlichen Gesetze, Verordnungen und anderen Vorschriften veröffentlichen, welche bei Inkrafttreten der neuen Kirchengesetze außer Kraft treten.
Der Zeitpunkt des Inkrafttretens dieser Gesetze wird in einer besonderen Bekanntmachung des Ministeriums im Gesetzblatt veröffentlicht.

Art. 24

Die Ausführung dieses Gesetzes wird dem Ministerpräsidenten, dem Minister für Bekenntnisse und öffentliche Aufklärung sowie dem Minister des ehemals preußischen Gebietsteils übertragen.

Dokument 16

Der Regierungsentwurf für die Staatsverfassung der Republik Polen vom 1. November 1919[1]

(Am 3. November 1919 dem Verfassunggebenden Sejm zugeleitet)

(Konfessionsartikel)

Art. 87.

Die römisch-katholische Religion, die die Religion der überwiegenden Mehrheit des Volkes ist, nimmt im Staate die Hauptstellung ein.
Das Verhältnis des Staates zur römisch-katholischen Kirche wird auf der Grundlage einer Verständigung mit dem Apostolischen Stuhl geregelt.
Das Verhältnis des Staates zu den anderen Bekenntnissen wird nach Anhörung der Anträge ihrer Vertretungen bestimmt werden.

1 Projekty Konstytucji Nr. II.

Dokument 17

Gesetz betreffend das Verhältnis des polnischen Staates zu den Kirchen der evangelischen Bekenntnisse vom 20. Januar 1921[1]

(Gesetzentwurf Lutosławski)

Artikel 1

Die Gemeinden (Parochien) der evangelischen Bekenntnisse in Polen bilden Kirchen als freiwillige Verbände von ihnen beliebender Anzahl, auf Grund eigener Gesetze, welche sie für sich als verpflichtend erachten und dem Kultusministerium zur Registrierung vorlegen. Das Ministerium versagt die Registrierung einem Gesetz, welches nicht ausdrücklich die Abhängigkeit der betreffenden Kirche in Polen von was immer für einer außerstaatlichen Behörde oder von was immer für einen organisierten Zusammenhang mit was immer für einer ausländischen Organisation oder Institution ausschließt, oder welches Bestimmungen enthält, die dem geltenden Recht zuwiderlaufen oder die Sicherheit des Staates bedrohen. Im Falle der Versagung der Registrierung ist das Recht der Berufung an den Ministerrat gegeben, dessen Entscheidung endgültig ist. Die Versagung der Registrierung zieht unmittelbar die Strafbarkeit der Aufrechterhaltung derjenigen gemeinsamen kirchlichen Organisationen nach sich, für deren Gesetz die Registrierung versagt worden ist, gemäß Artikel 6.

1 Publ. in: Ewangelik. Organ Ewangelików Polskich, Warschau vom 15.2.1921; *O. Wagner,* a.a.O. 162–164.

Artikel 2

Den auf Grund des Artikels 1 registrierten Kirchen kann der Staat auf ihren Wunsch zuerkennen:

a) das Recht der Führung der Zivilstandesbücher für ihre Mitglieder;
b) den Beistand der staatlichen Behörden bei zwangsweiser Einziehung der Kirchensteuern, welche von ihnen in Übereinstimmung mit dem registrierten Gesetz ihren Mitgliedern auferlegt werden;
c) Subventionen aus Staatsmitteln zur Erhaltung der Geistlichen sowie der kirchlichen Institutionen und Gebäude;
d) das Recht, in eigener Verwaltung Schulen für die Kinder ihrer Mitglieder zu erhalten mit den Rechten von Staatsschulen auf Grund besonderer Gesetze;
e) das Recht der Beaufsichtigung des Religionsunterrichts für die Kinder ihrer Mitglieder in allen Staats- und Kommunalschulen;
f) andere Rechte auf Grund besonderer Abmachungen mit der Regierung innerhalb der gesetzlichen Grenzen.

Artikel 3

Die Rechte, die übereinstimmend mit Artikel 2 durch den Ministerrat namens des Staates der betreffenden Kirche zuerkannt werden, müssen in ihrem Gesetz mit Bezug auf die Festsetzung des Ministerrates genau bestimmt werden bzw. in dem Maß, wie sie erlangt werden, müssen sie in das Gesetz als formelle Änderung desselben aufgenommen werden.

Artikel 4

Der Ministerrat kann, wenn er einer einzelnen Kirche gewisse Rechte im Sinne von Artikel 2 zuerkennt, gleichzeitig für den Staat als Garantie dafür, daß die betreffende Kirche ihrem Charakter nach von öffentlicher Nützlichkeit ist und daß aus ihrer Tätigkeit Dinge, die dem Staat schädlich sind, ausgeschlossen sind, für den Staat vorbehalten:

a) das Recht der staatlichen Kontrolle bezüglich derjenigen Tätigkeit der kirchlichen Behörden, welche mit den ihnen vom Staat zuerkannten Rechten im Zusammenhang steht;
b) das Recht des Staates, solche Personen von der Wahl in leitende Stellen auszuschließen, zu welchen der Staat kein Vertrauen hat, und für jeden Fall Bürger eines fremden Staates;
c) das Recht, den Antritt geistlicher Ämter von einem besonderen Treueid für die Republik abhängig zu machen;
d) die Einschränkung der Höhe und der Art der Verteilung der Kirchenbeiträge, deren Einziehung der Staat übernimmt;
e) das Recht, die Verfügung über Vermögen, welches einen besonderen wissenschaftlichen, historischen oder künstlerischen Wert hat, besonderen Beschränkungen seitens des Staates zu unterwerfen;
f) das Recht, die Vermehrung der Gemeinden (Parochien) und anderer Organisationseinheiten, die Errichtung neuer Kirchen von der Zustimmung der staatlichen Behörden abhängig zu machen.

Artikel 5

Die Garantien, welche dem Staat von der einzelnen Kirche geboten werden, müssen in ihr Gesetz aufgenommen werden mit Berufung auf die Zustimmung des Ministerrates.

Artikel 6

Die Aufrechterhaltung eines nicht registrierten Verbandes von Gemeinden (Parochien) wird an den Personen, die in ihnen leitende Stellungen einnehmen, auf gerichtlichem Wege mit einer Geldstrafe bis zu 100 000,– Mark und Gefängnis bis zu einem Jahr oder mit einer dieser Strafen bestraft. Sämtliche Versammlungen der Organe, welche sich Behörde solcher Verbände nennen, unterliegen der Auflösung.

Artikel 7

Dieses Gesetz tritt mit dem Tage seiner Bekanntmachung in Kraft. Die in diesem Augenblick in Polen bestehenden evangelischen Kirchen müssen im Verlauf von zwei Monaten die von ihnen vorgeschlagenen Gesetze zur Registrierung vorlegen und mit der Regierung entsprechende Abmachungen über die gegenseitigen Rechte und Garantien schließen. Insoweit bis zum 1. Juli 1921 derartige Abmachungen nicht unterschrieben worden sind, werden die vorgelegten Gesetze mit Weglassung derjenigen Artikel, welche nach Ansicht des Ministerrates einer besonderen Abmachung bedürfen, registriert und werden die Grundlage für die Tätigkeit der eigentlichen Kirchen bilden. Die Kirchen aber, welche bis zu dieser Zeit kein Gesetz registriert haben, werden aufgelöst, und die ihnen auf der bisherigen rechtlichen Grundlage erteilte staatliche Hilfe hört mit dem 1. Januar 1922 von selbst auf. Mit diesem Tage verlieren die bisherigen Gesetze, welche das Verhältnis dieser Kirchen zum Staat regeln, ihre Gesetzeskraft.

Artikel 8

Die Ausführung dieses Gesetzes wird dem Kultusminister übertragen, welcher in den Ausführungsvorschriften Musternormen für eine mögliche Abmachung der Regierung mit einer evangelischen Kirche aufstellt.

Dokument 18

Ustawa z dnia 17. marca 1921 roku. Konstytucja Rzeczypospolitej Polskiej[1]
[Gesetz vom 17. März 1921. Verfassung der Republik Polen]

Art. 110

Die polnischen Staatsbürger, die zu den nationalen, konfessionellen oder sprachlichen Minderheiten gehören, haben das gleiche Recht wie die anderen Staatsbürger zur Gründung, Beaufsichtigung und Verwaltung von Wohltätigkeits-, religiösen und sozialen Anstalten, Schulen und anderen Erziehungsanstalten auf ihre eigenen Kosten, sowie das Recht, in diesen frei ihre Sprache zu gebrauchen und die Vorschriften ihrer Religion auszuüben.

Art. 111

Allen Staatsbürgern wird Gewissens- und Bekenntnisfreiheit verbürgt. Kein Staatsbürger darf wegen seines Bekenntnisses und seiner religiösen Überzeugung in den Rechten beschränkt werden, die den anderen Staatsbürgern zustehen.
Alle Einwohner des Polnischen Staates haben das Recht, sowohl öffentlich wie auch privat ihren Glauben frei zu bekennen und die Vorschriften ihrer Religion oder ihres Ritus auszuüben, sofern das nicht gegen die öffentliche Ordnung und gegen die guten Sitten verstößt.

1 Dz.U.R.P. 1921, Nr. 44, Pos. 267.

Art. 112

Die Bekenntnisfreiheit darf nicht in gesetzwidriger Form getätigt werden. Es darf sich niemand wegen seiner religiösen Überzeugungen der Erfüllung der öffentlichen Pflichten entziehen. Es darf niemand zur Teilnahme an religiösen Handlungen oder Bräuchen gezwungen werden, sofern er nicht der elterlichen oder vormundschaftlichen Gewalt untersteht.

Art. 113

Jeder staatlich anerkannte Religionsverband hat das Recht, gemeinschaftliche und öffentliche Gottesdienste abzuhalten, kann selbständig seine inneren Angelegenheiten regeln, bewegliches und unbewegliches Vermögen besitzen und erwerben, es verwalten und darüber verfügen, verbleibt im Besitze und Genuß seiner Stiftungen und Fonds, sowie seiner Anstalten, die für Bekenntnis-, Lehr- und Wohltätigkeitszwecke bestimmt sind. Kein Religionsverband darf jedoch in Widerspruch zu den Gesetzen des Staates stehen.

Art. 114

Das römisch-katholische Bekenntnis, das die Religion der überwiegenden Mehrheit des Volkes ist, nimmt im Staate die erste Stelle unter den gleichberechtigten Bekenntnissen ein.
Die römisch-katholische Kirche regiert sich nach eigenen Gesetzen. Das Verhältnis des Staates zur Kirche wird auf Grund eines Abkommens mit dem Apostolischen Stuhl geregelt, das der Ratifikation durch den Sejm unterliegt.

Art. 115

Die Kirchen der religiösen Minderheiten und die anderen rechtlich anerkannten Religionsverbände regieren sich selbständig nach eigenen Gesetzen, denen der Staat die Anerkennung nicht versagen wird, sofern sie nicht Bestimmungen enthalten, die mit dem Gesetz in Widerspruch stehen.
Das Verhältnis des Staates zu diesen Kirchen und Bekenntnissen wird auf gesetzlichem Wege nach Verständigung mit ihren rechtlichen Vertretungen festgesetzt.

Art. 116

Die Anerkennung eines neuen, oder bisher noch nicht anerkannten Bekenntnisses, wird den Religionsverbänden, deren Einrichtungen, Lehre und Verfassung nicht gegen die öffentliche Ordnung und die guten Sitten verstoßen, nicht versagt.

Dokument 19

Aufruf des Warschauer Konsistoriums an die „Evangelischen Brüder in Schlesien" vom April 1919[1]

Evangelische Brüder in Schlesien!

Lange Zeit hindurch ward Ihr der Gewalt unterlegen. Bei Euch herrschte die Gewalt vor Recht. Der Preuße zwang euch gewissenlos seinen Willen, seine Art, seine Gerichte, seine deutsche Sprache auf.

Der liebe Gott ist langmütig aber gerecht.

1 EZA Gen. IX 53, Adh. M. Bd. I. EO I. 3372.

Den frechen Preußen, der Eurem Gewissen Gewalt antat, hat der große Weltkrieg zu Boden geschmettert. Es naht sich das Ende Eurer langen Leiden. Ihr sollt Euch also vereinigen mit jenem lieben Polen, aus dem Eure Voreltern hervorgegangen sind, mit dem Ihr eine Sprache und eine Art gemeinsam habt.

Es ist uns nicht unbekannt, liebe Brüder in Christo, daß mancher unter Euch nicht weiß, für wen er sich entscheiden soll. Kümmert Euch um das, was für den Menschen das Teuerste ist, um den heiligen evangelischen Glauben und um die Freiheit des Gewissens. In diesem so wichtigen Augenblicke, da ihr am Scheidewege steht und in Sorge seid um Euer Gewissen, wendet sich an Euch das polnische evangelische Konsistorium in Warschau, welches die Reinheit Eures heiligen Glaubens bewacht, um Euch zu beruhigen und Euch aus ganzem Herzen zu trösten, indem es Euch folgende Ratschläge gibt:

Fürchtet Euch nicht liebe Brüder. Der Anschluß an Polen gibt Euch nicht nur die Versicherung, daß Ihr weniger Steuern zahlen werdet, sondern Ihr werdet auch nicht die Kosten für den Krieg bezahlen, den die einst so mächtigen Deutschen in schmählicher Weise verloren haben. Er sichert Euch nicht nur eine größere Selbständigkeit zu, da Polen in seiner Erde unerschöpfliche Schätze, wie Kohlen, Eisen, Zink und Petroleum birgt. Nicht nur findet der schlesische Arbeiter Verdienst in den Gruben seiner eigenen Heimat, er wird vor allem nicht für die Fremden zu verdienen haben und nicht die Gaben verlieren, welche ihm der liebe Gott bei der Schöpfung zuerteilt hat. Weiter wird er in Polen eine größere Ordnung und Gerechtigkeit finden, da die polnischen Gerichte jedem nach Verdienst Gerechtigkeit zuerteilen werden. Er wird fromme polnische Schulen finden, wo seine Kinder verständig erzogen werden und nicht so verrückt, wie bisher in Schlesien. Vor allem wird der evangelische Schlesier in Polen das finden, was ihm lieber und teurer ist als das Leben, nämlich die Freiheit des Gewissens.

Erinnert Euch, meine lieben Brüder, des Gleichnisses, das uns Christus, der Herr, gegeben hat, wie der Sämann auszog den Samen zu säen. Das eine Samenkorn fiel unter die Dornen, und das Samenkorn erstickte unter den Dornen. Das andere Samenkorn fiel aber auf guten Boden und bracht[e] tausendfache Frucht. Das Samenkorn, welches unter die Dornen fiel, ist der Schlesier unter dem preußischen Regiment, da der Fremdling Euch betrügen wollte, um selbst aus dem Betrug den Nutzen zu ziehen. Das Samenkorn aber, das auf guten Boden fiel, das ist der Schlesier aus den Kreisen Groß-Wartenberg, Namslau und Kreuzburg und Pleß, vereinigt in unserm lieben Polen mit den Masuren in Warschau, Plock und Mlawa, welche alle Kinder einer Mutter sind, welche eine polnische Sprache sprechen, ein Recht haben und für das gegenseitige Wohlergehen arbeiten und sich gegenseitig helfen.

Glaubet ja nicht denen, welche sagen, Polen will Euch den heiligen Glauben Eurer Väter nehmen, denn das sind unverständige, schlimme Menschen. Obwohl Polen in der Mehrzahl katholisch ist, so will es Euch nicht in dem Bekenntnis Eures evangelischen Glaubens hindern, im Gegenteil sichert es Euch die Freiheit zu, das Evangelium zu verkünden, und die Freiheit Eurer religiösen Zusammenkünfte; überaus hoch schätzen sie in Polen die evangelischen Geistlichen, wie Ihr schon daraus ersehen könnt, daß der polnische Rat, das Oberhaupt unserer Kirche, den Generalsuperintendenten, Pastor Bursche zum Friedenskongreß nach Paris geschickt hat, um dort im Namen der evangelischen Polen und zugleich auch in Eurem Namen, Ihr evangelischen Brüder, zu verhandeln. Groß ist die Zahl der Evangelischen polnisch sprechender in Polen und sie haben in Polen ihr eigenes Bekenntnis und eigens Wertschätzung. Sie haben ihre eigenen Zusammenkünfte mit polnischen Pastoren, welche in Kirchen schöne Predigten halten.

An der Spitze aller dieser Versammlungen steht das polnische Konsistorium in Warschau, welches in diesem Augenblicke sich als der berufene Verteidiger des Glaubens an Euch wendet.

Noch einmal wenden wir uns an Euch, geliebte Brüder in Christo; seid nicht um Eure Zukunft besorgt, nicht ein Haar Eures Hauptes wird Euch in Polen gekrümmt werden. Überall wird freie Bahn sein für unsere polnische Sprache, für die polnische Eigenart, für polnische Schulen, Gerichte und zugleich auch für polnische Predigten in der Kirche, für die Möglichkeit der gemeinsamen Betätigung in religiösen Angelegenheiten. Wenn es also bei Euch zur Volksabstimmung kommt oder zur Wahl kommen wird, dann gebt alle Eure Stimmen an Polen ab, nicht bloß wegen Euren zeitlichen Wohlergehens, sondern auch im Interesse der Freiheit Eures Gewissens.

Warschau, den April 1919.
Der Vorsitzende des Konsistoriums.
gez. J. Glaß.
Der stellvertretende Vorsitzende.
gez. Pastor Jul[ius]. Bursche.
Generalsuperintendent.

Dokument 20

Das Deutsch-Polnische Abkommen über Oberschlesien vom 15. Mai 1922[1]
Teil III., Titel II., Kapitel 3

Religion

Artikel 84

Das Verhältnis des Staates zu den Religionsgesellschaften wird im gesetzlichen Wege nach Anhörung ihrer zuständigen Vertretungen unter Beobachtung der Grundsätze dieses Kapitels geregelt.

Artikel 85

Alle Einwohner des Abstimmungsgebiets sollen das Recht auf freie, private und öffentliche Ausübung jedes Bekenntnisses, jeder Religion oder Weltanschauung haben, deren Betätigung nicht mit der öffentlichen Ordnung und den guten Sitten unvereinbar ist.

Artikel 86

(1) Die Religionsgesellschaften, die Kirchen- und Kultusgemeinden sowie die geistlichen Gesellschaften verwalten, leiten und beaufsichtigen ihre Einrichtungen und Angelegenheiten in voller Freiheit innerhalb der Schranken der Gesetze, die zur Wahrung der öffentlichen Ordnung und der guten Sitten erlassen werden.

(2) Sie sollen in dem freien Gebrauch der Sprache, deren sie sich bei der Verwaltung ihrer kirchlichen Angelegenheiten und in ihrem Vereinsleben bedienen wollen, nicht gehindert werden.

Artikel 87

§ 1

Im Rahmen der allgemeinen Gesetze und unbeschadet der Rechte Dritter sowie der Rechte, die in den Vereinbarungen zwischen dem Staate und dem Heiligen Stuhle begründet sind, berufen die Religionsgesellschaften, die Kirchen- und Kultusgemeinden sowie die geistlichen Gesellschaften ihre Geistlichen, Beamten, Gemeindehelfer, Schwestern, Diakonissen und ähnliche Hilfskräfte selbständig.

---

1 RGBl 1922, Teil II, 238–304.

§ 2

Soweit sie zu einer religiösen Minderheit gehören, ist es ihnen gestattet, die im § 1 bezeichneten Personen aus dem Auslande zu berufen. Die zu Berufenden brauchen ihre Staatsangehörigkeit nicht zu wechseln; ihre Qualifikationen werden vom Staate anerkannt.

§ 3

(1) Die Religionsgesellschaften, die Kirchen- und Kultusgemeinden sowie die geistlichen Gesellschaften, denen Mitglieder einer nationalen und sprachlichen Minderheit angehören, dürfen nicht gehindert werden, im Gottesdienst, in der Seelsorge und im kirchlichen Unterricht diese Mitglieder in deren Sprache bedienen zu lassen.

(2) Bilden die zu einer nationalen oder sprachlichen Minderheit gehörenden Mitglieder in einer Kirchen- oder Kultusgemeinde die Mehrheit, so finden die Vorschriften des § 2 Anwendung.

Artikel 88

Den Religionsgesellschaften, den Kirchen- und Kultusgemeinden sowie den geistlichen Gesellschaften steht es frei, auch über die Staatsgrenzen hinaus rein kirchliche Beziehungen zum Zwecke gemeinsamen Handelns auf dem Gebiete des Bekenntnisses, der Lehre, des Kultus und der Liebestätigkeit zu unterhalten und dabei Gaben ihrer Glaubensgenossen im Auslande anzunehmen.

Artikel 89

(1) Den Angehörigen aller Religionsgesellschaften werden die gesetzlichen Feiertage, die beim Übergang der Staatshoheit anerkannt waren, gewährleistet. Diese Feiertage können nur mit Zustimmung der Vertreter der einzelnen Religionsgesellschaften aufgehoben oder verlegt werden.

(2) Die Berücksichtigung des Sabbat ist im Artikel 71 geregelt.

Artikel 90

Die Geistlichen und das Personal der Religionsgesellschaften, der Kirchen- und Kultusgemeinden sowie der geistlichen Gesellschaften werden ohne Unterschied ihrer Herkunft oder ihrer Sprache in der freien Ausübung ihrer Tätigkeit nicht behindert werden.

Artikel 91

Die Religionsgesellschaften, die Kirchen- und Kultusgemeinden, die zu einer religiösen Minderheit gehören, erhalten von den in Staats-, Kommunal- oder anderen öffentlichen Haushaltsplänen für religiöse oder geistliche Zwecke ausgeworfenen Summen eine gerechten Anteil; dabei sind die Bedürfnisse der der religiösen Minderheit angehörenden Staatsangehörigen zugrunde zu legen.

Artikel 92

Die vertragschließenden Teile verpflichten sich, den Kirchen- und Kultusgemeinden zu gestatten, Abschriften aus den staatlichen Steuerlisten zu nehmen, die als Grundlage für ihr kirchliches Umlagewesen dienen können.

Artikel 93

(1) Alle im Abstimmungsgebiet bereits vorhandenen und anerkannten Religionsgesellschaften, Kirchen- und Kultusgemeinden sowie geistlichen Gesellschaften werden auch ferner als anerkannte behandelt.

(2) Sie sind verpflichtet, ihre Organisation mit Rücksicht auf den Wechsel der Staatshoheit den Gesetzen, die zur Wahrung der öffentlichen Ordnung und der guten Sitten erlassen werden, und den Bestimmungen dieses Kapitels anzupassen.

(3) Für die Anpassung wird ihnen eine Übergangszeit bis zum 1. Juli 1923 gewährt. Diese Bestimmung berührt weder die zwischen dem polnischen Staate und dem Heiligen Stuhl getroffene oder noch zu treffende Vereinbarung, noch die Bestimmung des Artikel 95.

Artikel 94

(1) Die im Amte befindlichen Geistlichen, Kirchenbeamten, Schwestern und Diakonissen können ihre Ämter behalten und dürfen in der kirchlichen Tätigkeit, die sie ausüben, nicht behindert werden.

(2) Die vertragschließenden Teile werden bei den kirchlichen Stellen dahin wirken, daß zum Zwecke der Befriedung des Landes ein Austausch katholischer Pfarrer zwischen den beiden Teilen des Abstimmungsgebiets entsprechend den Vorschriften des kanonischen Rechtes stattfindet.

Artikel 95

Die Kirchen- und Kultusgemeinden, ihre Geistlichen und Beamten, ihr Ruhegehaltsempfänger und Hinterbliebenen können ihre wirtschaftlichen Beziehungen zu den bisherigen kirchlichen Versorgungseinrichtungen (Kassen u. dgl. Anstalten), zu denen sie beim Übergang der Staatshoheit gehören, selbständig regeln und fortführen, solange die Unmöglichkeit der Schaffung eines vollwertigen Ersatzes besteht.

Artikel 96

§ 1

Kirchliche und charitative Anstalten, Stiftungen und sonstige Einrichtungen, die beiden Teilen des Abstimmungsgebiets dienen, dürfen diesen Wirkungskreis behalten, bis es möglich geworden ist, für jeden der beiden Teile gesonderte Fürsorge einzurichten.

§ 2

In Kirchen- und Kultusgemeinden, die durch die neue Grenze zwischen den beiden Teilen des Abstimmungsgebiets durchschnitten werden, dürfen die Beteiligten die geeigneten Maßnahmen treffen, um an der Unterhaltung der beweglichen und unbeweglichen Güter dieser Kirchen- und Kultusgemeinden teilzunehmen.

Dokument 21

Statut der Unierten Evangel. Kirche in Polnisch-Oberschlesien vom 6. Juni 1923[1]

§ 1.

Die zum Kreissynodalverbande Pless zusammengeschlossenen evangelischen Kirchengemeinden führen fortan den Namen „Unierte Evangelische Kirche in Polnisch-Oberschlesien".

1 Publ. in: *Georg Klawun,* Die Rechtslage 26–27.

§ 2.

In der „Unierten evangelischen Kirche in Polnisch Oberschlesien" bleiben die bisherigen kirchlichen Gesetze und Verordnungen in Kraft, soweit sich nicht aus den Artikeln 84–96 des deutsch-polnischen Abkommens vom 15. Mai 1922 und aus diesem Beschluß ein anderes ergibt.

§ 3.

Die Kreissynode Pless führt fortan den Namen „Landessynode der unierten evangelischen Kirche in Polnisch-Oberschlesien".

Sie übernimmt zu ihren bisherigen Befugnissen und Obliegenheiten die der Provinzialsynode und der Generalsynode und der Vorstand der Synode zu seinen bisherigen Befugnissen und Obliegenheiten die des Provinzialsynodalvorstandes und des Generalsynodalvorstandes.

§ 4.

Die kirchenregimentlichen Befugnisse des Konsistoriums und des Evangelischen Oberkirchenrats werden einer aus 5 Mitgliedern bestehenden kirchlichen Verwaltungsbehörde übertragen, die den Namen „Landeskirchenrat der unierten evangelischen Kirche in Polnisch-Oberschlesien" führt.

Die Befugnisse und Obliegenheiten eines Generalsuperintendenten werden dem Superintendenten übertragen, der die Amtsbezeichnung „Präsident der unierten evangelischen Kirche in Polnisch-Oberschlesien" führt.

Dem Landeskirchenrat gehören der Präsident der Kirche für die Dauer seiner Amtstätigkeit als solcher und 4 von der Landessynode auf 6 Jahre zu wählenden ehrenamtlich wirkende Mitglieder an und zwar 3 Nichtgeistliche und ein Geistlicher, welcher die Amtsbezeichnung „Kirchenrat" führt. Zugehörigkeit zur Landessynode ist nicht Voraussetzung der Wählbarkeit zum Landeskirchenrat. Die gewählten Mitglieder des Landessynodalvorstandes sind von der Wahl zum Landeskirchenrat ausgeschlossen.

Den Vorsitz im Landeskirchenrat führt der Präsident der Kirche. Bei seiner Behinderung tritt der stellvertretende Vorsitzende im Landessynodalvorstande mit vollem Stimmrecht für ihn ein.

Der Landeskirchenrat ist bei Anwesenheit von 3 Mitgliedern beschlußfähig.

§ 5.

In den Fällen, in denen nach Gesetz oder Verordnung der Provinzialsynodalvorstand an den Geschäften des Konsistoriums und der Generalsynodalvorstand an den Geschäften des Evangelischen Oberkirchenrats teilnimmt, beschliesst der durch Hinzutritt der gewählten Mitglieder des Landessynodalvorstandes erweiterte Landeskirchenrat. Diesem kommen auch die Befügnisse und Obliegenheiten des Evangelischen Landeskirchenausschusses zu. Die Mitwirkung des Landessynodalvorstandes unterbleibt in dem Falle des § 55 Ziffer 9 Absatz 2 Satz 3 der Kirchengemeinde- und Synodalordnung vom 10. September 1873. Dem Erfordernis der Mitwirkung ist entsprochen, wenn wenigstens 2 Mitglieder des Landessynodalvorstandes teilnehmen.

§ 6.

Bei Dienstvergehen der Kirchenbeamten und ihrer unfreiwilligen Versetzung in den Ruhestand entscheidet in den Fällen der §§ 19, 46 und 53 des Kirchengesetzes vom 16. Juli 1886 (k. G. u. V. Bl. S. 81) der Landessynodalvorstand anstelle des Konsistoriums und in den Fällen der §§ 33, 46 und 54 angeführten Gesetzes der Landeskirchenrat anstelle des Evangelischen Oberkirchenrats.

§ 7.

Die wirtschaftlichen Beziehungen der Kirchengemeinden, ihrer Geistlichen und Beamten, ihrer Ruhegehaltsempfänger und Hinterbliebenen zu den bisherigen kirchlichen Versorgungseinrichtungen werden bis auf weiteres gemäß Artikel 95 des deutsch-polnischen Abkommens vom 15. Mai 1922 fortgeführt.

§ 8.

Ueber die Form der Verkündigung kirchlicher Gesetze und Verordnungen beschliesst die Synode.

§ 9.

Die Kosten der kirchlichen Verwaltung und die Synodalkosten werden, soweit sie nicht anderweitig gedeckt sind, durch Umlage auf die Kirchengemeinden aufgebracht.

§ 10.

Aenderungen dieses Beschlusses bedürfen der Zustimmung von $^2/_3$ der Anwesenden.

§ 11.

Dieser Beschluss tritt mit seiner Annahme durch die Kreissynode in Kraft.

Dokument 22

Ustawa Konstytucyjna z dnia 15. lipca 1920 r. zawierająca statut organiczny Województwa Śląskiego[1]

[Verfassungsgesetz vom 15. Juli 1920 enthaltend das Organische Statut der Wojewodschaft Schlesien]

Art. 1.

Die Schlesische Wojewodschaft wird alle Polen zugesprochene schlesischen Gebiete umfassen, sei es vom Teschener Schlesien, sei es auf Grund des Art. 88 des Versailler Vertrages mit Deutschland vom 28. Juni 1919.
Die Schlesische Wojewodschaft wird einen untrennbaren Bestandteil der Republik Polen bilden und die Rechte der Selbstverwaltung entsprechend den Bestimmungen des nachstehenden Organischen Statutes besitzen.

Art. 2.

Die bisherigen Gesetze und Verordnungen, die am Tage des Inkrafttretens des nachstehenden Statutes innerhalb der Grenzen Schlesiens in Geltung waren, bleiben weiter in Kraft, sofern sie nicht in Übereinstimmung mit den Vorschriften dieses Statutes abgeändert werden.

Art. 4.

Der Gesetzgebung des Schlesischen Sejms sind folgende Angelegenheiten vorbehalten: [...].
Abs. 7.: Die Gesetzgebung in konfessionellen Angelegenheiten unter Ausschluß der kirchlichen Angelegenheiten, die in den Bereich der auswärtigen Politik fallen (Konkordat).

1 Dz.U.R.P. 1920, Nr. 73, Pos. 497.

Dokument 23

Der Gesetzentwurf der Konstituierenden Synode der Ev.-Augsb. Kirche in Polen betr. das Verhältnis der Ev.-Augsb. Kirche zum Staate vom 10. April 1923[1]

Art. 1. Die Pfarrgemeinden evangelisch-augsburgischen Bekenntnisses auf dem gesamten Gebiete der Polnischen Republik, sofern sie nicht zum Bestande einer anderen kirchlichen Organisation gehören, bilden die Evangelisch-Augsburgische Kirche in Polen.

Diese Kirche, bzw. ihre Pfarrgemeinden, genießt alle Rechte, welche den evangelisch-augsburgischen Pfarrgemeinden in den sämtlichen Teilgebieten der Polnischen Republik auf Grund der bisherigen Kirchengesetze zustanden.

Im Falle einer Teilung der Kirche aus nationalen Gründen wird nachstehendes Gesetz für jede der auf diese Weise entstehenden evangelisch-augsburgischen Kirchen verpflichtend sein.

Art. 2. Die Evangelisch-Augsburgische Kirche in Polen ist im Sinne des Art. 115 der Staatsverfassung der Polnischen Republik eine freie und autonome Kirche und genießt alle ihr durch die Staatsverfassung verbürgten Rechte.

Die Aufsichtsrechte des Staates der Evangelisch-Augsburgischen Kirche gegenüber werden in diesem Gesetz festgelegt.

Art. 3. Die Verfassung der Evangelisch-Augsburgischen Kirche wird durch das von der Konstituierenden Synode beschlossene Grundkirchengesetz bestimmt. Dieses Grundkirchengesetz tritt in Kraft, nachdem der Minister für Kultus und öffentlichen Unterricht die Übereinstimmung desselben mit den Staatsgesetzen, insbesondere mit vorliegendem Staatsgesetz festgestellt, der Präsident der Polnischen Republik es unterzeichnet hat, und nachdem es im Gesetzesblatt zur Veröffentlichung gelangt ist.

Art. 4. Das Grundkirchengesetz bestimmt die Ordnung für die Gesetzgebung in der Kirche. Die auf rechtmäßigem Wege beschlossenen kirchlichen Gesetze werden rechtskräftig, nachdem der Minister für Kultus und öffentlichen Unterricht ihre Übereinstimmung mit den Staatsgesetzen festgestellt hat.

Art. 5. Die Wahl des Präses und des Vizepräses der obersten Vollzugsbehörde in der Kirche (Konsistorium) vollzieht die Synode im Einvernehmen mit der zuständigen Staatsbehörde.

Von der Wahl der übrigen Mitglieder des Konsistoriums sowie der Senioren (Superintendenten) und Pastoren (Pfarrer) ist die zuständige Staatsbehörde in Kenntnis zu setzen.

Art. 6. Mitglieder des Konsistoriums, Senioren (Superintendenten) und Pastoren (Pfarrer) können nur polnische Staatsbürger sein.

Ausländer können auf Antrag des Konsistoriums nur mit Genehmigung des Ministers für Kultus und öffentlichen Unterricht zugelassen werden.

Art. 7. Die Mitglieder des Konsistoriums, die Senioren (Superintendenten) und die Pastoren (Pfarrer) haben vor Antritt des Amtes bzw. bei der Ordination das Gelübde des Gehorsams gegen die Staatsverfassung und der Treue gegen die Polnische Republik abzulegen.

Art. 8. Die evangelischen Kirchen genießen sämtliche Vorrechte, welche der Staat den Geistlichen anderer christlicher Bekenntnisse gewährt, u. a. auch das Standesamt.

Art. 9. Die Kirche, sowie die einzelnen Diözesen, die Gemeinden und die Filialen sind juristische Personen nach dem öffentlichen und privaten Recht.

---

1 Die ev. Diaspora, Jg. 16 (1934), H. 2, 91–93.

Art. 10. Der Staat garantiert der Kirche sowie den einzelnen Diözesen, den Gemeinden und Filialen den ungeschmälerten Besitz ihres Eigentums und ihrer Rechte im Rahmen der verbindlichen Gesetze.

Das allgemeine Kirchenvermögen sowie das Vermögen der Diözesen, der Gemeinden und der Filialen wird von den Organen verwaltet, welche im Grundkirchengesetz genannt sind.

Eine vorhergehende Genehmigung von seiten der zuständigen Staatsbehörden erfordert gemäß den allgemeinen hierfür verbindlichen Vorschriften nur die Verfügung über dasjenige Vermögen, welches einen besonderen Wert darstellt.

Art. 11. Die evangelischen Kirchen, die Bethäuser samt den zu ihnen gehörenden Baulichkeiten, die Gebäude der Wohltätigkeitsanstalten und die Häuser, welche den Geistlichen und dem Kirchenpersonal zur Wohnung dienen, sind, sofern sie nicht an Privatpersonen vermietet sind, von Einquartierung und von jeder Art Lasten, Steuern, Gebühren und Verpflichtungen frei.

Art. 12. Der Staat gewährt der Kirche aus staatlichen Mitteln Zuschüsse, die im Haushaltsvoranschlag oder in einem entsprechenden Staatsgesetz festgesetzt werden, in gleichem Verhältnis wie den übrigen gleichberechtigten Kirchen.

Das Staatsgesetz kann die näheren Bedingungen, unter denen solche Beihilfen geleistet werden, angeben; namentlich die Eröffnung neuer Kirchenkreise, Parochien und Filialen, die eine Vergrößerung der staatlichen Beihilfen zur Folge haben, können von der Erlaubnis der zuständigen staatlichen Behörden abhängig gemacht werden.

Die höchste vollziehende Behörde (das Konsistorium) ist verpflichtet, der zuständigen staatlichen Behörde die von ihr verlangten Berichte zur Kenntnis zu übersenden.

Art. 13. Die Erhebung der Kirchensteuern erfolgt gemäß der Festsetzung der kirchlichen Verfassung.

Art. 14. Für den Fall, daß von der Kirche das Einschreiten einer staatlichen Behörde bei der Erhebung der Kirchensteuern erfordert wird, gelten folgende Vorschriften:

Jeder Beschluß betreffend die Veranlagung zur Kirchensteuer erfordert die Bestätigung der zuständigen Staatsbehörde, die Entscheidung über diese Bestätigung muß im Laufe eines Monats fallen, gerechnet von der Verständigung der Staatsbehörde über den Beschluß betreffend die Veranlagung.

Die Staatsbehörde kann die Bestätigung nur in dem Falle ablehnen, wenn sie die Belastung der Gemeinde als zu hoch ansieht oder ihr die Verteilung ungerecht erscheint. In diesem Falle muß der Beschluß betreffend die Veranlagung noch einmal auf einer zu diesem Zweck einberufenen Gemeindeversammlung geprüft werden in Anwesenheit eines Kommissars der Regierung oder nach Anhören seines schriftlichen Gutachtens. Eine zweite Versammlung entscheidet die Sache endgültig.

Art. 15. Die bestätigte Steuerveranlagung muß in den Kirchen und den Bethäusern an zwei aufeinanderfolgenden Sonntagen erfolgen. Die Steuerveranlagung muß zur Einsicht in der Kirchenkanzlei ausliegen.

Im Laufe eines Monats, gerechnet von der letzten bekannten Abmachung, steht jedem das Recht zu, sich gegen die Veranlagung zu beschweren. In besonderen Fällen entscheidet die höhere kirchliche Instanz. Die erhobene Beschwerde hält den Vollzug nicht auf.

Art. 16. Die Vorschriften in Art. 14 und 15 gelten auch entsprechend für die Einziehung der allgemeinen Kirchensteuer.

Art. 17. Den Staats- und Kommunalbehörden gegenüber bedienen sich die kirchlichen Behörden der amtlichen Sprache des Staates bzw. der Kommunalbehörde, gemäß den Vorschriften, die in diesem Teilgebiet verpflichten.

Im inneren Verkehr in der Kirche, in den Gemeinden und in den Institutionen, die durch die Kirche erhalten werden, sind alle Landessprachen gleichberechtigt.

Art. 18. Die kirchlichen Feiertage der Evangelisch-Augsburgischen Kirche, welche nicht zugleich als allgemein staatlich anerkannt sind (Karfreitag, Bußtag, Aschermittwoch, Reformationsfest am 31. Oktober) genießen staatlichen Schutz nach den allgemein geltenden Grundsätzen. Insbesondere ist die Schuljugend evangelisch-augsburgischen Bekenntnisses an diesen Feiertagen vom Unterricht zu befreien.

Art. 19. Die Vorschriften über die Vorbildung und Prüfung der Theologen gehört mit den Ausnahmen, die aus den Vorschriften des Art. 20 hervorgehen, zur kirchlichen Gesetzgebung.

Art. 20. Pastor oder Vikar kann nur ein polnischer Bürger werden, der wenigstens drei Semester lang an der evangelischen-theologischen Fakultät einer inländischen Universität studiert hat, und der nach Beendigung der vorschriftsmäßigen Studien die theoretische Schlußprüfung in sämtlichen Hauptfächern des theologischen Studiums bestanden hat, oder auch der eine von der Kirche erhaltene und vom Staate anerkannte theologische Hochschule, die auf gleichem Niveau mit der theologischen Fakultät steht, absolviert hat.

Der Minister für Kultus und öffentlichen Unterricht kann auf Antrag des Konsistoriums von den Vorschriften dieses Artikels Dispens erteilen.

Für diejenigen, welche ihre Studien im Auslande abgelegt haben, ist bei der Prüfung die Sprache zulässig, in welcher sie studiert haben.

Art. 21. Bei dem Ministerium für Bekenntnis und öffentliche Bildung besteht eine Kommission, die sich unter dem Vorsitz des Ministers, dem Direktor des Departements für Bekenntnisse und nach vorhergehender Verständigung zwischen dem Minister und der höchsten Behörde der evangelischen Kirche, aus Delegierten dieser Kirche in einer für jedes Bekenntnis bestimmten Anzahl zusammensetzt. Diese Kommission gibt bei der Berufung von Professoren durch die theologische Fakultät eventuell auch bei ihrer Entlassung ihr Gutachten ab. In einer Angelegenheit wie sie im Absatz 2 des ersten Artikels vom 29. 7. 1921 (Dz. U. 69 vom Jahre 1921 poz. 447) über die akademische Schule angedeutet wird, tritt die Kommission mit einem entsprechenden Antrag an das Ministerium heran.

Art. 22. Die zuständige Staatsbehörde in den Artikeln des obigen Gesetzes wird durch eine Verfügung des Ministerrates bestimmt.

Art. 23. Obiges Gesetz tritt mit dem Tage der Verkündigung in Kraft. Die gegenwärtig verpflichtende Vorschrift über das Verhältnis der Evangelisch-Augsburgischen Kirche zum Staat behält ihre Gültigkeit bis zum Inkrafttreten des grundlegenden Gesetzes, das gemäß Art. 3 des obigen Gesetzes beschlossen wird.

Art. 144 der bisherigen Verfassung der Evangelisch-Augsburgischen Kirche im Königreich Polen vom 8/20. 2. 1849 (Dz. Pr. t. 42) betreffen die Kompetenzen des Konsistoriums in Eheangelegenheiten bleibt in Kraft.

Art. 24. Mit der Ausführung obigen Gesetzes wird der Minister für Bekenntnis und öffentliche Bildung betraut.

Dokument 24

Konkordat geschlossen zwischen dem Apostolischen Stuhl und der Republik Polen am 10. Februar 1925[1]

Art. I.

Die katholische Kirche, ohne Unterschied der Riten, wird in Polen volle Freiheit genießen. Der Staat sichert der Kirche die freie Ausübung Ihrer geistlichen Gewalt und Ihrer Rechtsprechung sowie die Freie Verwaltung und Administration Ihrer Angelegenheiten

1 *St. Piekarski,* Wyznania religijne 98–120.

und Ihres Vermögens in Übereinstimmung mit den göttlichen Gesetzen und mit dem kanonischen Recht zu.

Art. II.

Die Bischöfe, die Geistlichkeit und die Gläubigen werden sich frei und unmittelbar mit dem Apostolischen Stuhl in Verbindung setzen. In der Ausübung ihrer Funktionen werden sich die Bischöfe frei und unmittelbar an ihre Geistlichkeit und die Gläubigen wenden und ihre Aufträge, Anordnungen und Hirtenbriefe veröffentlichen.

Art. IV.

Die Zivilbehörden werden ihre Hilfe erteilen bei der Durchführung der krichlichen Bestimmungen und Dekrete: a) bei der Amtsentlassung eines Geistlichen, der Aberkennung der kirchlichen Pfründe, nach der Veröffentlichung eines kanonischen Dekrets über eine solche Amtsentlassung oder Aberkennung sowie im Falle eines Verbots des Tragens der Geistlichenkleidung; b) bei der Eintreibung von Taxen und Prästationen (Leistungen) für die Kirche, die von den staatlichen Gesetzen vorgesehen sind; c) in allen anderen Fällen, die in den verpflichtenden Gesetzen vorgesehen sind.

Art. XI.

Die Wahl der Erzbischöfe und Bischöfe obliegt dem Apostolischen Stuhl. Seine Heiligkeit ist einverstanden, sich vor der Ernennung von Erzbischöfen und Diözesan-Bischöfen, von Koadjutoren „cum iure successionis" und des Feldbischofs an den Staatspräsidenten zu wenden, um sich zu vergewissern, daß der Staatspräsident gegen diese Wahl keine Einwände politischer Natur zu erheben hat.

Art. IX.

Kein Teil der Republik Polen wird von einem Bischof abhängig sein, dessen Sitz sich außerhalb der Staatsgrenzen befindet. [...].

Art. XIX.

Die Republik sichert den zuständigen Behörden das Recht zu, entsprechend dem Kanonischen Recht Funktionen, Ämter und kirchliche Benefizien zu erteilen. [...].

Art. XX.

Falls die Staatsbehörden gegen den gegebenen Geistlichen Vorwürfe betreffs dessen Tätigkeit, die mit der Sicherheit des Staates nicht vereinbar ist, erheben sollten, wird der zuständige Minister die erwähnten Vorwürfe dem Ordinarius unterbreiten, der – im Einvernehmen mit dem Minister – im Laufe von drei Monaten die entsprechenden Anordnungen treffen wird. Bei einem Auseinandergehen der Meinungen zwischen dem Ordinarius und dem Minister überweist der Apostolische Stuhl die Erledigung der Angelegenheit zwei von ihm erwählten Geistlichen, die in Zusammenarbeit mit zwei Delegierten des Staatspräsidenten die endgültige Entscheidung treffen.

Art. XXIII.

Eine Änderung der Sprache, die in den Diözesen des Lateinischen Ritus in den Ansprachen, außerordentlichen Gottesdiensten, dem Unterricht in den theologischen Seminaren – außer dem Unterricht in den heiligen Lehren – benützt wird, wird nicht anders als mit besonderer Erlaubnis der Konferenz der Bischöfe des katholischen Ritus erfolgen.

Art. VIII.

An den Sonntagen und am Nationalfeiertag des 3. Mai werden die Geistlichen, die den Gottesdienst abhalten, ein liturgisches Gebet für das Wohl der Republik Polen und ihres Präsidenten sprechen.

Dokument 25

Satzung der Landesvereinigung Polen des Weltbundes für Freundschaftsarbeit der Kirchen[1]

§ 1. Name und Arbeitsgebiet.

Die Landesvereinigung Polen des Weltbundes für Freundschaftsarbeit der Kirchen betrachtet als ihr Arbeitsgebiet die Republik Polen.

§ 2. Zweck.

Die Landesvereinigung Polen erkennt die Zwecke des Weltbundes für Freundschaftsarbeit der Kirchen auch als die ihrigen an, welche in den Beschlüssen der Konstanzer Konferenz vom 2. August 1914, wie folgt, festgesetzt sind:

1. Da die Versöhnungs- und Freundschaftsarbeit eine wesentliche christliche Aufgabe ist, ist es geboten, daß die Kirchen in allen Ländern ihren Einfluß auf die Völker, Volksvertretungen und Regierungen benutzen, um gute und freundschaftliche Beziehungen zwischen den Nationen herzustellen, so daß sie auf dem Wege friedlicher Durchdringung den Zustand allgemeinen gegenseitigen Vertrauens erreichen, den zu erstreben das Christentum die Menschheit gelehrt hat.
2. Da alle Zweige der Kirche Christi in gleicher Weise an der Aufrechterhaltung des Friedens und der Förderung einer freundschaftlichen Stimmung unter den Völkern der Erde interessiert sind, empfiehlt es sich für sie, bei der Durchführung des obigen Beschlusses im Einvernehmen miteinander zu handeln.
3. Um die verschiedenen Kirchen instand zu setzen, miteinander Fühlung zu gewinnen, sollten Schritte getan werden, um in jedem Lande je nach den Umständen Vereinigungen einer Kirche für sich oder verschiedener Kirchen gemeinsam zu bilden, deren Aufgabe es sein würde, die Kirchen als solche zu gemeinsamen Bemühungen für die Förderung internationaler Freundschaft und die Vermeidung von Kriegen zu gewinnen. Es soll deshalb auch eine Zentralgeschäftsstelle zur Erleichterung der Korrespondenz zwischen den einzelnen Vereinigungen eingerichtet werden, die Nachrichten sammeln und weitergeben und die Arbeit der Bewegung einheitlich zusammen fassen soll.

Die Landesvereinigung stimmt der Satzung des Weltbundes vom 16. August 1915 zu.

Die Landesvereinigung stellt sich neben den allgemeinen Zielen des Weltbundes die besondere Aufgabe, zwischen den verschiedenen Kirchen im polnischen Staat den Geist der Eintracht und des brüderlichen Verstehens, unbeschadet der konfessionellen, nationalen und geschichtlichen Eigenarten jeder Kirche, zu fördern und zu pflegen.

---

1 Urkunden und Aktenstücke, Druckheft 3, 17.

§ 3. Mitgliedschaft.

Der Landesvereinigung Polen treten als gleichberechtigte Mitglieder bei:
1. die lutherische Kirche in Polen,
2. die reformierte Kirche in Polen,
3. die unierte evangelische Kirche in Polen (außer Oberschlesien),
4. die Kirche augsburgischen und helvetischen Bekenntnisses in Kleinpolen,
5. die unierte evangelische Kirche von Polnisch-Oberschlesien.

Weitere Kirchen können durch Beschluß der Vertreterversammlung aufgenommen werden.

Dokument 26

Statut des Rates der evangelischen Kirchen in Polen[1]

§ 1.

Der Rat der evangelischen Kirchen in Polen wird gebildet zwecks:
a) Vereinigung des gesamten Protestantismus in Polen ohne Unterschied des Bekenntnisses und der Nationalität, jedoch unter Wahrung der Selbständigkeit und Unabhängigkeit, der Tradition, Gebräuche und Rechtsnormen der einzelnen evangelischen Kirchen sowohl hinsichtlich der Eigenart ihres Bekenntnisses als auch hinsichtlich ihrer Leitung und Organisation,
b) Herstellung wahrer brüderlicher Eintracht unter den Bekennern des Evangeliums in Polen und nötigenfalls Beseitigung aller Reibungen und Mißverständnisse unter ihnen,
c) Schaffung einer gemeinsamen Grundlage, auf welcher sich aufbauen soll freundschaftliche Zusammenarbeit, Vereinheitlichung der Ansichten über die Aufgaben des Protestantismus in Polen und Feststellung von taktischen Leitsätzen in diesen Beziehungen,
d) Wahrung der Rechte und Interessen der einzelnen evangelischen Kirchen in Polen gegenüber den gesetzgebenden und ausführenden staatlichen Organen und zugleich für alle Mitglieder der einzelnen Kirchen Gewährleistung des Rechtes auf Gewissensfreiheit und auf Gleichberechtigung der Bekenntnisse, wie es durch die Staatsverfassung verbürgt ist.

§ 2.

Zwecks Erreichung der in § 1 angegebenen Ziele wird der Rat der evangelischen Kirchen in Polen die Aufgaben berücksichtigen, welche sich der „Weltbund für Freundschaftsarbeit der Kirchen" gestellt hat, und ein möglichst harmonisches Zusammenwirken mit den Arbeiten des Weltbundes erstreben.

§ 3.

Der Rat der evangelischen Kirchen in Polen setzt sich aus nachstehenden Kirchen innerhalb des polnischen Staatsgebietes zusammen:
1. die evangelisch-reformierte Kirche mit dem Sitz in Wilno,
2. die evangelisch-reformierte Kirche mit dem Sitz in Warszawa,

1 Urkunden und Aktenstücke 3, 17.

3. die evangelisch-augsburgische Kirche mit dem Sitz in Warszawa,
4. die unierte evangelische Kirche mit dem Sitz in Poznań,
5. die unierte evangelische Kirche mit dem Sitz in Katowice,
6. die evangelische Kirche A. und H. B. in Kleinpolen.

§ 12.

Die Amtssprache des Rates der evangelischen Kirchen in Polen ist die polnische Sprache. Andere Sprachen sind bei den Beratungen und im schriftlichen Verkehr gleichberechtigt.

§ 13.

Die Geschäfte des Rates der evangelischen Kirchen in Polen führt:
a) der Rat,
b) der Vollzugsausschuß.

§ 14.

Zur Zuständigkeit des Rates gehört:
a) die Prüfung der Anträge, welche von einer Kirche gestellt werden in Angelegenheiten, welche entweder die betreffende Kirche oder die Gesamtheit der Evangelischen in Polen angehen,
b) die Beschlußfassung über Anträge und Wünsche, welche den betreffenden staatlichen Organen hinsichtlich der Bedürfnisse des ganzen Protestantismus in Polen vorgelegt werden sollen,
c) den Behörden gegenüber die Wahrung angetasteter Rechte, welche den Evangelischen durch die Staatsverfassung oder durch andere Gesetze gewährleistet sind, und zwar auf dem gesetzlich vorgesehenen Wege,
d) die Bestätigung der Entscheidungen und Beschlüsse des Vollzugsausschusses, welche in unaufschiebbaren Fällen während der Zeit zwischen den Plenarsitzungen gefaßt werden,
e) die Entgegennahme (Bestätigung) des Berichtes über die Tätigkeit des Vollzugsausschusses,
f) die Verteilung der durch die Organisation und Tätigkeit des Rates und des Vollzugsausschusses entstehenden Kosten, welche die einzelnen Kirchen zu tragen haben, ferner die Bestätigung des Haushaltsplans, welcher vom Vollzugsausschuß entworfen wird,
g) die Bestätigung der Geschäftsordnung für den Rat und für den Vollzugsausschuß.

§ 15.

Der Vollzugsausschuß
a) leitet die Geschäfte des Rates in der Zeit zwischen den Plenarsitzungen,
b) bestimmt die Referenten und Korreferenten für die Angelegenheiten, welche Gegenstand der Verhandlungen in den Plenarsitzungen sein sollen,
c) vertritt den Rat der evangelischen Kirchen in Polen vor den Behörden und gegenüber der Öffentlichkeit,
d) redigiert die Entwürfe für Kundgebungen, Anträge, Wünsche und dergl.,
e) führt die Kanzleigeschäfte und die Protokolle des Rates,
f) unterzeichnet die Aufrufe und Schreiben des Rates,
g) führt die Kasse und die Rechnungen des Rates und sorgt für die pünktliche Einzahlung der Beiträge zur Deckung der Kosten des Haushalts.

§ 16.

Die erforderlichen Mittel für die Organisation und weitere Tätigkeit des Rates werden aufgebracht:
a) aus den Beiträgen der einzelnen Kirchen, welche proportionell verteilt werden,
b) aus Schenkungen, Unterstützungen, Legaten und gelegentlichen Zuwendungen.

§ 17.

Die Geldbestände des Rates werden bei einem Bankinstitut angelegt, welches der Vollzugsausschuß bestimmt. Schecks und Urkunden werden vom Vorsitzenden des Vollzugsausschusses und dem Schatzmeister unterschrieben.

§ 18.

Die genauen Geschäftsordnungen für den Rat und den Vollzugsausschuß hinsichtlich der Art der Ausübung ihrer Rechte und Pflichten, die sich aus diesem Statut ergeben, werden vom Vollzugsausschuß spätestens binnen Jahresfrist nach der Konstituierung des ersten Rates ausgearbeitet.

Dokument 27

Die Botschaft des Kongresses von Wilna[1]

Die aus Gottes Willen in Wilna versammelten Vertreter der evangelischen Kirchen in Polen grüßen alle Brüder und Schwestern ihres Glaubens mit dem Gruß des Apostels: Gnade und Friede von Gott unserem Vater und unserem Herrn Jesu Christo in Wahrheit und Liebe!

Evangelische Glaubensgenossen!

Es ist uns eine Freude, euch kundzutun, daß in den Tagen vom 9. bis 11. November d. Js. in Wilna eine Zusammenkunft von Vertretern sämtlicher evangelischen Kirchen in Polen stattgefunden hat, bei der ein Werk brüderlicher Verständigung zustande gekommen ist, das viele ernsten Christen schon längst ersehnt hatten und das durch die Not der Zeit geboten ist: Es ist ein Rat der evangelischen Kirchen in Polen gegründet worden. Wir bekennen dankbar: Das ist vom Herrn geschehen und ist ein Wunder vor unseren Augen. Ihm sei die Ehre!

Was hier in Wilna beschlossen worden ist, das soll nun von unseren Glaubensgenossen mit Freuden in Herz und Willen aufgenommen werden. Dazu rufen wir Euch auf. Denn nicht Beschlüsse können uns helfen, sondern allein die Gesinnung und die Tat.

Das Werk brüderlicher Verständigung von Wilna steht auf dem Worte unseres Herrn, mit dem Er den Vater gebeten hat: „Auf daß sie alle eins seien!“ Alle evangelischen Christen Polens sollen sich dessen bewußt sein, daß sie ein hohes Gut miteinander gemeinsam haben, das Evangelium von Jesu Christo, dem Sohne Gottes, der durch sein Leben, Leiden, Sterben und Auferstehen uns den Weg zum Vater gebahnt hat, das Evangelium von Jesu Christo, das wir im rechtfertigenden Glauben ergreifen. Dahinter müssen zurücktreten alle

1 Urkunden und Aktenstücke 3, 162ff.

Unterschiede der Sonderbekenntnisse und des Volkstums. Gewiß soll jeder auch weiterhin glauben, wie ihn seine Kirche ihrem Bekenntnis gemäß gelehrt hat, soll weiterhin beten in der Sprache, die er von seiner Mutter gelernt hat. Aber darüber wollen wir nie vergessen, daß wir evangelische Christen, ob polnisch oder deutsch, litauisch oder ruthenisch oder tschechisch, ob lutherisch oder reformiert oder uniert, alle Brüder sind in Erfüllung des Apostelwortes, Gal. 3,28: Hier ist kein Jude noch Grieche, hier ist kein Knecht noch Freier, hier ist kein Mann noch Weib, denn ihr seid allzumal einer in Christo Jesu.

Unsere evangelische Art wollen wir in rechter Treue gegen unseren Herrn und Heiland ausleben, und darin sollen die verschiedenen evangelischen Kirchen miteinander wetteifern. Unsere evangelischen Gemeinden sollen wie ein Licht und ein Salz im Lande sein. Evangelisch, das muß heißen: Liebreich, opferfreudig, arbeitsam, nüchtern, ehrlich zur Ehre Gottes im Dienst der Brüder. So werden wir nicht nur rechte Himmelsbürger sein, sondern um das Gewissens und des Evangeliums willen auch die besten und treuesten Bürger des Staates, in dessen Grenzen wir durch Gottes Fügung alle vereint sind.

Evangelische!

So in Einigkeit stark, werden wir, wenn es nötig wäre, die heiligen Rechte unseres Glaubens und der Gewissensfreiheit mit allen Mitteln die das Gesetz uns bietet, erfolgreich verteidigen können.

Der Herr der Kirche aber wolle mit seinem heiligen Geiste aller Herzen, in den Gemeinden und bei ihren Führern, erfüllen, daß das, was in Wilna beschlossen ist, sich auswirke zur Ehre Gottes, zum Heil der Kirche, zum Wohl des wiedererstandenen Polens.

Dokument 27a

Staatlicher Gesetzentwurf betr. das Verhältnis des Staates zur Evangelisch-Augsburgischen Kirche in Polen vom 7. Juli 1933[1]

Art. 1. Die Evangelisch-Augsburgische Kirche in Polen besteht aus den evangelisch-augsburgischen Gemeinden, die sich im Gebiet des ganzen Staates befinden. Dieser Kirche gehören auch die Herrnhuter oder Mährischen Brüder an. Dagegen zählen hierzu nicht die evangelisch-lutherischen sogenannten altlutherischen Gemeinden in den Wojewodschaften Posen und Pommerellen.

Im Rahmen der allgemein verpflichtenden staatlichen Gesetze und des vorliegenden Gesetzes genießt die Evangelisch-Augsburgische Kirche in Polen in ihrem inneren Leben völlige Freiheit der Selbstverwaltung auf Grund der Vorschriften ihres inneren Gesetzes (Statuts), das vom Staat auf Grund einer Verordnung des Ministerrats anerkannt worden ist. Das innere Gesetz der Evangelisch-Augsburgischen Kirche in Polen stellt zusammen mit diesem Gesetz die Rechtsgrundlage für die Organisation dieser Kirche dar.

Art. 2. Die Evangelisch-Augsburgische Kirche in Polen ist eine selbständige Kirche und von keiner irgendwie gearteten ausländischen geistlichen oder weltlichen Behörde abhängig.

Art. 3. Die Kirchengesetze und die besonderen Vorschriften, die auf Grund des inneren Gesetzes der Evangelisch-Augsburgischen Kirche in Polen beschlossen worden sind und bezüglich derer das vorherige Übereinstimmen mit den Staatsbehörden nicht vorgesehen wurde, erlangen verpflichtende Kraft, nachdem der Minister für Kultus und Unterricht festgestellt hat, daß sie keine Bestimmungen enthalten, die mit den Staatsgesetzen,

1 Die ev. Diaspora, Jg. 16 (1934), II, 93–100.

dem vorliegenden Gesetz und dem inneren Gesetz der Evangelisch-Augsburgischen Kirche in Polen in Widerspruch stehen.

Art. 4. Die Angliederung oder Aufnahme anderer Kirchen oder religiöser Verbände in die Evangelisch-Augsburgische Kirche in Polen sowie die Vereinigung der Evangelisch-Augsburgischen Kirche in Polen mit anderen Kirchen oder religiösen Verbänden erfordert einen Beschluß der Synode auf Antrag des Konsistoriums, das vorher in dieser Angelegenheit das Einverständnis der Regierung in Form eines Beschlusses des Ministerrats auf Antrag des Ministers für Kultus und Unterricht eingeholt hat.

Art. 5. Die geistliche Leitung der Evangelisch-Augsburgischen Kirche in Polen versieht der an der Spitze dieser Kirche Stehende, der gleichzeitig lebenslänglicher Präsident der Synode und Präsident des Konsistoriums ist. Er vertritt die Evangelisch-Augsburgische Kirche in Polen dem Staat und anderen Bekenntnissen gegenüber und wird für Lebenszeit aus der Mitte von Personen gewählt, über die das Konsistorium sich vorher beim Minister für Kultus und Unterricht versichert hat, daß gegen ihre Wahl keine Bedenken staatspolitischer Natur vorhanden sind. Die Wahl dieser Personen erfolgt durch die Synode mit Zweidrittel-Stimmenmehrheit bei der Anwesenheit von mindestens dreiviertel ihrer Mitglieder, wobei die Übernahme des Amtes durch den Gewählten vorher seine Bestätigung für das Amt des Präses des Konsistoriums durch den Staatspräsidenten erfordert – nach erfolgter Eidesleistung vor dem Staatspräsidenten, welch letztere nach der folgenden Formel zu erfolgen hat:

„Ich gelobe und schwöre vor Gott dem Allmächtigen auf sein Hl. Evangelium, daß ich der Polnischen Republik die Treue halten werde, deren Wohl und Aufblühen ich nach meinen Kräften im Bereich meiner Tätigkeit fördern werde. Mit vollkommener Loyalität werde ich die von der Verfassung bestimmte Regierung achten und darüber wachen, daß sie auch von der mir untergeordneten Geistlichkeit geachtet wird. Ich werde an keinen Unternehmungen, an keinen Beratungen teilnehmen, die dem polnischen Staat schaden könnten. Ich werde im Gegenteil bemüht sein, in meinem Tätigkeitsbereich all das zu beseitigen, was die öffentliche Ordnung und das Staatswohl bedrohen könnte.

So wahr mir Gott helfe an Leib und Seele durch Jesus Christus unsern Herrn. Amen."

Wenn das Amt des an der Spitze der Kirche Stehenden vakant werden oder die Unmöglichkeit vorliegen sollte, die Pflichten unmittelbar durch ihn zu versehen, tritt der Vizepräses des Konsistoriums oder als sein Vertreter der den Jahren nach älteste Konsistorialrat als Präsident des Konsistoriums in seine Rechte ein und beruft spätestens im Laufe von drei Monaten die Synode nach Warschau ein, zwecks Durchführung von Neuwahlen.

Die Rechte des Vorsitzenden des Konsistoriums und des Vorsitzenden der Synode bestimmt das innere Gesetz der Evangelisch-Augsburgischen Kirche in Polen.

Art. 6. Die oberste Behörde zur Bestimmung der inneren Kirchengesetze sowie zur Entscheidung in allgemeinen Angelegenheiten der Kirche ist die Synode der Evangelisch-Augsburgischen Kirche in Polen. Die Synode ist gleichzeitig die höchste Berufungsinstanz in Kirchenfragen. Die Zusammensetzung und Kompetenz der Synode bestimmt das innere Gesetz der Evangelisch-Augsburgischen Kirche in Polen.

Die Synode der Evangelisch-Augsburgischen Kirche in Polen wird vom Präsidenten der Synode einberufen und tagt in Warschau mindestens einmal in drei Jahren. Das Datum der Eröffnung der Synode bestimmt der Vorsitzende der Synode im Einvernehmen mit dem Minister für Kultus und Unterricht, dem er das Programm der Beratungen der Synode zumindest einen Monat vor dem anberaumten Eröffnungstermin unterbreitet. Der Minister kann in diese Sitzung der Synode seine Vertreter entsenden, die das Recht haben, außerhalb der Reihenfolge der Redner das Wort zu ergreifen sowie Erklärungen und Deklarationen abzugeben.

Art. 7. Die oberste Verwaltungsbehörde und das Vollzugsorgan der Synode ist das Konsistorium der Evangelisch-Augsburgischen Kirche in Polen, bestehend aus dem Präsidenten, dem stellvertretenden Präsidenten und sechs Räten. Die genaue Zusammensetzung und die Kompetenz des Konsistoriums bestimmt das innere Gesetz. Der Vorsitzende des Konsistoriums bezieht vom Staatsschatz ein Gehalt laut der Norm für Staatsbeamte des 4. Dienstgrades und genießt alle Vorrechte eines Staatsbeamten.

Der stellvertretende Vorsitzende und die Konsistorialräte werden von der Synode aus der Mitte der Personen gewählt, betreffs derer sich das Konsistorium vorher durch seinen Präsidenten beim Minister für Kultus und Unterricht versichert hat, daß gegen ihre Wahl keine Bedenken politischer Natur vorliegen.

Der stellvertretende Vorsitzende und die Konsistorialräte übernehmen ihre Ämter nach der vorherigen Bestätigung in diesem Amt durch den Minister für Kultus und Unterricht und nach geleistetem Staatseid vor diesem Minister.

Sitz des Konsistoriums der Evangelisch-Augsburgischen Kirche in Polen ist Warschau.

Art. 8. Beim Konsistorium ist eine Kanzlei des Konsistoriums der Evangelisch-Augsburgischen Kirche in Polen tätig.

Die Kanzlei besteht aus dem Leiter der Kanzlei im 7. Dienstgrad, aus dem Gehilfen des Kanzleileiters im 9. Dienstgrad, dem Archivar und dem Tagebuchführer, beide im 10. Dienstgrad, aus zwei Kanzleibeamten im 11. Dienstgrad, dem Kanzleidiener im 15. Dienstgrad und dem Boten im 16. Dienstgrad.

Die Beamten der Konsistorialkanzlei werden vom Konsistorium nach vorheriger Zustimmung des Ministers für Kultus und Unterricht ernannt, erhalten ihr Gehalt vom Staatsschatz und unterstehen außerdem den Bestimmungen über den staatlichen Zivildienst.

Art. 9. In territorialer Hinsicht zerfällt die Evangelisch-Augsburgische Kirche in der Polnischen Republik in Diözesen, die zugleich die Wahlkreise für die kirchlichen Senioratsbehörden darstellen, während die einzelnen Diözesen von den Pfarrgemeinden und Filialen gebildet werden, an deren Spitze eigene, aus Wahlen hervorgegangene Pfarrgemeinde-Behörden stehen.

Die Verfassung sowie der Tätigkeitsbereich der Seniorats- und Pfarrgemeinde-Behörden sind durch das Innere Gesetz der Evangelisch-Augsburgischen Kirche in der Republik Polen festgelegt.

Art. 10. Die Schaffung neuer Diözesen, Pfarrgemeinden und Filialen, deren Auflassung sowie die Änderung ihrer Grenzen und Sitze bedürfen der vorherigen Zustimmung des Ministers für Kultus und Unterricht im Einvernehmen mit dem Finanzminister sowie dem Minister des Innern.

Die Schaffung von Predigtstationen, Bethäusern und Kantoraten bringt das Konsistorium dem zuständigen Wojewoden im Augenblick der Beschlußfassung darüber zur Kenntnis.

Art. 11. Die geistliche Obrigkeit stellen dar: in den Diözesen der Senior, in den Pfarrgemeinden und Filialen die Pfarrer.

Neben den Pfarrern können in den Pfarrgemeinden in ständige geistliche Ämter Adjunkten und Pastor-Diakone berufen werden, ferner können durch das Konsistorium Vikare zugeteilt werden.

Die Senioren, Pfarrer, Adjunkten und Pastoren-Diakone werden in geistliche Ämter durch Organe und auf eine Weise berufen, die im Inneren Gesetz festgelegt ist, und ausgewählt aus Anwärtern, über die sich das Konsistorium vorher in der Person des Präsidenten sowie des zuständigen Wojewoden die Gewißheit verschafft hat, daß gegenüber diesen keine Vorbehalte politischer Natur geltend gemacht werden.

Falls der zuständige Wojewode im Laufe von 30 Tagen keinen Vorbehalt geltend macht, wird dies als die Erklärung seiner Zustimmung zur Aufstellung der betreffenden Person auf der Liste der Anwärter (Kandidaten) angesehen.

Gegen den Entscheid des Wojewoden steht dem Konsistorium im Laufe von 14 Tagen ein Berufungsrecht an den Minister für Kultus und Unterricht zu, der nach Einholung der Meinungsäußerung des Präsidenten des Konsistoriums die Angelegenheit endgültig entscheidet. Falls während einer vierwöchigen Frist keine Erklärung des Ministers nach Empfang der Meinungsäußerung des Präsidenten des Konsistoriums einläuft, wird dies als Zustimmung zur Aufstellung der betreffenden Person auf der Liste der Kandidaten angesehen.

Die obigen Bestimmungen haben analoge Anwendung bei der seitens der geistlichen Behörden geplanten Berufung auf den Posten eines Administrators einer Pfarrgemeinde oder eines Filials, auf den Posten eines Vikars nach Ablauf eines Jahres nach seiner Ordination, oder überhaupt auf irgendein anderes kirchliches Amt.

Die Zuteilung von Vikaren für die Pfarrer im ersten Jahr nach deren Ordination sowie ferner die Übertragung von Pfarrerfunktionen in den Filialen an einen bereits amtierenden Gemeindepfarrer bringt das Konsistorium gleichzeitig mit der Fassung des diesbezüglichen Beschlusses dem zuständigen Wojewoden zur Kenntnis, wobei eine vorherige Inkenntnissetzung der staatlichen Behörden nicht erforderlich ist.

Art. 12. Personen, die die polnische Staatsangehörigkeit nicht besitzen, können keine seelsorgerlichen Funktionen versehen, auch nicht irgendwelche Ämter und Mandate in der Evangelisch-Augsburgischen Kirche in der Republik Polen bekleiden.

In Ausnahmefällen können solche Personen auf Antrag des Konsistoriums mit Genehmigung des Ministers für Kultus und Unterricht zu den erwähnten Funktionen und Ämtern zugelassen werden.

Art. 13. Die Ordination zum Geistlichen kann nur derjenigen Person erteilt werden, die ein Zeugnis über die Beendigung der Studien an der evangelischen theologischen Fakultät der Warschauer Universität besitzt und in ein festgesetztes kirchliches Amt berufen wurde.

Auf Antrag des Konsistoriums kann der Minister für Kultus und öffentlichen Unterricht in Ausnahmefällen die betreffende Person von der Notwendigkeit der Beendigung der theologischen Studien an der Fakultät für evangelische Theologie an der Warschauer Universität befreien.

Art. 14. Die Pfarramtskandidaten leisten bei der Ordination, unabhängig von dem kirchlichen Gelöbnis, den Staatseid.

Die Wiederholung des Aktes des Staatseides verpflichtet die Geistlichen nur bei der Übernahme des Amtes eines Seniors oder Konsistorialrats.

Der Staatseid wird bei der Ordination und bei der Übernahme des Senioramts vor dem Präsidenten des Konsistoriums in Gegenwart des Wojewoden oder eines von diesen entsandten Vertreters geleistet.

Die Formel des Staatseides bei der Ordination lautet:

„Ich gelobe und schwöre bei Gott dem Allmächtigen auf sein Hl. Evangelium, daß ich der Polnischen Republik die Treue bewahren und deren Wohl und Aufblühen nach meinen Kräften in meinem Tätigkeitsbereich fördern werde. Mit völliger Loyalität und voll guten Willens werde ich die verfassungsmäßige Regierung achten. Ich werde an keinem Unternehmen und keinerlei Beratungen teilnehmen, die dem polnischen Staat schaden könnten. Im Gegenteil: ich werde bemüht sein, im Bereich meiner Tätigkeit alles zu beseitigen, was die öffentliche Ordnung und das Wohl des Staates gefährden könnte.

So wahr mir Gott helfe an Leib und Seele durch Jesus Christus unsern Herrn. Amen."

Die Senioren leisten den Staatseid nach der Formel, die im Art. 5 vorgesehen ist.

Die von dem den Eid Leistenden unterzeichnete Eidesformel hat das Konsistorium unverzüglich dem Minister für Kultus und Unterricht zu übersenden.

Der stellvertretende Präsident und die Konsistorialräte haben den Staatseid laut der Formel zu leisten, die für die Ordination von Geistlichen vorgeschrieben ist.

Art. 15. Die Geistlichen der Evangelisch-Augsburgischen Kirche in der Republik Polen genießen alle besonderen Rechte, die die Staatsgesetzgebung den Geistlichen der anderen rechtlich anerkannten Konfessionen zusichert.

Über Aufnahme und Beendigung eines Strafverfahrens gegen einen Geistlichen der Evangelisch-Augsburgischen Kirche benachrichtigen die Gerichtsbehörden das Konsistorium, überdies senden sie ihm die Anklageakte sowie das Urteil nebst Begründung zu.

Im Falle einer Inhaftierung oder Verhaftung eines Geistlichen der Evangelisch-Augsburgischen Kirche werden die Zivilbehörden die seiner geistlichen Stellung gebührende Rücksicht üben; ein solcher Geistlicher wird die Haft oder eine Freiheitsstrafe in einem Raum abbüßen, der von dem Raum für weltliche Personen getrennt ist, es sei denn, daß er seiner geistlichen Würde entkleidet wird.

Art. 16. Ein rechtskräftiges Gerichtsurteil, durch das ein Geistlicher der Evangelisch-Augsburgischen Kirche in der Republik Polen wegen eines Verbrechens verurteilt wird, bewirkt kraft des Gesetzes, daß der betreffende Geistliche der eingenommenen Stellung enthoben wird.

Art. 17. Um den Militärpersonen evangelisch-augsburgischen Bekenntnissen religiöse Fürsorge zu sichern, wird im Heer ein evangelisch-augsburgischer Seelsorgerdienst eingerichtet, dessen Organisation durch besondere Vorschriften des Kriegsministers geregelt wird.

Art 18. Sollten die Staatsbehörden die Tätigkeit eines Geistlichen oder eines Mitgliedes irgendeines leitenden Organs der Evangelisch-Augsburgischen Kirche in der Republik Polen als für den Staat schädlich erachten, dann macht der Kultus- und Unterrichtsminister von solchen Vorwürfen dem Vorsitzenden des Konsistoriums Mitteilung, damit das Konsistorium entsprechende Anordnungen erlasse.

Wenn es im Laufe von 21 Tagen zu keinem Einvernehmen zwischen dem Kultus- und Unterrichtsministerium und dem Präsidenten des Konsistoriums kommt, beruft das Konsistorium die betreffende Person im Laufe von 7 Tagen von ihrem Amt ab. Nach Ablauf dieser Frist kann der Kultus- und Unterrichtsminister das von dieser Person innegehabte Amt für vakant erklären.

Art. 19. Sofern staatliche Bestimmungen der geistlichen Gerichtsbarkeit die Entscheidung in Ehesachen überlassen, urteilt das Konsistorium der Evangelisch-Augsburgischen Kirche in der Republik Polen in erster und letzter Instanz über Ungültigkeit oder Lösung einer Ehe unter Einhaltung dieser Bestimmungen.

Bis zur Zeit der Einführung eines allgemeinen staatlichen Eherechts wendet das Konsistorium bei Entscheidungen über Ungültigkeit oder Lösung einer Ehe die bisher in den einzelnen Gebieten der Republik Polen geltenden staatlichen Bestimmungen an, entsprechend der territorialen Zuständigkeit.

Der Beschluß des Verwaltungsrats des Königreichs Polen vom 17./29. Januar 1861 über die Organisation des evangelisch-augsburgischen Konsistorialgerichts (Dz. pr. LIX. 163), ebenso die Formeln und Bestimmungen über das Verfahren in Ehesachen, wie sie vom Konsistorium bisher angewandt wurden, bleiben in Kraft bis zur Einführung neuer, von der Synode eingeführter und vom Kultus- und Unterrichtsminister bestätigter Bestimmungen.

Die rechtlichen Folgen der Urteile des Konsistoriums in Ehesachen bestimmen die Staatsgesetze.

Art. 20. In Angelegenheiten betreffend die Ungültigkeitserklärung oder Lösung einer Ehe stellt der Staatsanwalt seine Anträge. Genaue Vorschriften über das Verhältnis des Staatsanwalts zum Konsistorium der Evangelisch-Augsburgischen Kirche in Polen werden nach Einholung eines Gutachtens des Konsistoriums in der Person seines Präsidenten vom Justizminister und dem Minister für Kultus und Unterricht herausgegeben werden.

In den obigen Angelegenheiten ist das Konsistorium auf Antrag des Staatsanwalts verpflichtet, einen Beschluß im Bereich seiner Zuständigkeit zu fassen. Gegen diesen Beschluß kann der Staatsanwalt beim Obersten Gericht Beschwerde erheben, und zwar im Laufe von 7 Tagen vom Tage der Benachrichtigung an. Diese Beschwerde reicht der Staatsanwalt dem Konsistorium ein, das sie samt den Akten in dieser Sache innerhalb 7 Tagen dem Obersten Gericht zusendet. Bis zur Entscheidung in dieser Beschwerdesache wird das Verfahren des Konsistoriums in der betreffenden Angelegenheit aufgehalten.

Art. 21. Das Konsistorium, die Seniorats- und Pfarrbehörden sind verpflichtet, dem Minister für Kultus und Unterricht sowie den zuständigen Verwaltungsbehörden die geforderten Aufzeichnungen und Berichte über die kirchliche Organisation und Tätigkeit sowie die Wahlprotokolle zu übersenden.

Die Abschriften der Protokolle der Synodalsitzungen werden dem Minister für Kultus und Unterricht zur Kenntnisnahme spätestens drei Wochen nach Abschluß der laufenden Sitzung zugesandt.

Die Abschriften der Protokolle über vollzogene Wahlen übersendet das Konsistorium der zuständigen Verwaltungsbehörde spätestens zwei Wochen nach ihrer Bestätigung.

Art. 22. Die kirchlichen Behörden und Ämter bedienen sich der Landessprache als Amtssprache im Verkehr mit den staatlichen und kommunalen Behörden und Ämtern, sowie mit Personen und Institutionen, die sich an sie in der Landessprache wenden. In der Landessprache werden auch die Akten und amtlichen Bücher geführt sowie alle Briefe, Bescheinigungen und andere Dokumente verfaßt, die für den Gebrauch der staatlichen Behörden und Ämter bestimmt sind.

Art. 23. Die Behörden und Ämter der Evangelisch-Augsburgischen Kirche in Polen bedienen sich eigener Siegel mit dem Staatswappen und einer Aufschrift in der Landessprache laut den Vorlagen, wie sie die in dieser Beziehung verpflichtenden und vom Minister für Kultus und Unterricht sowie vom Innenminister bestätigten Vorschriften vorsehen.

Art. 24. Die Frage der Postgebühren für die amtliche Korrespondenz der Behörden und Ämter der Evangelisch-Augsburgischen Kirche in Polen regeln die allgemein verpflichtenden gesetzlichen Vorschriften.

Art. 25. Das offizielle Organ der Evangelisch-Augsburgischen Kirche in Polen ist das in Warschau in der Landessprache herausgegebene Amtsblatt der Evangelisch-Augsburgischen Kirche in Polen.

Art. 26. Bis zur einheitlichen Regelung der Frage der Führung der Zivilstandesakten für das ganze Reich führen die Geistlichen, die das Amt von Pfarrern bekleiden, die Zivilstandsbücher laut den verpflichtenden staatlichen Vorschriften. In der Führung der Zivilstandsbücher unterliegen die Pfarrer den Anordnungen der zuständigen Staatsbehörden.

Art. 27. Der Religionsunterricht für die Jugend evangelisch-augsburgischen Glaubens ist für die Lehranstalten, deren Programm die Bildung der Jugend unter 18 Jahren umfaßt und ganz oder zum Teil vom Staat oder von Selbstverwaltungskörpern unterhalten wird, im Rahmen der staatlichen Vorschriften verpflichtend und wird von Lehrern erteilt, die von den Schulbehörden aus der Mitte von Personen berufen werden, die im Besitz von durch staatliche Vorschriften festgelegten Tätigkeiten sind und von den entsprechenden Kirchenbehörden zum Religionsunterricht ermächtigt wurden.

Die Dozenten an der Fakultät für evangelische Theologie der Warschauer Universität, die der Evangelisch-Augsburgischen Kirche angehören, müssen die Lehrgenehmigung der zuständigen Kirchenbehörde besitzen.

Art. 28. An den Sonntagen und kirchlichen Feiertagen werden die Geistlichen der Evangelisch-Augsburgischen Kirche während des Gottesdienstes ein Gebet für das Wohl der Republik Polen und ihres Präsidenten sprechen und an den Staatsfeiertagen Festgottesdienste halten, nach denen der Gebetshymnus „Boże coś Polskę“ in Anwesenheit des amtierenden Geistlichen gespielt oder gesungen werden wird.

Die Feiertage der Evangelisch-Augsburgischen Kirche: der Karfreitag, der Buß- und Bettag (Aschermittwoch) und das Reformationsfest (31. Oktober) genießen die Fürsorge des Staates nach den allgemeinen Grundsätzen. Die Schuljugend evangelisch-augsburgischen Bekenntnisses wird an diesen Feiertagen vom Unterricht befreit.

Art. 29. Die Evangelisch-Augsburgische Kirche in der Republik Polen als Ganzes sowie ihre einzelnen Seniorate, Pfarren und Filialen sind Rechtspersonen und können im Rahmen der geltenden Staatsgesetze Vermögen erwerben, belasten, verwalten und darüber verfügen.

Die Verwaltung des kirchlichen Vermögens besorgen die Organe der kirchlichen Behörden, welche durch Bestimmung des Inneren Gesetzes der Evangelisch-Augsburgischen Kirche in der Republik Polen dazu berufen sind.

Art. 30. Die Evangelisch-Augsburgische Kirche in der Republik Polen darf eigene konfessionelle Friedhöfe nach den in den Staatsgesetzen festgestellten Grundsätzen besitzen.

Art. 31. Erwerb, Veräußerung, Belastung oder Änderung der Bestimmungen des kirchlichen Vermögens bedürfen zu ihrer Gültigkeit der Zustimmung des zuständigen Wojewoden mit Rücksicht auf die territoriale Lage des betreffenden Vermögens.

Auf das bewegliche und unbewegliche Vermögen haben die allgemein geltenden Bestimmungen über Denkmalschutz Anwendung.

Art. 32. Sollten sich die ordentlichen Einnahmen der Pfarre als nicht ausreichend erweisen, können zur Befriedigung der Bedürfnisse der Pfarre von den Gemeindegliedern sogenannte Hilfsbeiträge erhoben werden. Die Erhebung dieser Beiträge beschließen die im Inneren Gesetz der Evangelisch-Augsburgischen Kirche in der Republik Polen genannten, dazu ermächtigten Organe. Diese Beschlüsse bedürfen zu ihrer Gültigkeit der Bestätigung seitens der zuständigen Staatsbehörden.

Die Hilfsbeiträge werden, wenn das nötig sein sollte, auf Antrag der zuständigen Organe der Kirche von den Staatsbehörden zwangsweise eingetrieben werden. Die Vorschriften über Veranlagung, Bestätigung und Erhebung der Beiträge, die Zuständigkeit der Behörden und den Instanzenweg sowie über das Zwangseintreibungsverfahren regelt eine Verordnung der Minister für Kultus und Unterricht und für Inneres.

Art. 33. Den Umfang der Vergünstigungen, die die von der Evangelisch-Augsburgischen Kirche in der Republik Polen verwendeten Gebäude und Räumlichkeiten in bezug auf Einquartierung von Militär im Frieden und Sachleistungen im Kriege genießen, regeln die allgemein geltenden Rechtsbestimmungen.

Art. 34. Die zur Evangelisch-Augsburgischen Kirche in Polen oder zu deren Rechtspersonen gehörigen Gebäude, die ausschließlich dem Gottesdienst gewidmet sind, ebenso solche Vermögensgüter und -titel, von denen die Einkünfte ausschließlich religiösen Kultzwecken dienen und nicht dazu beitragen, der Geistlichkeit oder anderen Mitgliedern der Kirche persönliche Einnahmen zu verschaffen, genießen Vergünstigungen und Erlaß von den staatlichen und kommunalen Steuern in den Grenzen der allgemein verpflichtenden gesetzlichen Bestimmungen. Die Wohnungen der Geistlichen und die Amtslokale der Kirchenbehörden werden in gleicher Weise wie die Amtswohnungen der Staatsbeamten und die Lokale der staatlichen Institutionen behandelt.

Art. 35. Der Staat sichert der Evangelisch-Augsburgischen Kirche in Polen für ihre Erfordernisse Dotationen zu, die alljährlich im Staatshaushalt festgelegt werden. Diese Dotationen umfassen die personalen und Sachausgaben.

Die Personalausgaben werden in einem Gesamtbetrag bestimmt, der nicht niedriger als .... jährlich sein wird.

Die Sachausgaben werden in einem Gesamtbetrag bestimmt, der nicht niedriger als .... Złoty sein wird.

Zu den Personalausgaben gehören die Gehälter der Geistlichen und des stellvertretenden Präsidenten, der Konsistorialräte und der Beamten und niederen Funktionäre des Konsistoriums, die nach den Grundsätzen und in einer Weise ausgezahlt werden, die der Minister für Kultus und Unterricht bestimmen wird.

Als Sachausgaben erkennt der Minister für Kultus und Unterricht Kredite zu für:
1. administrative Sachausgaben des Konsistoriums und Kosten von Visitationen;
2. Unterstützungen und Stipendien;
3. Bauausgaben.

Die Emeritalversorgung der Geistlichen und der von ihnen hinterlassenen Witwen und Waisen regelt eine besondere Verordnung des Ministerrats.

Art. 36. Die beim Inkrafttreten dieses Gesetzes bestehenden Diözesen, Pfarren und Filialen werden in den bisherigen territorialen Grenzen mitsamt der Zahl der festgesetzten geistlichen Ämter als gesetzlich anerkannt.

Art. 37. Dieses Gesetz tritt in Kraft: im ganzen Gebiet des Polnischen Staates mit Ausnahme der Wojewodschaft Schlesien.

Art. 38. Mit dem Augenblick des Inkrafttretens dieses Gesetzes verlieren alle Rechtsvorschriften ihre verpflichtende Kraft, die in der durch das vorliegende Gesetz normierten Materie bestanden haben.

Art. 39. Die Ausführung dieses Gesetzes und die Erlassung der sich darauf stützenden notwendigen Verordnungen wird dem Minister für Kultus und Unterricht im Einvernehmen mit den dabei interessierten Ministern übertragen.

Dokument 28

Dekret des Präsidenten der Republik vom 25. November 1936 betreffend das Verhältnis des Staates zur Evangelisch-Augsburgischen Kirche in der Republik Polen[1]

Auf Grund des Art. 55 Abs. (1) der Staatsverfassung und des Art. 1 Punkt b) des Gesetzes vom 2. Juli 1936 über die Ermächtigung des Präsidenten der Republik zur Erlassung von Dekreten (Dz. Ust. R. P. Nr. 51 Pos. 363) bestimme ich, wie folgt:

Art. 1.

1) Die Evangelisch-Augsburgische Kirche in der Republik Polen anerkennt als einzige Grundlage und Norm des Glaubens und des Lebens sämtliche kanonischen Bücher der Hl. Schrift sowie alle symbolischen Bücher der evangelisch-lutherischen Kirche. Sie genießt die volle Freiheit ihren Glauben zu bekennen und ihren religiösen Kultus auszuüben.

2) Innerhalb der durch die staatliche Gesetzgebung, insbesondere aber durch dieses Dekret gezogenen Grenzen regiert sich die Evangelisch-Augsburgische Kirche in der Republik Polen nach den Vorschriften ihres staatlicherseits auf dem Wege einer Verordnung des Ministerrats anerkannten Inneren Grundgesetzes.

3) Dieses Innere Grundgesetz der Evangelisch-Augsburgischen Kirche in der Republik Polen bildet zusammen mit diesem Dekret die rechtliche Grundlage für die Organisation dieser Kirche.

Art. 2.

Die Evangelisch-Augsburgische Kirche in der Republik Polen ist eine selbständige, von keiner ausländischen Behörde abhängige Kirche.

Art. 3.

1) Die Evangelisch-Augsburgische Kirche in der Republik Polen bilden die auf dem gesamten Staatsgebiet befindlichen evangelisch-augsburgischen Pfarr- (Filial-) Gemeinden. Sie umfaßt auch die Mährischen Brüder oder Herrnhuter. Die evangelisch-lutherischen sogenannten altlutherischen Gemeinden hingegen gehören nicht zu dieser Kirche.

---

1 Dz.U.R.P. 1936, Nr. 88, Pos. 613. Die kirchenamtliche Übersetzung des Dekrets im Anhang zum Amtsblatt (Dziennik Urzędowy) der Ev.-Augsb. Kirche, Nr. I vom 9. Februar 1937.

2) Zur Evangelisch-Augsburgischen Kirche in der Republik Polen gehören alle Personen evangelisch-lutherischen Glaubensbekenntnisses, die in Polen ihren Wohnsitz haben und Mitglieder einer der Pfarr- (Filial-) Gemeinden dieser Kirche sind. Durch obige Bestimmung bleibt die Kirchenzugehörigkeit derjenigen Personen evangelisch-lutherischen Glaubensbekenntnisses, die auf Grund rechtlicher Vorschriften der Gemeinde einer anderen evangelischen Kirche auf dem Staatsgebiet angehören, unberührt.

3) Die Bedingungen für die Erwerbung der Kirchenzugehörigkeit sowie für die Erlangung oder für den Verlust der Mitgliedschaft an einer Pfarr- (Filial-) Gemeinde der Evangelisch-Augsburgischen Kirche in der Republik Polen werden durch die Kirchengesetze bestimmt.

Art. 4.

1) Innerkirchliche Gesetze sowie kirchliche Vorschriften dürfen weder mit den staatlichen Gesetzen noch mit dem Inneren Grundgesetz der Kirche im Widerspruch stehen.

2) Innerkirchliche Gesetze sowie kirchliche Vorschriften erlangen Rechtskraft durch ihre Veröffentlichung im „Amtsblatt der Evangelisch-Augsburgischen Kirche in der Republik Polen“.

3) Die Veröffentlichung derjenigen Kirchengesetze, hinsichtlich derer eine vorausgehende Verständigung mit den Staatsbehörden nicht vorgesehen ist, wird von der zuständigen Kirchenbehörde angeordnet, nachdem der Minister für Religionsbekenntnisse und öffentliche Aufklärung festgestellt hat, daß sie keinerlei Bestimmungen enthalten, die mit den Staatsgesetzen und mit dem Inneren Grundgesetz der Kirche in Widerspruch stehen.

Sofern der Minister für Religionsbekenntnisse und öffentliche Aufklärung innerhalb zweier Monate, gerechnet vom Tage der Einreichung des ein Kirchengesetz oder eine kirchliche Vorschrift enthaltenden Beschlusses, dem Konsistorium keinen diesbezüglichen Bescheid hat zugehen lassen, kann das Konsistorium seine Veröffentlichung anordnen.

Art. 5.

Zur Angliederung oder Aufnahme anderer Kirchen oder Religionsgesellschaften in die Evangelisch-Augsburgische Kirche in der Republik Polen sowie auch zur verfassungsmäßigen Vereinigung dieser Kirche mit irgendeiner anderen Kirche oder Religionsgesellschaft ist ein Synodalbeschluß erforderlich. Dieser Beschluß wird auf Antrag des Konsistoriums gefaßt, das diesbezüglich die vorausgehende Genehmigung der Regierung in Form eines auf Antrag des Ministers für Religionsbekenntnisse und öffentliche Aufklärung gefaßten Beschlusses des Ministerrats einzuholen hat.

Art. 6.

Die Staatsbehörden erteilen ihren Beistand zwecks Durchführung von gesetzmäßigen Beschlüssen und Urteilen der zuständigen Kirchenbehörden im Falle:

a) der Entsetzung eines Geistlichen oder einer anderen Person vom kirchlichen Amte sowie der Entziehung der mit dem geistlichen Stande verbundenen Befugnisse, und

b) in allen anderen durch das geltende Recht vorgesehenen Fällen.

Art. 7.

Die Feiertage der Evangelisch-Augsburgischen Kirche: Karfreitag, Buß- und Bettag (Aschermittwoch) und das Reformationsfest (31. Oktober) genießen in bezug auf die Personen dieses Bekenntnisses gesetzlichen Schutz nach allgemeinen Grundsätzen. Die der Evangelisch-Augsburgischen Kirche angehörende Schuljugend ist an diesen Feiertagen vom Unterricht befreit.

Art. 8.

1) In Lehranstalten, deren Programm die Ausbildung der Jugend unter 18 Jahren umfaßt und die ganz oder teilweise vom Staat oder den Selbstverwaltungskörpern erhalten werden, ist der Religionsunterricht im Rahmen der staatlichen Vorschriften für die der Evangelisch-Augsburgischen Kirche zugehörende Jugend obligatorisch.

2) Der Religionsunterricht wird in Übereinstimmung mit den staatlichen Vorschriften von Lehrern erteilt, die von den Schulbehörden aus der Mitte von Personen berufen werden, welche die staatlicherseits festgesetzte vorschriftsmäßige Lehrbefähigung besitzen und von der zuständigen Kirchenbehörde zur Erteilung des Religionsunterrichts ermächtigt worden sind.

3) Die zuständige Kirchenbehörde handhabt die Aufsicht über die religiös-moralische Seite des Religionsunterrichts; die Befugnisse der Schulbehörde bleiben durch diese Bestimmung unberührt.

4) Vor der Berufung von Personen evangelisch-augsburgischen Bekenntnisses zur Lehrtätigkeit für theologische Fächer an der Evangelischen Theologischen Fakultät der Józef Piłsudski Universität in Warschau ist das Gutachten der zuständigen Kirchenbehörde einzuholen.

Art. 9.

1) Um den der Evangelisch-Augsburgischen Kirche angehörenden Militärpersonen religiöse Betreuung zu sichern, besteht innerhalb der Heeresorganisation die evangelisch-augsburgische Militärseelsorge, an deren Spitze ein Senior steht. Die Organisation dieser Militärseelsorge wird durch Vorschriften geregelt, die vom Minister für Heereswesen erlassen werden.

2) Auf Verlangen der Militärbehörden stellen die Kirchenbehörden zu Zwecken der Militärseelsorge die Kirchengebäude und sämtliche kirchlichen Einrichtungen zur Verfügung.

3) Die mit der Benutzung der Kirchengebäude und kirchlichen Einrichtungen tatsächlich verbundenen Kosten werden durch die Militärseelsorge gedeckt, falls die Kirchenbehörden die Rückerstattung dieser Kosten verlangen.

Art. 10.

1) Die Evangelisch-Augsburgische Kirche in der Republik Polen als solche sowie ihre einzelnen Diözesen, Pfarr- und (Filial-) Gemeinden besitzen das Recht juristischer Personen und können den geltenden Staatsgesetzen gemäß Vermögen erwerben, veräußern und belasten sowie auch verwalten und darüber verfügen.

2) Der Grundbesitz der Evangelisch-Augsburgischen Kirche unterliegt den geltenden Vorschriften über die Agrarreform. Bei der Übernahme dieses Grundbesitzes zur Parzellierung wird jeder einzelnen Pfarr- (Filial-) Gemeinde Land im Ausmaße von zehn bis fünfundzwanzig Hektar, je nach der Beschaffenheit des Bodens, belassen. Denjenigen Pfarr- (Filial-) Gemeinden, welche am 1. Dezember 1935 im Besitze von Kantoraten standen, werden überdies bei einem jeden Kantorat je drei Hektar Land, unabhängig von der Beschaffenheit des Bodens, belassen. Diese Grundstücke müssen selbständige wirtschaftliche Einheiten bilden und im Bereich derjenigen Pfarr- (Filial-) Gemeinden liegen, für welche sie bestimmt sind.

3) Die Verwaltung des kirchlichen Vermögens steht denjenigen Organen der kirchlichen Behörde zu, welche durch die diesbezügliche Bestimmung des Inneren Grundgesetzes der Evangelisch-Augsburgischen Kirche in der Republik Polen dazu berechtigt sind.

4) Zur Rechtsgültigkeit der Veräußerung, der Belastung oder der Bestimmungsänderung des Kirchenvermögens ist die Zustimmung des in bezug auf die Lage des betreffenden Vermögens zuständigen Wojewoden erforderlich.

5) Die rechtlichen Vorschriften über den Denkmal- sowie über den Naturschutz haben auf das kirchliche Vermögen Anwendung.

Art. 11.

Die Evangelisch-Augsburgische Kirche in der Republik Polen kann eigene Friedhöfe nach den in den Staatsgesetzen festgelegten Grundsätzen besitzen. Desgleichen kann sie auch von Stiftungen und Fonds Nutzen ziehen, sowie nach den durch die Staatsgesetze festgelegten Grundsätzen eigene Anstalten für konfessionelle, Schul- und Wohltätigkeitszwecke besitzen.

Art. 12.

1) Sollten sich die ordentlichen Einnahmen einer Pfarr- (Filial-) Gemeinde als nicht ausreichend erweisen, so können zur Deckung der Bedürfnisse der betreffenden Gemeinde sogenannte Kirchenbeiträge erhoben werden. Die Erhebung dieser Beiträge beschließen die in dem Inneren Grundgesetz der Evangelisch-Augsburgischen Kirche in der Republik Polen vorgesehenen, dazu ermächtigten Organe. Diese Beschlüsse bedürfen zu ihrer Gültigkeit der Bestätigung seitens der zuständigen Staatsbehörden.

2) Die Vorschriften über das Ausmaß, die Bestätigung und die Einziehung der Beiträge, über die Zuständigkeit der Behörden und den Instanzenweg, sowie über das Verfahren bei der Zwangseinziehung bestimmt eine Verordnung des Ministers für Religionsbekenntnisse und öffentliche Aufklärung, des Innern und Finanzministers.

3) Die Jahresvoranschläge der Einnahmen und Ausgaben der einzelnen Pfarr- (Filial-) Gemeinden, sofern sie Kirchenbeiträge vorsehen, unterliegen der Bestätigung seitens des zuständigen Wojewoden (des Regierungskommissars der Hauptstadt Warschau). Das diesbezügliche Verfahren und die hierbei zu beachtenden Grundsätze werden durch eine Verordnung des Ministers für Religionsbekenntnisse und öffentliche Aufklärung und des Inneren festgelegt.

Art. 13.

Die der Evangelisch-Augsburgischen Kirche in der Republik Polen oder deren juristischen Personen gehörenden ausschließlich gottesdienstlichen Zwecken gewidmeten Gebäude, desgleichen Vermögensstücke, deren Ertrag ausschließlich Zwecken religiösen Kultes dient und zu dem persönlichen Einkommen der Geistlichen oder anderer Mitglieder der Kirche nicht mitbeiträgt, ferner auch Anstalten zu Wohltätigkeits- sowie kulturellen und Bildungszwecken, genießen Begünstigungen und Befreiung von staatlichen und kommunalen Steuern, nach Maßgabe der geltenden rechtlichen Bestimmungen. Die Wohnungen der Geistlichen und die Amtslokale der Kirchenbehörden werden durch den Staatsfiskus in gleicher Weise, wie die Dienstwohnungen der Staatsbediensteten und die Lokale der staatlichen Institutionen behandelt.

Art. 14.

Inwieweit die in Nutznießung der Evangelisch-Augsburgischen Kirche in der Republik Polen stehenden Gebäude und Räumlichkeiten bei Militäreinquartierungen in Friedenszeit sowie bei Sachleistungen im Kriegsfall Begünstigungen erfahren, regeln die geltenden rechtlichen Vorschriften.

Art. 15.

Die Frage der Postgebühren für den amtlichen Briefverkehr der evangelisch-augsburgischen Kirchenbehörden und Kirchenämter regeln die geltenden rechtlichen Postvorschriften.

Art. 16.

1) Der Staat sichert der Evangelisch-Augsburgischen Kirche in der Republik Polen für deren Bedürfnisse Dotationen zu, die alljährlich im Staatsvoranschlag festgelegt werden. Genannte Dotationen umfassen Personal- und Sachausgaben.

2) Die Dotationen für Personalausgaben werden im Gesamtbetrage von mindestens 240.000 (zweihundertundvierzigtausend) Złoty jährlich festgesetzt.

3) Die Dodationen für Sachausgaben werden im Gesamtbetrage von mindestens 57.000 (siebenundfünfzigtausend) Złoty jährlich festgesetzt.

4) Zu den Personalausgaben gehören die Gehälter:
a) des Präsidenten des Konsistoriums,
b) des Kanzleichefs des Konsistoriums sowie der anderen Kanzleiangestellten;
c) des Vizepräsidenten des Konsistoriums und der Konsistorialräte,
d) der gesamten Geistlichkeit.

5) Die Gehälter des Vizepräsidenten des Konsistoriums und der Konsistorialräte sowie der gesamten Geistlichkeit werden nach Grundsätzen und in der Weise ausgezahlt, die vom Minister für Religionsbekenntnisse und öffentliche Aufklärung festgelegt werden.

6) Als Sachausgaben bewilligt der Minister für Religionsbekenntnisse und öffentliche Aufklärung Kredite für:
a) Sach- und Verwaltungsausgaben des Konsistoriums sowie für Visitationskosten,
b) Zuschüsse und Stipendien,
c) Baukosten,
d) Postausgaben.

7) Die Altersversorgung der Geistlichkeit sowie die Versorgung ihrer hinterbliebenen Witwen und Waisen regelt eine Verordnung des Ministerrats.

Art. 17.

1) Dem Bischof der Evangelisch-Augsburgischen Kirche in der Republik Polen obliegt die geistliche Leitung dieser Kirche. Er vertritt die Evangelisch-Augsburgische Kirche in der Republik Polen vor den staatlichen Behörden sowie vor anderen Bekenntnissen und wird auf Lebenszeit gewählt. Der Bischof ist zugleich lebenslänglich Präses der Synode und Präsident des Konsistoriums.

2) Die Wahl des Bischofs erfolgt im Einvernehmen mit dem Minister für Religionsbekenntnisse und öffentliche Aufklärung durch ein Wahlkollegium, das aus dem Vizepräsidenten des Konsistoriums, den Konsistorialräten, den Senioren, den Mitgliedern des Synodalausschusses, sowie aus vier von der Synode gewählten Laiendelegierten besteht. Der Amtsantritt des Gewählten erfordert seine vorausgehende Bestätigung in diesem Amte durch den Präsidenten der Republik Polen und die Leistung des Treueides zu Händen des Präsidenten der Republik. Der Eid hat folgenden Wortlaut:

„Ich gelobe u. schwöre bei Gott dem Allmächtigen und Seinem heiligen Evangelium, daß ich Treue wahren werde der Republik Polen, deren Wohl und Aufblühen ich nach Kräften im Bereich meiner Tätigkeit zu fördern gewillt bin. Mit vollkommener Loyalität werde ich die durch die Staatsverfassung berufene Regierung achten und darüber wachen, daß sie auch von der mir anvertrauten Geistlichkeit geachtet werde. Ich werde mich an keinem Unternehmen und an keinerlei Beratungen beteiligen, die dem Polnischen Staat Schaden bringen könnten, und werde im Gegenteil bestrebt sein, im Bereich meiner Tätigkeit alles das zu beseitigen, was die öffentliche Ordnung und das Wohl des Staates bedrohen könnte. So wahr mir Gott helfe an Leib und Seele durch Jesum Christum, unsern Herrn. Amen".

3) Im Falle der Vakanz des Bischofsamtes oder falls der Bischof seine Obliegenheiten persönlich nicht zu erfüllen vermag, übernimmt alle seine Befugnisse als Präsident des Konsistoriums dessen Vizepräsident oder in dessen Vertretung ein vom Minister für Reli-

gionsbekenntnisse und öffentliche Aufklärung eingeladener geistlicher Konsistorialrat und beruft spätestens innerhalb drei Monate nach der Hauptstadt Warschau das Wahlkollegium zwecks Vornahme einer Neuwahl.

4) Im Falle, daß die Wahl des Bischofs nicht zustande gekommen ist, beruft der Präsident der Republik einen der geistlichen Räte des Konsistoriums zur zeitweisen Ausübung aller Funktionen des Bischofs als dessen Vertreter.

5) Die Befugnisse des Präsidenten des Konsistoriums und des Präses der Synode bestimmt das Innere Grundgesetz der Evangelisch-Augsburgischen Kirche in der Republik Polen.

6) Der Präsident des Konsistoriums bezieht sein Gehalt aus dem Staatsschatz nach der IV Gehaltsstufe der Staatsbeamten, besitzt das Recht auf Altersversorgung und genießt sämtliche andere den Staatsbeamten zustehende Leistungen.

Art. 18.

1) Die oberste Behörde zur Beschlußfassung über Kirchengesetze sowie zur Entscheidung über allgemeine Angelegenheiten der Kirche ist die Synode der Evangelisch-Augsburgischen Kirche in der Republik Polen. Die Synode ist zugleich die höchste Berufungsinstanz in kirchlichen Fragen in den Fällen, die in dem Inneren Grundgesetz der Evangelisch-Augsburgischen Kirche vorgesehen sind. Die Zusammensetzung und die Kompetenz der Synode werden überdies durch das Innere Grundgesetz der Evangelisch-Augsburgischen Kirche bestimmt.

2) Die Synode der Evangelisch-Augsburgischen Kirche wird vom Präses der Synode einberufen. Die Synode tagt in der Hauptstadt Warschau mindestens einmal innerhalb dreier Jahre. Das Datum der Eröffnung der Synode bestimmt der Präses der Synode und macht dem Minister für Religionsbekenntnisse und öffentliche Aufklärung davon Mitteilung, wobei er ihm das Programm der Beratungen mindestens einen Monat vor dem angesetzten Eröffnungstermin unterbreitet.

3) Der Minister kann zu der Tagung der Synode einen Vertreter entsenden, der das Recht hat, außerhalb der Reihenfolge der Redner das Wort zu ergreifen und Erklärungen sowie Deklarationen abzugeben.

4) Die Synode wählt einen Synodalausschuß, welcher die ständige Vertretung der Synode ist.

Art. 19.

1) Die oberste Verwaltungsbehörde und das Vollzugsorgan der Synode ist das Konsistorium der Evangelisch-Augsburgischen Kirche in der Republik Polen, bestehend aus dem Präsidenten, dem Vizepräsidenten und sechs Räten. Die Zusammensetzung und die Kompetenz des Konsistoriums werden im Einzelnen durch das Innere Grundgesetz bestimmt.

2) Die Wahl des Vizepräsidenten des Konsistoriums erfolgt im Einvernehmen mit dem Minister für Religionsbekenntnisse und öffentliche Aufklärung durch ein Wahlkollegium, das aus dem Bischof als Vorsitzenden, den Konsistorialräten, den Senioren, den Mitgliedern des Synodalausschusses, sowie aus vier von der Synode gewählten Laiendelegierten besteht. Der Vizepräsident des Konsistoriums überwacht gemeinsam mit dem Präsidenten den rechtmäßigen Gang der Konsistorialgeschäfte und führt in Abwesenheit des Präsidenten den Vorsitz in den Sitzungen des Konsistoriums.

3) Im Falle, daß über die Wahl des Vizepräsidenten des Konsistoriums keine Einigung zustande gekommen ist, beruft der Minister für Religionsbekenntnisse und öffentliche Aufklärung einen der weltlichen Konsistorialräte zur zeitweiligen Ausübung der Obliegenheiten des Vizepräsidenten.

4) Der Vizepräsident des Konsistoriums tritt sein Amt an nach voraus gegangener Bestätigung durch den Präsidenten der Republik und nach Leistung des Treueides zu Händen des Präsidenten der Republik.

5) Im Falle, daß der Vizepräsident seine Obliegenheiten nicht zu erfüllen vermag, vertritt ihn einer der weltlichen Konsistorialräte, der durch den Minister für Religionsbekenntnisse und öffentliche Aufklärung hierzu eingeladen worden ist.

6) Die Konsistorialräte werden von der Synode gewählt.

7) Die Konsistorialräte treten ihr Amt an nach vorausgegangener Bestätigung durch den Minister für Religionsbekenntnisse und öffentliche Aufklärung und nach Leistung des Treueides zu Händen dieses Ministers.

8) Sitz des Konsistoriums ist die Hauptstadt Warschau.

Art. 20.

1) Beim Konsistorium ist tätig die Kanzlei des Konsistoriums der Evangelisch-Augsburgischen Kirche in der Republik Polen, die sich aus dem Kanzleichef und einer entsprechenden Anzahl von Angestellten zusammensetzt. Die Anzahl wird vom Minister für Religionsbekenntnisse und öffentliche Aufklärung im Einvernehmen mit dem Präsidenten des Konsistoriums festgesetzt.

2) Den Kanzleichef des Konsistoriums beruft das Konsistorium nach vorausgegangener Zustimmung des Ministers für Religionsbekenntnisse und öffentliche Aufklärung, die anderen Kanzleiangestellten beruft das Konsistorium und macht dem Minister für Religionsbekenntnisse und öffentliche Aufklärung davon Mitteilung.

3) Die Dienstverhältnisse, die Höhe der Gehälter sowie die Altersversorgung des Kanzleichefs des Konsistoriums und der anderen Angestellten werden durch Verordnung des Ministers für Religionsbekenntnisse und öffentliche Aufklärung geregelt.

Art. 21.

1) In administrativer Hinsicht wird die Evangelisch-Augsburgische Kirche in der Republik Polen in Diözesen eingeteilt, die gleichzeitig die Wahlbezirke für die Wahl der kirchlichen Senioratsbehörden bilden; die einzelnen Diözesen hinwieder bestehen aus den Pfarr- u. Filial- Gemeinden, die eigene gewählte Gemeindebehörden besitzen.

Verfassung und Tätigkeitsbereich der Seniorats- und Gemeindebehörden werden durch das Innere Grundgesetz bestimmt.

Art. 22.

1) Die Bildung neuer Diözesen, Pfarr- u. Filial- Gemeinden, ihre Auflösung sowie die Änderung ihrer Grenzen und Sitze bedarf, insofern solche Maßnahmen neue Ausgaben aus dem Staatsschatz nach sich ziehen, der vorausgegangenen Zustimmung des Ministers für Religionsbekenntnisse und öffentliche Aufklärung im Einvernehmen mit dem Finanzminister und dem Minister des Inneren. Insofern jedoch solche Maßnahmen neue Ausgaben aus dem Staatsschatz nicht nach sich ziehen, dürfen sie durchgeführt werden, nachdem sich der Präsident des Konsistoriums vergewissert hat, daß der Minister für Religionsbekenntnisse und öffentliche Aufklärung keinen Einspruch dagegen erhebt. Sofern der Minister dem Präsidenten des Konsistoriums seinen Bescheid innerhalb zweier Monate nach Empfang des diesbezüglichen Schreibens des Präsidenten des Konsistoriums nicht zugehen läßt, so gilt dies als gleichbedeutend mit dem Ausdruck der Zustimmung.

2) Von der Neubildung von Predigtstationen, Bethäusern und Kantoraten macht das Konsistorium dem zuständigen Wojewoden gleichzeitig mit der diesbezüglichen Beschlußfassung Mitteilung.

3) Die im Zeitpunkt des Inkrafttretens dieses Dekrets bestehenden Diözesen, Pfarr- u. Filial- Gemeinden zusammen mit den bei ihnen systemisierten geistlichen Ämtern sind im Anhang zu diesem Dekret genannt.

4) Innerhalb eines Jahres, vom Tage des Inkrafttretens dieses Dekrets an gerechnet, wird das Konsistorium eine Anordnung erlassen, worin die territorialen Grenzen der im

vorherigen Absatz genannten Diözesen, Pfarr- u. Filial- Gemeinden ausführlich bezeichnet sind. Diese Anordnung bedarf der vorausgegangenen Zustimmung des Ministers für Religionsbekenntnisse und öffentliche Aufklärung.

Art. 23.

1) Der geistliche Vorgesetzte der Diözese ist der Senior, die geistlichen Vorgesetzten der Pfarrgemeinden sind die Pfarrer, der Filialgemeinden – vom Konsistorium bestellte Geistliche.

2) Neben den Pfarrern können in den Gemeinden Pastoren- Diakonen und Pastoren-Adjunkte in systemisierte Ämter berufen werden, es können auch vom Konsistorium Vikare zugeteilt werden.

Art. 24.

Die Senioren werden von den in dem Inneren Grundgesetz bezeichneten Organen und in der dort bestimmten Weise aus der Reihe von Kandidaten berufen, bezüglich derer das Konsistorium in der Person seines Präsidenten sich vorher bei dem Minister für Religionsbekenntnisse und öffentliche Aufklärung vergewissert hat, daß gegen sie keine Einwände politischer Natur bestehen.

Art. 25.

1) Von der vollzogenen Wahl der Pfarrer, Diakonen und Adjunkten macht das Konsistorium dem zuständigen Wojewoden Mitteilung zwecks Vergewisserung, daß Einwände politischer Natur gegen sie nicht erhoben werden.

2) Sofern der zuständige Wojewode innerhalb von fünf Wochen, vom Tage der Benachrichtigung an gerechnet, keinen Einspruch erhebt, so gilt dies als Ausdruck der Zustimmung.

3) Gegen die Entscheidung des Wojewoden steht dem Konsistorium innerhalb von vierzehn Tagen das Recht der Berufung an den Minister für Religionsbekenntnisse und öffentliche Aufklärung zu, der nach Einholung des Gutachtens des Präsidenten des Konsistoriums die Angelegenheit endgültig entscheidet. Sofern der Minister innerhalb von vier Wochen nach Empfang des Gutachtens des Präsidenten des Konsistoriums seine Entscheidung nicht gefällt hat, so gilt dies als Ausdruck der Zustimmung.

Art. 26.

1) Von der Übertragung der Funktionen eines Pfarrers oder Administrators einer Pfarr- oder Filial- Gemeinde an einen bereits amtierenden Pfarrer einer Nachbargemeinde macht das Konsistorium gleichzeitig mit der diesbezüglichen Beschlußfassung dem zuständigen Wojewoden Mitteilung.

2) Falls der vom Konsistorium bestellte Administrator, der nicht gleichzeitig Pfarrer einer Nachbargemeinde ist (Abs. 1) die Administration einer Pfarr- oder Filial-Gemeinde länger als drei Monate ausüben soll, vergewissert sich das Konsistorium bei dem zuständigen Wojewoden vor Ablauf der drei Monate, vom Tage der Bestellung des Administrators an gerechnet, ob gegen dessen weitere Belassung in diesem Amte nicht Einwände politischer Natur erhoben werden.

Art. 27.

1) Von der Entsendung eines Vikars in eine Gemeinde macht das Konsistorium gleichzeitig mit der diesbezüglichen Beschlußfassung dem zuständigen Wojewoden Mitteilung.

2) Sofern ein Vikar nach Ablauf des ersten Jahres nach der Ordination in seiner Stellung länger als weitere sechs Monate verbleiben soll, so vergewissert sich das Konsistorium

bei dem zuständigen Wojewoden vor Ablauf dieser sechs Monate, vom Tage der Entsendung des Vikars an gerechnet, ob gegen dessen weitere Belassung in diesem Amte nicht Einwände politischer Natur erhoben werden.

3) Im Falle der beabsichtigten Entsendung eines Vikars in eine Gemeinde nach endgültig bestandener Konsistorialprüfung (pro ministerio), findet Art. 25 entsprechende Anwendung.

Art. 28.

1) Personen, die die polnische Staatsbürgerschaft nicht besitzen, können weder kirchliche Ämter bekleiden, noch irgendwelche Stellungen und Mandate in der Evangelisch-Augsburgischen Kirche in der Republik Polen innehaben.

2) Im Ausnahmewege können solche Personen auf Antrag des Konsistoriums mit Genehmigung des Ministers für Religionsbekenntnisse und öffentliche Aufklärung zu den im vorhergehenden Absatz genannten Tätigkeiten zugelassen werden.

Art. 29.

1) Zum Geistlichen ordiniert werden kann nur derjenige, der eine Bescheinigung über die Absolvierung der Studien an der Evangelischen Theologischen Fakultät der Józef Piłsudski Universität in Warschau besitzt und der in ein im Sinne der Bestimmungen des Art. 22 systemisiertes Amt berufen ist.

2) Der Minister für Religionsbekenntnisse und öffentliche Aufklärung ist ermächtigt in Ausnahmefällen auf Antrag des Konsistoriums den betreffenden vom Erfordernis der Absolvierung der theologischen Studien an der Evangelischen Theologischen Fakultät der Józef Piłsudski Universität in Warschau zu befreien.

Art. 30.

1) Die Kandidaten für das geistliche Amt leisten bei ihrer Ordination, unabhängig von dem kirchlichen Gelübde, der Republik Polen den Treueid.

2) Die nochmalige Leistung des Treueides verpflichtet die Geistlichen nur bei Übernahme des Amtes eines Seniors oder eines Konsistorialrats.

3) Der Treueid bei der Ordination und bei der Übernahme des Amtes eines Seniors wird zu Händen des Präsidenten des Konsistoriums in Anwesenheit des Wojewoden oder eines von ihm beordneten Vertreters geleistet.

4) Die Formel des Treueides bei der Ordination lautet:

„Ich gelobe und schwöre bei Gott dem Allmächtigen und Seinem Hl. Evangelium, daß ich Treue wahren werde der Republik Polen, deren Wohl und Aufblühen ich nach Kräften im Bereich meiner Tätigkeit zu fördern gewillt bin. Mit vollkommener Loyalität und gutem Willen werde ich die durch die Staatsverfassung berufene Regierung achten. Ich werde mich an keinen Unternehmen, an keinerlei Beratungen beteiligen, die dem Polnischen Staate Schaden bringen können, vielmehr werde ich bestrebt sein, im Bereich meiner Tätigkeit alles das zu beseitigen, was die öffentliche Ordnung und das Wohl des Staates bedrohen könnte. So wahr mir Gott helfe an Leib und Seele durch Jesum Christum, unsern Herrn. Amen".

5) Die Senioren leisten den Treueid gemäß der in Art. 17 vorgesehen Formel.

6) Die von dem Vereidigten unterschriebene Eidesformel übersendet das Konsistorium unverzüglich dem Minister für Religionsbekenntnisse und öffentliche Aufklärung.

7) Der Vizepräsident des Konsistoriums und die Konsistorialräte leisten den Treueid nach der bei der Ordination von Geistlichen vorgeschriebenen Formel.

Art. 31.

1) Die Geistlichen der Evangelisch-Augsburgischen Kirche in der Republik Polen genießen alle besonderen Rechte, die seitens der staatlichen Gesetzgebung den Geistlichen der rechtlich anerkannten Bekenntnisse zugesichert sind.

2) Von der Einleitung und Beendigung eines Strafverfahrens gegen einen Geistlichen der Evangelisch-Augsburgischen Kirche machen die Gerichtsbehörden dem Konsistorium Mitteilung und übersenden ihm überdies eine Abschrift des Anklageaktes sowie des Gerichtsurteils nebst Begründung.

3) Im Falle der Gefangensetzung oder Verhaftung eines Geistlichen der Evangelisch-Augsburgischen Kirche in der Republik Polen werden die Zivilbehörden die dessen geistlichen Stand gebührenden Rücksichten üben; ein solcher Geistlicher wird der Haft unterliegen und die Freiheitsstrafe in einem von den für weltliche Personen bestimmten Räumlichkeiten getrennten Raum verbüßen, sofern nicht das Konsistorium den betreffenden seiner geistlichen Würde entkleidet hat.

Art. 32.

Ein rechtskräftiges Gerichtsurteil, das einen Geistlichen oder ein Mitglied irgendeines Organs der Evangelisch-Augsburgischen Kirche in der Republik Polen wegen eines Verbrechens oder einer strafbaren Handlung aus Gewinnsucht oder gegen die Moral verurteilt, bewirkt von Rechts wegen die Entfernung des Geistlichen oder des betreffenden Mitglieds aus dem bekleideten Amte.

Art. 33.

1) Im Falle einer den Staat schädigenden Tätigkeit eines Geistlichen oder eines Mitglieds irgendeines Organs der Evangelisch-Augsburgischen Kirche, kann sich der zuständige Wojewode unter Angabe der Gründe an das Konsistorium wenden zwecks Erwirkung entsprechender Maßnahmen oder zwecks Enthebung des betreffenden von der Ausübung des kirchenlichen Amtes oder seiner Funktion.

2) Gegen die Forderung des Wojewoden kann das Konsistorium innerhalb von drei Wochen an den Minister für Religionsbekenntnisse und öffentliche Aufklärung Berufung einlegen, der die Angelegenheit nach Verständigung mit dem Bischof endgültig entscheidet.

Art. 34.

1) Insofern die staatlichen Vorschriften der geistlichen Gerichtsbarkeit die Rechtssprechung in Eheangelegenheiten übertragen, handhabt das Konsistorium der Evangelisch-Augsburgischen Kirche die Rechtssprechung in erster und letzter Instanz in Sachen der Ungültigkeitserklärung oder Scheidung der Ehe im Einklang mit der staatlichen Gesetzgebung.

2) Bis zur Einführung eines allgemeinen staatlichen Eherechts wendet das Konsistorium bei der Rechtssprechung in Sachen der Ungültigkeitserklärung oder Scheidung der Ehe die staatlichen Gesetze an, die in den einzelnen Gebieten der Republik Polen diesbezüglich in Geltung stehen.

3) Vorschriften betreffend die Organisation der kirchlichen Gerichtsbarkeit sowie das Gerichtsverfahren werden von der Synode erlassen und vom Minister für Religionsbekenntnisse und öffentliche Aufklärung, sowie vom Justizminister bestätigt. Bis zum Erlaß genannter Vorschriften bleiben die bisherigen Bestimmungen in Geltung.

4) Die rechtlichen Folgen der Urteile des Konsistoriums in Eheangelegenheiten werden durch die staatliche Gesetzgebung bestimmt.

Art. 35.

1) In Sachen der Ungültigkeitserklärung oder Scheidung der Ehe kann der Staatsanwalt Anträge stellen. Ausführliche Vorschriften über das Verhältnis des Staatsanwalts zum Konsistorium der Evangelisch-Augsburgischen Kirche werden nach Einholung des Gutachtens des Konsistoriums in der Person seines Präsidenten vom Justizminister und dem Minister für Religionsbekenntnisse und öffentliche Aufklärung erlassen werden.

2) In den in diesem Artikel vorgesehenen Angelegenheiten ist das Konsistorium auf Antrag des Staatsantwalts verpflichtet, einen Beschluß über seine Zuständigkeit zu fassen. Gegen diesen Beschluß kann der Staatsanwalt innerhalb von sieben Tagen, vom Tage der Benachrichtigung an gerechnet, Beschwerde beim Obersten Gerichtshof einlegen. Bis zum Zeitpunkt, da der genannte Beschluß rechtskräftig geworden ist, oder der Oberste Gerichtshof die Frage der Zuständigkeit entschieden hat, darf ein Urteil in der Angelegenheit nicht gefällt werden; ein entgegen obiger Vorschrift gefälltes Urteil ist von Rechts wegen ungültig.

3) Der Staatsanwalt reicht seine Beschwerde im Konsistorium ein. Das Konsistorium ist verpflichtet, sie dem Obersten Gerichtshof samt den einschlägigen Akten innerhalb von sieben Tagen vorzulegen.

Art. 36.

Bis zur einheitlichen Regelung der Führung von Zivilstandesakten im ganzen Staatsgebiet, führen die das Amt von Pfarrern bekleidenden Geistlichen die Standesamtsbücher (Matrikelbücher) gemäß den geltenden staatlichen Vorschriften und in den von ihnen festgelegten Grenzen. In dieser Hinsicht unterstehen die Pfarrer der Aufsicht und unterliegen den Anordnungen der zuständigen staatlichen Behörden.

Art. 37.

Die Amtssprache der kirchlichen Behörden und Ämter ist die Staatssprache. Im Verkehr mit Personen und Institutionen, die sich an kirchliche Behörden und Ämter nicht in der Staatssprache wenden, können diese Behörden und Ämter sich der Sprache des Gesuchstellers bedienen.

Art. 38.

1) Das Konsistorium, im Bereich seiner Wirksamkeit als Gericht in Ehesachen gemäß Art. 34 dieses Dekrets, sowie die Geistlichen, die die Funktionen von Standesbeamten ausüben, führen ein Siegel mit dem Staatswappen.

2) Überdies führen die Behörden und Ämter der Evangelisch-Augsburgischen Kirche in der Republik Polen eigene Siegel mit kirchlichen Emblemen und einer Aufschrift in der Staatssprache.

3) Im innerkirchlichen Verkehr sind auch andere, von alters her gebrauchte Siegel zulässig.

4) Die Muster der Siegel werden auf Antrag des Konsistoriums vom Minister für Religionsbekenntnisse und öffentliche Aufklärung im Einvernehmen mit dem Minister des Inneren bestätigt.

Art. 39.

1) Das Konsistorium ist verpflichtet auf Verlangen des Ministers für Religionsbekenntnisse und öffentliche Aufklärung Ausweise und Berichte einzusenden.

2) Die Abschriften der Sitzungsprotokolle der Synode werden dem Minister für Religionsbekenntnisse und öffentliche Aufklärung spätestens innerhalb von vier Wochen nach Abschluß der laufenden Sitzungen übersandt.

3) Von einer vollzogenen Wahl benachrichtigt das Konsistorium die zuständige politische Verwaltungsbehörde innerhalb von zwei Wochen nach Bestätigung der Wahl.

Art. 40.

Das amtliche Organ der Evangelisch-Augsburgischen Kirche in der Republik Polen ist das in Warschau in der Staatssprache erscheinende „Amtsblatt der Evangelisch-Augsburgischen Kirche in der Republik Polen"; amtliche Übersetzungen der Anordnungen und Kundgebungen der Kirchenbehörden werden in der Anlage veröffentlicht.

Art. 41.

1) An Sonntagen und kirchlichen Feiertagen werden die Geistlichen der Evangelisch-Augsburgischen Kirche in der Republik Polen während des Gottesdienstes ein Gebet für das Wohl der Republik Polen und deren Präsidenten sprechen nach einem im „Amtsblatt der Evangelisch-Augsburgischen Kirche in der Republik Polen" veröffentlichten Wortlaut. Vor der Veröffentlichung dieses Wortlauts im genannten Amtsblatt wird derselbe seitens des Bischofs dem Minister für Religionsbekenntnisse und öffentliche Aufklärung vorgelegt werden.

2) An den Staatsfeiertagen werden die Geistlichen Festgottesdienste abhalten, nach welchen die Gebetshymne „Gott, der Du Polen" („Boże, coś Polskę") in Anwesenheit der der den Gottesdienst zelebrierenden Geistlichkeit gespielt oder gesungen wird.

Art. 42.

1) Bis zur Konstituierung der Kirchenbehörden gemäß den in diesem Dekret und in dem Inneren Grundgesetz festgelegten Grundsätzen üben die bisherigen Kirchenbehörden ihre Amtstätigkeit aus.

2) Mit dem Tage des Inkrafttretens dieses Dekrets wird der bisherige Generalsuperintendent von Rechts wegen Präsident des Konsistoriums bis zur Wahl eines Bischofs und genießt die Befugnisse eines solchen. Der Präsident des Konsistoriums wird die entsprechenden Vorschriften und Anordnungen erlassen, zwecks schleunigster Konstituierung der in diesem Dekret und dem Inneren Grundgesetz vorgesehenen obersten Kirchenbehörden.

3) Die erste Synode wird zu ihrer ersten Sitzung ausschließlich zwecks Wahl der Konsistorialräte, der Mitglieder des Synodalausschusses und der Laiendelegierten zu dem in Art. 17 und 19 vorgesehenen Wahlkollegium einberufen werden, worauf die Sitzung von Rechts wegen geschlossen wird.

4) Zur Änderung des Inneren Grundgesetzes der Evangelisch-Augsburigschen Kirche in der Republik Polen, das von der, seitens der Konstituierenden Synode eingesetzten Synodalkommission als der rechtlichen Vertretung dieser Kirche festgelegt und das staatlicherseits auf dem Wege einer Verordnung des Ministerrats anerkannt ist (Art. 1 Abs. 2), ist ein Beschluß der Synode (Art. 18) und die Anerkennung im obenerwähnten Verfahren erforderlich.

Art. 43.

1) Mit dem Tage des Inkrafttretens dieses Dekrets treten alle bisherigen Bestimmungen, welche die durch dieses Dekret und das Innere Grundgesetz geregelten Angelegenheiten betreffen, außer Kraft.

2) In den Fällen, in welchen dieses Dekret oder das Innere Grundgesetz die Erlassung neuer Vorschriften vorsehen, bleiben bis zu dem Inkrafttreten der neuen die bisherigen Vorschriften in Geltung, nicht länger jedoch als für die Dauer eines Jahres, vom Tage des Inkrafttretens dieses Dekrets an gerechnet.

Art. 44.

Mit der Ausführung dieses Dekrets wird der Minister für Religionsbekenntnisse und öffentliche Aufklärung im Einvernehmen mit den zuständigen Ministern beauftragt.

Art. 45.

Dieses Dekret tritt in Kraft nach Ablauf eines Monats vom Tag der Veröffentlichung auf dem ganzen Gebiet der Republik Polen mit Ausnahme des Oberschlesischen Teils der Wojewodschaft Schlesien.

Der Präsident der Republik: (–) *I. Mościcki.*

Der Ministerpräsident: (–) *Sławoj Składkowski*

Der Minister für Religionsbekenntnisse und öffentliche Aufklärung: (–) *W. Świętosławski*

Dokument 29

Erklärung der Unierten Evangelischen Kirche in Polen und der Unierten Evangelischen Kirche in Polnisch-Oberschlesien betr. Austritt aus dem Rat der Evangelischen Kirchen in Polen vom 8. bzw. 13. Februar 1937[1]

„Nach § 1 des Statuts des Rats der Evangelischen Kirchen in Polen ist es Aufgabe des Rates:

1. unter den Bekennern des Evangeliums in Polen wahre brüderliche Eintracht herzustellen,
2. eine gemeinsame Grundlage zu schaffen, auf der sich freundschaftliche Zusammenarbeit der Kirchen und Vereinheitlichung der Ansichten über die Aufgaben des Protestantismus in Polen aufbauen soll,
3. die Rechte und Interessen der einzelnen evangelischen Kirchen in Polen zu wahren, insbesondere das Recht auf Gleichberechtigung der Bekenntnisse, wie es durch die Staatsverfassung verbürgt ist.

Indem wir auf diese die Mitglieder des Rates verpflichtenden Bestimmungen hinweisen und andererseits an die bekannten Vorgänge erinnern, in welchen die Leitung der evangelisch-augsburgischen Kirche ihre Stellung in Sachen des Erlasses eines Staatsgesetzes betr. das Verhältnis des Staates zur evangelisch-augsburgischen Kirche bekundet hat, beehren wir uns, den Mitgliedern des Rates der Evangelischen Kirchen in Polen mitzuteilen, daß wir namens der Unierten Evangelischen Kirche der Wojewodschaften Posen und Pommerellen aus dem Rat der Evangelischen Kirchen in Polen austreten."

Anm.: Gleichlautend die Erklärung der Unierten Ev. Kirche in Polnisch Oberschlesien, nur daß der Name „Unierte Ev. Kirche in den Wojewodschaften Posen und Pommerellen" in Zeile 2 von unten durch „Unierte Ev. Kirche in Polnisch-Oberschlesien" ersetzt ist.

---

1 Posener ev. Kirchenblatt Jg. 15 (1937), Nr. 5, 210.

Dokument 30

Gesetz vom 16. Juli 1937
über die vorläufige Organisation der unierten evangelischen Kirche in Oberschlesien[1]

Artikel 1.

1. Die unierte evangelische Kirche in Oberschlesien besteht aus den unierten evangelischen Kirchengemeinden im oberschlesischen Teil der Wojewodschaft Schlesien.

2. Der unierten evangelischen Kirchengemeinde gehören die Evangelischen an, die im Gebiet der betreffenden Gemeinde ihren Wohnsitz haben.

3. Jeder Evangelische, der im oberschlesischen Teil der Wojewodschaft Schlesien seinen Wohnsitz hat, gehört zu einer der Gemeinden der unierten evangelischen Kirche in Oberschlesien.

Artikel 2.

Die unierte evangelische Kirche in Oberschlesien ist selbständig und von keiner ausländischen Behörde abhängig.

Artikel 3.

Die Angliederung oder Aufnahme anderer Kirchen oder Religionsverbände in die unierte evangelische Kirche in Oberschlesien wie auch ein verfassungsmäßiger Zusammenschluß dieser Kirche mit irgendeiner anderen Kirche oder einem anderen Religionsverband bedarf des Beschlusses des oberschlesischen Kirchenrates, der nach vorheriger Zustimmung des Wojewoden von Schlesien gefaßt wird.

Artikel 4.

Das Verhältnis des Staates zur unierten evangelischen Kirche in Oberschlesien wird auf gesetzlichem Wege nach Verständigung mit der rechtlichen Repräsentation dieser Kirche geregelt.

Artikel 5.

Die gesetzlichen Vorschriften, betreffend die unierte evangelische Kirche in Oberschlesien, die am 1. November 1918 Gültigkeit hatten, bleiben in Kraft mit den Veränderungen, die sich aus dem Wechsel der Staatshoheit sowie aus den Bestimmungen der Gesetzgebung der Republik Polen und aus diesem Gesetz ergeben.

Artikel 6.

1. Die Wahlen in die Körperschaften (Organe) der Kirchengemeinden finden auf Grund allgemeiner, unmittelbarer, gleicher und proportioneller Abstimmung statt.

2. Das Wahlrecht steht den Mitgliedern der Kirchengemeinde ohne Unterschied des Geschlechts zu, die am Tage der Abkündigung der Wahl das 24. Lebensjahr beendet haben und zumindest seit 3 Monaten im Gebiet der betreffenden Kirchengemeinde wohnen.

3. Das Recht der Wählbarkeit hat jedes Mitglied der Kirchengemeinde, das das Wahlrecht in dieser Gemeinde besitzt und am Tage der Abkündigung der Wahl das 30. Lebensjahr beendet hat.

---

1 Dz.U.Śl. 1937, Nr. 14, Pos. 33. Deutsche Übersetzung in: *G. Klawun,* a.a.O. 36–41.

4. Besondere Vorschriften, die das Wahlrecht und das Recht der Wählbarkeit sowie die Art der Durchführung der Wahlen in die kirchlichen Gemeindeorgane bestimmen, gibt der oberschlesische Kirchenrat nach Vereinbarung mit dem Wojewoden von Schlesien heraus.

Artikel 7.

1. Die unierten evangelischen Kirchengemeinden im oberschlesischen Teil der Wojewodschaft Schlesien bilden den oberschlesischen Synodalverband mit dem Sitz in Katowice.

2. Die Befugnisse der Kreis-, Provinzial- und Generalsynode gehen auf die Synode der unierten evangelischen Kirche in Oberschlesien über.

Artikel 8.

1. Die Synode setzt sich zusammen:

a) aus denjenigen Personen, die im Sinne von § 50 der Kirchengemeinde- und Synodalordnung vom 10. September 1873 (Pr. G. S. S. 417) zur Kreissynode gehörten mit der Maßgabe, daß statt des Superintendenten der Präsident der Kirche (Artikel 12) der Synode angehört; die weltlichen Mitglieder der Synode (§ 50 Ziffer 3 der Kirchengemeinde- und Synodalordnung) werden aus der Gesamtheit der Gemeindemitglieder auf dem Wege von Proportionalwahlen gewählt;

b) aus 30 Mitgliedern, die vom oberschlesischen Kirchenrat nach vorheriger Verständigung mit dem Wojewoden von Schlesien als dem Vertreter der Regierung gewählt werden. Für den Fall, daß es zu keiner Einigung kommt, beruft der Wojewode von Schlesien selbst 30 Mitglieder der Synode.

2. Die Amtszeit der Mitglieder der Synode dauert 3 Jahre.

Artikel 9.

1. Die Befugnisse des Kreissynodal-, Provinzialsynodal- und Generalsynodalvorstandes gehen auf den Synodalvorstand der unierten evangelischen Kirche in Oberschlesien über, der auf Grund der Vorschriften von § 54 der Kirchengemeinde- und Synodalordnung vom 10. September 1873 (Pr. G. S. S. 417) gewählt wird. Die Wahlen finden nach dem Grundsatz der Verhältniswahlen statt.

2. Die Mitglieder des Synodalvorstandes können nicht dem oberschlesischen Kirchenrat angehören.

Artikel 10.

1. Die Befugnisse des Konsistoriums und des Oberkirchenrates gehen auf den oberschlesischen Kirchenrat über.

2. Der oberschlesische Kirchenrat besteht aus dem Präsidenten der Kirche (Art. 12), 4 Mitgliedern, die von der Synode in geheimer Abstimmung nach dem Grundsatz der Verhältniswahlen gewählt werden und aus 2 Mitgliedern, die der Wojewode von Schlesien als Vertreter der Regierung nach Anhörung des zurücktretenden oberschlesischen Kirchenrates beruft. 2 Mitglieder des Kirchenrates müssen Geistliche sein. Zu Mitgliedern des Kirchenrates können Personen gewählt und berufen werden, die nicht der Synode angehören.

3. Die Amtszeit des oberschlesischen Kirchenrates dauert 3 Jahre.

4. Vorsitzender des oberschlesischen Kirchenrates ist der Präsident der Kirche (Art. 12).

5. Der oberschlesische Kirchenrat wählt aus seiner Mitte nach Verständigung mit dem Wojewoden von Schlesien den Stellvertreter des Vorsitzenden, der Laie sein muß.

6. Erlischt durch den Tod oder freiwilligen Rücktritt das Mandat eines wählbaren Mitgliedes des oberschlesischen Kirchenrates, so tritt in die freiwerdende Stelle der Nachfolger in der Reihenfolge der Namen auf der Kandidatenliste ein.

7. Zur Gültigkeit der Beschlüsse des oberschlesischen Kirchenrats ist die Anwesenheit von wenigstens 3 Mitgliedern des Kirchenrates außer dem Vorsitzenden notwendig. Bei Stimmengleichheit entscheidet die Meinung, für die sich der Vorsitzende ausgesprochen hat.

Artikel 11.

Für den Fall, daß das Mandat zu den in diesem Gesetz vorgesehenen kollegialen Körperschaften nicht übernommen wird, oder die Pflichten die sich aus dem Mandat ergeben, ohne begründete Ursache nicht erfüllt werden, kann der Wojewode von Schlesien für die restliche Zeit der Kadenz eine andere Person zum Mitglied ernennen.

Artikel 12.

1. Die Befugnisse des Generalsuperintendenten gehen auf den Superintendenten der unierten Kirche in Oberschlesien über, dem der Titel „Präsident der unierten evangelischen Kirche in Oberschlesien" zusteht.

2. Den Präsidenten der Kirche wählt im Einverständnis mit dem Wojewoden von Schlesien aus den Geistlichen mit absoluter Stimmenmehrheit auf 6 Jahre das Wahlkollegium, das aus den Mitgliedern des oberschlesischen Kirchenrates, des Synodalvorstandes und 10 Personen besteht, die von der Synode in geheimer Abstimmung nach dem Grundsatz der Verhältniswahl gewählt werden. Den Vorsitzenden des Kollegiums wählt das Wahlkollegium aus seiner Mitte.

3. Die Übernahme des Amtes durch den Gewählten erfordert die Feststellung seitens des Wojewoden von Schlesien auf Grund des Protokolls, daß die Wahl in Übereinstimmung mit dem Gesetz erfolgt ist, und die Leistung des Treueides zu Händen des Wojewoden von Schlesien in nachfolgendem Wortlaut:

„Ich gelobe und schwöre vor Gott dem Allmächtigen auf sein heiliges Evangelium, daß ich der Polnischen Republik die Treue halten werde, deren Wohl und Aufblühen ich nach meinen Kräften im Bereich meiner Tätigkeit fördern werde. Mit vollkommener Loyalität werde ich die von der Verfassung bestimmte Regierung achten und darüber wachen, daß sie auch von der mir untergeordneten Geistlichkeit geachtet wird. Ich werde mich an keinen Unternehmen, an keinerlei Beratungen beteiligen, die dem Polnischen Staat schaden könnten, und werde im Gegenteil bestrebt sein, im Bereich meiner Tätigkeit all das zu beseitigen, was die öffentliche Ordnung und das Wohl des Staates bedrohen könnte. So wahr mir Gott helfe an Leib und Seele durch Jesum Christum, unsern Herrn. Amen!"

4. Für den Fall, daß die Wahl des Präsidenten der Kirche nicht zustande kommt, beruft der Wojewode von Schlesien eins der geistlichen Mitglieder des oberschlesischen Kirchenrates als Vertreter zur zeitweiligen Verrichtung aller Funktionen des Präsidenten der Kirche.

Artikel 13.

1. Den Präsidenten der Kirche vertritt in seiner Tätigkeit als Vorsitzender des oberschlesischen Kirchenrates der Stellvertreter des Vorsitzenden (Art. 10).

2. Wird die Wahl des Stellvertreters des Vorsitzenden nicht getätigt, so beruft der Wojewode von Schlesien eins der weltlichen Mitglieder des oberschlesischen Kirchenrates zur zeitweiligen Verrichtung der Pflichten des Stellvertreters des Vorsitzenden.

Artikel 14.

In den Fällen, in denen nach den gesetzlichen Vorschriften der Provinzialsynodalvorstand an den Geschäften des Konsistoriums oder in denen der Generalsynodalvorstand an den Geschäften des Evangelischen Oberkirchenrates teilnimmt, entscheidet der oberschlesische Kirchenrat zusammen mit dem Synodalvorstand. Dem Erfordernis der Mitwirkung ist entsprochen, wenn wenigstens 2 Mitglieder des Synodalvorstandes an der Sitzung des oberschlesischen Kirchenrats teilnehmen; den Vorsitz führt der Präsident der Kirche. Die Mitwirkung des Synodalvorstandes unterbleibt in dem Falle des § 55 Ziffer 9 Absatz 2 Satz 3 der Kirchengemeinde- und Synodalordnung vom 10. September 1873 (Pr. G. S. S. 417).

Artikel 15.

Personen, die die polnische Staatsbürgerschaft nicht besitzen, können weder kirchliche Ämter bekleiden noch irgendwelche Stellungen und Mandate in der unierten evangelischen Kirche in Oberschlesien innehaben.

Artikel 16.

In den Angelegenheiten der Dienstvergehen der Kirchenbeamten und ihrer Versetzung in den Ruhestand entscheidet in den in §§ 19, 46 und 53 des Kirchengesetzes vom 16. Juli 1886 (K. G. u. V. Bl. S. 81) vorgesehenen Fällen anstelle des Konsistoriums der Synodalvorstand und in den in §§ 33, 46 und 54 des genannten Gesetzes vorgesehenen Fällen anstelle des Evangelischen Oberkirchenrates der oberschlesische Kirchenrat.

Art. 17.

Die Fragen der Altersversicherung der Geistlichen und Kirchenbeamten sowie ihrer Hinterbliebenen regeln besondere Vorschriften.

Art. 18.

1. Bis zur Zeit der Organisierung des oberschlesischen Kirchenrats im Sinne dieses Gesetzes übt seine Tätigkeit der vorläufige Kirchenrat der unierten evangelischen Kirche in Oberschlesien aus.

2. Der vorläufige Kirchenrat besteht aus dem Vorsitzenden und 6 Mitgliedern. Dem vorläufigen Kirchenrat gehören in derselben Eigenschaft die bisherigen, am 1. Juli 1937 im Amt befindlichen Mitglieder an, das heißt, der Vorsitzende und die Mitglieder des im oberschlesischen Teil der Wojewodschaft Schlesien bestehenden „Landeskirchenrats der unierten evangelischen Kirche in Polnisch-Oberschlesien". In die freien Stellen im Vorläufigen Kirchenrat beruft der Wojewode von Schlesien als Vertreter der Regierung geeignete Personen und überträgt einer der berufenen Personen die Funktion des Stellvertreters des Vorsitzenden des Vorläufigen Kirchenrats.

3. Wenn ein Mandat nicht übernommen wird, die Stelle eines Mitgliedes (des Vorsitzenden) des vorläufigen Kirchenrates frei wird und wenn ein Mitglied (der Vorsitzende) des Kirchenrats länger als 3 Monate seinen Pflichten ohne begründete Ursache nicht nachkommt, so beruft der Wojewode von Schlesien geeignete Personen in die Stelle der Mitglieder (des Vorsitzenden).

4. Vorsitzender und Mitglieder des Vorläufigen Kirchenrates können nur Personen sein, die die polnische Staatsbürgerschaft besitzen.

5. Auf den Vorläufigen Kirchenrat beziehen sich die Bestimmungen dieses Gesetzes über den oberschlesischen Kirchenrat.

6. Die oberste Aufgabe des Vorläufigen Kirchenrats ist die Organisierung und Konstituierung der in diesem Gesetz vorgesehenen kirchlichen Behörden und Organe. Die Konstituierung dieser Behörden und Organe soll in der Zeit bis zu 2 Jahren erfolgen.

7. Die am Tage des Inkrafttretens dieses Gesetzes tatsächlich bestehenden Organe der Kirchengemeinden verrichten vorläufig ihre Tätigkeit bis zur Konstituierung der Gemeinde-

organe im Sinne der Vorschriften dieses Gesetzes. Das Recht der Pfarrerwahl steht ihnen jedoch nicht zu. Die freien Pfarrstellen besetzt provisorisch der vorläufige Kirchenrat nach Verständigung mit dem Wojewoden von Schlesien.

8. Der Vorläufige Kirchenrat muß sich spätestens innerhalb von 2 Monaten vom Tage des Inkrafttretens dieses Gesetzes an gerechnet konstituieren.

9. Der Vorsitzende beruft die Sitzung des Vorläufigen Kirchenrats nach Bedarf ein, ist aber verpflichtet, dies auf Verlangen von 3 Mitgliedern des Vorläufigen Kirchenrates zu tun.

Artikel 19.

Dieses Gesetz tritt mit dem Tage seiner Veröffentlichung in Kraft.

Begründung

Die bisherige Organisation der unierten evangelischen Kirche in Oberschlesien gründet sich auf den Beschluß der Kreissynode in Pless vom 6. Juni 1923. Dieser Beschluß, der grundsätzliche verfassungmäßige Änderungen der obersten Kirchenbehörden einführt, wurde im Sinne der verpflichtenden Rechtsbestimmungen (Gesetz vom 3. Juni 1876 – Preuss. Ges. S. 125 und Dekret vom 20. Januar 1876, Preuss. Ges. S. S. 133) gesetzlich nicht bestätigt. Daher besteht die Notwendigkeit der Regelung der Rechtslage der unierten evangelischen Kirche in Oberschlesien auf dem Wege des Gesetzes, das auch den Zweck haben wird, eine rechtliche Repräsentation in Übereinstimmung mit Artikel 115, Absatz 2 der Verfassung vom 17. März 1921 zu schaffen.

Dieses Gesetz ist auf die im oberschlesischen Teil der Wojewodschaft Schlesien am 1. November 1918 gültige Preußische Gesetzgebung gegründet unter Berücksichtigung der Änderungen, die sich aus dem Wechsel der Staatshoheit und den Bestimmungen der Gesetzgebung der Republik Polen ergeben.

Die Zuständigkeit des Schlesischen Sejms zur Herausgabe eines solchen Gesetzes ergibt sich aus Artikel 4, Punkt 7 des Verfassungsgesetzes vom 15. Juli 1920, enthaltend das organische Statut der Wojewodschaft Schlesien.

Dokument 31

Deutsch-polnische Minderheitenerklärung vom 5. November 1937[1]

Die deutsche Regierung und die polnische Regierung haben Anlaß genommen, die Lage der deutschen Minderheit in Polen und der polnischen Minderheit in Deutschland zum Gegenstand einer freundschaftlichen Aussprache zu machen. Sie sind übereinstimmend der Überzeugung, daß die Behandlung dieser Minderheiten für die weitere Entwicklung der freundnachbarlichen Beziehungen zwischen Deutschland und Polen von großer Bedeutung ist, und daß in jedem der beiden Länder das Wohlergehen der Minderheit um so sicherer gewährleistet werden kann, wenn die Gewißheit besteht, daß in dem anderen Land nach den gleichen Grundsätzen verfahren wird. Zu ihrer Genugtuung haben die beiden Regierungen deshalb feststellen können, daß jeder der beiden Staaten im Rahmen seiner Souveränität für die Behandlung der genannten Minderheiten nachstehende Grundsätze als maßgebend ansieht:

1 Deutsches Weißbuch Nr. 2. Dokumente zur Vorgeschichte des Krieges. Berlin 1940, Nr. 101, 126.

1. Die gegenseitige Achtung deutschen und polnischen Volkstums verbietet von selbst jeden Versuch, die Minderheit zwangsweise zu assimilieren, die Zugehörigkeit zur Minderheit in Frage zu stellen, oder das Bekenntnis der Zugehörigkeit zur Minderheit zu behindern. Insbesondere wird auf die jugendlichen Angehörigen der Minderheit keinerlei Druck ausgeübt werden, um sie ihrer Zugehörigkeit zur Minderheit zu entfremden.

2. Die Angehörigen der Minderheit haben das Recht auf freien Gebrauch ihrer Sprache in Wort und Schrift sowohl in ihren persönlichen und wirtschaftlichen Beziehungen wie in der Presse und in öffentlichen Versammlungen.

Den Angehörigen der Minderheit werden aus der Pflege ihrer Muttersprache und der Bräuche ihres Volkstums sowohl im öffentlichen wie im privaten Leben keine Nachteile erwachsen.

3. Das Recht der Angehörigen der Minderheit, sich zu Vereinigungen, auch zu solchen kultureller und wirtschaftlicher Art, zusammenzuschließen, wird gewährleistet.

4. Die Minderheit darf Schulen in ihrer Muttersprache erhalten und errichten.

Auf kirchlichem Gebiet wird den Angehörigen der Minderheit die Pflege ihres religiösen Lebens, ihrer Muttersprache und die kirchliche Organisierung gewährt. In den bestehenden Beziehungen auf dem Gebiet des Bekenntnisses und der karitativen Betätigung wird nicht eingegriffen werden.

5. Die Angehörigen der Minderheit dürfen wegen ihrer Zugehörigkeit zur Minderheit in der Wahl oder bei der Ausübung eines Berufes oder einer wirtschaftlichen Tätigkeit nicht behindert oder benachteiligt werden. Sie genießen auf wirtschaftlichem Gebiet die gleichen Rechte wie die Angehörigen des Staatsvolkes, insbesondere hinsichtlich des Besitzes oder Erwerbs von Grundstücken.

Die vorstehenden Grundsätze sollen in keiner Weise die Pflicht der Angehörigen der Minderheit zur uneingeschränkten Loyalität gegenüber dem Staat, dem sie angehören, berühren. Sie sind in dem Bestreben festgesetzt worden, der Minderheit gerechte Daseinsverhältnisse und ein harmonisches Zusammenleben mit dem Staatsvolk zu gewährleisten, was zur fortschreitenden Festigung des freundnachbarlichen Verhältnisses zwischen Deutschland und Polen beitragen wird.

Dokument 32

Gesetz vom 10. Juli 1939 betr. Änderung einiger Bestimmungen des Gesetzes vom 16. Juli 1937[1]

Artikel 1.

Im Gesetz vom 16. Juli 1937 (Dz. U. Śl. Nr. 14 Pos. 33) werden folgende Abänderungen durchgeführt:

1. Art. 18 Abs. 2 erhält den Wortlaut:

Der Vorläufige Kirchenrat besteht aus dem Vorsitzenden und 6 Mitgliedern. Dem Vorläufigen Kirchenrat gehören in derselben Eigenschaft die bisherigen am 1. Juli 1937 im Amte befindlichen Mitglieder an, d.h. der Vorsitzende und die Mitglieder des im Oberschlesischen Teil der Wojewodschaft Schlesien bestehenden „Landeskirchenrates der Unierten Evangelischen Kirche in Oberschlesien“. Die Besetzung der freien Stellen im Vorläufigen Kirchenrat und die Durchführung von Veränderungen auf diesen Stellen nimmt der Wojewode von Schlesien als Vertreter der Regierung vor. Einer der in den Vorläufigen Kirchenrat berufenen Personen überträgt der Wojewode von Schlesien die Funktion des Stellvertreters des Vorsitzenden dieses Rates.

---

1 Dz.U.Sl. 1939, Nr. 20, Pos. 45.

2. Art. 18 Abs. 6 erhält den Wortlaut:

Die oberste Aufgabe des Vorläufigen Kirchenrates ist die Organisierung und Konstituierung der in diesem Gesetz vorhandenen kirchlichen Behörden und Organe. Die Konstituierung dieser Behörden und Organe soll in der Zeit bis zu 5 Jahren erfolgen.

Artikel 2.

Dieses Gesetz tritt mit dem Tage seiner Verkündigung in Kraft.

Diesem Gesetz wurde folgende Begründung beigegeben:

Begründung

Die Novellisierung von Art. 18 Abs. 2 füllt eine vorhandene Lücke aus, die darin besteht, daß dieser Absatz in der bisherigen Fassung besagt, daß der Wojewode entsprechende Personen in die freien Stellen im Vorläufigen Kirchenrat beruft, dagegen nichts darüber sagt, wer im Falle der Notwendigkeit Veränderungen in den Stellen dieses Rates durchführen kann. Wenn auch im Sinne des allgemein angenommenen Grundsatzes Veränderungen auf Stellen dieselbe Behörde durchführt, die sie besetzt, so ist es zwecks Vermeidung eventueller Mißverständnisse und zweideutiger Auslegung geboten, im Gesetz ausdrücklich zu sagen, daß zur Kompetenz des Wojewoden von Schlesien als Vertreter der Regierung nicht nur die Berufung von Personen in freie Stellen in den Vorläufigen Kirchenrat gehört, sondern auch die Durchführung von Veränderungen in diesen Stellen.

Die Novellisierung von Art. 18 Abs. 6 verlängert den für die Organisierung der kirchlichen Behörden und Organe vorgesehenen Zeitraum von 2 auf 5 Jahre. Die Verlängerung dieses Zeitraumes ist unerläßlich, da der zweijährige Termin sich als unzureichend für die Organisierung der im Gesetz vorgesehenen Behörden, besonders der Synode und des oberschlesischen Kirchenrates erwiesen hat.

Dokument 33

Friedensvertrag zwischen Polen und Rußland und der Ukraine in Riga vom 18. März 1921[1]

Artikel VII. (Minderheitenschutzbestimmungen)

„1. Rußland und die Ukraine gewährleisten Personen polnischer Nationalität, die sich in Rußland, der Ukraine und in Weißrußland befinden, auf der Grundlage der Gleichberechtigung der Nationalitäten, alle Rechte, die die freie Entwicklung der Kultur und der Sprache sowie die Ausübung der religiösen Riten sichern. In gleicher Weise gewährleistet Polen Personen russischer, ukrainischer und weißrussischer Nationalität, die sich in Polen befinden, alle diese Rechte.

Personen polnischer Nationalität, die sich in Rußland, der Ukraine und in Weißrußland befinden, haben im Rahmen der inneren Gesetzgebung das Recht, ihre Muttersprache zu pflegen, ein eigenes Schulwesen zu organisieren und zu unterstützen, ihre eigene Kultur zu entfalten und zu diesem Zwecke Vereine und Verbände zu gründen. Die gleichen Rechte werden im Rahmen der inneren Gesetzgebung Personen russischer, ukrainischer und weißruthenischer Nationalität genießen, die sich in Polen befinden.

1 Dz.U.R.P. 1921, Nr. 49, Pos. 300.

2. Beide vertragschließende Seiten verpflichten sich gegenseitig, weder unmittelbar noch mittelbar in Angelegenheiten der Verfassung und des Lebens der Kirche sowie der Religionsverbände einzumischen, die sich auf dem Territorium der anderen Seite befinden.
3. Kirchen und Religionsverbände, denen Personen polnischer Nationalität in Rußland, der Ukraine und in Weißrußland angehören, haben das Recht, im Rahmen der inneren Gesetzgebung, ihr inneres kirchliches Leben selbständig zu gestalten.

   Die oben erwähnten Kirchen und Religionsverbände haben das Recht, in den Grenzen der inneren Gesetzgebung, bewegliches und unbewegliches Vermögen zu erwerben und zu nutzen, das zur Ausübung der religiösen Riten sowie zum Unterhalt der Geistlichkeit und der kirchlichen Institutionen notwendig ist.

   Auf den gleichen Grundlagen haben sie das Recht, Kirchen und Institutionen zu nutzen, die zur Ausübung der religiösen Riten notwendig sind.

   Die gleichen Rechte genießen Personen russischer, ukrainischer und weißruthenischer Nationalität in Polen."

QUELLEN- UND LITERATURVERZEICHNIS

A. Archivalische Quellen

I. Aus dem Evangelischen Zentralarchiv in Berlin:
   1. Archivalien des Evangelischen Oberkirchenrates in Berlin:
      Gen. IX 51, Bde. V–XI.
      Gen. IX 53, Adh. L I und II.
      Gen. IX 53, Adh. K IV.
      Gen. IX 65.
   2. Archivalien des Kirchlichen Außenamtes der DEK, Berlin:
      C VII Polen 1, Bde. I–VI.
      C VII Polen 2, Bde. III–VIII.
      C VII Polen 5, Bd. VI.

II. Aus dem Archiv des Auswärtigen Amtes, Bonn:
   Kult. A:
      VI A, Evangelische Angelegenheiten 1, Polen, Bde. 1–15.
   Akten betr. Religions- und Kirchenwesen:
      IV, Polen O/S, Bde. 1–3.
   Akten Politische Abteilung:
      Pol. V, Polen Bd. 16.
      Pol. IV Polen, Politik O/S, Bde. 1–5.

III. Akte Kleindienst 1919–1939 (Privatsammlung).

IV. Akte Wagner 1918–1939 (Privatsammlung).

B. Literaturverzeichnis

Abraham, Władysław: Konstytucja a stosunki wyznaniowe i kościelne [Staatsverfassung und die kirchlichen und konfessionellen Verhältnisse]. Krakau 1922.
Alldeutsche Blätter. Berlin. Jg. 1907.
Allgemeine Evangelisch-Lutherische Kirchenzeitung. Leipzig. Jge. 1894. 1895.
Allgemeine Pastorenkonferenz der Evangelisch-Augsburgischen Kirche im Konsistorialbezirk Warschau am 8. und 9. August 1916 in Lodz. In: NH. 1917. 114–119.
Althaus, Paul: Deutschtum und Lutherische Kirche in Polen. In: DP. 1915/19.
–: Lodzer Kriegsbüchlein. Deutsch-evangelische Betrachtungen. Göttingen 1916.
–: Um Glauben und Vaterland. Neues Lodzer Kriegsbüchlein. Göttingen 1917.
–: Die Zukunft unserer Lutherischen Kirche. In: DP. 1916/45.
–: Die Stellung der Kirche im Volksleben. Ein Wort zur Allgemeinen Pastorenkonferenz des Warschauer Konsistorialbezirks am 8. und 9. August 1916. In: DP. 1916/9.
–: Abschied von Polen. In: DE. 1919. 163–179.
–: Die Entdeckung des Deutschtums im ehem. Mittelpolen. In: DA. 1942. 195 ff.
–: Die deutsche Volkskirche in Polen. In: DP. 1919/12.
–: Die Deutschen in Polen. Offener Brief an Herrn Ing. L.K. Fiedler in Charlottenburg. In: DP. 1918/6.
Amburger, Erik: Geschichte des Protestantismus in Rußland. Stuttgart 1961.
Angerstein, Petrus Wilhelm: Eine Denkschrift zur Pastorensynode 1927. In: PEW. 1934/13–19, 41–45.

Arcybiskupstwo Ewangelickie Polskie [Polnisches evangelisches Erzbistum]. In: PEW. 1934/13–19.
Aurich, Peter: Der Deutsch-Polnische September 1939. München 1969.
Auslanddeutsche Volksforschung. Vierteljahresschrift. Stuttgart 1937ff.
Auslanddeutschtum und Evangelische Kirche. Jahrbuch. München 1932–1939.
Baltische Monatsschrift. Riga 1859–1931. Dann: Baltische Monatshefte. Riga 1932–1939.
Baran, Stepan: Metropołyt Andrej Šeptyckyj [Metropolit Andreas Scheptyckyj]. München 1947.
Bartel, Oskar: Reformacja w Polsce w latach 1518–1556 [Die Reformation in Polen in den Jahren 1518–1556]. In: RT. 1967/II. 3–28.
–: Protestantyzm w Polsce [Der Protestantismus in Polen]. Warschau 1963.
–: Martin Luther und Polen. In: Vierhundertfünfzig Jahre Lutherische Reformation 1517 bis 1967. Göttingen 1967.
–: Wkład Reformacji w kulturę polską [Der Beitrag der Reformation zur polnischen Kultur]. In: RT. 1967/I. 5–32.
Bartel, Oskar und *Janusz Narzyński:* Marcin Luter w Polsce [Martin Luther in Polen]. Warschau 1966.
Barth, Karl: Brief an Pastor Gustav Schedler–Lodz. Stellungnahme zum Staatsgesetz für die Ev.-Augsb. Kirche von 1936. In: AK.
Bericht über die Tätigkeit des Ev. Vereins der Gustav-Adolf-Stiftung im Jahre 1916 mit Ausblicken auf 1917. Leipzig 1917.
Beyer, Hans-Joachim: Die Verantwortung des Luthertums im Ostraum Europas. In: JK. 1935.
–: Kirche und Volkstum. Streiflichter aus Gegenwartsfragen des Auslandsdeutschtums. In: ZW. 1936/4.
–: Polen. In: ED. 1939/4, 5.
–: Ziele und Methoden der südöstlichen Volkstumspolitik Polens. In: Südost-Forschungen. VII. H. 3–4. München 1942.
Bibliographie der Veröffentlichungen Adolf Eichlers. In: DA. 303–314.
Die Beziehungen der evangelischen Kirchen und ihrer Angehörigen in Polen zueinander (= Urkunden und Aktenstücke Nr. 3).
Bickerich, Wilhelm: Evangelisches Leben unter dem Weißen Adler. Posen 1925.
Bierschenk, Theodor: Die Deutsche Volksgruppe in Polen 1934–1939. Kitzingen 1954.
–: Wieviel Deutsche gibt es in der Evangelisch-Augsburgischen Kirche Polens? In: PEK. 1937/38.
–: Die nationalen Zahlenverhältnisse in der Evangelisch-Augsburgischen Kirche Polens. In: DMP. 1938/39. 4–16.
–: Die Deutsche Volksgruppe im Versailler Polen 1919–1939. In: KW. 1965. 17ff.
–: Die polnischen Richtlinien zur Behandlung der Deutschen Volksgruppe vom 9. Juli 1936. In: KW. 1973/IV. 1–5.
–: Alfred Kleindienst. Sein Leben für Kirche und Volk. In: JWW. 1980. 90–96.
Birke, Ernst: Die Friedensregelungen von 1919. In: HDN. 600–616.
Black, Johann: Militärseelsorge in Polen. Analysen und Dokumentation. Stuttgart 1981.
Bonwetsch, N.: Kirchengeschichte Rußlands. Leipzig 1923.
–: Rußland. In: RE. 17. 254.
Brackelmann, Günter (Hrsg.): Der Protestantismus in Polen und die Ereignisse im September 1939. In: Kirche im Krieg. Der deutsche Protestantismus am Beginn des II. Weltkrieges. München 1979. 171–214.
Bredt: Der neue Verfassungsentwurf für die Evangelische Kirche in Polen. In: ED. 2 (1920/21). 193–197.
Breyer, Albert: Das Schrifttum über das Deutschtum im ehem. Kongreßpolen. Kirchenwesen. In: DWZP. 1930. 155–165.
–: Einiges zur Geschichte der Evangelisch-Augsburgischen Kirche in Mittelpolen. In: VFK. 1938.

—: Deutsche Tuchmacher-Einwanderung in den ostmitteleuropäischen Raum 1550–1830. Leipzig 1941.
—: Deutsche Gaue in Mittelpolen. Plauen 1935.
—: Altes und Neues aus der Geschichte der Deutschen in Polen. In: OM. 1922. H. 8. 351–356.
Breyer, Richard: Das Deutsche Reich und Polen 1932–1939. Würzburg 1955.
—: Die Deutsche Volksgruppe in Polen im Spannungsfeld deutsch-polnischer Beziehungen 1919–1939. In: KW. 1953/12.
—: Albert Breyer zu Hause. In: DA. 299ff.
—: Das Vorspiel vom Frühjahr 1939. In: KW. Jg. 16 (1969). Nr. 96. 21–28.
—: Lemberg zum vierten Mal: im September 1939. In: KW. Jg. 17 (1969). Nr. 98. 40–45.
Breyer, Richard – Wolfgang Kohte – Gotthold Rhode: Zur Problematik einer Darstellung des Schicksals der Deutschen in Polen im September 1939. In: KW. Jg. 17 (1969). Nr. 97. 2–14.
Breyer, Richard und *Paweł Korzec:* Polnische Nationalitätenpolitik und deutsche Volksgruppe in Lageberichten des polnischen Innenministeriums aus den Jahren 1935 und 1937. In: ZfO. 1980. 260–366.
Brunau, Max: Von jenseits der Ostgrenze. In: CW. 1916. Sp. 311, 368, 383.
Budrewicz, O.: Rodzina Bursche [Die Familie Bursche]. In: Stolica. 1963. 3ff.
Bursche, Aniela: Kś. Biskup Juliusz Bursche [Bischof Julius Bursche]. In: W cieniu śmierci [Im Schatten des Todes]. Warschau 1970. 31–56.
Bursche, Edmund: Offener Brief an Seine Hochwürden Herrn Generalsuperintendent der Kurmark D. Otto Dibelius in Berlin. In: CW. 1922. Sp. 1131ff.
—: Program Polskiego uniwersalizmu chrześcijańskiego [Programm des polnischen christlichen Universalismus]. Warschau 1927.
—: Wstęp informacyjny o istniejących w Rzeczypospolitej Polskiej Kościołach Ewangelickich [Informative Einleitung über die in der Republik Polen bestehenden evangelischen Kirchen]. In: RE. 17–43.
—: Oddziaływanie luteranizmu na ewangelicyzm w Polsce [Einwirkungen des Luthertums auf den Evangelizismus in Polen]. In: Przegląd Historyczny [Historische Rundschau]. Jg. 29. Warschau 1934. 24–65.
Bursche, Julius: Die Evangelisch-Augsburgische Kirche in Polen. In: Ekklesia V/21. Leipzig 1938. 43–77.
—: Memorjał Superintendenta Generalnego Warszawskiego Ewang.-Augsb. Okręgu Konsystorskiego, Paryż 14. lutego 1919 r [Memorial des Generalsuperintendenten des Warschauer Ev.-Augsb. Konsistorialbezirks, Paris 14. Februar 1919]. In: Anhang. Dok. 13.
—: Wie gestalten wir die wechselseitigen Beziehungen unserer Kirchen zueinander? Korreferat zu dem Referat D. Th. Zöcklers auf der Sitzung des Landesverbandes Polen des Weltbundes für Freundschaftsarbeit der Kirchen in Stanislau vom 28.–29. Oktober 1924. In: AW.
—: Antwort des Generalsuperintendenten D. Bursche in Warschau auf den offenen Brief des D. Freiherrn v. Pechmann vom 22.4.1932. In: ALKZ. 1932. 447–449.
Bursche, Julius und *Jakob Glass:* Bracia Mazurzy [Masurische Brüder]. Wahlaufruf des Warschauer Konsistoriums vom April 1919 zur Volksabstimmung in Masuren. In: Anhang. Dok. 14.
—: Wahlaufruf vom April 1919 an die „Evangelischen Brüder in Schlesien". In: Anhang, Dok. 19.
Busch, E.H.: Beiträge zur Geschichte und Statistik des Kirchen- und Schulwesens der Evangelisch-Augsburgischen Gemeinden im Königreich Polen. St. Petersburg, Leipzig 1867.
Büsching, Anton Friedrich: Neueste Geschichte der Evangelischen beider Konfessionen im Königreich Polen und Großherzogtum Litauen von 1768 bis 1783. Halle 1784.

Bussenius, Ch.: Die preußische Verwaltung in Süd- und Neuostpreußen 1793–1806. Heidelberg 1960.
Buzek, Andrzej: Statystyka kościołów ewangelickich w Polsce uwzględnieniem narodowości [Statistik der evangelischen Kirchen in Polen unter Berücksichtigung der Nationalität]. In: GE. 1939/34.
–: Nationaler Zwist innerhalb der Evangelisch-Augsburgischen Kirche zwischen dem Ersten und Zweiten Weltkriege. In: PÖR. 1965.
Buzek, Józef: Les Protestants Polonais et la question des frontieres de la Pologne. Paris 1919.
–: Ewangelicy w Polsce w świetle statystyki urzędowej [Die Evangelischen in Polen im Lichte der amtlichen Statistik]. In: GE. 1924/32.
–: Das Königreich Polen vor dem Kriege (1815–1914). Wien, Leipzig 1917.
Christliche Welt. Theologische Zeitschrift. Leipzig, Marburg. Jg. 1922. Sp. 1131, 1174ff. (zit.: CW).
Conze, Werner: Nationalstaat oder Mitteleuropa. Die Deutschen des Reiches und die Nationalitätenfragen Ostmitteleuropas im Ersten Weltkrieg. In: Festschrift für H. Rothfels. Düsseldorf 1951. 201–230.
–: Polnische Nation und Deutsche Politik. Köln, Graz 1958.
Cybichowski, Zygmunt: Polskie Prawo Polityczne [Polnisches politisches Recht]. 3 Bde. Warschau 1919–1925.
–: Polskie Prawo Panstwowe [Polnisches Staatsrecht]. 3 Bde. Warschau 1925–1929.
Cygański, Mirosław: Mniejszość niemiecka w Polsce Centralnej w latach 1919–1939 [Die deutsche Minderheit in Mittelpolen in den Jahren 1919–1939]. Lodz 1962.
Czech, Joseph: Die Bevölkerung Polens. Zahl und völkische Zusammensetzung. Breslau 1932.
Czembor, Henryk: Organizacja Polaków Ewangelików w Łodzi [Die Organisation der evangelischen Polen in Lodz]. In: KE. 1972. 235–240.
Dalton, Hermann: Verfassungsgeschichte der Evangelisch-Lutherischen Kirche in Rußland. Gotha 1887.
Dambrovskyj, Olexander: Narys istorji Ukrainskoho Jevanhelsko-Reformowanoho Ruchu [Abriß der Geschichte der Ukrainischen Evangelisch-Reformierten Bewegung]. New York, Toronto 1979.
Deißmann, Adolf: Verhandlungen über ein evangelisches Kirchengesetz in Polen. In: EWB. 1921/47–55.
Dekret des Präsidenten der Republik Polen vom 25. November 1936 betreffend das Verhältnis des Staates zur Evangelisch-Augsburgischen Kirche in der Republik Polen. In: Dz.U.R.P. 1936. Nr. 88. Pos. 613; Deutsch in: Dz.U.K.EA. Jg. 1. Nr. 1.
Denkschrift betreffend Akte des Polnischen Staates gegen die Unierte Evangelische Kirche in Polen. Posen 1920.
Deutsche Blätter in Polen. Monatsschrift. Posen 1924–1931 (zit.: DBP).
Deutsch-Evangelisch. Monatsblatt. Leipzig. Jg. 1912. 526–536 (zit.: DE).
Deutsche Lodzer Zeitung. Lodz Februar 1915–November 1918 (zit.: DLZ).
Deutsche Monatshefte in Polen. Kattowitz 1934–1942/43 (zit.: DMP).
Deutsche Nachrichten. Bromberg 1919–1922 (zit.: DN).
Deutsche Ostkunde. XIV. Marburg 1968/2 (zit.: DOK).
Deutsche Post. Wochenblatt. Organ des Deutschen Vereins für Lodz und Umgebung und der Deutschen Selbsthilfe. Lodz 1. Juli 1915–15. November 1918 (zit.: DP).
Deutsche Post aus dem Osten. Monatsblatt. Hrsg. von *Adolf Eichler* und *Carlo von Kügelgen.* Berlin 1926ff. (zit.: DPO).
Deutsche Rundschau. Tageszeitung. Bromberg 1922–1939 (zit.: DR).
Deutsche Warschauer Zeitung vom 20. und 21. Oktober 1917.
Deutsche Wissenschaftliche Zeitschrift für Polen. Posen 1923–1939 (zit.: DWZP).

Deutsches Erwachen in Polen nördlich der Weichsel. In: DPO. 1916/34.
Deutsches Pfarrerblatt. Essen 1900–1939 (zit.: DPfB).
Deutsches Schicksal in Polen. Hannover 1953 (zit.: Schicksal).
Der Deutsche Verein im Jahre 1917. In: NH. 1918. 113–116.
Der Deutsche Weg. Lodz 1935–1939 (zit.: DW).
Die evangelischen Deutschen in Russisch-Polen, ihr drohender Untergang und die Möglichkeit ihrer Rettung. Lissa 1906.
Die Deutschen und ihre östlichen Nachbarn. Ein Handbuch. Frankfurt, Berlin, Bonn, München 1967 (zit.: HDN).
Das Östliche Deutschland. Ein Handbuch. Würzburg 1959 (zit.: HÖD).
Deutschtum im Aufbruch. Hrsg. von *Adolf Kargel* und *Eduard Kneifel*. Leipzig 1942 (zit.: DA).
Das Deutschtum in Polnisch-Schlesien. Ein Handbuch. Hrsg. von *Viktor Kauder*. Plauen 1932 (zit.: DPS).
Die evangelische Diaspora. Monatshefte des Gustav-Adolf-Vereins. Leipzig 1919ff.
Dibelius, Otto: Antwort an Prof. E. Bursche in Warschau. In: CW. 1922. Sp. 1177ff.
–: Das Jahrhundert der Kirche. Berlin 1926.
Dietrich, Erich: Der Kampf um die wahre Kirche. Posen 1938/2.
–: Aus der Arbeit für die Arbeit. Lodz 1938.
–: Kirchliche Jugendarbeit. In: Schicksal. 124–145.
– und *Otto Heike:* Verpflichtendes Erbe. In memoriam Konsistorialrat Julius Dietrich. Troisdorf 1963.
Dietrich, Julius: 50 Jahre Göttliche Barmherzigkeit. FS. Lodz 1934.
Dmowski, Roman: Kościół, Naród i Państwo [Kirche, Volk und Staat]. Warschau 1927.
Doberstein, Adolf: Der Missionsgedanke und Generalsuperintendent Bursche. In: WZ. 1927/4.
–: Die Polnisch-Evangelischen in Lodz. In: WZ. 1927/13.
–: Was uns eint und was uns trennt. In: WZ. 1927/6.
–: Zahlenverhältnis zwischen den deutschen und polnischen Gemeindemitgliedern in der Evangelisch-Augsburgischen Kirche Polens. In: FP. 1938/11.
Dziennik Urzędowy Kościoła Ewangelicko-Augsburskiego w Rzeczypospolitej Polskiej [Amtsblatt der Ev.-Augsb. Kirche in der Republik Polen]. Warschau 1937–1939 (zit.: Dz.U.K.EA.).
Dziennik Ustaw Rzeczypospolitej Polskiej [Gesetzblatt der Republik Polen]. Warschau 1919–1939 (zit.: Dz.U.R.P.).
Dziennik Ustaw Śląskich [Schlesisches Gesetzblatt]. Kattowitz 1921–1939 (zit.: Dz.U.Śl.).
Eberhardt, Herrmann: Gutachten zur Klage des Synodalen Fr. Kupsch gegen den Kultusminister. In: Dz.U.K.EA. 1937/3.
Eichler, Adolf: Das Deutschtum in Kongreßpolen. Stuttgart 1921.
–: Das Deutschtum im Schatten des Ostens. Ein Lebensbericht. Dresden 1942.
–: Die Warschauer Gemeinde. In: ED. 1927. 116–125.
–: Die nationale Selbstbehauptung der Lodzer Deutschen. In: DBP. 1924. 193ff.
–: Deutsche und Deutschstämmige. In: DBP. 1925. 149.
–: Werdet nicht der Menschen Knechte. Gesammelte Aufsätze über kirchliche Fragen in Kongreßpolen. Berlin 1921.
–: Deutsche Volkskirche oder polnische Missionskirche? Gemeinden und Pastoren in Kongreßpolen. In: DPO. 1929/10.
–: Generalsuperintendent Bursche auf dem Lutherischen Weltkonvent in Kopenhagen. In: DPO. 1929/8.
–: Der Totengräber des deutschen Protestantismus in Kongreßpolen. Zur bevorstehenden kirchlichen Neuordnung in Polen. In: DPO. 1929/10.
–: Die Evangelischen in Kongreßpolen am Scheidewege. Polnische Landeskirche oder deutsche Freikirche? In: ED. 1920/21. 197–203.

–: Ein Volkserzieher – Will. In: DA. 33–40.
–: Die Lodzer deutschen Aktivisten und ihre Gegner. Erinnerungen und Dokumente aus der Weltkriegszeit. In: DWZP. 1941/3, 4.
–: Aus der neueren Geschichte der Warschauer Gemeinde. In: DP. 1916/8.
–: Evangelische Kirche und deutsches Volkstum in Polen. In: DP. 1915/32.
–: Deutsche Diasporakirche – nicht polnische Missionskirche. In: DP. 1917/9.
–: Der Kampf um das Antlitz der evangelischen Kirche in Kongreßpolen. In: DPO. 1927. 241–242.
–: Deutsche Schicksalswende in Polen. Erinnerungen aus der Zeit des Zusammenbruchs. In: DPO. 1926/3.
– und *Julius Bursche*: Diasporakirche oder Missionskirche? Ein Briefwechsel. In: DP. 1918/33.
Ekklesia. Eine Sammlung von Selbstdarstellungen der christlichen Kirchen. Eine Kirchenkunde der Gegenwart. Hrsg. von *Friedrich Siegmund-Schultze*. Bd. V: Die Osteuropäischen Länder. 21. Lieferung: Die evangelischen Kirchen in Polen. Leipzig 1938 (zit.: Ekklesia).
Elert, Werner: Gutachten zum Gesetz über das Verhältnis des Staates zur Evangelisch-Augsburgischen Kirche in Polen. In: AKA.
Encyklopedja Ilustrowana Trzaski, Ewerta i Michalskiego [Illustrierte Enzyklopädie von Trzaska, Ewert und Michalski]. Warschau 1928ff.
Encyklopedija Ukrainoznavstva [Ukrainische Enzyklopädie]. Hrsg. von *Volodymyr Kubijovyč* und *Zenon Kuzelja*. Bd. I. Teil II. München, New York 1949.
Enders, Jakob: Die deutschen Siedlungen in Galizien. Wien 1980.
Erwiderung des Deutschen Evangelischen Kirchenausschusses auf den Brief des Generalsuperintendenten Bursche. In: ED. 1920. 83–95.
Evangelisches Gemeindeblatt für Augsburg und Umgebung. Jg. 1967 (zit.: EGA).
Evangelisches Gemeindeblatt für Galizien. Amtliches Organ der Evangelischen Kirche A. und H.B. in Galizien (Kleinpolen). Stanislau. Jge. 1920–1939 (zit.: EGG).
Die Evangelische Kirche der Neuzeit. Wiesbaden 1930.
Evangelisches Kirchenblatt. Monatsschrift für evangelisches Leben in Polen. Dann: Posener Evangelisches Kirchenblatt. Posen 1922–1939 (zit.: EKP).
Evangelisches Kirchenlexikon. Göttingen 1956–1961 (zit.: EKL).
Evangelisches Wochenblatt. Hrsg. von *Z. Michelis* und *Oskar Friese*. Lodz 1920–1922 (zit.: EWL).
Evangelische Wochenbriefe. Universität Berlin. 1921. 203f. (zit.: EWB).
Evert, Ludwig Josef: Non possumus. In: ZE. 1933/10.
–: Jeszcze w sprawie projektu nowej ustawy kościelnej [Nochmals in Sachen des neuen Kirchengesetzes]. In: ZE. 1934/2.
–: Droga wyjścia [Der Ausweg]. In: ZE. 1936/45.
–: Uwagi autora pierwszej Drogi wyjścia [Bemerkungen des Verfassers des Ersten Auswegs]. In: ZE. 1936/11.
Ewangelicy w Polsce mają głos [Die Evangelischen in Polen haben eine Stimme]. In: GE. 1939/36.
Ewangelicy-Polacy w świetle dokumentów urzędowych [Die evangelischen Polen im Lichte amtlicher Dokumente]. Lodz 1919.
Ewangelik. Organ Ewangelików Polskich [Der Evangelische. Organ der evangelischen Polen]. Warschau 1919–1921 (zit.: EW).
Ewangelik Gornośląski [Der evangelische Oberschlesier]. Organ des VEP in Polnisch-Oberschlesien. Kattowitz 1932–1939 (zit.: EGG).
Federacja Ewangelików Polskich [Föderation der evangelischen Polen]. In: NEKZ. 1939/2.
Feldmann, Wilhelm: Geschichte der politischen Ideen in Polen seit dessen Teilungen 1795–1914. München, Berlin 1917.

Fiedler, L.K.: Die Deutschen in Polen. Anläßlich der evangelisch-augsburgischen Synode in Lodz am 18. Oktober 1917. Berlin 1917.
Fischer, Georg Wilhelm: Versuch einer Kirchengeschichte der Reformation in Polen. Grätz 1855.
Flierl, Friedrich: Der Deutsche Verein für Lodz und Umgebung. In: NH. 1917. 136–140.
Freie Presse. Tageszeitung. Lodz 1922–1939. Zuvor Lodzer Freie Presse. 1918–1922 (zit.: FP).
Der Friedensbote. Ev.-luth. Wochenschrift in Polen. Hrsg. von *Julius Dietrich.* Lodz 1920 –1939 (zit.: FB).
Friese, Christian Gottlieb von: Kirchengeschichte des Königreichs Polen. Breslau 1786.
Gastpary, Woldemar: Synod Łódzki w roku 1917 [Die Lodzer Synode 1917]. In: RT. 1967/II. 29–62.
–: Kościół Ewangelicko-Augsburski podczas pierwszej wojny światowej [Die Evangelisch-Augsburgische Kirche während des Ersten Weltkrieges]. In: KJ. Warschau 1959. 19–38.
–: Położenie prawne protestantyzmu polskiego [Rechtslage des polnischen Protestantismus]. Teil I–III. In: RT. 1962. 53–81; 1963. 37–88; 1964. 147–190.
–: Biskup Bursche a sprawa polska [Bischof Bursche und die Sache Polens]. Warschau 1972.
–: Z dziejów Kościoła Ewangelicko-Augsburskiego w latach 1918–1939 [Aus der Geschichte der Evangelisch-Augsburgischen Kirche in Polen in den Jahren 1918–1939]. In: KT. 68–93.
–: Das Verhältnis Staat–Kirche im Zeitalter der Reformation wie auch in der Gegenwart. In: LM. 1965/9.
–: O losach Kościoła Ewangelicko-Augsburskiego w Polsce w okresie dwóch wojen światowych i o ostatnich latach biskupa Burschego uwag kilka [Vom Schicksal der Evangelisch-Augsburgischen Kirche in Polen während der zwei Weltkriege und von den letzten Lebensjahren Bischof Bursches. Einige Bemerkungen]. In: RT. 1973/II.
–: Stosunek państwa do kościołów i związków religijnych w Rzeczypospolitej Polskiej i w Polskiej Rzeczypospolitej Ludowej [Das Verhältnis des Staates zu den Kirchen und religiösen Verbänden in der Republik Polen und in der Volksrepublik Polen]. In: RT. 1969. H. 1.
–: Historja Protestantyzmu w Polsce od połowy XVIII. w. do I. wojny światowej [Geschichte des Protestantismus in Polen von der Hälfte des 18. Jhs. bis zum I. Weltkrieg]. Warschau 1977.
–: Protestantyzm w Polsce w dobie dwóch wojen światowych. Część I. 1914–1939 [Der Protestantismus in Polen im Zeitalter zweier Weltkriege. Teil I. 1914–1939]. Warschau 1978.
Gayl, Wilhelm: Ostpreußen unter fremden Flaggen. Ein Erinnerungsbuch an die ostpreußische Volksabstimmung am 11. Juli 1920. Königsberg 1940.
Gazeta Polska [Polnische Zeitung] vom 15. März und 7. Dezember 1937.
Geilke, G.: Zur Verfassungsgeschichte der Evangelisch-Augsburgischen Kirche in Polen. In: ZEKR. 1953/54. Bd. 3. 360–374.
Geißler, Bruno: Der deutsche Protestantismus außerhalb der Reichsgrenzen. In: PG. 15–52.
–: Die angebliche Irridenta des polnischen Protestantismus. In: ED. 1919/20. 65–70.
–: Hammer und Amboß. Bilder von der Not der Deutschen und des Protestantismus unter polnischer Zwingherrschaft. Leipzig 1920.
–: Zu unserem Abschied von Polen. In: ED. 1919/20. 11–17.
–: Religion und Muttersprache. In: ED. 1929. 3–14.
–: Mit dem deutschen Heer zu den evangelischen Gemeinden in Polen. In: DPfB. 1939. 749f.
–: Von der evangelischen Diaspora in der ehem. Tschechoslowakei. In: ED. 1939. 156–173.

– und *Günter Stökl:* In oriente crux. Versuch einer Geschichte der reformatorischen Kirchen im Raume zwischen der Ostsee und dem Schwarzen Meer. Stuttgart 1963.
Gennrich, Wilhelm: Die Konferenz in Uppsala 1921. In: GuW. 42–57.
Gerson, Louis: Woodrow Wilson und die Wiedergeburt Polens 1914–1920. Würzburg 1956.
Gerstenmaier, Eugen (Hrsg.): Kirche, Volk und Staat. Stimmen aus der Deutschen Evangelischen Kirche zur Oxforder Weltkirchenkonferenz. Berlin 1937.
Gesetz für die Evangelisch-Augsburgische Kirche im Königreich Polen vom 8.(20.) Februar 1849. In: Anhang. Dok. 7.
Gesetz für die Evangelisch-Lutherische Kirche in Rußland vom 28. Dezember 1832. In: Kirchenordnungen der evangelisch-lutherischen Kirchen in Rußland. 38–170.
Gestalten und Wege der Kirche im Osten. Festgabe für Arthur Rhode zum 90. Geburtstag am 13. Dezember 1958. Ulm 1958 (zit.: GuW).
Giewartowski, Teofil: Kościoły ewangelickie w Polsce z uwagi na ich właściwości ustrojowe i narodowościowe [Die evangelischen Kirchen in Polen hinsichtlich ihrer verfassungsmäßigen und nationalen Besonderheiten]. Posen 1933.
Glass, Jakub: Stan prawny kościołów ewangelickich w b. Królestwie Polskiem i na kresach wschodnich [Die Rechtslage der evangelischen Kirchen im ehem. Königreich Polen und in den Ostgebieten]. In: RE. 259–282.
–: Ewangelicy-Polacy w świetle dokumentów urzędowych [Die evangelischen Polen im Lichte amtlicher Dokumente]. Lodz 1919.
–: Przyszły Synod Konstytucyjny Kościoła Ewangelicko-Augsburskiego w Polsce [Die kommende Konstituierende Synode der Evangelisch-Augsburgischen Kirche in Polen]. In: Świat. Wochenschrift. Warschau 1922/24.
Gloeh, Felix: My i Wy [Wir und Ihr]. In: GE. 1927/12.
–: Cósmy stracili [Was wir verloren haben]. In: SE. 1952/6.
Głos Ewangelicki. Pismo tygodniowe poświęcone sprawom Kościoła Ewangelicko-Augsburskiego w Polsce [Evangelische Stimme. Wochenschrift für Anliegen der Evangelisch-Augsburgischen Kirche in Polen]. Warschau 1920–1939 (zit.: GE).
Grams, Karl: Ludwig Wolff d.Ä. In: DA. 251–264.
Grelewski, Stanisław: Wyznania protestanckie i sekty religijne w Polsce współczesnej [Evangelische Bekenntnisse und religiöse Sekten im gegenwärtigen Polen]. Lublin 1937.
Groß, Alexander: Ist eine nationale Kirchentrennung in der Evangelisch-Lutherischen Kirche Polens erwünscht und möglich? In: NEKZ. 1938/4. 53–56.
Grüning, Irene: Die Autokephale Östlich-Orthodoxe Kirche in Polen in den Jahren 1922 bis 1939. In: Jahrbuch des Osteuropa-Instituts zu Breslau. 1940.
–: Die Orthodoxe Kirche des Ostens im Jahre 1938. In: Kyrios. 1940. H. 3/4.
Gryniakow, Jerzy: Ekumeniczne dążenia protestantyzmu polskiego od Traktatu Warszawskiego 1767/68 do II. wojny światowej [Ökumenische Bestrebungen des polnischen Protestantismus vom Warschauer Traktat 1767/68 bis zum II. Weltkrieg]. Warschau 1972.
–: Ustalenie stanu prawnego dla Kościoła Ewangelicko-Augsburskiego [Die Regelung der Rechtslage für die Evangelisch-Augsburgische Kirche]. In: RT. 1976. H. 1.
Haller, Johann: Die Agende für die Evangelisch-Lutherische Kirche in Polen. In: MNR. 1888. 106–111; 1889. 127–132.
Handelsmann, Marceli: Konstytucje Polskie 1791–1921 [Polnische Verfassungen 1791–1921]. Warschau 1922.
Hanisch, E.: Geschichte Polens. Bonn, Leipzig 1923.
Hasbach, Erwin: Reden zur Senatsdebatte 1939. Bromberg 1939.
Hausfreund, Volkskalender. Warschau 1900–1908.
Heckel, Theodor: Kirche jenseits der Grenzen. Göttingen 1924.
Heike, Otto: Das Deutschtum in Polen 1918–1939. Bonn 1955.
–: Das Verhältnis zwischen Polen und Deutschen in Kongreßpolen vor 1914. In: ZfO. 1964. 92–106.

Heimat Galizien. Ein Gedenkbuch. Hrsg. von *Julius Krämer*. Stuttgart 1965 (zit.: HGG I.).
Heimatbuch der Galiziendeutschen. Teil II. Hrsg. von *Julius Krämer*. Stuttgart 1977 (zit.: HGG II.).
Der Heimatbote. Mitteilungsblatt für die Glieder der Evangelisch-Augsburgischen Kirche. Hrsg. von *Gerhard Richter*. Kiel 1948ff. (zit.: HBo).
Heimatbuch der Deutschen aus Rußland. Hrsg. von der Landsmannschaft der Deutschen aus Rußland. Stuttgart 1958ff. (zit.: HDR).
Hellstern, Heinrich: Der polnische Protestantismus. In: JK. 1960. 27–32.
Hennig, Martin: Die evangelisch-lutherische Kirche in Polnisch-Wolhynien. Leipzig 1933.
Hensel, Paul: Die evangelischen Masuren in ihrer kirchlichen und nationalen Eigenart. Königsberg/Pr. 1920.
–: Die evangelischen Masuren. Königsberg Pr. 1908.
Heyer, Friedrich: Die Orthodoxe Kirche in der Ukraine. Köln 1953.
Hildt, Richard: Die Bilanz des Rates der evangelischen Kirchen in Polen. In: PEK. 1937/38. 274–283.
Hillner, G.: Aus der Kirche evangelisch-augsburgischen Bekenntnisses in Polen. In: MNR. 1909. 279.
Hoefig, Alexander: Die Rechtslage der evangelisch-augsburgischen Kirche Mittelpolens im Wandel der Zeiten. In: NLZ vom 7., 14. und 21. Februar 1937.
Holtz, Edmund: Bischof Woldemar von Everth. In: MNR. 1895.
–: Der Krieg und die Evangelisch-Augsburgische Kirche in Polen. Lodz 1916.
Hoogenhuyze, A.G.H.: Kirche, Volk und Staat in Polen. Ein Bericht über die Lage der Evangelisch-Augsburgischen Kirche in Polen. Amsterdam 1937.
Hrynioch, Iwan: Słuha Božyj Andrej – Blahowistnyk Jednosty [Diener Gottes Andrej – Apostel der Einheit]. München 1961.
Illustriertes Evangelisches Familienblatt. Rothenburg O.T. 1919/12.
Ilustrowany Kurjer Codzienny. Tageszeitung. Krakau 1938/147.
...*ius:* Zum Problem evangelisch-kirchlicher Einigung in Polen. In: ZW. 1927/1.
Iwanicki, Mieczysław: Polityka oświatowa w szkolnictwie niemieckim w Polsce w latach 1918–1939 [Die Bildungspolitik im deutschen Schulwesen in Polen in den Jahren 1918–1939]. Warschau 1978.
Jahrbuch für Polen 1929/30. Warschau o.J.
Jahrbuch des Deutschen Vereins für Lodz und Umgebung. Lodz 1917 (zit.: JDVL).
Jahrbuch Weichsel-Warthe. Hannover 1955–1979 (zit.: JWW).
Jahrbücher für die Geschichte Osteuropas. München 1957, 1962 (zit.: JGO).
Kirchliches Jahrbuch der Evangelischen Kirche in Deutschland. Gütersloh 1918, 1948 (zit.: KJ).
Jenike, Ludwig: Kronika zboru ewangelicko-augsburskiego w Warszawie 1782–1890 [Chronik der evangelisch-augsburgischen Gemeinde in Warschau 1782–1890]. Warschau 1891.
Jeute, Gustav: Kościół Ewangelicko-Augsburski [Die Evangelisch-Augsburgische Kirche]. In: RE. 99–107.
Jobst, Albrecht: Evangelische Kirche und Volkstum. Stuttgart 1938.
Jörgensen, Kai Eduard Jordt: Ökumenische Bestrebungen unter den Polnischen Protestanten bis zum Jahre 1654. Kopenhagen 1942.
Junge Kirche. Halbmonatsschrift. Göttingen 1933ff. (zit.: JK).
Kage, Martin (Karl Grams): Die Deutschen als Träger des Protestantismus in Polen. In: VFK. 1928. 42–47.
–: Deutsches Schulwesen in Mittelpolen. In: Schicksal. 148–178.
Kaindl, Raimund Friedrich: Geschichte der Deutschen in den Karpathenländern. Bde. 1 und 3. Gotha 1907 und 1911.
Kalendarz Ewangelicki [Evangelischer Kalender]. Warschau 1953–1981.

Górnośląski Kalendarz Ewangelicki na rok 1938 [Oberschlesischer Evangelischer Kalender für das Jahr 1938]. Kattowitz 1938 (zit.: GKE).
Kammel, Richard: Er hilft uns frei aus aller Not. Posen 1940.
–: Brennende Wunden. Tatsachenberichte über die Notlage der evangelischen Deutschen in Polen. Berlin 1931 (Pseudonym Gottfried Martin).
–: Die Muttersprache in der kirchlichen Verkündigung. Die kirchliche Versorgung der polnischsprechenden evangelischen Gemeinden in Preußen in den letzten hundert Jahren. Witten 1959.
–: Staat und Kirche in Polen. In: PEK. 1934/1.
–: Evangelische Verfassungsfragen. In: PEK. 1936/37. 232–264.
–: Deutsches Volkstum und evangelischer Glaube in Polen. In: JK. 1939/18.
–: Staatsgrenzen sind keine Volksgrenzen. In: VF. 1934/5.
–: Der Schutz der religiösen Minderheiten in Polen. In: PEK. 1934/35. 13–15.
–: Folgen der Staatskirche. In: PEK. 1937/38. 29ff.
–: Das Warschauer Kirchengesetz. In: FP. 1933/332.
–: Beginnender Kulturkampf. In: PEK. 1933/2.
–: Gleichberechtigung, nicht Toleranz. Aus alten Dokumenten. In: PEK. 1937/38. 383ff.
Karasek-Lück: Die deutschen Siedlungen im Cholmer und Lubliner Lande. Plauen 1931.
Kargel, Adolf: Die deutsche Presse in Mittelpolen. In: Schicksal. 197–205.
–: Julian Will. In: DA. 288ff.
–: Albert Breyer. In: DA. 294ff.
–: Deutscher Einfluß auf die polnische Kultur und Wirtschaft. In: Schicksal. 186–196.
– und *Eduard Kneifel:* Deutschtum im Aufbruch. Vom Volkstumskampf der Deutschen im östlichen Wartheland. Leipzig 1942 (zit.: DA).
Keller, Adolf: Kirche und Staat in Polen. In: Neue Zürcher Zeitung vom 29. November 1936.
Kersten, Rudolf: Aus Fünfzig Jahren. In: HBo. 1965/10.
Kesselring, Rudolf: Die evangelischen Siedlungen Galiziens im josefinischen und franziszeischen Zeitalter. Lemberg 1912.
–: Die evangelische Kirchengemeinde Lemberg von ihren Anfängen bis zur Gegenwart. Lemberg 1929.
Die Kirche und die nationale Frage. In: NPKZ. 1918/311.
Kirche im Osten. Studien zur osteuropäischen Kirchengeschichte und Kirchenkunde. Bde. 1–20. Göttingen 1958–1977 (zit.: KiO).
Kirchendienst Ost. Kirchliche Nachrichten. Berlin 1945ff. (zit.: KON).
Die Kirchenkonferenz in Uppsala. Sonderdruck der LFP. 1921.
Kirchenordnungen der Evangelisch-Lutherischen Kirche in Rußland. Hrsg. von *Robert Stupperich.* Ulm 1959.
(Kirchenverfassung:) Das Innere Grundgesetz der Evangelisch-Augsburgischen Kirche in der Republik Polen. Anlage zur VO des Ministerrats vom 17. Dezember 1936. Pos. 659. Kirchenamtliche deutsche Ausgabe in: Dz.U.K.EA. Nr. 1. 14–34 (zit.: IGG).
Zur kirchlichen Lage in Polen. In: PR. 1934/2.
Die kirchlichen Ziele des evangelischen Polentums. In: PEK. 1936/37. 226–236.
Klawun, Georg: Die Rechtslage der Unierten Evangelischen Kirche in Oberschlesien. Posen 1937.
Kleindienst, Alfred: Der Gedanke der Teilung nach nationalen Gesichtspunkten in der Evangelisch-Augsburgischen Kirche in Polen zwischen den beiden Weltkriegen. In: ZfO. 1964/1, 2.
–: Die „Litzmannstädter Evangelische Kirche im Wartheland“ und die Kontinuität der Evangelisch-Augsburgischen Kirche in Polen. In: ZfO. 1969/3.
–: Die Kirche in Wolhynien in Vergangenheit und Zukunft. In: DMP. 1937. 501–507.
–: Die Reformation in Polen. In: EGA. 1967/39, 40.

–: Die evangelische Kirche in Wolhynien. Ihr eigentliches und ihr uneigentliches Werk. In: JWW. 1962. 70–72.
–: Superintendent W. Krusche. In: WZH. 1962/11.
–: Bischof Bursches verfehlte Kirchenpolitik. In: JWW. 1973. 89–100.
–: Natürliche Assimilierung der Deutschen in Polen? Zugleich Antwort an Prof. Dr. Gastpary, Warschau. In: WZH. 1976. 4–6.
–: Das Einigungswerk von Wilna 9.–11. November 1926. In: HFK. 1928. 103–106.
–: Rund um die Pastorensynode. In: WB. 1934/11.
–: Die Zahl der deutschen Pastoren in unserer Kirche. In: LEP. 1939.
–: Buzeks Erzählungen in der Polnischen Ökumenischen Rundschau. In: WZ. 1965. 10–12.
–: Bischof Bursches letzte Jahre. In: KiO. 1972. 137–160.
–: Der Schicksalsweg der Wolhyniendeutschen. Posen 1939.
Kneifel, Eduard: Geschichte der Evangelisch-Augsburgischen Kirche in Polen. Niedermarschacht 1964 (zit.: Geschichte).
–: Die Pastoren der Evangelisch-Augsburgischen Kirche in Polen. Ein biographisches Pfarrerbuch. Eging 1967 (zit.: Pastoren).
–: Die evangelisch-augsburgischen Gemeinden in Polen 1555–1939. Vierkirchen 1971 (zit.: Gemeinden).
–: Die Gründe des Verfalls der Reformation in Polen. In: GuW. 74–84.
–: Blüte und Verfall unserer Heimatkirche. In: WZH. 1952/10–12.
–: Unsere evangelisch-lutherischen Gemeinden einst und jetzt. In: WZ. 1926/1–8.
–: Staat, Kirche und Volkstum. In: WZ. 1928/5.
–: Das Wilnaer Einigungswerk. In: FP vom 14., 19. und 21. November 1926.
–: Julius Bursche. In: RGG^3 I. Sp. 1531.
–: Die polnisch-evangelische Missionsideologie. In: KiO. 1976. 88–100.
–: Bischof Dr. Julius Bursche. Sein Leben und seine Tätigkeit 1862–1942. Vierkirchen b. München 1980 (zit.: Bursche).
–: Louis Schweikert. In: DA. 294ff.
–: Die Sprachenfrage in der Evangelisch-Augsburgischen Kirche Polens. In: ZfO. 1973. 434–453.
–: Die Heimkehr der verpolten „Holländer" am Bug und in Wolhynien. In: DA. 234–240.
–: Adolf Eichler. Ein Leben im Dienst des Deutschtums. In: DA. 11ff.
Koch, Hans: Zur Frage der Umvolkung der evangelischen Deutschen in Kongreßpolen. In: AVF. 1937. Bd. I. 398–406.
–: Die religiöse Lage in Osteuropa und die Aufgaben des Protestantismus in Polen. In: PEK. 1930/34. 23–25.
–: Der Protestantismus bei den Slawen. In: ZW. 1931/1.
–: Die Polonisierung der evangelischen Deutschen in Kongreßpolen. In: DMP. 1937/4.
–: Konfession und Nation in Osteuropa. In: AEK. 1933. 215–231.
–: Die Unierte Kirche in Polen. In: OHP. 109–113.
Komp, Hans-Dieter: Die kommunistische Religionspolitik gegenüber der Unierten Griechisch-Katholischen Kirche der Ukraine seit 1944. München 1979.
Korczok, Anton: Die Griechisch-Katholische Kirche in Galizien. Leipzig, Berlin 1921.
Korowicz, Marek: Górnośląska ochrona mniejszości 1922–1937 na tle stosunków narodowościowych [Der oberschlesische Minderheitenschutz auf dem Hintergrund der nationalen Verhältnisse]. Kattowitz 1938.
Kościół i Teologja [Kirche und Theologie. Ein Sammelwerk zum 60. Geburtstag von Bischof A. Wantula]. Warschau 1965 (zit.: KT).
Kossmann, Oskar: Die Anfänge des Deutschtums im Litzmannstädter Raum. Leipzig 1942.
–: Lodz. Eine historisch-geographische Analyse. Würzburg 1966.
Kotula, Karol: Niemcy w Polsce a Kościół ewangelicki [Die Deutschen in Polen und die evangelische Kirche]. In: GE. 1935. 43–45.

—: Nakaz czasu [Das Gebot der Stunde]. In: PE. 1937/9.
—: Rola i zadanie Kościoła Ewangelicko-Augsburskiego w Polsce [Die Rolle und die Aufgabe der Evangelisch-Augsburgischen Kirche in Polen]. In: GE. 1934/33.
—: Sprawa narodowościowa a rola Kościoła Ewangelicko-Augsburskiego w Polsce [Die Nationalitätenfrage und die Rolle der Evangelisch-Augsburgischen Kirche in Polen]. In: GE. 1934/41.
—: Idea Kościoła Ewangelicko-Augsburskiego w Polsce [Die Idee der Evangelisch-Augsburgischen Kirche in Polen]. In: GE. 1936/11.
—: Co to jest Polski Ewangelicyzm? [Was ist der Polnische Evangelizismus?]. In: PE vom 4., 11., 15. und 18. Juli 1937.
—: Powstanie polskich zborów ewangelickich w Wielkopolsce i na Pomorzu. Wyjątek z pamiętnika [Die Entstehung polnischer evangelischer Gemeinden in Großpolen und Pommerellen]. In: KE. 1967. 119—122.
—: O właściwą ocenę reformacji w Polsce. Sprostowanie do zwykłego przedstawienia okresu reformacji w Polsce [Um die rechte Beurteilung der Reformation in Polen. Eine Korrektur der üblichen Darstellung des Reformatorischen Zeitalters in Polen]. In: KE. 1967. 122—127.
Krämer, Julius: Neues Schrifttum der Galiziendeutschen. In: HGG. II. 620—630.
Krasinski, Valerian: Historial sketch of the rise, progress and decline of the reformation in Poland. 2. Bde. London 1838/40, deutsch von *Lindau.* Leipzig 1841; polnisch von *J. Bursche.* Warschau 1903/05.
Krenz, Otto: P. Leopold Otto, ein polnischer Lutheraner des 19. Jahrhunderts. In: LR. 1956/57. 417—420.
Krimm, Herbert (Hrsg.): Das Antlitz der Vertriebenen. Schicksal und Wesen der Flüchtlingsgruppen. Stuttgart 1949.
Krupnyckyj, Borys: Geschichte der Ukraine. Leipzig 1939.
Krusche, Eugen: Mein Onkel Julius Bursche. In: WZH. 1962/11.
Krusche, Waldemar: Der Christ und das Volkstum. In: SAdP. H. 1. Posen 1938.
—: Der § 18. In: FP. 1934/6, 7, 9.
—: Gleichberechtigung. In: LEP. 1938/3.
—: Die lutherische Volkskirche. Die Wahrheit und die Wirklichkeit. In: FP. 1936/341.
—: Locarno—Wilno. In: FP vom 14. und 16. Januar 1927.
—: Auf dem Weg nach Wilna. In: FP vom 6. März 1927.
—: Zum Aufruf des Rates der Evangelischen Kirchen in Polen. In: FP vom 17. März 1927.
—: Die zweite Tagung des Rates der Evangelischen Kirchen in Polen. In: FP vom 4. Februar 1929.
Kruska, Harald (Hrsg.): Gestalten und Wege der Kirche im Osten. Ulm 1959 (zit.: GuW).
—: Generalsuperintendent D. Paul Blau zum Gedenken. Berlin 1961.
—: Polen. In: EKL. 3. 243—247.
Księga Jubileuszowa z okazji 70. lecia urodzin Ks. prof. Dr. Jana Szerudy [Jubiläumsschrift anläßlich des 70. Geburtstages von Prof. Dr. Johann Szeruda]. Warschau 1959 (zit.: KJ).
Kuhn, Walter: Polentum und Protestantismus. In: DOK. XIV. 1968/2, 3.
—: Die Volksbildung der Deutschen in Polen. In: DMP. 1934/3.
—: Das Deutschtum in Polen und sein Schicksal in Kriegs- und Nachkriegszeit. In: OHP. 138—164.
—: Herkunft der Wolhyniendeutschen. In: WB Kalender. 1935. 161f.
—: Die deutsche Ostsiedlung. In: HDN. 40—66.
—: Das Werden der ostdeutschen Stämme aus Herkunft und Geschichte. In: HDN. 148—153.
—: Das Deutschtum in Polen und Litauen. In: HDN. 252—266.
—: Zahl und Siedlungsweise der Deutschen in Polen 1931. In: DMP. 1937. 143—160.

—: Lutherische Ausstrahlungen in den Osten. Reformation und Gegenreformation in ihrer Wirkung auf die deutsch-slawischen Beziehungen. In: Das Evangelische Schlesien. Bd. V. Ulm 1962. 207–214.
—: Das Deutschtum in Galizien. In: HGAD. Bd. 3. Breslau 1938. 1–47.
—: Die jungen deutschen Sprachinseln in Galizien. Ein Beitrag zur Methode der Sprachinselforschung. Münster 1930.
—: Das Deutschtum Galiziens bis 1772. In: HGG I. 21–35.
—: Das deutsche Siedlungswerk in Galizien in der österreichischen Zeit. In: HGG I. 35–50.
Kulisz, Karol: Przyszłość ewangelicyzmu polskiego [Die Zukunft des Polnischen Evangelizismus]. In: RE. 205–213.
Kulturwart. Beiträge zur deutsch-polnischen Nachbarschaft. Hannover 1952–1981.
Kupsch, Eduard: Die Freikirchen in Polen. In: Ekklesia V/21. 172–182.
Kurjer Łódzki [Lodzer Kurier]. Tageszeitung. Nrn. vom 7. März 1937 und 22. Juni 1938.
Kurnatowski, K. von: Die Ursachen des Verfalls der Reformation in Polen. In: BM. 1905/57.
Kutrzeba, Stanisław: Historja ustroju Polski w zarysie [Geschichte der Verfassung Polens im Abriß]. Bde. I–IV. Lemberg 1914–1925.
Kyrios. Vierteljahresschrift für Kirchen- und Geistesgeschichte Osteuropas. Berlin 1936ff. (zit.: Kyrios).
Lackner, Martin: Zur Kirchengeschichtsforschung des deutschen Protestantismus in Ostmitteleuropa. Hannover o. D.
Ladenberger, Emil: Die kirchenpolitische Entwicklung in Polen von 1918–1939 mit besonderer Berücksichtigung der Evangelischen Kirche A. und H. B. in Galizien. In: HGG I. 119–128.
Laeuen, Harald: Polnische Tragödie. Stuttgart 1955.
Langner, Gottfried: Zur Frage des Erwerbs der Mitgliedschaft in der Unierten Evangelischen Kirche in Polnisch-Oberschlesien. In: ED. 1935/2. 67–85.
Lau, Franz: Marcin Luter [Martin Luther]. Warschau 1966.
Lemberg, Eugen: Geschichte des Nationalismus in Europa. Stuttgart 1950.
Lempp, Wilfried: Die Evangelische Kirche Augsburgischen und Helvetischen Bekenntnisses in Kleinpolen. In: AEK. 1934. 224–252.
—: Volkskirche und Kirche des Glaubens in der Diaspora. In: Zwischen Völkern und Kirchen. Leipzig 1935.
Lodzer Freie Presse. Lodz 1918–1923 (zit.: LFP).
Lotocki, Alexander: Autokefalja – zasady Autokefalji [Autokephalie – Grundsätze der Autokephalie]. Warschau 1932.
Lück, Kurt: Deutsche Aufbaukräfte in der Entwicklung Polens. Plauen 1934.
—: Die deutschen Siedlungen im Cholmer und Lubliner Lande. Plauen 1933.
Luthererbe in Polen. Gemeindeblatt für die deutschen Gemeinden der Evangelisch-Augsburgischen Kirche. Hrsg. von *Eduard Kneifel* und *Alfred Kleindienst.* Lodz, Luzk 1938–1939 (zit.: LEP).
Lutherische Blätter. Bleckmar 1949ff. (zit.: LB).
Lutherische Monatshefte. Hamburg. (zit.: LM).
Lutherische Rundschau. Stuttgart 1919ff. Dann Genf 1951ff. (zit.: LR).
Lutherisches Lexikon. Hrsg. vom Lutherischen Weltbund. Minneapolis 1958 (zit.: LL).
Luther-Jahrbuch. Hamburg 1933 (zit. LJ).
Luthers Erbe in Rußland. Ein Gedenkbuch. Moskau 1918 (zit.: LER).
Lypacewicz, W.: Liczba Niemców w Polsce i Polaków w Niemczech [Die Zahl der Deutschen in Polen und der Polen in Deutschland]. Warschau 1927.
Mackiewicz, Stanisław: Historia Polski od 11. listopada 1918 r. do 17. września 1939 r. [Geschichte Polens vom 11. November 1918 bis 17. September 1939]. London 1941.
Madey, Johannes. Kirche zwischen Ost und West. Beiträge zur Geschichte der Ukrainischen und Weißruthenischen Kirche. München 1969.

Makow, H.: Nationalitätenbild Polens. In: Schriften des Instituts für Statistik der Minderheitenvölker an der Universität Wien. Bd. 3. Leipzig, Wien 1925. 80–85.
Manthey, Franz: Polnische Kirchengeschichte. Hildesheim 1965.
Markert, Werner (Hrsg.): Osteuropa-Handbuch: Polen. Köln, Graz 1959 (zit.: OHP).
Markgraf, Horst: Drei Jahrzehnte Dienst am Volk. Aus der Geschichte des Deutschen Schul- und Bildungsvereins in Lodz. In: DA. 198–203.
–: Deutsche Presse in Lodz. In: DA. 216–221.
Martz, Alfred: Der Deutsche Schul- und Bildungsverein in Lodz. In: Schicksal. 148–178.
Maschke, Erich: Das Erwachen des Nationalbewußtseins im deutsch-slawischen Grenzraum. Leipzig 1933.
Materialien zum Entwurf eines neuen Kirchengesetzes für die Evangelisch-Augsburgische Kirche im Königreich Polen. Warschau 1906.
May, Gerhard: Das Auslanddeutschtum und die deutsche Wandlung. In: ZW. 1934. 368–373.
–: Die volksdeutsche Sendung der Kirche. Göttingen 1934.
Messerschmidt, Karol: Węgrów wczoraj i dziś [Wengrow gestern und heute]. In: SE. 1958/13.
Meyer, Heinz: Das Recht der religiösen Minderheiten in Polen. Berlin 1933.
Meyer, Philipp: Die deutsche kirchenpolitische Tätigkeit in der Evangelischen Kirche Polens in der Okkupationszeit. In: DE. 1920. 114–119.
–: Die Entwürfe zur neuen Kirchenverfassung, wie sie entstanden und was sie bringen. In: NH. 1919. 105–109.
Mirtschuk, Iwan: Geschichte der ukrainischen Kultur. München 1957.
Mitteilungen und Nachrichten für die Evangelische Kirche Rußlands. Riga, Dorpat 1844ff. (zit.: MNR).
Mückler, Andreas: Das Deutschtum Kongreßpolens. Eine statistisch-kritische Studie. Wien 1927.
Müller, A.: Die preußische Kolonisation in Nordpolen und Litauen 1795–1807. Berlin 1928.
Müller, Edgar: Die evangelischen Gemeinden in der Bukowina. Aufbau und Ende (II. Teil). München 1972.
Müller, Ludolf: Die Unierte Evangelische Kirche in Posen-Westpreußen unter polnischer Gewaltherrschaft. Beihefte der ED Nr. 10. Leipzig 1925.
Müller, Sepp: Von der Ansiedlung bis zur Umsiedlung. Das Deutschtum Galiziens, insbesondere Lembergs 1772–1940. Marburg 1961.
–: Schrifttum über Galizien und sein Deutschtum. Marburg 1962.
Narzyński, Janusz: Bibliographie der polnischen Luther-Literatur 1530–1962. In: Luther-Jahrbuch 1965. Jahrbuch der Luther-Gesellschaft. Hamburg 1965.
–: Luther und Polen. In: Lutherische Kirche in der Welt. Jahrbuch des Martin-Luther-Bundes. Erlangen 1978. 43–65.
Nasarki, Peter: Das Lodzer Deutsche Gymnasium im Spannungsfeld zwischen Schicksal und Erbe 1906–1981. Berlin, Bonn 1981.
Nationale Aufgliederung der Evangelisch-Lutherischen Kirche in Polen. In: LEP. 1939/5.
Bestandsaufnahme: Die nationale Zusammensetzung der Evangelisch-Augsburgischen Kirche in Polen. In: AKA C VII Polen. 2. Bd. VI.
Needra, Andreas: Wilnaer Bemerkungen. Zu den Entwürfen der Konstituierenden Synode 1922/23 in Warschau. Manuskript 1923. In: AK.
–: Warschau und Lodz. In: DR vom 4. und 6. August, 24. September, 24. Dezember 1922.
Nehring, Erich: Die kirchlichen Ziele des evangelischen Polentums. In: PEK. 1936/37. 226–232.
–: Denkschrift über die Lage des evangelischen Kirchentums in Polen. (Manuskript, Posen 1938). In: AKA C VII Polen. 1. Bd. V.
–: Der Tatbestand. Manuskript vom 31. Oktober 1938. In: AKA a. a. O.

–: Bemerkungen zu dem Entwurf eines Gesetzes betreffend das Verhältnis des Staates zur Evangelisch-Augsburgischen Kirche in Polen vom 21. September 1933. Manuskript. In: AK.
–: Zur Rechtslage der evangelischen Kirchen in Polen. In: PEK. 1938/7. 272–275.
–: Sawicki zur Kirchenfrage in Oberschlesien. In: PEK. 1938/7, 8, 10–11, 276–279, 324–346, 448–495.
Neue Evangelische Kirchenzeitung. Bielitz 1925–1939 (zit.: NEKZ). 1919–1923 unter dem Titel: Evangelische Kirchenzeitung.
Neue Lodzer Zeitung. Lodz 1920–1939 (zit.: NLZ).
Neue Preußische (Kreuz-)Zeitung. Berlin 1918–1933 (zit.: NP(K)Z).
Neuer Hausfreund. Evangelisch-Lutherischer Volkskalender. Hrsg. vom Konsistorium der Ev.-Luth. Kirche im Königreich Polen. Warschau 1917, 1918 (zit.: NH).
Niederschrift in Sachen des Kirchengesetzes vom 26. September 1936. In: AK.
Nowe Prawo Zasadnicze Kościoła Ewangelicko-Augsburskiego w Polsce [Das neue Grundgesetz der Ev.-Augsb. Kirche in Polen]. In: ZW. 1966/1, 3, 5, 6, 8.
Oberschlesien und der Genfer Schiedspruch. Berlin, Breslau 1925.
Ohijenko, Ilarion: Ukrainska Cerkwa [Die Ukrainische Kirche]. Bde. I–II. Prag 1942.
Ökumenisches Jahrbuch 1936–1937. Zürich, Leipzig 1939 (zit.: ÖJb).
Olszewicz, Bolesław: Obraz Polski Dzisiejszej. Fakty, Cyfry, Tablice [Das Bild des heutigen Polen. Fakten, Ziffern, Tafeln]. Warschau 1938.
Ostdeutsche Heimatbücher. Hrsg. von *V. Kauder.* Bd. VIII. Leipzig 1942.
Ostdeutsche Monatshefte. Stollhamm 1924ff. (zit.: OMH).
Ostdeutscher Literatur-Anzeiger. Würzburg 1954ff. (zit.: OLA).
Otto, Leopold von: Beiträge zur Geschichte der Evang.-Augsb. Gemeinde in Warschau in den Jahren 1650–1781. Warschau 1882.
Papierzyńska-Turek, Mirosława: Sprawa ukraińska w drugiej Rzeczypospolitej 1922–1926 [Die Ukrainische Frage in der Zweiten Republik 1922–1926]. Krakau 1979.
Pastorensynode: Niederschrift über die Pastorensynode vom 6.–7. Februar 1936. In: AK.
Pechmann, Wilhelm Frhr. von: Offener Brief an Herrn Generalsuperintendenten Julius Bursche in Warschau vom 18.3.1932. In: ALKZ. 1932. 252–253.
–: Antwort an den Generalsuperintendenten der Ev.-Augsb. Kirche in Polen, Herrn Generalsuperintendenten D. Julius Bursche vom 26.4.1932. In: ALKZ. 1932. 259.
Peiker, Rudolf: Kulturarbeit der Deutschen in Galizien (Kleinpolen) zwischen den beiden Weltkriegen (1919–1939). In: KW. Jg. 25 (1977). Nr. 129. 1–8.
Pierkarski, Stanisław: Wyznania religijne w Polsce [Religiöse Bekenntnisse in Polen]. Warschau 1927.
Polnische Ökumenische Rundschau. Warschau 1962/1, 2 (zit.: PÖR).
Polski Słownik Biograficzny [Polnisches Biographisches Wörterbuch]. Bd. 20. Breslau, Warschau 1975 (zit.: PSB).
Poseł Ewangelicki [Evangelischer Bote]. Teschen-Ustron 1919ff. (zit.: PoE).
Posener Evangelische Kirche. Ihre Gemeinden und Pfarrer von 1548 bis 1945. Lüneburg 1967.
Posener Evangelisches Kirchenblatt. Posen 1932–1941 (1922–1931: Evangelisches Kirchenblatt für evangelisches Leben in Polen) (zit.: PEK).
Posener Tageblatt vom 28. Oktober 1933.
Posener Zeitungsdienst. Posen (zit.: PZ).
Potocki, Stanisław: Położenie mniejszości niemieckiej w Polsce 1918–1938 [Die Lage der deutschen Minderheit in Polen 1918–1938]. Danzig 1969.
Prawda Katolicka [Katholische Wahrheit]. Sendomir 1935.
Preiss, Waldemar: Wspominajcie o przewodnikach swoich [Gedenket Eurer Führer]. In: SE. 1959/20.

Projekty Konstytucji Rzeczypospolitej Polskiej. Projekt Komisji Konstytucyjnej Sejmu Ustawodawczego [Entwürfe der Verfassung der Republik Polen. Entwurf der Verfassungskommission des gesetzgebenden Sejms]. Warschau 1920.

Prokoptschuk, Gregor: Metropolit Andreas Graf Scheptyckyj. München 1967.

Protestantische Rundschau. Berlin 1934ff. (zit.: PR).

Protestantismus der Gegenwart. Stuttgart 1926.

Protokoll über die Evangelisch-Augsburgische Synode am 18. und 19. Oktober 1917 in Lodz–Warschau 1917.

Protokolle der Allg. Prediger-Synode des Evangelisch-Augsburgischen Konsistorialbezirks im Königreich Polen 1880–1913.

Przegląd Ewangelicki [Evangelische Rundschau]. Bromberg 1933ff. (zit.: PE).

Rauschning, Hermann: Die Entdeutschung Westpreußens und Posens. Zehn Jahre polnische Politik. Berlin 1930.

Reformacja w Polsce [Reformation in Polen]. Organ der Gesellschaft für die Erforschung der Reformation in Polen. Warschau 1921–1939 (zit.: RP).

Der Reichsbote. Berlin 1917.

Religion in Geschichte und Gegenwart. Handwörterbuch. 3. Aufl. Tübingen 1957ff.

Rendtorff, Franz: Polen. Unpolitische Kriegsbilder eines evangelischen Deutschen. Leipzig 1916.

Rhode, Arthur: Geschichte der Evangelischen Kirche im Posener Lande. Würzburg 1956.

–: Polen. In: RGG. V. 426–434.

–: Beiträge zur Geschichte der Evangelisch-Unierten Kirche in Polen 1939–1945. Berlin, Mainz 1981.

–: Die evangelischen Deutschen in Russisch-Polen. Ihr drohender Untergang und die Möglichkeit ihrer Rettung. Lissa 1905.

–: Polnischer Evangelizismus. In: LR. 1957/1. 72–75.

–: Josef Rosenberg. In: DA. 274ff.

–: Bemerkungen zu dem Manuskript von Alfred Kleindienst „Gedanken der Teilung usw." vom 1. Dezember 1963. In: AK.

–: Roman Dmowski über den Protestantismus. In: PEK. 1930/31. H. 4.

Rhode, Gotthold: Kleine Geschichte Polens. Darmstadt 1965.

–: Brandenburg-Preußen und die Protestanten in Polen 1640–1740. Ein Jahrhundert preußischer Schutzpolitik für eine unterdrückte Minderheit. Breslau 1941.

–: Geschichte der Stadt Posen. Neuendettelsau 1953.

–: Die Reformation in Osteuropa. Ihre Stellung in der Weltgeschichte und ihre Darstellung in den „Weltgeschichten". In: GuW. 133–162.

Rocznik Ewangelicki [Evangelisches Jahrbuch]. Warschau 1925 (zit.: RE).

Rocznik Polityczny i Gospodarczy 1939 [Politisches und Wirtschaftliches Jahrbuch 1939]. Warschau 1939.

Rocznik Teologiczny Chrześcijańskiej Akademii Teologicznej [Theologisches Jahrbuch der Christlichen Theologischen Akademie]. Warschau 1960ff. (zit.: RT).

Roemmich, Heinrich: Die Evangelisch-Lutherische Kirche Rußlands im Umbruch 1914–1934. In: HDR. 52–55.

Roos, Hans: Polen zwischen den Weltkriegen. In: OHP. 18–68.

–: Geschichte der polnischen Nation 1916–1961. Stuttgart 1961.

Roth, Paul: Die politische Entwicklung in Kongreßpolen während der deutschen Okkupation. Leipzig 1919.

Rückert, Hanns-Wehrung G.: Zum Problem der Union mit besonderer Beziehung auf die Lage der Evangelischen Kirche in Polnisch-Oberschlesien. Ein Gutachten. Tübingen 1936.

(Rußlanddeutschtum) Das bäuerliche Rußlanddeutschtum. In: HDR. 17–22.

Sawicki, Jakub: Studia nad położeniem prawnym mniejszości religijnych w Państwie Polskiem [Studien zur Rechtslage der religiösen Minderheiten im Polnischen Staate]. Warschau 1937 (zit.: Studia).
Schedler, Gustav: Eine Aufteilung der Kirche? In: NEKZ. 1937.
–: Im Zeichen der neuen Kirchenordnung. In: NEKZ. 1937/1.
–: Kommt es zu einer neuen Wendung in den polnisch-evangelischen Verhältnissen. In: FP. 135/27.
–: Eben Ezer. Eine Jahrhundertgeschichte der evangelischen St. Trinitatisgemeinde zu Lodz. Lodz 1929.
–: Evangelisches Waisenhaus in Lodz 1887–1937. Lodz 1937.
–: Der Durchbruch des kirchlichen Gedankens. In: FP vom 10. Dezember 1933.
–: Brief an Karl Barth–Basel vom Dezember 1936. In: AK.
Schilter, Otto: Die evangelisch-Lutherische Kirche in Polen. In: Ekklesia. V/21. 78–89.
Schlesische Zeitung. Breslau vom 6. Dezember 1936.
Schleuning, Johannes: Aus tiefster Not. Schicksale der deutschen Kolonisten in Rußland. Berlin 1922.
–: Mein Leben hat ein Ziel. Lebenserinnerungen eines rußlanddeutschen Pfarrers. Witten/R. 1964.
–: Rheingold. In: OM. Sonderheft Rußland. 1925. 1095f.
–: Die Liquidationsgesetze und die Deutschen Wolhyniens. In: OM. Sonderheft Rußland. 1925. 1226.
–: Die Rußlanddeutschen. In: HDN. 283–291.
–: Die Stummen reden. Erlangen, Würzburg 1952.
Schmidt, Arthur (Hrsg.): Deutsches Schicksal in Polen. Hannover 1953 (zit.: Schicksal).
–: Die Evangelisch-Augsburgische Kirche in Polen. In: Schicksal. 48–89.
–: Der Beitrag der Evangelisch-Augsburgischen Kirche in Polen zur Bewahrung des Kulturgutes der deutschen Volksgruppe. In: KW. 1977/III. 21–29; 1977/IV. 1–8.
–: Die deutsche Kolonisation in Polen. In: Schicksal. 7–25.
–: In der Zerstreuung. In: Schicksal. 206–221.
–: Dr. theol. Alfred Kleindienst. Ein Leben im Dienst an Kirche und Volk. Berichtetes und Erlebtes. Hannover 1968.
–: Die deutsche Kulturarbeit und deren Träger in Wolhynien zwischen den beiden Weltkriegen. In: KW. 1977. 1–12.
Schmidt, Hugo Karl: Die deutschen evangelischen Siedlungen in Wolhynien. In: Schicksal. 96–109.
Schmitt, Michael: Warum wir keine Polen wurden. In: WZH. 1959/5–7.
Schnarr, J.: Gustav Adolf-Vereinsarbeit bei den deutschen Glaubensbrüdern in Polen. In: Illustriertes ev. Familienblatt. Rothenburg o/T. 1919/10.
–: Polen. Vortrag in Leipzig vom 7. Dezember 1916. In: a.a.O. 1918.
–: Der Krieg. Ein Kapitel aus den Erinnerungen Via et vita (Manuskript im Privatbesitz).
Schneider, Ludwig: Die evangelische Kirchengemeinde in Lemberg. I: Das Gotteshaus und die Pfarrer der Gemeinde. Lemberg 1935.
–: Das Kolonisationswerk Kaiser Josephs II. in Galizien. Leipzig 1939.
Schneider, Rudolf: Gedenkbuch der Evangelischen Kirche in Polnisch-Oberschlesien. Posen 1936.
Schramm, Gottfried: Der polnische Adel und die Reformation 1568–1607. Mainz, Wiesbaden 1965.
Schriften des Deutschen Auslands-Instituts. Kulturhistorische Reihe. Stuttgart 1921/4 (zit.: SDAI).
Schriftenreihe der Arbeitsgemeinschaft der deutschen Pastoren innerhalb der Evangelisch-Augsburgischen Kirche in Polen. Posen 1937ff. (zit.: SAdP).
Schubert, Ernst: Die Deutsche Evangelische Kirche in Polen 1920–1939. In: AEK. 1939. 7–29.

Seraphim, Ernst: Adolf Eichler als Vorkämpfer gegen die polnische Propaganda im ostpreußischen Abstimmungsgebiet. In: DA. 40–57.
Siegmund-Schultze, Friedrich (Hrsg.): Ökumenisches Jahrbuch 1936/37. Zürich, Leipzig (zit.: ÖJ).
– (Hrsg.): Ekklesia V/21: Die evangelischen Kirchen in Polen.
– a. a. O.: Einleitung des Herausgebers 5–32.
Spuler, Berthold: Die Orthodoxe Kirche in Polen. In: OHP. 114–118.
Staat und Kirche in Polen. Verfassungsentwürfe der evangelischen Kirche. In: ED. 1934/2. 90–103.
Staemmler, Johannes: Der Protestantismus in Polen. Posen 1925.
Stanienda, Heinrich: Zur verfassungsrechtlichen Lage der religiösen Minderheiten in Polen. In: ZOR. 1938/39. 137–175.
Steffani, Johannes: Der letzte Posener Konsistorialpräsident Erich Nehring 1877–1947. In: GuW. 203–218.
–: Die Stellung der katholischen Kirche in Polen nach katholischer Auffassung. In: PEK. 17 (1939). 52–57.
Steffani, Johannes und *Arnold Golon:* Posener Evangelische Kirche. Ihre Gemeinden und Pfarrer von 1548 bis 1945. Lüneburg 1967.
Stewner, Ernst: Rund um den Gesetzentwurf. In: WB. 1934/8.
Stökl, Günther: Osteuropa und die Deutschen. Geschichte und Gegenwart einer spannungsreichen Nachbarschaft. München 1970.
Stoliński, Zygmunt: Mniejszość niemiecka w Polsce [Die deutsche Minderheit in Polen]. Warschau 1928.
–: Liczba i rozmieszczenie Niemców w Polsce [Zahl und Verteilung der Deutschen in Polen]. Warschau 1927.
Strażnica Ewangeliczna [Evangelische Wache. Amtliches Organ der Ev.-Augsb. Kirche in der Volksrepublik Polen]. Warschau 1946–1962 (zit.: SE).
Strohal, Hans (Hrsg.): D. Theodor Zöckler. Zum 100. Geburtstag von Vater Zöckler. Stuttgart 1967.
Studnicki, Władysław: Irrwege in Polen. Ein Kampf um die polnisch-deutsche Annäherung. Göttingen 1951.
Stumpf, Julius und *Julius Krämer* (Hrsg.): Deutsche Lehrerbildung in Bielitz/Ostschlesien. Stuttgart 1967.
Stumpp, Karl: Zahlenmäßige Übersicht über die evangelischen Rußlanddeutschen im Jahre 1906 (MS.).
–: Das Schrifttum über das Deutschtum in Rußland. Eine Bibliographie. Stuttgart 1958.
–: Die deutsche Auswanderung nach Rußland 1765–1862. Stuttgart 1961.
–: Die Rußlanddeutschen (Bildband). Freilassing 1964.
Stupperich, Robert (Hrsg.): Kirchenordnungen der Evangelisch-Lutherischen Kirche in Rußland. Ulm 1959.
Südost-Forschungen. Internationale Zeitschrift für Geschichte, Kultur und Landeskunde Südosteuropas. München 1943ff.
Świat [Die Welt. Illustrierte Wochenschrift]. Warschau 1922/24.
Świątkowski, Henryk: Wyznania religijne w Polsce ze szczególnym uwzględnieniem ich stanu prawnego [Die religiösen Bekenntnisse in Polen unter besonderer Berücksichtigung ihrer Rechtslage]. Warschau 1937.
Szefer, A.: Mniejszość niemiecka w Polsce i w Czechosłowacji w latach 1933–1938 [Die deutsche Minderheit in Polen und in der Tschechoslowakei in den Jahren 1933–1938]. Krakau 1967.
Szendel, Edward: Ostatnie chwile ś. p. Biskupa Burszego [Die letzten Stunden Bischof Bursches]. In: SE. 1952/6.

Szeruda, Jan: Związek polskich towarzystw i zborów ewangelickich w Państwie Polskiem [Verband polnisch-evangelischer Vereine und Gemeinden im Polnischen Staate]. In: RE. 1–10.
–: Bibliografja polsko-ewangelicka [Polnisch-evangelische Bibliographie]. In: RE. 327–416.
–: Działalność ks. biskupa J. Burschego w okresie międzywojennym [Die Tätigkeit Bischof Bursches in der Zwischenkriegszeit]. In: SE. 1952/6.
–: Die evangelisch-kirchliche Literatur und Presse in Polen. In: Ekklesia. V/21. 252–270.
–: Polnische protestantische Theologie. In: RGG. V. 434f.
Szulz, Eugeniusz: Ks. Leopold Otto. Aresztowanie i uwolnienie [Pfr. Leopold Otto. Verhaftung und Befreiung]. In: KE. 1968. 101–104.
–: Protestanci Warszawscy wobec powstania 1863 r. [Die Warschauer Protestanten angesichts des Aufstandes vom Jahre 1863]. In: KE. 1972. 241–257.
Thomas, Christian Siegmund: Altes und Neues vom Zustand der evangelisch-lutherischen Kirchen im Königreich Polen. Züllichau 1750.
Tymieniecki, Kazimierz: Niemcy w Polsce [Die Deutschen in Polen]. Posen 1936.
Übersicht über die Evangelische Kirche Augsburgischen Bekenntnisses in Polen nach dem Stande von September 1916. In: NH. 1917. 145–148.
Ukaz des Zaren Nikolaus I. vom 8./20. Februar 1849. In: Anhang. Dok. 6.
Ukraine und die Kirchliche Union. Berlin 1930.
Unsere Glaubensbrüder an der Weichsel. In: JK. 1939/21.
Unsere Kirche. Kirchenblatt. Lodz 1916–1918 (zit.: UK).
Unsere Kirche. Amtsblatt des Ev.-Augsb. Konsistoriums in Warschau. Sonntagsblatt für die Gemeinden des Konsistorialbezirks Warschau. Warschau 1906–1920. (zit.: UKA).
Urkunden und Aktenstücke. Druckhefte 1–6. Hrsg. vom Konsistorium Posen. Posen 1926–1933 (zit.: UuA).
Ustawa dla Kościoła Ewangelicko-Augsburskiego w Królestwie Polskiem. Wypis z protokołu Sekretarjata Stanu Królestwa Polskiego [Gesetz für die Evangelisch-Augsburgische Kirche im Königreich Polen. Auszug aus dem Protokoll des Staatssekretariats des Königreichs Polen] s. Ukaz.
Ustawy i rozporzędzenia z lat 1918–1934. Cz. I. Lata 1918–1923 [Gesetze und Verordnungen aus den Jahren 1918–1934. T. I. Die Jahre 1918–1923]. Warschau.
Utta, August: Das Volksschulwesen im ehem. Mittelpolen. In: DA. 145–154.
–: Um die Zukunft der evangelischen Kirche in Polen. In: FP vom 12. November 1933.
–: Staatsverfassung und kirchliche Gesetzgebung. In: FP vom 16. November 1936.
–: Wir wehren ab. Die Wahrheit über den Pressefeldzug der Kirchenleitung gegen das deutsche Kirchenvolk. In: FP vom 19. Juni 1937.
Verhandlungen in Sachen der Gesetzentwürfe betreffend das Verhältnis des Staates zur Evangelisch-Augsburgischen Kirche und das Grundgesetz vom 3. November 1936. In: AK.
Viefhaus, E.: Die Minderheitenfrage und die Entstehung der Minderheiten-Schutzverträge auf der Pariser Friedenskonferenz 1919. Würzburg 1960.
Voigts: Bericht über die Lodzer Synode vom 25. Juli 1918. In: AKA. 668. II.
Völker, Karl: Kirchengeschichte Polens. Berlin, Leipzig 1930.
–: Das deutsche Element in der polnischen Reformation. In: DE. 1912. 526–536.
–: Luther und der Osten Europas. In: LJ. 1933. 113–138.
–: Der Protestantismus in Polen auf Grund der einheimischen Geschichtsschreibung. Leipzig 1910.
–: Der Unionsgedanke des Consensus Sendomiriensis. In: ZOG. 1933/7.
– und *Hans Koch:* Luther und der Osten Europas. In: PEK. 1932/33. 287ff., 351ff.
Der Volksfreund. Wochenschrift für die Deutschen in Polen in Stadt und Land. Lodz 1918ff. (zit.: VF).
Volksfreund Kalender. Lodz 1927ff. (zit.: VFK).

Vom Volkstumskampf der Deutschen im östlichen Wartheland. Leipzig 1942.
Voss, Hermann: Die besonderen Nöte der Unierten evangelischen Kirche in Polnisch-Oberschlesien. In: ED. 1932. 235–244.
–: Die Unierte evangelische Kirche in Polnisch-Oberschlesien im Jahre 1935. In: ED. 1936. 179–185.
–: Die Unierte Evangelische Kirche in Polnisch-Oberschlesien. In: Ekklesia. V/21. 128–146.
–: Die Unierte Evangelische Kirche in Polnisch-Oberschlesien. Sonderdruck aus: KuH. 1937.
–: Die evangelische Kirche in Ostoberschlesien. In: EKN. 553ff.
–: Evangelische Kirche und evangelisch-kirchliche Minderheiten. In: AEK. 1932. 81–100.
–: Die kulturelle und kirchliche Bedeutung der Minderheitenfrage. In: Die Eiche. Vierteljahresschrift für Freundschaftsarbeit der Kirchen. Berlin. Jg. 19. Nr. 2. 152–162.
–: Protestantismus und Großindustrie. In: Franz Rendtorff-Festschrift. Leipzig 1930. 369–386.
–: Die oberschlesische Frage und die evangelische Kirche. In: Europäische Staats- und Wirtschaftszeitung. Berlin. Jg. 4 (1919). 480–483.
–: Kämpfe und Freuden der evangelischen Kirche in Polnisch-Oberschlesien. In: Ehrenbuch des Gustav-Adolf-Vereins. Leipzig 1931. 124–129.
Wagner, Oskar: Um die Zukunft der evangelischen Kirchen in Polen. In: DPfB. 1937/3.
–: Zur Lage der Evangelischen Kirche in Oberschlesien. In: PEK. 1939. 143–153.
–: Zur Lage der Unierten Evangelischen Kirche in Polnisch-Oberschlesien. In: KuH. 1939/1.
–: Deutsch-evangelische und Polnisch-evangelische Gemeinden in Oberschlesien. Sonderdruck aus: KuH. 1939/7.
–: Der Minderheitenschutzvertrag vom 28. Juni 1919 und seine Bedeutung für die evangelische Kirche in Polen. In: JGO. N.F. Bd. 5. München 1957. 206–220.
–: Der Krakauer Streit. In: GuW. 219–244.
–: Die evangelischen Kirchen in Polen. In: OHP. 128–137.
–: Die zwischenkirchliche Zusammenarbeit und ökumenische Mitarbeit der Evangelischen Kirchen in Polen. In: KiO. 1958. 65–94.
–: Die Unierte Evangelische Kirche in Polnisch-Oberschlesien. In: 100 Jahre Stadt Kattowitz, 1865–1965. Salzgitter 1965. 219–222.
–: Kirche und Sprache. Eine theologische Besinnung. Mit Beitrag zur Geschichte und Lage des Protestantismus in Osteuropa. In: Die Kirche und die Muttersprache. Hrsg. von *Gerhard Hultsch.* Ulm 1964. 9–27.
–: Theodor Zöckler (1867–1949). Ein Beitrag zur Kirchenkunde Osteuropas. In: Kyrios. VII (1967). H. 1. 19–30.
–: Die Evangelische Bewegung unter den Ukrainern (1925–1933). In: KiO. III (1961). 92–134.
–: Die evangelische Bewegung unter den Ukrainern in der Westukraine (1939–1948). In: OW. VII (1960). 317–340.
–: Mutterkirche vieler Länder. Geschichte der Evangelischen Kirche im Herzogtum Teschen 1545–1918/20. Wien, Köln, Graz 1978.
–: Staat und Evangelische Kirche in Polen 1918–1921. In: Jb. der Albertus-Universität zu Königsberg Pr. Bd. IX. Würzburg 1959. 114–167.
–: Staat und religiöse Minderheiten in Polen. In: JGO. N.F. Bd. 10. München 1962. 201–214.
–: Luther – Osteuropa und die Griechisch-Orthodoxe Kirche. In: Kyrios. Vierteljahresschrift für Kirchen- und Geistesgeschichte Osteuropas. Bd. IV. Berlin 1964. 69–90.
Wagner, Richard: Anmerkungen zum neuen Kirchengesetz für die Evangelische Kirche Augsburgischen Bekenntnisses in Polen. In: Schlesische Zeitung. 1936/333.

–: Festschrift 1932: 1782–1932. Fünf Hauptstücke als Materialien zum Geschichtsbuch des Bielitzer evangelischen Zion. Bielitz 1932.
–: Das Buch der Bielitz–Bialaer Chronika. Posen 1938.
Wagner, Rudolf: Die Ukrainisch-reformatorische Bewegung in Ostgalizien. Düsseldorf 1943.
–: Die Bukowina und ihre Deutschen. Wien 1979.
–: Deutsches Kulturleben in der Bukowina. Wien 1981.
– (Hrsg.): Alma Mater Francisco Josephina. Die deutschsprachige Nationalitätenuniversität in Czernowitz. Festschrift zum 100. Geburtstag ihrer Eröffnung 1875. München 1975.
Wahl, Hans: Evangelisches Staatskirchenrecht im Auslanddeutschtum (Fortsetzung Polen). In: AEK. 1937. 57–108.
–: Rechtliche Betrachtungen zum Endkampf der deutsch-evangelischen Gemeinden der Evangelisch-Augsburgischen Gemeinden in der Republik Polen gegen die polnische Kirchenleitung. In: AEK. 1940. 49–96.
Wałach, Jerzy: Ks. Karol Kulisz, jego działalność charytatywna i kaznodziejska z uwzględnieniem życiorysu [Pfarrer Karl Kulisz, seine charitative und pfarramtliche Tätigkeit unter Berücksichtigung seines Lebenslaufs]. In: KE. 1949. 49ff.
Wallmann, Fritz: Bereza Kartuska. Ein Beitrag zur Dokumentation des Jahres 1939. In: JWW. 1963. 127–132.
Walloschke, Rudolf: Die evangelischen Gemeinden in Galizien und ihre kirchliche Entwicklung von 1772–1918. In: HGGI. 109–119.
–: Beiträge zur Geschichte der evangelischen Pfarrgemeinden in Galizien von 1781–1945. In: ZWG. 1980. 31–61.
Wantuła, Andrzej: Die Evangelisch-Augsburgische Kirche in Polen. Warschau 1965.
–: Niemcy odchodzą [Die Deutschen gehen weg]. In: PE. 1939/10.
–: Luter a my [Luther und wir]. In: KE. 1969. 59–71.
–: Das Erbe der Reformation in Polen. In: Evangelischer Digest. 1966/12.
Wantuła, Jan: Ks. Leopold Otto na Śląsku [Pfr. Leopold Otto in Schlesien]. In: KE. 1964. 55–71.
Warschauer Deutsche Zeitung vom 20. und 21. Oktober 1917. (zit.: WZ).
Weg und Ziel. Monatsschrift der deutschen Pastorenkonferenz der Evangelisch-Augsburgischen Kirche in Polen. Lodz 1926–1927 (zit.: WZ).
Weg und Ziel. Mitteilungsblatt des Hilfskomitees der evangelisch-lutherischen Deutschen aus Polen. Hannover 1949–1977 (zit.: WZH).
Węgierski, Adalbert: Chronik der evangelischen Gemeinde zu Krakau von ihren Anfängen bis 1657. Deutsch bearbeitet von *Wilhelm Altmann.* Breslau 1890.
Weigelt, Fritz: Das Lodzer Deutsche Gymnasium. Weinheim/Bergstraße 1956.
–: Von unserer Art. Vom Leben und Wirken deutscher Menschen im Raume von Weichsel und Warthe. Wuppertal 1963.
Deutsches Weißbuch Nr. 2. Dokumente zur Vorgeschichte des Krieges. Hrsg. vom Auswärtigen Amt. Berlin 1939 (zit.: DWB).
Weyrauch, Edmund: Adolf Eichler. Ein Leben für sein Volk. Kassel 1965.
W(ieczorek), H.: Kirche ohne Politik. Aus der Kanzelrede P.D. Alfred Kleindiensts am 8. Oktober 1939 in der St. Trinitatiskirche in Lodz. In: DLZ. 1939.
Will, Julian: Auf dem Totenacker der Evangelisch-Augsburgischen Kirche Zentralpolens. In: DBP. 1925. 113ff.
–: Adolf Eichler als Volkserzieher. In: DA. 33–39.
Willigmann, Hermann: Elf Kriegsmonate unter Deutsch-Evangelischen in Polen. In: Reichsbote. Beilagen. Berlin 1916.
–: 52 feldgraue Wochenendandachten. Schwerin 1917.
Winiewicz, J.: Mobilizacja sił niemieckich w Polsce [Mobilisierung deutscher Kräfte in Polen]. Warschau 1939.

Winnig, August: Aus zwanzig Jahren 1925–1945. Hamburg 1951.
Winter, Eduard: Byzanz und Rom im Kampf um die Ukraine 955–1939. Leipzig 1942.
Witgens, H.: Der völkerrechtliche Schutz der nationalen, sprachlichen und religiösen Minderheiten, unter besonderer Berücksichtigung der deutschen Minderheit in Polen. Stuttgart 1930.
Wojak, Tadeusz: Wkład protestantyzmu do kultury polskiej [Beitrag des Protestantismus zur polnischen Kultur]. Warschau 1970.
Wolff, Ludwig: Erhöhter Einsatz 1937. In: DW vom 5. Januar 1937.
–: Deutsche Kulturarbeit in Mittelpolen und deren Träger 1918–1939. In: KW. 1977. 1–14.
Wolff, Ludwig (d.Ä.): Die deutschen Schulen in Russisch-Polen. In: KW. 1978. 1–6.
Worgitzki, Max: Geschichte der Abstimmung in Ostpreußen. Der Kampf um Ermland und Masuren. Leipzig 1921.
Wotschke, Theodor: Geschichte der Reformation in Polen. Leipzig 1911.
–: Zur Geschichte der deutsch-lutherischen Gemeinde Wengrow. In: DBP. Jg. 4/10.
Wünsche, Fritz: Eduard Leonard. In: DA.
Zahradnik, Paul: Ostoberschlesien. In: ED. 1941. 49–56.
Zeitschrift für evangelisches Kirchenrecht. Tübingen 1951ff. (zit.: ZEKR).
Zeitschrift für Osteuropäische Geschichte. Berlin 1933/7 (zit.: ZOG).
Zeitschrift für Osteuropäisches Recht. N.F. 1938/39 (zit.: ZOR).
Zeitschrift für Ostforschung. Marburg 1951ff. (zit. ZfO).
Zeitweiser der Galiziendeutschen. Stuttgart 1954ff.
Zeitwende. Monatsschrift. München 1924ff. (zit.: ZW).
Zöckler, Lillie: Gott hört Gebet. Das Leben Theodor Zöcklers. Stuttgart 1951.
Zöckler, Theodor: Die Lage des Protestantismus in Polen. In: DB. 1924/3.
–: Die Evangelische Kirche Augsburgischen und Helvetischen Bekenntnisses in Polen. In: Ekklesia. V/21. 147–165.
–: Die Zukunft der evangelischen Gemeinden Galiziens. In: ED. 1920/21. 112.
–: Die Kirchenkonferenz in Uppsala. In: EGG vom 15. April 1921.
–: Wie gestalten wir die wechselseitigen Beziehungen unserer Kirchen zu einander so, daß sie eine feste Grundlage für die gemeinsame Friedensarbeit bilden? Referat und Leitsätze vom 19. Januar 1924. In: AW.
–: Ein ernstes Wort über unsere Lage (MS. März 1934). In: AW.
–: Das Deutschtum in Galizien. Dresden 1917.
–: Die Evangelische Kirche A. und H. B. in Galizien. In: Zur Lage des europäischen Protestantismus. Zürich 1922.
–: Die volkserzieherische Bedeutung der evangelischen Kirche in der Diaspora. In: Evangelische Diaspora und Gustav-Adolf-Verein (Franz-Rendtorff-Festschrift). Leipzig 1930. 422–440.
Zwiastun Ewangeliczny [Evangelischer Bote]. Warschau 1898–1939. (zit.: ZE).
Z. Y.: Rozbicie wśród polskich protestantów [Spaltung unter den polnischen Protestanten]. In: Prawda Katolicka [Katholische Wahrheit]. Sendomir 1938/2.

PERSONENVERZEICHNIS[1]

1) Die Namen der während der Kriegsjahre 1915–1918 in den vakanten Gemeinden der Ev.-Augsb. Kirche im Königreich Polen aushilfsweise vorübergehend eingesetzten auswärtigen Geistlichen finden sich auf Seite 33 verzeichnet.

Statistische Tabelle zur Konfessionskarte der Republik Polen 1918–1939

nach dem Stand der Volkszählungen von a) 1921 und b) 1931

		Gesamt-bevölke-rung in Mill.	Röm.-Kath. in %	Griech.-Kath. in %	Griech.-Kath. in %	Mosaisch in %	Evan-gelisch in %
Polen insgesamt	a)	27,2	63,9	11,2	10,5	10,5	3,7
	b)	32,0	64,8	10,5	11,8	9,8	2,6
Stadt Warschau	a)	0,94	63,8	0,1	0,6	33,1	1,9
	b)		66,9	0,1	0,8	30,1	1,8
Wojewodschaften:							
Warschau	a)	2,1	85,4	0,0	0,2	9,6	4,2
	b)		86,5	0,0	0,2	8,7	3,7
Lodz	a)	2,3	77,0	0,0	0,2	14,5	7,7
	b)		77,6	0,0	0,2	14,4	7,1
Kielce	a)	2,6	87,6	0,0	0,1	11,9	0,4
	b)		88,0	0,1	0,1	10,8	0,4
Lublin	a)	2,1	78,0	0,1	7,3	13,8	0,8
	b)		76,9	0,1	8,5	12,7	0,9
Białystok	a)	1,3	68,5	0,0	15,1	14,8	1,0
	b)		67,8	0,1	18,5	12,0	0,9
Wilna	a)	1,0	61,2	0,0	26,9	9,4	0,1
	b)		62,5	0,1	25,4	8,7	0,3
Nowogródek	a)	0,82	39,5	0,0	51,1	9,0	0,1
	b)		40,2	0,2	51,3	7,8	0,1
Polesien	a)	0,89	7,8	0,0	79,2	12,6	0,4
	b)		11,0	0,2	77,4	10,1	0,5
Wolhynien	a)	1,4	11,6	0,0	74,2	11,5	2,7
	b)		15,7	0,5	69,8	10,0	2,6
Posen	a)	2,0	83,0	0,1	0,1	0,5	16,4
	b)		89,6	0,1	0,1	0,3	9,7
Pommerellen	a)	0,94	79,6	0,0	0,1	0,3	19,9
	b)	1,0	89,7	0,1	0,1	0,3	9,3
Schlesien, Poln.-Oberschl.	b)	1,0	92,3	0,1	0,0	1,5	5,9
Schlesien, Teschen-Bielitz	a)	0,14	65,7	0,1	0,0	5,0	29,0
	b)		92,3	0,1	0,0	1,5	5,9
Krakau	a)	1,2	89,3	2,6	0,1	7,7	0,3
	b)		89,0	2,3	0,5	7,6	0,3
Lemberg	a)	2,7	46,5	41,4	0,1	11,5	0,5
	b)		46,3	41,8	0,3	11,0	0,4
Stanislau	a)	1,35	14,5	73,9	0,1	10,7	0,8
	b)		16,6	72,9	0,1	9,4	0,8
Tarnopol	a)	1,4	31,6	59,4	0,1	9,0	0,2
	b)		36,7	54,5	0,1	8,4	0,2